자유꽃이 피리라

춘원 이광수의 민족주의 사상

김 원 모

자유꽃이 피리라

춘원 이광수의 민족주의 사상

김 원 모

상

철학과현실사

18세 소년 이광수(이보경)(1909. 2)
명치학원 교복을 입고 교모를 쓴 이광수의 모습

대문학회 출연자 급 역원(大文學會 出演者 及 役員) 기념사진(1909. 2) (명치학원 역사자료관 소장)
앞에서 셋째 줄 오른쪽에서 3번째가 이광수(이보경), 같은 줄 왼쪽에서 2번째가 문일평(文一平)이다. 이광수와 문일평은 명치학원 동급생이다. 앞에서 둘째 줄 왼쪽에서 3번째는 명치학원 랜디스 박사다. 랜디스는 이광수의 2·8선언서 영문 번역본을 교열해주었다. '근대서지', 제5호(2012. 6), pp.15, 262.

한국 자유연애 제1호 이광수와 허영숙(1917)
와세다대학 교복을 입고 교모를 쓴 이광수와 동경여의전
졸업반 허영숙의 모습. 오도답파여행을 마치고 동경으로
돌아와 결혼을 약속한 당시의 사진이다.

와세다대학 철학과 졸업 기념사진(1918)
금계포란형(金鷄抱卵型, 금계가 알을 품은 형태) 모습을 지닌 이광수(앞줄 가운데)의
위풍당당한 풍채가 좌중을 압도하고 있다. 동경 2·8독립운동을 일으켜 해외로 망명
했기 때문에 졸업을 하지 못했다. 이광수는 2·8선언서를 작성하고 상해로 망명하여
대한민국 임시정부 산파역을 담당했다.

흥사단 제3회 지방단우회 개최 기념사진(상해)(1920. 6. 3)
오른쪽에 '흥사단기'가 펄럭이고 있다. 이광수는 흥사단 입단서약식(4. 29)을 거행하고, 이날 흥사단 이사부장 선포문을 낭독한 후 안도산이 흥사단 발전책에 관해 강연했다.
앞줄 왼쪽부터 유영규, 김여제(金興濟), 주요한(朱耀翰), 박지명, 전재순(田在淳), 백영엽(白永燁)
가운뎃줄 왼쪽부터 미상, 미상, 정애경(鄭愛卿), 김항주(金恒作/金鍾悳), 미상, 안도산(安島山), 미상, 손정도(孫貞道) 미상, 정인과(鄭仁果)
뒷줄 왼쪽부터 이규서(李奎瑞), 박선제(朴璇齊), 미상, 미상, 정상빈(鄭尙彬), 김홍서(金弘敍), 유상규(劉相奎), 김복형(金復炯), 이광수(李光洙), 김병연(金炳淵), 미상, 임득산(林得山), 미상, 김창세(金昌世) (수난의 민족을 위하여)

춘원 가족사진(1929)
이광수는 중절모에 두루마기를 입고 있다. 왼쪽부터 장남 진근(震根), 2남 봉근(鳳根,
8세 요절), 부인 허영숙이 안고 있는 아이는 3남 영근(榮根)이다.

동아일보 창간 10주년 기념사진(1930. 4. 1)
동아일보 편집국장 이광수(앞에서 둘째 줄 왼쪽에서 8번째)는 창간 10주년 기념사업
의 일환으로 이충무공 유적순례 답사여행을 단행, 기행문 '충무공 유적순례'와 소설
'이순신'을 동아일보에 연재함으로써 항일정신을 선양했다.

'이순신' 집필 당시의 이광수(1931)
'충무공 유적순례'를 집필하고 이어 현
충사를 중건하였으며, 소설 '이순신'을
동아일보에 연재했다.

이광수와 현진건(1932)
이광수는 하얀 두루마기에 흰
고무신을 신고 있다. 1936년 8
월 동아일보 일장기 말소사건으
로 사회부장 현진건은 경찰에
연행되었다.

최서해(崔曙海) 3주기에 망우리 묘지에 모인 문인들(1934)
앞줄 오른쪽에서 5번째가 양복 차림의 이광수다. 이광수는 무작정 찾아온 최서해를
양주 봉선사(운허 이학수)에 소개장을 써주고 입산시켰다. 그러나 중 한 사람이 건방
지게 굴자 최서해는 그 중을 논구덩이에 처박아놓고 탈출했다. 이에 '조선문단' 편집
일을 맡겼고, 최서해는 '탈출기'를 발표하고 작고했다.

금강산에 입산한 이광수(1934)
1934년 2월 아들 봉근이 사망하자 춘원은 인
생무상을 절감, 조선일보 부사장직을 사퇴하고
금강산 장안사로 들어가 머리를 깎고 중이 되
려고 했다.

자하문 밖 홍지동 산장(1934. 8)
춘원은 1934년 8월 자하문 밖 홍지동 산장을 지어 칩거했다. 이 집은 서울시 등록문
화재 제87호로 지정되어 있다. 홍지동(弘智洞) 이광수 별장터(서울시 종로구 홍지동
40).

박연폭포에서 경성제국대학 예과 학생들과 함께(1935. 5. 5)
'소화 10년'이라 쓰지 않고 '1935. 5. 5. 춘원 선생을 모시고'라고 써놓고 있다. 중앙
에 양복 정장 차림의 춘원이 앉아 있고 그 주위에 예과 학생들이 에워싸고 있다. 뒷
줄 왼쪽에서 2번째가 이항녕(전 고려대 교수)이다. 청소년에게 이광수는 독립 희망의
우상이었다. 학생운동으로 체포된 한국 청소년 80퍼센트는 이광수의 작품을 읽고 민
족의식을 깨우쳤다고 진술하고 있다.

홍지동 산장에서 3자녀와 함께한 춘원(1936)
오른쪽부터 영근, 정화, 정란이다.

홍지동 산장 서재에서의 이광수(1936)
안도산이 형기 22개월을 남기고 대전형
무소로부터 출감한(1935. 2. 10) 후 안도
산은 송태산장에서 은거하고 이광수는
동우회를 이끌고 민족주의 운동을 전개
했다.

'다난(多難)한 반생(半生)의 도정(途程)'
을 발표하던 때의 이광수(1936. 4)
'조광(朝光)'에 3회 연재했다. 흰 두루마
기를 입고 중절모를 들고 있다.

'문장독본(文章讀本)'(京城 弘智出版社)을 출간할 때의 이광수(1937. 6)
춘원은 언제나 두루마기를 입고 다녔다. 국민필독서로 편찬한 '문장독본'이 선풍적인
인기를 끌자, 일제는 동우회 사건을 일으켜 도산과 춘원을 비롯하여 181명을 구속·
수감했다. 이 책은 '치안'을 이유로 '발금도서'로 처분되어 발행금지조치(1939. 7. 26)
를 당했다.

동우회 사건(1937. 6. 7)으로 체포된 이광수의 정신사죠(精神寫照)
죄수번호 '695 李光洙 1937. 8. 23'이라 씌어 있다. 자유독립의 꿈이 한순간에 무너
진 데 대한 허탈감, 일제에 대한 적개심 어린 분노의 폭발을 느낄 수 있는 처참한 포
로의 모습이다.

동우회 사건으로 병감생활 8개월 만에 홍지동
산장에 돌아온 춘원(1938. 8)
전작소설 '사랑' 원고를 탈고했을 때의 모습
이다.

박계주의 매일신보 '순애보' 당선 축하회(1938)
앞줄 왼쪽에서 3번째가 이광수, 5번째가 파인 김동환, 6번째가 박계주, 뒷줄 오른쪽에
서 3번째가 월탄 박종화다.

'무정' 영화 시사회에서(1939. 6)
오른쪽부터 주연 한은진(영채역), 이광수, 영화감독 박기채

'춘원시가집'에 실린 양복 정장을 입은 이광수(1940. 2)
박문서관에서 최고급 양장본 5백 부가 출간되었다. 춘원은 "心是佛時 是心是佛 是心作佛(마음이 곧 부처인 때에 이 마음이 이 부처요 이 마음은 부처가 될 수 있는 것이다)"라는 휘호를 쓰고 '春園'이라 서명하고 있다.

북경에서의 이광수(1940. 4)
매일신보 북경지국 초청으로 북경 여행을 다녀와서 전작 역사소설 '세조대왕'을 집필했다.

월미도에서 영근, 정화와 함께 망중한을 즐기고 있는 춘원(1941)
서 있는 사람은 '순애보'의 작가 박계주이다.

두루마기를 입은 춘원의
'李光洙' 자필 서명(1941)
동우회 사건은 결국 경성고등법원 상고심에서
4년 5개월 만에 전원 무죄판결을 받아내었다.

부여 답사에서의 이광수 일행(1942)
뒷줄 왼쪽에서 4번째가 주요한, 5번째가 이광수,
앞줄 왼쪽에서 2번째가 모윤숙이다.

국민복 입은 이광수(1942경)
일제는 전시 총동원령에 의해 남자
는 머리를 박박 깎고 국민복을 입게
하고, 여자는 '몸뻬(작업복)'를 입게
했다.

일역판 '유정' 표지 사진(1942)
이광수는 김일선(金逸善) 역, '有情'(モダン日
本社, 1940)으로 조선예술상 제1회 수상작가가
되었다.

사릉 이광수 농가(1944)
이광수는 단종 왕비의 능인 사릉 인근에 소개되어 박정호와 함께 소를 키우고 농사를
지었다(경기도 양주군 진전면 사릉리, 6백 평). 사릉 농가에서 '돌벼개' 원고를 탈고
했다. "넓은 의미로 보면 내가 쓴 글은 소설이거나 논문이거나 다 내 속에서 나온 것이
어서 내 인격의 설명자이겠지마는 이 수필과 저 시조만은 일점일획이 다 내 혼의 사진
이다."

사릉 농가에서의 농부 생활(1944)
박정호와 함께 모내기를 하고 있는
춘원의 모습이다. 전투모를 쓰고 소매와
바지를 걷어붙이고 모를 심는 모습이
정말 농부가 된 것 같다.

'백범일지'를 집필할 때의 춘원(1947. 12)
세속을 해탈한 원융무애의 모습이다.

미국 국무부 파견 미군 장교와 함께(1947)
미국 국무부 장교는 "조선에는 친일파가 없다. 일본 통치하의 조선인이 일본에 협력한 것은 생명의 대가(price for life)였다"라는 친일파 보고서를 썼다. 이에 이광수는 로마에서 혁명이 일어날 때마다 반대파를 숙청, 인재가 고갈되자 원로원은 망각법(Act of oblivion)을 제정, 이를 불문에 부쳤고, 미국은 남북전쟁 시 연방정부가 남부 연방의 반란 처단을 용서하고 사면법(Law of amnesty)을 발효해서 국가통합을 이룩했다고 하였다.

광영사(光英社)라는 출판사를 경영하며 '춘원문고'
전 24권을 간행할 때의 허영숙 여사(1950년대)

이광수의 도산 안창호 선생 묘비(1955. 9)
춘원 이광수 찬(春園 李光洙 撰), 소전 손재형 전(素筌 孫在馨 篆), 원곡 김기승 서
(原谷 金基昇 書).
1955년 9월 망우리 공동묘지에 이광수의 도산 묘비를 세웠다. 1971년 도산공원(서울
시 강남구 신사동)이 조성되면서 1973년 11월 도산묘 이장 시 이광수의 도산 묘비도
함께 도산공원에 봉안되었다. 그러나 2005년 11월 좌파 정권에 의해 철거되어 그 소
재를 알 수 없다.

자유꽃이 피리라　**상권**

차 례

자유꽃이 피리라 **하권**

차 례

서 론

    국립현충원(서울 동작동)에는 '대한독립군 무명용사 위령탑'이 우뚝 서 있다. 이 위령탑에는 이광수의 독립전쟁을 송축하는 '독립군가' 일절이 뚜렷이 새겨져 있다. "그리던 조상나라 다시 살리라 / 그리던 자유 꽃이 다시 피리라. 독립군가 중에서"라고.

대한독립군 무명용사 위령탑

조국의 광복을 위해
압록강 두만강 너머의
남북 만주와
시베리아 험지에서
때로는 중국 광야에서
조국강산을 넘나들며
일제와 싸우다
장렬히 산화한
대한독립군 무명용사의
충혼을 이 자리에 모시고
영원한 명복을 비나이다
— 2002년 5월 15일 광복회 회장 윤경빈

대한독립군 무명용사 위령탑(서울시 동작구 동작동, 국립현충원)
이광수의 '독립군가' 1절이 새겨져 있다.
"그리던 조상나라 다시 살리라 / 그리던 자유꽃이 다시 피리라"

대한독립군 무명용사 위령탑 안내문에는 조성 취지를 이렇게 밝히고
있다. "일제에게 나라를 빼앗기자 대한독립군 용사들은 조국을 되찾기
위해 국내는 물론 만주, 연해주 지역 등에서 처절하게 독립투쟁을 하다
이름도 남기지 못한 채 산화하였다. 이 탑은 이들 독립군 무명용사들의
혼백을 받들기 위해 광복회 주관 하에 일 년여의 공사를 거쳐 2002년
5월 17일 제막식을 하였으며, 5단의 기단 위에 좌대는 원형으로 삼태극
을 만들었고, 독립군들이 머리를 맞대고 회의하는 모습을 상징하는 3개
의 탑을 세웠다. 각 탑의 높이는 일 년 열두 달을 나타내는 12미터를
기본으로 하여 시각적, 율동적 변화를 주기 위해 16미터와 14미터의 크
기로 세워 세월의 흐름을 조형적으로 표현하였고, 뒤의 부조벽에는 독
립운동을 하는 모습을 새기고, 앞에는 독립군 무명용사들의 영혼을 지
켜주는 남녀 수호상을 세웠다."

독립군가

나아가세 독립군(獨立軍)아 어서 나가세
기다리던 독립전쟁(獨立戰爭) 돌아왔다네
이때를 기다리고 십 년 동안에
갈았던 날랜 칼을 시험할 날이
나아가세 대한민국 독립군사(獨立軍士)야
자유독립광복(自由獨立光復)할 날 오늘이로다
정의의 태극 깃발 날리는 곳에
적(敵)의 군세(軍勢) 낙엽같이 스러지리라

보느냐 반만년 피로 지킨 땅
오랑캐 말발굽에 밟히는 모양
듣느냐 이천만 단조(檀祖)의 혈손(血孫)
원수(怨讐)의 칼 아래서 우짖는 소리
양만춘(楊萬春) 을지문덕(乙支文德) 피를 받았고
이순신(李舜臣) 임경업(林慶業)의 후손 아니냐
나라 위해 목숨을 터럭과 같이
싸우던 네 조상의 후손 아니냐

탄환(彈丸)이 빗발같이 퍼붓더라도
창(槍)과 칼이 네 앞길을 가로막아도
대한의 용장(勇壯)한 독립군사(獨立軍士)야
나아가고 나아가고 다시 나가라
최후의 네 핏방울 떨어지는 날
최후의 네 살점이 떨어지는 날
네 그리던 조상나라 다시 살리라
네 그리던 자유꽃이 다시 피리라

독립군의 백만용사(百萬勇士) 달리는 곳에
압록강(鴨綠江) 어별(魚鱉)들이 다리를 놓고
독립군의 붉은 피가 내뿜는 때에

백두산(白頭山) 굳은 바위 길을 열리라
독립군의 날랜 칼이 비끼는 날에
현해탄(玄海灘) 푸른 물이 핏빛이 되고
독립군의 벽력(霹靂) 같은 고함(高喊) 소리에
부사산(富士山) 솟은 봉(峯)이 무너지노나

나아가세 독립군아 한 호령(號令) 밑에
질풍(疾風)같이 물결같이 달려 나가세
하나님의 도우심이 우리에 있고
조상의 신령(神靈) 오셔 인도하리니
원수(怨讐) 군세(軍勢) 산과 같고 구름 같아도
우리 발에 티끌같이 흩어지리니
영광의 최후 승리 우리 것이니
독립군아 질풍같이 달려 나가세

하늘은 맑았도다 땅은 열렸네
영광의 독립군기(獨立軍旗) 높이 날리네
수풀 같은 창과 칼에 임리(淋漓)한 것은
십년원한(十年怨恨) 씻어내던 핏줄기로세
빛은 낡고 헤어진 우리 군복(軍服)은
장백산(長白山) 낭림산(狼林山)을 장구(長驅)한 표(標)요
우레같이 몰려오는 만세 소리는
한양성(漢陽城) 대승리(大勝利)의 개선가(凱旋歌)로다1)

이광수는 한일합병 이래 처음으로 1914년 3월 러시아 연해주에서 독립전쟁론을 주창하였다. "우리 열 죽고 왜놈 하나 죽어 우리 2천만이 씨도 없이 죽을 작정합시다. 그러함에는 원대한 준비가 더욱 필요하리라."2) 이때부터 독립철학을 확립하고 독립을 이루기 위한 힘을 구축하

---

1) 『獨立新聞』(上海) 제47호(1920. 2. 17), 獨立軍歌; 金源模 編譯, 『春園의 光復論 獨立新聞』(단국대학교 출판부, 2009), pp.40~42, 獨立軍歌.
2) 『勸業新聞(海蔘威)』 제100호(1914. 3. 1), 독립 준비하시오(외배).

고 준비하는 데 집중한 것이다. 1919년 2·8선언서에는 이렇게 썼다. "일본이 만일 우리 민족의 정당한 요구에 불응할진대 우리 민족은 일본에 대하여 영원히 혈전(血戰)을 선언하리라. 이에 우리 민족은 일본이나 혹은 세계 각국이 우리 민족에게 민족자결(民族自決)의 기회를 주기를 요구하며, 만일 그렇게 못하면 우리 민족은 생존을 위하여 자유행동을 취함으로써 우리 민족의 독립을 기성(期成)하기를 선언하노라."[3]

이광수는 2·8선언서를 기초하고 나서 상해로 망명, 독립임시사무소(1919. 3)를 개설하여 대한민국 임시정부 수립의 산파역을 담당했고, 이어 신한청년당에 가입하였으며, 임시사료편찬회 주임(1919. 6. 17)이 되어 '한일관계사료집'을 편찬하여 파리 평화회의에 제출했다. 또한 독립신문사 사장이 되어 독립신문을 창간하고(1919. 8. 21), 홍사단 원동위원부에 입단하였다(1920. 4. 29). 그리고 1921년 4월 귀국 후 즉각 홍사단 국내 지부격인 수양동맹회를 결성, 독립투쟁의 교두보를 구축하였다. 이리하여 수양동맹회(1922. 2. 12), 수양동우회(1926. 1. 8), 동우회(1929. 11. 23), 동우회 사건(1937. 6. 7)에 이르기까지 한평생 민족운동을 줄기차게 전개했다. 1937년 6월 동우회 사건으로 도산과 춘원을 비롯하여 동우회 관계자 181명 전원이 총검거되었다. 9월에는 동우회가 강제 해산조치를 당하였고, 결국 기소되어 지루한 재판이 계속되다가 4년 5개월 만인 1941년 11월 17일에 피고인 전원이 무죄판결을 받았다.

독립혁명 전선에 투신한 이래 이광수의 평생의 좌우명은 독립의 염원을 성취하는 것이었다. "나는 일생에 조선을 지식과 지혜와 화합과 안락의 조선을 만들고야 말리라"고 그의 원대한 대원(大願)을 세운 것이다.

---

3) 金源模, 『영마루의 구름: 春園 李光洙의 親日과 民族保存論』(단국대학교 출판부, 2009), pp.67~70, 2·8宣言書(原本).

원(願)과 염(念)과 근(勤)

남녀 청년은 반드시 일생의 원(願)을 발할 것이다. "나는 일생에 이러한 일을 하리라" 하는 원을 굳게 세울 것이다. 금생(今生)에 이 원을 못 이루면 삼생(三生) 사생(四生) 내지 백생(百生) 천생(千生)을 윤회하더라도 이 원을 이루고야 말리라. 이루기 전에는 명목(瞑目)하지 아니하리라 하는 원을 세울 것이다. 고래의 위인 지사들은 다 이 원을 세운 이들이다. "나는 일생에 조선을 지식(知)과 지혜(智)와 화합과 안락의 조선을 만들고야 말리라."

개인을 따라 무수한 원이 있으려니와 오늘날 조선 청년으로 이것이 마땅한 원이 아닐까. 이 원을 세우는 이가 많아진다 하면 그 원력(願力)으로 조선 천지가 흔동(掀動)되지 아니할까. 오늘 조선 청년이 할 일은 첫째로 원을 세우는 것이다. "천지가 무너지더라도 내 원은 변함이 없으리라!"

그러나 한 번 원을 세우더라도 잊어버리면 무엇이 되랴. 닭이 밤낮으로 알을 품어 그 알을 식지 않게 하는 모양으로 한 번 대원(大願)을 세운 자는 아침에 생각(念)하고 저녁에 생각하고 앉음에 생각하고 걸음에 생각하여 일찍 잊어버림이 없어야 비로소 그 원은 더욱 열을 얻고 더욱 힘을 얻을 것이다. 조선인은 건망성(健忘性)이 있어 옷고름 매고 맹세한 것도 어느 새에 잊어버리는 일이 많다. '쥐정신'(금방 잊어버리는 정신)이다. 금방 보고 금방 잊고 금방 울고불고 장난하고 금방 잊는다. 시시로 한 번 세운 원을 염(念)할 필요가 이래서 있는 것이다. 잊을 새가 없이 생각하여 원력을 새롭게 할 것이다.

그러나 아무리 대원을 세우고 또 시시로 생각하여 졸지 아니한다 하더라도 함(實行)이 없으면 무엇하랴. 그 원을 달할 계획을 세우고 땅을 파는 개미모양으로 꿀을 모으는 벌모양으로 쉬지 않고 꾸준히 조금씩이라도 그 계획을 따라 원을 달하기 위하여 노역(勞役)함이 있어야 할 것이다. 이것을 근(勤)이라고 한다. 근 없는 원은 물 없는 배와 같다.

원이 없는 사람은 혼(魂)이 없는 사람이요, 원이 큰 사람은 큰 혼을 가진 사람이다. 청년 아이 때가 바야흐로 대원을 발할 때가 아닌가. 일생에 못 달할 원이어든 삼생 사생으로 구생(九生) 십생(十生)에 달할 대원을 세울 때가 아닌가. 큰 원을 세우고 크게 염(念)하는 형제와 자

매야, 천(千)으로 일어나고 만(萬)으로 일어날지어다.4)

피히테(J. G. Fichte, 1762~1814)와 이광수는, 모두 철학자라는 점, 이민족 군대의 점령 하에서 민족의 힘을 길러 해방전쟁을 일으켜 '국가 재건'을 역설했다는 점에서 너무나 유사한 정치 지도자이다. 피히테는 나폴레옹 군대의 점령 하에서 '독일 국민에게 고함(Reden an die deutsche Nation)'(1807)을 발표하면서, "독일 재건의 길은 무엇보다도 국민정신의 진작에 있으며 독일인은 여러 국민 중에서 가장 오래된 우수한 도덕적, 본원적 민족(Urvolk)이며 독일어는 본원적 언어(Ursprache)이다"라고 독일정신의 함양을 역설했다. 이를 계기로 나폴레옹 체제하의 '친 프랑스적인 사상(親佛思想)'을 극복하고 독일 민족주의적 사상으로 전환하게 된 것이다. 피히테는 독일정신을 발양하기 위해서는 민족주의적인 교육 진작이 무엇보다도 절실하다고 통감하고 베를린 대학(1810)을 창립하여 민족의 힘을 길렀다. 독일 국민의 힘을 축적하여 마침내 유럽 여러 나라와 동맹해서 '해방전쟁(Befreiungskrieg)'(1813~1814)을 일으켜 나폴레옹 체제를 타파하고 독일 국가 재건을 실현한 것이다.5)

동아일보 편집국장이요 수양동우회의 지도자 이광수는 1928년 9월 동아일보에 그의 민족주의 사상을 담은 '젊은 조선인의 소원'6)을 발표했다. 이광수는 일제 당국의 엄혹한 검열 하에 젊은 청소년에게 민족의식을 고취하고 독립사상을 심어주고, 독립열망의 소원을 호소함으로써 조선 청년들에게 일대 봉기를 촉구하는 대사자후를 토해낸 것이었다. 여기서 '제 힘을 기름'이란 민족의 힘을 양성하는 것, '반항정신'은 항일독립정신을 암유하고 있다. "걸핏하면 반항의 기운을 내어두르는 이는 마침내 큰 반항은 못하는 것이다. 남이 다 참지 못하는 곳에 능히

---

4) 『三千里』 1930年 初夏號(1930. 9), p.62, 願과 念과 勤(李光洙).

5) 朴武成, 『西洋近代史總論: 르네상스~나폴레옹 時代』(法文社, 1988), p.737;
   閔錫泓, 『西洋史槪論』(三英社, 1984), p.499.

6) 『東亞日報』 15회 연재(1928. 9. 4~19), 젊은 朝鮮人의 所願(李光洙).

은인(隱忍)하고 남이 다 흥분되어 들먹거릴 때에 능히 자중하여 충분한 실력을 축적하고 (이하 4행 삭제) '제 힘을 기를 줄을 아는 것이 진정한 반항정신이다'(삭제 부분 복원)"라고 역설했다. 이광수는 1936년 '인생의 향기'를 출간했는데 '젊은 조선인의 소원'을 책머리에 게재하면서 삭제 부분을 복원해놓고 있다.7) 일제 당국은 춘원의 '젊은 조선인의 소원'을 동아일보에 연재하자, 이는 독일 피히테의 연설문에 비견되는 중대한 조선 민족의 항일독립 사상을 고취하는 호소문임을 절감하고 이를 경계하는 취지에서 연재와 동시에 그 전문을 일본어로 번역하여 연재하고 있다.8)

수원고농(水原高等農林學校) 학생들은 이 '인생의 향기'를 읽고 이에 민족의식을 각성, 1939년 수원고농 비밀결사 '언문(한글)연구회'를 결성하였다. 수원고농 학생들은 1939년 10월 10일 정주영, 민병준, 박도병, 김상태 등 발기인 10명이 언문연구회를 발족했다.9) 이들은 치안방해에 의해 발매금지된 이광수의 '인생의 향기'에서 독립열망의 일루의 희망을 얻었고, 이에 힘입어 조선독립을 목적으로 한 언문연구회를 조직한 것이다. 언문연구회는 3년 동안 줄기차게 항일운동을 벌이다가 결국 1942년 8월 24일 수원경찰서에 의해 총검거되고 말았다. 경찰 신문 조서에 의하면 학생들은 한결같이 조선독립을 목적으로 언문연구회를 조직했다고 진술하고 있다. 이는 한국 학생운동사에 있어서 고등교육기관이 일으킨 최초요 최후의 학생 항일운동이다. 이렇듯 이광수의 '흙', '조선의 현재와 장래', '인생의 향기' 등은 학생운동 의거의 정신적 기폭제가 되었던 것이다.10)

---

7) 『東亞日報』(1928. 9. 18), 젊은 朝鮮人의 所願(14회): 反抗의 精神; 春園 李光洙, 『人生의 香氣』(京城 弘智出版社, 1936. 6. 21), pp.7~44, 젊은 朝鮮人의 所願.

8) 『朝鮮思想通信』 제753호(1928. 9. 8)~제764호(1928. 9. 21), 若き朝鮮人の願ひ(李光洙).

9) 『韓民族獨立運動史資料集』, 권 69(戰時期 反日言動事件 IV)(國史編纂委員會, 2007), pp.171, 221.

10) 상게서, pp.3, 59, 69~70, 85, 129, 148, 158~159, 242, 246, 256, 260.

그렇다면 이광수가 평생의 화두로 내건 '원(願)'이란 무엇인가? "개체적으로 종족적으로 살자는 것이다. 잘살고 많이 퍼지자는 것이다. 쇼펜하우어가 우주는 의지로 되었다 하는 것이 이것을 두고 이른 말이다. 그의 이른바 의지란 곧 원이다. 생물의 모든 활동은 진실로 원을 달하려는 힘의 발현이다. 이것을 원력(願力)이라고 한다. 인류의 모든 사업과 역사는 곧 인류의 원력의 발현(發現)의 기록이다. 원력이 큰 개인이나 민족은 큰 사업을 남기고 원력이 작은 개인이나 민족은 작은 사업을 남겼다. 그래서 인류의 역사에 각각 응분의 페이지를 차지한다. 이태조(李太祖)의 세운 원력은 5백 년 이조(조선왕조)의 국가로 현출(現出)되었고, 로마인의 원력은 로마 대제국으로 발현되었다. 손문(孫文)과 그를 따르는 국민당의 원력은 지나혁명(신해혁명, 1911)이 되어 발현되었다. 원력이란 신비해보이리만큼 무섭고 위대한 것이다. 한 번 대원(大願)을 세우면 그것이 당장에는 실현이 못 되어도 한 인(因)이 되어 있어 언제나 한 번 실현되는 날이 있다고 한다. 한 번 세워진 원은 그 원을 세운 당자들의 힘으로도 해제할 수 없이 반드시 이뤄진다고까지 말한다."11)

그러면 민족이 흥왕하려면 '참 원'을 어디서 찾을 수 있을까? "한 민족 중에는 이러한 범부원(凡夫願) 이상에 대원을 발하는 이가 상당한 수는 있어야 쇠퇴함이 없이 점점 흥왕하고 타락함이 없이 점점 향상하는 것이다. 그 대원이란 무엇인고. 혹은 정치적인 것도 있겠고 종교적인 것도 있겠고 과학적인 것도 있으려니와 어느 편이든지 '창생의 불행을 제거하고 그네에게 복락을 주기 위하여 나 자신의 복락과 생명을 희생한다' 하는 것이 공통한 요소다. 눈에는 오직 중생이 있을 뿐이요 '내'란 것이 없다. 하물며 내 고락이랴. 중생을 최애일자(最愛一子, 가장 사랑하는 아들)로 보아 한 아들을 양육하는 어머니의 자비를 가지고 중생을 대한다. 그들이 빛 없는 곳에 헤매거든 내 골수로 촉(燭)을 삼아 그들의 발부리를 비춰주리라. 그들이 높은 데로 오르려 할 때에는 내

11) 『東亞日報』(1928. 9. 4), 젊은 朝鮮人의 所願(1회): 願力(1); 『人生의 香氣』, pp.8~9.

몸으로 디딤돌을 삼으리라. 그들에게 살(화살)이 오거든 내 가슴으로 방패를 삼으리라. 내 몸이 지옥에 빠져서 아승기겁(阿僧祇劫, 無量劫)의 고초를 받더라도 중생만 복될지어다. 이러한 심법(心法)을 가지고 중생을 구제(가난에서, 천(賤)에서, 무지에서, 부도덕에서, 부자유에서) 하리라 하는 것이 '참 원'이다."12)

그러면 그의 대원(大願)은 무엇인가? "그 원이 크면 클수록 그 원을 세운 사람의 궁곤(窮困)과 고초는 더욱 심한 모양이다. 이것이 다 범부의 안목에는 싱거운 짓일 것이 무론이다. 그러므로 인인지사(仁人志士)는 예수의 자탄하신 바와 같이 향당(鄕黨)에서 대접을 받지 못하는 것이 예사다. 또 대원은 흔히 일조일석에 이루어질 수 없는 것이다. 그 원을 발한 자의 일생에 이루어질까 싶지 아니한 것이 많고 언제든지 그러한 일이 실현될 것같이 아니 한 일도 있다. 대원의 눈으로 보면 그 일은 반드시 이루어질 일이언마는 범부의 작은 눈으로는 그것이 불가능 같이만 보인다. 콜럼버스의 눈에 대양 저쪽에 대륙이 분명히 보이건마는 그와 같은 배를 타고 가는 선부(船夫)들에게는 그것은 어리석은 자의 한바탕 꿈에 불과하였다. 하문(厦門)의 조그마한 사글셋집에 초초한 젊은 의사의 도만흥한론(倒滿興漢論, 청을 타도하고 한족의 중국 건설)을 들을 때에는 많은 현명한 사람들은 다 그의 종작없음을 조소하였다. 그러나 그 젊은 의사야말로 '신생 중국'의 아버지 되는 손문 선생이었다. 당시 강대하던 대청제국(大淸帝國)은 마침내 일개 포의(布衣)의 손문의 대원력(大願力)에 부서져버리고 말았다. 그동안이 불과 30년의 짧은 세월이다. 과연 원력은 무서운 것이다. 사람의 힘은 무서운 것이다."13)

'젊은 조선인의 소원'의 참뜻은 무엇인가? 그 정답은 '조선을 생각하라(念朝鮮)'이다. "이 모양으로 문화적 집단생활의 필요조건인 정치,

---

12) 『東亞日報』(1928. 9. 5), 젊은 朝鮮人의 所願(2회): 願力(2); 『人生의 香氣』, pp.11~12.

13) 『東亞日報』(1928. 9. 6), 젊은 朝鮮人의 所願(3회): 願力(3); 『人生의 香氣』, pp.13~14.

젊은 조선인의 소원(1928. 9)
'젊은 조선인의 소원'은 동아일보에 15회 연재(1928. 9. 4~19)되었고, 동시에 조선사 상통신은 이를 전문 일본어로 번역 연재(1928. 9. 8~21)했다. 이광수는 그의 민족주 의 사상, 즉 항일독립정신을 청소년들에게 고취하고 있다.

군사, 교육, 산업 등도 때와 곳과 개성을 따라서 필요가치의 차서(次序)에 변동이 있는 것이다. 그러므로 조선인이 조선에서 금일에 필요로 할 것이 무엇이냐 하는 문제는 조선인 자신이 심사숙려(審思熟慮)하여 발견할 것이지 맹목적으로 남을 추수할 성질의 것이 아니다. 조선인에게는 정치도 없고 군사도 없지 아니하냐. 일본과 같이 식민정책의 해결을 필요로 할 때도 아니다. 조선에 왜 식민지가 있느냐. 그러면 조선에서 조선인이 금일에 가장 필요로 할 것은 무엇인고? 금일의 조선인에게는 금일의 조선인에게만 특수한 문제가 있을 것이다. 이 문제란 무엇인고? 이 문제의 해답에서 젊은 조선인의 소원의 진상이 나올 것이다."14)

이광수는 무엇보다도 최우선적으로 '조선을 생각하라'를 역설하고 있다. 이는 애국심을 가지라는 호소이다. 조선이 처한 정치, 경제, 군사, 교육, 산업 등 모든 상태를 생각하면 그 해답은 나온다는 것이다.

14) 『東亞日報』(1928. 9. 9), 젊은 朝鮮人의 所願(6회): 發願의 動機(3); 『人生의 香氣』, p.21.

우리도 각각 생각(念)하는 것이 있을 것이다. 성격을 따라 직업을 따라 생각할 바가 각기 다를 것이다. 그러나 우리 조선인 된 사람은—그중에도 남보다 고가한(값진) 교양을 받는 특수한 은혜를 입을 청년 학도들은 그 성(性)의 여하, 직업의 여하, 주의(主義)의 여하를 물론하고 공통히 생각해야 할 한 가지가 있다. 그것은 무엇인가. 조선이다! 우리는 각각 스스로 한번 반성해보자. 우리는 과연 조선을 생각함이 넉넉하냐고. 불행히 생각에나 말에나 일에나 조선을 잊는 때가 많지 아니한가 하고.

언제 부모를 생각하지 아니할 때가 있으랴마는 부모가 무슨 위험이나 환난(患難) 중에 계실 때에 더욱 염려되는 것과 같이, 언제는 제가 선조 대대로 삶을 준 고토(故土)를 생각하지 아니하랴마는 고토가 환난 중에 있을 때에 더욱 염려가 되는 것이다. 고토가 태평 중에 있으면야 나 같은 것 하나 잊기로 대수랴마는 현재의 조선은 나 같은 미미한 것도 잊어서는 아니 될 시기다. 하물며 금년과 같이 한재(旱災)와 수재(水災)를 당하여 유리(遊離)할 동포가 더욱 많아지고 조선인의 생활은 더욱 피폐할 이때랴.

우리는 서로 남을 믿는다. 조선의 모든 문제를 해결해줄 이는 자기를 제한 외에 다른 누구려니 한다. 이것이 결코 겸손이 아니다. 책임 회피다. 책임 전가다. "망할 놈들이 일을 잘못해서" 하고 조선이 잘못되어가는 책임을 자기 말고 다른 사람들에게 전가시키려 하고 자기는 당연히 그 책임을 질 자가 아닌 것같이 생각하고 가장 안연(晏然)하다. 그래서 조선을 생각할 사람, 조선을 구제할 사람을 자기 말고 다른 사람들에게 구하려 한다. 이것은 가장 분명한 오착(誤錯)된 사고법이언마는 그래도 이 오착을 자각하는 이가 매우 희한(稀罕)한 듯한 것은 가탄할 일이다.

조선인은 모두— 남자나 여자나 노인이나 소년이나 유식한 자나 무식한 자나 모두 조선을 생각해야만 된다. 오늘부터 조선을 생각하는 공부를, 연습을, 기원을 해야만 된다. 그러면 조선을 생각하는 방법이 어떠한가.15)

---

15) 『東亞日報』(1928. 9. 10), 젊은 朝鮮人의 所願(7회): 念朝鮮;『人生의 香氣』, pp.23~24.

이광수는 '내가 아는 이'의 혁명사상을 만천하에 소개했다. 이는 바로 도산 안창호를 가리킨 것이다. 도산의 실명을 내세우지 않고 익명으로 흥사단과 수양동우회의 혁명사상을 전파한 것이다. 이광수는 상해로부터 귀국한 후 첫 번째 장편소설 '선도자'16)를 동아일보에 연재했는데 이는 바로 도산의 독립운동의 역정을 서술한 역사소설이다. 이광수는 자기가 가장 숭배하는 인물은 이순신과 안창호라고 솔직히 고백하고 있다. "나는 조선 사람 중에 두 사람을 숭배합니다. 하나는 옛사람으로 이순신이요, 하나는 이제 사람으로 안도산(安島山)입니다. 나는 7, 8년 전에 '선도자'라는 소설을 쓰다가 말았거니와, 그 주인공이 안도산인 것은 말할 것 없습니다."17)

상해 독립신문 사장 이광수는 1920년 1월 3일 도산 안창호의 '우리 국민의 진로'라는 연설을 피히테의 '독일 국민에게 고함'에 비유하면서 흥사단의 독립방략 6대사는 우리 국민이 단정코 실행할 중대사라고 지적했다. "일찍 독일의 명철(名哲) 피히테가 베를린 대학에서 한 '독일 국민에게 고하노라' 하는 대강연이 독일 국민의 대전쟁(해방전쟁) 전까지의 진로를 명시하였음과 같이 '6대사'는 우리 국민의 금후의 진로를 명시한 것이다. 독립 완성 후에는 스스로 건설의 이상과 방침이 있을 것이요, 건설 완성 후에는 스스로 수성(守成)과 발전의 이상과 방침이 있으려니와, 독립 완성까지 우리 국민의 심력과 금력과 피와 생명을 집주(集注)할 데는 오직 '독립 완성'뿐이다. 그러므로 독립 완성의 주의(主義)와 방침이 확립함은 실로 만사의 근본이니 어찌 중요하지 아니하리까. 군사와 외교와 교육과 사법과 재정과 통일, 독립을 위하여 우리의 할 일은 이미 전쟁밖에 없다. 대한의 남자와 여자는 모두 병법을 배우고 군사가 되어 대원수(大元帥)의 명령 하에서 통일적으로 대혈전(大血戰)을 결행하자. 그리하기 위하여 외국에게서 동정과 군비와 군수품을 얻기 위하여 선전과 외교에 힘쓰자. 그리하되 독립전쟁이 오래 끌

---

16) 『東亞日報』 111회 연재(1923. 3. 27~7. 17), 先導者(長白山人); 春園 李光 洙, 『先導者』(太極書館, 1948. 11. 15).
17) 『三千里』(1931. 7), 李舜臣과 安島山(李光洙).

것을 예비하기 위하여 전쟁 외교 및 국내의 운동과 연계해 후계자가 될 인재를 양성하자. 독립운동의 정연한 규율을 유지하고 적자(賊子)를 징판(懲辦)하기 위하여 법강(法綱)을 분명히 하자. 독립전쟁이 유력한 독립전쟁이 되기 위하여 2천만 인이 많거나 적거나 있는 것과 버는 것을 다 내어 군비를 준비하자. 독립운동의 각 단체와 각 개인이 가장 유력하게 독립전쟁을 하자는 주의와 목적 하에서 정부를 중심으로 하고 하나가 되자. 이것이 독립운동의 6대 강령이니 나는 이에 일일이 비평하지 아니하거니와 독립운동의 요의(要義)는 실로 이에 다한 것이다. 이 대강령을 만들고 나서 다시 구체적 자세한 절목(節目)이 이미 확정되었다 하니, 그 내용이 얼마나 완전하고 적절한지는 모르거니와 이러한 방침의 확정 자신이 이미 대사업이라 할 수 있다."18)

여기서 '내가 아는 이'는 곧 도산 안창호이다. '조선을 생각하라'는 말은 애국심을 가지라는 말이다. 이광수는 도산 안창호의 나라사랑 정신, 그것은 곧 독립대업 달성의 기초라고 정의하고 있다. 이광수는 안창호야말로 오로지 조선을 생각하는 애국지사임을 역설하고 있다.

내가 아는 이 중에 이렇게 조선을 생각하는 이가 있다. 아침에 일어날 때에 자리 위에 앉아서 가만히 조선의 지형(地形)을 생각한다. 압록강과 백두산과 두만강이며 서로는 황해와 동으로 동해 변(邊), 부산, 제주도, 그러고는 국내에 있는 산과 강과 도회 기타를 생각한다. 이렇게 생각하노라면 어떤 때에 자연의 아름다움이 특별히 맘을 끌어 아침 빛에 환하게 비친 한반도를 목전에 놓고 저절로 미소가 나오고, 어떤 때에는 조선의 동탁(童濯, 민둥산)한 산과 사태(沙汰)에 막혀서 형상은 난잡하게 되고 수심은 옅어진 강이 눈앞에 나와서 가슴이 아프기도 하고, 어떤 때에는 산에는 나무가 무성하고 강에는 물이 철철 넘쳐서 오곡이 푹 실린 들에는 기름이 흐르고, 화려한 가옥과 탄탄한 도로로 된 도회와 촌락이 윤택하게 풍성하게 점철한 양이 보여서 부지불각(不知不覺)에 팔이 벌려지는 일도 있고, 어떤 때에는 그와는 정반대로 반도

18) 『獨立新聞』(上海) 제39호(1920. 1. 22), 六大事: 우리 國民의 進路(安昌浩); 金源模 編譯, 『春園의 光復論 獨立新聞』, pp.591∼594.

전체가 사막과 같이 광야와 같이 거칠어지고 참담한 모양도 나타나서 전율을 금치 못하는 일도 있다고 한다. 무론 그의 좌우(座右)에는 조선의 지도 일폭이 붙었다. 그는 이야기를 하다가도 가끔 스스로 눈을 감는다. 아마 조선의 어떤 장면이 눈앞에 떠나오는 모양이다.

다음에 그는 조선의 사람을 생각한다고 한다. 그의 맘의 눈에는 갓 쓴 이, 모자 쓴 이, 늙은이, 젊은이, 사나이, 여편네, 아는 이, 모르는 이, 보던 이, 안 보던 이, 잘 차린 이, 불쌍한 이들이 마치 분열식에 행렬(行列) 모양으로 지내간다고 한다. 그러는 동안에는 불쌍한 생각, 반가운 생각, 어떤 때에는 미운 생각, 절망되는 생각, 또는 맘이 든든한 생각이 뒤이어 나서 혹은 눈이 뜨거워지고 혹은 무슨 결심으로 주먹이 불끈 쥐어진다고 한다.

다음에 조선이 당면한 문제를 생각한다. 정치문제, 생업문제(경제문제라고 아니 하고), 교육문제, 청년문제 등. 다음에는 조선을 위하여 일하는 사람들을 생각한다고 한다. 이 사람은 조선에 필요한 사람이라고 생각되는 사람들을 순차로 생각하여 눈앞에 세우고는 그의 정성과 능력과 건강이 증진되기를 축원하고, 또 때때로 정말 그이를 대한 듯이 혹은 그의 공로를 사례하고, 혹은 낙심 말라고 격려하고, 혹은 어떤 일 그렇게 아니 하는 것이 좋다고 충고도 하고 책망도 한다. 이러한 인물들의 명칭에서 혹은 눈물을 흘려 마속(馬謖)을 베이듯이 어떤 이름을 삭제하기도 하고, 혹은 명현이나 영웅을 사당에 모시듯이 어떤 이름을 새로 추가하기도 한다. 그러고는 담임교사가 맡은 생도들의 품행과 성적을 무시로 기입하는 모양으로 이 지사들의 공죄(功罪)도 무시로 그의 흉중의 죽백(竹帛)에 기입되는 것이다.

맨 나중에 조선을 위하여 나는 무엇을 할까, 무슨 일을 함으로 나는 조선의 갱생(更生)에 공헌할 수 있을까, 내가 지금까지에 과연 조선을 사랑하는 사람답게 살아왔는가, 이것을 생각한다고 한다. 이런 문제들을 한 번씩 생각할 때마다 조선에 대한 애정은 더욱 깊어가고 또 조선을 위하여 할 일이 한두 가지씩 생각해진다고 한다.

오늘 조선 사람 되어서는 누구나 이만큼은 조선을 생각할 것이어니와 그중에도 전 민족의 혈한(血汗)의 공양(供養)을 받아 고가(高價)의 교육을 받고 고가의 생활을 하는 젊은 조선 사람으로는 마땅히 밤낮으로 이렇게 조선을 생각할 것이다. 그의 말과 같이 첫째로는 조선에 대한 애정이 깊어가고, 둘째로는 '우자천려에 필유일득(愚者千慮 必有一得, 어리석은 사람이라도 여러 가지 하는 일에 잘하는 일도 있다)'이라고 한 것같이 날마다 생각하노라면 반드시 한두 가지씩 좋은 일을 생각할 것이다.19)

이광수는 조선에도 위대한 영웅이 나서 강력한 조직체를 구성하여 조직적 단체활동을 해야 할 시점에 이르렀다고 역설하고 있다.

조선 사람도 위대한 개인을 기다린다. 모든 심중에 생각하기를 우리 중에 어디서 위대한 개인이 나와야만 조선의 국면(局面)이 변환되리라, 현재와 같이 중우군소배(衆愚群小輩)의 도약으로야 무엇이 되랴, 하여 마치 농부가 (관개설비 없는) 큰 가뭄에 비를 기다리듯 하고 있다. 이것은 우리 조선 재래로 내려오는 영웅초인사상(英雄超人思想)에서 나온 것이다. 위대한 인물이란 겨드랑에 날개가 돋거나 등에 비늘이 붙지는 아니하더라도 무엇이나 우리네와 다른 점 ― 눈에 번쩍 띄게 다른 점이 있을 것같이 생각하여 우리네가 일상에 교유하는 화식(火食) 먹는 인간 중에서는 나올 것 같지 않다고 생각한다. 진인출어해도중(眞人出於海島中, 진인은 해도 중에서 나온다)이라는 진인이란 것이나, 계룡산(鷄龍山)에 도읍할 정도령(鄭道令)이란 것이나, 다 이러한 유치한 영웅초인사상에서 나온 것이다. 비록 정감록(鄭鑑錄) 같은 미신을 믿을 정도가 아닌 계급이라도 오랜 인습이라 맘 어느 구석에는 이 영웅초인사상이 있어서 진인(眞人), 이인(異人), 위인, 영웅을 우리가 일상에 접하는 사람 외에서 구하려 한다.

그러면 이들 위대한 개인들은 과연 우리네 범인과 다름이 없는가. 무솔리니는 다른 이탈리아인과, 손문(孫文)은 다른 중국인과 다름이 없는가. 있다! 다름이 있길래 우리네는 범인이요 그네는 위대한 사업을 한 개인들이다. 역사의 방향을 이리로 저리로 움직여가는 큰 힘을 내인 사공들이다. 우리네는 그 사공이 가자는 데로 '네네' 하고 끌려가는 뱃사람들인데. 그러면 그 다름은 어디 있나? 그것은 이 위인들이 초인

---

19) 『東亞日報』(1928. 9. 11), 젊은 朝鮮人의 所願(8회); 『人生의 香氣』, pp.24~27.

16

적인 데 있지 아니하고 (그네의 眞心誠心을 일관한 인격을 기초로 하여) 인성(人性)을 잘 알아서 이용하는 데 있다. 그 이용이란 무엇인고? 이것이야말로 그들이 흔천동지(掀天動地, 큰 세력을 떨침)하는 위업을 이루는 비결이니 곧 조직이다. 만민의 원(願)을 살펴 그들의 공통된 원을 찾아 자기의 원을 삼아(또는 자기의 원을 만민의 맘에 심근(심은) 뒤에 그 원으로 원을 삼아) 기호(旗號)로 내어 세우고 동지를 불러 모은 뒤에 이 모인 동지들을 조직하여 큰 힘을 발하게 하는 것이 레닌의 비결이요 손문의 비결이요 무솔리니의 비결이다. 이 비결을 그네에게서 빼앗으면 그들은 죽지 잘린 새 모양으로 아무 힘없는 범물(凡物)이 되어버리고 마는 것이다.[20]

민족주의 운동 정치세력의 집결체인 수양동우회를 이끌고 있는 이광수의 정치적 이상은 통합적 조직체의 구성에 의한 '신조선 건설'이다. 그러면 '조직하는 힘'을 어디에서 찾을까?

'조직하는 힘'은 일개인의 지도자적 능력의 주체인 동시에 일 종족의 생존능력의 표지(標識)가 되는 것이다. 조직하는 힘을 결한 종족은 결코 생존경쟁의 우자(優者) 될 수 없는 것이니 조직된 천 명이 조직 못 된 만 명을 이기고도 남는 것이다. (중략, 원고검열로 삭제)

국민 명수(名數)의 차(差)로 되는 것도 아니요, 국민 각 개인의 능력의 차로 되는 것도 아니요, 또 흔히 잘못 생각하는 바와 같이 군대와 무기의 유무로 되는 것도 아니요, 실로 조직력의 우열로 되는 것이다. 조직 그 물건이 개인의 힘을 모와서 된다는 의미에서 개인의 능력의 차가 그 개인들을 포함하는 종족과 종족의 능력의 차라고 보랴면 볼 수도 있는 것이어니와 개인의 능력이란 것(體力, 知力, 情意力)과 조직력이란 것과는 결코 하나가 아니다. 개개의 능력은 우수하면서도 조직력이 부족하기 때문에 패하는 예는 운동경기에서 흔히 목도하는 일이다.

고래로 조선인의 교육은 개인 완성만을 목표로 한 것이요, 조직의

---

20) 『東亞日報』(1928. 9. 13), 젊은 朝鮮人의 所願(10회): 個人과 組織體(1); 『人生의 香氣』, pp.30~32.

지식과 훈련을 도외시하였었다. 성현주의(聖賢主義) 교육으로는 부득이한 일일 것이니 이러한 교육의 유폐(流弊)는 마침내 민중과는 아무쪼록 완전히 절연(絶緣)하고 독선기신(獨善其身, 자기 한 몸만을 온전하게 잘하여감)으로 목표를 삼는 소위 '산림(山林, 벼슬하지 않고 숨은 선비)'이라는 한 계급까지 생기게 되었다. 치국평천하(治國平天下)에 야심을 두었다는 자도 겨우 일신의 지식이나 무예를 닦아 군주의 징용(徵用)을 기다릴 뿐이요, 동지를 규합하여 적극적으로 자기의 이상을 실현할 큰 힘을 발하려 한 자는 극히 드물었다. 그때에 만일 그렇게 단체를 짓는 자가 있다 하면 사당(私黨)을 만들어 불궤(不軌)를 도모하는 것이라 하여 신수(身首)가 이처(異處, 베이다)하는 화를 당하기도 하였을 것이니 그래도 그때에도 단결의 위력을 알기는 알았던 것이다.

이러한 사정으로 우리네는 조직이란 관념도 박약하고 그에 대한 훈련은 업신여기면서 오늘에 이르렀다. 근년에 와서 대개는 정치를 중심 원리로 한 조직체가 꽤 많이 생겨났으나 모두 변변한 위력을 발하여 보지 못하고 유야무야에 돌아가고 말았으니 (중략, 원고검열로 삭제)

이로 보건대 우리에게는 단체생활을 하는 능력에 무슨 큰 결함이 있는 것이다. 그렇지 아니하면 이렇게도 번번이 실패될 리가 없는 것이다. 만일 우리가 조직체 생활의 실패의 원인을 순전히 외적 장애에만 구한다 하면 그것은 반구제기(反求諸己, 원인을 자신에게 돌려서 찾음)하는 도(道)에 어그러지는 것이다. 외적 장애를 이기는 것도 조직의 힘이 아닌가.

큰일은 큰 힘으로야만 한다. 큰 힘은 지력(知力)의 단결력으로야만 발한다. 지력은 기구의 사용이 되고 단결력은 큰 조직이 되어 나오는 것이다. 그런데 우리가 조선을 갱생(更生)케 하려는 일은 진실로 대사(大事) 중에 대사요 난사(難事) 중에 난사인즉 큰 힘이라도 여간 큰 힘이어서는 될 수 없고 따라서 조직이라도 여간 큰 힘을 발하는 조직이어서는 될 수 없는 것이다. 만일 우리가 힘 있는 조직체를 조성할 힘이 없다 하면 우리는 영원히 갱생의 도(道)는 없다고 봄이 마땅할 것이다. 현재의 조선인은 모래 알알이 흩어진 개인들이지 무슨 한 원리로 조직되고 통일된 민족은 아니다. '조선아!' 하고 부를 때에 대답하고 나설 자가 지금은 없다. 조선의 핵심이 되고 대표가 되고 머리와 눈이 되는 조직체가 확립하기까지 조선은 중추신경 없는 지체(肢體)의 집합에 불과하다. '조선아!' 하면 '오냐' 하고 대답하고 나설 자— 우리도 인정하고 남들도 인정할 핵심적 조직체가 생겨야만 될 것이다. 이것이 우리 젊은 조선인의 큰 책임임은 말할 것이 없다. 그러면 조직의 요결(要訣)은 무엇인고. 그렇게 말하는 것보다도 우리 조선인이 단체생활에 대한 결함이 무엇인고. 그것을 생각해보자.21)

조직체를 결성하는 데 필수적인 요결은 주의(主義)인 것은 물론이다. 주의에 충성한 의인(義人)으로 결집된 조직체를 결성한다면, 그 조직체의 힘은 태산을 움직이고 역사의 방향을 돌려놓을 수가 있다고 역설하고 있다. 여기서 말하는 '역사의 방향'이란 식민지배를 타파하고 독립대업을 이룰 수 있다는 미래 희망을 의미한다.

주의(主義)를 기초로 하는 사업은 지식적으로나 도덕적으로나 훨씬 고급한 문화를 가진 백성이라야 할 수 있는 것이다. 대개 사당(私黨)은 혹은 사정(私情)으로 혹은 사리(私利)로 모이는 것이기 때문에 인성(人性)의 저급된 방면의 발동으로도 될 수 있는 것이어니와 주의를 기초로 하는 조직체의 사업은 저급된 인격으로는 반응하기 어려운 진리감이나 정의감의 자극으로 되는 것이기 때문이다. 사리사욕을 목표로 하는 조직체에서는 거기 참가한 개인에게 이익이 돌아오기 쉽거니와 주의를 위한 단체에 충성된 결과로는 이익을 받기는커녕 흔히 명예와 재산과 생명을 모두 다 희생하는 수가 있다. 그러므로 이(利)를 보지 않고 오직 의(義)를 보는 이라야, 의를 위하여서는 생명을 내어놓는 이라야, 백 년 못 살 이 생명을 의를 위하는 일에 밖에 무엇에 쓰랴 하는 이라야, 이러한 개인들이 한 주의의 기치(旗幟) 밑에 모이고서야 비로소 부귀로도 음(淫)치 못하고 위무(威武)로도 굴치 못할 힘 있는 조직체가 생길 것이다.
주의에 충성된 자를 우리는 의인(義人)이라고 부른다. 의인은 단체라고 큰 집을 짓는 데 쓰는 건전한 재목들이다. 그러므로 힘 있는 단체를 이루는 제일 요건은 의인의 회집(會集)이다. 그런데 이러한 의인은

---

21) 『東亞日報』(1928. 9. 14), 젊은 朝鮮人의 所願(11회): 個人과 組織體(2); 『人生의 香氣』, pp.32~34.

이욕(利慾)에 물든 사람들 중에는 극히 드물고 부패하고 쇠퇴하는 세
대에는 더구나 드물다. 이러한 의인을 찾을 곳은 진실로 아직도 이욕
(利慾)에 물들지 아니한 순결한 청년남녀들이다. 고래로 무슨 주의를
위하여 생명을 바친 자는 청년들이었다. 청년 시대에 의(義)의 불세례
를 받고 그 의의 분위기 속에서 늙은 이라야 위대한 의인들이 되었다.
역사상에 모든 새 시대와 새 사회를 창조해낸 자가 젊은 사람들인 것
이 이 때문이다. 청년 중에까지 의의 불씨가 꺼졌다 하면 그 백성은
다시 바랄 것이 없을 것이다.

의인은 가비여히(가볍게) 허락을 아니 한다. 어떠한 청구가 자기의
주의에 합하지 아니하는 경우에는 그 청구가 아무리 간절한 것일지라
도, 아무리 사절키 어려운 사정(私情)이 있는 것일지라도, 또는 어떻게
그 청구가 이익이 있는 것이요, 그것을 거절함이 어떻게 큰 해가 되는
것일지라도, 생명에 관한 것일지라도 단연히 거절하여버리고 결코 승
낙을 하거나 줄줄 끌려가는 애매한 태도를 취하지 아니한다.

그렇지마는 한번 응낙한 이상에는 다시 두말이 없다. 의인은 아무러
한 권력에도 노예가 되지 아니하거니와 오직 자기의 응낙에는 완전한
노예가 되는 것이다. 그러므로 우리는 의인의 한번 응낙을 들을 때에
그것을 의심함이 없이 영구히 믿는다. 믿기 때문에 이러한 의인들이
한 언약은 금과 같고 백금과 같아서 변함이 없다. 이런 사람들을 골라
서 한 조직체를 이룬다 하면 그 조직체의 힘은 태산을 옮기고 역사의
방향을 돌려놓을 수가 있다.22)

식민지 백성의 몸으로 살아야 할 조선인에게 가장 지겨운 말은 복종
이다. 이광수는 '자유와 복종'이라는 글에서 "오늘에 있어서 복종의 대
(對)는 자유가 아니라 반항"이라고 정의하고 있다. 여기서 반항정신이
란 곧 항일독립정신을 말한다.

요새 세상에 복종이란 말보다 더 듣기 싫은 말이 있을까. 자유사상
에 취한 이들은 복종이란 말을 사전에서 파내어버리고 싶어 한다. 복

---

22) 『東亞日報』(1928. 9. 15), 젊은 朝鮮人의 所願(12회): 主義와 靑年; 『人生의
    香氣』, pp.35~37.

종은 신사(臣事)와 아울러 봉건시대의 저주받은 유풍(遺風)이라고 한다. 그래서 자녀가 부모에게 반항하고 제자가 선생에게 반항하여 무릇 무엇에나 반항함으로써 지도정신을 삼는다. 오늘에 있어서 복종의 대(對)는 자유가 아니라 반항이다. 현재 젊은 조선인의 맘을 지배하는 정신은 복종에서는 천리만리를 떠났거니와 자유에 있는 것도 아니요 오직 반항에 있다.

그러면 복종과 자유와 반항과는 불가공존(不可共存)의 것일까. 물과 불과는 불가공존의 것일까. 물 쓸데 있고 불 쓸데 있는 심으로 복종 쓸데 있고 반항 쓸데 있는 것이 아닐까. 어떤 개인이 다른 개인에게 대하여 취할 수 있는 지위는 네 가지가 있다. 첫째는 내가 다른 이를 명령하고 지도하는 지위, 즉 남을 복종케 하는 지위니, 가정의 가장, 군대의 사령관, 조직체의 지도자 같은 지위니, 이러한 지위에 처하는 개인은 극히 소수다. 이 지위에는 흔히 존경과 영예가 따르기 때문에 총명이 부족한 자들은 매양 이 지위를 탐내는 수가 많다. 단체생활의 내부의 파탄이 흔히 여기서 온다. 그러나 총명이 족한 사람은 명령자의 지위에 따르는 영예를 보기 전에 거기 따르는 중대한 책임과 심각한 심려(心慮) — 피와 골수가 타는 노심(勞心)과 초사(焦思)를 보기 때문에 부득이한 경우가 아니면 그 지위를 피하는 것이다.

둘째는 내가 다른 이에게 복종하는 지위다. 가정으로 이르면 호주(戶主) 이외의 가족들, 국가로 이르면 인민들, 조직체로 이르면 지도자 이외의 인원들, 군대로 이르면 사령관 이외의 군인들이다. 복종하는 자는 수효로 보아 지도하는 자보다 항상 다수다. 군대생활에 명령자도 있지마는 그것은 극소수요 복종하는 것이 원칙인 모양으로 일반 인생생활에도 사람은 혹 명령자 지도자의 지위에 처하는 일도 있지마는 그것은 특별한 경우요 원칙으로 말하면 복종이다. 공민교육(公民敎育)의 요체(要諦)는 어떻게 지도하는 일에 있지 아니하고 어떻게 복종하는 일에 있는 것이다. 만일 어떤 가족이나 조직체나 군대의 각원(各員)이 저마다 남을 명령하려만 들고 남의 명령에 복종할 줄을 모른다 하면 그 꼴이 어떻게 될까. 우리가 목전에 자주 이러한 꼴을 보지 아니하는가. 사공 많은 배는 산으로 올라간다. 지도자 많은 조직체는 똥 개천으로 들어간다.

가장 큰 힘을 내려면 가장 큰 복종을 요한다. 군대는 가장 큰 복종의 표본이다. 다른 조직체들도 일을 하여가는 데는 군대식 복종이 필요하다. 그러기에 아무리 평등을 기조로 하는 국가에서도 행정조직과 군대조직은 복종의 원리 위에 세워 있다.

그러면 자유는 언제 쓰나? 복종만 고조하면 노예가 아닌가. 자유는 자기를 지도할 지도원리와 지도자를 택하는 데 쓴다. 갑당에 들까, 을당에 들까를 결정하는 것은 나의 자유다. 이 자유의사를 가지고 어느 조직체에 참가한다. 갑을 지도로 삼을까, 을을 지도로 삼을까를 결정하는 것도 나의 자유다. 이 자유를 가지고 그 조직체의 수령을 투표한다. 이 의미에서 나는 자유다. 그러나 한번 어느 조직체에 참가하기를 허락한 이상, 어느 개인을 지도자로 선거하여놓은 이상, 나에게는 오직 그 조직체의 법에, 그 지도자의 명령에 복종하는 자유가 있을 뿐이다.[23]

여기서 '반항의 정신'이란 항일독립정신을 은유하고 있다. 정의감이 강할수록 강한 반항정신을 가지게 된다. 젊은 조선 청년은 이러한 반항정신을 발휘하여 항일독립운동을 일으키기 위해 실력을 배양할 것을 고무하고 있다. 이광수는 젊은 조선 청년에게 가만히 힘을 축적하였다가 큰 힘이 된 뒤에 일시에 내어뿜어야 천하를 움직이는 역사의 운명을 바꾸는 반항의 힘이 발하게 된다고 역설하고 있다.

복종이 단체생활에 필요한 것이지마는 어떤 때에는 반항을 필요로 할 때도 있는 것이다. 반항은 사회의 방부제요 변질 강장제다. 그러나 반항이란 별물(別物)이 아니다. 불의에 대한 증오와 의(義)를 현창(顯彰)하려는 동경이 행위로 발한 것에 불과하다. 그러므로 강한 정의감의 소유자일수록 강한 반항적 정신의 소유자일 것이다. 이러한 반항적 정신이 없는 자는 불의인 줄 알면서도 감히 도전할 기백이 없이 끌려간다. 흔히 이를 타협이라 일컫고 현상(現狀)에 대한 존경이라고 일컫는다. 반항의 정신이 결핍한 사회는 공기와 일광이 통치 못하는 처소 모양으로 침체하고 부패한다.

그러나 반항은 최후수단이다. 비장의 보도(寶刀)다. 모든 다른 방책

---

23) 『東亞日報』(1928. 9. 16), 젊은 朝鮮人의 所願(13회): 自由와 服從; 『人生의 香氣』, pp.37~40.

(方策)이 다 무효인 것이 판명된 뒤에 부득이하여 빼어들 보도다. 그러므로 함부로 빼어서는 못 쓰는 동시에 한번 빼었거든 다시 꽂지는 못하는 것이다. 걸핏하면 반항의 기운을 내어두르는 이는 마침내 큰 반항은 못하는 것이다. 남이 다 참지 못하는 곳에 능히 은인(隱忍)하고 남이 다 흥분되어 들먹거릴 때에 능히 자중(自重)하여 충분한 실력을 축적하고 (이하 4행 검열 삭제) "제 힘을 기를 줄을 아는 것이 진정한 반항정신이다."(삭제 부분 복원)

그런데 큰 반항의 정신을 가진 사람은 또한 큰 무저항(無抵抗)의 정신을 가지는 것이다. 그는 동지 간에는 무저항이다. 욕하면 먹고 때리면 맞아서 오직 정당한 이해가 올 때를 기다린다. 그렇지 아니하면 그 동지는 잃어버릴 것이요, 사사건건에 내 맘에 어그러진다고 반항하면 마침내 큰 단합은 얻지 못할 것이다. 최후의 대목표만 일치할진대 그 나머지의 소절(小節, 작은 절조)에 대하여는 무저항이다.

그러하건마는 세상에는 흔히 밖에 나가서는 고개도 못 드는 위인이 안에 들어와서는 팔을 뽐내는 일이 있다. 적(敵)에 대하여서는 앙시(仰視)도 못하면서 동지에게 대하여서는 추호도 용서치 아니하는 일이 많다. 조선 재래의 싸움은 밖에 대한 민위선양(民威宣揚, 백성의 위력을 떨치다)의 싸움이 아니요 안에 있어서 승기자(勝己者, 저보다 나은 사람)를 제거하는 싸움이었다. 무저항의 정신을 철저하게 배운 뒤에야 큰 반항의 힘을 얻을 것이다.

반항의 정신은 닥치는 대로 아무와나 아무 일에나 싸우는 정신이 아니다. 그것은 필부지용(匹夫之勇, 깊은 생각 없이 냅다 치는 용기)이란 것이다. 반항의 정신을 크게 가진 자는 작은 일에는 움직이지 아니한다. 사자나 범은 참새나 쥐에 대해서 분노하지 아니한다. 큰 반항을 목적하는 자는 많은 동지를 구하기 때문에 차라리 유순(柔順)한 상(相)을 가진다.

또 반항의 정신은 결코 법의 구속을 아니 받는다는 의미가 아니다. 두 사람 이상의 공동생활은 법으로야 유지되는 것이니 법이 깨어지는 날 그 공동체는 깨어지는 것이다. 그러므로 법을 엄수하되 세미(細微)한 데까지 이르는 것은 공동생활을 하는 자의 최대한 의무다. 적법한 수단으로 법이 고쳐지기까지 그 법을 준수하고 옹호함은 용기 있는 자의 일이다.

진정한 반항의 정신, 위대한 반항의 정신은 무저항, 유순, 준법을 포용할 것이다. 깨어진 기관(汽罐, 증기통) 모양으로 씨씨 하고 무시로 증기를 뿜어가지고 있는 것은 큰 소리를 못 내인다. 가만히 힘을 축적하였다가 큰 힘이 된 뒤에 일시에 내어뿜어야 천하를 움직이는 큰 소리가 될 것이다.[24]

조선 민족은 역사상 최대의 민족적 역경(逆境)에 처해 있기에 조선의 전도(前途)에 대해서 절망적 낙심을 하고 있다. 민족의 생명이라 할 조선 청년 간에 이러한 절망적 낙심이 깊을수록 민족적 활력은 위축되고 소잔해지고 만다. 세계는 넓다 하나 우리처럼 빈궁한 백성은 없다. 우리처럼 무기력한 백성은 없다. 그런 데다가 우리처럼 활로를 구하는 노력과 활동이 적은 백성도 없다. 정말로 조선은 빈궁의 표본이 아닐 수 없다. 젊은 조선인의 사지에는 아직도 시험해보지 않은 청춘의 힘이 있다. 이 청춘의 힘이 곤궁의 폐허를 안락하고 풍성한 낙원으로 변하게 할 수가 있다는 신념을 가져야 한다. 그러므로 역경에 처한 자가 마땅히 가질 것은 낙심이 아니라 용기다. 자기 힘에 대한 신념을 가지고 이 역경을 타파해야 한다. '최후의 승리는 내게 있다'는 신념을 가지고 현상타파를 고취하고 있다.

역경에 처한 자가 가장 빠지기 쉬운 병은 낙심이다. 자력(自力)으로 이 역경을 탈출할 수 있다는 신념이 없을 때에 우리는 낙심의 포로가 되어버린다. 낙심의 끝은 잘되면 진말(晋末)의 청담자류(淸談者流, 노장(老莊)의 공리(空理)를 논하는 선비)처럼 둔세독선(遁世獨善, 속세를 피해 은둔하면서 자기 혼자 옳다고 믿어 행동함)하는 자가 되고, 못 되면 감가낙백(轗軻落魄, 일이 뜻대로 안 되어 마음이 답답하고 넋을 잃음)에 이름을 빌어 주색(酒色)의 무리가 되어버린다. 지금까지에 이 두 가지로 빠져버린 청년이 결코 적지 아니하다. 현재에도 혹은 개인적으로 혹은 민족적으로 전도(前途)를 비관하여 "다시 말을 말게" 하는 낙

---

24) 『東亞日報』(1928. 9. 18), 젊은 朝鮮人의 所願(14회): 反抗의 精神; 『人生의 香氣』, pp.40~42.

심의 태도를 취하는 이가 적지 아니하다. 재분(才分)이 출중하고 품격이 고결한 이일수록 이러한 이가 많다. 대개 그러한 이는 초이기적이어서 크게 세사(世事)를 우려하는 고귀한 정조(情操)를 소유하였기 때문이다.

그러나 이것은 심히 한심할 일이다. 민족의 생명이라 할 청년 간에 이러한 절망적 기분이 농후하면 민족적 활력은 더욱 위축하여버릴 것이다. 젊은 조선인은 이러할 수는 없는 것이다. 우리의 과거는 눈물과 부끄러움의 폐허다. 현재는 노라(노란) 배틀어진 빈궁이다. 정신적으로 겸하여 물질적으로 빈궁이다. 세계가 넓다 하건마는 우리처럼 빈궁한 백성은 없다. 우리처럼 무기력한 백성은 없다. 그런 데다가 우리처럼 활로를 구하는 노력과 활동이 적은 백성은 없다. 빈궁의 표본이어, 네 이름은 조선인이다.

그러나 이러한 빈궁의 폐허 위에 우리들 젊은 조선인이 섰다. 우리의 눈에는 대원(大願)이 있다. 우리의 사지(四肢)에는 아직 시험해보지 아니한 청춘의 힘이 있다. 이 힘이 곤궁의 폐허를 안락하고 풍성한 낙원으로 변하지 못할까. 젊은 조선아, "한다!"고 외치어 대답할지어다. 젊은 조선인의 대원을 품은 개인적 능력(체력, 지력, 의지력)의 각고한 수련과, 그 수련한 이들이 주의(主義)와 신의(信義)로 일심(一心)하는 단결은 마침내 조선을 불행의 낡은 운명에서 건져내어 행복의 새 운명의 세계에 안태(安泰)케 하고야 말 것이다. 그러므로 역경에 처한 자가 마땅히 가질 것은 낙심이 아니요 용기다. 자력(自力)에 대한 신념이다. 남이 절망하는 곳에 신념을 가지는지라 젊은 조선인이요, 남이 낙심하여 쭈그러지는 때에 용기를 발하여 일어나는지라 젊은 조선인이다. 그런데 신념을 유지하여가는 것도 용기다.

용기란 욱하는 기운만이 아니다. 돌격적 용기도 용기 아님이 아니지마는 진실로 귀한 것은 지구전적(持久戰的) 용기다. 비겁 무기력한 자도 그때의 환경과 지도자 여하로 돌격적 용기는 발할 수가 있거니와 지구전적 용기는 진실로 용사가 아니고는 발하지 못하는 것이다. 고통과 곤궁도 참고 모욕과 조소도 참고 10년 20년 일생을 두고 지리한 고생을 꾸준히 참고 견디어 완고한 역경하고 참기 내기를 하여가면서도 칠전팔도(七顚八倒, 일곱 번 구르고 여덟 번 꺼꾸러진다, 즉 수없이 실패를 거듭함)에 초지(初志)를 변치 아니하고 "암만 그래야 최후의 승리는 내게 있다!"는 신념을 꿋꿋이 지켜가는 용기는 저마다 가지지 못하는 보배다. 현재 젊은 조선인이 가질 공부를 해야 할 용기가 이것이다. 백일기도, 천일기도를 하여서라도 얻어야 할 능력이, 풍운조화가 아니고 실로 용기다.25)

동우회 사건(1937)으로 일제의 정치적 포로가 된 이광수는 마침내 1938년 11월 3일 이른바 명치절(明治節)을 기해 사상전향신술서(思想轉向申述書)를 재판부에 제출함으로써 친일전향을 공식화했다. 민족주의 운동이란 것이 피상적인 것을 알았고, 조선 사람을 살릴 길이 정치운동에 있지 않다는 것, 그러므로 일제에 협력하는 것이 유일한 조선 민족의 살 길임을 깨닫고 친일전향을 결심한 것이다. 이 책의 핵심 연구과제는, 과연 이광수는 골수친일인가 아니면 위장친일인가를 가리는 것이다. 이 문제는 두 가지 측면에서 궁구(窮究)해야 한다. 하나는 그가 비밀결사 조직체를 통한 항일민족운동을 전개했는가의 여부를 분석·검토해야 하고, 다른 하나는 일제 말기 암흑기에 그가 발표한 소설을 분석·재해석함으로써 친일문학인지, 아니면 조선어 보존과 민족 정통성 보전을 위한 민족문학인지를 가려보는 것이다.

당시 청소년들에게 이광수는 민족의 아이콘이요, 독립희망의 최후 보루였다. 민족주의 계통의 사상 범죄로 취급된 조선 청소년의 70, 80퍼센트는 춘원의 저서에서 민족의식을 각성했다는 것이다. 예를 들어, 비밀결사인 춘천고보 '상록회'(1937. 3. 14)의 독서회에서는 춘원의 작품을 서로 돌려보면서 민족의식을 깨닫고 항일 학생운동을 일으켰으며, 수원고농 비밀결사 '언문연구회'(1939. 9. 30)도 춘원의 작품, 특히 '인생의 향기'를 읽고 그의 조선어 보존정신을 체득하여 항일 학생운동을 일으켰다. 양정고보 '고성동지회'(1941. 6. 30)도 춘원의 '흙'을 읽고서 농촌계몽운동을 통해 민족운동을 전개한 것이다. 일제 말기에 이광수는 비밀결사 '청년정신대'(1944. 8)를 결성하였다. 경성에는 '청년정신대'

---

25) 『東亞日報』(1928. 9. 19), 젊은 朝鮮人의 所願(15회): 勇氣와 信念; 『人生의 香氣』, pp.42~44.

를, 농촌에는 '농촌정신대'를 조직하여, 혁명투쟁의 교두보를 구축하여 일제를 몰아내고 독립을 달성하겠다는 것이었다. 이와 같은 비밀결사 조직체를 통해 이광수의 위장친일 여부를 재해석해보고자 한다.

　작품을 통한 위장친일 여부를 가리는 것이 최대과제이다. "무릇 내가 쓴 소설은 민족정신 밀수입의 포장으로 쓴 것이었다. 일반 동포 독자들은 그 포장 속에 밀수입된 내 뜻을 잘 찾아서 알아보았다고 믿는다. 그래서 나는 독립 전야까지 내 밀수입 포장을 계속할 작정이었던 것이다."26) '검열 트라우마'에 걸린 이광수는 검열 통과를 위해 직설적 표현을 지양하고 메타포(암유) 표현방식을 채택하여 소설을 쓴 것이었다. 그러기에 그의 작품에서 춘원의 진의(眞意)를 알기 위해서는 중의적(重義的), 분석적 해석을 해야 한다. 1941년 11월부터 1945년 해방 직전까지 이광수는 조선어 장·단편 소설 11편, 일본어 장·단편 소설 7편을 발표했다. 이광수는 친일파 문인이라는 선입관의 시각에서 그의 소설은 '친일문학'이라고 단죄되고 있다. 이는 피상적인 모략사관이 아닐 수 없다. 그 행간에 깔려 있는 작자의 참뜻, 민족정신 밀수입으로 포장하여 쓴 춘원의 충정을 피상적으로 해석했기에 그런 왜곡된 판단의 함정에 함몰하고 만다. 그러나 이를 분석적, 중의적으로 재조명해보면 민족정신 밀수입으로 쓴 작품임을 알 수 있다. 저자는 이 책에서 암흑기에 쓰인 춘원의 소설이 과연 친일문학인가, 민족의 정통성 보존인가의 여부를 가려보고자 한다. 따라서 위장친일인가, 진짜 골수친일인가를 판가름하기 위해 원사료(primary)를 발굴하여, 이를 실증사학적 어프로치로 입증해보려 한다.

　일제는 조선어 사용을 전폐하고 국어(일본어) 상용을 강화하여, 이른바 문화말살정책을 강행했다. 이광수는 이에 맞서 민족문화 보존운동을 줄기차게 전개했다. 일제는 '조선'을 '반도'라고, '조선 문학'을 '반도문학'이라고 함으로써, 조선어는 일본제국의 한 지방어로 전락하기에 이르렀다.27) 이광수는 조선어 보존정신을 발휘, 조선어 사용을 금기시

26) 春園 李光洙, 『나의 告白』(春秋社, 1948. 12. 25), pp.192~193.
27) 『半島作家短篇集』(朝鮮圖書出版株式會社, 1944. 5); 조선도서출판주식회사

하는 일제의 압제와 언론탄압을 타파하고 의도적으로 조선어 장·단편을 써냈던 것이다. 조선어 사용 전폐라는 시대상황 하에서 조선어로 소설을 썼다는 자체만으로도 민족운동인 것이다. 이에 저자는 암흑기에 씌었던 춘원의 소설은 민족의 정통성과 항일 민족정신이 담긴 소설임을 실증사학적 해석으로 입증해보고자 한다.

2014년 2월 8일
동경 2·8독립선언 제95주년 기념식장(국회 헌정기념관)에서
'동경 2·8독립선언서의 역사적 의의' 특별강연을 행하며
金源模

편, 노상래 역, 『반도작가단편집』(제이엔씨, 2008).

제1장 명치학원과 초기 작품

1. 명치학원과 춘원의 초기 작품론

1905년 을사보호조약이 체결된 그해 8월에 14세 나이 어린 소년 이광수는 천도교 일진회(一進會)의 유학생에 선발되어 동경 유학의 장도에 올랐다. 어린 소년 이광수의 꿈은 장래 총리대신이 되어 기울어져가는 조국을 구출하겠다는 것이었다. 그 당시 동경 유학생 수는 약 70명인데 모두가 대신이 되어 나라를 구해보겠다는 정치적 야망에 불타고 있었다. 춘원도 소설가 문인이 되겠다는 생각은 추호도 없었고 오로지 동경 유학을 마치고 정치적 이상을 펼치려는 영웅주의적 웅지를 품고 있었다. 이리하여 이광수는 그의 아명 이보경(李寶鏡)이라는 이름으로 대성중학교를 거쳐 명치학원 중학부 3학년에 편입하였다. 그가 처음 유학 가던 을사년 11월에 한일의정서(을사보호조약)가 체결되자 동경 유학생 70명은 한국 공사관에 모여 울분을 터뜨렸다. 이제 나라가 일본의 반식민지로 전락되자 동경 유학생들은 모두가 새로운 학문을 배워 총리대신의 인수(印綬)를 차고 기울어져가는 국운을 바로잡아보겠다는 원대한 정치적 포부를 가지고 있었다. 당시 정객들이 많이 망명해 있었고 또 유학생들도 다 제각기 정치가연하여 그들의 일거수일투족이 정치적이고 영웅적이었다.[1]

동경 유학 시절 이광수로서는 평생 잊을 수 없는 것은 의암(義菴) 손병희(孫秉熙)와 헤이그 밀사로 헤이그 만국평화회의(1907)에서 자문(自刎)한 이준(李儁)과의 회견 장면이었다. 당시 평리원(平理院) 검사(檢事)였던 이준이 법부대신 이근택(李根澤)을 탄핵한 관계로 면직되어 동경으로 건너오게 되었는데, 천도교 교주 손병희는 일진회 유학생 40명을 모아놓고, 일개의 검사 신분으로서 대신을 탄핵한 추상같은 기개야말로 우리 모두가 모범할 바라 하여, 우에노(上野) 정양헌(精養軒)에 이준을 초청, 환영 만찬을 열기로 되어 유학생 40명도 그 자리에 참여했다. 그 환영회 석상에서 이준은 손병희를 공격하기 시작했다. 손병희는 천도교 교주를 빙자하여 혹세무민하여 거재를 모아다가 호화로운 저택에다 첩을 둘씩 두고 마차, 인력거 등을 사용하는 등 사치스러운 생활을 하고 있으니 이는 절대로 용서할 수 없는 터이나, 그가 앞으로 무슨 큰 국가적 사업을 하리라고 생각하고 그의 장래에 경의를 표하는 터이라 함에, 그 자리에 참석하였던 의암 제자들은 그의 말에 격분하여 밖으로 나가 수군수군하며, 그중 한 사람이 이준에게 항의하려 함에, 의암은 그를 제지시킨 다음 침착한 어조로서, 지금 나에게 준 말은 내가 평생에 듣던 중 반가운 말이다, 다만 한마디 말하고자 함은 나의 몸에 아홉 군데 칼자국이 있는데 아직도 한 군데가 남아 있다고 대답하자, 그제사 이준은 기뻐하여 주객들은 술잔을 권하여 밤이 늦음을 모르고 정치론을 주고받고 했다는 것이다. 역시 영웅은 영웅을 안다는 말이 실감했다고 춘원은 회고하고 있다.2)

춘원이 처음 유학 갔을 때는 유학생에 대한 대우가 극히 좋았던 때라서 이광수는 전기회사에 다니는 사람의 집에 하숙을 하게 되었는데, 어떤 짓궂은 친구가 하숙집 주인에게 춘원은 성씨가 이 씨로 조선 왕족이라고 우스갯소리를 한 것으로 말미암아 그는 항상 왕족이라는 존칭을 받았을 뿐만 아니라 날마다 아침저녁으로 문안을 받게 되었다. 춘원

---

1) 『朝鮮日報』(1937. 1. 4), 學窓에서 맺은 꿈은 將來의 總理大臣! 어렸을 때의 印象 깊었던 이 孫義菴과 李儁氏 殺氣騰騰했던 兩人 會見.
2) 상게서.

이 민망하여 왕족이 아니라고 아무리 변명해도 효과가 없었다고 한다. 그때 동경에는 대한유학생 친목회라는 모임이 있었는데, 나이 많고 큰 학생들은 서로가 회장이 되려고 맹렬한 선거운동을 하여 소고기국을 끓여 먹이는 등, 요리를 사주는 등 매수운동이 심하였다. 춘원은 나이 어리지만 마음에 그들의 행동이 비열한 데에 미워서 소고기국 한 그릇만 얻어먹고 다른 사람에게 투표한 일도 있었다고 감개무량하게 회고했다.3)

이광수는 대성중학교(大成中學校)를 거쳐 1907년 9월 10일 명치학원(장로계) 중학부 3학년에 편입학했다.4) 이보경의 이름으로 명치학원을 졸업한 것은 1910년 3월이었다. 명치학원 재학 기간은 2년 반이다. 이 짧은 2년 반 동안에 17~19세 소년 이광수는 문필활동을 하기 시작했다.

이광수는 언제 무슨 학보에 어떤 글을 발표했는가? 과연 그의 글이 처음 활자로 인쇄된 것은 어떤 작품인가? 이에 대한 연구는 전무 상태이다. 이광수는 그 자신이 '첫 번 쓴' 작품에 대해 밝히고 있다.

열여덟 살 적, 즉 16년 전이다. 일기를 보건대 융희 3년(1909) 11월에 '호(虎)'라는 것을 완성하였다고 썼다. 그리고 대단히 만족한 뜻을 표하였으나 그것은 지금 남지 아니하였다. 그와 거진(거의) 동시에 일문(日文)으로 '戀か(사랑인가)'라는 것을 써서 내가 다니던 명치학원의 '백금학보(白金學報)'에 내었다. 내가 지은 소설이 인쇄가 되기는 이것이 처음이라고 기억한다. 그때 일기를 보면 그것이 꽤 기뻤던 모양이다.

우리 글로 발표된 것 중에 나의 소설이라 할 만한 것은 역시 그해인가 그 전해인가 분명히 기억은 못하여도 대한흥학보(大韓興學報)에 낸 '규원(閨怨)'이라고 생각한다. 그러나 그때의 감정은 기억이 없다. 그 담에 쓴 것은 그 담해 소년(少年) 3월호서부터인가 '어린 희생'이란 것을 세 호 동안 연재한 것이 있다. 이것이 '고주역(孤舟譯)'이라고 하였

---

3) 상게서.
4) 『文學思想』 100호(1981. 2), p.393, 李光洙의 創作方法論의 변화(金允植).

으나 그것은 편집인인 공육(公六, 지금은 六堂)이 아마 번역인가 하여서 그리한 것이요 기실은 나의 창작이다. 내게는 그것이 완성되던 때의 기쁨이 꽤 깊었고 또 쓰느라고 애쓰던 것도 기억된다.

그러나 내가 진실로 처녀작의 기쁨을 맛보았다 할 만한 것은 3년 전 동아일보에 게재한 '가실'의 원고가 완성된 때다. 이것이 끝난 때에는 정말 기뻤다. 남들은 이것을 아무렇게 말하더라도 내게 있어서는 이것은 처녀작이요 첫 아들이다. 그러나 나는 이 앞날에 처녀작의 기쁨을 맛보기를 기다린다. 나 같은 미완성품이 이런 소리를 쓰게 되면 늙어진 듯하여 혼자 웃었다.5)

이광수 자신은 최초의 글이 활자로 인쇄되기는 '정육론'이라고 주장하고 있다. "대한흥학보 뒤에 얼마 있지 않아 이번에는 가족제도를 개혁하자는 그런 뜻으로 '정육론(情育論)'이란 한 편의 글을 황성신문에 투고하였더니 며칠 뒤에 그것이 글쎄 바로 사설란에 났겠지요. 황성신문이라 하면 그때 장지연(張志淵) 등이 사설을 쓰고 있었지요."6) "내 글이 처음 활자로 인쇄되기는 지금으로부터 28년 전 황성신문에 발표한 '정육론'이라는 논문이 있습니다. 이것은 감정교육을 말한 소론이었지요. 그리고 소설로는 지금으로부터 26년 전 대한흥학보에 '원한'(무정)이라는 단편을 쓴 것인데 그 내용은 지금도 잘 기억하지요."7) "맨 처음 쓴 글이 활자에 오르기는 태극학보라고 기억하는데, 황성신문에 투고한 것과 어느 것이 먼저인지는 분명하지 아니합니다. 태극학보에 쓴 것은 '정육론'이라는 논문인데, 그 요지는 조선은 유학의 영향으로 감정을 억압하였으니, 인성(人性)에 본연한 감정을 해방하라는 것이었습니다. 무의식하게나마 자연주의의 염(染)을 받은 일종의 반항심의 발로라고도 보이지마는, 또한 인정(人情)을 중히 여기는 내 성격의 일단이라고도 보입니다. 황성신문에 쓴 것은 '교육론'인 듯한데, 배외(拜外)

---

5) 리광수 주재, 『朝鮮文壇』 제6호(1925. 3), p.72, 첫 번 쓴 것들(李光洙).

6) 『三千里』(1934. 11), pp.234~243, 春園文壇生活 20年을 機會로 한 文壇回顧座談會(10. 2).

7) 春園文庫, 『病床錄』(光英社, 1956), p.117, 나의 文壇苦行 三十年.

사대사상을 배격하고 민족의식을 기조로 한 교육을 시(施)하되, 특히 우리의 어문과 역사를 숭상하고 한문(漢文)을 배격하자는 것과, 가내 중심의 구도덕을 폐기하고, 개인 중심의 애국적 신도덕을 세우기를 주장하는 그러한 내용을 가졌던 것 같은 것이 기억됩니다."8)

이상 춘원 자신이 회상한 그의 '최초의 글' 발표를 종합해보면, 황성신문에 '정육론'를 발표했다, 태극학보에 '정육론'을 발표했다, 황성신문에 '교육론'을 발표했다는 등 세 가지가 모두 엇갈리게 언급되어서 일대 혼선을 빚고 있다. '이광수전집'(삼중당) 총색인에는 "情育論(論文) 年月日未詳 皇城新聞(X)"9)으로 되어 있다. 황성신문에 '정육론'을 발표했다는 사실은 연월일 미상으로 아직까지 실물은 발견되지 않고 있다. 굳이 황성신문에 투고했다면 그것은 '정육론'이 아니라 '금일 아한 용문에 대하여'10)이다. 오산학교 교원 19세 이광수는 한일합병 한 달 전에 어문생활의 혁신과 개혁을 주장하고 나섰다. 신문잡지의 현토식(懸吐式) 순한문 문체를 보고 이는 신지식 수입에 큰 장애요인이라고 지적하면서 이 같은 현토식 문체로는 구미 선진문물을 수용할 수 없다고 진단했다. 순국문(한글전용)만 쓰는 것이 바람직하지만, 그럴 경우 이해하기가 어려우므로 과도기의 단계로 국한문 병용(倂用)을 주장하고 있다. 현시점에서 명목상으로는 국한문 병용이라 하나 실제로는 순한문에 언문(한글)으로 토만 달고 있는 이러한 현토한문 문체생활로는 개혁과 진보, 나아가서는 구미 선진문화를 수용할 수 없다는 것이다. 국한문 혼용을 문자생활에 실용화하게 되면 저작자는 신사상, 신지식을 자유자재로 표현할 수 있고, 독자는 이를 쉽게 이해할 수가 있다. 그러므로 이는 저자와 독자 양편의 이른바 '윈윈 문자개혁'이 될 것이라고

---

8) 春園李光洙著作, 朝鮮語學會校鑑, 『文章讀本』(弘智出版社, 大成書林, 1937. 3. 15), p.82, 文壇生活 三十年을 돌아보며.

9) 『李光洙全集』(三中堂, 1963), 권 20, p.24, 總索引.

10) 『皇城新聞』 3회 연재(1910. 7. 24~27), 今日我韓 用文에 對하여(李光洙); 金源模, 『영마루의 구름: 春園 李光洙의 親日과 民族保存論』(단국대학교 출판부, 2009), pp.164~167, 今日我韓 用文에 對하여. 전문을 소개하고 있다. 이광수전집(삼중당)에 미수록.

전망했다. 이리하여 이광수는 '금일 아한 용문에 대하여'를 황성신문에 기고하면서 한국 어문학사상 혁명적인 문장혁명 국한문 병용의 선구자가 된 것이다.

2. 최초의 작품: '국문과 한문의 과도시대', '수병투약', '혈루'

명치학원 중학부 이보경은 '정육론'을 황성신문이 아니라 태극학보(1910. 2)에 투고, '금일 아한 청년과 정육'[11]을 발표한 것이다. 그러면 과연 최초로 발표된 춘원의 글은 무엇인가? 그것은 이보다 2년 앞서 춘원의 나이 16세인 1908년 5월 태극학보에 발표한 '국문과 한문의 과도시대'(1908. 5. 24)와 '수병투약'(1908. 10. 24) 그리고 '혈루'(1908. 11. 24) 등 3편이다. 이들 세 편의 작품은 이보경이라는 그의 아명으로 인쇄된 최초의 글이다. 그런데 이광수는 첫 작품 '국문과 한문의 과도시대'와 '수병투약' 그리고 '혈루'를 태극학보에 발표했다는 사실을 한 번도 밝힌 적이 없었던 것으로 보아 이를 까맣게 망각해버린 것이라고 판단된다. 그러므로 이 세 편의 이광수 작품은 '이광수전집'(삼중당)에도 수록되지 않은, 새로 발굴한 작품들이다.[12]

만 16세 소년 이광수는 민족의 선각자가 되어 '국문과 한문의 과도시대'를 발표했다. 이는 이광수의 최초의 작품으로, 이에서 한국 최초로 한문을 전폐할 것과 한글전용(國文專用)을 주창했다. 한국의 현 시점(1908)은 국문(한글)의 과도시대라고 진단하면서, 1. 국문을 전폐하고 한문을 전용할 것, 2. 국문과 한문을 병용할 것, 3. 한문을 전폐하고 국문을 전용할 것 등 3안이 있다면서, 이광수는 이 3안 중 세 번째 안인 한글전용을 주창했던 것이다. 그렇다고 해서 한문 자체를 전폐하는

---

11) 『大韓興學報』 제10호(1910. 2), 今日 我韓 靑年과 情育(李寶鏡).

12) 『太極學報』 제21호(隆熙2年(1908) 5月 24日), pp.16~18, 國文과 漢文의 過渡時代(李寶鏡); 제25호(隆熙2年(1908) 10月 24日), pp.31~34, 隨病投藥(李寶鏡); 제26호(隆熙2年(1908) 11月 24日), pp.53~56, 血淚(李寶鏡). 이광수전집(삼중당)에 미수록.

國文과 漢文의 過渡時代　李寶鏡

우리 聖祖가 亞細亞 東半島의 樂園을 開拓
ᄒ샤 우리 人民으로 ᄒ여곰 此에 居ᄒ며 此를 守
ᄒ며 此를 發展케 ᄒ시니 此土를 文明케 ᄒ며
此土를 守ᄒ야 萬一 外人이 此土를 犯ᄒ는 者
有ᄒ거든 生命을 犧牲ᄒ야셔라도 此土를 固守ᄒ야
一步라도 退ᄒ지 못ᄒ흘거슨 大韓民族의 義務
라 然흔則 國民의 精粹되는 國語를 發達ᄒ을거
슨 不待多言이로되 此를 有形ᄒ게 發表ᄒ는
國文을 維持發達ᄒ음도 亦是 國民의 義務가 아
닌가
昔我邦이 未開ᄒ야슬 時에는 國文이 無ᄒ

17세 소년 이광수 최초의 작품 '국문과 한문의 과도시대'(1908. 5)
태극학보 제21호(1908. 5. 24)에 발표한 '국문과 한문의 과도시대'에서 이광수는 한글
전용(國文專用)을 주장했다. 이후 이광수는 한국 신문학사상 획기적인 '무정'(1917)
을 한글전용 문체로 집필하여 한글문화의 르네상스를 구현했다.

것이 아니라, 학문적으로 배우되 쓰기는 한글전용을 단행할 것을 제창
했다. 이리하여 이광수는 한국 최초의 한글전용론자가 되었다. 한국 신
문학의 아버지 이광수는 1917년 매일신보에 '무정'을 한글전용 문체로
집필, 한글전용을 실천하는 데 앞장섰던 것이다.

국문과 한문의 과도시대

우리 성조(聖祖)가 아시아 동반도의 낙원을 개척하사 우리 백성으로
하여금 이 땅에 살며 이를 지키며 이를 발전케 하시니 이 땅을 문명케
하며 이 땅을 지켜서 만일 외국인이 이 땅을 침범하는 자가 있거든 생
명을 희생하여서라도 이를 굳게 지켜서 한 걸음도 물러서지 못할 것은
대한 민족의 의무이다. 그러므로 국민의 정수(精髓)되는 국어를 발달할
것은 여러 말을 기다리지 아니할 것이로되 이를 유형(有形)하게 발표
하는 국문을 유지·발달함도 역시 국민의 의무가 아닌가.

옛날 우리나라가 미개하였을 적에는 국문이 없었기로 당시 문명의 경역에 달하였던 중국문자를 차용(借用)하였나니 이것이 비록 그들 나라에는 적의(適宜)하더라도 풍교(風敎)가 같지 아니하고 국어가 완전 다른 우리나라에는 적당하지 못하겠거든 하물며 글자의 점과 획(點畵)이 번잡하고 글자 수가 자못 많아 이로써 일생을 허비하여도 오히려 달성하기 불가능하지 않은가. 대저 문자의 요체는 사상 및 지식을 교통하며 고래(古來)의 사적(事績)을 연역(演繹)함에 있거늘 문자만 배움으로 금과 같은 일생을 허비한다면 어느 하가에 사상 및 지식을 교통하며 고래의 사적을 연역하리요. 이와 같은 것은 실로 완전한 문자의 가치가 없다 하리로다. 어찌 문물의 발달에 도움이 많으리오. 돌이켜 생각해보면, 우리나라 5천 년 빛나는 역사가 오늘날 참담한 먹구름 속에 침륜코자 함이 비록 수다한 원인이 있으리로되 이 문자의 영향 하는 바 다대하리로다.

오직 우리 덕이 크고 밝은 임금 세종 황제께옵서 이와 같이 다대한 폐단이 있음을 간파하시사 정사에 바빠서 겨를이 없는 가운데서도 노고를 무릅쓰고 노력한 결과 매우 아름답고 편리한 문자를 만들었나니 이것이 곧 우리 국문(한글)이다. 자수가 자음과 모음을 합하여 25자요, 글자의 각 음이 구비하였으며 점획이 간단하고 몇 개월이 안 되어 능히 만권서를 읽을 수 있나니 실로 온 누리 각국에는 다시 그 유(類)를 견주어보지 못하겠고 우리나라 역사에 일대 찬연한 광채를 발하였거늘 우리나라 사람은 저들 중국 문자에만 혹취(惑醉, 미혹하여 취함)하여 이 우미편리(優美便利)한 문자는 경홀(輕忽)에 부치고 현금의 상태를 초래하였으니 어찌 개탄치 아니하리오.

현금의 우리 대한 형세를 헤아려보니 물론 실업, 정치 및 기타 각종 사물이 하나도 과도시대에 처하지 아니한 것이 없으니 이때에 만일 추호라도 잘못하면 고치기 어려운 고질을 만들지라, 어찌 귀중하고 위험한 시대가 아니리요 우리 국문도 역시 이 시대에 참여하였도다. 국문의 과도관계는 다음과 같은 세 가지이다.

1. 국문을 전폐하고 한문을 전용할까.
2. 국문과 한문을 병용(竝用)할까.
3. 한문을 전폐하고 국문을 전용할까.

이상 세 가지 중 자상하고 세밀하게 이해관계를 짐작 상량(商量)하여 하나를 정하지 아니치 못할 것이다.

1. 국문을 전폐하고 한문을 전용할까.

이는 이상에 개론(開論)한 바이며 또 일본 모 학자는 언론하되 애국 정신의 근원은 국사와 국문에 있다 하니 여하한 경우로 논하여도 불가할 것이다.

2. 국문과 한문을 병용할까.

현금 우리나라 각 교과서와 신보지(新報紙)가 채용하는 것이니, 즉 한문으로 날(經)을 삼고 국문으로 씨(緯)를 삼는 것이다. 이는 비록 한문을 전용함보다는 우월하리로되 역시 불가불 배움의 폐가 있으니 그것은 마땅하지 못하리로다.

가정한 세 가지 중 두 가지는 이미 부정되었으니 불가불 제3을 채용하리로다.

국문을 전용(한글전용)하고 한문을 전폐한다 함은 국문의 독립을 말함이요, 절대적으로 한문을 배우지 말라 함이 아니다. 이 만국(萬國)이 이웃집과 같이 교통하는 시대를 당하여 외국 어학을 연구함이 학술상, 실업상, 정치상을 물론하고 급무(急務)될 것은 이의가 없을 바이니 한문도 외국어의 한 과목으로 배울지라. 이 중대한 문제를 하루아침에 단행하기는 불가능한 일이라 할 듯하나 일을 미루다가 세월만 보내서야 신국민의 사상이 견고케 되고 출간서적이 다수히 되면 더욱 행하기 어려우니 일시의 곤란을 무릅쓰고야 우리나라 문명의 도(度)를 속하게 함이 선책(善策)이 아닌가. 이에 천박한 의견을 개진하여 유지 동포의 주의를 촉구하며 아울러 방침의 강구를 원하노라.13)

1906년 12월에 최광옥(崔光玉)은 교육단체 결성을 제안, 김용제, 김홍량 부자 및 최명식(崔明植), 임택권(林澤權) 등과 함께 안악면학회(安岳勉學會)를 설립하였으니, 그 목적은 근대교육과 민지계발, 청소년 계몽 및 자립의식 고취, 사립학교를 세우는 동시에 농사기술을 개량하고 공업을 장려하여 산업진흥을 도모하는 것이었다. 안악의 재산가요 선각자인 김효영(金孝英)은 그의 아들 김용제(金庸濟)와 함께 교육구

---

13) 『太極學報』 제21호(隆熙2年(1908) 5月 24日), pp.16~18, 國文과 漢文의 過渡時代(李寶鏡). 이광수전집(삼중당)에 미수록.

국운동의 일환으로 1907년 양산학교(楊山學校)를 설립했다. 근대교육의 중요성을 누구보다도 더 절감하고 그의 손자 김홍량(金鴻亮)을 일본 유학을 시켰으니, 이는 안악을 근대교육의 문명사회의 요람지로 만들기 위한 것이었다. 학교 운영은 해서교육총회(海西敎育總會) 총감인 백범(白凡) 김구(金九)에게 맡겼다. 이리하여 양산학교 교장 김구는 하기 강습회를 개최했다. "안악에는 김용제, 김용진(金庸震) 등 종형제와 그들의 자질 김홍량과 최명식 같은 지사들이 있어서 신교육에 열심 하였다. 이때에는 안악뿐이 아니라 각처에 학교가 많이 일어났으나 신지식을 가진 교원이 부족한 때라, 당시 교육가로 이름이 높은 최광옥을 평양으로부터 연빙하여 안악 양산학교에 하기 사범강습회를 여니 사숙(私塾) 훈장들까지 강습생으로 오고 백발이 성성한 노인도 있었다. 멀리 경기도, 충청도에서까지 와서 강습생이 4백여 명에 달하였다. 강사로는 김홍량, 이시복(李始馥), 이상진(李相晋), 한필호(韓弼浩), 이보경(李寶鏡, 이광수), 김낙영(金洛泳), 최재원(崔在源) 등이요, 여자 강사로는 김낙희(金樂姬), 방신영(方信榮) 등이 있었고, 강구봉(姜九峰), 박혜명(朴慧明) 같은 중(스님)도 강습생 중에 끼어 있었다."14)

이광수는 명치학원의 급우(山崎俊夫)의 권고로 톨스토이 작품을 탐독하고 그의 무저항주의에 공명하고 있었다. 여름방학을 이용하여 동경 유학생 야구단과 함께 귀국하여 안악면학회의 사범강습소에서 최광옥과 함께 강의했다.15) 사범강습회의 주제는 '무너져가는 조국을 일으키려면 자녀를 교육시켜라'이다. 교과목은 국어, 생리학, 물리학, 식물학, 경제원론, 산술, 한국사, 서양사, 내외국 지리 등이다. 17세 소년 이광수는 처음으로 양산학교에서의 사범강습회 강사로 초빙되어 강의를 담당했다. 당시 안창호는 미주에서 돌아와서 평양에서 민족교육 대성학교를 경영하면서 신민회 활동을 하고 있었다. 양산학교에서의 사범강습회가 활기를 띠자 안창호는 "우리 삼천리강토 13도마다 안악과 같은 고을이 하나씩만 생겨도 이 나라의 문명은 10년 안에 일본을 따라잡게 될 것"

---

14) 金九 著, 金九自敍傳 『白凡逸志』(國士院, 1947. 12. 15), pp.182~183.
15) 『李光洙全集』, 권 20, pp.268~269, 年譜(노양환), 1908년(戊申) 17세.

이라며 찬사를 아끼지 아니했다.16)

동경으로 돌아온 이광수는 한국은 왜 망할 운명인가, 국가멸망의 원인은 무엇인가에 대한 심각한 우려와 번민에 빠지고 말았다. 이로 인해 불면증으로 고생하면서 이 같은 독립심을 고취하는 '수병투약'을 집필했던 것이다. 이리하여 17세 소년 이광수는 어느덧 우국지사(憂國志士)가 되어 독립선언 같은 비분강개한 '독립론'을 집필, 태극학보에 발표한 것이다. 한국은 미·청·러·일 외세를 차례대로 믿고 의뢰하면서 친미·친청·친러·친일 정책을 번갈아 구사하면서 우왕좌왕하다가 나라가 결딴이 나고 결국 일본의 보호국이 되었다고 진단하고 있다. 독립을 유지할 방책은 무엇인가? 그것은 한국인의 의식을 개혁하는 수밖에 없다는 것이다. 시기, 고식, 수구, 의뢰, 이 네 가지 병폐를 타파해야만 자주독립을 이룩할 수 있다는 것이다. 이 네 가지 병폐를 날카로운 칼로 끊어버리고 시기에 화목을, 고식에 영원을, 수구에 진보를, 의뢰에 독립을 대입(代入)하여 우리의 의식을 일신해야만 외세의 노예를 벗어날지며 독립기(獨立旗)를 세울지며 자유종(自由鐘)도 울릴 수 있다는 것이다. 이 '수병투약'은 이광수가 장차 나라를 구출할 혁명가로 태어나는 첫 신호탄이기도 한 역사적인 선언문이다. '수병투약'은 의고체 문장인바 그 전문을 한글 현대말로 옮겨보겠다.

수병투약(隨病投藥)

슬프다. 삼천리금수강산에 4천여 년 빛나는 역사를 가진 우리 대한 민족이 오늘날 도탄어육(塗炭魚肉)의 비참한 암흑 동중(洞中)에 빠진 것이 과연 무엇에 말미암은 것인가. 독립기를 높이 달고 자유종을 크게 울릴 방침이 과연 어디에 있나뇨. 이를 강구함은 실로 우리 한국 동포의 급무다.

나는 천견박식(淺見薄識)의 일개 서생이라 이와 같이 중대한 문제를

---

16) 『독립기념관』(2012. 11), pp.12~15, 왜 황해도 안악 양산학교에 주목해야 하는가(김형목).

만족히 해결키는 도저히 바라기 불가능하되 이에 나의 소견과 외인(外人)의 비평을 참작하여 몇 줄 졸렬한 글로 감히 우리 2천만 형제자매에 고하오니, 바라건대 만일의 도움이 있었으면 다행이로다.

구름이 왕성하게 일어나 패연(沛然)히 비를 내리는 저 구름도 그 시초는 형상 없는 수증기로부터 생겼고, 묘망한 대양(大洋)도 그 시초는 미미한 한 물방울이 집회하여 이룩한 바이니, 우리나라의 현상도 비록 극단에 달하였으되 그 원인(源因)은 반드시 무형 미미한 데 있으며, 자유의 회복이 비록 어려우리로되 그 단서는 반드시 호말(毫末)에서 나온 것이다. 그런즉 그 원인과 방침은 어디에 있나뇨. 시기, 고식, 수구, 의뢰, 네 가지이니 그 위험함과 치료하기 어려움은 실로 폐병에 비교하겠도다. 이제 순서로 이 네 가지 병증을 설명하겠노라.

1. 시기(猜忌)

가난한 자는 부자를 시기하고, 천한 자는 귀한 자를 시기하며, 약한 자는 강자를 시기하고, 어리석은 자는 지혜로운 자를 시기하여 문득 말하기를 저 사람의 부가 능히 며칠이나 가랴. 불일에 며칠이 안 가 나와 같이 되리라 하며, 천한 자의 귀한 자에 대해서도 그러하고, 약한 자의 강한 자에 대한 것도, 어리석은 자의 지혜로운 자에 대한 것도 역시 그러하니, 이제 낙인의 악(樂人之惡), 악인의 낙(惡人之樂)과 이기적 관념만 뇌수(머릿골)에 깊이 각인하고 서로 구제(救濟)하는 단합적 사상을 미연(靡然)히 소거(消去)하여 사람마다 질시(疾視)하고 날마다 쟁투하니 난폭한 행동을 하는 병사와 같은지라. 어찌 능히 안으로 단란의 행복을 누리며, 밖으로 열강의 침구(侵寇)를 막을 수 있으리오. 다만 천부(天賦)의 자유를 잃고 남의 노예가 되어 산에서 굶주림에 울며, 들에서 추움을 통곡함에 이르렀도다.

2. 고식(姑息)

아침밥만 먹으면 저녁밥의 준비는 꿈밖으로 보며, 여름옷만 있으면 겨울옷의 주선은 도외(度外)로 두고, 일시 배부르게 먹고 따뜻한 옷을 입기만 구하고 후일의 춥고 배고픈 일을 생각하지 않으며, 일시의 안락만 도모하고 타일의 신고(辛苦)를 염려하지 않으니, 오호라 어찌 그 얕은 생각(淺慮)이 얼마나 심한 것이오 이제야 게으름, 사치, 오만, 무절조(無節操) 등 제반 악습이 점차 커지고 심지어 그 몸을 죽이고 그 나라를 망함에 이르리니 가히 두렵지 않은가.

3. 수구(守舊)

세간 억천 만물은 하나로 걸음을 문명의 영역에 나아가지 아님이 없나니 그런 고로 이로 인하여 시대와 같이 재빨리 나아가는 자는 흥하고, 이에 반하는 자 망하는 것은 만유(萬有)의 역사가 소연히 증명하는 까닭이라. 그런즉 폐쇄 보수 시대는 이미 지나갔고 개방 경쟁 시대가 이르러야 약육강식이 날로 심하거늘 유독 폐쇄 보수로 보전을 도모한들 어찌 가히 얻으리오.

광대한 토지와 수다한 인민을 가진 인도, 안남(安南, 베트남) 등 나라들이 서세동점(西勢東漸)의 와중에서 침몰한 것은 실로 시대의 추이(推移)에 동반하지 못한 까닭이 아닌가. 사세(事勢)가 이와 같거늘 우리나라 사람은 한갓 현세는 퇴보하는 줄로 생각하여 현세로 하여금 태고의 상태를 보전케 하려 하는 중국의 모 철학자의 말을 믿고서 시세의 어떠함은 전연 알지 못하는 '옛것은 옳고, 이제 것은 그르다(是古非今)'고만 일삼으니 이것은 멸망을 자초함이 아니고 무엇이리오.

4. 의뢰(依賴)

하늘이 우리 인수(人數)를 생하심에 오장육부(五臟六腑)며 사지백체(四肢百體)며 오관(五官)을 모두 주고 아울러 만물의 영장이 되는 신령하고 고상한 혼(魂)을 품부(稟賦)하시고 각각 직분(職分)으로써 맡기시니 우리 인류는 의당히 이로써 각자의 생명을 보존할지며, 이로써 각자의 직분을 다할지어늘 우리나라 사람은 그렇지 아니하여 아들은 아버지를 의지하고, 형은 아우를 의지하며, 지어미는 지아비를 의뢰하고, 어린이는 어른을 의뢰하여 2천만 인이 모두 이렇게 의뢰만 일삼고 자주독립의 기상이 결핍하니, 이 2천만 인으로 조성된 우리나라에 어찌 자주독립의 능력이 넉넉하리오.

이상 네 가지를 일촌의 날카로운 칼로 쾌속히 끊어버리고 시기에 화목을, 고식에 영원을, 수구에 진보를, 의뢰에 독립을 대입(代入)하여 구래(舊來)의 면목을 일신하여야 외국인의 노예도 가히 벗을지며 영원

의 침륜(沈淪)도 가히 면할지요, 독립기(獨立旗)도 가히 세울지며, 자
유종도 가히 울릴지니, 오호라 자유를 외치고 독립을 부르짖는 우리
청구(靑邱) 2천만 형제자매야 맹성하고 맹성하라.17)

고대 그리스와 로마는 세계 역사상 노예제도가 가장 전형적으로 발
달한 사회였다. 기원전 5~4세기의 아테네와 기원전 3세기~기원후 2
세기의 로마에서는 특히 많은 수의 노예가 농업, 수공업, 광산업 등에
서 사역되었다. 그중에서도 특히 아테네의 라우리온 은광과 로마의 라
티푼디움(Latifundium, 대농장)에서 다수의 노예가 집중적으로 사역되
었는데, 이들의 생활은 아주 비참하였다. 그리스 아테네 출신 스파르타
쿠스는 로마의 포로노예였다. 그는 콜로세움(투기장)에서 맹수와 격투
를 벌이면서 백전백승한 포로노예의 영웅이었다. 마침내 기원전 73~
71년에 스파르타쿠스가 이끈 검투사 노예들이 노예반란을 일으키면서
노예해방을 부르짖었던 것이다. 17세 어린 이광수는 노예반란을 일으
키면서 행한 스파르타쿠스의 연설문을 서사시체로 번역한 '혈루(血淚)'
를 발표했다. 을사조약(1905) 체결로 일본의 보호국이 된 대한제국의
국권을 회복하려는 역사의식을 고취하기 위해 이 같은 작품을 발표한
것이다. 아래 인용문은 한문체(漢文體)를 한글로 옮긴 것이다.

혈루(血淚)(希臘人 스파르타쿠스의 演說)

여러분이 나를 가리켜 도수자(屠獸者, 짐승을 잡아 죽임)의 수령이
라 하는 도다. 그러하다. 나는 실로 도수자의 수령이며, 겸하여, 도인자
(屠人者, 사람을 잡아 죽임)의 수령이로라. 내가, 혹은 맹수로 더불어,
혹은 동포로 더불어 격투함이, 이미 수십여 회에 이르되, 일찍, 한 번
도 패(敗)한 때가 없었고, 싸우면 반드시 이기고(戰必勝), 공격하면 반
드시 취함(攻必取)이라. 나의 이 이름을 얻음이, 어찌 우연하리오.
나는 난생후에, 이같이 포악냉혹(暴惡冷酷)한 놈일까. 아니라. 나의

---

17) 『太極學報』 제25호(隆熙2年(1908) 10月 24日), pp.31~34, 隨病投藥(李寶
鏡). 이광수전집(삼중당)에 미수록.

아버지 의(歆, 거룩한 이)는 실로 존경할 가치가 있는 인물이라. 내가 고향에 있을 때, 화려한 산기슭(山麓), 반지르르한 윤기가 감도는 들판, 맑은 물이 얕게 흐르는 냇가에서, 수십 마리의 양을 보호할 때, 잠시도 저 가련한 짐승의 한서기갈(寒暑飢渴, 춥고 덥고, 배고픔과 목마름)에 주의치 아니할 때가 없었고, 이에 미치지 못할까 두려워함과 같이, 그들(彼等)을 사랑하심을, 나의 생명과 같이 하던 나로라. 또, 나의 이웃 집에 나와 비등한 아이가 있어서, 항상 똑같은 그릇으로 밥을 먹으며, 같은 베개를 베고 잠을 자며, 같이 들판에서 양을 먹여 기르며, 일종 신비한 애정이 두 아이 사이에 있었더니라.

하루는 전례와 같이 양을 먹이다가, 백일(白日)이 서산에 넘어감에 양을 우리에 가두고 집에 돌아와, 일가 단란하여 저녁밥을 먹은 후, 나의 숙부의 그 옛날 용전분투담(勇戰奮鬪談)을 즐겁게 듣다가, 밤이 이슥함에 잠자리에 들어서 눈을 감고 있는데, 나의 자모(慈母, 어머니)가 속히 오시샤, 더운 손으로 머리를 어루만지시고, 이윽히 계시다가 "잘 자거라" 하는 말 한마디와 뜨거운 사랑이 사무친 것을 주시고 물러가시는지라. 나는 즐겁고 기꺼운 마음으로 잠이 들어, 들판에서 노닐던 것을 꿈을 꾸더니, 문득, 말발굽소리에 꿈을 깨어 본즉, 화광(火光, 불빛)이 창에 비추었고, 내왕하는 말발굽소리와 남녀노유(男女老幼)의 애곡성(哀曲聲)이 귀에 떠들썩하게 울리더라. 창황히 일어나니….

슬프다, 어젯밤에 고요하고 평온하던 이 농촌은 오늘 새벽에 자욱한 화염에 싸인, 참담한 아수라장으로 변(化作)하였도다. 어젯밤 나에게 아리따운 스(스파르타쿠스)를 주신 자모는 말발굽에 밟혔고, 온유하신 부친은 창에 상하여 선혈이 흥건(淋漓)하도다. 이때, 나의 흉중에는 비애가 충만하여 뜨거운 눈물로 화하여 두 뺨에 흘러내릴 따름이라. 이때에, 홀연 한 기병(騎兵)이 돌입하여, 나를 잡아가지고 가니라.

슬프다, 나의 부모는 어느 곳에서 나를 위하여 눈물 흘리며 우시는가. 어느 곳에서 나를 위하여 기도하시는가. 천국인가, 인간인가, 지옥인가. 당시 고요하고 평온(靜穩)하던 농촌을 아수라장으로 변한 자 누구며, 나의 자모를 짓밟은 자 누구며, 나의 엄부(嚴父)를 상한 자 누구며, 나로 하여금 부모를 이별케 한 자 누구며, 나의 권리를 박탈한 자 누구며, 나의 자유를 구속한 자 (누구) 되며, 나로 하여금 악마 되게 한 자 누구뇨!

내가 오늘날, 또 한 사람을 죽였노라. 그는 나의 창에 상하여 졸도하였는데, 그 낯을 본즉, 슬프다, 어찌 알았으리오, 나의 가장 사랑하고 중히 여기던 동무를. 그도 나인 줄을 알았는 듯, 흙빛이 된 얼굴에 반가운 미소를 떠올리니, 그 미소는 지난 옛적 화려한 산기슭, 윤기 흐르는 아름다운 들판, 맑은 물이 얕게 흐르는 냇가에서, 양을 먹일 때의 그것과 조금도 다를 바 없도다. 그것뿐이리오. 그의 피가 엉기고 몸이 차가움에, 나는 그를 후하게 장례하기 위하여 그의 해골(骸骨)을 청구하였더니, 악냉혈마(惡冷血魔) 등은 개말(犬馬)과 같은 시체라, 후장(厚葬)이 무슨 유익이리오. "사자의 몸을 위하겠노라" 하는 말에, 냉혹한 조소를 더하여, 이러한 청구를 거절하는 도다. 동포야! 용사야! 그리스인(희랍인)아! 우리들은 개, 말인가? 그의 몸은, 이미 사자의 창자를 살찌게 하였을지며, 그의 뼈다귀는, 이미 사자의 이빨에 분쇄하였으리라. 동포여, 우리들도 또한, 명일에는 이와 같이 될 줄을 알지 못하느냐? 동포여, 저 광후(狂吼, 미친 듯 성내어 우는 소리)하는 사자의 소리를 듣지 못하였느냐? 그들은 2, 3일 주린 자로 우리들의 몸을 탐하는 것을 알지 못하느냐? 우리들도 성(性)을 하늘에 받았으니, 당당한 권리와 귀중한 자유가 있는 자 아닌가!?

동포여! 제군이 만일 짐승(禽獸)과 같으면 마땅히 그러려니와, 만일 사람의 성(性)을 갖추었거든 우리의 생명을 위하여 우리의 권리를 위하여 우리의 자유를 위하여 일어나지 아니하는다!

그러하다가 얻으면, 우리 스파르타를 다시 볼 지요, 얻지 못하면 우리들의 몸 토막(肉片)은 만고에 썩지 않는(萬古不朽) 보옥(寶玉)이 되겠고, 우리들의 선혈은 천추에 폐하지 않는(千秋不廢) 청사(靑史)를 빛내리로다.

용사(勇士)야! 의사(義士)야! 그리스 동포야!

우리가, 만일, 싸우지 아니치 못할진댄, 우리들을 위하여 싸울지어다.

우리가, 만일, 도살치 아니치 못할진댄, 우리들을 압박하는 자를 도살할지어다.

우리가, 만일, 죽지 아니치 못할진댄, 자유의 하늘 아래 아름답고 고운 냇가에서, 용감한 독립전(獨立戰)에 죽을지어다.

[역자 왈] 로마국은 서력기원 1세기경 그 전성에 달하여 소향(所向)

에 적이 없으며 각처 문명이 혼잡함에 로마 고유의 순수한 미풍은 점차 스러져 사라지고 외국의 부패한 풍습이 국내에 만연하여 인민의 두뇌에 고상한 이상(理想)은 없고 잔인한 오락을 좋아하여 공개한 관람장에서, 혹은 맹수를 격투시키며 혹은 포로노예로 하여금 무기를 잡고 서로 격투케 하며 혹은 주린 맹수로 더불어 서로 씨름으로 격투(相撲)케 하는 광경을, 부인들조차 이를 구경하며 즐겨함에 이름(至)은 서력 기원 2, 3세기경이라. 이 스파르타쿠스도 당시 로마에 포로가 되어 완력(腕力)이 절인(絶人)하므로 백전백승에 로마인의 갈채를 받더니, 하루는 나의 사랑하는 벗(동무)을 죽이고 비애하던 중 어린 시절의 생활 상태를 생각하며 장래의 운명과 동포의 정상(情狀)을 생각하고 우연한 움큼 피눈물(血淚)로 동포를 맹성(猛省)하여, 드디어, 글라디예톨전쟁을 일으킨 자니 그의 심성(心誠, 성심)은 연설을 읽으시사 추지(推知)하시려니와, 유성유루(有性有淚, 성이 있고 눈물이 있는)한 인류야, 뉘라서 동정의 눈물을 뿌릴 자 있으리오. 초목금수들도 오히려 비감(悲感)히 여김이로다.18)

19세 소년 이광수는 1910년 3월 대한흥학보 제11호에 한국 최초의 단편소설 '무정(無情)'을 발표했다. 이광수는 그의 '첫 번 쓴 것들'에서 첫 단편소설 '규원(閨怨)'을 대한흥학보에 게재했다고 회고했다. 그의 첫 단편소설의 제목은 '무정'인데 그는 이를 '규원'이라고 잘못 기억하고 있다. 이광수는 '무정'에서 바로 인정주의 인생관을 작품화하고 있다. 사람은 정적 동물이기에 정(情)이야말로 모든 인간관계, 특히 남녀관계의 원동력이 된다고 정의하고 있다. "그런데 사람이란 동물은 고독을 싫어하는 고로 항상 그 '동무'를 구하며, 구하였으면 기뻐하고, 행복 되며, 얻지 못하면 슬퍼하며 불행 되나니라. 그러나 그 '동무'에는 조건이 있으니, 즉 '정다운 자', '사랑스러운 자'라. 만일 이 조건에 맞지 않는 자면 비록 백만의 '동무'가 있어도, 오히려 무인광야에 홀로 선 것 같아 기쁨과 행복이 없으되, 만일 한 사람이라도 이 조건에 합하는 자

---

18) 『太極學報』 제26호(隆熙2年(1908) 11月 24日), pp.53~56, 說苑 血淚(希臘人 스파르타쿠스의 演說)(李寶鏡). 이광수전집(삼중당)에 미수록.

있으면 기쁨과 행복이 마음에 충만하여 전 우주 간에 만물이 하나도 미(美) 아님이 없고, 하나도 애(愛) 아님이 없나니 전자는 인류에 가장 불행하며 가련한 자요, 후자는 가장 복되며 운 좋은 자니라. 제왕(帝王) 부귀 그 무엇인고?"19)

춘원의 처녀작 단편 '무정'의 줄거리를 정리해보기로 한다.

6월 중순 내리쬐는 태양이 넘어가고 박천(博川) 송림(松林) 마을에는 서늘한 밤이 왔다. 이 마을 중앙에 있는 초가집 뒷문이 소리 없이 열리고 20세가량의 부인이 사기병 하나를 든 채 나타났다. 부인은 마치 실성한 사람처럼 불안한 걸음걸이로 으슥한 숲속을 향해 걸어갔다. 눈부신 달빛이 빽빽한 소나무 가지 사이로 쏟아져 흩어지는 숲속, 한 소나무에 이르자 풀쩍 그 자리에 주저앉아 넋두리를 외인다.

"아유 분해라. 이럴 수가 있으랴…."

"계집애 하날 믿구 살아? 죽는 게 편하지. 이놈 어디 얼마나 잘 사나 보자…."

부인은 별안간 사기병을 들어 그 안에 든 것을 꿀꺽꿀꺽 들이켰다. 이윽고 마신 독이 온몸에 퍼지자 견딜 수 없는 고통이 엄습해왔다.

"아이고 배야, 이놈! 아이고, 아이고!"

쥐어짜는 비명도 한동안 계속되더니 이윽고 잠잠해졌다.

이 부인이 인근 마을 좌수의 아들인 한명준(韓明俊)의 아내가 된 것은 8년 전, 즉 여자가 16세, 사내가 12세 때였다. 부인의 친정어머니는 그래도 문벌, 재산, 가족, 그리고 신랑 당사자를 따져 2년이나 찾아 헤맨 끝에 정혼한 혼처다. 그러나 첫날밤부터 어린 신랑은 아내를 가까이하지 않는다. 한 해가 지나고 두 해가 지나 세월이 흘러가도 명준은 아내를 까닭 없이 미워만 할 뿐이다. 명준이 17세 되던 해, 차츰 외박이 잦아지고 집에는 술집 여자들이 술값 독촉을 하러 드나들게 된다. 이웃에서는 '외입장이'란 소문이 자자하다.

참다못한 명준의 아버지 한응수(韓應首)가 무섭게 꾸짖었으나 오히려 첩을 하나 얻게 해주면 마음 고치겠다는 것이다. 그건 네 처에게서 승낙을 얻으라 하니 그날 밤 비로소(결혼 7년 만에) 아내와 잠자리를

---

19) 『大韓興學報』 제11호(隆熙4年(1910) 3月 20日), pp.38~44, 無情(孤舟).

같이한다. 잠자리에서 그는 아내에게 첩을 얻을 테니 허락해달라는 것이다. 아내는 기가 찼으나 자기만 버리지 않는다면 하고 응낙한다. 일단 아내의 응낙을 받고 첩을 집안에 들인 남편 명준은 다시 자기 방을 찾아주지 않는다. 이미 부인의 뱃속에는 자식이 들어 있었다. 점쟁이는 그 애가 딸이라는 것이었다. 아들이라면 또 모르련만 딸이라니 누굴 믿고 더 살 것인가. 이리하여 마침내 음독자살을 기도한 것이다.[20]

3. 최초의 일본어 단편소설: '사랑인가'

춘원은 일본 명치학원 재학 중 1909년 11월 18일에 '사랑인가(戀か)'를 탈고했다. "밤에 '戀か'를 계속해 쓰다. 나는 이것을 ○○학보에 내련다. 그러나 내줄는지 말는지. 밤에 '戀か'를 완결하다. 일문(日文)으로 쓴 단편소설. 내가 작품을 완결한 것은 이것이 처음이다."[21] 이는 이광수의 첫 일본어 단편소설이다. 명치학원의 동창회보 '백금학보(白金學報)'(1909. 12. 15)에 게재되었고, 이어 '부의 일본(富の日本)'(1910. 2)에 전문이 전재되기도 했다. 이광수는 '사랑인가'의 작품에 대하여 소년의 동성애를 그린 첫 작품임을 분명히 밝히고 있다. "그러고는, 내가 재학하던 명치학원의 동창회보인 '백금학보'에 '愛か'라는 단편을 실은 일이 있는데, 이것은 '富の日本'이라는 잡지에 전재되어 신문에 이야기가 된 일이 있습니다. 그것은 소년의 동성애를 그린 것이었습니다. 아마 무신년경이 아닌가 합니다."[22]

---

20) 『新亞日報』(1967. 2. 18), 新文學운동 半世紀 흘러간 文人들의 作品世界, 李光洙篇 短篇 無情의 줄거리.

21) 『朝鮮文壇』 제6호(1925. 3), p.54, 1909. 11. 17·18. 日記 16年前에 東京의 某 中學에 留學하던 18歲 少年의 告白; 春園 李光洙傑作選集 第二卷, 『隨筆과 詩歌』(京城 永昌書舘版, 1939. 10. 15), pp.364~365, 中學時代의 日記(1909. 11. 17·18).

22) 李光洙, 『文章讀本』, p.84, 文壇生活 三十年을 돌아보며. 같은 뜻이긴 하지만, '조선문단'에서는 '戀か'로 표기하고, '문장독본'에서는 '愛か'로 해서 혼선을 빚고 있다. 여기서 무신년(1908)이라고 오기하고 있다. 그러나 기유년(1909)이다.

임종국(林鍾國)은 '사랑인가'를 '춘원의 친일원죄 작품'이라고 주장함으로써 이광수는 생태적으로 친일파라고 단죄하고 있다. 주인공 문길(文吉)은 춘원이고 미사오(操)는 명치학원 동급생인 야마자키 도시오(山崎俊夫)이다. 임종국은 이것이 단순한 동성애 작품이 아니라 '맹목적으로 일본인을 공경하고 섬기는(對日敬事)' 정신적 종속증후군 작품이라고 평가하였고 춘원이 작품에서 미사오를 신격화해서 존경했다고 주장했다.

그(춘원)는 미사오(山崎俊夫)를 만나면 제왕(帝王)의 앞에라도 선 것처럼 얼굴을 들 수가 없고, 말도 나오지 않았다. 극히 냉담하고 태도를 꾸미는 것이 보통이었다. 그는 또한 그 이유도 몰랐다. 그저 본능적인 것이었다. 그래서 그는 붓으로 입을 대신했다. 3일 전에 그는 손가락을 잘라서 혈서를 보냈다.23)

임종국은 이광수가 안중근(安重根)의 이토 히로부미 사살의거 직전부터 일본어 단편소설 '사랑인가'를 집필하기 시작했고, 한쪽에서는 목숨을 던져 나라의 원수를 도륙하고 있는데, 다른 한쪽 옆에서는 일본어로 일본인 소년을 연모하는 소설을 썼다는 것이다. 임종국은 춘원의 '사랑인가'를 일본에 대한 시대적 동화(同化)의 자기 몰각적 원망(願望)과 몰염치에 가까운 민족적 양심의 부재였다고 분석하고 있다. "이러한 정신적 종속증후가 있었기 때문에 이광수는 일본인 소년 미사오를 신격화된 존재로 연모할 수 있었고, 안 의사의 살신성인에서조차 아무런 감동을 받지 못한 채 일어로 된 단편 '사랑인가'를 쓸 수 있었던 것이다."24)

이광수는 유학생 시절 톨스토이의 인도주의에 심취하고 있었다. 그러므로 '사랑인가'는 어디까지나 국경과 인종을 초월한 휴머니즘 작품

---

23) 임종국, 『실록친일파』(도서출판 돌베개, 1991), pp.86~88, 종속의 증상과 춘원의 처녀작 '사랑인가'라는 일본어 소설.

24) 상게서, p.87.

이라고 평가되고 있다. 그러나 임종국은 이를 단순한 휴머니즘적인 동성애 작품으로 보지 않고, 견강부회 식으로 아무런 관련이 없는 안 의사의 이토 사살의거를 끌어들여 이 같은 모략적 친일원죄론을 펴고 있다. 그러면 과연 이광수가 이토 사살의거 당시(1909. 10. 26) 일본인에 대해 맹목적으로 공경하고 섬겼던가(對日敬事). 이광수는 19세 어린 소년이지만 벌써 이와는 정반대로 대일(對日) 적개심에 불타고 있었다.

예배시간은 참으로 싫다(註曰. 교회학교인 까닭에 매일 기도회가 있다). 그 기도는 모두 하나님을 부끄러우시게 하는 것뿐이다. "대일본제국(大日本帝國)을 애호하시옵소서. 이등공(伊藤公) 같은 인물을 보내어주시옵소서." 골계(滑稽, 익살)! 골계! 그리고도 그들은 기독교 신자라고 한다. 섯(혓)바닥은 아무렇게나 도는 것이다.25)

이광수는 1909년 11월 24일 일기에 이렇게 쓰고 있다. " '호(虎)'를 완성하다. 이것이 제2의 완성이다. 나는 이것을 완성할 때에 큰 포부와 희열을 느꼈다."26) 이어 12월 3일 일기에는 이렇게 쓴다. " '옥중호걸'이란 시를 대한흥학보에 보내다."27) 그런데 '호'는 대한흥학보 제9호(1910. 1)에 '사조(詞藻)'로 발표한 '옥중호걸'이며, 이는 이광수의 최초의 시작이다. '옥중호걸'은 브엄(범)28)의 웅지를 노래한 서사시로서 호랑이는 안중근을 모델로 영웅화하였다는 것이다. 따라서 옥중호걸이란, 곧 호랑이 안중근이 한반도 침략의 원흉 이토 히로부미를 사살하고 일본군에 체포되어 옥에 갇혔다는 뜻이다. "서사시는 민족의 역사를 후대까지 전달하려는 의도에서 창작되었기 때문에 국가의 운명에 맞서

---

25) 『朝鮮文壇』 제6호(1925. 3), p.53, 1909. 11. 15. 日記 16年前에 東京의 某 中學에 留學하던 18歲 少年의 告白.

26) 상게서, p.56, 1909. 11. 24. 日記.

27) 『朝鮮文壇』 제7호(1925. 4), p.2, 1909. 12. 3. 日記.

28) 『李光洙全集』, 권 1, pp.546~548, 獄中豪傑. 여기서 '브엄'(범, 호랑이)을 '부엉이'로 잘못 판독하고 있다. 이광수는 그의 일기(1909. 11. 24)에서 " '호(虎)'를 완성하다'라고 했듯이 '브엄'은 '부엉이'가 아니라 '범, 호랑이'이다. 그리고 '뼈삼마다'를 '뱃잠(뼈 틈)마다'로 바로잡았다.

불굴의 의지로 싸워 이긴 영웅이 주인공이 된다. 그 주인공은 역사적 사건과 밀접하게 연관되어 있으며 누구나 알고 있는 인물이다. 1909년 10월 안중근이 이토 히로부미를 살해한 사건은 역사적 사실이다. 이 사건으로 뤼순 감옥에 갇혀 있는 안중근의 모습을 시적으로 형상화한 것이 '옥중호걸'이다. '옥중호걸'은 3부로 총 5페이지 분량인데, 1부는 현재의 시점으로 전개되는데 감옥에 갇혀 있는 호걸의 속박된 모습과 조롱당하지만 기백을 잃지 않고 있는 모습을 묘사하고, 2부는 과거의 시점으로 과거 용맹스러운 행적을 그리면서 개, 말, 소 등의 가축처럼 살아가는 노예의 삶을 비판한다. 3부에는 다시 현재시제로 돌아와 생명이 다할 때까지 자유를 위한 투쟁을 해야 한다는 미래지향적인 의식을 담아낸다."[29]

옥중호걸

1.

판벽(板璧, 널벽) 철창(鐵窓) 좁은 옥(獄)에, 갇혀 있는 저 브엄(호랑이)은, 굵고 검은, 쇠사슬에, 허리를 얽매여서, 죽은 듯, 조는 듯, 꾸부리고, 눈 앙(樣) 가련(可憐)토다. 석간(石澗)에 수성(水聲)같이, 돌돌 하는 그 소리는, 뼛짬(틈)마다, 힘줄마다, 전기(電氣)같이 잠겨 있는, 굳센 힘, 날랜 기운, 흐르는 소리인가. 진주(眞珠)같이 광채(光彩) 있고, 혜성(彗星)같이 돌아가는, 횃불 같은 양안(兩眼)에는, 고민(苦悶) 안개 꼈도다. 그러나 그 안개 속에 빛나는 광명(光明)은, 숨은 용기(勇氣), 숨은 힘이 중화(中和)한 번갯불! 전후좌우(前後左右) 깔린 나무에 새긴 듯한, 가는 줄은, 옥(獄)에 매인, 저 호걸(豪傑)의, 번민고통(煩悶苦痛) 자취로다. 자유를 자랑하던, 저 호걸(豪傑) ― 브엄(호랑이)의, 좁은 옥(獄)에 갇혀서, 속박(束縛) 받는 이 생활(生活)! 사람 손에, 죽은 고기, 한 점 두 점, 얻어먹고, 조롱(嘲弄)과 금고(禁錮) 중에, 생명을 이어가니, 피는 끓고, 고기 뛰고, 번민고통(煩悶苦痛) 가슴에 차! 자유(自

29) 『제6회 춘원연구학회 학술대회』(2012. 9. 21), p.31, 이광수의 '옥중호걸' 안중 근과의 연관성(송영순).

由)로 생활(生活)하며, 노닐고, 싸우던, 과거(過去)를 회상(回想)하니, 이내 몸은 떨리고, 분노(憤怒)에 맹화(猛火)같이 뛰놀고 소리 질러, 저 호걸(豪傑)의 말만 듣고, 우는 아이, 울음 막고, 저 호걸(豪傑)의 상(像)만 보고, 두려워하고, 치 떨던, 약(弱)하고, 미욱한, 죽어가는 사람 무리, 전후(前後)엣, 철창(鐵窓)으로, 저 호걸(豪傑)을 엿보며, 자기(自己)보다 약(弱)한 것을 볼 때엣 태도(態度)로, 조롱(嘲弄)하며, 웃으며, 비평(批評)하며, 말하도다. 누워 있던, 저 호걸(豪傑)은, 머리를 들어서, 무심(無心)히 사람무리, 이윽히, 보더니, 이내 수치(羞恥), 이내 고통(苦痛), 검은 날개 번번(翩翩)하며, 쌍쌍(雙雙)히, 떼를 지어, 가슴에 날아들어, 크고 굳센, 그 날개로, 활활활활 부쳐서, 이 맘속에, 숨은 불, 염염(焰焰)히, 일도다. 철창(鐵窓) 밖에, 웃고 섰던, 얼굴 붉은, 젊은 사람, 손에 있던 스틱으로, 저 호걸(豪傑)을 한 번 치니, 누워 있던, 저 호걸(豪傑)은, 분개(憤慨)하고 격노(激怒)하여, 나는 듯이, 번개같이 '흑' 소리, 한마디에, 오호무잔(嗚呼無殘), 날랜 발톱, 머리에, 깊이 박아, 두 번째 '흑' 소리에, 두개골(頭蓋骨)이, 갈라져서, 뇌장(腦漿)은, 흐늑흐늑, 발톱에, 튀어지고, 선혈(鮮血)은, 임리(淋漓)히, 따(땅)에, 떨어지는 도다. 무잔처참(無殘悽慘), 저 사람의, 주사(蛛絲, 거미줄) 같은, 목숨 줄은, 전광일섬(電光一閃), 저 발톱에, 맥없이도, 끊어졌네. 매에, 놀랜, 꿩과 같이, 창황실색(蒼皇失色) 달아나는, 사람무리 경상(景狀) 보소, 아깟(아까) 기개(氣槪) 지금(只今) 어데? 살기노기(殺氣怒氣) 번개같이, 두 눈에 등등(騰騰)하며, 문채(文彩) 있는, 그 전신(全身)은 프륵프륵 떨리도다. 발톱에, 끼인 뇌장(腦漿), 원수같이 보더니, 한 번, 다시 '프륵' 떨며, 창(窓) 밖에, 던지도다. 산(山) 흔들던, 대폭풍(大暴風)이, 나중에, 자는 듯, 스르륵, 다시 눕고, 조는 듯, 눈 감도다. 슬프도다, 저 호걸(豪傑)아, 자유(自由) 없는, 저 호걸(豪傑)아! 너는 이미, 생명(生命) 없는, 고기와, 뼈, 뿐이로다.

2.

하늘에, 닿은 듯이, 으슁(웅숭)그린, 멧부리는, 구름, 안개, 옷을 삼아, 열 겹, 백 겹, 둘러쌓고, 백세(百歲) 묵은, 늙은 송백(松柏, 소나무와 잣나무), 울울(鬱鬱)하고, 창창(蒼蒼)하여, 밤이나, 낮이나, 그믐이나, 보름이나, 어두운 빛, 맑은 기운, 서리어 있으며, 돌 사이로, 솟아나와,

썩은 잎에 숨어 흘러, 흘러가는, 맑고, 찬물, 잔잔(潺潺)하고, 원원(湲湲)타가, 깎은 듯한, 벼랑에서, 내려 뛰는, 그 소리는, 뇌정(雷霆)인가, 벽력(霹靂)인가, 정적강산(靜寂江山) 깨어질 듯. 자연중(自然中)에, 생활(生活)하며, 자연중(自然中), 즐겨하는, 나는 새와, 짐승밖에, 노니는 자(者), 전(全)혀 없는, 산중(山中)이여, 이, 호걸(豪傑)의, 노닐던 고향(故鄕)일세. 구름 밖에, 웅숭그린, 만첩봉만(萬疊峰巒) 넘어가며, 지옥(地獄)으로, 통(通)한 듯한 만장학(萬丈壑)을, 건너뛰며, 풀 속으로, 올라와서, 풀 속으로, 들어가는, 일망무제(一望無際) 대평원(大平原)을, 번개같이, 건너가며, 한 번 대적(對敵) 만나거든, 두렴 없이, 퇴(退)치 않고, 그 이빨과, 발톱으로, 그 용기(勇氣)와, 그 힘으로, 귀신(鬼神)같이 변환(變幻)하며, 벽력(霹靂)같이, 소리 질러, 싸우다가, 이기거든, 적(敵)의 고기로, 배 불리며, 개선가(凱旋歌)를 높이 불러, 즐겨하고, 뛰놀며, 지더라도, 한원(恨怨) 없이, 이 생명(生命)이, 있기까지, 그 힘, 이빨, 발톱, 용기(勇氣), 다하도록, 싸울 따름. 일야천리(一夜千里), 피곤(疲困)하면, 이내 원기회복(元氣回復)하려, 이슬 맺힌, 푸른 풀에, 평안히, 누워 쉬고, 돌 사이로, 오는 물에, 목적시고, 몸 씻으며, 피 흐르는 선육(鮮肉)으로, 주린 배를 채우도다. 날카로운, 그 이빨에, 선육(鮮肉)이, 묻어 있고, 날카로운, 그 발톱에, 선혈(鮮血)이, 묻어 있어. 뉘라서, 명령(命令)하며, 뉘라서, 금(禁)할 손가? 다믄(다만) 자유(自由), 내 마음대로, 다믄(다만) 자유(自由), 내 힘대로! 이, 이빨이, 있으니, 이는, 내의, 쓸 것이요, 이, 용기(勇氣)가, 있으니, 이는, 내의 쓸 것이요, 이, 힘이, 있으니, 이는, 내의, 쓸 것이요, 이, 발톱이, 있으니, 이는, 내의, 쓸 것이라. 이, 이빨이, 닳도록, 이, 발톱이, 무디도록, 이 힘이, 다하도록, 이, 용기(勇氣)가, 쇠(衰)토록, 물고, 찢고 뛰고, 놀며, 싸우고, 즐기다가, 이내 목숨, 다하거든, 고기 몸을, 벗어나서, 무궁무한(無窮無限), 이 공간(空間)과, 혼연(渾然), 명합(冥合)하리니, 이것이 이내 천국(天國)! 이것이 이내 천국(天國)! 이와, 발톱, 남겨두고, 힘과, 용맹(勇猛), 쓰지 않고, 개와 같이, 생활(生活)타가, 이 세상(世上)을, 바림(버림)은, 약(弱)하고, 미욱하며, 천국(天國)을, 모르나니! 뜰 가에 성한 잎을, 태평(泰平)한 집을 삼고, 먹다 남은, 고기 뼈와, 쉬고, 썩은, 밥과, 뜨물, 멕인(먹인) 것을, 고마워서, 기꺼하고, 반기며, 주인(主人) 보면, 반가운 듯, 꼬리치고, 돌아가며, 발 핥으며, 손 핥으며, 주인(主人)의, 환심(歡

心) 사기를, 이 위에, 없는 듯이, 광영(光榮)이라, 즐겨하며, 주인(主人)의, 어린 아해(兒孩), 조그마한, 주먹으로, 얻어맞고 '깽이깽이', 쫓겨가는, 개무리! 그, 큰 몸과, 힘으로도, 굴레에, 얽매어서, 사람의, 명령(命令)대로, 자고, 일며, 먹고 뛰며, 장등(잔등)에, 채찍 자리, 구데기(구더기)의 왕국(王國)되고, 잘대(잘되, 목청)에도, 허(혀)를 매워, 눕지도 못하고, 오줌 누고, 똥 싸기 외(外), 자유(自由) 없는, 말과 소! 천부(天賦)한, 그 자유(自由)를, 사람(저보다도 弱한)에게, 빼앗기고, 노예(奴隷)된, 저 무리여, 살고도, 생명(生命) 없는, 저 무리여!

3.

가련(可憐)할사, 저 호걸(豪傑)아, 살고 죽은 저 호걸(豪傑)아! 나는 새며, 뛰는 짐승, 움직이는 온갖 물건, 황금(黃金) 같은, 네 눈빛과, 벽력(霹靂) 같은, 네 소리에, 놀래어서, 상혼(喪魂)하며, 두려워서 실백(失魄)터니, 오늘날에, 네의 경상(景狀), 가련(可憐)코도 서럴시고(서러워), 산(山) 넘고, 골 뛰던, 그 기개(氣槪)는 지금(只今) 어데! 삼천수족(三千獸族) 습복(慴伏)하던, 그 위엄(威嚴)은 지금(只今) 어데! 일야(一夜)에, 천리(千里) 가던, 그 용기(勇氣)는 지금(只今) 어데! 농가(農家)에 뿔 탄 개, 네 앞으로, 지나갈 때, 두려움은, 고사(姑舍)하고, 조롱(嘲弄)틋이, 짖지 않나! 좁고 좁은, 우리 속에, 쇠사슬에, 얽매어서, 사람 손에, 죽은 고기, 한 점 두 점 얻어먹고, 가는 목숨, 이어가는, 너 ― 브엄(호랑이)아, 서럴시고(서러워)! 날래고도, 굳세인, 산중(山中)의, 호걸(豪傑)로서, 노예(奴隷)에 자안(自安)하는, 개와 닭과 같이 되니, 너 ― 브엄(호랑이)아, 서럴시고(서러워)! 끊어라, 네 이빨로, 너를 얽맨, 쇠사슬을! 네 이빨이, 닳아져서, 가루가, 되도록! 깨뜨려라, 발톱으로, 너를 가둔, 굳은 옥(獄)을! 네 발톱이, 닳아져서, 가루가, 되도록! 네 이빨과, 네 발톱이, 닳아져서, 없어지고, 네 용기(勇氣)와, 네의 힘이, 쇠(衰)하여서, 없어지면, 네 심장(心臟)에, 있는 피를, 뿌리고, 죽어이라(죽어라)![30]

30) 『大韓興學報』 제9호(隆熙4年(1910) 1月 20日), pp.29～32, 獄中豪傑(孤舟生). 구 철자를 현대 철자법으로 고치고 한글 표기를 현대어로 바꾸어 해석했다.

이광수는 임종국의 '춘원 친일원죄론'과는 정반대로, 민족의 영웅 안중근을 브엄(호랑이)에 비유하여 그의 웅도를 극구 찬양하는 서사시를 발표했다. 그뿐만 아니라 민족의 영웅 이순신의 살신보국(殺身保國)의 정신을 찬양하는 서사시 '우리 영웅'(소년, 1910. 3)을 잇달아 발표했다. 또한 왜적을 물리치고 한반도를 지켜낸 구국의 영웅 이순신을 형상화한 소설 '이순신'을 동아일보에 연재했다(1931. 6. 26~1932. 4. 3).

우리 영웅

월명포(月明浦)에, 밤이, 깊었도다.
연일고전(連日苦戰)에 피곤(疲困)한 장사(將士)들은,
깊이, 잠들고, 콧소리, 높도다.
깊고, 깊은, 하늘에 무수(無數)한 성신(星辰)은,
잠잠하게, 빤뜩빤뜩, 빛나며.
부드러운, 바람에, 날아오는, 풀내까지도,
날랜, 우리 애국사(愛國士)의, 팟내를, 먹음은 듯,
포구(浦口)에, 밀어오는, 물결 소리는,
철썩철썩, 무엇을, 노래하는 듯.

군영(軍營)에, 누어 자는, 우리 영웅(英雄) —
고금(古今)에 없고, 세계(世界)에 다시없는, 우리 영웅(英雄)!
얼굴에는, 날램과 분개(憤慨)함과, 근심이,
그믈그믈 하는, 촉광(燭光)에 나며,
서편(西便)을 향(向)하여 통곡(痛哭)하던, 눈물 자취 —
철석(鐵石) 같고 진쥬(眞珠) 같은 간장(肝腸) 흘러나온,
뜨겁고, 귀(貴)한, 그, 눈물 자취!
이 누군가?
우리 영웅(英雄) — 충무공(忠武公) — 이순신(李舜臣)!

평화(平和)로운, 그, 호흡(呼吸)에도,
적심열정(赤心熱情), 알 바였고,

똑똑 뛰는, 그, 심장(心臟)의 고동(鼓動)에도,
생명(生命), 자유(自由)가, 넘치는 도다.
부모(父母), 형제(兄弟), 자매(姊妹) — 한 피, 나눈, 동포(同胞)가,
도탄(塗炭), 어육(魚肉)에 고통(苦痛)하며,
생명(生命), 자유(自由) 품은, 이 따— 내 나라의 운명(運命)이,
위기(危機)가, 일발(一髮)이며,
신성문무(神聖文武)하옵신, 우리 황상(皇上) — 우리의 큰 아버지가
연진(煙塵)을, 무릅쓰시고, 용(龍)의 눈물을,
동선령(洞仙嶺) 저편에, 뿌리시게 되니,
우리 영웅(英雄)의, 마음, 어떠할까.

사랑하는 부모처자(父母妻子), 고향(故鄕)에 두고,
떠날 때에, 그도 단장(斷腸)의, 눈물, 흘렸고,
향기로운, 가정(家庭)의 행복(幸福)을,
그도, 모르는 것은, 아니라.
그러나, 나의 선조(先祖)가, 나고, 자라고,
죽어서도, 그 몸을, 묻은, 이 따— 내 나라!
내가, 나고, 자라고, 활동(活動)하고,
죽어서도, 이 몸을, 묻을 이 따— 내 나라!
이내 천부(天賦)의 생명(生命), 자유(自由),
부모(父母), 형제(兄弟), 자매(姊妹) — 동포(同胞)의 생명(生命), 자유(自由)를
품으며, 기르는, 이 따— 내 나라에, 비기면,
이내 무엇이, 이에서, 더 중(重)할소냐.

오척단구(五尺短軀) 이 몸이, 비록, 작으나,
생명(生命), 자유(自由) 품은, 이 따— 이 나라의 수호자(守護者)!
뼛짬 마다 세포(細胞)마다 전기(電氣)같이, 잠긴 것은,
산(山)이라도, 흔들고, 바다라도, 뒤집으며,
천지간(天地間)에, 꽉 차서, 영원(永遠)히 불멸(不滅)하는,
귀(貴)하고, 또, 중(重)한, 그 정신(精神) —
우리 조상(祖上)부터의, 큰 포부(抱負)를, 담아가진,

이 나라를, 완전(完全)하게 가지고 가는, 뜨거운 정성!

생명(生命), 자유(自由) 품은, 이 따— 내 나라 위(爲)하여,
오척단구(五尺短軀) 이 몸, 가루를, 만들고,
심장(心臟)에 끓으며, 전신(全身)에, 돌아가는,
맑고, 밝고, 뜨거운, 이내 피로,
삼천리청구(三千里靑邱)를, 물들이리라!
부모(父母), 형제(兄弟), 자매(姊妹) — 한 피, 나눈, 우리 동포(同胞),
생명(生命), 자유(自由) 품은, 이 따—내 나라의 운명(運命)이,
위기일발(危機一髮)한 이 때 오늘날—
적심(赤心), 열성(熱性)을, 갑주(甲冑)로, 우레, 같은 호령(號令)에,
날래고도, 굳센, 애국(愛國)하는 장사(將士)를, 몰아,
'윽! 윽!' 고함(鼓喊)으로, 짓쳐나갈 때,
흉용(洶湧)하는 파랑(波浪)도 행진곡(行進曲)을 부르는 듯,
적심(赤心), 열정(熱情) — 날랜 배 — 살, 향(向)하는 곳에,
정의를, 어그러치는, 적(賊)의, 무리는,
분탕(奔蕩)하는, 물결 속에, 꺼지는 도다!
크도다, 장(壯)하도다, 우리 영웅(英雄)의 정신(精神)이여!
이 정신(精神) — 충군(忠君), 열성(熱誠), 애국열정(愛國熱情) 있기에
자유(自由), 독립(獨立)의 표상(表象) 되는 백두(白頭)의 뫼가,
청구(靑邱)의 북천(北天)에, 솟아, 있을 때까지,
영원(永遠), 평화(平和)의 표상(表象)되는 한강(漢江)의 물이,
청구(靑邱)의 중앙(中央)을, 흐를 때까지,
부모(父母), 형제(兄弟), 자매(姊妹) — 한 피를, 나눈, 우리 민족(民族)이,
청구(靑邱)의 낙원(樂園)으로부터, 큰 사명(使命)을 다할 때까지,
찬양(讚揚)하고, 노래하리라 —
우리 영웅(英雄) — 충무공(忠武公) — 이순신(李舜臣)!31)

마지막으로 '곰'(소년, 1910. 6)을 발표했는데, 곰은 단군신화에 등장

---

31) 『少年』(1910. 3), pp.43~45, 우리 英雄(孤舟). 이광수전집(삼중당)에 미수록.

하는 것으로 곧 한민족을 상징하고 있다. 따라서 곰은 한민족의 영웅 안중근을 비유하고 있다. 그러므로 '곰'은 '사형당한 안중근'을 은유한 것이다. "이와 같이 시 '곰'에서 '바위'와 '곰', '자아'의 상징성을 통해 분석한 결과 거룩한 영웅의 죽음을 신화적으로 해석하려 한 이광수의 시적 발상을 살필 수 있었다. 신체시에서 보기 어려운 '곰'의 신화성과 '바위'의 상징성을 구사한 고도의 기법으로 당대의 현실 인식을 분명하게 드러낸 영웅 서사시로 평가할 수 있다. 그동안 이 작품에 대한 논의는 민족의식이라는 주제를 파악한 것에는 무리가 없으나 그것을 도출한 해석에서는 논란의 여지가 있다. 곰의 무모한 도전이라거나 바위에 대결에서 실패한 패배자로 보는 경우가 일반적으로 많았기 때문이다. 시 '곰'은 민족의 역사 앞에서 장렬하게 죽음을 맞이한 한 영웅의 죽음을 애도하면서 민족의식을 고취하려 한 영웅시로 평가한다면 기존의 해석을 넘어 좀 더 다각적인 측면으로 해석할 여지를 준다."32)

곰(熊)

태고(太古)로부터, 자라오는 수풀이 잠뿍 들어서서,
아니 비치는데 없는 해도 이곳에는 아니 비춰,
어데서 나는지는 모르겠으나,
처량(凄凉)히 그러나 한가로이 우는 부흥(부엉이)의 소리,
'부흥, 부흥' — 너는 무엇을 호올로(홀로) 노래 하나냐?
너 곧 없었던들 이 깊은 침묵(沈默)은 영원(永遠)할 것을.

천주(天柱)같이 수풀 위로 빼어난 어떤 한 바윗돌,
기천년(幾千年) 풍상(風霜)에도 엄연(儼然)한 그 위의(威儀)를 의연(依然)히,
안보(安保)하여 내려옴 그 고초(枯憔)한 얼굴에 나타나도다.
무한(無限)한 시간(時間)의 흐름 가운데,

---

32) 『제6회 춘원연구학회 학술대회』(2012. 9. 21), p.38, 이광수의 '옥중호걸' 안중근과의 연관성(송영순).

조그마한 목숨 ― 괴상(怪常)한 물건을 가지고 왔다가,
무한(無限)에 비(比)하면 공(空)이나 다름없는 시간(時間)을,
고민통곡(苦悶痛哭)! 아아, 고민통곡(苦悶慟哭)으로 보내고,
그도 부족(不足)하여 침통잔혹(沈痛殘酷)한 고민(苦悶)을
일순시(一瞬時)에 모든,
'죽음'(滅亡인가?)을 만난 이 얼마나 보았는가!

'흐윽' 노후(怒吼)하는 소리 또 '흐윽'…
그 소리에 수풀이 떨리는 듯하도다.

두 눈엔 번갯불이 번쩍번쩍.
머리에서 흐르는 붉고 끓는 피!
'흐윽' 하면서 몸을 한 번 떨릴 때 ― 그때에,
핏발에 핏방울을 바윗돌과 흙을 물들여,
노기(怒氣)가 등등(騰騰)한 그 두 눈으로 이윽히,
바윗돌을 보더니 뿌드득 이 가는 소리…
풀 피 뿌리는 소리를 고함(鼓喊)으로,
'흐윽' 또 한 번 받는다, 또 한 번 ― 번개같이,
그러나 그러나 바윗돌은 움쭉도 아니해,

또 흐윽 ― 핏발에… 뿌드득 이 가는 소리,
머리엣 고기는 떨어져서 두골(頭骨)이 나타나고,
횃불 같은 그 두 눈에는 붉은 안개 돌도다.
또 한 번 흐윽 ― 핏발에… 두골(頭骨)은 깨여져,
흰 뇌장(腦漿)이 삐죽이 나타나도다 ― 아아!

또 흐윽! 핏발에는 여전(如前)하되,
다시 받을 기력(氣力)은 이미 소진(消盡)하여,
사지(四肢)가 나른해 꺼꾸러지도다,
숨소리만 높이 살기(殺氣)는 등등(騰騰)하나,
고깃몸은 이미 조절(調節)을 잃었으니 어찌해 어찌해,
심장(心臟) 속에 끓는 피가 창구(創口, 상처)로 퍼붓는 듯,

부릅떴던 눈도 차차(次次) 가늘어지고,
목숨 없는 고깃덩이만 경련(痙攣)으로 떨려,
이것이 이 영웅(英雄)의 최후(最後)로다 이것이 —
그러나 저 바윗돌은 의연(依然)해. (自然은 다)

다른 동물(動物)들은 — 조그마한 목숨 가진 괴물(怪物)들은
이것을 보고 비웃으리라, 미웁다 하리라,
아아, 그 조그마한 목숨이 아까워 자아(自我)를 꺾는,
너희들 비겁(卑怯)한 동물(動物)들아, 네가 도리어 그를 웃어?
네가 비록 네 목숨을 아낀다한들 그 몇 해나 될까?
무한(無限)한 시간(時間)에 비길 때에야 오십년(五十年)이나 백년(百年)이나
이와 같은 목숨이 아까워 귀중(貴重)한 자아(自我)를 꺾어?
자아(自我)! 자아(自我)! 이 곧 없으면 목숨(살음) 아니요 기계(機械)라.

이 곰이 수풀을 다니다가 (自由로 自在로)
거연(居然)히 섰는 저 높은 바위를 봄에
문득 제가 그의 압박(壓迫)을 받는 듯하여 — 귀중(貴重)한 자아(自我)가
그의 압박(壓迫)을 받는 듯하여,
목숨을 내어 붙이고 싸움이라 — 힘이 있는 때까지 기력(氣力)이
있는 때까지 목숨이 있는 때까지.
그러나 그는 성공(成功)을 기(期)함은 아니요,
다만 자아(自我)의 권력(權力)을 최고점(最高點)에까지 신장(伸長)함
이라.
다시 말하노라 그는 결(決)코 성공(成功)을 기(期)함은 아니오,
다만 자아(自我)의 권력(權力)을 최고점(最高點)에까지 신장(伸長)함
이라.
그는 죽었도다, 그렇도다, 그는 죽었도다.
그가 이리하지 아니었던들 그의 목숨은 더 좀 길었으리라.
그러나 좀 더 긴 그 목숨은 목숨이 아니라 기계(機械)니라.

그가 비록 단명(短命)하게 죽었으나 그러나 그러나,
그의 그 짧은 일생(一生)은 전(全)혀 전(全)혀 자유(自由)니라
그는 일찍 자연(自然)의 법칙(法則) 이외(以外)에는 자아(自我)를
꺾은 적 없나니라.
곰아! 곰아![33]

이광수는 명치학원 중학부 학생 시대의 일기를 '조선문단'에 게재하면서 권두시에 조국광복을 그리워하는 애국심에 불타는 애국시를 발표하고 있다. 여기서 '님'은 조국을, '무너지는 돌탑'은 '나라가 망한 것'을 상징하면서, 그 돌탑 밑에 꿇어 앉아 조국광복을 기도하고 있다. 깨어진 질 향로에 떨리는 손으로 자단향을 피워 자유의 그날이 오기를 간절히 애원하고 있다.

님 네가 그리워

형제여 자매여
무너지는 돌탑 밑에 꿇어 앉아
읊조리는 나의 노랫소리를
듣는가 — 듣는가

형제여 자매여
깨어진 질 향로에 떨리는 손이
피우는 자단향(紫檀香)의 향내를
맡는가 — 맡는가

형제여 자매여
님 너를 그리워 그 가슴 속이 그리워
성문 밖에 서서 울고 기다리는 나를
보는가 — 보는가[34]

---

33) 『少年』(1910. 6), pp.50~54, 곰(熊)(孤舟). 현대 철자법과 현대어로 표기했음.
34) 『朝鮮文壇』 제6호(1925, 3), 권두시. 님 네가 그리워(春園).

이광수는 12세 소년의 몸으로 양친을 잃고 천애의 고아가 되고 만다. 동학교(東學敎)에 입교하여 박찬영 집에 기숙하면서 동경, 서울로부터의 각종 통문(通文)을 배포하는 메신저 역할을 담당하며 민족운동을 전개했다. 그러나 일본 헌병의 동학교도 탄압의 일환책으로 이광수 현상 체포령이 내려 할 수 없이 평양을 탈출, 순신호를 타고 인천에 상륙, 서울로 잠입하였고, 동학교의 일진회의 동경 유학생에 선발된 것이다. 일본 헌병에 쫓기어 향리를 탈출하는 긴박한 상황이 어린 소년의 마음에 못이 박혀 대일(對日) 적개심은 심화된 것이다.

어젯밤 꿈이 우스웠다. 나는 조선인을 선동하였다는 죄로 사형의 선고를 받았다. 때는 오전인데, 형(刑)의 집행은 오후란다. 나는 생각하기를, 죽는 것은 두렵지 아니하나, 오직 흉중에 품어두었던 어떤 힘을 써보지 못하고, 이 세상을 떠나는 것이 슬프다고. 이 때문에 나는 괴로워하였다. 집행 당시의 모양을 상상하는 중에 희보(喜報)가 왔다 — 사형은 중지한다고.[35]

명치학원 중학부, 고등부, 신학부를 커버하는 교지 '백금학보'에 '사랑인가(愛か)'라는 일본어 단편소설을 발표했는데, 이는 중학부 학생의 작품이 게재되는 일은 흔하지 않은 데다가 일본인이 아닌 18세 조선 학생이어서 더욱 놀라운 일이다. 춘원 최초의 일본어 작품 '사랑인가'를 발굴·번역하여 소개한 김윤식(金允植)은, 이광수의 창작방법론을 네 부류로 분석하고 있다. (1) 자기 자신을 주인공으로 하는 작품군이다. 주인공에게 한결같이 3인칭 서술시점을 부여하면서 고아의식을 바탕에 깔고 자기 자신만이 천재요 불세출의 혁명아라고 자부하고 있다. 초기의 작품 '어린 벗에게', '윤광호', '방황' 등이 이에 속한다. (2) 자기의 이데올로기를 역사적 인물을 통해 구현해보겠다는 것, 다시 말하면 그의 독립준비론 이데올로기만이 조선 민족을 구제할 유일한 길이라는 것이다. '흙', '사랑', '단종애사', '원효대사' 등이 이에 속한다. (3)

---

35) 『朝鮮文壇』 제6호(1925. 3), pp.52~53, 1909. 11. 11. 日記.

관찰형 소설이다. 그 대표적 작품이 '무명'이다. 동우회 사건 때 병감에서 온갖 잡범 미결수들을 면밀히 관찰, 인간의 마성(魔性)을 깊이 있게 포착·서술한 걸작이다. (4) 심경(心境)소설이다. 춘원의 평생 화두는 '자유독립'이다. 동우회 사건 이후 동우회가 해체되면서 준비론에 의한 광복의 날은 멀어져가는 데 대한 좌절감을 호소하는 고백체 독백체 소설류가 등장한다. '육장기', '난제오', '산사 사람들'이 이에 속한다.36)

'사랑인가'는 (1)에 속한 작품이다. 명치학원 교지인 '백금학보' 제19호(1909. 12)에 이보경이란 그의 아명으로 발표되었는데, '부의 일본' (1910. 2)에 전재하면서 교모와 교복을 입은 18세 이보경의 사진과 함께 게재된 것이다. 이광수는 이 작품을 1909년 11월 18일에 완결했다면서, '백금학보'에 처음으로 활자화되어 발표된 것에 기쁨을 감추지 못하고 한없는 성취감을 토로하고 있다.

시험 끝났다. 모두 옥에서나 나온 것처럼 좋아라한다. — 나도 좋다. 내 처녀작이라 할 만한 '사랑인가'가 '○○學報'에 났다. 기쁘다. 괜히 기쁘다. 부질없는 기쁨이다. 나는 사람들이 나를 칭찬해주지 않는 것이 불만했다. — 아아, 결점이다.37)

주인공 문길(文吉)은 춘원 자신이다. 문길은 천애의 고아이다. 벗을 가지지 못한 비애를 풀 길 없어 방황하다가 미사오(操, みさお)를 찾아내어 기뻐한다. "금년 정월 그는 어떤 운동회에서 한 소년을 보았다. 그때 그 소년의 얼굴에는 사랑의 색깔이 넘쳐흐르고 눈에는 천사의 웃음이 떠오르고 있었다. 그는 황홀하여 잠시 스스로를 잊었고, 그의 흥중에 타오르는 불꽃에 기름을 부었던 것이다. 이 소년이 곧 미사오이다. 그는 바로 이것이라고 여겼다." 학기말 시험을 치르고 내일이면 귀국길

---

36) 『文學思想』 100호(1981. 2), pp.391~395, 李光洙의 創作方法論의 변화: 日本語로 쓴 세 편의 小說發掘에 대하여(金允植).

37) 『朝鮮文壇』 제7호(1925. 4), pp.3~4. 1909. 12. 31. 日記 18歲 少年이 東京에서 한 日記; 春園李光洙傑作選集 第二卷, 『隨筆과 詩歌』(永昌書舘, 1939), p.373.

에 오를 예정이었다. 문길은 미사오에 대한 동성애, 만나고 싶은 미친 마음을 견디다 못해 마지막으로 미사오를 만나고 떠나야 한다고 마음 먹고 마침내 미사오를 만나기 위하여 시부야(澁)로 갔다. 하지만 미사 오를 만나지 못하고 발길을 돌릴 수밖에 없었다. "그는 실망, 비애, 분 노 때문에 정신없이 미칠 듯한 상태로 귀로에 올랐다. 흐릿한 어둠 속 의 거리는 고요히 잠들었고, 가련한 안마사의 가락 맞지 않는 피리소리 만 축축한 여름밤 공기를 흔들고 있었다. 문길은 열한 살 때 부모와 사 별하고 홀몸으로 세상 속의 쓰라림을 맛보았다. 그는 친척이 없지는 않 았으나, 그의 집이 부유할 때의 친척이지 일단 그가 영락(零落)의 몸이 된 후로는 누구 한 사람 그를 돌보아 주는 자 없었다. 그의 몸에 붙어 있는 가난의 신(神)은 그로 하여금 일찍 세상맛을 보게 하였다. 그가 열 네 살 적에는 이미 어른다와져 홍안이어야 할 그의 얼굴에서 천진난만 함의 모습은 퇴색해버렸다."38)

문길은 미사오에게 사랑을 구하는 혈서를 보냈다. 얼마나 구애했기 에 그의 일기에 "나는 왜 그를 사랑하는 것일까. 왜 그에게 사랑받게 되었는가. 나는 아무것도 그에게 요구함이란 없는데"라고 적어놓고 미 사오를 만나지 못한 데 대한 실망감을 이겨내지 못하고 자살하기로 했 다. 문길은 자살을 멸시하는 사람 중의 한 사람이다. 그럼에도 불구하 고 철도 자살을 택했다. "그러나 지금에 이르러서는 나 자신이 자살하 고자 한다. 기묘하지 않은가. 나는 커다란 이상(理想)을 품고 있었다. 그것을 실현하지 못하고 죽는 것은 실로 유감이다. 내가 죽으면 늙은 조부나 어린 누이는 얼마나 한탄하랴. 그러나 이 순간에 있어서 내 죽 음을 멈추게 해줄 자가 없어서 도리가 없다. 지금 죽고 사는 것은 전혀 내 힘 밖의 일인 것이다." 이리하여 시부야 철도 건널목을 향해 달려갔 다. 그때 검은 사람이 나타나 통행을 정지시키고 말았다. 죽을 때조차 도 방해하는 귀신이 붙다니. 기차가 삐익 하면서 지나간 뒤에 동쪽 레 일을 베고 누워 다음 열차가 오기만 기다렸다. 구름 사이로 흘러나오는

---

38) 『文學思想』 100호(1981. 2), pp.442~446, 李光洙의 新發掘小說集, 李光洙 日本語 小說, 사랑인가(金允植).

별빛을 응시하면서 죽음을 기다리고 있다. "아아, 이것이 나의 최후이다. 작은 두뇌 속에 품었던 이상은 지금 어디인가. 아아, 이것이 나의 마지막이다. 아아, 쓸쓸하다. 단 한 번이라도 좋으니, 누구엔가에 안기고 싶어라. 아아, 단 한 번이라도 좋으니, 별은 무정타. 기차는 왜 안 오는가. 왜 어서 와서 나의 이 머리를 부수어버리지 않는가. 뜨거운 눈물은 그치지 않고 흐르는 것이었다."39)

실비안은 이 작품을 이렇게 평가하였다. " '사랑인가'는 일본 중학교에서 유학하는 조선인 학생의 사랑을 그린 단편소설이다. 조선인 유학생 문길이 같은 학교의 일본인 학우 미사오를 사랑하는 이야기이다. 이글에서 '사랑인가'를 특별히 주목하는 이유는 소년이 소년을 사랑하는 동성애를 다루는 소설이기 때문이다. 춘원은 조선인 유학생 문길의 미사오에 대한 열정을 적나라하게 묘사하고 있다. 김윤식은 남성이 남성에게 이끌리는 소위 '비정상'적인 감정을 '고아 의식'으로 해석하고 있는데, 동성에 대한 사랑은 부모와 나라 없이 자란 고아로서 이광수의 '병적인 외로움'이 반영된 것이다."40) "김윤식은 이광수의 동성애를 그의 이광수 해석의 기반이 되는 '고아 의식'으로 이해하고 있다. 부모 없이 자라 평생 외로움에 시달리던 이광수의 깊은 감정적 갈망이 동성애로 표출되었다는 것이다."41) 그래서 소년 이광수는 정신없이 '벗'을 찾아 헤매고 있었다. 이광수는 벗을 갖지 못한 비애를 이렇게 감정으로 표출하고 있다. "매일 몇 십인, 몇 백인의 사람들과 만나지만 한 사람도 그에게 벗이 될 사람은 없었다. 그 때문에 그는 한탄했다. 울었다. 비애의 종류가 많다지만 벗을 갖지 못하는 만큼의 비애는 없다는 것이 그의 비애관이었다."42) 그러나 이광수는 '벗 찾기' 차원을 넘어 동성애적 열정을 불태우고 있다는 것을 발견할 수 있다. "그때 그 소년의 얼굴에는

39) 상게서, pp.444~446.
40) 『文學思想』(2007. 2), p.237. 이광수 초기 문학과 '동성애' 문제: '사랑인가'· '윤광호'에 나타난 동성애 모티프에 대한 재해석과 역사화(가브리엘 실비안).
41) 상게서, p.238.
42) 『文學思想』(1981. 2), p.445, 李光洙 日本語 小說, '사랑인가'(金允植).

사랑의 색깔이 넘쳐흐르고 눈에는 천사의 웃음이 떠오르고 있었다. 그는 황홀하여 잠시 스스로를 잊었고, 그의 흉중에 타오르는 불꽃에 기름을 부었던 것이다. 이 소년이 곧 미사오이다. 그는 바로 이것이라고 여겼다."[43]

한편 이성희는, 소년 이광수의 동성애는 미적(美的) 의미의 동성애라고 규정하고 있다. "이광수의 소설에서 다루어지고 있는 동성애의 성격을 규정한다면, 사회적인 의미의 동성애라기보다는 미적 의미의 동성애라고 보는 것이 더 적절할 것이다. 이광수의 동성애에는 노골적인 성의 묘사가 나타나고 있지 않은데, 이러한 특징은 여러 가지 측면에서 그 원인을 생각해볼 수 있다. 일단은 미의식과 관련하여 이해할 수 있는데, 미를 추구했던 이광수에게 동성애는 오히려 신비화되고, 비밀스러운 방식으로 형상화되는 것이 더욱 적절했을 것이다."[44]

미적 의미의 동성애를 처음으로 주장한 작가는 김동인(金東仁)이다. 그는 '한국근대소설고'에서 미에의 동경은 동성애와의 상관성에서도 드러난다고 분석하고 있다.

춘원에게 상반된 두 가지의 욕구가 서로 다투고 있는 것은 감출 수 없는 사실이다. '미(美)'를 동경하는 마음과 '선(善)'을 좇으려는 바람이다. 이 두 가지의 상반된 욕구의 갈등! 악귀와 신의 경쟁! 춘원에게 재(在)하여 있는 악마적 미에의 욕구와 의식적으로(오히려 억지로) 환기시키는 선에 대한 동경, 이 두 가지의 갈등을 우리는 그의 온갖 작품에서 볼 수 있다. 그는 악마의 부하다. 그는 미의 동경자다. 그러면서도 그는 자기의 본질인 미에 대한 동경을 감추고 거기다다 선의 도금을 하려 한다. 이원적 번민! 그의 작품에서 미에 대한 동경뿐을 발견할 때에는 우리는 언제든 동시에 예술의 진수를 발견한다. 그러나 그가 정신을 차리고 그 위에 선의 도금을 할 때에는 거기 남는 것은 모순과 자가당착밖에는 없다.[45]

---

43) 상게서, p.445.
44) 『冠嶽語文硏究』 제30집(2005. 12. 31), p.276, 이광수 초기 단편에 나타난 '동성애' 고찰(이성희).

4. 소년회와 '신한자유종' 주재 · 발행

이광수는 1906년 3월 대성중학에 입학했고, 1907년 9월 10일 명치학원 중학부 3학년에 편입했다. 3학년 때 16세 소년 이광수는 동인 몇 사람과 함께 등사판 회람잡지를 발행했는데 거기에 애국적인 글을 발표해서 독립정신을 고취했다는 혐의로 동경 경시청에 불려가서 '요시찰인물' 명부에 올랐다는 것이다. "나는 벌써 경찰의 주목을 받을 연령에 달한 것이었다. 그뿐 아니라 동경에서 나 또래 몇 동인이 발행하던 등사판 잡지가 동경 경시청에 압수된 사건으로 하여서 그 책임자로 필자인 나는 일본 관헌의 '요시찰인물' 명부에 오른 것이었다."46)

한 살 두 살 나이를 더 먹고 일본이 한국에 대한 압박이 더욱더욱 커갈수록 나의 전도가 암담함을 느꼈다. 처음 일본에 건너올 때에 가졌던 어린 꿈— 대신도 되고 대장도 된다던 어린 꿈이 여지없이 깨어진 것은 말할 것도 없거니와 앞으로 무엇을 해야 할는지 캄캄하였다. 국내에서는 각지에 의병(義兵)이 일어나서 일병(日兵)과 싸우고 있었다. 나도 뛰어나가서 의병이 될까 하는 생각도 났다. 뉘 게서 들은 말은 아니나 무슨 비밀결사를 만들어야 할 것도 같아서, 나 또래 7, 8인이 '소년회(少年會)'라는 것을 조직하고 회람잡지를 만들었다. 회원이 20명쯤 되었다. 모두 17, 18세의 소년들이었다. 잡지도 등사판에 박았다. 그 내용은 비분강개한 애국적인 시, 소설, 논문, 감상문 등이었으나 셋째 호인가 넷째 호 적에 벌써 일본 관헌의 눈에 띄어서 우리는 경시청(警視廳)에 불려 야단을 만났다. 설유방송(說諭放送)으로 끝은 났으나 그로부터 우리는 '주의인물'이 되었다. 우리는 우리의 전도(前途)가 일본 관헌의 주의 밑에 있을 것임을 분명히 인식하였고, 그와 동시에 우리의 존재라는 것은 일종의 자부심을 가지고 인식할 수가 있었다.47)

45) 『金東仁全集』(朝鮮日報社 出版局, 1988), 권 16(朝鮮近代小說考), p.21.
46) 李光洙, 『나』(文硏社, 1947. 12. 24). p.98.
47) 春園 李光洙, 『나의 告白』(春秋社, 1948. 12. 25), pp.37~38.

이와 같이 이광수는 16세 소년 중학교 3학년생이 '소년회'라는 비밀 결사를 조직, 등사판 잡지를 제작하고 그가 직접 애국적인 글을 써서 발표하다가 그만 일본 관헌의 감시에 걸려 호된 야단을 만났다는 것이다. 이로 인해 이광수는 일본 경시청에 '요주의인물'로 블랙리스트에 올라 있어서 항상 감시 대상 인물이 된 것이다. "청산학원(靑山學院) 다니던 문학청년들끼리 말하자면 김찬영(金瓚泳), 옥종경(玉宗敬), 변봉헌(卞鳳憲), 김일(金一) 등 여러 사람들과 더불어 등사판 회람잡지(謄寫版回覽雜誌)를 만들고 약 20명 회원이 일주일에 한 번씩 모여 소설과 시 이야기를 하였지요. 더구나 남들이 문예에 취미 붙여주기 위하여 나는 일주일에 한 번씩 모이는 회합에서 혼자 연극도 하여가며 소설 이야기를 아무쪼록 재미있게 하여 드렸지요. 이 소년회에서는 문예 이외에도 운동을 장려하여 나도 베이스볼(야구)의 피처 캐처를 다 하여 보았데요."[48]

이광수는 소년회의 회람잡지 '신한자유종(新韓自由鍾)'의 주재자로 등사판 잡지를 제3호까지 제작했다. '신한자유종' 제3호는 한국 내부(內部) 경무국장을 3년간 역임한 마츠이 시게루(松井茂, 1866~1945)가 조선 언론계의 논조와 민심을 조사하기 위한 자료로 삼았기 때문에 인멸되지 않았다. 현재 '신한자유종' 제3호[49]는 일본 국립공문서관에 보존되어 있는데, 하타노 세츠코(波田野節子)가 발견하여 학술지에 발표한 것이다.[50] 이광수는 자유독립의 염원을 구현하기 위해 미국 독립의 상징물인 자유종에서 그 이름을 따서 '신한자유종'이라 제호(題號)를 채택했다.

이광수는 '옥중호걸', '우리 영웅', '곰' 3편의 서사시를 발표했는데, '옥중호걸'과 '곰'에는 안중근의 실명이 없다. 그러나 '신한자유종'에서

---

48) 『三千里』(1934. 11), pp.234~243, 春園 文壇生活20年을 機會로 한 文壇回顧座談會(10. 2).

49) 極秘 『新韓自由鍾』 제1권 제3호(隆熙4年(1910) 4月 1日).

50) 『근대서지』 제5호(소명출판, 2012. 6), pp.239~243, '極秘 新韓自由鍾' 제1권 제3호(융희4년 4월 1일 발행)의 이광수 관련 자료에 대하여(하타노 세츠코, 최주한 번역).

이광수 주재로 발행한 '신한자유종' 표지(1910. 4)
이광수는 비밀결사 소년회를 조직하여 '신한자유종'을 발행했다. 표지 중앙 상단에
자유종이 그려져 있고 그 아래에 한 해병이 태극무늬를 아로새긴 방망이로 자유종을
치고 있다. 양옆으로 무궁화 꽃송이가 에워싸고 있다.

안중근의 초상화와 함께 1910년 3월 26일 안중근이 처형되는 것을 추
모하는 글을 게재하고 있어서, 바로 이 두 작품에서 각각 안중근을 호
랑이로, 처형되고 나서는 '곰'으로 은유하면서 안중근의 이등박문 사살
의거를 대대적으로 선전하고 있었다는 점에서, 호랑이와 곰은 안중근을
은유하고 있었음이 드러나고 있다. '우리 영웅'의 경우, 이순신이라는
실명이 거명되고 있어서 해석상 혼선이 없다.
   '대한민족에 있어서의 융희4년 3월 26일'에서는, 1909년 11월 26일
은 안중근의 이등박문 사살 의거의 날로서 대한독립군 제1회 적군공격
일로, 1910년 3월 26일은 안중근의 처형일로서 제2회 독립군 규합일로
정해서 독립군을 일으켜 일제에 대해 항일독립전쟁을 일으킬 것을 역
설하고 있다.

눈을 뜨고 한반도를 보라. 나라는 이미 망해 인족(人族)은 도탄에 빠져 비명의 소리가 천상에 닿고 비분의 탄식은 지하에 이름이라. 생각건대 지금 업(業)을 이루려하는 자는 누구인고 하니, 이는 입으로는 동양평화를 주창하면서도 우리 한민족을 위해서는 불구대천(不俱戴天)의 원수인 왜국(倭國)이 뜻하는 사업(所業)을 위하는 자들임은 제군들도 이미 아는 바라.

그자들의 독수(毒手)의 혹형을 두려워하지 않고 2천만 민족의 대표자가 되어 허리에 단총을 차고 그들 5천만 인민을 대표하여 혹정을 단행하는 이토(伊藤博文)를 일성포발(一聲砲發)하에 쓰러뜨린(斃) 안중근(安重根) 씨가 단두대로 나아가는 날이 바로 금일이라. 우리 한인(我韓人)은 오늘을 어떠한 날로 알아야 할 건가. 오 척에 지나지 않는 한 개인이 일척에 달하지 않는 단총을 들고 일개의 왜한(倭漢)을 쓰러뜨린 것이라. 그러나 씨의 뜻한(志) 바는 망국을 부흥하고 도탄의 민족을 구해내기 위해 자기를 함께 희생에 바친 것이 아니던가. 그러하도다. 씨가 단두대로 나아갈 때 기꺼이 유쾌하게 오를 것인가. 그렇지 아니하다. 그렇다면 우려하는 마음을 갖고 오를 것인가. 그렇다. 씨가 임종을 우려함은 죽음을 근심해서가 아님이라. 사랑하는 아내를 걱정해서가 아님이라. 곧 씨가 우려하는 바는 씨의 뒤를 이을 자의 유무에 있음이라.

그렇기 때문에 우리들이 그저 "씨는 위인이라, 열사라, 의사(義士)라" 하며, 언어로써만 씨를 기쁘게 한다면 씨가 (가진) 우리 국가민족에 대한 열심의 만 분의 일의 보답에도 미치지 못함이라. 즉 우리들이 진심으로써 씨를 상찬하고 진심으로써 씨의 열심에 감복하려 한다면, 그 뒤를 잇고자 함이 당연한 이치라. 그 뒤를 잇고자 한다면 우리들은 독립군을 일으켜 무도(無道)한 적군(敵軍)을 일성발포 아래 진멸시켜, 아국가민족(我國家民族)을 구해내지 않으면 아니 됨이라. 까닭에 우리는 융희3년(1909) 11월 26일을 대한독립군 제1회 적군공격일로 삼고, 4년 3월 26일을 제2회 독립군 규합일로 인정함이라. 여기에 씨의 시를 소개할지니,

丈夫處世兮 其志大矣 장부가 세상에 처함이여 그 뜻이 크도다
時造英雄兮 英雄造時 때가 영웅을 지음이여 영웅이 때를 지으리로다

雄視天下兮 何日成業 천하를 크게 바라봄이여 어느 날에 업을 이룰
꼬

東風漸寒兮 必成目的 동풍이 점점 차가워짐이여 반드시 목적을 이
루리로다

鼠竊鼠竊兮 豈肯比命 도적쥐야 도적쥐야 그 목숨 어찌 사람 목숨인
고

豈度至此兮 時勢固然 어찌 이에 이를 줄 알았으리 도망갈 곳 없구나
同胞同胞兮 速成大業 동포여 동포여 어서 빨리 큰 일 이룰지어다
萬歲萬歲兮 大韓獨立 만세 만세! 대한독립
萬歲萬歲兮 大韓獨立 만세 만만세! 대한독립[51]

'신한자유종'의 표지를 보면, 오른쪽 상단에 '극비'라 쓰고 중앙에 필
라델피아 독립기념관에 있는 미국 독립의 상징물인, 금이 간 자유종에
'신한자유종'이라 명기하고, 한 수병(水兵)이 태극 마크한 방망이로 자
유종을 치고 있다. 하단에 '비매품'이라 쓰고 '제1권 제3호 융희4년 4
월 1일 발행'이라 명기하고 있다. '신한자유종' 제3호에는 이광수 관련
기사가 4편이나 실려 있다. '신한소년의 운명'(기자), '기행문 여행의
잡감'(고주), '이보경 씨의 송별회', '군은 어디로'(고봉) 등이다.[52]

그동안 소년회를 이끌면서 '신한자유종'을 주재·발간하여 독립정신
을 선양해오던 이보경이 학업을 마치고 귀국함에 따라 후임자(기자)는
그의 소년회를 이끌 사명감, 그리고 앞으로 회람잡지를 어떻게 운영하
는 문제 등을 밝히는 글을 발표했다.

신한소년의 운명(新韓少年ノ運命), 기자(記者)

1년 만에 나온 신한소년이 3개월째 또 하나의 곤란에 빠졌다. 이는

---

51) 『근대서지』 제5호(2012. 6), pp.700~702, [자료] 검열 번역본 '신한자유종'
    제1권 제3호 완역(황호덕, 장신 번역), 대한민족에 있어서의 융희4년 3월 26
    일(大韓民族ニ對スル隆熙四年三月二十六日 所感生).
52) 상게서, pp.242~243.

다름이 아니라 편찬의 임무를 맡고 있던 이보경(李寶鏡) 씨가 가정형편으로 인해 친애하는 신한소년을 두고 귀국하게 됨에 신한소년을 배양할 만한 인물을 잃어버렸기 때문인데, 마치 어린아이가 어머니를 잃고 젖을 뗀 것과 같다. 이 군이 있었음에 비로소 신한소년은 무명솜옷을 입고 살이 올라 제군들 사이를 돌아다니게 되지 않았는가.

이후 소년회에서 후보자를 가려내어 적당한 후임자를 얻어야 하는데, 이 중대한 책임을 내가 맡게 되어 4월부터 내가 이를 담임하게 되었다. 제군은 어찌된 연유로 나에게 그 임무를 맡게 하였는가. 나는 결코 이 임무를 감당할 수 없다. 그러하나 대한의 남자로 태어나서 그 정도의 임무를 감당하지 못함은 대한국민(大韓國民)의 치욕이라 할지니, 자격이 없음을 돌보지 아니하고 후임을 허락한 것은 이런 까닭이다. 나는 소년일 때 본국을 떠나 국어마저 충분치 못하나니, 하물며 작문에 있어서 그 서투름은 굳이 말하지 않아도 알 것이다. 그러므로 기사(記事)는 모두 국어체로서 하여야 할 것이니, 제군은 독서에 불편한 점은 용서하시라. 또한, 투서 등도 대개 본문 그대로 게재해야 하므로, 투서가(投書家)는 전보다 한층 문법, 용자(用字, 문자표기), 수사(修辭) 등에 주의하기 바란다.

편집자가 재능과 자격이 없는 까닭에 이전의 수준에는 미치지 못하겠지만, 신한소년을 팔거나 또한 거친 옷(粗衣)을 입게 하는 일은 없을 것이다. 제군은 만약 결점을 찾아내면, 그 생각하는 바(所思)를 기자에게 보내어 후일을 경계토록 하여 신한소년을 배양케 할 것을 희망한다. 끝으로 임시로 김찬영(金瓚永), 김일(金一) 두 사람에게 힘닿는 한 조력해주겠다고 맹세한 것에 감사하며, 아울러 소년회원 제군이 두 사람처럼 기업심(企業心)에 가득 차(富), 후일 대한국(大韓國) 사회를 일으킴에 있어 모두 일심협력하여 실업, 종교, 정치 등 각 방면의 발전을 꾀함으로써 광휘가 빛나게 하기를 바란다.[53)]

고봉(孤峰)은 '군은 어디로'를 발표하면서 이광수의 앞날을 축복하고 있다. 여기서 이보경 같은 천재를 소년회에서 내었음을 무한한 자랑이라고 했다. 이는 "이광수는 천재다"라는 주장의 효시가 되고 있다.

---

53) 상게서, pp.252~253, 698~699, 신한소년의 운명(기자).

군은 어디로(君はいずこへ), 고봉(孤峰)

　금강석도 갈고 닦지 않으면 옥빛을 내지 못한다. 일상에 쓰이는 철(鐵)조차도 단련하지 않으면 불필요한 물건이 되어버릴 뿐. 이것은 진리라 천지개벽과 동시에 세상에 존재하는 것일까. 적어도 공기를 호흡하여 목숨을 부지하는 것, 어느 누구도 이 진리로부터 벗어날 수 없는 것 같다. 시험 삼아 생각을 집중하여 인생을 돌이켜보자. 어떤 사람(何人)이나 고통을 느끼지 않고 일생을 보낼 수 있나. 어린아이가 세상에 태어나자마자 발간 손(赤手)을 가슴에 품고 응애응애 하여 울부짖는다. 이미 고통을 느끼고 있는 게 아닌가. 그렇다면 고통을 피할 수 없다는 것은 말할 것도 없다. 금강석이 갈고 닦아져 옥빛을 내고, 철이 단련되어 유용한 물건이 되는 것처럼 괴로움을 능히 참아내는 자는 위인이 되고 고통을 능히 참아내지 못하는 자는 범인(凡人)이 된다. 옛 성현과 위인은 고통을 면하기 위해 도덕, 법률, 풍속 등을 만들었다는 것은 나의 의견이지만, 이 도덕, 법률 등의 작위적 물건(作り物, 인공물)은 고통을 줄이는 것이 아니라 오히려 고통을 늘리고 궁색함(窮屈)을 늘였을 뿐이다. 그러니까 세상살이는 나이를 먹어감에 따라 점점 고통이 늘어가는 것이다.

　듣자 하니 그대는 어린 시절(幼時)에 부모를 잃었다고. 이것이 이미 그대의 생애는 고통임을 증명하는 것으로서 제1의 고통이라 할 터. 한쪽 부모를 잃는 것조차 어린아이에게 있어서는 더없는(無上의) 슬픔이라 하지 않는가. 하물며 양친을 모두 잃고 황야에서 길을 잃고 헤매는 몸이 되었으니, 그 신세를 생각건대 누군들 소매를 적시지 않을 것인가. 그가 받은 고통은 가혹도 하여 성장함에 따라 줄어들지 않고 나날이 거듭되면서 군의 몸에 쌓여갔다. 내가 그대의 어린 시절의 경황(景況)을 알지 못하지만, 현재 그대의 비경(悲境)을 보니 어린 시절의 처지는 보지 않았어도 눈에 선하여 자연히 가련한 생각이 가슴에 차올라 심장이 고동(鼓動)친다. 그대 열두 살이 되어 정겨운 고향을 떠나 경성에 가 동가식서가숙(東家食西家宿)하는 모양이 눈에 선하니, 그 애처로움은 말로 할 길 없다 하나, 그대의 천재(天才)는 벌써부터 두드러져 경성에 산 지 2년도 채 안 되어 어떤 사관(士官)으로부터 주목을 받아 열네 살에 일본으로 유학을 가게 되었다고. 예수가 마구간에서 태어나 가난한 집에서 자랐음에도 불구하고 열두 살에 성전(聖殿)에서 학사(學士)들과 신(神)을 논하여 천재(天才)를 드러낸 것과 서로 견주어 생각해볼 때, 누군들(何人) 그대를 흠모하지 않으리오.

일본으로 건너가 공부한 지 1년이 채 안 되어 벌써 일본어에 능통하여 타이세이중학(大成中學)에 들어가 도착지를 알 수 없는 생애의 바다로 떠났으나 사악한 마신(邪魔の神)에게 방해받아 퇴학하고 비탄의 눈물(悲淚)을 흘렸다고. 세상에는 모두 이와 같은 일이 있었음을 나도 깊이 느끼고는 있었으나 이 이야기를 듣고 더더욱 가슴 치게 느꼈다.

다행이라 할까. 무정한 그의 정부도 때로는 정 있는 일을 하는 것인가. 그대를 보조하여 3년의 학비를 줄 줄이야. 슬프다! 비참이라고도, 행복이라고도 할 수 있는 잊을 수 없는 시로가네(白金)의 삶은 여기에서부터 시작되었다. 시로가네의 삶은 그대의 천재를 더더욱 진전시켜 더욱더 견고하게 만들어주었다. 메이지학원(明治學院) 3학년에 들어가자 마음도 다소 안정되니 흥미 없는 기숙사의 더러운 방에서 독서를 하며 날을 보내고, 친구를 사랑하는 정이 많은 그대에게는 가장 친한 치구가 한 사람 있었다고 들었다. 그러나 기숙사 생활을 꺼리게 되어 셋방에 옮기고 밥집에서 배를 채우는 생활을 했고, 고통이 심해짐과 동시에 천재(天才)도 발기(發起)하게 되었다고 생각된다. 셋방에 살게 되면서 톨스토이라는 인물을 숭배하고 예수를 믿었으며, 아침저녁으로 기도를 게을리하지 않았다. 캄캄한 밤중에 죽은 듯이 조용한 숲 속에 엎드려 놀랄 만큼 거세게 부는 바람 소리를 들으며 기도한 적도 있었다. 그러나 어찌할 것인가. 그대의 천재가 드러남을. 얼마 후에 바이런의 시를 손에 넣자 마음을 바꾸어 불신자(不信者)가 되더니, 즐거이 소설을 읽고 애정도 깊어져 작년 여름에는 미사오(操)를 사랑하여, 이 때문인지 글을 짓고 시를 지으니, 우선 먼저 그 이름을 두드러지게 시로가네학보(白金學報)에 이름을 높이고, 이어서 추가쿠세카이(中學世界)와 토미노니혼(富の日本) 등의 잡지에 그대의 명성(聲名)을 빛나게 하였다.

아, 그대의 기량을 세상에 소개할 적에 비통의 파도는 밀려오고, 그대로 하여금 배움의 바다에서 떠나게 만든 그대의 앞길은 어디에… 어디로… 생각건대… 우리 소년회는 그대와 같은 천재를 배출한 것을 자랑으로 여긴다. 바라건대 호랑이의 기세로 마음껏 생각하는 그대로

나아가고 나아가서 하루 빨리 도착지를 찾아내소서! 아, 외로운 배(孤
舟)인 그대는 어디로… 어디로… 생각건대…54)

1910년 3월 20일 소년회 주최로 이보경 귀국 송별회가 개최되었다.
소년회 회원 20명 전원이 참가했다. 김찬영(金瓚永)이 석장(席長)이 되
고, 개회사, 역사, 축사 및 답사가 있은 후 연설이 있었다. 연설은 이규
정(李奎廷), 김일(金一) 외 수명이었으며 끝으로 이보경이 일어나 선구
자적 답사를 토해냈다. "우리나라 유학생이 일본에 유학하기 시작한 지
30년이 지났어도 인재가 나오지 않는 것은 그 이상(理想)이 협소하고
일신의 평안만을 중시하거나, 그 이상이 조금 높은 이는 자만심에 빠지
거나 학교에 만족하기 때문이다. 바라건대 제군은 이런 폐단을 깨뜨리
고 사상력(思想力)과 독서력을 배양하고, 스스로 우쭐거리지 말고 인격
을 고양시키며, 학교에 만족하지 말고 천재(天才)를 발달시켜 국가의
좋은 재목이 되기를 바란다."55)

이광수는 1910년 3월 20일 소년회 주최로 귀국 송별회를 개최하고,
마침내 3월 23일 귀국 길에 올랐다. 3월 24일 부산역에 도착하기까지
의 기행문을 일본어로 작성하여 소년회의 회람잡지 '신한자유종' 편집
진에 송고함으로써 그 전문이 '신한자유종' 제3호에 게재된 것이다. 18
세 소년 이광수가 주재한 '신한자유종'은 소년회의 등사판 회람잡지로
서 인쇄물이 아니기 때문에 일본 경시청의 검열 대상에서 제외된 비매
품 일종 동아리 잡지이다. 그러기에 이보경은 마음껏 자신의 혁명사상
을 피력할 수 있었다. 여기서 일본을 왜국(倭國)이라 지칭하면서 일본
의 압제에서 해방하기 위하여 대한의 소년들에게 총궐기할 것을 호소
하고 있다.

　少年諸君よ. 此を聞いて如何なる感を呼起したるか. 天帝, 人生を

---

54) 상게서, pp.255∼257, 705∼707, 군은 어디로(原文 日本文).
55) 상게서, pp.253, 716, 이보경 씨의 송별회(李寶鏡氏の送別會), 3월 20일(월요
　　일).

造る時, 皆等しく二目二手二脚を賜はりたるにあらずや. 何の不足する所有りて, 彼の倭國の爲に壓制を受くるか. 耳目口鼻を倶有する新韓少年諸子は, 之を思ひ, 歲月を徒費せずして, 自己の目的と自己の天才を發揮して, 彼の目的地に急げ. 新韓を肩に負へる大韓少年等よ.56)

소년 제군이여, 이 말을 들으니 어떤 느낌이 드는가. 천제(天帝)께서 인생을 만들 때 모두 똑같이 두 눈, 두 손, 두 다리를 주지 않았는가. 무엇이 부족해서 저들 왜국(倭國)에 의해 압제(壓制)를 받고 있는가. 이목구비를 모두 갖춘 신대한(新韓) 소년 제군은 이것을 생각하여 세월을 헛되이 낭비하지 말고, 자기의 목적과 자기의 천재를 발휘하여 그 목적지를 향해 서둘러라. 신대한을 어깨에 짊어진 대한 소년들이여.

이광수는 부산진 장날에 갓 쓰고 흰옷 입은 장꾼들이 소를 몰고 장터에 몰려온 광경을 목도하고 그들의 마음속도 정말로 흰옷처럼 흴까 하고 의문을 제기하면서 한국 농촌사회의 후진성을 개탄하고 있다. 한국은 수천 년 동안 후진 농촌사회의 테두리를 벗어나지 못하고 절대빈곤에 허덕이다가 일제의 식민지가 되었다고 개탄하고 있다. 소는 한국의 상징물로 지켜오고 있다. 소는 농촌사회를 유지하는 데 버팀목이기 때문이다. 그러기에 일제의 압제로부터 자유해방을 구현하기 위해서는 한국의 상징물인 소를 버리고 호랑이를 새 한국의 심벌로 그 패러다임을 확 바꿀 것을 역설하고 있다. 이광수는 일찍이 그의 최초의 서사시 '옥중호걸'을 발표했는데, 여기서 '브엄'(호랑이)을 한반도 침략의 원흉 이등박문을 사살한 안중근에 은유하여, 호랑이의 웅장한 기백을 발휘, 민족의 원수를 사살했다고 안중근의 영웅적 의거를 찬송하고 있다. 이처럼 이광수는 19세 소년 때 이미 '자유독립'이 그의 인생철학이요 지상사명(至上使命)임을 만천하에 천명한 것이다.

---

56) 상게서, p.248, 여행의 잡감(雜感)(原文 日本文).

여행의 잡감(旅行の雜感), 고주(孤舟)

-- 3월 23일 오후 세 시, 차 안에서

지금은 카이다시(海田市)를 지나 히로시마(廣島)를 향하는 길이다. 하늘은 활짝 개었고, 뜨거운 태양은 여름처럼 차창에 쨍쨍 내리쬔다. 하루 동안의 날씨의 변화치고는 어처구니없을 정도가 아닌가.

나는 아침나절엔 얼마간 기운이 있었지만 벌써 싫증이 나버렸다. 어떻게든 시베리아로의 여행을 할 수 있다면 하고 생각했다. 도대체 나는, 도쿄에 있을 때부터 몹시 건강을 상한 탓일 것이다. 이래서는 정나미가 떨어져 버린다. 그 유명한 세토나이카이(瀬戸内海)의 경치도 별로 내 흥미를 끌지 못했다. 아, 벌써 히로시마에 도착했으니, 이만 쓰련다. 오늘 밤, 배에 탈 작정이다.

-- 3월 23일 오후 여덟 시 반, 시모노세키(下關)에서

너무 자주 펜을 드니 필시 성가시게 생각되겠지. 하지만 이번 길은 나에게 있어서 가장 기념할 만한 여행이기에. 어, 바다가 보인다. 짙푸른 바다다. 새파래서 검어 보일 정도다. 잠이 덜 깨 어리둥절한 사람의 얼굴이 이따금 남쪽을 향한다. 미야지마(宮嶋)라고 얘기해주었다. 우스워서 못 견디겠다. 이상해 어찌할 줄 모르겠고 어처구니없이 뭔가 바보 같다는 기분이 든다.

코이(古ひ)라고 하는 역이 있다. 그곳에 이르니 어린아이들이 만세를 불러준다. 역 이름을 사랑(戀, こい)으로 해석하니 재미있다. 과연 논밭(田甫) 가운데는 오두막이 많이 있어 사랑을 나누기에 알맞을 것 같다. 아아, 바보 같은 소리를 했구나. 시모노세키 부두의 달빛이 푸름이여(月色蒼), 아, 언제 또 이 모습을 보게 될까.

-- 3월 24일, 부산역에서

맑은 아침이다. 하늘은 어디까지고 짙푸르게 개어 생생한 태양의 광선은 천지에 가득 넘치고 있다. 멀리서 희미하게 안개 낀 한산(韓山, 한국의 산)이 눈에 들어왔을 때의 나의 심정은 어떠한 것이었을까. 무언가, 한산에는 태양의 빛도, 우주에 가득 차 흐르는 태양광선도 여기 한산에는 비추지 않는 모양이다.

-- 3월 24일, 경부선 열차 안에서

오늘은 부산진(釜山鎭)의 장날이라서 많은 흰옷(白衣) 입은 우리나라 사람(國人)들이 소를 끌고 모여드는 걸 목격했소이다. 흰옷을 입고는 있었으나 마음은 희지 않은 듯 보였소이다. 또한 특별하다 느낀 것은 소와 우리나라 사람에 대해서외다. 소는 우리나라 사람들의 상태, 성질(모두 오늘날의)을 잘 나타내고 있는 듯하외다. 바꾸어 말하면 소는 우리나라 사람들의 상징(심벌)으로 보여서 정나미가 떨어지는(情なき) 것이외다. 아아, 소의 상징을 버리고 호랑이의 상징(심벌)을 얻는 것은 어느 때나 되어야 이루어질까. 일어나라, 우리 소년 제군!

대한의 산(韓山)은 노쇠해졌습니다. 그래서 푸른빛은 황모(黃毛)로 바뀌고 황모마저도 벗겨지게 되었으니, 얼마 못 가 수많은 대한의 산은 모조리 붉은 사막으로 변할 것이 의심의 여지가 없소이다.

얼마 후에 결국 대한의 토지(韓土)는 뜨거운 모래로 가득 찬 막막한 사막이 되고, 푸른 언덕(靑邱, 한국의 별칭)이라 불렸던 우리나라는 공허한 역사적 명칭이 되어 후대의 사람들(後人)의 호기심이나 자극하는 데 불과하게 될 것이외다. 조선 민족의 생명은 대한의 산에 있는 초목과 그 생사흥망을 함께할 것이외다. 총총.

-- 소년 제군이여, 이 말을 들으니 어떤 느낌이 드는가. 천제(天帝)께서 인생을 만들 때 모두 똑같이 두 눈, 두 손, 두 다리를 주지 않았는가. 무엇이 부족해서 저들 왜국(倭國)에 의해 압제(壓制)를 받고 있는가. 이목구비를 모두 갖춘 신대한(新韓) 소년 제군은 이것을 생각하여 세월을 헛되이 낭비하지 말고, 자기의 목적과 자기의 천재를 발휘하여 그 목적지를 향해 서둘러라. 신대한을 어깨에 짊어진 대한 소년들이여.57)

---

57) 상게서, pp.253~255, 713~715, 여행의 잡감(雜感).

제 2 장   오산학교와 교육보국

1. 오산학교 교원

19세 소년 이광수가 동경 명치학원 중학부를 졸업한 것은 1910년 3월이었다. 졸업과 동시에 제일고등학교 입학시험에 합격하여 입학준비를 하던 중 '조부 신병위독' 급보를 받고 제일고등학교 입학을 포기하고 남강 이승훈(李昇薰)의 오산학교 교원 초빙에 응해 귀국길에 올랐다. 고등학교 입학은 출세의 길이 보장되는 것이었다. 그 당시 오산학교는 교원들에게 월급을 주지 않는 '무보수 교원'이다. 서울 시내의 보수가 후한 교원으로도 갈 수 있었음에도 불구하고 시골 무보수 학교 교원으로 가겠다는 결심을 한 것은 그의 희생정신의 발동에서 찾을 수 있다. "나라를 위하여 저를 희생하자"[1] 하는 것이 춘원의 인생관이요 신념이었다. 제일고등학교 입학을 포기한 가장 큰 이유는, 이광수는 비록 나이 어린 19세 소년이지만 "나는 벌써 최고지식에 달한 것이 아니냐. 나는 벌써 인생관과 우주관을 완전히 가진 것이 아니냐"[2]는 자부심이 있었기 때문이다.

---

1) 春園 李光洙, 『나의 告白』(春秋社, 1948. 12. 25), p.41.
2) 李光洙, 『그의 自敍傳』(高麗出版社, 1953. 4. 20), p.107; 『나』(文研社, 1947. 12. 24), p.93.

이광수가 귀국길에 서울에 들렀을 때 당시 내무대신이 춘원더러 장흥(長興) 군수로 가라고 권고했으나 이를 거절하고 스스로 교육사업에 헌신하기로 결심했다. "나는 이 사람들에게 교육사업의 뜻을 말하거나 내 흉중에 있는 크나큰 경륜— 톨스토이도 못한 것을 한다는 경륜을 설명하여도 쓸데없다고 생각하였다."3) 교원생활을 선택한 이유에 대해 자신의 결심을 밝히고 있다. "나는 이러한 중에서 학교를 마치고 고향 K라는 학교의 교사로 초빙되어서 조선으로 돌아왔다. 중학교만을 마치고 조선으로 돌아온 것은 늙은 조부 때문이란 것도 한 이유가 되지마는 그 밖에도 또 두 가지 이유가 있었다. 하나는 당시 기개 있다고 자처하는 청년들은 이때가 안락하게 공부하고 앉았을 때가 아니라 고국에 돌아가서 민중을 각성시켜야 할 때라는 비분강개한 생각을 가졌었다."4)

이광수는 어릴 때부터 남이 무슨 부탁을 하면 거절 못하는 습성이 몸에 박혀 있었다. 그러기에 이승훈의 교원 초빙도 거절하지 못한 원인이 되고 있다.

나는 누가 무엇을 달라든지 무엇을 시키든지 거절 아니 하기로 결심했기 때문에 대단히 바빴다. 10여 명 M학교에 있는 조선 학생들의 작문이란 작문은 모조리 내가 지었다. 그것은 내가 어학의 힘이 나은 때문이었다. 그러나 나는 큰일을 할 기회가 없는 것을 매양 한탄하고 있었다. 추운 겨울밤 같은 때에 길을 걸어가다가 떨고 지나가는 거지를 보고 외투를 벗어 준 일도 있고 어떤 서양사람 거지에게는 스웨터와 주머니에 있는 돈을 왼통 털어주고 내복만 입고 집에 돌아와서 여러 사람의 의심을 받은 일도 있었다. 바른손이 하는 일을 왼손에게도 알리지 말라 하신 예수의 말씀을 따라서 이러한 말은 아무에게도 일절 말을 하지 않았다.5)

춘원은 어릴 때부터 신동으로 널리 알려지고 있다. "나는 어려서 재

---

3) 李光洙, 『스무살고개 '나' 靑春篇』(生活社, 1948. 10. 15), pp.58~59.

4) 『그의 自敍傳』, p.107.

5) 상게서, p.87.

동이니 신동이니 하는 칭찬을 들었고 학교에서도 첫째는 못해도 셋째까지는 하였다. 이 학교에 와서도 나는 잘 알고 잘 가르치는 선생이다. 나는 글도 잘 짓고 말도 잘한다. 나는 톨스토이도 알고 셰익스피어, 바이런도 안다. 나는 일본말은 썩 잘하고 영어는 곧잘 한다. 그만하면 나는 잘난 사람이 아닌가. 더구나 내게는 닭의 싸움을 보고 천지의 비밀을 들여다보는 큰 직각력(直覺力)이 있다. 이것이야말로 공자, 석가, 예수로 하여금 공자, 석가, 예수가 되게 한 힘이 아닌가. 나는 이미 핀 꽃이 아니라, 장차 필 꽃의 봉오리다. 내게는 아직도 피어날 큰 꽃이 있다. 이야말로 나로 하여금 세계에 가장 빛나는 큰 인물이 되게 한 장본이다."[6] "나는 재주 있는 아이라는 소문을 내게 되었다. 나는 순 임금님 모양으로 눈동자가 둘이라는 둥, 무엇이나 한 번 들으면 잊지 아니한다는 둥, 무척 과장된 칭찬을 받게 되었다. 아버지 친구들이 찾아오면 내게 글자를 물어보고 내가 그것을 알면 용하다고 굉장하게 칭찬하였다. 그럴 때면 아버지는 만족한 듯이 웃었다." 어린 신동 춘원을 보고 사람들은 춘원의 눈정기가 좋다는 것, 그의 얼굴이 잘생겼다는 것을 말하고 천에 하나 만에 하나도 드문 큰사람이 될 거라고 칭찬하면서 "야, 재주가 아깝구나. 세상이 말세니 재주를 쓸 데가 있나"라고 한탄한다.[7]

큰사람은 큰일을 하기 위하여 이 세상에 태어났다는 신념을 가지고 있었으니, 그것이 곧 망해가는 나라를 되찾는 것이라는 사명감에 불타고 있었다. "내게는 한 가지 신념이 있었다. 나는 큰사람으로 큰일을 하기 위하여서 세상에 태어난 사람이기 때문에 그 일을 이루기 전에는 결코 죽지 아니한다는 것이다. 나는 하늘이 아는 사람이다. 나는 늑대가 한창 날치던 계묘년(1903), 갑진년(1904)에도 열두 살, 열세 살의 어린 몸으로 혼자 밤중 산길을 여러 번 걸었다. 비록 늑대나 호랑이를 만나더라도 그들이 감히 나를 범접하지 못한다고 나는 마음이 든든하였었다. 여름에 풀숲에 다녀도 길짐승이 나를 상치 못한다고 믿었다. 짐승만 아니라 귀신도 감히 나를 건드리지 못한다. 내게 귀신이 범치 못한

---

6) 『스무살고개』, p.100.

7) 『나』, p.18.

다는 신념을 준 데는 또 한 원인이 있다. 내가 이 학교에 온 뒤에 미친 사람 두 사람이 나를 보고 두려워한 사실이다. 이것을 보고 나는 귀신이 무서워하는 사람이라고 믿게 되었다."8)

이광수가 귀국하던 1910년 3월은 한일합방 5개월 전이다. 대한제국의 조정은 온통 매관매직(賣官賣職)이 횡행하고 있어서 망국의 조짐이 현저하게 나타나기 시작했다. 벼슬을 돈을 주고 사고파는 행태로 망국을 더욱 재촉하는 한심한 사회 비리가 관계(官界)를 지배하고 있었다. 나라야 망하건 말건 벼슬을 사서 양반되고 호의호식하면 최고의 인생 행복이라는 풍조가 한국사회를 휩쓸고 있었다. 이광수는 부정부패, 매관매직의 실상을 이렇게 고발하고 있다.

그렇게 내가 공부가 용하면 왜 벼슬을 아니 하고 이 쇠골(시골)에 묻혔느냐 하는 것은 어디를 가도 받는 질문이어니와 여기서도 받았다. 우리 동포가 원하는 것이 첫째로 벼슬이요 둘째로 벼슬이요 셋째로도 벼슬이었다. 그도 그런 것이 옛날로 말하면 벼슬만 하면 돈은 저절로 있었다. 원이나 두어 고을 댕기면 탐관오리 소리는 아니 듣고라도, 만인산(萬人傘, 선정 베푼 원에게 고을 백성이 주는 물건)을 받으면서라도 개와집 칸, 볏섬거리는 생겼었다. 이러니깐 아들을 낳으면 소원이 벼슬이었다. 돈을 모아도 벼슬을 하여서 지은 개와집과 모은 재산은 대접을 받아도 농·상·공으로 된 것은 천대를 받았다.

이렇게 벼슬을 좋아하는 기풍에서 벼슬을 사고팔고 하는 일이 생겼고 이것이 한층 더 발달(?)하여서도 차함(借銜, 실제로 근무하지 않고 이름만 빌려 가지는 벼슬)이라 하여서 벼슬 이름만을 사고파는 일까지 생겼다. 이조 말엽에 막 싸구려로 팔리던 진사, 주사, 참봉, 의관 같은 것은 그중에도 유명한 것이었다. 처음에는 한 장(한 자리라고 아니 하고 한 장이라고 하였다. 사실상 돈 주고 사오는 것은 인 찍힌 종이 한 장이기 때문이었다)에 백 원, 이백 원 하던 것이 나중에는 생산과다의 법칙에 의하여 이 원, 삼 원에 폭락하였다. 그중에는 무론 위조도 있을 것이다. 성민이 아버지의 탕건도 아마 그렇게 산 것인 모양이었다. 이

---

8) 『스무살고개』, pp.102~103.

렇게 산 벼슬도 나으리니 영감이니 남들이 불러주었고 탕건도 쓰고 옥관자도 달 수가 있었다. 죽으면 명정(銘旌)이나 신주에 '통정대부 행중추원 의관(通政大夫行中樞院議官)' 운운의 직함을 고일(봉양할) 수가 있었고 택호까지도 무슨 참봉 댁, 아무 의관 댁이라고 부를 수가 있었다. 성민이 집도 인제는 적어도 최 참봉 댁쯤은 되리라고 나는 생각하였으나 이 지방에서는 그렇게 불러주는 사람이 없을 것이 가여웠다. 그러나 타관에 여행을 하면 뻐젓하게 최 참봉 나으리나 혹은 최 의관 영감일 것이라고도 불러졌을 것이다.9)

1910년 3월 이광수가 중학교를 졸업하고 귀국할 당시의 국내의 분위기는 안중근의 이토 히로부미 사살 의거(1909. 10)를 계기로 미구에 합방이 될 거라는 여론이 들끓었다.

    안중근(安重根)이 전 통감 이등박문(伊藤博文)을 하얼빈에서 죽인 사건의 여파로 일본의 한국에 대한 여론은 물 끓듯 하였고 그것을 기화로 하여 계태랑(桂太郎), 사내정의(寺內正毅)를 머리로 하는 일본의 군벌은 단호히 한국을 합병하여 저희가 이른바 "동양평화의 화근을 빼어버린다"고 음으로 양으로 민론을 선동하고 있었고, 국내에서는 안중근을 추켰다는 혐의로 안창호(安昌浩), 이갑(李甲), 이동휘(李東輝) 등 민족운동의 수령들이 깡그리 일본 관헌의 손에 체포되어 헌병대에 갇혀 있던 때라 나 같은 소년의 마음에도 조국의 흥망이 경각에 달렸음을 아니 느낄 수가 없었다. 누란(累卵)이니 급업(岌嶪)이니 하는 말로 나라의 운명이 위태함을 형용하던 대한매일신보와 황성신문의 용어는 우리 가슴에 깊이깊이 파고들었다.10)

이광수는 일본 유학 4년 만에 중학교를 졸업하고 제일고등학교에 입학시험을 치르고 합격하여 고등학교 생도라는 명예와 자부심을 가지고 귀국길에 올랐다. 지금 나라가 망할 것이라는 세론을 직시하고 어린 이광수는 "오냐, 이제 두고 보아라! 내 피로 조국의 영광을 회복할 것이

---

9) 상게서, pp.184~185.
10) 『나』, pp.97~98.

다!"라고 굳게 맹세했다.11)

관부연락선이 부산에 입항하자 춘원은 조국의 산천을 바라보고 "나라를 위하여 저를 희생하자"고 외치면서 자기 한 몸을 조국에 바치겠다는 시를 읊었다.

아아 조국의 강토야
그 속에 이천만 동포야
나는 너를 안으려고 돌아온다.
너 위해 일하고 너 위해 죽으려 돌아온다.12)

오산학교 전교생과 전 교직원이 정거장까지 19세 소년 교사 이광수를 맞이하러 나와 군대식으로 도열하면서 환영했다. 학생들은 "고주(孤舟)를 고주를 / 오늘날에 만났도다 / 높은 덕을 사모하고…"13)라고 환영가를 불러주었다. 이광수는 이 같은 대환영회는 너무나 당연한 것처럼 생각하고 한 술 더 떠서 "나 같은 장한 사람이 너희들의 선생으로 오는구나"라는 태도로 의기양양하게 탈모 경례하는 학생들의 행렬 앞으로 군대를 사열하는 장관(將官)의 태도로 걸어가서 N교장 이하 교직원과 인사하고 학교에 들어갔다. 학교에서는 소를 잡고 여러 가지 음식을 장만하여 애송이 선생의 환영회를 열었다. 다만 학교 경비가 곤란하여 월급이 없다는 것은 어쩔 수 없는 일이기는 하나, 이는 춘원 자신이 이미 희생정신으로 봉사하겠다는 의지를 굳혔던 것이다.14)

고향 마을 어른들은 한결같이 "초년고생을 그만치 하였으니 앞으로야 좋은 일이 있을 테지. 뉘 집 자손이라고. 금계포란형(金鷄抱卵形, 금계가 알 품는 모양) 정기(精氣)를 몰아타고 난 네로구나. 네 얼굴이 잘나고 눈과 코가 좋다"라고 극구 칭찬하면서 앞날을 축복해주었다.15)

---

11) 상게서, pp.93~98.
12) 『나의 告白』, pp.41~42.
13) 상게서, p.45.
14) 『그의 自敍傳』, pp.108~109.
15) 『나』, p.96.

이광수의 오산학교 교원생활은 너무나 고달픔의 연속이었다. 일주일에 동네 야학 아울러 42시간을 맡았다. 수학, 어학 무엇이나 닥치는 대로 전 과목을 가르쳐야만 했다. 가난한 시골학교인 데다가 신민회 사건으로 수백 명이 잡혀갔고 교사로 올 사람마저 없어서 혼자 수업을 도맡은 것이다. 교원들은 월급이 없어서 밥에 된장국만으로 연명할 정도였다.[16] 월급도 없는 무보수 교원생활은 희생정신이 없이는 불가능한 일이었다.

몸이 노곤하였다. 이 학교에 와서 인제 일 년 반, 내가 학교 일과 동회 일에 아주 몸을 바친 지도 만 일 년이다. 그동안 나도 참으로 생명을 바쳐서 일하였다. 낮에는 학교, 밤에는 동네의 남녀 야학과 동회(洞會)로 내게 한가한 날과 한가한 시간이 없었다. 열정적이라는 말을 듣는 나는 학교와 동네를 위하여서 청춘의 열정을 아낌없이 쏟았다. 그러나 내 과로와 영양불량은 내 건강을 많이 깎았다. 내 관골은 높이 드러나고 빰은 들어갔다. 눈도 꺼졌다. 기침도 났다. 그래도 나는 내 몸을 아끼려는 생각은 아니 하였다. 이 모양으로 내 생명을 갈아서 민족에게 먹이고 꺼꾸러지는 것이 거룩한 소원이라고 생각하였다. 내 벽에 써 붙인,

발 씻어 무엇하리
첫 닭 울면 나갈 것을
하루 열두 시에
다리 뻗을 때 없어라

하는 노래는 옛 사람의 시를 번역한 농부의 노래어니와 지난 일 년의 내 생활은 실로 이 심경으로서였다.[17]

이광수가 열두 살 때 천애의 고아가 되었을 때 그의 가운은 기울어

---

16) 『나의 告白』, p.57.
17) 『스무살고개』, pp.31~32.

졌고 조부는 읍내에서 애첩과 함께 별거하고 있었다. 몰락 양반의 생활상을 진솔하게 묘사하고 있다. "당시엔 이미 우리 집 자산이 기울었던 때로, 할아버지의 집이란 것도 아주 변변치 못한 두 칸짜리 초가집이었다. 그 이상 작을 수 없는 집이었으나, 그와 반대되는 할아버지의 호방한 취미 때문에 실내는 백지로 바르고 자기가 쓴 액자도 걸려 있으며 세간살이만은, 읍내에서 호사한 풍류생활을 했던 흔적인 양, 문고(文庫)나 연상(硯床), 병풍이나, 그 외의 문방구 등을 갖추고 있으며, 술을 좋아하는 할아버지이므로 도꾸리(술병), 술잔, 쟁반도 공들여 만든 것이 있었다. 놋쇠로 만든 대야, 타구, 끽연구(喫煙具) 등도 제대로 된 것이며 여행용 마상용품(馬上用品)들도 아직 남의 손에 넘어가지 않고 이 좁은 방 안에 빽빽하게 놓여 있다. 나는 그런 물건들을 보는 것이 좋았었다."18)

이광수의 오산학교 교원생활은 거의 거지생활을 방불케 하는 가난한 삶이었다. 그 당시의 그의 생활고를 보면 너무나 홀로 고군분투하고 있음을 역력히 알 수 있다.

나는 4년간 영양부족과 과로와 심려로 무척 몸이 약하게 되었다. 내가 후년에 중병으로 오래 신고한 원인이 여기서 시작된 것이었다. 월급이란 거의 한 푼도 받아보지 못하고 나무와 양식과 무, 배추 같은 반찬거리를 얻어먹을 뿐이었다. 의복도 말이 아니었다. 혹 지나가는 손님이 두루마기 한 감, 모자 한 개를 선물하는 것을 받아서 썼다. 양말은 구멍이 뚫어지고 미투리는 창이 났다. 그리고는 학교시간만을 한 주일에 서른네 시간, 그리고 야학 있고 동회(洞會) 있고, 또 교회에서 때때로 설교까지 하였다. 게다가 가정 관계 기타로 내 마음에는 번뇌가 늘 있었다. 잡아가둔 청춘, 내려누른 청춘은 가끔 반란을 일으켰다. 나는 때때로 누구도 아닌 사람을 그리워하는 생각도 났다. 이것저것이 합해서 나는 밤에 잠 안 드는 병이 생기고 몸은 마르고 기침까지도 났다. 의원들은 몸이 약해졌으니 쉬이고 복약하라고 권하였으나 나는 쉴 새도 없고 복약할 돈도 없었다. 여름방학까지도 나는 하기 강습 교

18) 『國民文學』(1944. 1), p.85, 四十年(일본어 자서전 소설)(香山光郞).

86

사로 다녔다. 나는 강습회 다녀오던 길에 차중에서 졸도한 일도 있었다. 나는 이렇게 피곤한 생활을 하다가 피가 말라서 죽는 것을 영광으로 생각하고 있었다. 그러나 내가 가르친 사람들과 내 동료들에게 배척을 받음을 볼 때에 나는 환멸의 비애를 느끼지 아니할 수 없었다.19)

이광수는 오산학교에서의 교편생활을 또 이렇게 회상하고 있다.

그것이 열아홉 살 때였지요. 그해가 경술년(1910)인데 나는 동경서 중학교를 마치고 고등학교에 입학하려 준비하고 있는데 돌연히 조부가 병이 급하니 어서 나오라 하여서 나왔지요. 그 뒤 1개월이 다 못 가서 조부는 별세하였으니, 동경으로 더 갈 수 없어서 오산학교 일을 보게 되었지요. 그때는 전신(全身)이 오직 '理想と野心に 燃える若き少年(이상과 야심에 불타는 어린 소년)'이 되어서 교육에 전 심력을 다하였습니다. 참으로 오산학교 시대는 나의 일생 중 가장 로맨틱하고, 가장 '思ひ出深き(추억이 깊은)' 한 곳이었습니다. 그 학교에서 글 배우든 이로 지명(知名)의 인사가 많이 났었는데, 가령 의전(醫專)의 백인제(白麟濟) 박사, 김여제(金輿濟), 서춘(徐椿), 안서(岸曙), 휘문고보의 김도태(金道泰) 군 등이 모두 그때의 사람들이었지요.20)

2. 인습타파

이광수는 19세 어린 나이에 동경 유학을 마치고 그해 4월에 오산학교 교원에 부임하자마자 조부상을 당했다. 이 씨 가문의 장손인 이광수는 승중봉사(承重奉祀, 장손이 제주가 되는 것)를 폐지하고 말았다. 그 당시로서는 도저히 받아들이기 어려운 혁명적 구습타파가 아닐 수 없다. "나는 승중상(承重喪)으로 거상을 입을 것이언마는 쓸데없는 허례라고 주장하여 거상을 아니 입었다. 물론 영연(靈筵, 혼백신주를 모셔두는 곳)도 절하지 아니하고 조객이 와도 곡도 아니 하였다. 내 아내가

---

19) 『그의 自敍傳』, pp.117~118.
20) 『三千里』(1933. 9), pp.58~61, 李光洙氏와 交談錄.

삿갓가마를 타고 머리를 풀고 와서 우는 것을 듣기 싫다고 다시는 곡성을 내지 말라 하고 머리 푼 것도 보기 싫다고 소리를 쳤다. 다들 내 말대로 순종하였다. 벌써 시집간 애경이 누이가 온 것도 울지 말라고 소리를 질렀다. 나는 이것으로 구습을 혁파하는 것이라고 자처하였고 나만 한 큰 사람은 이렇게 새 법을 내는 것이 옳다고 자신하였다. 일가와 어른들은 내가 하도 해괴한 행동에 눈살들을 찌푸리고는 다 달아나버렸다. 욕이 내 귀에도 들어왔다. 그러나 나는 잘하는 체하고 뻗대었다. 개혁가요 선구자로 자처하였다."[21]

이광수는 오대조의 절사(節祀, 명절 제사) 올리는 절차를 상세히 기술해놓고 있다. "팔월 열 사흗날 아버지는 사당간 문을 열고 손수 소제를 하고, 어머니는 닦을 것도 없는 제기를 닦고 있었다. 나는 아버지 뒤에 따라다니며 아버지가 하는 양을 보았다. 아버지는 손을 읍하고 말없이 사당간에 우두커니 서 있었다. 절사도 못 지내는 슬픔을 느끼고 있는 모양이었다. 나는 아버지의 눈에 눈물이 수루루 흘러내림을 보았다. 아버지는 무슨 생각이 났는지 감실(龕室)을 가리운 휘장을 걷었다. 거기 나타난 것은 감실 넷을 가진, 나무로 짠 장이었다. 그 속에는 향하여 오른편 감실로부터 내 오대조, 고조, 증조의 차례로 삼대의 독(櫝, 신주 모시는 나무 그릇)이 있고, 넷째 감실에는 조모의 혼백이 설짝(설기)에 넣어 있었으니 이것은 조부가 생존하여 있는 때문이었다. 나는 오대조부터의 장손이었다."[22] 1년에 10여 차례의 절사와 제사를 지내다가 가운이 기울어져 명절 절사조차 지낼 수 없는 절대 빈곤의 고통을 뼈저리게 느끼고 있었다. 어린 이광수는 이것 모두가 허례허식의 소치라 단정하고 조부상을 당하자 단호히 구습을 타파하는 데 앞장 선 것이다.

인습이란 조상 대대로 풍속 습관을 지켜 내려온 민족 고유의 생활 패러다임이다. 그러면 일제강점기 일본인들은 한국 풍습에 대해 어떤 시각으로 바라보았는가를 알아보자. 조선총독부 조선어 통역관 다나카 도쿠다로(田中德太郞)의 '조선 풍속관'을 소개하고자 한다. 이 글은 그

---

21) 『그의 自敍傳』, p.110.

22) 『나』, p.127.

가 경성방송국 제2방송에서 조선말로 방송한 '조선의 풍속 습관에 대해서'라는 강연 초고이다. 다나카는 조선 풍습에서 3년 거상과 남녀 간 면담(面談)하지 않고 내외하는 것 등 두 가지 악습을 지적하고 있다. 조선 민족 전체가 흰옷(白衣)을 제복(制服)으로 입고, 검은 갓을 제모(制帽)로 쓰는 것은 세계 어디에서 찾아볼 수 없는 독특하고 유일무이하고 진기한 풍속이라고 격찬하고 있다. 낮이면 어디를 가나 아낙네들이 개울가에서 빨래를 하고, 밤이면 다듬이질 하는 소리가 음악 리듬처럼 온 동네를 울려 퍼지는 것을 보고 참으로 감탄했다는 것이다. 이는 조선의 전통적인 악습인 동시에 미풍양속이기 때문이다.

무릇 습관이라든지 풍속이라고 하는 것이 어디로부터 생겨나가지고 어떻게 형성이 된 것이냐 하는 것을 살펴볼 것 같으면, 일반적으로는 그 민족의 종교나 또는 도덕관념에서 우러나는 의지요 예법인 것을 알 수가 있습니다. 즉, 조선을 두고 보더라도 이조 5백 년 동안 유교로써 국교를 삼아온 관계상 그 도덕관이 주로 유교에서 생겨났습니다. 이와 같이 여러분의 풍속 습관으로 말하면 당당한 유교에서 출발했을 뿐 아니라 여러분이 대단한 열심으로 그것을 배우고 실행하고 했기 때문에 두루두루 미풍양속이 발휘가 되고, 여러 가지로 칭찬받을 것이 많이 있습니다.

그중에는 그러나 지나치게 정중해서 시간이나 비용 같은 점으로 보아 매우 불경제한 것도 적지 않은 줄로 생각되는데, 그런 것은 하루바삐 시대에 알맞도록 개선할 필요가 있다고 생각하는 바입니다. 그래서 그런 것을 가지고 지금부터 이야기해보고자 합니다.

우선 부자(父子)관계부터 말씀을 하겠습니다. 부모들을 공경하는 예로써 섬기고 부모의 명령을 절대 복종하고, 걱정을 시켜드리지 않고, 힘써 봉양을 하고, 그리고 죽은 후에는 정중하게 장례를 지내고, 3년 동안 거상(居喪)을 입고, 정성스럽게 제향(祭享)을 모시고…, 이런 것이 모두 다 참으로 미풍양속입니다. 다만 3년상은 바쁜 이 시대에 너무 긴 혐의가 없지 못한즉, 전년에 의례준칙(儀禮準則)을 제정하면서 1년으로 줄였으니, 여러분은 되도록 그렇게 좇기를 바라는 바입니다. 요전번에 마츠오카(松岡) 외상이 대명(大命)을 받들어 유럽 여행을 갔을 때, 그이는 자당의 사진을 가지고 가서, 조석으로 늘 뵈옵고 했다는 이야기가 있습니다. 거상이라는 건 반드시 형식을 차려야만 하는 것은 아니니까 마츠오카 외상처럼 정신적으로 10년이고 20년이고 그것을 지키는 것이 좋지 않을까 합니다.

또, 부모 앞에서 함부로 앉지 않는다든지, 같이 밥상을 받지 않는다든지, 술이나 담배도 먹지 못하고, 안경도 쓰지 못하고 하는 것이, 좋은 풍속은 좋은 풍속이지만, 너무 지나치게 엄격해서, 정다운 구석이 덜한 것같이 생각되었는데, 이 근년으로 그런 풍습이 많이 완화된 것은 시기에 가합한 일이라고 하겠습니다.

그다음 부부(夫婦)관계에 대해서 말씀하겠습니다. 조선서는 부부를 내외라고 합니다. 그 어원을 살펴볼 것 같으면, 예기(禮記)의 내칙편(內則篇)에 "칠세남녀부동석(七歲男女不同席, 남녀 7세면 자리를 같이 하지 않는다)"이란 대문이 있습니다. 또 여러분이 가정에서 배우시는 동몽선습(童蒙先習) 부부편에 "위궁실변내외 남자거외이불언내 부인거내이불언외(爲宮室辨內外 男子居外而不言內 婦人居內而不言外, 집 안과 밖을 구별하기 위하여 남자는 집 밖에서 부인 말을 하지 않고, 부인은 집 안에서 남편 말을 하지 않는다)"라는 대문이 있습니다. 즉, 남녀는 그 천분(天分)에 있어서 음양의 구별이 있어가지고, 이 구별에 좇아 여자는 안에다, 남자는 밖에다 각기 거처를 정한다는 데서 여자를 '내(內)', 남자를 '외(外)'라고 부르는 것이 다시 부부라는 의미에까지 전와(轉訛)가 된 것입니다.

조선에서는 부부유별(夫婦有別)의 예도(禮道)를 엄격하게 지키는 방법으로, 일체의 남녀를 엄격하게 구별을 합니다. 무릇 남자 된 자는 어머니, 아내, 누이, 딸 이외의 다른 여자를 면대(面對)치 말 것이며, 무릇 여자 된 자는 아버지, 남편, 오라비 이외의 다른 남자를 면대치 말 것이라는 예법이 있습니다. 소위 내외법(內外法)이라는 것입니다. 이 내외법이 심하고 또 그것을 충실하게 지키면, 30년 전 그때까지는 부인네들은 통히 출입을 하지 않고, 혹시 출입을 할 때면 장옷을 쓰고 나가되, 외간 남자와 대면(對面)을 하거나 이야기를 하거나 하는 법이 절대로 없습니다. 이 장옷을 쓰고 얼굴을 가리는 습관은 합병한 뒤에 없어졌지만, 부인네들이 남자 손님을 나와서 맞이하지 않는 풍습은 아직도 그대로 있습니다. 대문 밖에서 남자 손님이 와서 "이르느라" 하고 찾는다 치면 부인네는 안에서 "누구시냐고 여쭈어라!" 하고 손님은 그 말에 "아무개가 왔습니다고 여쭈어라!" 이렇게 하인을 시켜서 전갈을 들여보내고 내보내고 하는 시늉을 합니다. 면담은 물론이요, 직접 말을 주고받는 형식을 피하고 간접으로 이야기하는 형식입니다.

근년에 와서는 웬만한 도회지엔 어떤 가정이든지 여학생이 없는 집은 없을 만치 여자 교육이 보급되었기 때문에 예전같이 그런 엄격한 내외법은 많이 완화가 되었으리라고 생각합니다. 그건 그렇거니와, 조선 가정의 주부들은 참으로 훌륭합니다. 자녀의 교육에 정성을 들이는 한편, 음식 분별을 할라, 비누질을 할라, 빨래를 할라, 밤낮으로 부지런히 살림을 하면서 조금치도 불평스러 하지 않는 그 태도는 도저히 다른 민족으로서는 숭내(흉내)도 못 낼 일입니다. 이런 미풍은 길이길이 보전을 해야 할 것입니다.

그다음 붕우(朋友)관계에 대한 말씀을 하겠습니다. "공겸(恭謙)을 지키고, 예양(禮讓)으로 사귀며, 서로 신애협력(信愛協力)해서 공존공영에 힘쓸 것이라"고 할 것입니다. 구시대에 붕당(朋黨)을 맺어가지고 정권쟁탈에 몰두해서 붕우끼리 서로 살상하던 것이야 오늘 여기서 말씀할 필요가 없는 것입니다.

지금은 모든 사람이, 라디오랄지 신문을 통해서 같이 세계정세를 달관하고, 국내 민중이 서로 신애협력하며 일치단결해서 국운진전(國運進展)에 노력하는 것이 국가의 이익인 동시에 각자 자신에게도 이익인 것을 잘 인식하고, 바야흐로 동포 여러분이 전심전력하고 있는 사실은 참으로 마음 든든한 일입니다. 그리고 시방 새삼스럽게 붕당을 맺어가지고 동족끼리 걸고 싸운다거나 모함중상을 해서 남의 지위를 뺏으려는 생각을 가진 그런 비루한 사람은 하나도 없으리라고 생각합니다.

내가 조선으로 온 것이 35년 전입니다. 그때 당시의 조선 인구는 1천 5백만이라고도 하고 1천 7백만이라고도 했습니다. 그런데 인민 전부가 죄다 제복(制服)처럼 흰옷(白衣)에 검은 갓을 쓰고 사는 것을 보고서 나는 깜짝 놀랐습니다. 어떤 나라든지, 군대라든가, 경찰관이라든가, 학생이라든가, 단체나, 회사라든가, 그런 데서는 제복을 제정해서 일제히 입지 않는 것이 아닙니다. 그러나 전 국민이 노인이나 젊은이나 꼭 같이 한 빛으로 그나마도 무색(無色)인 흰빛으로 옷을 해 입는 나라는 이 세계에서 조선을 빼놓고는 아무 곳도 없으리라고 나는 참으로 놀랬었습니다. 그러느라고 가정에서는 부인네들이 전력을 다해서 빨래와 비누질을 부지런히들 하고 있습니다. 낮에는 빨래 빠는 여인들이 가는 곳마다 개천과 웅덩이에 모여 흰옷을 산같이 쌓아놓고 빨래질에 여념이 없고, 밤이면 원근 사방으로부터 다듬이 소리가 음악처럼 들려오고 하는 데는, 나는 깊이 감심하는 동시에 재미있다고 생각도 했습니다.

남자들이, 때 묻지 않은 하얀 옷을 입고, 밀화(蜜花) 갓끈에 검은 갓을 쓰고서 먼지 하나 떨어지지 않은 방 아랫목에 단정히 앉은 외양(外樣)의 그 점잖스런 품이며, 그 말하는 태도의 의젓함이 과연 양반다운 바가 있었습니다. 또 부인네들의 옷도 참으로 아름다웠습니다. 내가 이 왕직(李王職)에서 내전(內殿)에 근무하고 있을 땐데, 경절(慶節)마다 사후(伺候)하는 귀부인들의 예장(禮裝)이랄지 또는 나인(內人)들의 옷을 볼 적마다, 어떻게도 그것이 좋아 보였는지 몰랐습니다.

내가 조선으로 와서 얼마 안 되어선데 어떤 양반 모씨의 초대를 받아 다른 한 분과 같이 그 모씨의 별장엘 간 일이 있었습니다. 그래 주객 3인 사이에 막 연회가 시작되려고 하는 참인데, 그때에 22, 23세는 되어 보이는 부인네 하나가 들어오는 것이었습니다. 그 얼굴의 아리따움과 맵시의 점잖스럼과 그리고 의상의 고아(高雅)함이, 조선 부인을 처음으로 보게 된 나는 그만 황홀하지 않을 수가 없었습니다. 웃지 마십시오. 나는 그때가 20 남짓한 총각이었답니다. 어찌 감동이 안 되었겠습니까. 그래 나는 대체 어떤 귀부인이 이 자리에 왕림을 하셨는고 하고, 궁금하던 참인데, 시조(時調)든가 무어든가 노래를 내는 걸 보고서야 비로소 기생인 줄을 알고, 잔뜩 켱겼던 긴장이 풀리면서 겨우 술을 먹었습니다. 이 기생은 당시 경성 제일의 미인이었습니다. 그 당시의 부인들의 의상(衣裳)은 참으로 점잖고 아담했습니다. 물론 지금 현대의 의상도 결코 나쁘지 않습니다.[23]

우리나라에서 3년상을 혁파한 선구자는 이광수였다. 그것도 11세 어린 소년의 몸으로 장례의 악습을 폐지한 것이다. 1902년 8월 호열자 유행병으로 부모를 동시에 잃은 천애의 고아 이광수는 사당에 불을 지르

---

[23] 『新時代』(1941. 9), pp.98~103, 내가 본 朝鮮의 風習(田中德太郎).

고 신주를 불태우고 홍패, 문적, 위패를 태워버린 것이다. 이리하여 이 광수는 인습타파의 선구자가 된 것이다. "그는 지금껏 아무도 감히 입을 열지 못하던 연애의 신성을 부르짖고 도덕의 혁명을 제창하였다. 항간의 노사부유배(老師腐儒輩, 늙고 썩은 선비)들은 그를 지척(指斥)하여 사문(斯文)의 난적(亂賊)이라 하였을는지 모르지만 연소기예(年少氣銳)의 반도 청년들은 누가 그에게 손뼉을 치지 않았겠는가."24)

그것이 내가 열한 살 되던 해 8월이지요. 한 열흘 좌우 두고 나의 아버지와 어머니가 급병(急病)으로 돌아가셨어요. 그때 자녀라고는 나와 내 누이동생, 그리고 젖먹이 어린애와… 그래서 나는 전주 이 씨 가문의 장손이지만 부모를 묘소에 모신 뒤 돌아와서 곧 사당에 불을 놓아 홍패장(紅牌狀, 文科 會試에 급제한 증서)도 문적(文籍)도 위패(位牌)도 다 태워버렸지요. 어린 생각에, 이제는 부모도 다 돌아가셨으니 고향을 떠나버리자, 자식들이 떠나가면 누가 있어 부모 제사 드리랴, 일찍 생전에 적덕(積德)도 못하여 동리 사람들이 봉제사(奉祭祀)하여 줄 이도 없으니, 에익 다 없애버린다고 태워버렸지요. 그리고 또 이러한 생각도 하였어요. 이제는 과거제도도 없어져서 신주(神主)를 위하여 가명(家名)도 날리지 못할 바에 사당은 자꾸 두어 무얼 하는가고…. 그리고는 우리 조부가 소실(小室)을 하여가지고 사시는데 그리로 가 있었지요. 그러나 역시 마음이 붙지 않고 앞날이 갑갑하여 서울 갈 생각을 품고 조부 앞에 가서,

"서울 가겠습니다."

"서울 가서는 무얼 하겠느냐?"

"요새 무슨 일이 있다 하니 가서 공부도 하고 지내겠습니다."

이래서 그날 밤에 고향을 떠나 진남포(鎭南浦)를 거쳐 인천 지나 서울로 올라왔지요. 그때 노수(路需)는 돌아가신 어머니가 내가 장가 들 때에 주신다고 세목 두 필, 명주 세 필, 언목 한 필을 두고 간 것이 있었는데, 그것을 내어다가 팔았지요. 일흔 냥에, 즉 7원을 받았지요. 이 것이 내가 받은 부모의 유산 전부여요.

---

24) 『第一線』(1932. 9), 亡命客들의 歸國裏面暴露, 그들은 어떻게 돌아왔는가? 李光洙氏.

우리 집은 원래 내가 다섯 살 되기까지는 잘살았으나, 점점 가운이 기울어져서 그 뒤에는 훨씬 가난하게 생장하였어요. 어릴 때에 기와집에서 초가집으로, 큰 집에서 오막살이로 세 번째나 이사하던 기억이 지금 납니다. 그래서 나는 7, 8세 때부터 산에 가서 나무도 하고, 신도 삼았지요. 어린애는 죽고, 내 누이동생은 만주 영구(營口) 땅으로 시집가서 살지요. 몇 해 전에 고향이라고 찾아가니 집은 다 헐리어 형체도 없더군요. 다만 우리 원근 친척 되는 전주 이 씨만이 많이 살고 있었지만, 고향은 정주읍에서도 남방으로 약 40리 들어가는 산골에 있답니다.

장사도 하여보았지요. 그때 '히-로-'라는 궐련초(卷煙草)가 있었습니다. 동리 사람이 돈 3원을 불쌍하다고 주길래 그것을 밑천 삼아가지고 이 '담배장사'를 하였답니다. 그것이 한 곽에 2원 40전을 주고 사서는 등에 짊어지고 돌아다니며 한 통 한 통 다 팔고 나면 한 1원 이익이 남아요. 그것도 담배를 같은 정주읍에서 사오면 이(利)가 박하여지니까, 새벽 일찍이 동 트기와 같이 조반을 하여먹고 밑천 돈을 꾸리어가지고는 평양으로 내려갑니다. 그래서 늘 평양서 한 곽씩 사서 짊어지고는 다시 정주로 가서 팔았는데, 그것을 어떻게 부지런하게 하였든지 나중에는 돈이 수중에 모두 20여 원 모여졌습데다. 그것이 뒷날 서울 가고, 동경 가서 공부하는 데 큰 도움이 되었지요.[25)]

김동인은 이광수야말로 전통적 인습을 타파한 선구자라고 평가하고 있다.

조선의 소설가 가운데서 그 지식의 풍부함과 그 경험의 광범함과 그 교양의 많음과 정력의 절륜(絶倫)함과 필재(筆才)의 원만함이 춘원을 따를 자 없다. 그가 처음에 사회에 던진 문자는 반역적 선언이었다. 실로 용감한 돈키호테였다. 그는 불교와 예수교에 선전을 포고하였다. 그는 부로(父老)들에게 선전을 포고하였다. 그는 결혼에 선전을 포고하였다. 온갖 도덕, 온갖 제도, 온갖 법칙, 온갖 예의 — 이 용감한 돈키호테는 재래의 '옳다'고 생각한 온갖 것에게 반역하였다. 그리고 이 모

---

25) 『三千里』(1933. 9), pp.58~61, 李光洙氏와 交談錄.

94

든 반역적 사조는 당시의 전 조선 청년의 일치되는 감정으로 다만 중인(衆人)은 차마 이를 발설치를 못하여 침묵을 지키던 것이었다. 중인(청년 계급)은 아직껏 남아 있는 도덕성의 뿌리 때문에 혹은 부모 때문에 혹은 예의 때문에 이를 발설치 못하고 있을 때에 춘원의 반역적 기치는 높이 들리었다. 청년들은 모두 그 기치 앞에 모여들지 않을 수가 없었다. 이런 일도 가능하다, 이런 반역적 행사도 가능하다고 깨달을 때에 조선의 온 청년은 장위(將位)를 다투려는 한마디의 불평도 없이 춘원의 막하에 모여들었다.26)

춘원의 사고방식(frame of mind)은 구습타파뿐만이 아니라 사대사상(事大思想) 타파를 역설하고 있다.

중국을 조국으로 알던 우리 조선인들이 언제나 원망스러운 것은 말할 것도 없거니와 이렇게 더러운 나라, 이렇게 더럽고 못난 백성에게 소국인을 바치던 역사의 여러 가지 기억이 머릿속에 일어나서 심히 불쾌하였다. 더구나 북경의 세력에 의뢰하여 제 나라 안에서 서로 다투던 것이며, 정철(鄭澈), 이항복(李恒福) 같은 무리는 선조대왕더러 아주 나라를 명나라 황제에게 바치고 북경으로 가자는 이른바 내부론(內附論)을 주장한 것이며, 그러한 무리들이 송강(松江)선생이니 오성(鰲城)이니 하여 후세에까지 존경을 받을 수 있던 내 조선이 미웠다. 성명까지도 지명까지도 다 한족식(漢族式)으로 고치고 한족의 조상인 요순(堯舜), 우탕을 제 조상으로 높이고 저를 소중화(小中華)라고 자처하고 기뻐하던 내 조상들이 미웠다. 우리 정신 속에서 모든 우리 것을 다 빼버리고 속속들이 한족화(漢族化)하려던 김부식(金富軾), 정몽주(鄭夢周), 최만리(崔萬理), 송시열(宋時烈) 같은 무리가 이가 갈리도록 미웠다. 치가 떨리도록 원망스러웠다.
나는 그 반감으로 북경이라든지 한족이라든지를 실컷 멸시하고 싶었다. 북경의 모든 것에 침을 뱉고 길거리에 다니는 모든 한족을 채찍으로 때리고 발길로 차고도 싶었다. 그러나 돌이켜 생각하면 그것은 하

---

26) 『金東仁全集』(朝鮮日報社 出版局, 1988), 권 16(朝鮮近代小說考), p.19, 春園.

나도 북경이나 한국(漢國)의 허물이 아니고 순전히 나 자신의 죄였다. 이렇게 생각할 때에 내 눈 앞에는 '대광보국숭록대부(大匡輔國崇祿大夫)' 운운한 커다란 비를 세운 여러 조선 사람들의 무덤이 보였다. 만일 그들의 백골이라도 제 죄를 깨닫는다 하면 반드시 무덤이 갈리고 비가 부러져서 피와 땀을 뿜으리라고 생각하였다. 만동묘(萬東廟, 송시열이 임란 때 나라를 구해주었다 해서 세운 명나라 신종(神宗) 황제의 사당, 1704)는 다 무엇이고 '숭정기원후(崇禎紀元後)'는 다 무엇인가. — 나는 객실 창으로 황혼의 북경 성중을 바라보면서 이러한 분개한 생각에 이를 갈고 있었다.[27]

이광수는 1937년 4월 '그의 자서전'에서 '젊은 동포(同胞)에게의 유언(遺言)'을 집필해서 발표했다. 한족(漢族)을 숭배하는 유림(儒林)의 노예근성을 타파하고 조상 중심, 가문 중심의 사상과 도덕을 타파할 것을 역설한 것이다.

처음에는 내가 젊은 몸으로 세상을 위하여 아무것도 한 것 없이 중병이 든 것을 말하고, 내가 하려던 직분까지 여러분께 전함을 말하고, 우리는 첫째로 거짓과 게으름을 버리고 이기주의를 버려서 말이나 행실이나 오직 참되고 저를 잊고 이 따(땅)와 이 사람의 행복을 위하여 부지런히, 부지런히, 죽기까지 부지런히 일하여야 할 것을 말하고, 일할 구체적 내용에 관하여서도 악습관 타파라든지, 문맹타파라든지, 농촌개발이라든지, 경제적·사회 개량적 각종 조직운동이라든지, 민중교화기관의 설치라든지 이런 것을 들어서 말하였다.

그중에서 내가 가장 격렬하게 주장한 것은 한족을 숭배하는 유림(儒林)의 노예근성 타파와 조상 중심, 가문 중심인 사상과 도덕의 타파였다. 나는 유교를 공격하여서 조선 사람의 혼을 죽인 것은 유교라고 극언하고 안순암(安順菴/安鼎福), 정포은(鄭圃隱/鄭夢周) 이하로 조선을 유교화하기에 힘쓴 선현들을 막 공격하였고, '삼국사기'를 쓴 김부식과 만동묘를 세운 송우암(宋尤庵/宋時烈)을 민족의 적이라고 절규하였다.

---

27) 『그의 自敍傳』, pp.231~232.

그리고 이름 없는 조상의 무덤을 꾸미고 족보를 간행하는 것을 타파하고 마땅히 자녀를 중심으로 하여 부모는 자녀를 위한 거름이 되고 희생이 되고 발등상이 될 것이라고 통론하였다. 그리하는 동시에 혼인은 신랑과 신부의 일이요 결코 두 집의 문제나 두 부모의 문제가 아니라 하여 연애자유론을 주창하였다. "아들과 딸은 구습에 젖은 부모의 길에서 반역하여 새 길을 찾아 밟으라." 이러한 소리도 하고, "제 조상을 잊고 한족(漢族)의 조상을 조상이라고 하던 선인들에 무덤을 가르고 해골을 파내어 가루를 만들어 바람에 날려서 조선의 땅을 깨끗이 할지어다!" 이러한 격렬한 소리도 하였다. 나는 신문으로 50여 일을 긍하여 조선의 모든 낡은 것에 대하여 선전포고를 하고 내 힘을 다하여 공격하였다. 그리고 끝에, "나는 아마 죽을 것이다. 내 병은 날로 침중해간다. 나는 이 글을 끝맺을 때까지 목숨을 부지한 것을 큰 기쁨으로 안다. 나는 아직도 하고 싶은 말이 많다. 그러나 쇠약한 내 신경은 이 글을 쓰기에도 가끔 아뜩아뜩 한다. 인제 나는 더 무엇을 생각할 힘이 없는 것과 같다. 이제 나는 이 글을 끝막을 수밖에 없다."[28]

이광수는 조선 유학(儒學)의 병폐는 '점잔'과 '체'라는 두 가지 악습을 남겼다고 분석했다. 일하지 않고 '점잔'을 부리는 것이 군자의 최고의 덕목으로 지켜오고 있기 때문이다. 때문에 게으름이 생활화되었다는 것이다. 이로 인해 거짓 행동인 '72체'가 생겨났다고 지적했다. "도대체 점잔을 빼려면 내 마음이 부동심이 되면 몰라도 그렇게 되기 전에는 점잔을 꾸며야 할 텐데, 이것이 내게는 딱 질색이란 말이다. 대문 열면 안방이란 말로 꾸밀 줄 모르는 사람을 형용하거니와 나는 대문 없는 안방이오, 좀 기쁘거나 성나거나 할 때면 사벽 없는 안방이었다. 슬프고 기쁜 체, 있고도 없는 체, 소위 일흔두 가지 체 중에 내가 가진 것은 단 두 가지밖에 없었으니 그것은 모르고도 아는 체, 못나고도 잘난 체였다. 이따금 나는 잘하고도 못한 체하는 변덕이 있었다. 이 체들을 잘 발달시키면 일흔두 가지 체가 다 나오겠지마는 체를 꾸미자면 힘이 들고 숨이 차서 딱 질색이었다. 그래서 내가 발명해낸 말이 있다. '아이는 아이

28) 상게서, pp.285~287, 젊은 同胞에게의 遺言.

답게'라는 것이다. 나는 나대로, 내가 생긴 대로 가자는 것이었다. 그러나 교장으로는 그럴 수는 없었다. 점잖아야 하겠다. 이것을 생각하면 교장이 된다는 기쁨이 갑자기 반은 감해지고 한숨이 나왔다."29)

이광수는 "움직이지 않고 말하지도 않고 듣지도 아니하는 것을 점잖다고 하고 군자라 하여 아무것도 하지 않는 것을 군자라 하고 양반이라 합니다"라고 지적하면서 '점잔'의 폐해를 이렇게 비판했다. "점잔 — 무한한 활동력을 죽이고 무한한 사업을 미연에 막아버리는(防杜) 점잔 — 상투를 벨 때, 조금 부딪쳐도 상할 갓을 벗고, 깔고 앉아도 상관없는 양벙거지를 쓸 때, 유유연(悠悠然)한 백색선의(白色仙衣)를 벗고, 먹이 묻어도 아니 더럽는 조총(鳥銃)바지를 입을 때에 우리는 이 '점잔'을 집어 내던져야 할 것이외다"라고 적시하면서 유학이 곧 망국의 원인이 되었다고 역설했다. 조선은 오직 공맹지도(孔孟之道)를 고수해왔기에 문약(文弱)에 빠져 나라가 망했다고 분석하고 있다. "왕양명(王陽明, 陽明學)을 통하여 전한 유교는 일본을 흥하게 하였고, 주희(朱熹, 朱子學)를 통하여 전한 유교는 조선을 쇠하게 하였습니다. 조선의 유교는 실로 우리의 정신의 만반기능을 소모하고 마비한 죄책을 면할 수가 없습니다"30)라고 조선 유교의 병폐를 정면으로 공박하고 있다.

역사발전에 있어서 무의식적 변화와 의식적 변화 두 가지가 있다. 전자의 경우 만물은 자연의 법칙에 따라 무의식적으로 진화하는 것이고, 후자는 문명을 가진 인류는 자기의 노력으로 자기가 의식해가면서 진화하니 이것을 '인위적 진화'라고 말할 수 있다. "인위적 진화의 두 가지 좋은 실례는 실로 교육과 혁명이외다. 교육이라 함은 자연히 수십 년, 수백 년을 두고야 얻을 지식을 수년의 단시일에 얻게 하는 것이요, 혁명은 수세기, 수시대를 가지고야 변화할 것을 폭력을 가하여 수년 혹은 몇 개월에 목적한 변화를 얻게 하는 것이외다."31) 이와 같이 춘원은

29) 『스무살고개』, p.138.
30) 『每日申報』 28회 연재(1918. 9. 6~10. 19), 新生活論(春園); 『李光洙全集』 (三中堂, 1963), 권 17, pp.515~554, 新生活論.
31) 『李光洙全集』, 권 17, pp.518~519; 『朝鮮學報』 제136집(1990. 7), pp.61~

'인위적 진화', 즉 교육과 혁명을 통해 현상을 타파하고 식민지 지배를 극복, 일제의 기반으로부터 벗어나 독립해야 한다고 암시하고 있다.

'신생활론'은 전통적 인습에 대한 변혁적 선언이다. 유교적 인습타파를 역설한 이광수의 혁명적 '신생활론'은 유교적 전통사회에 크나큰 파란을 불러일으켰다. '신생활론'이 9회 연재되었을 때, 유림(儒林)의 반발이 거세게 일어나더니 마침내 이광수 매장운동으로 확산되기에 이르렀다. 전국 유림들은 들고 일어나 총독부에 이광수 매장을 진정하며 매일신보에 항의시위를 벌이면서 이광수 글을 일체 게재하지 말기를 강청하였다. "이광수란 놈이 산골에서 아비 없이 자라난 상놈이기에 그러하니 그러한 사문난적(斯文亂賊)의 글을 싣지 말라"32)라는 진정문을 보낸 것이다.

이에 부득이 매일신보는 춘원의 '신생활론'을 게재 중단하시 않을 수 없었다. 9월 27일 제10회 분을 계속 게재하면서 매일신보는 게재 이유를 해명하고 있다. "(기자왈) '신생활론'은 본래 신진 사상가인 이춘원의 일가언(一家言)으로 이를 기고함인즉, 그 의론의 전부가 본사의 주의로 종출(從出)함이 아니요, 또한 그 사상으로 하여금 일반 독자에게 긍정을 강요코자 함이 아님은 물론이요, 폐막(弊瘼) 많은 구시대의 생활을 개신(改新)하자는 일 의견으로 대방유지(大方有志)에 이를 추천함이라. 이제 중단되었던 이 원고를 계속 게재함에 제하여 특히 한마디를 부가하노라."33) 이리하여 제10회(9. 27)부터 연재를 재개, 제28회

129, 李光洙の民族主義思想と進化論(波田野節子). 여기서 波田野節子는 춘원의 '인위적 진화'의 발상은 일본 법학자 浮田和民의 영향을 받은 것이라고 주장했다. 浮田和民은 大正데모크라시와 입헌군주제를 주창한 사상가로서 다윈의 생물진화론을 사회과학에 그대로 적용하고 있다. 민족 팽창의 자연적 결과인 세계적 생존경쟁인 제국주의는 그 결과로 '반개(半開) 야만의 민족'이나 '스스로 독립할 능력이 없는 국가'를 도태해서 세계 문명 인류의 복지를 증진하는 것은 불의부정(不義不正)이 아니라는 것이다. 그러므로 '무단적 제국주의'에는 한계가 있기 때문에 일본은 '윤리적 제국주의'에 의해 경제적 진출을 행할 것을 제창하고 있다.

32) 『新人文學』(1934. 7), 나의 文壇生活 三十年(李光洙); 『三千里』(1930. 5), pp.38~39, 最近十年間 筆禍·舌禍史 民族改造論과 經綸(李光洙).

(10. 19)까지 연재를 계속했다.

자유연애론을 주창하고 마침내 본처 백혜순과 이혼하고 약혼자 허영숙과의 결혼을 앞둔 이광수, 중추원 원로들은 호재를 만난 듯 조강지처를 버린 이광수의 배신행위를 규탄, 인신공격을 가하기 시작했다. "그러나 '개척자'는 '신생활론'과 아울러 많은 물론(物論)을 일으켰다. 중추원 참의 연명으로 총독부, 경무총감부, 경성일보 사장 등에게 이광수의 글을 싣지 말라는 진정서가 가고, 경학원(經學院)에서도 이광수를 공격하는 연설회가 열리고, 고 여규형(呂圭亨) 선생 같은 이는 관립고등학교 생도 일동에게 이광수의 글을 읽지 말라는 훈시까지 하였단 말을 그 학교 학생 수십 명의 연명한 편지로 알았다. 그 학생들은 나를 지지하고 격려하기 위하여 편지를 한 것이다."34)

3. 시베리아 방랑생활과 권업회(해삼위)

"내가 정들었던 오산학교를 그만두고 정처 없는 방랑의 길을 떠나기로 결심했다. 나는 큰사람이라고. 나는 하늘이 아는 사람이라고. 나로 하여서 우리나라도 살고 이 인류도 바른길을 걷게 되느니라고. 후세 사람들이 내가 머물던 땅을 베나레쓰나 나사렛(예수의 성장지)이나 메카(마호메트 탄생지)나 곡부(曲阜, 공자 탄생지) 모양으로 거룩한 순례의 처소를 만들고 내가 걷던 길을 더듬어 내 발자국에 입을 맞추리라고. 사람만이 아니라 귀신도, 짐승도, 버러지도, 산도 물도 바위도 다 그러하리라고."35) 이처럼 큰 인물이기에 입센의 노라가 무어라고 했던가. "나는 자유다 / 나는 자유다 / 나는 새와 같이 나는 자유다 / 세상에 다시는 나를 가둘 옥이 없다."36) 세상에 아무도 가둘 옥이 없다는 노라의

33) 『每日申報』 제10회(1918. 9. 27), 新生活論(春園).
34) 『朝光』(1936. 4~6), 多難한 半生의 途程; 春園李光洙著作, 朝鮮語學會校鑑, 『文章讀本』(弘智出版社, 大成書林, 1937. 3. 15), pp.78~105, 文壇生活 三十年을 돌아보며.
35) 『스무살고개』, p.103.
36) 『나』, p.187.

노래를 구가하면서 춘원은 자유의 몸으로 훨훨 정처 없는 방랑의 길을 떠나기로 결심한 것이다. 눈물 판으로 끝난 송별회가 있자마자 더 이상 머물러 있고 싶지 않았다.

　　나는 정처 없이 방랑의 길을 떠난다는 말을 끝으로 하였다. 실상 이 시절에는 방랑의 길을 떠나는 사람이 나만이 아니었다. K학교를 통과해서 간 사람만 해도 10여 인은 되었을 것이다. 그들은 대개 서울서 여러 가지 운동에 종사하던 명사로서 망명의 길을 떠나는 것이었다. 모두 허름한 옷을 입고 미투리를 신고 모두 비창한 표정을 가지고 가는 강개(慷慨)한 사람들이었다. 이때에 이 모양으로 조선을 떠나서 방랑의 길을 나선 사람이 수천 명은 될 것이었다. 그들이 가는 곳은 대개 남북 만주나 시베리아였다. 어디를 무엇을 하러 가느냐 하면 꼭 바로 집어 대답할 말은 없으면서도 그래도 가슴속에는 무슨 분명한 목적이 있는 듯싶은 그러한 길이었다. 그것도 시대사조라고 할까. 이렇게 방랑의 길을 떠나는 것이 무슨 영광인 것같이도 생각되었던 것이었다. T(도산)니 S(신규식)니 O(이갑)니 하는 거두들은 벌써 합병 전에 망명했거니와 그때부터 줄곧 방랑의 길을 떠나는 이가 끊이지 아니하였던 것이다.
　　그렇기로 나 같은 사람이야 망명이랄 것도 없다. 그러면서도 스물네 살(실은 스물두 살) 된 젊은 몸이 정처 없는 방랑의 길을 떠날 때에는 비장한 듯한 감회도 없지 아니하였다. 내 송별회에는 나 개인에 대한 이별의 정 외에 이 방랑의 시대정신도 도움이 되어서 직원과 학생의 감회가 더욱 깊게 한 모양이었다.37)

때는 1913년 11월 초에 세계일주 여행, 그것도 무전여행 길에 올랐다. 단돈 '3원 70전'을 달랑 쥐고 만주 안동행 열차에 무작정 몸을 실었다. "나는 애초에 오산을 떠나기는 해외에 망명해 있는 애국자를 찾으려는 것은 아니었다. 나는 중국을 위시하여 안남, 인도, 페르시아, 이집트, 이 모양으로 쇠망한 또는 쇠망하려는 민족의 나라를 돌아보려는 것

_____

37) 『그의 自敍傳』, pp.125～126.

을 내 여행의 목적을 삼은 것이었다. 나는 거기서 쇠망한 민족들의 정경도 보고 또 그들이 어떤 모양으로 독립을 도모하는가 보고 싶었다. 그 속에서 내가 나갈 길이 찾아질 것 같았음이다. 나는 걸어서 아시아 대륙을 횡단할 예정이었다. 지금 생각하면 심히 엄청난 일이어니와 그 때 생각으로는 될 것만 같았다. 젊은 꿈이요 젊은 혈기였다. 나는 십 년이면 이 여행을 완결하리라고 생각하였다."[38]

춘원이 방랑의 길을 떠난 날은 11월 늦은 가을인데도 봄날같이 따뜻했다. 열차가 압록강을 건널 때, 병자호란 때 왕자의 신분으로 청 심양으로 볼모로 끌려가면서 읊은 효종대왕의 노래가 생각났다. 병자호란 (1636) 때 인조는 청 태종에게 항복하고 왕자는 청국에 포로로 잡혀가는 애끊는 심사는 망국민의 설움을 품고 망명의 길을 떠나는 춘원의 심경과 같은 처지이다.

> 내 앞에는 압록강이 있었다.
> 내가 가던 날에
> 피 눈물 난지 만지
> 압록강 나린 물에
> 푸른 빛 전혀 없다

하는 효종대왕의 노래가 생각났다. 그것은 왕자로서 청국에 붙들려 가는 애끊는 심사언마는 그 정경도 부러웠다. 나와 그와 같은 처지에서 그와 같은 노래를 짓고 싶었다.

> 청석령 지나거따 초하구 어디메뇨
> 삭풍도 참도 찰사 궂은비는 무삼 일고
> 뉘라서 내 행색 그려내어 임 계신 데 드리리

하는 것도 그의 그때의 노래다. 삭풍 불고 궂은비 뿌리는 만주의 청석령, 거기서 임을 생각하는 정경, 그것도 부러웠다. 이 노래를 지은 이

---

38) 『나의 告白』, pp.66~68.

의 임은 아마 그 아버지 인조대왕이겠지마는 그것은 고국도 될 수 있고 또 그리운 여성도 될 수 있다. 그러나 나는 누구를 그리워하여서 내 행색을 알리고 싶을꼬. 조국 삼천리강산이 내 그리운 임일 것은 물론이지마는 그 밖에, 아니, 그것을 대표하고 상징하는 살 있고 피 있고 몸 따뜻한 아름다운 사람이 있고 싶었다. 압록강을 건널 적에, 청석령을 넘을 적에 그리워할 임이 있고 싶었다. 그것이 없고는 압록강 푸른 물이 싱겁고 청석령 궂은비가 멋쩍을 것 같았다. 그렇게 그립고 아름다운 임이 있어서 그가 천 리 밖에서도 나를 생각하여준다면 열 압록강을 건너고 백 청석령을 넘어도 기쁠 것 같았다.39)

이광수는 비장한 결심, 독립의 힘을 찾으러 무전 세계일주 여행길을 떠난 것이다. "나는 세계일주 무전여행을 할 생각으로 4년간 인생의 가장 아름다운 시기를 바친 오산학교를 떠나서 안동현(安東縣, 현 丹東)에 갔다. 오산학교를 떠날 때에 여러 어린 학생들이 20리 30리를 따라오며 눈물로써 석별(惜別)해준 정경(情境)은 내 일생에 가장 잊히지 못할 중대성 있는 사건이다. 그때 내 나이 23, 흉중에는 발발(勃勃)한 웅심(雄心)과 공상적 방랑성(放浪性)으로 찼었다. 그때 뜻있다는 사람들은 많이 압록강을 건너 슬픈 노래(悲歌)를 부르며 해외로 방랑의 길을 나섰던 것이다. 신채호(申采浩), 윤기섭(尹琦燮) 같은 이들이 다 그때 오산을 거쳐서 떠났다. 나도 그 조류(潮流)에 휩쓸린 것이라고 하겠지마는 내게는 독특한 나 자신의 이유도 있었던 것이다."

이광수는 객주(客主) 문을 나서는데 천만 의외로 위당(爲堂) 정인보(鄭寅普)를 만났다. 무작정 무전여행길에 올랐다고 실토했더니 위당은 북방은 한파가 심하므로 망명객이 많이 모여 있는 상해로 가라고 하면서 중국 돈 30원을 주기에 이 돈으로 청복(淸服) 한 벌 사 입고 영국 아일랜드인이 경영하는 이륭양행(怡隆洋行) 악주호(岳州號)에 올랐다. 때는 1913년 11월 용암포(龍岩浦) 연산(連山)에 눈이 덮이고 갑판에 얼음판이 생길 지경이니 난방장치 없는 선실의 추위는 말할 수 없었다.

---

39) 『스무살고개』, pp.97~98; 『그의 自敍傳』, p.127.

동행인은 세 사람인데, 정우영(鄭又影), 차관호(車寬鎬), 민충식(閔忠植) 등이다. 악주호가 출항하면서부터 일본 경찰권 밖으로 벗어날 수 있어서 안도의 한숨을 쉬었다.40)

이륭양행은 3·1독립운동 때 상해 임시정부와 본국과의 비밀 연락처가 되었다. 상해에 도착하기는 12월 말경이다. 1914년 신년하례식 석상에서 예관(睨觀) 신규식(申圭植)은 이광수를 미주 신한민보(新韓民報) 주필에 임명하면서 중국 돈 5백 원과 해삼위(海蔘威)에 있는 월송(月松) 이종호(李鐘浩)와 길림성(吉林省) 목릉(穆陵)에 있는 추정(秋汀) 이갑(李甲)에게 소개장을 주었다. 이 두 사람을 만나면 미주행 여비를 얻을 것이라고 덧붙였다.41)

이리하여 1914년 1월 초순, 러시아 의용함대 포르타와호를 타고 나가사키를 거쳐 블라디보스토크(해삼위)에 도착, 이종호를 만났으나 미주행 여비를 얻지 못했다. 당시 시베리아에는 한인 민족주의 운동단체가 둘 있었으니 연해주 해삼위에는 권업회(勸業會), 시베리아 치타에는 대한인국민회 시베리아 지방총회가 있었다. 권업회는 1911년 12월 17일 해삼위 신한촌(新韓村) 한민학교(韓民學校)에서 창립했는데, 종지(宗旨)에는 "재외 우리 동포에게 대하여 실업을 권장하며 노동을 소개하며 교육을 보급하기로 하였다. 그 회명을 '권업회'라 함은 왜구(倭仇)의 교섭상 방해를 피하기 위함이요, 실제 내용은 광복사업의 대기관으로 된 것이다"라고 밝히고 있다. 창립 당시의 의장에 이상설(李相卨), 부의장에 이종호, 총무 한형권(韓馨權) 등이다. 이상설, 이종호, 김익용(金翼鎔), 김니콜라이, 이바노비치, 이민복(李敏馥), 김성무(金成武), 윤일병(尹日炳), 김만송(金萬松), 홍병환(洪炳煥) 등이 의사원으로 참여했다.42)

권업신문(勸業新聞)은 권업회의 기관지로 1912년 5월 5일 창간했다.

---

40) 『三千里』(1930. 7), pp.22~24, 人生의 香氣: 安東縣 奇遇(春園).

41) 『나의 告白』, pp.63~77.

42) 『勸業新聞·대한인졍교보·靑邱新報·韓人新報』(한림대 아시아문화연구소, 1995); 尹炳奭, 『國外韓人社會와 民族運動』(일조각, 1990), pp.187~188.

창간 당시 신채호(申采浩), 한형권, 박동원(朴東轅), 이근용(李瑾鎔) 등이 주도하다가 1914년 1월 19일부터 사장에 최병숙(崔炳肅), 총무에 윤해(尹海), 주필에 김하구(金河球) 등이 중심이 되어 신문을 발행하고 있었다. 권업신문은 제호만 한자로 되어 있고, 한글전용으로, 석판(石版) 4면으로 1914년 9월 1일에 폐간될 때까지 모두 126호를 발행했다. 권업신문은 권업회의 기관지였으므로 국권회복과 민족주의 앙양을 발간 목적으로 표방하고 있다. "우리는 다 나라 없는 백성이라, 어디 가든지 천부한 인권은 찾을 곳이 없고 아무 때라도 제 나라를 찾고야 사람의 구실을 할지니, 고로 우리는 국권회복과 민족주의를 우리 한국 사람마다 가슴에 품으며 이마에 새겨 자나 깨나 이를 실행하여볼 작정을 할지라."43)

이광수가 쇄빙선이 얼음을 깨기를 기다려 안개 낀 블라디보스토크 항에 입항한 것은 1914년 1월 초순이었다. 말 두 필이 끄는 썰매를 타고 신한촌에 도착하니, 권업회 간부 김립, 김하구, 윤해 등 인사가 춘원을 영접했다. 춘원의 해삼위 체재 기간은 약 10일 정도로 추정된다. 이때 권업신문 주필 김하구는 춘원에게 원고 청탁을 한 것이다. 이에 춘원은 '독립 준비하시오'라는 논설문을 기고했다. 춘원의 해삼위 체류가 10일간이므로 목릉 청계(淸溪) 안정근(安定根, 안중근의 아우) 댁에서 유숙하면서 원고를 써 보낸 것으로 보인다.44) '독립준비론'은 권업신문에 4회 연재했다. '독립 준비하시오'는 모두 13장으로 구성된 대논문이다. 데라우치(寺內正毅) 총독의 가혹한 헌병경찰 통치하에서는 '독립', '자유', '해방' 등의 문자는 일체 금기시하고 있었다. 한일합방 4년 만에 이광수는 대담하게도 분리독립을 호소하는 독립준비론을 역설한 것이다.45) '독립 준비하시오'는 '영마루의 구름'에 전문이 수록되어 있

---

43) 『勸業新聞』 제109호(1914. 5. 5), 본보 창간 제2주년 기념; 박환, 『러시아한인 민족운동사』(탐구당, 1995), p.151.

44) 최기영, 『식민지시기 민족지성과 문화운동』(한울, 2003), pp.154~156.

45) 『勸業新聞』 4회 연재, 제100호(1914. 3. 1)~제103호(1914. 3. 22), 독립 준비하시오(외배).

으므로 생략한다.46)

　김윤식은 권업신문에 '외배'라는 필명으로 발표한 춘원의 시 4편을 발굴, 문단에 보고한 바 있다. '이상타', '시조 2수', '나라생각', '꽃을 꺾어 관을 것' 모두가 독립의 열망을 노래한 애국시이다. 여기서 '태백의 영'이란 바로 조선의 영혼이며 비록 나라는 망했지만 조선의 영혼은 영원불멸하다고 노래하고 있다. 춘원 자신은 만리타국 땅에 와서도 동쪽 하늘을 바라보며 조국을 못 잊는 망국민의 설움을 노래하고 있다. 춘원의 독립열망은 절정에 이르고 있다. 백두산 상상봉에 '독립기'를 세우고 독립문에 자유종을 울릴 영웅을 그리워하고 있다. "여기 소개되는 시편들이 비록 사소한 것이기는 해도 모국어에 대한 감각을 놓치지 않았다고 볼 것이다. '이상타'는 쇄빙선의 뒤를 따라 안개 낀 블라디보스토크에 들어가 본 겉으로 드러난 동포의 모습과 그 내면에 지닌 조선적 영혼을 함께 노래한 것이며, '꽃을 꺾어 관을 것'에 오면 4 · 4조 리듬에 모국어의 감각으로 화관을 쓸 수 있는 자격을 읊었다. '나라생각'도 이에 이어졌다. 시조의 경우 '달군 못'의 노래는 회고적 시조 특유의 한계를 넘어서 인상적이기까지 하다."47)

　이상타, 고주(孤舟)

　여름 바다에 쇠배를 저어
　안개 속으로 휘몰아들어
　가만히 보니 블라디보(해삼위)라
　엉기 엉기 누더기 지고
　이 거리 저 골목 우리 지게꾼
　눈으로 안 저렸더면
　금시 다 썩을랏다

---

46) 金源模, 『영마루의 구름: 春園 李光洙의 親日과 民族保存論』(단국대학교 출판부, 2009), pp.180～193.
47) 『월간중앙』(2005. 1), pp.148～150, 情育論 실천 위해 이국땅서 詩 남겼다(김윤식).

106

어름도 썩고 눈조차 쉬는
블라디보(해삼위)에
이상타 안 썩는 것 태백(太白)의 영(靈)[48]

時調 二首, 외배

달군 못 속속 깊이 불덩어리 들어간다
불 밑에 안기는 불 뉘라 끌가보냐
아마도 이 불덩이는 하늘불인가 하노라

머리에 눈을 이고 그 속에 물을 담은
물속에 불을 품고 우둑히 섰는 모양
아해야 웃지 말아라 그 뉜줄 모르리라[49]

나라생각, 외배

동천을 바라볼 때
눈물이 웨 솟으며
앞길을 생각할 때
가슴이 웨 쏘는고
잊재도(잊자 해도) 못 잊는 님은
죽거나 곧 오거나[50]

꽃을 꺾어 관을 겻, 외배

1. 아해(아이)들아 산에 가자
   산에 가서 꽃을 꺾자
   꽃 꺾어서 관 걸어서
   건국 영웅 씌워 주자

---

48) 『勸業新聞』 제94호(1914. 1. 18).
49) 『勸業新聞』 제96호(1914. 2. 1).
50) 『勸業新聞』 제123호(1914. 8. 9).

2. 이 꽃으로 결은 관은
   뉘 머리에 씌워주랴
   백두산의 상상봉에
   독립기를 세운 영웅

3. 이 꽃으로 결은 관은
   뉘 머리에 씌워주랴
   둥그렇한 독립문에
   자유종을 울린 영웅

4. 이 꽃으로 결은 관은
   뉘 머리에 씌워주랴
   나라 위해 원혼 되신
   애국지사 무덤 앞에

5. 이 꽃으로 결은 관은
   뉘 머리에 씌워주랴
   꽃 꺾어서 관을 겻는
   우리 머리에 씌자구나[51]

4. 대한인정교보(치타) 주필

이광수가 해삼위에서 이갑(李甲)을 만나기 위하여 길림성 목릉에 도
착하기는 1914년 2월 초승이었다. 이갑은 일본 육군사관학교를 졸업한
후 대한제국 육군참령으로 근무하였고, 안창호와 함께 국권회복을 위하
여 비밀결사 신민회의 지도자로 활약하다가 1910년 1월 안창호와 함께
망명해 온 것이다. 이광수는 청계 안정근 댁에 유숙하면서 이웃에 있는
이갑 댁을 매일 출근하다시피 방문, 해외(시베리아, 남북 만주, 상해, 기
타 중국 일대, 하와이, 미주)의 동지들에게 보내는 편지를 대필하는 것

---

51) 『勸業新聞』 제124호(1914. 8. 16).

이 춘원의 일과가 되고 말았다. 이갑은 반신불수인 데다가 어음도 어눌해서 알아듣기가 어려울 뿐만 아니라 기동이 불편한 몸이었다. 이갑이 구술(口述)한 대로 춘원은 그 많은 편지를 일일이 대필하기를 1개월간 계속했다. "나는 혼자 내 숙소인 청계 댁에 누워서 지나간 하루 추정(秋汀)과 같이 하던 일을 생각하고는 '추정의 속에는 조선이 찼다. 추정의 속에는 조선밖에 없다. 그는 그의 속에서 자기를 내어쫓고 그 자리에다 조선을 들여앉혔다' 이렇게 생각하고는 애국자란 이런 사람이로구나 하고 관념으로만 가지고 있던 것을 실물로 목격한 것을 기뻐했다."52) 이광수는 청계 댁에서 한 달 동안 머물다가 2월 말에 치타로 이강(李剛)을 찾아갔다. 이갑에게도 미주행 여비를 얻지 못하고 이갑은 치타의 이강을 찾아가라고 소개해준 것이다.

이광수가 치타에 도착하기는 2월 말경이었다. 대한인정교보는 춘원의 치타 도착을 재빨리 보도하고 있다. "새로 고명한 기자 한 분을 모셔올 터이오니 '쇗소리' 나는 글과 진주 같은 사상을 접할 날이 멀지 아니오이다."53) '고명한 기자'란 이광수를 가리키며, 장차 그가 오면 '쇗소리' 나는 글을 읽을 것이라고 기대하고 있다.

미주 국민회는 이상설, 이강, 정재관(鄭在寬), 김성무 등을 파견, 스찬(水靑)에서 1908년 9월 '국민회 원동지회'를 창립했다. 이강, 정재관 등은 1911년 9월 치타로 이동했다. 이강은 안창호와 함께 1905년 4월 5일 공립협회를 창립했다. 이강은 원동(시베리아, 만주, 중국)에서의 대한인국민회 조직을 위해 '원동위원' 자격으로 파견되어 1911년 10월 치타에서 대한인국민회 시베리아 지방총회를 설립, 시베리아 지방총회장에 취임했다. 그 기관지로 대한인정교보를 발행하기 시작했다. 이광수가 치타에 도착하니, "정교 믿는 한인들의 잡지 정교보(正敎報)를 발

---

52) 金東煥 編, 『平和와 自由』(京城 三千里社版, 1932. 2. 5), pp.16~23, 西伯利亞의 李甲(李光洙). '평화와 자유'는 1937년 9월 21일 치안위반을 이유로 발금도서(發禁圖書)로 처분되었다. 『日政下의 禁書 33卷』(『新東亞』 1977년 1월호 별책부록), p.267.

53) 『대한인정교보』 제9호(1914. 3. 1), 편집인이 독자에게.

행하는 데"라고 러시아말로 써 붙인 간판이 보였다. 이광수가 치타에 도착했을 당시의 대한인정교보의 진용을 보면, 사장에 김인수, 부사장에 배상은(裵尙殷), 총무에 고성삼(高成三), 서기에 김만식(金晩植), 재무에 문중도, 편집인 김엘리싸벳다, 주필 이강, 발행인 문윤함(文允咸)이다. 이광수가 6월에 주필에 임명되면서 사장에 김하일(金河一), 총무에 박명호(朴明浩), 재무 겸 발행인 문윤함, 편집인 김엘리싸벳다, 주필 이광수로 개편되었다. 대한인정교보는 대한인국민회 시베리아 지방총회의 기관지로서, 한글전용에 32면 2단 석판으로 발행한 월간잡지이다.54)

이강은 대한인정교보의 주필에 이광수를 임명하였는데, 월급은 30루블이었다. "나는 정교보라는 잡지에 글을 쓰고 이것을 편집하는 일을 임시로 보고 있었다. 우리는 이 잡지를 석판으로 인쇄하였다. K씨가 허리를 굽히고 그것을 석판 원지에 쓰다가는 허리가 아프다고 가끔 아구구 소리를 쳤다."55) 이광수는 이강을 만나고 나서야 비로소 미주행 여비를 못 받게 된 경위를 알 수 있었다. 미주 대한인국민회 중앙총회(안창호)가 신규식에게 신한민보 주필 여비조로 미화 1천 달러를 보냈는데, 이를 신규식이 개인 생활비로 유용해버린 것이다.

외국인인 한인은 러시아 국내에서 정치운동을 하거나 신문, 잡지를 발행할 수가 없었다. 그러므로 한인은 러시아 국교인 그리스정교를 믿는 사람이란 자격으로 단체도 만들고 잡지도 발행하는 것이었다. 그래서 잡지 이름도 '정교보'라고 한 것이니 표면으로, 법률적으로 보면 이것은 민족운동의 잡지가 아니라 종교운동의 잡지인 것이다. 이광수는 그 당시의 러시아 정세를 소상하게 전하고 있다.

그때는 아직 제정시대이므로 정교의 세력은 곧 국가의 세력이었다. 러시아 황제인 '차르'는 정치적으로 러시아 제국의 원수인 동시에 종

---

54) 박환, 『러시아한인민족운동사』, p.242; 최기영, 『식민지시기 민족지성과 문화운동』, pp.157~162; 『그의 自敍傳』, p.156,

55) 『나의 告白』, p.92; 『그의 自敍傳』, p.156.

교적으로 희랍정교의 교주였다. 그래서 각 도에 정치적 장관인 감사가 있는 동시에 종교적 장관인 알히레이(대승정), 즉 우리 동포의 말로 '승감사'가 있어서 그 지위는 정치적 감사보다도 높았다. 정교회의 세례를 받아 신자가 되면 '메트리까'라는 증명서를 주는데 우리 동포들은 일본의 국적을 원치 아니하므로 이 메트리까로 여행권을 대용하였으니 곧 이곳 동포들의 총명한 번역으로 '몸글'이라는 것이었다. 나도 무론 해삼위에서 다른 사람의 몸글을 하나 얻었길래 만주리아 국경을 넘을 수가 있는 것이니 아마 내가 얻은 몸글은 어느 죽은 사람의 것이거나 본국으로 간 사람의 것이었을 것이다. 그 몸글에는 '한국 신민'이라고 적혀 있었다.56)

이광수는 러시아에 정착한 한인들은 러시아어를 한국어로 번역하여 국어화하는 데 지혜를 발휘하고 있다고 지적하면서 러시아어를 한국어화하는 사례를 사실감 있게 표기하고 있다.

지명뿐 아니라 보통말도 그들은 많이 지었다. 기차는 부술기, 전신은 쇠줄글, 여행권은 몸글, 차표는 글. 이런 것은 순 국어로 지은 것이니 그 얼마나 총명한 조어인고. 그 밖에 우리말로 번역하기 어려운 러시아말은 발음만을 국어화하여 빠라호드(기선)는 뽀로대, 스피치카(성냥)는 비지깨, 사뽀기(장화)는 사바귀, 이 모양이었다. 깐또라(사무 보는 데)는 건드리, 구베르나뜨르(도 장관)는 구부렁낙지, 대승정은 승감사라고 부르는 것 같은 것은 참으로 유머이다. 만일 우리에게 한문이란 것이 없었던들 이곳 동포들이 한 모양으로 순수한 우리말로 새 물건과 새 일의 이름을 지었을 것이다. "용골개는 우리나라 아니옵고마 무시계를 바라고 용골개 왔슴등." 이를 번역하면, "이 고장은 우리나라 아니언마는 무엇을 바라고 여기 왔는고"이다.57)

이광수는 치타에 도착하자마자 대한인정교보의 주필 이강을 대신해서 대한인정교보에 독점적으로 원고를 집필하면서 잡지를 편집·제작

---

56) 『나의 告白』, pp.88~89.
57) 상게서, pp.83, 95.

한 것으로 보인다. 그것은 대한인정교보 제9호(1914. 3. 1), 제10호(1914. 5. 1), 제11호(1914. 6. 1) 모두가 이광수의 독점 집필임을 확인할 수가 있다. '재외 동포의 현상을 논하여 동포 교육의 긴급함을', '우리 주장: 바른 소리', '지사의 감회' 등 논설문 3편, 그리고 '나라를 떠나는 설움', '망국민의 설움', '상부런' 등 애국시 3편 등은 이미 『영마루의 구름』에 수록했기에58) 여기서는 이를 생략하고, 나머지 이광수의 작품을 전부 현대말로 번역하여 전재한다.

'대한인정교보' 제9호(1914. 3. 1)

진리의 가르침

죄에 멸망하는 세상을 건지시려고 유대 벳레헴(베들레헴)에 구세주 나시다.

회개하라. 천국이 가까우니 오늘날까지 악한 세상을 따라 고생하고 멸망하던 사람아, 마셔도 마르지 아니하는 생명의 떡과 물을 받을지어다. 사람이란 떡으로만 사는 것이 아니요 하나님의 명하신 진리를 좇음으로 무한한 복락과 영생을 얻나니, 네 마음과 정성을 다하여 네 아버지 하나님을 공경하고 같이 하나님의 아들이 된 네 동포 사랑하기를 네 몸같이 하여라. 형제를 미워하고 비방하는 이는 곧 형제를 죽임이니 혹 형제가 내게 잘못함이 있었든 날 공번(公反, 공평)식 일흔 번 용서하여라. 음란한 생각을 품거나 죽기 전 아내를 버리는 자는 간음을 범함이요, 거짓말하는 자는 우상을 섬기고 하나님을 속임이요, 세상과 사욕을 좇는 자는 하나님을 배반함이니, 너희가 사욕과 세상을 거슬러 옳은 일만 행할 때 세상이 다들 미워하여 욕하고 때리고 죽이리라. 그러나 너희 마음나라에 한량없는 복락이 있고 마지막 날 끝없는 생명이 있으니 기뻐 춤추며 십자가를 지고 나를 따르라. 그리하여 내 몸이 천국 아들이 되어 이골 저골로 돌아다니며 진리와 사랑의 도리를 모르고 지옥에 빠지는 동포를 건지라. 너희를 해하려는 마귀가 많으나 참새 한 마리도 하나님의 허락 없이는 잡지 못하나니 너희는 몸을 하나님께

---

58) 金源模, 『영마루의 구름: 春園 李光洙의 親日과 民族保存論』, pp.196~211.

맡기고 두려워 말아라. 목숨을 얻으려는 이는 잃고 잃으려는 이는 얻으리라. 천국은 누룩과 같으니 누룩이 비록 적으되 능히 떡가루 서 말을 품기나니라. 화 있을진저 외식(外飾)하는 서기관과 바리새 교인이여, 형제에게만 견디기 어려운 짐을 지우면서 저는 아무것도 아니 하며 화려한 옷을 입고 회석에서 상좌에 앉기를 좋아하며 길가에 선생님 선생님 하고 인사받기만 즐겨하도다.

화 있을진저 외식하는 서기관과 바리새 교인이여, 회칠한 무덤 같으니 겉은 깨끗한 듯하나 속에는 주검과 온갖 더러운 것이 가득하도다. 쓴 샘에서 어찌 단물이 솟으며 엉겅퀴에서 어찌 무화과를 따리오. 이와 같이 그 원인과 수단이 옳지 못하곤 옳은 일이 되는 법 없나니라. 강도 바나바를 놓고 예수를 십자가에 못 박다.[59]

자리 잡고 사옵시다: 노동하시는 여러 동포들이여

정든 고국을 떠나 사철 눈 아니 녹는 시베리아 벌판으로 돌아다니시는 지가 벌써 30, 40년이로구려. 본국에 계신 부모와 처자들은 어떻게 지나시는지 동편에 뜬 구름조각에 창자 끊는 눈물을 흘리고 겨울밤 한뎃꿈에 고국에 노닐다가 무정한 찬바람이 달게 든 잠을 깨일 제 걷잡을 수 없는 긴 한숨에 몇 번이나 가슴이 막혔나이까. 본국을 떠나실 때에는 1, 2년 내에 돈을 많이 벌어가지고 우리 정든 집에 들어와 위로 부모를 공양하고 아래로 처자를 편히 먹여 살려 하였건마는 세상이란 뜻같이 되지 아니하는지라. 오늘이나 내일이나 하다가 해가 가고 달이 흘러 어언간 수십 년이 지나버렸으니 밤에 찬 자리에 홀로 누워 지나간 일을 생각하면 어찌 기막히지 아니하오리까.

슬픈 중에 더 가슴 쏘는 것은 여러분이 본국을 떠나실 때에는 우리 나라는 우리 사람의 나라이라. 피를 나눈 단군(檀君) 하나바지(할아버지) 자손끼리 의좋게 태평하게 살아갔더니 시운이 불행함인지 여러분이 시베리아로 돌아다니시는 동안에 우리나라는 원수의 손에 들어 논과 밭도 우리 것이 아니요 산과 들도 우리 것이 아니며 여러분의 사랑하는 부모는 무리한 발길과 매에 피가 흐르고 어여쁜 여러분의 형제와 자매는 악독한 원수의 손에 죄 없이 악한 형벌을 받아 살이 찢기고 뼈

---

59) 『대한인졍교보』 제9호(1914. 3. 1), 진리의 가르침.

가 부서지니 5천여 년 피로 지켜오던 우리 고국에는 이제야 우리 민족이 살아서 발을 붙일 곳이 없고 죽어서 몸을 묻을 곳이 없게 되었구려. 아아, 여러분이 이제 본국으로 가고 싶은들 갈 곳이 어디오니까.

지금 우리 동포는 내 땅이라고 아들딸 낳고 살 데가 어디 있으며 집 없는 거지 넋이라. 우리가 어느 뉘에게 맞아 죽는다사 말하여줄 이가 누구오니까. 이놈에게 얻어맞고 저놈에게 얻어 채이다가 얼마 아니 되어 망하고 말 것이로구려. 여러분이 아직까지는 시베리아에 붙어살지마는 그것이나 몇 날 될 줄 아나이까. 이(利) 있을 일이라고는 하나도 우리 손에 돌아오지 아니하고 금점(金店, 금광)이라도 겨우 남이 하여 먹다가 남은 찌꺼기나 얻어 하게 되니 이것도 잠시잠깐이라. 차차 이 곳에 다른 사람이 많이 와 살게 되면 그것인들 우리 손에 돌아올 듯하오니까. 무엇이 설다 하여도 나라 없는 백성 밖에 설은 것이 없나니 가라 하면 쫓겨 가고 맞아라 하면 끽 소리 못하고 맞을밖에 없는 것이라. 방금이라도 우리를 나가라 하면 무슨 대답할 말이 있사오니까.

우리는 아무리 하여서라도 우리나라를 찾을 수밖에 없소이다. 여러분이 사는 땅에 우리나라 공사와 영사가 오기 전 결코 붙어살지 못하오리다. 여러분이 수십 년 동안 한뎃잠을 자시고 갖은 고생으로 몸을 단련하여 겁나는 일이 없고 목숨 아까운 줄을 잊게 됨이 또한 하늘이 우리나라를 회복하는 독립군이 되게 하려심이 아니오리까. 여러 만 명 여러 동포가 우리 2천만을 건져주실 직분을 맡으심이 아니리까. 기(旗)를 들고 앞서가면 다른 동포도 여러분의 뒤를 따르오리다. 그리하여 우리 고국을 원수의 손에서 찾아내인 뒤에 즐거운 개선가를 소리껏 외치면서 압록강 두만강으로 집 잃었던 동포를 맞게 하사이다.

나라를 찾을 이가 우리밖에 없나이다. 여러분이 아니 찾으시면 우리는 억 년 가도 집 없는 사람으로 개새끼 대접을 받다가 갈 것이로소이다. 술을 잡수시다가도 내가 독립군이니 몸이 약하게 되어서는 아니 되겠다 하시고, 돈을 쓰시다가도 내가 본국까지 나갈 차비와 총 한 자루 값은 평생 몸에 지녀야 할 것을 생각하시옵소서.

피땀 흘려 벌은 돈을 술이나 약담배에 다 없이함이 어찌 애석한 일이 아니오리까. 여러분의 돈은 피땀 흘려 벌은 것이니 독립전쟁에 쓰기에 마땅한 것이로소이다. 혹 야회(夜會)라는 것에 돈을 대고 갑작 이(利)를 보려 하나 투전하여 돈 모은 이 없삽니다. 백 번에 한 번이나 나올까 말까 한 데다가 피로 얻은 귀한 돈을 대는 것이 어찌 철없는 짓이 아니오리까. 왜 아까운 줄을 모르고 간사한 되놈의 살이(머슴)를 하시나이까. 여러 첨존과 동생들은 약조하고 야회를 금하소서. 그리하시면 얼마 아니하여 돈도 모이고 마음도 깨끗하여지오리다. 술과 약담배와 야회를 말지 아니하면 억 년 가도 돈 모일 날이 없을지니 나라일을 생각하여 당장 끊어버리소서.

돈을 너무 헤피 알지 말으시고 한 닢 두 닢을 아껴 모으고 모으소서. 쓰기는 쉬워도 벌기는 어려운 것이라. 당장에 금덩이가 쑥 배어질 듯하나 그렇게 저마다 바라는 대로 되는 것이 아니고 매일 얼마씩이라도 꼭꼭 모와 두었다가 은행이나 우편국에 맡기든가 여럿이 모와 농사할 땅을 장만하소서.

지금 땅값이 눅은 데가 많아 1, 2백 냥어치면 두세 식구가 평안히 벌어먹을 만하니 어디나 자리를 잡고 아들딸 낳고 사람답게 살아볼 궁리도 하여야 되지 않겠나이까. 젊은 때에는 금일 동 명일 서에 아무 걱정도 없는 듯하나 사정없는 것은 세월이라. 일 년이 가고 이태 지나 오륙십이 되고 보면 어떻게 하시려오. 독립전쟁은 큰일이라. 오늘 내일에 될 것이 아니며 된다 하여도 총 한 자루와 본국까지 갈 노자(路資)도 있어야 할지며 튼튼한 독립군도 많이 낳아야 하지 아니하겠나이까. 그리 하자면 상당한 밑천을 잡아두어야 할지니 여러분의 걸으만(걸망) 속에 지닌 돈이 몇 날이나 갈 듯하오니까.

돈을 모와 땅만 장만하시면 그곳에 집을 짓고 본국서 처녀들을 데려다가 집안을 이루고 일변 싸움하기도 배우며 일변 돈도 모으면 그 얼마나 편안하고 재미있음직 하오니까. 금점이란 사람 속기 좋은 것이라. 내일이나 내일이나 하다가 마는 것이니 공연히 되지 못할 욕심만 따라 고생하지 말으시고 착실한 일을 잡아 돈 백이나 잡히거든 술도 말고 야회도 말고 갈보에 마차에 되지 못하게 버리지 말으시고 즉시 믿을 만한 이를 찾아 땅을 잡게 하옵소서.

제 몸을 생각하고 나라를 생각하여 이 사람의 정성으로 권하는 말씀을 들으시고 서로 이야기하고 권하여 하루바삐 바른길로 들으시기를 눈물 흘려 비나이다.60)

---

60) 『대한인정교보』 제9호(1914. 3. 1), 자리 잡고 사옵시다.

불쌍한 우리 아기들!

부모를 여의고 의지할 곳 없어 길가에서 우짖는 어여쁜 우리 아기들! 몸은 튼튼하고 얼굴은 깔끔하고 재조 있고 게다가 진정의 눈물로 아직 구경도 못한 본국을 사모하며 제 앞도 못 가누어 돌아보아주지도 아니하는 동포를 따라 알뜰히 알뜰히 아버지 나라 사람이 되려는 그들! 내 일찍 여남은 살 된 어여쁜 처녀를 만나 "너 아라사 사람이지?" 하였더니 크고 파라우리한 눈에 눈물을 두르며 "니엣드 야 꼬레이추 (아니오, 나는 한인이오)." "그러면 왜 한국말을 모르냐?" "끗도 메냐 우치우(누가 나를 가르쳤소)?" 이 애는 아버지가 죽고 그 어머니 아라사 부인은 아라사 사람에게 개가를 갔건마는 그리로 좇아가지 아니하고 홀로 우리 사람을 따르는 애처로운 꼴, "아자씨(아저씨), 나를 데려가 길러주시오" 하고 매어달리며 우는 양을 보았노라. 아아, 그들은 수십 년간 만리타국에 갖은 고생을 다하던 우리 동포의 혈육이로다. 어찌 차마 온갖 못된 감화를 받아 마침내 천하고 천한 물건이 되게 버려두리오. 동포들이여 그들을 본국으로 데려다가 교회 학교에서 사람 되도록 가르치사이다.[61]

새 지식

■ 공중시대
옛날은 인류가 육상에서만 살았으므로 각국이 육상의 판도를 많이 차지하고 육상의 권세만 얻으려 하더니, 차차 인종이 붓고 학문이 열림에 바닷속에 많은 섬들을 차지하고 다른 나라에 가서 장사도 하며 고기잡이 할 양으로 해상의 세력을 다투어 제일 군함 많고 상선 많은 민족이 가장 문명하고 부강하다 하였거니와, 지금에는 이 시대도 넘어가고 공중시대가 다달아 각국이 공중 비행기 많이 만들고 잘 만들기로 서로 다투어 벌써 공중에 대포질 하는 기계까지 발명되니 얼마 아니하여 공중에서 와지끈 퉁탕 전쟁이 일어날지오. 그리되면 각국이 공중에 세력을 펴려 하여 국경을 만들고 군대를 주둔하고 해관을 짓게 되리로

---

61) 『대한인정교보』 제9호(1914. 3. 1), 불쌍한 우리 아기들!

다. 벌써 아라사 서울에는 공중우편이라는 것을 설시하여 우편물을 비행기로 나를 경영이 있다 하니 미국에 화륜거(기차)도 쓸데없고 화륜선도 쓸데없어지리로다.

■ 손으로 사람을 만들어

오스트리아 나라 어느 학자는 화학을 응용하여 소고기를 만들었는데 정말 소고기보다 맛도 좋고 삭기도 잘한다 하여 얼마 아니 되면 알뜰히 살겠다 하는 짐승을 죽이지 아니하고도 고기를 먹게 되리라 하더라. 또 들은즉 어떤 학자는 기계로 사람을 만들었는데 웃기도 울기도 이야기도 운동도 다 하나, 다만 못 만들 것은 영혼이라 하였으니, 아주 정말 사람과 같은 사람은 만들게 될는지 못 될는지 몰라도 여간한 하기 싫은 일과 힘들고 위태한 일은 이 기계사람을 시켜 하고 정말 사람은 가만히 먹기나 하고 놀기나 하게 되리니, 정말 팔자 좋을 날이 멀지 아니할 듯.

그리되면 나라와 나라끼리 싸움을 하더라도 사람은 죽지 아니할지오. 돈 많고 문명한 나라가 이기게 될지며 그리된 뒤에는 아주 전쟁이라는 것이 없어지고 말리로다.

■ 노동자 문제

과학이 진보하여 수공업(手工業)이 없어지고 기계공업(機械工業)이 성하여짐에 자본 많은 이는 더욱 많아지고 가난한 이는 평생 가도 부자 되어볼 수가 없으며, 차차 부자의 계급과 가난한 자의 계급이 생겨 옛날 귀한 자의 계급과 천한 자의 계급 모양으로 서로 눈을 흘기게 되니, 곧 부자는 가난한 자를 다스리려 하고 가난한 자는 그리 아니하리라 하여 오늘날 사회문제 중에 제일 큰 것이 노동자 문제니, 정치가, 경제가, 사회학자의 가장 애쓰고 근심하는 것도 이 문제라. 옛날에는 사회의 중류 이상 계급 되는 자가 하류 사람을 종같이 부렸으나 차차 자유사상이 퍼지고 교육이 보급되어 하류 사회에서도 문명한 지식을 얻어 천하 사람은 다 같은 사람이라. 자유, 평등이니 사람 위에 사람도 없고 사람 아래 사람도 없다 하여 결코 상류라는 계급의 방해를 받으려 아니하고 또 양식을 짓는 이도 이제는 모든 기계나 물품을 만드는 것도 우리니 이 세상에 있는 모든 재산은 말끔 우리 것이라. 상류라는 자가 제 것인 체함은 우리를 억지로 누르고 우리 것을 도적함이라는 생각이 팽창하여 아주 이 사회제도를 뒤집어엎고 천하 재산을 꼭 같이 나누자 함이 곧 그들의 이상이니, 이것이 곧 사회주의라 하는 것이라. 이 이상은 아직 달할 수 없으나 우선 우리의 지위를 높이고 생활의 안락을 얻으려 하여 여러 가지로 활동하나니 이제 그것을 간단히 말하건댄,

1. 삯을 많이 달라 함이요,
2. 대접을 잘하여 달라 함이요,
3. 병이 들거나 늙은 뒤에도 걱정 없이 살게 하여 달라 함이요,
4. 아들딸을 교육시켜 달라 함이요,
5. 정치상으로 평등 권리를 달라 함이며,

이를 달하는 방법은

(1) 담판이니, 말로 그 이유를 설명하여 주인에게 청구함이요,

(2) 시위운동이니, 여러 백 명, 여러 천 명이 모여 기를 들고 돌아다니며 혹은 노래로 혹은 연설로, 만일 우리 "말을 아니 들으면 우리는 일제히 너희 일을 아니하겠다" 한다든가, 심하면 "너희 공장과 집을 즉(即)치리라" 함이며,

(3) 동맹파공(同盟罷工)이니, 이것이 오늘날 문명국에 제일 흔하고 큰 것이며 또 마지막 수단이요 무서운 수단이라. 작은 것이면 한 공장이나 한 일터에 일하는 노동자들이 일제히 동맹하고 일을 쉼이요, 크게 되면 전국 노동자들이 일제히 쉼이니, 덕국, 법국, 영국에 흔히 있는 일이라.

이리하여 그들이 이미 얻은 이익은,

1. 삯(임금)이 비싸지고,
2. 하루 몇 시간(보통 여덟 시간)씩 노동시간을 정하고 쉼으로 몸이 상하지 아니하며,
3. 큰 공장 내에는 반드시 병원과 양로원이 있어 병든 자나 늙은 자를 구제하며,
4. 학교를 세워 그들의 자녀를 교육하며 도서관을 두어 그들의 지식과 위안을 얻게 하고,
5. 공원이나 놀이터가 있어 그들에게 재미를 주고,
6. 대의사를 뽑는 권리가 있어 자기네를 위하여 좋은 법률을 지어줌

아 하는 사람을 뽑을 수가 있게 됨이니(이러므로 문명한 각국에는 노동당이라는 큰 정당이 있나니라), 그들은 비록 노동자로되 우리보다 나은 자유와 복락을 누리지 아니하는가.62)

여자 교육

여자 교육이라 하면 "계집년이 글은 해서…" 하고 웃고 마시는 것이 우리 부로(父老)들이라. 그러나 남자를 교육하여야 되리라 하면 여자도 교육하여야 할지니 그 이유는,

1. 교육받은 남자의 배필이 되려면 부득불 상당한 교육받은 여자가 필요하나니 속담 말에도 짝에 기운 부부는 잘 살지 못한다 하였으며 짚세기(짚신)에는 제 날이 좋고 미투리에는 피날이 제격이라 하지 않나뇨. 아내는 가장 정답고 가까운 친구라 서로 반쪽이 되어 통정도 하고 의론도 하며 괴로울 제란 위로하여주며 어려운 일이 있을 때란 지아비를 도와주나니, 아내란 결코 밥이나 짓고 빨래나 하고 아이나 낳아주는 삯일꾼이 아니라, 오늘날 우리나라에서도 짝이 기운 부부 사이에 얼마나 많이 슬픈 일이 생기느뇨. 지아비 속에 무슨 생각이 있는지, 지아비가 무슨 사업을 경영하는지도 모르고 위로하여주기는커녕 바가지나 긁고 앙탈이나 하지 아니하느뇨.

2. 아들딸도 좋은 사람을 만들려 할진댄, 첫째, 아기 배기 전부터 부모가 마음과 몸을 삼가 사특하고 음란한 생각과 몸의 병을 물리고 예비하지 아니하면 그 속으로 나오는 자녀는 결코 선량하고 건장하지 못할 것이니, 서양 사람의 말에 교육은 배기 2백 년 전부터 시작하여야 한다 하였으며 또 세 살 적 버릇이 죽도록 간다고 젖꼭에서부터 가르치지 아니하면 자란 뒤에 아무리 힘을 써도 교육의 완전한 효력을 얻지 못할지니 원칙으로 말하면 아기와 어미가 같이 그중 한 책임을 질 것이로되 오늘날 사회제도로는 아비가 집에 박혀 전혀 아들딸만 붙들고 있을 형편이 되지 못하므로 어렸을 때를 가르치는 책임은 전혀 어미에게 있다 하여도 가하며, 또 육신상으로 보아도 어렸을 때 잘못 기르면 일생에 몸이 충실치 못하여 아무 일도 이루지 못하고 불쌍하고 값없는 사람이 되고 말지니 이 모든 것을 능히 하려면 교육받은 여자

---

62) 『대한인정교보』 제9호(1914. 3. 1), 새 지식.

가 아니고 어찌하리오. 보라, 고래로 큰사람 두고 좋은 어머니 아니 둔 자 어디 있느뇨. 우리나라를 잃은 못생긴 우리는 진실로 무지몽매한 어머니의 아들이라.63)

서간도의 슬픈 소식

재작년 작년 연하여 조상강(早霜降, 일찍 서리)으로 흉년이 들어 서 간도 전폭 수십만 가련한 동포는 지난겨울부터 양식 떨어져 굶는 이가 많다 하니 봄과 여름에야 얼마나 곤란하리오. 서간도를 개척한 우리 은인 이동녕(李東寧) 선생은 소유 가산을 말끔 공익에 바치고 지금은 수다한 가족이 끼니때를 번(番)드는 지경에 있다 하니, 동포여, 뼈에 새겨 기억할지어다.

우리 2천만이나 되는 한 피 나눈 동포는 이러한 사정을 아는 이도 없으며 안다사 이를 구제할 방침을 연구하지도 못하고 다만 강 건너 불구경하듯 하니, 이는 우리를 보호하여주는 나라가 없음이나 또는 우 리 동포의 동족을 사랑하는 마음이 부족함인가 하노니, 다 같이 집 잃 고 부모 여읜 불쌍한 형제의 신세로는 서로 옷을 나누고 밥을 나누어 야 할지어늘 이제 수십만 동포가 입을 옷이 없고 끼니 끓일 양식이 없 어 사고무친한 만리타향에 갈 바를 모르고 부르짖거늘 우리는 이 줄을 알지도 못하고 알고도 모르는 체하니, 슬프다, 무슨 일인고.64)

본국 소문: 청년들은 목자 잃은 양 — 굴레 벗은 망아지

4, 5년 전까지도 여러 어른들이 계셔서 직접 간접으로 그네의 지도 를 받았으나 우리나라가 아주 없어짐에 혹은 죽고 혹은 징역 지고 정 배(定配) 가고 혹은 왜놈 등쌀에 해외로 도망하고 여간 찌레기(찌꺼기) 지사들은 혹 핑계 좋게 술에 계집에 불우영웅(不遇英雄) 자처하며 혹 은 아주 환장하여 왜놈의 발바닥이나 핥게 되니 그 수많은 청년들— 우리나라와 민족을 건질 짐 무거운 청년들— 꼭 붙들고 잘 가르쳐주

---

63) 『대한인정교보』 제9호(1914. 3. 1), 여자 교육.
64) 『대한인정교보』 제9호(1914. 3. 1), 서간도의 슬픈 소식.

노라 하여도 가로 달아나기 쉬운 청년들은 이제야 존경하는 스승도 없고 무서워하는 어른도 없어 한참은 섭섭하여 우는 듯도 하더니 지금 와서는 목자 없는 양과 굴레 벗은 망아지로 저 될 대로 되어가니, 아아, 웃으랴 울랴. 그중에도 오동지달 찬바람에 홀로 우뚝 솔나무의 의로운 절(節)을 지켜 울고불고 애쓰는 아름다운 청년도 없지는 아니하되 그들을 가르쳐 인도할 자 없으니 공연 하늘을 우러러 눈물지을 뿐이오. 대부분 청년은 아노네(あのね, 저 말야) 소오데뇨(そうでの, 그렇지만)로 돼야지 발쪽 버선 나막신 딸딸 끌고 평생에 소원이 금줄 뻔쩍 칼 떨렁 왜놈의 종이 되어 불쌍한 동포에게 '고라(こ ら) 이놈아' 한마디 불러봄이라.

■ 관리에게 배일(排日) 사상

아무리 발가리(발거리, 못된 꾀로 남을 해롭게 하는 자) 되(오랑캐) 발가리라도 갑자기 우리 사람 벼슬아치를 말끔 내어 쫓을 수도 없고 또 우리 사람은 값도 싸고 말 잘 듣고 부려먹기가 좋을뿐더러 우리 사정을 잘 아는 데는 아무리 하여도 우리 사람이 나으므로 아직도 심부름이나 하여줄 너절한 판임관에는 우리 사람을 쓰나니 이제 그 형편을 간단히 말하건댄,

1. 벼슬 종류는 순사보 헌병보조원이 제일 많고 군서기 너절한 재판소 서기 조그마한 고을 군수 아직 채 쫓아내지 못한 판검사 도(道) 장관 몇 개.

2. 벼슬아치의 자격은 왜말 잘하고 제 말 잘 듣기를 기계같이 하고 유지(有志)한 동포를 미워함.

3. 월급은 왜의 4분지 1인데 송별회니 천장절이니 환영회니 하고 저 배부른 생각만 하고 한 번에 4원, 5원씩 받아내며 내기는 내고 차 한 잔 얻어먹지 못하는 수도 있어, "나무가 있어야 아니하나" 하는 군수도 있고 "무엇으로 겨울옷을 산담" 하는 판사 영감도 있으며.

4. 이유는 군서기가 우리 사람 군서기더러 "여보게 왜 그런 철없는 짓을 했나" 하고 소리 빽 지르고 순사가 우리 사람 경부더러 "저기 가서 성냥 가져오게" 하면 우리 사람은 두 손으로 담뱃불까지 붙여주는 형편.

그중에도 불쌍한 것은 정탐꾼과 순사 헌병 보조원이라. 걸핏하면

"고라 바가야로" 하고 주먹과 구둣발이 투드락 투드락. 이러므로 아주 개새끼 아닌 사람은 가슴에 원통한 선지피가 아니 맺힌 사람이 없나니 나의 친구 되는 관리에도 집에 돌아와 술 먹고 우는 이도 많이 보았고 경부 하나는 술이 취하여 가슴을 치며 울다가 욱하고 군도를 빼서 버린 죄로 벼슬도 떼이고 매까지 얻어맞은 이도 있으며 가장 열나고 불쌍한 것은 각 학교 교원들이니 관등도 같고 학식이나 인격도 그놈보다 나으며 나이도 질 것은 없건마는 의례히 '여보게' 하고 '자네'라 하며 제 자식이나 종의 새끼 모양으로 욕설을 담아 부으니 철없는 어린 학도들도 우리 사람 교원은 선생으로 여기지도 아니하여 왜의 말이면 두려워하면서도 우리 교원이 무어라 하면 '흥' 코웃음이라. 전국 2백 넘은 보통학교에 2천여 명 교원과 8천여 명 순사 헌병 보조원과 2, 3천 명 기타 관리 중에 아주 배알 빠진 놈을 젖혀놓고야 애국심은 있는지 모르거니와 누가 가슴에 뜨거운 배일열(排日熱) 없을 자이리오마는 다만 무서운 것은 그들의 정신이 차차 썩어져가지 아닐까 함이라.

■ 교육 정황

1. 사립학교들은 왜놈의 압박 방해와 경비 곤란과 우리 사람들이 또한 관공립학교에만 보내기를 좋아하므로 거의 다 스러지고 남아 있는 것은 전문학교에 보성 숭신이오. 양정의숙은 왜가 "너희가 법률은 배워 무엇하느냐" 하여 돈 빼앗고 학생과 교사를 내어 쫓음으로 깨어지고 중학교가 서울에 휘문 보성 경신 오성 배재 그 밖에 성명없는 한둘과 평양에 숭실 정주에 오산 선천에 신성 대충 주워 모와 열이 못 차고 소학교는 겨우 예수교 천주교의 교회학교이며 찬성자도 적고 학생도 많이 아니 오고 발가리 성화에 모두 곤란이 막심하며.

2. 관공립은 서울에 공업전습소 총독부의원 의학강습소 남녀 고등보통학교 법률전수 학교와 평양 대구 함흥에 고등보통학교 수원 농림학교와 기타 각지에 정도 낮은 실업학교와 고을마다 한둘씩 있는 공립보통학교이니 그 교육하는 방침은 소위 국어보급과 실업과 저축사상이라. 국어라 함은 왜말을 이름이니 조선어 정말 우리 국어는 덧붙이라 한 긴치 아니한 외국말같이 여겨 한 주일이면 한 시간쯤 넣고 왜말 과정은 한 주일에 7, 8시간으로 10여 시간이며 다른 과정도 말끔 왜말로 가르쳐 우리 국어를 멸망시키려 함이오. 실업사상 고취라 하면 얼

른 듣기에 매우 좋은 말이나 그 속살은 우리 사람으로 다만 장사나 하고 입도(立稻) 장사나 하급 공업이나 하게 하여 정치 법률 철학 문학 종교 등 인류의 자랑이라 할 만한 정신적 학술과 국가문제 사회문제 인류문제 등 크고 고상한 활동은 일절 금하여버렸고 그러므로 같은 수신(修身)을 가르치되 저희 학생에 가르치는 고상한 사상 줄 만한 교과서로 아니하고 무슨 학과나 다 부리기 좋은 사람 만들기만 힘쓰는 것이라. 그들은 동화(同化) 동화하나, 동화는 입으로 하는 사설이오. 기실 저희보다 한층 떨어지는 민족을 만들려 함이라. 그러나 고등한 학교에 있는 학생들은 스스로 깨어 분하고 절통한 마음이 생겨 사사로이 국어와 국문연구도 하고 우리 역사 공부도 하게 되었나니, 아아, 어여쁜 동생들아, 범한테 물려가면서도 정신만 차려라.

■ 까치가 튼 둥지에 왜가리가 와 잔다

50여 년 수출 효과와 10여 년 왜놈에게 빨리어 우리 민족은 가난할 대로 가난하여진 데다가 이등박문(伊藤博文)이가 주장하여 세운 동양척식주식회사(東洋拓殖株式會社)에서는 4, 5년래로 논밭을 들입다 사서 지금은 우리 둥지 13도에 그 회사 땅 없는 곳이 없게 되고 또 돈 많은 왜들도 연년이 땅을 사므로 도무지 얼마나 되는지는 알 수 없으나 적어도 수백만 석어치 될지라. 그리고 그 땅은 왜놈의 농사꾼에만 주어 파먹게 하니 그 수백만 석으로 살던 우리 동포는 어찌 되었으리오. 할 일 없이 누더기 짐을 지고 알뜰하고 정다운 고국을 떠나 짐승도 타지 못할 남만주 동청철도 짐 싣는 차에 실려 기러기 알 낳는 남북 만주에 유리개걸(流離丐乞)하게 되었도다. 신문을 본즉 금년 안으로 왜놈 농부 5천 호를 실어 건너온다 하니 한꺼번에 오는 것이 5천 호라 하면 제각금 건너오는 것인들 얼마나 되리오. 적게 잡고 한 집에 다섯 식구라 하여도 3, 4만 명 왜종자(倭種子)가 우리의 둥지와 밥그릇을 앗을 형편이니 금년도 그러하고 내년도 그러하고 또 내년도 그러하면 슬프다, 백두산 밑 5천 년 지켜오던 배달족의 둥지는 아주 왜종자에게 빼앗기고 말단 말까.

농사만 아니라 술 미투리 짚세기 심지어 망건 탕건 얼게 참빗까지도 돈 많고 지식 많은 그들이 좋은 기계로 많이 만들어 내이며 우리나라 사람이 만든 것보다 값도 싸고 물건도 좋으므로 사서 쓰는 이는 왜들의 것만 사게 되니 그것으로 업을 삼던 여러 백만 동포는 바가지 굳은 옆을 꿰어 찰 수밖에. 아아, 지지콜콜이도 우리를 못살게 구는 발가리도 발가리려니와 지지리 지지리 못생겨 빠진 우리 신세야말로.

■ 일본 신문의 우리나라 비평

일본 어떤 신문을 보니, 하였으되 일본이 한국을 합병한 이래로 겉으로 보기에는 조선인이 다 일본의 다스림을 달게 복종하는 듯하나 속살로는 여러 방면으로 일본을 배척하고 국권을 회복하려고 일변으로 인심을 고동하며 기회 이르기를 기다리고 조선 내지(內地)와 중령(中領), 아령(俄領)으로 숨어 활동하는 자 많다 하니 마땅히 그럴 것이라. 조그맣고 어두운 대만(臺灣) 민족도 남의 기반(羈絆)을 달게 여기지 아니하여 혁명을 일으키려 하였거든 하물며 되나 못 되나 4천여 년 역사를 가지고 오던 민족으로 그렇게 일조일석에 이족의 지배를 달게 받게 될 리가 있으리오. 일본이 한국을 합병한 것은 아직 형식뿐이니 아주 합병이 되려면 여러 해 동안 조선 사람을 동화하고 여러 번 피를 흘려 독립군을 진멸한 후에야 되리라 하고 말을 이어 가로대 "신민회니 국민회니 하는 비밀단체가 있는 줄은 세상이 다 아는 바여니와 그 내용은 아직 자세히 알 수 없는지라. 해외에 있는 조선인뿐 아니라 조선 어디에도 동류가 퍽 많으며 비밀한 연락과 동지의 규합도 끊기지 아니하는 모양이니 원래 미욱하고 목숨과 돈을 아끼고 단합성 없는 조선 사람이라 크게 근심할 것은 없으되 또한 아주 안심할 수도 없는 것이라" 하였고 또 정부의 정책을 공격하여 "대만총독부와 조선총독부의 시정방침을 보건대 아주 어리고 리(理)에 틀린지라. 혹 토인을 너무 얼러 못된 버릇을 가르치다가는 혹 너무 눌러 반항심을 기르기도 하고 또 내지 사람에게만 이한 법률을 내어 토인으로 하여금 생업을 잃고 생활이 곤란케 하니 궁하면 쥐새끼도 고양이를 무는 법이라. 그들이 비록 애국이라든가 애족이라든가 하는 고상한 생각은 없다 하더라도 생활이 어려우면 자연히 내지인(內地人, 일본인)을 원망하게 되어 불온한 행동을 일으킬 것이 아니뇨" 하였고, 또 하는 말을 들은즉,

"조선총독부에서는 정탐을 방방곡곡에 널어놓고 상(賞)을 걸고 불평한 사상을 전파하는 자를 수색하는 중이라. 그러므로 적이 상당한 교육을 받고 사회에 신용과 존경을 받는 자는 화단이 몸에 미칠까 두려

워 가만히 외국으로 빠져나가는 자 끊지 아니한다더라" 하였으니 만일 그럴진댄 동포를 가르칠 만한 이가 다 본국에서 나온다 하면 남아 있는 찌꺼기야 장차 어찌하리오. 이 말을 기록하는 나는 아무쪼록 여러 지사는 몸이 위험하더라도 본국에 박혀 있어 한 사람 두 사람 동포를 건지고 가르치기를 바라노라.

■ 바른 소리 서간도 사람의 동요에

애국지사 찌꺼기는 아메리카로 건너가고, 주머구(주먹) 출세 찌꺼기는 해삼위로 모여들고, 머저리 꽁다리는 서북 간도로 기어든다 한다니 꼭 옳은 말이라고는 못하겠으되 또한 들어두어 만한 말이라. 참으로 속에 동포를 지도할 만한 능력이 있는 이면 어디에도 할 일이 들어찬 것이라. 내지에서는 아주 할 일이 없는 듯이 말하는 이는 제게 아무 능력 없음을 자백함이 아니고 무엇이리오. 본국서 소용없던 인물이 외국에 나온다사 갑자기 무슨 별 수가 생기리오.

아무리 해외에 재류하는 동포가 많다 하더라도 본국에 있는 동포의 수십 분지 일에 지나지 못할지며 또 완급으로 말하더라도 본국 동포가 다 썩어지는 날에야 무슨 일이 되리오. 미국으로 나오는 것은 암만하여도 피란하려는 생각이니 즉 제 몸을 몹시 아낌이라. 옛날 이태리 애국자들은 그 몸이 아주 위험한 처지에 있으면서도 몸소 숯구이가 되어 본국으로 두루 다니며 주의(主義)를 전도하고 인심을 고동하지 아니하였나뇨.[65]

우리 글 가로쓰기라

우리 민족의 제일 큰 보배가 우리글이오. 세계에 가장 과학적이요 편리한 것이 우리글이라. 그러나 그 좋은 우리글도 쓰는 법을 잘못하여 교육과 인쇄상에 불편함이 많았나니 날로 문명이 나아가는 오늘날 어찌 그대로 갈 수 있으리오. 이제는 새로 쓸 법은 연구하여야 하리로다.

글이 가장 완전하려면 (1) 자형이 간단하면서 분명하고 아름답고,

---

65)『대한인정교보』제9호(1914. 3. 1), 본국 소문: 청년들은 목자 잃은 양― 굴레 벗은 망아지.

(2) 글자 수효가 적음이니, 글자 수효가 많으면 배우기에도 곤란할뿐더러 문명의 진보와 관계가 큰 인쇄술에 큰 영향이 있는지라. 그런데 ㅜㅗ ㅏ ㅓ, ㄱ ㄴ ㄷ ㄹ 이만큼 기하학적이요 간단하고 분명한 자형이 달리 어디 있나뇨. 이를 아직까지 가장 완전하다 하던 로마 글에 비겨보라. ABXGPR 얼른 보아도 알 것이 아니뇨 그러나 쓰는 법을 잘못하여 '쒏' 이 모양으로 가로 붙이고 세로 붙여 모양도 흉할뿐더러 처음 배우기도 어렵고 또 활자로 가, 각, 깍, 갉, 깩, 이 모양으로 한문 글자보다 얼마 지지 아니하게 수다하게 새겨야 할지니 경비와 시간에 막대한 손해를 입어왔도다.

그러나 이제 이 모음과 자음을 가로쓰기로 하면 활자는 불과 스물에 지나지 못할지오. 채자(採字), 식자(植字)에 얻는 시간이 또한 적지 아니할지며 그 깨끗하고 보기 쉬움이 또 얼마나 하리오. 그러나 이리하려면 문법도 만들어야 하겠고 여러 동포가 각각 힘을 써 이 글 보기를 익혀야 할지니 처음에는 비록 보기 어려운 듯하나 얼마 아니하여 전보다 훨씬 보기 쉽고 편리한 줄을 알리이다.66)

'대한인정교보' 제10호(1914. 5. 1)

진리의 가르침

남을 시비하지 말지어다. 남을 시비하는 대로 너도 시비를 받으리라. 대개 참 옳은 사람으로 남을 시비하는 자 없나니 즐겨 남을 시비하는 이는 스스로 제 인격을 낮춤이라.

참지 못한 짓을 하는 이는 평생에 마음 편할 날이 없고 꿈도 무서운 꿈을 꿀지며 죽어갈 때에는 가슴이 쓰게 후회가 나고 무서운 생각이 날지니 이것이 지옥이오. 옳은 일만 하는 이는 비록 몸이 궁하더라도 하늘이나 사람에 대해서 부끄럽고 두려움이 없이 항상 마음이 즐거우니 이것이 천국이니라.

모든 욕심과 시기와 좀꾀를 버리고 "양과 같이 유순하고" "어린 아기같이 순실하여" 하나님이 선하심과 같이 너희도 선하여라 함이 예수

---

66) 『대한인정교보』 제9호(1914. 3. 1), 우리 글 가로쓰기라.

의 가르침이니 대개 이것이 천국에 들어가는 외길이니라.

세상 사람은 악한 것으로야만 재미와 복락을 얻으려니 하도다. 이는 잘못이니 한 번 천국 맛을 보면 다시 이 세상은 생각만 하여도 치가 떨리고 신물이 들지나 천국 맛을 보는 법은 날마다 조금씩 예수의 가르침을 좇아 생각과 행실을 고침이니라.

옳은 일만 하는 사람은 굶을 듯싶으나 그래도 그른 일 하다가 굶은 이가 많으며 옳은 일만 하는 이는 맞아죽을 듯싶으나 그래도 그른 일 하다가 맞아죽는 이가 더 많으며 옳은 일만 하는 이는 세상에 붙어살 것같이 못하나 그래도 자손 만당하고 남의 대접 받고 사후에까지도 꽃다운 이름을 전하는 이는 오직 그니라.

여러 죄는 흔히 제가 다 잘 알 것이니 다 옳거니 하는 데서 나오나니 이것이 큰 잘못이라. 예수의 가르침을 볼지어다. 지금까지의 나의 사 언행이 모두 죄덩어린 줄 알리라.

세상 사람은 모두 걱정이 많도다. 밤낮 이렁성 저렁성 걱정이 끊일 때 없나니 저 거리에 다니는 이의 얼굴이 왜 쪼글하며 머리털이 왜 세었나뇨 쓰고 아린 세상 걱정 때문이라. 그는 복락을 얻으려 하여 백만 가지로 걱정하였으나 그는 복락의 근원이 돈과 권세와 술과 고은 계집과 마차와 명예인 줄만 알고 정말 복락의 근원이 영혼의 평안에 있는 줄을 몰랐나니라.67)

우리 주장

■ 고래 애국자의 하던 솜씨

지나에 월(越)나라 임금 구천(句踐)은 오왕(吳王) 부차(夫差)에게 나라를 빼앗기고 임금의 몸으로 원수의 신하가 되고 그 사랑하는 처자로 원수의 종이 되게 하니 그 분함이 얼마나 하였으리오. 이에 자리에 마른 섶을 깔아 와싹 소리가 날 때마다 원통한 생각을 새롭게 하고 때때로 쓸개를 핥았을 때마다 나라 회복할 결심을 굳게 하되 마음만으로 일이 될 수 없는지라. 이에 십 년 동안 각색 실업을 장려하여 백성을 가멸게 하고 십 년 동안 국민을 교육하고 병정을 길러 마침내 오나라를 즈치고(제치고) 큰 나라를 이루니라.

67)『대한인정교보』제10호(1914. 5. 1), 진리의 가르침.

이탈리아는 한참 적 구라파 전폭과 아시아와 아프리카 일부를 점령하여 권력과 문명이 푸르렀던 로마제국의 밑 등걸이러니 중고에 이르러 전국이 여러 조그마한 나라로 나누이고 또 그 나라들은 프랑스와 오스트리아와 에스파냐 등 여러 강국의 제재를 받으므로 그때 이탈리아의 말 못 된 형편은 오늘날 우리나라보다 심하면 심하여도 덜하지는 아니하였더니 만근 40, 50년래로 새로 선 이탈리아는 이제야 당당한 세계 강국이 되었도다. 이 나라를 이리하게 함은 마치니(Mazzini) 가리발디(Garibaldi) 카보우르(Cavour) 제씨 이하 목숨을 바치고 애쓰던 여러 애국자의 힘이라. 그중에 못 잊힐 것은 숯구이당(청년 이탈리아 당)이니 적이 애국사상을 품은 자면 외국과 제 나라 정부에서 막 잡아가 두고 죽이므로 여간한 애국자들은 모두 아메리카 등지로 도망하였으나 마치니 선생이 거느린 애국자 한 패는 몸소 숯구이가 되어 산에 숨어 숯을 굽다가는 숯을 팔러 세상에 나와 동지를 모으고 동포를 가르치며 격동하였으니 그네의 목숨은 과연 풍전의 등불이라. 그러나 그네는 끝끝내 위험을 생각지 아니하고 조국을 회복할 준비에 몸을 바쳤으니 만일 그네가 국내 동포를 깨우고 가르치고 격동하지 아니하였던들, 가리발디가 아무리 군사를 잘 쓰는 명장이요 카보우르가 아무리 외교에 능란한 대정치가인들 무엇으로 새 이탈리아를 세웠으리오. 숯구이패가 여러 십 년 동안 준비를 하였기로 가리발디가 시칠리아 섬에서 건너설 제 전 국민이 일제히 일어나 빛나는 목적을 달한 것이라.

카르타고는 아프리카에 아주 문명하고 부강하던 나라이러니 불행히 호랑 같은 로마에게 먹힌바 되어 자유를 목숨보다 더 사랑하던 카르타고 국민이 참지 못할 욕을 당하였더라. 이때에 "알프스 산 남편을 쑥대밭을 만들고야 말리라" 하고 신명 앞에 맹세한 열 살 못 넘은 어린 아이가 있으니 곧 카르타고 국민의 용장한 정신을 대표하여 천추만세에 나라 사랑하는 이의 공경할 스승이 된 우리 한니발이라. 그가 그 나라를 회복하려 하여 어떻게 하였던가. 그는 홑몸으로 엉뚱한 에스파냐에 건너가 일변 은을 파서 돈을 만들고 일변 동포를 모이어 일변 자유를 못 찾거든 죽음을 찾자는 뜻으로 동포를 격동하고 준비 이르기(기회라 함은 준비 다 된 때를 이름이라)를 기다리다가 열렬한 일개 청년으로 수십만 대군을 거느리고 그 험한 알프스로 몰아 넘어 로마를 즈치니(마구 치다) 그리도 강하던 로마의 운명이 경각에 달리게 되었더라. 그러나 로마는 꾀를 부려 한니발과는 대적하지 아니하고 살짝 카르타고 본국을 제침에 한니발은 할 일 없이 거의 다 점령하였던 로마를 버리고 본국으로 건너가니 이에 대사가 틀리니라. 그러나 승패는 운수이니 어찌할 수 없거니와 한 번 실컷 원수의 나라를 즈르 밟아주고 카르타고의 군민으로 하여금 씨가 없어지도록 나라를 위하여 싸워 천추 후 전 세계 사람으로 하여금 그들의 용장한 정신을 우러러 보게 함이 또한 한니발의 옳게 경영한 힘이 아니뇨.

수십 명 무식하고 어린 청년이 얼굴에 검앙(검댕)을 바르고 몸에 흉물스러운 옷을 입고 보스턴 항구에 들어와 선 영국 차배에 올라가 "우리는 영국 놈이 가져온 차를 마시지 아니하리라" 하고 배에 실은 차를 말끔 바다에 집어던진 것이 우리가 항상 흠모하는 미국 독립전쟁의 시초라. 이렇게 무식한 막벌이꾼까지도 "독립하지 못하고는 못 살리라"는 사상을 뼈에 새기게 되노라면 여러 애국자가 얼마나 매를 맞고 피를 흘리고 목숨을 잃으면서 동포를 깨었겠나뇨. 남녀노유와 빈부귀천이 말끔히 우리 자유를 위하여서는 목숨을 아끼지 아니하리라는 생각이 깊이깊이 골수에 박히지 아니하였던들 어찌 오늘 미국이 생겼으리오.

한국은 어찌하여 독립하였나뇨. 그들도 또한 이와 같았느니라. 처음에는 모두 영웅 노릇만 하려던 애국지사들이 마침내는 숯구이도 되고 엿장수와 필공(筆工)이도 되며 지게꾼 순검 헌병 백장(백정)놈도 되어보고 농사꾼 사냥꾼 고기잡이도 되어서 욕도 얻어먹고 매도 얻어맞고 쫓겨나기도 하고 원수에게 잡혀가 갖은 주리 갖은 악형에 뼈다귀가 불거지고 헐(허물)도 벗고 굶어도 보면서 그들에게 "나라이 없이는 살 수 없나니라. 다른 나라 사람들은 이미 이리 잘 사나니라. 이대로 가면 얼마 아니하여 우리 종족이 아주 없어지고 말리라. 술도 그치고 투전 야바위 약담배도 그치고 싸움도 말고 욕도 말고 아들딸 잘 가르치고 나라 찾기 위하여 우리 목숨을 들어 바치자"는 뜻으로 몸소 모범을 보이며 말하고 또 말하고 이르고 타일러 마침내 어디서 총소리 한 방만 탕하면 늙은이 젊은이 아이 어른 남녀 귀천을 물론하고 호미 도끼 낫 식칼 부지깽이 장대기 되는대로 주워들고 소리치고 달려 나가며 "원수여, 우리나라와 자유를 도로 내어라. 그렇지 않거든 우리를 죽여라" 하여 십 년 싸움에 천만 동포가 죽어 주검이 삼천리를 덮고 피가 산천을 물들이니 이에 한국이 다시 살아 빛난 역사가 잇게 되니라.

그네가 만일 일미전쟁이나 일아전쟁을 기다리고 기생집이나 외국으로 살금살금 몸이나 피하여 다니면서 주둥이만 살아 사설 영웅이나 되었던들 영원히 한국은 없어지고 말았으리라. 그러나 다행히 우리 애국지사들은 옳은 길을 밟았으므로 나라를 회복하여 우리가 자유의 행복을 누리게 되었으니 기쁜 소리로 만세나 부르자. ─ "신대한(新大韓) 만세! 만세! 만만세!"

■ 당파론

당파는 없기만 하였으면 게서 더 좋은 것은 없으련마는 사람사람이 각기 생각이 다름에 자연 그 뜻하는 바도 다를지라. 같은 한 가지 일을 함에 어떤 이는 이렇게 하자 하고 어떤 이는 저렇게 하자 하나니 이에 비교적 뜻이 맞는 이끼리 한편이 되리니 이리하여 당파가 생기는 것이라. 가령 우리 민족이 나라를 회복하려는 끝 목적은 다 같을지라도 혹은 오늘이라도 의병을 일으켜 되나 아니 되나 한번 후닥닥거려 봄이 가하다 하고, 혹은 그렇지 아니하다, 준비 없이 무슨 일이 되는 법 없으니 우선 어린이를 가르치고 어른들을 깨워 상당한 준비가 있은 후에 사생을 결단함이 옳다 하면, 몇은 급진파라든가 점진파라든가 하는 전자를 옳다 하고 몇은 후자를 옳다 할지니 이에 자연히 당파가 생기는지라. 그러나 이리하여 생긴 당파는 아무 사사로운 뜻이 있음이 아니요 오직 그 주의(主義)가 다름으로 어찌할 수 없이 그리됨이니 이는 조금도 허물할 바가 아니요 도리어 크게 찬성할지라. 대개 각각 제가 옳게 여기는 바를 실행하자고 각각 힘쓰는 동안에 자연히 서로 토론이 생기고 배우는 바가 많아 마침내 참말 옳은 것을 깨닫게 되면 어제까지 딴 당파로 있던 자도 오늘부터 한데 합하여 같이 힘쓰게 될 수가 있을지며, 그렇지 아니하더라도 당파가 있어야 세상에서 어떤 당파를 신용하고 아니하는 것으로 인심의 추향(趨向)을 정할 수가 있으며, 또 둘 이상이 서로 제 목적을 달하려 함에는 자연히 경쟁이 생기리니 경쟁이 생기면 서로 남에게 지지 아니하려 하여 더욱 힘을 쓰게 될지라. 이러므로 문명한 나라에는 다 정당(政黨)이라는 것이 있어 서로 자기네 주의를 백성에게 설명하면 백성은 자기 뜻에 맞는 사람을 대의사로 뽑을지니 이리하여 가장 대의사를 많이 얻은 당파는 곧 그 국민 다수의 의견을 대표한 자라 하여 얼마 동안 그 나라 정치를 맡아 하고 또 다른 당파는 이 당파보다 더 좋은 의견을 만들어 백성에게 설명하여 제 당파의 세력을 세우려 하여 이리하여 서로 경쟁하는 중에 자연히 나라이 문명하고 부강하게 되는 것이니 영국에 보수당과 진보당이며 미국에 공화당과 자유당 같은 것은 다 이러한 당파이라. 그러므로 이러한 당파는 결코 허물할 것이 아니고 도리어 좋은 일이나 이에 아주 야만 되고 나라를 망치게 하는 당파가 있으니 곧 사사로운 뜻으로 된 당파이라.

우리나라 사람에게 아주 흔한 지방적 당파 같은 것이 이 좋은 표본이니 서울 사람은 서울 사람만 옳다 하여 다른 사람을 미워하고 평안도는 함경도에, 서북은 기호나 삼남에 대하여 각각 지방적 감정을 품어 마치 큰 원수나 있는 듯이 꼭 쪽을 가름이, 가령 어떤 회에서 회장을 뽑으려 할 제도 인물의 여하는 제쳐놓고 그저 제 지방 사람으로만 내려 하여 눈에 피가 서서 덤비다가 마침내 뜻같이 되지 못하면 주먹질이 나고 야단을 치고 심지어는 우리는 너희에 믿지 아니하리라 하여 자기네 지방끼리 갈라가지고 나가면서도 스스로 옳은 체함 같으니 이것이 옳은지 그른지는 삼척동자라도 족히 알 것이라. 더욱이 기 막히는 것은 나라를 위하여 목숨을 버리려는 이끼리도 아무개는 서북 애국자 아무개는 기호 애국자라 하여 쪽을 가르니 이후 독립전쟁을 일으키는 날에도 서도 독립군 북도 독립군 기호 삼남 독립군 하고 편을 갈라 북도 독립군에 양식이 떨어져도 서도 독립군은 아른 체도 아니 하려는가. 벌써부터 독립한 후에 대통령이나 정승 판서 다툼을 한다 하면 아아 이것이 웃을 일일까 울 일일까. 나라 일은 거룩한지라.

몸이 프랑스에 귀족이 된 라파예트(La Fayette) 같은 양반은 제게 아무 상관없는 미국 독립전쟁에 목숨을 내어 붙이고 싸웠거든 다 같이 한 나라의 사람으로 되어 잃었던 나라를 회복하려 할 제 평안도는 무엇이며 황해도 서울 삼남 함경도가 다 무엇이뇨. 만일 이러한 편협한 당파를 세우려는 이가 있다 하면 그는 난신적자(亂臣賊子)라. 우리는 마땅히 정의의 칼로 그 요마(妖魔)를 베어야 할지로다. 그러나 이러한 당파는 전체 사람의 생각으로 되는 것이 아니라 흔히 몇 개 철모르고 간사하고 좀꾀 많고 제 명예를 탐하는 마귀의 충동으로 생기는 것이니 가령 어떤 평안도 사람이 다른 평안도 사람들을 대하여 "기호 사람은 오백 년 동안 우리를 압제하고 나라까지 팔아먹은 놈들이니 간사하고 교만하니라. 실상 우리 힘으로 독립을 한다 하더라도 마지막에는 그놈들이 세력을 앗으리라." 한다 하면 오늘날까지는 그런 생각 없던 이도 듣고 보면 그럴듯하여 한 사람에 옮고 두 사람에 옮아 마침내 가증한 당파가 생길지며, 그와 반대로 혹 이러한 감정이 있던 이에게라도 누가 "같이 나라를 사랑하는 이 다 우리 동지가 아니뇨" 하면 그의 속에 품었던 편견이 풀려 아주 지방적 감정이 스러지고 정성으로 애국만 하는 이면 누구나 사랑하고 공경하게 될지라. 나는 이러한 좋은 친구도 여러 분 가졌거니와 불행히 아직도 이 진리를 깨닫지 못하는 몇 형제 있음을 슬퍼하노니 말 한마디의 힘이란 무서운 것이라. 능히 한 나라를 망하게 하고 흥하게 할지니 그네는 이 무서운 혀를 삼감 없이 둘러 수십만 동포를 미혹하여 우리 전국을 암담케 하는 도다. 생각할지어다. 이 글을 쓰는 나는 아주 아무 수단이나 능력 없는 자이로되 불과 몇 달에 족히 여러분 사회를 이간하고 여러 지사를 모함하여 모든 동포의 미움과 원망을 받게 하여 우리 동포에게 큰 파란을 일으킬 수가 있을 줄을 확신하며 또 방법은 다른 것 아무것도 아니요 오직 깨지 못하는 이 혀 한 조각일 줄을 확신하노라. 돌아보니 우리 민족에도 당파가 없다 하지 못할지니 그 당파가 과연 주의(主義)로 된 문명적 당파인가 혹은 몇 개 요망한 난신적자의 좀꾀로 된 망국적 당파인가. 내 이를 말하고자 아니하고 오직 여러 동포의 판단에 맡기려니와 우리는 어디까지든지 뜨거운 정성과 정정당당한 마음으로 나라를 위하여 목숨 바치는 자 되기를 기약할지며 혹 요망한 것들의 꾐이 있더라도 "나라를 사랑하는 이는 다 내 사랑하고 공경할 동지니 그가 나의 부모 형제라"는 생각을 가지도록 할지오. 제 명예를 위하여 여러 동포에게 진정한 지사를 훼방하게 하려고 온갖 좀꾀를 부리며 순실한 동포에게 사특한 지방감정을 고취하는 요귀에게 대하여는 정의의 칼을 그 목에 얹어야 하리로다.

■ 애국심을 잘못 고취하였다

어느 나라이 싸워 이겼다 하면 그 이긴 공이 군인의 것일까. 무론 몸을 아끼지 아니하고 나라를 위하여 싸운 군인의 공이야 클지라. 그러나 만일 그 군인들로 하여금 이렇게 싸우도록 가르친 이가 있고 그에게 배움으로 그들이 이렇게 싸우게 되었다 하면 가르친 그의 공은 얼마나 클까.

민충정(閔忠正/閔泳煥)은 충신이라. 안중근(安重根) 씨는 의사(義士)라. 그네는 과연 우리가 백번 절하고 공경할 이들이라. 그러나 여기 수백 명 되는 한 촌중을 깨우기에 일생을 바쳐 그 수백 명 동포로 하여금 다 민충정 안 의사 같은 애국자를 만들었다 하면 그의 공은 얼마나 된다 할까. 이러한 이가 없으면 민충정 안 의사가 어디서 생기리오. 일인(日人)이 조금씩 조금씩 우리 사람을 가르쳐 아주 한국을 잊어버리고 일본의 종이 되게 할 수 있다 하면 우리도 조금씩 조금씩 가르쳐 아주 한국을 사랑하고 일본에게 원수를 갚으려는 우리 사람을 기를 수 있지 아니할까. 우리 애국하는 청년 중에 민충정 안 의사 되려는 청년은 혹 있다 하더라도 조금씩 조금씩 초학 훈장이나 동네 집사 노릇 하려는 이는 하나도 없도다. 민충정 안 의사 한 번 간 후에 어찌하여 뒤를 이을 만한 열혈적 애국자가 없는고. 나는 생각하니 그러한 초학 훈장과 동네 집사 된 이가 없음이라 하노라.

아령(俄領, 러시아)과 남북 만주와 미국 등지로 돌아다니는 청년은 다 얼마씩이라도 애국심을 품은 이들이라. 그들이 왜 그렇게 돌아다니나뇨. 민충정이나 안 의사 될 기회를 찾음이로다. 의병대장이 되기를 바람이로다. 그러나 일본 사람 하나를 죽이자도 본국에나 있어야 할지니 입에 발린 소리로나 형가 섭정이 노릇도 하고 마치니 가리발디 노릇이나 할 수밖에 무엇이며 독립군이 없으면 독립군 대장은 무엇으로 되리오. 풍신(風神)과 신병(神兵)을 부리는 권용선(權龍仙) 소대성(蘇大成)의 재조를 배우려면 모르거니와.

그네는 왜 독립군 대장은 되려면서 독립군은 만들려고는 아니하는고. 누가 다 만들어놓고 대장 되어줍시오 할 때에 세 번 사양하고 나서 되는 것도 팔자 좋고 멋도 있으련마는 노형네 내어놓고는 독립군 만들 이가 없음을 어찌하리오. 그대네는 어찌하여 초학 훈장이 아니 되며 어찌하여 동네 집사가 아니 되나뇨.

우리 선배 어른들은 왜 우리를 이 길로 지도하지 아니하였던가. 그네가 지도하였건마는 우리가 듣지를 아니하였던가. 어찌하였으나 잘못된 애국심을 떼어 던지고 참말 애국자 될 날이 오늘이로다. 스스로 읊어 가로대,

저 형님 기둥 되오 이 아우야 보 되어라
나는 밭의 둑에 진흙으로 생겼으니
조그만 흙쥐억(흙무더기)이나 되어 담벽이나 쌓으리라.

■ 바른 소리

중국이나 아라사나 우리나라 사람을 많이 대하는 나라 사람들을 모두 우리 사람을 속이기 잘하는 사람이라 하나니 이는 실로 우리 사람 전체의 신용을 세계에 잃게 함이라. 혹 금점꾼은 금을 속이고 일꾼 패장은 일꾼 수효를 속이고 약장사는 약을 속이고 제 나이를 속이고 이름을 속이고 하여 외국 사람은 속여도 관계치 아니한 것이어니 하는 것이 우리 해외 동포의 생각이니 혹 교부의 돈을 잘라먹고 혹 저를 위하여 밑천을 대어주는 물주를 속이는 일은 흔히 보는 바이라. 이는 아주 야만 된 사상이니 실로 제 동포를 죽이는 행위라 할지로다.

아령에 와 있는 이는 아라사 사람이 우리를 사랑한다 하고 중령에 와 있는 이는 중국 사람이 우리를 사랑한다 하도다. 그러나 그네의 사랑이 우리를 아주 공경할 만한 사람이라 하여 사랑함인가. 또는 불쌍하고 어리석은 종자라 하여 어여삐 여김인가. 스스로 제 몸을 돌아보아 생각할지어다.

아라사 사람이 어리석다 중국 사람이 어리석다 하여 나는 그보다 훨씬 문명한 사람이거니 하는 것이 우리 사람의 생각이라. 심지어 서양 유명한 선배의 말도 그저 그렇고 그렇다 하여 킹 하고 코웃음 하는 이조차 있나니 과연 우리가 그 사람네보다 나음이 있을까. 내게 그네만한 나라이 있으며 지식이 있으며 인격이 있으며 돈이 있나뇨. 지금 형편으로는 우리는 그네의 심부름꾼이요 종이요 제자라. 그러면서 제가 그보다 나은 체하는 것이 도리어 어리석은 생각이 아니뇨.

되지못한 사람에 일흔두 가지 '체'가 있다 하나니, 제가 못나고 잘난 체, 모르고 아는 체, 없어도 있는 체, 제 어느 장관의 심부름이나 두어 번 하였으면 그 장관과 친구인 체, 넝마전에서 사온 댓 냥짜리 옷을 입고 수십 냥짜리 맞춤인 체, 본국 있어서는 순검이 눈도 거들떠보지 않는 주제에 총독의 지목이나 받았는 체. 묻노니 우리 중에 '체' 없는 이가 몇몇인고. 체는 되지못한 사람의 벼슬이니라.

다리 불거진 장수 성안에서 호통한다고, 본국에서는 끽 소리도 못하다가 자유로운 해외에 나와서는 아주 단손으로 왜놈의 종자를 없이하기나 한 듯이 호통을 뽑나니 참말 해외는 애국자 되기 쉬운 데라. 왜놈이란 말이나 두어 마디 하면 곧 애국자 행세를 하나니 모르괘라 해외에서 응앙 응앙 호통하는 애국자를 본국으로 실어가기만 하는 날에 '영감이상 하하' 아니할 이가 몇이뇨.

해외에 있어서 천하를 한손에 주물럭주물럭 할 경영을 한다면 그 말을 들을 자가 몇몇이뇨. 해외에 있어서 눈을 부릅뜨면서 경국경세의 대정치가 행세하는 이보다 내지에 들어박혀 천황폐하 만세를 부르면서도 코 흘리는 어린 아기들을 대하여 '가갸거겨'를 가르치는 이가 진정한 애국자가 아닐까.

우리나라 사람은 투전꾼의 넋이라. 무슨 일이나 대매(승부 결정) 뜨듯하기를 좋아하나니, 나라 찾기도 대매 뜨듯 돈 모으기도 대매 뜨듯 성공하기도 대매 뜨듯 이리하여 동포를 깨우지도 아니하면서 2천만 인이 갑자기 독립군 되기를 바라며 일도 아니 하고 하늘에서 크다마한(커다란) 금송아지 떨어지기를 바라며 공부도 아니 하고도 세상에 이름난 사람 되기만 바라도. 아령에서 수십 년간 금점에만 돌아다니는 동포들이 만일 진실한 사업에만 착수하였더면 지금은 모두 제 땅 잡고 제 집 잡고 아들딸 안고 끼고 에헴 큰 기침하게 되었으리라. 그러나 대매 뜨듯하기만 바라는 이는 늙어죽도록 흙물 묻은 바지를 벗어볼 날 없으리라.

우리 사람은 북의 넋이라. 속은 텅텅 비이고도 소리 크기만 좋아하나니 담배말이나 하여 한 달에 겨우 돈 10원이나 버는 주제에 40, 50원짜리 양복에다 시계 번쩍 구두 번쩍 도금한 안경 번쩍 그러고 나서면 남들이 훌륭한 신사로나 여길 듯하나 임진강 뱃사공만은 못하여도 사람 볼 줄은 다 아는 것이라. 차 가운데 만일 영인(英人)이나 법인(法人, 프랑스인)으로 잘 차린 사람이 있으면 "옳지 저 사람은 훌륭한 신사렷다" 하려니와 만일 우리 사람으로 금안경이나 버떠린(뻐젓한) 이가 있다면 "흥 되지 못하게 저것은 아마 밥을 굶거나 협잡꾼이렷다" 하리라.

미국이나 아라사에 오면 갑자기 무슨 뾰족한 수가 생기거니 하여 여간한 젊은이는 미국이나 아라사 구경을 못하고는 사람 구실을 못할 듯이 열이 나서 부모를 속이고 친구를 속여서까지라도 애써 목적을 달하

려는 양이 마치 미국이나 아라사에 가기 위하여 난 것 같도다. 이 철
없는 사람들아 미국도 하늘 아래라 금송아지나 명예 쌈지가 길바닥에
대굴대굴 구는 것이 아니라 공부를 하려거든 일본이 낫고 돈벌이를 하
려거든 4, 5백 여비로 그 흔한 땅을 사서 농사나 하여라. 숱한 돈에 숱
한 고생을 다하고 가서 담배말이 금점꾼 유리창 닦기 같은 종노릇을
하자고 빠들거리는 그 심사를 알 수 없도다.

혹 동포를 위하여 힘쓰려거든 2천만이나 되는 본국을 버리고 또는
백여만 되는 중령(中領)을 버리고 무엇이 안타까워서 몇 천 명 아니
되는 동포를 찾아 다니냐뇨. 그들의 생각에는 본국 동포는 다 왜놈으
로 치고 미국이나 아령에 있는 이만 동포로 여기는 듯하나 또한 큰 잘
못이로다. 무어니 무어니 하여도 정말 나라를 찾고 세울 이는 그래도
본국 동포리라. 모두 다 '체'하기 좋아서 그럼이어든 속히 깰지어다.

벼슬 좋아하고 녹(祿) 먹기 좋아함이 우리 통병이라. 해외에 온 이도
아직 이 병을 벗지 못하여 여러 동포의 벌어 바치는 돈으로 곱게 입고
곱게 먹으려 하기만 힘쓰나니 또한 불쌍하고 가증한 생각이로다. 여러
동포의 위임한 사무를 맡아 다른 일을 할 새 없는 이는 일꾼이 먹을
것 받는 것은 마땅한지라. 용서도 하려니와 공연히 건들건들 돌아다니
면서 남의 폐만 끼치는 이도 또한 적지 아니한 듯하다. 가석한 일이로
다.

우리 사람은 북의 넋이라 하였거니와 해외에 있는 한인의 단체에서
도 너무 쓸데없는 형식만 위하여 여러 동포의 피땀으로 얻은 돈을 낭
비하는 폐단이 있는 듯하니 어느 회에서는 일 년 경비가 4, 5천 원에
교제비가 몇 백 원, 아아 과연 큰 회에 경비로다. 일 년 동안에 이러한
경비를 씀으로 얼마나한 이익을 우리 민족에게 끼쳤는고. 이 돈으로
아동을 교육하거나 기타 동포를 계발하는 사업에 던졌던들 그 얼마나
유효하였으리오.

단체는 없지 못할지라. 그러나 한 공화국이나 되는 듯이 와싹 떠들
어 쓸데없는 직원을 많이 두고 쓸데없이 소리만 크게 하고 돈만 많이
쓰니 또한 망하여가던 우리나라의 형편에나 비길까.68)

---

68) 『대한인정교보』 제10호(1914. 5. 1), 우리 주장.

새 지식

■ 공중 비행기(나는 배)

공중 비행기는 군사상 교통상 크게 관계있는 것이므로 각국 정부와 민간에서 열심히 발달을 도모한 결과 날로 완전한 지경에 이르러 지금은 쾌히 대포와 4, 5명 사람을 싣고 한 시간 120, 130마일(약 4백 리)의 속력으로 공중을 비행할 수 있다 하며 각국 군대에서는 다 비행기대를 두어 실지 전쟁에 쓸 연습을 하므로 이후에 오는 전쟁에는 공중 싸움이 일어날지며 또 얼마 후에는 우편물과 여객을 비행기로 옮기게 되어 세계 교통기관의 중요한 하나이 될지며 명년 미국 상항에서 모이는 파나마 운하 개통기념 박람회에서 세계 일주 경쟁을 거행할 터인데 일주할 기한은 60일이라 하며 아마 우리나라 백두산 위로 지나갈 모양이라.

■ 배에서 신문을 내어

무선전신(줄 없이 놓는 전신)이 발달되어 여간한 큰 배에는 다 이를 설비하였으므로 바다 위로 달아나면서도 마음대로 육지에 전신을 놓고 받을 수 있나니 이를 응용하여 날마다 육지에서 오는 전신을 받아 배 속에서 신문을 발행하여 승객에게 파나니라.

■ 무선전등

무선전신을 발명한 이탈리아 사람 마르코니 씨는 요사이 또 무선전등을 발명하여 시험하였다는데 20리 밖에서 줄 없이 불을 켜게 하였다 하며 얼마 아니 하여 완전히 실용하게 되리라고 마르코니 씨의 말씀.

■ 채식주의

옛날부터 불교나 선교에서는 식물성 식료 즉 나물붙이와 열매만 먹고 동물성 식료 즉 고기붙이를 아니 먹었거니와 지금 서양 여러 나라에도 이 채식주의라는 것이 있으니 그 까닭은, 1. 차마 슬피 소리 지르고 깊이 정든 짐승을 죽일 수 없다는 것과, 2. 고기붙이를 먹으면 육식류(범이나 사자같이 고기만 먹는 동물)와 같은 남을 해하려는 욕심과 각색 죄악을 범할 욕심이 일어나며 또 몸에도 좋지 아니하다 하는 것과, 3. 이 두 가지를 다 합한 것이니 어찌하였으나 고기붙이를 먹지 아니한다. 아직 확실한 단정은 없으나 불가(佛家)와 선가(仙家)의 말에 비춰보아도 몸과 마음에 매우 이할 듯하며 또 풀만 먹는 소와 양(초식류)과 육식류를 비겨보고 식물을 많이 먹는 농부와 고기붙이를 많이 먹는 도회 사람을 비겨보아도 육식과 채식이 성질의 선악에 관계가 있음은 참일 듯. 근대 위인으로 채식으로 유명한 이는 아라사 톨스토이 선생이니라.

■ 우리 민족의 식민지

지나 고적에 기록한 바를 거(據)한즉 백제가 지금 중국 산동성 동해안과 강소 절강 등지에 식민지가 있다 하였으니 지금 영·미·일 세 나라 조차지인 상해와 독일 조차지 교주만(膠州灣)과 영국 조차지 위해위(衛海衛)는 일찍 우리 민족의 활동하던 옛터이며 남북 만주와 아령 연해(沿海) 흑룡주 등지 일찍 우리 민족의 영지이던 것은 다시 의심할 여지가 없는 사실이니 그 땅에서 만일 옛 무덤에서 백골을 얻거든 그것이 우리 조상의 끼치신 것인 줄 알지며 또 일본의 한복판 무사시(武藏)와 관북지방에도 신라의 식민지가 있었다 하니 슬프다 우리 처지의 변한 것을 생각하여 보라.

요동반도에 고구려 사람의 벽돌굿과 유리굿이 있다 하니 벽돌과 유리의 조상이 우리나라. 지금 중국 북방 사람이 벽돌 굽는 특재가 있음도 또한 우리 고구려 족의 영향이 아닌지. 또 그 유리와 벽돌에 여러 가지 화학적 약품을 응용하여 아주 정교한 채색을 놓았다 하니 과학의 발달도 이집트 바빌로니아에 지지 아니할지며, 고구려에서 철주자(鐵鑄字)로 국사 50권을 박았다 하니 이것이 아마 세계 주자의 시조일지오. 또 수천 년 전에 50여 권 국사를 가진 나라이 세계에 다시없을지니 사학(史學)의 발달이 또한 으뜸일지며, 백제는 세계에 공화와 입헌의 조상이오. 단군(檀君) 적에 하늘에 제사하였다 하니 종교 중에 가장 문명하였다는 일신교(一神敎)의 조상이며, 단군 적에 신지(臣智)가 글과 법률을 만들었다 하니 글과 법률의 조상이며(우리 국문은 세종대왕이 지은 것이라 하나 아마도 훨씬 옛날로부터 전하여 온 것인 듯), 임진왜란에 공중 비행선을 타고 적진을 정탐한 이가 있다 하니 비행기의 조상이며, 50여 년 전에 지금 활동사진을 발명한 에디슨이가

나기도 전에 서울 누구는 활동사진을 발명하였다가 요술이라 하여 잡혀 죽었다 하며, 신라 서울에 인구가 2백만이라 하니 또한 당시 문명의 상태를 추측할지라. 이 모든 훌륭한 역사를 황희(黃喜) 김부식(金富軾) 같은 지나(支那, 중국)만 높이는 자식들이 불살라 없이하고 말았으니 우리는 그때를 벌기(볼기) 쳐야 할지라. 그러나 조상 적 잘 살던 말해 무엇하리오. 다만 우리도 이러한 능력 있던 빼어난 민족인 줄만 알면 그만이라.

■ 전원도시(田園都市)

19세기 이래 과학의 발달은 아주 옛날 사회제도를 깨뜨리고 새로운 세계를 이뤘도다. 그 과학이 발달함을 따라 인류의 행복도 훨씬 증진되었으나 한편에 빛이 비추이면 한편에 그늘이 질 것은 정한 이치라. 여러 가지 새 문명의 폐해가 많은 중에 가장 큰 것이 전호 본란에 기록한 빈부의 현격과 날로 늘어가는 도회 문제라. 기계공업과 상업이 발달될수록 도회가 날로 팽창하여 수백만 수십만 인구 가진 도회가 점점 많아져 영국 같은 나라에는 도회 인구가 전국 인구 3분의 2가 넘는다 하니 이 모양으로 나아가면 전 세계가 다 이 모양으로 도회에서만 살게 될지라. 그러면 도회생활에 무슨 폐가 있나뇨. 이를 정신적 육체적으로 갈라 말하건댄,

1. 육체적으로 공기가 불결하고 더러운 냄새와 못된 병균이 많으며 요란한 소리와 잡답(雜沓)한 광경이 신경을 과히 자격하며 하는 일이 대개 몸을 쓰지 아니하므로 건강이 점점 쇠하고 너무 분주하여 늘 피곤하며 철찾아 신선한 음식을 먹지 못하고 흔히 묵은 것이나 상한 것을 먹게 되며 건강에 가장 긴요한 자연한 산천과 초목의 경치를 보지 못하여 이 모든 이유로 몸이 차차 약하여져서 병도 자주 나고 오래 살지도 못하며,

2. 정신상으로 항상 화려한 것만 보고 들음으로 허영심이 많아져 요행으로 단번 만 냥 부자 되거나 단번 큰 양반되기를 바라므로 사람의 성질이 간사하고 부허(浮虛)하고 음흉하고 비열하고 교만하게 되며, 농업과 같이 땅 집고 헤엄하듯 하지 아니하여 실패가 많으므로 자포자기에 빠지기 쉬우며, 오직 이(利)로만 사람을 대하여 인정이 없어지고 생존경쟁이 심하여 생활이 극히 어려우므로 여러 가지 악한 생각이 생기

나니 어느 나라이나 악인과 범죄인이 대부분은 도회라.

이리하여 원래 건강하고 선량하던 사람도 도회생활 몇 해에 아주 병끼(病氣) 있고 괴악한 사람이 되고 마나니 이러한 폐해를 구하기 위하여 더구나 가장 불쌍하고 수효 많은 도회 빈민의 생활을 구제하기 위하여 공원 병원 기타 소위 자선사업과 위생설비며 교회 학교 연극장 같은 교화(敎化) 오락(娛樂) 기관의 설비가 있으나 이것으로 족히 이 해를 구할 수 없어 일변 전원생활을 장려하며 전원도시의 설립을 힘쓰나니(또 있소).69)

본국 소문

-- 돈이란 돈은 왜 당신이 말끔 긁어가고 재정이 바싹 말라서 2백 원짜리 논 한 마지기가 70, 80원에도 작자가 없다고.

-- 경원철도는 오는 8월이면 아주 준역되고 9월부터는 짐과 객을 싣는다고.

-- 철도, 윤선, 전신, 전화, 도로, 교량 등 교통기관은 날로 완비하여 문명한 나라와 다름이 없이 되나 그 편리한 기관을 쓸 사람은 우리가 아니요 남이니 장님 잠자나 마나.

-- 서양 머저리들은 얼른 우리나라의 겉치레나 보고 총독부의 술이나 한잔 얻어먹고는 하는 소리 "참 일본은 조선에 선정(善政)을 펴오." 다 그놈이 그놈이지. 또 생각하면 다 내 탓이지.

-- 일본 사람의 이주하는 수효는 일 년에 5만 명. 그러고도 부족타하여 하루바삐 많이 들여오기를 힘쓴다 하니 그 이유는 (1) 조선의 부원(富源)은 토인(土人, 조선인)의 힘으로는 개척할 수 없으니 이를 조선인에게 맡겨둠이 국가의 해라. 불가불 우수(優秀)한 모국(母國) 사람에게 맡겨야 하겠고, (2) 모국에는 해마다 인구가 불어 생활이 곤란하니 먹을 것 많은 새 식민지에 내어 쫓아야 하겠고, (3) 모국 사람이 많이 있어야 야만 된 토인을 교화(敎化)시키겠고, (4) 모국 사람이 많아야 조선의 영토권이 공고하겠다 함이라.

-- 팔자가 사나우면 의붓아비 몽상(蒙喪)이 열두 해라더니 또 식민지의 토인 된 우리는 옛날 우리 행랑살이로 두었던 의붓어미 몽상을 입

---

69) 『대한인정교보』 제10호(1914. 5. 1), 새 지식.

어 2천만 남녀노소의 가슴에 검은 헝겊이 붙었다 하니 팔월 스무 아흐 렛날(8월 29일 합방날) 표로나 붙여라.

-- 이번 일본 동경 대정박람회 구경 갔다 온 관광단 패들은 첨왈(諂 曰) '모국 모국' 하니 고렇게 아첨 아니 한들 누가 불알 밝을(바르다) 라고. 아무리 보아도 쓸개 없는 조선 놈 깨깨 썩어져라.

-- 금년은 이상하게 봄날엔 바람이 많고 추워서 농가에는 매우 걱정 한다고.

-- 우리나라에는 양심과 도덕이 아주 부패하여 헌병 순검에게 잡혀 가지만 않는 일이면 무슨 짓이나 다 한다 하니 이는 너무 법률과 규칙 만 위주하고 사회에 어른이 되어 동포를 도덕 방면으로 지도하는 이를 관리가 천대하고 핍박하여 사회도덕의 권위를 없이한 까닭이니 그 죄 는 물어볼 것 없이 왜 총독부에 있는지라. 우리 예의지민으로 하여금 부자와 부부 형제가 인륜에 어그리는(어기는) 송사를 하게 하도록 우 리 양심과 도덕을 부패케 한 죄가 얼마나 크뇨.

-- 우리나라에 가장 이악한 마귀가 변호사의 무리니 그놈들의 다수 는 양심도 없고 도덕도 없고 아비와 어른도 없고 오직 뙤야기(뙈기) 법률 조각이나 모아놓고 윈 더러운 껍데기를 씌운 이상한 마귀라. 원 래 변호사의 직책은 백성과 법관을 도와 법률의 적용을 바르게 하여 국가와 인민 질서 행복을 유지할 자이어늘 오직 눈에 있는 것이 돈이 라. 지어미를 추켜 지아비를 버리게 하고 아들을 시켜 아비를 걸어 배 상청구를 하게 하며 학교의 기본금을 헐게 하는 자 이 마귀들이니 만 일 악한 놈을 죽이는 날이 있다 하면 먼저 칼을 얹을 놈은 이 마귀니 라. 그러하거늘 이 변호사는 우리나라 관청에서 조선 사람 중에 가장 상류계급으로 인정하나니 그러므로 청년과 그 부모의 이상은 한번 변 호사 노릇 함이라. 법정에서 일인 판사한테 "옅은 소리 좀 그만두어 라." 소리를 들으면서 서슬이 푸른 신사는 변호사라.

-- 통감 시대부터 5, 6년 동안 우리 동포에게 갖은 주리와 악형을 다 하고 숱한 지사를 죽인 공으로 육군 중장이 된 경무총장 아카시(明石 元二郞)는 이번 데라우치(寺內正毅)의 청으로 참모차장이 되어가고 육 군 소장 다치바라(立花)가 후임이 되었다는데 이 군은 아카시보다 좀 온후하고 순한 사람이라 하여 일인들은 기뻐한다 하며 일인의 언론계 에 얼마큼 자유를 주리라더라.

-- 회사 은행 관청 철도 윤선 우편국 이런 데는 새로 학교를 마치고 세상에 나오는 청년의 직업 얻을 자리라. 그러하거늘 이 모든 곳에 다 일인만 쓰므로 우리 사람 청년으로 학교 출신은 하여 먹을 노릇이 없어 걱정.[70]

우리나라 명절

설. 정월 초하룻날이니 이날부터 나이 한 살을 더 먹으며 사당과 어른께 세배를 다니며.

보름. 정월 열닷새 날이니 이해 두고 첫 번 달 밝은 날이라. 청어 돼지고기 고사리 콩나물 가지나물 버섯 등 채소와 이 찹쌀 조 찹쌀 기장쌀 수수 찹쌀 팥 다섯 가지를 섞어 오곡 찰밥을 지어 먹으며, 열 나흗날은 뉴더름날(소보름)이라 하여 가장 즐거이 노나니 어른들은 귀밝이 술, 아이나 부인네는 약과라 하여 볶은 콩과 엿과 잣을 먹고 명국수를 먹으며, 이날은 거짓말로 서로 속이며 놀며 더위를 팔고(이름을 부르고 대답하면 얼른 "내 더위 사오" 하므로 불러도 대답 아니 하나니라). 윷놀이와 널을 뛰며 사나이 아이는 연을 날리며 밤에는 닭이 잘되라 하여 솔 송이(솔방울)를 주워다가 마당에 뿌리고 누에를 많이 치라 하여 벽에 떡가루로 고치를 찍으며 울안에 장대기를 세우고 사방으로 줄을 매고 게다가 각색 곡식과 목화를 달아 금년 농사 잘되기를 비나니 이를 다물(담불, 높이 쌓은 곡식의 무더기)이라 하고(다물은 우리나라 옛날 말로 나라를 회복한다는 뜻이라 하니 우리나라를 이같이 세우리라는 뜻으로 하면 더 맛있을 듯) 이날은 복이 돌아다니다가 제일 부지런한 집에 들어간다 하여 곡간과 방안과 부엌을 깨끗이 쓸고 불을 켜놓으며 밤에 자지 아니하고, 만일 이날 자면 눈썹이 세고 굶어죽는다 하며 새벽에 남보다 먼저 물 한 동이와 새(땔나무) 한 짐과 쇠똥 한 삼치(삼태기)를 주워오며, 그 이튿날 즉 한 보름날에는 찰밥 아홉 그릇 먹고 새 아홉 짐 하는 날이라. 집집이 돌아다니며 음식을 나누어 먹고 이날 달 먼저 보는 이는 시집 장가를 가거나 아들을 낳거나 돈을 모으거나 소원성취한다 하여 남녀노소가 해지기 전부터 산에 올라 기다리나니 이 보름 명절이 가장 큰 명절이라. 대개 일 년 동안에 할 모든

70) 『대한인정교보』 제10호(1914. 5. 1), 본국 소문.

일의 결심과 실험을 함이니라.

한식은 2월 그믐께나 3월 초승이니 이때는 새 봄빛이 천지에 찰 때며 금년 농사를 시작할 때라. 새봄을 맞는 기쁨도 기쁠지오. 산과 들에 다니며 새로 나오는 풀잎과 새로 흐르는 물소리도 들으며 겨울을 지낸 조상님의 무덤도 뵈올 겸 약간 음식을 여투고 호미와 가래를 들고 산에 올라 무덤에 잔디와 산에 나무도 심고 산 옆 맑은 샘가에 음식을 먹은 후 자손에게 조상님의 역사도 들리며 조상과 부모를 공경한 것과 봄철에 할 일과 일 년 동안 잘 살고 못 삶이 봄에 달리며 봄경치의 아름다운 맛과 산에 나무 심어야 될 것도 알려줌이 이 한식 명절이라.

수리(단오). 5월 초닷샛날이니 이미 힘 드는 부종(付種, 파종)을 다 마치고 아직 김도 분주하지 아니하며 녹음방초에 천지에 화기가 가득한 때라. 집에 장중을 꽂고 무덤에 심었던 나무를 돌아보며 수양버들 무르익은 그늘 속에 넘노는 녹의홍상은 아름답고 덕 높은 이팔 가인의 그네 뜀이며 새잎 뜯는 넓은 잔디판에 초한(楚漢)이 서드는 듯 용과 범이 다투는 듯하는 것은 나라 지키는 장부의 씨름 함이라. 이날에 부루(상치) 쌈을 먹으면 더위를 안 먹고.

칠석. 칠월 초이렛날이니 괴로운 김도 이미 끝나고 속에 담뿍 이삭을 밴 각색 곡식이 논과 밭에 흐느적일 때라. 이때 깊숙한 산골짝 맑고 찬 시내가 무르익은 나무 그늘에 하루 청흥(淸興)을 도모함이 또한 마땅한지라. 이날은 은하수를 새에 두고 한 해 한 번 만나보는 견우직녀(牽牛織女)의 다리를 놓으려고 까막까치가 꿈쩍 아니 한다 하며 견우직녀 다시 이별하는 눈물이라 하여 저녁때면 소낙비가 내린다 하며, 이날은 흔히 약물 먹으려 가나니라.

가위(추석). 팔월 보름날이니 오곡백과가 거의 다 익었고 서늘한 바람에 맑은 중추 달이 실로 일 년에 으뜸이라. 새 곡식 새 실과 새 나물 새 고기로 여툰 새 음식도 좋거니와 새로 짠 베옷 입은 일 년 동안 벌은 것이 우순풍조 풍년 들어 논밭이 뿌듯하게 휘늘어진 누른 이삭 그 더욱 좋은지라. 한식은 봄 맞는 명절, 가위는 가을 맞는 명절, 한식은 심는 명절, 가위는 거두는 명절이로다. 한 집안이 웃으며 여간한 음식과 낫을 들고 산에 올라 한식에 심은 나무가 얼마 자란지도 보며 무덤가에 풀을 비어 가을일을 가르치고 지나간 일 년 동안 하던 일을 예로 들어 길어(길러)나는 자녀에게 사람의 직분과 세상의 즐거움을 가르칠 때도 이때라.

이는 우리나라에 예로부터 지켜 내려오는 큰 명절이니 우리는 그 뿌리를 캘 필요가 없고 오직 수천백 번 우리 조상이 즐겁게 지켜오던 것만 생각하여도 정이 들지라. 조상을 공경하고 나라를 사랑하는 자 마땅히 지킬 것이온 하물며 그 뜻이 매우 깊고 그 취미가 매우 큼에리오. 혹 예수교 신자는 이를 우상 섬기는 날이라 하여 배척하거니와 그럴 필요는 없나니 제사에 쓰던 것이라 하여 누가 밥 먹기를 그만두리오. 음식을 차려놓고 절만 아니 하였으면 그만일지니 춘추로 조선(祖先)의 무덤을 돌아봄은 향기로운 일일지며 또 예로부터 돝(돼지)을 먹여 지켜오던 것을 보존함이 그 국민성을 보존하고 애국심을 배양하는 데 매우 영향이 큰지라. 우리나라 사람같이 제 것 귀한 줄을 모르고 왜(倭)나라에 가면 왜 본을 받고 되 나라에 가면 되 본을 받는 정신 빠지고 절개 없는 머저리가 어디 있으리오. 나는 이 아름다운 명절을 보존함이 우리 민족을 보존함에 큰 도움이 있으리라 하여 여러 동포에게 물음이로다.71)

한인 아령(俄領) 이주 오십 년에 대하여

우리는 정성을 기울여 찬성하노라.

이주에 두 가지 있으니 줄어드는 이주와 늘어나는 이주다. 제 나라이 부강하여 약하고 어두운 나라를 다스릴 차로 이주함은 늘어나는 이주요, 제 나라를 빼앗기고 이족의 압박을 견디지 못하여 쫓겨 가는 이주는 줄어드는 이주니 우리 민족의 오늘날 이주는 이러한 이주라. 늘어나는 이주에는 영광과 복락이 따르고 줄어드는 이주에는 수치와 천대와 고생이 따르나니 우리는 지나간 50년에 실로 이 부끄럽고 불쌍한 생활을 하여 왔도다.

우리가 이러한 생활을 하는 동안에 다른 민족은 무엇을 하였는가. 영국 미국이 큰 영토를 얻었고, 독일이 새로 생겨 정치 군비 학술 상공업이 세계에 으뜸이 되었고, 이탈리아가 독립하여 세계 강국에 참예하였고, 전기 수증기 등 굉장한 기계가 많이 발명되었고, 옛날에 꿈도 못 꾸던 공중 비행도 발명되었고, 기타 각색 기기묘묘한 학술 기예가

71)『대한인정교보』제10호(1914. 5. 1), 우리나라 명절.

휘황찬란하게 여러 민족의 손에 발달되었도다. 지나간 반세기는 소위 19세기 후반과 20세기 초엽이라 하여 인류의 역사상에 가장 일 많고 진보 빠른 시대니 이 50년이 옛날 5백 년 맞잡이라. 그동안에 우리 한 일이 무엇인고?

우리나라로 보아도 왕국이 되었다 제국이 되었다 온가지(온갖) 풍파와 변천을 지나 반만 년의 역사가 아주 끊어진다는 큰 사건이 생기고 사회상태의 변천도 눈이 어리게 획획 돌아가 상투가 없어지고 또복(종)이 없어지고 철도가 생기고 왜말이 퍼지는 등 옛날 조선은 그림자도 없어지고 어디서 뛰어나왔는지 알 수 없는 새 세상이 되었도다. 그러나 이렇게 변천함도 우리 힘이 아니요, 엉뚱한 외국 놈의 바람에 정신도 못 차리고 뒹굴뒹굴 굴렀음이니 우리의 한 일이 무엇인고?

아령 있는 동포는 어느 민족 어느 나라에 속하였는고? 한인도 아니요 아인(俄人, 러시아인)도 아니라. 소위 얼마우재라는 기기괴괴한 한 새 종족이니 아마도 아라사에 있는 여러 민족 중에 가장 못생긴 두루뭉수리라. 예부레이는 예부레이 빛이 있고 뿔냑크는 뿔냑크 내가 나되 소위 얼마우재는 아라사 같기도 되 같기도 한인 같기도 한 무엇인지 알 수 없는 종자라. 이대로 가면 영원히 아라사 중에 가장 천한 종족이 되어 아주 민멸(泯滅)하고 말리러니 천행으로 이 동포들에게 새 자각이 생기니 참 기쁜 일이로구나.

이번 기념식에 50만 우리 동포로 하여금,

1. 한족(韓族)이라는 관념과, 2. 이대로 가면 아주 멸망하고 말지니 자제에게 새로운 교육과 새로운 생각을 넣어주어 완전히 독립한 대한국(大韓國) 국민이 되든가 아라사 사람이 되더라도 아인과 평등 될 국민이 되어야 할 생각을 주고, 3. 지나간 50년 동안에 다른 여러 민족이 어떻게 활동하였는가를 알려 우리도 이후 50년 동안 활동하면 족히 남부럽지 않게 될 줄을 확신케 할지라.

이후 50년을 지나며 아령 백 년 기념을 할 때에는 우리 공사관이나 영사관 태극기 아래서 지나게 되고 동시에 우리 본국서는 독립 50년 기념에 각국의 대표자와 군함의 예포 소리가 삼천리 반도국에 뜨르륵하게 되기를 바라노라.

당국자 제씨는 의례히 정성을 다하시려니와 재류 동포 제씨도 아무쪼록 몸과 마음으로 돕고 될 수 있는 대로 참예하기를 힘쓰심이 좋을지라.

1. 때는 아력 9월
2. 곳은 연해주(沿海州) 해삼위(海蔘威)
3. 참렬하는 사람은 유지 동포와 학생 전체와 군인
4. 경비는 3만 8천 원[72]

'대한인정교보' 제11호(1914. 6. 1)

새 지식

■ 스파르타의 교육

스파르타는 그리스 반도의 남편 끝에 있던 조그마한 나라이라. 원래 성명없는 나라이러니 40년 교육의 힘으로 드디어 그리스 전토에 패권을 잡고 한참 왕성하던 페르시아를 지웠나니라.

그 교육 방법은 아이가 난 때 자세히 검사하여 보아 몸이 튼튼하고 얼굴이 멀끔하거든 기르고 그렇지 못한 것은 나무숲에 버려 짐승의 먹이가 되게 하나니 대개 그따위는 나라에 도리어 해가 될까 함이라. 부모의 손에 맡겨 기르다가 7, 8세가 되면 나라에서 지어놓은 큰 기숙사에 몰아넣고 한솥밥 한자리에 한 학교에 글을 가르치나니 이제 그 살아가는 모양을 보건대 사철 홑옷 한 가지에 잠자리라고는 제 손으로 베어말린 풀 한 단과 얇다란 담요 하나 뿐. 가르치는 주지는 남에게 지지 아니할 것, 어떠한 곤란이나 참을 것, 나라에 몸을 바칠 것이니 산에서 범을 만나도 두 주먹 부르쥐고 달려들어야 하고 톱으로 다리를 잘라도 얼굴도 찡긋하지 아니하며 나라 일에 죽기를 우리 사람 벼슬 좋아하듯 하나니, 이제 몇 가지 예를 들건대, 학교에서 여러 아이가 글을 배울 제 그중에 한 아이가 갑자기 죽거늘 모두 놀라(다른 나라 사람 같으면) 검사하여 보니 품속에 삵(삵괭이)이 하나이 나오는지라, 자세히 본즉 글 배우는 동안에 그 삵이가 가슴에 구넉(구멍)을 뚫고 내장을 물어 뜯음이러라. 또 한 과부가 아들 형제를 다 전장에 내어보내고 날마다 기별 오기를 기다릴 제 하루는 과연 기별 전하는 사람이 오

---

72) 『대한인정교보』 제10호(1914. 5. 1), 한인 아령(俄領) 이주 오십 년에 대하여.

146

거늘 근심하는 낯빛으로 "어찌 되었는가" "아드님 두 분이 다 죽었소." 부인이 낯빛을 변하되 "누가 아들의 소식을 물었는가. 싸움이 어찌 되었는가를 물었노라." "우리나라가 이기었소." 이 말을 듣자 곧 웃으며 춤을 추더라.

■ 쌀겨가 피로 간다

무슨 곡식에나 진짜 자양분(피로 가는 것)은 그 속겨에 있나니 사람들이 겨를 말끔 벗기고 먹는 것은 물고기에 살을 발라 버리고 먹는 세음(셈)이라. 이러므로 여러 가지로 병이 나고 일찍 죽나니 무슨 곡식이나 것집더기(껍데기)만 벗겨버리고 먹으면 무병장수한다 하며 또 익혀 먹으면 자양분도 없어지고 삭이기도 어려운 것이니 될 수만 있으면 무엇이나 날로 먹는 것이 좋다 하며 우유와 닭의 알도 끓여 먹으면 아무 효험이 없다 하며 아무 자양분도 없다 하던 채소에도 사람에게 아주 필요한 자양분이 있다 하며 지금까지는 지방 단백질 전분 등 열 많이 생기는 물건을 좋은 식료라 하여 칼로리로 식료의 품질을 정하였으나 이는 낡은 소리라. 사람에게 가장 필요한 자양분은 비타민이라는 것이니 곡식의 겨와 채소에 많이 있다 하며 비타민 없는 쓿은 쌀만 먹으면 일 년이 못하여 각색 병이 난다 하였더라. 이는 여러 학자가 오래 실험하여 얻은 결론이니 방금 실행 중이라 매우 성적이 좋다 하도다.

■ 소년병단(少年兵團)

영국 전국에 없는 곳 없는 건장한 소년은 거의 키치너(Kitchener) 원수의 거느린 소년병단이라. 십수 년 전 남아프리카 전쟁에 영국 소년이 용감하게 적군의 사정을 정탐하여 영국 군대에 큰 도움을 줌으로부터 이 병단이 시작되니 학교에 다니는 소년에게 실제적 군대교육을 시켜 일변 국가를 지키는 용사가 되는 동시에 기운차고 겁 없고 규율 있고 부지런하고 점잖은 국민을 만들려 함이라. 그 헌장은 매우 간단하니,

1. 대영제국을 지키는 충량하고 용장한 신민이 될 것.
2. 어느 나라이나 어느 민족을 물론하고 정의를 위하여 힘쓰는 이를 친구로 삼을 것이라.

그 규칙은 매우 엄하여 만일 규칙을 범하거나 정의 남아의 체면을

손상할 일을 하는 이어든 곧 적(籍)에서 제명하여 용납할 곳이 없게 하는 명예의 중벌을 주며. 매주 일차씩 모여 여러 가지 강연도 듣고 실지의 연습도 하나니 장막 치기, 진자리 잡기, 정탐하기, 말 달리기, 천기 보기, 음식 만들기, 향방 찾기, 달음질하기, 총과 칼 쓰기 등이라.

이 중에 제일 재미있는 것이 정탐이니 가령 한 번 십 리고 이십 리를 갔다가 그 길가에 있는 산 이름 촌 이름 길 생긴 모양 나무숲 같은 것을 말끔 기억하고 지도를 만들며 또 그 거리를 자세히 알도록 함이니 처음에 어려워도 여러 번 익히면 쉽게 되며 거리를 아는 법은 제가 한 시간에 몇 걸음 걷는 것과 한 걸음이 몇 자인 것을 알게 하면 될지오. 자는 지닐 수 없으니 손짐작으로 외워두며 발자취를 보고 무엇인가 어떤 신을 신고 어떤 걸음으로 어느 때쯤 간 사람인가를 판단하기와 차림차림과 얼굴과 걸음걸이를 보고 어떤 사람인가를 알아내기를 가르침이니 이 모양으로 전시나 평시에 실용할 재조를 배우며 아울러 마음을 정밀하게 하며 주의성을 깊게 하나니라. 이 소년병단은 아무 때에 병정이 되어도 아주 재조 능하고 용장한 정병이 될지니 세계가 다 이를 부러워하여 제 나라에도 세우기를 운동하는 중이며 독일 같은 나라에서는 벌써 시작하였다 하니 우리 재외동포도 아이어른 할 것 없이 힘써볼 일이며 더구나 학교에서는 유희 삼아 재미있게 하여 가는 동시에 큰 이익을 얻을지라. 이를 자세히 기록한 책은 영문도 있고 일문도 있으니 사다 봄이 좋으리로다. 누가 우리말로 번역하면 더욱 좋으리라.

본국 소문

-- 가지나(가뜩이나) 먹을 것이 없는 데다가 봄부터 가뭄이 심하여 보리는 노랗게 마르고 조와 피는 입종(立種)을 못하며 논에는 물이 말라 부종(付種)을 못하므로 일반 동포가 매우 걱정한다가 비가 잘 왔는지.

-- 부자들의 쌓아두었던 쌀은 모두 일본으로 팔리우고 돈이 있어도 쌀 한 말 사기도 어렵다 하며.

-- 윤치호(尹致昊), 양기탁(梁起鐸), 이승훈(李昇薰), 안태국(安泰國), 임치정(林蚩正), 옥관빈(玉觀彬)(105인 사건, 1910) 제씨는 쉬이(쉽게)

놓이리라는(석방) 소식이 있으니 아마도 모 인사 마누라 죽은 덕인 듯 하여 꺼림칙하기는 하나 아무려나 놓이가 하였으며.

-- 황해도 김정만 씨의 의병이 많이 불어나 맹호같이 뒤설겆는다는데 전국이 일제히 향응하여 철로와 전선을 끊고 각 읍을 점령하여 새 정사를 펴며 평양과 경성과 대구도 미구에 함락되리니 오는 8월경에는 우리 고국에서 왜놈의 종자를 아주 쫓아내리라더라 — 이러한 기별이 올는지도.

-- 함경도 영흥읍에는 큰 화재가 일어나 5백여 호가 몰소(沒燒)하였고.

-- 평양에 숭실학교, 선천에 신성중학교, 서울에 경신중학교와 청년회관에서는 학비 없는 학생에게 목공 철공 직조 사진 동판 석판 등을 가르친다더니 그 졸업생의 솜씨가 매우 정교하여 전국에 신용이 두텁다 하니 우리나라 새 공업이 이로부터 흥하리로다.

-- 고려자기는 세계가 칭찬하던 바이라. 외국인이 고려라 함은 고구려를 이름이니 이 자기는 수천 년 전에 된 것이라. 오늘날 문명하였다는 서양 사람들이 아직 구목위소(求木爲巢, 나무를 구해서 둥지를 만듦) 식목실(植木實, 나무를 심어 열매를 따먹음)할 적부터 정교하게 화학적 학리를 응용하고 미술의 오묘를 다하여 이러한 자기를 만들었으니 기타 다른 문명의 얼마나 발달되었음을 추측하리로다. 요사이 전라남도 강진군 대구면에서 자기 가마를 발현하였다 하니 신라와 백제 등 국에서도 이 자기를 구웠으니 이 자기를 고려자기라 함이 마땅치 아니하고 그저 대한(大韓)자기라든가 삼국 적 자기라 함이 마땅하겠도다.

해외 동포

-- 서간도 금년 봄도 가물어 말이 아니라 하며 본국 장로교회에 목사 최성주 씨를 파송, 이동휘 씨는 그곳 오신 후로 잠시도 쉴 틈 없이 사처로 돌아다니시며 동포를 권유 격동한 결과 인심이 일신하고 애국성이 불 일듯 한다더라 하여 전도에 힘쓴다는데 교회와 학교가 날로 왕성한다 하며 본국 교회와 북미 재류 동포들은 서간도 굶는 동포를 구휼한다 하며, 선흥 교우단에서 학생들이 발행하는 교우보는 일 년에 네 번 발행한다는데 그 내용이 매우 충실하여 글자마다 건장한 청년의

뜨거운 정성이 뛰노는 듯. 더욱이 신제국신문을 많이 낳은 다른 잡지에 보지 못하던 바라.

  -- 북간도 간민회 해산 후에도 우리 동포는 조금도 낙심하지 아니하고 교육과 실업에 더욱 힘을 쓴다 하며 명동학교는 중학과 소학과에 남녀 학생이 2백 명에 달하여 날로 성한다 하고 학교를 확장하기 위하여 의연을 모집 중이며 재정 곤란으로 지나인과 우리 동포의 상업은 매우 곤경에 빠졌다 하며. 훈춘서 교회월보와 국자가서 청년이라는 유익한 잡지를 간행한다 하며 봄부터 가물이 심하여 곡가 오르고 농사가 말이 아니라 하며.

  -- 연해주 권업회는 날로 흥왕하여 교육과 실업에 관한 사업이 점점 진보하고.73)

5. 오산학교 복귀와 '허생전'

1914년 7월 28일 제1차 세계대전이 발발, 대한인정교보 주필 이광수는 미주행을 단념하고 귀국길에 올랐다. 그런데 이에 앞서 대한인정교보를 제작하던 중 단편 '허생원' 즉 '먹적골 가난방이로 한세상을 들먹들먹한 허생원'74)을 집필, 이를 서울 신문관(최남선)에게 송고하여 1914년 6월에 조선 최초의 아동잡지 '아이들보이'에 발표했다. 머나먼 러시아 치타에서 연암의 허생전 원본이 없었건만 이 같은 '허생원' 단편을 써 보낸 그의 필력(筆力)은 놀랍기만 하다. '먹적골 가난방이로 한세상을 들먹들먹한 허생원'은 무기명으로 발표했다. 그러나 이광수는 1915년 1월 제2차 동경 유학을 앞두고 '새별'에 서사시 '허생전'을 발표하면서 그 말미에 '허생원'을 자신이 집필했음을 실토하고 있다. "이 허생(許生)의 사적(事蹟)은 일찍 '아이들보이' 때에 산문(散文)으로 한

---

73) 『대한인정교보』 제11호(1914. 6. 1), 본국 소문.

74) 『아이들보이』 제10호(서울 신문관 발행, 1914. 6. 5), pp.10~21, 먹적골 가난방이로 한세상을 들먹들먹한 허생원; 『근대서지』 제7호(소명출판, 2013. 6), pp.203~229, 근대소설 문체확립을 향한 또 하나의 도정: 이광수의 단편 '허생전'(1914)과 우화 '물나라의 배판'(1914)을 중심으로(최주한). 이광수전집(삼중당)에 미수록.

제별 第十六號

許生傳 (上) 외배

서울이와 下南村에 선배한분 살더니라
움막사리 단간草屋 食口라고 다만內外
집용에는 풀엉퀴고 섬빗혀는 삶이잔다
五更쇠북 蓝戶昆安 꿈인듯이 고요한대
가믈가믈 가는촛불 그린듯이 도도안저
외오나니 譜經賢傳 글소리만 들리더라

「여보시오 나는발서 눈어두어 十年成就 小科大科
나는밤서 말솜못소 바늘쭌도 다팔앗소 하온後에
그것혀서 바늘들고 누역이불 와락집어 내던지며
김으라면 그덕그덕 아츰밥은 엇지라오
남들은 十年成就 小科大科 하온後에
出將入相 거들거려 가준초사 다하는데

장편서사시 '허생전'(1915. 1)
'새별' 제16호(1915. 1. 5)에 수록되었다. 이광수는 시베리아 방랑여행 후 귀국하여 두 번째 동경 유학을 앞두고 연암 박지원의 '허생전'을 장편서사시로 썼다. '새별'은 제16호 발행을 끝으로 폐간되어 '허생전' 후속편은 연재되지 못했다.

번 게재(揭載)한 일이 있으나 이번에는 운문(韻文)으로 다시 지어 여러 분의 새 감흥(感興)을 일으키고자 하였노라."[75]

이광수는 '허생원'에서 입말체 문장을 세련되게 묘사하고 있다. 가령 도매업을 '도거리 장사법'이라 했고, 농사를 '여름(열매) 지음'이라 표기했다. 파종(播種)을 '심음'이라 입말체로 참신한 한글 문체를 가다듬고 있다. "이에 나무를 베어 집을 짓고 대를 엮어 울을 하니 땅이 어찌 건지 모든 심음이 무척 잘되어 거름도 아니 하고 김도 아니 매되 한 줄 기에 아홉 다박씩 엽니다." 남산 밑 먹적골 오막살이 초가삼간에 살고 있는 가난한 허생원이 마누라의 구박을 받아가며 온갖 어려움을 참아 가며 글만 읽고 사는 것은 장차 "앞날을 위하여 크게 준비함이" 있었기 때문이었다. 이는 이광수의 독립준비론의 포부를 밝힌 것을 암시하고 있다. 실제 이광수는 권업신문에 '독립 준비하시오'를 발표한 바 있다.

---

75) 『새별』 제16호(서울 구리개 신문관 발행, 1915. 1. 5), p.26, 許生傳(외배).

그는 이 논문에서 독립준비론을 주창한 것이다. 협동정신과 실업정신을 함양하는 길이야말로 독립전쟁을 일으키는 원동력이라고 강조했다. "근년 우리나라 사람은 협동의 힘이 없고 모래알 모양으로 알알이 뒹구는 고로 능히 큰일을 이루지 못하였나니, 우리 사람이 하나씩 내어놓으면 그리 남에게 지지 아니하되 어찌하여 남과 같이 나라를 보전치 못하고 큰 문명 큰 사업을 이루지 못하였나뇨 하면 그 까닭은 여러 가지 있을지로되 그 가장 큰 원인은 협동치 못함이 있다 할지라. 우리 열 죽고 왜놈 하나 죽어 우리 2천만이 씨도 없이 죽을 작정합시다. 그러함에는 원대한 준비가 더욱 필요하리라."76)

'허생원'의 '앞날을 위하여 크게 준비함'이란 곧 독립준비론을 바탕으로 한 웅대한 포부이다.

생원은 집안의 어려움이 저의 허물인 줄을 모름도 아니요 또 나가서 벌이를 하면 살림 버티어가기에는 걱정 없을 만한 재조가 없음이 아니로되 이렇게 참기 어려움을 참고 견딜 수 없음을 견디며 글만 읽음은 앞날을 위하여 크게 준비함이 있고저 함이외다. 곧 많은 이치를 깨치고 큰 재조를 닦아 한번 뜻있는 일을 할 생각이 속에 가득히 있으므로 배고픈 것도 잊어버리고 집안 어려움도 생각할 겨를이 있지 아니함이 외다. 사나이가 한번 작정함이 있으니 아무것이면 이를 어찌 휘며 속에 큰 경륜을 품었으니 작은 고생이 어찌 마음을 움직이로리까.77)

허생원의 '도거리 장사법'의 참뜻은 문호를 넓혀 국제무역을 통해 교역증대를 기하는 데 있다. 조선은 배가 외국으로 통하지 못하고 수레가 국내에서 다니지 못하므로 온갖 물건이 제 바닥에서 나서 제 바닥에서 찾아지게 마련이라고 지적하면서 쇄국을 개항으로 전환하는 개방교역의 필요성을 강조한 것이다.

---

76) 『勸業新聞』 제100호(1914. 3. 1), 독립 준비하시오(외배).
77) 『아이들보이』 제10호(1914. 6. 5), p.11, 먹적골 가난방이로 한세상을 들먹들먹한 허생원.

이는 알기 쉬우니라. 조선이 배가 남의 나라에 다니지 아니하고 수레가 내 나라 안에 다니지 아니하므로 모든 물건이 제 곳에서 나서 제 곳에서 없어지고 있고 없는 것을 서로 옮기고 싸고 비싼 것을 서로 바꾸어 남의 재물로 내 이(利)를 만들지 못하니 어찌 가멸함을 얻으며 대저 이 세상은 이르는 곳마다 이가 널렸으니 오직 거둘 줄 알고 늘일 줄 아는 이가 취하여 가멸을 이루는 것이라. 더욱 조선은 뒤로 들 하나만 지나면 황하 양자강 이쪽저쪽이 모두 내 물건을 펼 곳이요 앞으로 바다 하나만 나가면 동쪽 남쪽 이 섬 저 섬이 모두 내 재물을 거둘 땅이어늘 쥐코만 한 속에서 양반노릇 하기에 정신이 다 빠져 하늘이 맡기신 앞뒤 곳집을 열고 쓰지 아니하니 어찌 넉넉하여 보리오. 그대 비록 가멸이 한 세상에 덮인다 하나 진실로 우물 안 고기가 줄곧 거기서만 오비작거리니 열에 둘 셋 남기는 줄만 알고 하나로 열과 백과 천만듦 모름이 고(괴)이치 아니하도다.78)

이광수는 치타에서 대한인정교보 주필로서 잡지를 제작하다가 미주행 여비도 얻지 못한 데다가 때마침 제1차 세계대전 발발로 말미암아 미주행을 포기하지 않을 수 없었다. 신한민보사에서 옥종경(玉宗敬)과의 관계를 청산한다고 해명하는 성명서를 내준다면 여비를 보내겠다는 편지를 받았지만 동경에서 사귄 친구간의 우의를 고려해서 스스로 미주행을 단념하기로 결심한 것이다. 시베리아에서 국민 총동원령이 내리고 대한인정교보도 전시조치로 폐간됨에 따라 그해 8월에 귀국, 오산학교에서 교편생활을 재개하는 한편 용동에서의 동회운동을 다시 전개했다.

치타로부터 귀국, 오산학교 복직 시 처음으로 단군조선의 조국(肇國)을 찬양하는 찬송시 '님 나신 날'을 '청춘' 지에 발표했다. 춘원은 이 원고를 개천절(開天節) 날 아침에 탈고했다고 적기하고 있다. 여기서 '님 나신 날'이란 개천절이고, '님'은 단군(檀君)이요, '한훤뫼'는 태백산(太白山)을 의미한다. 단군이 태백산에서 탄생하여 나라를 처음 개국한 단군조선 건국의 영광을 찬송하고 있다.

---

78) 상게서, p.21.

단군조선 건국을 찬송하는 시 '님 나신 날'(1915. 1)
'청춘' 제4호(1915. 1)에 수록되었다. '님 나신 날'은 단군조선을 건국한 날, 즉 개천
절(음력 10월 3일)이다. '님'은 단군, '한흰뫼(한흰메)'는 태백산을 의미한다.

님 나신 날, 외배

닭이 운다 닭이 운다 그 닭이 또 우노나
한 옛적 한흰뫼에 우리 님 나시던 날
그날에 우리 님의 첫 소리 듣던 닭이 또 우노나
네 부대(디) 맘껏 울어라 잘 즈믄 해(억천 년) 내어 울어
행여나 네 소리로나 님의 소리 듣과저

해가 뜬다 해가 뜬다 그 해가 또 뜨노나
한 옛적 한흰뫼에 우리 님 나시던 날
그날에 님의 얼굴 비초(추)이던 해가 또 뜨노나
네 부디 맘껏 뜨어라 잘 즈믄 해(억천 년) 내어 뜨어

행여나 네 얼굴로나 님의 얼굴 보과저

바람 분다 바람 분다 그 바람 또 부노나
한 옛적 한흰뫼에 우리 님 나시던 날
그날에 우리 님의 입김 섞인 바람 또 부노나
네 부디 맘껏 불어라 잘 즈믄 해(억천 년) 내어 불어
행여나 네 입김으로나 님의 입김 맡과저

꿈이 온다 꿈이 온다 그 꿈이 또 오노나
한 옛적 한흰뫼에 우리 님 나시던 날
그날에 님의 榮光(영광) 讚頌(찬송)하던 꿈이 또 오노나
네 부디 맘껏 오아라(외우라) 잘 즈믄 해(억천 년) 내어 오아(외워)
행여나 네 世上(세상)에나 님의 榮光(영광) 생각과저
(陰十月三日朝稿)79)

이광수는 치타로부터 귀국 즉시 1914년 9월 하순, 육당 최남선이 주
관하던 아동잡지 '새별'을 주재·발간했다. "소년잡지 '새별'을 육당의
출자로 창간·주재하다."80) '새별'을 주재하면서 장편 서사시 '허생전
(상)'을 '새별' 제16호(1915. 1. 15)에 발표한 것이다. 그런데 '새별'은
1913년 9월 5일 창간해서, 1915년 1월 15일 통권 제16호로 폐간되고
말았다.81) 그런데 이광수는 1923년 동아일보에 장편소설 '허생전'을
발표하면서 "박연암의 허생전을 재료로 하여 한 편의 서사시를 '소년
(少年)' 지에 발표한 일까지 있었다"82)라고 회고했다. 그러나 그것은
'새별'이 아니라 '소년'에 서사시 '허생전'을 발표했다고 해서 혼선만

---

79) 『靑春』 제4호(1915. 1), p.100, 님 나신 날(외배). 이광수전집(삼중당)에 미수
록.

80) 『李光洙全集』(三中堂, 1963), 권 20, p.274, 年譜(노양환).

81) 최덕교 편, 『韓國雜誌百年』(현암사, 2004), 권 1, pp.265~267, 창간호를 찾을
길 없는 '새별'.

82) 『東亞日報』(1923. 11. 28), 小說豫告 長白山人 作, 許生傳, 來月初旬부터 連
載, 作者로부터.

빚었을 뿐만 아니라, 발표 후 근 백 년 동안 '허생전'이 '새별'에 발표
되었다는 사실조차 전연 모르고 지내오다가 이번에 장편 서사시 '허생
전'이 게재된 '새별' 제16호가 발굴되어 비로소 그 귀중한 작품을 접할
수 있었다.[83]

　　이광수의 '허생전'은 연암(燕巖) 박지원(朴趾源, 1737~1805)의 '허
생전(許生傳)'을 장편 서사시로 패러디한 작품이다. 남산골 가난한 선
비 허생은 날마다 글만 읽는 샌님이다. 그의 아내가 보기에는 세상에
아무 짝에도 쓸데없는 무능한 놈팡이로 보였다. 그러나 그는 대붕이 하
늘로 올라가는 큰 뜻을 품은 '큰 고기'였다. 세상을 온통 바꾸려는 혁명
지사인 것이다. 이광수가 오산학교 교직 시절 용동 마을을 이상촌으로
만들었듯이 허생은 농촌 이상촌을 건설하려는 이상주의자인 것이다. 허
생은 아내의 짜증난 잔소리에 참다못해 길게 한숨을 쉬면서 "큰 고기
는 깊이 숨어 도(道)를 닦아 천 년에 한 번 풍운을 만나는 날 하늘 높이
올라 솟아 소리를 칠 양이면 우레번개 재우치고 손 한 번 드놀리면 천
지 위해 떨리나니"라고 외치면서 당시 조선 최대 갑부인 변승업 변부
자 집을 찾아가서 수인사도 아니 하고 단도직입적으로 "내 지금 초긴
(稍緊)하게 쓸 데 있으니 청하노니 많이 말고 만금돈을 허락하오" 한마
디에 변부자는 허생의 이상촌 건설사업을 알아차리고 두말없이 만금돈
을 내어주었다. 허생은 그 돈으로 이상촌 건설사업에 착수했다. 5백 명
의 도적떼를 몰아서 남양(南洋) 절해고도 제주에 상륙하여 이상촌을 건
설하는 데 성공한 것이다. 사회로부터 버림받은 도적떼가 허생의 새마
을운동 지도로 낙원을 이룩한 것이다. 허생은 이 거창한 극락세계 선향
(仙鄕)사업을 성취하고 고국으로 돌아가면서 누구든지 고국으로 돌아
가기 원(願)인 자는 이 앞으로 나서거라고 외치자, 도적떼는 일제히
"우리는 안 가랴오 이 극락을 내어놓고 거치는 이 또 없음에 맘 난대로

---

83) 『새별』 제16호(1915. 1. 5), pp.22~26, 許生傳(외배), 경희대 한국아동문학연
　　구센터 소장; 『연인』(겨울, 2012. 12. 15), pp.112~120, 특별기획: 특종자료발
　　굴, 許生傳(上)(金鍾旭). 김종욱이 백 년 만에 찾아낸 신발굴 작품. 이광수전
　　집(삼중당)에 미수록.

즐길지니 우리는 이곳에서 아들 낳고 딸을 길러 질항아리 술 익거든 노래하고 춤 추랴오"라고 화답했다.

許生傳, 외배

서울이라 下南村(하남촌)에 선배(비) 한 분 살더니라
움막살이 단간 草屋(초옥) 食口(식구)라고 다만 內外(내외)
지붕에는 풀 엉키고 섬 밑에는 삵이 잔다
五更(오경) 쇠북 萬戶長安(만호장안) 꿈인 듯이 고요한데
가물가물 가는 촛불 그린 듯이 도도 앉아
외우나니 성경(聖經) 현전(賢傳) 글소리만 들리더라

그 곁에서 바늘 들고 끄덕끄덕 졸던 안해(아내)
집으랴던 누더기를 와락 집어 내던지며
「여보시오 말 좀 듣소 아침밥은 어찌랴오
나는 벌써 눈 어두워 바늘 품도 다 팔았소
남들은 十年成就(십년성취) 小科(소과) 대과(大科) 하온 後(후)에
出將入相(출장입상) 거들거려 갖은 호사 다하는데

二十餘年(이십여년) 글을 외워 科擧(과거) 하나 못하고서
오동지 달 칩은(추운) 밤에 헐벗고 밥 굶어도
그래도 如前(여전)하게 興也賦也(흥야부야, 흥얼대다) 할 터이오
글 읽어 배운 재조 바람 먹고 살려 하오
人生(인생)이 죽어가서 저승이 있다 하면
고린 선배(비) 죽은 鬼神(귀신) 酆都獄(풍도옥)에 가오리다」

許生(허생)은 못들은 체 글소리만 더욱 높여
孟子(맹자)에 浩然章(호연장)을 기운차게 외우더니
하도 몹시 쨍쨍대는 뿔난 안해(아내) 잔소리에
참다못해 돌아앉아 길게 한숨 쉬이면서
「큰 고기는 깊이 숨어 道(도)를 닦기 一千年(일천년)에

한 번 風雲(풍운) 만나는 날 하늘 높이 올라 솟아

소리를 치량이면 우레번개 재우치고
손 한 번 드놀리면 天地(천지) 爲(위)해 떨리나니…」
말이 아직 맛기(마치기) 전에 그 안해(아내) 變色(변색)하며
「그만두오 듣기 싫소
잔고기니 큰 고기니 打鈴(타령) 듣기 또 역하오
다 늙어 죽은 뒤에 政丞判書(정승판서) 하려 하오

꾀죄한 그 몰골에 말을 해도 窮相(궁상)엣 말
쪼그라진 그 뺨따귀 福(복)이 왔다 놀라겠소
헐벗고 굶어 앉아 孔子(공자) 孟子(맹자) 찾기보다
설설이 끓는 군밤 외우는 것 제 格(격)이오
꽃같이 곱은(고운) 靑春(청춘) 당신일래 다 늙은 것
생각하면 切痛(절통)하오 잘있으오 나는 가오」

許生(허생)이 할 일 없이 鐘路(종로)로 나온 것은
이튿날 첫 밝게(기)에 이른 장꾼 모일 때오
양 테 없는 헌 갓에다 편자 터진 京兆網巾(경조망건)
총만 남은 메트리(미투리)에 발뒤꿈치 나오랴오
오고가는 行人(행인)들은 머뭇머뭇 이 꼴 보고
「거지 낳다 바보 낳다」 손가락질 웃음 치오

「長安一富(장안일부) 그 누구요」 許生(허생)의 묻는 말에
여러 사람 쳐 웃으며 「卞富者(변부자)」라 대답하오
양반 아닌 卞承業(변승업)이 當時(당시)에는 朝鮮甲富(조선갑부)
金權(금권)이 王權(왕권)이라 門前(문전)이 常如市(상여시)오
양반상놈 各等人士(각등인사) 俛首鞠躬(면수국궁, 고개 숙여 몸을
굽혀) 늘어선데
唐突(당돌)하게 들어선 이 그 누구리 許生(허생)이오

수인사도 아니 하고 單刀直入(단도직입) 입을 열어

「내 只今(지금) 稍繁(초긴)하게 用處(용처) 있어 請(청)하노니
많이 말고 萬金(만금)돈을 許諾(허락)하오」 한마디에
두말없이 卞富者(변부자)가 許生(허생)의 請求(청구)대로
五日(오일) 內(내)로 安城邑內(안성읍내) 等待(등대)하마 對答(대답)하니
안 놀란 건 두 사람뿐 滿座中(만좌중)이 눈이 둥글

許生(허생)이 그 돈으로 各色(각색) 果實(과실) 都買(도매, 도거리로 사들임)할 제
看色(간색)도 아니 하고 값 다툼도 아니 하니
天下(천하)의 果實(과실)장사 눈이 벍해(벌개, 벌겋게) 뒤덤비어
한 달이 다 못하여 열 倉庫(창고)에 가득 참에
萬戶長安(만호장안) 가가(家家) 위에 밤 한 알을 못 볼러라
開闢(개벽) 後(후)에 첫 일이라 全國(전국)이 뒤끓었다

그제야 天下(천하) 장사 倉庫(창고)가에 모여들어
코 흘리는 許生(허생) 前(전)에 「팔으소서」 哀乞伏乞(애걸복걸)
許生(허생)이 大笑(대소)하고 仰天歎息(앙천탄식) 하는 말이
「가이 없다 世上(세상)이어 萬金(만금)돈에 흔들릴 줄」
倉庫門(창고문) 활짝 열고 하루 안에 다 팔으니
값 다투지 아니코도 數萬利(수만리)를 얻었더라

一年(일년) 지나 왼 天下(천하)에 無前大變(무전대변) 또 일었다
망건 감투 할 것 없이 총물이란 총물 凶年(흉년)
豪富家(호부가) 새서방의 번쩍하는 장가 길에
아바지(아버지)의 낡은 망건 빌어 쓰는 야단이오
天下(천하)를 뒤높게 한 이 原因(원인)은 그 무엇고
許生(허생)이 濟州(제주) 앉아 총 都買(도매)를 함일러라

이때에 連年(연년) 饑饉(기근) 大小盜賊(대소도적) 蜂起(봉기)하니
그 中(중)에도 三南(삼남) 各官(각관) 人民安堵(인민안도) 못 할러라
나라이 힘을 다해 갖은 計策(계책) 다 써 보되

보람 없어 滿朝廷(만조정)은 밤낮 없이 근심이오
하루는 許生(허생)이 單身(단신)으로 賊窟(적굴)에 가
「묻노니 너희 무리 집과 안해(아내) 어데 두뇨」

盜賊(도적)들이 기이(奇異) 여겨 이윽하게 보듯더니
一齊(일제)히 대답 가론(이른바) 「부질없은 말이어라
집과 안해(아내) 있을진댄 왜 구태여 盜賊投身(도적투신)
三生(삼생)에 罪障(죄장) 짓고 萬民怨讐(만민원수) 되올것고
우리도 鑿井耕田(착정경전, 우물파고 밭 갈기) 良民(양민)에도 良民
(양민)으로
孝悌忠信(효제충신) 聖賢(성현)의 길 따르노라 하옵더니」

許生(허생)이 이말 듣고 길게 한숨 쉬온 뒤에
「애닯다 하늘 道(도)가 깨어진 지 오래고녀
躬耕力穡(궁경역색, 직접 농사지어 거둠)하는 天民(천민) 飢寒(기한)
에 부르짖고
優遊行淫(우유행음) 하는 무리 酒池肉林(주지육림) 하단 말가
長安萬戶(장안만호) 高樓巨閣(고루거각) 부인 房(방)이 왜 많으며
富者(부자)의 倉庫(창고) 속에 썩는 곡식 어인 일꼬

한편에는 늙은 總角(총각) 짝을 그려 울랴거늘
豪貴家(호귀가) 妾媵婢媵(첩잉비혜, 첩과 계집종) 靑春空房(청춘공
방) 무슴(무엇)일까
썩는 곡식 밥을 짓고 늙는 寡婦(과부) 몰아다가
늙은 總角(총각) 짝을 지어 부인 房(방)에 두고 지고
某月某日(모월모일) 너희 무리 某(모) 浦口(포구)로 올작시면
물 흐르는 金(금)돈 銀(은)돈 힘껏 둥껏 지어(지워) 주마」

盜賊(도적)들은 半信半疑(반신반의) 그날 그곳 모여들어
밀물 들기 기다리며 서로 공론하던 차에
돛 나리며 들이대는 네다섯 채 큰 당둘이(당도리)
許生(허생)의 弊袍破笠(폐포파립) 큰 뱃머리 썩 나서며

160

「이 속에 가득 찬 돈 너희에게 맡기노니
맘껏 힘껏 지고 메고 주린 설치(雪恥) 다 하여라」

땀 흘리는 盜賊(도적)무리 앞에 주룩 모아 놓고
「기껏 져야 一千金(일천금)이 없어 盜賊(도적) 되단 말까
내 將次(장차) 너희 무리 仙鄕(선향)으로 보낼지니
주리던 것 배껏 먹고 안해(아내) 얻고 소 사 끌고
아무 달 아무 날에 물때 맞춰 예 미치라」
盜賊(도적)들이 슈(영)을 듣고 돈 짐 지고 헤어지다

여기는 南洋(남양) 속에 四時長春(사시장춘) 無人絶島(무인절도)
濟州(제주)에도 늙은 사공 석 달 남아 배질한데
盜賊(도적)무리 五百餘名(오백여명) 順風(순풍)으로 下陸(하륙)하여
나무 찍어 집을 짓고 풀을 베어 밧닐우니(밭 일구니)
한 말 심거(어) 열 섬 나고 山菜海魚(산채해어) 다 함 없네
얼마 아녀(않아) 집집마다 아기 소리 들리더라

두 길 세 길 돌담 쌓아 넓은 世上(세상) 좁게 살고
門(문)마다 쇠를 잠가 밝은 天地(천지) 獄(옥) 삼는 줄
좀 먹다가 남은 낟알 쉬 쓴 고기 핥아먹고
쇠 조각과 헌겁(헝겊)으로 갖은 치레 야릇하게
웃기 울기 말을 조차 저울에다 뜨는 고생
미친 世上(세상) 지랄장이 가이없은 살림이나

단간 茅屋(모옥)이라 해도 半間淸風(반간청풍) 半間明月(반간명월)
쥐 니마(이마)에 좀 장난한 꽃동산은 없거니와
울어 蒼天(창천) 굽어 大地(대지) 그네의 마당이오
茂林(무림) 中(중)에 우는 百鳥(백조) 同樂(동락)하는 벗이로다
철찾아 새론 五穀(오곡) 이슬 맺힌 어린 나물
心身(심신)조차 淸閑(청한)하니 부러울 것 乾坤(건곤)이나

먹고 남은 물건을랑 日本(일본)에 실어내어

三年(삼년) 동안 장사한 것 幾十百萬(기십백만) 모르더라
하루아침 잔디판에 太平逸民(태평일민) 모아 놓고
許生(허생)이 입을 열어 「듣거라 동무들아
나는 오늘 이 섬 떠나 故國(고국)으로 가려하니
돌아가기 願(원)인 者(자)는 이 앞으로 나서거라」

「우리는 안 가랴오 이 極樂(극락)을 내어놓고
거치는 이 또 없음에 맘 난대로 즐길지니
우리는 이곳에서 아들 낳고 딸을 길러
질항아리 술 익거든 노래하고 춤추랴오」
許生(허생)이 빙긋 웃고 다시금 입을 열어
「귀담아 들으시오 申申付託(신신부탁) 이내 말을

얼마 아녀(아니하여) 이 나라에 妖物(요물)들이 생기리니
그 妖物(요물) 생기거든 집과 집에 싸움 나고
쌀독에는 피가 묻고 술항아리 깨어지고
노래하던 그 입에는 痛哭(통곡)소리 나리로다
그 妖物(요물)은 얼굴 곱고 말 잘하는 두 오누니(오누이, 오뉘)
올아비(오라비)는 돈이라고 그의 누이 글이로다

千年(천년) 묵은 구미여호(九尾狐) 神通(신통)하여 오누(뉘) 되니
동글동글 오불고불 各色(각색) 造化(조화) 능란하여
곧게 생긴 하늘 道(도)를 가로채어 휘어 씀에
되다 못된 病身(병신) 바보 英雄(영웅)되어 주적시고(주적거리고)
靈魂(영혼)에다 값을 매어(매겨) 萬物庾(만물유, 만물로 된 노적가
리)에 버리리니
「동글고불 千里萬里(천리만리)」 呪文(주문) 외며 把守(파수)하라

아들딸 낳거드란 논물에다 沐浴(목욕) 감겨
밧 귀자기(밭 귀퉁이) 버들 그늘 젖을 먹여 누일지니
지나가던 毒蛇(독사) 전갈 어이 돌아갈 터이오
자란 뒤에 손 발바닥 굳은살이 오르거든

162

굳은살은 太乙眞人(태을진인) 손소(손수) 그린 護身符(호신부)니
百病百鬼(백병백귀) 不侵(불침)하고 萬壽無疆(만수무강) 하오리라」

言罷(언파)에 그들 中(중)에 기억 아는 세네 사람
불러내어 배에 싣고 順風(순풍) 맞아 배 떠날 제
물가에 가물가물 손 혀기고(손 내젓고) 부르는 양
배 위에 사람들도 굵은 눈물 떠루(떨구)더라
하루 이틀 이어 順風(순풍) 두 달이 다 못되어
물속에서 솟는 해에 떠 나온다 故國 멧발(묏발, 산줄기)84)

이광수는 이 같은 장편 서사시 '허생전'을 발표한 후 동아일보에 장
편소설 '허생전'(1923. 12. 1 ~ 1924. 3. 21)을 도산이 지어준 '장백산
인'이란 호로 연재했다. 그리고 연재를 완료한 직후에 단행본 '허생전'
(時文社, 1924. 8)을 간행했다. '허생전' 연재를 앞두고 쓴 그의 작자의
말을 통해 집필 취지를 가늠해볼 수 있다.

허생은 기인(奇人)이다. 그는 초인의 지략과 통찰력과 의지력을 가진
초인(超人)이다. 그의 눈에 조선의 인민은 너무 무력하였고 조선의 국
토는 너무 협애(狹隘)하였다. 흉중의 왕양(汪洋, 바다와 같이 넓고 넓
은)한 경륜(經綸)과 울발(鬱勃, 기운이 왕성한 모양)한 불평을 펼 만한
천지가 없었다. 그가 하여 놓은 여러 가지 경천동지(驚天動地)할 위업
은 그에게는 식후의 일소견(一消遣)에 불과하였다.
그는 계급을 미워하고 계급제도를 기조로 하는 모든 사회조직을 미
워하였다. 그의 눈에 왕후장상(王侯將相)은 진구비강(塵垢秕糠, 먼지
섞인 쌀겨 찌꺼기)과 같았다. 아마 그는 장자류(莊子流)의 철학적 사상
을 가졌던 모양이다. 그는 3백 년 전에 벌써 공산주의 무정부주의적
사상을 가지고 또 이를 실행하였다. 그러나 그것도 그에게는 일장의
소견(消遣)거리였는지 모른다.

84) 『새별』 제16호(1915. 1. 5), pp.22 ~ 26, 許生傳(외배). 이광수는 장편 서사시
'許生傳(上)'을 발표하였으나, '새별'이 16호로 종간됨에 하편은 집필이 중단
되었다.

이러한 세계적 기인 허생의 행적(行蹟)은 근대 문호 박연암(朴燕巖)의 기경(奇驚)한 붓으로 '허생전'이라는 대문자가 되어 그의 전집에 실렸다. 그러나 한(恨)하건대 그것은 너무 간단하였다. 나는 허생의 사적(事蹟)에 대하여 어릴 때부터(自幼) 깊은 흥미를 가졌었다. 일찍 그를 재료로 한 편의 서사시를 '소년(少年)'에 발표한 일까지 있었다. 그러나 그것만으로 만족할 수가 없고 언제나 좀 자세한 그의 전기를 써보고 싶다고 생각하였다. 그러다가 이번에야 이 소원(素願)을 달하게 된 것이다. 그러나 내 졸렬한 붓이 내 간절한 동경의 말을 들을는지 그것이 근심이다.

허생이 사적(史的) 인물인지 또는 가공적 인물인지 나는 모른다. 그러나 허생이 우리 민족의 성격의 어떤 방면과 전통적, 민족적 이상의 어떤 방면을 대표하는 점으로 그는 어디까지든지 실재적 인물이다. 나의 유일한 의무는 그의 기상천외(奇想天外)의 모든 행동과 사업과 그의 큰 바다(大海)와 같은 흉우(胸宇, 흉중)를 가장 충실하게 기록함에 있다. 만일 그 일에만 성공한다 하면 독자 제위의 기대에도 과히 고부(辜負, 마음에 거슬림)함이 없을 것이다.[85]

---

85) 『東亞日報』(1923. 11. 28), 小說豫告 長白山人 作, 許生傳, 來月初旬부터 連載, 作者로부터. 여기서 이광수는 '朴淵巖'이라 잘못 표기하였고, 장편 서사시 '허생전'의 발표지는 '소년'이라고 했다. 이를 '朴燕巖'이라 바로잡았고, '허생전' 발표지는 '소년'이 아니라 아동잡지 '새별'임을 바로잡았다.

제3장 동경 2·8독립선언서와 상해 대한민국 임시정부

1. 제2차 동경 유학(와세다대학), 현상윤과 이광수

이광수는 동경으로 유학하여 대학에 입학, 고도의 전문지식을 습득하고 싶었다. 어느 날 이광수는 짚신을 신고 헌 두루마기를 입고 서울 광문회에 나타났다. 구두는커녕 고무신 한 켤레 사 신을 돈이 없어서 짚신을 신고 서울에 올라왔다는 사실로 이광수의 소탈한 풍모를 짐작할 수 있다. 광문회에서 송진우(宋鎭禹)를 처음 만났다. "이광수 군을 처음 안 것은 광문회(光文會) 당시다. 수표동(水標洞) 광문회에 그때 여러 뜻있는 사람들이 모일 때에 춘원은 짚세기(짚신)에 흰 두루마기를 입고 왔었다. 서로 인사하고 사귀는 사이에 재조(才操) 있는 분임을 알았다. 이 군이 그때 날더러 '동경에 더 공부 가고 싶노라' 하였다. 그 뒤 우리 그룹에서 중앙중학교를 맡게 되자 중앙학교 교비생으로 춘원은 동경으로 공부 가게 되었다."[1] 춘원은 송진우에게 동경 유학, 특히 대학 진학을 하고 싶다고 말했다. 영웅은 영웅을 알아본다는 옛말과 같이 지인지감(知人之鑑)이 있는 송진우는 춘원의 그 천재적 재능을 시골 학교 교사로 썩히는 것은 너무나 안타까워 동경 유학의 길을 열어주었다. 때마침 인촌(仁村) 김성수(金性洙)는 중앙학교를 인수·경영하

---

1) 『三千里』(1935. 6), p.55, 交友錄(宋鎭禹).

고 있었다. 송진우는 인촌에게 춘원의 동경 유학을 권유했고, 인촌은 이를 받아들여 중앙학교 교비생으로 동경 유학이 성사된 것이다.

이리하여 1915년 5월에 인촌 김성수의 학비 후원으로 재차 도일, 9월 30일 와세다대학(早稻田大學) 문학부 철학과에 입학했다. 이광수는 동경에 도착 즉시, 그러니까 대학 입학 직전에 '공화국의 멸망'을 집필, '학지광' 제5호에 발표하였다.

공화국의 멸망, 고주(孤舟)

우리가 자라난 촌중(村中)은 다 소공화국(小共和國)이러니라. 각각 엄정한 불문율(不文律)이 있어 이를 강행시키는 권력이 없어도 저마다 진정으로 지켜왔나니 가다가 혹 범하는 이가 있거든 엄이관(嚴而寬, 엄하고도 관대)한 그 제재(制裁)를 으레 받을 것으로 알았나니라. 이 나라의 헌법(憲法)에 조목이 없으되 조목이 없으므로 도리어 조목이 구비망라(具備網羅)하여 어떤 행위고 이 법망을 벗어나지 못하나니라. 이러므로 주권의 소재도 자못 미분명하나 그러나 그 국민은 무형한 신권(神權)의 실재를 넉넉히 인식하여 그네의 두려워함도 오직 이 신권이로되 한갓 두려워할 뿐 아니라 이 신권을 자부(慈父) 자모(慈母)와 같이 정들게 여기어 만일 그의 제재를 받을지라도 송구하는 맘과 함께 감사하고 희열하는 정이 있었나니 이 신권은 즉 우리 조상 대대로 여러 천년을 흘러내려 넋이 몸에서 떨어질 수 없음과 같이 이 신권은 곧 우리 몸과 떨어질 수 없는 것이라 하리로다. 우리 종교의 교리요 종족적 규약(規約)이요 가헌(家憲)이니 실로 이 속에 우리 선인의 인생관 사회관과 처세율의 모든 윤리적 규조(規條)와 안심입명(安心立命)하는 신오(神奧)한 철리(哲理)를 품은 것이리라.

이 공화국의 입권자(立權者)는 선거로 됨도 아니요 세습(世襲)으로 함도 아니요 그야말로 천명(天命)이 나림과 같으니 동중(洞中)에 가장 덕이 높고 연치(年齒) 많은 어른이 부지불식간에 그 주권자가 되는 것이라. 말하자면 인심이 그 덕을 바라고 모이어(모여)듦과 같으니 만사를 반드시 이 어른에게 물어서 하며 집에 맛 나는 음식이 있거든 먼저 이 어른에게 드리고 무슨 허물이 있어 이 어른의 책망을 받아든 무릎을 꿇고 손을 읍(揖)하여 진정의 눈물로써 하며 철없는 아이들이라도 이 어른의 말씀이어든 유유(唯唯, 예예) 복종할 줄을 알더라. 그렇다고 그 어른이 위(威) 있고 식(識) 있어 그러함이 아니라 그도 역시 호미 들고 도채(도끼) 메는 푸수한 농로(農老)언마는 다만 천진한 덕이 족히 사람을 감화하는 힘이 있음이니 이러다가 그 어른이 백세(百歲)하면 별로 회의도 여론도 없이 천명이 스스로 그 돌아갈 데로 돌아가 그 어른의 장식(葬式)에서부터 계승자의 사무를 보게 되나니라.

조목 없는 그 헌법을 가지 들어 말하기 어렵되 대강 그 중요한 것을 뽑으면,

1. 너희 몸은 조상에서 낳았고 너희 의식(衣食) 궁실(宮室)과 예의문물이 모두 조상의 주신 바니 조상을 사모하고 모두 조상 공경하여 잊음이 없을지어다.

2. 너희에게 몸에 손과 발이 달렸으니 이는 제 손과 발로 제 몸을 치라 함이라. 무슨 핑계로든지 남의 땀을 얻어먹는 이가 되지 말리었다.

3. 각각 몸가짐을 조심하여 가깝게 너희 부모의 아들 됨을 부끄럽게 말고 멀리 어질으신 조상의 후예 됨을 더럽히지 말리었다.

4. 부모 동기와 처자는 이르지 말고 일문(一門)은 한 피를 나눈 지체(肢體)와 같으니 마땅히 애련(哀憐)으로써 서로 돌아볼지며 인리(隣里, 이웃 동네)는 준일문(準一門)이라 일문과 같이 여길지면 설혹 일문도 아니요 인리도 아니라도 옷과 말을 같이하는 이는 모두 멀기는 멀어도 혈족은 한 혈족이며 또한 흥망성쇠에 휴척(休戚)을 같이함인즉 자별하게 눈물과 피로써 사랑할지어다.

이 네 가지가 아마 헌법의 정신일지니 어천만사(於千萬事)에 이 정신을 연역(演繹)할 것이라.

그러므로 이 국중(國中)에 불충불효가 나지 아니하며 주색잡기가 어찌 아니 하고 착정경전(鑿井耕田)에 배를 불리고 현가지성(絃歌之聲)이 예의를 빛나이니 이것이 일찍 근화강산(槿花江山) 군자국(君子國)의 찬송을 받던 옛 배달의 유풍이라. 그러나 이제는 깨어지었도다.

동네에 술집이 생기거늘 순풍(淳風)을 깨뜨린다 하여 금하면 이것도 영업이라 법률이 허하는 영업을 누가 금하랴 하며, 투전판을 열거늘 악습을 조장한다 하여 말라 하면 그대가 경관이 아니어든 금하는 권리

를 누가 주어하고, 갈보를 사다 놓거늘 옳지 아니하다 하면 이도 세납(稅納) 바치고 관허(官許) 맡은 것이니 네가 관령(官令)을 막을소냐 하며, 어떤 농부가 생업을 돌아보지 아니하고 주색에 잠기거늘 부로가 그러지 말라 하면 자유 세상에 어찌 남의 간섭을 하나뇨 하여 면면(面面) 청루(靑樓)요 촌촌(村村) 주사(酒肆)요 가가(家家) 투전에 전야(田野)는 거칠고저 하고 사회의 미풍은 터무니없이 깨어졌도다. 대저 어느 나라이나 어느 시대나 법령으로만 다스려지는 것이 아니라 기실 사회를 다스리어 가는 것은 무형한 사회적 도덕심과 유덕인사의 위엄이라. 각 개인에 공고 건전한 도덕심이 있으면 사회는 스스로 잘 다스려 가급인족(家給人足)하고 복서(福瑞) 충만할지니 소위 무송(無訟)에 이를지오. 각 개인이 이 지경까지는 못 갔더라도 사회가 그중 유덕한 인사에게 상당한 존경과 활동의 자유를 주어 야(野)에 있어 말로 행동으로 중민을 교화하게 하면 족히 건전한 사회도덕을 감발할 수 있을지라. 그러나 돌아보건댄 오늘 우리는 거의 도덕심이 다 없다 하리만큼 부패하고 사회에 유덕한 인사(없기도 하거니와 혹 있더라도)를 존경할 줄 몰라 그의 충고를 두려워한다든가 그의 덕을 흠모하는 맘이 없고 오직 경관에게 붙들리어 가지만 아니하면 옳은 일이어니 하게 되니 만일 경관의 눈만 벗어날 수 있으면 무슨 흉(凶)과 아무 악(惡)이라도 못할 것이 없게 될지라. 그리되면 사람마다에 경관 하나씩을 달아도 오히려 쓸어나는 죄악을 방알(防遏)치 못할지니 그 사회가 어찌 한심하지 아니하리오. 대개 법령은 소극적이라 이미 죄악을 범한 뒤에 이를 다스리는 능력이 있을 뿐이니 애초에 죄를 범치 못하게 하는 힘은 오직 도덕적 감화에 있고, 도덕적 감화는 교육과 민간 유덕인사의 존경에 있는지라. 혹 낡은 도덕이 이미 깨어지고 새 도덕이 서지 못함을 한탄하는 곳도 있으나 지금 우리 상태는 도덕이 깨어진 것이 아니라 도덕의 근원인 도의심이 어떤 원인으로 마비함이니 아마 동서고금에 문명국치고 오늘날 우리처럼 무도덕 상태에 있는 난민(亂民)은 다시 찾아보기 어렵우리로다.

아들이 아비에게 대하여 권리를 다투고 아이가 어른에게 향하여 평등을 설하며 제자가 스승을 고용으로 여기고 우리 도덕의 근기(根基) 되는 가정제도가 깨어지어 장차 종형매(從兄妹)가 혼인을 하려 들고 아우가 형수의 개가를 권하고 선비가 돈과 권력 앞에 무릎을 굽히니 아비도 없고 어른도 없고 사제(師弟)도 없고 친척도 없고 인리도 없는 세상이 그 무엇이리오. 아아, 우리는 피상적 문명에 중독하여 이 오래고 정들은 공화국을 깨뜨리었도다.[2]

이광수의 동경 유학은 항일 학생운동으로 시작되었다. 와세다대학 입학과 동시에 1915년 11월 10일 이광수 주동으로 비밀결사 조선학회를 조직했다. 이는 독립운동을 목적으로 하는 지하조직체이다.

조선학회(朝鮮學會)

본회는 1915년 11월 10일 이광수(李光洙, 甲號, 同下 上海 假政府員), 신익희(申翼熙, 元甲號, 上海 假政府員) 및 장덕수(張德秀, 東亞日報 主筆) 등의 발기(發起)와 노력으로 조직되었던 것으로서 그 목적은 조선에 관한 일반 학술연구를 하는 데 있다고 칭하나 일종의 비밀결사(秘密結社)라고 지목할 수 있는 것으로서 대개 비밀히 회합하고 그리고 새로 회원이 되려고 하는 자는 회원 2인 이상의 보증인이 있지 않으면 입회할 수 없는 것이다. 그리고 회합 석상에는 늘 과격한 언론을 농(弄)하고 공연하게 사무소도 설치하지 않으므로 주의 중이었으나 1918년 1월 27일 역원(役員)을 개선하였는데 1920년 6월 30일 현재에서는 간부는 다음과 같다.
　　간사 김철수(金喆壽, 甲號)
　　서기 전영택(田榮澤, 甲號)
　　서기 백남훈(白南薰, 甲號)
　　서기 김도연(金度演, 甲號)[3]

1920년 6월 30일 현재 동경 한국인 유학생 수는 총 682명이었다. 조

---

2) 『學之光』 제5호(1915. 5. 2), pp.9~11, 공화국의 멸망(孤舟). 이광수전집(삼중당)에 미수록.

3) 『韓國獨立運動史』, 권 2(국사편찬위원회, 1966), pp.652~653, 朝鮮學會. 여기서 '가정부(假政府)'는 대한민국 임시정부, '갑호(甲號)'는 'A급 요시찰인'이란 뜻이다.

선 유학생 대다수는 배일사상이 철저했다. 파리 강회회의에 동경 유학생 학생대표로 이광수를 파견하기로 결의하기도 했다. "재 유학생 중 배일(排日)의 급선봉으로서 또 주뇌자(主腦者)인 이광수(李光洙, 갑호), 현상윤(玄相允, 갑호), 정노식(鄭魯湜, 갑호) 외 수명은 동경에서 회합하고 미국 대통령이 성명한 민족자결주의는 우리들의 숙지(宿志)로서 크게 우리 뜻을 얻은 것으로 하고 이번의 강화회의를 이용하여 미국 대통령 원조하에 무엇이건 하는 바 있을 것 같으며 유학생으로부터도 대표자를 선출하여 미국, 서북 간도, 노령(露領, 러시아) 방면 및 상해 방면의 동지와 연락을 취하고 이를 강화회의에 보내려고 기획하여 학생 대표자로 이광수를 밀었다(그러나 상해 방면으로부터는 장덕수(張德秀), 노령 방면으로부터는 양기탁(梁起鐸)을 대표자로 파견하려고 한 것 같다). 이에 있어서 이광수는 1919년 1월 30일 북경에 간다고 칭하고 동경을 출발하였는데 뒤에 상해에 도착하여 동지 재류의 배일선인(排日鮮人, 반일 조선인)과 더불어 독립운동의 기세를 올리려고 조선인 집회 석상에서 교격(矯激)한 언사를 농하고 기타 불온한 인쇄물을 배포하는 등 반일사상 고취에 노력하고 또 일면 각 신문사(일본 신문사를 제외)를 역방하여 동정 성원을 구하였다."4)

현상윤과 이광수는 너무나 닮은 데가 많다. 나이는 춘원이 한 살 위이고 고향은 같은 고을 출신이다. 이광수(平北 定州郡 葛山面)와 현상윤(平北 定州郡 南面)은 같은 정주군 출신이다. 기당(幾堂) 현상윤(玄相允)은 육영학교(育英學校), 평양 대성학교, 경성 보성중학, 와세다 문학부를 졸업했다. 기당과 춘원은 같은 와세다 동창으로서 기당은 문학부 사학과 및 사회학과, 춘원은 철학과를 이수했다. 이광수는 1917년 7월 와세다대학 '특대생(特待生)'5)이었고, 이로써 같은 해 8월에 현상윤과 함께 조선총독으로부터 '성적 우등자 표창'6)을 받은 것이다. 이광수

---

4) 상게서, pp.647~648, 留學生.
5) 『學之光』 제13호(1917. 7. 19), p.84, 消息. "早稻田大學 文科 哲學科에 재학하는 李光洙 군은 特待로 진급하였다."
6) 『每日申報』(1917. 8. 23), 李光洙·崔斗善·玄相允 留學生表彰, "사상이 온

와 현상윤은 다 같이 인촌 김성수가 경영하는 언론·교육 사업에 참여했다. 이광수는 동아일보 편집국장으로서 보성전문(普成專門) 교가를 작사하였고, 현상윤은 중앙고보 교장, 해방 후에는 고려대학교 초대 총장으로 근무했다. 6·25 전란을 당하여 두 사람은 동시에 납북(拉北)되어 일생을 마감했다.

이광수는 오산학교에서 4년간 봉직하고서 1913년 11월 잃어버린 나라를 되찾을 '힘'을 찾기 위하여 정처 없는 대륙 여행을 떠났다. 바로 이때 와세다 재학 중인 현상윤은 춘원을 그리워하는 편지를, 그것도 받아볼 수 없는 편지를 남겼다.

이광수 형에게

사랑하는 고주(孤舟) 우리 형이시여!

아우는 시일(時日)까지 학기시험을 다 마치고, 학생의 버릇이라 기쁘기도 하여, 오늘 아침은 늦도록 이불 속에서 따뜻한 맛으로 분외(分外)의 안한(安閒)을 즐기다가 지금 아홉 시 종소리를 들으면서, 쇠같이 찬 옷을 추어입고 오늘 신(申) 군이 떠나간다고 김 군에게 주의시킨바 되어 추위에 엄습된 몸을 책상에 기대이면서 붓을 들어 사랑하는 애형(愛兄)에게 한마디 문안을 올리려 하나이다.

형님이 오산(五山)으로 돌아왔다는 말씀은 일전 경성으로 오는 송진우(宋鎭禹) 형에게 대강을 들었나이다. 여보 형님! 세상사가 이러하구려. 이웃집 사람보다 내 집 사람이 더 사랑스러운 것과 같이 직접 관계가 적은 먼 지방이 나서 자란 고향산천만치 정답지 못한 것이올시다. 형의 오산이야 워즈워드의 컴벌랜드(Cumberland)에 조금이나 다름이 있사오리까. 물론 형의 벗이 여기에 있고 형의 가족이 여기에 있는 것만이 그 까닭이 아니오리다. 슷겨(새겨) 생각하니 형은 서선(西鮮)의 청년 문학자(나는 형을 시인으로 소설가로 평소에 비평하여오는 터이지오)로 서방(西方) 산천의 숭엄한 미(美)와 장려(壯麗)한 참(참)에 그 관계가 있는 줄로 생각하나이다. 써, 형은 어떻게 생각하나이까?

건하고 품행이 방정하여 본 학년 시험에 우등의 성적을 거두었다"고 표창 이유를 밝히고 있다.

아무려나 이즘(이즈음)은 어떻게 지내나이까. 멀리서 달리는 생각이 적지 않소이다. 말만 한 재직방(齋直房)이라도 근간은 또다시 집 배포(配布)를 버렸나이까. 지금부터 4년 전(?)에 형을 왕방하였을 때 그 조그마한 재직방에서 형님과 아주머니의 따뜻한 접대로 이틀 동안 집비둘기 요리까지 얻어먹던 생각이 어제같이 기억되옵니다. 그러나 그때 가정의 신산(辛酸)으로 말미암아 형님의 허허 웃는 웃음 사이로 형용 못할 비애와 탄원이 조금씩 뿜어 나오든 일을 또 어찌 아우가 잊었사오리까. 아아, 세상이 냉랭하기도 하고 무정하기도 하구려! 형님 한 몸이 그리 크지는 않지마는 받아서 용납하여주는 사회가 전혀 없는 듯하구려. 형님은 전신이 도무지(都是) 한 조각 정(情)이라 이런 냉박(冷薄)한 세상의 찬 맛을 직접 누려 받는 형님 자신이야 어떠한 슬픔과 불평에 오리까.

슬프다. 일찍이 나서 부모의 따뜻한 사랑도 오래 받지 못하고 남과 같이 좋은 옷 좋은 밥에 풍요의 고마운 맛도 볼 수 없고, 유년(幼年)에 외로이 인정풍속(人情風俗)이 형이(逈異, 아주 다른)한 해외 일월(日月)에 부평초같이 방랑하다가, 높은 뜻과 뜨거운 가슴으로 동족을 위하여 동서로 혹은 남북으로 분주치빙(奔走馳騁)하였으나, 무심하다 이 세상은 이렇듯 고독한 형에게 향하여 어떠한 대우를 주었던고! 풍타우세(風打雨洒, 바람이 치고 비에 씻기는)에 한 칸 띠집(茅屋)도 형을 위하여 피폐(被蔽, 가리다)하는 은혜를 베풀지 못하였고, 월래화소(月來花笑, 달 뜨고 꽃이 웃는)에 영척(盈尺, 한 자)의 가정도 형을 위하여 합환(合歡)하는 즐거움을 주지 못하였었구려.

그러나 형은 조금도 나쁘다 원통하다고 세상에 향하여 꾸짖거나 차탄치 않는 듯하더이다. '되는대로 사지요' 하는 것이 온갖 근심을 벗어나서 홀로 안위의 세계를 창조하는 고백인가 하노이다. 그러나 세상에서 형님의 작물(作物, 작품)을 재미있게 독잡(讀匝, 두루 읽음)하는 것은 시라든가 소설이라든가에 충일하는 것이 모두 형님의 라이프를 표백(表白)하지 않음이 없는 때문에 오리다.

아지 못하거니와 지난번의 참 의의(意義)를 자세하게 해석하는 이가 과연 그 누구런고. 형은 나를 모르는지 알 수 없으나 나는 형의 심중(心中)을 잘 아노라(알아왔노라고) 자랑하기를 꺼리지 않는 바로라. 형은 나보다 연령상으로 불과 1년 위이나 그러나 나는 일찍이 형을 선생으로 사모하여온 적이 오랬노라. 형이 일본으로 처음 돌아오는 해 여름에 형을 만나기 위하여 일부러 오산을 찾아가(무론 그때 오산학교 졸업식도 있었으나) 형을 만나보고 나는 위에 없는 기쁨으로 집에를 돌아왔더니, 그 후 3, 4년 후에 형님이 평양을 내력(來歷)할 때 윤성운(尹聖運) 집(?)에 형을 왕방하였더니 형은 벌써 이때 나를 잊었더이다(나는 물론 熟面으로 찾아갔는데). 그러므로 나는 다시 형에게 재차 인사를 청하였나이다. 이렇게 하여 가지고야 형님과 아우의 사이에 교의(交誼)가 비로소 열리게 된 것을 나 한 사람이나 알았지 형님도 모르오리다. 그 후 송경(松京, 고려 서울 개성)을 지나는 중에 엽서로 보내신 형의 한문시 한 수를 받아볼 때에 아우의 가슴속에 밀려 오르는 기쁨을 무어라 형용하면 좋았을넌지요. 그러나 아직도 아니 지금도 형님은 내 마음을 아는지 모르는지가 의문이오구려. 무론 그동안에 아우를 소개하기 위하여 마음에 없는 달갑지 않은 칭예(稱譽)란 것도 많이 하여주신 줄을 모름이 아니올시다. 그러나 아직껏 아우를 심허지우(心許之友, 참마음으로 허락하는 벗), 지기지우(知己之友)로까지 아시는지가 의문이올시다 그려. 봉가(奉呵, 꾸지람을 받음) 봉가.

형님의 '동정(同情)'(청춘, 1914. 12)과 '새 아이'(청춘, 1914. 12) '상해(上海)서'(?)는 '청춘' 3호의 소개로 재미있게 깊은 임독래순(臨讀來詢, 책을 읽어보고 묻는다)으로 익히 보았나이다. 신 군은 온갖 방면으로 보아도 아깝게 돌아가는구려. 학교도 좋아 재조도 있어 향학(向學)의 열성도 남만치 있어 심지(心志)와 이상(理想)도 좋은 친구가 돌아가게 되니 아아, 동경역문(東京驛門)에서 눈물을 뿌리면서 하나는 서으로 하나는 동에 서로 나뉠 때 아우의 안중이 어떠하였을까요. 참 아깝습니다. 일본을 온다기로 군만치 자면자려(自勉自勵)하는 사람이 어찌 몇 사람이나 되나이까. 또한 최근에 군은 사상상 대개혁이 일어나서 밤낮으로 고민하고 번분(煩奮)하다가 이제 장지(壯志)를 중도에 멈추고 분하게 돌아가는 군의 마음은 어떠할까요. 아아 돈아! 금(金)아!

이즘은 이곳도 매우 추워졌습니다. 아마 그곳은 대단할 것이겠지요. 아무려나 형님은 자애자중(自愛自重)하소서. 다시금 비노니 형님의 몸은 결단코 가벼운 몸이 아니라 십분 청년 위하여 진중(珍重)하소서. 쓸 말은 산 같으나 시간의 견제를 받아 망양으로 본향구(本鄕區)를 향하여 가면서 두어 마디 올리나이다.

갑인(1914) 12월 20일 정오에 동경에서7)

춘원과 기당 양인은 언문일치(言文一致)의 문장을 사용했다. 고종이 갑오경장(1894)을 단행하면서 "모든 법률과 명령을 국문으로 본(本)을 삼고, 한역(漢譯)을 부(附)하며, 혹은 국한문을 혼용하라"는 칙령을 발포하자 국한문 혼용이 공식 행해지기 시작했다. 그러나 1910년대까지만 해도 각종 신문에는 현토식(懸吐式) 한문체(漢文體) 문장이 지배적이었다. 이에 대해 김민수(金敏洙)는 '한국어학사'(하)에서 "언문일치운동은 1894년에 발포된 고종황제의 칙령에서부터 비롯된 것이며, 국한문 또는 순국문체가 사용된 사민필지(士民必知)와 서유견문(西遊見聞)이나, 당시의 교과서, 독립신문, 조양보(朝陽報), 황성신문(皇城新聞), 제국신문(帝國新聞) 등이 곧 영향을 끼쳤고, 1881년에 시작하여 1900년에 완역된 '성경'도 도움이 되었다. 국문전용운동과 밀접했던 이운동은 1896년 이후 창가(唱歌)의 창작이 유행하기 시작했고, 그 뒤에 1906년 이인직(李人稙)의 '혈(血)의 누(淚)'를 시발로 하여 신소설이 와짝 융성해진 무렵이 한 고비였을 것이다."8) 여기서 춘원과 기당은 다 같이 현토식 한문체 문장을 탈피하고 국한문 혼용체 문장을 확립했다는 것이다.9)

첫째, 춘원의 최초의 단편 '무정(無情)'(대한흥학보, 1910)과 기당의 '한(恨)의 일생(一生)'(청춘, 1914. 11)에서 국한문 혼용체 문장임을 확인할 수 있다.

六月(유월) 中旬(중순) 찌는 듯한 太陽(태양)이 넘어가고 안개 같은 水蒸氣(수증기)가 萬物(만물)을 잠가, 山(산)이며 川(천)이며 家屋(가

---

7) 『小星의 漫筆(草稿文集)』(日本 東京에서, 1914. 12, 고려대학교 도서관 소장); 『幾堂 玄相允全集』(나남, 2008), (5) 문학편, pp.146~149, 李光洙兄에게. 소성(小星)은 현상윤의 동경 유학 시(1914)의 아호임.

8) 『한국문화사대계』, V, p.579.

9) 金基鉉, 『韓國文學論攷』(一潮閣, 1972), pp.150~151.

옥)이며 모든 물건이 모두 半(반)이나 녹는 듯 어두운 帳幕(장막)이 次次(차차) 次次(차차) 내림에 끓는 듯하던 空氣(공기)도 얼마큼 식어가고, 서늘하고 부드러운 바람이 빽빽한 밤나무 잎을 가만가만히 흔들어서 밤에 바삭바삭하는 소리가 난다.

處所(처소)는 博川松林(박천송림), 朦朧(몽롱)한 月色(월색)이 꿈같이 이 村落(촌락)에 비치었는데 기와집에 舍廊門(사랑문) 열어놓은 生員任(생원님)들은 濛濛(몽몽)한 쑥내로 蚊群(문군)을 防備(방비)하며 어두운 마루에서 긴 대 털며 쓸데없는 酬酌(수작)으로 時間(시간)을 보내나, 피땀을 죽죽 흘리면서 田畓(전답)에 김매던 가난한 農夫(농부)와 행랑 사람이며, 풀 뜯기와 잠자리 사냥에 疲困(피곤)한 兒童輩(아동배)는 벌써 世上(세상)을 모르고 昏睡(혼수)하는데, 이 村中(촌중) 中央(중앙)에 있는 四五(사오) 채 瓦屋(와옥) 뒷문이 방싯하고 열리더니, 그리로 二十歲(이십세)나 되었을 만한 젊은 婦人(부인)이 왼편 손에 자그마한 沙器甁(사기병)을 들고 나온다.10)

머리에는 다 떨어진 學生帽子(학생모자)를 눈 깊이 눌러쓰고, 몸에는 襤褸(남루)한 黑色(흑색) 木棉(목면) 두루마기를 이리저리 기워 입었는데, 찬바람에 툭툭 터진 그의 손목에는 거뭇거뭇 기름때가 껵지(껵지)로 붙어 있고, 二三寸(이삼촌)이나 되도록 깎지 못하여 帽子(모자) 뒤로 담뿍 늘어진 머리털에는 누런 띠끌(티끌)이며 검불이 꾀죄죄하게 들어붙어 있으나, 血色(혈색)에 불그스름하게 물이 든 그의 이마에는 어디인지 여러 해 동안 愁心(수심)과 苦生(고생)에 겪어온 悲慘(비참)한 歷史(역사)를 새겨서 보이고, 銳敏(예민)하게 돌아가는 그의 검은 눈에는 아무리 막으려 하여도 막아지지 않는 怒(노)염과 忿氣(분기)가 이제라도 밀려나올 듯이 등등하게 보이는 나이 二十二三歲(이십이삼세) 됨직한 强壯(강장)한 靑年(청년)이라.11)

이광수는 1917년 1월 '무정'을 매일신보에 연재하기 시작했다. 그것도 순국문, 즉 한글전용으로 집필했다는 점에서 한국 신문학의 효시로

---

10) 『大韓興學報』 제11호(隆熙4年(1910) 3月 20日), pp.38∼44, 無情(孤舟).

11) 『小星의 漫筆』, 恨의 一生 序頭의 一節; 『靑春』(1914. 11).

평가되고 있다. 6월에 연재를 끝낸 지 5개월 만인 11월에 두 번째 장편소설 '개척자'를 연재하기 시작했는데 이는 국한문 혼용체로 집필했다. 어쩌면 신문학운동의 일보 후퇴라는 생각이 들 정도이다. 이광수는 구어체 문장을 쓰려는 흔적이 엿보인다. 아무튼 '무정' 연재를 기화로 한국 소설의 한글전용화의 큰 계기가 마련되었다는 점에서 신문학 발달에 획기적 전기가 된 것이다. 박계주(朴啓周)는 이광수야말로 한국 문학사에 있어서 최초의 언주문종(言主文從)의 문장을 확립한 위대한 선구자라고 칭송하고 있다. "그러나 우리가 유의할 것은 당시의 춘원 선생의 문장이 그 당시에는 가장 선구적이요, 혁명적이요, 가장 현대화한 참신한 문장이었다는 것을 잊어서는 안 될 것이다. 문주언종(文主言從), 즉 한문(漢文)만으로 행세하던 때에 육당 등과 더불어 언문일치인 언주문종의 문장을 들고 나왔다는 업적에 대하여 우리는 경하하고 찬양하기에 인색할 수는 없다. 육당보다도 춘원의 문장이 더 유려한 구어체였다는 것은 자타가 공인하는 바일 것이다."12)

둘째, 서술 위주의 문장을 써왔던 당시의 상황에서 춘원과 기당은 단편소설에서 처음으로 묘사체 문장을 시도했다는 것이다. 비록 두 작품 사이에는 4년의 시차가 있지만 완전한 언문일치 문장에 접근하고 있음을 알 수 있다. 셋째, 춘원과 기당의 작품에서는 표현 어휘가 일상어라는 점이다. 춘원의 경우 개화기를 반영하는 단어들이 등장하는 일이 있다. 일상용어도 생경한 면이 없지 않다. 가령 문군(蚊群, 모기떼), 방비(防備, 막다), 아동배(兒童輩, 아이들), 혼수(昏睡, 깊이 잠들다), 와옥(瓦屋, 기와집) 등 부자연한 말들이 허다히 많다. 이에 비해 기당은 조사(措辭)에 있어 어색한 면이 아주 없는 것은 아니지만 춘원보다 구어체 문장을 매끄럽게 묘사하고 있다. 넷째, 춘원과 기당은 종결어미(終結語尾)의 혁신을 단행한 점이 돋보인다. 개화기 이래로 어미, 즉 '이라, 더라, 노라' 등 시제형(時制形) 어미를 아무런 자각함이 없이 사용해왔기 때문에 조선시대의 언문소설의 테두리에서 크게 벗어나지 못한

---

12) 『李光洙全集』(三中堂, 1963), 권 14, p.553, 短篇에 關하여, 解說(朴啓周).

면이 없지 않다. 춘원과 기당은 과감하게 현재형 어미, 즉 '한다, 이라'를 처음으로 시도한 것이다. 이는 문장 서술 방식에 큰 변혁이 아닐 수 없다. 이와 같은 '더라' 식 어미를 탈피하고 과감하게 '한다, 이라' 식 어미를 채택함으로써 수사학적 문장 표현 방식에 큰 변화를 보이고 있다. 오늘날과 같이 '하였다' 식 과거형 어미로 정착된 것은 1920년대 초이다. 다섯째, 지문(地文, 바탕글)과 대화의 구별을 볼 수 있다. 조선시대의 언문소설에는 지문과 대화를 구별하지 않고 연속 기록하고 있다. 신소설에는 '박 참봉', '점순' 등 화자 표시가 되어 있다. 여섯째, 재래 문장은 너무 수다스럽고 지루한 만연체(蔓延體) 문장이 주류를 형성하고 있지만 춘원과 기당의 경우에는 간결체 문장이다.[13]

　김우종(金宇鍾)은 3인칭 '그'를 최초로 사용한 이는 김동인이 아니라 춘원이라고 주장했다. "동인은 영어의 'He'나 'She'에 해당하는 우리말로 '그'라는 단어를 최초로 확립한 이는 자기 자신이었다고 말하고, 그 당시의 자기의 용기를 회고하면, 지금도 장쾌하다고 언급한 바 있다. 그러나 실은 그보다 앞서 나온 춘원의 장편 '무정' 속에는 이미 도처에 '그'라는 대명사가 수두룩이 쏟아져 나오고 있는 것이다. 그 당시에 생동하는 구어체 문장을 확립하고 언문일치의 선구적 역할을 한 이는 다름 아닌 춘원이었다."[14] 백철(白鐵)도 영어 'He, She', 일본어 '彼氏, 彼女' 등 3인칭을 성별을 가리지 않고 통틀어 '그'라고 최초로 표기한 문사는 김동인이 아니라 춘원이라고 정의하고 있다.[15]

　김용직(金容稷)도 김동인이 최초로 3인칭을 사용한 것과 문체개혁을 주도했다는 주장을 전면 부인하고 있다. 김동인은 '춘원연구' 서장 부분에서 춘원을 이인직 다음에 나타난 한국 근대소설의 선구자라고 말하고는, 정작 본론에서는 단서도 없이 이를 부정해버린 것이다. 또한 그의 '한국근대소설고'에서는 그 자신이 문체개혁을 주도하였고, 이를

---

13)　金基鉉, 『韓國文學論攷』, pp.152～156.

14)　『서울신문』(1963. 11. 15), 春園 그 文學, 그 思想(金宇鍾);『白民』(1948. 5), pp.10～11, 亡國人記(金東仁).

15)　김현 편, 『李光洙』(文學과 知性社, 1977), p.46, 春園 李光洙의 生涯(白鐵).

통해 구어체 문장을 도입한 선두주자라고 역설하면서, '더라' 식 어미를 그가 '었다, 겠다'로 고친 것이라고 주장하고 있다. 그러나 김용직은 김동인의 이 두 가지 주장을 전면 부인하면서 이는 김동인이 아니라 이광수의 선구적 업적이라고 평가하고 있다.

한 등장인물을, 그것도 작품의 주인공이 아닌 부수적 인물을 그리되 이처럼 사실적으로 묘사한 예는 고전소설은 말할 것도 없고 이인직(李人稙)이나 이해조(李海朝)의 작품에서 찾아볼 수가 없는 것이다. 신소설에도 물론 인물의 묘사가 나온다. 그러나 그 정도로 보아서 이렇게 생생한 느낌을 독자에게 주는 문장은 거기서 찾아내기 힘들다. 뿐만 아니라 이미 몇 사람에 의해 지적된 바와 같이 문장의 획시기성으로 보아 '무정'은 참으로 주목되어야 할 작품이다. 위의 인용으로 명백해지는바 김동인이 처음 개척한 것이라고 한 3인칭 대명사 '그'는 사실 춘원이 먼저 쓴 것이다. 신소설에도 종결어미 '-다'와 '-이다'의 사용 예가 더러 나온다. 그러나 그보다 거기에는 '-라'와 '-더라'가 더 많이 쓰여 있다. 그런 점 전자가 유동 상태의 것이었다고 할 수 있는 데 반해 '무정'에서는 '-다' 형 종결어미가 뚜렷이 제자리를 잡게 되었다.16)

한국 문학사상 이광수는 1914년 시베리아 방랑 시 권업신문(해삼위)과 대한인정교보(치타)의 기고문에서 1인칭 '나', 2인칭 '니(너)', 3인칭 '그네', '그대네', '그들', 그리고 접속사 '그러나' 등을 최초로 사용하고 있다. 문장은 언문소설식 고어체로 씌어 있다. 가령 "주먹에 춤 밧아 주이고"는 현대말로는 "주먹에 침 받아 쥐고"이다. 이와 같이 이광수는 '무정'(1917) 3년 전인 1914년에 이미 1, 2, 3인칭 대명사와 접속사 '그러나'를 최초로 사용함으로써 한국 문학사상 획기적인 선구적 업적을 이룩한 것이다.17)

16) 『제7회 춘원연구학회 학술대회: 춘원의 전기와 텍스트 분석』(2013. 9. 28), pp.1~12, 춘원연구의 논리와 실제: 연구자의 시각으로 본 춘원론들(김용직).
17) 『勸業新聞(海蔘威)』 4회 연재, 제100호(1914. 3. 1)~제103호(1914. 3. 22), 독립 준비하시오(외배); 『대한인정교보(치타)』 제11호(1914. 6. 1), 재외 동포의 현상을 논하여 동포교육의 긴급함을(배).

이광수는 1917년 6월 매일신보에 '무정' 연재를 끝내자마자 매일신보 특파원에 임명되어 충남, 전북, 전남, 경남, 경북의 오도답파(五道踏破)여행길에 올랐다. 그리고 9월까지의 답파여행기를 매일신보에 연재했다. 11월에 동경으로 돌아오자마자 두 번째 장편 '개척자'를 매일신보에 연재하면서 매월 원고료 20원을 받고 있었다. 한편 최두선, 현상윤, 김여제, 이광수 등과 함께 와세다대학 하기 시험 성적이 우수하여 우등상을 받았다. 이처럼 이광수의 문명(文名)이 절정에 달했을 때 논문 '우리의 이상'을 '학지광'에 발표, 원대한 민족적 이상을 세워 이를 실천함으로써 독립대업의 웅도를 성취할 것을 역설하고 있다. 그런데 여기 주목되는 점은 논문 말미에 원고 집필 날짜를 일본 연호(大正6) 대신 서기로 '1917. 11. 14. 밤'이라고 명기하였다는 사실이다. 이는 바로 그의 독립정신의 발로라고 판단되고 있다. 결코 일본 연호를 쓰지 않겠다는 항일 의지의 발현인 것이다.

우리의 이상, 이광수

1. 세계문화사상의 조선족의 위치

나는 정치사상의 조선족의 위치를 말하려 아니 하오. 어떤 민족의 역사상의 위치를 말할 때에는 정치사적과 문화사적의 2종이 있겠지요. 가령 칭기즈칸(成吉思汗)의 창건한 몽고(蒙古)제국은 정치사상으로 혁혁한 위치를 가졌다 하더라도 문화사상으로 거의 아무러한 위치도 가지지 못하였고, 그리스(希臘)는 정치사상에서는 전자만 못하다 하더라도 문화사상으로는 전무후무한 혁혁한 위치를 점령한 것이외다. 무론 정치를 배경으로 하지 아니한 문화의 발달이 없겠지요. 가령 세계문화의 근원이라 일컫는 그리스의 아테네도 그 문화가 최절정까지 발달된 것은 그 해군이 페르시아(波斯)라는 강적을 살라미스 만에서 깨뜨리고 전 그리스 여러 나라의 맹주가 되었던 페리클레스 시대인 것을 보더라도 문화의 발달은 정치적 배경을 요함을 알 것이외다. 만일 그번 페르시아 군을 깨뜨리는 대신에 페르시아 군의 깨뜨린 바가 되어서 문화의 요람이던 아테네가 야만 된 페르시아 군의 수중에 들었던들 지금 우리

가 보는 듯한 그리스 문화는 발생하지, 또는 성숙하지 못하였을는지도
모를 것이외다.

그러나 그렇다고 반드시 문화는 정치의 종속적 산물이라 할 수도 없
고 따라서 어떤 민족의 가치를 논할 때에 반드시 정치사적 위치를 판
단의 표준으로 할 것은 아닌가 합니다. 만일 저 로마제국과 같이 정치
적으로나 문화적으로나 다 같이 우월한 지위를 점할 수 있다 하면 게
서 더 좋은 일이 없건마는, 그렇지 못하고 만일 두 가지를 함께 얻을
수 없을(不可得兼) 경우에는 나는 차라리 문화를 취하려 합니다. 정치
적 우월은 그때 일시는 매우 혁혁하다 하더라도 그 세력이 쇠하는 동
시에 아침 이슬과 같이 그 영광도 스러지고 마는 것이로되 문화는 이
와 반대로 그 당시에는 그대로록 영광스럽지 못한 듯하나 영원히 인류
의 은인이 되어 불멸하는 영광과 감사를 받는 것이외다. 소향(所向)에
무적하게 천하를 유린하던 칭기즈칸의 대제국보다도 우리는 도리어 고
양이 이마(猫額)와 같은 아테네 성을 찬송하지 아니합니까. 국가나 민
족만 그러한 것이 아니라, 개인도 또한 그러합니다. 진시황(秦始皇)이
나 항우(項羽) 같은 이보다도 우리는 도리어 누루연(累累然, 겹쳐 쌓
인 모양) 집 잃은 개와 같은 공성(孔聖)을 더욱 찬양하며, 로스차일드
나 카네기보다도 뉴턴이나 에디슨을 더욱 찬양하지 아니합니까.

이러한 견지에 서서 나는 조선 민족의 문화사상의 위치를 보려 합니
다. 조선사(朝鮮史)는 아직 의문에 속한 것이니 외국인이 쓴 것은 각
각 자국에만 이익 있게 쓴 것임에 거신(據信)할 수 없고, 조선인이 쓴
것도 세상에 전하는 것은 자국인의 저서와 설(說)을 신용하기보다도
외국인의 것을 신용하여서 쓴 것임에 이 역시 거신할 수 없고, 근래에
일본학자 중에 조선사를 연구하는 이가 없지 아니하나, 첫째는 뇌호불
발(牢乎不拔, 견고해서 빼낼 수 없음)할 일종 편견이 있음과, 둘째는
조선사를 독립한 연구 제목으로 잡아 일생을 바칠 만한 가치를 인정치
아니하고 동양사의 일부분으로, 일본사의 일 고증으로, 또 학자의 일
호기심으로 연구하는 것임에 그 소설(所說)에 상당한 존경을 표한다
하더라도 거연(遽然, 문득)히 신빙할 수 없으며, 당자 되는 조선인은
더구나 조선사에 대한 정성을 결여하여 당초에 연구할 생각도 아니 하
거나, 설혹 한둘 독지가가 있더라도 신사학(新史學)의 기초되는 지식
이 결핍하고 과학적 연구방법에 전연히 암매(暗昧)하여 다만 고서(古

書)나 읽고 거기 있는 대소 사실을 암기하는 것으로만 능사를 삼으니 이러한 현재 상태에 있어서는 각기 조선사 연구자가 되기 전에는 진정한 조선사를 보기 어렵고, 또 조선 민족의 전성시대라 할 만한 삼국시대의 모든 문화는 경주의 누루(累累)한 석공품(石工品) 외에는 전연히 멸망하였고, 누차 내외의 병화에 사적(史籍)조차 회신(灰燼)에 돌아갔으니 금후도 완전한 조선사를 얻기는 어려울 것이외다.

이렇게 우리는 진정한 조선사를 보기가 어려우니까 아직도 조선 민족의 역사적 위치를 확적(確的)히 판단할 시기외다. 그러니까 조선 민족이 4천여 년의 과거에 세계문화에 어떠한 공헌을 하였는지도 적확하게 알 수는 없고 다만 현재 세상에 행하는 사승(史乘)을 빙거로 하여 임시적 판단을 할 뿐이외다.

삼국시대의 문화가 일본 문화에 큰 영향을 미친 것은 사실이나 그것 하나로 조선 민족이 세계의 문화에 공헌한 것이라고 할 수는 없습니다. 지나(支那, 중국)민족은 지나 자신의 역사를 문화로 채우고 조선과 일본에 그 여파를 미쳤으며 어떤 점으로 보아서는 서양문화에도 영향을 주었나니 활판술, 화약 같은 것도 그것이외다. 인도민족도 독특한 문화를 산(産)하여 지나와 조선과 일본과 기타 아시아 여러 민족에게 다대의 문화의 선물(善物)을 주었고, 근대에 이르러서 그 철학과 종교의 심오한 사상은 더욱더욱 서양인의 주목하고 연구하는 바 되어서 차차 인도문화의 영향이 동양 여러 나라를 초월하여 세계적이 되어갑니다. 지금은 아주 말 못 된 유대족(猶太族)도 기독교를 산하여 전 인류의 4분의 1을 교화합니다.

최근에 이르러서 일본은 태서(泰西)의 문화를 수입하기에 성공하여 아시아 전체의 문화의 도사(道師)의 지위를 얻었고 장차는 동서 문화를 융합하여 독특한 신문화를 조성하여서 금후의 그리스가 된다고 자임(自任)도 하고 노력도 합니다. 어떠한 청년을 만나든지 그네는 '동서 문화의 융합'으로 일본의 이상을 삼는다고 합니다. 소위 20세기 금일의 찬란한 문화는 그리스에 근원을 발하여 로마에서 대성하였다가 르네상스에 부활하여 17세기에는 영국에서 자라고, 18세기에는 프랑스에서 자라고, 19세기에는 독일서 자라서 금일에 이르렀습니다. 그러므로 한족(漢族), 인도족, 그리스족, 로마족, 영국인, 프랑스인, 독일인, 일본족 등은 다 세계의 문화사상(文化史上)에 영광스러운 지위를 가진 것이니 이러한 의미로 보아서 우리 조선족은 세계문화사상에 거의 아무 지위도 없다고 하여 가합니다. 그렇게 방대한 세계사상에 한 페이지도 차지하지 못한 내 신세를 생각만 하여도 눈물지는 일이 아니오니까.

2. 조선 민족 생존의 가치

만일 이만하고 말 것이라 하면 조선 민족에게는 존재의 가치가 없습니다. 4천 년의 역사가 결코 자랑할 것이 못 되니 저 제일 보기 싫은 산이나 바위들은 수백만 년의 역사를 가졌습니다. 그렇다고 그것이 무슨 자랑할 것이오리까. 설혹 과거 5백 년간에 사서오경(四書五經)과 제자백가(諸子百家)라는 지나의 경전(經典)을 왼통 몇 만 번 읽었다 하더라도 그것은 조선 민족에게 존재의 가치를 주는 것이 아니며, 소중화(小中華)라는 칭호를 듣고 주자학파(朱子學派)의 철학을 완성하였다 하더라도 그것이 존재의 가치를 주지 못합니다. 도리어 경주의 석불(石佛)과 강서고총(江西古塚)의 벽화와 노암퇴계(老菴退溪) 같은 어른들을 왼통 모도와(모와) 쌓아놓은 것이 조선인에게 존재의 가치를 주는 것이외다.

어디로 보든지 우리는 과거에는 세계문화에 아무것도 공헌한 것이 없고 현재 무론 과거만도 못하다고 보는 것이 가장 정당하고, 그리고 만일 조선 민족이 존재의 가치를 얻을 여망(餘望)이 있다 하면 그것은 지금으로부터 세계문화사상에 영광스러운 지위를 획득함인가 합니다.

세상일은 모를 것이라, 혹 조선족이 칭기즈칸 시절의 몽고족이 되고 2천 년 전의 로마족이 되어 정치적으로 세계에 패(覇)를 칭할 날이 있을는지는 모르되 현재에 처하여 그런 것을 상상하는 것은 일종 망상이라 하겠고, 조선족이 존재의 가치를 얻을 길은 하나요 또 오직 하나이니, 즉 조선족의 것이라 일컬을 신문화를 창조함이외다.

현금 세계의 문화는 결코 절정에 달한 것이 아닐 것이며 물질적으로 보든지 정신적으로 보든지 더 발달하고 더 성숙할 여지가 있을 것이외다. 현대 문화의 주인이라고 할 만한 자연과학도 아직 유년 시대에 있는 것이지, 성년에도 달한 것이 아닐지니, 아직도 여러 갈릴레이와 뉴턴을 요구할 것이외다. 중등학교에서 배우는 물리와 화학도 중학생에게는 극히 신통하게 보일지나 그것도 아직 완성된 것이 아니외다. 더구나 물리학과 화학을 응용하는 여러 가지 공업은 아직도 초정(初程)

에 있다 할 수밖에 없습니다. 기차, 기선에도 개량할 점도 있을 것이요, 비행기 같은 것은 더구나 많은 젖을 먹어야 할 어린아이며 전신, 전화, 그중에도 무선전신은 아직도 시험 시대에 있다고 합니다.

정치제도 중에 가장 진보한 것이라는 대의정치(代議政治)도 결코 완전한 것이 아니외다. 근래에 와서는 대의정치의 근본적 가치에 대하여서까지 의문을 발하게 되었으며 민본주의(民本主義)니 철인주의(哲人主義)니 하는 것이 현대 정치학자계에 가장 활기 있는 논제인 것을 보더라도 아직도 꽤 많은 로크, 홉스, 루소, 밀을 요구할 것을 알 것이외다.

빈부문제, 자본주와 노동자 문제, 도시문제, 농촌문제, 남녀문제 같은 경제, 사회의 제 문제도 꽤 많은 개혁자, 창조자, 사색자, 실행자를 요구합니다. 지금 야단인 유럽 전란도 마치 도깨비불과 같이 세상 사람이 보고 떠들 뿐이요, 그 원인이 무엇이며, 그 실질이 무엇이며, 그 진행이 어떠하고 결과가 어떠할 것을 아는 자가 없습니다. 이 괴물은 정치, 철학, 종교, 경제, 사회, 국가, 민족, 과학 모든 것이 둘러붙어서 해결할 문제일 것이외다. 이러한 모든 문제는 반드시 서양인만 해결할 권리와 의무를 가진 것이 아니외다. 조선인도 정성으로 노력하면 이러한 문제를 해결하는 권리와 영광을 얻을 것이외다. 조선에서라고 로크나 루소가 나지 말라는 법이 있으며, 벤담이나 밀이 나지 말라는 법이 있습니까. 10년 후에 제2 뉴턴이 조선에서 나지 못하리라고 누가 장담하겠습니까.

사상계로 보더라도 현대는 극히 혼란한 시대외다. 오이켄이 나고 베르그손이 났으나 천하는 결코 양자 중 어느 하나에게도 돌아가지 아니하였습니다. 아직도 꽤 많은 칸트와 피히테와 톨스토이가 나겠지요. 조선인이라고 그러한 대철인이 못 되리라는 법이 어디 있습니까.

문학이나 예술은 더욱 그러합니다. 4천 년 가져오던 전설이 설마 전혀 무의미할 것은 아니외다. 그것이 시로, 문으로, 그림으로, 조각으로, 음악으로 표현되면 어떻게 세계의 이목을 용동(聳動)할지도 모릅니다. 백의(白衣)를 입고 긴 담뱃대를 문 조선인의 정신적 혈액 중에도 호메로스와 단테가 들었는지 모르며, 백두산 영마루에 걸린 오색이 영롱한 석양 구름이 4천 년간 얼마나 조선인에게 색채의 미감을 주었고, 금강산의 만 이천 봉이 얼마나 형태의 미감을 주었는지 모릅니다. 4천

년 내리받은 형태와 색채의 교육이 일단 화포상(畵布上)에 드러나면 라파엘로, 다 빈치의 명화가 안 될는지 어찌 압니까. 이것은 오직 조선인이라야 할 특권이 있는 것이니 4천 년간 쌓아 내려오던 보고를 삼국 시절에 잠깐 얻었다 하더라도 이제 다시 열리는 날에 어떠한 경이할 보물이 출현될는지 모릅니다.

이렇게 정치, 경제, 과학, 철학, 문학, 예술, 사상 모든 것이 우리 앞에 놓였으니 우리는 실로 자유로 이것을 취할 수가 있으며 이 중에 하나만 성공하더라도 족히 조선 민족의 생존한 보람을 할 것이외다. 더구나 이번 유럽 대전란은 현대문명의 어떤 결함을 폭로한 것인즉 이 전란이 끝남을 따라 현대문명에는 대혼란 대개혁이 생길 것이외다. 가령 국가주의의 가부라든지, 경제조직의 불완전이라든지, 정신문명에 대한 물질문명의 편중이라든지, 여권(女權)문제라든지, 국제법, 국제도덕 문제라든지, 이러한 것은 가장 분명하게 일어날 대문제외다.

그런데 이러한 문제를 해결함에는 현대문명에 너무 침취(沈醉)하여, 그것에 대하여 일종 편견과 미신을 가진 서양인보다도, 도리어 아직도 이러한 편견과 미신을 아니 가진 동양인이 가장 냉정하게 공평하게 궁구(窮究)할 이익을 가진 듯합니다. 더구나 서양인은 서양문명만이 문명의 전체로 알아오다가 인도와 지나에 근원을 발한 동양문명에 상당한 가치를 인식하여 쇼펜하우어, 베르그손 이래로 동양사상을 서양문명에 가입하려는 경향이 현저하게 되었습니다. 그런데 서양인의 두뇌는 과거 5세기간의 과로에 피비(疲憊)하여서 동서 문화 융합의 대사명은 차라리 우리 동양인의 손에 있을는지도 모릅니다. 개인의 정력에 한정이 있음과 같이 민족의 정력에도 한정이 있는 것이니 고래로 성자필쇠(盛者必衰)라 한 것이 이를 이름일 것이오. 현재로 보아도 17, 18 양 세기에 광전(曠前)한 대활동을 하던 영불 양 국민은 벌써 정력의 극도에 달하여 제2 그리스와 제2 로마가 되려는 조짐이 보이고, 19세기 이래로 독일족이 전 유럽을 대표하여 세계문화의 큰집이 되었으나 금번 전란에 받은 인물의 손해와 백여 년간 활동한 피로에 장차도 문화적 종주권을 향유할는지 의문이외다. 그리고 보면 20세기 이후의 문화의 종주권은 백석(白晢) 인종 중 아라사(슬라브)족에 돌아가거나 그렇지 아니하면 아시아 민족에게 돌아갈 것이외다. 그런데 아시아 민족 중에 누가 그 사명을 받기에 가장 적당할는지는 차치하고 조선 민족도 이

기회를 타서 한번 세계문화사상에 일대 활약을 시도하여야 할 것이오. 만일 이번 기회만 놓치면 조선 민족은 영원히 조선 민족으로의 존재의 의의를 찾지 못하고 말 것이니 이 기회야말로 조선 민족에게 천재불우(千載不遇, 좀처럼 만나지 못할)의 호기회요 아울러 사생흥체(死生興替, 사생과 성쇠)가 달린 위기라 합니다.

3. 조선 민족의 능력

그러면 조선 민족에게 신문화를 창건할 가능성이 있는가 하는 것이 문제일 것이외다. 나는 이 가능성을 내적(內的)과 외적(外的)의 둘로 나누고 다시 내적 가능성을 정신력과 자각(自覺)과 노력의 셋으로 나누어 논하려 합니다. 내적 가능성이라 함은 자기기 하려면 할 수 있는 모든 능력을 이름이외다. 이 능력에 세 가지가 있으니 첫째는 정신력이요, 둘째는 자각이요, 셋째는 노력이외다.

남양(南洋)이나 아프리카의 토인이야, 수십 세기 후면 모르되 현재에서야, 아무리 애를 쓴들 무슨 문화를 산출할 능력이 있겠습니까. 능히 모든 과학과 복잡하고 고상한 모든 사상을 이해할 능력이 있고서야 비로소 문화를 산출할 자격이 있다 할 것이니 이 니른(이른, 앞선) 정신력이외다. 현재 조선인 중에는 아직 이러한 능력을 발표한 자가 없습니다. 그네가 과연 모든 과학을 이해하는지, 모든 복잡한 사상을 이해하는지, 한 말로 하면 현대의 문화를 이해하는지, 아직도 여기 대하여 실증을 보인 자가 없습니다. 신의학을 배워서 의술을 행하는 자가 많으되 그중에는 과연 의학이라는 과학을 철저하게 이해하는 자가 있는지, 각 학교에서 수학이니 이화학(理化學)이니 하는 학문을 가르치는 교사가 많지마는 그네 중에 과연 진실로 그 진의를 이해하는 자가 있는지, 20세기라는 언어를 사용하고, 법학이니 경제니 배우는 자가 많으며 철학이니 문학이니 예술이니 배우는 자가 많으나 과연 그것을 철저하게 이해하는지, 이런 것에 관하여서는 아직 '이것이오' 하고 내어놓을 실증은 없습니다. 그러나 우리는 단편적으로 전하여오는 우리 역사를 보고, 우리 선조가 능히 지나의 문화를 저작하고 소화한 것을 보고, 우리 선조가 능히 천고불후(千古不朽)의 예술적 대걸작을 끼친 것을 보고, 또 현재 우리의 선배와 친구가 발표할 정도까지는 아니라도 꽤 각종의 과학과 사상을 이해하는 것을 보고, 나는 조선 민족은 문화를 산출할 만한 정신력이 있다고 확신합니다. 만일 어떤 외국인이 조선인을 가리켜 그네는 문화를 이해할 능력이 없다, 하물며 산출할 능력이 없다 하면 우리는 아직 침묵하고 장래에 실증을 보일 수밖에 없습니다.

그러나 아무리 이만한 정신력이 있다 하더라도 자기에게 그러한 정신력이 있는 것과, 자기가 이 기회를 타서 신문화를 산출치 아니하면 영원히 존재의 가치를 잃을 것과, 지금이 그에게 가장 좋은 기회인 것과, 또 이 기회를 잡아서 이용하는 방법이 어떠할 것인 것을 깨달아야 할지니 이 니른(이른, 앞선) 자각(自覺)이외다. 프러시아의 프레데릭 대왕이 프랑스인을 스승을 삼아 프랑스 문학과 프랑스 문화를 자기의 국민에게 장려한 것과, 독일 국민정신의 산파라 하는 피히테의 '독일 국민에게 고하노라' 하는 연설과, 명치유신(明治維新) 지사가 존왕양이(尊王攘夷, 왕실을 높이고 오랑캐를 물리침)의 고집을 깨뜨리고 태서 문화의 수입을 단행한 것 같은 것은 실로 여기 말하는 자각의 좋은 실례이니 독일과 일본의 문명부강이 실로 이 자각의 일순간에 달린 것이외다. 만일 이 자각의 순간이 없었던들 독일은 영영 금일의 독일이 되지 못하고 일본도 금일의 일본이 되지 못하였을 것이외다.

조선에도 일찍 일본이 가진 것 같은 기회가 있었습니다. '포하(浦賀)의 흑선(黑船)'(1853년 페리 제독의 일본 원정)이 일본 국민의 대자각(大自覺)을 일으키게 한 자극이라 하면 '강화도의 흑선'(1866년 병인양요, 1871년 신미양요)도 마땅히 그 자극이 되었을 것이외다. 진실로 강화도에 프랑스 함대가 왔을 적에 우리 선인이 일본 선인이 한 것 같은 자각을 하였던들 조선의 문명은 일본의 문명에 평행하여 발달하였을 것이외다. 그런 것이 다만 이 자각이 없음으로 하여서 그 절호한 기회를 아주 보내고 만 것이외다.

지금 당한 좋은 기회도 우리가 자각의 손으로 붙들고 매어달리지 아니하면 말없이 가버리고 말 것이외다. 서양 속담에 기회라는 귀신은 이마에만 털이 나고 뒤통수에 털이 없어서 오는 것은 잡을 수가 있으되 지나간 뒤에는 잡을 수가 없다고 합니다. 우리도 진실로 이 기회가 생사에 관한 대기회인 줄을 자각하고 두 발을 벋디디고 잡아야 할 것이외다. 자각한다고 조선인 전체가 자각함을 이름이 아니라, 그중에 한 사람도 좋고 서너 사람도 좋고 10여 인이 넘어가면 더욱 좋으니 소수의 총명한 사람이 자각하기만 하면 되는 것이외다. 진실로 현금 조선인은 몰이상이외다. 개인 개인으로는 혹 부자가 된다든지 학자가 된다든지 하는 이상이 있을지나 전 민족의 이상이라고 할 만한 이상은 없습니다. 비록 짧은 시간이나마, 또 극히 불확실하게 추상적으로나마 독립이라든지, 부국강병이라든지를 이상으로 한 때는 있으되 경술 8월에 한일합병이 실행된 뒤로는 거의 몰이상(沒理想)의 상태에 빠졌으니 만일 이대로 가면 정신적으로 멸망하는 지경에 이를 것이외다. 이에 우리는 새로운 민족적 이상을 정할 필요가 있으니 그것은 즉 신문화의 산출이라 합니다. 그것이 동서 문화의 융합일는지, 독특한 신문화일는지, 정신적일는지, 물질적일는지는 모르거니와 아무려나 세계문화사에 위치를 획득함으로써 우리의 민족적 이상을 삼아야 할 것이외다. 실로 이 귀한 자각이야말로 우리의 생명일 것이외다.

비록 그만한 정신력이 있고 그만한 자각이 있다 하더라도 각고면려(刻苦勉勵)하는 노력이 없으면 아무것도 되지 못할 것이외다. 이미 대이상을 정하고 자기의 경우와 능력을 자각하였거든 전 심력을 다하여 그 이상의 실현을 위하여 노력함이 있어야 할 것이외다. 그 노력이라 함은 두 가지로 나눌 수가 있습니다. 하나는 개인적 노력이요, 하나는 민족적 노력이외다. 각 개인이 각기 자기의 천분에 상당한 방면을 택하여 세계적 성공을 기약하도록 노력하는 것이 개인적 노력이니, 다만 자기의 의식(衣食)이라든지, 소소한 명망(名望)이라든지를 목적으로 하지 말고 조선 민족 전체의 명예를 위하여 노력하여야 할 것이외다. 소성(小成)에 안주하는 것은 누구나의 폐해지마는 더욱이 이러한 자각을 가진 자는 항상 고원한 그 이상을 바라고 용왕매진하여야 할 것이외다. 민족적 노력이라 함은 일변 천재를 가진 개인을 극력 보호하고 찬양하여 사마골(死馬骨, 쓸모없는 것)을 5백금으로 구하는 고지(故知)를 배우며 일변 대학이며 도서관이며 각종 연구실이며 미술전람회 같은 것을 설(設)하여 천재를 가진 개인이 수양할 기회를 얻고 천재를 발휘할 기회를 얻게 하여야 함을 이름이외다.

그리하여 이 이상은 10년이나 20년에 달할 것이 아닌즉 1대(代) 2대, 1세기 2세기를 꾸준히 계속할 각오가 있어야 할 것이외다. 독일이나 일본의 실례를 보건댄 이러한 확실한 자각만 있고 노력만 있으면 40, 50년 내에 상당한 결과를 수확할 것이외다.

다음에 외적 가능성이라 함은 사위(四圍)의 경우를 이름이니 여기관하여도 몇 마디로 논하고자 하나 논하기 불편한 점도 있을뿐더러 또 지면도 부족한즉 다만 "결코 우리의 이상을 실현하기에 아무 불이익함 이 없다" 하는 결론만 말하고 말겠습니다.

4. 결론

내가 이 글을 드리는 것은 현금 조선의 지식계급의 여러분과 특별히 학문이나 교육에 뜻을 두는 여러분께외다. 이상의 씨는 결코 밭에 뿌리는 오곡(五穀) 씨 모양으로 말로 되고 섬으로 되는 것이 아니라, 한 낟알이나 두 낟알이 먼저 떨어져서 마치 성냥개비에 불이 대삼림을 태워버리는 모양으로 점차 보급되는 것이외다. 우리는 결코 우리의 이상을 이해하여주는 이가 적은 것을 한탄할 것이 아니외다. 우리 청년 된 자는 사막에다 대화원(大花園)을 건설하량으로 한 낟알의 화초 씨를 뿌려놓고 그것이 결실되어 열 낟알, 스물 낟알이 되도록 참고 있을 용기와 인내가 있어야 할 것이외다. 처음이 비록 고독하다 하더라도 "내가 창건자라" 하는 기쁨이 족히 모든 비애와 고통을 이길 것인 줄 압니다. 고래로 모든 창건자가 다 이러한 경우를 지낸 것이외다. 나는 큰 희망을 가지고 이 소논문을 초합니다. (1917. 11. 14. 밤)[18]

이광수는 1917년 11월 '학지광'에 '우리의 이상'을 발표하면서 "우리에게도 이상이 있을 것이다. 어찌 우리라고 이상이 없으리오. 너희들의 사명(使命)은 세계를 향하여 교섭을 맺고 인류의 생활을 위하여 공헌을 지음에 있다. 우리도 세계 사람과 무슨 교섭을 짓자. 인류의 문명을 위하여 무슨 공헌을 하자"고 절규하고 있다. 현상윤은 춘원의 이 같은 독창적인 제안에 크게 감탄·찬양하면서, 그것을 1808년 독일의 피히테의 '독일 국민에게 고함'이라는 연설문에 비유하면서 춘원의 용감무쌍한 창안에 큰 감동을 받았다고 실토하고 있다. 그러나 현상윤은 춘원의 정치적 우월을 포기하고 문화적 지위만을 확보하자는 견해에 대한 자신의 반론을 '학지광'에 발표하였다. 이광수는 이에 대해 이렇게 논지를 펴고 있다. "만일 저 로마제국같이 정치적으로나 문화적으로나

---

18) 『學之光』 제14호(1917. 11. 20), pp.1~9, 우리의 理想(李光洙).

다 같이 우월한 지위를 점할 수 있다 하면 게서 더 좋은 일이 없건마는, 그렇지 못하고 만일 이 두 가지를 함께 얻을 수 없을 경우에는 나는 차라리 문화를 취하려 합니다." 이광수는 식민지 지배하의 조선의 현 정치적 상황에서는 정치적 우월을 점하기에는 불가능하다는 현실 압제정치 여건을 감안해서, 그럴 바에야 문화적 우월한 지위만이라도 확보할 것을 역설한 것이다. 이에 대해 현상윤은 반론을 펴고 있다. "왜 그러냐 하면 문화도 잘사는 것을 의미함이니, 잘사는 생활에서 정치를 빼고 경제를 빼고 어찌 잘사는 생활이 되며 진보적 생활이 되리오 함이다. 또한 문화란 남만 위하여 작성하는 것이 아니요, 나의 영광을 극(極)하게 하기 위하여 나의 자손을 편안케 하기 위하여 작성하는 것이고 본즉, 현실생활의 중심이 되고 대부분이 되는 정치를 빼며 경제를 만홀(漫忽) 히 하고 어찌 가히 내 영광을 극하며 내 자손을 복되게 하리오. 이것은 도저히 불가능한 일인 까닭이다."

이광수 군의 '우리의 이상'을 읽고, 현상윤

나는 근래 몇 해 동안 우리나라 사람의 논문을 보아오던 중에 먼젓번 본지 제14호에 기재된 이광수 군의 '우리의 이상'을 외온(외운) 때처럼 느낌을 받은 때는 별로 없었다. 나는 그 논문에서 다대한 느낌을 얻었다. ― 말하면 어떻다고 말로는 조금 형용키 어려울 만한 느낌을 얻었다. 그리하여 나는 내가 내 속에서 이끌어낼 수가 있을 만한 무엇은 모두 다 그 논문에 허여(許與)하였다. 곧 다시 말하면 힘껏 찬양하고 힘껏 경의를 표하였다.

그러나 지금 나는 어린아이 모양으로 그 구절이나 용어를 따라 무엇이 어쩌니 어떻게 잘하였고, 무엇이 어쩌니 어떻게 재미가 있었다고 말치 않으려 한다. 그리고 다만 그 논문을 읽을 때의 나의 머릿속에 박혀진 나의 인상만을 잠깐 말하려 한다. 즉 나는 그때에 그 논문을 글로, 즉 문장으로 칭상(稱賞)하려고는 아니 하였다. 다시 말하면 그 논문을 '글'로 보아 주의할 만한 것이라 한 것은 아니었다. 글 이외에 그 내용에 포함된 군의 의견 또는 군의 주장을 나는 장하다 하였고 크다 하였고 좋다 한 것이었다. 그러나 여기서 한 가지 미리 말하여둘 것은 그렇다고 군의 의견, 군의 주장이 전혀 나의 의견이나 나의 주장과 일치하고 동감된다는 말은 아닌 일이다. 혹 그렇다 할지라도 그것은 도리어 제이의적(第二義的)이요 부속적이었다. 그리고 그것보다도 일층 더 내 마음을 끗고(끌고) 일층 나의 탄상(歎賞)을 환기케 한 것은 그 의견을 토하는 용기 또는 그 주장을 말하는 의의(意義), 그 두 가지에 있었다. 다시 말하면 "우리에게도 이상이 있을 것이다. 어찌 우리라고 이상이 없으리오" 하여 우리 조선 사람의 민족적 이상을 정(定)코저 한 용기가 나의 마음을 끌(牽引)게 한 것이요, 지금 이같이 무기력하고 무희망하고 무작위(無作爲)한 조선 사람들에게 "너희들의 사명(使命)은 세계를 향하여 교섭(交涉)을 맺고 인류의 생활을 위하여 공헌을 지음에 있다." 한 것이 나의 경의를 표케 한 것이었다.

  실상 말이지 우리에게는 아무 이상이 없었다. 적어도 고려 이후로는 우리에게 아무 이상이 없었다. 왜 그러냐 하면 우선 고려조 이래로는 우리들에게 '우리'란 것이 없었다. '원(元)나라'이나 '명(明)나라'이나 '청(淸)나라'이라는 것은 있었으나, '조선 민족'이라 하는 '우리'는 없었던 것이다. 그러기에 그때 우리에게는 우리 민족으로 하여 우리 독특한 이상을 가지고 또는 그것을 실현하려고 애쓰기에는, 너무도 우리가 토대를 가지지 못하였고 너무도 우리가 준비를 만홀(漫忽)히 하였던 까닭이다. 다시 말하면 그때 우리는 독특한 이상을 가지기에는 전연히 자격을 잃었던 까닭이다. 어쨌으나 우리는 그리하여 근 천 년 동안을 아무 공통한 민족적 이상이 없이 항상 남의 이상을 내 이상으로 알거나 또는 몰이상(沒理想)으로 지내왔다. 즉 다시 말하면 그때에 우리는 아무 욕구(慾求)가 없었고 아무 도모(圖謀)가 없었으며, 따라서 아무 주장이 없었던 것이다. 몽고(蒙古)가 살내니(살아라 하니) 산 것이요, 지나(支那, 중국)가 따라오라니 따라갔던 것이었다. 그리하여 조금도 내 주의(主義)대로 내 목적지(目的地)를 향하고 내 세계를 찾아나가던 것은 아니었다. 그런데 지금 우리가 잃었던 '우리'를 발견하여 가지고, 우리가 특별히 나갈 '우리의 길'을 찾으려 한 것은 적어도 이 군의 용기를 우리가 크다고 하지 않을 수 없는 것이다. 나는 이런 의미에서 군의 이번 논문을 힘껏 찬양하고 힘껏 추상(推賞, 받들어 상을 줌)코자 하는 바이다.

그 다음 조선 사람에게 세계적 사명을 지시한 것으로 말하면 역시 이번 논문이 대단히 가치 있는 것이었다. 왜 그러냐 하면 아직까지 우리 조선 민족은 세계에 향하여 아무 교섭이 없었고 아무 관계가 없었다. 다시 말하면 대영백과전서나 세계문화사상에 우리는 아무것도 실어달라고 할 만한 특별한 공적이 없었다. 가령 예하여 말하면 대백과전서 제1판을 발행할 시대에는 24어밖에는 설명되어질 사실을 가지지 못하였던 일본이, 동 전서 제11판을 발행할 시대로 말하면 17만 5천어를 가지고 설명되어질 만한 세계적 교섭과 세계사적 사실을 제공한 것과 같이, 우리는 그러한 사실(史實)과 교섭(交涉)을 가지지 못하여온 것이다. 그런데 우리는 이제 이 군이 대성질호(大聲疾呼)하여 "우리도 세계 사람과 무슨 교섭을 짓자 인류의 문명을 위하여 무슨 공헌을 하자." 한 것으로 말하면, 매우 의미 있는 말이요 매우 유력한 제안이라 말치 않을 수 없음으로써다.

그러나 군에게 한 가지 물어볼 것은 군이 우리의 민족적 이상을 말할 때에 문화 한 가지만을 말한 것은 무슨 까닭인가 하는 일이다. 그래도 이상(理想)이라고 하는 이상에는 — 다시 말하면 그렇게 되고 싶다, 하고 싶다 하는 장래의 희망을 말하는 이상에는, 무슨 까닭으로 원만한 것을 바라지 아니하고 한쪽이나 한 부분에만 편(偏)한 불완전한 절름발이의 것을 바랐는가 하는 것이 나의 의문이다. 과연 군도 이 점에서는 퍽 고심하여 주저를 많이 한 듯하다. 왜 그러냐 하면 군은 이런 말을 하였다. "만일 저 로마제국과 같이 정치적으로나 문화적으로나 다 같이 우월한 지위를 점할 수 있다 하면 게서 더 좋은 일이 없건마는, 그렇지 못하고 만일 두 가지(二者)를 함께 얻을 수 없을(不可兼得) 경우에는 나는 차라리 문화를 취하려 합니다." 그러나 이것이 묻고자 하는 일이요, 의심나는 점이다. 다시 더 구체적으로 말하자면 우리는 무슨 까닭으로 로마와 같이 될 수가 없으며 또는 '이자(二者)를 불가겸득(不可兼得)'할 수는 왜 있는가, 또는 군이 무슨 근거로 '두 가지를 함께 얻을 수 없을진대' 하는 말을 하였는가? 이것이 나의 군의 심중을 몰라 하는 일이요, 군의 의견에 전연히 찬동할 수 없는 것이다. 만일 '이자를 불가겸득'이라 한 말이 지금 우리의 현재를 보고 한 말이라 하면 — 다시 말하면 얻고 싶기는 두 가지가 다 얻고 싶은데, 지금 형편 같아서는 도저히 두 가지를 다 얻을 수가 없다. "그러면 두 가지는 다 못해도 하나만이라도 얻어보자" 하는 견지에서 한 말이라 하면, 우리는 혹 군의 심중을 양해할 수 있거니와, (그러나 이것도 흠할 수 있는 말이다. 왜 그러냐 하면 민족적 이상이라 하여 장래의 희망을 말하는 이상에, 지금 현재의 경우를 보아 가지고 그런 희망까지 버린다는 것은 너무도 졸렬한 민족의 일이라 아니 할 수 없는 까닭이다. 그리고 하물며 현재가 그렇지 못하면 그렇지 못할수록 그렇게 되고 싶다는 희망은 더욱 간절하여야 할 것이오. 또한 사실이 그런 것임에리오.) 그러나 만일 그 말이 이러한 견지로 나오지 아니하고, "정치적 우월은 좋지 않다. 그렇게 바래만(바랄 만)한 것이 아니다. 그러기에 우리는 문화를 취하자. 문화는 유일한 것이다" 하는 견지에서 나왔다 하면 나는 대반대요 대불찬성이다.

왜 그러냐 하면 문화도 잘사는 것을 의미함이니, 잘사는 생활에서 정치를 빼고 경제를 빼고 어찌 잘사는 생활이 되며, 진보적 생활이 되리오함이다. 또한 문화란 남만 위하여 작성하는 것이 아니요, 나의 영광을 극(極)하게 하기 위하여 나의 자손을 편안케 하기 위하여 작성하는 것이고 본즉, 현실생활의 중심이 되고 대부분이 되는 정치를 빼며 경제를 만홀(漫忽)히 하고 어찌 가히 내 영광을 극하며 내 자손을 복되게 하리오. 이것은 도저히 불가능한 일인 까닭이다.

그러기에 나는 지금 군에게 향하여 군이 만일 우리의 민족적 이상을 말할진대 어찌하여 아테네만을 배우자 하고 스파르타는 말치 아니하였으며, 페니키아는 말치 아니하였는가를 묻고 싶고, 또한 일보를 양하여 문화만을 이상으로 한다 할지라도, 어찌하여 군은 정치, 경제, 그 나머지 모든 것을 배경으로 한 현대적 독일의 문화를 취치 아니하고, 이와 반대로 정치로나 경제로나 그 나머지 모든 것으로나 비교적 아무 배경도 가지지 아니한 고대적 그리스의 문화나 인도의 문화나 이집트의 문화를 취하려 한 것은 무슨 까닭인가를 나는 군에게 힐문하고 싶다.

그러나 나는 군을 잘 안다. 아울러 군이 평소에 가지고 있는 바 말하는 바 주장하는 바를 잘 안다. 결단코 군의 바람이 어느 것에나 편(偏)하고 기울어진 불완전한 것이 아니요, 어디로 보나 흠할 것이 없고 불완전한 것이 없는 원만무결(圓滿無缺)한 그것인 줄을 확실히 믿는다. 그러기에 나는 이 위에 더 군의 논문에 대하여 질의를 베풀고 힐문을 열기를 좋아 아니 한다.

그리고 다만 마지막에 이르러 한마디 더 기진(記陳)할 것은, 군의 그 논문에 대한 태도에 대하여서다. 다른 사람은 어떻게 보았는지 모르나, 나는 그 논문에 대한 군의 태도를 1808년 저 유명한 피히테가 '독일 국민에게 고하노라' 한 강연에 대한 태도에 비할 수 있다고 보았다. 다시 말하거니와 그 논지(論旨)의 비여불비(備與不備, 갖추어졌는가, 안 갖추어졌는가)는 별문제로 하고라도, 그 태도— 즉 성의는 우리가 탄복치 않을 수 없는가 한다. 나는 이만치 군의 논문을 읽어서 감동했다. (1917. 12. 29)[19]

2. '학지광' 제8호(1916. 3. 4)와 편집장 이광수

'학지광(學之光)' 제8호가 발행된 지 93년 만에 발견되어 영인본이 출간되었다.[20] 성균관대학교 동아시아학술원 한기형, 박헌호, 류준필 등이 전남 나주(羅州)에 있는 박경중(朴炅重, 전남 나주시 남대동 95-7) 집에 소장되어온 '학지광' 제8호를 발굴, '민족문학사연구' 제39호에 영인본으로 간행하였다. 원 소장자는 박경중의 조부인 박준삼(朴準三, 1898~1976)인데, 그는 서울 중앙고보 재학 당시에 '학지광' 제8호를 입수하여 보관해온 것이다. 박준삼은 중앙고보 학생으로서 3·1운동이 일어나자 시위운동에 가담했다고 해서 제적되었고, 그 후 1921년부터 1923년까지 일본 입교대학(立敎大學) 예과에서 수학했다.[21]

'학지광'은 1914년 4월 2일 창간되어 1930년 4월 5일 제29호로 종간되었으며 일본 조선유학생 학우회의 기관지로 발행되었다. 일본 와세다대학 호테이 토시히로(布袋敏博)가 미국 국회도서관에 '학지광' 3, 6, 8, 10, 11, 12, 13, 14, 15호, 총 9권이 소장되어 있는 것을 발견하고 그 중 유실된 것으로 알려졌던 제8호와 제11호를 입수하여 연구논문을 발

---

19) 『學之光』 제15호(1918. 3. 25), pp.54~58, 李光洙君의 '우리의 理想'을 讀함 (玄相允).

20) 『민족문학사연구』 제39호(2009), pp.406~456, '학지광' 제8호 원문 영인본.

21) 상게서, pp.412~421, '학지광' 제8호, 자료해제, 편집장 이광수와 새 자료(권 보드래).

'학지광' 제8호 판권(1916. 3)
와세다대학 철학과 특대생 이광수는 '학지광' 편집 겸 발행인으로 잡지 발행을 주재
하면서 5편의 작품을 발표했다.

표한 바 있다. 그러니까 '학지광' 제8호 원본은 국내 나주의 박경중과
미국 국회도서관 소장 2부만이 현존하고 있다.22)

  '학지광' 8호의 편집 겸 발행인은 이광수, 인쇄인은 현상윤, 인쇄소
는 '福音印刷合資會社東京支店'이다. 이광수의 주소는 '東京市 四谷
區 片町18番地 高木方'이다. 당국으로부터 발매금지 처분을 당한 기사
가 8호부터 나오기 시작했다. "본지 제7호는 인쇄소의 사정으로 지연하
였던 중 설상가상으로 발매금지를 당하와 여러 애독자에게 무한 죄송
합니다."23) 이어 10호에는 이렇게 밝히고 있다. "제일 말씀할 것은 본

---

22) 『朝鮮文學論叢』(2002. 3. 25), pp.231~245, '學之光'小考: 新發見の第8號と,
第11號を中心に(布袋敏博).
23) 『學之光』 제8호(1916. 3. 4), p.48, 編輯室에서.

194

지 7호, 8호, 9호가 연속하여 발매금지를 당한바 독자제군에게 대하여 매우 죄송하옵니다 하는 것이올시다."24)

'학지광' 7, 8, 9호가 연속하여 발매금지 처분을 받게 된 이유는 세 가지로 생각해볼 수 있다. 첫째, 이광수는 '어린 벗에게'의 원고 작성일을 단기로 '4249. 1. 10'이라고 명기했다는 사실이다. 합방 후 모든 출판물에는 일본 연호를 사용해야 한다. 단군기원 사용은 일제의 첫째가는 금기사항이다. 그럼에도 불구하고 이광수는 애국 항일시 '어린 벗에게'에 대정연호(大正年號)를 사용하지 않고 단기를 표기한 것이다. 이는 일제의 통치체제에 대한 항일적 정면도전이 아닐 수 없다. 그뿐만 아니라 분명 출판법 위반이다. 그래서 당국은 국체변혁(國體變革)을 도모한다고 간주, 발매금지 처분을 단행한 것이다.

둘째, 17세 소년 춘원은 제1차 동경 유학 시절 태극학보 제25호(1908. 10)에 '수병투약'을 발표했는데, "시기에 화목을, 고식에 영원을, 수구에 진보를, 의뢰에 독립을 대입(代入), 우리의 의식을 일신해야만 노예를 벗어나 독립기를 세울지며, 자유종을 울릴 수 있다"25)고 독립사상을 고취했다. 이로 인해 이광수는 경시청에 불려가서 요시찰인물 명부에 오르게 되었다. "동경에서 나 또래 몇 동인이 발행하던 등사판 잡지가 동경 경시청에 압수된 사건으로 하여서 그 책임자로 필자인 나는 일본 관헌의 요시찰인물 명부에 오른 것이었다."26) 이미 '요시찰인물'이라는 블랙리스트에 오른 이광수가 이렇게 항일성 정치적 기사를 작성하였으므로 단속대상이 된 것이다.

셋째, 정치적 시사성 기사는 발매금지의 대상이 된다는 것이다. '학지광' 10호 편집후기에서 "하나 내용은 극히 주의하여 될 수 있는 대로 학술 방면을 선택하여 주십소사"27)라고 정치성 기사를 자제하고 순수

---

24) 『學之光』 제10호(1916. 9. 4), p.59, 編輯所에서.

25) 『太極學報』 제25호(隆熙2年(1908) 10月 24日), pp.31~34, 隨病投藥(李寶鏡).

26) 李光洙, 『나』(文硏社, 1947. 12. 24), p.98.

27) 『學之光』 제10호(1916. 9. 4), p.59, 編輯所에서.

한 학술기사만을 부탁하고 있는 것은 잡지가 검열에 통과하기 위한 방안임을 알 수 있다. '학지광'이 발매금지 처분을 받기 이전에도 검열에 통과하기 위하여 원고의 재료는 언론, 학술, 문예로 제한했으며 특히 시사정담(時事政談)은 받지 않는다는 사실을 강조했다.28) 그럼에도 불구하고 시사정담의 논설문을 게재했고, 특히 이광수가 편집장에 취임하여 '학지광'을 편집·제작하면서부터 노골적인 항일성 기사를 게재함으로써 이 같은 발매금지를 당하게 되었다.

'학지광' 제8호에는 이광수의 글이 7편이나 게재되어 있다.

1. '어린 벗에게', 외배(4249. 1. 10)
2. '살아라', 이광수
3. '설 노래', 一記者
4. '크리스마스 밤', 거울
5. '龍洞: 農村問題硏究에 關한 實例', 흰옷/帝釋山人(1916. 1. 24)
6. '社會短評', 一記者(1916. 2. 1)
7. '小話一束'29)

여기서 외배, 거울, 일기자(一記者), 흰옷, 제석산인(帝釋山人)은 모두 춘원이 애용한 필명이다. "내 아버지가 어느 여름 초저녁에 평상에 누워 잠이 들었을 때에 어떤 노승이 와서 학슬안경 하나를 주고 가는 꿈을 꾸고 나를 보았다 하여 내 애명(兒名)을 수경(壽鏡)이라고 지었다. 즉 목숨수자, 거울경자이다."30) 이래서 이광수의 아명은 이보경(李寶鏡)이라 했고 명치학원을 이 이름으로 졸업했으며, 그의 최초의 글 '수병투약'과 최초의 일본어 소설 '사랑인가' 등은 모두 이보경이란 이름으로 발표한 것이다. 그러므로 '거울'은 이광수임이 분명하다. '일기자'는 이광수가 2·8선언문을 기초하고 상해로 망명, 독립신문 사장이 되

---

28) 『學之光』 제3호(1914. 12. 3), p.57, 投稿注意.
29) 『學之光』 제8호(1916. 3. 4), 이광수전집(삼중당)에 미수록.
30) 李光洙, 『그의 自敍傳』(高麗出版社, 1953. 4. 20), p.7.

어 '일기자'라는 필명을 자주 사용한 점으로 보아 이광수임에 틀림없다. '소화일속'은 무기명이지만 '72체'가 나오는데 이는 이광수가 일찍부터 주장해온 구습타파의 글이다. 그러므로 이광수의 글이다.

'어린 벗에게'라는 애국시는 이광수의 항일 애국정신이 담겨 있는 장편 서사시이다. "슬픔 보던 네 눈으로 / 기쁨 보게 하라 / 낡은 반도 보던 눈이 / 새 반도를 보게 하라 / 조화(造化) 있는 네 손아 / 반도를 꾸며줄 손 / 살려주는 네 약손을 / 세 번 경배하노라 / 토필(土筆)같이 뿌리 깊이 / 잔디같이 얽히어 / 삼천리에 이천만이 / 한 생명이 되도록"31) 이라고 민족갱생(民族更生)을 찬송하고 있다. 여기서 삼천리 반도는 곧 조선이요, 이천만은 조선 민족을 상징하고 있다. 그러기에 2천만 동포는 '한 생명'이 되어 굳게 단결하여 잃어버린 나라를 되찾자고 노래하고 있다. 게다가 말미에 대정연호(大正年號)를 사용하지 않고 단기로 '4249. 1. 10'이라고 명기하고 있어 발매금지 처분의 결정적인 원인이 되고 있다.

'크리스마스 밤'의 주인공 김경화는 교회당의 예배의식을 냉소적인 시각으로 바라보고 있다. 김경화는 성순과 함께 교회에 가보니 거기에 온 사람들은 진정한 신앙심으로 참석한 것이 아니라 활동사진을 보기 위해 온 가짜 신도라고 보았다. 더군다나 머리에 기름을 반들반들하게 바른 집사를 비롯하여 목사들까지 진실성을 믿지 않고 "세상은 모두 유희(遊戲)"라고 비판했다. 진심으로 무엇을 하는 이가 드물다는 것이다. '크리스마스 밤'은 표면적으로는 실연을 소재로 한 소설이다. 김경화는 동경에서 연애에 실패하고 귀국한다. 매일 실연을 달랠 길 없어 술로만 살아가는 주광(酒狂)생활을 하다가 '배달'이라는 새 애인을 만나고부터 그 애인을 위해 헌신하기로 결심했다. 그러나 배달마저 곧 죽고 만다. 그래서 동경으로 돌아와 교회에 참석해보니 피아노 치는 여자가 그의 첫 애인인 것을 보고 깜짝 놀란다. 그러나 김경화는 배달이 죽지 않았다고 믿고 있다. 배달은 되살아난다는 신념, 이는 망한 나라가

---

31) 『學之光』 제8호(1916. 3. 4), pp.1~2, 어린 벗에게(외배).

다시 살아나리라는 독립열망으로 대입(代入)하고 있다는 것이다. " '배달'은 조선을 상징하는 이름이다. 그것이 다른 뜻을 지니고 있다고 보기는 어렵다. 한 애인은 교회에 와서 다시 보게 되었으나, 또 다른 애인은 다시 볼 수 있을지 없을지 알 수 없다는 것이 김경화의 생각이다. 김경화가 이런 생각을 하는 것은 '배달'이 완전히 죽은 것은 아니라고 믿기 때문이다. 주인공 김경화가 애인과의 재회를 읊조리는 것은 그가 재회의 기대를 완전히 버리지 않았다는 사실을 의미한다. 상실한 조국에 대한 회복의 의지를 버리지 않고 있음을 보여주는 것이다. '크리스마스 밤'은 나라 잃은 시대의 유학생의 고민을 상징적으로 드러낸 작품이다."32)

어린 벗에게, 외배

1.
아리따운 어린 벗아
방그레 웃는 벗아
뽈(공) 치고 노는 벗아
내 노래 받았으라

네 눈이 光彩(광채)도 있다
바로 샛별 같고나
웃음 가득 英氣(영기) 가득
明哲(명철)까지 가득하다.

웃음이 春風(춘풍) 되어
네 눈에서 불어나와
索寞(삭막)한 눈 벌판에
갖은 꽃 피워놓고

---

32) 『현대소설연구』 제36호(2007. 12), p.14, 이광수의 새 자료 '크리스마스 밤' 연구(김영민).

웃음이 曙光(서광) 되어
네 눈에서 내어 쏘아
캄캄한 洞窟(동굴) 속을
환하게 비추이고

웃음이 甘泉(감천) 되어
네 눈에서 흘러나와
地獄(지옥)에 목마른 이
골고루 축여주라

네 눈의 明徹(명철)함이
萬卷書(만권서)를 나리(내리) 외어
新文明(신문명)의 빛과 맛을
半島(반도)에다 옮겨 다고

네 눈이 X光線(광선)
萬事物(만사물)을 꿰뚫어서
풀다 남은 宇宙(우주)의 謎(미, 수수께끼)
마자 풀어 일러 다고

슬픔 보던 네 눈으로
기쁨을 보게 하라
낡은 半島(반도) 보던 눈이
새 半島(반도)를 보게 해라

光彩(광채) 있는 네 눈을
希望(희망) 있는 네 눈을
福(복)샘 되는 네 눈을
세 번 敬拜(경배)하노라.

2.
토실토실한 네 손이여

예쁘고도 튼튼하다
손톱 끝끝마다
맺힌 것이 '造化(조화)'로다

네 손이 藥(약)손이다
슬픔, 성남, 失望(실망), 罪惡(죄악)
앓는 자(者) 죽는 자(者)들
만지면 낫는고나

네 눈 앞에 저 病身(병신)들
앓는 이들 죽는 이들
造化(조화) 있는 네 손으로
고루고루 만져 다고

네 손이 움직일 때
萬物(만물)이 創造(창조)된다
네 손이 있는 뜻은
萬物(만물)을 創造(창조)코저

붓 잡은 네 손이
종이 위로 움직이면
萬人(만인)을 感動(감동)하는
글이 되고 그림 되고

끌 잡은 네 손이
大理石(대리석)에 움직이면
英雄(영웅) 되고 美人(미인) 되고
龍(용)과 虎(호)가 뛰어나고

고동 잡은 네 손이
木(목)과 鐵(철)에 움직이면
氣水陸(기수륙)에 一萬(일만) 船車(선거)

各色(각색) 文物(문물) 쏟아지고

鍵(건)을 잡은 네 손이
피아노에 움직이면
우레 벼락 狂瀾怒濤(광란노도)
松風(송풍) 鳥聲(조성) 울어난다

造花(조화) 있는 네 손아
半島(반도)를 꾸며줄 손
살려주는 네 藥(약)손을
세 번 敬拜(경배)하노라

3.
蓮(연)꽃 같은 네 입술
香(향)내 나는 네 입술
꼭 다문 네 입술
힘 많은 네 입술아

不義(불의)를 怒(노)할 때에
霹靂(벽력)이 울어나고
正義(정의)를 외칠 때에
狂瀾(광란)이 激(격)하노나

政壇(정단)에서 움직이면
링컨과 비스마르크
講壇(강단)에서 움직이면
피히테와 칸트로다

슬픈 노래 부를 적에
山川(산천)이 눈물지고
기쁜 詩(시)를 읊을 적에
水石(수석)이 웃는고나

半萬年(반만년) 玉洞簫(옥통소)가
네게서 울어났고
三千里(삼천리) 쌓인 기운
네가 부르짖었고나

蓮(연)꽃 같은 네 입술
香(향)내 나는 네 입술
힘 많은 네 입술을
세 번 敬拜(경배)하노라

使命(사명) 많은 네 生命(생명)
精力(정력) 많은 네 生命(생명)
億萬年(억만년) 살 네 生命(생명)
내 生命(생명)인 네 生命(생명)

土筆(토필, 나무 끝을 태워서 素描에 쓰는 붓)같이 뿌리 깊이
잔디같이 얽히어
三千里(삼천리)에 二千萬(이천만)이
한 生命(생명)이 되도록

아리따운 어린 벗아
방그레 웃는 벗아
뽈(공) 치고 노는 벗아
내 노래 받았으라
(4249. 1. 10)[33]

---

33) 『學之光』 제8호(1916. 3. 4), pp.1~2, 어린 벗에게(외배). 여기서 주목되는 점
   은 춘원이 일본 연호를 사용하지 않고 단기를 사용했다는 것이다. 즉, 주체성
   을 강조하기 위하여 대정연호(大正5) 대신 단기로 '4249. 1. 10'이라고 명기하
   고 있다. 합방 후 단군기원(檀君紀元) 사용은 금기사항이었다. 그럼에도 불구
   하고 춘원은 이를 무시하고, 그것도 일본 수도 동경에서 '학지광'을 주간하면
   서 단군기원을 사용한 것이다.

살아라, 이광수

‘살자, 살자’ 하는 것이 현대인의 소리외다. ‘살음’이란 말처럼 현대인의 흥미를 자격(刺激)하는 것이 없습니다. 부(富)와 귀(貴)를 저마다 동경한 것은 과거 일이로되 현대인이 저마다 동경하는 것은 이 ‘살음’이외다. 이전에는 살기를 중히 여기면서도 살음은 중히 아니 여겼나니 이는 아직 살음이라는 자각이 아니 생긴 까닭이외다. 그러므로 이전 모든 사상과 제도는 공막(空漠)한 천리(天理)니 천도(天道)니 하는 데 기초를 두어 공막한 표준으로 선악(善惡)을 가리었으므로 혹 선이라는 것이 도리어 우리 천성(天性)을 거슬리며 우리 생명을 잔해하여 개인이나 민족이 그 선을 행하려 할 때에 의혹하고 준순(逡巡)하고 또 큰 고통을 겪었습니다. 가령 부모상에 3년을 불출문정(不出門庭) 불식주육(不食酒肉) 불범방(不犯房) 불소오(不笑娛) — 문 밖에 나가지 않고, 술과 고기를 먹지 아니하고, 안방에 들어가 합방하지 않으며, 웃고 오락을 즐기지 않는다— 함이 선이라 하니 이를 행하려 할 때에 누가 의혹하고 준순하고 고통하지 아니하였겠습니까. ‘불출문정’하고 의식(衣食)을 어찌 벌어요, ‘불식주육’하면 신체의 건강은 어찌하며, ‘불범방’하면 청춘의 정욕은 어찌하고 생식은 어찌해요? 이러므로 이 선은 극히 골 학자 아니고는 행하지 못할 것이니 선이 어찌 사람을 따라 다르겠습니까. 진정한 선은 만인이 다 할 수 있는 것일 것이외다. 대개 구도덕은 그 기초를 진실한 ‘살음’ 위에 두지 아니하고 공막한 인조적 천리 위에 둠이외다. 그런데 현대문명인의 도덕은 순전히 이 살음 위에 기초를 두었나니 그러므로 문명 제국의 사회도덕과 국제관계를 이 견지로 보면 일목요연할 것이외다.

생각합시오. 조물(造物)이 만생물(萬生物)을 낼 적에 첫 명령과 첫 축복이 ‘살아라’요, 둘째가 ‘퍼지어라’인 것이외다. 인류 세계의 헌법의 제1조는 실로 이 ‘살아라, 퍼져라’외다. 그러므로 인류의 만반 행동은 이 ‘살아라, 퍼져라’의 연역(演繹)이요 부연(敷衍)이외다. 살고 퍼지기에 합당한 일이면 절대한 선이요 아니면 절대한 악이외다. 구주인은 14세기 소위 르네상스 후에 이 진리를 해득하였습니다. 그네도 그 전까지는 우리와 같이 공막한 독단적 인조천리상(人造天理上)에 선 도덕에 얽히어 육체를 자유로 못하는 동시에 정신도 자유로 못하였습니다. 그네도 앉을 때에 앉는 법도를 생각하고, 웃을 때에 웃는 법도, 울 때에 우는 법도, 생각할 때에 생각하는 법도, 여행할 때에 여행하는 법도를 생각하여 만반행동을 꼭 독단적 공막한 도덕의 규구준승(規矩準繩, 일상생활에서 지켜야 할 법도)에 속박되었었습니다. ― 우리네와 같이. 그러나 그러는 르네상스라는 일성뇌일섬전(一聲雷一閃電, 우레와 번갯불)에 귀가 뚫리고 눈이 떴습니다. 그네는 '살아라, 퍼져라'가 생물계의 불역(不易)할 황금률인 줄을 해득하였습니다. 그래서 그네는 소매 길고 거치적거리는 장삼을 벗어버리고 가뜬한 옷을 입으며 그네는 소위 점잖다고 가만가만히 걷기를 말고 신체의 건강을 위하여 달음질도 하고 헤엄도 치고 사냥도 하였습니다. 도(道)를 닦노라고 봉발구면(蓬髮垢面)에 궤좌장읍(跪坐長揖)하기를 그치고 그네는 육체가 아름답기 위하여 향유를 바르고 털을 깎고 비단옷을 입었습니다. 그네는 미와 안락을 위하여 쓰러져가는 초당을 헐어버리고 돌과 벽돌과 철과 유리로 화려 굉장한 건축을 하였습니다. 그네는 공리(空理)를 깨고 위덕(僞德)을 쌓기를 말고 토지를 찾으려 황금과 금강석을 얻고 노예를 얻으려고 일엽주(一葉舟)를 저어 태평양과 대서양과 남북극을 휘돌았습니다. 그네는 '살음'에 반하는 구교(舊敎)를 깨뜨리고 구제도(舊制度)를 깨뜨리고 유대(猶太)와 중고 유럽의 살음을 부인하는 모든 우상을 불사르고 그리스와 로마의 현세를 긍정하고 살음을 탄미하는 과학과 예술이라는 진주(眞主)를 숭배하였습니다. 이리하여 그네는 수증기를 찾고 전기를 찾아 오늘날 찬란한 문화를 형성하여 아직도 '살아라, 퍼져라'를 해득치 못하는 오색(五色) 민족을 차고 밟고 횡행활보하는 것이외다.

그네의 선악의 표준은 과연 간단하고 직절(直截)하고 평이하고 분명하외다. ― '살아라, 퍼져라.' 그러므로 그네는 만인이 다 이 도리를 해득하고 실행하는 것이외다. 과연 그네는 실용적 학술을 배우기에 분주하여 윤리도덕의 수양을 할 여유가 없건마는 그네는 문명한 인사로 의혹 없이 준순 없이 고통 없이 당당하게 세상에 처하여 갑니다. 이전 우리들이 20년, 30년을 왼통 도학(道學) 배우기에만 바치고도 오히려 막지소지(莫知所之, 가질 줄 모른다)하는 데 비겨 과연 어떠합니까. 이는 다름이 아니라 그네들은 '살음'이라는 확실하고 절실한 사실로 만반행위의 표준을 삼음으로 이 표준에 비추어보아 합하면 선, 아니면

악이라 판단하여 정사선악(正邪善惡)이 일목요연하되 우리는 공막한 이론으로 표준을 삼음에 얼른 선악의 구별이 분명하지 아니하고 또 선이라고 판단한 뒤에도 거기 절대적 권위가 없습니다. 금수충어(禽獸蟲魚)가 움직이고 소리함도 살고 퍼지기 위하여, 초목화훼(草木花卉)가 뿌리로 빨고 잎으로 마심도 살고 퍼지기 위하여, 각국이 교육을 힘쓰고 군비를 힘쓰고 상공업을 힘씀도 살고 퍼지기 위하여, 지금 구주대전(제1차 세계대전)도 살고 퍼지기 위하여 — 내가 이러한 말을 쓰고 독자가 이러한 말을 읽음도 살고 퍼지기 위하여 — 진실로 우주 간 삼라만상의 움직이고 변함이 모두 이 '살자, 퍼지자'를 위함이외다.

우리도 사람이외다. 그러므로 살고 퍼져야 하겠습니다. 가장 즐겁게 가장 가치 있고 합리하게 가장 영광스럽게 살아야 하겠고, 할 수만 있으면 남북극에까지라도 퍼져야 하겠습니다. 그런데 사실은 이와 반대로 우리는 날로 날로 잘 못살게 되고 잘 못 퍼지게 되는 쇠운(衰運)에 있습니다. 우리가 이 운수를 만회함에는 새로운 정신과 기백으로 낡은 정신과 기백을 대신함에 있습니다. 무릇 한 집이 흥하려 할 때에 그를 흥하게 할 만한 정신을 가진 사람이 출현하여 전 가족으로 하여금 이 정신 하에서 행동하게 하는 것이외다. 민족이 흥할 때에도 역시 그럴 것이외다. 역사를 보면 환하외다. 이제 우리에게 이와 같은 정신을 가져야 할 때가 왔습니다. 그리고 그 정신은 두말할 것 없이 '살자, 퍼지자'외다.

이에 '살음'이라 함은 광협(廣狹) 양의(兩義)가 있습니다. 협의로 말하면 죽지 않고 산다는 '살음'이니 죽지 아니하리 만한 의식(衣食)만 있으면 사는 살음이외다. 마치 종신징역 하는 사람의 '살음' 모양으로 자유도 없고 희망도 없고 활동이나 사업도 없고 심장의 고동과 호흡과 체온이 남았으니 죽지 않고 살았다는 '살음'이외다. 무론 이 살음이 중하외다. 기본 되는 살음이외다. 이 살음이 있기에 모든 문제가 생기는 것이외다. 그러나 이 살음으로만 만족하면 인생은 거금 7, 8천 년 전에나 있었습니다. 문명한 오늘에는 우리 몸에 여러 겹 옷을 입는 모양으로 살음에도 여러 가지 복잡한 속성(屬性)이 생겼습니다. 광의의 살음이란 즉 이 협의의 살음에다 여러 가지 속성을 첨가한 살음을 이름이외다. 문명이란 개념의 내용을 복잡하게 하는 것이라 함과 같이 문명인일수록 살음의 내용이 복잡한 것이외다. 이제 말하려 하는 것은 이광의의 살음이외다.

　인생에게는 욕망이 있습니다. 욕망이 있으므로 요구가 있고 요구가 있는지라, 그 요구를 만족케 하려는 의지가 발하고 이 의지가 발하는지라, 만반 활동이 생기는 것이외다. 그런데 욕망의 내용은 문화의 정도를 따라서 더욱 복잡하여지는 것이니 문화의 정도가 낮을수록 그 내용이 단순하고 높을수록 복잡할 것이외다. 단순함에 요구가 적고 요구가 적음에 만족하려는 의지가 약하고 의지가 약함에 활동하려는 노력이 적은 것이외다. 문명인이 극히 분주하고 야만인이 극히 한가함이 이 까닭이외다. 우리도 꽤 한가합니다. 분주한지라 문화가 생기고 문화가 생기는지라 권력이 생기고 권력이 생기는지라 영광이 생기며, 한가한지라 문화가 아니 생기고 문화가 아니 생기는지라 권력이 없고 권력이 없는지라 수욕(羞辱)이 돌아오는 것이외다. 그러므로 각국의 교육은 인민의 욕망의 내용을 극히 복잡하게 하여주고 또 열렬하게 자격(刺激)하는 것이외다.

　우리 살음의 욕망의 내용은 복잡하고 요구력은 강렬할 것이니 일언이폐지하면 "살음의 내용의 복잡과 요구의 강렬이 만선(萬善)의 본(本)"이라 합니다.

　우리는 밥만 먹으려 아니 합니다. 소고기와 닭고기와 물고기와 좋은 채소와 좋은 과실과 좋은 술과 양념을 가장 맛나게 요리하여 먹으려 합니다. 우리는 빛깔 좋고 따뜻하고 가볍고 부드러운 옷을 입으려 합니다. 우리는 금시계 보석 노리개에 고귀한 향수와 향유 뿌리고 번쩍하는 마차 자동차로 아스팔트 반듯한 길에 대리석 청기와 고루거각으로 출입하려 합니다. 우리는 구름 날고 비오는 것, 산 있고 바다 있음, 하늘에 별, 땅에 초목금수, 사람은 무엇이며, 우주는 무엇인가 알고 싶어 합니다.

　우리는 하루 천 리 만 리 가고 싶고 앉아서 만 리 밖 친구와 담화하고 싶고 양양한 대해상과 창창한 대공중(大空中)에 자유자재로 다니고도 싶고 죽은 혼과 말하고 토성 금성에 유람하고 싶습니다. 그러나 또 우리는 울고 싶고 웃고 싶고 사랑하고 싶습니다. 희로애락지미발(喜怒哀樂之未發)을 상승(上乘, 가장 뛰어난 교법)으로 여기는 교리를 우리는 너무 건조하여 준봉(遵奉)할 수 없으니 슬플 때에 실컷 울고 기쁠 때에 맘껏 웃고 사랑스러울 때에 쓸어안고 싶습니다. 우리 정(情)은 오래 속박되었었으나 해방할 때가 임하였습니다.

그러나 또 우리는 천하 만인을 대수(對手)로 잡아 의견을 진술하고 싶습니다. 내 사상과 감정을 있는 대로 발표하고 싶습니다. 제 사상과 감정을 숨겨두기는 미개한 때 일이외다. 현대인은 심중에 있는 사상과 감정을 정직하게 대담하게 발표하고야 말려 합니다. 또 예술 철학 같은 정신문명은 이 각인의 사상 감정 발표에서 오는 것이외다. 우리는 고인의 교의(敎義)에만 침니(沈泥)하여 각인의 개성을 몰각(沒却)하였습니다. 그러나 이제는 가장 정직하게 대담하게 서로 사상 감정을 발표하여야 할 시기가 도래하였습니다. 이리하여 우리 속에서 예술이 나오고 철학이 나오고 대사상이 나와야 할 것이외다.

우리는 인격의 존엄을 가져야 할 것이외다. 나의 고결한 인격을 만인이 범할 수 없을 만한 존엄을 유지하여야 할 것이외다. 우리는 우리의 개성을 발휘하여 가급한 범위 내에서 자유의지를 보전하여야 할 것이외다. 천하로도 바꾸지 못하고 천자(天子)라도 휘지 못할 인격의 존엄을 보전하여야 할 것이외다.

우리는 손이 있으니 손을 맘대로 두르고 입이 있으니 입을 맘대로 놀려야 할지오. 지(知)가 있으니 지의 극치를 궁구하고, 정(情)이 있으니 정의 발로를 자유로 하고, 의(意)가 있으니 의지의 존엄을 보전하여야 할 것이외다. 일언이폐지하면 우리가 품부(稟賦) 받은 모든 성질과 능력을 할 수 있는 대로 발휘하고 싶습니다.

이 밖에도 중요한 것이 많을지나 여기서 말할 바가 아니외다. 아무려나 나의 말하는 '살음'은 이러한 여러 속성을 가진 것을 이름이외다. 나는 이 여러 속성 중에서 하나를 뗀 '살음'도 만족하지 못하겠습니다. 나는 기차에 일등을 타고 가장 화려한 가옥과 의복 음식 거마(車馬)로 사회의 최고위에 처하여 일세를 감화 지도하여야 되겠고, 전력을 다하여 내 의지를 존중하고 내 사상과 감정을 자유로 하여 권위 있는 발표를 하도록 하여야 될 것이외다. 소불하(少不下, 적어도) 나는 이리되려고 전력을 다하여야 될 것이외다.

이는 문명인이 저마다 하려고 노력하는 살음의 내용임에 문명인이 되려는 나는 이리 아니 할 수 없습니다. 그리고 누구나 우리는 다 이러한 살음의 욕망을 가지고 이를 달하려는 노력을 하여야 할 것이라 합니다. 각인이 다 이러한 욕망을 가지고 분투노력하는 중에 찬란한 문명과 부가 생길 것이라 합니다.

이 견지로 보아 현재 우리 청년은 너무 욕망이 단순하고 따라서 요구가 박약한 것을 무한 한탄합니다. 좀 더 '살음'의 강렬한 욕망을 가지어 할 수 있는 대로 완전한 만족한 살음을 요구하고 노력하여야 할 것이외다. 우리 청년에게 가장 결핍한 것이 강렬한 살음의 욕망이요, 가장 긴급한 것이 또한 강렬한 살음의 욕망이라 합니다.

인하여 두어 머리 노래를 읊으니

살아지다 살아지다 億年(억년)이나 살아지다
百子千孫(백자천손) 엉키 엉키 十萬里(십만리)나 퍼져지다
잘 살고 잘 퍼지도록 一生(일생) 힘을 쓰과저

쓰라 주신 손톱 발톱 그저 두기 惶悚(황송)해라
큰일 맡은 머리와 입 묵힐 줄이 있소리까
웃기나 울기낫 間(간)에 실컷 맘껏 하리라

빛일세면 다홍빛이 아니어든 草綠(초록) 빛이
소리어든 우렛소리 아니어든 바닷소리
그러나 겨울 눈 여름 비를 외다(비키다) 아니 하리라[34]

설 노래, 일기자(一記者)

한 해가 또 가니 한 살을 또 먹었네
歲月(세월)은 빠르고 事業(사업)은 더디거늘
무삼(무슨) 일 철없는 것들은 기쁘다만 하는고

鐘路(종로)의 五更人磬(오경인경) 殷殷(은은)히 울어나니
美人(미인)은 빛이 날고(빛깔이 바래고) 英雄(영웅)은 白髮(백발) 되네
堂上(당상)에 늙은 書生(서생)은 撫劍嘆(무검탄)을 하것다

---

34) 『學之光』 제8호(1916. 3. 4), pp.3~6, 살아라(李光洙).

새해 새해라니 무엇이 새로운가
山川(산천)은 젊어가고 人物(인물)은 낡아가니
새해 새해란 뜻을 내 몰라 하노라

늘 흰 메(白頭山) 上上峰(상상봉)에 우뚝 선 솔을 보니
가지에 가지 돋쳐 해마다 뻗노매라
묻노니 오는 한 해에 몇 가지나 더 올는가[35]

크리스마스 밤, 겨울

김경화(金京華)는 여러 친구들과 함께 회당(會堂)에 갔다. 문에는 머리에 기름 바른 집사(執事)들이 순서지를 돌리며 고개를 숙인다. 경화와 성순(成順)도 순서지를 받아들고 들어갔다. 회당 벤치는 반쯤 차고 부인석이 많이 비었다. 집사들은 모두 기름 바른 머리로 분주한다. 양인은 부인 자리를 찾아 바로 강단 앞에 앉았다. 경화는 성순에게,

"회당 같은 데서는 뒤에들 앉기를 좋아해요."

"그것도 일종 자존심이야요."

"이 중에 신자가 몇 사람이나 될까요."

"5분에 1이나 될까. 대부분은 크리스마스에 온 것이 아니라, 활동사진 구경 왔지요. 교인 중에도 다른 예배일에는 아니 오다가 오늘 저녁에는 남보다 먼저 왔을 사람도 있을 것이오."

"그러니까 세상은 다 유희(遊戲)야요. 진심으로 무엇을 하는 이가 드물구려."

"그러나 문명 정도가 좀 더 높은 민족은 이처럼 불진실하지는 아니하리다. 보시오 그려, 무슨 회석에 가거나 진실한 맘으로 출석하고 진실한 맘으로 변론하고 진실한 맘으로 거수하는 사람이 어디 있어요! 다 유희적으로 또 일시의 감정으로 할 뿐이오 그려."

"아직 진실하게 될 만한 자각이 없는게야요."

이때에 어떤 세비로 입은 학생이 돌아다니면서 아는 사람을 찾아 인사하고 어떤 집사는 무사(無事) 분주로 동치서주(東馳西走)한다. 경화도 이웃에 있는 몇 친구더러 목례한다. 여학생석에는 수십 인이 무어

---

35) 『學之光』 제8호(1916. 3. 4), p.30, 설 노래(一記者).

라고 소곤소곤하고는 끼득끼득 웃는다. 모두 크리스마스에 아무 상관 없는 이야기들을 하고 집사들만 오르며 내리며 들며 나며 한다. 성순은 경화의 손을 꽉 쥐며,

"여봅시오. 저 여학생들이 나중에 무엇이 될까요. 암만 생각해도 모르겠어요" 하고 웃는다.

"노형은 평생 여학생 생각만 하시오? 지금껏 여학생석만 보고 있었구려" 하고 경화도 웃는다.

"아뿔싸 또 넘어갔습니다 그려. 여학생석 보는 사람이 나뿐이겠기에. 가만히 봅시오, 지금 만인의 시선이(혹은 정면으로 혹은 측면으로) 어디로 쏠렸나 봅시오. 나는 제법 경세가(經世家)의 눈으로나 보지요. 저 만인은 일점욕(一點慾)을 가진 눈으로 보는 것이야요" 하고 더욱 소리를 낮추어, "저 집사들의 눈도 가급적은… 하하하." 웃고 한 번 좌우를 휘둘러보더니 다시, "생각합시오. 저 여학생들이 장차 무엇을 하겠습니까. 시집도 못 가고."

"퍽 걱정도 많네. 시집은 왜 못 가?"

"눈은 높지요, 여간 남자는 사람으로 아니 볼 것이외다. 그리고 상서(相書, 관상을 본)한 남자는 이혼자(已婚者)요…"

"시집가는 것만이 여자의 사업이겠소?"

"그러면 시집 아니 가고 무엇해요?"

"교회나 교육계에서 활동하지요. 지금 문명국 여자들이 다 그렇지 않습니까."

"푸푸, 천만. 백 년 후에 말씀입니까. 지금 우리나라 여자가 하기는 무엇을 해요. 공연히 되지 못하게 휘젓고 돌아다니거나 하지요. 전례를 보시구려, 전례를— 정신(貞信) 배화(培花)…"

"꽤 수구(守舊)시구려. 여자들도 상당한 자각이 있을 터이지요. 평생구아몽(舊阿蒙, 옛날 아이들)이겠습니까. 또 각국이 다 남녀의 교육 정도를 같이 하려고 노력하는 중인데 우리나라에도 저런 여학생이 많아야 하지요."

"그야, 나도 아주 여자를 무지(無知)한 대로 속박하자 하는 그런 완고는 아니야요. 그러나 오늘날 우리 여자 교육계는 시세(時勢)에 부적(不適)해요.— 아무 소용없는 나마이끼(生意氣, 건방진) 계집만 만든단 말이야요."

"과도시대에야 불가면(不可免)이지요. 우리 남자는 아니 그렇습니까. 공연히 여자 공격만 하지 말고 좀 우리도 자중해서 그네를 인도하도록 합세다 그려."

"그래 저 여자 중에 무슨 큰 포부를 가진 사람이 있음직합니까, 저 속에."

"그야 어찌 알아요. 아마 있겠지요, 또 있어야지요. 그래서 이 남자 중에는 그래 얼마나 포부가 많음직하오. 노형은 미혼이시니까 공부나 잘하여 그 배필이나 되어보시오 그려." 성순은 고개를 쩔레쩔레 흔들며,

"아이구 싫어요, 깔리게요" 하고 실내를 한 번 돌아보고 나서, "별로 큰 포부 가진 인물도 없는 것 같소이다."

목사가 후로크를 입고 강단에 나서자 만장이 잠잔 듯 고요하여진다. 양인은 이야기를 그치고 순서지를 들었다. 제1에 '주악… ○양'이라 한 것을 보고 경화는 몸을 흠칫하면서 놀란다. 가는 무늬 하오리(羽織, 겉옷)에 침향색 하카마(袴, 하의) 입은 ○양은 고개를 숙이고 바로 양인 앞 피아노께로 온다. 경화는 슬쩍 보고 얼굴이 붉어지며 가슴이 뛴다. 겨우 정신을 진정하여 ○양의 머리엣 반짝반짝 조개로 아로새긴 살작(살쩍, 빗)을 보고 앉았다. 곡조가 울어난다. 만장의 눈과 귀가 피아노 소리와 연주자에게로 쏠린다. 집사들도 분주하기를 그만두고 각각 한 구석에 팔짱을 끼고 섰다. 집사 하나이 아직도 2층석에서 분주하다가 고양이 걸음으로 내려와 피아노 곁에 섰더니 수줍은 생각이 나는지 몇 걸음 물러나 걸어앉는다. 만장은 음악을 잘 듣는 듯하다. 경화는 혼자 가슴을 두근거리고 앉았다. 성순은 경화의 옆구리를 찌르며,

"이런 수치가 있소? 수천 원짜리 피아노를 수천 원 들인 솜씨로 타는데도 무슨 맛을 모르겠구려. 내 곡조 없는 퉁소 소리만도 못하외다 그려."

"본래 음악의 소양(素養) 없는 것이야 어떠하겠소. 타는 당자는 그 진미를 알고 타는지?"

"곡조 이름이라도 알았으면 좋겠소이다. … 아무려나 꼴 되었어요. 4백 명 동경 유학생에 피아노 곡조 하나 이해하는 사람이 없소 구려."

"왜 없나요, 저 회당에서 늘 타는 그야 알겠지요. 다 노형 같은 줄만 알으시구려."

"왜 나만이야요. 안다 해도 우리가 신문명 아는 모양으로 껍데기나 알겠지요. 참 생각하면 문명사조(文明思潮) 중에 우리가 저 음악을 못 이해하는 모양으로 이해하지 못하는 사조가 많이 있겠지요."

"우리가 지금 이 음악을 잘 듣는 체하는 모양으로 못 이해하는 사상을 이해하는 체하는 수도 많겠지요. 지금 다들 어서 활동사진이나 보여주었으면 하면서도 음악을 못 이해한다는 말 들을까 보아서 가장 취한 체들 하고 앉았지요."

"지금 저는 이해하는 체하는 이가 이웃 사람더러 참 잘한다 할는지도 몰라요. 그러면 그 이웃 사람은 더 잘 이해하는 체하노라고 좀 서툴다 할는지도 모르지오?"

경화는 고개만 끄떡끄떡 하고 대답을 아니 한다. 성순도 다시 피아노 소리를 듣는다. 과연 참다못하여 뒤에서 돌아앉는 소리와 소곤거리는 소리가 난다. ○양은 듣는 이도 없는데 저 혼자 열심으로 탄다. 성순이가 또,

"음악은 모르겠어도 타는 모양이 좋소이다. 나도 이제 돈 모와서는 피아노 사고 탈 줄 아는 아내 얻으렵니다." 경화는 말이 없다. 피아노가 끝나고 찬송가를 부르고 2층에서 분주하던 그 집사가 성경을 보고 기름 많이 바른 미남자 집사가 서양인 목소리로 기나긴 감사 감사를 올리고 기타 두어 사람이 열성으로 연설을 한다.

활동사진 기계에서는 푸시푸시 하는 소리가 난다. 금휘관(錦輝舘) 가는 대신에 모인 군중들은 연해 시계를 내어본다. 집사들은 또 좌왕우래하면서 무슨 주선을 하기 시작한다. 경화는 몸이 아프로라 핑계하고 먼저 나왔다. 어두운 골목을 지내어 간다객관(神田客館)에 돌아와 책상에 기대어 앉았다.

'변했다' 하고 한숨을 후 쉰다. "7년 동안에 피차에 픽도 변하였다. 내 얼굴과 내 맘이 변하여가는 줄은 알았건마는 그의 얼굴도 픽 변하였다. 일찍 ○○여학교 응접실에서 보던 야리야리하던 처자가 어느덧 벌써 노성한 부인같이 되었고나. 내 흉중에 깊이깊이 박혀 있던 그의 모상(貌像)과 아까 피아노 타던 그의 모상과는 다만 윤곽이 비슷할 뿐이요 빛과 내는 전혀 딴 것이로구나."

경화는 궐련(卷煙)을 피워 연기 날아오르는 것을 보면서 7년 전 일을 생각한다.

"꿈이로다, 그때에는 수염도 없고 볼도 붉었다. 그때에는 아직도 실세상 밖에서 멀리 홍진(紅塵)이 몽몽(濛濛)한 실세상을 바라보며 저 속에는 여러 가지 재미있고 즐거운 것이 많으려니 하였다. 그리고 그 속에 있는 모든 명예와 사업과 쾌락은 나를 기다리고 있으려니, 내 좁은 흉중에 지어놓은 모든 아름다운 공상은 다 실현될 것이어니, 실세상에 처하는 맛이 마치 학교에서 상학하고 복습하고 시험 치르고 우등하고 방학하였다가 또 상학하는 맛과 같거니만 하였다. 그때에 나는 실세상의 행복의 첫걸음으로 사랑을 구하려 하여 여러 시인의 연애시를 외우고는 혼자 인생의 미묘함을 탄복하고 나도 실지로 그것을 맛보았으면 하였다. 그때 나는 톨스토이와 목하상강(木下尙江)의 진실한 제자로 자임하여 사랑을 구하되 극히 정결(淨潔)한 플라토닉 사랑을 요구하였다. 그때 내 생각에 주의(主義)와 이상(理想)을 같이하는 애인을 더불어 서로 돕고 서로 권하면서 불결한 인류사회를 확청(廓淸)하리라 하였다. 그때 나의 생각은 내 순결한 영(靈)과 정성과 능력이 족히 이 이상을 실현할 수 있으리라 하였다. 그러나 용기와 정력의 샘이 될 애인이 있고야 되리라고 확신하였다. 그러고는 주야로 미래의 애인의 화상을 그리고 선량한 애인을 얻으려면 저부터 선량하여야 하리라 하여 맘과 언행을 힘써 닦았다. 꼭 예수와 같이 될 수 있으리라 하여 마태복음 5, 6, 7장을 암송하고 꼭 그대로 실행하기를 힘썼다. 그때에 전차로 통학하였는데 차중에서는 내왕에 다 다수한 여학생을 만나고 혹은 바로 곁에 앉기도 하며 안듯이 서기도 하여 여러 다른 청년들이 하던 모양으로 심중에 음욕(淫慾)을 방자히 하였었다. 그러나 이 작정함으로부터는 있는 힘을 다하여 이 열정(劣情)을 제어하고 일주일 후에는 조금도 이 열정이 발작하지 않게 되었다. 혹 무거운 수레를 끄는 노인을 보고는 땀이 흐르도록 뒤를 밀어주기도 하며 하숙 하녀도 누이나 다름없이 친절하게 하였다. 결코 남을 미워하지 아니하고 남이 청구하는 바를 거절하지 아니하였다. 어떤 친구가 열병으로 신음할 때에 나는 진정으로 3주야를 앉아 새었다. 거의 반년 동안이나 나는 일찍 증오 질투 분노의 염(念)을 발하여 본 적이 없었다. 나는 항상 찬미하고 기도하고 천사와 함께 즐겨하였다. 오직 한 정신적 애인을 희구하면서" 하고 경화는 그때 생각이 퍽 정다운 듯이 빙긋 웃더니 또 생각한다.

바로 그때에 어찌어찌하여 그를 보았다. 말할 때마다 살짝 붉어지는 그의 말긋말긋한 얼굴, 한 옆을 슬쩍 갈라 치렁치렁 땋아 늘인 머리, 작별할 때에 "분주하신데…" 하던 목소리. 그는 나의 가슴에 아직 지나보지 못한 화염을 던졌다. 그때 나의 어린 생각에는 옳지 저야말로 내가 구하는 천사라 하였다. 그러고 나는 수십 일 동안을 혼자 애를 태우다가 어떤 날 "나를 사랑하여 주소서, 오라비와 같이 사랑하노라 하여 주소서, 나는 결코 그대의 얼굴을 다시 보고자 아니 하나이다. 영원히 아니 보더라도 다만 그대의 오라비야 내 너를 사랑한다 한마디로 일생의 힘을 삼으리이다" 하는 뜻으로 시를 지어 보내었다. 그러나 이 말이 그의 오라비 귀에 들어 기혼 남자로 무례한 일을 하였다 하여 절교의 청구를 받고 다시 이 말이 전 유학생계에 전파되어 나는 불량한 타락생으로 주목받게 되었다. 나는 실망과 수치를 이기지 못하였다. 나는 나의 바라던 모든 것을 빼앗겼을뿐더러 사회(사회라야 내 지인 학생 수십 인이지마는)에서는 대죄인과 같은 냉우(冷遇)를 받았다. 나는 울고 울었다. 이제는 내 생명은 이미 파괴되었거니 하고 스스로 냉회 (冷灰)에 비겼다. 나는 어떤 날 평생 처음 술을 많이 마시고 삽곡(澁谷) 철도 선로에서 자살을 하려 하여 유시(遺詩)를 써놓고 선로에 누워서 마지막 그를 생각하면서 기차가 어서 와서 내 생명을 마저 끊기를 기다렸다. 그때에 나는 실로 죽을 수밖에는 길이 없거니 하였었다. 그러나 마침 공부(工夫)에게 붙들려 순사에게 만반 설유(說諭)를 받고 다시 살아났다. 그러고는 학교도 다 내어던지고 귀국하였다. 귀국 후에는 주광(酒狂)이 되어 2, 3삭 동안 세인의 치소(嗤笑)를 받았다. 그때에 만일 새로운 애인을 만나지 아니하였던들 나는 영원히 주광이 되고 말았으리라. 그러나 나는 행인지 불행인지 한 새 애인을 만났다. 그는 누구뇨, 배달이었다. 나는 이 새 애인을 위하여 헌신하기로 결정하였다. 다시 실연한 사람이 혹 승려도 되며 혹 자선사업가도 되는 모양으로. 그리하여 가슴에 맞은 아픈 상처를 참고 지나더니 그도 얼마 아니하여 그 애인도 죽고 말았다. 나는 그 애인의 무덤을 쓸어안고 내 불행을 통곡하다가 할일없이 동서팔방으로 표랑하기를 시작하였다. 마치 크게 실망한 사람이 하는 모양으로. 그래서 천애지각(天涯地角)으로 유리하는 동안에도 두 애인의 생각이 번갈아 일어나 화조월석(花朝月夕)에 통곡한 적이 몇 번이런고. 나는 만 년을 살아야 다시 두 애인을 보지 못할까 하였다. 그리고 또 살아갈 동안 재미 붙일 무엇이 있을까 하고 다시 동경으로 굴러 들어왔다. 경화는 불승감개(不勝感慨)하여 한참이나 눈을 감고 안겼더니,

"불의에 그의 얼굴을 다시 보았다. 한 애인은 이미 보았거니와 또 한 애인은 다시 볼는가 말는가."

이때에 성순이가 헐떡헐떡하고 들어오면서,

"옳지, 왜 일찍 오신지 내가 압니다" 하고 장한 듯이 웃는다. 경화도 웃으면서,

"나는 또 무슨 큰일이나 났는가 했지요, 헐떡거리고 뛰어 들어오기에. 왜 다 보지 않고 왔소."

"큰일이 있지요, 내가 다 알아요. 모르는 줄 아시는구려. 내가 언제 선생의 일기를 훔쳐보았지요, 그 속에 ○가 어쩌고 어쩌고 했습디다 그려. 오늘 그 ○가 그 ○가 아니야요?"

"그 ○가 그 ○지 무엇이야. 내 일기에 무슨 ○란 말이 있는가… 잘못 보신게지요."

"아니야요, 그 ○야요. 그래서 얼른 오셨구려? 그래 내가 잘못 알았어요?"

경화는 잠자코 안겼더니 종이를 다리어(당기어),

그 불길 닿자마자 활활 타던 가슴
그 불길 또 닿아도 다시 타지 안노매라
그 불길 다 태웠으니 안 타는가 하노라

그 얼굴 다시 보니 기쁠 듯도 하건마는
보고 돌아서니 설움만 나는 뜻은
가슴에 있던 그 얼굴이 죽음인가 하노라

그나 내나 간에 어린 제 지났으니
솟곱지(소꿉) 달싸한 맛 볼 길이 없건마는
다만지(다만) 큰일 이루어 소리로나 듣과저36)

---

36) 『學之光』 제8호(1916. 3. 4), pp.35~38, 크리스마스 밤(거울).

사회단평(社會短評), 일기자(一記者)

상류인(上流人), 중류인(中流人), 하류인(下流人)

스스로 옳은 바를 깨달아 그대로 행하는 이는 상류인이요, 남이 옳다고 권하는 바를 순종하여 그대로 행하는 이는 중류인이요, 스스로 깨달을 줄도 모르고 남의 말을 순종할 줄도 모르는 이는 하류인이니, 천하 사람은 다 이 3자의 1에 속하니라. 스스로 부족한 줄을 깨닫는 이는 상류인이요, 자족하는 자는 중류인이요, 제가 남보다 낫거니 하는 이는 하류인이니, 천하 사람은 다 이 3자의 1에 속하니라. 이에 스스로 옳은 바를 깨달아 그대로 경행(勁行, 군세게 행함)하면서 저의 부족한 줄을 아는 이는 최상류인이요, 스스로 깨달을 줄도 모르고 남의 말을 순종할 줄도 모르면서 게다가 저는 남보다 낫거니 하는 이는 최하등인이니, 사회에서 호사업(好事業)을 저희(沮戲)하고 불미한 파란을 일으키는 이는 대개 후자에 속하니라. 이 규칙을 가지고 세인(世人)을 비평하여보면 꽤 재미있는 것이니라.

자복회(自服會)

예수교회에 자복회라는 것이 있나니 신자 남녀가 회당에 모여 전에 지은 죄를 자복하는 것이라. 수치와 불명예를 무릅쓰고 공중 앞에서 모든 죄과(罪過)를 참회함은 다시 그런 죄과를 아니 짓고 거룩한 신생활에 들어가려는 뜻이니 신도의 칭찬할 만한 행위라. 그러나 이용하기 즐기는 세인은 이 거룩한 의식(儀式)조차 이용하여 제 명예를 획득하려 하니 참 가증한 일이라. 내 일찍 어느 자복회에 가니 어떤 사치하게 차린 교인 하나이 나서며 매우 애통하는 모양으로,

"이놈은 큰 죄를 지었습니다. 참 가슴이 아프고 뼈가 저립니다" 하기에 나는 그가 무슨 큰 죄를 자복하는가 하고 경건한 맘으로 기다리며 나도 내 죄를 생각하고 가슴이 아프고 뼈가 저릴 뻔하였더니 그가 말을 이어,

"내가 어떤 형제를 한 번 미워하였습니다. 이러한 큰 죄를 지었으니 어찌하리까" 하고는 이 죄 하나만 슬퍼하는 듯. 그가 과연 일 년 동안에 이 죄 하나밖에 없다 하면 그는 벌써 베드로 바울보다 덕이 높은 이니 금시에라도 상제(上帝)의 보좌(寶座) 앞에 갈 자격이 있도다. 이

는 조그마한 허물을 큰 듯이 말하여 자기에게로 다른 큰 허물이 없는 듯이 세상에 보이려 하는 궤휼(詭譎)이라. 또 한 분은 용감하게 일어나며,

"참 감사 감사하압니다. 주님 은혜 감사 감사한 줄을 금년에야 깨달았습니다. — 나는 금년에 부동심(不動心)을 얻었습니다. 이제는 천하에 없는 학설이나 유혹이 오더라도 나의 신앙은 영원히 동요치 못할 것이외다. 감사 감사합니다" 하니 내년 자복회에는 무엇을 감사할는고. 벌써 성도(聖徒)가 되고 말았으니. 사십이부동심(四十而不動心)한 맹자(孟子)는 수자(豎子, 더벅머리)라 부족거론(不足擧論)이로다. 그의 장래는 괄목하고 볼 것이어니와 그날 저녁으로 동심은 아니 하였는지.

찬성하는 사람, 반대하는 사람

세상에는 남의 의견에 찬성 잘하는 사람이 있지요. 동으로 가자 해도 "좋소, 옳소" 서로 가자 해도 "좋소, 옳소" 하여 너무 찬성한 결과로 마침내는 제가 발론자(發論者)인 듯이 열중하지요.

또 세상에는 남의 의견에 함부로 반대 잘하는 사람이 있지요. "살자" 해도 "아니오, 그렇지 않소" "죽자" 해도 "아니오, 그렇지 않소" 하여 아주 장중한 용모와 음성으로 반대하지요. 그러면 "죽도 말고 살도 말고 엉거주춤 합시다" 해도 "아니오, 그렇지 않소" 하는지.

이 2종 사람은 몸뚱이만이요 머리 없는 것은 마찬가지나 전자는 몸뚱이 중에서 심장은 남아서 잘하려고는 하되 후자는 몸뚱이 중에도 똥집만 남아서 냄새만 피우려 하니 어느 사회에서나 이런 불행한 표본을 보는 것이니라.

문학의 오해

문학 — 더구나 시가(詩歌)나 소설이라 하면 우리는 그것은 한인(閑人)의 소일거리나 그렇지 아니하면 청년을 타락하게 하는 것인 줄로 알며 심지어는 꽤 신사로 자처하는 이조차 웃음거리 재담(才談)을 소설이라 하고 그런 소리 잘하는 사람을 소설가라 하지요. 어찌 그렇겠습니까. 프랑스 소설가 빅토르 위고의 공(功)과 명(名)이 인류 문화에 영향을 준 점으로 보면 나폴레옹에 지지 아니하리라 하고 그의 작물(作物)이 경전(經典)과 같은 존경을 받는대요.

대개 신문명의 선편(先鞭)은 으례 문학이 쥐는 것이니 인류에게 신사상을 고취함은 문학만 한 이가 없습니다. 봅시오, 유럽 신문명의 발원도 14세기 이탈리아의 문예부흥이요, 민주사상 평등사상 같은 프랑스 대혁명의 원인이 된 사상도 영국으로서 건너온 혁신문학의 발흥(勃興)에서 나온 것이외다. 무론 일본과 같이 남의 문명을 곧 빌어오는 나라에서는 정치적 혁신이 앞서는 수도 있지요. — 이도 엄밀히 말하면 뇌산양(賴山陽) 길전송음(吉田松陰) 웅택번산(熊澤蕃山) 등의 신사상을 고취하는 문인이 그 원동력이 된 것이지마는 — 일본이 그 신수입한 문명을 완전히 소화하기는 신문학이 울흥한 뒤엣 일이외다. 그런데 우리 경우는 어떠합니까. 정치적 혁신은 이미 말할 바가 아니니 최급선무가 신문명 사상을 고취하는 신문학의 일어남이외다. 나는 이때를 당하여 우리 문단에 신시(新詩)와 신소설(新小說)이 나고 우리 청년들이 신사상 신생명을 얻어 읊고 노래하고 즐기고 혹 울고 번민하고 수심(愁心)하기를 바라거늘 책사(冊肆) 머리에 울긋불긋한 서푼짜리 소설만 발호하는 것을 보고 기가 막히려 합니다.

문 밖에 와 섰는 여러 신 문제

1. 남녀문제. '남녀평등', '여자해방' — 이러한 말은 십수 년 이래 희롱거리로 불러왔습니다. 그러나 이 모든 문제가 이제는 바로 문 밖에 다다라 우리에게 육박하려 합니다. 아마 차차 언론계가 열리면 대격전이 일어날지요. 언론으로만 아니라 실제로도 여러 가지 희비극이 많이 생길 것이외다. 그리되면 여자교육, 여자대우, 여자직업, 여자도덕 등 제문제가 접종이기(接踵而起, 잇달아 생김)할 것이외다.

2. 결혼문제. 우리는 연애란 맛을 보지 못하였고 따라서 참말 남녀의 관계라는 것을 모르고, 그러니까 참말 결혼이란 의미를 몰랐습니다. 우리는 다만 전습적(傳襲的) 사상과 도덕에 좌우되어 도박적, 노예적, 무의식적 결혼을 하여왔습니다. 지금 신교육 받는 청년 중에는 이러한 결혼을 후회하는 이가 과반이요, 심한 이는 이혼하기를 주장하며 그까지는 아니 가더라도 이혼하였으면 하게 되었습니다. 혹 그중에 덕성의 함양이 부족한 이는 공연히 으례 작첩(作妾)합니다. 이러한 사회에 대불행이 어디 있습니까. 이는 개인의 덕성과 가정의 화락과 사위력(事爲力)과 사회풍기에 다대한 악영향을 끼칠 것이외다. 이에 결혼문제가

선결할 중요문제가 됩니다.

3. 소작인(小作人)과 지주(地主) 문제. 우리 소작인은 지금 불가형언(不可形言)할 곤경에 있습니다. 그네는 지주에게 노예적으로 봉사하며 또 그네는 지주의 악랄 무자비한 수단 하에 모든 이(利)를 빼앗깁니다. 그네는 생활의 보증이 없이 살활여탈(殺活與奪, 죽고 살고, 주고 빼앗음)의 권리가 온전히 지주에게 달렸습니다. 그네는 밥을 굶고 헐을 벗고 건강을 해하고 쾌락을 빼앗기고 자녀의 교육을 못 시키고 사람다운 대접을 못 받습니다. 이리하여 우리 대다수 가련한 동포는 영원한 천대와 불안과 고통 속에 지냅니다.

4. 사회 예의 도덕문제. 구도덕은 깨어지고 신도덕은 서지 못한 혼돈은 과도기에 처한 사회의 면치 못할 일이외다. 그러나 지금 우리 사회 같이 혼돈 우 혼돈한 천지야 어디 있겠습니까. 남녀간 부자간 사제간 장유간 붕우간 관민간 — 함부로구려. 관청에서조차 하급 관리가 상급 관리를 능모(陵侮)한다니 이무가론(而無可論, 논할 바 없다)이지오. 역부(驛夫) 차장이 승객더러 '이놈아' 하고, 우편배달부가 신사더러 '하소' 하는 천지로구려. 아들이 아비 걸어 송사(訟事)하다가 지고 나오면서 "이런 통분한 일이 있나" 하는 세상이로구려. 악한이 양반 노릇하고 식사(識士)가 상놈 노릇하는 세상이로구려. 평등 평등, 평등은 좋지마는 도등(倒等)은 걱정이외다.

이러한 초미의 대문제가 문에서 기다리는데 이를 접대할 우리의 결심과 수양은 어떠한지오. 영욕무언(寧欲無言)이외다. 그러나 시간의 힘은 차차 우리에게 진각성(眞覺醒)을 주고 진능력(眞能力)을 주리라 합니다. (1916. 2. 1)[37]

소화일속(小話一束)

불행의 근본

길동(吉童)이가 소를 먹이다가 뱀을 만났다. 뱀이 갈라진 혀를 날름거리고 달아나는 것을 불러가지고,

---

37) 『學之光』 제8호(1916. 3. 4), pp.44~46, 社會短評(一記者). 여기서도 일본 연호를 사용하지 않고 의도적으로 서기연호를 명기하고 있다. 춘원의 항일정신을 엿볼 수 있다.

"애 뱀아, 너는 사람 물기 위해 세상에 났니? 왜 건넛집 갑순(甲順)이를 물어서 저렇게 뚱뚱 부어 앓게 하나냐, 심술 사나운 녀석."

"날더러 심술이 사납다고요. 사람 놈들은 왜 나를 보면 한사코 때려 죽이려 하나요. 내 어머니는 누가 죽이고 내 아우는 누가 죽였는데요. 당신은 나까지 때려죽일 양으로 부르셨소."

"아니다. 그러면 사람이 너를 죽이려니까 너도 사람을 죽이려는구나. 자위(自衛)도 할 겸 원수도 갚을 겸?"

"두 말이겠소. 말이나 끝나면 당신도 물어야겠소. 당신도 나를 때려 죽여야 하지요. 어이하여 천지간에 전쟁이 끝날 날이 없소 구려."

"애, 너도 생명을 즐기려고 나고 우리도 생명을 즐기려고 났으니 서로 화친하자구나. 나하고 너하고 새 조약을 맺자. 소불하(少不下, 적어도) 내 자손하고 네 자손하고는 화평하게 지나도록."

"좋지요, 그러나 개구리하고는 약조할 수 없어요."

"옳지, 나도 소와 닭과 물고기와는 약조할 수 없지."

"아아 도로 마찬가지. 그러나 전쟁이 줄기는 하지요."

조선인의 변장술(變裝術)

세계 인류 중에 조선인처럼 변장술 능란한 사람은 없사오리다. 말 좀 들으시오?

시모노세키(下關)만 건너서면 기모노(일본 옷) 하오리(일본 겉옷)에 게다(나막신)를 잡숫고서(집행) 꼭 일본말만 쓰지오. 안동현(安東縣)만 건너서면 "쿠즈 따아오 자벤즈"에 꼭 "씽샤 울랴야"만 부르지오. 해삼위(海蔘威, 블라디보스토크)만 건너서면 "샵가 샵브기에 다다다 넷두 넬리자"만 조기는구려(씨부렁 제끼다). 그러나 아무리 변장에 익숙한 그네들도 천생 타고난 용모는 할 수 없는 겝다. 어느 누구가 화학이나 응용하여 융비환(隆鼻丸, 콧대 높이는 약), 청동산(靑瞳散, 파란 눈동자 약), 신장수(身長水, 키 크는 약), 부백고(膚白膏, 피부 희게 하는 약)나 발명하였으면 그야말로 화평당(和平堂) 압도하고 당대 발복(發福)하지요. 약 이야기가 났으니 말이오마는 누구시나 약관(藥舘)하시거든 조양제(助陽劑, 양기 돋우는 약), 606호 주사액, 백림전치약(白淋全治藥, 임질 치료약), 일취불성주(一醉不醒酒, 한 번 취하면 깨지 않는 술), 여자소혼단(女子銷魂丹, 여자 넋이 사라지는 약), 화투불발각약(花

闘不發覺藥, 속임수 발각되지 않는 약), 불독서자유지약(不讀書自有知藥, 책 읽지 않고도 알아지는 약), 일어속성만금단(日語速成萬金丹, 일본어 속성약) 기어이 넣으시오. 책사(冊肆)하는 이들도 부업을 하였으면 좋고 언간(엔간)하면 개업(改業)하시면 더 좋으리라. 아무려나 변장 잘함은 모방 잘함을 의미함이니 정 모방을 잘하면 얼른 문명이야 되겠지오. 아쉬운 대로 그게나 위로로 삼을 수밖에.

72체

어떤 양반에게는 72'체'가 있다 하지오. 72체를 완전히 구비한 어른이야 과시 불세출(不世出)이겠지마는 20, 30체 내지 40, 50체 가진 어른은 대인물(大人物) 동난 우리나라에도 십지(十指)를 꼽을 만하고 2, 3체로 4, 5체 가진 이에 이르러서는 불가승수(不可勝數)지오. 나는 정신없는 놈이라 72체를 연송(連誦)은 못하지마는 생각나는 대로 대강 적어 보리까요?

모르고 아는 체, 잘못한 일은 알고 모르는 체, 못나고 잘난 체, 돈 많은 체, 이름 난 체, 글 잘 짓는 체, 세계 대세(大勢) 아는 체, 조선인 아닌 체, 명사(名士)의 얼굴도 못 본 주제에 그와 친한 체, 소설이나 댓 권 맹독(盲讀)하고 문사 이름이나 열아문(여남은) 비뚜로 외우면 문사 된 체, 동경에 3년이나 있었으면 10년이나 있은 체, 색주고(色酒賈, 색 팔기를 겸한 술집)한테 용병(매독) 올려 가지고는 장안 명기 외입은 다 한 체, 전문학교 돌아 우편 제1호 졸업증서나 하나 얻었으면 대학자 된 체, 미국 가서 밀감 포도나 한(限) 3년 따주고 "하우 두 유두 예스 오라잇 샌프란시스코"나 하면 구미문화를 다 이해하는 체…. 어그시끄러우니 그만둡시다.

길가 유리창이 가로대

지나가는 사람은 누구나 나를 한 번씩 쳐다보고야 가지오. 왜 그러는지 아세요. 아침에 책 보퉁이 낀 여학생 으레 보지오. 내게 비치는 분 바른 제 얼굴 보고 생긋 웃는 뜻은 이만하면 돈 많은 대학생이 내게 홀리려니, 함이지오. 사각모 쓴 대학생 또 쳐다보지오. 보고 빙그레 웃는 뜻은 이만하면 얼굴 고운 여학생이 나를 고아(古雅) 함이지오. 구루마꾼도 쳐다보지오. 보고 히히 웃는 뜻은 이만하면…. 행랑 계집도 쳐다보지오. 보고 싱긋 웃는 뜻은 이만하면 우리 댁 대감께서 침을 흘리시려니 함이지오. 여학교 교사는 아니 쳐다볼 줄 알았더니 그도 쳐다보지오. 보고 웃음 참는 뜻은 이만하면 3년 급 몇째 자리 아무 저고리 아무 치마자리가 나를 다시금 보려니 함이지오. 머리 곱게 가르고 향수 칠한 목사 장로님 나를 쳐다보지오. 보고도 안 본 체하는 날에는 기어이 예배당 부인소 성경반을 가르치지오. 내 소경력(所經歷)으로 판단하건댄 인류의 진정한 활동은 몸을 꾸미기에 있고 몸을 꾸밈은 이성(異性)을 얻기에 있다 함이다. 어시호 목사나 선생이나 다 도복(道服) 입은 외입장(오입장이)입데다.

한 사람의 네 가지 방면

한 사람의 참 성격을 완전히 알아보려면 다음 여러 조건을 조사하는 것이 필요하지오.

1. 밀실에 혼자 앉았을 때에 늘 보는 거울더러 물어보아야 하지오. 상당한 수양 있는 신사 숙녀도 밀실에서 거울을 대하여서는 별별 야릇한 표정과 상상을 하지오. 그중에도 부인네는 더 하지오.

2. 뒷간더러 물어보아야 하지오. 아마 인생의 가장 모든 체면과 외식(外飾)하는 위의(威儀)를 깨기는 뒷간에서밖에 없을 터이니까요.

3. 그 부인과 물어보아야 하지오. 몹시 점잖은 어른의 몹시 점잖은 비밀을 그 부인이 아는 바가 많으니까요.

4. 돈지갑과 물어보아야 하지오. 돈을 많이 넣었을 때에는 길 가면서도 꼭 부르쥐고 외따른 데서는 내어보고 웃고 돈을 쓰려 할 적에는 큰 것을 만졌다 작은 것을 만졌다, 돈지갑을 닫았다가 열었다가 하지오. 그러나 제일 잘 알기에 그 사람의 양심더러 물어보는 것이 무론 제일이지오.

말(言)의 중용(中庸)

김 군은 누구를 보나 평생 반말이지오. 그래서 혹은 그가 혀가 짧은 게라고도 하고 혹은 싸라기밥을 먹은 게라고도 하고 혹은 다섯 달 만에 난 게라고도 하고, 문법에 동사 명사만 배우고 조동사를 못 배운 게라고도 하지오. 그러나 못 배운 게라 하는 비평이 참이겠지오.

이 군은 누구를 보나 과히 존대(尊對)를 하는 것이 병이지오. "송아님이 들어오시오니 강아지님이 짖으시옵나이다"까지는 아니 가겠지마는 '시' '옵니다'를 너무 풍부하게 쓰시오니까 마주 앉아 말하기가 맛이 없어요. "흥, 저를 낮추는 자는 높아진다는 정리(定理)의 남용(濫用)"이니, "최신식 반어적(反語的) 교만법(驕慢法)"이니, "조동사만 많이 배웠나니", "중의 새끼"니 하고 악소년들의 시비는 많지마는 요컨대 김 군과 반대로 배운 것이라 하옴이 마땅하겠지요. 아무려나 중용이 제일이야요, 자사(子思)님도 홀으로 못 보겠는 걸요.38)

3. 동경 2 · 8독립선언과 조선청년독립단

개화기 조선 문단에서 언문일치체(言文一致體) 문장을 쓰기 시작한 선구자는 이광수였다. 그는 이미 1914년 6월 러시아 치타에서 대한인정교보 주필로 신문을 제작하면서 한글전용 문장을 쓰기 시작함으로써 언문일치체 문장 집필에 앞장선 것이다. 사실상 1910년대까지만 해도 조선의 신문 잡지의 문장은 한결같이 한문에 언문토를 달아 쓰는 이른바 현토식(懸吐式) 한문체(漢文體) 문장이 일반화되어 있었다. 이를 타파하고 한글문장을 실천함으로써 현토식 한문체로부터 탈피한 선구자는 이광수였다. 이와 같이 이광수는 구미의 선진문물을 받아들이고 조선 문화를 현대화하려면 언문일치체를 실현화해야 한다고 역설했을 뿐만 아니라 몸소 이를 실천하는 데 앞장섰다. 일본에서는 요시다(由田美妙)가 언문일치체의 주창자라면 한국에는 이광수가 처음으로 주창한 것이다.

기로(岐路)에 들어가거니와 조선 학자의 시간과 정력의 대부분은 이 난삽한 한문을 배우기에 허비되었나니, 이 시간과 정력을 다른 데 사용하였던들 문화가 크게 열렸을 것이며, 문학으로 보아도 한문을 폐지하고 언문(국문)을 사용하였던들 우수한 조선 문학이 많이 생겼을 것이로다. 근년에 이르러 순한문을 사용하는 자가 감하였으나, 아직도 여풍(餘風)이 상존(尙存)하여 난삽한 한문 문구를 사용하기를 힘쓰며, 문

---

38) 『學之光』 제8호(1916. 3. 4), pp.46~48, 小話一束.

격(文格)도 한문격(漢文格)을 사용하려 하도다. 각 학교의 작문을 보거나 출판물의 문체(文體)를 보더라도 한문에 언문으로 토(吐)를 단 듯한 글이 성행하니 과도기에 면할 수 없는 현상이라 할지나, 속히 타파하여야 할 악습이라. 현대에 있어서 현대를 묘사함에는 생명 있는 현대어를 사용하여야 할지니, 가령 '공부(工夫)'라 할 것을 구태여 형설(螢雪)이니 탁마(琢磨)니 마저(磨杵)니 하는 폐어(폐지된 말)를 사용할 필요가 무엇이며, '에그 좋아라' 할 것을 구태여 강희자전(康熙字典)에서 취하여 발표할 것이 무엇이리오. 근래 조선 소설이 순언문(순국문) 순현대어를 사용함은 내가 기뻐 마지않는 바이나, 이와 같이 생명 있는 문체가 더욱 왕성하기를 바라며, 언문과 한문을 사용하더라도 말하는 모양으로 가장 평이하게 가장 일용어(日用語)답게 할 것이니라. 일본문의 변천을 보더라도 유전미묘(由田美妙) 씨가 30여 년 전에 언문일치체를 주창한 이래로 문학적 작품은 물론이어니와 과학서, 정치, 논문 등에 이르기까지도 순현대어를 채용하게 되니, 이는 한 나라 문화에 지대한 영향을 미치는 진보라. 그런고로 신문학은 반드시 순(純)현대어, 일용어, 즉 현금 어떤 사람이나 알고 사용하는 말로 만들 것이니라.39)

이광수가 언문일치체를 주창한 직후 그해 12월에 매일신보로부터 새해 1917년 신년 벽두에 소설을 집필하라는 전보 청탁을 받았다. 이제 이광수로서는 언문일치체를 구현할 수 있는 절호의 기회가 찾아온 것이다. 이에 이광수는 매일신보에 1917년 1월 1일부터 '무정'을 연재하기 시작했다.40) '무정'은 언문일치체로 쓴 첫 작품이라는 것, 종래 '하더라, 이더라' 식 종결사를 '하다, 이다'로 발전시겼다는 것, 현대말을 채용했다는 점에서 한국 현대소설의 획기적 발전의 대전기가 아닐 수 없다. '무정'은 신문학의 효시라는 점에서 한국 현대문학의 획기적 르네상스 시대를 맞이한 것이었다. 이광수는 '무정'이 한국 신문학의 창

---

39) 『每日申報』(1916. 11. 19), 文學이란 何오(6) 東京에서 春園生.
40) '무정'은 매일신보에 126회(1917. 1. 1~6. 14) 연재했다. 연재를 끝내자마자 매일신보 특파원으로 충남, 전북, 전남, 경남, 경북의 '오도답파(五道踏破)여행기'를 매일신보와 경성일보에 연재했다.

시라는 점을 이렇게 정의하고 있다. "일본이 그 신수입한 문명을 완전히 소화하기는 신문학이 울흥한 뒤엣 일이외다. 그런데 우리 경우는 어떠합니까. 정치적 혁신은 이미 말할 바가 아니니 최급선무가 신문명 사상을 고취하는 신문학의 일어남이외다. 나는 이때를 당하여 우리 문단에 신시와 신소설이 나고 우리 청년들이 신사상, 신생명을 얻어 읊고 노래하고 즐기고 혹 울고 번민하고 수심(愁心)하기를 바라거늘 책사(冊肆) 머리에 울긋불긋한 서 푼짜리 소설만 발호하는 것을 보고 기가 막히려 합니다."41)

이광수는 모든 전통에의 반역을 감행했다. 어느 누구도 엄두도 내지 못하던 시대적 침체기에 춘원은 과거의 묵은 전통은 모두가 썩어빠진 악습이라고 고발하고 있다. 조연현(趙演鉉)은, 춘원의 인습타파운동은 근대적인 자아각성의 일대 전기가 되었다고 평가하고 있다.

지금에 있어서도 아직 위험한 사상이라고 할 수 있는 이러한 발언이 봉건적인 모든 것이 아직도 지배적인 세력을 형성하고 있었던 37년 전의 그 당시에 제창되었다는 것은 놀랄 만한 일이 아닐 수 없다. 그것은 춘원의 이 발언이야말로 몇 천 년을 두고 내려온 한국의 전통적인 가족제도나 사회윤리에 대한 공공연한 최초의 반역적인 선언이었기 때문이다. 만일 이 발언이 이보다 10, 20년 전에만 제창되었더라도 그는 한국 사회에서 매장되었을 것이다. 그러나 이미 시대는 전환되면서 있었다. 그러기 때문에 그의 이 중대한 전통에의 반역은 그것이 그대로 하나의 선구적인 혁명이 되어졌다. 이러한 춘원의 혁명적인 반역은 물론 봉건성(封建性)에 대한 비판과 부정으로서 행하여진 것이기도 하지만 과거의 지나가는 역사보다도 미래의 닥쳐오는 역사를 더 중시할 수밖에는 없었던 당시의 국치(國恥)와 미개한 민도(民度)에 대한 일 반발이기도 했던 것이다. 이것은 소년을 시나 소설의 주인공으로 선택함으로써 조국의 장래와 운명을 소년들에게 의탁해보려는 신문학운동의 중요한 일 경향으로서 한층 더 적극적으로 발전되어갔다. 이러한 반봉건적인 그의 사상적인 혁명성은 '무정'에 표시된 애정의 자율성과 근

---

41) 『學之光』 제8호(1916. 3. 4), pp.44~46, 社會短評(一記者).

대적인 자아(自我)의 각성 등으로 그 절정에 달했다.42)

이와 같이 이광수는 현실생활에 질곡이 되는 전통을 일체 폐기할 것을 역설하면서도 현실생활에 질곡이 되지 않는 좋은 전통은 유지・보존해야 한다고 주장했다.

전통이란 현실생활에 질곡이 되지 아니하는 한에는 존경함이 옳다. 왜 그런고 하면 전통이란 역사의 시련을 겪어서 그 사회의 생활과 혈맥이 서로 통하도록 된 까닭이니 전통을 절단할 때에는 그 사회가 출혈하지 아니할 수 없고 그 전통의 중요성 여하로는 그 실혈(失血)의 다량 됨이 생명에 관계되는 경우도 있는 것이다. 그 사회에 필요하지 아니한 전통은 없는 것이지마는 특히 중대한 것에 이르러서는 그 사회의 생명과 일치하는 정도에까지 이르는 까닭이다.

한 민족에는 한 민족의 전통이 있고, 한 가족에는 한 가족의 전통이 있고, 한 단체, 한 부락에는 각각 그 전통이 있어서 이 전통은 이론이나 법률 이상의 권위와 압력과 또 감화력을 가지고 대소 간에 그 사회의 정신을 지배하고 질서를 유지하는 것이니, 우리가 일러서 문화라는 것은 전통의 묵금(먹으로 금 긋기)이요, 문화생활이라는 것은 아름다운 전통의 궤도 위로 순편하게 운전되는 생활이라고 할 수가 있는 것이다. 이른바 풋내기의 호사(豪奢)에 서먹서먹함이 있는 것이나 식민지적 삭막(索寞)이라는 말로 표시되는 조야성(粗野性) 같은 것은 전통의 결여에서 오는 것이다.

어떤 때에는 전통의 불합리성이라는 것이 있다. 그러나 그 불합리라는 것도 문득 말할 바는 못 되는 것이니 왜 그런고 하면 이론이란 개인에 있어서는 미숙하기 쉽고 시대에 있어서는 전변하기 쉬운 때문이다. 이른바 레셔널리스트(이론주의자)들이 프랑스 혁명 시대에 전통이라면 모조리 파괴하던 일을 오늘에 와서 보면 광태라고밖에 안 보이지 아니하는가. 인생은 이론만이 아니다. 정의적(情意的) 요구는 이론적 거부를 거부하는 경우가 많은 것이 아닌가. 하물며 미숙한 지식과 이론을 가지고 중대한 전통을 건드리려고 하는 것은 무엄한 짓이요 건방

---

42) 趙演鉉, 『韓國現代文學史』(現代文學社, 1956), p.221.

진 생각이다.

　전통이란 역사가 길수록 권위가 생기는 것이어니와 또 우리는 날마다 새로운 전통을 세우기에 노력하고 있다. 유익한 행위는 전통화하는 것이 유익한 까닭이다. 한 가정, 한 학교, 한 사회, 전통이 없는 자는 밤낮 얄긋얄긋하여 안정이 없을 것이다.

　그렇다고 우리가 심사숙려하여 그야말로 그것이 여론을 이루게 될 때에 우리는 우리 생활의 진보에 방해가 되는 전통을 깨뜨릴 총명과 용기를 보류(保留)할 것이지마는 이것은 때마다 저마다 할 일은 아니다. 요새에 만만해 보이는 조선의 민족적 전통을 건드리는 용자가 날뛰는 것은 고맙지 아니한 일이다.43)

　봉건적인 전통에 함몰되어 있는 식민지적 정치환경에서 이를 타파하기 위하여 춘원은 언문일치체 문장운동을 일으키면서 그 자신이 이를 실천에 옮김으로써 '무정'을 집필한 것이다. 그러기에 주요한은 춘원을 "한국 신문학의 '아버지'로서의 춘원의 지위는 누구나 이론이 없고, 그것만으로 그의 사상(史上)의 위치는 부동이다"44)라고 평가하고 있다. 조연현은 '무정'은 춘원의 민족주의적인 이상과 계몽주의적인 정열을 구현화한 작품이라고 결론을 내리고 있다.

　'무정'은 이광수의 민족주의적인 이상과 그의 계몽주의적인 정열이 처음으로 가장 노골적으로 표시된 작품으로서 주인공 '이형식'이가 교사라는 것(당시에 있어서 교원은 계몽운동의 중심적인 인물이었다)과 '영채'의 아버지 '박 진사'가 개화운동의 선구자였다는 전제에서 이미 시작되고 있다. '영채'의 모든 불행은 그의 아버지 '박 진사'가 개화운동에의 희생자인 데 그 원인을 주고 있다. 주인공 '형식'은 이 미개한 한국 민족을 어떻게 해서 계몽시켜야 하겠는가 하는 것을 가장 중요한 인생문제의 하나로서 생각하고 있는 성실한 정열을 가진 지도적인 청년이다. '무정' 전체의 주조(主調)를 구성하고 있는 계몽적인 저류는 대성학교 '함 교장'의 연설을 통하여 혹은 그 연설에 감격하는 청중들

43) 『朝鮮日報』(1935. 7. 18), 一事一言: 傳統에 對한 敬意(長白山人).
44) 『思想界』(1958. 2), pp.29~31, 春園의 人間과 生涯(朱耀翰).

의 감동을 통하여 거의 노골적으로 제시되어 있지마는 이것이 가장 표면적으로 전개되어 있는 장면은 이 작품의 결말에 임한 삼랑진(三浪津) 수해사건에서이다. 삼랑진의 수해사건을 목격한 형식, 영채, 선형, 병욱의 네 주인공이 수해의 이재민들을 구출하기 위하여 삼랑진역 구내에서 음악회를 개최하는 것으로서 이 작품의 대단원을 삼고 있는 것은 '무정'의 계몽적인 특질을 가장 잘 나타내 보여주는 것이 된다. 그러나 작자는 작품 자체의 이러한 대단원에도 만족하지 못하고 음악회를 끝낸 다음 난데없는 '선우선'까지 별안간에 등장시켜 여관으로 돌아온 주인공들로 하여금 다음과 같은 문답을 전개시킴으로서 이 작품의 민족주의적인 이상은 그 절정에 달한다.45)

삼랑진 수해구제 음악회를 끝마친 후 주인공들은 여관으로 돌아와서 앞으로의 미래 진로와 새 한국을 건설할 이상을 토론하고 있다. "옳습니다. 우리가 해야지요. 우리가 공부하러 가는 뜻이 여기 있습니다. 우리가 지금 차를 타고 가는 돈이며 가서 공부할 학비를 누가 주나요? 조선이 주는 것입니다. 왜? 가서 힘을 얻어오라고 지식을 얻어오라고 문명을 얻어오라고… 그리해서 새로운 문명 위에 튼튼한 생활의 기초를 세워달라고… 이러한 뜻이 아닙니까."46)

이광수가 인촌 김성수의 학비보조로 제2차 동경 유학의 길을 떠난 것은 1915년 5월이었다. 와세다대학 철학과에 입학한 것이다. 입학하자마자 이광수는 학생운동을 일으켰다. 1915년 11월 10일 이광수는 신익희(申翼熙), 장덕수(張德秀)와 함께 조선학회(朝鮮學會) 창설발기인이 되어 조직했다. 그 설립목적은 조선에 관한 일반 학술연구를 표방하고 있었으나 실제는 독립운동을 일으키겠다는 일종의 비밀결사인 것이다. 조선학회는 회원 2인 이상의 보증인이 있지 아니하면 입회할 수 없을 정도로 비밀회합 조직단체였다. 일본의 경찰 감시를 회피하기 위하여 일정한 사무소를 설치하지 않고 그때마다 비밀히 회합하여 일본의 조선통치와 조선독립 문제에 관하여 과격한 토론을 전개하였다. 1918년

---

45) 趙演鉉, 『韓國現代文學史』, pp.232~233.
46) 春園, 『無情』(新文館 東洋書院, 1918. 7. 20).

1월 27일에 임원을 개선하였는데, 1920년 6월 30일 현재의 간부를 보면 "간사 김철수(金喆壽), 서기 전영택(田榮澤), 백남훈(白南薰), 김도연(金度演)"이다. 그러나 이광수가 2・8독립의거 직전에 상해로 망명해서 임시정부에 가담했고 장덕수도 조선으로 돌아가서 동아일보 주필이 되었기 때문에 조선학회의 활동은 그만 중단되고 말았다. 그런데 이광수 주도로 조직한 비밀결사 조선학회는 동경 2・8학생독립의거의 산실이 되었다는 점에서 한국 학생운동의 효시 역할을 한 것으로 그 의미가 자못 크다 할 것이다.47)

　1919년 2월 8일 조선청년독립단이 일본 동경 조선기독교청년회관(YMCA)에서 2・8독립선언서를 선포한 것이, 국내에서 10년 동안 가혹한 무단통치하에 신음하고 있는 조선 민중의 거족적인 3・1독립운동 봉기의 기폭제가 되었다는 점에서 그 역사적 의의는 실로 크다고 하지 않을 수 없다.

　1918년 10월 하순 이광수와 허영숙 커플은 서울을 탈출, 중국 북경에 애정도피 여행 중이었다. 동년 11월 18일 휴전조약이 체결되어 제1차 세계대전이 종식되고 이에 앞서 미국 월슨 대통령의 14조에 "국제연맹은 강대국과 약소국 사이에 정치적 독립(political independence)과 영토보전(territorial integrity)을 상호 보장하겠다는 특수한 맹약 하에서 결성되어야 한다"는 이른바 민족자결원칙(Principle of National Self-Determination)이 발표되었다.48) 이광수는 제1차 세계대전이 종식되고 중국 대표 육징상(陸徵祥)은 이미 파리 평화회의로 떠났다는 신문 보도를 보고 한국독립의 절호의 기회가 도래했다고 판단하고 급거 귀국, 중앙학교 교장 현상윤(玄相允)을 만나 독립운동 방략을 협의했다. 이광수는 국내에서는 현상윤이 천도교 최린(崔麟)과 협의해서 천도교 주관

---

47) 『韓國獨立運動史』, 권 2, pp.652~653, 朝鮮學會; 『독립운동사』(독립운동사편찬위원회, 1977), 권 9(학생독립운동사), pp.119~120.

48) Henry S. Commager, ed., *Documents of American History*(New York: Appleton-Century-Crofts, INC, 1958), vol. II, pp.317~319, 423, The Fourteen Points, I. Wilson's Address to Congress, January 8, 1918.

으로 거족적인 독립운동을 일으키고, 국외에서는 춘원이 주동이 되어 동경 유학생을 규합하여 독립운동을 일으키자고 약속하고 동경으로 돌아왔다.

이광수는 현상윤과 독립운동 방략을 협의하게 된 이유를 이렇게 고백하고 있다.

무오년, 1918년 11월 11일 구주대전의 휴전조약이 성립되었다는 기별을 내가 신문에서 본 것은 북경에서였다. 월슨의 14원칙이 발표되고 파리에서 평화회의가 열리게 되어 중국 대표 육징상(陸徵祥) 씨가 파리를 향하여 북경을 떠났다. 이러한 뉴스는 내 마음을 흔들어놓았다. 나는 곧 짐을 싸가지고 서울로 와서 청진동 어느 여관에서 중앙학교에 전화를 걸어 현상윤(玄相允)을 청하여서, 이 기회에 독립운동을 일으킬 의논을 하였다. 내가 특히 현상윤에게 이 말을 한 데는 그가 나의 믿는 친구라는 이외에 또 한 가지 중요한 이유가 있었으니 그것은 현상윤이 최린(崔麟)과 사제의 의(誼)가 있어 친근한 줄을 안 까닭이었다. 나는 해외 소식을 더 잘 들을 수 있는 북경에서 얻은 정보를 그에게 전하여 그가 최린을 움직이고 최린을 통하여 천도교의 손병희(孫秉熙) 도주를 움직여서 천도교를 주체로 독립운동을 일으키자는 것이었다.[49]

이광수가 동경으로 돌아왔을 무렵에 일본 고베(神戶)에서 발행하는 영자신문 '재팬 애드버타이저(*Japan Advertiser*)'(1918. 12. 1) 지는 "미국에 있는 한국인 대표 이승만(李承晚), 민찬호(閔燦鎬), 정한경(鄭翰景) 등이 독립을 갈망하는 겨레의 염원과 일제의 허위적 선전과 용인할 수 없는 침략적 행위를 알리고 한민족의 참뜻을 호소하기 위하여 파리로 파견되었다"[50]라고 보도하고 있다. 이어 1918년 12월 15일자 아사이신문(朝日新聞)에 "미국 샌프란시스코에 거류하는 한국인들이 독립운동자금으로 30만 원의 거액을 모금하였다."라는 기사가 보도되었다.

49) 春園 李光洙, 『나의 告白』(春秋社, 1948. 12. 25), p.102.
50) 『독립운동사』, 권 9(학생독립운동사), p.122.

이 기사는 아주 작은 기사이지만 아오야마학원(靑山學院)의 윤창석(尹昌錫)이 발견하여 유학생들에게 전함으로써 이제 정치적 집단을 조직하여 독립운동을 일으켜야 한다는 의무감이 팽배했다. 이 같은 신문보도를 전해들은 유학생들은 윌슨의 민족자결론에 대한 시국토론을 벌였다. 유학생들은 "독립운동을 일으킬 절호의 찬스는 지금이다. 이때에 우리들이 민족적 의사를 표시하지 않으면 미주에서 파리 강화회의에 파견된 우리 대표들의 호소를 조선총독부는 왜적(倭敵)의 통치를 받아보지 못한 불평파인 일부 해외 망명객들의 잠꼬대라고 역선전하기 위한 문서까지 작성 중이라고 한다. 이 모략선전을 분쇄치 못하는 한 우리는 영원히 노예적 생활을 면치 못하여 망국노(亡國奴)의 대우를 받고 말 것이니 이때 우리는 거족적 일대 투쟁이 있어야 된다. 이 거족적 운동의 전구선봉(前驅先鋒)으로는 우리 유학생들이 자임(自任)하여야 된다"[51]라고 역설한 결과 의견의 일치를 보았다.

조선주차헌병대 사령관이요 경무국장이었던 아카시(明石元二郎)는 이러한 언론보도에 대해 "조선을 다스리려고 하면 상해, 블라디보스토크, 하와이, 샌프란시스코 등을 다스리지 않으면 아니 된다"라고 정곡을 찌르고 있다. 이와 같이 조선의 독립운동은 해외와의 관련 하에서 전개된 것이다. 바로 이때 한국 대표의 독립호소를 저지하려는 정치적 음모가 발생했다. 그것은 일본 정부가 천황의 특사로서 아오야마학원의 해리스(Merriman H. Harris) 교수를 파리로 보내 조선 민족대표들의 독립호소를 방해하려는 음모였다. 해리스는 감리교 동양 총감독으로 일어에 능통하고 일본 천황으로부터 훈삼등(勳三等)의 훈장을 받은 친일파 선교사였다. 이 같은 음모 정보를 입수한 학생도 윤창석이다. 그는 어떤 만찬회 석상에서 동 학원 사콘(左近義弼) 교수가 종교인이 정치활동을 하는 것은 옳지 않은 일이라 지적하면서 해리스의 파리행을 비판한 발언을 들은 것이다. 이에 윤창석은 바로 단도를 품고 해리스를 찾아가 탁자 위에 단도를 꺼내놓고 "내 애인은 조선이다. 나는 내 애인을

---

51) 常山 金度演, 『나의 人生白書 常山回顧錄』(康友出版社, 1968. 3. 1), p.68; 『東亞日報』(1958. 2. 8), 朝鮮靑年獨立團 2·8宣言略史(白寬洙).

위해서 죽도록 싸우겠다"라고 하면서 해리스에게 파리행을 중단하라고 강력히 간청하자, 해리스는 가지 않겠다고 대답했다. 이로써 해리스의 파리행은 좌절된 것이다.52)

1904년 7월에 양반 자제 50명을 선발해서 '한국 황실 특파 유학생'이란 명목으로 일본에 유학(東京府立 第一中學校)시킨 것이 일본 동경 유학의 효시가 되고 있다. 이때 최남선(崔南善), 최린(崔麟) 등이 뽑혀 갔는데 15세 최남선은 소년반장으로 도일한 것이다.53) 조선 유학생은 유학생 감독부에 숙식하고 있었다. 이로부터 조선 유학생은 급증하더니 1915년 말에는 동경 유학생(전문, 대학생) 총수 481명에 이르렀다. 1919년에는 7, 8백 명으로 추산되고 있다. 동경에는 조선기독교청년회(1906. 11)와 조선유학생 학우회(1912. 10) 두 학생단체가 있었고, 조선기독교청년회관(YMCA)은 학우회의 집결장소가 되었다. 학생운동은 어떤 사명감에서 일어나게 되는 것이다. 그것은 구세주적인 소명감에서였을지 모른다. 사실 사람은 어떠한 사명의식 없이는 무슨 운동이고 일으킬 수 없다. 민족주의 운동도 그렇고 사회주의 운동도 마찬가지다. 링컨이 노예해방을 선언할 때, 윌슨이 민족자결주의를 선포할 때 그들은 모두 인류를 위한 어떤 강렬한 사명감을 느꼈을 것임에 틀림없다. 학생운동도 이와 마찬가지다. 어떤 메시아적인 사명의식에서 기성세대가 하지 못하는 독립운동을 일으킨 것이다. 기성 청년운동은 하나의 책임감에서 일어났다고 하면, 학생운동은 어떤 구세주적(메시아적) 사명감에서 비롯된 것이다.54)

조선유학생 학우회(이하 학우회)는 본디 지덕체(智德體)의 발달, 학술 강구 및 친목을 도모하기 위해 조직되었다. 동경 유학생 전부가 의무적으로 이에 가입하도록 되어 있었고, 만일 가입하지 않을 경우에는

---

52) 金成植, 『日帝下 韓國學生獨立運動史』(正音社, 1974), pp.40~42.

53) 『六堂崔南善全集』(玄岩社, 1975), 권 15, p.272, 六堂 崔南善先生 年譜, "1904년 10월(음 8월) 皇室留學生으로 뽑혀 少年班長으로 渡日, 東京府立第一中學校에 入學하니 崔麟 등이 同級이었다."

54) 金成植, 『韓國學生獨立運動史』, pp.16~17; 金度演, 『나의 人生白書』, p.67.

'국적(國賊)' 또는 '일본의 개'라고 매도되었다. 대한흥학회(大韓興學會) 이래의 배일사상이 학우회에 계승되어 민족주의 사상을 고취하고 있었다. 학우회는 '학지광'이라는 기관지를 발행하고 있었는데 이광수는 여기에 게재한 글에서 유학생의 책임과 의무를 이야기하고 개혁사상을 몽매한 조선 민족에게 계몽·고취할 것을 역설하고 있다. "전 조선 동포가 땀 흘려 벌어서 여러분을 기르고 유학을 시킨 것은 여러분이 조국을 위하여 슬기와 지식을 전해달라는 말입니다. 그러니까 산업을 가정에서 솔선 실행하면서 차차 인근 인민에게 그 사상을 고취하여 풀이 자라듯이 점점 실현되게 할 것이외다. 지금의 사회의 모든 제도가 동요할 때니까 개량하기에는 가장 좋은 시기외다. 만일 선각한 여러분으로서 여전히 구래의 악습관 속에 침륜(沈淪)한다 하면 그 아니 가엾은 일이오니까. 여러분은 만반사(萬般事)에 좋은 것을 옹호하는 자, 창조자가 되고, 안 된 것을 개혁하는 자, 타파하는 자가 되어야 할 것이외다. 조혼, 강제혼인, 불합리한 관혼상제, 관존민비, 남존여비, 자녀를 자기의 소유물로 아는 것, 부귀한 자의 무직업한 것, 모든 미신, 양반 쌍놈의 계급사상, 비경제적, 비위생적인 가옥, 의복제도 등 이 같은 악습 속 — 우리를 괴롭게 하고 망하게 한 것같이 우리 자손을 괴롭게 하고 망하게 할 모든 이 악습속을 우리 손으로 때려 부수지 아니하면 언제 누구를 기다리겠습니까. 무엇이나 사상이 앞섭니다. 사상이 있으면 욕구가 생기고 욕구가 있으면 발명과 실행이 생기는 것이니까 사도(斯道)의 전문가 아닌 여러분이라도 그네에게 이러한 사상을 주입할 수가 있는 것이외다. 매일 평균 한 사람에게 이러한 사상을 고취한다 하면 일생에 각 사람이 수천 명 동포를 문명으로 도출(導出)할 수가 있는 줄 압니다."[55]

1910년대 일본의 대학가에는 자유민본주의적 학풍이 풍미하고 있었다. 특히 제1차 세계대전을 계기로 민본주의 사상이 학원 내에 팽배했다. 동경대학 미노베(美濃部達吉)는 천황기관설(天皇機關說, 1912)을

55) 『學之光』 제13호(1917. 7. 19), pp.6~11, 卒業生諸君에게 드리는 懇告(李光洙).

주장하여 구체적 인격으로서의 천황과 헌법에 근거한 천황의 권능을 구별하고, 관료의 보익(輔翼)에 의해서 행사되는 권능에 대해서는 비판의 자유를 인정하고 국정이 합리적으로 운영되어야 한다는 이론을 전개했다. 미노베와 함께 동경대학의 요시노(吉野作造)는 '중앙공론'(1916)에 '민본주의(民本主義)'를 발표, 보통선거를 통하여 민중의 의지대로 의회와 정당이 운영되어야 한다고 주장했다. 당시 동경대학생들은 요시노를 민주주의의 상징으로 추앙하면서 "낭인회(浪人會, 국수주의적 정치단체)를 매장하라!", "요시노를 지켜라!" 절규했다.56)

데라우치(寺內正毅) 총독의 무단통치하에서 사상의 자유란 전혀 없었고 고등교육기관도 적었을 뿐만 아니라 자유분방한 학원의 기풍이란 그림자조차 찾아볼 수 없었다. 이에 반하여 일본에는 언론출판의 자유가 보장되어 있었고 사상의 자유가 학원 내에 팽배했다. 이와 같은 자유분방한 학원 기풍에서 이광수는 민족주의 사상을 확립하기에 이르렀다. 그것이 곧 '자유독립사상'인 것이다. 춘원의 정치적 이상인 자유독립사상은 2·8선언서에 명문화되어 있고 이를 한평생 실천궁행하고 있었다. 이광수의 자유독립사상은 카이로 선언(1943. 12 1)에서 '한국 자유독립(free and independent) 보장'57)으로 구현된 것이다.

김도연은 이광수에게 동경 2·8독립선언서 작성을 일임하게 된 경위와 거사계획을 자세히 기록하고 있다. 심지어 태극기를 준비해두었다가 동경 시가에서 독립시위행진을 강행할 것을 계획했다. "식민지 통치하에서 그것도 적지(敵地) 일본의 수도인 동경 한복판에서 일경(日警)의 감시를 피해가면서 학생 신분으로 독립운동을 추진한다는 것이란 결코 용이한 일이 아니었으며 그야말로 피눈물 나는 결의와 생사를 초월한 일대 모험이 아닐 수 없었다. 그처럼 은밀한 연락과 회동(會同)으로 그 계획과 준비를 추진하였으니 우리의 계획으로는 독립선언문과 결의문은 이광수 씨로 하여금 작성케 하였고 또 그것을 영문과 일문으

---

56) 金成植, 『韓國學生獨立運動史』, pp.26~27.

57) Henry S. Commager, ed., *Documents of American History*, vol. II, p.660, Cairo Conference, November, 1943, Released December 1, 1943.

로 각각 번역하여 일본의 조야(朝野)와 외국공관에 발송할 것이며 미리
태극기를 준비하였다가 동경 시가에서 독립운동 시위행진을 강행할 것
까지도 계획 세웠던 것이다. 또한 각 대학에 산재하고 있는 우리 유학
생들에게 연락 침투하여 빠짐없이 이번 독립운동에 참가케 할 것까지
도 결정지었던 것이다."58)

　이리하여 학우회 간부 주선으로 12월 하순경 조선기독교청년회관에
서 웅변대회를 개최했는데 4, 5백 명의 학생이 운집한 가운데 서춘, 이
종근, 윤창석, 김상덕 등은 "세계사조에 따라 또한 민족자결의 대원칙
에 입각하여 우리 민족은 반드시 자주독립을 획득해야 할 것이며 이러
한 숭고한 목적을 관철하기 위해서는 우리 젊은 학생들이 앞장을 서서
목숨을 걸고 싸워야 한다"59)고 불을 뿜는 듯한 열변을 토했다. 최팔용
도 "윌슨이 민족자결론을 내세운 지금 우리가 조국광복을 부르짖기에
가장 좋은 기회이니 우리도 이 기회에 일어나자"60)고 호소했다. 이 같
은 신문보도에 크게 고무된 이광수는 동경 유학생의 2·8학생독립의거
를 시종일관 주도적으로 추진했다. 정작 거사를 일으킬 경우 정치적 색
깔이 짙은 주체가 있어야 한다. 학우회라는 명칭은 단순한 친목단체라
는 이미지가 강하기 때문에 적절치 않다. 조선기독교청년회의 이름은
너무나 종교적인 색채가 강하기 때문에 더욱 어울리지 않는다. 그러므
로 이광수는 최팔용과 협의해서 정치적 독립의 목적의식이 강한 조선
청년독립단(朝鮮靑年獨立團)이란 정치단체를 조직했던 것이다.

　이리하여 이광수는 1919년 1월 8일 최팔용을 학생 총 대표로 추대하
고 학생대표 11명(崔八鏞, 李琮根, 金度演, 宋繼白, 李光洙, 崔謹愚,
金喆壽, 金尙德, 白寬洙, 徐椿, 尹昌錫)을 선출, 조선청년독립단을 결
성했다. 이광수는 최팔용과 협의해서 학생의거의 근본방침 네 가지를
결정했다.

---

58) 金度演, 『나의 人生白書』, p.70.
59) 상게서, p.69.
60) 『二·八獨立運動』(國家報勳處, 1991), p.34.

1. 이번 거사는 조국독립의 마지막 기회이니 필승결사(必勝決死)의 각오로 임할 것이며,

2. 과거에 있었던 산발적, 국부적 투쟁으로 그쳐서는 안 되겠기에 유학생 전원이 참가함은 물론 본국과 긴밀한 연락을 취하여 동시에 거사를 꾀하고,

3. 그러기 위해서는 선언서, 기타 준비가 완료되는 대로 대표를 선출하여 본국에 파견할 것이며,

4. 거사는 단순히 조선독립의 막연한 선언에 그치지 말고 일본 의회에 독립을 요구하는 청원서를 제출하는 동시에 재동경(在東京) 전 외국사신에게도 선언서를 발송하여 전 세계 각국의 협력을 기할 것.61)

이 자리에서 '2·8선언서', '결의문', 그리고 일본 제국의회 제출용 '민족대회 소집청원서' 등 3문서를 이광수가 독점 집필하기로 하고 거사일은 2월 8일 조선기독교청년회관에서 선포하기로 최종 결론을 내리고 거사 준비에 돌입했다. 이들 3문서는 김석황(金錫璜)이 제공한 3백 원의 인쇄자금으로, '2·8선언서'와 '결의문'은 김희술(金熙述, 正則英語學校) 하숙방에서 등사판으로 6백 부를 등사했고, '민족대회 소집청원서'는 이토(伊藤)인쇄소에서 1천 부를 인쇄했다.

독립운동가 이광수는 '2·8선언서'와 '결의문'을 기초하고 '민족대회 소집청원서'는 일본어로 작성했다.62) 2·8선언서와 결의문을 자신이 직접 영문으로 번역하고 명치학원 은사 랜디스(Henry M. Landes) 박사에게 교열을 부탁했더니 랜디스는 "애국운동에는 성공도 실패도 없다"고 하면서 교열을 흔쾌히 해주었다. 조선청년독립단 대표 11인이 서명한 2·8선언서에는 이광수의 민족주의 사상, 즉 자유독립 정신을 천명하고 있다. "일본이 우리 민족의 정당한 요구에 불응할진대 우리

---

61) 朴啓周·郭鶴松,『春園 李光洙: 그의 生涯·文學·思想』(三中堂, 1962. 2. 25), p.244.

62) 金源模,『영마루의 구름: 春園 李光洙의 親日과 民族保存論』(단국대학교 출판부, 2009), pp.67~70, 2·8선언서 및 결의문 원본 참조;『韓國獨立運動史』, 권 2, pp.658~663, 宣言書(1919. 2. 8), 決議文, 民族大會召集請願書.

민족은 일본에 대하여 영원한 혈전을 선언하노라"라고 대일혈전(對日血戰)의 결의를 대내외로 선포한 것이다.

2·8선언은 거족적인 3·1독립운동 봉기의 기폭제가 되었다는 점에서 역사적 의의는 크다고 하지 않을 수 없다. 2·8은 3·1보다 확실히 목적의식을 갖고 있었다. 3·1은 그저 "신춘이 세계에 내하여 만물의 회소(回蘇)를 최촉(催促)한다"고 하고, "전 세계 기운이 오등을 외호(外護)한다"고 하면서 세계 대세에 의해서 민족의 독립을 호소하고 있다. 그러나 2·8에는 이광수의 민족주의적 자유독립 정신을 뚜렷이 천명하고 있었다. "세계의 평화와 인류의 문화에 공헌함이 있을 줄 믿는다"고 하면서 확실한 목적의식에서 민족자결에 의한 자유독립 정신을 주장했던 것이다. 3·1은 막연히 추상적이고 초점이 흐린, 인도주의적이고 무저항주의적인 일본의 정치질서 안에서의 민족주의인 데 반해, 2·8은 왕조적이지도 않고, 구체적, 투쟁적인 시민적, 혁명적 민족주의 사상이었다는 점에서 그 가치가 높다고 하겠다. 결의문은 선언서의 내용을 요약한 것이니, 한일병합은 일본의 강압으로 이룩된 것, 일본 제국의회와 정부는 조선민족대회를 개최케 할 것, 민족자결주의를 조선민족에게 적용할 것 등의 요구가 받아들여지지 않으면 영원한 혈전을 전개할 것임을 밝히고 있다.

'민족대회 소집청원서'에서는 한국은 구한국의 전제정치의 해독과 경우의 불순에 의하여 국운이 쇠퇴하기는 했으나 이미 장구한 국가생활의 경험을 가진 한민족이므로 새로운 주의와 원칙 위에 국가를 세운다면 능히 동양 및 세계 평화에 공헌할 수 있는 신국가로 발전될 것임을 확신한다고 천명하고 있다. 조선청년독립단은 일본이 새 국가 건설을 허락한다면 일본에 대하여 적의(敵意)를 품지 않을 것이라고 하면서, 일본 제국의회에 대하여 우리 조선민족대회 소집을 요구하고 민족자결의 기회를 부여해줄 것을 청원한다고 호소하고 있다. '민족대회 소집청원서'는 선언서 및 결의문과 함께 동봉되어 1919년 2월 10일 일본 외무성 정무국에 접수되었다.

拜啓

인류가 있어온 이래 미증유의 참담이 극에 달했던 구주의 전란은 종국을 고하고 오늘날 세계가 정의 인도에 기초하여 영구의 평화를 확립하고자 하는 이때 본단(조선청년독립단)은 오늘 대회를 개최하고 우리 2천만 민족의 의지를 대표하여 그 요구하는 바를 천하에 공표함으로써 세계의 공평한 여론에 호소하고자 한다. 이에 별지의 선언서, 결의문 및 청원서를 삼가 올리니, 정의 인도를 사랑하는 각하는 헤아려 동정을 표하여 다대한 원조를 보내주길 바란다.63)

최팔용은, 동경에서 2·8선언서를 선포할 경우 조선청년독립단 대표 11인 모두 일본 경시청에 체포될 것이므로 그럴 경우 동경 유학생의 독립의거 소식을 해외 언론에 알릴 수 없기 때문에, 송계백을 국내로, 이광수를 국제도시 상해로 급파, 이 절실한 학생 독립의거 소식을 전 세계에 홍보하기로 결정했다.

이광수는 송계백에게 국내로 가면 현상윤을 찾아가라고 당부했다. 이에 송계백은 2·8선언서를 양복 솔기에 숨기고 1월 28일 서울에 도착하여 현상윤에게 2·8선언서를 전달했다. 현상윤이 선언서를 받아 송진우, 최남선에게 보이자 최남선은 3·1선언서를 직접 쓰겠다고 자원했다. 현상윤은 선언서를 최린, 손병희에게 전달하였고, 천도교를 중심으로 불교, 기독교가 연합하여 거족적인 3·1독립운동을 일으키기로 결정했다. 일본 동경에서 작성한 이광수의 2·8선언서는 국내에서의 3·1운동 봉기의 도화선이 되었다는 데 그 역사적인 의의가 크다고 하지 않을 수 없다. 현상윤은, 송계백이 양복 솔기 속에 숨겨 가지고 온 이광수의 2·8선언서를 최남선에게 보이자 육당은 이를 보고 선뜻 3·1선언서를 쓰겠다고 자원했고, 이어 최린, 송진우, 권동진, 오세창, 손병희 등 민족지도자들에게 회람시킨 것이 3·1운동 거사의 기폭제(起

---

63) 姜德相 編, 『現代史資料 26. 朝鮮 2』(みすず書房, 1967), pp.22~26; 『근대서지』 제8호(소명출판, 2013. 12), pp.545~553, [자료] 민족대회소집청원서 및 선언서.

爆劑)가 되었다고 증언하고 있다.

그리하여 1919년 1월 상순경이라고 기억되는데 하루는 아침 일찍 일본 유학생 송계백 군이 장차 일본에서 발표하려는 일본 유학생들의 독립요구선언서 초고(2·8선언서, 이광수 작)를 휴대하고 비밀리에 입경하여 나에게 그것을 제시하였다. 그리하여 송진우(宋鎭禹) 씨와 나는 그날 오전에 마침 중앙학교를 내방하였던 최남선(崔南善) 씨에게 그것을 보이고 금후로 국내의 독립운동에 참가할 것을 권하니 최 씨도 이것을 승낙하고 또한 국내운동의 선언서는 자기가 짓겠다고 쾌락하였다. 그때에 나는 다시 그 초고(2·8선언서)를 가지고 최린 씨에게 제시하였다. 그리한즉 최 씨는 다시 그것을 가지고 권동진(權東鎭), 오세창(吳世昌) 양씨에게 보이고 또 권, 오, 최 3씨는 다시 그것을 가지고 손병희(孫秉熙) 씨에게 제시하였다.64)

동경 한국 유학생의 학우회가 2·8선언서를 선포하면 즉각 선언문에 서명한 조선청년독립단 대표 11인 모두 일본 경시청에 체포되고 만다. 그럴 경우 이 같은 독립선언 의거의 소식을 해외에 알릴 수 없기 때문에 이광수는 상해로 파견되었다. 즉, 이광수의 상해 파견 임무의 주목적은 동경 유학생의 조선청년독립단이 처음으로 독립선언을 선포했다는 사실과 이어 3·1운동 봉기 사실을 영자신문에 보도함으로써 조선이 민족자결원칙에 따라 독립해야 할 정당성을 국제적으로 인정받으려 한 것이었다.

이광수는 경시청에 '요주의인물'65)로 블랙리스트에 올라 있기 때문에 변장 탈출을 시도했다. 평상시에는 관할 파출소에 신고하고 외출을 했지만 이날만은 신고하지 않고, 최팔용이 준 여비 2백 원과 2·8선언

---

64) 『幾堂 玄相允全集』, (5) 문학편, p.281, 三一運動의 回想; 『新天地』(1950. 3. 5).
65) 『독립운동사』, 권 9, pp.120~121. 그 당시 경시청 '요주의인물'로 등재된 한국 유학생은 총 57명이다. 그중 2·8선언서에 서명한 조선청년독립단 학생대표 11명 중 9명(이광수, 송계백, 이종근, 서춘, 최팔용, 김도연, 최근우, 김철수, 김상덕)이 포함되어 있다.

서 국·영문본을 양복 솔기에 넣어 봉합하고 동경을 탈출했다. 하숙집 할멈에게는 2, 3일간 누마쓰에 다녀온다고 핑계를 대고 이부자리와 서 책을 그대로 둔 채 형사의 미행을 따돌리기 위하여 기차를 타고 동경 → 시즈오카(靜岡) → 나고야(名古屋) → 고베(神戶)로, 우회의 코스를 택해 동경 탈출 작전을 펼쳤다. 그러나 누마쓰(沼津)에서 그만 미행 형 사에 붙잡히고 말았다. "이 군 도대체 어디 가는 건가?"고 심문하자, 이 광수는 "동경 국민신문(國民新聞) 기자의 소개로 북경 일본인 경영의 순천시보(順天時報)에서 영어 잘하는 기자를 채용한다기에 응모하러 가는 길이다"라고 둘러대고 위기를 모면했다. 고베 수상서(水上署)에서 도 이와 똑같은 진술을 해서 상해행 여객선에 오를 수 있었다. 이리하 여 마침내 동경 탈출에 성공, 2월 5일 상해에 도착했다.66)

조선총독부 당국은 이광수의 동향을 이렇게 전하고 있다. "이광수는 1919년 1월 30일 북경에 간다고 칭하고 동경을 출발하였는데 뒤에 상 해에 도착하여 상해 재류의 배일(排日) 조선인과 더불어 독립운동의 기 세를 올리려고 조선인 집회 석상에서 교격(矯激)한 언사를 농(弄)하고 기타 불온한 인쇄물을 배포하는 등 반일사상 고취에 노력하고, 또 일 면 각 신문사(일본 신문사 제외)를 역방하여 동정 성원을 구하였다."67) 이광수가 상해로 망명, 독립운동의 선봉이 되어 반일사상을 고취하면서 상해 각 영자신문사를 찾아가서 동경 학생운동 소식을 보도하는 데 진 력하고 있다고 분석하고 있다.

2월 8일이 되기를 기다려서 나는 동경 선언과 그에 관한 기사를 써 가지고 영자신문 '차이나 프레스'와 '노드 차이나 데일리 뉴스'에 갔다. 그들은 내 말을 듣고 놀라는 빛을 보였으나 반신반의하는 모양이었다. "너희는 일본을 물리치고 독립할 힘이 있느냐?" 하고 '노드 차이나 데일리 뉴스' 편집인이 내게 묻기로, 나는 "있다!" 하고 힘 있게 대답

---

66) 『三千里』(1932. 1), 上海의 二年間(李光洙); 『독립운동사』, 권 9(학생독립운 동사), pp.120~121.

67) 『韓國獨立運動史』, 권 2, p.648, 日本在住 朝鮮人의 情況, 總督府文書 1920 년 朝鮮人 概況.

하였다. "어떻게?" 하길래 나는, "며칠 아니 하여서 네 눈으로 보리라" 하고 뽐내었다.

나는 내가 가져간 기사가 났나 하고 그 이튿날 두 신문을 보았으나 내가 기다리는 기사는 안 났다. 나는 두 신문사를 또 찾아갔다. 그들은, "우리 자신의 통신원의 기별이 있기를 기다린다" 하고 내 말만을 믿고 기사를 낼 수는 없는 것같이 말하였다. 나는 분개하였으나 어찌할 수 없었다. 내가 상해에 온 목적이 이 기사를 내는 데 있는 만큼 나는 무척 초조하였다.

다음다음날 데일리 뉴스 평론 난에, "Young Korea's Ambition"이라는 제목으로 동경에 있는 한국 학생들이 독립을 부르짖고 일어났다는 기사가 올랐다. '노드 차이나 데일리 뉴스'는 영국 신문이다. 그 이튿날이야 미국 신문 '차이나 프레스'에 좀 더 많이 내 기사가 났다. 이것이 기미 독립운동에 관하여 세계에 전하여진 첫 기사였다.[68]

이광수는 상해 도착 즉시 2·8선언서 영문 번역본과 보도자료를 영문으로 작성하여 상해 영자신문사를 방문, 보도해줄 것을 교섭했다. 그리고 마침내 영국계 영자지 '노드 차이나 데일리 뉴스' 2월 12일자에 '한국인의 독립(Koreans For Independence)'이란 제목으로 처음으로 동경 한국 유학생들의 2·8독립의거 소식이 보도된 것이다. 독립운동 관련기사가 보도되기는 이것이 처음이다.

Koreans For Independence

A telegram from Tokio reports that a declaration for the independence of Korea was announced in Tokio by the Korean Young Men's League for Independence on the 8th instant, and that a petition praying for the application of the principle of self-determination to Korea was on the same day lodged in the Imperial Diet of Japan.

The League named above is one of the secret revolutionary societies that were formed in and after 1905, in which year the Treaty

---

68) 春園 李光洙, 『나의 告白』, pp.108~109.

of Protectorate between Japan and Korea was concluded. It was at first formed in Tokio and consequently most of its membership consisted of the Korean students residing in that city.[69]

한국인의 독립

동경 전문에 의하면, 1919년 2월 8일 조선청년독립단이 동경에서 2 · 8선언서를 선포하고, 민족자결원칙 적용을 희구하는 독립청원서를 일본 제국의회에 제출했다는 것이다. 조선청년독립단은 한일협약(을사보호조약)이 체결된 1905년 전후기에 조직된 비밀 혁명결사단체 중 한 단체이다. 조선청년독립단은 동경에서 조직되었는데, 당시 동경 재류 한국 유학생들로 구성되어 있다. (저자 역)

이어 이 신문은 두 번째로 '한국의 미래(Korea's Future)'(2. 14)라는 제목으로 학생의거의 소식을 보도하고 있다.

Korea's Future

A telegram from Tokio reports that the Korean Young Men's League for Independence, in an announcement issued on February 8, prayed for the application of the principle of self-determination, forwarding their desires to the Imperial Diet of Japan. Such news could not have been a surprise to Japan. For some years past the above League has been working for the rehabilitation of Korea as a sovereign State. Immediately after the conclusion of the treaty which made Korea a Protectorate of Japan, this League, a species of secret society, was formed among the Korean students in Japan, and since 1905 has consistently fought for the regaining of national freedom. Whilst it would not be kind, to put it most mildly, to resuscitate the

---

69) *North China Daily News*(字林西報), February 12, 1919, "Koreans For Independence".

memory of the early days of Japanese "protection" in Korea, it must be admitted that, so far as economic progress is concerned. Korea has made great advances under Japanese rule, and the zealous League quoted above will find that a difficult task awaits it if Korea is to regain her national status quo as a self-governing unit. Japanese interests in Korea are too strong to be released without a struggle.[70]

한국의 미래

동경 전문에 의하면, 조선청년독립단은 1919년 2월 8일 독립선언서를 선포하면서 민족자결원칙을 적용해줄 것을 간원하는 독립청원서(민족대회 소집청원서)를 일본 제국의회에 제출하였다. 이와 같은 뉴스는 일본에게는 놀라운 일이 아닐 수 없다. 조선청년독립단은 여러 해 동안 한국의 국권회복을 위해 독립운동을 전개해왔다. 한국을 일본의 보호국으로 만든 한일협약(을사보호조약) 체결 직후에 일본 동경 재류 한국 유학생의 학우회가 일종 비밀결사를 결성하고, 1905년 이래로 꾸준히 줄기차게 국가적 자유를 되찾으려고 독립투쟁을 전개해왔다. 일본의 '보호국'(통감부) 통치 초기의 기억을 되살려보면 아무리 온건하게 표현해보더라도 그다지 동정적인 정책은 아닐 것이다. 경제발전에 관한 한 동정적인 정책이라고 인정해야 한다. 한국은 일본 통치하에서 위대한 발전을 이룩했고, 애국심에 불타는 열렬한 조선청년독립단은 한국의 국가적 현 상태를 자치정부의 한 단위로 격상, 이를 되찾으려 한다면 우리의 전도에는 어려운 과제가 가로놓여 있음을 알게 될 것이다. 한국에서의 일본의 이권은 너무나 강고하기 때문에 대일혈전 없이는 일본의 속박으로부터 해방될 수 없다. (저자 역)

마침내 1919년 2월 8일 오후 두 시에 동경 조선기독교청년회관에서 동경 유학생 학우회 총회가 열렸다. 약 4백여 명의 동경 유학생들이 운

---

70) *North China Daily News*(字林西報), February 14, 1919, "Korea's Future". 상해 장서루(藏書樓) 소장 *North China Daily News* 신문자료는 박원호(朴元熇) 교수가 수집하여 제공한 것임.

집했다. 2 · 8선언서를 선포하기 위한 모임이기에 자못 격앙된 분위기였다. 백남규(白南奎)가 개회를 선언했다. 최팔용은 조선청년독립단 발족을 공식 선언하면서 백관수에게 2 · 8선언서를, 김도연에게 결의문을 낭독케 했다. 선언서와 결의문 낭독이 끝나자 서춘이 애국연설을 하기 위하여 등단할 즈음 일본 경찰이 난입, 해산을 요구하자 학생들은 일제히 고함을 지르며 저항하였고 장내는 순식간에 아수라장이 되고 말았다. 그 당시 경시청 고등계 형사로 일본 경찰의 앞잡이인 선우갑(鮮于甲)의 진두지휘로, 동경을 탈출한 이광수, 최근우 2인을 제외한 학생대표 전원이 체포되고 말았다.[71]

상해로 망명한 이광수, 최근우를 제외한 학생대표 9인 전원이 기소되어 재판을 받았다. 일본의 양식 있는 변호사들(花井卓藏, 鵜澤聰明, 布施辰治, 金井佳行)은 무료변호를 자원하고 나섰다. "학생들의 신분으로 자기 나라의 독립을 부르짖은 것이 어찌하여 일본 법률의 내란죄에 해당되겠느냐" 하는 것이었으며, "민족자결의 사조가 팽창함에 비추어 학생들의 주장은 정당한 것이니 벌할 수 없는 것이 아니냐"고 변호를 토하자 담당 판사는 학생대표들에게 '내란죄'를 적용하지 못하고 '출판법 위반'이라는 죄명만 해당시켜서 6월 26일 최팔용, 서춘, 윤창석 3인은 금고 9개월, 나머지는 7개월의 실형 언도가 내렸다. 학생대표들은 불복하여 "우리에게 무슨 죄가 있다는 말인가? 조선 사람으로서 조선의 독립을 찾겠다는 것이 죄가 된다면 독립을 빼앗아간 일인들은 죄가 되지 않느냐"[72]라고 항변하여 담당판사를 당황케 하였다.

마침내 2 · 8학생의거에 자격(刺激)을 받아 3 · 1독립운동이 거족적으로 전국 방방곡곡에서 봉기하자 이광수는 즉시 "2천만 대한민족이 독립을 부르짖었다"는 전신문(電信文)을 세 명의 거두 정치 지도자들에게 보냈다. "2천만 대한 민족이 독립을 부르짖었다는 장문의 동문 전보를 지어 파리 평화회의, 미국 대통령 윌슨, 영국 수상 로이드 조지, 프랑스 수상 클레망소 등 열국 대표에게 전보를 놓았다. 이날 여운홍

71)『二 · 八獨立運動』, pp.44～46.
72) 金度演,『나의 人生白書』, pp.81～82;『二 · 八獨立運動』, p.46.

(呂運弘)과 나는 참으로 어깨가 으쓱하여 노르웨이인의 경영인 무선전신국으로 갔던 것이다. 미국, 하와이 국민회에 치는 전보와 아울러서 대양(大洋, 중국 화폐) 7백 몇 십 원의 전보료를 물고 전신국에서 나올 때에는 참으로 딴 세상 같았다. 그때 대양 7백 원이라면 우리들에게는 엄청나게 큰돈이었던 것이다."[73]

2・8학생의거는 국내 3・1운동 봉기에 기폭제 역할을 했다. 2・8선언서(춘원)가 3・1선언서(육당)를 유발한 것이다. 2・8선언은 적의 수도 심장부에서 학생의거가 결행되었다는 것, 이 의거가 곧바로 3・1독립의거의 추진동력(推進動力)이 되었다는 점에서 실로 역사적 의미는 크다고 할 것이다. 이제 2・8과 3・1을 비교・분석해보면 양자 간의 독립운동 방략(方略)을 가늠해볼 수 있다.

첫째, 조선 민족적 민족주의(2・8) 대 인도주의적 민족주의(3・1)이다. 사상적으로 분석해보면, 2・8과 3・1은 모두 민족주의를 근거하고 있다는 점에서 상호 일치되고 있으나, 전자는 조선 민족적 민족주의 즉 민주정체와 '민족의 생존권'을 위해서 혈전을 불사한다고 선언한 반면, 후자는 인도주의적 민족주의로서 인류공존과 동생권(同生權), 그리고 인도적 정신의 발로로서 지극히 낙관적이고 안이한 전망이 제시되었다. 헤이즈의 '민족주의론'[74]에 의하면, 전자(2・8)는 19세기의 자유주의적 민족주의로서 이는 구상적 민족주의이다. 그러나 후자(3・1)는 전자보다 민족관념에 철저하지 못하고 있다. 그리고 당시 유행하던 시대사조의 대류인 민족자결이란 말이 2・8에는 있지만(2회), 3・1에는 찾아볼 수 없다. 3・1에는 아(我), 오인(吾人), 오등(吾等)(약 20회) 등으로 부른 데 반하여, 2・8에는 대표자 11인의 호칭을 오족(吾族)이라고(36회) 불렀다. 오족이란 일본어로 번역할 때는 '우리 민족(我が 民族)'으로 하였으니 민족의식이 철저했음을 알 수 있다. 조선 민족, 2천만 민족, 최고민족, 오인 등을 모두 합하면 민족이란 어휘는 44회 이상 사용

---

73) 春園 李光洙, 『나의 告白』, p.111.

74) Carton J. H. Hayes, *Essays on Nationalism*(1926); *Historical Evolution of Modern Nationalism*(1931).

되었음을 알 수 있다. 그러나 3 · 1에는 '민족'이란 단어가 11회 나왔을 뿐이다.

둘째, 3 · 1은 대일(對日) 우호적 개념인 반면, 2 · 8은 한일 간 적대적 대치(對峙) 개념으로 설정했다는 것이다. 2 · 8에는 정복자와 피정복자라는 적대(敵對) 개념을 뚜렷이 표명하면서 투쟁적, 민족주의적 혈전을 선언했고, 한국과 '조선'이라는 나라 이름이 22회, 일본과 일본인이라는 표기가 26회나 거론되는 데 반하여, 3 · 1에는 '조선, 조선인 독립'이라는 글자가 4회, 일본이란 글자가 4회 나온다. 일본인을 '이민족(異民族)', 일본을 '타(他)'로 온건하게 표현하면서 한일 간 우호적 관계 설정을 강조하고 있다. 이와 같이 3 · 1에는 인류적 양심의 발로에 기인한 세계개조의 대기운에 순응·병진하기 위하여 민족주의를 전개하면서 한일 간 화해적, 우호적인 민족주의를 주장하고 있다. 그러나 2 · 8은 시종일관 적대 개념으로 대일혈전(對日血戰)에 의해 국권을 쟁취할 것을 역설하고 있다.

셋째, 평화 무저항주의(3 · 1) 대 항일혈전(2 · 8)이라 규정할 수 있다. 3 · 1에는 "일본의 무신(無信)을 죄하려 아니하노라", "일본의 소외함을 책(責)하려 아니하노라", "결코 타(일본)의 파괴에 재(在)치 아니하노라" 등 너무 무저항적이고 온건한 표현을 하고 있다. 인도주의를 바탕으로 하여 조선독립을 호소하고 있다. 그러나 2 · 8에는 민족의 자주독립을 위해서는 싸우는 목표대상을 확실히 인식하고 그것과 끝까지 대항해나갈 것을 각오하고 있었다. '유혈'이란 말이 한 번 나오고 '혈전'이란 말이 두 번 나왔다. 규약 위반과 위협 또는 기만, 사기, 폭력 등의 단어를 사용하고 일본이 사기와 기만으로 한국을 병탄(倂呑)한 것은 세계 흥망사에 있어서 특필할 인류의 치욕이라고 규탄하면서 '민족자결의 기회'를 달라고 당당하게 호소하고 있다.

넷째, 비관적 미래(2 · 8) 대 낙관적 미래(3 · 1) 개념을 설정해볼 수 있다. 2 · 8은 "우리의 요구가 실패될 시에는 일본에 대하여 영원한 혈전을 선포한다"고 지극히 비극적인 막을 올렸다. 일본은 결코 한국의 분리독립을 용인하지 않을 것이라고 비극적 미래를 전망하면서 영원한 대일혈전을 선포하고 있다. 이것은 확실히 3·1보다 훨씬 시민적이고 혁명적이며 서구적 민족주의의 카테고리에 속한다고 할 수 있다. 그러나 3·1은 "아아 신천지가 안전에 전개되도다. 위력의 시대가 거하고 도의의 시대가 내하도다" 하면서 우리 민족의 자주독립을 지극히 낙관적인 견지에서 전망하면서 환희의 미래가 전개될 것이라고 자위하고 있다.[75)]

4. 상해 대한민국 임시정부 산파역 이광수

3월 하순 이광수는 현순(玄楯), 손정도(孫貞道)와 함께 '독립임시사무소'를 개설하였다. "각지 독립단(獨立團)의 인사들이 상해로 집합, 이광수(李光洙), 선우혁(鮮于爀), 김철(金澈), 서병호(徐丙浩), 현순(玄楯), 최창식(崔昌植), 여운형(呂運亨), 여운홍(呂運弘) 등도 상해로 돌아와, 독립임시사무소(獨立臨時事務所)를 상해 불조계(佛租界) 보창로(寶昌路) 329호에 설치하고, 현순을 총무로 하여 각국을 향해 독립을 선언했다."[76)] 이광수, 현순, 손정도 3인의 주도로 대한민국 임시정부의 모체가 될 독립임시사무소를 개설·운영했다는 사실은 다음의 문건에도 확인할 수 있다. "한국 3·1운동 사건 발발 전후에 한국에서 상해로 도래한 현순, 손정도, 이광수 등이 수모(首謀)가 되어 임시정부 조직의 의(議)를 진행시켜 3월 하순 독립임시사무소를 상해 불조계 보창로 329호에 두고 운동을 개시하여 각국에 독립을 선언하였다."[77)] 현순이 총무

---

75) 金成植, 『日帝下 韓國學生獨立運動史』, pp.55~58; 宋建鎬, 『韓國現代史論』 (한국신학연구소 출판부, 1979), pp.58~65; 金源模, 『영마루의 구름: 春園 李光洙의 親日과 民族保存論』, pp.75~76; 『동경 2·8독립선언 제95주년 기념식 및 강연회』(사단법인 한국독립유공자협회, 2014. 2. 8), pp.23~28, 동경 2·8독립선언서의 역사적 의의(김원모).

76) 『朝鮮民族運動年鑑(1919~1932)』(在上海日本總領事館警察局第二課, 1933), p.2; 『韓國獨立運動史』, 권 3(국사편찬위원회, 1967), p.11.

77) 日本外務省·陸海軍省文書(제2집), 『韓國民族運動史料(中國篇)』(국회도서관, 1976), p.19; 朴殷植, 『韓國獨立運動之血史』(維新社, 1920), p.109.

를 담당하고 통신서기에 이광수, 여운홍, 서무에 신정(申檉/申圭植), 신헌민(申憲民), 재무에 김철, 선우혁 등이다. 독립임시사무소의 개설목적은 3·1운동 소식을 널리 국제적으로 선전하는 것, 국내외 민족운동 단체의 대표들을 상해로 집결시켜 임시정부 수립방안을 협의한다는 것이었다. 즉각 임시정부 조직 작업에 착수함으로써 사실상 독립임시사무소는 대한민국 임시정부의 산파역을 담당했던 것이다.

1919년 4월 10일 임시의정원(臨時議政院) 회의에 참석한 인사는 다음과 같이 29명이었다.

현순(玄楯), 손정도(孫貞道), 신익희(申翼熙), 이광수(李光洙), 최근우(崔謹愚), 백남칠(白南七), 조성환(曺成煥), 이시영(李始榮), 조소앙(趙素昂), 김대지(金大池), 남형우(南亨祐), 이회영(李會榮), 이동녕(李東寧), 조완구(趙琓九), 신채호(申采浩), 김철(金澈), 선우혁(鮮于爀), 한진교(韓鎭敎), 진희창(秦熙昌), 신철(申澈), 이영근(李渶根), 신석우(申錫雨), 조동진(趙東珍), 조동호(趙東祜), 여운형(呂運亨), 여운홍(呂運弘), 현창운(玄彰運), 김동삼(金東三), 이광(李光).

이 회의에 참석한 29명 중에 동경 2·8독립운동을 하다가 동경을 탈출한 이광수, 최근우 2인이 포함되어 있다. 임시의정원 구성모임에서 이광수는 임시의정원 의장 1인, 부의장 1인, 서기 2인을 선거하자고 제안했다. 선거방법은 무기명 단기식(單記式) 투표로써 선출하자는 여운홍의 동의에 의해 투표를 한 결과, 의장 이동녕, 부의장 손정도, 서기 이광수, 백남칠이 선출되었다. 임시의정원 의원 선거에서 각 지역을 대표하는 의원 총 71명이 선출되었는데, 역시 이광수, 최근우가 포함되어 있다. 그뿐만 아니라 이광수는 4월 12일에는 임시의정원법 기초위원(신익희, 손정도, 조소앙, 이광수)에 선출되어 원법(院法)을 기초하는 임무를 부여받았고, 4월 13일에는 임시정부 외무위원(현순, 여운형, 백남칠, 이광수, 장건상)에 임명되었다. 이리하여 대한민국 임시헌장이 탄생하였고, 마침내 4월 13일 대한민국 독립정부 수립을 내외에 선포한 것이다.[78]

국호(國號)를 대한민국(大韓民國)이라 정하고 임시헌장 10개조를 통과시킨 다음 4월 17일에 대한민국 임시정부를 조직하고 관제(官制)를 선포하였는데, 임시정부 각원(閣員)은 다음과 같다.

　　국무총리 이승만(李承晩)
　　내무총장 안창호(安昌浩)　차장 신익희(申翼熙)
　　외무총장 김규식(金奎植)　차장 현순(玄楯)
　　법무총장 이시영(李始榮)　차장 남형우(南亨祐)
　　재무총장 최재형(崔在亨)　차장 윤현진(尹顯振)
　　군무총장 이동휘(李東輝)　차장 조성환(曺成煥)
　　교통총장 문창범(文昌範)　차장 선우혁(鮮于爀)79)

마침내 1919년 4월 13일 대한민국 임시정부 선포문을 내외에 선언 했다.80)

대한민국 임시정부 선포문(宣佈文)

4천 3백 년간 계승되어온 조선 민족의 역사적 권리에 기초하여 신세계의 대세에 순응하고 자손만대의 생존과 발전의 자유를 얻기 위하여 조선은 독립국으로서 조선 민족은 자유민임을 세계만방에 선언한다. 예령(例令) 조선의 국토는 일찍이 일본 군대가 점거하고 있는바, 이는 일찍이 독일군이 벨기에를 점거하고 있는 것과 동일하다. 조선의 주권은 엄연히 존재하고 있으며, 우리 민족은 이전에 일본이 우리 민족에 대한 통치권을 차지한 데 대해 당시 인부(認否, 인정하거나 부인하는

---

78) 『독립운동사자료집』(독립운동사편찬위원회, 1975), 권 9(日本 外務省警察史 中國篇), pp.137~143; 『朝鮮民族運動年鑑』, pp.3~7; 蔡根植, 『武裝獨立運動秘史』(大韓民國 公報處, 1949), p.24.

79) 金承學, 『韓國獨立史』(獨立文化社, 1965. 9. 25), p.263; 『독립기념관』(2012. 4), pp.30~32, 무장 항일투쟁에 앞장선 대한민국 임시정부 요인 김대지(金大池). 여기서 趙東祐(조동우)를 趙東祜(조동호)로, 金大地(김대지)를 金大池(김대지)로 바로잡았다.

80) 『朝鮮民族運動年鑑』, p.7, 內外ニ獨立政府成立ヲ宣言シ, 金奎植外務總長兼 專權大使ノ信任狀ヲ發送ス(1919. 4. 13, 上海).

것)에 관한 민족적 의사 표시를 하게 함으로써 이번에 이에 관한 전
민족적으로 일치하여 정식으로 이를(일본의 한국 통치권) 부인하는 의
사를 표명하게 되었다. 이 기회에 우리 민족은 다시금 세계만방에 대
하여 조선은 독립국으로서 조선 민족의 자유민임을 선언하는 바이다.
전 민족의 의사에 기초하여 임시정부가 성립하였음을 이에 포고하는
바이다. 과거 통호(通好, 修交)한 여러 우방 및 정의 인도의 기초 위에
새로 건설할 각국은 우리나라에 대하여 심후(深厚)한 동정과 우의(友
誼)를 표할 것임을 확신하는 바이다.

　기원 4252(1919)년 4월 조선민족대회(朝鮮民族大會)[81]

이어 민족대표 30명 이름으로 대한민국 임시정부 성립축하문을 선언
했다.

대한민국 임시정부 성립축하문

　이번 시위운동 시에 반포된 것임.

　10년의 노예생활을 탈(脫)하여 금일에 다시 독립대한(獨立大韓)의
국민이 되었도다. 이제 이승만(李承晩) 박사 대통령으로 선거되고 국
무총리 이동휘(李東輝) 씨 이하 평소 국민의 숭앙하던 지도자로 통일
내각(統一內閣)이 성립되도다. 우리 국민은 다시 이민족(異民族)의 노
예가 아니요 또한 다시 부패한 전제정부(專制政府)의 노예도 아니요
독립한 민주국(民主國)의 자유민(自由民)이라 우리 환희를 무엇으로
표하랴. 삼천리 대한강산에 태극기를 날리고 이천만 민중의 소리를 합
하여 만세를 부르리라. 오직 신성한 국토 — 아직 적(敵)의 점령하에
있으니 이천만 자유민아 일어나 자유의 전쟁을 싸울지어다.

　대한민족 대표

　박은식(朴殷植) 박환(朴桓) 박세충(朴世忠) 안정근(安定根)

　안종술(安宗述) 조선홍(趙宣弘) 오능조(吳能祚) 허완(許玩)

---

81) 秘 大正八年五月十七日 騷擾事件報告特報, 『鮮人ノ騷擾觀(秘文 韓國人獨
　立鬪爭秘史)』(朝鮮總督府, 1919. 5. 17), pp.24~26. 가타가나(片仮名)로 작
　성한 필사본. 여기서 3·1독립운동을 '소요사건'이라 표기했고, '대한민국 임
　시정부'에서 '대한민국'이란 국호를 삭제했다.

최정식(崔正植) 최지화(崔志化) 도인권(都寅權) 정운시(鄭雲時)
연병우(延秉祐) 신태화(申泰和) 한우삼(韓于三) 고일청(高一淸)
이상로(李相老) 이낙순(李洛淳) 이병덕(李秉德) 이종오(李鍾旿)
이화숙(李華淑) 이근영(李根英) 명제세(明濟世) 김구(金龜/金九)
김희선(金羲善) 김경하(金景河) 김찬성(金燦星) 긴가준(金可俊)
김기창(金基昶) 김철(金哲/金澈)

축하가

1. 자유민(自由民)아 소리쳐서 만세(萬歲) 불러라
   대한민국(大韓民國) 임시정부(臨時政府) 만세(萬歲) 불러라
   대통령 국무총리 각부 총장과
   국제연맹(國際聯盟) 여러 특사(特使) 만세 불러라

   [후렴] 대한민국 임시정부 만세

2. 우리 이미 이민족(異民族)의 노예(奴隷) 아니오
   또한 전제정치하(專制政治下)의 백성(百姓) 아니라
   독립국(獨立國) 민주정치(民主政治) 자유민(自由民)이니
   동포(同胞)여 소리쳐서 만세 불러라

3. 자유민(自由民)아 일어나라 마지막까지
   삼천리(三千里) 신성국토(神聖國土) 광복(光復)하도록
   개선식(凱旋式) 독립연(獨立宴)의 날이 가깝다
   동포(同胞)야 용감(勇敢)하게 일어나거라[82]

이광수가 이처럼 대한민국 임시정부 수립의 산파역을 주도하는 등
임시정부 수립 준비운동의 제일선에서 맹활약을 펼치자 상해 일본 경

---

82) 『獨立新聞』(上海) 제28호(1919. 11. 15), 大韓民國臨時政府 成立祝賀文;『韓
   國獨立運動史』, 권 3, p.325, 大韓民國臨時政府 成立祝賀文;『韓國獨立運動
   史』, 資料 2(臨政篇)(국사편찬위원회, 1971), pp.10~11, 大韓民國臨時政府
   成立 祝賀文.

찰은 이들 독립정부 핵심 주역 15인을 불령선인(不逞鮮人)이라 낙인을 찍고 경계를 강화했다. "불령선인들은 일본 영사로부터 프랑스 영사에 어떤 교섭이 있으면 즉시 프랑스 관헌으로부터 내시(內示)되므로 조금도 우려할 것이 없다. 이번 가정부(대한민국 임시정부) 조직 및 국민회 개최에 대하여 일본 정부의 외교수단으로 다소의 간섭이 있으나, 프랑스 관헌의 후원이 있으면 용이하게 이를 수행할 수 있을 것이다. 요컨대 프랑스 조계(佛租界)는 안전지대다"83)라고 말하고 있었다. 마침내 상해 일본 영사관 경찰은 이들 불령선인 22명의 체포자 명단을 발표하면서 체포령을 내렸다. 이 체포자 명단에 이광수(佛租界 寶昌路 漁揚里 11)가 포함되어 있다. 일본 경찰은 범죄 사실을 밝히면서 체포사유를 다음과 같이 선언했다. "그들은 이에 한 꾀를 내어 자손만대를 위해 국권을 회복하고 한국의 독립을 도모한다고 내세워 격문을 각지에 뿌려 재외동포를 규합하여 1913년에 이르러 광복회(光復會)라는 비밀결사를 조직하였다. 이렇게 하여 하등 광복회의 사업이라고 인정할 만한 것이 없으므로 회원들은 다시 그들을 혐기(嫌忌)하는 기운이 양성되어 회비의 징수가 뜻대로 되지 않아 유탕(遊蕩) 자금의 결핍을 가져왔다. 그러자 그들 사기단은 일변하여 강도단으로 변하여 1917년 중에 몰래 사람을 조선 내지에 파견하여 각도에 산재하는 회원과 기맥을 통하고 자산가를 내정(內偵)하여 동년 11월에 이르러 국권회복 자금을 빙자하여 조선 13도의 자산가에게 다수의 협박장을 발송하였다."84)

'조선민족운동연감'에 수록된 춘원의 '독립운동가'를 처음 소개한다. 일본군은 1932년 4월 29일 천장절(天長節)에 상해사변 전승축하식을

---

83) 『독립운동사자료집』, 권 9(日本 外務省警察史 中國篇), pp.42~44, 상해에 있어서의 조선독립운동(1919년 4월 29일 상해 발신).

84) 상게서, pp.81~83, 상해 프랑스 조계 불령선인 중 체포를 요하는 자의 성명: 孫定植, 玄楯, 呂運亨, 呂運弘, 李光洙, 李始榮, 李東寧, 曺成煥, 申采浩, 申槿, 金秉祚, 鮮于爀, 申益熙, 南亨祐, 徐丙浩, 裵亨湜, 徐世袁, 曺槿, 李光, 洪冕熹, 金應燮, 安昌浩 등 22인. 프랑스 조계(佛租界) 안에서 경찰 및 행정을 관리하는 치외법권이 국제법상 인정되고 있었으므로 프랑스 경찰은 한국 독립지사들의 신변 보호를 적극적으로 보장하기 때문에 이들 임시정부 요인들은 실제 일본 경찰에게 체포되지 않았다.

252

홍구(虹口)공원에서 개최했는데, 대한민국 임시정부 및 한국독립당(金九)의 지휘를 받은 윤봉길(尹奉吉)의 폭탄의거로 시라카와 요시노리(白川義則) 대장을 비롯하여 다수를 폭사시킨 사건이 발생했다. 이에 즉각 상해 주재 일본 영사관 경찰과 프랑스 경찰이 협력하여 폭탄의거 주모자 김구 체포작전에 돌입했다. 김구는 거사 후 즉각 변장 탈출했기에 체포를 면했지만 안창호(安昌浩)는 한국독립당 간부 이유필(李裕弼) 집(上海 寶康里 54號)에서 체포되어 국내로 압송되고 말았다. 일본 경찰은 프랑스 조계 안에 폭탄의거 용의 장소를 수색, 대한교민단 사무소 (馬浪路 普慶里 4號)에 대한민국 임시정부 및 동 교민단이 보관하고 있는 조선독립운동 관계문서 일체를 압수하였다. 상해 주재 일본 경찰은 이를 압수한 후 주관적인 의견을 가미하지 않고 원문 그대로 일본어로 번역·편집해서 '조선민족운동연감'(326쪽)을 발행했다. 일제는 상해 임정을 '가정부(假政府)'라 칭하고 있다. 그러나 본 문서에는 '가정부'라 표기하지 않고 '대한민국 임시정부'라 표기하고 있다. 이 문서는 한국독립운동사 연구에 일차적인 귀중사료일 뿐 아니라 일본 측에서도 상해 임시정부를 탄압하고 절멸하는 데 결정적인 비밀문서로 이용했던 것이다. 그래서 시판을 위해 발간한 것이 아니기에 판권이 없다. 그러므로 정확한 발간일자를 알 수 없다. 그러나 폭탄의거 발생 직후 1932년 5월 이후에 발간한 것으로 보인다. 그러면 춘원이 언제 '독립운동가'를 작사했는가? 작사연도를 '원년도(元年度)'라 했는데, 이는 대한민국 원년, 즉 1919년임을 알 수 있다. 이광수가 독립신문사 사장 겸 편집장이 되어 독립신문 창간호를 발행한 것은 대한민국 원년, 즉 1919년 8월 21일이다. 그러므로 독립신문 창간 이전(망명 직후 2～7월)에 작사한 것이 확실시된다. 독립신문 창간 이후에 작사했다면 당연히 독립신문에 게재했을 것이다. 창간 전에 독립운동가를 작사했지만 이를 발표할 언론매체가 없었기 때문에 미발표 작품으로 남아 있었다. 본 독립운동가는 춘원의 독립정신을 노래한 애국가라고 정의할 수 있다. 조선어 원문이 일본어로 번역되어 있으므로, 이를 다시 한국어로 번역하였으니 이중 번역이 된다.

윤봉길은 사건 현장에서 체포되어 그해 5월에 일본 군사재판에서 사형이 언도되었다. 그러나 다른 사형수의 즉각 사형집행 사례와는 달리 이례적으로 7개월간 사형집행을 미루어오면서 윤봉길을 상해에 억류해 온 것은 바로 윤봉길을 활용하여 김구를 유인·체포하기 위한 김구 체포작전임을 입증하는 자료가 발견되었다. 1932년 9월 21일자 상해 주재 일본 총영사 이시이 이타로(石射猪太郎)가 우치다 고사이(內田康哉) 일본 외무대신에 보낸 보고서에 다음과 같이 씌어 있다. "헌병대 철수 전에 윤봉길의 사형을 집행하는 것은 지금도 김구 체포를 위해 노력하고 있는 당관(총영사 자신)으로서 찬성하기 어렵다. 또 지금 당장 (사형을) 집행하는 것은 지금까지 이를 연기한 의미도 잃게 된다(憲兵隊引揚前尹奉吉ノ死刑ヲ執行スル事ハ今日尙引揚キ金九逮捕ニ銳意勞力シ居ル關係上當館トシテハ贊同シ難ク且今俄ニ之カ執行ヲ了スル事ハ今日迄其延期ヲ爲シ來レル意義ヲ失スルモノト言ハサルヲ得ス)." 그러나 김구를 체포하지 못하자 그해 11월 18일 윤봉길을 일본으로 압송, 12월 19일 사형집행을 단행했다.[85]

獨立運動歌(證據品, 元年度 第二三號)

1. 同胞等ヲ出ヨ, 勇猛ニ
   赤手空拳ダトテ恐ルベキカ
   正義人道ノ光明射ス處ニ
   仇敵ノ千軍萬馬ニ能ク勝ツ

2. 同胞等ヲ旗ヲ樹テヨ, 自由ノ旗ヲ
   三千里新大韓ノ獨立精神ヲ
   世界萬邦民ヨリ表彰サルヤウ
   榮光ノ太極國旗ヲ高ク揭ケン

3. 同胞等ヲ出ヨ, 勇猛ニ

---

85) 『東亞日報』(2011. 6. 27), 김구 체포에 윤봉길 활용…(박재명).

今ソ十年ノ怨恨ヲ晴ラス日ナリ
熱ズル胸, 燃ユル血ヲ流ス時
二千萬ハコソ一心ニテ死シ, 活ク

4. 同胞等ヲ, 獨立萬歲, 獨立萬歲
   叫ベヨ獨立萬歲, 獨立萬歲
   同(檀君)子孫億萬代ノ自由ノ爲メ
   二千萬ノ聲ヲ合シテ獨立萬萬歲

獨立新聞ノ主要人物
社長 李光洙
營業部長 李英烈[86]

독립운동가(증거품, 원년도 제23호)

1. 동포들아 나오라 용맹하게
   적수공권이라고 두려울손가
   정의 인도 광명 비치는 곳에
   구적(仇敵) 천군만마라도 능히 이기리라.

2. 동포들아 기를 세우라 자유의 기를
   삼천리 신대한(新大韓) 독립 정신을
   세계 만방민(萬邦民)에게 표창되도록
   영광의 태극 국기를 높이 걸리라.

3. 동포들아 나오라 용맹하게
   이제야 십 년 원한 풀리는 날이로구나
   타는 가슴 끓는 피를 흘릴 때에
   이천만이 한 마음 죽고 살리로다.

---

86) 『朝鮮民族運動年鑑』(在上海日本領事館警察局第二課, 1932), pp.39~40, 獨立運動歌.

4. 동포들아 독립 만세, 독립 만세
    불러라 독립 만세, 독립 만세
    같은 단군(檀君) 자손 억만대 자유를 위하여
    이천만 소리 합쳐 독립 만만세.

    독립신문의 주요 인물
    사장 이광수(李光洙)
    영업부장 이영렬(李英烈)[87]

   상해 독립신문사 사장 이광수는 독립전쟁을 일으켜 자유, 독립, 광복
을 이룩하자는 '독립군가'를 발표했다. 춘원은 2·8선언서에서 대일혈
전(對日血戰)을 통해 잃어버린 국권(國權)을 되찾자고 만천하에 선포
했다. 이광수의 독립정신은 "내 그리던 자유꽃이 다시 피리라"이다. 대
승리의 개선가를 소리 높이 외치면서 '태극 깃발' 휘날리며 한양성으로
입성할 것을 축복하고 있다.

   허영숙(許英肅)은 1917년 진명여학교를 졸업하고 동경 유학, 1918년
동경여자의학전문학교를 졸업하고 귀국하였으며, 총독부 의사시험에
합격하여 총독부 병원에서 부인과 및 소아과에 근무하였다. 1920년 5
월에는 서대문에 영혜의원(英惠醫院)을 개업하고 있었다.[88] 허영숙은
상해에 망명 중인 애인 이광수를 만나기 위하여 종로경찰서 미와(三輪
和三郎) 경부의 주선으로 여행권을 받아들고 상해행을 단행했다. 총독
부 여행권으로 왔다 해서 상해 임정에서는 일본의 스파이라고 비난 여
론이 비등하기에 이르렀다. 심지어 경무부장 김구는 허영숙을 잡아 가
두겠다고 으름장을 놓았다. 이광수는 1921년 2월 말 애인 허영숙이 상
해에 오자, 2년간의 망명생활을 청산하고 귀국할 것을 결심했다. 춘원
이 애인을 동반, 도산을 찾아가 귀국의사를 밝히자 도산은 "이제 압록

---

87) 『독립운동사자료집』, 권 7(임시정부사 자료집), pp.1176~1177, 독립운동가
    (이광수).
88) 『東亞日報』(1920. 5. 20), 許英肅女士 醫院開始, 조선에서는 처음으로 여의가
    병원을 개시해.

강을 건너가는 것은 적에게 항서(降書)를 바치는 것이니 절대 불가하오. 군 등 양인(이광수, 허영숙)의 앞길에 큰 화를 만드는 것이다. 속단적으로 행하지 말고 냉정한 태도로 양심의 지배를 받아 행하라."[89]라고 귀국은 곧 적에게 항복하는 것이니 속단적인 귀국을 만류했다. 그러나 춘원은 이에 개의치 않고 귀국하면 흥사단 국내 지부를 결성해서 합법적인 방법으로 민족운동을 일으킬 것을 결심한 것이다.

이광수는 도산의 귀국 만류를 뿌리치고 국내로 돌아와서 합법적인 민족운동을 일으킬 것이라는 그의 독립운동 철학을 밝히고 있다.

이렇게 깨닫고 보니 나는 동포들이 많이 사는 속으로 들어갈 수밖에 없었다. 나는 제 주권이 있는 나라의 혁명운동은 국외에서 하는 것이 편하고 제 주권이 없이 남의 식민지가 된 나라의 독립운동은 국내에서 하여야 한다는 결론을 얻었다. 나는 이 본(本)을 중국 혁명(辛亥革命, 1911)과 인도의 독립운동에서 보았다. 손문(孫文)은 해외에서 혁명운동의 준비를 하였다. 그러다가 기회를 얻음에 여원홍(黎元洪)을 얻어서 무창(武昌)과 한구(漢口)에서 혁명을 일으키니 국내의 군대나 경찰이 다 제 동포이기 때문에 무력을 가지고 향응하는 자가 많아서 혁명에 성공하였다. 그러나 우리나라는 중국과 달라서 군대와 경찰이 모두 일본인의 손에 있기 때문에 해외에서 아무러한 운동을 하여도 국내의 병력이나 경찰력을 손에 넣어 이용할 수가 없는 것이다.

인도의 독립운동을 보면 간디를 비롯하여 모두 국내에서 하고 있었고 국내에서 함으로 대부분을 합법적으로 하고 있었다. 합법적으로 동지의 결속을 많이 하면 기회를 얻어서 각지에서 일제히 일어날 수가 있는 것이었다. 그런데 우리나라의 독립운동자들은 대개 해외로 나왔다. 이것은 마치 민족을 일본의 손에 내어맡겨 버리는 것과 같은 것이었다. 그러면 민족 독립운동의 정로(正路)는 무엇인가. 그것은 민족 자체의 힘을 기르는 것이었다.

이리하여서 나는 '國民皆業, 國民皆學, 國民皆兵'이라는 긴 글 한 편을 지어 독립신문에 실리고는 그 신문사에서 손을 떼고 국내로 뛰어들어오기로 결심하였다. 나는 이 뜻을 안도산에게 고하였으나 그는 반

89) 주요한, 『安島山全書』(흥사단 출판부, 1999), p.999, 安島山日記(1921. 2. 28).

대하고 나더러 미국으로 가라고 하였다. 도산은 내가 국내에 들어가는 것이 민족운동자로서의 명성을 떨어뜨리는 길이라고 말하였다. 명성을 돌아볼 것이 아니나 명성이 떨어지면 민중이 따르지 아니하므로 일을 할 수 없으니 그러므로 명성은 아낄 것이라고 도산은 간곡하게 말하였다. 그러나 나는 내 명성이라는 것을 그다지 대단한 것으로 생각지 아니하였고, 조그마한 내 명성을 아낀다는 것도 한 사특한 생각이라고 결론하고 도산 모르게 귀국할 결심을 하였다. 이렇게 작정하고 나는 귀국할 기회와 노자를 생각하고 있을 때에 내 약혼자 허영숙이 상해에 왔다. 그는 자기가 의사이기 때문에 상해에서 개업을 하고 살 생각이었고, 안도산도 그리하기를 권하였으나 나는 내가 귀국할 뜻을 말하고 나를 따라 상해에 와 있던 이성태(李星泰)와 함께 먼저 본국으로 돌려보내었다.[90)]

이광수가 상해 망명생활(亡命生活)을 청산하고 귀국한 것은 1921년 4월 초이다. 춘원이 경무국 관헌에게 구속 · 수감되지 않고 귀국하자 상해는 물론 국내에서도 '귀순변절자'[91)]라는 세론이 들끓었다. "춘원이 상해로 간 후 일시는 ○○(독립)신문의 주필, ○○(신한)청년단의 일원으로 하여 활동을 하였으나 가다가는 재미스럽지 못한 비난도 받은 일이 있었으며 또는 당시 그곳에는 지방적 파쟁이 생겨 자못 공기가 재미스럽지 못한 중에 춘원의 가졌던 병마는 시달린 피로와 익숙지 못한 풍토로 하여 더욱 신음케 되어 그때부터 춘원에게는 귀심(歸心)이 동(動)하였고, 또는 말썽 많던 '민족개조론'의 복안(腹案)이 생겼는지도 알 수가 없다. 춘원은 지금껏 누구보다도 자별한 우의와 무상의 숭모를 바치고 있는 도산 안창호에게 자기의 일신상 거취와 전도에 대하여 숨김없는 피력과 문의를 하였다. 그리하여 도산도 역시 모든 정세와 또는 춘원의 인물됨으로 보아 그에게 귀국하기를 간청했다. 뜨거운 열에 뛰어갔던 이광수가 다시 식은 열과 실망의 눈물로 산해관(山海關)을 통과하여 조선에 들어오는 관문인 안동현(安東縣)에 쓸쓸히 닿았을 때 미리 그의

90) 春園 李光洙, 『나의 告白』, pp.138~140.
91) 『朝鮮日報』(1921. 4. 3), 歸順證을 携帶하고 義州에 着한 李光洙.

올 줄을 알고 있던 경찰 측에서는 형식으로나마 그대로 넘겨 보내기가 무미하였던지 며칠간 유치장의 몸이 되었다가 즉시 자유의 몸이 되어 무사히 압록강을 도로 건너서 조선의 땅을 밟게 된 것이다."[92]

이와 같이 경무국 당국은 춘원의 상해에서의 독립운동 죄과를 일체 불문에 부치고 면죄부를 준 것이다. 왜 그랬을까? 그것은 오로지 이광수의 존재감 때문이었다. 이광수만 독립진영으로부터 이탈시키면 자연히 임정은 약화 또는 와해될 것이고 항일운동도 진정될 것으로 판단하여 이광수 귀순공작을 획책한 것이다. 이광수 귀순공작의 주역은 1917년 6월 오도답파(五道踏破)여행을 주선한 경성일보 사장 아베 요시이에(阿部充家)였다. 그는 사이토 총독에게 이광수를 포섭대상 제1호로 지목하고 회유책을 강구할 것을 건의했다.[93] 사이토는 배일 기운을 타협 기운으로 전환시키는 귀순공작 정책을 입안했다.[93] 사이토는 손톱으로 후벼 파내듯 파라척결(爬羅剔抉)로 상해 임정의 나팔수 이광수를 회유·이탈시킨다는 귀순공작을 강구한 것이다. 이광수만 이탈시키게 되면 상해 독립전선은 분열될 것이고, 3·1운동 이래 조성·고조된 국내의 배일(排日) 기운도 대일(對日) 협조 기운으로 전환될 것이라고 낙관하고 있었다. 이리하여 배일 기운을 타협 기운으로 전환하기 위하여 제일차적으로 이광수를 회유하여 귀순케 하고 총독부 통치권력을 배경으로 한 '위력을 동반하는 문화운동'을 일으키게 하고 아베의 헌책에 의해 복역 중인 최린, 최남선을 출옥시킨다는 것이다.[94]

자유의 몸이 된 이광수는 위기를 독립운동 기회로 역이용했던 것이다. 그것이 한국 최초의 민족운동단체를 결성하는 것이었다. 사이토 총독과의 단독 담판을 주선한 이도 역시 아베였다. 1921년 12월경 경기

---

92) 『第一線』(1932. 9), 亡命客들의 歸國裏面暴露, 그들은 어떻게 돌아왔는가? 李光洙氏.

93) 『齋藤實文書』, p.742, 조선독립운동에 대한 대책(1920. 8. 27).

94) 『齋藤實文書』, 書翰 阿部充家 → 齋藤實(1921. 6. 26); 姜東鎭, 『日帝의 韓國侵略政策史』(한길사, 1980), pp.384~394.

도 경찰부장 시라카미 유키치(白上裕吉)의 안내로 남산 왜성대(倭城臺) 총독관저를 방문, 사이토 총독과 독대담판(獨對談判)을 벌였다. 경찰부장은 이광수를 총독에게 안내만 하고 돌아간 후 단독 담화를 나누었는데, 이 자리에서 이광수는 정치운동을 배제한 민족운동단체를 결성해서 문화운동을 벌이겠다고 소신을 밝히자 총독은 전적으로 이에 찬성했다. 이리하여 총독의 허락을 받고 1922년 2월 22일 흥사단 국내지부격인 수양동맹회라는 민족결사를 조직했던 것이다.95)

춘원이 도산에게 귀국을 고하지 않고 떠나버리자 도산은 마침내 1922년 2월 11일 '춘원 처벌에 관한 의견서'를 발표했다.

東發 第六號
紀元4255년(1922) 7月 11日
興士團遠東臨時委員部委員長 安昌浩
理事部長 宋鍾翊 閣下
團友處罰에 關한 意見書
第103團友 李光洙
右 團友는 本團 遠東團友의 首席班長으로 있다가 職을 棄하고 不告而去하여 團友의 信義를 違背하였고 또한 獨立運動의 主要한 人物로서 遽然히 入國하여 우리 獨立運動에 不少한 惡影響을 與하였으므로 그의 處罰에 對하여 各 班長의 意見을 聽한 結果 그를 無期停權에 處罰함이 可하다는 意見이 一致되었삽기 玆에 報告하오니 檢事部에 넘겨 審査處斷케 하시기를 바라나이다

동발 제6호
기원 4255년(1922) 7월 11일
흥사단 원동임시위원부 위원장 안창호
이사부장 송종익 각하

95) 香山光郞, 『同胞に寄す』(京城 博文書舘, 1941), pp.220~222, 眞に朝鮮同胞を愛した二人; 김원모·이경훈 편역, 『동포에 告함: 春園 李光洙 親日文學』(철학과현실사, 1997), pp.248~251, 진실로 조선동포를 사랑했던 두 사람; 정진석, 『극비 조선총독부의 언론검열과 탄압』(커뮤니케이션북스, 2007), p.50.

단우처벌에 관한 의견서

제103 단우 이광수

위 단우는 본단 원동 단우의 수석반장으로 있다가 그 직책을 버리고 한마디 고하지 않고 떠나갔으니 단우의 신의를 위배하였고 또한 독립운동의 주요한 인물로서 갑자기 입국하여 우리 독립운동에 적잖은 악영향을 주었으므로 그의 처벌에 대하여 각 반장의 의견을 들은 결과 그를 무기 정권에 처벌함이 가하다는 의견이 일치되었기에 이에 보고하오니 검사부에 넘겨 심사 처단하시기를 바라나이다.96)

'백범일지'에서도, 당시 경무국장이던 김구는 열렬한 독립운동가 중에서도 왜놈에게 투항하여 귀국하는 자가 많다고 개탄하고 있다.

당시 나의 중요 임무가 무엇이었는지 언급하기 위해, 그때의 환경이 어떠하였는지를 먼저 말하고자 한다. 원년(1919)에서 3, 4년을 지내고 보니, 열렬하던 독립운동자들이 하나씩 둘씩 왜놈에게 투항하고 귀국하는 자들이 생겨났다. 그러한 자들은 임시정부 군무차장 김희선(金羲善)과 독립신문사 주필 이광수(李光洙), 의정원 부의장 정인과(鄭仁果) 등을 위시하여, 점차 그 수가 늘어났다.97)

---

96) 『島山安昌浩全集』(도산안창호선생기념사업회, 2000), 권 8(흥사단원동위원부), pp.266~267, 團友 處罰에 關한 意見書(원동발 제6호, 1922. 7. 11).

97) 金九 著, 親筆을 原色影印한 金九自敍傳 『白凡逸志』(集文堂, 1994), p.187; 도진순 주해, 백범 김구 자서전 『백범일지』(돌베개, 2011), p.318.

제 4 장 타고르의 '동방의 등불'과 조선독립정신

1. 타고르의 '기탄잘리'

3·1독립선언서를 기초한 최남선도 옥중에 수감되어 있는 상황에서 상해 독립신문 사장이요 임시정부의 대변인 이광수가 일본 관헌에 검거되지 않은 것은 바로 춘원이 귀순·변절했기 때문이라는 의혹이 증폭되기에 이르렀다. 이에 춘원은 '귀순변절자'라는 낙인이 찍혀 사회적으로 매장된 인물이 되고 말았다.

춘원은 입이 열 개라도 할 말을 하지 못하고 귀가 있어도 듣지 못하는 벙어리 냉가슴 신세로 지내야만 했다. 그래서 '노아자(魯啞子)'라는 필명으로 글을 쓰기 시작했다. '노아자'란 "그저 벙어리 귀머거리 노릇, 할 말을 다 할 수 없는 어리석은 바보"라는 뜻으로, 자학적 자멸감에서 이 같은 자신을 책망하는 아호로 글을 쓰기 시작한 것이다.

3·1운동에서 정치적 독립운동이 실패로 끝나자 경제적 자립운동이 거세게 일어났다. 경제자립운동은 1920년 초부터 전국적인 규모로 전개되었다. 민족의 단합된 힘으로 근대기업을 일으켜 자주·자립경제를 수립, 일제의 침략으로부터 우리 민족의 경제권을 수호하고자 하였다. 1920년 8월 평양 기독교계의 민족지도자들은 민족기업 건설과 육성을 촉구하는 조직체 결성을 논의하였다. 그 결과 평양 야소교서회에서 조

선물산장려회를 발족하였다. 창립취지서를 발표하면서 당면 실천과제로서, 경제계의 진흥, 사회의 발전, 실업자의 구제책, 국산품 애용, 근검풍토 실천성의 양성 등을 표방하고 있다. 이와 같이 평양에서 물산장려회가 결성되자, 서울의 조선청년회연합회에서도 이 운동에 호응하여 전국적인 조선물산장려회를 조직하는 작업에 착수했다. 이리하여 조선청년회연합회에서는 '조선물산장려표어'를 현상공모한다고 동아일보에 공고했다. 동아일보 현상공모 광고를 보면, 1등 1인 50원, 2등 2인 15원, 3등 4인 5원의 상금을 걸고 "조선 사람은, 조선 것과, 조선 사람이 만든 것을, 먹고 입고 쓰고 살자"는 것이었다.1) 표어 공모를 심사한 결과 1등 당선자는 없고 2등에 3명, 3등에 4명을 선정했다. 2등에 김두관(金斗寬, 내 살림은, 내 것으로), 오동원(吳東媛, 내 살림 내 것으로), 이광수(李光洙, 조선 사람, 조선 것), 3등에 서인식(徐寅植, 조선 사람, 조선 것으로), 권병길(權炳吉, 우리는 우리 것으로 살자), 배숙정(裵淑鼎, 우리 것으로만 살기), 박기연(朴基衍, 不寶遠物 惟土物愛)이다2)

여기서 주목되는 점은 당대의 문명이 높은 '무정'의 저자, 신문학의 아버지 이광수가 표어 모집에 응모했다는 사실이다. 이광수는 1921년 4월 상해 임정 독립진영을 이탈, 귀국했다 해서 '귀순변절자'로 낙인찍힌 버림받은 인물이었다. 당시 춘원은 30세로서 문명(文名)이 천하를 석권하고 있었다. 그러나 그는 자신의 문호의 명성을 내팽개치고 표어 모집에 응모한 것이다. 서인식은 당시 16세(1906년생) 중앙고보 학생이므로 응모할 법한데, 이광수는 어떻게 고보 학생과 어깨를 나란히 하여 응모했을까? 게다가 1등 당선이 아니라 2등 당선이다. 어쩌면 이광수 자존심을 깎는 행위로밖에 달리 해석할 길 없다.3) 그러나 이광수는 이같은 자존심을 내팽개치고 응모했다는 사실이다. 그것은 표어 모집에 응모한 것이 동아일보에 입사하는 계기가 되었기 때문이다. 이광수는 단편 '가실(嘉實)'을 'Y生'이란 익명으로 동아일보에 연재했다(1923. 2.

---

1) 『東亞日報』(1922. 12. 1), 朝鮮物産奬勵 標語 廣告.

2) 『東亞日報』(1922. 12. 25), 朝鮮物産奬勵 標語懸賞當選, 朝鮮靑年會聯合會.

3) 『東亞日報』(2012. 7. 16), 김병기 '광고 TALK' 공모전 수상자 키우기.

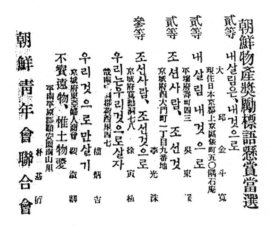

조선물산장려표어 현상당선작(1922)
한국 문화의 르네상스 '무정'의 저자 이광수는 '조선 사람, 조선 것'이라는 표어로 조선물산장려표어 현상공모에 2등으로 당선되었다. 동아일보(1922. 12. 25)

12~23). '가실' 연재를 끝내자마자 김성수(金性洙), 송진우(宋鎭禹)의 권고로 동아일보 객원이 되어 논설과 소설을 집필하게 된다. 이광수는 1923년 5월 16일 동아일보 촉탁기자로 입사하는 데 성공했다. 오갈 데 없는 이광수를 동아일보가 구제해준 것이다.

이광수는 1922년 6월에 1913년도 노벨상 수상작인 라빈드라나드 타고르4)의 '기탄잘리'를 '노아'라는 필명으로 번역하여 발표하였다.5) 한

---

4) 타고르(Rabindranath Tagore, 1861~1941)는 인도의 독립의 국부로 추앙받는 지도자로서 1913년 영문 시집 *Gitanjali*(기탄잘리: 범신론적 신에게 바치는 노래)로 아시아인으로서 처음으로 노벨 문학상을 수상했다. 그가 작시·작곡한 '자나 가나 마나'는 인도 독립 후 인도의 국가(國歌)가 되었다. 타고르는 '동방의 등불' 이외에 최남선의 요청으로 '패자의 노래'를 지어 보냈는데, 이는 3·1운동 실패 후 실의에 빠져 있는 한국인을 격려·고무하기 위한 송시이다. 1905년 인도 총독의 벵골 분할 기도에 대한 반대운동을 전개하는 등 반영운동을 주도했다.

5) 『新生活』 제6호(1922. 6), pp.103~115, 기탄자리(노아); 『문학사계』 37호 (2011 봄), pp.311~322, 김종욱, 한국문학 100년 자료집, (끼)탄자(리) / 타골 著·魯啞(李光洙 筆名) 譯. '기탄잘리'는 이광수전집(삼중당)에 미수록.

국 최초로 외국어 작품인 '기탄잘리'를 한국어로 번역했다는 데 문학사적 의의는 대단히 크다 할 것이다. 이 번역 작품은 '노아'라는 필명으로 번역한 것이어서 '이광수전집'에도 수록되지 못했다. 이광수는 '기탄잘리'를 30장까지만 번역했고, '타골전집'을 펴낸 유령(柳玲)은 103장까지 완역했다.6) 이광수는 '당신'이라 번역했고, 유령은 '임'이라 표기하고 있다. 이광수는 조선어의 순수어를 살려서 번역했고, 유령은 현대말로 번역했다. 일제강점기에는 영한사전이나 국어사전조차 전무한 데다가 영화사전(英和辭典)만을 이용해야 함에도 불구하고 조선어의 가장 순수한 원어를 찾아내어 번역했다는 데 그 수사학적 의미는 크다고 하지 않을 수 없다. 예컨대 이광수는 "나는 혼자서 장마질터(장맞이터, 길목을 지키어 사람을 만나려는 곳)로 가노라고 나왔는데"라고 번역했는데, 유령은 "이 몸은 외로이 이내 보금자리를 찾아 나오나이다"로 현대말로 번역하고 있어 대조적이다. '장맞이터'와 '보금자리' 또는 '사랑의 밀회처'는 수사학적 의미에서 그 뉘앙스가 현격하게 달라질 수가 있다. 외국어 번역은 새로운 창작이라고 하거니와 번역한 낱말의 원어적 의미에 따라 뉘앙스가 크게 달라질 수 있다.

타고르의 시를 분류해보면 대체로 다섯 부류로 나눌 수 있다.

첫째, 종교 및 철학적인 시가 있다. 애인을 그리는 소녀의 순정으로 신을 사모하는 감동적인 종교시를 말한다. 신과 인간과의 관계가 마치 부모와 자식, 사랑하는 남편과 아내, 형제 간의 다정하고도 애틋한 사랑의 교감으로 승화한다. 생사유전(生死流轉)의 무상(無常)을 비유적으로 읊으며, 죽음에 직면하는 마음의 자세와 죽음의 뜻을 캐고 있다. '기탄잘리', '열매 모으기', '교차로(交叉路)' 등이 이에 속한다.

둘째, 대영제국의 식민지 압제 하에 고민하는 조국 인도의 비참한 상황과 형극의 길을 걸어가면서도 앞날의 광복의 영광을 줄기차게 노래하는 민족적 또는 사회적 저항시가 있다. 타고르는 비록 지금은 갖은 압박과 고난을 겪고 있지만 조국의 앞날을 예언하면서 동포에게 용기

---

6) 柳玲 譯, 『타골全集』(正音社, 1974), 4(詩集), pp.14~42, 기탄잘리(獻詩).

와 희망과 저항의식을 불어넣어주는 저항시를 썼다. 민족 사회시에는 '시(詩)들', '꽃다발', '백조는 날고' 등이 있다.

셋째, 서정적인 사랑의 시이다. 인도 고유한 풍속과 향토미와 애정을 편력하면서 인간의 영혼 속에 깃들어 있는 가장 아름다운 정서를 발굴하여 근대화의 과정에 있는 사회적 시대상을 조명하여 감각적이고 순수한 서정적인 맛을 가미해서 사랑을 묘사하고 있다. 서정적인 사랑의 시 경향에는 '정원사(庭園師)', '애인의 선물', '샤말리에서', '망명자 및 기타' 등이 있다.

넷째, 소년시이다. 인류의 가장 순수하고 속세와 현실에 오염되지 않은 인간 원형의 시대가 바로 소년시대이다. 천사의 세계요 법열의 경지이다. 인류의 씨로서 그 핵으로서의 어린이 세계를 이렇게 고귀하고 아름답게 그려내고 있다. 소년시 경향에는 '초승달'이 있다.

다섯째, 경구적(警句的)인 단시이다. 주로 세계 편력 도중에 곳곳에서 요구하는 서명에서 나온 단시인데, 기지와 예지가 번뜩이고 유머가 넘쳐나 인생철학과 세계관에다 일침을 가하고 있어 경탄을 자아내고 있다. 경구적인 시에는 '길 잃은 새들', '반딧불' 등이 있다.[7]

'기탄잘리'는 이미 예이츠가 그의 서문에서 격찬과 감격을 아끼지 않았고, 또 전 세계 인류의 횃불이 된 것은 너무나 유명하다. 그러기에 앙드레 지드는 이를 프랑스어로 번역하면서 '기탄잘리'의 진가를 평하고 있다.

이 조그만 책의 비할 데 없는 시적 순수성은 나의 눈에 너무나도 찬란히 빛나고 있기 때문에, 나는 이 시의 이미지를 프랑스에 가져오는 것을 하나의 영광이라고 생각한다. 전쟁과 또 우리의 정치적, 신앙적인 문제의 모든 분쟁이 끊이지 않는 이 세계에 이 항성은 온 인류에게 사랑과 신념과 평화의 따뜻한 광명을 비치고 또 퍼붓기를 계속하고 있다. 나는 여러분들이 존경해 마지않는 이 위대한 인물에게 경의와 감사의 말씀을 드리는 것을 참으로 기쁘게 생각한다.

---

7) 상게서, pp.422~423, 解說.

노벨상 심사위원이었고 3년 후에는 자신도 노벨상을 수상한 하이덴스탄(Vevner von Heidenstan)은 영어로 쓴 '기탄잘리'를 읽고 이를 능가하는 서정시를 발견하지 못했다고 격찬하고 있다.

나는 이 시를 읽고 과거 20여 년 동안에 이에 견줄 만한 서정시가 과연 쓰였는지를 기억할 수가 없다. 이 시를 읽는 동안 나에게는 뜨거운 즐거움이 넘쳐 있어서, 마치 맑고 신선한 샘물을 마시는 것 같았다. 그의 온갖 사상과 감정에 스며 있는 저 강렬하고 사랑스러운 경건성, 마음의 순수성, 그의 스타일의 고상하고 자연스러운 장엄성 — 이런 것이 모두 배합되어 깊고 희귀한 정신적인 아름다움인 총체를 창조하고 있다.

또 후일에 역시 노벨상을 수상한 유명한 소설가 렉스니스(Halldor Laxness)는 타고르의 정신세계는 심오하다고 평가하고 있다.

이 낯설고 멀리 있고 또 신비한 목소리가 순식간에 내 젊음의 정신적 귀의 아주 심층에 침투되었다. 그리고 그 후에 항상 기회 있을 때마다 나는 마음의 가장 깊은 미궁 속에서 이 소리의 존재를 느낀다. 타고르의 신은 이 얼마나 부러운 신인가. 위대한 벗, 사랑하는 이 연꽃, 알지 못하는 사람이 피리를 불고 있다. 강 위 저편 배 위에서! 타고르에 가까운 신은 지중해의 유역에서 볼 수 있는 이스라엘의 성서적인 시에서나 발견될 수 있다. 여러분은 그런 이를 종종 저 노자의 도덕경에서 만난다. 그러나 여기 유럽에서는 중세 이후에 별로 그럴 만한 사람이 없다.8)

'기탄잘리'는 '기트(Git)'와 '안잘리(Anjali)'의 합성어이다. '기트'는 노래라는 뜻이고 '안잘리'는 두 손바닥을 붙여 반원 모양을 그리는 것으로 이것은 인도인들이 신에게 제물을 바칠 때의 손 모양을 의미한다. 그러므로 '기탄잘리'(노래의 공물)는 신에게 공물(供物)을 바치는 노래

---

8) 상게서, pp.423~424, 解說.

라는 뜻이다. 타고르는 자신의 모어(母語)인 벵골어로 '기탄잘리'(1910)를 출간했는데, 영역본 '기탄잘리'를 간행하면서 '기탄잘리'에서 53편, '나이베디아(Naivedya)'(祭物, 1901)와 '기티말리아(Gitimalya)'(노래의 화환, 1912) 등에서 50편을 발췌해서 총 103편의 시가집으로 편집하여 출간했다. 타고르는 벵골어로 된 원문을 직접 자신이 영어로 번역하여 예이츠(W. B. Yeats)의 서문을 달고 1913년에 '기탄잘리'를 간행한 것이다.9)

타고르의 영역본 '기탄잘리'에서 집중적으로 다룬 주제는 유한과 무한의 합일에 관한 것이다. "당신께서 나를 무한하게 하셨으니 이리하심이 당신의 기쁨입니다"라는 첫 번째 시가 이 시가집의 중심이 되고 있다. 타고르는 유한과 무한의 합일에 관한 다양한 면을 묘사했는데, 그 중에도 유한한 자아와 무한한 임과의 합일에 대한 열망을 가장 많이 노래하고 있다. 특히 임과 자아, 자연의 분리점이 없어져 하나가 되고, 자연 속에서 임을 만나 체험하는 "임과 자연, 그리고 시인의 합일"을 노래한 시는 그의 특성을 잘 드러내었다고 볼 수 있다. 이와 같이 타고르가 무한과 유한의 합일을 노래하며, 임과 자연, 그리고 시인이 하나 됨에 도달한 것은 인도의 베단타(Vedanta) 사상에서 영감을 받은 것이다. 베단타 사상의 핵심은 우주에 존재하는 만물의 본질적인 요소인 범(梵)과 각 개인에 존재하는 본질적인 요소인 아(我)가 하나라는 범아일여(梵我一如) 사상이다. 베단타 사상은 인도를 대표하는 정신이며 당시 인도의 민족자각운동의 사상적 토대였다. 그래서 인도 최초로 조직된 근대적 사회·종교 개혁단체였던 벵골 지방의 '브라마 사마즈(Brahma Samaj)'는 베단타 사상을 토대로 종교 중심의 인도사회를 개혁하려고 했다. 타고르는 벵골 지방의 명문가로서 그의 아버지는 '브라마 사마즈'의 핵심인물이었다.10)

김우조는, '기탄잘리'의 서문을 쓴 예이츠가 인도 르네상스가 일어나고 있는 것 같다는 견해를 밝혔다고 소개하고 있다. 그것은 인도 민족

---

9) 『독립기념관』(2011. 5), pp.32～33, 타고르, 그의 '기탄잘리'(김우조).

10) 상게서, p.32～33.

주의 운동을 말한다.

. 예이츠는 '기탄잘리'의 서문에서 타고르의 시의 풍성함과 소박함을 보면서 인도에 새롭게 르네상스가 일어나고 있는 것 같다는 견해를 밝혔다. 실제로 타고르는 인도의 근대적 민족자각운동이 배출해낸 인물이었다. 따라서 유한과 무한의 합일을 노래한 시를 단순히 신비주의적인 시로만 보기 힘들다. '기탄잘리'에 나타나는 유한에 대한 인식은 새로운 근대의식과 더불어 시작된 개체적 자아에 대한 인식에서 나온 것이라고 할 수 있다. 즉 무한에 대한 갈망은 유한한 인간의 무한한 자아 확장에 대한 갈망의 표현인 것이다. 타고르는 근대적 인간의 무한한 자아 확장에 걸림돌이 되는, 한 민족이 다른 민족에 예속되는 것에 반대했지만 한 민족이, 비록 그 민족이 다른 민족의 예속을 받고 있더라도 자기 민족에만 국한되는 것을 반대했다. 그래서 그는 인도 내의 편협한 힌두 민족주의와 관계를 단절했고, 동시에 자만과 욕심으로 가득한 서구의 민족주의가 숨겨진 바위에 부딪혀 충돌할 것이라고 경고했다. 그는 '기탄잘리'에서 자신이 이상으로 하는 "세계는 편협한 자기나라(domestic)라는 벽으로 산산조각 나지 않는 곳"이라고 밝혔다. 그는 민족이라는 한계를 뛰어넘어 '세계인간(Visva Manava)', 즉 사해(四海)동포주의의 꿈을 꾸고 있었다. 또한 그는 사해동포주의가 민족주의의 적이 아니고 민족주의의 확실한 근거여야 한다고 생각했다. 그리하여 우리는 '기탄잘리'에서 민족에 대한 사랑을 인류애로 승화시키는 인도정신을 비로소 만날 수 있는 것이다.[11]

기탄잘리, 타골 저, 노아 역

1. 당신께서 나를 무한하게 하셨으니 이리하심이 당신의 기쁨입니다. 이 약한 그릇을 쏟고 다시 쏟으시고 항상 새로운 생명으로 채우십니다.
이 조그마한 갈대 피리를 당신께서 산을 넘어 들을 건너 가져오셔서 그것으로 영원히 새로운 곡조를 불러주십니다.

---

11) 상게서, p.33.

거룩하신 당신의 손이 나를 만지심에 나의 조그마한 가슴은 기쁨에 도(度)를 잃어 이로 형언할 수 없는 소리를 발하옵니다.

당신의 무궁한 은총은 오직 나의 이 조그마한 손을 통하여서만 내리는 것입니다. 세월이 지날수록 끊임없이 부어 주시오나 그래도 여전히 채울 자리가 있습니다.

2. 당신께서 날더러 노래하기를 명하실 때에 나의 가슴은 자랑으로 터지려 합니다. 그래서 당신의 얼굴을 뵈오니 눈에 눈물이 고입니다.

나의 생명 속에 있는 모든 난잡한 소리가 한데 융화(融和)하여 아름다운 해음(諧音, 화음)이 됩니다. ― 그리고 나의 애모(愛慕)가 바다를 건너 날아가려는 기쁜 새 모양으로 활짝 날개를 폅니다.

나는 당신께서 내 노래를 즐겨하시는 줄을 압니다. 나는 오직 노래 부르는 자로만 당신 앞에 나아갈 줄을 압니다.

나는 나의 노래의 벌린 날개 끝으로 영영 가까이 갈 염(念)도 못할 당신의 발을 만집니다.

노래 부르는 기쁨에 취하여 나를 잊고 나의 주(主) 되시는 당신을 벗이라고 부릅니다.

3. 나의 주여, 나는 당신께서 어떻게 노래하시는지를 모릅니다. 나는 잠자코 듣고 멍하니 놀랄 뿐입니다.

당신의 음악의 빛이 이 세계를 밝게 하옵고, 당신의 음악에서 나오는 생명의 입김이 하늘에서 하늘로 달려가오며, 당신의 음악의 거룩한 물결이 바위같이 굳은 모든 장애물을 뚫고 기운차게 흘러갑니다.

나의 마음은 당신의 노래를 따라 부르고 싶은 생각 간절하건마는 아무리 애를 써도 소리가 나오지를 아니합니다. 내가 말을 하려 하나 말이 노래 곡조를 이루지 아니하오매 나는 어찌할 줄을 몰라 소리쳐 웁니다. 아아 주여, 당신의 나의 말을 당신의 음악의 끝 모르는 그물에 잡아넣으셨습니다.

4. 나의 생명의 생명이시어, 나는 영원히 나의 몸을 깨끗이 하기를 힘쓰오리다. 당신의 생명의 손이 나의 왼 몸을 만지심을 아옴에.

나는 나의 생각에서 영영 모든 거짓이 나오지 못하도록 하기를 힘쓰오리다. 나의 마음에 이성(理性)의 불을 켜준 그 진(眞)이 당신이신 줄을 아옴에.

나는 영원히 나의 마음에서 모든 악한 것을 내어 쫓고 나의 사랑의 꽃이 항상 피어 있도록 힘쓰오리다. 당신께서 나의 마음의 속속 깊이 있는 성전(聖殿)에 좌정(坐定)하심을 내가 아옴에.

5. 잠깐만 당신 옆에 앉아서 놀게 해줍시오. 하던 일은 이따가 끝낼 게요.

당신의 얼굴을 못 뵈오면 나의 마음은 화평(和平)도 모르고 안식(安息)도 모릅니다. 그래서 나의 하는 일은 가이없는 노역(勞役)의 바다의 끝이 없는 노역이 됩니다.

오늘 여름이 내 창 앞에 이르러 숨소리를 내며 소근거립니다. 그리고 벌들은 뜰 앞 꽃핀 나무숲에서 한창 그네의 노래를 부르고 다닙니다.

지금은 당신과 마주 앉아 고요하고 넘치는 한가(閑暇) 속에서 생명을 바치는 노래를 부를 때입니다.

6. 이 작은 꽃을 따서 가집시오, 주저 마시고요! 그러다가 시들어서 흙 속에 묻히면 어찌하게요.

그것이 당신의 화관(花冠)을 겯는 데 참여하지는 못하더라도 당신께서 손수 만지시고 꺾어만 주시어도 영광이 되겠습니다. 어느덧 날이 저물어 제물(祭物)을 들일 때가 지나면 어찌합니까.

비록 그 빛이 짓지 못하고 향기도 박하거니와 이 꽃을 버리시지 말으사 늦기 전에 꺾어 주십시오.

7. 내 노래는 모든 복식(服飾)을 벗어버렸습니다. 그는 의복이나 패물(佩物)로 자랑을 삼지 아니합니다. 모든 노리개는 우리가 합하는 데 방해가 됩니다. 그런 것이 당신과 나와의 사이를 막을 것이요, 그 쩔렁거리는 소리에 당신의 소곤거리는 소리가 안 들릴 것이외다.

나의 시인(詩人)의 허식(虛飾)은 당신 안전에 나오면 부끄러워서 죽습니다. 오, 주(主) 되시는 시인이시어, 나는 당신의 발아래 꿇어앉았사오니 오직 나의 생명을 순(純)하고 곧게 하사 당신께 음악으로 채우실 갈대 피리와 같이 되게 합시오.

8. 몸에 왕공(王公)의 깃옷을 두르고 목에 주옥(珠玉)으로 꾸민 사슬을 늘인 아이는 노닐 때에 모든 낙(樂)을 잃어버립니다. 걸으려면 그의 옷이 거추장거립니다.

그 옷이 꾸겨질까 봐, 먼지가 묻을까 봐 그는 세상에 나가지를 못하고 무서워서 몸을 움직거리지도 못합니다.

어머니, 그것이 무슨 소용(所用)이야요, 당신께서 해주시는 여러 가지 치레의 속박(束縛)이? 그것일래 보기(補氣) 되는 토지의 흙과 접하지도 못하고, 그것일래 대동(大同)의 인생 생활의 큰 영(令, 市)에 참여할 권리를 잃는다 하면?

9. 애, 제 어깨에 저를 지고 가려는 바보야? 제 집 문전에 와서 비럭질하는 거지야!

네 모든 짐을, 저 모든 것을 질 수 있는 이에게 맡겨라, 그리고 결코 아깝다고 뒤도 돌아보지 말아라.

내 정욕(情慾)은 입김을 불어 당장에 저 등잔의 불을 꺼버린다. 그것이 거룩지 못하니 무엇이나 정욕의 깨끗지 못한 손으로 오는 선물(善物)을 받지 말고 오직 성결(聖潔)한 사랑이 보내는 것만 받아라.

10. 당신의 발등상이 여기올시다. 그래서 당신은 가장 가난하고 가장 천하고 가장 의지(依支) 없는 자들이 사는 곳에 발을 놓으십니다.

내가 허리를 굽혀 당신께 절하려 하오나 당신의 발이 저 가장 가난하고 가장 천하고 가장 의지 없는 자들 속에 놓였사오매 내 절이 그 밑에까지 미치지를 못하옵니다.

당신께서 가장 겸손한 자의 옷을 입으시고 저 가장 가난하고 가장 천하고 가장 의지 없는 자의 속에 다니시니 교만(驕慢)이 어찌 그곳에 가기나 하오리까.

당신께서 항상 저 동무 없는 가장 가난하고 가장 천하고 가장 의지 없는 자의 동무가 되시오니 내 마음이 그곳에 갈 길을 찾을 길이 없습니다.

11. 지껄이고 노래하고 염주(念珠) 세기를 그쳐라. 이 텅텅 비인 절간의 컴컴한 구석에 문들을 모두 닫고 앉아서 너는 뉘게 예배를 드리느냐. 눈을 떠서 너의 신(神)이 너의 앞에 안 계심을 볼지어다.

신은 저기 계시니라, 밭가는 자가 굳은 땅을 가는 곳에, 또는 길 만드는 자가 들을 때려내는 곳에. 볕 날 때나 소낙비 올 때나 그네와 함께 계시어 그의 옷은 먼지투성이가 되었나이다. 너도 그 거룩한 장삼(長衫)을 벗어버리고 저와 같이 먼지 이는 흙으로 내려오너라.

자유? 자유가 어디 있단 말이냐. 우리 주 그 어른조차 흔연히 창조의 구속을 손수 지셨거든, 그리하여 영원히 우리에게 구속되셨거든.

명상(暝想)을 그만두고 나오너라. 네 꽃과 향로를 집어치워라! 네 옷이 해어지고 더러워진들 무슨 해가 있으랴. 그를 만나서 그와 함께 노역하고 이마에 땀을 흘릴지어다.

12. 나의 행려(行旅)는 시간도 길거니와 노정(路程)도 깁니다.

나는 새벽빛의 첫 줄기를 타고 떠나서 여러 항성(恒星)과 여러 유성(遊星)에 발자국을 끼치면서 대천세계(大千世界)의 광막(廣漠)한 속으로 휘돌아왔습니다.

당신께 가장 가까이 오는 길은 가장 먼 길이오며, 가장 단순한 음조(音調)를 내는 공부(工夫)는 가장 복잡한 공부올시다.

길가는 이가 제가 찾는 집을 찾으려면 모든 다른 집을 찾아보아야 하고, 우리가 마침내 가장 깊은 속에 있는 성전(聖殿)에 가려 하거든 겉에 있는 모든 세계를 두루 돌아야 합니다.

나의 눈이 얼마나 멀리, 얼마나 널리 표랑(漂浪)하였을까, 마침내 내가 눈을 감고 "예 있구나!" 하기까지.

"응, 어디?" 하는 질문과 절규는 녹아서 만 줄기 눈물이 되어 "내다" 하는 확언의 홍수로 이 세계를 담급니다.

13. 내가 불으려온 노래는 오늘까지도 안 부르고 두었습니다.

나는 내 악기에 줄을 매었다 끌렀다 하기에 세월을 다 보내었습니다.

줄도 바로 골라지지 아니하고 사설(詞說)도 바로 맞추어지지 아니하고, 마음만 하고 싶어서 애를 부덩 부덩 쓸 뿐이올시다.

꽃은 아직 피지를 아니하였는데 바람만 솔솔 불어 지나갑니다.

나는 아직 그의 얼굴도 보지 못하였고 그의 목소리도 듣지 못하였건마는 다만 앞길로 지나가시는 그의 점잖은 발자취 소리는 들었습니다.

일생의 기나긴 세월을 그가 앉으실 자리를 깔기에 다 보내고 아직 등불도 켜지 못하였으니 내 집에 들어오십시사 청할 수도 없습니다.

나는 그를 만나 뵈오리란 희망으로 살아 가옵거니와, 아직도 만날랑은 멀었습니다.

14. 나는 욕망은 많사옵고 나의 부르짖음은 간절하오되 언제나 당신께서는 굳게 거절하시므로 나를 구원하십니다. 그래서 이 힘 있는 은혜가 내 생명 속에 깊이깊이 사무쳤습니다.

나날이 당신은 나를 변화하사 달라지 아니해도 주시는 저 단순하고 위대한 모든 선물(善物)을 받을 만한 자가 되게 하십니다. — 이 하늘과, 빛과, 이 몸과, 생명과 맘과 — 그리하여 과다한 욕망의 모든 재앙에서 나를 구원하십니다.

때때로 괴로워 방황한 적도 있고 때때로 깨어서 소원을 달하려고 바빠할 적도 있건마는 당신께서는 야속하게도 내게서 몸을 감추십니다.

언제나 매양 내 소원을 거절하셔서 나날이 나를 변하샤 당신을 다 받아들일 만한 자가 되게 하시며 나를 약하고 허(虛)된 욕망의 모든 재앙에서 구원해주십니다.

15. 내가 여기 온 것은 당신께 노래를 불러드리럼이외다. 이 당신의 성전 한편 구석에 자리를 잡았습니다.

당신의 세계에는 내가 할 일이 아무것도 없으니 나의 쓸데없는 목숨은 오직 부질없는 노래나 부를 것이올시다.

어두운 재밤(한밤)의 성전에 당신의 고요한 예배 시간이 오옵거든 주여 부디 나를 부르샤 당신의 앞에 서서 노래하게 하여주십시오.

아침 공기 중에 금 거문고 소리가 울리옵거든 비옵나니 나를 나오라 부르십시오.

16. 나는 이 세계의 향연(饗筵)에 초대받아 왔사오니 이렇게 나의 생활은 축복을 받았습니다. 내 눈들은 보았고 귀들은 들었습니다.

이 향연에서 내 거문고를 타는 것이 나의 직분이오매 나는 힘대로는 다 하였습니다.

묻잡노니 이제는 내가 안에 들어가 당신의 얼굴을 뵈옵고 나의 잠잠한 인사를 드릴 때가 왔습니까.

17. 나는 오직 애인이 오시기만 기다리고 있습니다. 어느 때든지 나를 왼통 그의 손에 내어 드리려고요. 이렇게 늦은 것도 그 탓이요, 이렇게 모든 것에 태만한 죄도 그 탓이올시다.

그들이 그네의 모든 법률과 그네의 모든 도덕을 가지고 와서 나를 꼭 잡아 매려 하나 나는 항상 이를 면하였습니다. 나는 어느 때나 나를 왼통으로 들일 애인이 오시기만 기다리니까요.

사람들이 나를 숭보아 날더러 개절치(적절치) 아는 사람이라 하거니와 과연 그네의 말이 옳은 줄은 나도 잘 아옵니다.

장날도 지나고 바쁜 사람들의 일도 다 마쳤습니다. 나를 찾아왔다가 헛걸음친 이들이 성을 내고 돌아갔습니다. 나는 오직 어느 때나 나를 왼통으로 들일 애인이 오시기만 기다립니다.

18. 구름이 쌓이고 또 쌓이니 어두워집니다. 아아 애인이어, 어찌하여 나 혼자 문 밖에서 기다리게만 하십니까.

낮일도 바쁠 때에는 사람들과 나같이 있거니와 어둡고 적막한 오늘 같은 날에는 바라는 것이 오직 당신을 뵈옵기외다.

당신께서 만일 얼굴을 아니 보이시면, 당신께서 만일 나를 아주 버려두시면 이 기나긴 비오는 날을 어떻게나 지내란 말씀입니까.

저 멀리 침침한 하늘만 바라보오매 나의 마음은 괴로워져 정처 없는 바람을 따라 헤맵니다.

19. 만일 당신께서 말씀을 아니 하신다면 나는 당신의 침묵으로 가슴을 채우고 참으렵니다. 나는 가만히 있어 기다리오리다. 마치 저 밤이 별눈을 뜨고 고개를 푹 숙이고 끈기 있게 밤을 새우는 것과 같이.

아침은 반드시 올 것이요 어둠은 반드시 스러질 것이니 그때에 당신의 목소리는 황금빛 물줄기가 되어 저 하늘을 뚫어 흐를 것이올시다.

그때에 당신의 말씀은 나의 새들의 모든 둥지에서 노래가 되어 날아오를 것이요, 당신의 음률(音律)은 나의 삼림(森林)의 모든 숲속에서 꽃이 되어 벌어질 것이올시다.

20. 그 연(蓮)꽃이 피던 날에 아아 나의 맘은 어디를 돌아다니다가 피는 줄도 몰랐습니다. 나의 꽃 광주리는 비었던데 그 연꽃은 있는 줄도 몰랐습니다.

다만 가끔 가다 난데없는 슬픔이 내려와 나의 꿈을 깨뜨릴 때에 나는 남풍에 불려오는 이상한 향기의 복욱(馥郁)한 자취를 보았을 뿐이외다.

그 희미한 향기를 맡을 때에 나의 맘은 동경으로 아팠습니다. 내가 보기에 그것은 완성을 구하는 이름의 애쓰는 입김인 듯하였습니다.

나는 그때에는 그것이 그렇게 나 가까이 있는 줄도 몰랐고, 내 것인 줄도 몰랐고 이 완전한 향기가 바로 내 맘 속에 핀 것인 줄도 몰랐습니다.

21. 이제는 배를 끌어 내려야겠네. 꾸물꾸물하다가 뭍에서 세월을 다 보내고 말았네. 아이구 내 일이야! 봄은 피울 꽃을 다 피우고 가고 말았는데 나는 지금 쓸데없는 이운 꽃을 걸머지고 기다리며 머뭇거린다.

물결소리는 차차 높아 가는데 바닷가 장림(長林) 길에는 누른 잎이 너울너울 떨어지네.

너는 부질없이 무엇을 바라보고 있느냐. 피안(彼岸)에서 떠오는 먼 노래 가락이 공중으로 울어가는 것을 듣지도 못하느냐.

22. 저 비 많은 7월의 깊은 그늘 속으로 발자취 소리도 안 나게 당신께서 걸어오십니다, 밤과 같이 잠잠히 사람의 눈을 피하여.

오늘은 아침이 눈을 감았습니다. 동풍(東風)이 소리높이 그렇게 불어도 들은 체 만 체 하더니 늘 깨어 있는 푸른 하늘에는 툭툭한 장막(帳幕)이 드리워졌습니다. 수풀들은 노래를 그쳤고 집집마다 문이 닫혔습니다. 당신은 이 쓸쓸한 가로에 외로운 행인(行人)이시외다. 오! 나의 유일한 친구시어, 가장 사랑하는 이시어, 내 집에 문들은 다 열렸사오니 꿈 모양으로 지나가지 마소서.

23. 나의 친구시어, 이렇게 풍우대작(風雨大作)하는 밤에 당신께서는 사랑의 여행을 떠나서 계십니까. 하늘은 저렇게 절망(絶望)한 자 모양으로 신음의 소리를 지릅니다.

나는 오늘밤을 뜬눈으로 새웁니다. 다시금 다시금 문을 열고는 저 어두운 데를 내다봅니다. 나의 친구시어!

눈앞에는 아무것도 보이는 것이 없으니 당신께서 오시는 길이 어딘 줄을 알 수가 없습니다.

친구시어, 내게로 오시노라고 어느 먹(墨)같이 검은 강가로, 어느 눈깔 찌푸리는 삼림의 가장자리로, 어느 암흑의 심연(深淵)으로 길을 찾으십니까.

24. 이 날이 다 지내고 새 노래도 끝나거든, 바람도 불기 싫어 잠이 들거든, 그때에 어두움의 장막을 꼭꼭 들어줍시오, 마치 당신께서 황혼이면 이 땅을 졸음의 이불로 싸주시고 고개 숙이는 연꽃잎을 가만히 닫아주시듯이.

갈 길은 남았는데 양식은 떨어지고 의복은 해어지고 먼지투성이가 되고, 기력 (氣力)은 다한(盡) 행인(行人)에게서 치욕과 빈궁을 벗겨주시고 마치 꽃 송아리를 당신의 다정한 밤으로 덮어서 하시듯이 그의 생명을 새롭게 하여주십시오.

25. 이 쓸쓸한 밤을 아무 괴로움 없이 푹 자게 해줍시오, 모든 것을 당신께 다 맡기고.

나의 영(靈)으로 하여금 당신께 예배드릴 차비도 잘못하도록 피곤치 말게 하여줍시오.

당신은 낮의 피곤한 눈에 밤의 장막을 드리우사 새로운 기쁨 속에 깨어나도록 시력(視力)을 갱신(更新)케 하여주시는 이십니다.

26. 그가 오셔서 내 곁에 앉으셨건마는 나는 깨지를 못하였고나! 이 웬수(원수)엣 잠아, 아 박복(薄福)두 해라!

밤이 고요한 때에 그가 오셨었다. 손에는 거문고를 드셨는데 나의 꿈만 그 곡조에 맞추어 울었다.

에그 어쩌자구 내가 밤들을 모두 이 모양으로 잃어버리나. 아아 어쩌자구 내가 매양 그를 못보고 놓쳐버리나, 그의 입김이 항상 나의 잠에 닿는데두.

27. 빛? 에그 빛이 어디 있나? 열망(熱望)의 타는 불로 그것을 켜럄으나!

등(燈)은 있으나 불은 반짝한 적도 없는 등! 이것이 내 명운(命運)이로고나, 이내 마음아! 아아 너 같은 것은 죽기나 하여라!

박복(薄福)이 네 문을 두드린다, 그의 말이 너의 주(主)는 깨어 계셔서 널더러 어두운 밤에 장마질터(길목을 지키어 사람을 만나려는 곳)로 오라고 부르시더란다.

하늘은 흐려 캄캄하고 비는 그칠 줄을 모르는데 내 속에서 설레는 이것이 무엇인지 알 수 없고나, 그 뜻을 알 수 없고나.

번개가 잠깐 번쩍하더니 눈앞은 더욱 어두워지는데 나의 마음은 저 밤의 풍악(風樂)이 부르는 곳을 향하여 더듬더듬 길을 찾아가네.

빛? 에그 빛이 어디 있나? 열망의 타는 불로 그것을 켜럄으나. 우레질(천둥)을 한다, 바람이 소리를 지르며 허공을 뚫고 달려간다. 밤은 먹장과 같이 검고나. 어두운데서 때를 허송하지 말고 네 생명으로 사랑의 등불을 켜라.

28. 결박(結縛)은 못 견디겠지마는 그래도 끊으려면 맘이 애연(哀然)해요.

자유야 원하지마는 그래도 그것을 바라는 것은 부끄러운 것 같습니다.

당신께 극귀(極貴)한 보물이 있는 것과, 당신께서 나의 가장 좋은 친구신 줄도 잘 알지마는 그래도 내 방에 가득한 금박(金箔) 부스러기를 다 쓸어낼 맘은 아니 납니다.

나를 덮은 이 수의(壽衣)는 티끌과 죽음의 수의올시다. 이것을 미워하면서도 그래도 정이 들어서 끼고 다닙니다.

나의 빚은 많고, 허물은 크고, 나의 수치(羞恥)는 말할 수 없고도 중(重)하옵니다, 그래도 내가 잘 되기를 비올 때에 그 기도를 들어주실까 봐 두려워서 떠옵니다(떨다).

29. 내가 내 이름으로 가두운(가둔) 그는 이 감옥 속에서 울고 있습니다. 나는 평생에 열고가 나서(몹시 성화하다) 이 담을 뺑 뚫으려 싸웁니다, 그래서 이 담이 나날이 하늘로 올라갈 때에 그 컴컴한 그림자에 나의 참 모양을 못 보게 됩니다.

이는 이 큰 담을 자랑거리로 압니다, 그리고 행여나 이 이름에 요마(幺麼)한(작고 변변하지 못함) 구녁(구멍)이라도 남을까 봐서 흙을 바르고 모래를 바릅니다, 이래서 내가 애를 쓰면 쓸수록 나의 참 모양으로 못 보게 됩니다.

30. 나는 혼자서 장마질터(길목을 지키어 사람 만나는 곳)로 가노라고 나왔는데 웬 사람이 고요한 어두움 속으로 내 뒤를 따르는고? 나는 그 사람을 피하노라고 다른 길로 가보았으나 아무리 해도 그를 피할 수가 없습니다.

그가 신을 끌어 땅에 먼지를 일으키고 내가 하는 말에 모두 큰 소리를 붙입니다.

주여 그 사람은 곧 나의 조그마한 '저'인데요, 저는 수치란 것을 모르건마는 나는 그와 함께 당신 문전에 온 것을 수치로 아옵니다.[12]

2. 타고르의 '동방의 등불'(1929)

이광수는 주권이 있는 나라의 혁명운동은 국외에서 하는 것이 편하고 제 주권이 없이 남의 식민지가 된 나라의 독립운동은 국내에서 하여야 한다고 확신했다. 전자는 중국의 신해혁명(辛亥革命, 1911)을, 후자

[12) 『新生活』(1922. 6), pp.103~115, 기탄자리(노아). 검열용 표지에 "大正11 (1922)年 5月 27日 差押"이라고 적혀 있는 것을 보면 '불온서적'으로 판정, 압수되었음을 알 수 있다. 또한 편집후기에 이렇게 씌어 있다. "'靑年에게 訴함'과 '春園의 民族改造論을 讀함'은 保險이나마도 없는 火災가 무서워서 削除가 많게 되었음은 讀者와 아울러 한 가지 遺憾이외다."

는 인도의 독립운동을 가리킨다. 손문(孫文)은 해외에서 혁명운동 준비를 한 후 혁명의 기운이 무르익자 여원홍(黎元洪)을 얻어 무창(武昌)과 한구(漢口)에서 혁명을 일으키니 본국 군대와 경찰이 이에 호응함으로써 신해혁명은 성공한 것이다. 이에 반하여 한국의 경우 군대와 경찰을 조선총독부가 장악하고 있어서 해외에서 아무리 독립준비를 한다고 해도 국내의 병력을 이용할 수가 없다.13)

이광수는 간디(M. K. Gandhi, 1869~1948)의 비폭력 무저항운동을 독립운동의 모델로 채택했다. 간디가 합법적인 인도 국민회를 통하여 독립운동을 전개했듯이, 이광수도 수양동우회라는 합법적인 민족운동 단체를 조직하여 한일인(韓日人) 간 차별대우 철폐운동, 민족해방운동을 합법적으로 전개했다. 두 사람 공히 광복 후 동족에 의해 희생된 것도 비슷하다. 간디는 힌두 과격파에 의해 암살되었고 춘원은 6·25 때 납북되어 공산당에 의해 희생되었다는 점에서 공통점을 이루고 있다. 간디는 남아프리카공화국에서 장장 22년간(1893~1915) 망명생활을 하던 중 1906년 9월 11일 간디 주도하에 약 3천 명의 인도 노동자가 요하네스버그 엠파이어 극장에 모여 "혐오스러운 신분증명 패스를 지니고 다니느니 차라리 수감당하겠다"고 결의하면서 비폭력 불복종운동을 전개하기 시작했다. 간디는 22년간 망명 후 유럽전쟁 발발로 1915년에 귀국했지만, 춘원은 3년간 상해 망명 후 귀국하여 1922년 수양동맹회를 조직한 것이다.14)

간디는 영국의 승인을 받고 인도 국민회를 조직, 자신이 의장이 되어 인도의 자유를 회복하기 위하여 무저항운동을 일으킨 독립운동 지도자이다. 원래 인도 귀족인 브라만 가문에서 태어나 일찍 영국 유학하여 변호사 자격을 얻고 남아프리카공화국에 건너가 영국 사람에게 차별대

---

13) 春園 李光洙, 『나의 告白』(春秋社, 1948. 12. 25) pp.138~139.

14) 『モダン日本』 朝鮮版(1939. 11), pp.74~77, 內鮮一體論(御手洗辰雄); 『東亞日報』(2006. 9. 13), 간디 비폭력운동 100년, 남아공서 조용히 기념식. 남아프리카공화국 요하네스버그 도심 광장에 마하트마 간디의 동상이 세워져 있고, 이름도 마하트마 간디 광장이다.

우를 받는 동포를 위하여 수십여 년 고군분투하다가 제1차 세계대전이 발발하자 귀국하여 "전쟁이 끝나면 자치를 주마" 하는 영국의 약속을 믿고 전쟁 중에 영국을 돕기로 하여 용병을 모집하여 크게 협력했다. 그러나 전쟁이 끝나고 영국이 약속을 지키지 않자, 간디는 1920년 분연히 비협력을 선언하고 수백만의 인도 국민회를 소집, 때마침 영국 황태자가 인도를 방문하는 것을 기회로 '비폭력 무저항'을 표어로 내걸고 거국적인 반영(反英) 대운동을 일으켰다. 이로 인해 간디는 영국 관헌에 체포되어 6년 금고의 형을 받고 복역하다가 1924년 출옥 후 네 가지 큰 맹세를 세웠다. 첫째, 거짓말 말자. 둘째, 살생을 말자. 동포를 미워하는 것도 살생이다. 셋째, 맛있는 음식과 좋은 옷을 입지 말자. 넷째, 독신생활을 하자. 나랏일을 하는 동안 가족을 갖지 말자. 그러나 간디는 이미 혼인한 사람이므로 넷째 맹세는 지킬 수가 없었으나 다른 맹세는 꼭 지켜 극단적인 극기생활을 해가며 스와라지(Swaraj, 자치)와 스와데시(Swadeshi, 국산품 애용) 운동을 줄기차게 전개했다. 이는 정치적 자주와 경제적 자주라고 정의할 수 있다. 이러한 운동의 수단은 비폭력 무저항정신이었다.15)

인촌과 춘원의 독립운동 방략은 인도의 간디의 비폭력 무저항운동을 모델로 하고 있다. 1926년 11월 21일 인촌에게 보낸 간디의 편지 내용은 다음과 같다.

간디가 동아일보 사장 김성수에게

사랑하는 친구여
주신 편지는 받았나이다. 내가 보낼 유일한 부탁은 절대적으로 참되고 '무저항적'(비폭력적)인 수단으로 조선이 조선의 것이 되기를 바란다는 것뿐입니다.
1926년 11월 21일 사바르마티에서 M. K. 간디

---

15) 『東亞日報』(1927. 1. 5), 간디氏의 略歷.

M. K. Gandhi to Sungsoo Kim

President of Dong-A Ilbo, Seoul, Korea

The Ashram, Sabarmati, 21, 11, 26.

Dear friend

I have your letter. The message I can send is to hope that Korea will come to her own through ways absolutely truthful and Nonviolent.

Yours Sincerely, M. K. Gandhi[16)]

이 편지에서도 간디는, "절대적으로 비폭력적으로 조선이 조선의 것이 되기를 바란다"고 독립운동을 실현하는 데는 비폭력적 무저항 수단을 쓰도록 권장하고 있다.[17)] 이광수는 "현재 우리에게 부족한 것은 '애국심'이 아니고 '조직'인 것이다. 무력이 없는 데다가 조직도 없이 어떻게 강대한 일본과 싸울 수 있겠는가?"라고 하며, 간디를 모델로 하여 사이토(齋藤實) 총독과 타협에 의해 1922년 수양동맹회를 조직했다. 이는 인도 국민회를 모델로 해서 한국 최초의 민족운동단체를 결성한 것이다.[18)]

동병상련(同病相憐)이란 말은 다 같이 식민지 지배를 받고 있는 인도와 한국의 처지에 해당되는 말이다. 그러기에 이광수는 시성이요 동양의 성자인 타고르의 '기탄잘리'를 최초로 번역했는지도 모를 일이다. 이광수는 인도정신을 노래한 타고르의 혁명정신을 독립 모델로 채택했다. 애국심에 불타고 있는 타고르는 인도정신을 노래했다. 혁명정신에 불타고 있는 이광수는 조선정신을 노래했다. 일제의 조선문화말살정책과 동화정책에 항거, 조선어 사수운동을 줄기차게 전개하면서 조선정신

---

16) 『東亞日報』(1927. 1. 5), "朝鮮이 朝鮮의 것 되기를 바랄 뿐입니다." 東亞日報를 通하여 朝鮮民族에게 印度 간디氏의 메시지.

17) 高在旭 편, 『仁村 金性洙傳』(인촌기념회, 1976), pp.263, 267, 300; 『東亞日報社史』(동아일보사, 1975), 권 1, pp.296~297, M. K. Gandhi to Sungsoo Kim, 21, 11, 26.

18) 『高等警察要史』(慶尙北道警察部, 1934), p.46.

을 노래한 것이다. 타고르의 지배적인 감정은 생명에 대한 사랑이요, 그는 순수한 감수성을 살려 식민지 지배하의 인도를 노래했다. 17세 소년 이광수는 '어린 벗에게'(1908)에서 독립정신을 노래했을 뿐만 아니라 한평생 인류보편적인 인정론을 주창했다. 톨스토이의 인도주의 정신의 영향을 받아 생명에 대한 사랑, 인정론을 신봉하여, 준비론에 의한 독립혁명을 추구했던 것이다.

이광수는 1923년 5월 동아일보 촉탁기자로 입사하면서 소설, 논설문을 집필하기 시작했다. 이어 편집국장에 임명되어 사설(四說, 사설, 논설, 횡설수설, 소설)을 독점 집필했다. 그야말로 종횡무진으로 필봉을 휘둘렀다. 동아일보에 입사하게 된 배경에는 진학문도 일익을 담당했다. 이광수가 1921년 2월 귀국을 결심하고 도산에게 귀국 의사를 전달하고 귀국 준비를 하고 있을 때 진학문이 상해에 나타났다. 1921년 2월 13일자의 '안도산 일기'에는 이렇게 기록되어 있다. "이광수 군의 소개로 전 동아일보 문예부장으로 있던 유일학생(留日學生) 진학문(秦學文)을 면회하여 독립운동에 관한 문제와 사회현상에 대하여 장시간 담론하다. 하오에 단소(團所, 흥사단)에서 손정도(孫貞道), 이광수 2군으로 더불어 정국(政局)에 관하여 장시간 담론하다."19) 이와 같이 안창호, 이광수, 진학문, 손정도 4인은 이광수 귀국 후의 흥사단 국내 지부 조직문제와 더불어 독립운동 방략을 심도 있게 토론하였음을 알 수 있다. 따라서 진학문은 동아일보 특파원 자격으로 상해에 파견되어 장차 이광수 귀국 후 동아일보사 입사문제를 교섭했을 가능성을 배제할 수 없다.

동아일보 편집국장 이광수는 자신이 '기탄잘리'를 번역·소개한 바 있는 인도 시성 타고르가 1929년 3월 캐나다 정부 초청을 받고 캐나다로 가는 도중 일본 동경에 온다는 소식을 접하고 타고르의 서울로의 초청교섭을 벌였다. 이 당시 계명구락부(啓明俱樂部)에 있는 진학문이 자신이 동아일보에 근무했던 정황을 발표했다.

---

19) 주요한, 『安島山全書』(흥사단 출판부, 1999), p.996, 安島山日記(1921. 2. 13).

조선 사람을 대표할 만한 아무 기관도 없을 때에 2천만 민중의 절대한 응원으로 창간된 동아일보는 모든 방면으로 조선 민족을 대표하게 되었습니다. 외국에서 손님이 와도 동아일보를 찾았고, 조선 민족의 부르짖음도 동아일보가 대신하여 부르짖었습니다. 이와 같이 권위 있는 기관인 까닭에 당국의 경계도 비상하여 화동(花洞)에 있는 본사나 인사동(仁寺洞)에 있는 판매부나를 물론하고 경관이 항상 파수를 보고 있었고, 어떠한 때에는 인사동에 있는 판매부 유리창을 깨뜨리고 신문을 압수하여 가는 일도 없지 아니하였습니다. 그러고 동아일보가 단순한 기관이 아니었던 것은 내가 월급을 백 원 받았는데 한 달에 연회비가 125원을 지출한 것으로도 알 것입니다. 이 125원은 결코 요사이의 유흥 섞인 연회비가 아니라 다른 의미에 쓰지 않으면 아니 될 연회비였습니다. 지금도 그 기분이 지속되는 줄 압니다마는 당시의 사원들로 말하면 일심이체(一心異體)가 되어 제각기 자기 사업을 경영하는 이상의 열정으로 종사하였고, 물질적 곤란이 없지 아니하였으나 앞날에 무엇이 맺어질 것을 믿고 긴장한 가운데서 일들을 하였었습니다.20)

동아일보 편집국장 이광수는 타고르의 노벨상 수상작 '기탄잘리'를 최초로 번역한 바 있거니와, 1929년 3월, 인도의 시성이요 동양인으로서 최초의 노벨문학상을 수상한 타고르가 캐나다 여행을 마치고 귀국길에 동경에 들러, 일본에 망명 중인 인도의 독립운동가인 찬드라 보스의 집에 머물고 있다는 소식을 접했다. 보스는 범아시아주의(Pan-Asianism)를 신봉하는 인도 독립운동가로서 일본 여자와 결혼하고 일본으로 망명한 지 18년이나 되었다. 보스의 범아시아주의는 일본 국수적 경향이 있는 범아시아주의를 내걸고 있는 제국주의적 팽창론자(頭山萬, 岡田良平)들과 의기투합이 되었다. 그들이 내건 범아시아주의는 결국 서구의 침략세력을 배격하고 동양인에 의한 동양 건설, 즉 일본을 중심으로 하는 대동아공영권 건설을 이룩한다는 것이다. 범아시아주의로 인도를 영국의 지배로부터 해방한다는 보스의 독립운동 방책은 일본의 범아시아주의와 합치되어, 그는 철저하게 일본화된 인물이 되었다.21)

---

20) 『東亞日報』(1929. 4. 1), 警戒嚴重 社屋까지 派守(啓明俱樂部 秦學文).

이에 동아일보는 타고르를 초청, 강연회를 열기로 방침을 정하고 즉
각 동경지국장 이태로(李泰魯)에게 초청교섭을 하라는 전문을 보냈다.
당시 아사이신문(朝日新聞)만이 그와 접촉하였을 뿐, 여타 일본 신문은
접촉할 수 없었다. 이태로 지국장은 동경 한국기독교회관으로 최승만
(崔承萬)을 찾아가, 보스를 소개해주도록 부탁·의뢰했다. 이에 최승만
은 한국 YMCA 총무로 재직한 바 있는 미국인 선교사 내슈를 통해 동
아일보의 뜻을 찬드라 보스에게 전달, 초청교섭에 협력해줄 것을 간청
했다. 이리하여 보스의 주선으로 3월 27일 보스의 일본인 장인 상마댁
(相馬宅)에서 이태로는 타고르를 만나는 데 성공했다.22)

이태로 지국장을 만난 타고르는 합장의례로 맞이하면서, 이태로가
한번 조선에 오지 않겠느냐는 초청의사를 표명하자, "네 고마운 말씀입
니다. 그러나 내일이면 요코하마로 떠날 터인데요… 돌아오는 길이라
도 와달라고요? 미국으로부터 오는 길도 아마 일본에 못 들를 터이니
따라서 조선에도 갈 수가 없겠습니다. 내일 떠나기 전에 다시 만납시
다" 하며 이튿날 3월 28일 오후 세 시에 요코하마를 떠나는 '엠프레스
오프 아시아' 호에 작별인사차 찾아간 기자에게 한 편의 짧막한 송시를
전달했다. 그것이 '동방의 등불'이란 단시이다. 이처럼 타고르는 세계
편력 도중에 기지와 예지가 번득이는 경구적인 시, 한국 독립의 꿈과
희망을 송축하는 단시를 써준 것이다.

朝鮮에 付託
동방의 등불

일즉이 亞細亞(아시아)의 黃金時期(황금시기)에
빛나든 燈燭(등촉)의 하나인 朝鮮(조선)
그 燈(등)불 한 번 다시 켜지는 날에
너는 東方(동방)의 밝은 빛이 되리라.

---

21) 『三千里』(1934. 8), pp.128～130, 보스氏 印象(洪陽明).
22) 『東亞日報社史』, 권 1, pp.295～296.

1929년 3월 28일, 라빈드라나드 타고르23)

In the golden age of Asia
Korea was one of its lamp-bearers,
and that lamp is waiting
to be lighted once again
for the illumination in the East.
Rabindranath Tagore
28th, March, 192924)

'동방의 등불'은 1929년 타고르가 동아일보에 4행만 써주었던 것을 편집국장 주요한이 번역하여 동아일보(1929. 4. 2)에 발표했다. 타고르는 그 후 전집을 낼 때 10행을 추가 집필했다.

마음에 두려움이 없고
머리는 높이 쳐들린 곳
지식은 자유롭고
좁다란 담벽으로 세계가 조각조각 갈라지지 않은 곳
진실의 깊은 속에서 말씀이 솟아나는 곳
끊임없는 노력이 완성을 향해 팔을 벌리는 곳
지성의 맑은 흐름이 굳어진 습관의 모래벌판에 길 잃지 않은 곳
무한히 퍼져 나가는 생각과 행동으로 우리들의 마음이 인도되는 곳
그러한 자유의 천국(천당)으로
내 마음의 조국 코리아여 깨어나소서.25)

타고르는 캐나다 방문을 마치고 4월 24일 샌프란시스코 항을 출항,26) 동경으로 돌아와서 일시 기우처(寄寓處)인 소창나언(小倉那彦)

---

23) 『東亞日報』(1929. 4. 2), "빛나든 亞細亞의 燈燭 켜지는 날에 東方의 빛" 東亞日報紙上을 通하여 타 翁이 朝鮮에 付託.

24) 『東亞日報』(1929. 4. 3), 印度詩聖 타 翁의 메시지 原文.

25) 『東亞日報』(2011. 7. 9), 생각하라, 동방의 등불(박상우).

집에 비서 찬타 씨와 함께 유숙하고 있었다.27) 타고르는 미국의 초빙을 받아 도미하였다가 그 나라 관헌의 태도에 불만을 품고 인도 본국으로 돌아가는 길에 일본을 다시 방문하고 8월경까지 체재하기로 작정하였는데, 갑자기 심장병이 발병하여 일시 중태에 이르게 되었다. 동경제국대학 오(吳) 박사의 치료를 받던 중 타고르는 주치의와 근친자의 권고로 모든 계획을 다 취소하고 6월 9일 요코하마를 출범하는 프랑스 기선 안제호로 비서 찬타 씨와 같이 콜롬보로 가게 되었다. 타고르는 3월에 처음으로 이태로 기자를 만났을 때, 자신의 다년의 숙망인 조선 방문을 계획하는 데 동아일보사에서 많이 힘써달라고 말하였으므로 구체적 상의까지 되어 6월 중순에는 조선에 오기로 결정되었다. 그러나 돌연한 귀국으로 이것까지 중지하게 되었으므로 그는 무엇보다도 조선에 못 가는 것을 제일 유감으로 생각하는 듯, 일본을 떠나기 전날 기자를 청하여 다음과 같은 의미의 메시지를 주었다. "최근까지도 될 수만 있으면 조선 방문만은 단행하고자 하였던 것이 결국 여의치 못하게 되어 참으로 미안합니다. 이번 조선에 가고자 함은 유람차로 가고자 한 것이 아니라 인도 백성과 같은 처지에 있어 신음하는 민족과 동포가 되기를 바랐던 것이므로 조선 못 가게 된 데 대한 실망은 2천만의 친구를 잃은 데 대한 실망과 비등합니다." 그러면서 자기 생전에 꼭 조선을 방문하겠다 하며 혹 건강이 회복되면 명년에는 조선을 들러 만주와 소비에트, 러시아를 거쳐 유럽 여행을 하겠다고 했다.28)

타고르 옹 메시지

조선을 방문하여 동정의 인사를 마치고자 하던 나의 언약을 신병으로 말미암아 지키지 못하게 됨은 내게 당하여 큰 유한(遺恨)이올시다.

---

26) 『東亞日報』(1929. 4. 25), 詩聖 타고르 翁 24日 桑港發.
27) 『東亞日報』(1929. 6. 11), 타고르 翁 歸國.
28) 『東亞日報』(1929. 6. 13), "朝鮮行中止된 失望은 二千萬同志를 잃은 듯" 본사 초빙으로 조선 오려든 타고르 옹 신병으로 중지돼 유감의 뜻을 표해, 後約 남기고 타 翁 歸國.

나를 초빙하던 친구들에게 나는 이번 나의 언약을 다시 지킬 수 있는 미래의 좋은 기회에 대한 희망에 붙이고 있다는 것을 단언합니다.

1929년 6월 8일, 라빈드라나드 타고르

It has caused me very great regret that my ill health prevents me from fulfilling my promise to visit Korea and to offer her my greeting of sympathy. Let me assure my friends who invited me that I carry that promise with me in the hope of a more fortunate future when it may be redeemed.

Rabindranath Tagore, 1929 June 8[29)]

그러기에 타고르는 3·1운동의 실패로 실의에 빠져 있는 조선 민중의 처지를 직시하면서 동병상련의 동정심을 노래하고 있다. 따라서 선지자적 시감을 감발하여, 조선은 자유, 독립의 미래가 오리라고 예언하는 '동방의 등불'을 지어 신음하고 있는 조선 민중에게 바친 것이다. 그러므로 '동방의 등불'은 일제 식민지 지배하의 조선의 밝은 미래와 진취적, 희망적 부활의 소망을 기원하고 있다.

2011년 5월 19일 G20 서울 국회의장회의 개막식에 메이라 쿠마르 인도 국회의장이 참석했다. 이를 때맞추어 종로구 혜화동 대학로에서 인도 시성 타고르의 흉상 제막식이 거행되었다. 흉상의 기단석에는 주요한이 번역한 '동방의 등불' 4행시를 새겨놓고 있다. 5월 18일 박희태 한국 국회의장과 쿠마르 인도 국회의장이 타고르 흉상 제막식을 엄수했다. 여성 의장인 쿠마르는 카스트상 가장 낮은 불가촉천민(달리트) 출신으로서 인도의 전통의상 사리(sari)를 두르고 개막사를 했다. "인도는 타고르가 수십 년 전 '동방의 등불'이 빛나는 미래를 내다보았다는 것에 기쁩니다. 수조 달러의 경제규모, 2만 달러 이상의 일인당 국내총생산(GDP), 경제협력개발기구(OECD) 회원국, 이것이 타고르가 꿈꾼 동방의 빛, 오늘날 한국 바로 그 모습입니다."[30)]

29) 『東亞日報』(1929. 6. 13), 타 翁 메시지.
30) 『東亞日報』(2011. 5. 19), 타고르가 꿈꾼 동방의 빛 오늘날 한국 바로 그 모습

3. 진학문의 타고르 송영기(1916)

타고르는 노벨문학상을 수상한 지 3년 만인 1916년 7월 일본을 방문했다. 일본 체류 시 조선 청년과 단독 인터뷰를 한 일이 있었다.[31] 타고르의 한국 청년과의 단독 인터뷰는 1929년이 아니라 1916년 일본 방문 시였고, 그 이름 없는 한국 청년은 순성(瞬星) 진학문(秦學文, 1894~1974)임이 밝혀졌다.[32]

진학문은 1894년 12월 4일 서울에서 태어났다. 1908년 일본 경응의숙(慶應義塾) 보통과에 입학했다가 중퇴하고 귀국, 1909년 경성 보성고등보통학교에 입학해 1912년 졸업했다. 1913년 일본 와세다대학 영문과에 입학했다가 1914년 중퇴하고, 1916년 동경외국어학교 러시아어과에 입학했다.[33] 학업을 마치자마자 언론계에 발을 들여놓게 되었는데 '오사카아사이(大阪朝日)'의 편집국장 도리이 소센(鳥井素川)의 추천으로 경성 특파원이 됐다. 때마침 3·1운동이 발발한 후 신임 총독 사이토(齋藤實)는 1919년 9월 3일 문화정치를 표방한다는 훈시를 발표했다. "언론, 집회, 출판 등에 대하여는 질서와 공안유지에 무방한 한 상당히 고려를 가하여 민의의 창달을 꾀하여야 한다."[34] 사이토 총독의 문화정책 훈시가 나오자마자, 한국인에게도 신문 발행을 허가할 것으로 판단한 진학문은 즉각 하몽(何夢), 이상협(李相協), 유근(柳瑾)과 함께 인촌 김성수를 설득, 동아일보 발행 허가 신청(1919. 10. 9)을 내게 했다. 1920년 4월 1일 동아일보가 창간되자 진학문은 논설위원 겸 정경부장, 학예부장을, 이상협은 편집국장, 논설위원 겸 사회부장, 경리부장

(홍수연).

31) 최덕교, 『한국잡지백년』(현암사, 2004), 권 1, p.279; 『韓國言論人物史話』(재단법인 대한언론인회, 1992), 上, p.475.

32) 『靑春』 제11호(1917. 11. 16), 타 先生 送迎記(秦瞬星).

33) 『친일인명사전』(민족문제연구소, 2009), pp.647~649, 진학문(秦學文), 1894~1974, 중추원 참의·만주국 참사관.

34) 『朝鮮總督府官報』(1919. 9. 4); 『日帝侵略下 韓國三十六年史』, 권 4(국사편찬위원회, 1969), pp.571~572(1919. 9. 3).

직을 도맡았으니, 진학문과 이상협은 동아일보의 두 수레바퀴나 진배없었던 셈이다.35)

최남선과 진학문은 1923년 6월까지 '동명(東明)'을 발간하다가 자진 정간하고, 1924년 시대일보(時代日報)를 창간하여, 진학문은 편집국장, 편집인 겸 발행인이 되었다. 그러나 경영난으로 1925년 퇴사했다. 1927년 가족을 동반하여 남미 브라질로 이민을 떠났다가 1년 후 귀국했다. 1936년 만주국 국무원 참사관에 취임했고, 1940년 5월에 만주 생활필수품회사 상무이사에 취임했다. 해방 후 1952년 한국무역진흥회사 부사장, 1963년 전국경제인연합회 상임부회장으로 활약했다.36)

인도 시성 타고르는 전후 세 번 일본을 방문했다. 첫 번째가 1916년 7월이고, 두 번째가 1925년, 세 번째가 1929년 4월이다. 진학문은 1916년과 1929년 두 차례나 타고르를 만났다. 진학문은 이만큼 타고르 문학과 그의 독립정신을 흠모·심취하고 있었다.37)

이광수는 진학문보다 2년 연상이고 와세다대학 철학과에 재학하고 있었고, 진학문은 동경외국어학교 러시아어과에 재학한 학생의 신분으로 인도 시인 노벨문학상 수상자 타고르와 인터뷰하고 육당 최남선이 발행하는 '청춘' 지에 '타 선생 송영기'를 게재함으로써 일찍부터 그의 문재(文才)를 인정받게 되었다. 진학문은 영어에 능통했기 때문에 타고르와 무리 없이 대화가 가능했다.

1916년 7월 일본을 방문한 타고르가 체류하고 있는 곳은 요코하마(橫濱) 삼계원(三溪園, 요코하마 호객 原富太郎의 별장)이었다. 타고르 방문은 1916년 7월 11일 정오로 예약되어 있다. 방문단 일행은 모두 23인이고 그중에는 남녀 학생도 있고 교사도 있고 일본 사람은 물론이거니와 중국인, 대만인과 하와이 부인도 있고, 조선인은 두 사람인데,

---

35) 『韓國言論人物史話』(財團法人 大韓言論人會, 1992), pp.475~483, 瞬星 秦學文.

36) 『新聞百年人物事典』(1988. 12), 秦學文; 『每日新報』(1940. 5. 17), 秦學文(滿洲國總務廳參事官) 退官, 滿洲生活必需品會社 常務理事에 大會社의 重役就任, 半島人으로 嚆矢.

37) 『瞬星秦學文追慕文集』(瞬星追慕文集發刊委員會, 1975), 非賣品.

진학문과 C군이다. 여기서 진학문은 동반자 C군의 실명을 거명하지 않았지만 C군은 춘원(Choonwon)의 이니셜일 가능성을 배제할 수 없다. 이광수와 진학문과의 교우관계, 춘원에 대한 미쁨은 큰 힘이 되었다. 진학문은 세계적 석학 타고르와의 인터뷰 대담에서 너무 긴장했지만 오직 춘원이 옆에 배석한 것만으로도 큰 힘을 얻었다고 회고했다. "하나 한편으로 부끄러움도 금할 수 없다. ― 나와 같이 천학천식(淺學淺識)의 학도가 그와 같은 세계적 위인을 만나보는 것이 광영이 아닌 바는 아니나 무슨 말을 물으며 무슨 말을 대답할꼬! 하고 남몰래 애를 썼다. 하는 중에도 한 줄기의 미쁨은 'C군이 있으니까.' "38) 그리고 질의 응답에서 C군이 교육문제를 제기하였는데, 교육을 통해 인재를 양성, 독립준비를 해야 한다는 것이 이광수의 독립철학이기 때문에 C군은 이광수로 추정된다.

방문단 일행이 동경역에서 요코하마행 열차를 타고 삼계원에 도착하여 정자 앞에서 타고르가 나타나길 기다리자 타고르는 다갈색 우단 모자에 흰 비단 인도 도포를 기다랗게 입고 회색 머리와 흰 수염을 푸르르 날리면서 올라와 말했다. "여러분, 대단 미안했소. 내가 오늘 치통으로 해 의사에게 갔다 오느라고 조금 늦었소. 용서하오." 그의 간단한 인사와 순간의 미소는 사람으로 하여금 무한한 동정과 존경을 느끼게 한다. 일동이 선생을 뫼시고 정자에 들어가 선생은 책상을 향하여 걸터앉고 일행은 선생을 향하여 벌여 앉고 일동은 경의를 표하는 화환을 선생에게 드리니 선생은 기쁜 얼굴로 받아 목에 걸고 인도식으로 합장 사례한다. 일본 옛 식으로 분향을 하니 정숙한 정자 안에 부드러운 바람이 고전적 향기가 일어나 사람들을 취케 한다. 각자 순차로 일어나 자기의 성명과 출생국을 말할 때 진학문 차례를 당하니 일어나 "My name is Hakmoon Chin, I came from Corea" 하고 말하고 앉았다. 인사가 끝난 뒤에 와세다대학 교수(中桐確太郎)가 일어나 일동을 대표하여 선생이 총망하심에도 불구하고 우리를 만나주심에 대하여 감사한 뜻을 표하고

---

38) 『靑春』 제11호(1917. 11. 16), p.101.

겸하여 오늘 청년들이 '현대 청년의 새 생활'이란 문제로 선생의 강화를 원한다 하니 선생은 눈을 딱 감고 잠시 묵상하다가 조용히 입을 열어 강화했다.[39]

　이 문제는 대단히 크고 중한 문제오. 나의 말이 제군에게 만족을 주는지 불만족을 주는지는 알지 못하겠소마는, 사람이 어찌하여 낳느냐? 어찌하여 무엇을 하려 낳느냐? 하는 것이 전부터 여러 사람의 두뇌를 썩여오든 문제오. 하나 우리가 저 Great World(대세계)를 볼 때에 어떠한 것을 느끼오? 저 숭엄하고 울창하고 모든 신비를 감춘 삼림을 볼 때, 오곡이 무성하고 백화가 만발한 평원을 볼 때, 광활하고 자유로운 영원한 자유의 바다를 볼 때, 아름다운 새의 울음소리와 사랑스러운 물고기의 숨소리를 들을 때, 이들의 'Great World'를 볼 때에 과연 제군은 그 무엇을 느끼오? 나는 나는 무한한 사랑과 빛과 기쁨을 느끼지 아니치 못하오? 사랑과 빛과 기쁨을!
　세상 사람들은 항상 물질문명에만 몰두하여 정신상의 숭고함이 적고 개인과 사회와 국가 간에는 성곽을 쌓아 사물을 구별하기에만 초심(焦心)하나 물질의 생활이 참 생활이 아니오. 사물을 구별하는 것이 행복을 증진하는 것이 아니오. 우리는 물질문명 이상의 무엇을 갈구하며 지내는 것이오. 개인과 국가에만 고집하고 있으면 참 생활의 맛은 도저히 맛보기 어려운 것인 줄 나는 생각하오. 참 생활, 우리가 어찌하여 낳느냐? 무엇하려 낳느냐?… 하나 나는 저 'Great World'를 대할 때 항상 'Supreme Person(神)'을 보오. 사람은 이 신을 보기 위하여 낳다, 우주의 영(靈)을 느끼기 위하여 낳다, 생각하오.[40]

이와 같이 한 시간 이상이나 그 아름다운 음악과 같은 음성으로 유창하게 목소리를 낮추었다 높였다 하면서 열변을 토하는데, 열정이 일어날 때에는 주먹을 쥐었다 폈다 하면서 손바닥으로 책상을 치고 있다. 어떤 때에는 눈을 딱 감고 입속으로 음송(吟誦)하는 듯, 또 어떤 때에

39) 『靑春』 제11호(1917. 11. 16), pp.101～107, 타 先生 送迎記(秦瞬星).
40) 『靑春』 제11호(1917. 11. 16), p.103; 『三千里』(1934. 8), pp.120～127, 名記者 그 時節回想, 東洋來訪의 平和의 詩聖(秦瞬星).

는 그 무슨 것을 보는 듯도 하다. 일동이 기침 한 번 아니 하고 정숙한 태도로 귀 기울여 들은 후 개인적으로 3, 4인의 질문이 있었으나 선생은 자세하게 응답했다. 일동은 기념촬영을 한 후 선생을 작별하고 삼계원 밖으로 나오니 오후 여섯 시다.

단체 방문이 있은 지 일주일 후 진학문은 단독 면담을 신청했다. '청춘' 지의 기자 신분으로 타고르와 대담을 시도했다. 제2회 방문 목적은 진학문 개인이 대담토론을 가지기 위한 기회를 얻었을 뿐만 아니라 '청춘' 지에 게재할 원고를 청탁하기 위한 것이었다. 진학문은 두세 명의 우인들(C군 즉 춘원도 포함된 듯)과 함께 삼계원에 도착, 명함을 드리니 종자가 들어오라는 것이었다. 발소리도 조심조심 가만가만히 발을 들어 인도하는 데로 쫓아가니 넓은 일본 방이었다. 앞이 탁 터져 푸른 바다에 더운 햇빛이 천 조각 만 조각으로 깨어져 황홀히 반짝이고 있었고, 바다 건너로 눈앞에 돌출한 삼포반도(三浦半島)는 부르면 대답이라도 할 듯이 가깝게 보인다. 방 안에 장식은 없고 담담하고 도코노마(床の間)에 꽃병 하나가 놓여 있을 뿐이다. 마루 끝 책상에는 타이프라이터와 서양 원고지가 벌여 있고 쌍의자에 내걸린 호피(虎皮)는 왼편 송림으로부터 불어오는 가벼운 바람에 푸수수 날려 은연중 고국의 정조(情調)를 유발한다. 우리는 정한 방석에 꿇어앉아 선생을 기다린 지 얼마 안 돼 변함없이 그윽한 미소를 띤 백발동안의 선생이 일본 욕의(浴衣)에 해코오비(兵庫帶, 허리띠)를 길쭉이 앞에 떨쳐입고 나와 방석에 앉은 후에 그 희고 풍부한 수염을 쓰다듬으면서 입을 연다.41)

그런데 이 대담에서 진학문은 미국을 일본식 '米國'이 아니라 '美國'을 세 번이나 사용했다는 점이 주목된다. 이는 주체성을 살린 독립정신이 아닐 수 없다. 한국은 1882년 한미조약 체결 이래로 미국을 '美國'으로 사용해오다가 1910년 한일합병 이래 일본 식민지가 되고부터 '米國'을 사용해오고 있다. 그러나 이광수는 상해 독립신문 사장 시절에는 '美國'이라 표기·사용했을 뿐만 아니라 일제강점기 1937년까지 '米

---

41) 『靑春』 제11호(1917. 11. 16), p.104.

國'을 사용하지 않고 '美國'을 고수했다. 이런 점에서 진학문과 춘원의 독립정신은 일맥상통하고 있다.42)

　　"더운데 여러분이 이처럼 찾아와 주시니 대단 반갑소" 하는 말이 단 인사로는 들리지 아니한다. 나는 공손히 소리를 나직이 하여
　　"이렇게 자주 선생을 뵈올 기회가 있음을 대단 기뻐하옵고 또 광영 으로 생각합니다. 한데 들으니 선생께서 쉬 미국(美國)으로 가신다 하 오니 언제쯤이나 가실 터이십니까?"
　　"글쎄 8월 그믐께 가볼까 하오."
　　"하면 본국으로는 언제쯤 돌아가시게 되옵니까?"
　　"그는 예기(豫期)할 수 없소… 조선도 이다지 더웁소?"
　　"네 조선의 기후는 대륙적인 까닭으로 더울 제는 몹시 덥습니다."
　　"내가 이번 길에 조선과 지나(중국)에를 꼭 들르려 하였더니 시일이 없어 여의치 못하게 된 것을 대단 유감으로 아오."
　　"선생님 바쁘신데 어렵습니다마는 새 생활을 갈구하는 조선 청년을 위하여 무엇이든지 조금 써주시지 아니하겠습니까? 선생께서 써주신다 하면 감사한 말씀은 다 할 수 없으려니와 그 반향은 서구 철인이나 문 인이 우리를 위하여 써준 이에 몇 배 이상의 느낌이 있을 줄 압니다."
　　"네 그것은 무슨 잡지에 낼 것이오?"
　　"네 조선 전체에 단 하나라 할 '청춘'이란 잡지에 게재하려 합니다."
　　"그것은 물론 조선문(朝鮮文) 잡지이겠구려?"
　　"네 그렇습니다."
　　"내가 미국 가서 할 강연의 초안을 이곳에서 쓰노라고 대단히 바쁘 오. 한즉 길게 쓸 수는 없고 짧은 것이라도 무방하다면 써드리오리다."
　　"네 길고 짧은 것이 어디 있겠습니까."
　　이와 같이 선생은 곧 우리 '청춘'에 써주시기를 승낙했다.
　　마침 같이 갔던 친구 하나이(춘원인 듯)
　　"선생님, 저는 지금부터 교육에 종사코자 합니다. 한데 어떠한 방법 으로써 하는 것이 가장 적당하올지 말씀하여 주시기를 바랍니다" 하고

---

42) 『三千里』(1935. 2), 美國補助를 믿지 말자: 基督敎靑年會 首腦部 改編에 對 하여(李光洙).

선생의 의견을 청하니 선생은 한참동안 눈을 딱 감고 있다가

"내가 본국 있을 때에 청년들이 자주 와서 장래에 자기의 갈 길을 묻는 일이 있었소. 할 때마다 나는 그들에게 시골 가서 숙사(塾舍)를 설시(設施)하고 교육에 종사하라 하오. 숙생(塾生)이 둘이 되거나 셋이 되거나 물론하고. 나는 사람의 참 생활이 도회에 있다고는 생각지 아니하오. 자동차나 마차를 복잡한 시내로 몰고 의기양양하게 다니는 사람도 많으나 다시 돌이켜 생각하면 뜬세상의 부귀영화란 참 허(虛)한 것이 아니오? 그 열매도 없고 씨도 없는 생활을 하느니보다 시골에 가서 순박(淳朴)한 아이들과 같이 자연을 노래하고 신(神)을 칭송하여 차차차차 자연의 아름다움을 깨닫고 신을 보아 저 무한 영원을 느끼고 우주의 영(靈)과 연(連)하는 곳에 비로소 참 생활이 있는 것이 아니오? 한 사람이 다섯 사람이나 열 사람을 인도하고 그 다섯 사람이나 열 사람이 또 다섯 사람이나 열 사람씩 인도한다 하면 어찌 그게 적은 일이라 하겠소. 하나 그 인도할 사람의 자격은 덕(德)이 높고 사랑이 크고 깊고 보편적인 사람에만 한할 것이오. 군이 지금 교육가가 되려 한다니 말이오만은 군이 참 교육가가 되려면 우선 먼저 아이가 되지 아니하면 아니 될 것이오. 군이 순연히 아이가 되어 그들과 같이 뛰고 놀 것이오. 그리하여 그 순연무사(純然無邪)한 아이에게 군이 그들에게 선생이란 관념을 넣지 말고 한 동무라 하는 관념을 넣은 후에 차차차차 그들을 가르치고 그들을 교화(敎化)시켜야 할 것이오. 알겠소? 어린 아이가 자기 부모의 말을 듣고 그대로 옮기기는 쉬우나 학교에 보내어 시간을 정하고 땀을 흘려가며 가르치는 것은 잘 잊어버리는 법이오. 나도 본국에 있어 학교를 경영하오만은 참 자유오. 저 큰 삼림 안에서 제 마음대로 뛰고 싶은 자는 뛰고 나무에 오르고 싶은 자는 나무에 올라 제 풀대로 놀기도 하고 혹은 묵상도 하고 혹은 노래도 부르고 하여 부지불식중에 배울 것을 배우게 하오. 군이 이 의미 잊지 말기를 바라오" 하고 순순(諄諄)히 교육의 본지(本旨)를 설명한다. 우리는 일어나 선생에게 촬영하기를 청하니 선생이

"사진? 박입시다. 좋은 카메라를 가졌소? 하나 내 옷을 바꾸어 입고 나오리다. 나는 인도 옷을 입고 박이고 싶소" 하고 들어가더니 인도 도포를 개착(改着)하고 나와

"자 박입시다" 하고 옥상 노대(露臺)에 올라가 기념촬영을 한 후에

선생이 나를 돌아다보고

"아까 약속한 글은 수일 내로 보내리다."

어느 흐린 날 저녁때였다. 울어 분 듯한 낮은 하늘은 얼마 아니 있
다가 비가 올 듯하다. 요코하마 부두에 가로 대인 작은 캐나다호 갑판
상에 적적한 얼굴로 우두머니 서서 복물(卜物, 짐바리)을 끌어올리는
양을 보고 있는 이는 두어 달 전에 동경역에서 열광한 몇 만 군중의
환성에 싸여 귀가 먹먹하든 인도 시성 타고르 옹이라. 출범(出帆)의 종
이 울릴 때 그는 인도 객인의 일단과 오래 동안 선생이 그에게서 유숙
하던 원부태랑(原富太郎) 씨의 가족 외에 겨우 10인 미만의 사람에게
전별(餞別)을 받으면서 먼 해로로 미국을 향하는 길을 떠난다. 그는 섭
섭한 듯이 쓸쓸한 부두를 바라보고 합장고두(合掌叩頭)한다. 그때 타
옹의 마음은 과연 어떠하였을꼬!

아아, 변화 많은 시성의 여행이여! 나는 그 배가 양상(洋上)에 떠 보
이지 아니할 때까지 그를 바라보고 섰었다. 시성은 줄곧 감사하다 하
는 뜻을 표하고 자기 역시 오래 동안 갑판 위에서 나를 바라보고 있다.
가는 비가 부실부실 가로 날리는 중 해상에 멀리 뜬 캐나다호가 운무
속으로 몸을 감춘다.43)

진학문이 타고르에 청탁한 영문시 원고는 '쫓긴 이의 노래'였다. 진
학문은 이를 번역하여, 영시 전문과 함께 '청춘' 지에 게재하였다.

The Song of the Defeated, Rabindranath Tagore

My Master has asked of me to stand at the roadside of retreat and
sing the song of the Defeated,

For she is the bride whom He woos in secret.

She has put on the dark veil, hiding her face from the crowd, the
jewel glowing in her breast in the dark.

---

43) 『青春』 제11호(1917. 11. 16), pp.104~107, 타 先生 送迎記(秦瞬星); 『三千
里』(1934. 8), pp.123~125. 名記者 그 時節回想, 東洋來訪의 平和의 詩聖
(秦瞬星).

She is forsaken of the day, and God's night is waiting for her with its lamps lighted and flowers wet with dew.

She is silent with her eyes downcast; she has left her home behind her, from where comes the wailing in the wind.

But the stars are singing the love song of the eternal to her whose face is sweet with shame and suffering.

The door has been opened in the lonely chamber, the call has come; And the heart of the darkness throbs with the awe of the expectant tryst.

쫓긴 이의 노래, 타고르

主(주)께서 날더러 하시는 말씀
외따른 길가에 홀로 서 있어
쫓긴 이의 노래를 부르라시다.
대개 그는 남모르게 우리 님께서
짝 삼고자 求(구)하시는 新婦(신부)일세니라.
그 얼굴을 뭇 사람께 안 보이려고
검은 낯가림(面紗)으로 가리었는데.
가슴에 찬 구슬이 불빛과 같이
캄캄하게 어둔 밤에 빛이 나도다.
낮(晝)이 그를 버림에 하나님께서
밤(夜)을 차지하시고 기다리시니
燈(등)이란 등에는 불이 켜졌고
꽃이란 꽃에는 이슬(露) 맺혔네.
고개를 숙이고 잠잠할 적에
두고 떠난 정다운 집 가으로서
바람결에 통곡하는 소리 들리네.
그러나 별들은 그를 向(향)하여
永遠(영원)한 사랑의 노래 부르니
괴롭고 부끄러워 낯붉히도다.
고요한 洞房(동방)의 門(문)이 열리며

오라고 부르는 소리 들리니
만날 일 생각함에 마음이 조려
어둡던 그 가슴이 자주 뛰도다.

　이 글은 작년 시인이 동영(東瀛)에 내유(來遊)하였을 적에 특별한
뜻으로써 우리 '청춘(靑春)'을 위하여 지어 보내신 것이니 인도(印度)
와 우리와의 2천 년 이래 옛 정을 도타이하고 겸하여 그네 우리네 사
이에 새로 정신적 교호(交好)를 맺자는 심의(深意)에서 나온 것이라.
대개 동유(東留) 수열월(數閱月) 사이에 각 방면으로 극진한 환영과
후대를 받고 신문 잡지에게서도 기고(寄稿)의 간촉(懇囑)이 빗발치듯
하였건마는 적정(寂靜)을 좋아하고 충담(沖澹, 성질이 맑고 깨끗함)을
힘쓰는 선생이 이로써 세속적 번쇄(煩瑣)라 하여 일체 사각(謝却)하시
고 오직 금옥가집(金玉佳什, 금옥같이 아름답게 지은 시가)을 즐겨 우
리에게 부치심은 진실로 우연한 것이 아니라. 이 일편 문자— 이렇듯
깊은 의사 있음을 알아 읽고 읽고 씹고 씹어 속속들이 참맛을 얻어야
비로소 선생의 바라심을 저버리지 아니할지니라.44)

---

44) 『靑春』 제11호(1917. 11. 16), pp.95～100, 印度의 世界的 大詩人 타쿠르,
　　The Song of the Defeated, 쫓겨가는 이의 노래(타쿠르)(瞬星).

제5장 자유독립 열망과 민족주의 운동

1. 동회운동(새마을운동)

일제강점기 민족지도자의 유형을 두 가지로 분류해볼 수 있다. 하나는 독선기신(獨善其身)이다. 많이 알고 있는 선각자이지만 그 지식을 행동으로 실천하지 않고, 민족운동에 동참하거나 친일행태를 하지 않고 끝까지 절개를 지키며 변절하지 않는다는 것, 또 하나는 불구소절(不拘小節)이니 작은 절개 따위는 개의치 않고 아는 것을 반드시 실천한다는 유형이다. 민족지도자의 신분에 따르는 의무인 노블레스 오블리주를 역행한다는 실천가이다. 친일변절 비난에 개의치 않고 일제와 타협하고 합법적으로 민족운동을 전개하는 것이다. 전자는 벽초(碧初) 홍명희(洪命憙)요, 후자는 육당(六堂) 최남선(崔南善)과 이광수이다.

이광수는, 홍명희는 많이 알고 있는 선각자이면서도 실행이 없는 표본적 인물이라고 평가하고 있다. 그는 좋게 말하면 인정을 다 알기만 하고 알아만 두고 행하지는 않는 깨달은 사람이요, 나쁘게 말하면 무엇에나 생각뿐이요, 실행이 없는 사람이었다고 통찰하고 있다. 1913년 12월 상해에 망명 중인 홍명희를 만나 그의 생활태도의 골자는 관조론이라고 그 정곡을 알아맞힌 것이다.

날마다 한두 차례씩은 대개 이야기판이 벌어졌었는데 그때에 어떤 이야기들을 했는지는 너무도 오래된 일이라 기억이 없고 지금도 머리에 남아 있는 것은 K(홍명희)의 관조론(觀照論)이다. 그는 인생을 관조하는 태도로 살아간다는 것인데 아마 자기는 인생 갈등의 와중에 들어가지 아니하고 한층 높은 자리에 머물러서 인생을 내려다보고 살자는 뜻이 아닌가 한다. 그 후에 K는 안남으로 인도로 남양으로 돌아다녔으나 여행기 하나 쓴 일 없었다. 그것은 써서 무엇해? 하는 태도였다. 두어 번 그가 감옥에도 들어가고 소설도 끝없이 긴 이야기를 하나 써보았으나 끝을 맺지 아니하고 말았다. 그는 평생에 그 '관조의 태도'라는 것을 떠나지 아니하는 모양이었다. 무엇이나 다 알아두지마는 내가 몸소 하지는 않는다. 그것은 해서 무엇해? 하는 모양이다. 아마 은사(隱士)라든가 처사(處士)의 심경(心境)일는지 모른다.1)

이에 반해 이광수는 '귀순변절자'라는 세인의 비난에 개의치 않고 조선총독부 당국과 융통적인 타협으로 합법적인 민족운동을 줄기차게 실천한 인물이다. 송욱(宋稶)은 "일제시대 이 나라의 지식인은 행동을 하지 않고 침묵을 지키거나, 그렇지 않으면 일제의 앞잡이가 되는 두 가지 중에서 하나를 택할 수밖에 없었다. 그들은 암흑기의 기막힌 처지에 빠져 있었다"고 분석하면서, 이광수는 '어중간한 정치활동'이 오히려 민족에 대한 정치적 배신을 합리화하는 방향으로 그를 이끌어갔다고 평가했다.2) 여기서 말하는 '어중간한 정치활동'이란 춘원이 당국과 정치적 타협 하에 합법적으로 동우회를 이끌면서 타협적 민족운동을 전개했다는 지적이다. 그러나 춘원은 이 같은 '변절자', '일제의 앞잡이'라는 악랄한 비난을 개의치 않고 동우회의 지도자로서의 신분에 따르는 의무인 노블레스 오블리주를 역행하는 실천가로서의 면모를 보여주고 있다. 송민호(宋敏鎬)는 "춘원은 소설, 논설 등을 통하여 고취했던

---

1) 李光洙, 『그의 自敍傳』(高麗出版社, 1953. 4. 20), p.139. 여기서 K는 假人 可人 碧初 홍명희(洪命憙)이고, '끝없이 긴 소설'이란 '林巨正'을 말한다.

2) 『思想界』(1965. 4), pp.206~227, 韓國知識人과 歷史的現實, 修養이냐, 出世냐, 政治參加냐(宋稶).

민족정신을 실천에 옮긴 행동작가였다"라고 정의했다. 민족정신을 고취하고 실천했지만 "큰 뜻을 어이하리, 바위 밑에 눌린 큰 뜻"이라고 한탄했다. 여기서 '큰 뜻'이란 흥사단, 동우회의 혁명사상을 의미한다. 큰 바위덩이같이 총독정치의 탄압과 기반(羈絆)으로부터 벗어나지 못해 혁명운동을 통한 구국운동이 좌절됨에 "지금에 돌아보오니 모두 허사였어라"3)라고 개탄하고 있다.

명치학원 중학부를 졸업하고 19세 소년 이광수는 남강 이승훈의 초빙을 받아 오산학교 교원에 부임했다. 출세의 길이 보장되는 고등학교 입학을 포기하고 월급도 없는 오산학교로 가기로 결정한 것은 자기희생정신이 없이는, 아는 바를 실제 행동으로 옮기겠다는 실천정신이 없이는 불가능한 일이다. 그야말로 신명을 국가와 사회에 바치겠다는 결심으로, 또한 그것만이 기울어져가는 나라를 구출하는 유일한 길임을 확신하고 오산학교로 온 것이다. 오산학교 교주 이승훈의 동회운동, 조국 근대화운동을 몸소 실천했던 것이다.

남강을 추억함, 제석산인

남강과 양반

그렇게 소년 같은 남강도 벌써 고인이 되고 말았다. 명조에는 그의 유해가 경성 역두에 내리게 된다.

남강은 서울말로 '실골(가느다란 밭고랑) 상놈'이다. 상놈인 서도(西道)놈 중에도 평양 기생과 평양 병정(兵丁)으로밖에 알려지지 아니한 평안도 놈이요 평안도 놈 중에도 상놈이다. 그는 군문(軍門)이란 계급에 속한다.

남강은 서도 상놈인지라 양반들이 이르는바 국은(國恩)이라는 것을 아마 선조 대대로 받아본 일이 없을 것이다. 국은이 망극해서 충신이 되려는 양반들에게 비기면 남강은 터럭 끝만치도 충신 될 의무가 없을 것이다. 그에게는 도리어 대대로 양반의 기관인 국가에게 천대받은 원혐(怨嫌)이 있을 뿐일 것이다.

---

3) 宋敏鎬, 『日帝下 韓國抵抗文學』, p.280.

남강은 소시에 양반이 되기를 원하던 맘이 강하였다. 그는 일찍 고향에서 양반 행세(行世)를 하기 위해서 흩어진 일족을 용동(龍洞, 오산학교 근방의 일 소부락)에 모으고 자기의 재산으로 문계(門契)를 만들고 학계(學契)를 만들고 서당을 건축하고 사서오경(四書五經) 등 서적을 사다가 자제들에게 구식 교육을 주었다. 이렇게 자질을 교육함이 양반 되는 가장 큰 것인 줄을 깨달은 것이다.

그뿐 아니라 그는 양반 되기를 원하여 자녀들은 반드시 그 지방 소위 반족(班族)과 혼인을 하였다. 그는 이리함이 또한 양반 되는 일로(一路)인 줄을 생각한 것이다. 그에게 있어서는 이론은 곧 실행이기 때문에 옳다고 생각하는 것은 곧 행하였다.

그러나 정미년(1907년, 이 해에는 광무제의 양위와 군대해산 등이 있었다)에 그는 양반 되는 재래의 방법이 잘못되었음을 깨달았다. 양반이란 도저히 자기 일문(一門)으로만 될 것이 아님을 깨달았다.

"조선 민족 전체로 상놈이 되는데 여주(驪州) 이가(李哥, 남강의 본이 여주다)만 어떻게 양반이 되겠소? 한다하는 삼한갑족(三韓甲族)도 세계적 상놈이 되는 판에 우리네 본디 상놈이야 말할 것이나 있소? 나는 상놈 천대를 받더라도 자식들이나 상놈 소리를 안 들어야지." 이래서 그는 자기 집 지으려던 재목과 개와로 학교를 지은 것이다. 그것이 오산학교다.

일로부터 남강의 일생은 조선 민족으로 하여금— 현 제너레이션은 못하더라도 오는 제너레이션이라도 — 세계적 양반이 되게 하는 노력에 바쳐진 것이다.[4]

남강의 삼무

남강에게는 없는 것이 셋이 있었다. 첫째는 재산 욕심, 둘째는 명예 욕심, 셋째는 생명 욕심. 그가 임술년(1922) 감옥에서 나오는 길로 군대의 손에 회신(灰燼)이 된 오산학교를 부흥하려 할 적에 약간 남은 부동산 전부의 문권(文券)을 내어서 팔아서 학교 경비에 보태라고 하였다. 자질들은 그것을 다 팔아버리면 식구는 어떻게 사느냐 하여 이에 반대하였다. 그때에 그는 "왜 못 살아? 학교만 잘되면은 학생 쳐먹

---

4) 『中外日報』(1930. 5. 17), 南岡을 追憶함(1): 南岡과 兩班(帝釋山人). 이광수 전집(삼중당)에 미수록.

고 살지. 내 것은 남겨두고 남더러 돈을 내라? 거 안 될 말야. 억서 팔아라."

이리해서 한 백석거리 남았던 것까지 학교에 써버리고 말았다. 그리고는 그 돈 중에서 조금 떼어서 소반 몇 개를 장만하였으니 그것은 학생 치는 데 소용(所用)이었다.

이것은 남강에 있어서는 결코 희한한 또는 비상한 예는 아니다. 그에게는 완전히 재(財)에 대한 욕망이 결핍하였었다. 그가 만일 재물을 구한다 하면 그것은 오산학원을 위하여서였다.

남강이 세상을 떠나는 날 그는 미망인과 자손에게 집 두 채밖에 남긴 것이 없었다.

남강은 명예에 대하여 염담(恬淡, 욕심 없고 담박)하다는 것보다도 욕망이 전무하였다. 남강은 세상에서 심지어 그 자손이나 친근자에게까지도 비난을 받은 일이 불소하고 또 그것을 자기도 모르는 바가 아니지마는 일체 개의치 아니한다. 그가 일찍 자신의 훼예포폄(毀譽褒貶)에 대하여 먼저 말하는 양을 본 사람이 없다. 일찍 어떤 친근한 이가 모종의 비난에 대하여 "선생님 이 일에 대해서 세상에 물론이 있는데요" 하면 그는 웃으면서 "글쎄 무슨 말들을 하나 봅데다. 나는 잘못하는 것 없으니까 상관없어요. 나는 일하고 그 사람더러는 말하라지오" 하고 태연하다.

남강은 처세술, 보신술을 미워한다. "이 몸이 무엇이길래 내 까지것의 명예가 무엇이길래 그것에 거리끼어서 할 일을 못해?" "내가 안 하면 그 일을 누가 하오. ― 그 고생을 누가 하오? 제 일신의 안락을 탐내다가 시비를 들어야 걱정도 되고 부끄럽기도 하지. 옳은 일 하노라고 고생하다가 욕먹는 것이야 걱정할 게 있나." 이 모양으로 그는 세간의 훼예에 대하여서는 일체 불관심하고 "말하는 자는 말하게 할지어다. 나는 일하노라" 주의(主義)를 지켰다.

또 남강은 생명에 대한 욕심도 극히 담박(澹泊)해서 우리네가 보기에는 거의 전무한 듯하였다. 그는 다년 감옥생활에 건강을 해하여 위암이라는 진단을 받으리 만한 강도의 소화불량과 신장결석과 협심증 등 큰 고질을 가지고 있어서 의사는 입원이나 그렇지 아니하더라도 정양을 명하였지마는 그는 지난여름에 약 1개월간 해운대(海雲臺)에서 자취생활을 한 것 외에 정양이란 것을 하지 아니하고 몸에 38도 내외

의 열을 가지고 경향을 분주하였다. 누가 정양을 권하면 "정양할 겨를
이 있어야지. 학교 일은 누가 하고?" 하고 도리어 권하는 사람에게 묻
는다. "그러시다가 병환이 더하시면 어찌하십니까. 지금 조리를 잘하셔
야지" 하고 한 번 더 권하면 "정양하노라다가 할 수 있는 일도 못하고
죽으면 어찌하게. 70이 된 녀석이 아무려면 오래 살겠소. 목숨 붙은 날
까지 일하는 것이 수지."

　　그는 과연 운명하는 날 밤까지도 농촌문제 훈화를 하였다.5)

　　이광수가 1910년 3월 오산학교 교원이 되고부터 제일 먼저 착수한
것이 농촌 근대화운동 즉 동회운동이다. 동회를 조직, 동회운동을 통해
모범촌을 건설하는 것이었다. 오산학교 4년 재직 중 낮에는 학교 수업,
밤에는 야학까지 일주일에 42시간을 강의했다. 거의 전 과목을 강의한
것으로 보인다. 그뿐만 아니라 여름방학에는 하기 강습까지 담당했다.
실로 1인 5역의 역할을 수행하는 초인적인 봉사활동을 실천했다. 이광
수가 일종의 작은 자치정부의 성격을 띤 동회(洞會)를 조직, 자신이 동
회장이 되어 농촌 근대화운동을 줄기차게 전개한 결과, 용동마을은 한
국 최초의 근대화된 농촌마을이 되었다. 이것 모두가 망국민의 천대를
벗어나기 위한 구국운동이었다.

　　이광수는 오산학교 4년간의 용동마을 모범촌 건설의 체험담을 1914
년 대한인정교보에 처음으로 발표했다.

모범촌

　　저기 한 촌중이 있으니 집이 한 3백 호, 모두 농사로 업을 삼다. 한
회(會)가 있으니 이름은 동회(洞會)이니 이 촌중의 정부라. 이 동회의
규칙의 대강을 보건댄,

　　1. 직업이 있어야 하며 부지런히 일할 것
　　2. 술, 잡기 등 외도는 엄금함

---

5) 『中外日報』(1930. 5. 18), 南岡을 追憶함(2): 南岡의 三無(帝釋山人). 이광수
　　전집(삼중당)에 미수록.

3. 아들딸 간에 소학교 공부를 시킬 의무가 있고

4. 아들 열예닐곱, 딸 열다섯 전에 혼인 못하고

5. 매호 1년 5원씩 회비를 낼 것

6. 식구마다 끼마다 쌀 한 술, 날마다 계란 한 개씩 모을 것

7. 주일마다 회당과 주일 학교에 출석할 것

8. 일 년에 네 번 대청결, 일주일에 한 번 소청결 할 것. 청결을 유지하기 위하여 말·소 외양을 한 곳에 모으고 돼지우리와 닭의 홰를 한 곳에 모음

9. 교회와 학교와 병원과 서적 종람소(縱覽所)와 농사 시험장을 둠

예산표를 보건댄,

교회비 1백 원(부족액은 매 주일 연보로 채우다)

학교비 1천 원(남녀 소학교와 유치원과 노동 야학교)

병원비 1백 원(약값은 본값대로 받게 하고)

토목 청결비 1백 원(도로, 수축, 소독할 약품 등)

서적 종람비 1백 원(신문, 잡지, 신서적 등)

농사 실험비 1백 원(곡식 종자, 나무 종자 등을 시험함)

회관은 서적 종람소와 같으므로 경비도 없을 것. 교회에는 주일마다 낮에 예배와 성경공부, 밤에 기도와 재미있고 유익한 통속강연. 회당은 서적 종람소와 여학교를 겸함. 학교 일람을 보건댄 남학생이 220인, 여학생이 180인, 교사 4인. 남학생에게 농사하는 법, 여학생에게 농사와 부엌일 바느질을 가르치고 각색을 실지로 가르치며 제일 힘쓰는 과정은 도덕과 국어, 지리, 역사라며. 영국 소년병단의 본을 받아 매 주일 1차씩 교외에서 연습하고 여름방학에는 짐승치기 하며 장난삼아 속사판 잡지도 발행한다. 그 수법은 루소의 에밀을 본받아 아이들이 짬 있는 중에 스스로 지식 욕심이 나고 스스로 해득하도록 하나니 자연히 과정은 반 넘어 산에나 들에서 가르치게 되며 따로 꽃동산 속에 유치원을 두어 네다섯 살 된 고운 도련님네 아기님네가 점잖고 사랑 깊은 어머니 한 분에게 거느리워 부모의 성화도 아니 시키고 재미있게 어여쁘게 놀더라.

병원에서는 춘추, 양차, 우두와 청결, 위생에 관한 일도 맡아 하며 강연이나 기타 방법으로 그 지식을 고취함.

농사 시험장에서는 그 땅에 적당하여만한 곡종(穀種), 채종(菜種),

묘목을 시험하여 장려하며 농가의 부업될 밀짚모자, 짚신삼이, 새끼 꼬기, 멍석, 기타 짚 그릇 만들기, 집짐승 치기를 장려 지도함. 계(契)에서 세운 상점에서는 곡식, 여러 가지 필목 등 각색 소출을 사들이고 옷감, 기름, 성냥, 먹을 것, 교과서 등을 팔며, 그 이익으로 한 해 건너 남녀 학생 하나씩을 유학시키나니 그 이웃 동네 다섯 동네도 근년에는 차차 이 동네를 본받아 각각 소학교가 생겼으므로 20리 이내 학생 총수가 2천여 명이오. 매년 졸업생이 남녀 3백여 명이므로 이 다섯 동네가 합의하여 내년부터 남녀 중학교를 세운다 한다.

이 촌중에는 부자는 없으나 가난한 자도 없고 문장은 많지 아니하나 무식한 자도 없고 집들이 크지는 아니하나 정소(淨掃)하고 앞에 맑은 내가 흐르며 뒷동산이 푸른 나무나 엉키고 아이들의 즐거운 노랫소리 밖에 큰 소리를 못 듣겠더라. 문장은 많지 아니하나 무식한 자도 없고 각각 제집 업에 힘을 다하여 부모를 효도로 섬기고 자녀를 정성으로 가르치며 이웃이 화목하고 문명한 사상을 다 해득하여 그 살림의 복스러움이 비길 데가 없으되 오직 하나 면치 못할 것은 망국민(亡國民)의 천대를 받는 슬픔이러라.6)

춘원의 동회운동의 궁극적인 목적은 농촌 근대화운동을 일으켜 장차 대학을 창립함으로써 교육혁명을 성취하겠다는 것이었다. 이는 민립대학 설립운동의 선구적인 복안인 것이다. 인재 육성만이 잃어버린 나라를 되찾는 유일한 길이라는 교육철학을 실천한 것이다. 한국 최초의 동회운동은 자치 개념을 도입한 근대적인 정치기구의 성격을 띠고 있다. 농촌 근대화야말로 조국 근대화의 밑거름이 된다는 그의 동회운동의 정신은 곧 1970년대의 박정희(朴正熙) 대통령에 의한 새마을사업의 정신과 일맥상통하고 있다는 점에서 이는 곧 새마을운동의 원조가 아닐 수 없다. 윤홍로(尹弘老)는 용동의 동회운동이 새마을운동의 원조라고 역설하고 있다. "그 농촌계발운동(새 洞民운동 혹은 새마을운동)은 물질 이전에 정신적인 부활— 새마을운동이 선행한 것이다. 이역만리 이

---

6) 『대한인정교보』 제11호(1914. 6. 1). 새 지식: 모범촌. 이광수전집(삼중당)에 미수록.

국(異國) 땅에서 떠돌이로 돌아다니며 상실된 국가를 재건하기 위해 민족공동체의 힘을 키우려고 구상한 협동단체 신민회(新民會), 흥사단(興士團) 등을 주도한 도산(島山)의 이념은 남강(南崗)의 용동(龍洞) 새마을운동을 실현하였다. 이 같은 민족정신과 새마을 실천기획은 춘원의 글쓰기 작업과 문학작품으로 발현되어 상상의 민족공동체를 만들었고 그러한 공동체 의식을 통해 다시 민족의 결속력을 강화하였다.”7)

이광수는 제2차 동경 유학 시절 '학지광' 편집 및 발행인이 되어 '학지광' 제8호(1916. 3. 4)를 제작·출판했는데, 이 유학생 잡지에 오산학교 재직 시 자신의 동회운동의 체험담을 자세히 기록하고 있다. 이광수야말로 새마을운동의 선구자임을 여실히 입증해주고 있다.

용동(龍洞), 흰옷/제석산인

평안북도 정주군(定州郡) 용동(龍洞)이라는 동네가 있다. 호수 20, 인구 90 되는 빈촌이다. 주민은 다 일본동성(一本同姓) 이씨(李氏)인데 원래 그 골 천한 가문이라. 원 직업은 무론 농업이나 하 그도 전지(田地)가 부족하여 혹 유기상(鍮器商)도 하고 어상(魚商)도 하고 목수(木手) 노릇도 하는데 유기상, 어상 하면 꽤 크게 하는 듯이 들리나 유기상은 당나귀에 한(限) 10여 원어치 싣고 강계(江界), 초산(楚山) 등지로 2, 3삭이나 행상하여 돈 10원이나 벌어오는 것이요, 어상이라 함도 아침에 돈 몇 원어치나 사지고 종일 이 촌 저 촌 돌아다녀서 쌀되나 남겨 먹는 것이라. 본시 천한 가문(家門)이요 또 무교육하니까 술 못 먹는 사람이 없고 투전 아니 하는 사람이 없다. 이 동네에는 겨울이 되면 적어도 투전판이 2, 3처는 되고 방 부랑패류(浮浪悖類)들이 주야로 들끓는다. 그러니까 하루에 한두 번 쟁투 아니 날 적이 없고 주정 아니 날 적이 없다. 집들은 영(이엉)이 썩어 서까래가 팔을 부르걷고 길과 마당에는 두엄과 풀이 가득하다. 더욱이 세말이나 되면 주채(酒債), 면채(麵債) 투전 빚쟁이들이 꼬리를 맞물고 들어나며 질욕

7)『春園研究學報』제3호(2010), pp.60~61, 春園의 龍洞 체험과 글짓기 과정 (윤홍로).

(叱辱)도 하고 문도 치고 솥도 떼고 난리가 난다. 그러면 남자들은 빚 단련하기 싫어 피하고 여자들은 치마도 아니 입은 채로 달려들어서 머리를 풀어 헤치고 울며불며 야단을 한다. 그러고는 내외 싸움, 고부(姑婦) 싸움, 부자 싸움, 아이들 싸움 — 전 동중이 수라장이 된다. 한 그믐이 되어도 먹을 것이 없어 이웃집에 쌀을 꾸러 가면, "이전 꾼 것도 아니 가져오고 또 꾸어 달래", "어디 너희만 잘 먹고 사나 보자. 너희 놈들이 천벌을 받으리라, 이 도야지 같은 놈들" 하고 일가끼리 욕판이 터진다. 아무려나 조선 말세의 농촌은 다 이렇게 부패하였다. 일찍 예의지방(禮儀之邦)이라 일컫던 조선 팔도는 다 이렇게 되었다.

이 동네 이참봉(李參奉/李昇薰)이라는 사람이 있다. 그도 원래 남의 집 사환으로서 점점 신용을 얻어 50이 된 지금에는 몇 백 석이나 추수도 하고 집도 깨끗하게 지었다. 그는 이제는 장사를 그만두고 아들 손자 데리고 여생을 편안히 보내려 하였다. 그러나 그는 말세 조선인과 같이 무기력, 무희망 하지 아니하였다. 그는 한번 양반행세(兩班行世)를 하여보리라는 생각이 났다. 그래서 일변 거대한 금전을 허비하여 가난한 양반집과 혼인을 짓고, 일변 서재를 신축하고, 양반 선생을 연빙(延聘)하여 비용을 독담하면서 일동(一洞) 자제들의 교육을 권장하였다. 자기는 볼 줄도 모르면서 서울 가서 사서오경(四書五經)과 삼국지(三國誌), 열국지(列國誌), 시집(詩集), 백가서(百家書)를 상품으로 구하여다가 서고에 간직하고 사랑(舍廊) 설비며 기명이며 문방제구를 말끔 한다하는 양반 식으로 하여놓았다. 그리고 항상 동민과 자제더러 이르기를, "우리라고 평생 상놈 노릇만 하겠는가. 이제 차차 우리가 행세만 잘하면 양반 노릇 할 때가 오너니" 하였다. 그는 항상 "될 수 있소, 잘 될 수 있소"를 말하고 또 그대로 믿고 믿으면 대개는 믿는 대로 되었다. 그는 자제의 교육을 힘쓰는 동시에 동중 악습과 동민의 방탕, 부도덕함을 교정하려고 힘을 썼으나 마침내 큰 효력이 없었다.

한번은 그가 평양을 갔다가 어떤 학교 개학식(대성학교 개교식)에서 당시 어떤 명사(도산 안창호)의 연설을 듣고 감동되어 당장 머리를 깎고 새로운 희망과 새로운 결심으로 집에 돌아왔다. 돌아와서 그날 밤으로 동민을 자기 집에 모으고 시세(時勢)가 변한 것과 문명국인의 생활에 비하여 우리 생활이 아주 야만 됨을 극설(極說)하고 만일 우리가 생활을 고쳐 문명인의 생활과 같이 아니 하면 멸망할 것을 말하고, 만일 우리가 생활을 고쳐 문명인의 생활과 같이만 되면 의식도 족하여지고 지금보다 행복되기도 하고 또 훌륭한 양반이 되어 전과 같이 남에게 천대 아니 받을 것을 말하고, 그러니까 지금부터 신생활을 시작하여야 된다는 말을 열렬하게 설명한다. 그러나 혹 지금껏 투전하다가 온 사람은 사자오자(四字五字)에만 맘이 있고, 술 먹다 온 사람은 안주 식는 걱정만 하고, 아무도 이 만고 역대에 들어보지도 못한 말을 귀담아 듣는 이가 없다. 그래서 그날은 실패로 끝났다.

그러나 그는 이 실패로 실망하지 아니하였다. "될 수 있소, 잘 될 수 있소" 주의(主義)로 세 번 네 번 꾸준하게 별의별 애를 다 써 제5일만에 "그러면 그렇게 해보지요" 하는 군중의 응낙을 받았다. 그의 정성은 마침내 그 완고하고 암매한 무리의 맘을 깨뜨린 것이다. 그러고 4, 5인을 남기고는 일제히 우선 단발하였다. 이는 바로 10년 전이라. 그때에는 극히 소수 된 예수교인, 천도교인 외에 단발한 사람이 없었다. 그러고 동회(洞會)라는 회를 조직하고 매삭 2차씩 모이기로 작정하였다. 첫 동회에 그는 세 가지 의안을 제출하고 회원의 토론과 의결을 청하고 우선 회장을 선거하자 하여 생전 처음 투표라는 것으로 그가 피선하였다. 세 가지 의안이란 것은,

1. 서당(書堂)을 폐하고 학교를 세울 일
2. 음주와 잡기(雜技)를 엄금할 일
3. 여자를 돈 받고 혼인하며 또는 돈 주고 며느리 얻기를 금할 일

제1안은 학교가 무엇인지 모르니 회장의 처치에 일임하기로 거수가 결하고, 제2안은 혹은 잡기는 금하되 음주는 금할 수 없다 하며, 혹은 잡기음주가 무슨 잘못이 완대 금하려 하는 극단론자도 있고, 혹은 평시에는 금하다가라도 명절에는 허하자는 절충파도 있어 갑론을박에 의장이 자못 훤요(喧擾)하더니 마침내, 잡기만 엄금하고 음주는 과음만 아니 하기로 수정 통과되었으나 그중 2, 3인은 음주는 아니 하고도 견디려니와 잡기를 아니 하고는 견딜 수도 없을뿐더러 먹고살 수도 없다 하여 극력 반대하였다. 그러나 회장의 '종다수취결(從多數取決)'이라는 설명을 듣고 게두덜거리다가 참았다. 제3안은 제2안보다도 더욱 의론이 분분하여 닭 울 때까지 끌었다. "방금 밥을 굶는데 딸이라도 팔아 먹어야지", "세상이 다 하는 일인데 상관이 무엇인고", "내 딸은 공(空)으로 주어도 남이 며느리를 공으로 아니 주니 어찌하나", "우리만

그런다고 일 될까. 세상이 다 돈을 받는 것을" 하는 것이 반대의견의 요점이었다. 회장은 밥을 굶으면 자식을 삶아라도 먹겠는가, 팔아먹고 삶아 먹는 것이 마치 한가지가 아닌가, 설혹 제가 굶어죽을지언정 제 새끼를 어찌 차마 삶아 먹으랴, 또 술과 잡기를 말고 정당한 직업을 힘쓰면 굶어죽을 리가 왜 있으랴, 하늘은 결코 땀 흘리는 자에게 의식 주기를 잊지 아니하신다, 그러니 딸을 파는 것이 옳지 아니하고. 또 남들이 다 하는 일이니 무슨 상관이라 하니 우리 민족이 말세가 되어 이렇게 부패한 것이라, 이렇게 부패한 것을 우리가 선도자가 되어서 각성시켜야 아니 하겠는가, "세상이 다 그러는데 나 혼자 그러니 쓸데 있나" 하는 것은 망하여가는 놈의 하는 말이니 흥하여가는 사람은 "남은 다 외게 하여도 나는 옳게 하리라" 하는 것이라. 또 딸을 공으로 주면 며느리는 어떻게 얻는가 하니 딸을 팔아 며느리를 얻으려거든 제 출물로 딸로 며느리를 삼을 것이 아닌가, 딸을 팔아 며느리를 사거나 딸로 며느리를 삼거나 무슨 다름이 있을까, 또 딸을 팔지 않게 되면 며느리도 사지 않게 되는 것이니 아무리 하여도 딸을 파는 것은 옳지 않다 하고 다시 말을 이어 제군의 딸을 팔지 아니하므로 만일 제군의 아들이 장가를 들 수 없다 하면 그는 내가 담당함아 하여 백반 효유 (曉喩)한 결과로 겨우 가결이 되었다. 그러나 한 가지 난문(難問)은 이 중 바로 2, 3일 전에 13세 된 여자를 7백 냥에 팔아서 그 돈으로 나귀 사고 주채 물고 투전하여 잃고 양산 하나 사고 갈보 외입 한 번 하고 이제 백 냥밖에 아니 남은 사람이 있다. 이제 이 규정이 기왕에 소급 하랴 말랴 하는 의론이 분분하여 당자는 극력으로 기왕에 소급치 못한 다고 주장하였으나 회장의 강권으로 마침내 남은 돈 백 냥과 전 회원 의 제1차 공동사업으로 의연(義捐) 백 냥을 거두고 부족액 5백 냥을 회장이 자담하여 그 7백 냥을 신랑 집에 환송하기로 하고 폐회하였다.

그 후에 회장은 경성에 급행하여 여(呂)○○라는 교사를 연빙하여다 가 그 서당에서 개학식을 행하였다. 학생은 17인. 과정은 한문, 산술, 체조. 또 노동야학을 설립하고 남녀노소가 매야 한 시간씩 국한문을 배우고 신교사의 강연을 듣고 청년 농부는 체조를 배우고 창가를 불렀 다. 그 후로는 밤마다 '우향웃', '앞선 자를 부러워 말고', '이기기를 좋 아하고' 하는 소리와 북소리, 나팔소리가 들렸다. 이웃 마을에서는 "저 쌍놈들 미쳤다", "대가리들을 왜 깎았는고" 하고 조소하였다. 이 조소가 도리어 용동민을 자격하여 참말 열심이 나게 하였다. 동네 아이들은 다 학교에 다니게 되어 이렁그렁 학생수가 40, 50명이나 되고 동중 남녀도 제국신문(帝國新聞, 당시 순 국문으로 내던)을 뜻은 잘 모르나 이럭저럭 뜯어보게 되었다.

이참봉은 같은 군 유림(儒林)을 달래어 향교 재산과 인근동의 계전(契錢)을 자본으로 하고 용동 부근에 있는 전 경의재(經義齋)의 건물을 얻어 교사를 삼고 2, 3인의 교사를 더 연빙하여 속성 사범과(師範科)와 중학과를 설치하고 유림 중 유력자로 교장을 삼고 자기는 교감이 되어 학생을 대모집하였다. 때는 마침 평안북도에 학교가 울흥하고 의미도 모르는 신교육열이 팽창할 때라, 사방에서 40 이하 20 이상의 구학자파가 운집하여 불과 1년에 학생이 2백 이상에 달하였다. 당시 학생들은 상투에 갓 쓰고 체조를 배웠다. 교사 여 씨는 원래 명문의 출(出)로 한학이 섬부(贍富)하며 인격이 고결하여 그 완고한 구식 청년들도 그에게는 감복하였었다. 학생들은 혹은 그림으로 혹은 말로 세계 열국의 문명의 굉장함을 보고 우리도 힘쓰면 저와 같이 되리라, 10년 내에 저와 같이 되리라 하였다. 그네 생각에 문명이란 1년이나 2년 내에 다 규지(窺知)할 수 있거니 하였다. 실상 당시에(지금도 그렇지마는) 문명이 어떠한가, 얼마나 깊은가를 아는 이가 없고 다만 문명이란 대체 좋은 것이라, 산술, 지리, 역사, 체조를 배우노라면 문명이 되려니 하였을 뿐이다. 그러나 여기서는 학교 말을 할 여가가 없으니 다른 데서 다시 말하기로 하고 용동 이야기에 돌아가자.

그 후 용동 동회는 금기(今期)마다 늘 모이고 모이면 반드시 한두 가지 새로운 작정(作定)이 있었다. 그러나 그것을 자세히 말할 지면이 없으니 그 회록(會錄) 중에서 중요하다 생각하는 바를 몇 가지 뽑자.

제○회 1. 부인네의 금은(金銀) 수식패물(首飾佩物)을 모와 그 매가(賣價)로 식리(殖利)할 일. 그 금전은 전 동민의 교육사업에 사용하되 10년 이내에는 사용치 아니함. 2. 자녀간 여하한 사정이 있더라도 소학교를 졸업시킬 일.

제○○회 1. 남자로 15세 이상 된 회원은 매일 아침 초화(草靴, 집신) 한 쌍(켤레)씩을 모으되 이 돈은 전 동 공익사업에 쓰기. 2. 동내 도로를 넓게 하고 가운데가 높게 하며, 학교에 가는 길을 넓히고 고개를 10척 가량 낮추기. 3. 학교 건축 공사에 매인 2일씩 출력(出力)할 일. 일상 위생에 관한 강화(講話).

제○회 1. 추수도 끝났으니 이때를 이용하여 멍석이나 기타 농가용 초기(草器) 1개씩을 1개월 내로 제작하기. 2. 우물을 치고, 또 1년 3차 치기로 하기. 3. 매년 4회 대청결(가구를 내어 포양(曝陽)하고 먼지 털고)과 매삭 1회 소청결(실내와 정제(庭除)를 쇄소(洒掃)하고)과 매주 1회 부엌 청결을 행하되 회장이 순시 동독(董督)하기. 문명국 촌리 강화.

제○회 1. 모 씨가 뱀에 물려 시초(柴草) 준비를 못하였으니 매인 1속(束)씩 기부하고 부인네는 좁쌀 한 되씩 기부하기. 2. 모 씨가 화재를 당하였으니 곡초(穀草, 짚) 1속, 새끼 5백 발씩 모으기. 3. 일제히 백지로 창호(窓戶)하기. 4. 동정에 때 묻은 옷을 입지 말기. 5. 이발 기계 사오기. 환난상구(患難相救) 강화.

제○○회 1. 남자 18 이상, 여자 15 이상 아니고는 혼인 못하기. 혼인 시에 금은수식, 채단 등 사치품을 금하기. 근검저축 강화.

제○○회 1. 학교 통로에 눈을 치기. 2. 떡을 만들어 학생을 먹이기. 3. 부인에게도 발언 취결권을 주기. 만인평등 강화.

제○회 1. 양잠계(養蠶契)를 조직하고 명춘부터 착수하기. 여자의 6, 7 양 개월간 김매는 소득은 일세(日貰) 20전 치고 12원에 불과하나 만일 그가 누에 두 방을 치면 불과 20일에 20원 수입을 얻을지니 만일 1년 3차 한다 하면 실로 60원의 수입이 될지오. 용동 40여 인 부인의 수입을 합하면 실로 2천 4백여 원의 거액에 달할지니 이를 매호에 나누면 평균 120원의 수입이니 이만 가지고도 족히 빈한한 1가계가 될지라. 지금 우리 부인네는 노력을 낭비하나니 만일 그 노력을 양잠에 넣으면 10년이 나지 못하여 용동은 꾸러 다니는 자가 없이 될지라 하는 회장의 설명으로 만장일치 가결되다. 양저(養猪), 양계 문제가 났으나 일시에 여러 가지를 착수함이 부득책(不得策)이라 하여 명년으로 밀고 그 대신 그 자본에 보태기 위하여 매호 매일 백미 두 숟갈씩 저축하기로 하다. 이것도 매삭 3원 50, 60전.

제○○회 1. 하절에는 유행병이 많고 이를 전염케 하는 것은 파리와 모기니 우선 이를 박멸하고 청결소독에 더욱 주의하자 하여 매실 1개씩 파리 든 창에는 모기장을 바르고 음식도 모기장으로 덮고 또 매주 1차씩 불결처에 석유와 석회와 석회 산수를 뿌리기. 2. 하절이라도 소아들을 벌거벗기지 말 것. 위생강화와 소아 양육법 강화.

제○회 1. 동중 3개 처소에 광명등을 켜기. 2. 신문과 서적 종람소를 두기. 3. 각인은 남녀를 물론하고 매년 1권 이상 반드시 독서하기. 4. 동중인끼리는 남녀 간 수인사(修人事)하고 담화도 허하기. 소아 양육 강화.

제○회 1. 소아를 희롱하거나 때리거나 질욕(叱辱)하지 말기. 2. 소아가 죽어도 어른과 동체(同體)로 하기. 3. 동중에서는 혹 전염병 환자가 있어도 교통하기. 남녀 교제법.

이 밖에도 많이 있으나 이만하면 그 대강을 짐작할지라. 이러한 지 3년 후에 이 동중은 어찌 되었는가. 집들은 새로 지은 듯이 되고 우물은 함석지붕 웃집에 쇠사슬 두레박을 달고, 길들은 눈감고 다니게 되고, 밤에는 광명등이 환하고 파리는 절종하고 남녀 간 무명이나마 깨끗한 옷을 입고 세말(歲末)이 되어도 떠드는 소리, 우는 소리도 없이 전 동이 화기애애하게 떡에 고기에 송구영신(送舊迎新)을 하며, 하절이 되면 새로 심어 성림(成林)된 백양 아카시아에 매미와 꾀꼬리가 노래한다. 부인들은 날마다 머리 빗고 세수하고 아이들을 책망하여도 "일전(一銓)아, 남의 실과를 따서 못쓴다, 네 고대로 앞집에 갖다 드리고 잘못하였으니 용서하여 줍시오 하여라" 하면 일전도 "네" 하고 눈물이 그렁그렁하여 어머니 시킨 대로 한다. 1년 365일에 큰 소리 나는 것을 듣지 못하겠고 밤이면 아이들 글 외는 소리뿐이로다. 이제는 용동에서도 "용동 사람이야 거짓말하나, 투전하나" 하게 되었다. 용동은 노는 사람이 없다. 성난 사람이 없고 불평한 사람이 없다. 그네는 자기네 생활이 3년 전에 비하여 훨씬 고상하고 의미 있고 재미있는 줄을 자각하여 더욱 향상하려 한다. 그네는 깨끗한 신생활을 동경한다.

그 후에 용동인은 모두 예수교인이 되었다. 예수의 교훈은 사랑과 순결과 면강(勉強)과 협동을 갈구하는 그네에게 가장 합당하였다. 그네는 그네가 지금토록 애써오던 바가 다 신약전서에 있음을 발견하였다. 그네가 야학에서 배운 글과 동회에서 얻은 이해력은 족히 성경을 읽고 이해할 만하였다. 그네의 집에서는 매일 찬미가가 들리고 일요일에는 집 보는 이 하나 남기고는 다 회당에 간다. 그러나 파종(播種)도 타 동리보다 먼저 하고 제초(除草)와 추수도 항상 남보다 2, 3일은 먼저 하였다. 그네는 일요일에 놀므로 다른 6일간은 놀지 아니하고 일한다.

그러한 지 우금 10년에 용동은 아주 자리 잡힌 문명국이 되었다. 백

양과 아카시아에는 벌써 까치가 둥지를 틀고 그때에 7, 8세 되었던 아이 7, 8인이 벌써 그곳 중학교 4년급이 되어 동네 일체 사무와 야학과 교회 일을 그네의 손으로 보게 되었다. 또 그 동중 청년으로서 지금 일본에 유학하는 이가 3인이니 하나는 신학, 하나는 의학, 하나는 문학이라, 다 금명년 간으로 졸업할 터이며 또 동비로 남자 1인을 수원 농림학교에, 여자 1인을 경성 양잠학교에 유학시키는 중이며 전에 유학시키던 이는 지금 동영(洞營), 양잠(養蠶), 양저(養猪), 양계(養鷄)에 종사한다. 금년부터 부인네는 일체 양잠과 방적에만 종사하고 농장 없는 남자는 상원(桑園)과 양저, 양계에 종사한다. 작년 연말 통계를 보니,

[종목]	[작년]	[10년 전]
양잠	2,000원	30원
가축	500원	50원
농산	4,000원	600원
회금(會金)	2,500원	120원
매호 부력(富力)	1,050원	104원
매인 부력	210원	18원

위 표를 보아 10년간 부력의 증가를 알지오. 또 10년간에 학교교육을 받은 자 남 30인, 여 21인이라. 그동안 그네의 정신적 진보야 말해 무엇하리오. 이참봉의 예언은 적중하여 그네는 과연 양반이 되고 부자가 되고 복 있는 자가 되었다. 딸을 팔지 아니하고도 좋은 며느리를 얻게 되었다. 그러나 그는 이로써 만족하지 아니하고 더욱 생산력의 증진과 교육의 보급을 힘쓰는 중이라.

나는 이를 보고 조선의 현재와 미래의 그림을 본 듯하였다. 이 동회에서 최근에 의결한 몇 가지 사항을 기록하고 이 글을 마치자. 역시 회록에서,

제○○○회 1. 회금(會金) ─ 월연(月捐)과 각종 저금 ─ 은 10만 원 되기를 기다려(20년 예상) 대학(大學) 하나를 설치하기. 2. 자작자급(自作自給)을 주의(主義)로 삼아 일체 외국품을 불용하기. 3. 남녀 전도사를 두어 면내에 전도하게 하며, 남녀 권유원(勸誘員)을 두어 면내 각 동에 산업의 진흥과 문명한 생활을 권유할 일. 4. 금년 의학 수업한 유학생의 회환을 기다려 빈민병원을 세울 일. 5. 여학교를 독립시키고 중학과를 신설할 일. (1916. 1. 24)[8]

長篇小說 흙 春園 作 青田 畵

[一]

아학을 맞히고 돌아온 허숭
(許崇)은 두 팔을 깍지를 껴서
방을 일어서 보통학교에 다니
는 아이를 가르치고 잇는 숭이

가운데 사는 항아당시골 부모
도 재산도 업는 가난뱅이 흰녀
인 숭유참찬人집 農行廊에 하
야

벼개삼아 베고
혀리에 기대어

장편소설 '흙' 1회(春園 作, 青田 畵, 1932. 4. 12)
'흙' 제목은 이광수의 친필 휘호이고 삽화는 청전(青田) 이상범(李象範) 화백이 그렸
다. 농민 부부가 써레질을 하고 있는 그림이다. 동아일보 편집국장 이광수는 브나로
드운동을 펼치면서 동아일보에 농촌계몽소설 '흙'을 연재했다.

2. 농촌계발운동

이광수는 1914년 3월 이역만리 시베리아 치타에서 자신의 용동 동회
운동의 체험을 바탕으로 하여 농촌계발운동을 제시하였다. 이는 새마을
운동의 원조가 되고 있다. 한 조그마한 마을에서 동회운동을 시작해서
이를 전국적인 동회운동으로 확대하여 농촌계발사업을 전개한다면 잃
어버린 나라를 되찾을 수 있다는 것이다. 네 가지 목표를 설정했으니

8) 『學之光』 제8호(1916. 3. 4), pp.39~44, 龍洞(帝釋山人). 이광수전집(삼중당)
에 미수록. 목차에서는 '龍洞: 農村問題研究에 關한 實例, 흰옷'이라고 써서
필명을 '흰옷'이라 하고, 본문에서는 '제석산인'이라 표기하고 있다. 따라서
본문은 춘원이 오산학교 교사 시절 용동 동회 회장이 되어 실제로 체험한 동
회운동사업에 관한 연구 논문임을 밝히고 있다. '어린 벗에게'에서는 단군기
원을 사용했지만, 본 논문에서는 서기를 사용하면서 철저하게 일본 연호 사용
을 배제하였다.

민족정신 확립, 외국에의 동화(同化) 방지, 문명지식을 습득하여 문명한 나라를 세울 것, 굳건한 주의(主義)를 표방하는 단체를 조직할 것 등이다. 이러한 목적의식을 청소년들에게 고취함으로써 독립의 희망과 미래를 준비해야만 동포를 멸망으로부터 건질 수 있다는 것이다.

우리 주장: 농촌계발의견(農村啓發意見)

오늘날 우리 민족의 할 일은

1. 우리 민족에게 민족정신을 넣어주고
2. 외국에 동화(同化)하기를 막고
3. 문명한 지식을 주어 생각이나 말이나 행실이 문명한 나라 사람답게 되게 하여
4. 굳고 주의(主義) 선 단체를 이루고 인재와 재정을 모와 오는 날 할 일을 준비함이니

지금 내외 유지인사가 애쓰시는 여러 가지 행동도 또한 이 목적을 위함이라. 그러나 이 사람의 소견으로는 우리가 오늘날까지 하여오던 계획은 얼마큼 인심을 고동시킨 밖에는 그만 실패하였다 할지라. 이제 그 까닭을 풀어 말하건댄 우리가 지금껏 위에 말한 네 가지 목적을 말하기 위하여 하여온 사업은 단체와 신문 잡지와 학교라.

그러나 단체로 말하면 깨지 못하고 문명력도 어린 우리 동포는 나라와 나의 관계가 어떠하며 나라 없는 나의 처지가 어떠한지를 알지 못하며 혹 소수 동포의 나라를 위하여 간절히 슬허(서러워)하고 아무리 하여서라도 회복하리라는 정성이 없지 아니하나 어찌하여야 회복될 줄을 모르며 따라서 오늘날 우리가 단합할 필요가 있을까 돈을 모을 필요가 있을까 하는 것도 알지 못하나니 설혹 지금 어떤 회(會)에 참여하여 규칙을 지키고 의무를 이행하는 이라고 반드시 단체의 뜻을 꿰안다 할 수 없을지니 이러한 마음과 정도의 회원으로 된 단체가 어찌 굳건하기를 바라며 설혹 오래 동안 이어 간다 사 무슨 힘이 있으리오. 대개 단체라 함은 명수(名數) 많은 것이 자랑이 아니요, 그 회원의 지식과 정성과 통일의 어떠함에 있는지라. 보라 우리 중에 몇이나 능히 이 모든 요소를 구비한 자이뇨? 그러므로 우리는 아직 큰 단체를 지도

할 만한 정도에 달치 못하였으며.

학교로 말하면 교육 중에 가장 급하고 긴하고 효력 빠른 것이 학교 교육이라. 학교가 없었던들 오늘날 문명도 생기지 못하였을지오. 덕국(독일)이나 영국이 성하지 못하였을지며 우리 민족도 오늘날 이 불쌍한 처지를 벗어나 남과 같이 한번 건적(경층)하게 살아보려면 새로 나는 젊은 …(3행 판독 불가)… 돈과 힘을 둘 준다든가 그렇지 아니하면 모든 동포가 각각 깨고 문명하여 저마다 교육의 필요를 알아야 하겠거늘 오늘날 우리 형편을 보면 우리 정부도 없고 또는 제각기 아들딸을 가르쳐야 하겠다는 생각이 없으니 무엇으로 학교교육을 시행하리오. 밤낮으로 학교교육을 부르짖어도 다만 입만 닳아질 뿐이며.

신문 잡지로 말하면, 신문이나 잡지는 문명한 기관이라. 신문의 요소는 기자와 독자로 되나니 만인의 모범이 될 만한 인격과 속에 일세나 일국을 지도할 만한 사상이 들어차서 참으려도 참지 못하여 붓대를 드는 기자와 글 한 편 말 한마디에 눈을 부릅뜨고 입에 거품을 날리며 가슴에 피를 끓여 그 글을 외고 다시 외고 생각하고 다시 생각하여 그 속에 있는 뜻으로 제 뜻을 삼아 전국에 뜨게 여론을 일으킬 만한 독자가 …(5행 판독 불가)

위에 말함과 같이 우리의 계발사업은 시방 쉬는 중이니 몇 해 전 타력으로 아국 현상을 유지하는 모양이나 기실 아무 생기 있는 활동이 없는지라. 이대로 얼마를 가면 이때껏 얻은 효력조차 잃어버려 아주 어찌할 수 없게 되리니 어찌 기막히고 무섭지 아니하리오. 이러므로 이에 새로 우리가 행동할 길을 들어 이 의견서를 드리노니 만천하 나라와 동족을 제 몸같이 사랑하는 여러 동포는 귀 기울여 들으시고 열 번 백 번 생각하사 그르거든 공격하시고 옳거든 이 일이 되도록 힘쓰실 줄 믿나이다.

이제 우리 의견은 우리 동포는 아주 없는 것으로 치고 뿌리부터 새로 만들 결심과 수단을 써야 할지니 백성은 나라의 밑 등걸이라. 이미 있는 나라도 그 백성에게 다른 민족과 경쟁하여 능히 한 나라를 붙들어갈 만한 힘이 없이는 그 나라를 보전하기 어렵거든 하물며 한 번 없어졌던 나라를 다시 세움에리오. 어떤 이는 말하되 모든 국민이 다 깨기를 어찌 기다리리오. 그중에 몇 만 능력 있는 이가 있으면 다른 이를 이끌어갈 수가 있다 하나 이는 깊이 생각지 못한 말이라. 만일 아직 우리에게 국가의 주권이 있을진댄 그 주권의 강제력으로 혹 여러 백성을 호령 · 지휘할 수도 있을지나 오늘 우리 형편으로 사람마다 독립국이요 사람마다 주권자라. 누가 능히 위력이나 호령으로 그들을 운동할 자이뇨? 다만 그들의 마음이 열리고 정성이 솟아 저마다 나라이 없이는 저도 못 살 줄을 알아 찰하로(차라리) 생명과 재산을 통 털어 대고라도 나라를 회복하리라는 생각이 가슴에 맺혀야 될지니 이천만이 다는 못하더라도 그중에 몇 십만이라도 그만한 정도에 이르기 전 결코 우리 목적을 달하지 못할 것이니 오늘날까지 우리가 단체로 신문 잡지로 애써온 것이 또한 이를 위함이 아니뇨? 그러나 지금 형편으로 그런 것으로는 완전한 효력을 얻을 수 없나니 대개 우리 민족의 잠시도 정도가 아직 그렇지 못함이라. 쉴 수 없는 우리는 부득불 어떤 새 길을 잡아야 하리로다.

이에 나는 농촌계발주의(農村啓發主義)를 재창하되 있는 정성을 다하여 하노니 대개 나의 소견에 이 밖에 더 크고 중하고 급한 길이 없는 줄로 확신함이로다. 서북 간도(間島)나 아령(俄領)이나 될 수만 있으면 우리 내지(內地)에까지라도 큼직큼직한 촌중에 한 사람씩 들어박혀 이태나 3년이나 그 촌중 하나를 열어내기로 작정함이니 그 방법을 알기 쉽게 갈라 말할진댄,

1. 상당한 교육과 정성 있는 사람 하나이나 혹 둘씩 한 촌중에 둠
2. 그 사람은 몸소 농업이나 기타 동리와 관계 깊은 직업을 잡음. 농업이 아니면 의원이 가장 좋을 듯
3. 제 가정과 집 다스림과 몸가짐으로 남의 모범이 됨
4. 넘어(너무) 급하여 말고 점차 점차 여러모로 형제와 친하기로 주지(主旨)를 삼음
5. 촌중에 어려운 일이 있거든 제가 먼저 나서서 정성으로 보아줌
6. 방안과 마당의 청결이며 길을 넓게 깨끗이 하고 식목을 장려하되 제가 먼저 하여 촌중 여러 동포에게 그 사상을 준 후에 권유함
7. 청년과 아이들과 친하여 동무가 되어 은연중 그 언행과 마음을 바로잡으되 결코 가르치는 태도로 하지 말 것
8. 틈 있는 대로 세상 이야기며 문명한 나라 사람의 살아가는 형편과 새새 끼어 나라 없는 사람은 망할 것을 이야기하여 줄 것
9. 아무쪼록 촌중의 낯선 습관을 고치되 아주 온순히 할 것

10. 이리하다가 차차 마음이 열려 나를 신용하게 되거든 교육의 필요와 단합의 필요도 말하여주며 몸소 훈장이 되어 아이들도 가르치되 부로와 맘에 나지 아니하게 하며 신문 잡지와 기타 서적을 장려하고 야학도 시킴이 좋으며

11. 그리되거든 계(契) 같은 것을 두어 그 동리에서 나는 것을 다 거기서 사고 동리에서 쓸 것을 거기서 팔아 일변 동리의 이익을 주는 동시에 일변으로는 단체의 재정을 불릴 것

이렇게만 되면 벌써 그 동리는 문명한 것이니 그들에게 총과 칼이 없으되 족히 한 나라를 세우고 지킬 만한 능력이 생긴 것이라. 갑자기 회(會)를 세워라, 학교를 세워라, 돈을 내어라 하기에 아무것도 모르는 그들이 반항심을 발함이니 만일 이 모양으로 아무것도 달라는 것 없이 도리어 자기네를 위하여 심부름꾼이 되어 그들을 깨이면 목석이 아닌 사람이야 누가 그의 말을 듣지 아니하리오. 이는 내가 공상으로만 하는 말이 아니라 본국에도 이 모양으로 계발 촌중이 여럿이 있으니 그 중에 하나를 예로 들어 이 의견의 확실함을 증명하오리이다.

한 촌중(村中)이 있는데 원래 천한 사람만 사는 데라 밤낮 투전꾼의 떠드는 소리, 술주정꾼의 가장(假裝) 치는 소리, 부자 싸움, 부처 싸움, 며느리와 시어미 싸움, 밤낮 싸움과 욕설이 아니 끊치고 집에는 비가 새고 빚받이는 솥을 떼던 촌중이러니 어떤 이가 3, 4년간 힘을 쓰므로 1. 술과 잡기가 없고 2. 싸움이 없어지고 3. 언어 행동이 점잖아지고 4. 나 차지 못한 남녀의 혼사나 돈 받는 혼사를 금하고 5. 아들딸 간에 소학교 공부는 아니 시키지 못하고 6. 집과 길과 이부자리와 의복을 깨끗하게 하고 7. 사람 만나는 대로 정성껏 말하여주고 8. 어려운 일이나 재난을 만난 이를 도와주고 9. 공익에 쓰기 위하여 그 가난한 형세로도 매일 쌀 두 술과 매삭 신 한 커리(켤레)를 나이니 이만하면 이 땅 어느 나라 사람에나 지지 아니할지며 족히 나라를 찾고 지켜 가만하지 아니하뇨.

오늘날 우리 형편으로 하루라도 바삐 우리 동포를 인도하여 나임에는 이에서 더 속한 길이 없다 하노니 만일 이제부터 열 사람이 시작하여 이 주의(主義)를 행한다 하면 멀어도 3, 4년 후이면 적게 잡고 3천 명 동포를 이끌어 나일지라. 한끝으로 일본 사람이 되고 한끝으로 지나(중국) 사람이 되고 한끝으로 아주 야만이 되어버려 날로 우리 민족

이 스러져가는 오늘날에 이것을 막아 우리 민족을 보전·지도할 것이
이 농촌계발주의가 아니면 무엇이리오.

그러나 이는 개인으로 하기는 매우 어려운 일이니 수십 인 동지가
마음으로 단체가 되어 서로 결심하고 들어서야 할지라. 많으면 많을수
록 좋을지나 4, 5인이라도 적지는 아니하니 일찍 예수의 사도가 이 집
저 집 숨어 다니며 천국의 복음을 전하던 본을 받아 우리 동포를 멸망
에서 건져 나임이 어찌 나라를 사랑하는 우리의 할 일이 아니리오. 이
를 해외에 있는 우리 여러 단체의 합동한 사업으로 하여도 좋고 각 단
체의 사업으로 하여도 좋고 유지(有志)한 몇 동지의 사업으로 하여도
좋으되 여러 단체와 신문 잡지의 지도와 후원을 받음은 우리의 간절히
바라는 바로소이다.9)

1916년 11월에 이광수는 매일신보에 '농촌계발'을 44회 연재하기 시
작했다.10) 이광수가 매일신보에 '무정'을 연재하기 시작한 것은 1917
년 1월 1일부터이다. 그러니까 '농촌계발'은 '무정'과 동시에 연재한 셈
이다.

먹고야 살겠소. 목하 우리의 걱정은 부(富)도 아니요 귀(貴)도 아니
요 안락도 번영도 아니요 먹고살 일이오. 먹고살려면 산업이 있어야
하겠소. 농업, 공업, 상업, 어업 등이지. 이 산업의 발달이 모든 나라와
모든 민족의 생존유지와 문명발달의 근본인 것과 기타 우리에게도 근
본문제요. 더구나 우리와 기타 조반석죽(朝飯夕粥)이 말유(末由)한 민
족에게는 더욱 초미의 급이요 사생이 관두한 급이외다. 무론 우리가
부하여지려면 상공업이 아니고는 할 수 없을 줄을 압니다. 그러나 우
리 현상은 부하기 전에 부하기 위하여 살아갈 방도를 하여야 할 것이
외다. 그런데 우선 살아갈 방도는 두말할 것 없이 농업의 발달이외다.
우리 농민의 생활난은 지금 극도에 달하였소. 무엇으로 이를 구제하리
오. 무엇으로 그네에게 업을 주고 밥을 주리오. 농업의 발달밖에 없소.

9) 『대한인정교보』 제9호(1914. 3. 1), 농촌계발의견. 이광수전집(삼중당)에 미수
록.
10) 『每日申報』 44회 연재(1916. 11. 26~1917. 2. 18), 農村啓發(春園生).

우리 전답(田畓)은 관개(灌漑)와 충재(蟲災) 예방과 곡종과 재배방법을 개량하면 넉넉히 밭에 5할, 논에 3할의 증수를 얻을 수 있다 하오. 그러면 전국 전답을 통괄하여 평균 4할의 증수를 얻을 모양이니 우리 인구를 1천 5백만이라 하면 6백여만 인구가 먹을 만한 증수가 될 것이오. 매인 가량 10석씩 들어가던 것이면 이때에는 14석이 될 터이오. 가격으로 고치면 매인 1년 60원 수입 되던 것이니 84원 수입이 될 모양이오. 통(統)이 말하면 1억 5천만 석 수확하던 것이 2억 1천만 석, 가격으로 고치면 8억만 원이던 것이 11억 2천만이 될 것이니 이렇게 되면 얼마나 우리 생활이 요족(饒足)하여지겠습니까. 게다가 부업과 목축, 양잠, 식림까지 한다 하면 이 몇 배 증수가 될 터이니 우리는 막대한 재산을 목전에 두고 가난을 참아가는 것이외다. 만일 우리가 농업을 이렇게 개량하여 생활이 요족하게 되는 날이면 공업이나 상업도 따라서 발달할 것이요 모든 문화가 따라서 찬연(燦然)할 것이외다.

또 우리의 정신과 지식의 암매함은 참 이 20세기 문명세계에 타 민족을 대하기가 난면(赧面)하리만큼 몽매하고 유치하외다. 산업의 발달이나 문화의 발달이나 우선 인민의 정신과 지식이 새롭게 되고 고상하게 되기 전에는 어려울 것이라. 그런데 우리의 대다수는 농민이니 농민의 몽매유치(蒙昧幼稚)는 즉 조선인 전체의 몽매유치를 의미함이요 농민의 빈궁천루(貧窮賤陋)는 즉 조선인 전체의 빈궁천루를 의미함이외다.

이 두 가지 즉 산업상, 정신상 의미로 나는 농촌계발을 규호합니다. 그리고 우리 대부분 되고 중견 되는 농촌계발의 방침을 내 생각대로 진술하려 합니다. 유지 제언은 이것이 자격(刺激)이 되어 농촌계발의 새롭고 큰 운동을 일으키기를 바랍니다.[11]

이광수는 농촌계발의 미래 비전을 제창했다. 그것은 교육, 협동조합, 농사시험소 경영이 동회운동의 핵심 사업임을 역설하고 있다. 학교교육을 통하여 청소년들을 농촌계발사업의 추진동력으로 육성하고, 협동조합 운영으로 농촌의 소득증대를 기대할 수 있고, 농사시험 경영으로 농산물 생산을 증대할 수 있다. 동회 회당은 동회관, 도서관, 조합, 은행

11) 『每日申報』(1916. 11. 26), 農村啓發, 東京에서(春園生).

을 겸한 농촌 지역사회의 공화정치의 중추적 기관이 되어 자치 능력을 향상시킬 수가 있다는 것이다. 이 같은 동회운동의 궁극적인 목적은 잘 살아보자는 데 있다. 이 '잘 살아보세' 이념은 새마을사업이 표방하는 농촌 근대화 이념과 상통되고 있다는 점에서 춘원의 선구적 역할 비전은 더욱 빛을 발하고 있다. 칠석(七夕)을 맞이하여 일 년 고된 농사일을 끝내고 소창을 하며 힘을 기르는 것이 '잘 살아보세'를 실현하는 길이라고 역설하고 있다.

　　회장은 "자 제초(除草)의 고역을 필하고 우리는 잠시의 즐거운 안식을 얻었소. 무론 우리는 결코 잠시라도 방심할 것은 아니로되 또한 고역이 있은 후에 즐거운 안식이 있는 것은 마땅하고 또 안식이 있을 때에는 하루의 유쾌한 소창(消暢)이 있는 것이 마땅하외다. 우리는 과거 2, 3삭 동안 뜨거운 볕에 땀을 흘리면서 우리의 하절의 의무를 다하고 이제 기쁜 안식을 얻었으니 하루의 소창을 맛봄이 어떠하오" 하였소. 일동은 아직도 소창이란 것을 맛보지도 못하였고 소창이란 말까지도 모르는 자가 있소. 그들은 일 년 내 고역할 뿐이요, 유쾌히 노는 날이라고는 2, 3차 명절밖에 없었소. 그 명절도 노는 방법이 불완전하여 다만 음주, 잡담, 도박 등 유희로써 명절의 행사를 삼았을 뿐이오. 그러므로 그들의 풍부한 열락(悅樂)을 주지 못할뿐더러 도리어 신체와 정신을 해할 뿐이었소. 그리고 명절 이외의 소창은 부귀한 한유객(閑遊客)이나 하는 일이요, 농부의 할 일은 아니라 하였소. 그러므로 일동은 회장의 '소창하자'는 말을 듣고 무슨 뜻인지 몰라서 눈이 둥글어졌소. 이것을 보고 회장은 다시,
　　"우리는 상당한 고역이 있어야 하는 동시에 상당한 안식과 쾌락도 있어야 하오. 아무쪼록 인생을 즐겁게 보내는 것이 우리의 이상이외다. 우리가 땀을 흘리며 고역하는 것도 그 목적은 가급적 가장 즐겁게 살려 함이외다. 즉 우리는 '사는 것'만이 목적이 아니요 '잘 사는 것'이 목적이외다. 우선 '죽지 않고 살고' 다음에는 '살되 잘 사는 것'이 우리의 이상이외다. 그런데 이따금 유쾌하게 노는 것도 '잘 사는 것'에 하나이외다. 우리가 부지런히 일하고 자제들을 학교에 보내고 청결을 여행(勵行)하고 나무 심기(植林)를 힘쓰는 것이 모두 다 '살고' '잘 살

려'는 뜻이외다. 그런데 이번에는 잘 사는 데 하나 되는 유쾌한 소창을 하여봅시다" 하고 장차 하여보려는 소창은 결코 음주 잡담이라든가 기타 비천한 종류의 것이 아니요, 재미는 무척 재미있으면서도 유쾌하기는 퍽 유쾌한 소창이라는 것을 설명하였소. 회장의 말이면 좋지 아니한 것이 없는 줄을 믿는 일동은 일제히 찬성하고 그 방법을 들었소.12)

회장은 농촌계발운동의 궁극적 목적은 '잘 살아보자'는 운동이라고 역설하고 있다.

이 촌중 사람은 누구나 이 학교에 아니 다닌 사람이 없습니다. 그러므로 그네는 글 모르는 사람이 없고 신문 못 보는 사람이 없고 편지 못 쓰는 사람이 없습니다. 여편네와 아이들까지라도. 그리고 이 집은 동회관(洞會館), 도서관, 조합, 은행을 겸한 집이외다. 우리 촌중 세간을 왼통 털더라도 이 집 하나도 지을 수 없습니다. 그러나 우리도 이제부터 하려고만 하면 20년 내에 거의 이만치 될 것이외다. 동회관이란 데는 우리나라로 이르면 통소, 거문고, 새납(날라리), 해금 같은 모든 악기와 장기, 바둑, 고누, 쌍륙(雙六), 승경도(陞卿圖) 같은 장난감과, 아이들 장난감과, 여러 가지 운동기구가 있어서 밤과 일요일 오후면 누구나 거기 가서 이야기하고 놀 수가 있고, 또 매삭 1차씩 거기서 동네를 모여 여러 가지 의론을 하는 데외다. 도서관은 책과 신문 잡지와 아이들 볼 그림책을 사다놓고 나가 봅니다. 조합이나 은행은 얼른 말씀드려도 모르실 터이니 차차 자세히 말씀하려니와 그 대체 뜻은 이 촌중에 나는 물건은 이 조합이 사다가 비싼 곳에 갖다가 팔고 쓸 물건은 이 조합에서 사다가 헐가로 각인에게 팔며, 은행은 이 촌중 사람의 저금도 받고 또 무슨 사업을 하려 할 때에 저리(低利)로 돈도 꾸어주고 하는 데인데 이 은행자본만 하여도 우리 촌중 전 재산의 몇 십 갑절이 될 것이외다.

또 그 곁에 있는 집은 병원과 농사시험소인데 병원은 말씀드릴 것 없거니와 농사시험소는 비료나 곡식 종자도 어느 것이 좋은지 시험하여보아서 제일 좋은 것으로 쓰게 하고, 기타 채소며, 잠종(蠶種), 화초

---

12) 『每日申報』(1917. 1. 20), 農村啓發, 七夕.

같은 것도 다 여기서 시험하여서 촌민에게 가르쳐줍니다. 그러므로 아마 추수가 많이 됩니다. 또 그 2층은 산물 진열관인데 여기는 그 촌중에서 나는 모든 물건을 진열하고 그중에서 제일 잘한 사람에게 상을 줍니다.

우리 젊은 사람들! 여기 모인 40명이 일심(一心)하여 하려고만 하면 20년 내에 이렇게 될 수 있습니다. 내가 벼슬을 그만두고 돌아온 것도 우리 촌중을 한번 이렇게 만들고 우리들도 이 사람들과 같이 잘 살아보려고 우리 자손들도 이 사람네 자손 모양으로 잘 살아보려고 돌아온 것이외다. 이 사람들도 원래 이런 것이 아니라 얼마 전에 우리와 같은 청년들이 이렇게 모여서 의론하여 가지고 일심으로 행하여서 이렇게 된 것이외다. 또 우리도 원래 이렇게 가난하고 남에게 천대받는 것이 아니라 옛날은 번쩍하게 남부럽게 잘 살던 것이 중년부터 우리 조상이 잘못하여 이렇게 못 살게 된 것이외다. 이제 우리가 다시 잘 살게 힘써서 우리 자손으로 하여금 우리 조상님 감사하다는 말을 하게 하여야 할 것이외다.

이것은 회당(會堂, 교회)이란 것이외다. 이레에 한 번 이 전 동민이 남녀노소 할 것 없이 이곳에 모여서 노래(찬송가)를 부르고 좋은 말을 듣고 도덕 토론을 하고 잘 살게 하여달라고 하나님께 비는 데올시다. 그 사람들은 이레에 한 번씩 놀면서도 평시에 부지런하고 또 기계와 학리(學理)를 응용하여 노력은 적고 결과는 많게 할 줄을 아는 고로 우리보다 부한 것이외다. 우리도 노력을 선용하면 같은 노력 가지고도 4, 5배 수입을 얻을 수가 있습니다.[13]

19세 소년 교원 이광수는 동회 회장이 되어 동회운동을 줄기차게 추진했다. 그는 자기 한 몸을 농촌계발사업에 바치기로 결심한 것이다. "회장은 자기의 5척 단구와 30, 40년 여생을 이 농촌의 계발에 공헌하기로 더욱 확실히 작정하였소. 그는 생각하였소. 내가 일생에 이 3백여 호를 암흑한 중에서 도출(導出)하여 문명의 빛에 쬐게 하고, 빈궁한 지경에서 나와 부요(富饒)한 지경에 들어가게 하고, 비천한 지경을 당하여 고귀한 지경에 들어가고, 나타(懶惰)하던 것을 근면하게, 약하던 것

13) 『每日申報』(1916. 12. 2), 農村啓發, 靑年을 鼓動함.

을 강하게, 추하던 것을 아름답게, 한마디로 말하면 이 전 동 3백여 호로 하여금 모범촌이 되기에 이르면 나의 일생의 직분을 다함이라. 이 세상에 났던 보람을 함이라 하였소."14)

그는 처음에는 한 군 단위로 농촌계발사업을 벌이고, 그 후 이를 전국 13도로 확대 실시함으로써 자치제도를 실현하는 것이 그의 궁극적인 정치적 대이상(大理想)임을 밝히고 있다.

아무도 그의 사업은 지금 흠선(欽羨)하는 이는 없으리다. 차라리 그를 열패자(劣敗者)라 하고 무기력자라 하고 대지(大志)가 없는 자라 하여 조소하리다. 그러나 그를 조소하던 그네야말로 마침내 조소를 받을 자외다. 청년 시대에 그를 흠선치 아니하였거니와 노년에 그를 흠선하고 통곡하며 그와 같이 아니 하였음을 회한(悔恨)하오리다. 그러나 늦어서 미치지 못함이외다. 그는 1천 5백 인에게 신생명을 주었소. 그러나 그를 조소하던 자는 자기를 위하여 무엇을 하였으며 사회를 위하여 무엇을 하였는가요. 그가 동중을 위하여 공헌한 일생을 마침에 전 동민의 진정의 감사와 진정의 비애를 표하여 몸소 상여를 메고 손수 분묘를 장식하고 집집이 그의 화상을 구주(救主)와 같이 갈무리할 때에 소위 대지(大志)를 품었노라 하고 허영을 좇던 자는 사회에서 어떠한 대우를 받겠습니까. 나는 만 청년에게 다 우리 회장과 같은 사업을 하라 함은 아니외다. 무슨 사업이나 회장과 같은 정성으로 회장과 같은 의미와 목적으로 하라 함이외다.

무론 농촌은 조선의 7할이나 되며 7할이나 되는 농촌이 거의 다 극빈(極貧), 극암(極暗), 극추(極醜), 극천(極賤)한 상태에 있는 것이니 그러므로 농촌계발은 어떤 의미로 보아 전 조선의 계발을 의미함이외다. 농촌이 부하여짐은 전 조선의 부를 의미함이요, 농촌에 교육이 보급됨은 전 조선의 교육의 보급을 의미함이외다. 이 의미로 보아 조선의 근본문제는 농촌의 계발이요, 유교육한 계급의 활동의 대부분은 실로 이에 경주되어야 할 것이외다. 김 군은 이렇게 자각하고 농촌계발의 급무를 규호하는 동시에 현대 청년이 번화한 도회의 활동에만 취하여 사업이 없음을 탄하면서도 이 농촌이라는 무한 무변한 활동무대를

14) 『每日申報』(1917. 1. 5), 農村啓發, 會長의 理想.

무시함을 개탄해 마지아니하였소.

　김 군은 근래에 농촌계발의 급무를 더욱 자각함을 따라서 농촌계발 학교를 설립할 복안을 세웠소. 학교의 교원을 양성하기 위하여 사범학교가 있고, 사관을 양성하기 위하여 육해군 사관학교가 있고, 종교의 사역을 양성하기 위하여 신학교가 있는 모양으로 농촌계발의 사역(使役)을 양성하기 위하여 농촌계발학교가 있음이 마땅하다 하였소.

　무론 교육이 보급되어 문명이 전 인민에게 이해되고 면동(面洞) 자치제도(自治制度)와 기타 만반 설비가 완비한 곳에는 이와 같은 학교의 필요가 없을지나 조선같이 속성으로 문명국 농촌을 따라가려 하는 자는 마땅히 이 같은 기관의 조직이 있어야 하리라 하오. 그러므로 시기를 보아 우선 자기 집 사랑에 동중 및 인근의 한학의 소양 있는 무직업한 부자 집의 청년이나 또는 특별히 유지한 자를 모와 농촌계발의 의의와 목적 및 농촌을 계발하여가는 방법을 교수하려 하오. 현대는 만반사에다 과학적 지식과 계통적 훈련을 요하는 때라 농촌계발도 이에 관한 과학적 지식과 수단방법의 훈련이 없지 못할 것이오. 이리하여 김 군은 다수의 사역을 양성하여 우선 전군(全郡)의 대계발사업을 일으켜 20년 후의 전군으로 하여금 전연히 신면목을 가진 자로 화하려 하오. 그의 구경(究竟)의 이상은 무론 전 13도를 왼통 계발함에 있거니와 그는 사려가 많은 청년이라 결코 한 손으로 전 13도를 계발하리라는 외람한 생각을 두지 아니하고 크게 잡아 자기의 활동범위를 한 군(郡)에 한한 것이오.15)

　회장 이광수의 농촌계발 실천방안은 처음에는 한 개 동에서 출발하여 한 개 군으로, 마지막에는 전국 13개 도로 확대 실시한다는 것이었다.

　아니 차라리 한 개 동에 한한 것이오. 그는 한 개 동을 이상적으로 개조한 후에야 한 개 군에 미칠 줄을 믿고 한 개 군을 이상적으로 계발하면 이미 자기의 책무의 다하였음을 확신하오. 그 후에는 수천의 제2세 김 군이 나와서 전 13도의 수천의 농촌을 김 군 자기의 이상대

---

15) 『每日申報』(1917. 1. 7), 農村啓發, 會長의 理想.

로 계발할 줄을 확신하는 것이오. 천하의 대사는 결코 한 사람의 손으로 되는 것이 없다고 김 군은 항상 말하오.

예수의 제자가 지금에는 4억이 된다 하되 예수의 생존 당시에는 12인을 가짐에 불과하였소. 예수는 결코 12인의 제자를 적다 아니 하였소. 그는 오직 한 사람의 제자만 있더라도 만족할 것이오. 대개 그는 자기의 사상으로 하여금 대가 끊기지만 아니하게 하면 반드시 지엽(枝葉)을 발하고 꽃 열매를 생길 날이 있을 줄을 확신함이오. 지금 시골 학생 40, 50명 되는 학교에 교사들은 학생의 적음을 한탄하나니 이는 교육의 무엇임을 모름이오. 내 손으로 어찌 천하의 청년을 다 교육하리오. 내가 수십 인을 교육하고 나와 같은 다른 사람이 또 수십 인을 교육하고 이와 같이 하여 큰 사회의 수천만 인민이 다 교육을 받는 것이오.

그런데 현대 조선 청년의 욕망은 자못 고대(高大)하여 모든 사업이 다 작다고만 보이오. 그들은 큰 것 큰 것 하고 밤낮으로 찾아다니오. 그들의 욕망 같아서는 백두산 상상봉에 높이 올라서서 우레보다도 큰 소리로 전 조선인을 대수(對手)로 연설을 하고 교육을 하고 설교를 하고 문명을 가르치고 실업을 고취하려 하오. 그리하여 이러한 공상적 호기회를 얻기까지는 그네는 팔짱을 끼고 때가 오기를 기다릴 따름이오. 그 뜻의 큼은 과연 칭양(稱揚)할 만하거니와 그 어리석음은 또한 연민(憐憫)할 만하오.

이것이 김 군의 사상이오. 그래서 처음에는 경성의 중앙에 앉아서 신문 잡지나 연설 강연 등으로 농촌계발사상을 고취하여 자기는 이 운동의 중추(中樞)가 되고 교주가 되어 다수의 부하로 하여금 자기의 이상을 실현하게 하려 하였소. 이는 실로 누구나 생각하는 바요. 누구나 당하는 유혹이오. 과연 유혹이오. 김 군은 능히 이 유혹을 이기었소. 그리하여 일개 농부 되기를 감수하였소. 아아 거룩한 김 군이여.16)

이리하여 회장은 영광스러운 조상님께 제사를 지냈다. 회장은 "옛날의 영화를 회복하게 하여주옵소서"라는 순 한글로 된 축문(祝文)을 무릎 꿇고 읽는다.

---

16)『每日申報』(1917. 1. 10), 農村啓發, 會長의 理想.

"영광 있는 선조의 혈육을 받은 저희 불초손들은 크고 넓으신 선조의 뜻을 잊어버리고 더럽고 천한 민중이 되었나이다. 집에 있음에 부모께 효도할 줄 모르고 부부 화합하며 형제 사랑하며 자녀를 가르칠 줄을 모르고 세상에 나서서는 나라와 사회를 위하여 힘쓸 줄을 모르고 술을 마시고 도박을 하며 사람을 속이고 일가가 송사(訟事)하며 음탕한 데 빠져 처자를 잊어버리게 되었나이다. 슬프다, 저희는 거룩하신 조상의 혈육을 받아 짐승과 같은 오랑캐가 되었나이다. 만일 선조의 영(靈)이 계시다 하면 얼마나 가슴을 아프시고 눈물을 흘리시리까. 자손이 되어 구원(九原)에 돌아가시는 선조의 영을 슬프시게 함을 생각하옴에 실로 하늘이 아득하고 가슴이 터질 듯하여이다. 이제 선조의 분묘 앞에 저의 미련하고 불효한 자손이 부복하였사오니 원하옵건대 선조께옵서 일찍 천하의 악인을 때리던 채찍과 엄살(嚴殺)하던 호령으로 저희 무리를 때리고 깨우쳐주시옵소서. 저희로 하여금 뜨거운 눈물을 뿌리고 가슴을 두드려 전비(前非)를 통회(痛悔)하고 신생활에 용진하게 하여주시옵소서. 유명(幽明)이 격하였더라도 명철하옵신 영령(英靈)께옵서는 세상이 새롭게 된 줄을 아르실지니 저희로 하여금 옛 꿈을 깨뜨리고 새로운 길을 밟아서 옛날의 영화를 회복하게 하여주옵소서."

회장의 음성은 참 사람의 폐간(肺肝)을 꿰뚫을 듯하였소. 더구나 중간쯤 하여 회장의 음성이 눈물로 흐리게 될 때에 일동 중에는 흐득흐득 느끼는 소리가 들렸소. 일동은 감격하였소. 저 욕심 많은 김 대감도 도복(道服) 소매로 눈물을 씻었소. 대부분은 일생에 처음 감격한 것이오. 그네는 일찍 2인 이상이 동시에 감격하여본 적이 없고 또 그네는 일문(一門)이라든가 일동(一洞)의 전체를 위하여 눈물을 흘려본 적도 없었거니와 자신 이외에 일문 일동을 자신이 속한 전체로 생각하여본 적도 없었소. 문명인의 일대 특징은 공동한 감정이 있음이외다. 일동이나 일문이나 일국(一國)이나 또는 전 세계를 자신으로 여겨 그를 위하여 또는 그와 함께 울고 웃음이외다. 전촌(全村) 사람들은 금일이야 비로소 이 공동감정을 가져보았소. 즉 사회심(社會心)이라는 것을 가져보았소. 이 의미로 보아 그네는 금일에 인류로 세상에 출생한 것이오.[17]

---

17) 『每日申報』(1917. 2. 10), 農村啓發, 蘭姬.

선지자(先知者) 이광수는 농촌계발사업을 일으켜 금촌(金村)이란 마을을 이상촌으로 변모시키는 데 성공했다. 이는 자기희생정신이 없이는 불가능한 일이었다. 여기서 말하는 금촌은 바로 용동이다. 그는 과거의 전습(傳襲)에 일체 반항하고 이를 타파하는 데 앞장섰다. 그리고 신사상을 수용, 이를 몸소 실천하는 데 솔선수범했다.

회장의 농촌계발사업을 시작한 지가 거의 일 년이 되었소. 그동안에 사업의 눈에 띄는 것은 그렇게 많지 못하다 하더라도 촌민에게 신사상을 고취한 것은 막대하오. 아무러한 역사적 대사업이라도 실행 전에 반드시 사상이 앞서는 것이오. 인민 간에 어떠한 신사상이 깊이 침윤되면 그것이 난숙(爛熟)하는 날에는 반드시 실행으로 변하는 것이오. 달리 말하면은 무형한 사상이 형체를 갖추어 실현되는 것이외다. 역사상으로 보건대 흔히 사상을 고취하는 자와 그 사상을 실현하는 자는 동일한 사람이 아니오. 사상을 고취하는 자는 사상만 고취하고 그 사상을 받아 실현하는 자는 실현하기만 하오. 이 양자는 수레의 양 바퀴와 같아서 이쪽이 무겁고 저쪽이 가볍다고 말할 수가 없거니와 흔히 전자는 그 생애가 참담하고 후자는 광영이오. 대개 전자는 구사회의 전습(傳襲)에 반항하여 이를 타파하려 하는 고로 사회는 그를 미워하고 핍박하여 혹은 이단(異端)이라 하고 혹은 사회를 문란하는 자라 하오. 이리하여 신사상의 선전자는 심하면 생명을 잃고 그렇지 않더라도 만인의 조매하(嘲罵下)에 불우의 일생을 보내는 것이오. 그러나 후자는 신사상이 보급되고 난숙된 후에 일어나는 고로 도리어 만인의 칭찬과 감사를 받는 것이오. 그러나 전자 없이 후자는 생기지 못할 것이외다. 이러한 경우에 전자를 선지자라 하고 교조(敎祖)라 하는 것이오. 일국(一國) 일촌(一村)을 물론하고 신흥하든가 중흥함에는 반드시 이러한 선지자가 필요한 것이오. 일국이나 일촌의 번영과 행복은 실로 이러한 선지자의 묘 위에 건설되는 것이외다.

금촌에는 선지자가 났소. 회장이 그요. 또 금촌은 그 선지자를 받았소. 선지자의 가르침을 좇았소. 금촌인의 뇌수에는 선지자의 고취하는 신사상이 침윤되었고 생장하오. 설혹 이제 그 선지자가 죽고 없어진다 하더라도 그가 금촌인의 두뇌 중에 각인된 사상은 결코 소멸되지 아니하고 점점 장성하여 마침내 그 선지자의 이상하던 대로 형체를 갖추어 실현될 것이오. 혹 인민이 무능력하여 귀중한 사상을 그대로 썩혀버리는 수도 없지 아니하거니와 금촌인은 결코 그렇지 아니할 줄을 확신하오. 미구에 금촌에 여러 사도(使徒)가 생겨 선지자의 이상(理想)을 실현하게 될 줄을 확신하오. 더구나 선지자인 회장이 춘추가 넉넉하고 체력과 정력이 강하니 그의 예정대로 10년 이후에는 이 금촌으로 하여금 전혀 새로운 금촌을 만들지요, 20년 후면 족히 회장의 이상대로 될 줄을 확신하오. 금촌에는 왕련(旺連, 잇달은 흥왕)이 돌아왔소. 금촌은 중흥하게 되었소. 부하고 귀한 촌중은 금촌이라는 영예로운 칭찬이 올 봄에 심은 수목으로 더불어 자랄 것이오.[18]

선지자 이광수의 농촌계발사업의 궁극적 이상은 자치제도를 확립하고 산업적, 경제적 실력을 쌓아서 '분리독립'을 달성한다는 것이었다. 금촌(용동)이라는 조그마한 마을을 이상촌으로 육성, 농촌 근대화를 이룩한 후 군 단위로, 최종에는 전국 13도로 확대 실시함으로써 종국적으로 산업의 독립, 경제의 독립, 정치의 독립을 달성한다는 것이다. 춘원은 1914년 시베리아 치타에서 독립전쟁론을 주창하였거니와 이번에는 적도(敵都) 동경에서 이 같은 '자치제도'니 '독립'이니 하는 항일적인 논설문을 집필, 그것도 조선총독부 기관지인 매일신보에 연재했다는 그 자체가 벌써 '분리독립'의 대선언(大宣言)이 아닐 수 없다. '무정'을 연재하고 있었다는 것, 와세다대학 철학과 특대생이라는 것, 미구에 '오도답파여행기'를 매일신보에 연재하기로 예약되어 있다는 것, 동경 유학생 중 최우수 학업성적으로 데라우치(寺內正毅) 조선총독으로부터 포상을 받았다는 것 등을 감안해볼 때 아무도 춘원의 독립불기(獨立不羈, 독립심이 강해서 남에게 얽매이지 아니함)의 기개를 꺾을 수는 없었다. 따라서 이광수는 2천만 조선 동포의 민족적 대변인으로 자임, 이 같은 사자후(獅子吼)를 토해낸 것이다.

금촌에는 큰 학교가 설 것이외다. 금촌의 아동은 한 사람도 빠짐없

18) 『每日申報』(1917. 2. 17), 農村啓發, 將來의 金村.

이 보통교육을 받을 것이요, 따라서 금촌인은 남녀와 노유를 물론하고 죄다 독서를 능히 하며 정신적 생활의 진미를 깨달을 것이외다. 그네는 역사를 이해하고 정치를 이해하고 종교와 문학을 이해하고 인류의 이상을 이해하고 과학과 예술을 이해할 것이외다. 따라서 그네는 도서관을 두고 시회(詩會)를 두고 연극장을 둘 것이외다. 그네의 곳간에 미곡과 금은이 충일하는 모양으로 그네의 서재에는 과학과 예술의 서적이 들어 있을 것이외다.

금촌에는 은행이 있고 창고가 있고 전방이 있고 양잠실이 있고 종묘장이 있고 목장이 있고 산품 진열관이 있을 것이외다. 금촌은 교육이나 토목이나 병원이나 기타 자치제도로 독립한 모양으로 산업이나 경제로도 독립할 것이외다. 금촌이라는 동리 내의 토지와 모든 재산은 반드시 금촌의 것일 것이며 금촌인은 결코 다른 촌사람의 채무자가 되지 아니할 것이외다. 금촌인의 기업의 자본에 금촌 은행에서 저리로 대출할 것이외다. 금촌은 채권자가 되고 결코 채무자가 되지는 아니할 것이외다. 금촌인에는 결코 무직업자가 없고 무직업시가 없으며 따라서 소위 극빈자가 없을 것이외다. 한마디로 하면 금촌은 부(富)하여야 할 것이외다. 금촌에는 유치원이 있어 학령 전의 아동을 교도하는 모양으로 양로원이 있어 노인의 안주소를 삼을 것이외다. 회관과 공원이 있어 건강한 자의 오락장이 되는 모양으로 완비한 병원이 있어 병인의 안심하고 치료할 처소가 될 것이외다. 청년들에 청년회가 있고 처녀에 처녀회가 있고 부인에 부인회가 있어 사교로 쾌락 얻는 동시에 덕성을 함양하고 지식을 계발할 것이외다. 이때의 금촌인은 개인으로나 단체로나 세계 최고 문명인의 사상과 언어와 행동을 가질 것이외다.

금촌인의 정신은 일신할 것이 없다. 그네의 정신은 강용(强勇)하고 관대하고 근면하고 우아하고 인자하고 염결(廉潔)하고 진취적이요 쾌활하고 심각할 것이외다. 따라서 그네에게는 신종교, 신윤리, 신도덕, 신습관이 생겼을 것이외다.

정신이 일신하는 동시에 모든 물질 방면도 왼통 일신할 것이외다. 첫째 촌중 주위에는 삼림이 울무(鬱茂)할지오. 가옥은 전혀 최신 학리에 적합하도록 개량되었을지며 도로와 교량도 거마가 자유로 통행되도록 번듯하게 되었을 것이외다.

이리하여 금촌은 과연 부하고 귀하게 될 것이외다. 이에 비로소 신문명의 태평이 임하여 만세(萬世)에 이를 것이외다. 어찌 금촌뿐이리오. 이것이 조선 13도의 장래외다.[19]

3. 문맹타파운동

동아일보는 1928년 창간 8주년을 기념하여 문맹타파운동을 전개한다고 발표했다.

고상한 학문과 해박한 지식은 고만두더라도 쉬운 글자나마 알아보아야 되겠습니다. 조선 문으로 편지 한 장 쓰지 못하고 심지어 상점의 간판과 정거장 이름 하나 몰라본다는 것은 얼마나 답답한 일입니까. 기막힌 노릇입니까. 이와 같이 가엾은 동포가 우리 조선에는 얼마나 많습니까. 어찌하면 우리는 하루바삐 이 무식의 지옥에서 벗어날까. 어찌하면 이 글장님의 눈을 한시바삐 띄워볼까. 이에 본사에서는 창립 8주년 기념사업의 하나로 4월 1일을 기회 삼아 글장님 없애기 운동을 일으키고자 합니다. 경성 본사를 비롯하여 전 조선 3백여 처 지분국 총동원으로 방방곡곡에 문맹타파(文盲打破)의 횃불을 높이 들까 합니다. 방법 기타에 대한 자세한 것은 추후 발표하려니와 만천하 애독자제씨와 마음 있는 이는 뜻 깊은 이 운동에 열렬한 찬조를 바라고 마지 않습니다.[20]

동아일보 편집국장 이광수는 동아일보 창간 8주년 기념사업으로 전개한 문맹퇴치운동의 요의를 다음과 같이 정의하고 있다. 그러나 총독부 검열당국은 문맹퇴치운동은 곧 분리독립을 위한 민족운동이라 단정, 사설 중 무려 33행을 삭제하였다.

보통 사람의 의사를 표시하는 방법으로 세 가지를 드는 것이니, 1은

---

19) 『每日申報』(1917. 2. 18), 農村啓發, 將來의 金村.

20) 『東亞日報』(1928. 3. 16), 本社創立8週年 紀念 文盲打破의 烽火, 4월 1일을 機會 삼아 全朝鮮各地에 擧行.

동아일보의 브나로드운동 선전 포스터(1932)
동아일보 편집국장 이광수는 학생 하기 브나로드
운동을 벌이면서 문맹타파운동을 전국적으로 확대
해서 전개했다. 브나로드란 러시아어로 "민중 속
으로"라는 뜻이다. 포스터 상단에 한 학생이 "배우
자! 가르키자! 다 함께 브나로드!!"라는 벽보를 붙
이고 있고, 하단에 농촌 남녀노유가 이 포스터를
우러러 쳐다보고 있다. '소화 7년'이라 하지 않고
'1932년'이라 쓰고 있다. 동아일보(1932. 7. 18)

언어, 2는 동작, 3은 문자이다. 더욱이 문화가 발달할수록 문자의 지위
가 향상되는 것이니 현대에 와서는 문화는 문자에 의하여 그 존재가
보유(保維)되고 문자를 통하여 보급되며 발달할 수 있는 것으로 미루
어서 문자는 문화의 형태와 구체(具體)의 작용에 전권을 가지고 있다
고 할 것이다. 따라서 문자가 있으므로 문화가 있고 문자를 알음으로
문화를 알 수 있다고도 말할 수 있다. 문화가 발달되고 문화가 보급되
어 있는 현대에 문자를 모르는 사람은 문화상으로만 낙오한 사람일 뿐
아니라 사람으로서도 문자를 아는 사람에 비하여 그 전부 활동에서 적
어도 3분의 1을 감소된 사람이 되나니 문자를 아는 사람은 일개의 사
람이라 하면 문자를 알지 못하는 사람은 7분에 미만한 사람이 되고 마
는 것이다.

　이러한 의미에서만 보자라도 문자와 인간의 관계를 알 수가 있지마
는 문자가 전대(前代)에 보지 못하던 고도의 속력과 광범한 범위로 활

용되는 현대에 있어서는 문자는 문화를 통하여 사람의 전부 운명을 결정하는 일이 적지 아니하다. 문자를 알지 못하는 사람이 문명인으로서의 지위를 보유하려고 하거나 문자를 알지 못하는 사람을 많이 가지고 있는 사회가 평등한 권리를 요구하는 것은 어느 의미에서 보면 무모한 일에 속한다고도 단언할 수 있다.

…(이하 33행 삭제)

우리의 현실을 보면 문자를 아는 사람이 최대한도로 계산하여서 250만에 불과할지니(여러 가지 통계로 종합 계산하여) 전 인구의 1할(10퍼센트)여에 불과하다. 우리는 이러한 문맹(文盲)을 퇴치하지 아니하고 민족적으로의 평등한 권리를 운위(云謂)하는 것은 든든한 기초를 가져야 한다는 의미에서 어느 큰 부족을 느끼는 것이다. 우리 문자는 세계적으로 이미 정평이 있는 바이니 다시 우리들이 이에 자찬(自讚)을 노노(呶呶, 구차스럽게 여러 말로 변명하기)할 필요가 없다. 모음(母音)이 10자 자음(子音)이 14자, 합하여 도무지 24자에 불과하니 1일에 1자를 배운다 하더라도 24일이면 능히 배울 수 있는 이러한 간편하고 완전한 문자를 가지고 있으면서도 조선 민족의 9할을 문맹에 묻어두고 있다는 것은 문명인으로서의 일대 치욕이라고 아니 할 수 없다. 이에 본사에서 절절(切切)히 느끼는 바가 있어 8주년 기념을 기하여 이미 여론에 오른 문맹퇴치운동을 전 조선적으로 확대시키고자 하니 동포형제의 조력(助力)이 평시보다 더 이 운동의 효과수확에 있기를 바라고 마지아니한다.21)

이광수는 '문맹'을 '글장님'이란 순 조선말을 만들어 '글장님 없애기 운동'을 전개한다고 하였다. 이를 위해 전국 13도 전역에 대대적인 운동을 벌이는 데 가장 큰 효과를 얻을 수 있는 홍보방법으로 선전 포스터를 사람이 많이 모이는 철도역 등지에 첨부한다고 하였다. 그 선전 포스터를 보면, 중앙에 한 청년이 무쇠팔뚝 한 손에 봉화를 치켜들고 한 손은 주먹을 불끈 쥐고 도약하는 자세로 서 있고, 상단에 가로로 '文盲退治'라 쓰고 오른쪽에는 세로로 'ㄱㄴ부터 배우자'라 쓰고, 아래에 '東亞日報社'라고 썼다. 이렇게 제작한 선전 포스터를 전국 1천 3백 운

---

21) 『東亞日報』(1928. 3. 17), 社說: 文盲退治의 運動.

송점에 첨부한다는 것이다.

동아일보 창간 8주년 기념사업의 하나로 본사에서는 서울 본사와 3백여 처 지분국이며 만천하 애독자 제씨와 힘을 합하여 문맹타파의 봉화를 들기로 하였다 함은 사고(社告)로 이미 발표한 바이어니와 원래 '글장님'을 없이하는 운동은 조선 현실에 있어서 가장 그 필요가 절박하여 있으므로 본사의 계획이 한 번 지상에 발표되자 사회 각 방면에서 손을 받들어 원조를 아끼지 않는 중인데 4월 1일을 기하여 전 조선 각도 각지에 일제히 일어날 이 운동의 봉화는 장차 어떠한 방식으로 2천 3백만 조선 민중의 앞에 나타날 것인가? 이에 그 여러 가지 선전의 순서와 방법을 소개하면 첫째 본사에서는 전 조선 방방곡곡에 선전 포스터를 걸기로 하였다. 원래 이 문맹퇴치의 사업은 몇몇 개인이나 단체의 힘으로 일조일석에 완전한 목적을 달할 수 있는 것이 아니라 조선 민중의 총동원으로 누구나 글을 아는 사람이면 모르는 사람에게 가르칠 책임을 가지고, 글을 모르는 사람이면 어떠한 곤란을 무릅쓰고라도 배워야 말겠다는 자각을 가져야 할 것이므로 본사에서는 시간으로 보아 가장 생명이 길고 대중의 주목을 이끌기에 가장 편리한 포스터 선전방법을 취한 것인데 당일엔 3천 리 근역(槿域)은 이 '글장님' 없애는 포스터에 차일 것이다.

의미심장한 포스터
"포스터의 뜻은 ㄱㄴ부터 배우자"고 외치고 나서는 횃불(烽火) 든 사람 위에 수많은 '글장님'들이 감겼던 눈을 뜨고 기쁘게 따르는 형상을 그린 것인데, ㄱㄴ을 쓴 것은 배우기 좋고 알기 쉽게 쓰기만 한 세계에 자랑할 우리글부터 배우기 시작하자는 것으로 훨훨 타오르는 횃불은 글장님의 눈을 뜬 이의 광명을 표현한 것이며 군중 있는 편이 어두컴컴한 것은 무식 지옥의 암흑을 표시한 것으로 이 포스터를 오색영롱하게 인쇄 선명히 여러 만장을 박아내어 당일로 전 조선 일제히 요처 요처에 걸게 한 것이다.

전 조선 각 정거장과 1천 3백 운점(運店)에도 첨부
포스터의 기는 장소를 따라 많은 효력을 나타내는 것은 다시 말할

것도 없거니와 본사에서는 철도 당국과 여러 번 교섭한 결과 전 조선
을 통하여 국유철도의 130여 처의 정거장을 필두로 사유철도 약 2백
여 처 정거장에도 당일에 힘 있고 미려한 포스터를 볼 수 있게 되었으
며 그리고 선운동우회(鮮運同友會)의 양해로 전 조선 1천 2백여 처 운
송점(運送店)에도 역시 이 포스터를 걸게 되었는데, 그 외에도 사람이
많이 모이는 곳, 눈에 띄기 쉬운 장소에는 전부 빼지 않고 포스터 선
전에 전력을 기울일 작정이다.22)

그뿐만 아니라 선전 전단(삐라)을 별도로 만들어 지상에는 소년단이
행렬을 지어 뿌리고 하늘에는 비행기로 살포하여, 지상과 상공에 꽃비
가 내리도록 기획하고 있다. 소년 척후가 출동하여 자전거, 전차, 인력
거 등 교통기관에는 선전 포스터를 첨부하게 했다.23)
동아일보는 4월 1일을 기하여 벌어질 행사계획을 밝히고 있다.

1. 전국에 선전 포스터 첨부

4월 1일을 기하여 일제히 3백여 지·분국을 총동원하여 전국 방방
곡곡에 '문맹퇴치' 포스터를 첨부키로 하였는데, 특히 군중이 많이 모
이는 4백여 국·사유 철도의 정거장과 1천 2백여 운송점에 집중적으
로 첨부키로 하였다. 이미 일부 지·분국에 배포되었던 이 포스터에는
횃불을 높이 치켜든 건장한 젊은이 뒤에 수많은 군중이 암흑에서 눈을
뜨고 기뻐하는 모습이 그려지고, 위쪽은 흑색 횡서로 '文盲退治', 백색
종서 2행으로 'ㄱㄴ부터 배우자'라고 적히고, 아래쪽에 백색 횡서로
'東亞日報社'라 적히어 있었다.

2. 지상에는 선전기(宣傳旗) 든 소년 행렬, 공중에는 비행기에서 선전
지 살포

경성소년연맹의 호의로 서울의 전 소년군이 4월 1일 오전 열 시에

---

22) 『東亞日報』(1928. 3. 25), 文盲退治 宣傳日 順序, 삼천리 槿域에 高揚할 포
   스터, 문맹퇴치의 휘황한 횃불을 높이 들고, '글장님' 인도하는 힘 있고 뜻 깊
   은 포스터, 방방곡곡에 無漏發送.
23) 『東亞日報』(1928. 3. 26, 28), 文盲退治 宣傳日 순서.

본사 앞 광장에 집결, 본사가 만든 문맹퇴치기(文盲退治旗)를 나누어 들고 시가행진에 들어가기로 하였다. 코스는 종로 입구, 종로 4가, 을지로 4가, 을지로 입구, 무교동, 본사의 순으로 서울 중심가를 누빌 예정이었다. 행진 선두에는 경성악대가 군악을 취주할 계획이었다. 한편 공중에는 신용인(愼鏞寅, 頊) 비행사가 애기 '타이거' 호를 몰고 4월 1일 정오부터 서울과 인천 상공을 날면서 수십만 장의 선전 삐라를 살포하기로 되었었다.

3. 송진우 사장의 라디오 방송

4월 1일 오후, 경성방송국을 통하여 본사 송진우 사장의 육성으로 문맹퇴치에 관한 강연을 하기로 교섭이 되어 있었다. 서울을 비롯한 전국 주요 도시는 물론, 라디오가 설치되어 있는 지·분국과 각지 청년단체에서 라디오 수신기를 준비하여 널리 청취토록 최선을 다하였다.

4. 24자로 된 한글원본 배포

자음·모음 24자로 140자를 인쇄한 한글원본을 4월 1일자 신문과 함께 배포키로 하였다.

5. 서울 시내 교통수단을 선전에 이용

자전거 업체인 윤업회(輪業會)에서는 회원 백 명을 동원, 문맹퇴치기를 꽂고, 시가행진에 참가할 예정이었고, 시내 인력거조합에서도 1천여 대의 인력거에 기를 달기로 약조가 되었고, 3월 28일부터 6일간 시내와 교외선에 운행되는 전 전차에 선전판을 달기로 역시 경성전기주식회사와도 합의가 되었던 것이다.[24]

이광수는 조선 민족이 흥하려면 선결문제가 문자를 알지 못하는 전체 인구의 80퍼센트인 글장님의 눈을 뜨게 하는 것이라고 하였다. 조선 민족의 절대 다수인 글장님의 눈을 뜨게 하는 거창한 문맹타파운동을 어느 한 개인이나 한 단체가 할 것이 아니라 전 민족이 총동원하여 추

---

24) 『東亞日報社史』(동아일보사, 1975), 권 1, pp.293~294.

진한다면, 정치적 능력 즉 자치 능력과 경제적 능력을 배양해서 정치적, 경제적 독립을 이룩할 수 있다는 것이다.

　현대의 정치는 그 특색이 평등과 자유에 있으니 다시 말하면 기회균등과 자치가 현대 정치의 골수라고 할 것이다. 형식에 있어서는 민주제가 있고 군주제가 있지마는 그 내용에 있어서는 국민의 의사가 모든 정책의 실제를 결정하는 터이니 국민의 자치적 능력과 국민의 협력이 없이는 오늘날의 정치를 말할 수도 없고, 오늘날의 정치를 운용할 수도 없는 것이다. 그러므로 옛날에 있어서는 민가사유지(民可使由之, 백성은 부릴 수는 있어도)요 불가사지지(不可使知之, 글을 알게 할 수는 없다) 하는 말이 정치상 일종의 원칙으로 되었지마는 현대 정치에 용납되지 못하는 말이다. 그때에는 소수인의 의사로 인하여 다수를 마음대로 움직이고 지배하던 시대이었던 고로 일반 국민이 아는 것보다도 모르는 것이 오히려 지배하기에 편리하였으니 다못(다만) 사유지(使由之, 부리게 하다)할 바요, 사지지(使知之, 글을 알게 하다)할 필요가 없으니 알면 오히려 지배하기에 어려운 문제가 많이 일어나는 그만큼 정치의 집권자에게는 정사(政事)를 알리는 것보다도 정권(政權)으로 지배하는 것이 주(主)가 되고 거의 전부가 되어 있는 것이다.
　그러나 현대에 이르러서는 소수인의 의사와 소수인의 지식에서 울어나온 판단으로 국가의 정책을 운용하는 것이 아니라 일반 국민의 판단으로 일반 국민의 손을 거쳐서 국가의 정사를 실행하지 아니할 수 없는 터이니 인민이 그 정사에 대하여 무지하고 그리하여 다만 기계적으로만 움직일 것 같으면 도저히 정치의 목적을 달할 수 없는 것은 물론이요, 열국(列國) 간에 맹렬히 견주는 경쟁에서 국가의 행운(幸運)을 개척하지 못하게 되는 것이다. 그러므로 오늘날의 국가는 소수인의 애국자나 달관자(達觀者)의 힘으로 능히 완전을 기할 수 없고 국가 총동원적으로 모든 국민이 그 국가 정사에 대하여 이해를 가지고 그 정책 운용에 대하여 협력하는 동시에 국민 각자가 모두 다 자기의 할 바 임무에 대하여 확호한 견해를 가지고 그 책임을 다함으로써 비로소 현대 국가의 정사는 합당한 행로(行路)를 밟을 수 있는 것이다. 그러므로 오늘날의 정치상 원칙은 인민이 알지 못하고 다만 기계적으로 명령에 의

하여 움직이는 데에 있지 아니하고 인민으로 하여금 정사를 알게 하고 알아서 협력하며 자발적으로 자기가 할 일은 자기가 다 하게 하는 데에 있는 것이다.

문자를 모르고 무지한 사람이 많은 나라에서는 그 국민이 도저히 이와 같이 능히 국가의 정사를 이해하고 이해하므로 협력할 수 있는 일에 참가함을 기할 수 있나니 국가의 정사를 이해도 못하고 협력도 못하는 사람들이 완전히 그 자치적 능력을 발휘할 수가 있으랴. 없는 것이다. 국가사를 이해도 못하고 협력도 못하며 그 자치적 능력도 없는 국민이 많은 나라가 어찌 산업의 발달과 교통의 원활을 꾀하며 국가의 융성을 기대할 수 있으랴. 절대로 없는 것이니 이것은 구주대전(제1차 세계대전)에 있어서 가장 명확하게 각국이 체험한 바이다. 그러므로 현대에 있어서는 정치상 필요로만 볼지라도 문맹은 국가의 능률을 감쇄(減殺)할 뿐 아니라 발달을 저해하는 바가 되나니 한 사람이 문맹이면 그만큼 국가 정치에는 손해를 끼치는 것이 되는 고로 국가에 대한 이름 없는 죄인이 되는 것이다. 민족이 흥하려면 민족으로서의 정치적 능력이 많아여야 할 것이요 정치적 능률이 높아야 하는 것이니 8할 이상의 문맹을 가진 조선 민족은 정치상 견지에서 보아서도 크게 반성할 필요가 있다. 이것은 조선인 자체도 크게 깨달음이 있어야 하려니와 당국자도 이에 대하여는 좀 더 성의 있는 시설에 착수하기를 권하여 마지아니한다.25)

농부와 노동자가 문자를 알지 못하고 오로지 전습에만 의존하기 때문에 경제적 능률이 크게 저하되는 것은 당연한 현상이다. 그들은 문자를 알지 못하므로 생산, 소비, 유통과 교환 등 세 가지 경제생활상 남모르는 경제적 손실을 감내해야만 하고, 그 결과 그들의 경제생활상 진보, 향상이 있을 수 없다. 그러므로 농부와 노동자의 문맹은 총동원적으로 퇴치하는 것이 시대적 급무이다. 따라서 농부와 노동자의 문맹퇴치는 곧 경제적 독립의 실력을 쌓는 기초적 토대라고 진단하고 있다.

오늘날 우리가 실행하고 있는 경제적 생활이라고 하는 것은 대체로

---

25)『東亞日報』(1928. 3. 27), 社說: 文盲과 現代政治.

보아서 세 가지로 나누어 볼 수가 있으니 첫째는 생산방면이오, 둘째 는 소비방면이며, 또 하나는 교환방면이라고 할 것이다. 개인이 모두다 이 세 가지를 반드시 다 겸하는 것은 아니지마는 원칙에 있어 두 가지 이상을 겸하여야 하는 것만은 분명하다. 두 가지 종류의 경제적 생활 을 가지고 있거나 또는 세 가지 종류를 다 겸유(兼有)하거나를 물론하 고 사람이 경제적 생활을 영위하는 이상에는 어느 방면에서든지 최소 한도의 노력(勞力)과 자본으로 최대한도의 효과를 있기에 노력하여야 되는 것만은 움직일 수 없는 사실이니, 같이 1일 24시라는 시간을 허 비할지라도 그 중에서 효과를 가장 많이 얻을 수 있는 방법으로 하여 야 되는 동시에, 소비에 있어서도 가장 적은 물자를 들여서 가장 많은 효과를 얻는 것이 경제생활의 목표라고 할 것이다.

이와 같이 생산이나 교환 또는 소비 등 모든 방면에서 최소한도의 노력이나 자본으로 최대한도의 효과를 얻는 방법에는 두 가지 종류가 있을 것이다. 즉 하나는 전습(傳襲)에 의하여 종래의 관습을 그대로 기 억하고 그것을 답습만 하면 족할 것임이오. 또 하나는 오직 기억이나 관습적 답습으로는 그 목적을 달할 수 없고 그 시기와 형편을 따라 자 기의 계산하에 자기의 계획이나 또는 창안(創案)을 요하는 바가 있으 니 이것이 대부분에 속한다. 공업이나 상업 또는 교통 등 과학적 지식 을 요하고 어느 부분에 있어서는 극히 심오한 학식이 필요한 것은 본 론의 범위 외에 속하는 고로 약하거니와 농업자나 일반 노동자의 일상 생활 범위에 속하는 바만 들어서 볼지라도 이러한 경제적 목표를 평범 한 상식으로 달할 수 있음에도 불구하고 문맹이므로 인하여 달하지 못 하는 일이 허다하니 문자를 알지 못하므로 모든 일을 기록에 의하지 못하고 오직 기억에만 의뢰하는 결과 복잡한 사물에 착란(錯亂)을 일 으키는 바가 많아야 그 생활에 대한 자기 계산이 서지 못하고 설혹 윤 곽의 계산이 설지라도 그 수행의 질서를 완전히 밟기 어려운 바가 많 다. 이것이 경제적 일상생활에 있어서 문맹자의 손실이오, 비애라고 할 것이다.

농부가 문자를 알지 못하므로 그 생산방면에 있어서 몇 천 년을 내 려오되 별 진보가 없이 그 옛적 농작법(農作法)을 그대로 오늘날 답습 하고 경작과 비료에 대한 새로운 방법을 적용하지 못하는 것은 그 다 수가 문맹인데서 최대 원인이 있는 것이오. 그 개인적 생활방면에 있어서도 상점의 간판 하나를 보지 못하고 기차시간을 문자로 보지 못하는 것은 물론이오. 역명(驛名) 하나를 알아보지 못하는 사람들이니 그네들에게서 어찌하여 경제적 생활의 향상을 기대할 수 있으랴. 그러므로 농부나 노동자가 그 생산 방면에 있어서 문자를 알지 못하므로 그 상식이 저열하고, 문자를 알지 못하므로 계산이 우둔할 뿐 아니라 그 소비생활에 있어서도 역연(亦然) 그러한 참상을 면하지 못하나니 그네들의 생활에 항상 진보가 적은 것은 문맹인 죄라고 할 수 있다. 그러므로 우리는 다시 농부와 노동자가 문자를 알지 못함은 그네들의 모든 운동에 토대가 박약함을 표시함이라 하고 싶다. 따라서 농부와 노동자가 그 생활의 유지를 위하여서도 문맹을 버려야 할 것을 말하는 동시에 그 생활개선을 위하여 일어나는 생활운동의 토대로도 이 문맹을 정복하는 것이 급무임을 말하지 아니할 수 없다. 어제에도 현대의 정치생활이 총동원적이라는 것을 말하였거니와 경제생활에 있어서 더욱 총동원적임을 요하는 것이 정치생활 이상으로 경제생활에서는 이 문맹의 퇴치를 시급히 요구하는 것이다.26)

이와 같이 전국적인 조직망을 통하여 문맹타파운동을 추진했다. 서울에서는 단성사, 조선극장, 우미관, 광무대 등 4대 극장을 무료로 개방하여 관람하게 하는 동시에 사회 지도층 명사 30여 명을 총동원하여 학술강연을 하기로 기획했다. 처음에는 단순한 '글장님 없애기 운동' 정도로만 대수롭지 않게 여기다가 날이 갈수록 전국적이고 조직적인 대규모 문맹타파운동으로 확대됨에 크게 당황한 경무국 당국은 이 운동에 대한 당초의 생각을 번복하게 되었다. 게다가 선전 포스터가 너무나 민중 선동성인 테다가 세 번에 걸친 동아일보 이광수의 사설에서 '자치제도'니 '경제적, 정치적 독립' 등의 언급은 곧 분리독립운동의 징후라고 간파하고, 그대로 두었다가 제2의 3·1운동 같은 독립운동으로 확대될까 두려워 3일 전인 3월 28일에 '우리글 원본'을 압수하면서 문맹퇴치운동 중지명령을 통보한 것이다.27)

---

26) 『東亞日報』(1928. 3. 28), 社說: 文盲과 經濟生活.
27) 『東亞日報』(1928. 3. 24), 文盲退治大宣傳 順序.

문자보급교재(조선일보사, 1934. 6. 22)

조선일보 부사장 이광수는 문자보급교재 1백만 부를 발행하여 무료로 보급하면서 문맹타파운동을 대대적으로 전개했다. '아는 것이 힘', '배워야 산다'라는 표어를 내걸고 문맹타파운동을 펼쳤다. 그러나 총독부 당국은 1935년 여름방학을 기하여 조선, 동아 양 신문사가 벌이고 있던 문맹타파운동을 독립운동으로 간주, 강제중단 조치를 단행했다.

동아일보 창간 8주년 기념사업의 한 가지로 조선 안에 8할 이상이나 된다는 '글장님'에게 글을 가르치는 운동을 일으키고자 여러 가지 선전방법과 순서를 정한 후 지상(紙上)으로 발표하여 이를 만천하 애독자 제씨에게 보도하는 한편으로 본사에서는 경성 본사에 1백여 명 사원을 비롯하여 전 조선 각도 각지에 산재한 3백여 처 지·분국원의 총동원으로 벌써 20여 일 전부터 준비에 분망하여 오는 중 사회 각 방면의 열렬한 후원을 힘입어 이제는 만반의 준비가 완성되는 동시에 2천3백만의 민중과 함께 4월 1일이 오기를 기다리고 있던바 작 28일에 이르러 돌연히 경무 당국으로부터 본사에 향하여 문맹퇴치의 선전운동을 일체 금지한다는 통지를 발송하였다. 경무 당국에서는 전 조선 방방곡곡에서 선전 포스터를 걸고 지상에선 소년군 행렬을 하며 공중에선 선전비행을 하는 일체의 순서를 전부 금지하는 동시에 비행기에서 뿌릴 '삐라'와 인력거와 자전거에 꽂고 다닐 선전기며 만천하 애독자 제씨에게 배부할 '우리글 원본'까지 전부 압수를 하고 말았다. 이에 본사에서는 할 수 없이 이 운동을 중지하나니 본사의 그동안 여러 가지 준비가 부질없이 된 것은 둘째로 이 운동을 열렬히 찬성하시던 만천하 민중의 기대를 받들지 못하는 것은 본사로서 가장 아픈 바이니 애독자 제씨는 이 본사의 충정을 양해하여주시기를 바라는 바이외다.

교육, 사상, 종교계 망라 30여 명사 강연도 중지

별항과 같이 본사 주최의 문맹에 관한 선전운동이 돌연 경무 당국으로부터 금지를 당하게 되었으므로 본보 창간기념 제2일인 4월 2일의 순서로 경성 시내의 4대 극장을 공개하고 교육계, 종교계, 사상계, 언론계 기타 각계의 일류 명사 30여 씨가 문맹에 관한 강연을 하기로 된 것도 할 수 없이 중지하기로 되었는데, 당일 강연을 승낙하신 이 중에는 지금까지 연단에 한 번도 나서지 않고 다만 연구에만 열중하던 이들까지 이번만은 나서지 않을 수 없다 하여 지키던 바를 깨뜨리고 출연을 승낙하신 이도 적지 않던 중 일이 이렇게 할 수 없이 중지를 하게 되어 본사로서는 그 여러분에게 미안하기 짝이 없다. 당일 강연을 승낙하신 이들의 씨명을 열거하면 다음과 같다.

연전 교수 미국 경제박사 조병옥(趙炳玉), 신간회본부 총무간사 송내호(宋乃浩), 이화여고보 교○ 김창제(金昶濟), 중외일보사 편집국장 민태원(閔泰瑗), 천도교 월보사 사장 이종린(李鍾麟), 정신여학교 교○ 김순영(金順英), 여자실천교장 이상수(李相壽), 조선여자학원장 신(申)알베트, 조선중앙 기독청년회장 윤치호(尹致昊), 중앙고보 교장 최두선(崔斗善), 보성전문 교수 옥선진(玉璿珍), 조선일보 주필 안재홍(安在鴻), 신간회 본부 총무간사 홍명희(洪命熹), 배재고보 교○ 강매(姜邁), 연전 교수 문학사 최현배(崔鉉培), 보성고보 교장 정대현(鄭大鉉), 동덕여고 교○ 류영춘(柳英春), 배화여고 교○ 이만규(李萬珪), 근우회 집행위원 박호진(朴昊辰), 협성실업학교장 김여식(金麗植), 휘문고보 교장 이윤주(李潤柱), 육당(六堂) 최남선(崔南善), 천도교 청년당 당두 김기전(金起田), 보성전문학교 교장 박승빈(朴勝彬), 소년연합회 위원장 방정환(方定煥), 협성실업교 부교장 박희도(朴熙道), 중동학교 교장 최규동(崔奎東), 여자상업교○ 김용국(金容國), 근화여고 교장 김미리

사(金美理士), 조선여자 기독청년연합회 총무 유각경(兪珏卿), 중앙고보 교○ 권덕규(權悳奎), 숙명여고 교○ 전영식(全永植).

찬원(贊援)하신 각계 인사께 형용에 절(絶)한 감사와 미안

본사 주최의 문맹관계운동이 돌연 금지를 당하게 되어 삼천리 근역(槿域)이 물 끓듯 기다리고 있는 4월 1일의 일제 운동을 중지하기로 된 것은 본사로서 조선 대중에게 적지 않은 미안을 느끼는 바거니와 특히 이 계획을 찬동하여 직접으로 선전운동에 참가하기로 하고 전 조선 5백여 곳 정거장과 2천여 운송점에 선전 포스터를 걸어주기로 하였던 철도국과 선운동우회(鮮運同友會)며 다수한 자전거와 1천여 대 인력거에 깃발을 날리게 되었던 윤업회(輪業會)와 각 인력거조합이며 극장을 무료로 제공하려던 단성사, 조선극장, 우미관, 광무대 등 기타 선전광고를 걸어주는 경성전기회사 등에 대하여는 더욱 미안하게 되었으며 귀여운 손에 선전 깃발을 들고 장사(長蛇)의 행렬을 지어 경성 시가로 돌아다니기로 되었던 소년군(少年軍)에 대하여는 더욱이 할 말이 없는 바이다.

'문맹퇴치 문자는 출처가 노농(勞農) 노국(露國, 러시아), 포스터의 색채도 자못 불온' 경무 당국 금지 이유

경무 당국으로부터 이번 본사 계획의 문맹퇴치 선전에 대한 일체 계획을 금지하였음은 별항과 같거니와 이 이유에 대하여 천리(淺利) 경무국장은 말하되 "그 주지에 대하여는 찬동하나 '문맹퇴치'라는 표어가 본래 러시아로부터 번져 나온 것과 또 '포스터'의 그림에 붉은 근육의 노동자를 그리어 있음이 일종의 공산주의적 색채가 있어 보이며 또 옥외의 소년 집회나 행렬은 교양시기에 있는 소년들의 일을 염려하므로 부득이 중지한 것이다" 하더라. (동아일보 1928. 3. 29)[28]

---

28) 정진석 편, 『日帝시대 民族紙 押收 기사모음』(LG상남언론재단, 1998), I, pp.506~509, 만반 준비가 완성된 금일 문맹퇴치 선전 돌연 금지, 소년단 행렬 비행기 선전 일체 금지, 포스터, 우리글 원본, 삐라 전부 압수, 주야겸행의 노력도 일조 수포.

4. 국민문학으로서의 '일설춘향전'

춘향전은 한국 문학에서 다양한 장르로 작품화가 되어 국민문학으로 읽히고 있는 전통 고전이다. 일제강점기 이해조(李海朝)의 '옥중화(獄中花)', 최남선의 '고본춘향전(古本春香傳)'을 비롯하여 1912년부터 1935년까지 27종의 춘향전이 출간되었다. 육당의 '고본춘향전' 서문에는 이렇게 쓰어 있다. "슬프다 왼 세상이 미쁨(信)이 없고 곧음(貞)이 없어 지킬 줄을 모르고 벗설(對抗) 것을 벗서지 못하는 이때에 가만히 춘향의 마음과 일을 생각하니 왼 천하 수염 있는 자칭 대장부를 위하여 뜨거운 눈물이 왕연(汪然)히 쏟아짐을 억제치 못할지라. 이때에 이 책을 냄이 더욱 도이치(徒爾) 아니함을 느끼리로다." 여기서 "벗설(대항) 것을 벗서지 못하는 이때에"는 한국 민족이 일제강점에 항거하지 못하고 있다는 것을 암시하고 있다.29)

춘원의 문장보국(文章報國)의 지상목표는 자신의 작품을 통하여 민족정신을 일깨움으로써 항일 민족의식을 고취하는 것이었다. 동아일보는 1925년 절개의 화신 춘향과 임진왜란 때 진주성 촉석루 술자리에서 왜장을 껴안고 남강에 투신한 논개(論介)의 의거를 연계하여, 절개의 화신 춘향전에 항일정신과 민족정신을 구현함으로써 이를 국민문학으로 승화하겠다면서 현상금 1천 원을 내걸고 춘향전 개작을 공개 모집했다. 수십 명의 응모자가 있었으나 국민문학이라 할 만한 마땅한 작품이 없어서 결국 동아일보는 편집국장 이광수에게 집필을 위촉했던 것이다.

춘향전은 심청전과 아울러 조선 국민문학의 대표를 이룬 것이다. 심청전은 효도를 중심으로 한 것으로, 춘향전은 정절을 중심으로 한 것으로 양반계급으로부터 초동목수에 이르기까지 이 이야기를 모르는 이가 없고, 이 이야기 중에 한두 구절을 부르지 않는 사람이 없다. 진실로 우리 조선 사람이 부르는 노래의 대부분이 이 두 가지 이야기를 재

29) 『六堂崔南善全集』(고려대 육당전집편찬위원회, 1974), 권 14, 고본춘향전, 서.

료로 한 것이라고 할 수가 있다. 그러나 불행히 춘향전, 심청전은 아직
도 민요의 시대를 벗지 못하여 부르는 광대를 따라 사설(辭說)이 다르
고 심지어 인물의 성격조차 다르고 더구나 시속의 낮은 취미에 맞게
하느라고 야비한 재담과 음담패설을 많이 섞어 금보다도 모래가 많아
지게 되었다. 춘향전이 더욱 그러하니 이는 춘향전이 심청전보다 더욱
백성의 환영을 받는 것과 또 그것이 연애담(戀愛談)인 까닭에 잡담과
음담패설이 더 많이 붙게 된 것이다. 언제나 한번 춘향전, 심청전은 우
리 시인의 손을 거쳐 일리고 씻기고 정리되어서 참된 국민문학이 되어
야 할 운명을 가진 것이다.

이 때문에 본사에서는 1천 원의 상금(그리 많은 것은 아니나)을 걸
고 우선 춘향전의 개작을 모집하였더니 수십 편이나 되는 힘들인 원고
를 얻었으나 불행히 국민문학으로 추천할 만한 것이 없으므로 응모하
신 여러분에는 심히 미안한 일이나 춘원 이광수 씨에게 청하여 춘향전
을 쓰기로 하였다.

춘원의 춘향전은 얼마나 재미있을까. 얼마나 우리 조선 사람의 가슴
을 울리고 조선 사람의 전통적 정신을 전할까. 우리는 반드시 춘원의
춘향전이 만천하 독자를 만족케 할 것을 믿는다. 아직 재래의 춘향전
을 못 본 이에게는 물론이거니와 재래의 춘향전 보고 듣고 잘 아는 이
에게는 더욱 흥미가 깊을 것이요 춘향전을 여러 백 번 노래한 명창 광
대에게는 더욱 흥미가 깊어 참 춘향전을 이제야 보네 그려 하는 탄식
을 발하리라고 믿는다. 또 춘원의 춘향전은 남녀 학생이 보아도 좋을
만치 고상하고 주사청루(酒肆靑樓)에서 읊어도 좋을 만치 보편성이 있
을 것을 믿는다. 우리는 만천하 독자로 더불어 춘원이 필생의 정력을
다하여 그리는 위대한 우리 문학을 괄목하고 보려 한다.30)

동아일보에 '춘향'이란 제목으로 연재했는데 1929년 1월에는 '일설
춘향전'이란 제목으로 간행했다. 출간되자마자 동아일보는, 국민문학
'일설춘향전'은 조선적인 특수성을 가지고 있는 천고불멸의 문학적 가

---

30) 『東亞日報』(1925. 9. 24), 小說豫告 春香傳改作; 春園作, '春香' 96회 연재
(1925. 9. 30~1926. 1. 3) 후, '一說春香傳'이 1929년 1월 단행본으로 출간되
었다. 春園 李光洙, 『一說春香傳』(漢城圖書株式會社, 1929. 1. 30).

치를 가진 조선 문학의 정화(精華)라고 격찬하고 있다.

누구나 조선 문학을 말하는 이는 춘향전의 문학적 가치를 무시할 수
없을 것입니다. 어떤 이는 춘향전을 가리켜서 조선 고문학(古文學)의
정화(精華)라고까지 말하는 것을 들었습니다. 춘향전의 생명은 조선적
(朝鮮的)인 데 있습니다. 조선 고대소설은 대개 중국류(中國流)의 상
(想)과 표현을 모방하였지만 춘향전은 그렇지 않습니다. 외적으로나 내
적으로나 어디로 보든지 조선적이외다. 우리 조선이 아니면 산출치 못
할 조선 독특의 건실한 문학이외다. 그것이 소설로 극으로 민요로 우
리 민중에 깊은 뿌리를 박아 장구한 생명을 가지게 된 것도 오로지 그
까닭이라고 믿습니다.
　춘향전은 그처럼 우리 조선 문학사상에 있어서 귀중한 문헌의 하나
이면서도 그 가치를 충분히 드러내지 못하였습니다. 그것은 조선 문학
이라는 생각은 꿈도 꾸지 않던 우리 조상들의 허물도 허물이겠지요마
는 그것을 위대한 문학작품으로 개작(改作)할 만한 작가가 없었던 것
도 큰 원인이 되는 것입니다. 그 까닭에 세상에 흐르는 춘향전은 여러
종이 있으나 대개 야비한 문장으로 요부(妖婦)나 탕자(蕩子)의 향락물
을 만들어놓았으니 이것은 조선 문학사상에 있어서 큰 손실인 동시에
민중에게 던지는 불리(不利)가 큰 것이라 뜻있는 이들의 통탄이 적지
않던 바에 우리 춘원 선생의 개작한 춘향전이 나온 것은 참으로 시
(時)에 응하여 사회의 기대(企待)에 부(副)한 것이라 할 것입니다. 춘
원 이광수 선생은 조선 문학의 건설자요 현 문단의 중진으로 전생(全
生)의 심혈을 부어서 춘향전을 개작하였으니 노숙한 상(想)과 현란한
문장은 춘향전으로 하여금 천고불멸(千古不滅)의 문학적 가치를 가지
게 하였습니다.31)

이리하여 춘원은 '춘향'을 집필, 국민문학으로서 항일 민족의식을 고
취하였다. 남원부사 변학도(卞學道)를 지배자(조선총독), 춘향을 피지
배자(조선 민족), 암행어사 이몽룡(李夢龍)을 독립운동 지도자로 캐릭
터(인물)를 설정하고 있다. 특히 춘향이 변사또의 수청(守廳) 강요를 거

---

31) 『東亞日報』(1929. 2. 2), 春園 李光洙 作, 一說春香傳.

절한 것을 항일정신으로 승화하고 있다. 본관사또 생일잔치에 폐포파립(弊袍破笠)의 거지꼴로 가장한 암행어사 이몽룡이 나타나서 한 기생에게 행하(行下, 주인이 하인에게 주는 수고 돈, 팁) 권주가를 강청하는 대목은 다음과 같다.

몽룡이 본관을 노려보며 "여보 어쩐 말이오. 나는 기생 권주가 하나 못 들을 사람이란 말이오?" 하고 대드는 것을 보고 운봉이 곁에 있는 기생 하나를 불러 "네 이 양반 술 부어드리라." 기생이 귀찮아하는 듯이 이마를 찡기고 몽룡의 곁으로 가서 술을 부어 들고 외면하고 앉으니 몽룡이 웃으며 "묘하다! 권주가 할 줄 알거든 하나 하여서 나를 호사(豪奢)시키려무나." 기생이 외면한 대로 입을 비쭉하며 "기생 노릇은 못하겠다. 비렁뱅이(거지)도 술 부어라 권주가까지 하라니 권주가 없으면 술이 줄닥이(목줄띠)에 아니 들어가나" 하고 쫑알거리고 나서 그래도 마지못하여 권주가라고 한다는 것이 "먹우먹우 먹으시오. 이 술 한 잔 먹으시오…" 몽룡이 다 듣지도 아니하고 "여보아라 요년 네 권주가 본이 그러냐. 행하 권주가는 응당 그러하냐. 잡수시옷 말은 생심도 못하느냐." 기생이 몽룡을 흘겨보고 독을 내며 "애고 망측해라. 가초가초(갖추) 성가시게도 구네. 그럼 잘 하오리다" 하고 권주가를 다시 부른다는 것이 "처박이시오 처박이시오. 꿀떡꿀떡 처들어 박이시오. 이 술 한잔 처박이시면 만년 거지될 것이니 어서어서 들이지르시오" 하고는 술잔을 몽룡의 코끝에 내어 대이며 "자 어서 받으오. 팔 아프지 않소?" 한다. 몽룡이 이윽히 그 기생을 뚫어지게 보더니 고개를 ㄲ떡ㄲ떡 하고 "예라 요년 아서라(앗아라)" 하고 술을 받아 마신다.32)

기생의 권주가는 압박받고 있는 조선 민족에 대한 저주의 권주가가 아닌가. 이때 암행어사 이몽룡은 "암행어사 출또하오!" 한마디에 억압받는 조선인을 해방시킨 것이다. 춘원은 '춘향' 끝부분에 이렇게 썼다. "이때부터 팔도 광대들이 춘향의 정절을 노래지어 수백 년래로 불러오더니 후세에 춘향의 동포 중에 춘원이라는 사람이 이 노래를 모도와(모

---

32) 春園 李光洙, 『一說春香傳』, pp.334～335.

아서) 만고 열녀 춘향의 사적을 적은 것이 이 책이다."[33]

고수관(高壽寬)은 충남 해미(海美) 출생으로 순종, 헌종, 철종 3대 (1801~1864)에 활약한 광대의 명창이며, 그의 소장(所長, 장점)은 춘향가 중 '자진사랑가'이다. 그의 창법(唱法)은 특이하다. 그의 성음은 극히 미려하여 딴 목청을 자유자재로 소리 내어 '딴천일수'라는 별명을 얻을 정도이다. 그는 대구 감사 도임 초연석에 초빙되어 갔을 때, 춘향가 중 기생점고(妓生點考, 기생 명부에 점을 찍어가며 이름을 불러냄) 하는 대목에 이르러서 고전 중의 기생 이름을 부르지 않고 그 당시의 기생 이름을 자유자재로 지어 이름의 뜻을 시적으로 만들어 불러서 좌석을 경탄케 하여 일시 인구에 회자되기도 했다. 춘향가 중 '사랑가'는 그의 더늠(창하는 사람의 남달리 지니고 있는 독특한 가락)으로 후세에 전하고 있다.

조선 창극사에서 광대 고수관이 불렀던 '자진사랑가'는 다음과 같다.

사랑 사랑 내 사랑아 어허둥둥 내 사랑아 어화 내 간간(기쁘고 즐거움) 내 사랑이로구나 여봐라 춘향아 저리 가거라 가는 태도를 보자 이만큼 오느라 오는 태도를 보자 빵긋 웃고 아장아장 걸어라 걸(걷)는 태도 보자 너와 나와 만난 사랑 허물없는 부부사랑 화우(花雨)동산 목단화(牧丹花, 모란꽃)같이 펑퍼지고 고흔(고운) 사랑 영평 바다 그물같이 얽히고 맺힌 사랑 녹수청강 원앙조격(鴛鴦鳥格)으로 마주 둥실 떠 노는 사랑 네가 모두 사랑이로구나 어화둥둥 내 사랑 내 간간아 "네가 무엇을 먹으랴느냐 울긋불긋 수박 웃봉지 떼 떨이고 강릉백청(江陵白淸, 썩 좋은 꿀)을 달로 부어 반간지로 더벅 질러 붉은 점만 네 먹으랴느냐." "아니 그것도 내사 싫소." "그러면 무엇을 먹으랴느냐 시금털털 개살구 애기 배면 먹으랴느냐." "아니 그것도 나는 싫어." "그러면 무엇을 먹으랴느냐 생률(生栗)을 줄야 숙률(熟栗)을 줄야 능금을 줄야 앵두를 줄야 돗(돼지) 잡아 줄야 개 잡아 줄야 내 몸뚱이 채 먹으랴느냐." "여보 도련님 내가 사람 잡아 먹는 것 보았소." "예라 요것 안 될 말이로다 어화 둥둥 내 사랑이지 이리 보아도 내 사랑 저리 보

33) 상게서, p.362.

아도 사랑이 모두 내 사랑 같으면 사랑 걸려 살 수 있나 어화둥둥 내
사랑 내 간간이로구나."34)

송광록(宋光祿)은 전북 운봉(雲峰) 출생으로 순종, 헌종 시대(1801~
1848)의 명창이다. 조선 역대 명창 중 첫째로 손꼽히는 국창(國唱) 송
흥록(宋興祿)의 아우이다. 형 흥록은 광대요 아우 광록은 고수(鼓手)이
다. 광대와 고수의 차별대우가 심해서, 형 국창 흥록이 어디 연회장에
불려 가면 형은 보교를 타고 위세 당당하게 행차하고 아우 고수는 북을
메고 초라한 모습으로 뒤따랐다. 좌석도 형 흥록은 상석에 좌정하는데
아우 광록은 말석에 초라한 모습으로 앉았을 뿐만 아니라, 형 흥록은
상이 휘도록 진수성찬 음식상 대접을 받는 데 반해 아우 광록은 개다리
상에 초라한 밥상을 받을 뿐이다. 광대가 소리를 끝내고 갈 때 형 흥록
은 후한 보수를 받는데 고수 광록은 광대의 10분의 1의 보수를 받을 뿐
이다. 그 시대는 광대는 우대를 받지만 고수는 하대(下待)를 받는 처지
였다. 아무리 형제간이지만 기분이 좋을 리 없다. 마침내 뱀이 뒤틀린
송광록은 종적을 감추고 말았다. 이러한 차별 울분을 풀기 위해 그 길
로 제주도로 건너가 4, 5년간 만리창해를 토해낼 기세로 소리공부에 몰
입하여 마침내 명창으로 거듭 태어났다. 그리고 형 송흥록 국창과 어깨
를 나란히 하여 독특한 창법 기예를 겨루었다. 춘향가가 장기였고 더늠
으로는 춘향가 중 '사랑가'이다.
  그의 춘향가 중 '사랑가'를 보면 다음과 같다.

  만첩청산(萬疊靑山) 늙은 범이 살찐 앰개(암캐)를 물어다 놓고 니
(이)는 빠져서 먹든 못하고 흐르릉 흐르릉 굼니는 듯 북해흑룡(北海黑
龍)이 여의주(如意珠)를 입에다 물고 채운간(彩雲間, 꽃구름 사이)으로
넘노난 듯 단산봉황(丹山鳳凰)이 죽실(竹實)을 물고 오동(梧桐) 속으
로 넘노난 듯 이리 오느(너)라 오는 태도를 보자 저리 가거라 가는 태

─────────────
34) 鄭魯湜, 『朝鮮唱劇史』(京城 朝鮮日報社 出版部, 1940), pp.32~33, 高壽寬
    자진사랑가.

도를 보자 아장아장 걸어라 걸(걷)는 태도를 보자 빵긋 웃어라 웃는 님(입)모습을 보자 사랑 사랑 내 사랑이야 내 간간 내 사랑이지 이리 보아도 내 사랑 저리 보아도 내 사랑 사랑이 모두 다 내 사랑 같으면 사랑 걸려서 살 수가 있나 어허둥둥 내 사랑 빵긋빵긋 웃는 것은 화중왕(花中王) 모란화(花)가 하루 밤 세우(細雨) 뒤에 반만 피고자 하는 듯 아무리 보아도 내 사랑 내 간간이로구나.35)

그동안 이도령과 춘향의 '사랑가'는 명창과 광대 그리고 판소리들이 제각기 사설(辭說)을 달리해서 불러왔다. 이제 '일설춘향전'이 세상에 나오면서 사랑가는 통일이 되어 춘원의 사랑가를 정본으로 부르게 되었다.

몽룡이 한참 동안 춤을 추더니 흥을 건디지 못하는 듯이 어머니가 아기를 안는 모양으로 덥석 춘향을 들어 안고 아기를 달래는 듯이, 이리 왔다 저리 갔다 아랫목에서 윗목으로 윗목에서 아랫목으로 얼씬얼씬 춤을 추며 사랑의 노래를 부른다.

어허 둥둥 내 사랑이야, 네가 내 사랑이로구나. 이리 보아도 내 사랑, 저리 보아도 내 사랑이다. 아무리 보아도 내 사랑이로구나. 어허 둥둥 내 사랑. 앉거라 보자 내 사랑, 서거라 보자 내 사랑이다. 들고 보아도 내 사랑, 놓고 보아도 내 사랑. 어허 둥둥 내 사랑. 사랑 사랑 내 사랑. 아무리 하여도 내 사랑. 이생에서도 내 사랑, 저생(저승)에서도 내 사랑. 극락엘 가거나 지옥엘 가거나 어디를 가도 내 사랑. 너를 두고는 못 살리라. 어허 둥둥 내 사랑. 어허 둥둥 내 사랑이로구나. 무산선녀(巫山仙女)도 나는 싫어, 서시(西施) 옥진(玉軫)도 나는 싫어. 아무도 나는 싫다. 어허 둥둥 내 사랑. 네가 오직 내 사랑.

"에그 그만해요. 팔 아프시겠소" 하고 춘향이 몽룡의 팔을 뿌리치고 방바닥에 내려선다. "이번에 날 좀 안고 사랑의 노래를 불러다오." 춘향이 머리채를 앞으로 끌어오고 몽룡을 업고 외씨 같은 발을 안짱다리로 사뿐사뿐 옮겨놓으며, "자장자장 우리 아기 잘도 잔다." 몽룡이 등

---

35) 상게서, pp.35~36, 宋光祿 사랑歌.

위에서, "내가 네 아들이냐 자장자장은 다 무에야 사랑가! 사랑가!"
"에그 퍽도 보채네. 그럼 두어 마디만 하리다" 하고 사랑의 노래를 부른다.

사랑 사랑 사랑 내 사랑이로구나. 우리 도련님 내 사랑. 어허 둥둥 내 사랑. 천산선관(天上仙官)도 나는 싫소, 삼공육경(三公六卿)도 나는 싫소. 어허 둥둥 내 사랑. 도련님만이 내 사랑. 한강수 물결같이 끊임없는 내 사랑. 동해 바다 푸른 물 끝 모르는 내 사랑. 어허 둥둥 내 사랑. 남산 칡덩굴같이 엉키고 엉킨 내 사랑. 영평 바다에 조기 잡는 그 물같이 맺히고 맺힌 내 사랑. 아무래도 내 사랑. 어허 둥둥 내 사랑. 높고 높은 하늘에 닿고 남는 내 사랑. 삼천 대천세계에 차고 남는 내 사랑. 죽고 나고 죽고나 삼생(三生)을 두루 돌아도 변치 않는 내 사랑. 북망산 일 분토(墳土), 살과 뼈가 다 썩어도 썩지 않는 내 사랑이야. 임께 드린 내 사랑이로구나. 어허 둥둥 내 사랑.36)

오류정에서 이몽룡을 이별하고 돌아온 춘향은 마치 병든 사람 모양으로 그날그날을 보낸다. 춘향이 '이별가'를 읊조린다.

이럴 줄 알았다면 보내지를 마옵거나 차라리 가는 님을 따라라도 가올 것을, 보내고 애타는 나를 나도 모르겠네. 이별이 설운지고 님 이별이 과연 설운지고. 생각던 것보다도 한없이 더 설워그려. 이 설움 어이 품고 살거나 나는 못 살겠네. 사랑이 깊사오매 이별이 더 설운지고. 이리 설운 이별이면 사랑이나 마올 것을. 사랑코 이별한 몸이 차마 살기 어려워라. 울며 잡는 소매 뿌리치고 가신 도련님아 내 이리 설울진댄 님인들 아니 설울소냐. 이 설움 어이 참아 지나시나 눈물겨워 못 살겠네. 오늘은 어디나 가실꼬, 오늘 밤은 어느 여막(旅幕)에서 나를 혀오시나(헤아리다). 님도 나와 같아여 잠 못 이루시나. 꿈이로구나 한바탕 꿈이로구나. 한양에 가신 님이 꿈 아니고 오실 리 있나? 꿈아 어린 꿈아 오신 님도 보낼것가. 오신 님 보내느니 잠든 나를 깨우럼은. 날 두고 가시기로 잊으신 줄만 여겼더니 꿈에 와 찾으시니 님도 나를 생각하시나 보이.37)

36) 春園 李光洙, 『一說春香傳』, pp.116~119.

춘향은 이도령과 이별하고 변사또의 수청을 거부한 죄로 옥에 갇힌 신세가 되었다. 오매불망 이도령에 대한 일편단심은 노래로 위안을 삼고 있다.

가시고 안 오는 님 꿈에라도 뵈오련만
잠 못 이루오니 꿈이야 이루리까
여름밤 짜르다(짧다) 하옴을 못내 슬허(슬퍼)하노라

님 그린 상사몽(相思夢)이 귀뚜라미 넋이 되어
추야장 긴긴 밤에 님의 방에 들었다가
날 잊고 깊이 든 잠을 깨워볼까 하노라

묻노라 저 기러기 북으로 옴일진댄
삼각산 한강수를 안 지날리언
스려든 어찌타 님의 소식을 아니 전코 가나냐[38]

이때에 월매는 차마 내 딸의 맞아죽는 것을 어찌 보랴 하여 집에 돌아와 혼자 울고 있다가 춘향이 어사또 수청 들게 되었단 말을 듣고 "애고 내 딸이야 내 딸 착하다 기특하다. 어사 사위는 참말 뜻밖이다" 하고 뛰어 들어오며, "좋을 좋을 좋을시고 어사 사위 봄(보게) 될 날 또 있고나. 즐거움을 못 이기니 어깨춤이 절로 난다. 강동에 '범'이러니 길나리비(길나비)가 훨훨. 소주 한잔 먹었더니 곤댓짓(고갯짓)이 절로 난다. 탁주 한잔 먹었더니 엉덩춤이 절로 난다."[39]

국민문학 '일설춘향전' 출간을 계기로 남원 유지들과 기생들은 십시일반으로 돈을 모아서 진주성 논개사당을 본떠 1931년 3월 1일 남원에 열녀 춘향사당을 세웠다. '烈女春香祠'라 쓴 현판 밑에 '붉은 해'를 배경으로 하고 토끼가 거북의 등을 탄 채 거센 파도를 헤치고 용궁을 빠

---

37) 상게서, pp.155~157.
38) 상게서, pp.234~235.
39) 상게서, p.356.

열녀 춘향사당 현판(1931)
남원 광한루 동쪽에 건립된 춘향사당 정문의 현판 '烈女春香祠'. 현판 밑에 토끼전을
형상화한 그림이 그려져 있다. 용왕은 일본제국, 토끼는 피압박 조선 민족, 태양은 자
유독립의 등불을 상징한다. 용궁으로 잡혀온 토끼는 용왕과 별주부(거북)를 속이고
거북을 타고 용궁(일제)을 탈출하여 거센 파도를 헤치면서 빠져나오고 있다. 일제의
식민지배를 벗어나 자유해방을 염원하는 뜻이 담긴 그림이다.

져나오는 장면을 조각해놓고 있다. 토끼가 기지를 발휘해 간을 떼어놓
고 와서 어서 육지로 돌아가서 간을 용왕님에게 갖다 드리겠다면서 용
궁을 탈출, 거센 파도를 헤치고 자유해방을 구가하며 돌아온다. 여기서
토끼 간은 바로 '조선 혼'을 상징하고 있다. '붉은 해'는 일본, 토끼는
일제강점기의 피압박 조선 민족을 상징하며, 파도를 헤치고 용궁을 빠
져나오는 것은 곧 일본의 지배를 벗어나 자유해방과 광복의 영광을 얻
는 것이다. 춘향의 절개는 곧 항일 민족정신을 상징하고 있다 해서 이
춘향사당을 절개를 상징하는 대나무 숲 가운데 세우고 사당 대문에는
민족부호(national symbol)인 '태극 문양'을 그리고, 일편단심 중에서
'丹心'이란 두 글자를 솟을대문에 붉은색 글씨로 써놓고 있다.40)

---

40) 『東亞日報』(2007. 2. 28), "춘향전, 항일 민족정신 일깨웠다." 설성경 교수 '일
제강점기 춘향전의 의미' 재조명.

5. 동아일보 창간 10주년 기념사업

한국 학생운동사에서 광주학생운동(1929. 11. 3)은 전국 학생들의 항일운동을 일으키는 데 기폭제 역할을 했다는 점에서 대단히 의미 있는 학생의거이다. 그것은 학생들 사이에서 조선 학생과 일본 학생 간의 차별대우로 인해 발생한 사건이었으며, 이것이 민족적 울분으로 표출되었고 전국 학생들의 의분으로 분출된 것이다. 1930년 1월 15일 드디어 서울시내 15개 학교에서 동시다발적으로 시위운동이 발생했는데 깃발(태극기)을 흔들면서 만세(독립만세)를 소리 높이 외치면서 교내 시위를 벌이다가 교사와 경관의 제지를 돌파하여 시가행진까지 벌였던 것이다. 이는 3·1운동 실패 후 침울한 민족적 패배감을 떨쳐버리고 민족의식을 고취하는 각성제 역할을 했다. 동아일보는 학생들이 만세를 외치면서 일제히 시위를 벌였다고 보도하고 있다.

> 금 15일 아침에 이르러 시내 각 학교의 대부분은 일제히 첫째 시간을 마치고 둘째 시간부터 전교 생도들이 서로 호응하여 가지고 교내에서 깃발을 들고 만세를 부르고, 만만세를 부르다가 울고 하여 대소동을 일으키어 시내의 각 경찰은 총동원이 되어 동분서치(東奔西馳)하며 기마경관대는 각 학교를 포위하고 철통같은 경계를 하는 중인데 금일 오전 중에 동요된 학교는 다음과 같다. 경관은 시내 택시와 소방자동차까지 징발하여 각급 학교 학생 250여 명을 검거했는데 학교별로 보면 다음과 같다.
> 보성전문 15명, 휘문고보 20명, 중동고보 112명, 경신고보 60명, 배재고보 30여 명, 이화여고보 13명, 배화여고보 6명, 근화여학교 30명, 동덕여고보 미상, 정신여고보 미상, 실천여학교 11명, 여자미술학교 15명.41)

---

41) 『東亞日報』(1930. 1. 16), 14校 男女學生 萬歲高唱코 一齊示威. 이 날짜 신문기사는 기사 내용이 불온하다 하여 삭제된 부분이 상당히 많다. 그럼에도 불구하고 태극기를 '깃발'로 독립만세를 '만세'로 표기하고 있다.

여기서 '만세', '만만세'는 독립만세를, '깃발'은 태극기를 의미한다. 3·1운동 때의 시위운동과 똑같은 양상을 보이고 있다. 소격동에 있는 보성전문 학생 2백여 명은 15일 오전 열 시에 수업을 중단하고 교정에 모여 검거된 광주학생을 석방하지 않으면 공부를 계속할 수 없다는 등 구호를 외치고 만세를 소리 높이 외치면서 과격한 연설회를 열고 두 개의 조건이 붙은 결의안을 채택했다. 1. 검속 학생 즉시 석방할 것, 2. 학원을 독립시킬 것. 이상 두 개의 조건을 내건 진정서를 조선총독, 학무국, 일본 내각, 문부성에 전보로 발송하기로 했다. 학생들은 교문 밖으로 나가 가두시위를 벌이려 했으나 경찰이 철통처럼 에워싸고 있어 가두 진출은 실패했다. 경찰은 보성전문 학생대표 이원칠(李源七)을 비롯하여 15명을 검거했다.

이화여자전문 학생 백여 명도 교문 밖으로 가두 진출을 시도했으나 출동 경관의 제지를 받고 교실 안으로 들어가지 않을 수 없었다. 이화여고보 학생의 만세시위가 가장 격렬했다. 이화여고보 학생들은 붉은 바탕, 흰 바탕, 그리고 파란 바탕에 글씨를 쓴 삼종기(三種旗) 60개를 경찰에 압수당했다. 이는 자유, 정의, 박애를 상징하는 깃발인 것으로 추정해볼 수 있다. 그런데 이 깃발은 학생들이 자수시간에 제작했는지 혹은 외부 모종 단체로부터 제공받았는지 출처가 불분명하다. 만세 행렬 속에 수십 장 붉은 전단지(삐라)도 압수되었다. 이화여고보 학생 400여 명은 운동장을 배회하면서 만세를 불렀고, 삼종기를 든 학생을 선두로 가두 진출을 시도하려다 경찰의 제지를 받아 학생 행렬은 배재고보 방향으로 행진하였고 배재고보 학생 670명이 이에 호응, 양교 학생이 일제히 만세를 부르니 만세 함성이 정동 일대가 떠나갈듯 울려 퍼졌다.42)

서울 시내 보성전문, 이화여전 등 전문학교 2개 교를 비롯하여 14개 교 학생이 어떻게 한날한시에 시위운동을 일으킬 수 있었는가에 대해 그 진상을 알아보았더니, 그것은 각 학교 대표들이 사전에 치밀한 거사

---

42) 『東亞日報』(1930. 1. 16), 깃발을 先頭로 梨花女高生示威, 越便 培材生도 呼應.

계획을 수립했기 때문에 가능했다. 각 학교 대표들은 광주학생운동으로 말미암아 검거된 학생을 석방시키기 위하여 일대 시위운동을 벌일 작정으로 미리 계획을 세워놓고 만세시위는 1월 15일 오전 열 시경에 종로 네거리에 집합, 서울 시내 전 시가를 가두시위를 벌이기로 계획했는데, 광주 경찰서에서 이 거사계획을 입수, 14일 밤 경기도 경찰부에 긴급전보로 통보함으로써 서울 시내 각 경찰서 경관들이 사전에 철통같은 경계망을 펼쳐놓았기 때문에 학생시위대의 가두시위는 좌절된 것이다.43)

이와 같이 학생시위가 격화되는 사회적 동요가 거듭되는 가운데 동아일보 창간 10주년을 맞이하게 되었다. 1930년 4월 1일을 기하여 기념사업의 일환으로 조선어문, 체육, 교육 등 3개 부문 공로자를 선정, 표창을 하였다. 이어 1920년 창간 당년에 일어난 훈춘(琿春)사건 취재차 특파되었다가 일본군에 피살되어 시체조차 찾지 못한 장덕준(張德俊) 기자의 추도식을 정식으로 거행하였다. 그동안 추도식을 미뤄온 것은 피살 심증을 가지면서도 그의 죽음을 단정하기 싫었던 것이 그 이유였다.44) 이광수는 동아일보에 창간 10주년을 축하하는 '십년사(十年詞)'를 연재했다. 자유독립을 염원한 시조이다. 한편 '정의는 이긴다'라는 영화 극본을 집필·연재한 후 이를 영화로 제작하여 무료로 관람케 했다.

동아일보 창간 10주년 기념으로 발표된 시조 '십년사'는 총 7편인데, 이 중 한 편만 주요한의 작품이고 나머지 6편은 모두 춘원의 작품이다. '이광수전집'에는 미수록된 작품이다.45) 여기서 이광수는 당국의 검열을 통과하기 위하여 의도적으로 직설법을 피하고 은유 암유법을 사용했다. '임'은 조국 민족을 상징하고, '기쁜 소식'이란 광복을 의미한다.

---

43) 『東亞日報』(1930. 1. 16), 鐘路四街에 集合, 示威行列을 計劃, 경찰이 미리 알고 엄중히 경계, 光州署 密電으로 發覺.

44) 『東亞日報社史』, 권 1, pp.298~299.

45) 『東亞日報』7회 연재(1930. 4. 1~10), 十年詞(春園), 其五는 요한. 이광수전집(삼중당)에 미수록.

'하루'는 자유해방의 그날을 암유하고 있다. "임들아 기다리소서, 하루 (자유해방의 그날) 아니 오리까"라고 노래하고 있다.

십년사(十年詞)

其一 春園
한 일도 많거니와
하올 일이 더욱 많아
십년 마디마디
새 기원(紀元)을 알외(아뢰)면서
끝없는 조선과 함께
만만세(萬萬歲)를 사소서 (동아일보 1930. 4. 1)

其二 春園
지난 길 헤여보니(헤아려보니)
자욱(자국)마다 피땀일사
그똥 십 년 세월
길다고 할 우리랴만
한없이 겪은 고생이
백 년인 듯하여라 (동아일보 1930. 4. 2)

其三 春園
平生(평생)에 한 되옴이
기쁜 소식 못 전함이
윤전기 도는 소리도
눈물질 때 많은 드라
임들아 기다리소서
하로(루) 아니 오리까 (동아일보 1930. 4. 3)

其四 春園
불편부당(不偏不黨)해도

민중에게 폄이로다
이해 고락간에
오직 진리 정의 따라
이천만 조선 민족의
맘과 입이 되니라 (동아일보 1930. 4. 4)

其五 요한
십 년을 자랐나니
무엇 믿고 자랐는다
이천만 부형의
품속에서 자랐노라
앞으로 몇 십 년 두고두고
은혜 갚아 보오리 (동아일보 1930. 4. 6)

其六 春園
산이 높음 같이
높은 것은 우리 의기
바다 깊음 같이
깊은 것은 뜻이로다
백일이 광명하옴이
그림잔가 하노라

가뭄에 구름 되어
큰 비 빚어 내리소서
구고(九臯, 으슥한 늪)에 우는 소리
한울(하늘)에 들리나다
송죽의 밝은 절개야
일러 무삼 하리오 (동아일보 1930. 4. 9)

其七 春園
활자 뽑으면서
비나이다 글자마다

생명의 불이 되어
태우소서 천만심을
천만심 타는 불빛이
평지 환히 하소서
집집이 두루 찾아
소리소리 외치옵기
어제요 오늘이오
삼천육백 날이로다
천년을 가쁘다 하리까
임이 헤오시거니 (동아일보 1930. 4. 10)

　동아일보 편집국장 이광수는 동아일보 10주년 기념사업을 추진하면서 천도교의 개벽사가 운영하는 '학생' 지에 여러 편의 시와 시문(時文)을 노아(魯啞)라는 필명으로 발표했다. 이광수는 어느 잡지사, 신문사에서 원고 청탁이 오면 거절하는 법이 없었다. 이광수는 원고 청탁 온 기자를 기다리게 하고는 일기가성(一氣呵成)으로 써 주곤 했다. 신문사에서도 원고 마감 시간이 임박해 그 자리에서 연재물 원고를 단숨에 써 내었다. 과연 천재적인 필력(筆力)에 모두들 감탄하지 않을 수 없었다. 원고를 한 번 쓰고 나면 절대 첨삭, 개정, 추고(推敲, 글다듬기)하는 법이 없었다. 그러기에 춘원의 글에는 오기(誤記)가 있어서 가끔 시비와 비판의 논쟁이 일기도 한다. 그 대표적인 사례가 바로 '낙화암'이란 시에서 사비수(泗沘水, 백마강), 사비성(泗沘城, 부소산성)을 사자수(泗泚水), 사자성(泗泚城)이라 잘못 표기한 것이다.

　'학생' 지에 게재한 글들은 이광수나 춘원이 아닌 '노아'로 발표했기 때문에 '이광수전집'에 수록되지 못했다. 미수록 신발굴 작품을 전문 소개하고자 한다. 우선 '농촌 부로를 대신하여'라는 편지를 처음 공개하는데, 이 편지 형식의 시문에서 무려 총 80행이나 검열로 삭제 당했다는 사실은 일제 당국의 검열이 매우 엄혹했다는 사실을 보여주고 있다. 이광수 글은 무엇이나 청년학도들에게 민족의식을 고취하고 있어서 이 같은 검열 삭제를 당하고 있다.

농촌 부로를 대신하여

아들아! 나도 금년부터는 차차 허리가 아프고 눈도 좀 희미하여진다. 아이구 늙었구나 하는 한탄이 난다. 가세(家勢)는 넉넉지 못하고 어린 것들은 수두룩한데 내가 벌써 이렇게 노쇠하여서야 어찌한단 말이냐. 낸들 나이야 얼마나 많으냐. 아직 60도 못 되었건마는 일생을 힘드는 노동으로만 보내고 먹을 것도 잘 먹지 못하던 것이 빌미가 되어 아마 이렇게 일찍이 노쇠의 조짐이 보이는 모양이다. 더욱 작년 겨울에 그 중병을 앓고 나서부터는 갑자기 10년이나 더 먹은 것 같다. 이러다가 그만 털썩 죽어버리면 아이들은 다들 어떻게 하나….

아서라 그런 슬픈 소리는 말자. 너도 금년에는 그렇게도 사람이 부러워하고 들어가기 어려워하는 대학 예과라는 데 합격이 되어서 옛날로 이르면 초시격(初試格)이나 된다 하니 퍽 기뻤다. 대학 예과가 무엇인지도 모르는 네 모(어머니)도 만나는 사람마다 네 자랑을 하고 좋아하는 모양이 눈물겹다. 그 소식을 들은 날은 매양 근심스러운 안색을 가지고 있던 네 처도 희색이 만면하여 네가 방학에 돌아오면 입힌다고 더운 방구석에 종일 앉아서 여름옷을 짓고 있었다.

그런데 너는 하기방학에 집에 돌아오지 아니하고 원산(元山)으로 피서를 하러 간다고? 왼 집 식구가 손꼽아가며 어서 하기방학이 와야 일년 동안 그리워하던 너를 만난다고, 만나서 슬몃 본다고들 그렇게 간절히 기다렸는데 피서는 다 무엇이냐. 집 근처에도 산도 있고 내도 있고 오리(五里)도 못 가서 바다도 있고 바로 집 곁에는 느티나무 정자도 있지 않으냐. 아비는 이 더위에 논밭으로 돌아다니며 부채질 한 번도 맘 놓고 못하는데 너와 같이 자라난 이웃 사람들은 이 지지는 볕에 김을 매노라고 몸이 지글지글 타는데 너는 무엇이길래 귀한 돈 써가며 피서를 다닌단 말이냐.

아들아! 너는 여름방학 동안이라도 집에 돌아와 네 늙은 아비의 수고를 조금이라도 덜어줄 생각이 없단 말이냐. 내가 너희들을 길러내기에 얼마나 고생을 한 줄 아느냐. 너희 삼남매를 서울에 유학시키노라고 어떻게 왼 집안이 뼈가 휘도록 사람을 가리지 않고 밤낮을 가리지 않고 일을 하는지 아느냐. 어떻게 조밥과 보리밥을 먹어가면서 그 흔한 조기 한 개도 사먹지 못하면서 애를 쓰는지 아느냐. 내게는 모시

두루마기 하나이 없고 늙은 네 모(母)는 솜바지 하나를 못 입고 어린 네 처는 비단 당기(댕기) 한 감을 못 얻어 들여 본다. 그러고는 농사지은 것 중에 쌀이나 두태(豆太, 콩)나 값가는 것은 죄다 팔아서 너희들에게 보내노라고 읍내 우편국에 갔다 넣어버리고 만다.

생각하여보아라. 너 혼자만 쓰는 것이 매삭에 30여 원, 네 동생이 20여 원, 네 어린 동생들의 학비는 다 제쳐놓고도 너희 셋의 것만 해도 매삭에 80여 원, 일 년을 치면 9백여 원이다. 9백여 원은 벼가 90석. 벼 90석을 버노라고 네 부모와 네 처와 왼 집안 식구가 감수(減壽)를 하여가면서 피와 땀을 흘리는 것이다. 그러나 해마다 먹고 남은 것이 90석이 되느냐. 가다가 흉년도 있고 식구들 중에 병도 나고 수재도 당하고 우마(牛馬)도 상하고 이렁하여 네가 서울 간 지 7년간에 인제는 전답(田畓)도 반이나 팔았고, 네 부모도 일할 기운이 줄었고, 그러고도 빚이 수백 원 되니 이 빚은 언제나 갚아볼는지 토지를 팔아 청장(淸帳, 빚 청산)을 하자니 그런 뒤에 무엇으로 벌어먹느냐. 명년에는 셋째가 보통학교를 졸업하고, 내명년에는 네 작은누이가 또 보통학교를 졸업하니 그것들은 또 어찌하나…. 너는 금년에 입학하여 5년 후에야 졸업을 한다니 네가 졸업한 뒤에는 내가 가사를 죄다 네게 맡겨버리고 네가 버텨서 왼 집안 식구를 다 먹여 살린다 하더라도 그때까지 끌어갈 일이 참으로 막연하다.

그런데 너는 피서를 간다고? 피서를 가겠으니 돈을 보내라고? 아비 된 맘에 자식의 소원대로 못하여주는 것이 슬프기도 하고 부끄럽기도 하다마는 너도 인제는 나이 20이 넘었으니 좀 생각을 해야 하지 않느냐. 대관절 학교의 선생 되는 이들은 가난하고 늙은 부모를 방학 동안에라도 좀 도와드리라는 말도 할 줄 모르느냐. 아마 그 선생들은 모두 가난이란 모르는 부자들뿐이요, 또 그 학교에 다니는 학생들도 모두 부자들뿐인가 보구나. 다른 때에는 공부일래 못하더라도 동기와 하기 방학이야 짚세기(짚신) 짝이라도 좀 못 도와줄 것이 무엇이냐?

또 인정으로도 생각하여보아라. 사람이란 공부를 할수록 인정이 도타워져야 할 것이 아니냐. 만일 공부를 하였다는 사람이 인정을 더욱 몰라보면 그놈의 공부를 없애버리는 것이 옳을 것이다. 어쩌면 달 반이나 되는 방학에 집에를 안 다녀간단 말이냐. 너만 아니라 아마 공부한다는 아이들은 다 그런 모양이다. 시골에 있는 부모나 형제는 사람으로 보지도 아니하고 가장 젠 체하고 돌아다니니 …(此間3行略)…
늙은 부모들이 너희들을 공부시킬 때는 너희가 공부들을 잘하고 와서
집도 잘 만들고 동네도 잘 만들고 동네 사람들이 모르는 것도 잘 알려
주고 어려운 일도 잘 도와달란 말이지, 깨끗한 양복벌이나 입고 맥주
정종에 얼근히 취해서 일없는 동리 바닥을 빈 소리하고 돌아다니란 것
인 줄 아느냐. 우리 동네에서도 벌써 십수 명이나 중학교 전문학교를
졸업하였지마는 그 집들에서는 모두 밥만 굶고 일 년 열두 달에 그 부
모들이 그리운 얼굴 한 번 얻어 볼 수 없는 형편이니 그 사람들이 어
디 가서 다 무엇들을 한단 말이냐. 그 많은 학비를 갖다 없애고 그 보
충을 했더란 말이냐. 부모에게 무슨 영광이라도 돌아오게 했단 말이냐.
동네에 무슨 이익을 주었단 말이냐. 그렇지 아니하면 사회를 위하여
불사가인생업(不事家人生業, 집안사람의 생업을 일삼지 않는다)하는
무슨 큰 사업을 한단 말이냐. 양복 입고 맥주를 먹고 향수를 뿌리고
건방져지고 계집애들 궁둥이나 따라다니는 일밖에 하는 것이 무엇이
냐. 사내 자식들은 용혹무괴(容或無怪)라 하자. 계집애들도 전답 팔아
공부해 가지고 사람 된 것이 하나 없고 부모 모르게 남편 얻기 혹은
남의 첩으로 가기 혹은 공연히 서울로 시골로 돌아다니기나 하니 이러
는 판에 전답만 없어지고 부모의 백발이나 많아졌지 소용이 무엇이란
말이냐.

네 누이도 이번에는 마산(馬山) 어느 동무 집으로 간다고 하였으니
대체 이런 해괴한 일은 없다. 부디 네가 네 누이도 데리고 집으로 오
너라. 와서 오래 동안 그리워하던 늙은 부모 맘이나 위로하고 노는 동
안에 집일이나 좀 도와주고 또 동네 무식한 사람들과 학교에도 못 가
는 아이들에게 언문자(諺文字)라도 가르쳐주도록 하여라. …(此間77行
略)

우선 이번 방학에는 피서니 무어니 벼락 맞을 소리를 말고 곧 네 누
이 데리고 집으로 돌아오너라. 돌아와서 우리와 한가지 더위를 받고
우리와 한가지 빈대와 모기에게 뜯기고 우리와 한가지 비문명적 생활
을 하자. 전 조선에서 빈대와 벼룩을 내어 쫓을 때까지 우리도 다른
동포들로 더불어 그 고통을 갈라 받지 않으려느냐. 내가 무엇을 아느
냐. 아마 내 말에 망발이 있을는지도 모른다. 그러나 진정이다. 나는
이 말을 다만 네게만 하고 싶지 않고 너와 같이 공부하는 모든 조선의

청년 남녀에게 다 부치고 싶다. 부디 방학되는 대로 내려오너라. 네 처도 말은 없으나 간절히 너를 기다리고 있다.[46]

1929년은 춘원에게는 생사의 기로에 선 한 해였다. 그해 5월에 오산학교 제자 백인제(白麟濟) 박사로부터 왼편 신장을 절제하는 대수술을 받은 것이다. 그리고 그는 병상에서 '장부의 꿈'이라는 조국광복의 환희를 찬미하는 송시를 읊었다. 춘원은 그가 한평생 이끌어온 유일한 민족운동단체인 수양동우회를 1929년 11월 23일 동우회로 개칭하여 줄기차게 민족주의 운동을 전개하고 있다. 춘원은 이 시를 작시한 날짜를 '1929년 11월 14일'이라고 명기하고 있다. 당시에는 소화연호(昭和年號)를 의무적으로 사용해야 함에도 불구하고 춘원은 의도적으로 이를 무시하고 서기연호를 사용하고 있다. 이는 그의 항일정신의 발로이다. 이 시에서는 무려 8행이나 삭제 당하였다. ○○○는 '삼천리' 혹은 '조선의'의 암호일 것으로 추정된다. 태양도 광채를 잃고 별도 숨죽은 듯한 이 캄캄한 일제의 질곡 속에서 이빨을 갈면서 자유해방을 부르짖으며, 백두산 말랑이(마루)에 항일전쟁의 봉화불이 활활 타오르고 있는 곳을 향해 일본을 타도하려는 장부의 힘찬 팔뚝, 광복을 부르짖는 장부의 힘을 노래하고 있다.

장부의 꿈

龍(용) 머리를 타고
暴風(폭풍)을 몰아
알프스 山(산)을 단숨에 날아 넘었다기로
아마존의 深淵(심연)에 뛰어들어
千年(천년) 묵은 鰐魚(악어)를 잡았닸으렸기로

그것이 丈夫(장부)의 꿈이라느냐!

---

46) 『學生』(1929. 7), pp.24~26, 農村父老를 代身하여 放學을 맞는 男女學生에게의 便紙(魯啞子). 이광수전집(삼중당)에 미수록.

동무야 웃지 말아.

나일 江(강) 椰子樹(야자수) 그늘에 龍頭船(용두선)을 띄워
山海(산해)의 珍味(진미) 질탕한 풍류
황홀한 비단치마 크레오파트라 무릎을 베고
하룻밤 꿈결같이 석 달 열흘이 다 갔다고

그것이 丈夫(장부)의 꿈이라느냐!
동무야 웃지 말아.

한 손에 三頭槍(삼두창)
또 한 손에 八尺長劍(팔척장검)
赤兎馬(적토마) 높이 앉아 飛虎(비호)같이 내달리니
百萬陣中(백만진중)에 헤치고 들어 天下(천하)를 빼앗으니

그것이 丈夫(장부)의 꿈이라느냐!
동무야 웃지 말아.

光彩(광채) 잃은 太陽(태양)
숨 죽어가는 별
이 하늘 이 땅 왼 누리가
이빨 소리 무섭게 떨고 있는데
답답한 그 속에서 캄캄한 그 속에서
오오 보아라!
白頭山(백두산) 말랑이(마루)에 烽火(봉화) 불이 타오른다
이 山(산) 저 山(산) ○○○(三千里) 山(산)마다
烽火(봉화) 불이 타오른다. 火山(화산)같이… 번개같이…
…(下8行略, 검열 삭제)…

성낸 波濤(파도)와 같이
높은 아우성을 모아 안고 다시
歡喜(환희)에 웃는 太陽(태양)을 向(향)해 뻗쳐든

數(수)없는 저 팔 丈夫(장부)의 굳센 팔 떼를 보라!
삶을 부르짖는 丈夫(장부)의 힘을…

그것이 丈夫(장부)의 꿈이라느냐! 아니다
동무야 웃지 말아.
(1929. 11. 14. 病席에서)47)

다음의 시에서도 춘원은 소화연호를 사용하지 않고 '1930년 1월 13
일'이라고 서기연호를 사용했다.

누이야 돌아오라

누이야 네가 어려서
치마 벗고 철없이 뛰어다닐 때
일상 두 볼이 불그레하였지
꽃송이 같은 웃음이 떠돌았었지
그리고 동그란 눈동자 속에는
행복 된 네 나라가 있었드니라

그 뒤로 십 년이 지나 오늘날에는
종로 네거리서 너를 만나니
세루 치마 두르고 노트 끼고
뒷머리 틀어 올린 여학생이대
시골 오빠 모양 보고 내 몰라 라고
머리를 돌리는 신여성이대

누이야 왜 나를 모른단 말가
얼마나 자랐노?
얼마나 늘었노?
너 찾아 이곳 온 오빠로구나

---

47) 『學生』(1930. 1), pp.6∼8, 丈夫의 꿈(노아). 이광수전집(삼중당)에 미수록.

네 얼굴 피어나 곱기도 하다만
해묵은 언 독에 살결이 상하고
광채 잃은 네 눈이 돌레돌레 구을며(구르며)
"파리의 거리는 찬란하다지
아메리카 남자는 아름답다지"
피아노 치노라 네 손이 여위고
하루 세 번 분세수에 네 손이 희구나!

누이야 이 일을 어쩌리
너는 무엇인지 찾고 있구나
정신을 못 차리는구나
저녁 산기슭에 안개와 같이
네 얼굴엔 창백한 수심이 떠도는구나
촛대같이 약한 네 몸을 어데다 쓰리
나 모르는 너를 잡고 무슨 말 하리
내 누이 빼앗아간 서울의 거리
십 년간 들인 공 찾을 길 없네

마음 어지러운 나의 누이야!
너 찾는 맘 애닯어 다시 부른다
네 나라 버려두고 어데로 가려나
네가 약해서 쓰리
네 맘이 들떠서 쓰리
아침저녁 팽이를 들고 마치(망치)를 차고
십 년을 피 흘리고 싸워오자니
손이 모자라드구나
전술이 부족드구나

누이야! 어째서 너는
아침저녁 들고 보는 네 거울 속에
햇볕에 타고 주림에 마른
네 오빠 얼굴을 못 보았느냐?

네가 사흘에 한 번 비단치마 갈아입을 때
우리 어머니는 치마도 없이
무명베옷 한 벌로 온 삼동을 지났었구나!

그러나 알뜰한 나의 누이야
너 찾는 맘 애닯어 다시 부른다
버리고 간 네 나라로 돌아오라고
십 년을 피 흘리고 싸워오자니
손이 모자라드구나 전술이 부족드구나
누이야 싸움이 무서워
사랑의 보금자리에 숨으려느냐?
식기 쉬운 애인의 열정
좁은 가슴을 어찌 믿으랴?
참 사랑 참 살림 새 나라 찾아
누나 오빠 손잡고 뛰어나가자

그래도 나의 누이야!
우리들 살림이 괴롭다드냐?
네 나라 네 시골 적막다느냐?
네 얼굴에 수심도
네 눈에 눈물도
저 고개만 넘으면 살아질게다
봄 되면 병아리 나와 앵도알 굴리고
여름이면 풀밭에서 메뚜기 뛰고
새봄이 올 때마다 새 여름마다
거리거리 너 맞으러 뛰어나왔네!
북을 이고 동네사람 뛰어나왔네!
(1930. 1. 13)[48]

---

48) 『學生』(1930. 2), pp.4~7, 누이야 돌아오라(노아). 이광수전집(삼중당)에 미수
록.

나를 돌아보고

첫째로 공부 고만하고 일 좀 해야겠다 하던 생각이 지금 와서 후회가 됩니다. 공부는 하던 때 해야 할 것을 이제 와서 깨달으니 할 새가 없습니다. 될 수 있는 대로 일기일능(一技一能)에 전문가라 할 만한 자신이 있도록 수양한 뒤에 가두에 나설 것이라고 믿어집니다.

둘째로 내가 처음부터 한 가지만 붙들어왔다면 무슨 성공을 하였을 걸 하고 후회됩니다. 천하사(天下事)는 모두 내가 할 것 같은 것이 병이 되어 이것저것 하기에 시간, 정력 다 보내었습니다. 무엇이나 한 가지를 붙들고 일생을 가면 반드시 이룰 바 있을 것을 지금에는 믿습니다.

셋째로 사람이란 한 번은 죽는 것입니다. 믿을 수 없는 이 생명을 자가(自家) 일개인의 향락을 위하여 사는 것은 싱거운 일 같습니다. 또 자가의 향락을 구한다고 하는 이가 만에 하나나 됩니까. 민족, 인류를 위하여 조그만 노력이라도 하고 싶습니다.

넷째로 나는 병약(病弱)한 사람이기 때문에 여러분은 건강하시기를 빕니다. 건강의 길은 생리학의 법칙을 잘 지킴에 있는 것이니 그 법칙을 범할 날 병약이 오고 한 번 병약하게 되면 다시 회복하기는 극난이라기보다도 불가능한 일이라고 생각합니다.

끝으로 지금은 조선인은 조선 민족의 행복을 위하여 헌력(獻力)할 때라고 보고 더구나 교육 받으신 여러분으로 개인 향락을 위하여 조선 대동(大同)의 이익을 잊으면 큰 죄인이라고 생각합니다.[49]

이광수는 '양춘곡'에서도 서기연호를 고집하고 있다. 여기서 '우리 봄'은 조국해방을, '묵은 한숨'은 일본 식민지 지배의 설움을, '빼앗긴 옛 동산'은 일제에 강탈된 조국 강산을 상징하고 있다. "묵은 한숨 실어가는 봄바람 맞아 / 빼앗긴 옛 동산에 꽃씨를 뿌려 / 그 꽃 피는 우리 봄 찾아 나가자"라고 노래하고 있다.

---

49) 『學生』(1930. 2), pp.8~9, 卒業期를 맞는 學生諸君에게 — 미리 부탁하여 두는 말: 나를 돌아보고. 東亞日報社 編輯局長 李光洙.

양춘곡

버들가지에 물이 올랐기로
한 가지 꺾어 피리를 부니
물줄기 타고 노는 버들강아지
요요요 불러드리는 봄노래러라

들마다 종달이(종다리) 노래
어름(얼음)이 풀려 물방아 소리
나비의 채색나래 빌어서 타고
아지랑이 고개 넘어오는 봄노래러라

언덕에 자주빛 오랑캐가 피어 있기로
한 송이 따서 꽃쌈(꽃싸움)을 했더니
목 떨어진 꽃송이가 잔물결 타고
빨래하는 처녀를 따라 가더네

들로 나가자 봄 찾아가자!
묵은 한숨 실어가는 봄바람 맞아
빼앗긴 옛 동산에 꽃씨를 뿌려
그 꽃피는 우리 봄 찾아 나가자!
(1930. 3. 8)[50]

종달이

봄 이야기 속살기는
작은 시냇물
할미꽃 수놓은 들에 나와서
종달이(종다리) 노래 훔쳐 달아 나더네

---

50) 『學生』(1930. 3), p.18, 陽春曲(노아). 이광수전집(삼중당)에 미수록.

봄 되자 두견화 피자
산기슭에 조으는(조는) 연분홍 안개
두세 마디 자란 보리 고갯짓을 하는데
밭고랑에 종달이(종다리) 새끼 뽐뽐 걸음 배우네

맑은 하늘가에 끊일랑 이을랑
고요히 흐르는 종달이(종다리) 노래 노래
내 노래 불러 줄래 내 울음 울어줄래
네 목소리 하 이뻐 천 길이나 뛰고 싶어
(3. 25)[51]

내가 만일 지금 학생이라면

내가 다시 학생이 된다면 첫째로 공부를 한번 잘해보고 싶습니다. 다른 것 다 돌아보지 말고 공부만을 한번 잘해서 무엇이나 한 가지 뚫어지도록 전문지식을 얻고 싶습니다. 학교만 나서면 공부가 아니 됩니다.

둘째로 즐기는 어학을 잘 배우고 싶습니다. 영어, 불어, 독어, 일어, 러시아어만을 꼭 배우고 싶습니다.

셋째로 운동을 잘하고 싶습니다. 그래서 몸을 개조하여 이상적 건강을 얻고 싶습니다. 그다음 넷째로 무슨 악기를 하나 배우고 스케치나 만화는 면무식(免無識)이나 하게 그리고 싶습니다.

끝으로 다섯째 나 좋아하는 산 구경을 실컷 다니고 싶습니다. 맘대로 산 구경 못 댕기는 것이 한이 됩니다. 욕심이 한이 없지마는 이 다섯 가지는 꼭 하려 합니다. 그러나 기자 족하! 내가 다시 학생이 될 수가 있습니까?

그렇지마는 나는 일생에 언제나 어린 학생의 심사를 잊지는 아니합니다. 몸이 어리지 아니한 것이야 어찌합니까.[52]

---

51) 『學生』(1930. 4), pp.2～3, 종달이(노아). 이광수전집(삼중당)에 미수록.

52) 『學生』(1930. 6), pp.12～13, 내가 萬一 지금 學生이라면(李光洙). 이광수전집(삼중당)에 미수록.

가을 꽃 — 코스모스 찬

가을이라면 꽃보담도 붉게 익은 열매를 생각하게 되는 때입니다. 한 잎 두 잎 서리 맞은 감나무 잎이 불그스름 누르스름 병들어 떨어지고 나면 뼈만 남은 앙상한 가지에 총총히 매달린 토실토실한 빨간 감을 쳐다보고 단침을 삼키는 가을임에 누가 나비마저 종적을 감춘 철 아닌 꽃소식을 다시 물으려 하리까.

오곡이 알을 배어 고개를 숙이고 백과가 농숙(濃熟)하여 아름다운 색과 향기로운 풍미(風味)를 자랑하는 가을. 청초담담(淸楚淡淡)한 풍엽(楓葉)이 유난이 맑고 푸른 가을하늘과 대조하여 계곡을 곱게 물들이는 가을. 이러한 때 유독 꽃을 찾는 마음에는 벌써 애상(哀傷)의 그림자가 숨어든 것일 것입니다. 가을꽃이란 그 이름에도 애상과 조잔(凋殘)의 숨소리가 들리는 듯하지 않습니까? 그러나 가을에도 꽃은 있습니다. 사시(四時)를 두고 피는 무절개(無節槪)한 월개화(月開花)가 아니라도 오상고절(傲霜高節)을 자랑하는 국화가 있고, 백일홍이 있고, 석죽화(石竹花)가 있고, 달리아가 있지 않습니까. 아득한 안개와 우지짖는 새소리는 없어도 밤마다 꽃잎 죽여주는 처녀의 눈물같이 맑은 이슬방울이며 풀벌레들 목숨 내던지고 목 놓아 아뢰는 단장의 풍류, 미묘한 음률, 그 가운데서 자라나는 가을꽃에는 어느새 남모르는 애수가 스며 있을 것입니다. 이러한 가을꽃 가운데 내가 늘 잊지 못하는 꽃 하나가 있습니다.

코스모스! 이 꽃 이름을 부를 때마다 애인의 이름을 부르는 듯 따스한 애정을 나는 느낍니다. 코스모스! 코스모스!

그 호리호리한 큰 키와 초록실로 얽은 듯한 가느다란 잎사귀, 외겹으로만 피는 단아한 흰 꽃, 얼굴을 붉힌 색시같이 불그레한 꽃, 엷고 생긋한 향기… 그것보담도 남의 나라에 유랑해온 이국의 처녀와도 같이 사람을 설레이는 번화한 곳을 피하여 눈에 잘 띄지 않는 한미(寒微)한 촌가의 담 밑이나 길가나 정원의 한구석에 파묻혀서 가꾸어주는 사람 없이 제 혼자 외로이 자라 외로이 피는 코스모스에는 순진하고 깨끗하고 고요하면서도 열정적인 시골처녀 그대로의 애련(愛憐)한 모습이 숨어 있는 듯합니다.

쌀쌀한 가을바람에 꾀 없이 큰 키를 어슬렁거리며 초승달을 구경할 때 운명(殞命)하는 풀벌레가 발밑에 와서 섧게 울면 말없이 창백한 얼굴로 그 달을 우러러 '그를 살려줍소사' 고개 숙이고 기원하는 애처로운 코스모스! 가만히 그 곁에 가서 꽃에 입 맞추고 꼬옥 껴안아주고 싶은 코스모스외다. 귀여운 자녀가 있고 아내가 있는 내 친구 한 사람이 "코스모스 같은 여자가 있다면 지금이라도 당장 사랑을 해보겠구먼!" 하고 무심히 탄식하는 말을 듣고 나는 감격에 넘쳐서 그의 손을 잡아 흔들은 일이 있습니다. 내가 하고 싶은 말을 그 친구가 해준 까닭이외다. 코스모스는 소복한 미인같이 고요하고 아담한 꽃이거든요. 눈보다 마음을 이끄는 꽃이거든요.[53)

야국

들국화, 향기롭다
맡지를 마오, 취하면
갈대꽃, 갈 길 잊어요

잠자리, 얼굴은
왜 붉은지요, 국화 베개
베고 자서, 그래 붉다오[54)

6. '정의는 이긴다'

동아일보는 1925년 4월 5일에 사고(社告)로 동아일보 사가(社歌)를 현상 공모한다고 발표했다. 2천만 민중의 표현기관, 새 문화의 건설, 민주주의 등 3개 항목을 반영하기를 희망했다. 4월 말에 마감한 사가를 심사·검토한 결과 마땅한 것이 없어서 이광수에게 사가 작사를 위촉했다. 이리하여 1926년 1월 1일, 이광수 작사, 김영환(金永煥) 작곡으로 동아일보 사가를 제정 발표했다.[55) 동아일보 사가에는 자유, 정의,

---

53) 『學生』(1930. 9), pp.7~8, 가을꽃— 코스모스 讚(노아). 이광수전집(삼중당)에 미수록.
54) 『學生』(1930. 10), p.1, 野菊(노아). 이광수전집(삼중당)에 미수록.

진리 3대 정신이 구현되어 있다. 자유에는 "이천만 가슴에 졸던 자유혼 (自由魂) / 깨어라 소리치어 자유의 소리 / 나날이 새 힘 자라 새는 날 마다 / 영원히 외치도다 자유의 소리", 정의에는 "이 붓대 보았는가 정 의의 붓대 / 의 아닌 것 보고는 못 참는 붓대 / 차라리 의에 싸워 꺾일 지언정 / 곧고 곧은 그 절개 휘지 못하네", 진리에는 "횃불은 들렸도다 진리의 횃불 / 삼천리 우리 강산 두루 비쳐려 / 옛 역사 새 정신 타는 광명은 / 천만 대 내리 전할 진리의 횃불"이라 노래하고 있다. 그러면서 후렴에 "동아일보 동아의 종소리 자유종 소리 / 삼천만 자유혼의 외치 는 소리 / 만국에 울려라 만세에 울려라"라고 자유, 정의, 진리의 3대 정신을 구현하자고 노래하고 있다.

이광수는 1930년 동아일보 창간 10주년 기념사업의 일환으로 '십년 사'를 발표했다. "평생에 한 되옴이 / 기쁜 소식 못 전함이 / 윤전기 도 는 소리도 / 눈물 질 때 많은 도다 / 임들아 기다리소서 / 하루 아니 오 리까"라고 조국광복의 그날이 올 것임을 찬송하고 있다. 이광수는 메타 포(암유)로 표현했으니, '임'은 조국과 민족을, '기쁜 소식'은 광복의 그 날을, '하루'는 자유해방의 그날을 상징하고 있다. 검열당국은 이 같은 교묘한 은유법을 간파, 마침내 불온사상를 퍼뜨렸다는 죄목으로 1930 년 4월 16일 동아일보 무기정간 조치를 단행했다. 이로 인해 동아일보 는 장장 4개월 반 동안 신문을 발행하지 못했다.

이광수는 동아일보 창간 10주년 기념으로 '십년사'를 발표하는 동시 에 영화 극본 '정의는 이긴다'를 집필, 영화를 제작해서 조선 민중에게 널리 관람하도록 기획했다. 이 극본은 동아일보의 자유, 정의, 진리 3대 정신을 구현한 극영화이다. 그런데 4월 16일 동아일보가 무기정간 처 분을 받아 신문 발행을 할 수 없게 되자 '정의는 이긴다'의 영화 상영 도 무기 연기될 수밖에 없었다. 정간조치는 4개월 반 만인 9월 2일에 해제되면서 '정의는 이긴다' 극본이 동아일보에 6회 연재되었다.56)

55) 『東亞日報』(1926. 1. 1), 東亞日報 社歌, 作詞 李光洙, 作曲 金永煥;『東亞日 報社史』, 권 1, pp.254~255.
56) 『東亞日報』6회 연재(1930. 9. 25~10. 1), 正義는 이긴다, 李光洙 原作, 尹

정의(正義)는 이긴다

원작(原作) 이광수(李光洙)
각색(脚色), 감독(監督) 윤백남(尹白南)
보좌(補佐) 안일(安一)
촬영(撮影) 태홍아(太虹兒)
조수(助手) 박태근(朴泰根)
자막(字幕) 이석정(李夕汀)
조선문예영화협회(朝鮮文藝映畵協會) 출신(出身) 일동출연(一同出演)

배역(配役)
은행두취(銀行頭取) 서병택(徐丙澤) ········ 이춘(李椿)
동(同) 영양(令孃) 서정란(徐廷蘭) ········ 조경희(趙敬姬)
광산주(鑛山主) 마경삼(馬京三) ············ 우창성(禹蒼星)
동(同) 아들 마낙춘(馬樂春) ················ 김태권(金泰權)
신문기자(新聞記者) 한동식(韓東植) ········ 강석우(姜石雨)
은행원(銀行員) 황범주(黃範疇) ············ 김정수(金貞秀)
편집국장(編輯局長) ······················· 박종일(朴宗一)
정란(廷蘭)의 동무(友人) ··················· 강석연(姜石燕)
광산(鑛山) 사무원(事務員) ················ 윤명천(尹明天)
은행원(銀行員) 황(黃)의 우인(友人) ········ 노석태(盧錫台)
광부(鑛夫) 지도자(指導者) ················· 민영협(閔泳協)
광부(鑛夫) ······························· 윤영택(尹英澤)
동 ··· 길복남(吉福男)
동 ··· 차규원(車圭源)
동 ··· 민무원(閔武原)
동 ··· 홍원표(洪元杓)
기타 수십 명

이 '정의는 이긴다'라는 영화는 동아일보의 '모토'를 가장 잘 구체화
시킨 것이며 사내의 상황을 여실히 — 그러나 결코 산만한 것이 아니

白南 監督. 이광수전집(삼중당)에 미수록.

요 긴밀한 예술적 구성을 이루어 흥미를 돋우어가면서 보여주는 영화입니다. 우리 문단의 거장(巨匠) 춘원 이광수 씨의 원작극과 영화에 조예가 깊은 윤백남 씨의 각색과 감독이니 이것만으로도 이 영화를 추천하는 데 많은 말을 허비할 필요는 없어지고 말 것입니다. 다시 촬영과 자막에 적당한 사람을 얻었음과 엄선한 배우로 배역한 것을 보면 누구나 이 영화에 기대를 크게 하지 않을 수 없을 것입니다. 이 영화는 본보 창간 10주년을 기념하기 위하여 지난 4월 중순경에 세상에 내놓으려 하였던 것이 의외에 본보가 발행정지를 당하였으므로 따라서 이 영화의 상영도 미루어지게 되었던 것입니다. 그동안에 우리는 이 영화를 완벽을 만들기 위하여 수정과 개편을 다시 다시 한 결과 이제 속간 초의 새로운 기세에 맞추어 십분의 자신을 갖고 내놓게 되었습니다. 이 영화는 당초부터 타산(打算)이라는 것을 도외(度外)에 둔 것이어니와 수천 원의 제작비가 들었음에도 불구하고 단연히 무료로 공개하기로 되었고, 불일간 독자 여러분 앞에 나타날 것입니다. 우선 지면을 통하여 이 영화의 줄기를 대강 소개하면 다음과 같습니다.[57)

좋게나 나쁘게나 나날이 늘어가고 불어가는 서울의 한복판에 우뚝 솟아 있는 동아일보는 언제든지 정의를 위하여 싸워오는 언론기관이었다. 동아일보 기자 한동식은 정의를 위하여 취재 일선에서 맹활약을 해오고 있다. 그는 한남(漢南)은행 두취 서병택의 도움으로 공부한 사람이다. 서병택 두취는 슬하에 서정란이라는 외동딸 하나를 둔 은행가로서 장차 유망한 청년에게 학비를 주어 성공의 길을 트여주는 것으로 인생의 낙으로 삼고 있었다. 한남은행원 황범주와 한동식은 다 같이 서병택 두취의 도움으로 공부한 동창 간이요 막역한 친구 사이이다. 그런데 서병택의 딸 정란을 똑같이 사랑하고 있어서 그만 우정이 연적으로 변해 상호 갈등을 빚고 말았다. 황범주는 정란의 환심을 사려고 온갖 아첨과 친절을 베풀었지만 정란은 황범주의 인격이 비열하다고 보고 한동식을 사랑하게 되었다.[58)

동식과 범주 사이에 삼각관계의 갈등의 와중에 끼어든 이는 광산왕

57) 『東亞日報』(1930. 9. 25), 正義는 이긴다(1회).
58) 『東亞日報』(1930. 9. 26), 正義는 이긴다(2회).

마경삼의 아들 마낙춘이었다. 마경삼은 한남은행 두취 서병택이 파탄 위기에 처했을 때 수십만 원 자금을 돌려줘서 파산 위기를 모면케 했다. 그러므로 마경삼이야말로 서병택에게는 평생 은인인 것이다. 마경삼이 아들 낙춘이가 서병택의 외동딸 정란을 사랑하고 있다는 사실을 알고 마침내 서병택에게 청혼을 했고 서병택은 그의 은인 마경삼의 청혼을 선뜻 받아들여 마낙춘과 서정란의 약혼 피로연을 열게 되었다. 약혼 피로연에는 정란의 자리만 비어 있고 참석한 하객들은 결혼을 축하했던 것이다. 정란은 아버지 뜻에 따라 마낙춘에게 시집갈까 아니면 자기 뜻대로 한동식에게 사랑의 도피행을 할까 심각한 고민에 빠졌다. 정란은 마침내 약혼 피로연에 참석하지 않고 한동식에게로 달아나고 말았다.59)

바로 이때 동아일보 편집국장으로부터 함경남도 고원광산(광산주 마경삼) 출장 명령이 떨어졌다. 광부 두 사람이 부지거처로 행방이 묘연하다는 지국 전보를 받고 이 같은 출장 명령이 내린 것이다. 결국 한동식의 출장 임무는 두 사람 광부의 실종의 진상을 조사 취재하는 것이었다. 이에 한동식은 정란에게 출장 간다는 사실을 쪽지에 적어놓고 고원광산으로 떠났다. 한동식 기자가 현장에 도착, 며칠간 사건의 진상을 조사하기 위하여 혹은 깊은 갱도로 몸소 드나들어보기도 하고 산골짜기로 혹은 저수지로 지향 없이 돌아다니면서 온갖 탐사를 다하여보았지마는 이렇다 할 증거를 찾지 못했다. 어느 날 산등성이에 올라서서 사방을 살피던 중 나무 베는 한 아이가 달려와서 어떤 사내 둘이 무슨 일인지 격투를 벌이고 있다고 알린다. 이에 한 기자는 즉각 현장에 달려가 매를 맞고 쓰러진 인사불성 사내를 구출하고 여관으로 데리고 가서 연고를 알아보니 이 사내가 공범자이고 달아난 사내는 주범자임을 알았다.60)

광산주 마경삼은 광부 두목 최 모 씨의 아내가 탐나서 온갖 수단과 유혹 작전을 부려보았으나 별 효과를 거두지 못하자, 마지막으로 광부 두목을 내어 쫓고 쥐도 새도 모르게 그를 처치하고 그의 아내를 차지

59) 『東亞日報』(1930. 9. 27). 正義는 이긴다(3회).
60) 『東亞日報』(1930. 9. 28), 正義는 이긴다(4회).

하겠다는 음모를 꾸몄다. 이리하여 악한 두 사람을 고용, 상당한 현금을 주범자에 주면서 성공하면 성공 사례금을 더 주겠다는 표를 써 주었다. 매수된 악한 두 사내는 마침내 광부 두목을 끌어내어 처치하고 말았다. 일이 성공한 후 공범자가 주범자에게 돈을 분배할 것을 요구하자 주범자는 거사자금을 혼자 먹고 광산주 마경삼이 써 준 표만 공범자에게 주고 행방을 감추고 말았다. 이에 공범자는 이 표를 들고 마경삼에게 가서 성공 사례금을 요구하자 마경삼은 시치미를 딱 잡아떼고 "뭐 어째? 내가 자네한테 무슨 부탁을 했더란 말야. 미친놈이로군" 하며 일언지하에 거절하고, 마경삼은 증거물인 그 표를 빼앗기 위하여 악한을 고용하여 공범자를 처치하겠다는 것이다. 공범자는 이 악한에 붙들려 그 산등성이에서 격투 끝에 한동식 기자에게 구출된 것이다. 이에 공범자는 "나는 다시 살지 죽을지 모르니 이 표를 가지고 분풀이나 좀 해주시오" 하는 것이었다. 한동식 기자는 유력한 증거물을 입수하고 그날 밤 서울행 열차를 탔다. 이것을 안 광산 사무원은 곧 자동차로 한 기자를 뒤쫓아 광산으로부터 정거장 중간 산비탈에서 한 기자와 격투를 하게 되었다. 그러나 이것마저도 한 기자는 손쉽게 물리치고 정거장까지 무사히 도착 개선장군의 기쁨으로 서울행 열차에 승차했다.[61]

마경삼은 자신이 써 준 표가 한 기자 수중에 있으면 죄악이 탄로 날까 무서워서 두취에게 선후책을 강구할 것을 부탁하면서 은행원 황범주에게 한 기자를 처치하는 조건으로 돈 뭉치를 전하면서 증거물 표와 원고를 빼앗고 한동식을 처치해버리겠다는 것이다. "네, 그리하겠습니다. 제 힘껏 해봅지요. 만약에 동식이가 말을 안 들으면 완력으로라도 그 증거와 원고를 빼앗아 오겠습니다. 염려 마십시오." 이에 돈에 탐욕이 난 황범주는 한 기자를 처치하면 정란을 차지할 수 있다는 희망으로 정란에게 한 기자 처치를 암시했다. "괜 듯싫소, 한 군을 한울(하늘) 같이 아시는가 보구려. 공연히 후회마시우. 오늘밤만 지나면 한 군은 어찌 될지…" 이런 말을 남겨놓고 자동차를 몰고 정거장으로 떠났다. 황의 눈치를 알아차린 정란이는 애인을 구하러 황의 뒤를 쫓아갔다.

이리하여 세 사람은 차중에서 각각 민첩한 활동을 하여 뺏기와 지키

---

61) 『東亞日報』(1930. 9. 30), 正義는 이긴다(5회).

기에 일대 활극을 연출했으나 정란의 기민한 처치로 황의 탈취(奪取) 계획은 실패로 끝났다. 실패했다는 황의 전보를 받은 마경삼과 서 두 취는 자동차로 정거장에 도착, 기차에 올라가서 한 기자를 만나 서병 택은 은의(恩義)로써 달래보고, 마경삼은 금전공세로써 유혹해 보았다. 이에 한 기자는 "한동식은 이래 보여도 민중의 양심을 대표하는 신문 기자이다. 굶어 죽을지언정 돈을 받고 절개를 팔아요?" 동식의 이 말 은 오직 정의를 위하여 모든 정실(情實)의 줄을 한 칼로 끊어버리겠다 는 결의의 말이었다. 동식은 사명을 다하기까지 아직도 여러 번 어려 운 고비를 넘지 않으면 안 되었다. 이리하여 고원광산의 이면에 숨겨 진 죄악은 동아일보 호외가 되어 거리에 알려지게 되었다. 확실한 살 인 증거가 탄로 난 사실을 알고부터 마경삼은 자수하지 않을 수 없었 다. 이리하여 정의는 이기고야 말았다. 정의를 위하여 싸운 한 기자의 행동이 서 두취를 감동시켜서 정란의 일생을 한 기자에게 맡기게 되었 다.62)

7. 이순신 숭모사업, '충무공 유적순례'와 '이순신'(1931)

이광수는 '이순신' 집필을 앞두고 "나는 조선 사람 중에 두 사람을 숭배합니다. 하나는 옛 사람으로 이순신이요, 하나는 이제 사람으로 안 도산입니다. 나는 7, 8년 전에 '선도자'라는 소설을 쓰다가 말았거니와, 그 주인공이 안도산인 것은 말할 것 없습니다. 이제 '이순신'을 쓰니, 결국 나는 내 애인을 그리는 것입니다"63)라고 이순신 숭배를 공식 선 언했다. 박정희는 소년 시절 동아일보에 연재 중인 이광수의 '이순신' 을 읽고 이순신 숭배사상을 갖게 되었다고 증언했다. 박정희는 그의 친 필 '회고록'에서 "춘원이 쓴 '이순신'을 읽고 이순신 장군을 숭배하게 되고"64)라고 회고하고 있다. 박정희(朴正熙, 1917~1979)는 대구사범

---

62) 『東亞日報』(1930. 10. 1), 正義는 이긴다(6회).

63) 『三千里』(1931. 7), 李舜臣과 安島山(李光洙).

64) 金鍾信, 『박정희 대통령과 주변사람들』(한국논단, 1997), p.259, 박정희 대통 령의 친필 회고록, '나의 소년시절'(1970. 4. 26. 작성); 金源模, 『영마루의 구 름: 春園 李光洙의 親日과 民族保存論』(단국대학교 출판부, 2009), p.886, 박

학교, 만주 군관학교, 일본 육군사관학교를 졸업하고, 일본군 장교로 근무하던 중, 8·15 광복과 동시에 광복군에 입대, 중대장을 역임하다가 귀국, 한국 육사를 거쳐 5·16 군사혁명으로 집권하였다. 그리고 대한민국 대통령이 되어 이순신 장군을 숭배하던 당초의 신념을 지켜 1968년 4월 광화문 네거리에 민족의 수호신 이순신 장군 동상을 세웠던 것이다.

1931년 6월 '이순신'을 집필할 때 이광수는 동아일보 취체역 겸 편집국장이었다.[65] 이광수는 송진우 사장과 민족정신을 발양(發揚)하기 위해 삼성사(三聖祠, 檀君·世宗·李舜臣) 사당 건립문제를 협의하였는데, 그 과정에서 송진우는 춘원에게 우선 '이순신'을 집필하도록 권유한 것이다. 때마침 충무공 위토 경매문제가 신문에 보도되자, 이를 계기로 이순신 숭모사업을 본격적으로 추진하게 되었다. '이순신'은 픽션 작품이 아니고 철저한 관계 사료를 섭렵하고 현지답사를 한 후 집필했기 때문에 '이순신 전기'라고 보아야 한다. 이리하여 이광수는 마침내 '충무공 유적순례'(동아일보 15회 연재, 1931. 5. 21~6. 11), 이순신 관계 사설 5편, '이순신'(동아일보, 178회 연재, 1931. 6. 26~1932. 4. 3) 등을 독점 집필했다.

이광수는 이순신의 구국정신을 선양해야 한다는 '사설'을 집필했다.

우연한 기회로 실로 우연한 기회로 충무공 이순신에게 대한 기억과 감격을 새롭게 하게 되었다. 아산(牙山) 뱀밭에 있는 충무공의 묘소와 위토(位土)가 충무공의 종손인 이종옥(李鍾玉) 씨의 채무의 저당이 되었다는 본지의 보도가 이 민족적 분기(奮起)의 기연을 지은 것이다. 이 점으로 보면 채권자 동일은행의 경매한다는 최고(催告)가 뜻 아니 한 공로를 나타내인 것이다.

이 보도가 한 번 본 지상으로 됨에 1주야가 다 지내지 못해서 본사

정희 대통령 친필 회고록(도판) 참조.

65) 『東光』(1931. 12), p.82, 東亞日報: 社長 宋鎭禹, 副社長 張德秀, 取締役 梁源模 金性洙 林正燁 金用茂 李光洙, 監査役 玄相允, 編輯局長 李光洙, 論說班 囑託 朱耀翰.

로 답지하는 성금으로 민족적 분기가 어떻게 간절함을 보였다. 이것은 진실로 조선 민족이 평소에 얼마나 이충무공의 인격을 숭앙하고 흠모하는가를 보이는 증거가 되는 동시에 조선 민족은 결코 그네의 민족적 은인에게 대한 감사와 흠모의 정이 박하지 아니하다는 것을 보이는 증거다. 또 한걸음을 나가서 이것은 평소에는 자못 무관심한 듯한 조선인이 어떻게 그 내심에는 불같은 민족의식을 품었는가 하는 것을 보이는 증거도 되는 것이다. 혹은 노인들이 정성된 글과 아울러 돈을 보내는 것이나 혹은 어린아이들이 한 푼 두 푼 모은 벙어리를 보내는 것이나 혹은 공장의 구차한 직공들이 그 피땀으로 번 돈을 보내는 것이나 모두 그 민족적 은인에 대한 열렬한 흠모가 어떻게 조선 사람의 피가 흐르는 곳에는 아니 흐르는 데가 없는 것을 보이는 산 증거가 아니냐.

원체 충무공 이순신은 결코 전공(戰功)으로만 감사하고 흠모할 인물이 아니라 그의 정말 값은 '나라에 향한 지극한 충성'과 '사람으로의, 더욱이 조선 사람으로의 참되고 정성되고 저를 잊는 인격'과에 있는 것이다. 역사상에 나타나는 인물 중에 우리 충무공처럼 오직 덕만이 티만 한 흠도 없는 인물은 드물 것이니 조선의 억만 대 자자손손이 가장 모범할 본때 될 인물을 삼기에 가장 합당한 어른이라 함은 공의 역사를 아는 사람으로는 일치한 의견일 것이다. 이렇게 이순신의 참 값을 깨달아서 흠모하고 배우는 곳에 우리 조선인의 참된 감사가 있을 것이다.

당시에 어떻게 충무공의 공로가 컸던가. 그러나 동시에 어떻게 뭇 소인들이 충무공의 공을 시기하여 임금께 참소하여 충무공에게 죄를 주고, 그를 없이 하려고 핍박하였던가. 그러하건마는 충무공은 조금도 원망하는 빛도 없이 오직 정성으로 오직 자기희생으로 국가에 대한 의무를 다하였던가. 노량진 수천의 유탄을 맞아 운명할 때까지 어떻게 그가 용기 있게 정성되게 자기의 사명을 수행하였던가. 그러하건마는 조정이라는 권세를 탐하는 무리들이 끝까지 어떻게 우리 충무공을 냉대하였던가. 아아, 그러나 그 무리들은 다 가고 자최(자취)가 없으되 오직 우리 이순신만이 조선의 혼이 되어 영원히 우리의 혼 속에 살아 있다.66)

---

66) 『東亞日報』(1931. 5. 21), 社說: 李忠武公과 우리.

이리하여 1931년 5월 23일 충무공 묘소, 위토, 사당, 유물 등을 영구하게 보존할 방침을 강구하자는 회의를 개최하였는데 통영 충렬사 대표 김종원(金宗元)을 비롯하여 전국 각지 대표 70여 명이 참석했다. 이 충무공 유적보존회를 발족하고 보존위원 15명을 선출했다. 이 자리에서 유진태(兪鎭泰)는 "충무공 위토 수입은 1년간 195원인데 그중 세금과 산림조합비 등 110원을 제하면 나머지 80원이다. 이것으로써 그 유물, 묘소 등을 보존하기에는 절대로 불가능한 일이며, 더욱이 그 위토는 은행에 저당이 되어 있으며 묘산도 어떠한 곳에 잡혀 있다고 한다. 이와 같은 형편이니 우리 보존회에서는 적어도 2만 원 가량을 만들어 가지고 공을 기념할 여러 가지 사업을 하지 않으면 안 되겠다고 했다"라고 보고했다.67)

이광수는 즉각 이충무공 유적보존회 창립의 역사적 의의를 '사설'로 발표했다.

충무공의 묘소, 위토, 유물 등을 영구히 보존하여 민족적으로 기념하자는 주지(主旨) 하에서 작 23일 시내 수표정 조선교육협회 안에서 사회 각 방면 유지가 회합하여 '이충무공 유적보존회'를 창립하였음은 공에 대한 우리의 미충(微衷)과 단성(丹誠)을 다하기 위하여 시의를 얻은 당연한 순서라 할 것이다. 침체된 듯한 민족적 의기가 듣기에 괴롭고 죄송스러운 묘소 문제로 말미암아 울연히 한길로 모임을 볼 때, 이만한 발전은 진작 예기하였던 바이어니와 이제 만장일치로 보존기관이 창립되었다는 소식을 접함에 우리는 새삼스러이 우리의 의무의 일단을 펼 수 있다는 감개와 아울러 숙원을 성취한 듯한 감격마저 느끼게 된다.

본보가 일찍 묘소문제의 경위를 보도하여 이 강산, 이 민족에게 우리의 치욕이요, 죄과임을 호소한 이래로 당파와 계급을 초월한 민중의 정성과 분발이 어떻게 절대(絶大)함은 매일 보도하는 본 지면으로도 충분히 짐작할 일이어니와 더욱이 이번 이 보존회 발기에 통영, 마산,

---

67) 『東亞日報』(1931. 5. 25), 各方面의 有志會合, 遺蹟保存會創立, 蘇生된 忠武公崇拜熱.

평양, 철원 등 지방에서까지 일부러 상경 참석한 것 같은 것은 이 보
존회 창립을 일반이 얼마나 기대하였던가를 단적으로 표시함이라 할
것이다. 민족적 은인에 대한 우리 정성의 구상화(具像化)가 이 보존회
라 할진대 이 보존회의 존재는 우리와 공(公)과의 유대가 될 뿐만 아
니라 진실로 민족 전체의 수호의 표상이 될 것이다.

　이미 회가 창립되고 위원이 선거되었음에 사업의 구체적 실현은 책
임을 부담한 위원 간에 성안(成案)이 있을 것이다. 채권에 얽매인 묘소
나 위토 관계를 해결함이 당면한 선결문제어니와 공의 유물에 있어서
도 이번 기회에 철저히 수집하여 만대의 자랑을 삼아야 할 것이다. 장
검 한 자루나, 옥로(玉鷺, 갓 위에 달던 옥 장신구) 한 개나, 갑대(甲
帶), 병풍 등 무릇 공의 수택(手澤)이 남은 유물로서 우리의 자랑거리
아님이 없으며 우리의 수호부(守護符) 되지 아님이 없을 것이다. 아산
종가에 보존되어 있는 각종 유물은 물론이어니와 통영을 비롯하여 순
천, 남해, 강진, 온양 등 각처 충렬사에 보존된 유물은 이번 기회에 완
전히 통일 보존하여야 할 것이다.

　물질적으로 정신적으로 민중의 성원을 토대 삼아 일어난 이 보존회
의 의거를 위하여 우리는 그 전도에 많은 기대를 가지거니와 전 민족
의 부탁을 받으나 다름이 없는 보존회 위원들의 책임이 또한 중타 할
것이다. 진지한 태도와 주도한 용의로서 고장 없이 유종의 열매를 얻
도록 하기를 민중을 대신하여 국(局)에 한 여러분에게 우리는 한 말을
더한다.68)

이충무공 유적보존회는 창립취지를 담은 성명서를 보존위원 15인 공
동명의로 발표했다.

　우리는 이충무공의 유적을 영구 보존하기 위하여 이제 이 모듬(모임)
을 발기하는 것이다. 묘소, 사묘(祠廟), 위토로부터 친필 일기, 당시 쓰
시던 기물 미세한 것까지도 어느 것이나 다 민족적으로 보중(寶重)할
것은 이제 긴 말을 붙일 필요도 없거니와 근일 신문에 보도되는 바를
보건대 기약을 정한 바 없이 권촉(勸促)을 받은 바 없이 때로 붓고 날

---

68) 『東亞日報』(1931. 5. 25), 社說: 忠武公遺蹟保存會 創立, 當然한 順序.

로 커지는 성금은 참으로 충무의 당일 지성을 느끼옵게 영사(映寫)하는 것 같다. 처음 걱정하던 문제로 말하면 이렇다. 이 어른의 사묘 수호와 향화가 없이 황송스럽게 되어 일구(一區) 황량으로써 우리의 심면(心面)을 미루어 볼 수 있지 아니할까 하였던 것인데 이제 저 같은 열성으로써 차차 처음 걱정을 놓을 만큼 되었으나 다시 또 걱정할 바이 있으니 목전의 보존을 넘어 만세의 보존을 기하지 아니할 수 없으며 충무의 사묘 이외 일체를 보존하는 문제가 지금으로는 충무 한 분의 대공(大功), 성렬(盛烈)을 받드는 것뿐 아니라 이 모든 유적에 전 민족의 그칠 줄 모르는 열성이 위요(圍繞)한 것이 더한층 보중에 보중을 더하여 놓았나니 우리로서 더욱이 그 영보(永保)를 걱정하지 아니할 수 없다. 그런즉 구안(苟安)에 그칠 수 없고 초솔(草率)히 맡을 수 없고 소조(蕭條)하던 전상(前狀)을 그대로 뒤에 끼칠 수가 없다.

채액(債額) 변제(辨濟)의 걱정은 피어오르는 열성이 노화(爐火)에 소요(燒燎)될 것으로 본다. 충무 유적을 영구히 보존하고 장엄히 보존하여 법인(法人)의 조직으로써 사묘는 사묘 다웁(답)게 구식(構飾)하고 유물은 유물 다웁(답)게 진열하여 받듦에 시설이 있고 둠에 관우(館宇)가 있어야 할 것도 또한 우리의 천식(솜결)이 끝끝내 대방(大方)의 가독(呵督, 엄하게 감독)하심을 받을지라. 소수(所需)는 원으로 2만 원이상을 산하나 우리는 성금을 구한다 못하며 회원을 모둔다 하지 않는다. 삼가 기다림에 그칠 뿐이다. 오직 이 어른의 유적이 조선에 있어 지대한 광휘인 동시에 이제 전 조선의 열상(熱想)까지 아울러 뭉치어 이 고금 희유의 고사(故事)를 이룬 것을 한 걸음 더 나가 자손만대에 길이길이 찬란병랑(燦爛炳朗, 찬란히 빛나다)할 기초의 공고 있어야 할 것을 호기(互期)하려 한다.

　昭和6年(1931) 5月 26日

　李忠武公遺蹟保存會 委員

　尹致昊 南宮薰 宋鎭禹 安在鴻 朴勝彬 兪億兼

　崔奎東 曹晩植 鄭廣朝 金正佑 金炳魯 鄭寅普

　韓龍雲 尹顯泰 兪鎭泰69)

---

69) 『東亞日報』(1931. 5. 28), 李忠武公遺蹟保存會 聲明書.

! 情熱이 ! 誠丹이
誠金에싸인눈물겨운消息

이순신의 글씨 '忠肝義膽'이 실린 동아일보(1931. 5. 31)
'忠肝義膽(충의로운 간담)'(조선미술관 소장)은 이순신의 필적으로, 여해(汝諧)는 충
무공의 자(字)이다. 현충사 건립사업에 열화와 같은 성금이 답지하고 있다는 글과 같
이 실렸다.

　온 천하가 열성으로 희망하던 충무공 위토문제는 열화와 같은 성금
답지로 6월 13일 일단 저당권 설정 해제로 처리되었다. 유적보존회의
채금보상위원 김병로, 윤현태 두 사람이 채권자 동일은행(東一銀行)을
방문하고 위토에 관한 전후의 채금(債金) 2,372원 22전을 모두 변상함
으로써 청산해버렸다. 보상위원 김병로는 그 경위를 해명했다. "경매란
비운에 빠졌던 우리 충무공의 묘소를 보호하는 위토와 사우(祠宇)의 기
지가 전 민족의 피눈물 어린 성금으로 말미암아 그 위기일발에서 구하
게 된 것은 참으로 흔쾌한 일이다. 저간 우리 보존회에서는 여러 번 그
채권자 동일은행에 대하여 계산을 요구했던바 동 행에서는 사회적으로
변상하느니만치 중역회의를 열고 태도를 결정하겠다고 하며, 또는 서류
가 본점에 있지 않다고 해서 채무변상은 예정보다 전후 수일 동안 좀
늦었다. 이번 채무변상은 물론 기정사실이지마는 우리 보존회의 사업으

로서는 이것이 오히려 문제 일보의 지나지 못하며 앞으로 더욱 재력의 허하는 범위에서 공의 모든 거룩한 유적을 민족적으로 완전히 보존하지 아니치 못할 것이라고 생각한다."[70]

유적보존회는 채금을 변상한 후 즉각 묘사(廟祠) 중수에 착수, 조사위원 유억겸, 정인보, 송진우, 백관수 네 명을 아산으로 파견했다. 이광수는 충무공 위토 추환을 환영하는 '사설'을 발표했다.

전 민족의 단성(丹誠)으로 충무공의 위토는 동일은행의 저당에서 작일 도로 찾은 것은 금일 본지에 발표한 바와 같다. 이것으로 제일단의 목적은 달하였다 할 것이다. 이제 충무공의 고리(故里)인 아산 뱀밭에 현충사(顯忠祠)를 중건하는 것, 또 한산도의 제승당(制勝堂) 중수, 고금도(古今島)에 기념비 신건, 공의 생장지인 경성의 무슨 형식으로나 기념 건설을 할 것, 공의 전기를 편찬할 것, 아직 퇴락하지 아니한 통영, 노량, 여수, 전라우수영, 거제 등의 제 유적의 영구보존에 관한 것 등은 아직도 앞에 남은 일이다.

그중에도 한산도의 제승당 중수와 전기 편찬이 가장 중요한 일이라 할 것이니 대개 제승당은 조선 삼천리 중에 가장 영광스러운 지점일뿐더러 충무공에게 대하여 가장 인연 깊은 곳이요, 또 기념 건설의 소재지로도 어느 것보다도 경개절승한 곳이다.

그리고 전기(傳記)는 다른 모든 기념물을 다 합한 것보다도 중요한 것이니 대개 기념물은 시간과 공간의 제약을 받는 것이지마는 이 전기는 어느 때, 어느 곳에서라도 볼 수 있는 공(公)의 정신이기 때문이다. 현재에 이충무공 전서가 있지마는 그것은 순 한문이어서 조선인의 다수가 볼 수 없다. 무릇 비문이나 전기나를 물론하고 그것을 만드는 데 두 가지 절대로 필요한 조건이 있으니, 하나는 존명사대(尊明事大)사상에서의 해방이요, 또 하나는 난해한 한문에서의 해방이다. 될 수만 있으면 현재 각지에 있는 고비(古碑)는 다 땅 속에 깊이깊이 묻어버리고 자유로운 민족자주의 의식에서 순전한 조선문으로 새로운 비문을 써서 후손에게 보여야 할 것이다. 공의 전기를 순 조선문으로 써야 할

---

70) 『東亞日報』(1931. 6. 14), 全民族의 丹誠結晶으로 第一段目的을 貫徹, 東一銀行 位土典執만은 解除.

것은 물론이다.

이번 충무공에 대한 조선 민족의 성의는 실로 경탄할 만하였거니와 우리는 이 탄성이 허사가 되지 아니하도록 하기를 보존회 당국자에게 진언하는 바이다.71)

우리의 은인 충무공의 위토가 경매 당할 지경에 빠져 있다는 소식을 전해들은 일반 조선 민중들의 성금이 이충무공 유적보존회에 답지, 모금한 지 불과 한 달 만에 푼푼이 모인 성금이 드디어 1만 원을 돌파했다. 이와 같이 모인 성금은 짚신을 삼아 팔아 보낸 것, 점심 한 끼를 굶고 그 쌀을 팔아 보낸 것, 천진한 어린아이가 어머니를 졸라 모은 돈이 든 벙어리 항아리를 보낸 것, 날품팔이를 하여 그날그날 살아가는 노동자가 하루 품값을 보낸 것 등 참으로 눈물겨운 성금이 아닐 수 없다. '티끌 모아 태산'이란 말이 이를 두고 한 말인 것 같다. 각계각층 인사를 비롯하여 일반 서민에 이르기까지 모금에 참여한 인원 총 9,557인, 모금 총액은 1만 170원 27전이다. 이 가운데는 일본 사람, 중국 사람, 서양 사람들까지 충무공을 흠모하여 모금에 동참했다. 심지어 일본 탄갱(炭坑)에서 일하는 광부의 성금은 더욱 우리의 심금을 울리고 있다. "지난번에 귀지에서 이충무공 묘소문제에 관한 기사를 보고 아니 놀랄 수 없습니다. 그리하여 우리 발기인들은 미상(未詳)하나마 공의 사업을 재주 동포에게 설명한 후에 부족한 정성이나 모아서 보냅니다. 공의 묘소문제가 하루라도 속히 해결되었다는 소식을 듣게 하여 주시옵시오. 福岡縣嘉穗郡山田町 上山田三菱炭坑在籍朝鮮人一同"72)

'성금 1만 원'은 조선 민족의 거족적인 단성의 결정체가 아닐 수 없다. 이에 이광수는 '성금 1만 원'이라는 '사설'을 통해 "민족적 성심(誠心)의 발로"라고 강조하고 있다.

---

71) 『東亞日報』(1931. 6. 15), 社說: 忠武公 位土 推還.
72) 『東亞日報』(1931. 6. 17), 이 丹誠! 이 熱情! 誠金에 싸인 눈물겨운 消息, 萬姓의 丹誠 萬圓臺突破.

이충무공을 위한 성금이 1만 원을 돌파했습니다. 1만 원이란 그리 큰돈이 아닐지 모르겠습니다마는 이것이 거의 전부가 10전 20전의 모임이라는 것을 생각할 때에 이에서 더 놀랍고 감격되고 희한스럽고 미쁜 일이 또 있겠습니까. 맨 첫 번 돈을 보내신 이가 1원씩 2천 명이면 2천 원 채무를 갚을 수 있지 않느냐고 하신 말씀이 그대로 실현되고도 남음이 있습니다. 벌써 채무는 보존회의 손으로 청산이 되고 제2단으로 그의 유적의 보존을 위하여 적당한 방법을 강구하기로 되었습니다.

우리는 이 문제가 처음으로 세간에 물의를 지었을 때에 이는 민족적으로 수치인 것을 부르짖었습니다. 동포 여러분의 열렬한 정성의 표시로서 그 치욕을 씻어버리기에 족함을 스스로 축하하고자 합니다. 전화위복이란 이것을 가리킴인가 합니다. 이 일이 없었던들 어찌 이러한 감격된 일이 생길 수 있었겠습니까. 혹은 하루의 공전을 바쳐서, 혹은 한 끼의 밥을 굶어서 그이를 위해 드린 정성은 백 원 2백 원의 큰돈보다도 더 값이 나갑니다. 누가 달라고 하는 것이 아니요, 누가 보고 있는 것이 아니언만 자진하여 들어오는 이 성금의 홍수— 이 얼마나 희귀한 일이겠습니까.

이번 일에 있어서 우리는 여러 가지 교훈을 얻었습니다. 첫째는 우리들의 마음속 깊이 참되고 아름다운 정성이 숨어 있다고 하는 것입니다. 우리의 하는 일은 더디고 우리 섰는 곳은 숨 막히는 일이 많음에 가끔가다가 실망과 낙담이 없기 쉽지 않습니다. 그러나 이번 일은 우리에게 일층의 용기를 주었습니다. 바른 일과 바른 길만 있다고 하면 2천만의 심금은 한 줄에서 울고 한 호령에 움직일 수 있다는 것을 증명했습니다.

우리는 또 적은 힘의 힘을 깨달았습니다. 진합태산(塵合泰山)의 실교훈을 얻었습니다. 한 방울의 물이 비록 미미하지마는 합하고 뭉치어 큰 내 큰 바다가 될 때는 산을 뭉개고 못을 묻지를 수 있습니다. 조선 사람의 각각 가진 힘은 얼마 아니 된다 하더라도 그 힘을 합하고 뭉치면 능히 큰일을 할 수 있을 것입니다. 이 강산을 새로이 개척하고 이 사회를 부흥하는 책임을 이행할 의무를 가진 우리들은 스스로의 한 팔 힘이 약한 것을 한하지 말고 먼저 그 팔과 팔을 서로 거져(걷어) 2천만의 온갖 힘을 다 합하면 못할 일이 없을 것을 대오(大悟)해야 되겠습니다.

우리는 우리를 스스로 감사합시다. 비장(悲壯)과 감격의 눈물로서 어린, 이 성금 1만 원은 장차 보존회의 신중한 고안 하에 영구히 기념되도록 사용될 것을 믿습니다. 그것은 충무공의 위대한 인격을 영구히 기념하는 기념물이 되는 동시에 조선인의 거룩한 정성을 구현하는 기념물로서 영구히 우리 자손에게 전해질 줄 믿습니다.73)

1만여 원의 성금을 얻은 이충무공 유적보존회는 크게 고무되어 충무공의 정신을 길이 보존할 현충사(顯忠祠)를 새로 짓기로 결정했다. 장소는 아산 뱀밭(牙山 石岩里) 이충무공의 고택지(古宅址)이다. 이리하여 1931년 7월 26일 충무공과 인연 깊은 아산 고택지에서 현충사 기공식이 성대하게 개최했다. 이 기공식에 참석한 사람은 백여 명이었는데, 그중에는 공의 종손 이종옥을 비롯하여 인근 인사와 경성, 함흥, 개성, 김제, 대전, 예천, 목포 등지에서 한두 사람씩 참석했다. 보존회 위원 백관수는 기공식 석상에서 "이 땅은 공의 생전 계시던 땅으로 그 고택이 있고 이 뒷산 방화산정(訪花山頂)은 공이 말달리시던 곳이요, 저 은행나무 아래는 공이 활 쏘시던 곳이니 이 땅에 공의 타령(妥靈, 신주를 모심)하실 집을 짓게 됨은 그 인연과 사적으로 보아 가장 적당합니다"라고 현충사가 세워질 부지는 바로 충무공의 고택지임을 강조하고 있다. 기공식에서 현충사 건물을 지을 총책임자인 도편수 박인겸(朴仁兼)이 분향하고 나서 보존위원 유진태가 가랫장부를 잡고 백관수, 이종옥 등 5, 6명이 줄을 당기어 개토(開土)한 후 유진태의 간곡한 축사와 만세 삼창으로 식을 마쳤다.74)

1931년 7월 26일 현충사 기공식을 거행한 지 10여 개월 만인 1932년 6월에 공사가 마무리되었다. 드디어 1932년 6월 5일 현충사 낙성식 및 이충무공 영정봉안식을 동시에 거행하기로 하였다. 특히 조선 민중의 피눈물의 결정으로 완성된 현충사 낙성식과 영정봉안을 기념하기

---

73) 『東亞日報』(1931. 6. 17), 社說: 誠金一萬圓, 民族的 誠心의 發露.
74) 『東亞日報』(1931. 7. 28), 因緣 깊은 牙山古址에 李忠武公 顯忠祠, 각지에서 유지들이 모이어 昨 26日에 起工式.

위하여 그림엽서를 발행했다. "이충무공 영정봉안식을 기회로 동 보존회에서는 공의 영정과 현충사 전경과 유물인 검과 친필 일지 등을 재료로 하여 7매 1조의 그림엽서(繪葉書)를 발행하였다고 한다."[75]

만중(萬衆)의 정성으로 신축된 현충사 낙성식과 이충무공을 영구히 신사에 모시는 영정봉안식이 예정과 같이 1932년 6월 5일 정오에 아산군(牙山郡) 염치면(鹽峙面) 백암리(白岩里)에서 전국 각지에서 몰려든 3만여 명의 참예자가 운집한 가운데 성대히 거행되었다. 이 성스러운 의식에 참렬코자 경성을 비롯하여 멀리 강원, 경북, 충청, 전라, 경기 등 각지에서 모인 사람이 3만 명을 돌파하여 아산군 유사 이래로 처음 보는 큰 성황을 이루었다. 이충무공이 순국한 지 388년, 충무공 이순신은 이날부터 2천만 조선 민족의 머릿속에 새로운 모범이 되어 영구히 그 위대성을 잃지 아니하게 되었으니 충무공 묘소문제가 생긴 이후로 만 1년 남짓한 시일에 민중이 공을 흠모하는 지성 어린 결정(結晶)은 이에 완성된 것이다. 영정은 이광수의 '이순신'의 삽화를 그린 청전(靑田) 이상범(李象範) 화백이 그린 것이다.

종손 이종옥 집에 임시로 모셔 두었던 충무공 영정을 이날 오전 열한 시에 보존회 위원장 윤치호를 필두로 남궁훈, 유억겸, 백관수, 정인보, 박승빈, 김병로, 김철중 등 보존위원의 손으로 요여(腰輿)에 모시자 이른 새벽부터 각도로부터 모여든 3만여 명 군중은 일제히 옷깃을 바로잡고 정숙하고 경건한 태도를 취하여 봉안 행렬에 뒤따랐다. 선두에 횃불, 봉축기, 등롱(燈籠) 등을 세우고 그 뒤에 요여, 이종옥과 윤치호가 요여 뒤에 서고, 그 뒤에 보존위원, 덕수 이씨, 단체대표 일반 민중 순으로 봉안행렬이 이동하였다. 행렬은 단청 칠 냄새가 새로운 홍살문을 지나고 그로부터 30여 간이나 되는 현충사 정문을 지나 보존회 위원들과 청전 이상범 화백의 손으로 감실 안에 영정을 모시었다.

영정 봉안식이 끝난 후 현충사 정문 앞에 설치한 식장에서 현충사 낙성식이 거행하게 되었다. 보존회 위원장 윤치호의 "공의 위훈을 전

---

75) 『東亞日報』(1932. 6. 5), 李忠武公影幀 奉安式 明日擧行 繪葉書도 發行.

민족적으로 표창하기는 오늘이 처음이다"라는 의미 깊고 간단한 식사가 끝나자 동아일보 사장 송진우의 결과보고가 있고, 백관수의 건축개요에 대한 보고가 있고, 유억겸의 결산보고가 있은 후 성금 결산표와 건축개요 등을 인쇄한 종이를 일반에게 나누어 주었다. 충무공 위토문제로 발단된 성금 모금은 전국적으로 전 조선 민중의 호응을 얻어 불과 1년 만에 1만 6천 원이 모금되었다. 이에 유적보존회는 성금을 낸 방명(芳名)을 영구히 보존하기로 했다. "묘소 위토문제가 발단으로 충무공 유적보존열이 전 조선에 미만하여 수집된 성금이 1만 6천 원을 돌파하였다 함은 기보한 바어니와 이 성금을 내신 이들의 방명을 영구히 보존하기 위하여 그 금액과 주소 씨명이 발표된 동아일보를 영구히 보존하기로 하였다."

단청(丹靑) 새로운 현충사 감실 안에 청전 이상범 화백의 영필로 그려진 중후하고도 용장하게 보이는 공의 영정이 봉안되자, 공의 유적보존을 위하여 1년 동안 침식을 잊고 노력하던 보존위원들이 일제히 뜰 아래에 내려 최초의 참배를 하고, 이어 일반 참렬자들이 참배했다. 광장에 모인 수만 명 참배자는 50, 60명씩 집단으로 뜰 안으로 들어가 참배하게 되었는데, 갓 쓴 이, 양복 입은 이, 분홍 두루마기 입은 총각, 검정 치마에 발 벗은 아가씨 등이 앞을 다투어 "이 절을 하려고 멀리멀리 왔습니다" 하는 듯이 영정 앞에 정성껏 절하는 광경은 보는 사람으로 하여금 눈물을 재촉하였다.76)

1932년 4월 29일 일본 천장절(天長節) 날에 상해 홍구공원에서 개최된 상해사변 전승축하식에서 윤봉길의 폭탄의거가 일어났다. 그리고 이에 연루된 도산 안창호는 일본 경찰에 체포되어 6월 7일 국내로 압송되었다. 공교롭게도 도산이 인천항에 입항하던 그 날짜 동아일보는 이 충무공 영정봉안식과 현충사 낙성식을 화보와 함께 신문 전면을 장식, 대서특필 보도함으로써 항일정신을 유감없이 대내외에 선양한 것이다. 이 같은 대담한 보도는 동아일보 편집국장 이광수의 항일성 편집방침

---

76) 『東亞日報』(1932. 6. 7), 忠武公影幀奉安日 莊重盛大한 諸儀式 全土 各地의 會衆三萬.

이 있었기에 가능한 일이었다. 이충무공 유적보존회가 이충무공 영정봉안과 현충사 신축을 훌륭하게 성사시킨 데 있어 중심인물은 이광수이다. 이광수는 '충무공 유적순례', 장편 역사소설 '이순신', 그리고 '사설' 등을 발표함으로써 항일정신을 고취하였고, 때문에 이 같은 거족적인 성금을 모을 수 있었다. 따라서 현충사 신축은 어느 개인 재력가나 개인 단체의 희사금이 아니라 조선의 일반 서민의 피땀 어린 돈, 심지어 어린이 코 묻은 돈까지 한 푼 한 푼 모인 성금이라는 데 그 역사적 의미가 깊다고 할 것이다.

이충무공 유적보존회는 현충사 신축을 기념하는 비석을 세웠다. 그런데 앞서 이충무공 유적보존회의 성명서에는 소화연호(昭和年號)를 사용한 데 반해 이 기념비에는 소화연호를 의도적으로 거부하고 간지(干支)를 사용했다는 점이 특이하다고 볼 수 있다. 그 당시 일제 당국은 모든 공식문서나 심지어 비석에까지 소화연호 사용을 의무화하고 있었기 때문에 기념비에 간지를 사용한 것은 대단히 의미심장한 용단이 아닐 수 없다. 기념비는 순 한글로 새겨져 있다. 다음 인용문에서는 구 철자법을 현대 철자법으로 고치고 이해를 돕기 위해 괄호 안에 서기를 병기하였다.

중건 현충사 비문

이충무공(1545~1598)은 인종 원년 을사(1545) 삼월 팔일 건천동서나 선조 구년(1576)에 무과 하고 십육년(1583)에 건원보권관이 되고 전라좌도 수군을 처음 거느리기는 이십사년(1591)이니 이듬해는 곧 임진(1592)이라. 계사(1593)에 삼도수군통제사 되고 무술(1598) 십일월 십구일 관음포에서 전사하니라. 아산 얼음목 산소를 비롯하여 뱀밭 고택과 친히 쓴 일기와 편지와 환도 금대 옥로 다 조선의 받들고 지킬 바이라 간해 비로소 공의 유적보존을 구구히 도모함이 실로 황송하도다.

정성의 모됨(모둠)으로 먼저 산소의 향화를 받들도록 하고 이어 고택 이웃에 이 집을 지어 공의 화상을 그려 뫼시고 유물을 이에 감추어

두니라. 집이 이룬 뒤 마당에 비를 세울세 위에 공의 생출연월을 간략히 적고 밑으로 이번 일의 대강을 써 뒷사람으로 보게 하노라. 공 나신지 삼백팔십팔년 임신(1932) 오월 이일 이충무공유적보존회[77]

이광수는 '이순신' 집필에 앞서 현지 답사여행(field work)을 단행했다. 허구적인 작품이 아니라 실증적인 살아 있는 전기를 집필하려면 현장답사를 통한 자료수집이 필수적이기 때문이다. 1931년 5월 19일 답사여행 첫 방문지는 아산 이충무공 종가 댁이었다. "우리 임 자최(자취) 찾아 떠나옵는 길입니다. 임 자최 찾는 대로 이야기를 적어내어 조선의 아들딸에게 드리오려 합니다."[78]

온양온천에서 북으로 아산가도를 따라 약 1키로를 가면 옥정교(玉亭橋)라는 긴 다리가 있으니 이것은 이른바 아산평야를 동에서 서로 관류하는 봉호천(蓬湖川)을 건너는 다리외다. 이 다리를 건너서 동으로 천변을 끼고 약 2키로 남짓을 내려가면 좌측으로 송림이 덮인 산이 보이고 거기서부터 병목 같은 동구를 이루었으니 이 동구 안이 곧 이충무공의 고택인 '뱀밭'이라는 곳인데 뱀밭은 한자로 쓰면 '牙山郡 鹽峙面 白岩里'외다. 집은 3백 년 고가라 많이 퇴락하였으나 그 체재(體材)는 충무공 당시의 것이라 하며, 뜰 동쪽에 선 두 그루 늙은 은행은 충무공의 손수 심은 것이라 합니다. 원래 이 가기(家基)는 충무공 외가 변씨(卞氏) 구기인데 외가가 자식이 없어 충무공께서 외손 봉사(奉祀)를 하시게 된 것이라 합니다. 나는 이종옥(李鍾玉) 씨를 초면할 때에 충무공 종손에게 대한 충정과 예로 절하였습니다. 이종옥 씨는 나를 반가이 맞아주시고 중언부언 동아일보에 사의를 표하였습니다.

나는 사랑에 들어앉기 전에 우선 충무공 사우(祠宇)에 첨배(瞻拜)하였습니다. 나는 내 친 부조의 사당에 절하는 건성(虔誠)과 반가움으로 절하였습니다. 그 후에 공의 유물을 보았습니다. "三尺誓天山下動色(삼 척 검으로 세상을 움직이기로 하늘에 맹세한다)"이란 명(銘)이 있

---

77) 『東亞日報』(1932. 6. 7), 重建顯忠祠 碑文. 이순신 비석을 한글로 세울 것을 역설했다는 점에서 '중건 현충사 비문'은 이광수가 지은 것이 확실하다.

78) 『東亞日報』(1931. 5. 21), 忠武公 遺蹟巡禮(1)(李光洙).

는 칼과, "一揮掃蕩血染山河(칼 한 번 휘둘러 적을 소탕하여 산하를 피로 물들이다)"라는 명이 있는 칼이 유물 중에도 가장 보물이니 이 두 칼은 공이 진중에서 항상 몸에 떠나게 하지 아니하던 것입니다. 그 검명(劍銘)은 다 공의 친필인데 금으로 새겼습니다.[79]

충무공 고택을 찾아서

蓬湖江(봉호강) 건너서서 芳華山(방화산)을 찾아드니
님 심은 老杏(노행) 밑에 頹落(퇴락)한 옛집 하나
忠武公(충무공) 靈(영)을 뫼오신 故宅(고택)이라 하더라

뱀밭이(에) 돌아들 제 꾀꼬리 들리더니
旌閭(정여) 앞 다다르니 洞天(동천) 가득 뻐꾹 소리
英靈(영령)이 맞으시는 양 하여 눈물겨워 합니다

祠宇(사우)에 뵈옵니다 이 절을 받으소서
이마 조아려 네 번 절을 받으소서
일어나 位牌(위패) 뵈오니 말 계실 듯합니다[80]

울돌목은 전남 해남군 문내면 우수영과 진도군 군내면 녹진리 사이의 바다로서 가장 좁은 물목의 너비가 294미터로 물길이 암초에 부딪쳐 튕겨 나오는 소리가 20리 밖까지 들린다 해서 울돌목(鳴梁)이라 불린 것이다. 1597년 이순신이 12척의 배로 빠른 물살을 이용해 왜 수군 330척을 궤멸시킴으로써 명량대첩을 거둔 곳이다.

우수영(右水營)과 벽파진(碧波津) 사이가 진도와 화원단(花源端)이 마주 바라보는 울돌목이(鳴梁, 鳴洋)라는 서울 육조(六曹) 앞 두어 갑절밖에 아니 될 듯한 해협인데 이 해협이야말로 충무공 3대 수전 중에

---

79) 『東亞日報』(1931. 5. 23), 李忠武公 遺蹟巡禮(2)(李光洙).
80) 『東亞日報』(1931. 5. 24), 李忠武公 遺蹟巡禮(3), 忠武公故宅을 찾아서(李光洙).

하나인 명량 대수전의 무대입니다. 때는 정유년(1597) 9월 하순, 달이 서천으로 기울어져 진도의 산 그림자가 바야흐로 해면을 가리울 때에 충무공은 패여(敗餘)의 병선 12척을 끌고 330여 척의 적선을 유인하여 이곳에서 분쇄하니 이 수전 때문에 호남이 보전되었고, 또 이 수전 때문에 임진란의 종국을 우리 편에 유리하게 맺게 하는 최대한 요인을 지은 것입니다. '울돌목이'라는 것은 매일 2회 조수가 들어올 때에는 이 병목 같은 곳에 와서 파도가 일고 소리를 내인다는 것인데 사리 때(한사리)가 가장 볼 만하고 그중에도 음 10월 보름사리가 고작이라고 합니다.[81]

통제사 이순신이 가토(加藤清正)의 상륙을 묵인했다는 참소로 나포(拿捕)되고 파직을 당하니, 적병은 무인지경같이 순천에 상륙하여 남원을 함락하고 장차 전라우도까지 손에 넣어 완전히 조선의 판도를 제압할 기세였다. 이러한 때에 공이 두 번째 통제사가 되어 거의 무인지경이 된 순천에 들어와 공을 따라 죽음을 각오하고 따르는 자 120명을 인솔하고 연안에 남은 크고 적은 병선 10여 척을 수습·정리하여 새로운 함대를 편성, 명량해전과 노량해전을 치르게 된 것이다.

임진(1592) 5월 1일에 여러 장수를 본영(우수영) 앞에 모으니 전선이 20여 척이라, 초사일에 여러 장수를 거느리고 당포(唐浦)에 가니 벌써 경상우수사 원균(元均)이가 전선 70여 척을 다 적에게 잃어버렸으므로 전선 1척을 주고, 초칠일에 거제 옥포(玉浦)에서 적선 30여 척을 격파하니 이것이 제1차의 승첩입니다. 4월 29일에 사천(泗川)에서 적선 13척을 소파, 6월 2일에 당포 승첩, 5일 당항포(唐項浦)에서 적선 1백여 척을 소파, 7월 8일 한산도대첩으로 70여 척, 동 9일 안골포(安骨浦)대첩에서 42척의 적선을 격파. 계사(1593) 2월 8일과 22일 부산대첩, 5월 21일 한산도로 이진(移陣). 이러한 중대한 전공이 다 여수를 근거로 하는 동안에 되었고, "本營僻在湖難於控除(본영이 호남에 치우쳐 있으므로 통제하기가 어렵다)"는 이유로 본영을 한산도로 옮기고, 인하여 공이 삼도수군통제사 됨에 한산도가 통제영(統制營)이

81) 『東亞日報』(1931. 5. 25), 忠武公 遺蹟巡禮(4)(李光洙).

되었습니다. 이런 의미로 보아서 여수는 이충무공의 일생에 중요한 관계를 가진 곳이라고 하겠습니다. 이곳에 충민사(忠愍祠), 승첩비각(勝捷碑閣), 영당(影堂) 등 공을 기념하는 여러 시설이 있습니다. 이곳 인사들이 공을 숭앙하는 건성이 자별한 것이 다 당연한 일이라고 할 것입니다.[82]

여수에는 피리강, 충민사, 장군성이 있다. 이광수는 이들 유적지를 답사, 시조 3수를 읊었다.

피리강 회고(懷古)

피리강 달 밝은 밤에 萬古名將(만고명장) 높이 앉아
諸將(제장) 불러놓고 攻守計(공수계)를 의론할 제
碧波(벽파)도 소리를 머금고 令(영) 듣는 듯하더라

충민사(忠愍祠) 유허(遺墟)

임이 우리 爲(위)해 임의 몸을 바치셔든
우리는 임의 은혜 무엇을 갚소리까
春秋(춘추)에 드리는 祭享(제향)도 끊일 것이 저퍼라(저어라)

장군성(將軍城)

將軍城(장군성) 돌아드니 부러진 碑(비)로고나
樵童(초동)도 끊였으니 물을 길이 바 없어라
夕陽(석양)에 닫는 潮水(조수)만 여흘여흘 하놋다[83]

이광수는 여수의 명소 고소대(姑蘇臺)라고도 일컫는 높은 대에 올랐다. 이 대는 여수의 동장대(東章臺)라고 할 만한, 시가 중 가장 높은 고

---

82) 『東亞日報』(1931. 5. 30), 忠武公 遺蹟巡禮(6)(李光洙).
83) 『東亞日報』(1931. 6. 2), 忠武公 遺蹟巡禮(7)(李光洙).

지인데 거기에는 일본 신사와 요정이 있고 빈민의 움집도 있었다. 임란 때에는 이곳에 '피리강'이라는 정자가 있었던 유서 깊은 곳이다. "이 절정에 옛날에는 '포리강' 혹은 '피리강'이라는 다락이 있었다는데 임진 4월 15일에 부산 함성(陷城)의 보(報)를 듣고 충무공이 처음으로 부하 여러 장수를 모아서 진공할 계교를 의론한 곳이라고 합니다. 과연 이러한 높은 곳에 올라서 월광이 비추인 산과 바다를 바라보면 자연히 세욕(世慾)을 벗어버리고 국가대사를 논할 청량한 기분이 되리라고 생각합니다. 때는 330년을 지났으나 4월 망일(望日, 보름날)은 거의 같습니다. 이 때 이 땅에 이 사람이 예(옛날)를 회억(回憶)하는 것도 우연한 일이 아닐 것 같습니다. 산도 말이 없고 바다도 말이 없고 하늘에 닫는 명월도 말이 없습니다. 참연(慘然)히 소리가 없는 중에 내 가슴만이 끓어오릅니다."[84]

'난중일기(亂中日記)'에 의하면 통제사 이순신이 거북선(龜船)을 건조한 곳도 바로 여수라고 하거니와, 임란 1년 전인 신묘년(1591)에 거북선을 건조하고 귀선범포(龜船帆布) 29필을 매입했다는 기사가 있다. 이 거북선은 갑오년(1594)까지도 통영과 좌수영에 각 1척씩 배치하고 있다. 그 특징은 저판(底板, 속명 본판) 앞머리에 아가리를 벌린 '거북머리(龜頭)'를 달고 있어 그 위용을 과시하고 있다. 이 거북머리는 좌우로 내어두를 수도 있고 신축(伸縮)할 수도 있으며 그 속에다가 유황 염초 등을 피워서 입을 벌리고 연기를 운무같이 토하며 그 속에서 나팔 소라 등속을 시기에 맞추어 흉물스러운 소리를 내어 그 모양이 마치 살아 있는 괴물처럼 보였다. 이것은 토하는 연무가 다만 적의 눈에서 자기를 감출 뿐만 아니라 적의 이목을 현혹케 하고 적에게 의혹과 공포를 일으키는 정신적 효과가 심히 크다는 것이다. 뿐만 아니라 좌우에 노(櫓)가 각 12개요, 좌우에 각 22포혈(砲穴)을 뚫고 12문(門)을 내이고, 귀두 위에는 2포혈을 뚫고 밑에 2문을 내이고 문방(門傍)에 각각 1포혈을 뚫고 좌우 복판(覆板)에 또 각각 12포혈로 모두 70포혈이나 된다.

84) 『東亞日報』(1931. 6. 3), 忠武公 遺蹟巡禮(8)(李光洙).

좌우 24로(櫓)로 저어 살같이 닫는 괴물이 70포혈로 전후좌우로 포와 화살을 내어쏘고 운무와 괴성을 발하며 횡행한다 하면 그 위력은 상상을 초월한다. 게다가 귀갑문(龜甲紋)을 그린 갑판상에는 예리한 추도(錐刀, 송곳칼)를 거꾸로 꽂아서 적이 올라서려면 곧 찔리게 되어 있다. 거북선 내용을 보면 좌우 포판(鋪板) 밑에 방이 각각 12칸인데 2칸에는 철물을 장하고, 3칸에는 화포와 궁시와 창검을 장하고, 나머지 19칸은 군병의 휴식처요 왼쪽 포판상의 방 한 칸에는 선장이 있고, 오른쪽 포판상의 방 한 칸에는 장교가 있고, 군병은 쉴 때에는 포판 밑에 있고, 싸울 때에는 포판 위에 있고, 판상에는 십자형 작은 길이 있어서 사람이 통행하게 하고 등에 귀자기(龜字旗)를 꽂아놓고 있다. 이것이 이충무공이 창작한 거북선의 요령이다. 이 괴물이 적진 가운데로 침입하여 좌충우돌하면 그야말로 아무도 이에 당해낼 수가 없다.[85]

노량(露梁)의 싸움은 충무공 40여 전쟁 중에 가장 비장한 전쟁이었습니다. 또한 가장 곤란한 전쟁이었습니다. 왜 그런고 하면 이 전쟁은 충무공의 영웅적 일생의 최종의 비극이었으니 가장 비장한 것이요, 또 일본군 측으로 보더라도 최후의 일전으로 해남과 부산에 있던 즉 조선 해안에 와 있던 일본의 전 해군력을 합하여 순천 예교(曳橋)에 포위되어 있는 고니시(小西行長)와 그 전군을 구출하는 동시에 일본군 7년의 노력을 무로 돌아가게 한 이순신의 해군을 섬멸하여 철천의 한을 풀자는 건곤일척의 대분투이었습니다. 이 때문에 노량의 전쟁은 피차간에 가장 비장할 성질을 가진 것이었습니다. 그러길래로 무술(1598) 11월 18일 적함의 선봉이 노량에 왔단 말을 듣고 항상 화의(和議)를 주장하고 유예준순(猶豫逡巡)하는 명 수군제독 진린(陳璘)을 재촉하여 대결전을 하기를 승낙케 하고 밤 3경에 공은 선상에 꿇어앉아 하늘에 빌기를, "오늘은 굳게 죽기를 결하였사오니 원컨대 하늘은 반드시 이 적(賊)을 멸케 하소서" 하고 몸소 선봉이 되어 노량으로 나아가 구름같이 밀려오는 적의 함대를 맞아 싸웠습니다. 찬 달(寒月)이 관음포(觀音浦) 위에 걸린 때에는 피차의 함대는 참으로 피에 젖었습니다.

---

85) 『東亞日報』(1931. 6. 4), 忠武公 遺蹟巡禮(9)(李光洙).

밤이 3경이 지나고 4경이 됨에 적함이 소파된 자 2백여 척, 아군의 손해도 적지 않았으나 전쟁은 마침내 아군의 승리가 되어 적함은 패한 나머지 남해로 도주할 때, 때는 4경, 먼동이 훤히 트려 할 때에 명선(明船)이 일본 함대에게 포위되어 등자룡(鄧子龍)은 전사하고 도독 진린이 장차 위태하려 함을 보고 공은 곧 배를 놓아 몸소 시석(矢石)을 무릅쓰고 손수 북을 두드려 진린은 구출하였으나 이때 공은 오른쪽 가슴에 적의 탄환을 맞고 "내 죽었단 말을 말아라" 한마디를 남기고 돌아가시고 말았습니다. 전쟁은 이기고 몸은 죽었습니다. 전후 40여 전쟁에 한 번 패전이 없습니다.[86)]

일본군 10만 대병이 임진년(1592) 4월 13일에 부산진을 점령함으로부터 불과 3개월 만에 전라도를 제외하고는 조선 전토가 적에게 유린을 받게 된 것이다. 이때에 선조는 의주로 몽진하였고, 고니시(小西行長)의 군은 벌써 평양을 점령하였다. 그러므로 일본군의 최종목표는 전라도 점령이었다. 일본군은 육상전에서 백전백승하고 수전에서도 원균(元均)이 전함 80여 척을 싸우지도 못하고 내버리고 달아난 양을 보고일거에 호남 점령을 목표로 몰려오게 되었다. 이때 일본 함대는 전라좌도 수사(水使) 충무공이 거느린 24척의 소함대에게 5월 7일 옥포에서 30여 척, 5월 29일 사천에서 13척, 6월 2일 당포에서 20여 척(이 해전에서 왜장 羽柴筑前守 전사), 6월 5일 당항포에서 1백여 척을 소파 당하고 말았다. 이처럼 충무공의 해전은 연전연승의 대전공을 거두었다. 해전에서 이같이 연전연패를 당한 일본군은 평수가(平秀家)로 하여금 최후의 일전으로 조선 함대와 자웅을 결하는 해전을 결행하였으니, 이것이 곧 임진년 7월 8일 유명한 한산도 대해전이다.

이에 전라우수사 이억기(李億祺)의 함대를 합친 충무공은 한산도(閑山島)에 유진하고 있었다. 충무공은 견내량(見乃梁)에 둔취한 평수가의 함대를 한산도 앞바다로 유인하여 그야말로 질풍신뢰적(疾風迅雷的)으로 왜선 70여 척을 소파하고 평수가는 10여 척을 이끌고 도망하였으나

---

86) 『東亞日報』(1931. 6. 6), 忠武公 遺蹟巡禮(11)(李光洙).

그 이튿날 안골포(安骨浦)의 격전에서 전멸을 당하고 패장 평수가는 경성으로 도주하고 말았다. 이 한산도 해전에서 일본군이 죽은 자가 9천, 전사한 대장 두 명, 생금된 대장 한 명이라고 한다. 한산도대첩은 호남을 점령하려던 일본군의 야심을 단념케 하였고, 평양을 점령한 일본군으로 하여금 더 이상 북진을 억지케 하는 효과를 거두었다. 이 해전에서의 패전으로 일본군은 치명상을 입었고, 의주로 쫓겨난 조선 중신들은 이 첩보를 듣고 '인령상하(引領相賀)'하였고, 일개 수군절도사에게 정헌대부(正憲大夫)를 준 것은 너무나 당연한 일이었다. 이로부터 충무공은 한산도를 근거로 해전을 지휘했고 그 이듬해인 계사년(1593) 6월 21일에는 본영을 한산도로 옮겼다. 동년 7월에 공이 충청, 전라, 경상 삼도 통제사 겸 전라좌도 수군절도사가 된 후에도 정유년(1597) 정월 원균과 북인파의 무함(誣陷)으로 경성으로 잡혀갈 때까지 한산도 본영에 있었다.

충무공의 한산도(閑山島) 야음(夜吟)

水國秋光暮 驚寒雁陣高 憂心輾轉夜 殘月照弓刀

공의 무제(無題) 일련(一聯)

誓海魚龍動 盟山草木知

한산도가(閑山島歌)

閑山島 月明夜 上戌樓 撫大刀 愁時 何處一聲羌笛更添愁
한산도 달 밝은 밤에 수루에 올라앉아
큰 칼 어루만져 시름하던 차에
어디서 강적 한 소리 내 시름을 돕나니[87]

---

87) 『東亞日報』(1931. 6. 8), 忠武公 遺蹟巡禮(13)(李光洙).

이광수는 한산도에서 고금도로 돌아오는 길에 '판뎃목이'를 보았다. '판뎃목이'는 한자로는 '착량(鑿梁)'이라고 쓰고 일본인들은 '태합굴(太閤堀)'이라고 쓴다. 이것은 통영 앞바다와 당포 쪽 바다를 연결하는 운하인데, 일본인이 처음 팠다는 것은 사실무근한 허설이 아닐 수 없다. 그 증거로 충무공의 '난중일기'에 "숙착포량(宿鑿浦梁, 판뎃목이에서 잤다)"이라는 구절이 있는 것으로 보아 판뎃목이는 임진왜란 이전에 아마 신라 시절에 팠던 것으로 추정된다. 판뎃목이 언덕 위에는 착량묘(鑿梁廟)가 있는데 충무공의 위패가 있고 향하여 오른쪽 벽에 사명당(四溟堂)을 배향하고 있다. "고금도는 우리 충무공 이순신의 최후의 근거지였습니다. 재차 통제사가 되어 패잔(敗殘)한 나머지의 병정과 선박을 수습해 가지고 명량의 대첩을 한 후에 정한 근거가 이 고금도이니, 둔전병제(屯田兵制)를 써서 농, 축, 어, 염, 무역 등 업을 장려하여 일변 장구지계를 도모하며, 병기를 주조하고, 전선을 건조하고, 군사를 조련하여 적병을 소탕할 준비를 한 것이 이곳이요, 또 명 도독 진린의 수군 등쌀에 통분한 꼴, 수모한 꼴을 당한 곳도 이 고금도입니다. 예교의 싸움과 노량진의 마지막 싸움을 할 때에도 공의 근거지는 여기였고, 또 이 고금도에서도 일대 격전이 있었습니다. 이 고금도도 좌수영에 버금할 만한 요해처입니다."[88]

이광수의 마지막 답사 코스는 고금도였다. 그러나 관왕묘(關王廟)에 이순신을 배향하게 한 것을 보고 당시 치자계급의 사대근성, 노예근성을 규탄하고 있다.

아침에 범주를 타고 탄보묘(誕報廟)를 찾으니 이것이 곧 고금도 관왕묘입니다. 정전에는 관우의 소상(塑像)이 있고, 동무(東廡)에는 진린(陳璘)과 등자룡(鄧子龍)의 위패가 있고, 서무에는 우리 충무공의 위패가 있습니다. 이를테면 우리 충무공 이순신을 관우의 묘정(廟庭)에 배향을 한 셈입니다. 나는 조선의 치자계급의 사대근성, 노예근성에 대하여 분개함을 마지아니하였습니다. 그래서 글 한 편을 지었습니다. 고금

---

88) 『東亞日報』(1931. 6. 10), 忠武公 遺蹟巡禮(14)(李光洙).

도의 이 꼴을 보고 고금사를 생각하니 모든 흥이 다 깨어지고 비분만 가슴을 터지려 합니다. 저를 잊고, 제 조상을 낮추고 남을 숭배하는 무리를 낳은 조선을 저주하고도 싶습니다. 그러나 이것은 조선 민족 전체는 아닙니다. 오직 가짜 명나라 사람(假明人), 가짜 무슨 사람들뿐이지 정말 조선인은 수화(水火)에 변치 아니하는 조선인인 것을 믿습니다.89)

이광수는 충무공 유적순례 마지막 답사기 '고금도에서'의 말미에 '소화 6년' 대신 '1931년'이라고 명기하고 있다. 당시 일본 소화연호(昭和年號) 사용을 의무화하고 있었던 식민지 정치 환경에서 이를 무시하고 의도적으로 서기연호를 사용한 것이다. 이는 이광수의 항일정신의 발로라고 볼 수밖에 없다. 이광수는 '이순신'을 통해 항일의식을 고취하고 사대근성과 노예근성을 규탄함으로써 독립정신을 만천하에 선양한 것이다.

이제 고금도(古今島)에 충무공 이순신의 유적을 찾을 때에 한 가지 크게 통분할 것이 있으니 그것은 관우(關羽)의 묘정(廟庭) 서무(西廡)에 우리 충무공을 배향한 것이니, 본말전도가 이처럼 극에 이를 수야 있을까. 마치 충무공은 관우의 신자(臣子)처럼 되었고, 동무(東廡)에 배향한 진린, 등자룡보다도 하풍(下風)에 서게 되었으니 충무공과 진린을 병칭(竝稱)할 때에 조선 놈의 입으로 '진·이(陳·李)'라 함은 실로 통분할 일이다. 진린은 일개 객장(客將)이요 충무공이야말로 국토와 민족의 명운을 생명으로 싸운 자, 지탱한 대은인이 아닌가. 설사 진·등(陳·鄧) 등의 공로가 다대하다 하더라도 그것에 대한 감사와 자타의 분(分)과는 별문제다.

그런데 고금도 유사(遺嗣)에서 한 가지 통쾌한 것이 있으니 그것은 모(某)의 비문을 실은 비석이 비각이 넘어질 때에 밑동과 머리가 부러져 세 동강이 난 것이다. 우리는 충무공의 유적이 민멸하는 것을 싫어하지마는 이러한 오독적(汚瀆的) 문자의 남은 흔적이 소멸되는 것은 쌍수를 들고 흔쾌히 축하하지 아니할 수 없다. 임란에 관한 문자 중에

89) 상게서.

가명인배(假明人輩, 가짜 명인들)의 섬어(譫語, 헛소리)와 광폐(狂吠, 미친 듯 짖음)가 많지마는 고금도유사기(古今島遺祠記)는 아마 추하기로 그 백미일 것이다. 이 유사기를 보건대 원래 고금도에는 명 수군도독 진린이가 건립한 관왕묘(關王廟)가 있었으니 이것은 당시 명나라 사람 중에 왕성하던 관우 숭배사상의 일단이다. 그러다가 현종(顯宗) 때에 절도사 유비연(柳斐然)과 승 천휘(天輝)가 묘를 중수하고 '진이이공(陳李二公)'을 종향(從享)한 것이라고 한다.

만일 조선인이 다 이러한 노예적 근성을 가지고 있다 하면 나는 금 일부터 조선을 버리고 말 것이다. 그러나 이것은 소수 가명인 계급의 비비(卑鄙, 비루함), 노예적 사상이요, 일반 조선인의 사상은 아니다. 이 소수 지배계급은 왕권과 민의를 누르고 자가(自家)의 지위를 확보하기 위하여 존명(尊明)사상을 물었다. 우리 조선인인 이충무공의 위패에 '有明水軍都督朝鮮國' 아홉 글자를 가하는 것이나, 선조대왕의 사검(賜劍), 사인(賜印), 사기(賜旗)는 생각도 아니 하고 '황조팔사(皇朝八賜)'라 하여 명나라 황제가 준 작위(爵位)와 물품을 충무공 위패보다도 더 존중하는 것이 다 이 무리의 간계에서 나온 것이다. 그리다가 심지어는 우리 충무공으로 하여금 한장(漢將) 관우의 신자를 삼으니 놈들의 죄악이 이에서 극성이라 할 것이다. 우리는 이번 기회에 마땅히 충무공 위패에서 '有明水軍都督朝鮮國' 아홉 글자를 삭제하고 다만 우리나라의 증직(贈職), 행직(行職), 시호(諡號)만 쓰기를 주장하여야 할 것이니, 이것은 아산의 충무공의 사우에서부터 위시하여 각 충렬사에 미쳐야 할 것이다. 그리고 둘째로 고금도의 관왕묘에서 충무공 위패를 독립케 하든지 그렇지 아니하면 차라리 철거할 것이다. 새로운 세대의 조선인에게는 이러한 부패한 사상의 흔적을 보이지 말지어다. (1931년 6월 1일, 古今島에서)[90]

이광수는 선조 25년(1592) 7월 전라좌수사 이순신이 일본 함선 60여 척을 침몰시킨 한산도대첩을 거둔 필승전략을 높이 칭양하는 글을 발표했다. 이는 임진왜란 발발 이래 연전연패하던 조선군의 최초의 해전 대승이라는 데 큰 의미가 있다.

---

90) 『東亞日報』(1931. 6. 11), 古今島에서, 忠武公 遺蹟巡禮를 마치고(李光洙).

한산도대전과 이순신

순신의 대함대가 새벽의 물을 헤치고 한산도 앞바다에 다다랐을 때에는 소쿠릿도 위로 붉은 해가 솟아올라서 80여 척 전선의 돛에는 일시에 불이 붙는 듯하였다. 그러나 함대가 겨냇도를 바라볼 때에는 순식간에 80여 척 전선이 그림자를 감추고 오직 판옥선(板屋船) 6척이 고단하게 북으로 북으로 겨냇도를 향하여 미끄러질 뿐이었다. 다른 배들은 순신의 명령대로 정한 부서를 따라 각각 산그늘과 섬 그늘에 숨고 순신은 주력함대 50여 척을 한산도 대섬 뒤 포구에 숨기고 자기만 2, 3척 배를 거느리고 마치 선유하는 사람 모양으로 앞바다로 오르락내리락하였다.

해가 올라오자 마치 햇발을 따라온 듯이 바람이 불기를 시작하였다. 아직 그리 큰 바람은 아니나 장차 큰 놀로 변할 듯한 그러한 살기를 띤 바람이었다. 이 바람을 따라 거울과 같은 한산도 바다에는 가는 물결이 지기를 시작하고 보리밥 한 솥 지을 때 한때를 지나서는 굼틀굼틀 굵은 물결이 일어났다.

광양현감 어영담(魚泳潭)이 거느린 선봉대는 적함이 정박하여 있다는 겨냇도를 향하여 살같이 달렸다. 때마침 어지간히 세게 부는 서남풍에 돛이 찢어질듯이 바람을 품었다. 거제도의 산들이 줄달음하듯이 오른손 편으로 달아났다.

한산도 앞에서 하회를 기다리는 순신은 뱃머리에 나서서 북으로 겨냇도를 바라보고 있었다. 물이 반 너머 써도록(밀물이 물러나도록) 어영담에게서 아무 소식이 없는 것을 보고 순신은 저윽이(적이) 맘이 초조하였다. 순신의 계획은 썰물에 적함을 한산도 바다로 끌어넣어 싸우는 동안 저녁 밀물을 맞아 적으로 하여금 외양으로 달아나지 못하게 하자는 것이었다.

결코 겨냇도에서는 적함과 싸우지 말고 만일 적이 따르거든 달아나 돌아오라고 일렀지마는 혹시나 솟아오르는 기운을 억지하기가 어려워 싸우고 있는 것이나 아닌가 하고 근심하였다. 어젯밤 군사회의를 할 때로부터 겨냇도로 따라가서 싸우기를 주장하던 원균(元均)은 순신의 계교를 비웃었다. 병목 같은 겨냇도 좁은 목에 몰아넣고 싸우지 아니하고 호호한 넓은 바다로 끌어내어 싸우는 것이 어리석음을 비웃은 것

이다. 날이 늦도록 선봉대가 돌아오지 않는 것을 보고 원균은 자기의 선견지명을 자랑하여 순신에게,

"지금이라도 겨냇도로 따라갑시다. 그까짓 적이 무엇이 무서워서 못 간단 말이오. 전선 30척만 소장을 빌려주시면 해지기 전에 그놈들을 깡그리 잡아오리다" 하고 빈정대었다. 그는 마치 영등포에서 싸우지도 않고 그 많은 전선과 군기와 수군을 버리고 도망한 것은 자기가 아니요 딴 사람인 것같이 생각하는 모양이었다. 순신은 말없이 머리를 흔들어 원균의 말이 옳지 아니하다는 뜻을 표하였다. 겨냇도와 같이 풀과 암초가 많은 곳 지키기에 편하나 치기에 맞지 못함과 또 설사 겨냇도에서 싸워서 적이 진다 하더라도 적병은 배를 버리고 뭍으로 올라가 달아날 것이니 결국 싸워 이긴다 하더라도 적병에 인명의 손해는 적을 것이요, 또 이편의 전선도 혹은 풀에 올라앉고 혹은 암초에 부딪쳐 손해를 면치 못할 것이라는 것을 설명하여도 원균은 잘 듣지 아니하였다.

이윽고 겨냇도로부터 달려오는 배가 보였다. 주먹만 하다가 사람만 하여지고 마침 썰물을 타서 삽시간에 그것이 어영담이 거느린 배인 것이 판명되었다. 하나, 둘, 셋, 넷, 다섯, 여섯, 하나도 상하지 아니하고 다 있었다. 은은히 포성이 들리는 것은 일변 싸우며 일변 달아나는 것을 표함이었다. 아니나 다를까 조선 배들의 뒤를 따라 마치 수효를 모를 듯한 검은 돛 단 적선이 기러기 떼 모양으로 요란히 방포하고 따라오는 것이 보였다. 순신은 손수 한소리 높이 북을 울렸다. 한산도 속 바다에 숨어 있는 병선에게 출동을 명령하는 것이었다. '둥' 하는 북소리에 한산도 속 바다에 숨어서 기다리던 배들은 일제히 닻을 감았다. 어영담의 선봉대가 대섬에서 얼마 멀지 아니한 곳에 다다랐을 때에는 70여 척의 적의 함대는 꼬리를 물고 그 뒤를 따랐다. 순신이 또 한 번 북을 울리니 일성방포가 뒤 맞춰 일어나며 한산도 속 바다로부터 50여 척의 병선이 마치 물속으로부터 솟아나는 듯이 한 바다에 쑥 나섰다.

적의 함대는 불의에 큰 함대가 앞을 막는 것을 보고 깜짝 놀래어 허둥지둥하여 항렬(行列)이 어지러웠다. 이편의 함대는 들입(入)자 모양으로 학익진(鶴翼陣, 학의 날개와 같은 진형)을 벌여 적의 함대를 안아 싸고 노를 빨리 저어 지현자(地玄字), 승자(勝字) 각양 총통을 놓으니 선봉으로 오던 적선 세 척이 깨어져 배에 탔던 적병이 하나 남기지

아니하고 물에 빠져 깨어진 배의 널쪽을 붙들고 부르짖었다.

이것을 보고 적선은 기운이 꺾이어 뱃머리를 돌려 오던 길로 도로 도망하려 하였으나 경각간에 난데없는 수십 척의 배가 고성 속으로부터 내달아 석가래 같은 화전(火箭)과 각양 총통과 활을 쏘고 이것을 피하여 뱃머리를 거제 쪽으로 돌리니 소쿠릿도 그늘로서 또 난데없는 수십 척의 배가 나타나 역시 석가래 같은 화전을 쏘니 적의 함대는 삼면으로 우리 함대에게 싸이어 화전을 맞아 돛에 불이 당기어 황혼의 하늘에 염염히 타오르니 마치 수없는 불기둥과 같아서 하늘과 바다가 왼통 불빛이 되었다. 적의 함대는 완전히 통제를 잃어 행렬이 무너져 하나씩 둘씩 저마다 갈팡질팡 도망할 길을 찾을 때에 우리 군사는 기운이 백배하여 다투어 나아가 갈팡질팡하는 적선을 잡았다.

타고 깨어지고 남은 적선 10여 척이 한산도 앞바다를 빠져 도망하려 하였으나 미륵도에서부터 한산도 끝까지 수백의 불이 앞을 가로막았으니 이것도 필시 이순신의 병선이리라 하여 거기 다시 뱃머리를 돌려 대섬을 향하고 돌아왔다. 이때에 순신은 짐짓 대섬 앞바다를 비이고 멀리 적선을 에워싸니 길을 잃은 적선은 한산도 속 바다를 외양으로 터진 바다인 줄만 알고 그리로 도망하여 들어갔다. 얼마를 가서 이것이 막다른 골목인 줄을 알고 이 수십 척의 적선 중에는 장수 협판좌위문(脅坂左衛門)과 진와재마윤(眞鍋在馬允)의 탄 배도 있어서 그들은 용감하게 10척의 병선으로 최후의 대항을 하였다. 그 좁은 한산도 속 바다에서 격전이 일어나 포향 불빛이 하늘에 닿았다.

그러나 마침내 10척 중에 9척은 불타고 혹은 깨어지고 오직 진와의 배 한 척만이 남아 도망하여 진와와 그 부하 장졸이 섬으로 올랐으나 그 나머지 장졸은 협판 주장 이하로 다 속 바다의 귀신이 되었다.

진와가 부하 장졸 백여 명을 데리고 뭍에 오름에 조선 군사는 그 배를 불 놓아버렸다. 진와는 산에 올라 자기가 탔던 배가 불붙는 것과 바다 가운데 반쯤 잠긴 자기 편 배들이 아직 번쩍번쩍 차마 꺼지지 못하는 듯한 불길을 내임을 보고 문득 자기만 목숨을 보전하여 도망한 것이 부끄러운 생각이 나서 동을 향하여 자기의 임금과 조상의 영을 부르며 통곡하고 그 자리에서 칼을 빼어 배를 갈라 죽었다. 따르던 장졸 중에도 20여 명이나 주장의 뒤를 따라 배를 갈라 죽고 그 나머지는 혹시나 도망할 길이 있나 하고 초승달도 다 넘어간 캄캄한 밤에 수풀 속으로 헤매었다. 이튿날 아침에 도망한 적병의 종적을 수색하던 조선 군사들이 진와 이하 20여 명이 배를 갈라 죽은 자리를 발견하고 순신에게 보고함에 순신은 땅을 파고 그 시체들을 묻고 술을 부어 적의 충혼을 위로하였다.91)

91) 『三千里』(1935. 8), pp.102～105, 閑山島大戰과 李舜臣(李光洙).

제6장 이광수의 종교관과 '신편찬송가', '찬불가'

1. 범종교인 이광수(천도교, 천주교, 기독교, 불교, 원불교)

1902년 8월 11세 나이에 부모 모두 호열자로 여의고 천애고아로 방황하던 중, 이광수는 1903년 12월 동학 대접주 승이달(承履達)을 만나 박찬명(朴贊明) 대령 집에 기거하면서 동학교(東學敎)에 입교했다. 이광수는 동학에서 사람을 하늘로 존경하는 인내천(人乃天) 사상, 평등정신, 민족주의 정신 등 3대 교리에 감화하면서 강렬한 민족의식을 각성하게 되었다. 이리하여 이광수는 박 대령의 비서 겸 서기로 망명 중인 손병희와 서울 총본부로부터 오는 문서(通文)를 베껴 각지로 배포하는 메신저 역할을 수행했다. 러일전쟁 발발로 처음으로 러시아군이 정주를 점령해서 부녀자를 납치하여 강간하고 재물을 약탈하는 등의 야만행위를 하자, 이를 목격한 이광수는 반러 민족의식을 갖게 되었다. 1904년 2월 정주성에서의 러일 간 격전 끝에 러시아군이 패퇴하여 일제의 한반도 지배전략이 노골화되면서 각지에서 항일의병이 봉기했다. 일제는 그 주동이 곧 동학당이라 규정, 박찬명 대령과 이광수를 지명수배하면서 이광수를 잡아오면 백 원, 소재를 고하면 20원의 현상금을 걸었다.[1]

1904년 9월 29일 정주읍 연훈루(延薰樓) 앞 넓은 마당에서 수백 명

---

1) 春園 李光洙, 『나의 告白』(春秋社, 1948. 12. 25), pp.26~27.

동학 도인이 운집한 가운데 진보회를 조직했다. 서울 본부로부터 전만영(田萬永)이 파견되어 조직했는데, 그 강령을 보면, "1. 한국의 독립을 보전함. 2. 황실의 존엄을 옹호할 것. 3. 서정을 혁신할 것. 4. 동맹국 군사상에 극력 협력할 것" 등이다. 이리하여 이광수는 정주에서의 진보회 조직을 보고 그해 9월에 행상인 차림으로 변장하고 정주를 탈출, 진남포-인천 간 순신호(順新號)를 타고 인천에 상륙하여 서울에 잠입했다. 그는 '일어독학'을 열흘 만에 통달하고, 1905년 8월 때마침 일진회에서 모집하는 일본 유학생 선발시험에 응시하여 대망의 동경 유학생에 선발된 것이다.2)

1904년 8월 일본에 망명 중인 동학교주 손병희(孫秉熙)는 진보회를 조직하면서 이용구(李容九)를 국내로 파견, 민족주의 개화운동단체를 조직하라는 지령을 내렸고, 이에 이용구는 동학교도를 모아 정식으로 진보회(進步會)를 조직, 회원 16만 명을 확보했다. 한편 송병준(宋秉畯)은 같은 무렵 친일단체 유신회(維新會)를 조직했다. 1904년 9월 이용구의 진보회는 송병준의 유신회와 통합, 일진회(一進會)라 개칭했다. 이로써 일진회는 을사늑약을 적극 지지하는 친일단체로 둔갑하기에 이르렀다. 손병희는 급거 귀국, 동학의 진보회는 일진회와는 무관하다고 성명하면서 친일분자 62명을 출교(黜敎)하는 동시에 1906년 12월 동학교를 천도교(天道敎)로 개칭하면서 대개혁을 단행했다.

14세 어린 몸으로, 더군다나 일본 관헌의 현상체포령이 내려진 천도교인 이광수는 일본 유학생에 선발되어 청운의 꿈을 품고 동경으로 떠났던 그 당시의 감격했던 일을 회상하고 있다.

내가 찾는 친구의 집을 알 양으로 고원(高原) 천도교 종리원(宗理院)을 찾아갔소. 옛날 집에 '천도교 고원 종리원'이란 문패가 붙고, 마당가에는 채송화 몇 송이가 쫓겨난 계집애 모양으로 피어 있었소. 내가 들어오는 것을 보고 어떤 중로(中老) 한 분이 나오더니 어디서 왔느냐고 묻기도 전에 허리를 굽혀서 공손히 경례를 하오. 나도 놀라서

2) 상게서, pp.11~40.

답례를 하였소. "어디서 오시는 어른이십니까" 하고 그 중로는 더 할 수 없이 공순한 말로 묻소. 그의 용모에도 공손이 넘치오. 나는 어쩔 줄을 모르면서 "서울서 왔습니다. 김○○씨를 찾아왔습니다" 하였소.

"네!" 하고 중로는 놀라는 듯이 넓게 뜬 눈으로 나를 한 번 보더니 "행차하신다는 말씀은 들었습니다… 아이고 어쩌나… 아무려나 자 어서 들어오십시오… 아이그 밤차에 얼마나 괴로우셨겠습니까… 아침도 아니 잡수셨겠습니다" 하고 마치 어머니가 오래 떠났던 자식이나 만나는 것처럼 반가워하는구려. 아니 넓은 세상에는 이런 사람도 아직 남아 있나. 세상 사람이 다 이렇게 되었으면 오죽이나 살기가 좋을까. 아침을 먹고 길을 떠나려고 구두끈을 맬 때에 어떤 여윈 분 하나이 들어오며 잠깐만 들어오라고 인사나 하고 가라고 하오. 그래 나는 신었던 구두를 벗고 다시 방 안으로 들어섰소. 그런즉 그 여윈 분은 벌써 땅에 엎드려 옛날 우리 절을 하오. 나는 황망히 땅에 엎드려 답배를 하였소.

그는 이곳 종리사(宗理師) 되는 이오. 역시 김 씨요. 20년 전 남대문 밖에 아직 보행객주(步行客主)와 떡집으로 찼을 시대에 그는 아직 20여 세요. 나는 불과 13세 적에 일진회(一進會) 통에 올라와서 같이 서울 소공동(小公洞)에 있었다 하오. 무심한 나는 그를 잊었으나 다정한 그는 아직도 나를 기억하여 그때 이야기를 하지요. "그동안 몇 창상(滄桑, 상전벽해)이나 지냈어요!" 하는 것이 그의 술회요. 과연 몇 창상이오! 개인으로 보기나 세상으로 보기나!

어우화 옛날인저, 진실로 옛날인저
天崩地坼(천붕지탁, 하늘이 무너지고 땅이 터져 갈라짐)을 두루 겪고
어이 굴어 만났던고
君白首(군백수, 자네는 백수) 我丈夫(아장부, 나는 대장부) 되었으니
옛날인가 하노라

김 종리사는 나와 동행하지 못함을 한하면서 뒷고개까지 따라 나와 친절하게 길을 가르쳐주고 세 번 네 번 허리를 굽혀 절을 하고 내가 산모퉁이를 돌아설 때까지 우두커니 서서 바라보오. 20년을 하루같이

천도교인으로 지나온 그 '사인여천(事人如天, 사람을 한울님같이 섬김)'을 글자대로 실행하는 그 봄에 그는 생활이 심히 간난(艱難)한 모양이나 맘으로는 심히 부(富)한 그. 아아 귀한 인자(人子)여! 하고 나는 재삼 그가 섰던 방향을 돌아보았소.3)

이광수는 1935년 9월 '이차돈의 사'(137회 연재, 1935. 9. 30~1936. 4. 12)를 조선일보에 연재하면서, 이차돈은 신라 불교 수용을 위한 최초의 순교자라고 규정하고, 병인박해(1866) 때 한국 천주교 전래를 위하여 수많은 순교자가 피를 흘린 역사적 사건에 대해서도 큰 관심을 표명하면서 장차 이에 대한 역사소설을 쓸 것을 발표한 바 있다.

나는 순교자를 좋아합니다. 이해영욕(利害榮辱)을 도외시하고 오직 진리와 의리를 위하여 생명까지 희생하는 순교자는 인생의 가장 아름다운 꽃이라고 믿습니다. 그래서 나는 순교자를 테마로 글을 써보려는 생각이 늘 있어서 예전 '순교자'라는 각본도 하나 써보고 또 천주교조(天主敎祖)의 순교도 소설로 써보고 또 사정 있어 끝은 못 내고 말았지만 동아일보에 '김십자가(金十字架)'라는 소설도 썼습니다. '이차돈'을 쓰게 된 것도 그런 동기에서입니다. 이차돈은 조선의 역사에서는 첫 순교자였습니다. 그것이 내 흥미를 끈 것이었습니다. 나는 천주교도의 수만 명 순교자들을 존경합니다. 그 역사를 잘 알 수 없음이 한이어니와 조선인이 수만의 순교자를 내었다는 것은 불후(不朽)의 자랑으로 알며 내 혈관에도 이러한 순교자의 피가 흐르거니 하면 마음이 든든하고 큰 긍지를 느낍니다.4)

이광수는 신유사옥(辛酉邪獄, 1801) 때 천주교도의 피를 흘렸기에 한국 천주교가 포교·발전할 수 있는 계기가 되었다고 주장하면서 순교자의 피가 거룩한 빛을 발한다고 격찬하고 있다.

---

3) 『東亞日報』(1923. 9. 10), 草香錄(2) 天道敎人(長白山人); 春園 李光洙, 『人生의 香氣』(京城 弘智出版社, 1936. 6. 21), pp.337~339, 天道敎人.

4) 『三千里』(1935. 11), p.74, 天主敎徒의 殉敎를 보고, '異次頓의 死'(朝鮮日報)의 作者로서(春園).

조선의 첫 순교자는 신라 법흥왕 시대의 이차돈(異次頓)이었다. 그는 인생 최고의 영예를 폐리와 같이 버리고 신념을 위하여 참형을 당하였다. 그것이 15세기나 전. 이것은 불교를 위한 순교어니와 다음에, 천주교에서는 이승훈(李承薰), 정약종(丁若鍾) 이하로 만여 인이 순교자로 피를 흘렸다. 1천 5백 년간 조선의 불교가 이차돈의 피 위에 섰다 하면, 금년에 150년을 기념하는 예수의 종교(천주교)는 이승훈, 정약종 등 만여 인의 피 위에 선 것이다.

세상에 물욕을 위하여 몸을 버리는 자가 있고 공명(功名)을 위하여 몸을 버리기도 도리어 용이하지마는, 진리를 위하여 양심을 위하여 몸을 버리기는 실로 어려운 일이다. 진리와 양심의 신념을 생명 이상으로 아는 이 순교자의 정신이야말로 이 땅의 빛이요, 인류의 빛이다.

대동강안(大同江岸)에 토머스 목사의 순교기념비가 있거니와, 이차돈이나 이승훈, 정약종 등 순교자를 기념하는 서적이나 기념비 같은 것이 없는 것은 우리네의 수치다. 그것은 오직 같은 신앙을 가진 교도들만의 일이 아니라, 실로 조선인 전체의 일이다. 조선 천주교 포교 150주년을 기념하기 위하여 로마 교황의 특사가 조선에 들어왔다 하거니와, 이 기회에 순교자 표창의 성거(盛擧)가 있기를 바라는 동시에 불교에서도 그 유일한 순교자요, 또 신라 불교의 기초를 세운 가장 빛난 순교자 이차돈을 위한 무슨 큰 기념사업이 있음이 어떠할까. 진리와 양심의 신념을 생명보다 더 중히 여기는 정신 — 이것은 바야흐로 오늘날 조선인의 것이라야 할 것이다.5)

14세 어린 소년 이광수가 천도교 일진회의 유학생으로 선발되어 구국의 웅지를 품고 일본 동경에 건너간 것은 1905년 8월이었다. 그는 대성중학(大成中學)을 거쳐 미션계 학교인 명치학원(明治學院) 중학부에 입학함으로써 비로소 기독교를 처음 접하게 되었다. 1910년 3월 명치학원을 졸업하고 남강 이승훈의 초빙을 받고 오산학교에 부임했다. 오산학교 교주 이승훈은 독실한 기독교 신자일 뿐만 아니라 교내에 예배당을 설립하고 미국인 목사를 채용, 기독교 교리를 신봉하고 있어서 이광수는 자연히 기독교 신자로 생활하게 되었다. 그러니까 천도교로부터

---

5) 『朝鮮日報』(1935. 9. 26), 殉敎者의 피(長白山人).

기독교로 개종한 셈이다. 그러나 이광수는 동경 유학 기간 서구의 선진
문물을 수용, 톨스토이의 인도주의 사상과 다윈의 진화설을 신봉하고
있어서 오산학교의 기독교 교리와 위화감을 느끼지 않을 수 없었다. 그
런데 이승훈이 105인 사건(데라우치 총독 암살음모, 1910. 12)에 연루
되어 구속·수감됨으로써 이광수는 남강을 대신해서 교장 역할을 수행
해야만 했다. 정식 교장이 되려면 반드시 선교사와 교리문답을 통해 문
답세례를 받아야만 했다. 그러나 이광수는 교리문답에서 톨스토이의 인
도주의 정신과 진화설을 신봉한다고 주장함으로써 이단자로 몰렸고 동
료교사와 학생들로부터 배척을 받게 되었다.

　학생과 동료교사에게 배척을 당한 이유는 세례를 받지 않았다는 것
이다. 세 가지 세례문답이 있었는데, "1. 그리스도께서 동정녀 마리아에
게 잉태하신 것과 본디오 빌라도에게 죽으사 사흘 만에 다시 살아난 것
을 믿으시오? 2. 구약성경도 하나님의 말씀인 줄을 믿으시오? 3. 이 후
에 예수께서 재림하시는 날 죽은 자들이 모두 무덤에서 일어나서 심판
을 받을 것을 믿으시오?" 이 세 가지 세례문답을 모두 못 믿겠다고 하
니 이광수는 만년 학습교인으로 남을 수밖에 없었고 이에 따라 이단자
로 몰리게 되었다.6)

　이광수가 이단자로 몰리게 된 데에는 두 가지 이유가 있다. 첫째, 톨
스토이의 인도주의와 무저항주의를 신봉한다는 것, 둘째, 다윈의 생물
진화론을 진리라고 신봉한다는 것이다. 이에 대해 N목사는 "톨스토이
는 사람이요 하나님이 아니니 그를 존경하는 것은 가하나 믿는 것은 불
가라는 것, 따라서 믿을 것은 오직 하나님의 외아들 우리 주 예수 그리
스도 뿐"이라 하고, "다윈의 생물진화론은 한 가설일 뿐 증명된 바 없
다는 것, 한 학자의 의견으로 가르치는 것은 상관없지만 이를 진리라고
믿는 것은 하나님에 대한 죄과"라고 규탄하고 있다.7)

　이에 대해서 이광수는 톨스토이의 무저항주의를 신봉하게 된 배경을
이렇게 해명하고 있다. "혹은 내가 원체 못난 사람이기 때문에 이러한

6) 李光洙, 『그의 自敍傳』(高麗出版社, 1953. 4. 20), pp.118~119.
7) 李光洙, 『스무살고개 '나' 靑春篇』(生活社, 1948. 10. 15), p.82.

무저항주의를 좋아하는지도 모른다. 또 우리 민족의 역사가 너무도 개인 싸움, 당파 싸움에 찬 것이 지긋지긋하여서 내가 무저항주의를 좋아하는지도 모른다. 그러나 내가 닭싸움에 흥미를 가지고 내 닭이 지는 것을 성화하는 것을 보면 내 피 속에도 싸우는 본능이 노상 없는 것도 아닌 것 같다. 나도 하려고만 하면 칼을 들고 전장에 나아가서 죽이고 죽고 할 용기가 있는 것도 같다. 그리고 보면 나는 역시 사랑의 원리의 진리성을 사모하여서 무저항주의를 좋아하는 것이라고 뽐내일 수도 있는 것 같다."8)

사실 이광수 자신도 예수를 거짓으로 믿는다면서 이단자임을 시인하고 있다. "실상 신앙이 솟아나서 믿는 예수도 아니었다. 마음 붙일 데 없으니 믿는 예수요, 민중교화의 한 수단으로 민중에게 접촉할 기회를 얻기 위하여 댕기는(다니는) 예배당이었다."9)

우리나라에 천주교는 이승훈(李承薰)이 1784년 북경 천주교당에서 예수회 그라몽(Louis Grammon, 湯士選)에게 영세를 받음으로써 전래되었는데, 로마 가톨릭교 신자를 천주학장(天主學匠)이라고 불렀다. 그리고 1884년 9월 20일 미국 장로교 의료선교사 알렌(Horace N. Allen, 安連)이 내한함으로써 장로교계 기독교가 전래되었다.10) 천주교와 기독교는 암흑한 조선 사회에 신문명을 불어넣는 데 크게 기여하였고, 한국 근대화에 지대한 공헌을 했다.

이광수는 예수교(천주교, 기독교)가 조선에 준 은혜를 다음과 같이 분석하고 있다.11)

1. 조선 사회에 서양 사정을 알렸다는 것이다. 서양 선교사를 통해 동양 문명 즉 중국 문명보다 더 우월한 서양 문명세계가 있다는 것을 비로소 알게 되었다. 선교사를 통해 서양 선진문물을 습득하는 계기가

---

8) 상게서, p.162.

9) 李光洙, 『나』(文研社, 1947. 12. 24), p.175.

10) 金源模, 『近代韓國外交史年表』(단국대 출판부, 1984), p.88; 金源模, 『알렌의 日記(舊韓末 激動期 秘史)』(단국대 출판부, 1991), pp.23~24(1884. 9. 20), 399~400(September 20, 1884).

11) 『靑春』 제9호(1917. 7), pp.13~19, 耶蘇敎의 朝鮮에 준 恩惠(孤舟).

마련되었다. 선교사의 영향을 받아 배재학당을 창립하고 독립협회를 설립한 것이다.

2. 도덕적 진흥을 이룩했다는 것이다. 구한말 도덕적 부패는 극에 달했다. 관리들의 부정부패, 매관매직 등이 횡행했고 사회도덕은 땅에 떨어져 음일(淫佚), 이기심, 기만, 시기의 풍이 사회를 풍미했다. 인민은 주색에 침륜, 도박과 노비매매가 성행했다. 이와 같은 음악(淫惡)한 사회에 한 줄기 생활의 이상과 도덕의 권위를 준 것은 기독교회이다. 기독교는 종교적 위안과 청순한 생활방식을 주었고 도덕적 양심을 자극함으로써 조선 사회의 도덕적 수준을 크게 향상시켰다.

3. 기독교는 보통교육의 보급에 크게 기여했다. 당시 선교사들은 한결같이 보통교육 보급에 헌신했다. 선교사는 배재학당, 이화학당 등 각종 학교를 세워 성경과 찬송가를 가르쳤고 조선 신교육의 기틀을 마련했다.

4. 여자의 지위를 크게 향상시켰다는 것이다. 조선 유교적 남존여비(男尊女卑)사상이 뿌리 깊은 전통사회에서의 여성은 남성의 부속물이요 개나 말이나 다름없다. 여자는 교육받을 권리가 없고 인격을 주장한다든지 독립한 생활을 영위함은 꿈도 못 꿀 일이다. 그러나 기독교는 한국 여성교육의 효시인 이화학당을 세워 남녀평등사상을 고취했고 여자도 재혼을 허락하였을 뿐만 아니라 조혼의 폐습을 타파하는 데 앞장선 것이다.

5. 한글보급운동에 앞장선 것이다. 성경을 읽고 찬송가를 부르게 하려면 한글 교육이 선행되어야 한다. 현토식(懸吐式) 한문 문장을 탈피하고 언문일치의 한글 교육에 크게 기여했다. "언문(諺文, 한글)의 보급이오. 언문도 글이라는 생각을 조선인에게 준 것은 실로 야소교회외다. 귀중한 신구약과 찬송가가 언문으로 번역됨에 이에 비로소 언문의 권위가 생기고 또 보급된 것이오. 옛날에 중국 경전(經傳)의 언해(諺解)가 있었으나 그것은 보급도 아니 되었을뿐더러 번역이라 하지 못하리만큼 졸렬하였소. 소위 토(吐)를 달았을 뿐이었소. 그러나 성경의 번역은 무론 아직 불완전하지마는 순 조선말이라 할 수 있소. 아마 조선글

과 조선말이 진정한 의미로 고상한 사상을 담는 그릇이 됨은 성경의 번역이 시초일 것이오. 만일 후일에 조선 문학이 건설된다 하면 그 문학사의 첫 페이지에는 신구약의 번역이 기록될 것이외다."[12]

6. 사상의 자격(刺激)이 있었다는 것이다. 조선인의 사상은 마비, 고갈, 침륜되었는데, 전대미문의 기독교적 사상이 유입되어 전통적 사상에 일대 자극제가 되었다. 더군다나 여명기의 특징인 신구사상의 충돌을 일으킨 것은 기독교 사상의 자극에서 비롯되었다. 그러므로 조선인은 자래로 철학적 사색을 즐겨 하는 경향이 있으므로 과학적 정신보다도 도덕의 표준이 완전 다른 기독교적 사상이 더욱 큰 자격을 주었던 것이다.

7. 개성의 자각, 또는 개인의식의 자각이다. 유교 도덕은 개인의식을 몰각했고, 따라서 이 개인의식의 몰각은 조선 사상의 발달을 저해함이 컸다. "각인은 각각 개성을 구비한 영혼을 가진다 함이 실로 개인의식의 근저외다. 신 윤리의 중심인 '개성'이라는 사상과 신 정치사상의 중심인 민본주의(民本主義)라는 사상은 실로 예수교리와 자연과학의 양 근원에서 발한 한 줄기외다. 각인에게는 영혼이 있다, 자녀에게도, 노복에게도, 무릇 사람 형상(人形)을 가진 자에게는 다 영혼이 있다 함은 즉 동포를 사랑하여라, 개인을 존경하여라 하는 뜻을 포함하며 아울러 만인이 평등이다(능력에 차별이 있다 하더라도 사람 된 지위, 사람 된 자격에는) 함을 암시함이외다. 남녀의 평등이라는 사상도 실로 이에서 발하는 것이외다. 현대의 윤리도 실로 이에 근거하는 것이외다."[13]

이상 열거한 7개항은 실로 예수교가 조선에게 준 큰 선물이라 합니다. 예수교는 조선 문명사에 큰 은인이라 합니다. 무론 종교가의 안공(眼孔)으로 보면 이것은 지엽에 불과할 것이오. 수십만 인의 영혼을 천국으로 인도한 것이 주요한 공로라 할지나 이상 말한 것은 문명사적으로 관찰함이외다.[14]

---

12) 상게서, p.17.
13) 상게서, p.18.

이와 같이 이광수는 기독교가 조선에 준 장점, 즉 은혜에 대해서 분석적으로 논하는 한편, 기독교의 결점 또한 고발하고 있다.15)

1. 오늘날 기독교는 너무 계급적인 종교가 되었다는 것이다. 종교개혁 후 개신교는 재빨리 가톨릭교의 중세 신분제적 교계제도(敎階制度, Hierarchy)를 타파한 것이다. 그럼에도 불구하고 조선의 교회는 계급의식이 너무 강하다고 지적했다. 기독교가 조선에 전래된 이래 조선의 전통적인 계급의식과 접목하면서 생긴 자연스러운 계급의식이 정착화되었기에 목사, 장로, 전도사와 일반 신도 사이에는 조선시대의 사색반상(四色班常) 간의 수직적인 계급 차별의식이 강하다는 것이다. 기독교의 평등주의 사상이 조선에는 정착되지 못했다고 지적했다.

2. 조선 교회는 교회지상주의를 신봉하고 있다. 유럽의 종교개혁 후 발생한 종교전쟁은 가톨릭과 프로테스탄트 간의 평등주의를 위한 전쟁이었다. 로마 교황 지상주의 사상을 타파하고 교회의 평등주의 사상을 쟁취한 것이다. 그러나 조선 예수교는 신앙 제일주의에 빠지게 되었다. 학문보다는 신앙이 우선시되고 있다는 것이다. 기독교 신도가 아니면 죄인이요 사탄으로 취급한다는 것, 그것은 마치 유대인이 이방인에 대한 태도와 같은 것이다. 이는 미국 선교사들이 청교도 시대의 교회지상주의를 전파했기 때문이다. 교인 아닌 비신자는 악인, 신용 없는 이방인이요 심지어 기독교인 아닌 사람과는 결혼을 금한다든가 친구도 비신자와의 교우(交友)까지 꺼리게 만들고 있다. 신앙 없는 자는 아무리 학덕이 높더라도 그를 천대하는 풍조를 낳고 있다. 믿음이 있어야 학문도 빛을 발한다는 것이다. 그래서 지식보다는 신앙을 우선시하게 된다. 따라서 자기 종교 신앙 이외의 사업까지도 이를 천시하게 된다. "지금 예수교인들은 마치 전날의 사농공상(士農工商) 중에 '농·상·공'을 천히 여기는 모양으로 종교적 이외의 사업을 천히 여김이오. '하나님 일'이라 하여 교역(敎役)만 신성하게 여기고 상공업 같은 사업과 교육, 문필, 예술 같은 것까지도 '세상 일'이라 하여 말류(末流)로 여기오. 이

14) 상게서, p.19.
15) 『靑春』제11호(1917. 11), pp.76~83, 今日朝鮮耶蘇敎會의 欠點(孤舟).

418

전 사환(仕宦)을 중히 여기던 사상이 그대로 보전된 것이외다. 그러므로 공부를 하여도 신학을 배우면 존경을 받으되 기타 여러 학문을 배우려 하는 자는 일종 불신자(不信者)로 간주하오."16)

3. 오늘날 조선 교회의 교역자(敎役者)는 무식하다는 것이다. 교역자는 최고 계급의 지식인뿐만 아니라 최저 계급의 일반 무식한 민중들과도 접촉해야 하므로 학식이 풍부해야 한다. 설교학(說敎學)만 배워 가지고는 민중을 지도할 수 없다. "교역자는 적어도 기독교 성경의 대표적 수종의 신학을 열람하고 고래로 저명한 철학설이며 종교문학을 열람하고 그중에도 현대의 철학의 대강과 과학의 정신을 이해하여 써 현대문명의 정신과 현대사조의 본류와 현대문명과 종교와의 관계를 이해하여야 할 것이오. 심리, 윤리, 수사학 지식의 필요함은 물론이어니와, 이만 하고야 전도도 하고 지도도 할 것이오. 그런데 현금 교역자는 어떠한가요. 잠시 장로교회 목사 양성의 상황을 봅시다. 보통학교 졸업 정도도 못 되는 무교육한 자에게 매년 3개월씩 5년간 즉 15개월간 신구약 성경을 1, 2차 읽으면 목사의 자격을 얻어 강단에 서서 만인의 정신을 지도하는 성도가 되오. 그네의 무식한 것은 물론이오."17)

4. 조선 교회의 가장 큰 결점은 미신적이라는 것이다. 기독교의 포교 방법은 두 가지이다. 즉 자국 및 기타 문명 민족에게 전도하는 방법과 아프리카 및 조선 같은 야매(野昧)한 비문명 민족에게 전도하는 방법. 성경 해석과 의식에서 차별화한다는 것이다. 가령 문명 민족에게는 성경 해석을 합리적, 과학적으로 설교하지만, 문명이 없는 야매한 민족에게는 천당-지옥설과 사후 부활과 기도 만능설 같은 것을 강조하면서 누구든지 기독교를 믿으면 천당으로 가고 믿지 아니하면 지옥으로 간다는 이분법적 성경 해석을 내리고 있다. "조선 각 교회에서, 또는 각 교인의 가정에서, '병을 낫게 해줍소서', '혈육이 없으니 귀남자를 점지하여줍소서', '천당에 올라나 가게 하여줍소서' 하는 기도를 진정으로 올리고 진정으로 그 효력이 생기기를 고대하는 것이외다. 몽매한 민중은

---

16) 상게서, p.79.
17) 상게서, p.80.

하나님을 성황신(城隍神)이나 대감(大監) 같은 귀신의 대장(大將)으로 여깁니다. 기도만을 하면 풍랑에 파선도 아니 하고 생존경쟁에 열패도 아니 하는 줄로 압니다. 이것이 야매한 민족에게 전도하는 예수교요, 조선의 예수교는 불상이 이에 속하지요."18)

　　조선의 교회는 정히 대개혁의 기운(機運)에 제회(際會)한 줄 아오. 새로 루터와 칼뱅, 후스 등이 나지 아니하면 30여 년 명예의 역사를 가진 조선의 교회의 전도는 비관밖에 없을 줄 아오. 미신(迷信)을 깨뜨리고 문명적 신교회를 개조해야 될 줄 아오. 이상 나는 현시 예수교회의 결점으로 계급적임, 교회지상주의, 교역자의 무식 및 미신적임의 4개 조를 들었소. 다시 이를 통틀어 말하면 현시 조선 교회는 전제적, 계급적이오. 예수교의 근본 특징인 자유, 평등의 사상을 몰각하였으며 종교의 신앙을 인생의 전체로 여겨 신자 비신자의 구별을 선인 악인의 구별같이 여기며, 인생의 행복은 문명에서 오고 문명은 종교 외에 정치, 법률, 실업, 과학, 철학, 문학, 예술 및 각종 기예로 성립된 것이니 종교는 실로 이들 여러 분과의 하나에 불과하는 줄을 알지 못하고 학술, 기예를 경멸하고 제반 문명 사업을 비신성시하여 문명 진보의 열망이 없으며, 교역자가 문명을 이해하지 못하여 다수한 교인을 미신으로 이끌어 문명의 발전을 저해하며 미신적 신앙을 고집하여 사회의 추세와 병진하지 못하므로 마침내 문명적 종교의 사명을 다하지 못한다 할 수가 있소. 교회 여러 노인은 논자를 책망하실 줄 아오. 그러나 책망하시기 전에 한번 반성하시기를 바라오. 내 언론의 정확 여부는 내가 알 수 없으되 교회와 사회를 위하는 충정으로 나온 것이라 함은 하나님 앞에서 장담합니다.19)

　　그리스도교의 혁명사상의 기조는 "네 이웃을 사랑하기를 네 몸같이 하라" 하는 사랑인 것이다. 마르크스-레닌의 혁명사상은 폭력을 가지고 반대 세력인 계급을 섬멸하고 제압하는 수단으로 이용하고 있다. 이는 세계 역사상 정치혁명에 공통적인 방법이다. 그러나 그리스도의 혁명사

18) 상게서, p.81.
19) 상게서, pp.82~83.

상은 반대 세력인 계급을 사랑하고 감화함으로써, 상대방을 죽이는 대신에 나를 죽임으로써 혁명의 수단을 삼고 있다. 인도의 간디가 그리스도의 혁명사상을 채택하여 비폭력, 무저항 혁명사상으로 인도의 독립을 달성한 것처럼, 이광수도 그리스도의 혁명사상을 흥사단(안창호), 동우회(이광수)의 혁명사상으로 채택, 자유독립을 실현하고자 그의 정치이상을 표방하고 있다.

그리스도의 혁명사상에 관하여는 나는 한 논문을 계획하고 있다. 왜 그런고 하면 그리스도의 혁명사상은 과거에 있어서보다도 미래에 있어서 의미가 깊다고 믿기 때문이다. 거세(擧世)가 도도하게 마르크스-레닌주의적, 폭력적, 계급투쟁적 — 목적을 위하여는 수단을 가리지 않는 혁명사상으로 흐르는 경향이 있어서 마치 이러한 혁명만이 혁명인 감이 있고 또 이러한 혁명만으로야만 인생의 이상향이 올 듯이 생각하는 모양이나 멀지 아니한 장래에 그리스도 주의적 혁명사상이 전 인류를 풍미할 날이 올 것을 믿기 때문이다.

그러면 그리스도의 혁명사상이란 어떠한 것인가? — 이것을 논하는 것이 나의 혁명론의 주지(主旨)여니와 이에 말하려 하는 것은 오직 그 논(論)의 요령에 불과하는 것이다. 원체 신문기자란 자기의 주의를 세간에 발표하는 것이 심히 불리하다. 오늘날 저널리즘은 신문기자가 어떤 주의자(主義者) 되기를 허치 아니하고 막연하나마 독자인 대중의 감각과 판단을 간취하여 내 감각과 판단을 만드는 것이 마치 정치가나 혁명가와 다름이 없다. 그러므로 나의 근본정신이라고 할 만한 주의를 발표하는 것은 아직 내가 신문기자의 직을 가진 동안 상조(尙早)라고 또 불리하다고 할 것이다.

그렇지마는 '청년'이란 잡지는 그 성질이 일반 세간적 문제를 논할 것보다는 신앙의 고백 같은 것이 합당하다고 생각한다. 그리스도의 혁명사상이라도 이 소품문(小品文)은 나의 신앙의 고백의 일단이다.

내가 이렇게 미숙하고 미정한 글을 쓰는 이유를 나도 나의 명예를 위하여 변명하지 아니할 수 없다. 그것은 나의 동정동연(同鼎同硯, 같은 솥에서 밥 먹는 동학)의 구우인 편집자가 기어이 이번 신년호에는 나의 일문을 실어주마고 재삼 권하는 까닭이다. 이 권함에 감한 바 있어서 나의 신앙의 일단을 고백하는 것이니 또한 일종의 기연(機緣)이라고 아니 할 수 없다.

그리스도의 혁명사상의 기조가 무엇이냐 하면 그것은 "네 이웃을 사랑하기를 네 몸같이 하라" 하는 사랑이다. 마치 마르크스-레닌주의의 혁명이 부르주아지를 미워하라는 계급투쟁의 원리 위에 선 것 모양으로 그리스도의 혁명은 "너를 미워하는 자를 위하여 기도하라" 하는, 다시 말하면 네 원수를 사랑하라는 원리 위에 선 것이다. 이것은 진실로 놀라운 모순이요 대조다.

마르크스-레닌주의의 혁명사상으로 말하면 폭력을 가지고 반대 세력인 계급을 섬멸하거나 압복(壓伏)하는 수단을 취한다. 이것은 지나간 인류 역사상에 나타난 모든 정치혁명에 공통한 방법이다. 그렇지마는 그리스도의 혁명사상으로 말하면 반대 세력인 계급을 사랑하고 감화하므로 남을 죽이는 대신에 나를 죽이므로 혁명의 수단을 삼는다. 마르크스-레닌주의의 혁명군은 총을 메건마는 그리스도 주의의 혁명군은 십자가를 메인다. 마르크스-레닌주의의 혁명군의 눈에는 증오와 분노의 불길이 일건마는 그리스도 주의의 혁명군의 눈에 사랑과 연민과 용서의 눈물이 고인다.

인도의 간디는 그리스도 주의를 본받아 무저항 혁명을 주창한다. 결코 적에게 폭력을 가하지 말아라. 적이 나를 해하거든 가만히 받아라. 오직 네 주의만은 굽히지 말고 네가 제출한 요구만은 철거하지 말라. 일촌 일분도 타협의 뒷걸음을 말아라. 이렇게 주창하고 또 실행하고 있다.

비폭력, 무저항이란 점에서 간디는 그리스도 주의를 해득한 사람이라고 할 것이다. 그러나 일보를 더 나아가서 다만 적에게 폭력으로 저항하지 아니할뿐더러, 도리어 적을 위하여 기도하라, 원수(怨讐)를 사랑하라 하는 점에서 간디는 아직도 그리스도 주의에 밎지 못함이 멀다. 그러면 이렇게 사랑의 원리, 비폭력, 무저항, 용서하는, 얼른 보기에 심히 무력한 무기를 가지고 그리스도는 무엇을 혁명하려는고. 이것은 대단히 크고도 취미 있는 문제다.

마르크스-레닌주의가 혁명하려는 것은, 즉 파괴하려는 것은 부르주아 사회기구요, 그 자리에 건설하려는 것은 프로레타리아 독재의 공산주의 사회다. 그리스도 주의가 혁명하려는 것은 오직 부르주아 사회만도 아니요, 프로레타리아 사회만도 아니요, 무릇 증오와 투쟁과 폭력의 기초 위에 선 모든 사회, 그뿐 아니라 인류의 심중에 있는 증오와 투쟁과 폭력의 관념, 욕망, 습관까지도 근저로부터 제거, 발거(拔去), 소각해버리자는 것이다.

그러면 그리스도 주의의 혁명은 평화로운 것이다. 아니다! 아니다! 아니다! 마르크스-레닌주의의 혁명이 적의 피로 산하를 물들여야 할 것과 같이 그리스도 주의의 혁명은 자기의 피로 산하를 물들여야 한다. 그리스도가 골고다에서 피를 흘린 이래로 수만, 아마 수백만의 순교자가 피를 흘려서 인류의 맘속에 요만큼이라도(국제조약에 형식적 문구만이라도 정의, 인도를 표어로 하리만큼) 인도주의적 사상과 정조(情操)를 심어놓았다. 그러나 그리스도 주의의 순교가 벌써 끝이 났다고 생각하여서는 잘못이다. 진실로 그리스도 주의의 깃발을 들고 증오와 투쟁과 폭력 위에 선 모든 제도에 대하여 2천 년 전에 그리스도 선언한 바와 글은 전쟁을 선언한다고 하면 1931년의 금일에도 반드시 세계의 감옥이 그리스도인으로 충만하리라고 믿는다. 경애하는 편집자여. 나로 하여금 이만하고 아직 각필(閣筆)하게 하라. 우리 피차에 후일 충분히 토의할 기약을 두지 아니하려는가.[20]

종교개혁의 선구자 루터는 1517년 '95개조 반박문'을 발표하였고, 이것이 종교개혁의 발단이 되었다. 그는 바르트부르크 성에 칩거하면서 성서를 독일어로 번역함으로써 독일 국민문학 발달의 전기가 되었다. 이광수는 루터의 성서 독일어 번역이 독일 국민문학 발달에 큰 공헌을 했듯이, 개신교 선교사들의 선교활동에서 가장 위대한 공헌은 성서와 찬송가를 한글로 번역하여 한국 민족문학 발달에 기여한 점이라고 지적했다. 이는 종래의 현토식(懸吐式) 한문체(漢文體)를 타파하고 언문일치(言文一致)의 한글 문장으로의 대전환을 이룩했다는 것이다.

예수교 신교(개신교)가 조선에 들어온 지 금년이 50년이라고 한다. 이 반세기 동안에 예수교가 조선에 미친 영향은 아마 그동안의 다른

---

20) 『靑年』(1931. 1), pp.22~24, 그리스도의 革命思想(李光洙).

어떤 영향보다도 클 것이다. 예수의 교리 자체는 차치하고, 신교육, 신의료, 과학, 음악, 서양식 생활방식을 조선에 처음으로, 또 다량으로 이식한 것이 그다. 한마디로 말하면 조선은 예수교회를 통하여 구미의 문화와 접촉한 것이었다.

더구나 예수교의 성경 기타 종교서류를 순 조선문으로 번역하여 보급한 것이 조선어와 글(文)의 갱생발달에 준 영향은 오직 한글의 제정에만 버금갈 공적이다. 과거에만 그러하였을 뿐 아니라 현재에도 예수교는 우리 조선의 문화에 큰 공헌을 하고 있다. 금후의 조선 문화사(文化史)는 영원히 예수교회의 공헌, 동시에 미국, 캐나다, 오스트레일리아, 프랑스, 독일 등 여러 나라의 선교사와, 그들을 파견하고 또 모든 사업의 경영을 부담하여준 국민들에게 감사할 것을 잊지 아니할 것이다. 그렇지마는 예수교회에 대하여서도 한 비애가 있다. 그것은 신교가 들어온 지 반세기가 지났건마는 조선의 예수교라는 것이 발생되지 못한 것이다. 여태껏 선교사가 가지고 온 교리, 선교사가 가지고 온 정회정치(政會政治)로 지내왔을 뿐이요, 조선인의 교리나 정치에 대한 신저서, 신실천, 신운동이 없는 것이다.

마치 불교에도 조선의 불교를 못 낳고 유교에서도 조선의 유교를 못 낳은 셈으로, 예수교회에서도 필경 남의 조박(糟粕)만 빨고 말려는 것인가. 조선인의 종교적 혼의 꽃은 피어보지 못하려는가. 조선인의 종교적 독창성은 한번 세계를 놀래어보지 못하고 말려는가. 어디 그래서야 되겠는가. 예수교회 내의 여러 가지 갈등, 파쟁의 소문이 때로 들리거니와, 이러한 쟁투의 에네르기를 루터나 웨슬리(Wesley, 영국 메더디스트, 즉 영국 국교회 창시자) 식 종교개혁의 천화적(天火的) 에네르기로 전향하지 못하겠는가. 50주년을 기회로 예수교회에 조선적의 신기원을 열어보라.[21]

이광수는 한마디로 범종교인이었다. 누구나 한 가지 신앙을 가지고 그 믿음을 실천하는 것이야말로 비로소 인격자로서 신용의 주체가 될 수 있다고 정의하고 있다. 동우회 동지 정인과가 '신편찬송가'를 편집할 때, 이광수는 찬송가 18편을 번역·작사할 때의 신앙관을 이렇게 정

---

21) 『朝鮮日報』(1934. 2. 6), 朝鮮의 예수敎(長白山人).

리하고 있다.

예수를 믿거나 불교를 믿거나, 공맹(孔孟)을 믿거나, 또 노장(老莊)을 믿거나, 또 자연과학을 믿거나, 또는 하나님을 믿거나 산신(山神)님을 믿거나 또는 오직 제 양심 또는 양지양능(良知良能)이라는 것을 믿거나, 무엇이나 한 가지 꼭 믿고 숭배하고 그 명령에 절대로 복종할 '무엇'을 가지고 싶습니다. 세상에는 마몬(財神)을 믿는 이가 많거니와 재신과 연애신을 믿는 사람은 무소불위(無所不爲)여서 도무지 신용할 수 없고 위험하기가 조폭성(燥暴性) 정신병자나 시가에 내어놓고 맹수 독충과 같습니다. 그리고 아무것도 믿는 것이 없는 사람들이 모여 사는 곳이 어떻게 보잘것없음은 우리 자신이 가장 좋은 표본일 것입니다.

그런데 우리는 거짓과 무행(無行)의 사람들이기 때문에 설사 무엇을 믿는다는 사람들도 거짓으로 말만으로, 가장 호의로 해석하면 속만으로 믿는 이들이 많지 아니한가 합니다. 정말 무엇을 믿고 그 믿는 바를 따라서 수행(修行)하는 사람은 일언일동에도 그 믿음이 드러날뿐더러 그 용모에도 드러나는 것입니다. 그런데 믿는 바가 없는 사람은 보기만 해도 정신끼가 없고 언행에 상궤(常軌)가 없어서 혹선(或善), 혹악(或惡), 혹정(或正), 혹사(或邪), 혹시(或是), 혹피(或彼), 도무지 종잡을 수가 없습니다. 이러한 사람은 교우의 대상이 될 수도 없고 약속의 대수(對手), 상거래의 대수도 삼을 수가 없습니다. 이른바 이현령비현령(耳懸鈴鼻懸鈴)이요, 불외천불외인(不畏天不畏人, 하늘도 사람도 무서워하지 않는다)이요, 개인으로는 인생의 방랑자요 단결의 일원으로는 끊임없는 모반자일 것입니다.

한 가지를 턱 믿고 그 믿는 바를 따라서 마음을 떡 정한 사람, 그래서 그의 일언일동이 다 그 자신의 제일원리에 맞는 사람이라야 비로소 인격자로서 신용의 주체가 될 수 있는 것입니다. 이런 의미에 있어서 우리네는 조선 민족의 전통적 종교, 철학의 재인식, 각종 기성종교의 재인식, 인생관을 포함한 각종 사상의 탐구와 재인식이 다만 학적 흥미뿐으로가 아니라 우리네 생활 개조상 필요한 일입니다.[22]

22) 『三千里』(1935. 10), pp.60~63, 民族에 關한 몇 가지 생각(李光洙).

이광수는 동우회 사건으로 구속·기소되어 유죄판결을 거듭하고 있는 극도의 절망 상태에서 "네가 너를 고소할 자와 함께 법관에게 갈 때에 길에서 화해하기를 힘쓰라"(누가복음 12장 58절)는 영감을 받은 것이다.

하나님(누가복음 12장)

全知(전지)하오서 늘 내 마음만 못 여겨서
全能(전능)하오서 늘 내 힘만도 못 여겨서
믿어야 하올이서 늘 못 믿어온 내러라.

내시와 기르시와 먹이시와 입히시와
빛으로 비최시와 어르시와 만지시와
품에 늘 안으시어늘 안겨시다 하니라.

잘하면 잘한 값을 못하올젠 못한 값을
더도 덜도 없이 적으시와 셈 하시와
고르게 나리우서 늘 야속하다 하니라.

임 아니 겨(계)실진대 어둔 세상 어이 살리
하물며 죽음 길에 의지할 이 그 뉘런가
진실로 임 겨오시매 마음 든든하여라.

내 털 오리오리 모르시는 오리 있나
내 날 하루하루 임이 마련하신 것이
하늘에 새 한 마리도 잊으심이 없으셔라

봄 비 나렸으니 주신 씨나 뿌릴 것이
잎이 자랐으니 기심(김)이나 매올 것이
여물고 익히시기는 임이 손수 하실 것이

[부기] "오 적게 믿는 자들아" 적게 믿음은 내 어리석은 교만이었습니다. "두려워하지 말지어다" 날마다 불안이 있고 시간마다 두려움이 있는 나여! 안 믿으려던 교만은 어찌하였는고! 너와 나와 날로 "내일 일을 위하여" "무엇을 먹을까 무엇을 입을까" 하여 염려하여 얻는 것은 오직 괴로움과 죽음이 있을 뿐이로다. 너와 나와의 아우성은 믿음을 잃은 소리니 너와 나와는 바야흐로 믿음의 구원을 부를 날에 다달았도다.23)

2. 정인과와 이광수의 '신편찬송가'(1935)

정인과(鄭仁果, 1887~1972)는 1887년 평남 순천(順天郡 殷山面 秋坪里)에서 태어났다. 1911년 5월 평양 숭실대학교를 졸업했다. 1912년 8월까지 모교에서 교편을 잡다가 1913년 도미 유학, 산호세(San Jose)에서 태평양 대학 보습과를 거쳐, 1917년 6월 로스앤젤레스 성경학교를 수료했다. 정인과는 1913년 10월 13일 흥사단 33번으로 가입하여 대한인국민회 중앙총회장 안창호의 보좌역을 담당했다.24) 때마침 국내에서 3·1운동이 거족적으로 일어나자, 이에 호응하여 중앙총회에서는 상해에 대한민국 임시정부를 수립하기 위하여 특파원 3인을 파송하기로 결의했다.25) 이에 도산은 재미한인의 대표로, 정인과와 황진남(黃鎭南)은 통신원에 임명되어 상해로 직행했던 것이다. "도산 안창호를 재미한인의 대표로 선정하고, 정인과와 황진남을 통신원으로 임명하여 동년 4월 5일에 중국 상해로 파송하다."26)

안창호 일행이 상해에 도착한 것은 1919년 5월이었다. 1919년 4월 13일 대한민국 의정원이 성립되면서 정인과와 황진남은 '미국령 의원'

23) 『三千里』(1939. 4), pp.235~237, 하나님(春園).
24) 閔庚培, 『鄭仁果와 그 時代』(韓國敎會史學硏究院, 2002), pp.15~16, 제33 團友, 鄭仁果.
25) 抗日獨立運動關係 朝鮮總督府 警務局 所藏 秘密文書, 『島山安昌浩資料集』(국회도서관, 1997), I, p.189; 閔庚培, 『韓國敎會讚頌歌史』(연세대학교 출판부, 1997), p.140.
26) 김원용, 『재미한인오십년사』(김호, 1959. 3), p.368, 특파원 파송.

에 선출되었다. 7월 8일 제2회 의정원 회의에서 정인과는 교통위원장에 선임되었다.[27] 같은 해 8월 18일 제6회 의정원 회의에서 정인과는 의정원 부의장에 선출되었다. 1919년 6월 12일 대한적십자회가 창립되었는데, 정인과는 상의원에 임명되었다.[28] 1920년 8월 미국 의원시찰단이 중국에 온다는 소식에 임정으로서는 독립을 호소할 절호의 기회로 판단하여, 8월 5일 즉각 안창호가 미 의원시찰단 환영준비위원장이 되었고 정인과는 정부 측 위원이 되어 이들 일행을 영접하면서 독립단 단장 조맹선(趙孟善) 등 36명이 연서한 진정서(영문)와 한국민주당 학생회가 연서한 진정서 등을 미 의원단에게 전달하는 등 적극 외교 공세를 전개했다.[29]

안창호가 흥사단 원동임시위원부 조직에 착수한 것은 1920년 정초부터이다. 2월부터 흥사단 입단이 개시되었고, 9월 20일에 흥사단 원동임시위원부가 정식 출범했다. 이광수는 1920년 4월 29일 105번으로 입단했고, 정인과는 미국에 있을 당시 1913년 10월 13일 33번으로 가입했다.[30]

흥사단의 기원: 동 단은 원동(遠東) 발전책을 계획하여왔다. 그동안 3·1운동이 일어나고 안창호가 헌신함에 따라 동 단의 주요 인물은 모두 독립운동에 진력하였다. 그러나 무계획 무준비한 그 운동의 성공은 막연한 것이었다. 그래서 이광수는 우리 사회에서 명망 있는 인사와 유망한 청년 남녀를 모집하여 서력 1922년 흥사단 원동임시위원부가 조직되고, 제1차 위원회는 안창호, 손정도, 차리석, 주요한, 이규서 5명이었다. 임시위원부가 설립된 후 9개년이 되나, 실행 성적이 불량한

27) 『朝鮮民族運動年鑑』(在上海日本領事館警察局第二課, 1932), pp.6(1919. 4. 13), 18(1919. 7. 8).

28) 『朝鮮民族運動年鑑』, pp.25(1919. 8. 18), 43(1920. 6. 12); 蔡根植, 『武裝獨立運動史』(大韓民國 公報處, 1950), p.36.

29) 『朝鮮民族運動年鑑』, pp.84~85; 李炫熙, 『大韓民國臨時政府史』(集文堂, 1982), pp.123~124.

30) 李明花, 『島山安昌浩의 獨立運動과 統一路線』(景仁文化社, 2002), pp.414, 427~428, 遠東委員部 團員名單:李光洙·鄭仁果.

것은 유감이다. 현재까지 입단한 단원은 160명으로서 그중 100명쯤은 조선 내 및 해외에 있으며, 상해에 있는 회원은 60명 정도에 불과하다.[31]

이광수가 1922년 흥사단 원동임시위원부를 조직했다는 것은 곧 이광수가 귀국 후 1922년 2월 12일 흥사단 국내 지부격인 수양동맹회를 조직했다는 것을 가리키고 있다. 상해에서 이광수가 흥사단 원동임시위원부를 조직하면서 정인과와 함께 민족운동을 전개함으로써 이 두 사람 간의 인간적인 동지적 유대감은 한층 깊어졌던 것이다.

1920년 2월 독립신문 사장 이광수는 신문제작 경비 부족으로 신문발행이 어려워지자 독립신문 주식모집운동을 벌이게 되었다. 안창호와 공동 발기 위원장이 되어 10만 원 주식모집을 목표로 하고 모집운동을 전개할 때 정인과는 모집위원의 한 사람으로 활약했다. 주금모집 기한은 3월 말로 한정하고 모집위원이 국내외로 활약했으나 사세가 여의치 않아 5월 말로 연장했다. 그러나 10만 원 목표액을 모집하는 데는 실패하고 말았다. 이것이 이광수와 정인과가 독립운동의 협력관계를 맺는 계기가 되었다.[32]

정인과는 상해 임정에서 약 2년간 활동하다가 1921년 다시 도미, 곧바로 샌프란시스코 신학교에 입학, 4월 25일 신학사로 졸업했다. 1921년 9월 16일부터 25일까지 피츠버그에서 열린 만국장로교대회에 한국 대표로 참석했는데 여기에는 임종순(林鐘純) 목사를 비롯하여 윤산온(尹山溫, G. S. McCune)과 방혜법(邦惠法, H. E. Blair) 한국 선교사 등이 참석했다. 정인과는 프린스턴 신학교에 입학, 1922년 5월 9일에 신학사 학위를 받았고, 1922년 프린스턴 대학에 입학 1923년 6월 19일 정치학 석사학위를 받았다. 이어 컬럼비아 대학교 사범대학에 입학, 교

---

31) 『朝鮮民族運動年鑑』, pp.264~265, '興士團報' 第17卷3號發行.

32) 金正明, 『朝鮮獨立運動』(原書房, 1967), II(民族主義運動篇), pp.106~109; 『韓國獨立運動史』, 資料 3(臨政篇)(국사편찬위원회, 1973), pp.277~278, 獨立新聞 株式募集에 關한 件(1920. 3. 24); 『獨立新聞』(上海) 제63호(1920. 4. 10).

육학을 수료한 후 1924년 6월 중퇴하고 귀국길에 올랐다.[33]

귀국하기 전에 혁명동지 안창호 등 동지들을 만나기 위하여 상해에 들렀다. "일찍 본국에서 평양 숭실대학을 졸업하고 동교에서 다년 교수로 있다가 학습을 연구하기 위하여 12년 전 미국으로 건너가 많은 풍상을 겪으며 학업을 힘쓰던 정인과 씨는 재작년 미국 가주(加州)에서 신학(神學)을 졸업하고 다시 프린스턴 대학에서 더욱 연구를 가하여 신학사와 문학사의 존귀한 학위를 얻고 다시 교육학을 연구하다가 금년 여름 영국 런던에서 열린 만국주일학교(萬國主日學校) 대회에 참석하고 동아의 그리운 땅을 밟고자 나오던 길에 상해에 들렀는데 동지의 관곡한 권고를 못 이기어 할 수 없이 길을 멈추고 중국에 얼마 동안 있게 되었는바 이 기회에 남경으로 온 동 씨를 위하여 남경 재류동포들은 지난달 29일 밤에 성대한 환영회를 열고 씨를 반가이 맞았는데 씨는 연전 상해에 와서 임시정부(臨時政府)의 중요한 직임(職任)을 띠고 많이 노력한 일도 있었다더라."[34]

1921년 4월에 국내로 돌아온 이광수는 1922년 2월 수양동맹회를 조직, 민족운동의 선봉에서 활약했다. 서울의 수양동맹회(이광수)와 평양의 동우구락부(김동원)는 명칭만 다를 뿐, 사실상 흥사단 국내 지부격의 민족운동단체였다. 정인과는 1924년 11월 말경 귀국하면서 수양동맹회에 가입했다. 안창호의 지령으로 두 단체를 하나로 통합하는 절차를 밟을 때 정인과는 통합위원의 한 사람으로 참여, 마침내 통합을 성취, 1926년 1월 8일 수양동우회가 발족했고, 정인과는 1927년 3월 26일 수양동우회 이사부장에 취임했다. 정인과는 수양동우회의 지도자로서 활약했을 뿐만 아니라 1925년 2월 조선주일학교연합회 협동총무를 맡았으며, 1932년 장로회 총회 종교교육부 총무를 맡으면서 그해 7월 남미 브라질에서 개최한 세계주일학교 대회에 조선 대표로 참가하기도 했다.[35]

33) 閔庚培, 『鄭仁果와 그 時代』, pp.19~22; 『친일인명사전』(민족문제연구소, 2009), 권 3, pp.475~477, 鄭仁果.
34) 『東亞日報』(1924. 11. 18), 鄭仁果氏歡迎, 재중동포의 간청으로 중국에 체류.

기독교면려청년회(基督敎勉勵靑年會)가 1937년 6월 12~13일 금주
운동을 전개하기로 하고 전국 35개 지부에 동 운동을 실시한다는 통고
문을 발송했는데, 종로경찰서는 통고문 가운데 "멸망에 빠진 민족을 구
출하는 기독교인의 역할"이라는 불온문건을 발견하고 즉각 동 서기 이
양섭(李良燮), 동 총무 이대위(李大偉) 등을 구속 조사한 결과 이는 동
우회와 관련되어 있다는 사실을 확인했다. 이어 미국 선교부가 조선 장
로교 교육부 총무 정인과에게 거액의 자금을 송금한 사실을 수상히 여
긴 종로경찰서는 자금 내역을 조사함으로써 정인과가 동우회 핵심 회
원임을 확인하고 마침내 동우회 사건이 발발, 도산과 춘원을 비롯하여
동우회 회원 181명 전원이 구속·수감되었다.36) 1940년 8월 21일 경
성복심법원 형사 제2부의 동우회 사건 제2심 재판에서 기소자 41명 전
원에게 유죄판결이 언도되었다. 이 판결에서 이광수는 징역 5년, 정인
과는 징역 2년이 언도되었다.37)

  '조선 사상가 총관'에 의하면, "정인과, 1888년 생, 북미 프린스턴 대
학 출신, 철학박사, 경성 기독교 교회 목사, 아이 생활 사장, 예루살렘
에 조선 기독청년회 대표로 출석"38)이라 요약하고 있다. 한편 동우회
사건 후 경무국에서 작성한 정인과 약력은 다음과 같다.

  정인과는 1887년 11월 25일 본적지에서 태어나 숭실중학을 거쳐 23
세에 숭실대학을 졸업했음. 그로부터 20년간 숭실중학에서 교편을 잡
고 있다가 1913년 8월 미국으로 건너가 새크라멘토에서 약 1년간 쌀
농사 일꾼으로 종사하다가, 1914년 봄 젠포세에 있는 태평양대학 교리
과에 입학하여 2년간 수학한 뒤 중퇴하고, 1915년 가을 로스앤젤레스

---

35) 『島山安昌浩資料集』, I, pp.183, 338~339, 445.

36) 朝鮮總督府 警務局 編, 『最近に於ける朝鮮治安状況(1938)』(巖南堂書店,
    1966), p.372; 『島山安昌浩資料集』, I, pp.181~182.

37) 朝鮮總督府 高等法院 檢事局 思想部, 『思想彙報』 제24호(1940. 9), pp.187
    ~192; 『독립운동사자료집』(독립운동사편찬위원회, 1977), 권 12(문화투쟁사
    자료집), pp.1364~1365, 昭和15年 刑控 第17~20號(1940. 8. 21).

38) 『三千里』(1933. 2), p.38, 朝鮮思想家 總觀: 鄭仁果.

에 있는 트리 성경학교에 입학하여 2년간 수학한 뒤 1917년 가을 샌엔셀모 신학교에 입학하여 1921년 가을 동교를 졸업하고, 동년 가을뉴저지 주 프린스턴 대학 역사과에 입학하여 2년간 공부하고 문학사가되었음. 1923년 가을 뉴욕으로 가서 컬럼비아 대학 교육과에 입학하여1년간 수학하고, 1924년 7월 영국 글래스고로 건너가 조선 대표로서세계주일학교 대회에 참석했음. 그 이후 이집트 파라스켄, 중화민국 등을 순회하고 동년 11월 조선으로 돌아와서 경성에 있는 조선주일학교연합회 부총무로 봉직하다가 1932년 4월 사임했음. 남미 브라질로 건너가 세계주일학교대회에 참석하고 북미를 경유, 동년 10월에 조선으로 돌아와서 조선 야소교 장로회 종교교육부 총무가 되어 오늘에 이른자임. 정인과는 평양 숭실중학교 재학 당시부터 민족주의자 안창호, 윤치호 등의 강연을 듣고 사상이 악화되어 민족적 편견에 빠져 일한합병은 일본제국의 기만술책에 의해 감행된 것이라고 오인하고, 조선독립이 단체의 변혁이 된다는 현실을 알고서 일본제국의 굴레로부터 벗어나 조선으로 하여금 독립케 해야 한다는 것을 결심하게 된 자임.39)

동우회 사건 피고인 정인과 범죄사실

피고인 정인과는 1910년 평양 숭실대학을 졸업한 후, 평양 숭실중학교 교사가 되었다. 1913년 8월 이를 사임하고 도미하여 세넨세르모 신학교를 졸업한 후 1923년 컬럼비아 대학에 입학하였으나 1924년 이를중도 퇴학하고 동년 11월 조선에 돌아와 현재 조선 예수교 장로회 총회 종교교학부 총무로 근무하고 있었던 자이나, 숭실대학교 재학 중안창호 등의 강연을 듣고 민족주의 사상을 품게 되어 결국은 조선의독립을 희망하기에 이르른 자로서,

제1. 1914년 가을 미국 샌 프란시스코에서 안창호의 권유를 받아 흥사단이 궁극에 있어서 조선의 독립을 도모하기 위한 목적으로 조직된결사라는 것을 알면서도 이에 가입한 후, 1924년 11월 조선에 돌아올때까지 미국에서 동 단의 월례회 및 대회에 참석하고 동지들과 함께그 목적달성에 대하여 여러 가지로 협의한 외에, 1923년 여름 뉴욕서컬럼비아 대학에서 류태경(柳泰慶)을 권유하여 흥사단에 가입케 함으

---

39) 『島山安昌浩資料集』, I, p.292, 鄭仁果.

로써 정치의 변혁을 목적으로 다수 공동하여 안녕질서를 방해하려 하고,

제2. 1919년 8월 중순경 상해 불조계(佛租界)에서 안창호의 권유를 받아 대한민국 임시정부가 혁명수단으로 조선을 일본제국으로부터 독립시키려는 목적으로 조직된 결사라는 것을 알면서도 이에 가입함으로써 정치의 변혁을 목적으로 다수 공동으로 안녕질서를 방해하려 하고,

제3. 1924년 11월경 평양부내 모 요정에서 박영로(朴永魯)의 권유를 받아 동우구락부(김동원)가 궁극에 있어서 조선의 독립을 도모하기 위한 목적으로 조직된 결사라는 것을 알면서도 이에 가입함으로써 정치의 변혁을 목적으로 다수 공동으로 안녕질서를 방해하려 하고,

제4. 1925년 11월 중 경성부내에서 수양동맹회(이광수)가 궁극에 있어서 조선의 독립을 도모하기 위한 목적으로 조직된 결사라는 것을 알면서 이에 가입한 후, 그 명칭이 수양동우회 다음으로 동우회라고 개칭된 후까지도 여전히 회원으로서 1936년 8월 동우회를 탈회(脫會)할 때까지, 그간 여러 차례 동지들과 회합하고 그 목적 달성을 위하여 여러 가지로 활동한 자로서,

(1) 피고인 이광수 범죄사실 제3의 (1) 기재사항과 같이 기관지 '동광(東光)'을 발행할 것에 대하여 협의하고,

(2) 동 피고인 범죄사실 제3의 (3) 기재사항과 같이 수양동우회 약법 개정에 대하여 협의하고,

(3) 피고인 주요한 범죄사실 제3의 (3) 기재 일시 장소에서 동항 기재사실과 같이 수양동우회를 동우회로 개정할 것을 협의하고,

(4) 피고인 이광수 범죄사실 제3의 (4) 기재사항과 같이 동우회 약법 개정을 협의하고,

(5) 동 피고인 범죄사실 제3의 (8) 기재사항과 같이 흥사단 본부와 자금의 이관에 대하여 교섭할 것을 협의하고,

(6) 1932년 9월 남미에서 개최된 주일학교 세계대회에 참석하고 돌아오는 길에 미국의 샌프란시스코의 흥사단 본부를 방문하고 동 단 이사 송종익(宋鍾翊)과 회견하고, 상해 흥사단 원동위원부가 보관하고 있는 흥사단의 자금을 동우회에 이관하여, 이를 동우회의 확대 강화에 사용코자 한다는 취지를 교섭하자 동 인은 원동지부 이사장 조상섭(趙尙燮)에게 직접 그 뜻을 이야기하고, 교섭하라고 언명하였다. 그러므로

피고인은 조선에 돌아와 동 인에게 이를 교섭하였으나 동 인은 안창호가 출감할 때까지 이 문제를 보류하여달라는 회답이 왔기 때문에, 결국 그 보관 자금의 전환 목적을 이루지 못하고,

(7) 피고인 김윤경(金允經) 범죄사실 (9) 기재사항과 같이 동우회의 운동방침을 협의하고, 위와 같은 사실로써 위 결사의 목적 수행을 위한 행위를 하고.[40]

한국에 서양음악이 도입된 것은 1884년 개신교가 전래된 이래 종교음악으로 정착되면서 찬송가를 부르게 되었고, 이것이 창가라는 새로운 음악 장르로 형성되었다. 한국에는 원래 창가라는 어휘조차 없었다. 그러므로 찬송가와 창가는 상관관계로 형성된 개화기의 신음악이 된 것이다. 한국에서는 자연발생적으로 생긴 민요, 향가와 잡가류를 제외하고는 음악은 모두가 귀족 양반 계층의 전유물이었다. 19세기 후반 개신교의 전래와 더불어 종래의 영탄조의 민요가락에서 탈피, 찬송가 창법과 영합한 노래 형식이 발생했으니 그것이 곧 '창가(唱歌)'인 것이다. 일본의 경우 1879년 신교육령을 발포하면서 음악취조소(音樂取調所)를 설치하여 1881년 문부성에서 '소학창가집(小學唱歌集)'을 편찬했을 때부터 '창가'라는 신조어가 생겨났다. 우리나라에서 언제부터 '창가'라는 말을 사용했는지는 확실하지 않지만 대략 미션계 학교에서 찬송가를 부르면서 창가라는 새로운 과목을 교수하게 된 것이다. 1886년 배재학당에서 창가를 가르쳤다는 것으로 보아 이것이 창가의 효시가 아닌가 생각된다. "서소문동에서 1885년 8월 3일에 간이(簡易)한 교육을 시작했을 때는 15개월 동안 영어와 만국역사의 두 과목이었으나, 1886년 11월 1일 벽돌집 서양식의 큰 교사를 짓고 교실이 많이 마련된 뒤에는 학과목도 대폭 확장했다. 성경, 영어독본, 한문, 영어문법, 수학, 지지(地誌), 만국역사, 기하, 화학, 사민필지(士民必知), 물리, 창가, 도화, 체조, 위생, 생리 등을 교수했다."[41] 1890년에 내한한 존스(Mrs.

---

40) 『思想彙報』 제24호(1940. 9), p.201. 被告人 鄭仁果 犯罪事實; 『독립운동사 자료집』, 권 12, pp.1296~1298, 피고인 정인과.

41) 培材中高等學校 編, 『培材史』(1955), p.60.

George H. Jones)가 세운, 역시 기독교 계통의 영화학교에서도 창가 과목을 가르쳤다는 것이다. "음악을 그때는 '창가'라 하였는데, 주로 찬미가를 번역하여 가르치고 있었다. 그때 송수산나, 한데이세 교사들이 풍금을 치면서 가르쳤다."[42]

이와 같이 한국에서는 개신교의 전도와 함께 기독교계 신교육이 시작되면서부터 찬송가와 함께 음악교육이 시작되었고 외국의 민요나 노래를 함께 배우면서 창가를 부르게 되었다. 이리하여 1910년의 학부 발행의 '보통교육 창가집'이 처음 나온 것을 계기로 찬송가 아닌 일반 노래를 창가라고 부르게 된 것이다. 백철(白鐵)도 창가로부터 시작된 한국의 서양음악이 개신교의 찬송가로부터 시작되었다고 주장하고 있다. "우리는 본시 창가가 어디서부터 시작되었는가 할 때에 그것이 처음에는 기독교의 '찬송가'에서 왔다는 사실을 짐작하게 되는 것이다. 창가란 무엇이냐? 글자의 뜻대로 그것은 부르는 노래이다. 여기서 주목할 것은 그것이 부르는 노래라 해도 옛날에 창(唱)하던 시조(時調)나 가사(歌詞)가 아니고, 서양식 악곡에 의한 신식으로 부르는 노래였던 것이다. 말하자면 개화시대에 나온 이 창가는 우리나라 근대 서양음악의 시작이요, 동시에 근대식 가사가 여기서 시작된 것을 지적할 수 있는 것이다."[43]

이유선(李宥善)은 찬송가가 창가 발달과 신문화 수용과 상관성이 깊다고 통찰하고 있다.

그리고 비록 한국에 있어서 서양음악의 시작인 찬송가는 서구의 경우처럼 우리 작곡가에 의해서 창작된 창조행위로서 시작되지는 못했지만 향수(享受)하는 측의 추창조(追創造) 행위를 통해 군중 속에서 피어오른 한국인의 생활의 한 형성과정을 반영한 것이다. 이 하나의 사실만으로도 한국에 있어서의 서양음악사의 출발을 찬송가에서 시작하는 의의는 충분하다고 본다. 더욱이 한국에 있어서의 찬송가는 교회

---

42) 永化女中, 『永化70年史』(1963), p.57.
43) 李秉岐·白鐵 共著, 『國文學全史』, pp.232~233.

내의 예배의식으로서만이 아니라 다음에 말하고자 하는 창가운동과 신문학(특히 新詩)운동의 모체(母體)가 되고 있어 그 역사적 의의는 실로 다대했던 것이다.

그것은 루터의 종교개혁과 함께 처음으로 시작된 코랄(chorale, 합창곡)에 상응하는 것이기도 하다. 성직자와 특수 계급만의 독점물이었던 교회의 음악을 모든 대중들 속으로 끌어넣음으로써 신(神)을 향한 대중의 통로를 열어놓았을 뿐 아니라, 음악을 교회의 전제(專制)로부터 민중의 가정과 마음의 마당으로 해방시켜 새로운 무곡(舞曲)과 민속음악을 형성, 오페라와 모든 기악 양식을 창조하게 하여 오늘의 현란한 서양음악 문화를 가능케 했던 것이다.

그러나 한국에 있어서 개신교의 찬송가는 한국의 서양음악을 가능케 했을 뿐 아니라 '애국가운동'과 '창가운동'의 전개로 이 나라 내셔널리즘(민족주의)의 기치가 되었고, 신문학운동, 그리고 예술가곡과 대중음악(유행가)에 이르기까지 실로 한국 근대문화의 모체가 되었던 것을 부정할 수 없다. 한국 서양음악사에 있어서 찬송가의 비중과 의의가 바로 여기에 있다. 따라서 찬송가에서 시작된 한국에 있어서의 '창가'는 일본의 그것과 결코 같을 수 없고 또 초등학교 아동들이 부르는 동요와도 같을 수 없다. 한국의 창가는 구한말의 풍운과 망국의 비통한 운명 속에서 싹튼 종교적 성향과 내셔널리즘의 표현이었고 찬송가와 함께 개화기의 한민족 역사의 단편 바로 그것이었다. 그러므로 창가는 이상과 같은 특수한 개념의 전제 하에서만 그 의미가 밝혀 드러날 수 있다.44)

여기서 이른바 종교음악이 발생했다. 이에 대해 구왕삼(具王三)은 이를 잘 정리하고 있다.

일반적으로 음악예술이 종교적으로 어떠한 의의를 가진 것인가 하는 문제에 대하여서는 나의 졸렬한 해답을 기다리기 전에 벌써 유명한 위인 도덕가 악성(樂聖)들이 이미 정의를 내린 것이 있다. 즉 괴테가 음악은 신에 가장 아름다운 묵시(黙示)라고 하였고, 공자는 인생수양에

---

44) 李有善, 『韓國洋樂八十年史』(중앙대학교 출판국, 1968), pp.95~96.

최고수단이라고 하였고, 악성 슈만은 가장 고상한 예술은 도덕과 일치한다고 하였다. 쉽게 말하면 음악은 예술 중 가장 보편적으로 우리의 정신상에 있는 종교적 미감을 조장하고 덕성을 함양하는 기도의 제물이 됨은 너무나 명백한 사실이다. 즉 도덕상 교훈은 외계로부터 주입시키기는 어려우나 음악의 효과에 의하여서는 윤리적 정조(情操)를 자연히 도야시켜 물질문명에서 점차 정신문명으로, 속악(俗惡)한 세계에서 선미(善美)한 세계로 유도하게 되는 것이다. 근본적으로 서양음악에 대한 아무런 기초가 없고 또는 감상력이 부족한 일반 교인은 매일같이 애창하는 찬송가 일편이나마 실감 있게 완전히 부르지 못하고 다만 기계적으로 중 염불하듯이 중얼거리기만 하는 형편이다.[45]

이제 한마디로 한다 하면 서양음악 자체가 조선 민족의 사상 감정에 합류되지 못하고 또 합류키 위한 노력도 없었고, 교회 내부의 음악 교양 문제에 하등의 지도이론이 편성돼서 있지 못하고 과거 몇몇 음악가들의 종교음악 행동이란 것은 조선을 염두에 두지 못하고 너무 외국물을 모방함에만 그친 관계로 모든 음악이란 것은 기형적 발육상태에서 성장해온 것뿐이다. 조선 주일학교(主日學校)에서 사용할 찬송가가 어떠한 것이며 또 무엇을 가르쳐야 할지 전연 의문이다. 이같이 생각해보니 불쌍한 것은 조선 아동들뿐임을 더욱 느끼게 된다. 모든 방면으로 짜이고 짓밟히고 살아가는 현실 조선 아동에 있어 더욱이 이 방면에까지 한 편의 노래이나마 노래다운 노래를 부르지 못하고 심지어 아동 자신의 심성발육에 지장되어 해독을 끼치는 노래를 부르게 됨이야 어찌 가탄할 일이 아닌가. 재래 주교(主校)에서 사용하는 교재 중 대표적으로 주요한 찬송가들은 대다수가 아동들에게 부적당한 교재들이고 또 주일학교 창가(唱歌)란 것이 약간 있으나 우선 그 가사부터가 아동에게 적당치 못한 어려운 것뿐이다. 또 외국물 창가 등을 번역함에 그 표현기술이 부족한 위에 곡에 부수할 역사(譯詞)에 대하여서도 그 곡의 악상 및 리듬 악센트가 융합되지 못한 졸역이 대부분이다. 교회 내에서 아동 창가교재란 것은 수십 년간의 장구한 시일에 동일한 교재만을 변심 없이 불러왔으니 그 가곡들이 제아무리 음악적 가치가 충분한 교재이라고 하더라도 벌써 그 교재는 아동의 심성생활을 떠나 하등 종

---

45) 『基督申報』(1933. 11. 15), 現下 朝鮮敎會의 當面問題인 宗敎音樂에 對하여 (1)(具王三).

교적 미감을 조장하고 덕성을 함양하지 못할 교재임은 더 말할 필요가
없다.46)

서양음악이 조선 교회에 수입된 것은 벌써 근 40년간이었으나 아직
까지 종교음악의 연구기관이 조직되어 있지 않았으니 이것이 일대 모
순이 아니고 무엇인가? 아무런 단체적 결성이 없이 교회음악을 어떻게
리드할 것인가? 일반 교인들도 음악예술 그것이 주(主)를 찬송하는 기
도의 제물로 큰 무기가 됨을 인식하고 우리 생활양식에 의식적 능동적
으로 상호 유기적 관계를 결부하여서 사회적으로 생활고에 시달릴 때
위안과 희열이 약동하는 사랑의 찬송가를 콧노래로 반주 삼아 즐거이
노래 부르면서 주를 찬송하는 우리가 되자. 이것이 본고를 마치면서
내가 희망하는 바이다.47)

이광수는 조선 고유의 음악은 신라의 국선도 수련 시의 신라악과 무
도에서 그 연원을 찾고 있다.

우리는 최고(最古)한 예술국의 하나이다. 음악에 있어서도 악기로 거
문고, 가야금 같은 독특한 것을 창출하는 동시에 수다한 악곡이 한토
(漢土)와 일본에 전하였고, 당(唐)의 이백(李白)은 고구려 악대를 탄미
하는 시를 지었다. 신라에서는 음악, 무도(舞蹈)로써 국선도(國仙徒)
수련의 일부를 삼았으니 이를테면 교양의 필수과목을 삼은 셈이다.
금일에 남은 고악(古樂)도 아시아 계통의 음악으로 최고, 최수(最
秀), 최종합적이라는 평을 듣거니와 이것은 실로 고조선 음악이 스러
지고 남은 구우(九牛)의 일모(一毛)일 것이다. 그것이 남은 것도 세종
대왕과 박연(朴堧)의 공인 것을 한번 기억하지 아니할 수 없다. 한토에
서도 공자가 인생의 교양과목인 육예(六藝) 중에 음악이 제2위에 거
(居)하거니와 이는 사람의 정신작용 중에 원동력적 임무를 가진 정조
(情操)의 함양으로 고금에 변함이 없을 것이라.

---

46) 『基督申報』(1933. 11. 22), 現下 朝鮮敎會의 當面問題인 宗敎音樂에 對하여
   (2)(具王三).
47) 『基督申報』(1933. 11. 29), 現下 朝鮮敎會의 當面問題인 宗敎音樂에 對하여
   (3)(具王三).

그러나 다른 모든 것이 천년 불행으로 일관한 모양으로 음악도 불행 속에서 쇠미하고 말아서 근대의 우리네는 거의 음악을 모르는 인민이 되다시피 하였었다. 그러다가 근래에 오래 동면상태에 빠졌던 우리네의 음악적 천재는 울연히 부흥하기를 시작하여 서양악(西洋樂)에는 기악으로나 성악으로나 상당한 인재가 배출하게 되었다. 그러나 아직 참말 음악가의 출현은 명일에 기다릴 것이어니와 이번 음악경연에 참회한 청년 남녀 중에 조선 음악사에 신기원을 획할 인재가 있기를 비는 바이다.

　　무슨 예술이나 다 그러하지마는 진정한 음악은 재주로만 되는 것이 아니요, 실로 그 높고 깊은 인격의 원천에서 발하는 광채요 음향이다. 큰 북에서야 큰 소리가 나는 모양으로 큰 영(靈)에서야 큰 예술이 나는 것이니 큰 음악가는 반드시 그 재주보다 먼저, 재주와 함께 높고 깊은 인격의 수양에 힘을 쓸 것이다. 다음에는 서양악도 좋지마는 우리 조선 음악가의 제일의적(第一義的) 사명은 조선악(음악이나 무도)에 새 생명을 주입하여 민중화하는 일일 것이다. 음악 조선의 부흥― 이것도 우리네의 당면한 사명의 하나이다.48)

　　이광수는 개신교가 한국에 전래된 이래 교회에서 풍금 반주에 맞추어 불렀던 노래를 찬송가가 아니라 '찬미가'라고 정의했다.

　　입추 후 맑은 어떤 날 아침 이웃집에서 찬미가 소리 들린다. 매우 젊은 서너 남녀의 목소리다. 새로 누가 옮아왔는가. 예수 믿는 가족이 아침 기도회를 하는 모양이다. 목소리는 그리 좋지 못하나 어린 것이 청아하다. 나는 멀거니 비원을 바라보았다. 이 젊은 혼들이 부르는 찬미가는 나의 병든 혼을 수십 년의 과거로 끌어간다. 나의 혼은 잠자리 모양으로 허공을 날아 소리 높이 찬미를 부르고 섰는 어떤 홍안 미소년에게로 들어간다. 그 소년의 눈에는 성결에 대한 갈앙(渴仰)과 미래에 대한 희망의 환상이 맑은 눈물가 불타는 듯한 정염이 되어서 어리어 있다. 그 소년은 어렸을 적 나다. 영영 다시 만나볼 수 없는 나다. 저들은 무엇이 기뻐서 찬미가를 부르나? 무엇이 감사해서? 일기는

---

48)『朝鮮日報』(1935. 9. 22), 一事一言: 音樂과 우리(長白山人).

가물어 곡식은 타죽는다고 야단이요, 혁명이 끝난 지 며칠 아니 된 중국에서는 수만의 총칼 맞아 죽은 시체가 시방(時方) 지글지글 썩노라고 야단이다. 가만히 맘눈을 들어 인류를 살펴보라. 앓는 자 우는 자 늙은 자 병신 된 자, 감옥에서 이 더운 때에 똥통내를 맡고 앉았는 자, 처자를 먹일 것이 없어서 한강 인도교로 자살하러 나가는 자, 기타 애별리고(愛別離苦), 원증금고(怨憎今苦), 구부득고(求不得苦) 등 가지각색 번민과 오뇌가 들끓는 고해화택(苦海火宅)의 이 인생에서 무엇을 좋다고 감사하고 찬미하는고. 지금의 내가 보기에는 인생은 원치 않는 무거운 짐이요, 면치 못할 쓰라린 시련이다. 마치 요새 같은 복달 더위에 끝없이 멀고먼 먼지 나는 길을 타박타박 걸어가는 것만 같다. 자살할 지경까지 심각하지는 아니하더라도 모르는 결에 죽여주면 시원할지언정 아까울 것도 없는 인생이다. 한 고개 한 고개 암만 고개를 넘어간대야 그 턱이 그 턱이요 별로 신통한 수도 있을 것 같지 아니한 인생이다. 그러하거늘 저 젊은 혼들은 무엇을 좋다고 찬송하고 감사하는고?

찬송하기로 말하면 나도 예전에 하지 아니하였는가. 나도 예전에는 인생이 고맙고 기뻐서 땅을 보고 웃고 한울을 보고 노래하지 아니하였던가. 그때에는 슬픔이란 있을 수가 없었다. 자연과 인생이 모두 분홍색 꿈의 안개 속에 잠겨 있었다. 그때에 만일 슬픔이나 괴로움이 있었다 하면 그것은 기쁨에 겨워 부러 체하는 것이 아니었으면 기쁨에 지친 이 이쁨이었었다. 사랑과 활동과 정복과 공명과 이것들은 그때에 귀찮게도 나의 발부리에 채이는 조약돌들이었었다. 신은 나에게 청춘의 동당버섯을 다량으로 먹였었던 것이다. 나는 그 동당버섯의 독에 취하여서 자꾸만 기쁘고 자꾸만 웃었던 것이다. 그러나 낫살과 세상의 고생은 동당버섯의 해독제였던 모양이다. 자연과 인생을 싸고 덮인 분홍 안개는 걷히고 동당버섯 기운도 가시고 말았다. 그리고는 폭로된 추악한 현실 — 나 자신과 내가 속한 인생 — 을 차마 정시(正視)하지 못하여 아무쪼록 거기서 눈을 감고 고개를 돌리려 한다.

그러나 젊은 혼들이 부르는 찬미가를 들을 때에는 문득 가버린 옛날이 범죄의 기억과 같이 쓴맛을 띠고 떠올라 온다. 옛 기억을 쓰다고 하는 것은 결코 금시작비(今是昨非)란 뜻이 아니다. 도리어 그와 정반대로 작시금비(昨是今非)일는지도 모른다. 기쁘고 감사한 것이 참말

인생일 것이다. 참이 아니라 하더라도 더 정당하고 더 유쾌하고 더 아름다운 인생일 것이다. 그러므로 옛 기억이 쓰다는 것은 그것을 멸시함이 아니요 그것이 나를 황량한 광야에 혼자 내어버리고 어느 틈에 달아나버린 것을 원망함이다. 마치 나를 배반한 옛 애인을 원망하듯이. 그러나 걱정 없다. 청춘을 잃은 자는 잃으라. 늙는 자는 늙으라. 죽는 자는 죽으라. 지구에 일광과 공기와 물이 있는 동안 찬미를 부를 젊은 혼은 끊어짐이 없을 것이다.49)

세종대왕이 어리석은 백성을 어여삐 여겨 훈민정음(한글)을 창제했음에도 불구하고 조선시대 양반 계급은 이를 저버리고 한문만 사용해 왔다. 개화기에 '국한문 혼용'을 시행했지만 그것은 '현토식 한문체'의 테두리를 벗어나지 못했다. 한글이 한국의 진정한 글이라는 의식을 심어준 것은 기독교의 성경 및 찬송가 한글 번역에서 비롯되고 있다. 김병철(金秉喆)은 "그것은 혁명적인 불멸의 업적"50)이라고 높이 평가하고 있다. 조연현(趙演鉉)도 "성서의 우리말 번역이 우리의 언어생활과 문학생활에 남긴 공로는 어떠한 신의 구제사업보다도 결코 적게 평가되어서는 안 된다"고 주장했다.

언문일치운동의 선구자 이광수는 한국 개신교가 한글의 보급뿐만 아니라 조선 문학 발달에 큰 공헌을 했다고 높게 평가하고 있다. '한글도 글'이라는 의식을 조선 민중에 심어준 것도 기독교이다. "한글보급운동에 앞장선 것이다. 성경을 읽고 찬송가를 부르게 하려면 한글 교육이 선행되어야 한다. 현토식(懸吐式) 한문 문장을 탈피하고 언문일치(言文一致)의 한글 교육에 크게 기여했다. 언문의 보급이요 언문(한글)도 글이라는 생각을 조선인에게 준 것은 실로 야소교회외다."51)

게일(J. S. Gale)도 한글의 우수성을 높게 평가하고 있다.

한글은 세상에서 가장 간소하고 재치 있는 글이다. 그것은 지금껏

---

49) 『東亞日報』(1928. 10. 9), 젊은 魂의 讚美歌(春園).

50) 金秉喆, 『韓國近代飜譯文學史硏究』(乙酉文化社, 1975), p.71.

51) 『靑春』(1917. 7), 耶蘇敎의 朝鮮에 준 恩惠(李光洙).

먼지에 뒤덮여서 사람 눈에 띄지 않은 채, 허구한 세월을 지내왔다. 그런데 그것은 오래 기다리다가 놀라운 섭리에 의해서 신약성서와 그 이외의 기독교 문학을 받아 쓰여지게 되었다. 교회는 이 한글을 남달리 사랑하고, 또 완전하게 쓰고 있는 실정이다. 부녀자들의 허리띠 틈에 일상어로 된 신약성서 책이 꽂혀 있고 사랑방 책상 위에도 한글성경이 올라져 있다.52)

민경배(閔庚培)는 한국 기독교 교회가 한글보급운동에 지대한 공헌을 했다고 평가하고 있다. "실로 한국의 교회는 심령구원의 기쁜 소식을 전했을 뿐만 아니라 한글을 깨치어 글눈을 뜨게 하고 지식을 얻게 하는 기쁨도 아울러 주었다. 교회가 이러한 긍지를 세상에 줄 수 있을 때, 그것은 벌써 증언의 발걸음을 옮기고 있었다. 기독교회는 이처럼 한글을 민족의식의 각성과 연결시키고, 천대받아온 한글의 인연들, 곧 부녀자와 서민층을 불러일으켜, 바야흐로 밝아오는 역사의 역군으로 배출하였던 것이다."53)

우리는 야소교를 신봉하는 민족은 아니다. 그러나 야소교의 혜택을 적지 않게 힘입은 사실을 잊어서는 안 된다. 조선 민족의 최근 40년간의 발전은 적어도 문화면에 있어서, 그 공적의 대부분은 외국 특히 미국의 선교 사업에 안 돌릴 수 없는 것이, 기록에 빠질 수 없는 역사적 사실이다. 우선 우리를 구미문화와 접촉시키기 시작한 공로가 선교 사업에 있고, 이 나라의 교육과 위생을 중심으로 한 제반 문화 사업에 있어서 외국인 선교사들을 선구자로 삼아도 조금도 과대(過待)가 아니다. 하등의 경제적 영리나 정치적 야심이 없이 거대한 자본과 막대한 노력을 희생에 제공하면서라도, 조선이란 인정풍속이 다른 원외지(遠外地)에 와서 이 민족의 발전을 위하여 활동하는 것은 야소교의 순수애가 아니고는 인간사회에서 도저히 보기 어려운 사례이다. 이러한 순수애인 까닭에 쇄국주의 경향을 갖고 있던 이 민족이라도 40년간에 40

---

52) J. S. Gale, *Korea in Transition*, p.138; 閔庚培, 『韓國基督敎會史』(연세대학교 출판부, 1972), p.257.

53) 閔庚培, 『韓國基督敎會史』, p.257.

442

만이라는 신도를 교회명부에 등적시킬 수 있었던 것이니 만일 이 사업이 제국주의자배에게 이용되지 않았다면 7, 8년 전까지도 민중운동의 지도가 대부분 그들의 수중에 있던 사업을 보아 그 사업이 조선 민족의 발전에 장래에도 얼마나 큰 역할을 하였을 것을 추측할 수 있을 것이다. (조선일보, 1933. 7. 7)[54]

한국 최초의 찬송가는 1892년 감리교의 존스(G. H. Jones, 趙元時)와 로스와일러(L. C. Rothweiler)가 공동으로 펴낸 '찬미가'이다. 당지(唐紙) 39매의 총 30장의 감리교 전용 찬송가이다. 1894년에 장로교의 언더우드(H. H. Underwood, 元杜尤)는 '찬양가'(예수성교서회, 1894)를 편집·간행했다. 총 154장이었다. '찬양가' 서문에서 "찬미하고 노래하는 도는 참 신 여호와와 예수를 위하는 도밖에 없나니라" 한 까닭은 인간의 심각한 죄, 그리고 신자(神子) 예수의 대속(代贖)의 죽음에서 비롯된 구속(救贖) 때문이라 하였다. 장로교의 또 다른 '찬송시'(1895)를 비롯하여 '찬양가'와 감리교의 '찬미가'가 합해서 장감(長監) 합동 '찬송가'가 발행된 것은 1908년이었다.[55]

이와 같은 찬송가류가 널리 보급되면서 창가(唱歌)가 발생했다. 창가류 애국가가 처음으로 발표된 것은 1896년 4월 11일 독립신문(서재필)에 '서울 순청골 최돈성의 글'이라 해서 애국가류의 노래 한 편이 실린 것이다. 이로부터 1898년 6월까지 26수의 창가가 발표되었다.[56] 1908년 최남선의 7·5조의 '경부철도가'가 발표되었는바, 이는 개화기의 최초의 시가 형태의 창가였다. 이로써 찬송가가 창가운동과 신문학의 신시운동의 모체가 된 것이다.[57]

1908년 장로교와 감리교 합동으로 '찬송가'(조선야소교서회)를 간행

---

54) 『朝鮮日報名社說五百選』(朝鮮日報社 出版局, 1972), pp.354~355, 宣敎事業의 將來: 財産家는 분기하여라.

55) 閔庚培, 『韓國基督敎會史』, pp.257~258.

56) 『독립신문』(1896. 4. 11), 서울 순청골 최돈성의 글.

57) 宋敏鎬, 『韓國詩歌文學史』(고려대학교 민족문화연구소, 1967); 李宥善, 『韓國洋樂八十年史』(중앙대학교 출판부, 1968).

했는데, 1918년에 그 판권이 조선야소교서회 즉 오늘날 기독교서회로 넘어감에 따라 이 찬송가의 판매부수가 급증하기에 이르렀다. 1930년 1년간 '찬송가'가 무려 6백만 부 이상(635만 4,457부)이나 팔린 것이다.[58] 조선 민중들 사이에 그만큼 신문화 수용이 급속도로 이루어졌음을 알 수 있다.

1920년 선교사연합공의회가 조선장감연합협의회에 공문을 보내면서 새로 장감 합동 찬송가를 편집할 예정이니 장감 양측에서 2인의 편집위원을 위임하여 보내줄 것을 요청하자,[59] 장로교의 음악가 김형준(金亨俊), 감리교의 김인영(金仁泳) 목사를 선임하여 파송했다. 이리하여 1931년 6월에 "선교사연합공의회(宣敎師聯合公議會) 편찬, '신정찬송가(新訂讚頌歌)'(朝鮮耶蘇敎書會, 1931. 6)"가 발간되었다. 이는 장감 '통일찬송가'이다. "새 찬송가는 어떠한 것입니까. 이 찬송가는 편집하기에만 4년 동안이 걸리고 또 곡조 찬송의 곡보는 모두 손으로 그린 것입니다."[60]

'신정찬송가'가 발간되자 장로회 총회는 1934년 총회의 허락도 없이 감리교에서 일방적으로 출판했다는 것, 더군다나 교열이 없었다는 것은 유감이라고 지적하면서 장로교 전용 찬송가를 편찬하기로 결의했다. 이리하여 종교교육부에 편찬을 위임, 새로 장로교 전용 찬송가를 편찬하기로 한 것이다. 편찬 책임은 전적으로 종교교육부의 정인과에게 위임했다.[61] 이리하여 조선 예수교 장로회 총회 찬송가편집위원 대표 정인과는 1935년 1월부터 장로교 단독으로 편찬 작업에 착수, 1935년 9월 5일 '신편찬송가(新編讚頌歌)'를 발간했다. '신편찬송가'는 재판(1937. 2. 10), 3판(1938. 9. 20)이 발간되었다. 동우회 사건(1937. 6. 7)으로 이광수, 정인과, 전영택이 구속·수감되었음에도 불구하고, 초판본 9천

---

58) *The Annual Report of the British and Foreign Society*, 1931, p.208; 閔庚培, 『鄭仁果와 그 時代』, p.115.

59) 附錄, 朝鮮宣敎師聯合會 決議 請求,朝鮮長監聯合協議會 제4회 會錄, 1931.

60) 『基督申報』(1931. 6. 24), 讚頌歌를 一齊히 씁시다.

61) 朝鮮예수敎 長老會總會 제23회(1934) 會錄, p.49; 閔庚培, 『鄭仁果와 그 時代』, pp.116~117.

부가 매진되자 1938년까지 3년간 3판이 발행되었으며, 모두 약 3만 부가 선풍적인 인기리에 매진된 것으로 추산된다.

찬송은 기도로 더불어 믿음을 나타내며 기르는 방법 가운데 가장 아름다운 것이니 따라서 예배의 중요한 요소이다. 그러므로 주께서도 그 제자들과 같이 일상 찬미를 불렀고 예로부터 찬송으로 큰 감화를 받은 이가 많았다. 조선에도 주의 복음이 들어온 후에 여러 개척 선교사와 우리 선배의 노력으로 '찬양가', '찬미가', '찬성시' 등이 났었고 그 뒤에 그것을 합하여 '찬송가'를 만들어 교회에 많은 공헌이 있었다.

이제 복음이 온 지 50년이 되는 이때를 당함에 시대문화의 급속한 발달에 따라서 찬송가의 새로운 요구도 나날이 더하여옴을 보아서 구 찬송가와 신정찬송가의 새 가곡 대부분과 고금에 유명한 성가 백 수십 장을 편입하여 합 사백 곡으로 편집 발행하는 바이오니 시일의 촉급으로 오히려 부족한 것이 많으나 이 책으로 우리 삼십만 신도 형제자매의 믿음의 좋은 벗이 되며 앞날의 교회진흥에 도움이 되기를 간절히 바라는 바이다. 1935년 6월 30일 예수교 장로회 총회 찬송가편찬위원 일동 백.62)

'신정찬송가'가 발행된 후부터 감리교는 '신정찬송가', 장로교는 '구 찬송가'로 서로 다르게 찬송가를 불렀다. 이에 장감 양 교회가 공동으로 사용할 통일된 찬송가를 새로 편집하기로 제23회 총회에서 결의하였고, 편집 전권을 정인과에게 위임하였다. 그런데 정인과는 이를 무시하고 단독으로 장로교 전용 찬송가를 '신편찬송가'라는 이름으로 발간한 것이다. 편집위원의 한 사람으로 시초부터 참여했던 구왕삼이 크게 반발, "종교교육부 책임자인 정인과 목사님이 찬송가 편집에 관하여 신자로서 도저히 용서할 수 없는 일을 저질러놓았으므로 그 사실만을 만인 앞에 공개하는 것으로 끝이는 것뿐이다"라는 공개장을 발표하면서 그만 편찬위원회를 탈퇴하고 정인과를 규탄하기에 이르렀다.

---

62) 朝鮮耶蘇教長老會總會 宗教教育部 讚頌歌編纂委員代表 鄭仁果 편찬, 『신편 찬송가』(長老會總會宗教教育部, 1935. 9. 5), 서문.

이번에 장로회 종교교육부에서 새로 출간한 '신편찬송가' 편집에 이
부족한 자가 상무위원의 한 사람으로써 편집 자초부터 직접 관계를 하
고 실무를 보고 왔었으며 또 찬송가 편집을 위하여 문헌참고차로 동경
에 갔다 오기까지 하였다. 이번 종교교육부에서 간행하게 된 찬송가에
대하여서는 누구보담 이 부족한 자가 관계를 많이 맺고 오게 된 것이
다.

제23회 총회가 찬송가 재편집을 결정하여 종교교육부에 일임한 이후
전 조선 각 교회 수십만 교인들은 이구동성으로 장감 통일찬송가 편집
을 부르짖고 열렬히 요망하였던 것이다. 이에 대하여서는 만인이 절대
적으로 합동공작으로 된 통일찬송가의 출간을 쌍수를 들고 간절히 희
망하여온 일이다. 또 지금도 통일된 찬송가가 출간되기를 바라고 있는
교인이 조선교회 교인의 전부일 것이다. 종래 장감이 동일한 찬송가를
부르다가 그 중간에 '신정찬송가'가 출간됨으로부터 장로교회에서는
'구찬송가'를 그냥 쓰게 되고 감리교회에서는 '신정찬송가'를 사용하게
되었다. 장감이 각각 상이한 두 종류의 찬송가를 부르게 되자 전 조선
교회에서는 장감이 합동찬송가를 사용하기를 절대 요망하고 내려오던
중 이번에 장로회 총회에서 '신편찬송가' 편집 착수를 계기하여 전 조
선교회에서는 이번에는 어떻게 하든지 통일된 찬송가를 편집하여 장감
이 한 노래 곡조로써 부르도록 하여 달라는 간곡한 요망이 있었음에도
불구하고 장로회 교육부에서는 합동찬송을 편집하지 않고 단독으로 편
집하여놓았으니 이것이 어찌 옳은 일이라고 보겠으며 이 일을 하나님
이 보시고 당연한 일이라고 하시겠는가.[63]

구왕삼은 '신편찬송가'에는 비기독교인의 번역 찬송가가 20장이나
된다고 지적하면서 이는 이광수, 전영택, 이은상의 번역 작사이며, 이광
수 18편, 전영택과 이은상이 각 1편이라고 했다. 전영택의 '내 본향 가
는 길'(394장), 이은상의 '저 높은 곳을 향하여'(333장)이다. 구왕삼은
이광수의 찬송가 341장 '이 몸의 소망 무엔가'의 친필원고를 증빙자료
로 공개하기도 했다. 특히 이광수는 전향 불교도인임에도 불구하고 정
인과가 동우회 회원이라는 이유 하나만으로 '신편찬송가' 번역 작사에

63) 『基督申報』(1936. 1. 1), 新編讚頌歌에 對하여(1)(前 讚頌歌委員 具王三).

참여케 한 것은 도저히 용납할 수 없는 배교(背敎)행위라고 규탄하고 있다.

찬송가는 신앙의 표현물이요 기도의 제물이고 주님과 더불어 교제할 수 있는 영감(靈感)의 결정물(結晶物)이다. 오늘 기독교회에서 성경 다음으로 생각하는 것도 찬송가이다. 찬송 속에는 위대한 성령의 힘이 들어 있는 것이다. 그러므로 이 찬송가는 보통 시장에서 범람하고 있는 유행가같이 아무렇게나 만들 수는 없는 것이고 또 누구나 편찬할 수는 도저히 없는 것이다. 이 찬송가는 오직 주님을 믿는 자의 영감 속에서 결정(結晶)된 기도 그것이여야만 생명이 있는 것이다.

소위 찬송가 편집위원회 회의 시마다 전혀 기도도 하지 아니하고 회의를 진행한 일예를 보아 이번 찬송가 편집위원회는 기도가 떠나간 위원회이라고 본다. 이 얼마나 불경건한 일이냐. 또 다음으로 이단 교파(李龍道派) 평양 선도원에서 신학을 가르치고 그 목사로 일하는 전영택(田榮澤) 씨를 모셔다가 '신편찬송가' 원고를 수정하고 또는 교정한 것이다. 다음은 우리 교회에서 도저히 용납할 수 없는 배신자에게 번역을 시켜 사용한 것이다. 그 불신자는 입으로 술을 먹는 이며 또 담배를 피우는 이다. 그러면 이번 찬송가는 술과 담배의 독취 속에서 만들어진 찬송가이라고 본다. 각지에 흩어져 있는 수십만의 사랑하는 교인이여 이 일이 얼마나 두려운 일이며 이 같은 일이 역사상에 또 어디 있습니까? 아무리 오늘의 인간이 죄악 중에서 양심의 눈이 어두워졌다 하기로니 어찌 주님을 섬긴다는 교회 내에서 두고두고 부를 찬송가를 불신자에게 또는 이단(異端) 교파의 상관된 이에게 편집시켰다는 것을 어찌 알고만 버려두고 말 문제입니까?

그럼에도 불구하고 위원장인 정인과 목사님은 총회 석상에서 공식으로 이번 찬송가 중에 비교인(이광수)의 번역시를 사용하지 아니하였으니 이 문제에 대하여 조금도 의심할 여지가 없다고 주장한 바는 전 교회와 총회를 속인 거짓말이다. 정인과 목사님이 흥사단원이니 시중회원(時中會員)이니 하는 것도 생각할 문제이지만 그것보다 공공연하게 총회 석상과 '종교시보' 9월호에 불신자의 번역 찬송가는 한 편도 사용하지 아니하였노라고 거짓말을 표명하여 범성(犯聖)한 일에 대하여서는 주님의 공의(公義)와 또 조선의 성가를 위하여 사적 인간관계를 떠나서 만천하 교인에게 그 내부를 공개 아니 할 수 없다. 종교교육부에서 재차 이 같은 거짓말을 못하게 하기 위하여 또는 이상에 논한 나의 말이 사실인 것을 입증하기 위하여 이광수 씨의 친필로 쓴 찬송가 번역 원고 그대로를 판화(版畵)하여 물적 증거를 세우겠다. 필자에게 육필(肉筆)로 되어 있는 원고가 20여 장이 있으나 아연판비가 심대하게 들므로 여기서는 제341장 하나만 우선 내어놓는다.64)

구왕삼은 비기독교인이 번역 작사한 찬송가는 신앙의 양심에서 질적 가치가 떨어진 작품이라고 지적하면서 정인과의 '신편찬송가'는 영리적 목적에서 졸속 출간한 것이기에 조선 교회의 일대 수치라고 혹평하고 있다.

이 책에 대한 전 책임은 누가 지느냐? 본래 정 목사님은 '음악에 무식'하여 찬송가에 대하여 음악적 입장에서 질적으로 가치가 있게 편집하여보자 하는 생각은 없이 다만 영리를 목적하고 하루라도 속히 '상품'으로 시장에 발매하는 것이 시급한 문제이므로 어느 시간에 정당하게 위원회의 원고검열이나 총회 원고검열 같은 것은 생각할 여지가 없이 위원회도 몰래 인쇄에 붙여 발행한 것이다.

이 책은 확실히 감리교회에서 사용하고 있는 '신정찬송가'보담 더 비음악적이고 비시적(非詩的)이다. 말하자면 상품이지 신앙송(信仰頌)은 아니다. 나는 조선 교회를 사랑하는 마음과 또 조선의 성가운동의 전도를 위하는 마음에서나 이번에 이같이 비음악적이고 비시적이고 비신앙적인 찬송가를 정인과 목사님 혼자서 인쇄에 붙여 이같이 '보잘것없는' 책을 출간함에 대하여 내 눈이라도 빼인 것처럼 마음으로 퍽 괴롭고 가슴이 아프다. 이번에 종교교육부에서 이 같은 책을 발행한 것은 조선 교회의 '수치'이다.65)

64) 『基督申報』(1936. 1. 8), 新編讚頌歌에 對하여(2), 新編讚頌歌 中에는 李光洙氏의 翻譯詩가 多數(具王三).

65) 『基督申報』(1936. 1. 15), 新編讚頌歌에 對하여(3)(具王三).

40만 교우여, 이제는 이번 종교교육부에서 출간한 찬송가가 '거짓과 술과 담배의 독취 속에서 만들어진' 찬송가임을 확실히 알았으리라고 믿습니다. 조금도 의심할 것이 없으리라고 믿습니다. 또 이번 찬송가가 신앙표준이 없었던 찬송가임을 또한 잘 알았으리라고 믿습니다. 이같이 비교인의 번역시가 확실히 편입되어 있음에도 불구하고 한 편도 사용되어 있지 않으니 교우들은 안심하시오 하던 정인과 목사님의 광고는 흔적도 없이 말살될 것이며 지금 이 시간에 와서는 더 길게 논할 필요도 없이 드러난 사실입니다.[66]

원래 번역이라는 것은 창작과 동일한 가치가 있을 뿐만 아니라 거기에 완전히 개성이 나타나 있는 것이다. 더군다나 찬송가는 창작이 아니고 외국 원어를 번역한 것이기에 누구나 아무렇게나 번역할 수가 없는 일이다. 그럼에도 불구하고 '신편찬송가'는 함부로 단시일에 검열위원의 원고검열이나 윤문을 거치지 않고 출간한 졸작이라고 주장하면서 불교도인 이광수가 번역한 것은 장로교의 자존심에 관계되는 수모적(受侮的) 문제라고 통박하고 있다.

더욱이 '신편찬송가'에서만으로 '연극' 구경할 거리는 신앙적 근거가 없고 또 불교학도로 불교를 연구하고 불을 예찬하고 그 방면에 전 사상을 기울이고 있는 인사가 가담하여 성가를 번가(飜歌)하였다 함에 대하여서는 우리가 어찌 알고 그만둘 문제이며 정통(正統)을 사수한다는 장로교에서 어찌 이 일이 있을 수 있는 일인가? 대(對) 사회에 웃음거리가 될 것뿐이고 고소(苦笑)의 적이 될 좋은 재료에 불과할 바이다. 조선 교회에서 여기에 냉정한 비판과 태도가 있어야 될 큰 문제인 것이다. 이같이 불미한 일은 과거 50년간 조선 교회에서 들어보지 못한 일일 뿐 아니라 앞으로도 이 같은 불미사는 없을 것이다. 이 같은 일은 세기를 통하여 별로 찾아보기 어려운 죄악인 동시에 조선 기독교 역사상에 허물 수 없는 죄악의 씨를 뿌려놓은 오점이 됨을 생각할 때 우리의 조선 교회는 무엇을 다하여 이 허물 수 없는 죄악을 씻게 될지 두려워할 일이다.

---

66) 『基督申報』(1936. 1. 22), 新編讚頌歌에 對하여(4)(其王三).

만일 성가를 이 '신편찬송가'와 같이 '술과 담배를 피우는' 불신자 배신자에게 의뢰하여 번역한 것이라고 한다면 그것은 성가가 아니라 망국적이고 퇴폐적인 유행가나 또는 술집에서나 카페에서 흘러나오는 속가(俗歌), 잡가와 다를 것이 조금도 없을 것이다. 나는 단언한다. 지금 '신편찬송가'가 앞으로 우리 교회에 가창(歌唱)하게 된다면 그 가곡에 숨어 있는 '술과 담배'의 독소가 우리의 신령한 가슴에 쓰라리어서 우리는 죄악의 망가(妄歌, 망령된 노래)를 구가하는 자가 되고 거룩한 노래가 점점 사라져버릴 것이라고.67)

시와 곡의 액센트가 전연 맞지 아니한 찬송들, 시와 곡은 동심이체라서 양자 중 어느 것 하나라도 우리가 경시할 것이 못 된다. 가사 전체의 가진 분위기와 가사 각어(各語)의 액센트가 악음(樂音)의 선적(線的) 활동에 융합적 상태로 조형하여서 말과 음악과의 정당한 병립(竝立)으로 정조(整調)하는 곳에 예술적으로 음문적(音文的)으로 가치가 있는 바이다.

우리가 가요곡의 시를 창작하거나 그렇지 않으면 원시(原詩)를 번역함에 있어 내용인 사상과 감정을 중요시하여야 할 것은 물론이나 보담 용어와 액센트 리듬 및 격조(格調)에 고려하며 가곡과 융합하여 입체 예술품으로 제작하는 데 가요곡으로 생명이 있고 가치가 있는 바이다. 그리하여 가요에 있어 말 한마디의 장광고(長廣高)와 강약에 대한 음색을 충분히 이해하여 언어에 음악적 소질이 풍부한 언어를 찾아서 적당히 사용하여야 할 것이다.

이번 '신편찬송가' 중에는 악곡의 액센트와 시의 액센트의 격조와 어각(語脚)이 전연 맞지 아니한 찬송가가 대다수이므로 이 모든 찬송은 원작을 손상시키는 찬송이라. 이제 이 '신편찬송가' 중에서 4, 5편을 적출하여 착오된 결점을 비판하여보기로 하겠다.68)

구왕삼은 이광수의 333장 '저 높은 곳을 향하여'를 적출하여 음악적

---

67) 『基督申報』(1936. 7. 22), 新編讚頌歌를 論함: 音樂方面을 主로 하고(3)(具王三).

68) 『基督申報』(1936. 8. 5), 新編讚頌歌를 論함: 音樂方面을 主로 하고(5)(具王三).

으로 실패작이라고 비판하고 있다. 즉 이광수가 원작을 번역 작사하면서 음악과 가사와의 악센트 리듬이 전연 맞지 않게 작사해서 원 가곡을 크게 손상했다고 지적했다.

제333장 저 높은 곳을 향하여(이광수)
저높은곳, 을향하여
날마다나, 아갑네다
내뜻과정, 성모두어
날마다기, 도합네다
(이하 생략)

이 찬송가도 4·4조로 번역하여야 될 가사를 3·5조로 번역하여 음악과 가사와의 액센트 리듬이 맞지 아니하여 원 가곡을 상해놓는 데 불과한 찬송가이다. 이 같은 찬송을 조선 교회에 발표한 편집인 정인과 씨와 미지의 역자에게 책임이 있는 바이다. 아직도 이 문제에 대하여 쓰고 싶은 찬송가가 여러 장 있으나 지금까지 붓 가는 대로 써놓고 보니 너무 길어진 감이 적지 아니하여 쓰고 싶은 것을 다 쓰지 못하고 넘어가는 것은 애석하다.69)

구왕삼과 함께 '신편찬송가' 편집위원의 한 사람으로 참여한 황재경(黃材景)은 장로회 총회 대표로 세계주일학교연합의 총회에 참석했다가 '미국의 소리(VOA)' 아나운서로 발탁되어 활약한 바 있다. 황재경은 1935년 '신편찬송가' 편집위원으로 '참 아름다워라' 등 50곡의 찬송가를 번역했다. '신편찬송가'가 발간되자 불교로 전향한 춘원 번역 찬송가가 말썽이 되고, 특히 구왕삼을 필두로 강력한 반발을 불러일으키자, 춘원이 번역한 찬송가를 교정한 황재경은 어느 누가 번역해도 그 이상 잘 번역할 수가 없다고 증언했다. 구왕삼과는 정반대의 긍정적인 번역이라고 평가하고 있다.

---

69) 『基督申報』(1936. 8. 5), 新編讚頌歌를 論함: 音樂方面을 主로 하고(5)(具王三).

1935년 봄으로 기억되는데 당시 장로회 총회 종교교육부에서 총무로 있던 정인과 목사가 나를 부르더니 찬송가 번역과 편집 일을 맡겼다. 그해 10월에 광주(光州)에서 열리는 총회에서 번역한 찬송가를 승인받아야 된다는 것이었다. 당시 서양 선교사들은 기독교서회에서 찬송가 판권을 가져야 한다고 주장했고, 이에 대해 장로회 총회는 총회대로 독자적인 판권 소유를 주장하고 있었다.

　　노산(鷺山) 이은상(李殷相) 선생이 '저 높은 곳을 향해 날마다 나아갑니다' 등을 우리말로 옮겼고, 춘원 이광수 선생도 '이 몸의 소망 무언가, 우리 예수뿐일세'라는 찬미가를 번역했다. 그런데 첫째 절은 번역이 잘되었으나 둘째, 셋째 절에는 교회에서 쓰지 않는 용어를 사용했다. 예를 들면 춘원은 3절을 "덧없고 못 미덥던 인연을 저 세상에서 맺으리"라고 옮겼는데 이런 표현은 성가(聖歌)로는 적당치 못한 것이었다.

　　나는 이 구절을 "세상에 믿던 모든 것 끊어질 그날이 되어도 구주의 언약 믿사와 내 소망 더욱 크리라"라고 고쳤다. 내가 직접 번역한 것도 50곡이 넘는다. '괴로운 인생길 가는 길이…', '참 아름다와라, 주님의 세계는…', '저 요단강 건너편에 화려하게 뵈는 집…' 같은 찬송가가 그것이다.

　　찬송가 번역은 쉬운 작업이 아니다. 본래의 뜻을 살리기 쉬운 우리말로 음률에 맞춰야 한다. 고심 끝에 장로교의 '신편찬송가'가 출판됐는데 광주 총회에서 춘원의 신분을 두고 큰 논란이 벌어졌다. 일부에서는 기독교에서 파문당하고 불교로 전향한 춘원이 번역한 찬송가를 부를 수 없다는 주장이었다. 나는 원문과 춘원의 번역문, 그리고 내가 교정한 내용을 들고 나가 '이 몸의 소망 무엔가'를 어느 누구가 번역해도 그 이상 잘 번역할 수가 없다고 증언했다. 총회에 참석했던 선교사 존 로스(John Ross, 羅約翰) 목사가 나서서 춘원의 번역에 잘못이 없다고 주장하여 그 문제는 원만하게 수습됐다.[70)]

　　이와 같이 음악을 모르는 불교신도 이광수가 찬송가를 번역 작사한 그 자체가 조선 교회의 일대 수치라고 인신공격적인 악평이 있었음에

---

70)『中央日報』(1978. 10. 13), 남기고 싶은 이야기들: 우리말 讚頌歌(黃材景).

도 불구하고, 비기독교인 이광수의 찬송가는 너무나 자연스럽고 유창한
멜로디로 울려 퍼져 오늘날 찬송가에 그대로 남아 애창되고 있다. 더군
다나 한국 문학의 거장 이광수의 작사가 '비시적(非詩的)'이라고 혹평
했다는 것은 너무나 난센스가 아닐 수 없다. 이에 대해 민경배는 긍정
적인 평가를 내리고 있다.

우리가 오래 불러와서 그런지는 몰라도 이광수 번역의 찬송이 훨씬
자연스럽다는 생각이 들 것이다. 이광수 자신이 여기 대한 언급이 전
무하여 그 진위를 알 길이 없는 우리로서는 토기와 같은 그릇을 통해
서 진리를 나타내시는 성령의 역사를 믿지 않을 수 없다. 모두 다 우
리는 성령의 도체(導體)에 불과한 것이다. 'ex opere operato' 곧 성령
의 객관적 사효성(事效性)이 있었다고 믿는 것이 옳을 것이다. 현재
우리가 부르는 찬송가 중에 아직도 그의 찬송 가사가 그대로 남아 있
다고 하는 현실은 많은 것을 시사하고 있다. 이런 생각을 하면서 그의
찬송 가사를 살펴보자. 글의 유창함으로서만 본다면이야 이광수의 글
이 부드럽고 자연스럽다는 사실을 숨길 필요가 없다. 여기 보면 이광
수의 번역 가사가 그대로 오늘의 통일찬송가에 사용되고 있음을 알 수
있다. 그만한 글 솜씨라면 찬송가의 가사로서는 하자가 없다.71)

3. 이광수의 기독교 비판론

일본 미션계 명치학원을 졸업한 이광수는 오산학교 교원 시절 '105
인 사건'으로 교주 남강 이승훈이 구속·수감됨에 따라 교장대리를 맡
게 되었다. 정식 교장이 되려면 선교사의 세례문답에 통과해서 영세를
받아야만 했다. 선교사와의 세례문답에서 이광수는 다윈의 '종의 기원'
의 진화론과 톨스토이의 인도주의를 신봉한다면서, 천지창조설을 부인
했다. 이로 인해 이광수는 영세를 받지 못했을 뿐만 아니라 이단자로
몰려 학생으로부터 배척을 받았고, 결국 파문당하고 말았다.

---

71) 閔庚培, 『韓國敎會讚頌歌史』, p.137.

그네의 생각에 성경의 해석은 오직 한 가지(一種)밖에 없는 줄 아나니, 루터와 로마교회가 갈라진 것이 성경의 해석의 상이에서 나온 것을 잊어버린 듯합니다. 이리하여 일찍 정주(程朱)의 유교의 해석이 강제적으로 조선 유학자의 사상을 통일한 것과 꼭 같이, 조선에 온 서양 선교사 중 몇몇이 정주의 해석이 조선 야소교도의 사상을 통일하게 되었습니다.

그리고 그 해석하는 태도며 내용은 어떠냐 하면, 그것을 자세히 논하기는 큰일이지마는 그 주요한 점을 말하면, 아직 자연과학과 그 세례를 받은 근대 사상의 영향을 받지 아니한 비교적 원시적인 신앙을 전함인 듯합니다. 아마 미국인의 조상되는 청교도 시대의 교리에 가까운 듯합니다. 즉 성경 중의 윤리적, 사회적 요소보다 현대인이 미신이라 할 만한 종교적 요소를 중히 여깁니다. 환언하면 우리의 이지(理智)로 이해할 수 있는 요소보다, 초경험적 신비적 요소를 중히 여기는 듯합니다. 예를 들면, 처녀 잉태설, 예수의 모든 이적(異蹟), 육신 부활, 승천, 재림, 찬송가 끝에는 십계명(十誡命)과 함께 사도신경(使徒信經)이라는 것이 있어, 십계명과 함께 매 주일에 암송하는 것이니, 상술한 것이 그 내용이외다. 천당, 지옥, 상벌 등과, 기도의 힘이 족히 병을 치료하고 원격한 사람의 영을 위안한다는 등, 이러한 점을 중히 여기며, 따라서 종교심 이외의 인성(人性)을 경시하고, 종교 이외의 과학이나 사상을 경시하고, 따라서 현세를 경시합니다. 이 모든 것은 성경 중의 주석과 가르치는 자의 태도를 보아 알 것이외다. 이는 다만 조선뿐이 아니라 어느 나라에서나 수백 년 전에 유행되던 예수교외다.

이러한 해석이 정통(orthodox)이 되어 일보(一步)라도 이 범위를 초탈하여 혹 각자의 신앙으로 자유로 해석한다든지, 하물며 이지적(理智的), 과학적으로 해석한다든지 하면, 유교(儒敎)에서 사문난적(斯門亂賊)이라는 대신에 믿음이 없는 자, 마귀의 유혹을 받은 자라는 명하(名下)에 배척이나 책벌(責罰)을 받아야 합니다. 야소교회에서 설립한 중등 정도 이상 학교에서는 성경교사와 학생 간에 끊임없이 이러한 희비극을 연출합니다. 우리는 실로 유교라는 일 폭군을 면하자마자 야소교라는 일 폭군을 만났다 할 수 있습니다. 다만 다른 점은, 유교는 정치의 세력까지 빙자하여 만민에 강하였거니와 야소교의 전제는 야소교인에 제한함이 있을 뿐이외다.[72]

당시 조선에 천주교가 들어온 지는 백여 년이 되었다 하지만 조선 사상계에 현저한 영향을 준 것이 없었고, 개신교 전래 30년을 맞은 기독교는 이미 30만 이상의 신도를 얻어 국내 크고 작은 도시에는 한두 개의 예수교회당이 없는 데가 없으며, 방방곡곡이 거의 예수교 신도를 아니 둔 데가 없을 만큼 급성장했다. 조선 안에서 동일한 사상과 기치하에 이만큼 굳게 단결된 사회는 오직 예수교뿐이라 할 수 있었다. 조선시대 유교도 이만한 영향을 미치지 못했다. 그뿐만 아니라 천도교도 그 신도가 50만에 달한다고 하지만 역시 조선 사상과 조선 사회에 이만큼 영향을 발휘하지 못했다. 이광수 자신은 일찍부터 이단자로 몰려 파문까지 당한 장본인인지라 기독교에 대한 비판의식이 강했다.

예수교회는 현대식 정치조직을 취하여 엄연히 한 국가의 관(觀)이 있으며, 또 학교 병원 출판 사업, 청년회 구세군 등 취할 수 있는 기회와 방법을 다 취하여 그 전도(傳道)에 노력하나, 금일 조선 사상계에 가장 조직적이요 위대한 세력을 가진 자라 할 수 있으며, 일찍 불교의 조선이 유교의 조선이 된 모양으로, 유교의 조선이 장차 예수교의 조선이 아니 되려는가 하고, 사람으로 하여금 의심케 하리만큼 세력이 위대합니다. 예수교 신도의 사상과 생활방식이 많이 예수교화된 것은 물론이어니와 신도 아닌 자도 부지불식간에 예수교적 사상에 감염하며, 그 생활방식의 일부를 취하게 됩니다. 근래에 예수교회식 혼인이 증가하는 것도 그 한 징조로 볼 수 있습니다.
그러하거늘 예수교의 홍포(弘布)가 이렇게 속(速)했고 그 사상의 세력이 이렇게 위대했거늘 우리는 일찍이 이에 대하여 평론을 가한 적이 있습니까. 예수교 자신의 여하, 조선 예수교의 여하, 예수교와 조선과의 관계 여하, 따라서 우리의 예수교회에 대하여 여하한 태도를 취할까 등, 우리는 이 큰 문제에 대하여 입으로나 붓으로나 비판을 가하고 토론을 시험한 적이 있습니까. 있다 하면 대원왕(大院王) 당년에 유교를 옹호하는 입각지에서 보아 천주학(天主學)을 이단사설(異端邪說)이

---

72) 『每日申報』(1918. 10. 16), 新生活論: 基督敎思想(5) 朝鮮基督敎의 敎理와 信仰(春園).

라고 단정하고, 무수한 천주학장(天主學匠)이를 살육한 일이 있을 뿐이외다. 그 단정의 시비는 차치하고, 일정한 입국(立國)의 표준 하에서 그만한 단정과, 단정에 대하여 그만큼 단연한 태도를 취한 것이 칭양(稱揚)할 만합니다. 그러나 그로부터 지금토록 우리는 몰비판, 무의식으로 예수교의 신도가 되었고, 또 예수교의 포교를 방관하였습니다. 이와 같은 사회의 대현상에 대하여 일언일행(一言一行)의 비평이 없었다 함이 실로 문화를 가졌다는 민족의 일경이(一驚異)요, 일대 치욕이 아니리까.73)

이광수는 교역자의 지식의 천박성, 신앙의 허구성을 맹비난했다. 30만이니 50만이니 하는 기독교 신자 중에는 외국 유학한 상당한 고등교육을 받은 자도 있다. 이들이 교회의 중추인물로 활동하고 있다. 그런데 과연 이들이 예수의 교리와 신앙이 "어떠한 정도까지나 이해가 되고 살이 되고 피가 되었는가?"라고 반문하고 있다.

만일 자기가 열렬한 신앙의 경험이 있다 하면 반드시 그것이 시나 노래나 기타의 형식으로 발표되어야 할 것이니, 만일 발표되지 아니한다 하면 그 신앙의 경험이 아직 만인의 앞에, 혹은 법열(法悅)로, 혹은 비통한 참회의 뜨거운 눈물로 고백할 만한 정도에 달치 못한 것이라고 볼 수밖에 없습니다. 성 아우구스티누스의 참회는 실로 말려도 말 수 없는 신앙의 경험의 고백이 아닙니까. 그러나 불행히 나는 아직 조선 예수교도의 신앙고백이 문자로 발표된 것을 보지 못하였습니다. 우리가 흔히 보는 부흥회의 열광적 고백이 만일 영(靈)의 속속 깊이로서 발한 것이라 하면 그것이 문자로 결정(結晶)되지 아니할 리가 없습니다. 또 10여 년 목사의 직에 있어서 매주 2, 3차의 설교를 하는 자도 백은 훨씬 넘으련마는 그네의 설교가 설교집이나 신앙고백의 형식으로 출판된 것을 못 보았으니(평양 어느 목사의 설교집이 있다는 말은 들었으나) 만일 그네가 영의 속속 깊이로 신앙의 영감을 가지고, 그 영감의 발로로 설교를 하였다 하면 반드시 자기나 타인의 손으로 그 존귀한 신앙의 경험이 서적이 되어 나왔을 것이외다.

---

73) 『每日申報』(1918. 10. 11). 新生活論: 基督敎思想(1) 總論(春園).

이상은 신앙 방면으로 본 것이어니와 다음에 교리(敎理)의 이해되는 방면으로 보더라도, 만일 교역자(敎役者)나 신도 중에 예수의 교리를 진실로 이해하였노라고 자신하는 자가 있다 하면 반드시 서적이 되어 천하 중생의 안전(眼前)에 놓였을 것이외다. 그러하거늘 아직 조선인으로 된 일개 성경주석서 하나를 보지 못함은 어찌 된 일인지.

만일 조선인은 아직 종교의 신앙을 감격하고 교리를 이해할 만한 정신의 발달이 없다 하면이어니와, 그렇지 아니하면 예수교는 다만 피상으로 섭취된 것이요, 완전하게 소화된 것이 아니라고 단정할 수밖에 없습니다. 역사가 아무리 오래고 신자수가 아무리 많게 된다 하더라도 신앙과 교리가 완전히 흡수된 실증으로 보이기 전에는 조선 예수교회는 아직 정신적 근거가 없는 것이라는 단안을 부정할 수는 없습니다.74)

예수교가 조선에 들어와서 급속한 교세 팽창을 하게 된 것은 조선의 전통 신앙이 없어서 내적 갈등과 사회적 갈등 없이 아무 저항을 받지 않고 수입되었기 때문이다. 일본의 경우는 조선보다 예수교 수입이 오래되었음에도 불구하고 예수교의 교세가 부진한 것은 일본 고유의 민족적 신앙과 이상이 강하기 때문이다. 설사 예수교를 수용한다 해도 이를 일본적 색채로 일본화했다는 것이 그 주원인이라고 볼 수 있다.

만일 그네에게 민족적 전통이라 할 만한 신앙이나 이상이 있었다 하면 예수교를 받기 전에 먼저 내적 갈등이 일어나고 다음에 사회적 갈등이 일어났을 것이로되, 원래 아무것도 없었으므로 예수교는 거의 아무 저항도 없이 수입된 것이었다. 대원왕 시절에 예수교가 적잖은 핍박을 당하였으나 이 핍박은 정치적 핍박, 치자 계급의 핍박이요, 유교의 핍박이며, 다수 민중의 심중에서 나온 핍박이 아니었습니다.

일본에 예수교가 들어온 지는 조선보다 훨씬 오래지마는 조선과 같은 대홍통(大弘通)을 보지 못함은, 일본에서는 유교나 불교가 능히 신대(神代) 이래의 민족적 신앙과 이상을 압복(壓伏)하지 못하였고, 유교나 불교가 도리어 몇 부분 민족적 신앙과 이상에 동화(同化)가 되다시

---

74) 『每日申報』(1918. 10. 15). 新生活論: 基督敎思想(4) 基督敎의 理解된 程度 (春園).

피 하여 일본 민족에는 일본 민족 고유의 신앙과 이상이 엄연히 있음을 인함이며, 또 같은 예수교라도 일본에 들어온 예수교는 벌써 현저하게 일본적 색채를 띠게 된 것이외다. 중국도 이러합니다. 오직 조선이 유교면 유교, 예수교면 예수교에 전 심신(心身)을 다 집어넣는 재주를 다 가졌을 뿐이외다. 조선 예수교인 중에 일본보다도, 중국보다도 특히 조선에 예수교회의 발달이 속한 것을 혹은 천은(天恩)이라 하고, 혹은 자기네가 우수한 것이라 하여 자랑하는 이가 있는 것을 보면 실로 가련가치(可憐可恥)외다.[75]

기독교 개신교가 조선에 전도된 지 불과 30, 40년 만에 이처럼 급속하게 홍포(弘布)된 이유를 분석해보면, 유교가 민족 전래의 신앙과 이상을 삼제(芟除)해버리고 그것에 대신할 민족적 신앙과 이상을 세우지 못했을 뿐만 아니라 민중의 정신적 생활의 갈망이 극도에 달했다는 것, 성경과 찬송가가 평이한 한글로 번역된 것, 전도의 방법과 교회의 치리(治理)가 조직적인 것 등을 들 수 있다. 이런 것이 물론 주요한 원인이지만 이 밖에 두 가지 간과할 수 없는 원인이 있으니, 그것은 '도덕적 요구'와 '하나님의 사상과 내세의 사상'이라고 분석하고 있다.

조선조 말을 당하여 정치가 문란하고 유교를 기초로 한 기강이 해이함을 따라 조선은 상하를 물론하고 몰이상(沒理想), 몰신앙(沒信仰)한 암흑생활에 빠지게 되고, 따라서 음일(淫佚)이 바람을 일으키며, 사기와 투기 사리(射利)와 주색잡기와 인신매매와 관직의 매매와 학정(虐政)과 주렴(誅斂)이 이르지 않은 데가 없게 되어, 산업은 쇠미하고 민기(民氣)는 소모하여 물질적으로는 빈궁의 고뇌와 생명의 불안이 있고 정신적으로는 도덕적 양심의 마비와 인생에 대한 실망의 비애가 있었습니다. 실로 우리의 생활은 암담하고 비참하였으며 무수한 무의미한 죄악 중에서 날로 쇠망의 함정을 향하고 취(醉)하여 굴러 들어갔습니다. 이러한 상태에 있는 자가 갈구할 것은 인생의 광야를 희망으로써 지도할 만한 종교적 신앙이나 철학적 이상의 광명일 것이며, 음일, 무

---

75) 『每日申報』(1918. 10. 12), 新生活論: 基督敎思想(2) 基督敎의 弘布된 理由 (1)(春園).

규율한, 미란(靡爛)한 생활의 염기(厭忌)와 그에 대한 반동으로 엄숙코 질서 있는 생활의 방식을 요구할 것은 자명하외다. 이 두 가지를 응하기 위하여 동학(東學), 백백도(白白道), 청련도(靑蓮道), 무엇 무엇 하는 도가 많이 발생하였으나 그것이 능히 인심에 만족을 주지 못하고 수십 년 정련된 우수한 예수교가 마침내 이런 요구를 응하게 된 것이외다. 의미 없이 그날그날의 무미한 생활로 헐떡이던 민중은 그 속에서 인생의 의미와 희망과 광명과 안심, 생명의 도를 찾고 무규율, 음일한 생활에 염증 난 민중은 그 속에서 엄숙하고 경건한 생활방식을 찾은 것이외다. 매일 주색에 탐(耽)하여 피로와 구토와 끝없는 육욕의 포로가 되었던 자가 숙흥야매(夙興夜寐)하여 경건한 기도로 청천을 우러러볼 때의 상쾌한 묘미를 봄에 얼마나 법열(法悅)을 느꼈겠습니까. 사기와 증오와 매리(罵詈, 꾸짖어 욕함)와 구타와 복수 등, 음침하고 독취 있는 공기 중에 있던 자가 사랑과 헌신과 평화와 경건의 신선한 공기 중에 나올 때, 그 얼마나 법열을 느꼈겠습니까. 천도교회도가 일시 굉장히 증가한 것도 이러한 이유니 10여 년 전, 즉 동학으로 핍박을 당하던 당시의 천도교에는 이러한 미점이 있었습니다. 그러므로 당시에 만일 유교나 불교도 중에 천하 인심을 통찰할 만한 석유(碩儒)나 도승(道僧)이 났던들 제세(濟世)의 대공(大功)을 드리웠을 것이외다.

다음에는 '하늘'의 사상과 '내세'의 사상이니, 조선 민족은 그가 부여족(扶餘族)의 칭호를 가졌던 태고 시대로부터 '하늘'을 존숭하는 사상과 사후, 즉 내세의 생활에 대한 신앙이 있었습니다. 단군(檀君)의 태자께서 제천(祭天)하였다 하였고, 또 단군은 하늘로서 내려와서 하늘로 올라가셨다 하였으며, 단군의 칭호인 왕검(王儉)이라는 '검(儉)'이 이미 상제(上帝)라는 뜻이라 하고(나는 왕검은 임검(壬儉)의 와(訛)라는 설을 취치 아니하고 왕검의 왕(王)은 대(大)라는 뜻으로 취한다) 기타 동·북 부여며, 삼한(三韓), 삼국의 고사를 보더라도 '시월제천(十月祭天)' 등 구(句)가 있으며, 또 단군의 영과 개인의 선조의 영을 제사하는 풍이 있던 것을 보아 조선 민족에는 원래 배천(拜天)사상과 내세의 사상이 있었던 것이 분명합니다. 게다가 유교가 역시 배천사상을 고취하였고(하늘을 인격적으로 본 것은 아니다) 불교가 내세사상을 고취하여서, 이리하여 우리에게는 선천적으로 배천사상과 내세사상이 깊이깊이 뿌리를 박았던 것이외다. 전적(典籍)으로 잔존한 것이 없으니 단정은 못하여도 우리 조상에게 배천과 내세의 신앙을 종지(宗旨)로 한 일종의 종교가 있었을 것이 분명합니다. 그러나 이것은 불교와 유교의 멸한바 되고, 다만 단편적으로 배천과 내세의 사상이 입에서 입으로 전하여오다가 이 양자를 주지(主旨)로 훌륭하게 조직된 예수교가 들어옴에 우리 민중의 흉중에 막대한 공명을 준 것이 예수교의 환영된 일 원인인가 합니다.76)

이광수는 기독교 신앙문제를 심도 있게 비판하고 있다. 그는 기독교 신앙은 세 가지 부류로 나눌 수 있다고 하였다.

첫째 부류는 '정통적 신앙'이다. 기독교 교리의 해석과 교회의 규칙을 무조건 절대적으로 신봉하는 것, 따라서 그들의 일언일동이 모두가 하나님의 뜻이라는 것, 그러나 하나님의 뜻이 무엇인가를 궁구하거나 체득하려고 아니 하고 오직 교회의 명하는 바와 관습을 충실히 따르는 것이다. 밤낮으로 때를 정하고 기도하며 일요일과 3일에는 예배당에 출석하며 언어나 서신에 '하나님의 은혜를 받는 중(主恩中)'이라는 말을 쓰며 생리적 질병이 쾌차하게 해달라는 이적(異蹟)을 빌고 있다. 실로 그들의 신앙은 금생과 내생의 길흉화복을 위함이니, 환언하면 그들은 모든 속성 중에서 이지적, 철학적, 도덕적, 초월적 속성을 제외하고 오직 신비적, 인적, 세속적 속성만을 취하고 있다. 그들의 본래의 전통적 신앙대상이던 성황신(城隍神), 터줏님 등의 성격을 기독교의 하나님에게 부여한 것이라고 할 수 있다. 하나님은 성황신이나 터줏님보다 더욱 믿음이 있고 위력이 있으므로 옛날 구신을 버리고 신주(新主)에게 귀의하여 전보다 승(勝)한 복(세속적)을 얻으려 함이다. 그들은 교리의 해석이나 교회의 규례에 대하여 아무런 의문이 없고, 인생 같은 데 대한 아무런 번민도 없고, 실로 생전의 운명을 감수하고 사후 천당의 복락을 희망할 뿐이다.

둘째는 '유식계급의 신앙'이다. 그들은 교리에 대하여 상당한 지식과

---

76) 『每日申報』(1918. 10. 13), 新生活論: 基督敎思想(3) 基督敎의 弘布된 理由 (2)(春園).

이해가 있으므로 성경 중에 모순된 구절이나 불합리한 구절에 대해 상당한 의문을 일으키고 있지만, 그것도 자기 마음속에만 품고 있을 뿐이를 발표하지 못하고 있다. 의문을 제기했다가는 신앙이 박약하다는 시비를 듣게 될까 두려워 종교란 다 그런 것이라고 체념하고 만다. 그러므로 그들로 하여금 자유롭고 정직하게 자기의 신앙을 고백할 기회를 준다면 그들은 아주 신앙이 없다고 하거나, 심지어 그들의 신앙은 교회의 생각과 다르다고 할 것이다. 그들은 기독교의 교리를 좀 알 따름이요, 그 교리와 그들의 정신과는 별로 심각한 연결이 없다는 것이다.

셋째 부류는 '편의적 신앙'이다. 우연한 기회에 교회에 들어갔다가 이럭저럭 습관이 되고 체면에 끌려 나오지도 못하는 자, 또는 친구의 강권에 끌려 행세(行世)로 편의에 의해 신도가 된 부류이다.

이상 세 종류 중에 최다수는 첫째 부류이며, 교회의 중추가 되는 자는 도리어 둘째 부류이며, 간혹 세간적 지위나 처세술의 교묘로 교회의 주요한 지위를 점령하고 세력을 발휘하는 부류는 셋째 부류인 '편의적 신앙'일 것이다.[77]

이광수는 마지막으로 기독교의 최대 결점은 교회지상주의, 즉 교회만능주의라고 통박하고 있다.

조선 예수교회 공격의 첫 화살(第一矢)은 당연히 그 교회지상주의(敎會至上主義)에 향할 것이외다. 조선 예수교회는 교회지상주의라기보다 교회만능주의라 하는 것이 적당하리만큼, 그렇게 심하게 교회지상주의외다. 이전에 유교의 교훈이 세계 민생의 유일한 교훈이요, 유교의 경전(經傳)이 유일한 도덕적, 정치적 경전일뿐더러 학문 전체인 줄 알아 도(道)라면 공맹(孔孟)의 도요, 학문이라면 사서오경(四書五經)인 줄로 알던 조선인의 사상은 그대로 왼통 예수교인이 전승하여 인생의 도라면 예수교뿐, 신구약전서나 이에 관한 서적만이 학문인 줄 아옵니다. 그들은 예수교도가 아닌 자를 이교도라 하여 교유(交遊)를 피하고, 혼인을 금하며, 비록 어떻게 덕행이 높은 자라도 예수교도가 아니면

77) 『每日申報』(1918. 10. 17), 新生活論: 基督敎思想(6) 朝鮮基督敎의 敎理와 信仰(2)(春園).

죄인으로 여깁니다. 창세기의 천지창조설을 그대로 믿어 금일의 자연과학을 부인하며, 사후 천당설을 그대로 믿어 현세의 개인의 행복과 종족적 번영을 무시합니다.

기도와 송경(誦經)과 전도만 하나님의 일이라 하고 기타의 모든 현세적 사무를 천(賤)히 여기며, 성경을 배워서 목사 되기를 귀히 여기되, 다른 학술을 배우는 것을 천히 여깁니다. 비록 꼭 이대로 실행하는 자는 없다 하더라도 그네의 이론적 주장은 이러합니다. 그러고 조선에 예수교의 홍통(弘通)이 속함을 칭하여 일본이나 중국보다도 천복(天福)을 많이 받음이라 하며, 미국이나 영국의 번창함은 예수교를 잘 믿음이라 합니다. 그네는 미국이나 영국이 번창함이 교회지상주의를 파탈(擺脫)하고 신철학, 신과학을 영입한 때문인 줄 모릅니다. 20세기의 조선 예수교도는 용하게도 기원전의 유대인의 쇠망하던 사상을 가지게 되었습니다. 교회지상주의에서 나오는 폐단 중에 최대한 것이 3이니, 1은, 배타적 성질이 강하게 되어 같은 신도 간의 애교적 정신이 강해질수록 역사적 동족을 사랑하는 정신이 희박하게 됨이니, 이는 일찍 유림(儒林), 사색(四色) 등 당파의 감정에 비할 것이외다. 2는, 신구약전서와 신학 이외의 모든 학술을 천히 여김이니, 이 역시 유교에서 하던 바이라 사회의 문명을 저항함이 클지오. 3은, 현세를 천히 여김이니 현대문명의 노력의 이상은 현세의 천국화인즉, 현세를 천히 여김은 즉 현대의 모든 문명을 천히 여김이라, 학자나 정치가, 실업가가 아무리 위대하더라도 그네에게는 교사나 장로보다 천하며 은행, 회사, 공장의 대건축도 그네에게는 예배당 한 동(棟)만 못함이다. 아마 그네는 일요일에 운전하는 기차, 기선을 저주할 것이오, 국가를 위해서 생명을 버리는 군인을 저주할 것이외다. 만일 과학을 저주하고 산업을 천히 여기고 정치와 군대를 저주한다 하면 이는 현대식 모든 생활방식을 저주하는 것이외다.

과연 예수교회에서는 학교를 세웁니다. 구미의 초등교육과 대학교육이 교회에 진 바가 많은 줄도 압니다. 그러나 프랑스가 다년 고심으로 교회와 학교를 분리한 것과 미국도 관립 여러 학교는 전혀 교회와 분립한 것도 압니다. 또 미국 대통령의 교서나 독일 황제의 연설에 하나님을 부르는 구절이 있다 하더라도 그네의 정치의 근거는 신구약이 아니요 신과학인 줄을 더 잘 알아야 합니다.[78]

4. 이광수의 번역 찬송가

이광수가 번역한 찬송가는 모두 18편이다. 이를 도표로 작성하면 다음과 같다.

이광수의 번역 찬송가

신편찬송가(1935)		찬송가(1983)	
[장]	[첫 줄]	[장]	[첫 줄]
14	온천하만물우러러	33	온 천하 만물 우러러
37	새아침이밝아오니		
51	나를위해성자예수		
241	예루살렘내복된집	225	새 예루살렘 복된 집
271	저높고푸른하늘에	75	저 높고 푸른 하늘과
294	주안에있는나에게	455	주 안에 있는 나에게
311	주예수귀한말씀이		
317	주님찾아오셨네	324	주님 찾아 오셨네
333	저높은곳을향하여	543	저 높은 곳을 향하여
337	세상의헛된신을버리고		
341	이몸의소망무엔가	539	이 몸의 소망 무엔가
364	이세상풍파심하고	247	이 세상 풍파 심하고
365	내기도하는한시간	482	내 기도하는 그 시간
374	누가주를따라섬기려는가	514	누가 주를 따라 섬기려는가
377	하나님의진리등대	276	하나님의 진리 등대
378	물건너생명줄던지어라	258	물 건너 생명줄 던지어라
383	주예수안에동서나	526	주예수 안에 동서나
389	괴로운인생길가는몸이	290	괴로운 인생길 가는 몸이[79]

---

78) 『每日申報』(1918. 10. 19), 新生活論: 基督敎思想(7) 敎會至上主義(春園).
79) 閔庚培, 『韓國敎會讚頌歌史』, p.138.

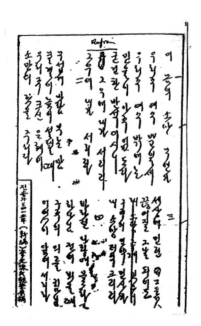

이광수 친필 찬송가 원고(1935)
찬송가 341장 '이 몸의 소망 무엔가'의 원고. 이광수가 번역한 찬송가는 모두 18편이
다. "찬송가 三四一章 (新編) 李光洙氏 親筆原稿"라 명기되어 있다.

제14장 시148편5 하나님의 지으신 만물

14. *All Creatures of Our God & King*

1. 온 천하 만물 우러러, 내 주를 찬양하여라
   할렐루야 할렐루야, 참 빛의 근원되시며
   저 밝은 해를 지으신, 하나님을 찬양하라
   할렐루야 할렐루야, 할렐루야 아멘

2. 밤이면 밝은 달빛이, 저 공중에서 빛나네
   할렐루야 할렐루야, 수많은 별을 내시고
   그 길을 인도하시는, 하나님을 찬양하라
   할렐루야 할렐루야, 할렐루야 아멘

3. 땅 위의 모든 쓰라림, 내 주검인들 겁나랴
   할렐루야 할렐루야, 이 인간 축복하시사

한 형제 삼아주시는, 하나님을 찬양하라
할렐루야 할렐루야, 할렐루야 아멘[80]

제37장 묵1장16 새 아침이 밝아오니
37. *Lo! Golden Light Rekindles Day*

1. 새 아침이 밝아오니, 캄캄한 밤 무서우랴
   밤새도록 저 원수의, 어둠 속에 헤매였네
2. 햇빛같이 환하신 주, 그 귀한 빛 날 비치사
   죄 된 생각 다 버리게, 내 마음을 밝히소서
3. 지나간 날 긴 세월에, 받은 은혜 한없으니
   성부성자 성신님께, 큰 영광을 늘 기리세[81]

제51장 빌2장 5-8 놀라우신 사적을 노래함
51. *I Will Sing the Wondrous Story*

1. 나를 위해 성자 예수, 영광 자리 떠나사
   십자가를 지신 공적, 항상 찬송하리라

   나를 위해 돌아가신, 놀라우신 그 사적
   수정 같은 물가에서, 성도 함께 기리세

2. 길을 잃은 양과 같이, 지향 없이 다닐 때
   주의 팔로 나를 안아, 길을 인도하셨네
3. 죄로 상한 나의 맘을, 어루만져 주시고
   눈이 멀고 겁날 때에, 나를 도와주셨네
   요단강을 건널 때도, 주의 사랑 힘입어
   영광 나라 편히 가서, 앞서간 이 만나리[82]

---

80) 朝鮮耶蘇敎長老會總會 宗敎敎育部 讚頌歌編纂委員代表 鄭仁果 편찬,『신편 찬송가』, p.28.
81) 『신편찬송가』, p.53.
82) 『신편찬송가』, p.67.

제241장 묵21장10 예루살렘 내 복된 집

241. *Jerusalem, My Happy Home*

1. 예루살렘 내 복된 집, 네 이름 높도다
   이 수고 언제 그치고, 반가이 만날까
2. 보옥으로 된 천성문, 늘 보고 싶으다
   그 높은 탑과 황금길, 나 언제 보리까
3. 이 세상 환난 받는 것, 무서워 맙세다
   네 앞에 가나안 좋은 따(땅), 영 누릴 복일세
4. 그 사도 선지 성인들, 제 주를 뫼셨네
   내 예수 아는 친구여, 쉬 같이 모이세
5. 예루살렘 내 복 된 집, 나 언제 가리까
   나 언제 수고 그치고, 네 복을 받을까83)

제271장 시19편1 천지창조

271. *The Spacious Firmament on High*

1. 저 높고 푸른 하늘에, 수 없이 빛난 별들을
   지으신 이가 뉘시뇨, 그 솜씨 크고 크셔라
   날마다 뜨는 저 태양, 하나님 크신 권능을
   만백성 모다(두) 보라고, 만방에 두루 비쵀네
2. 해 지고 밤이 되면은, 동천에 달이 떠올라
   구만리장공(長空) 달리며, 생겨난 기쁨 아뢰네
   유성과 항성 모든 별, 저마다 제 길 돌면서
   창세 적 기쁜 기별을, 온 세상 널리 전하네
3. 엄숙한 침묵 속에서, 빛나는 제 길 따르며
   지구를 싸고 돌면서, 들리는 소리 없어도
   내 마음 귀를 기울면, 그 소리 밝히 들리네
   우리를 지어내신 이, 대주재 성부 하나님84)

---

83) 『신편찬송가』, p.262.
84) 『신편찬송가』, p.293.

제294장 시119편54 찬송하면서 가리라

294. *Jesus Has Lifted the Lord*

1. 주 안에 있는 나에게, 딴 근심 있으랴
   십자가 밑에 나아가, 내 짐을 풀었네

   주님을 찬송하면서, 할렐루야 할렐루야
   내 앞길 험악하여도, 나 주님만 따라가리

2. 그 두려움이 변하여, 내 기도 되었고
   전날의 한숨 변하여, 내 노래 되었네
3. 내 주는 자비하셔서, 늘 함께 계시고
   내 궁핍함을 아시고, 늘 채워주시네
4. 내 주와 맺은 언약을, 영 불변하시니
   그 나라 가기까지는, 늘 보호하시네[85]

제311장 빌1장11 의의 열매

311. *Almighty God, Thy Word is Cast*

1. 주 예수 귀한 말씀이
   이 낮은 맘속에
   씨 되어 의(義)의 열매를
   나 맺게 합소서
2. 내 맘에 진리 심어서
   주 품에 기르사
   참 사랑 귀한 열매를
   나 맺게 합소서
3. 그 헛된 물욕 버리고
   맘 고친 그 날에
   참 소망 귀한 열매를

---

85) 『신편찬송가』, p.316.

나 맺게 합소서86)

제317장 눅8장40 주님 찾아 오셨네
317. *Christ, The Lord is Waiting Now*

1. 주님 찾아오셨네, 모시어 들이세
   가시관을 쓰셨네, 모시어 들이세
   우리 죄를 속하려, 십자가를 지셨네
   받은 고난 크셔라, 모시어 들이세
2. 보라 성자 오셨네, 모시어 들이세
   인자(人子) 높이 들렸네, 모시어 들이세
   헛된 교만 버리세, 우리 구주 뫼시고
   영원 복락 누리세, 모시어 들이세
3. 겸손한 자 찾도다, 모시어 들이세
   하늘에서 부르네, 모시어 들이세
   좋은 자리 드리고, 주실 은혜 구하세
   하늘나라 세우세, 모시어 들이세
4. 주여 내가 믿으니, 오소서 오소서
   주여 환영하오니, 오소서 오소서
   생명길로 끄옵소서, 슬픔 위로하시고
   진리 알게 합소서, 오소서 오소서87)

제333장 눅19장38(묵21장4) 저 높은 곳
333. *Higher Ground*

1. 저 높은 곳을 향하여, 날마다 나아갑니다
   내 뜻과 정성 모두어, 날마다 기도합니다

   내 주여 내 발 붙드사, 그곳에 서게 합소서
   그곳은 빛과 사랑이, 언제나 넘쳐옵니다

---

86) 『신편찬송가』, p.333.
87) 『신편찬송가』, p.339.

2. 괴롬과 죄만 있는 곳, 내 어이 여기 살리까
   빛나고 높은 저곳을, 날마다 바라봅니다
3. 의심의 안개 걷히고, 근심의 구름 없는 곳
   기쁘고 참된 평화가, 거기만 있사옵니다
4. 험하고 높은 이 길을, 싸우며 나아갑니다
   다시금 기도하오니, 내 주여 인도합소서
5. 내 주를 따라 올라가, 저 높은 곳에 우뚝 서
   영원한 복락 누리며, 즐거운 노래 부르리[88)

제337장 막12장29 여호와만 섬기세
337. *Gather Us in Thy Love*

1. 세상의 헛된 신을 버리고, 주 여호와를 높여 절하세
   온 천하 백성 모두 나와서, 다 같이 여호와만 섬기세
2. 세상의 사신(邪神) 우상 버리고, 인간의 헛된 부귀 영광도
   이 길과 저 길 모두 버리고, 온전히 여호와만 섬기세
3. 주님의 백성 서로 헤가려, 시기와 미움 아주 버리고
   주 여호와를 주로 섬기는, 천국을 어서 이뤄주소서[89)

제341장 골1장27 나의 소망은 오직 주의 반석
341. *My Hope is Built on Nothing Less*

1. 이 몸의 소망 무엔가, 우리 주 예수뿐일세
   우리 주 예수밖에는, 믿음이 아주 없도다

   굳건한 반석이시니, 그 위에 내가 서리라
   그 위에 내가 서리라

2. 무섭게 바람 부는 밤, 물결이 높이 설렐 때
   우리 주 크신 은혜에, 소망의 닻을 주리라

---

88) 『신편찬송가』, p.357.
89) 『신편찬송가』, p.361.

3. 세상에 믿던 모든 것, 끊어질 그날 되어도
   구주의 언약 믿사와, 내 소망 더욱 크리라
4. 바라던 천국 올라가, 하나님 전에 뵈올 때
   구주의 의를 힘입어, 어엿이 앞에 서리라[90]

제364장 시55편22 주의 시은소
364. *From Every Stormy Wind that Blows*

1. 세상 풍파 심하고, 또 환난 질고 많으나
   나 편히 수게(쉬게) 될 곳은, 주 예비하신 시은소(市隱所, 세상을
   피하여 숨어 사는 곳)
2. 희락의 기름 가지고, 주 내게 부어주는 곳
   말할 수 없이 귀하다, 주 피로 사신 시은소
3. 주 믿는 형제자매들, 각처에 헤져 있으나
   주 앞에 기도드릴 때, 다 함께 모일 시은소
4. 내 손의 재주 무디고, 내 입의 말이 굳으며
   네 몸의 피가 식어도, 나 잊지 못할 시은소[91]

제365장 히4장16 기도하는 한 시간
365. *Sweet Hour of Prayer*

1. 내 기도하는 한 시간, 그때가 과연 즐겁다
   이 세상 근심 걱정에, 얽매인 나를 부르사
   내 진정 소원 주 앞에, 낱낱이 바로 고하여
   큰 불행 당해 슬플 때, 나 위로받게 하시네
2. 내 기도하는 한 시간, 내게는 가장 귀하다
   저 광야 같은 세상을, 끝없이 방황하다가
   위태한 길을 떠나서, 주께로 나를 이끌어
   그 보좌 앞에 나아가, 큰 은혜 받게 하시네
3. 내 기도하는 한 시간, 그때가 가장 즐겁다

---

90) 『신편찬송가』, p.365.
91) 『신편찬송가』, p.389.

이때껏 지은 죄로, 내 마음 섧고 아파도
참마음으로 뉘우쳐, 다 숨김없이 아뢰면
주 나를 위해 복 빌어, 새 은혜 부어주시네
4. 내 기도하는 그 시간, 그때가 가장 즐겁다
주 세상에서 일찍이, 늘 요란한 곳 피하여
빈 들에서나 산에서, 온밤을 새워 지내사
주 예수 친히 기도로, 큰 본을 보여주셨네[92]

제374장 눅9장62 누가 주를 따르려나
374. *Who is on the Lord's Side?*

1. 누가 주를 따라 섬기려는가, 누가 죄를 떠나 주만 따를까
누가 주를 섬겨 남을 구할까, 누가 주를 따라 나아가려나
부르심을 받아 주의 은혜로, 주를 따라 가네 주만 따르네
2. 장래 영광 바라 따름 아니요, 주의 사랑 받아 내가 살았고
주의 생명 바친 영을 위하여, 주의 뒤를 따라 내가 싸우네
주의 사랑 받아 주의 은혜로, 주를 따라 가네 주만 따르네
3. 환난 핍박 많고 원수 강하나, 주의 군사 더욱 힘이 강하니
누가 능히 이겨 넘어뜨리랴, 영원하신 진리 승리 얻도다
기쁜 승리 얻어 주의 은혜로, 주를 따라 가네 주만 따르네[93]

제377장 마5장16 적은 등대
377. *Let the Lower Lights Be Burning*

1. 하나님의 진리 등대, 길이길이 빛나나
우리 앞에 비칠 등대, 각각 제 빛 발하네

우리 적은 불을 켜서, 험한 바다 비춰세(비치세)
물에 빠져 헤매는 이, 건져내세 살리세

---

92) 『신편찬송가』, p.390.
93) 『신편찬송가』, p.399.

2. 죄의 밤은 깊어가고, 성난 불결 설렌다
   어디 불빛 없는가고, 찾는 무리 많고나
3. 주의, 불을 도꾸어라(돋우어라), 풍파 속에 빠져서
   빛을 찾아 헤매는 이, 생명선(生命線)에 건져라94)

제378장 톰10장13-15 생명줄 던져라
378. *Throw Out the Life-line*

1. 물 건너 생명줄 던지어라, 누가 저 형제를 구원하랴
   우리의 친절한 형제이니, 이 생명줄 누구가 던지려나

   생명줄 던져 생명줄 던져, 물 위에 떠나간다
   생명줄 던져 생명줄 던져, 물 속에 빠지었다

2. 손 빨리 생명줄 던지어라, 형제여 웨 지체하고 있나
   보아라 내 형제 떠나간다, 이 구조선 타고서 속히 가네
3. 시급히 생명줄 던지어라, 무쌍한 고난을 당하누나
   시험의 바람과 근심 물결, 저 캄캄한 곳으로 쉬 가겠네
4. 위험한 풍파가 쉬 지나고, 건너편 언덕에 이르르니
   형제여 웨 지체하려느냐, 이 생명줄 던져서 구원하게95)

제383장 마13장38 예수 안에 한 형제
383. *In Christ There is No East or West*

1. 주 예수 안에 동서나, 혹 남북 있으랴
   온 세계 모든 민족이, 다 형제 아닌가
2. 주 예수 계신 곳마다, 참사랑 사슬이
   뭇 백성 같이 묶어서, 한 가족 이루네
3. 다 같이 손을 맞잡아, 한 부모 슬하에
   겉모양 인종 다르나, 한 자녀 되도다

---

94) 『신편찬송가』, p.402.
95) 『신편찬송가』, p.403.

4. 주 예수 안에 동서와, 온 남북 합하며
　주 예수 팔에 안기어, 큰일을 이루세96)

제389장 히11장16 내 고향 하늘나라

389. *I'm But a Stranger Here*

1. 괴로운 인생길 가는 몸이
　편안히 쉬일 곳 아주 없네
　걱정과 고생이 어디는 없으리
　돌아갈 내 고향 하늘나라
2. 광야에 찬바람 불더라도
　앞으로 길 멀지 않네
　산 넘어 눈보라 재우쳐 불어도
　돌아갈 내 고향 하늘나라
3. 날 구원하신 주 모시옵고
　영원한 영광을 누리리라
　그리던 벗들도 한 자리 만나리
　돌아갈 내 고향 하늘나라97)

5. 이광수와 불교문학

이광수는 기독교로부터 이단자로 몰려 파문당했고, 유림(儒林)으로
부터는 사문난적(斯門亂賊)이라 탄핵을 받았다. 1926년 6월 신병 재발
로 경성의전 병원에 입원, 치료를 받은 후 8월에 의사 유상규(劉相奎)
와 함께 삼방(三防) 약수포(藥水浦), 석왕사(釋王寺) 등지로 소유하면
서 신병을 요양하고 있었다. 그런데 석왕사 어느 여관 주인인 무명 노
파로부터 불교의 진리를 깨닫게 되었다. 이 노파는 재산도 없이 오직
아들 하나만 믿고 사는데 그 아들마저 죽자 자기도 죽어버리려고 했으

---

96) 『신편찬송가』, p.408.
97) 『신편찬송가』, p.415.

나 '고락생귀(苦樂生歸) 극락지옥'이 다 자기 마음속에 있다는 마음자리 진리를 깨닫고 부처님의 마음도 마음이요 내 마음도 마음이니 나도 부처님이 될 수 있다는 일체 중생의 개유불성(皆有佛性)을 정각(正覺)하고 새로운 광명을 찾았다는 것이다. 이광수는 불교에 귀의하게 된 동기를 밝힌 '선파(禪婆)'를 발표했다. 그는 이 노파에게서 '일체의 선악은 오직 마음에서 생긴다(一切善惡 唯心所生)'라는 진리를 깨닫고 불교에 귀의하는 데 큰 전기가 되었다. 신병으로 괴로워하던 이광수는 이 노파에게서 이 같은 깊은 교훈을 받은 것이다.

나는 병든 몸을 쉬이러 석왕사에를 갔다. 아직 단풍은 이르고 송이(松栮)가 한창인 추석 때다. '약물이 여물었다'고 하나 손님은 없었다. 내가 유숙하던 여관 주인은 60이나 된 노파다. 퍽 친절하기로 이름난 노파라는데 일생에 꽤 여러 가지 경난(經難)을 하였다고 하며 8년 전에 30이 넘은 아들 잃고 죽어버리려고 하였다고 한다. 그 노파가 방에를 찾아와서 여러 가지로 신세타령을 한 끝에 자기가 장남한 아들을 잃어버리고 따라 죽으려 하다가 안 죽은 이야기를 하였다. 그 이야기는 대강 이러하다.

남편도 없고 재산도 없고 오직 아들 하나만 믿고 살던 몸이 아들을 잃어버리니 세상이 모두 비인 듯하여 살 생각은 털끝만큼도 없고 죽을 생각만 있었다. 그래서 죽으려고 약을 들고 생각하여보니 아들이 지고 죽은 빚이 있는 것을 생각하였다. "이생에서 진 빚을 못 갚으면 저생(저승)에서 열 갑절 해 갚아야 한다는데, 나마자 죽어버리면 뉘 있어 제 빚을 갚아주리" 하는 생각이 나서 손에 들었던 약잔을 내어던지고 살기로 결심을 하였다. 그로부터 일단 정신이, "어서 빚을 갚아버리고 죽어야겠는데" 하는 것이었다. 그리고 얼마를 살아가는데 하루는 "대체 사람이란 무엇인고? 삶다는(산다는) 것은 무엇이며 죽는다는 것은 무엇인고? 대체 이런 생각을 하고 앉았는 요것은 무엇인고?" 하는 생각이 불현듯 났다.

그로부터 날마다 밤마다 행주좌와(行住坐臥)에 이 생각을 하게 되었다. 가끔 이 생각을 하다가는 시간 가는 것도 잊어버리고 저도 잊어버린 일이 있었다. 그러다가 하루는 운현궁(雲峴宮) 뒤를 넘어가면서 여전히 그런 생각을 하다가 갑자기 앞이 훤하여짐을 깨닫고 자기는 길에 쓰러졌다. "오 모든 것이 맘이로구나! 오직 맘 하나로다! 괴롭다 하는 것도 이 맘이요 즐겁다 하는 것도 이 맘이요 죽는다 산다 하는 것도 필경은 이 맘 하나로구나! 극락과 지옥이 어디 따로 있는 것이 아니라 필경은 이 마음자리 하나로구나!" 하는 것이 깨달아졌다. 그러고는 맘에는 넘치는 듯하는 기쁨이 찼다. 그길로 관현을 넘어가노라니 ○○○ 대감 아들이 인력거를 몰아 넘어오는데, "탄 놈은 소 같고 끄는 놈은 곰 같고나" 하는 생각이 났다. 이 마음자리를 못 깨닫고 혹은 돈을 따라 혹은 이름을 따라 장안 대로상으로 왔다 갔다 하고 물고 할퀴고 울고 지껄이고 하는 사람들이 모두 우습고 가엾게만 보였다. "옳지 석가여래께서도 중생을 이렇게 보시었으니깐 그 영광스러운 임금의 자리도 헌 신짝같이 집어 내어던지고 이 가련한 중생을 제도하시려는 대자비심을 발하시었거니 ― 석가모니 부처님의 맘도 맘이요 내 맘도 맘이니 나도 부처님과 같이 될 수가 있고나. 옳지 일체중생(一切衆生)이 개유불성(皆有佛性)이란 것이 이를 두고 이른 말이로구면" 하였다.

노파는 이렇게 말하고 빙긋이 웃으며, "참 좋지요. 그까진 왕의 자리에 어떻게 비겨요? 나 같은 것이야 아직 대도견성(大道見性, 큰 도리를 깨달음) 자리에 가지도 못하였지마는 맘이 늘 편안하고 즐겁단 말이야. 맘이 편안하니깐 심광체반(心廣體胖, 마음이 너그러우므로 살이 찜)이라고 몸도 이렇게 나요. 아들 죽어버리고 꼬챙이같이 말랐던 몸이 차차 이렇게 살이 찌고 또 무르팍같이 몽땅 빠졌던 머리가 다시 이렇게 나리거등, 건들거리던 이빨도 이렇게 다시 단단해지고… 참 좋단 말이야요" 하고 자기의 윤택하고 피둥피둥한 몸과 새로 나리는 까만 머리를 만져 보인다. "그러니깐 맘이 제일이야요. 일체선악(一切善惡)이 유심소생(唯心所生, 모든 선악은 오직 맘에서 생긴다)이 아닙니까. 선생님도 지금 그렇게 병으로 신고를 하시지 말고 이 마음자리만 턱 찾으시면 심화기화(心和氣和)로 저절로 백병이 소멸하는 것이지요. 마음자리가 턱 정하면 일천 번개와 일천 벽력이 머리 위에 재우치더라도 눈도 깜짝 아니하거든. 그까진 병이 다 무엇이야요, 안 그래요?" 하고 잠깐 나를 바라보다가,

"몬(모든) 죄악의 뿌리가 무엇인데요? 탐(貪), 진(嗔), 치(癡) 셋이거든. 재물 욕심, 이름 욕심, 일 욕심 그게 다 탐이란 말이야요. 사람이란

아주 욕심이 없어서도 못 쓰지마는 그저 슬슬, 되는대로 게을리만 말면 되는 것이지, 급자기, 많이 허겁허겁으로 내 것을 만들겠다고 버둥거리어도 되는 것이 아니오. 설혹 내 것이 된다고 하면 그까진 것이 다 무엇이야요. 돈 2백만 냥이면 그것을 가지고 가며, 만승천자기로 죽어지면 마찬가지 썩어지는 것 아니야요. 이름이 아무리 높기로 삼천(三千) 육천(六千) 세계에 들리나요. 그런 것을 어리석은 중생이 개미떼 모양으로 제 것을 만들겠다고 머리악을 쓰다가(기를 쓰다) 그것으로 죄가 되고 병이 되어 애쓰어(애쓰다) 제 것이라고 만들어놓은 것도 다 내어버리고 터덜거리고 가버리는구려, 안 그래요? 진심(嗔心)이나 치심(癡心)도 결국 탐심에서 나는 것이 아니야요? 성내고 미워하고 원망하고…”

이 노파는 8년째 참선을 한다고 한다. “이런 말도 다 아니 하는 말이야요. 선생님 같으신 이게니 하지, 한다고 저마다 알아나 듣나요? 이 마음자리는 누가 주는 것도 아이요, 오직 제가 찾고 저만 아는 것이지요. 전생에도 선근(善根)을 쌓고 금생에도 선을 힘쓰는 사람이라야 찾는 것이야요, 안 그래요?” 나는 이 노파에게서 깊은 교훈을 받았다. 내가 석왕사에 간 것이나 이 노파가 내게 이러한 말을 하게 된 것이나 내가 이 말을 듣고 감격한 것이나 모두 인연일는지 모른다.[98)]

이광수는 불교가 조선 문학에 지대한 영향을 주었다고 정의하고 있다.

그러면 조선 문학과 불교와는 어떠한 관계를 가졌을까. 불교는 적어도 1천 4백 년간이나 우리 민족의 정신 중에 침윤되어서 비록 자기는 불교를 반대하노라 하는 자의 생활 속에도 불교정신이 다분으로 포함되어 그의 생활을 지배하는 권력의 일부를 성(成)하여왔습니다. 얼른 보기에 조선조 이래로는 유교가 우리의 생활을 지배한 듯하나 그것은 표면뿐이요, 또 상류 계급에 한하였으며 다수 민중의 생활을 지배한 것은 조선 민족 고유의 정신(최육당이 '붉道'라고 명명하는 것 같은 그러한 실명(失名)의 조선정신으로 지금까지 무의식중에 민족의식의 대

———————
98) 『東光』(1926. 11), pp.26~27, 禪婆(春園).

부분을 성하고 또 무당이란 것으로 그 일부를 대표함이 된다)과 및 불
교정신이라 할 것입니다. 이것은 구태 예증을 아니 하더라도 조선인이
각각 생각해보면 알 것이라고 생각합니다. 이러한 상태는 예수교 사상
과 서양 사상이 조선에 들어왔을 때까지 계속되었습니다.

그러므로 예수교 사상과 그것을 기초로 한 서양 사상이 들어오기까
지에 생긴 문학은 그것이 한문으로 된 것이든지 국문으로 된 것이든지
불교사상의 영향을 아니 받은 것이 없을 것입니다. 문학은 생활의 반
영인즉 생활을 지배하는 동력의 반부(半部)인 불교사상이 문학을 아니
지배하였을 리가 없습니다. 이제 동방 유학의 조(祖)의 칭이 있는 포은
시집(圃隱詩集)을 펴보겠습니다.

　贈嵒房日本僧永茂
　一間蘭若壓層巓　中有高僧坐默然　山下萬家花似海　眞成身在率陀天
　故園東望隔滄波　春盡高齋獨結跏　日午南風自開戶　飛來花片點袈裟
　古巖卷子
　俯仰己陳迹　古初邈難尋　我乃一攝念　億劫猶現今　巖石萬仞高　上可
磨蒼穹
　我乃一擧足　大千如掌中　山僧此說亦可愕　畢竟令人難模索　但思他
日宿軒中
　軟語與之看月出
　贈僧
　松風江月接中虛　正是山僧入定初　可笑紛紛學道者　色聲之外覓眞如

나는 여기서 반드시 불교를 재료로 한 문학 중에 가장 대표자인 것
을 뽑으려 함이 아니요, 오직 우리 문학에 어떻게 불교를 재료로 한
것과 불교사상이 횡일하는 것이 많은가를 예시하려 하였음에 불과합니
다. 과연 산사(山寺)라든지 모종(暮鐘)이라든지 승(僧)이라든지 불(佛)
이라든지 하는 것은 우리 고대 문학에 가장 많이 보이는 재료 중에 하
나요, 또 제행무상(諸行無常)이며 삼생인연(三生因緣)이며 삼계고해(三
界苦海)며 선정(禪定)이며 해탈(解脫)이며 이러한 사상은 시나 문을
물론하고 조선 문학에서 도처에 볼 수 있는 것이외다. 다만 한문으로
된 것에서만 그러할 뿐 아니라 국문으로 된 문학에서도 그러합니다.

회심곡(回心曲)이나 향산가(香山歌)가 순전한 불교문학인 것은 말할 것도 없거니와 기타의 시조나 '이야기책'에서도 그러한 것을 누구나 아는 바입니다.

말이 기로에 들어가거니와 회심곡은 결코 우습게 볼 것이 아닙니다. 땡땡이들이 부른다 하여 우습게 볼 까닭은 조금도 없으니 이것이 일반 민중에게 널리 환영을 받는 점으로든지 또는 그 작품 전체의 문학적 가치로든지 우리나라 불교문학은 중요한 지위를 점할 것이라고 생각합니다. 무론 무슨 독창적인 것이 있다는 것도 아니요, 현금의 표준을 보아서 그렇다는 것도 아니지마는 다른 모든 것 두곤 낫다는 것입니다. 순 조선 문학으로는 중국의 서유기(西遊記)와 같이 불교를 재료로 한 대문학이 생기지 못하였으나 심청전(沈淸傳) 같은 것은 그중에 가장 불교를 많이 재료로 한 것이라 할 것입니다.

근대 문학은 서양 문학을 본받은 것이기 때문에 불교의 영향을 받은 것이 심하거니와 나의 작품 중에도 불교를 재료로 한 것이 상당히 많습니다. '금강산유기(金剛山遊記)'가 불교사상, 적더라도 불교 기분을 중심으로 한 것은 무론이어니와 '선도자'에도 화계사(華溪寺) 저녁 예불의 일단이 있었고, 극히 짧은 단편이지마는 '어떤 아침'(조선문단, 제3호)도 아침 예불의 묘사를 중심으로 하였습니다. 그러나 금후로는 불교를 재료로 하고 문학이 점점 많이 나오리라고 믿습니다. 대개 우리 정신에 심히 깊이 뿌리를 박은 불교사상은 반드시 문학으로 화하여 나오지 아니할 수 없기 때문입니다.[99]

부처님의 정골을 뫼신 오대산 적멸보궁을 찬양하사이다

하늘이나 땅이나 산이나 물이나 어느 곳이 부처님의 도량이 아니오리까. 중생이 모두 불성을 가지다 하오니 사람은 이를 것도 없고 초목이나 금수에 어느 것엔들 불성이 없사오리이까. 부처님의 눈으로 보옴에 가는 곳마다 도량이옵고 보는 것마다 부처로소이다.

그러하오나 사람이 또한 차별을 떠날 수 없사옵나이다. 석가세존을 뫼옵고 그 가르치심을 듣삽고야 우리 속에 졸던 부처가 비로소 깨어나

---

99) 『佛敎』 제7호(1925. 1), pp.56~60, 佛敎와 朝鮮文學(李光洙). 이광수전집(삼중당)에 미수록.

478

나이다. 석가세존께오서 열반하오신 뒤에도 그 어른의 모상을 뵈옵고 경문을 외우고 명호를 부르고야 비로소 불법을 깨닫나이다.

평창 오대산은 어떠한 산이오며 오대산의 월정사와 월정사의 적멸보궁은 어떠한 연기(緣起)를 가진 곳이니이까. 오늘날 전 세계에 가장 석가세존께 인연이 깊은 곳 중에 하나이로소이다. 어찌한 연고로 그러하니이까. 평창 오대산 월정사의 적멸보궁은 석가세존의 뇌골을 봉안하옵고 오만 보살이 늘 뫼시어 지키는 영장이로소이다. 오대산 다섯 대 중에 한가운데 되는 지로봉에 부처님 뇌골을 봉안하온 적멸보궁이 있사옵고, 동편 만월산에는 관세음보살 일만 분이, 서편 장령산에는 대세지보살 일만 분이, 남편 기린산에는 지장보살 일만 분이, 북편 상완산에는 미륵보살 일만 분이, 그리하옵고 적멸보궁이 앉은 중앙 지로봉에는 문수보살 일만 분이 진신으로 상주하시와 적멸보궁을 수호하시옵나이다.

이제 오대산 적멸(보)궁과 오만 보살 상주의 연기를 말씀하오면 옛날 신라에 자장율사라는 거룩하신 어른이 계시와 도를 구하여 당나라에 갔삽다가 그곳 오대산에서 문수보살 진신께 뵈와 부처님의 이마 뼈를 받고 아울러 강릉 오대산에 봉안하라는 가르침을 받았사오니 월정사 적멸보궁이 이리하와 자장율사의 건립하온바 되옵고, 그 후 신라 신문대왕의 아드님 보천 효명 두 분이 오대산 월정사에 이르러 지성으로 도를 닦더니 하루는 중대에 문수보살 일만 분, 동대에 관세음보살 일만 분, 남대에 지장보살 일만 분, 서대에 세지보살 일만 분, 북대에 미륵보살 일만 분이 진신으로 나타나 적멸보궁을 향하와 예배함을 뵈왔나이다. 이로부터 오대산 월정사의 적멸보궁이 위로는 임금으로부터 아래로는 서인에 이르히(이르기까지) 가장 존숭하고 신앙하는 곳이 되었사오니 그 신령한 소문이 멀리 중국과 일본까지 미쳤나이다.

이씨조(조선조)에 들어와서도 태조께오서 오대산 월정사에 거동하시와 적멸보궁에 밤낮 칠일을 기도와 불공을 올리시왔삽고 또 그 후에 세조대왕께오서 오대산 상원사에 주필하시와 문수보살께 백일기도를 하신 공덕으로 오랜 병환이 나으시옵고, 그로부터 나라에서는 이곳을 거룩히 여기시고 영험을 믿으시와 국보와 실록을 이곳에 두시게 하시왔사오며 또 오대산 월정사에 사패(賜牌)하시와 영원히 적멸보궁에 향화를 올릴 땅을 주시와 오백 년 가까이 수호하였나이다.

그러하옵더니 이로부터 십 년쯤 전에 오대산 월정사에 주지로 있던 사람이 세상일에 어두워 절을 위하노라다가 간교한 모리배의 속임을 받아 사중 재산을 모두 팔아도 다 갚지 못할 큰 빚을 지니 세조대왕께서 사패하신 불향답조차 남의 손으로 넘어가 이대로 가오면 거룩한 적멸보궁에 향화를 끊일까 젖어(저어)하나이다. 이 일을 어찌 참사오리까.

천하에 불연 깊은 선남선녀시어! 오만 분 보살님네와 함께 오대산 적멸보궁에 봉안하온 부처님의 정골을 인연 삼아 우리 본사 석가여래께 예배하옵고 또 이 신령한 적멸보궁을 영원히 수호하옵고 향화를 이어 장래 무진겁의 자손과 중생에게 부처님 인연을 이어주게 하사이다. 남자나 여자나 아무쪼록 오대산 적멸보궁 찬양회에 회원이 되어주시옵소서.100)

이광수가 불교에 입문하면서 내건 발원이 중생제도이다. 일본 식민지배를 받고 있는 조선 민족을 구제하겠다는 것이 그의 궁극적인 대이상이다. 춘원은 "중생(민족)을 구원하소서(度衆生)"라고 발원하고 있다.

염불(念佛), 소장거사(小藏居士)

나무아미타불 나무 나무아미타불
관세음보살 관세음보살 마하살
명호를 부르옵기는 덕을 사모함이라

生死(생사)를 뛰엿거니(띄우다) 苦樂(고락)인들 웨 있으리
苦樂(고락)을 벗었으니 極樂發願(극락발원) 虛事(허사)로다
한 가지 못 놓사옵기는 慈悲(자비)인가 하노라

人生(인생)이 꿈 같으니 하올 일이 무엇이리
無窮(무궁)한 時(시)와 空(공)도 劫火(겁화)의 한 번뜩임(閃光)
구태여 살아가옵기는 度衆生(도중생)을 하과저101)

---

100) 『佛敎』 제80호(1931. 2), pp.8~10, 부처님의 정골을 뫼신 오대산 적멸보궁을 찬양하사이다(李光洙).

병든 몸

언젠지 모르는 옛날에 내 생명이 첫 걸음을 내어놓을 때 그때에는 이러한 범부(凡夫)가 되자는 것은 아니었더니, 그 임 앞에서 크나큰 원(願)과 뜻을 세운 것이었더니. 희미한 그 기억이 떠올라서 잊어버렸던 임의 이름을 부르는 노래.

병든 맘 잠 못 일고 지향 없이 달리다가
염주 세어가며 임의 이름 부르올 제
빈 방에 울리는 소리 뉘 소린 줄 몰라서

숯같이 검은 마음 씻어 희게 하란 어림
속들이 검었거든 씻다 희어지오리까
임께서 태오(태우)시고야 金剛(금강) 될까 하노라

내 속에 깊이깊이 먹은 마음 뉘라 알리
전옛(전에) 깊은 맹세 저는 아주 잊었어도
임께서 다 아시옴을 오늘에야 알아라[102]

춘원의 시작(詩作)에서 불교사상은 '임'과 '사랑'과 '꿈' 세 가지로 구현되는데 이들 사상은 '부처님 마음으로 귀의한다(佛心歸依)'로 통일이 되고 있다. 만해 한용운의 '님'은 초인적 교리에서 우러나오는 그러한 '님'이고, 육당의 '임'은 순수하고 천진한 사랑으로 이루어지고 있음을 알 수 있다. 춘원의 '임'은 이와는 달리 은혜에서 비롯되어 있다. 춘원은 한결같이 '임'을 찾고 그 '임'을 통해서 마음의 소리를 형상(形象)해나갔다. 이들 세 사람의 중생제도의 발심이 조국 독립의 대원(大願)과 일치하고 있다는 것은 한결같이 시작(詩作)의 모티브로 내세운 '임'

---

101) 『佛敎』 제84 · 85호(1931. 6 · 7), p.66, 念佛(小藏居士). 이광수전집(삼중당)에 미수록. 목차에는 '念佛(李光洙)'라 하고, 본문에는 '念佛(小藏居士)'라 적고 있다. '소장거사'는 춘원이 불교에 입문하면서 지은 법호(法號)이다.

102) 『朝光』(1938. 11), pp.150~151, 병든 몸(春園).

이 불타의 정각(正覺)을 통한 조국애로 이어지고 있다는 점에서도 능히 알 수가 있다. 특히 춘원은 육당이나 만해보다 '임'을 시제(詩題)로 한 작품을 많이 썼으며 그의 시조 작품의 거의 전부가 임의 사상, 즉 '나라 사랑'으로 일관되어 있다고 해도 과언은 아닐 것이다. "그러나 춘원의 그 '임'을 좀 더 파고들면 육당의 사랑의 '임'이나 만해의 진리의 '님' 이나 모두가 그 차원을 넘어선 곳에 바로 우리 겨레의 넋을 그대로 안 고 있는 다름 아닌 '조국'이었던 것을 알 수가 있을 것이다."103) 춘원이 이처럼 간절히 '임'을 노래한 것은 동우회 사건으로 그의 민족운동이 좌절된 데 대한 반항심의 발로로 분석되고 있다.

　　내 임금님이 되신 이, 내 어버님이 되신 이, 내 스승님이 되신 이, 내 처자, 내 형제자매, 내 같은 국민, 내 노복(奴僕), 내 이웃이 되신 이, 또 내와 원수가 되신 이, 노상에서 서로 눈이 마주치고 소매를 스 치게 된 이까지도 다 나와 구원한 은의로 인연이 맺어진 이들입니다. 게다가 영생(令生) 하나만으로 보더라도 임금님의 은혜가 아니런들 평 화롭고 문명한 국민생활을 할 수가 없을뿐더러 불도를 닦을 방편을 얻 을 수가 없습니다. 그러므로 불법을 수지(受持)하는 자는 왕법(王法)을 각준(恪遵)한다는 것입니다. 이 불법 중에 수생(受生)한 것이 구원한 인연인 모양으로 이 왕법 중에 수생한 것도 구원한 인연입니다.

　　그와 마찬가지로 부모님네, 본사(本師)와 기타 스승님네, 나와 직간 접으로 접촉이 있는 중생님네에게 관하여서도 역시 그러합니다. 우리 부모님이 이 몸을 생육하여 주심이 아니었던들 내 어찌 인신을 얻어 불도에 접하고 불도를 닦을 기(機)를 얻었사오리까? 중생님네 아니런 들 내 거주의식은 어찌 얻으며, 내 오욕(五慾)의 만족은 어찌하며, 또 불도의 서적이나, 말이나, 행(行)을 어찌 얻어 보리이까? 스승님이 아 니시면 진리의 길을 어찌 찾았으리이까? 불도란 별것이 아니라 "중생 이 살아갈 원리의 길"이란 말입니다.

　　이렇게 1. 임금님의 은혜, 2. 어버님의 은혜, 3. 중생님네 은혜, 4. 스 승님의 은혜를 인생의 사중은(四重恩)이라고 하거니와, 이 사중은이길

---

103) 『月刊文學』 제80호(1975. 10), pp.165~173, 春園詩의 佛敎思想(上)(金海 星).

래 나는 불도를 받고 불도를 닦을 수가 있는 것입니다. 또 이 사중은 을 보답한다 하는 보답의 일념이 나로 하여금 무량겁(無量劫)에 생사 해(生死海)에 윤회하면서 중생을 제도하겠다는 대자비의 대원력(大願 力)을 발하게 하는 것입니다.

그러면, 불도를 닦는 방법이 무엇이냐? 그것이 곧 육바라밀(六波羅 蜜) 외에 별것이 있을 리가 없습니다. 사념처(四念處), 팔정도(八正道) 등 삼십칠조도품(三十七助道品)이 있고, 또 염불문(念佛門)이라든지 진언밀교(眞言密敎)라든지, 좌선송경(坐禪誦經)이라든지 여러 가지 문 (門)이 있거니와, 어느 문으로 들어가든지 향하는 것은 같은 법당인 것 입니다. 요컨대 탐진치(貪嗔癡)의 삼독번뇌(三毒煩惱)를 해탈하고 계 정혜(戒定慧)의 삼학(三學)을 수(修)하여서 '자비심'을 성취하여서 육 도(六度)를 행하는 것이 불도의 수련입니다.[104]

춘원은 소년 시절에는 천도교를 신봉했고, 동경 유학 시절에는 기독 교 계통의 명치학원에서 기독교를 수용하고 오산학교 교원 시절에는 직접 교내 예배당에서 설교까지 하는 기독교 신앙을 거쳐, 유교에도 관 심을 보이면서, 30대 장년 시절에는 불교에 입문, 신봉하기 시작했다. 이처럼 춘원의 신앙정신은 불교에서 심화하여 높은 사상의 경지에까지 다다른 것이다.

춘원은 '시심작불'에서 그의 불교 신앙에로의 몰입경을 노래하고 있 다.

시심작불(是心作佛)

靜窓(정창)에 端坐(단좌)하여 佛(불)을 念(염)할 제면 내 마음 노 맑 고 고요하여지오니 부처님의 慈悲(자비)서라. 그러나 多生(다생)의 習 氣(습기) 좀체로 滅(멸)하지 아니하도다.

부처님 염하올 제 이 몸 고대 부철(부처)러니

---

104) 『三千里』(1939. 4), 大聖 釋迦: 釋迦如來의 가르치심(李光洙).

염하기 그치오니 도로 중생 되노매라

진실로 是心作佛(시심작불)을 이제 본가 하노라.

[註] '고대'는 '곧'이다. '시심작불'은 觀無量壽經(관무량수경)의 句
(구).105)

김해성(金海星)은 춘원 시의 핵심 사상은 '임, 꿈, 사랑'의 사상이라
고 역설하고 있다. 그것은 신성(神性)이 아니라 인간성, 즉 휴머니즘 사
상을 구현한 것이라고 분석하고 있다.

춘원의 시에 있어서의 불교사상은 이상 분석한 대로 '임'과 '사랑'과
'꿈'을 통해 '불심귀의(佛心歸依)'로서 형상되어진 시심작불(是心作佛,
인간의 본심은 불성을 갖추었으므로 중생이 번뇌를 극복하면 부처가
될 수 있다)의 근본을 두고 있다고 본다. 이 '시심작불'은 그의 유심철
학(唯心哲學)에 입각한 불교관의 총화이자 사상의 근원이기도 하며,
또한 그것은 그의 불교사상이 독특한 휴머니즘에서 출발하고 있다는
것을 뜻한다. 즉 부처에게 가까워질 수 있고 또 '일체화'될 수 있는 것
은 다름 아닌 '일심화(一心化)'에 있다고 보며, 부처의 마음과 춘원의
마음이 혼연히 되어 이루어진 것이 바로 춘원의 시문학이라고 본다.

그러므로 춘원의 시문학은 마음의 문학이요 동시에 '불심귀의'의 사
상인 것이다. 때문에 춘원은 부처를 먼 거리에 있는 추상적인 신(神)이
기보다는 가장 가깝게 자기의 마음속에 있는 지극히 인간적인 것으로
보았다. 춘원이 기독교를 신봉했을 때에는 신을 사랑하면 할수록 크고
무한한 것이 되고 자신은 지극히 왜소하게 느껴진다고 했으나 불교에
심화하면서부터는 그 반대로 부처에게 친근하면 할수록 그리고 부처를
알면 알수록 자신과 똑같이 느껴진다는 것이다.

그것은 부처도 우리와 같은 인간이기 때문이고 또한 우리와 똑같이
육신을 가지고 생로병사를 했으며 고행을 했다는 단순히 그러한 것만
은 아니다. 부처의 인간성을 계시하는 춘원의 휴머니즘은 부처를 자기
의 마음속에 간직하고 그 마음에서 완전히 혼연일심(渾然一心)이 되어

---

105) 李光洙, 『春園詩歌集』(博文書舘藏板, 1940. 2. 5), p.11, 是心作佛.

만유(萬有)를 포용하는 그러한 유심적 불교관에서 출발하고 있기 때문이다. 이러한 유심적 불교관에서 '제행무상(諸行無常), 시심멸법(是心滅法)'의 '꿈'의 사상이 형상이 되었고, 육도만행(六度萬行, 보살의 여섯 바라밀을 원만히 수행하는 일)의 '보시(布施)', 즉 '사랑'의 사상이 이루어졌다.

그리하여 중생을 제도하려는 대자대비의 대원력을 발현(發現)하는 그 정신 속에 춘원의 불교적 휴머니즘이 깊숙이 내재하고 있는 것이다. 춘원의 시조 '시심작불'에서 볼 수 있는 "부처를 염하올 제 이 몸 고대 부철(부처)러니" 하는 시구의 뜻이 참으로 자기의 마음에서 부처를 얻는다는 것이며 그것은 곧 부처의 신성(神性)보다 인간성을 강조하는 것이다.

부처의 인간성에 대한 형상적인 창조야말로 춘원 문학이 도달한 가장 깊고 높은 가치의 세계이며 그의 시에 있어서의 불교사상의 핵심이기도 한 것이다. 이러한 춘원의 불심은 "'약한 귀신들도 다들 와서 먹었어라 / 내 손에 죽은 버러지의 귀신들도 / 능금을 먹어보라'고 다시 합장하니라"(능금공양)한 중생애의 차원으로 승화하여 '임'이라고 부르는 조국의 얼로 귀의하는 것이다.106)

조선 불교의 전로

조선의 불교는 금일에 와서는 이미 송장(死骸)이다. 불교의 사명(使命)은 중생에게 자비와 해탈의 길을 보이고 본을 보임에 있다. 고해(苦海)의 삼독사고(三毒四苦)의 파도에 부침하는 중생의 가슴의 한편 구석에는 분명히 자비의 벗과 해탈의 길을 원하는 본연적 요구가 있으니 이것을 만족하는 것이 불교의 사명, 사원의 사명, 승니(僧尼)의 사명이다. 승니는 몸소 자비와 해탈의 표본이 됨으로만 응공(應供)의 자격을 얻는 것이다.

그런데 금일의 조선 승려는 어떠하냐. 대부분은 육식(肉食), 대처(帶妻), 축첩(蓄妾)하고 사사로운 재산(私財)을 축적하며 심한 자는 사원 경내에서 술과 고기를 팔고 음업(淫業)의 처소와 기회를 제공하여 인

---

106) 『月刊文學』 제81호(1975. 11), pp.217~225, 春園詩의 佛敎思想(下)(金海星).

심을 부패 타락케 하는 직업을 경영하고, 또 사원에서는 다만 그것을 묵인할 뿐 아니라 도리어 거기서 들어오는 수입으로 불전의 향화를 유지하게 되었다.

승려들은 법의(法衣)를 입기를 싫어하고 수피화(獸皮靴), 수모복(獸毛服)에 속인이 하는 향락을 다 하고 있다. 이것은 오직 조선 승려에게는 있는 자유다. 승려란 속인이 하는 일 다 하고 중노릇 하나 더한다는 말은 오늘날 승려의 생활상태를 도파(道破)한 말이다.

불교의 재산이 문제가 되고 불교에서 경영하는 두 학교가 문제가 되어 있거니와 불교가 금일과 같이 제 임무를 못할 바이면 불교의 재산은 몰수하여 사회사업에나 사용하고 불교의 사원은 양로원으로나 쓰는 것이 도리어 세존(世尊)의 뜻에 맞을 것이다.

승려의 육식, 대처, 사재 축적은 승단(僧團)이 자발적으로 금함이 옳고 계행(戒行)을 엄려(嚴厲)하여 진실로 자비와 해탈의 산 모범이 되면서 탁발(托鉢)이나 경작(耕作)이나, 기타의 노역으로 제 의식을 구하고 사원의 재산은 불전(佛典)의 번역과 간행, 자선사업, 포교사업에만 한하여 쓸 것이다.

전연 원시 불교에는 못 돌아간다 하더라도 불교의 본의를 잃지 아니하는 정도에까지는 복귀함이 아니면 조선의 불교의 전로에는 매장 이외에 아무것도 없을 것이다.107)

불교(1)

4월 8일은 석존탄일(釋尊誕日)이다. 불교가 왕성하던 삼국 시절이나 여조(麗朝)에서는 이 날이 가장 큰 명절이었을 것은 말할 것도 없거니와, 오늘날도 종로 네거리에서는 꽃등을 달고 각지에서는 관불(灌佛)의 의식이 있다. 이 날을 기회로 석존의 가르침인 불교란 무엇인가를 한 번 생각해보자.

불교를 담은 것이 팔만대장경(八萬大藏經)이라고 부르는 만큼 호한(浩瀚)하여 일생을 다 바쳐도 그 문헌을 독파하기 어려울 지경이지마는, 여기는 석존의 최후의 대설법이요, 석존 자신이 이것을 여러 경

107) 『朝鮮日報』(1934. 3. 8), 朝鮮佛教의 前路(長白山人).

전의 왕이라고 자천하신 법화경(法華經)에서 석존의 교리의 중심을 초록해보자.

"是法, 非無量分別之所能解 唯有諸佛乃能知之(方便品)"라 하여 불법(佛法)의 심원난해(深遠難解)함을 말하고,

부처님(佛)의 출현하는 연유를 설하여, "諸佛釋尊 唯以一大事因緣故 出現於世. … 欲令衆生 開佛知見使得淸淨故 出現於世. 欲示衆生佛之知見故 出現於世. 欲令衆生 悟佛知見故 出現於世. 欲令衆生 入佛知見故 出現於世"라 하고,

불법 수련의 최종 목표를 "일체종지(一切種智)"를 있음이라 하고, "과거무수겁(過去無數劫) 무량멸도불(無量滅度佛)"이라 하여 우주의 시간적으로 무궁함을 말하고, 시방(十方)에 세계의 무수함을 말하여 이 우주 내에는 지구뿐 아니라 생물이 사는 세계가 무궁하다는 대우주관(大宇宙觀)을 말하고, 그 각 세계에는 다 부처님(佛)이 출현하여 중생을 교화함을 말하고, 삼계(三界)의 화택(火宅)임과 중생의 생로병사(生老病死), 우비고뇌(憂悲苦惱) 등 제고(諸苦)가 탐진치(貪嗔癡) 등 정욕(情慾)에서 옴을 말하고, 이 화택을 탈출하여 제고를 해탈하려면 육바라밀(六派羅蜜, 보시(布施), 지계(持戒), 인욕(忍辱), 정진(精進), 선정(禪定), 지혜(智慧))을 수행하여야 할 것을 말하고, 생명은 우주와 함께 궁극(窮極)함이 없이 생사를 반복하는 것이니, 육취(六趣, 천상(天上), 인간(人間), 귀신(鬼神), 아귀(餓鬼), 지옥(地獄), 축생(畜生))를 결정하는 것은 오직 각자의 업(業, 신업(身業), 구업(口業), 의업(意業))이라 하여 운명은 각자의 사(思), 언(言), 행(行)의 책임임을 밝히고, 이 업의 힘으로 생명은 향상(向上), 향하(向下)의 길에서 진화와 퇴화를 반복함을 말하고, 이 생사해(生死海)를 건너 열반(涅槃)의 피안(彼岸)에 이르는 길이 오직 보살행(菩薩行) 곧 육바라밀의 수행이니 이는 무릇 생명을 가진 자는 다 달할 수 있는 경지라고 도파하였다.108)

불교(2)

이상에 법화경에 나타난 불교사상의 대강(大綱)을 초출(抄出)하였거니와 그중에 있는 안락행품(安樂行品)이라는 불교 수행자의 일상생활

108) 『朝鮮日報』(1935. 5. 11), 佛敎(1)(長白山人).

의 실천도덕을 엿보아 보자.

첫째가 '주인욕지(住忍辱地)'라는 것이니 인욕이라 함은 '유화선순(柔和善順), 이부졸폭(而不卒暴), 심역불경(心亦不驚)'이라 하여 성내지 말고 화내지 말라는 뜻이다. 사바세계(娑婆世界)라 하는 것은 인토(忍土)라는 뜻이니 지구는 사바세계라는 삼천대천세계중(三千大千世界中)의 한 개 낱알(一粒)이다.

둘째는 '관제법공여실상(觀諸法空如實相)'이란 것이니 우리가 사랑하는 모든 것 — 육체, 육체의 모든 욕망, 재물, 영화, 고락, 이런 것이 다 허(虛)되고 또 염념상섭(念念相涉)하여 흐르는 물과 같이, 타는 불과 같이 '부주(不住)'하여 '여허공무소유성(如虛空無所有性)', '실무소유(實無所有)', '단이인연유전도생(但以因緣有顚倒生)'함을 깨달아서 탐낼 것도 아낄 것도 없이 마음을 허공같이 가지라는 말이다. 권세 있는 자를 친근치 말고, 궤변(詭辯)하는 자, 음란한 자, 괴탄(怪誕)을 좋아하는 자, 부정한 직업을 가지는 자를 친근치 말라 하여 자세한 주의를 준 뒤에,

셋째, '일심염불(一心念佛)'이라 하여 과현미(過現未) 삼세(三世)와 시방(十方). 즉 전 우주 내 무량 무수한 세계에 계신 무량 무수한 성현, 즉 부처님(佛)과 보살(菩薩)을 마음에 항상 생각하고,

넷째, '소멸번뇌(消滅煩惱)', '제거업장(除去業障)', '유희신통(游戲神通)', '요달삼계(了達三界)', '견시방불(見十方佛)', '성취중생(成就衆生)', '정불국토(淨佛國土)'라는 모든 힘을 얻기 위하여 '사호좌선(事好坐禪)'하라는 것이니, 좌선 또는 참선(參禪)은 정(定)이라고 번역하거니와 불도 수련의 최대 최고한 방법이다. 이 선(禪)이라는 방법을 통하여 '난신난해(難信難解)'하던 불도(佛道)를 하루아침에 활연관통(豁然貫通, 도를 환히 깨달음)이라든지 황연대각(恍然大覺)하여 '등정각(等正覺)'을 이루어 부처님(佛) 지경(地境)에 들어가는 것인데, 법화(法華)에 의하면 이는 자기 일개인을 위함이 아니라 '어제중생기대비상(於諸衆生起大悲想)'이라 하여 생사의 고해에 부침하는 중생을 볼 때에 대비상(大悲想)이 발함을 금치 못하여 '顧爲諸佛所護念 於諸佛所植衆德本 入正定聚 發救一切衆生之心'이라는 대발원(大發願)을 하게 되는 것이니, 보살행은 자비와 인욕과 관일체법공(觀一切法空)으로 억억만세(億億萬歲)에 생사에 출입하면서 난행고행(難行苦行)하여 '도일체중

생(度一切衆生)'하는 행(行)이오, 그러한 마음을 가진 이를 보살이라고
한다고 하였다.109)

6. 청담과 춘원의 교유

"성불을 한 생 늦추더라도 중생을 건지겠다. 다시 생을 받아도 이 길
을 다시 걷겠다. 육신은 죽어도 법신(法身)은 살아 있다." 비구승과 대
처승의 대립과 갈등 속에 불교 정화운동을 이끌면서 대한불교조계종의
기틀을 잡은 청담(靑潭, 1902~1971) 스님의 말이다. 청담은 1902년
경남 진주(晉州)에서 태어났다. 청담은 20대 초반 출가를 시도했지만
처자가 있다는 이유로 퇴짜를 맞았다. 1926년 경남 고성군 옥천사(玉泉
寺)로 출가한 청담은 박한영 스님과 만공 스님을 사사했다. 조계종 총
무원장과 종회의장, 장로원장, 종정을 두루 역임하면서 1971년 11월 15
일 열반했다. 본명은 이찬호(李讚浩), 청담은 법호이고 순호(淳浩)가 법
명이다.

참고 인내한다는 의미의 '인욕제일(忍辱第一) 이청담'이라는 별호를
듣게 된 것도 우연은 아니다. 그의 인간성은 남이 뭐라든지 이를 탓하
지 않고 참고 지낸다는 말이다. 이광수는 일찍이 일제강점기 조선 불교
는 너무나 부패하고 타락했다고 비판했다. 대처에다 축첩하고 사찰 경
내에서 고기를 구워먹고 술과 고기를 팔고 있을 정도로 타락했다. 해방
후 이승만 정권 당시 불교 정화운동을 진두지휘한 이가 바로 청담 스님
이었다. 비구승 수백 명이 정화를 촉구하며 경무대로 몰려갔으나 경찰
의 봉쇄로 가지 못하고 조계사로 돌아오자, 한 젊은 비구가 통솔을 잘
못했다는 이유로 청담의 뺨을 때렸다. 그러나 청담은 반사작용으로 그
에 대항하지 않고 그저 '인욕제일'로 무던하게 참으면서 표정 하나 바
뀌지 않았다. 종정이던 동산 스님이 대처승 측과의 협상에 불만을 표시
하면서 청담에게 "네 이놈, 넌 대처승 편"이라고 호통을 쳤다. 역시 무
표정으로 한마디 변명 없이 참고 넘어갔다. 나중에 동산 스님이 "내가

---

109) 『朝鮮日報』(1935. 5. 12), 佛敎(2)(長白山人).

성질이 급해 그랬네" 하고 사과했다. 이처럼 참는 것이 곧 이기는 길이라는 진리를 실증해주었다.

송월주 스님은 '나의 삶 나의 길'에서 청담과 춘원과의 만남을 이야기하면서, 청담에 대해 불교사상이 인간성 즉 휴머니즘에서 출발하여 중생애(衆生愛)로 승화했다는 것, 뛰어난 법문에 혁명가적 기질을 공통적으로 발현한 인물이라고 평가하고 있다. "헌칠한 모습의 스님은 금강경과 능엄경 법문이 특히 뛰어났고, 신바람이 나면 30분의 법문이 세 시간, 네 시간으로 길어졌다. 30대 중반일 때 당대의 대소설가인 춘원 이광수를 만나서는 일주일간 불교사상에 관한 격론을 펼쳐 춘원이 불교에 귀의하는 계기를 만들기도 했다. 나는 스님이 출가하지 않았다면 아마 혁명가가 됐을 것이라는 생각도 해본다. 철저한 수행과 뛰어난 법문, 포기하지 않는 열정과 인내, 남의 허물을 인정하는 그릇까지 세상을 바꿀 자질을 두루 갖췄다. 불교계의 시각에서 청담 스님이라는 존재 자체가 큰 복이었다."110)

출가한 지 5년 만인 1931년 진주의 속가를 찾았다. 가문의 대를 이어달라는 노모의 간곡한 간청에 못 이겨 지옥에 갈 각오로 하룻밤 파계를 한 스님은 참회를 위해 맨발의 고행을 감행했다. 오대산에 머물렀던 때 청담은 속가로부터 딸을 낳았다는 전보를 받고, 효도행을 위해 지옥행을 각오하고 하룻밤 파계한 것임에도 결국 대를 잇지 못해 불효를 저지른 데 대한 통한으로 방성통곡하고 땅에 칼을 박아놓고 자결을 결행하려 하자, 오대산 원보산 스님이 "그 목숨을 불교를 위해 대신 써달라"고 설득한 것이다. 파계로 얻은 둘째 딸은 성철 스님의 권유로 출가하여 묘엄(妙嚴) 스님이 되었다. 정화운동 초기에 대처 쪽에서 청담의 호적등본을 떼어 출가 후 딸을 낳은 사실을 들추어내어 파계승이라고 맹공을 가하기 시작했다. 난처한 청담 스님은 "맞다. 난 파계승이다. 정화가 끝나면 난 뒷방으로 돌아가 참회하며 살겠다"라고 솔직하고 파격적인 실토를 했다.

---

110) 『東亞日報』(2011. 11. 28), 토끼의 뿔과 거북의 털을 구하러 다녔소: 청담 스님… "난 파계승이다. 정화 끝나면 처사로 살겠다"(송월주).

이리하여 청담은 파계한 데 대한 죄업을 씻으려고 전국 각지를 돌아다니면서 수행하다가 광릉 봉선사에 들른 것이다. 봉선사 주지 운허(耘虛) 스님과 그동안의 회포를 털어놓는 가운데 자연히 이광수 이야기가 화제에 올랐다. 운허와 춘원은 8촌 형제간이었는데 춘원이 법화경을 번역하는 중이니 그를 설득하여 번역을 중단하게 해달라는 것이었다. 법화경은 가야성(伽倻城)에서 도를 이룬 부처님의 본도(本道)를 말한 것으로서 아주 의미심장하고 난해(深遠難解)한 경전이다. 춘원이 아무리 해박하기로서니 법화경을 그가 다 이해하고 한글로 번역한다는 것은 말도 안 된다고 생각하고 청담은 운허의 청을 따라 자하문 밖 소림사(少林寺)로 찾아갔다. 그때 이광수는 홍지동 산장을 짓고 있는 중이었다. 그때 춘원의 안색엔 병색이 완연했지만 춘원 특유의 재기가 넘쳐 온몸으로 풍기고 있었다. 춘원은 법화경에 심취해 있는 듯 법화경이야말로 완벽한 종교 서적이며 그 문장의 유려함과 비유의 광대함에는 놀라지 않을 수 없다고 칭찬이 대단했다. 그러나 청담이 보기에는 그의 불법(佛法)의 이해력은 미미하기 그지없는 것이었다.[111]

청담은 그때의 춘원과의 대토론을 자세히 설명하고 있다.

춘원 이광수 선생이 멋도 모르고 법화경을 번역한다는 얘기를 듣고 내가 찾아갔지. 그때는 이광수 선생이 불교를 안 믿고 성단(聖壇)에 다니던 시절이었어. 그분이 법화경을 보고 내용이 매우 이상적으로 기록돼 있어서, 소설적으로 불교를 생각하고 판단할 때였었지. 그러니 그 청년이 예술적으로만 보는 그런 소견으로 법화경을 번역해놓으면, 춘원의 명성 때문에 번역이 잘못돼도 그게 옳다고 할 판이야. 그러니 그런 위험천만한 문제가 발생하기 전에 내가 춘원을 찾아가 설득하여 불교 신도가 되도록 해주십사고 누가 간청을 하기에 춘원 선생을 찾아갔지. 그때 마침 춘원 선생이 자하문 밖에 살 때였지. 내가 찾아갔더니 춘원 선생은 부근에 있는 소림사에 시주를 몇 푼 하고는 나를 있게 하면서 일주일이고 한 달이고 끝장이 날 때까지 토의를 해보자고 하

111) 청담문도회 편, 『靑潭大宗師全書(1) 마음』(삼각산 도선사, 1999), pp.103 ~ 104.

더군.

아침 공양이 끝나면 둘은 깔 것 하나씩을 들고 산이나 개울가로 나가 앉아서 얘기하다가 점심 공양 때가 되면 다시 절로 올라가 공양한 뒤 다시 개울가나 산이나 아무데나 가마니 하나를 깔고 누워서 얘기하고, 앉아서 얘기하고 하다 보니 별 소득이 없었어. 나는 한쪽으론 슬며시 분한 생각도 나고 또 한쪽으로는 내 부족이 느껴지기도 하는 판에 닷새가 되자, 춘원 선생이 먼저 할 얘기는 바닥이 드러나고 말았지. 그 다음부터는 주로 춘원 선생이 질문하고 내가 답을 했는데, 일주일이 지났어. 그때사 춘원 선생은, 이제야 중생이 부처가 된다는 것을 확신하게 됐고, 불경을 보는 시각도 그전과는 차원이 달라졌다고 하더군. 전에는 예술시(藝術視), 소설시(小說視), 신화시(神話視)했는데 이제는 글자 한 자만 빼도 안 되는 내용이며, 과학과 철학과 완전한 종교의 가르침이 모두 들어 있다는 것을 깨달았다고 하였어.

나중에는 법화경을 펴놓고 품품(品品)마다 한 장 한 장 넘기면서 묻고 답하곤 했었지. 그러고도 내가 말하기를 "그렇지만 법화경을 이렇게만 읽어가지고 번역하지 마시오. 아직도 법화경을 읽을 때마다 새롭게 발견된 모르는 것이 많을 것입니다"라고 했었지. 그러면서 원각경(圓覺經)과 능엄경(楞嚴經)을 읽어보라고 내가 권유를 하였어. 원각경은 상하 두 권으로 되어 있는 부피가 약간 두터운 것이지. 그것을 탐독한 다음에 법화경을 다시 한 번 새로운 각도로 읽어보라고 하였어.

그리고 한 3년 후에 춘원 선생과 내가 다시 만나게 되었어. 나는 우선 그때 내가 말한 원각경을 읽어보고 법화경을 다시 읽어보니 어떻더냐고 하였더니, 춘원 선생 하는 말이, 원각경을 읽은 뒤 법화경을 다시 대하니 그 깊은 뜻을 헤아릴 수 없어 정말 모르겠다고 머리를 설레설레 흔들더군. 되풀이 읽어볼수록 모르는 게 더 많아지고 전에 알았다고 큰소리 친 것이 유치한 것이었음을 알겠다고 하더군. 그 말끝에 내가 그전의 용기와 지식은 다 어디다 두었느냐고 하자, 춘원 선생 말이 다 잊어버리고, 또 잃어버리기도 했다고 하였어. 이렇게 되어 그때부터 춘원 이광수는 불교의 독신자(篤信者)로 개종을 한 것이지.112)

---

112) 청담문도회 편, 청담평전 『青潭大宗師全書(6) 가까이서 본 청담 큰스님』(삼각산 도선사, 2002), pp.67~68.

이와 같이 춘원과 청담은 법화경 교리문제를 주제로 3일간 대토론을 벌였다. 심지어는 밥을 먹고 변소에 갈 때도 대화를 그치지 않고 의견 교환을 했다. 그렇게 진지하게 문제점에 대한 대격론을 주고받았는데도 조금도 두 사람 사이에 의견의 간격은 좁혀지지 않았다. 어느 날 청담이 춘원에게 우리 민족이 독립할 수 있는 길이 무엇인가라고 질문하자, 춘원은 먼저 민족의 실력을 길러야 한다는 준비론을 설파하면서, 청담의 독립 가능성에 대한 견해를 되묻고 있었다. 이에 청담은 이렇게 이야기한다. "나는 그것을 인과의 법칙으로 설명했다. 우리가 피압박 민족이 된 것은 일종의 과보(果報)이다. 그러니 일인(日人)만을 미워할 것이 아니라 그 원인을 뉘우치고 그것을 바로잡아야 된다고 했다. 지금 생각하면 몹시도 관념적으로 그런 중대한 문제를 이야기했던 것 같다. 그러나 그런 관념 속에서도 그는 그의 입장을, 나는 나의 입장을 조심스럽게 천명했고, 그런 상이한 사고방식에도 불구하고 며칠 새에 우리는 많은 것에서 의견 일치를 보았다고 생각된다. 특히 어려움에 대해서는 더욱 그랬다. 내가 그에게 법화경 속에서 앞으로 자꾸 몰랐던 것들이 발견될 것이라고 했을 때 그는 조금의 불만도 없이 그 말을 받아들였다."113)

실제로 알면 알수록 어려운 것이 불경이고 법화경이다. 가지를 붙잡았나 하고 보면 잎사귀요, 줄기를 붙잡았나 해서 보면 가지인 것이 불법이다. 그처럼 불법의 진리에 도달하기까지에는 수십 수백의 눈에 보이지 않는 관문을 지나야 하는 것이다. 춘원은 그 한 관문을 그때 지났다고 할 수 있을 정도였다. 그때 나는 춘원에게 법화경을 번역하지 말라는 말은 한마디도 안 했다. 그러나 그는 내가 남기고 간 말의 뜻에서 그것을 알아차렸고, 그 뒤로 그것에서 손을 떼었다. 그 후 그는 '꿈'이니 '이차돈의 죽음'이니 하는 작품을 냈는데, 이는 모두 불교에서 받은 감화에서 우러나온 작품이라고 할 수 있다.

언젠가 나는 육당과 춘원을 만난 자리에서 그전과는 달리 솔선하여 불교의 의식을 해설한 책자인 '불자필람(佛者必覽)'을 번역해주기를

---

113) 청담문도회 편, 『青潭大宗師全書(1) 마음』, pp.104~105.

부탁했더니 육당은 능력이 없다고 거절하였고, 춘원은 즉석에서 쾌락하였다. 그러나 한 해 두 해 미루어오다가 끝내 그 뜻을 이루지 못하고 납북(拉北)이라는 불행한 사태를 만나고 말았다. 애석한 일이 아닐수 없다. 이렇게 기록하다가 보니 나와 춘원과의 교우가 대단한 것같이 되었지만, 그런 것은 아니다. 그보다는 더 많은 대중(大衆)들, 대사(大師)들과 친했다. 그럼에도 불구하고 춘원의 이야기를 길게 쓰게 된것은 그에게서 불교의 중대 문제라고 할 수 있는 불자(佛子)와 불법(佛法)의 관계를 볼 수 있기 때문이다. 즉 신도들은 불법을 승려들처럼알 필요가 있을까? 즉 그 어려운 법화경을 신도들이 이해할 필요가 있을까?

이론상으로는 지식으로서의 불교는 누구나 알아야 한다. 불승(佛僧)이란 그것을 몸으로 사는 자이고, 신도란 그 지식을 믿는 자이다. 그것이 서로의 한계이다. 그런데도 나는 그때 춘원에게 너무 바랐었고, 일반적으로 한국 불교는 신도에게 그러한 바람을 너무 갖든가 전혀 갖지않는다는 병폐를 지니고 있다. 가장 바람직한 일은 언제 어디에서나평형(平衡)이다. 그리고 그 평형을 얻는 길은 자제로서만이 아니고 그것을 알 때 이루어질 수 있다. 그런 의미에서도 한국 불교는 학승(學僧)을 앞으로 대량 배출하여 불교의 진리를 대중들에게 쉽게 설명하여공감 속에서 평형을 얻어야 할 것이다.

진리는 아우구스티누스에 의해서도, 단테에 의해서도 이야기되어야하며, 미켈란젤로에 의해서도 부각되어야 한다. 그렇게 각자가 자기의길로서 이야기할 때 진리의 전모가 나타나는 것이다. 그런 서양의 기독교에 비하면 동양의 불교는 너무 많은 단애가 있다. 어떤 의미에서불교의 진경은 승려들에 의해서만이 규명되고 있을 뿐, 그 밖에는 무수한 오해와 이설(異說)이 범람하고 있는 것 같다. 앞으로 한국 불교가해내야 할 길은 그런 오해와 이설을 불식시키고 불교의 단일화 내지는대중화를 이루는 일일 것이다. 누차 이야기하는 바이지만, 불교 정화운동이란 곧 그 대중운동의 투쟁적 어휘에 지나지 않는다.114)

---

114) 상게서, pp.105~107.

님, 춘원 이광수

님에게 아까운 것이 없이
무엇이나 바치고 싶은 이 마음
거기서 나는 '아낌없이 주는 일(布施)'을 배웠노라.

님께 보이자고 애써
깨끗이 단장하는 이 마음
거기서 나는 '잘못 없이 사는 일(持戒)'을 배웠노라.

님이 주시는 것이라면
때림이나 꾸지람이나, 기쁘게 받는 이 마음
거기서 나는 '어려움을 참는 일(忍辱)'을 배웠노라.

자나 깨나 쉴 새 없이
님을 그리워하고 님 곁으로만 오는 이 마음
거기서 나는 '부지런히 힘쓰는 일(精進)'을 배웠노라.

천하고 많은 사람이 오직
님만을 사모하는 이 마음
거기서 나는 '외곬에 오로지 하는 일(禪定)'을 배웠노라.

내가 님의 품에 안길 때에
기쁨도 슬픔도 님과 내가 있음도 잊을 때
거기서 나는 '슬기롭게 사는 일(智慧)'을 배웠노라.

이제 알았노라 님은
이 몸에 맑고 깨끗한 마음을 가르치려고
짐짓 님의 몸을 나툰 부처님이시라고.

이 글은 춘원 이광수 선생이 서른 살 무렵(1921)에 청담 큰스님을
만나 일주일간의 끈질긴 선문답(禪問答) 끝에 마침내 불교에 귀의하여

읊은 선시(禪詩)이다.115)

'청담 대종사 연보'에 의하면 청담이 소림사로 춘원을 찾아간 연도가 1937년이라고 기록하고 있다. 청담 36세, 춘원 46세 때의 일이다.

-- 1937년 청담 36세
이사로 선임되나 요시찰인물로 경찰의 감시를 받게 됨. 운허 스님의 부탁으로 춘원 이광수와 자하문 밖 소림사에서 일주일간 불교사상에 대해 격론을 폄. 그 결과 춘원은 법화경 번역 계획을 포기하고, 불교에 귀의하는 계기가 됨.116)

이상 청담이 춘원을 만나게 된 연도 및 춘원의 법화경 번역 계획, 그리고 불교사상 대토론 등을 정리해보면 다음과 같다.

1. 춘원 나이 30세 때(1921), 청담과의 선문답 끝에 불교에 귀의하였고, 그 결과 선시(禪詩) '님'을 써주었다.

2. 1937년 청담 36세, 춘원 46세 때, 운허 스님의 소개로 자하문 밖 소림사에서 만났다.

3. 운허 스님의 부탁으로 청담이 춘원을 만나 춘원으로 하여금 법화경 한글 번역을 중단케 했다. 그 이유는 춘원은 법화경 이해력이 부족하기에 오역할 가능성이 있기 때문이었다. 이에 춘원은 법화경 한글 번역 계획을 포기했다는 것이다.

4. 소림사에서 청담과 춘원은 일주일간 불교사상에 관해 격론을 벌였고, 그 결과 춘원이 불교에 귀의, 불교 독신자가 되었다.

이를 다시 분석적으로 검토하여 재조명해보면 다음과 같다.

1. 이광수는 1919년 동경에서 2·8선언서를 기초하고 즉각 상해로 망명, 독립임시사무소를 개설, 대한민국 임시정부 수립의 모체 역할을

---

115) 청담문도회 편, 명상시집 『靑潭大宗師全書 (5) 마음의 노래』(삼각산 도선사, 1999), 춘원의 불교에 귀의한 선시 '님'은 이광수전집(삼중당)에 미수록.

116) 청담기념사업회, 『청담대종사 탄신100주년 기념 논총집: 청담대종사와 현대 한국불교의 전개』(청담문화재단, 2002), p.553, 靑潭 大宗師 年譜.

수행했다. 임정이 수립되면서 독립신문사 사장에 취임하여 독립신문을 제작·발행하다가 1921년 4월 초에 귀국하였다. 청담이 춘원 나이 30 세 때(1921) 춘원을 만나 선문답을 하고 선시 '님'을 받았다는 것은 너무나 이치에 맞지 않는다. 그러면 이 선시 '님'은 언제 작시했는가? 그 것은 1934년 7월 춘원이 소림사에서 청담을 만나 불교사상 대토론을 벌였을 때 써준 것으로 추정해볼 수 있다.

2. 춘원과 청담의 첫 조우가 1937년이라고 했는데, 이는 전혀 잘못된 연대 고증이라고 단정하지 않을 수 없다. 춘원의 출생연도가 1892년이 니까 청담(1902)보다 10년 연상이다. 1937년 6월 7일 동우회 사건 발발로 도산과 춘원 등을 비롯하여 동우회 회원 181명 전원이 총검거·수감되고 만다. 그러기에 1937년에 춘원과 청담이 회동한 것이 아니라 역시 1934년 7월로 단정할 수 있다. 1934년 2월 이광수는 인생 일대의 최대 위기를 당했다. 허영숙과의 첫 아들 봉근(8세)의 참척(慘慽), 도산의 장기 입옥, 동우회의 회세 부진 등으로 춘원은 세상만사를 깡그리 잊어버리고 조선일보 부사장직을 사퇴하고 금강산에 입산, 중이 되려고도 했다. 그러나 허영숙은 이종수(李鍾洙)와 함께 둘째 아들 영근을 업고 등불 하나 들고 금강산 장안사(長安寺)로 찾아갔다. 이에 춘원은 "뜻이 있어서 입산을 하려면은 마귀가 여러 형태로 나타나서 방해를 놓는데 그중에서 가장 대항하기 어려운 형태가 처와 자식이라고 불전 (佛典)에 적혀 있다"[117]고 했다. 가족의 간곡한 권유로 속세로 돌아온 이광수는 자하문 밖 홍지동 산장을 새로 지어 그곳에서 은거하려고 했다. 청담이 춘원을 찾아온 시기는 홍지동 산장을 지을 때이다. 그래서 춘원은 인근 소림사에 은거하고 있었다.

3. 운허의 부탁으로 청담이 춘원을 찾아가 법화경 한글 번역을 중단 케 했다는 것, 따라서 춘원이 결국 한글 번역 계획을 포기했다는 것, 춘 원은 법화경 이해가 부족하기에 오역할 염려가 있으므로 이를 중단시 켰다는 것 등도 그 후의 춘원의 작품 활동과 실제 불교 소설 발표의 실

---

117) 이정화, 『그리운 아버님 春園』(우신사, 1993), p.201, 이런 일 저런 일(이영 근).

적, 그리고 실지로 법화경을 완역했다는 것 등을 감안해보면 그 번역 포기는 배치되는 주장이다. 1934년 춘원이 아들 봉근의 참척으로 실의에 빠져 있을 때 춘원의 삼종제(8촌 동생)인 운허 스님이 법화경 한 질을 갖다 주고 참척의 슬픔을 위로했다는 것이다.118) 춘원은 운허 스님으로부터 법화경을 받아 읽고 애아 봉근의 죽음에 대한 슬픔을 달래게 되었을 뿐만 아니라 이는 한글 번역의 계기가 되었다. 춘원이 법화경 한글 번역에 착수한 것은 청담을 만나고 나서 그해 11월이었다. 의미심장하고 난해한 법화경의 쉬운 한글풀이 번역 원고를 탈고한 것은 1937년 6월이었다. 그러나 동우회 사건(1937. 6. 7)으로 춘원은 구속·수감되었을 뿐만 아니라 그의 필생의 노작 법화경 한글 번역 원고 전질이 종로경찰서의 가택수색 끝에 압수되어 폐기처분되고 말았다.119) 이는 실로 한국 문화유산의 일대 손실이 아닐 수 없다. 민족운동과 아무런 관련이 없는 이러한 법화경 원고가 한글로 번역되었다는 사실 하나만으로 일제가 이를 폐기처분한 것은 조선문화말살정책을 강행하겠다는 것을 예고하고 있다. 청담이 춘원의 법화경 이해가 부족하다고 판단하여 한글 번역을 중단케 했다는 것은 그 후의 춘원의 작품 실적과 완전 배치되는 주장이다. 이광수는 불교 관계 소설을 4편 집필했다. '마의태자(麻衣太子)'(동아일보, 1926. 5. 10~1927. 1. 9), '세조대왕(世祖大王)'(新撰歷史小說全集, 제5권, 박문서관, 1940. 7), '이차돈(異次頓)의 사(死)'(조선일보, 1935. 9. 30~1936. 4. 12), '원효대사(元曉大師)'(매일신보, 1942. 3. 1~10. 31) 등이다. 그뿐만 아니라 불교 관계 논설문 여러 편을 집필했고, 법화경 한글본 원고를 탈고하였다. 그러므로 춘원은 청담의 권유로 법화경 한글 번역 계획을 포기한 것이 아니라 오히려 줄기차게 번역 사업을 계속하여 이를 완역한 것이다.

4. 청담과 춘원이 일주일간 소림사에서 불교사상 특히 법화경 교리에 관한 대토론을 벌였다는 사실, 그리고 청담은 춘원의 불교 지식을

---

118) 『春園研究學報』 제2호(2009), p.184, 춘원 이광수와 운허 스님(신용철).

119) 『李光洙全集』(三中堂, 1963), 권 20, p.295(1934. 11), p.299(1937. 6), 年譜 (노양환).

아주 과소평가했다는 사실 등은 춘원의 불교 소설의 백미인 '원효대사'를 집필했다는 사실과 배치되는 논리이다. 주요한은 춘원의 심오한 불교사상 지식을 감탄하고 있다. "45세 이후부터 춘원은 점차로 불교사상에 잠심하게 되었고 그 경향은 작품에 나타났다. '마의태자', '원효대사', '이차돈의 사', '무명' 등의 작품은 이 경향에 속한다. 해방 후 작품인 '꿈'도 불교 설화에서 취재한 것이요, 납치될 당시에도 불적(佛籍)에 전심하고 있었다. 춘원이 나에게 빌려준 육조단경(六祖檀經)이 아직도 내 책상에 끼워 있다."[120]

춘원은 1926년 8월 의사 유상규(劉相奎, 수양동우회 동지) 등과 함께 삼방(三防) 약수포(藥水浦), 석왕사(釋王寺) 등지로 소유(逍遊)한 바 있다.[121] 1926년 춘원은 금강산 보광암에서 처음으로 법화경을 읽었고, 1934년에 홍지동 산장에서 화엄경, 금강경, 원각경 등을 통독하였다는 것이다.

이 집 역사가 아직 다 끝나기 전에 올연선사(兀然禪師)가 나를 찾아 왔소. 그는 일주일간이나 소림사(少林寺)에 유숙하면서 나를 위하여서 날마다 법을 설하였소. 이보다 전에 아직 이 집터를 만들 때에 운허법사(耘虛法師)가 법화경 한 질을 몸소 져다 주셨는데 이 법화경을 날마다 읽기를 두어 달이나 한 뒤에 올연선사가 오신 것이오. 운허, 올연 두 분은 물론 서로 아는 이지마는 내게 온 것은 서로 의논이 있어서 오신 것은 아니오. 그야말로 다생의 인연으로, 부처님의 위신력, 자비력으로 내게 오신 것이라고 나는 믿소.

또 이보다 수개월 전에 나는 금강산에서 백성욱(白性郁) 사(師)를 만나서 3, 4일간 설법을 들을 기회를 얻었소. 또 이보다 12, 13년 전에 영허당(映虛堂) 석감노사(石嵌老師)와 금강산 구경을 갔다가 신계사(神溪寺) 보광암(普光庵)에서 비를 만나 5, 6일 유련(留連)하는 동안에 불탁에 놓인 법화경을 한 번 읽은 일이 있는데 이것이 법화경에 대한 이생에서의 나의 첫 인연이었고, 또 그 전해(1925)에 내가 아내와 춘

120) 『思想界』(1958. 2), pp.29~32, 春園의 人間과 生涯(朱耀翰).
121) 『李光洙全集』, 권 20, p.288(1926. 8), 年譜(노양환).

해(春海 方仁根, 1899~1975) 부처와 함께 석왕사에서 여름을 날 때에 화엄경(華嚴經)을 읽은 일이 있었소. 또 우연하게 금강경(金剛經), 원각경(圓覺經)을 한 질씩을 사 둔 일이 있었는데, 이 집을 짓던 해 봄에 그것을 통독하였소.

이 모양으로 나는 이 집에 와서부터 법화경을 주로 하여서 불경을 읽게 되었소. 여덟 살 먹은 어린 아들의 참혹한 죽음이 더욱 나로 하여금 사람이 무엇인가, 어찌하여서 날까, 죽음이란 무엇이며 죽어서는 어찌 되는가 하는 문제를 아니 생각할 수 없이 하였소. 그러므로 나는 내 죽은 아들 봉근(鳳根)도 나를 불도에 끌어들이기 위하여서 다녀간 것이라고 믿소. 관세음보살이 혹은 비가 되시와 나로 하여금 보광암에 5, 6일 유련케 하시고, 혹은 아들이 되어, 혹이 운허법사, 올연선사가 되시와 길 잃은 나를 인도하심이라고 믿소. 또 예수께서도 그러하시다고 믿소. 내가 신약전서를 처음 보기는 열일곱 살 적 동경 명치학원 중학부 3년생으로 있을 때인데 그 후 30여 년간 날마다 읽었다고는 못하여도 내 책상머리나 행리(行李)에 성경이 떠난 적은 없었거니와 이것이 나를 불도로 끌어넣으시려는 방편이었었다고 믿소.122)

춘원은 법화경의 모든 중생은 다 부처가 될 수 있다는 '일체중생(一切衆生) 개성불도(皆成佛道)' 사상과, 화엄경의 부처와 중생은 둘이 아니라 하나라는 '처처불(處處佛)' 사상이 자신의 불교사상 형성의 바탕이 되었다고 인식하고 있다. 춘원의 법화경 이해가 부족하다는 현학적(衒學的)인 청담의 과소평가와는 달리 춘원은 법화경 사상을 원융통해(圓融通解)하고 있었음을 실증해주고 있다. 춘원은 왜 청담과 그토록 격론을 벌였을까? 분명한 것은 이 같은 대토론을 통해서 법화경 이해에 큰 자극제가 되었다는 것이다. 이광수는 매일신보에 '원효대사'를 연재했다(1942. 3. 1~10. 3). 청담과의 대토론으로 법화경에 관한 불교지식은 더욱 심화되었고, 그것은 바로 '원효대사' 집필의 소재(素材)가 되었던 것이다. 한국 문학작품의 최고의 걸작품은 이렇게 태어났다.

---

122) 『文章』(1939. 9), pp.3~36, 鷰庄記(李光洙); 이경훈, 『이광수 친일소설발굴집: 진정 마음이 만나서야말로』(평민사, 1995), pp.298~299, 육장기.

7. 찬불가(원불교) '불자의 노래'

이광수가 6·25 때 납북될 때의 나이는 59세이다. 그의 59년 전 생애를 통하여 최종의 발표작품 '지구'를 모윤숙이 발행인으로 되어 있는 '문예' 지에 발표하고 그는 영영 돌아오지 못할 동토의 나라로 끌려갔다. 그의 우주관 인생철학을, "내 몸이 만 번 죽어 썩어도 내 뜻이 / 아니 죽듯이, 못 죽듯이, 늘 살듯이" 영원한 사랑의 조화를 노래하면서 그의 영혼은 사라지고 말았다.

지구(地球), 춘원

보라, 圓錐形(원추형) 검은 꼬리를 끌고
뱅글뱅글 굴면서 달음박질치는
저 적은 쭉 방울 하나
그 이름이 지구다.

그는 왜 저렇게, 어지럽게 도나
숭업고(흥협고) 무서운 제 그림자를
떼어나 버릴까 고
맴을 도는 것일까.

아무리 돌기로 떨어질 리 있나
날 때에 같이 난 운명의 그림자여든
그래도 무섭다고
한없이 맴돌고 달리는 그

운명의 그림자를 피하여 몇 천만 년을,
그는 달렸다 무변한 허공을
그러나 그는 아아
해를 싸고 쳇바퀴를 돌았다.

슬픈 사람이 멀리멀리 달아나고 싶듯
무서운 그림자 없는 데를 찾아
지구도 떠난 길이언마는
아무리 달려도 引力圈(인력권)을 못 벗는 그

뉘라 지구더러 마음이 없다 하던고?
지구에 마음 없으면 내게 마음 있으리.
나의 괴로움은
지구의 괴로움이다.

그가 구는 것도 달리는 것도
난 날이 있으니 끝날 날도 있다.
그의 業障(업장)이 다할 때
그의 大願(대원)이 이룰 때

나의 業(업)과 願(원)은 地球(지구)의 業(업)과 願(원)
地球(지구)의 業(업)과 願(원)은 太陽(태양)의 業(업)과 願(원)
그리고 太陽(태양)의 運命(운명)은
곧 宇宙(우주)의 運命(운명)이다.

아아 無始(무시)의 한 生命(생명) 한 願(원)의 마음.
쉬움 없이 움직이고 변화하는 그 애씀
그 願(원)이 무엇이런가
더욱 큰 사랑의 調和(조화)

지구여, 돌라 달리라, 힘 다할 때까지,
한 땀의 에네르기도 滅(멸)함이 없다.
꺼먼 그대의 그림자
환하게 빛나기까지

내 몸이 만 번 죽어 썩어도 내 뜻이
아니 죽듯이, 못 죽듯이, 늘 살듯이

큰 사랑의 큰 調和(조화)의
宇宙(우주)의 願(원)도 그래.123)

'지구'가 춘원의 최종 발표작품이라면 그의 미발표 유작(遺作)은 찬
불가인 '불자의 노래'이다. 원불교(圓佛敎)의 유일학림(唯一學林)을 개
교한 박장식(朴將植) 학림장은 교가가 있어야 함을 절감하고, 1950년 6
월 중순경 교가 제정을 교섭하기 위하여 상경, 효자동 춘원의 집을 방
문하여 교가 제정을 의뢰하였고, 6월 23일 교가 가사를 받아왔다. 이틀
만에 6·25가 발발했기에 '불자의 노래'는 춘원의 미발표 유작이 된 것
이다.
　　유일학림은 1949년 12월 20일 교가 제정의 필요성을 느끼게 되었고
'원광' 3호에 가사공모 광고를 내었다. 마감일은 1950년 4월 20일이다.

가사 모집

　　본 학림을 사랑하시는 동지 제현!
　　새해의 샘솟는 감정으로 우리 학림을 마음껏 노력해주십시오. 그리
하여 그것을 글로 옮겨 보내주십시오. 아래의 규정으로 우리 교가를
모집합니다.
　　가사 — 2절 내지 3절
　　내용 — 우리 학림의 정신이 잘 드러나고 부르는 자에게 진취의 기
　　　　　　상을 북돋아줄 수 있도록
　　보내실 곳 — 유일학림 교무실
　　마감 — 1950년 4월 20일
　　전형 — 朴將植(박장식), 朴光田(박광전)
　　당선작은 본 학림 교가로 채용하는 동시, 원광에 발표함
　　1949년 12월 20일, 唯一學林124)

---

123) 『文藝』(1950. 6), pp.97~99, 地球(春園).
124) 『圓光大學校四十年史』(원광대학교, 1987), pp.59~60, 歌詞募集.

교가 가사 모집을 마감해서 심사한 결과 마땅한 가사가 없어서 박장식 학림장은 우리나라 최고 문호인 이광수에게 교가 제정을 의뢰하기로 결정하고 교섭에 나서게 된 것이다. 원불교(圓佛教, 1916) 교조 소태산(少太山) 대종사 박중빈(朴重彬, 1891~1943)이 춘원의 '이차돈의 사' 서문을 읽고 춘원의 불교 조예가 깊다는 데 공감을 표했으므로 박장식 학림장은 대종사의 뜻을 받들어 춘원에게 교가 가사를 의뢰하게 된 것이다.

1950년(원기35년) 민족의 비극이었던 6·25를 떠올리면 우리나라 문학계에 크게 이름을 떨쳤던 춘원 이광수 선생을 잊을 수 없다. 우리는 유일학림을 개교하고 교가가 있어야 함을 느끼고 그 교가 작사를 의뢰하기 위해 6월 중순경에 서울에 올라갔다. 이때 나는 대산 종사를 모시고 서울 효자동 춘원 이광수 선생 댁을 방문하였다. 교가에 대한 배경 설명을 하고 작사를 의뢰하니 흔연히 허락했다. 우리는 이런저런 대화를 나누면서 그 당시 부산에서 공연 중인 연극 이야기를 하였다. 부산 여자교도들이 춘원 선생 작인 '이차돈의 전기(사)'를 극화하여 부산 국제극장에서 공연하고 있으니 한번 가 보실 뜻이 없냐고 물었다. 춘원 선생은 여기에 호감을 갖고 응하며 동행할 것을 약속하였다.

그런 후 며칠이 지난 6월 23일 나는 교가 가사를 찾으러 갔다. 이 노래 가사가 지금 성가집에 실려 있는 '불자(佛子)의 노래'이다. 춘원 선생은 가사를 내주면서 사정이 있어서 부산행이 여의치 못하다는 말을 하였다. 이 말이 춘원 선생과의 마지막 작별 인사가 되고 말았다. 나는 이틀 후인 6월 25일 아침 기차로 총부에 내려갔다. 유일학림 교가를 부탁한 것은 그분이 불교에 조예가 깊은 문호일 뿐 아니라 대종사님께서 그분이 지은 소설 '이차돈의 사'의 서문을 들으시고 그 사람은 초견성(初見性)한 사람이라고 크게 찬양하셨기 때문이다.

그런데 춘원은 이북에 납치되었다니 애석한 일이 아닐 수 없다. 우리 성가 18장 '불자의 노래'는 춘원이 남한에서 집필한 작품 중 마지막 글이 아니었을까? 시대의 상황을 따라 갖가지 행과 불행이 겹치게 마련이지만, 떠나버린 사람은 세월이 흐르면 아픈 마음이 점점 희미해져 잊혀지기 마련인 것이다. 말 못할 비통함 속에 전쟁의 검은 구름이

걷히고 우리 전무 출신들은 다시 제각기 일터에서 부여된 사명을 완수하기에 여념이 없게 되었다.125)

인간의 운명은 행과 불행이 일순간에 그 명암이 갈리게 마련이다. 만일 그때 박장식 유일학림장이 6월 23일 춘원에게서 교가 가사를 받으러 갔을 때, 부산 국제극장에서 공연 중인 '이차돈의 사'를 관람하기 위하여 부산행을 선택하였더라면 이광수의 유명(幽明)은 달라졌을 것이 아닌가. 부산행 열차를 탔더라면 납북의 비운은 모면했을 것이 아닌가. 이광수는 왜 사정이 여의치 못하여 부산으로 갈 수 없다고 했을까. 아마 그때 춘원은 건강이 악화되어 있어서 부산행을 거절한 것 같다. 천추의 한이 아닐 수 없다.

원래 '불자의 노래'는 유일학림의 교가로 지어준 '주문 생산된 작품'이었는데, 그것이 그만 춘원의 '유작'이 되고 말았다. 그러나 이 작품은 유림학림의 교가로 채택되지 않고 '성가집'(1952)에 수록되면서 원불교의 찬불가가 된 것이다. '불자의 노래'는 원불교의 제도이념(濟度理念) 내지 유일학림의 건학정신을 파악하고 불교에 귀의한 춘원의 신앙사상을 살려서 표현하고 있다. 따라서 법화경의 '삼신불(三身佛)' 사상과 원불교의 구원관인 '처처불상(處處佛像) 사사불공(事事佛供)' 사상을 두루 함축하고 있다. 민족과 나라를 구제하기 위하여 일제의 탄압과 질곡을 헤쳐 나오면서 외쳐온 중생제도 이념은 바로 원불교의 제도이념과 일치하고 있다는 점에서 '불자의 노래'는 원불교의 찬불가로서의 가치는 높다고 보인다.

원불교 성가 18장인 '불자의 노래'는 1968년에 발행된 원불교 '성가'에는 '附 歌詞編'에 본문 가사가 수록되어 있고,126) '원불교교고총간(圓佛敎敎故叢刊)' '성가작사명감(聖歌作詞名鑑)'에 "春園 = 十八"이라 명기되어 있다.127)

---

125) 상산 박장식, 『平和의 念願』(원불교 출판사, 2006), pp.119~120, 春園의 마지막 작품.

126) 원불교정화사, 『성가』(예전합간판, 1968), p.148.

'성가집'(원기49년 프린트본) 부록 기사

불자(佛子)의 노래

1. 佛子(불자)야 듣느냐 衆生(중생)의 부름을
   괴로움 바다와 불붙는 집에서
   건져 주 살려 주 우짖는 저 소리
   佛子(불자)야 듣느냐 애끊는 저 소리

2. 진흙을 쳐내야 샘물이 솟는다
   三毒(삼독)을 가시면 自性(자성)이 빛난다
   네 가지 큰 願(원)을 이룰 때 언제냐
   이제다 佛子(불자)야 그때가 이제다

3. 靈山會(영산회) 어디냐 여기가 靈山會(영산회)
   佛菩薩(불보살) 누구냐 우리가 佛菩薩(불보살)
   民族(민족)을 건지고 世界(세계)를 건지러
   生死業(생사업) 끊고서 일어난 우리다128)

　'원불교성가' 1968년판과 '원불교전서' 1991년판에는 3연 4행의 "일
어난 우리다"가 "일어선 우리다"로 바뀌어 있다. 원문에는 '이러난'으
로 표기되었는데, 이를 맞춤법 교정과정에서 '일어선'으로 고친 것으로
해석해볼 수 있다.129) 춘원의 '불자의 노래'는 원불교 성가로 제정되면
서 1952년에 작곡되었다.130) 작곡가 이흥렬(李興烈, 1909~1980)이 노

---

127) 圓佛敎正化社 편, 『圓佛敎敎故叢刊』 제6권(圓佛敎圓光社, 1974. 12. 26),
　　p.373.
128) 『원불교사상과 종교문화』 제39집(한국원불교학회, 2008. 8), p.221, 春園 李
　　光洙의 遺作 '佛子의 노래'에 관한 연구(김찬기).
129) 『원불교 성가』(원불교중앙총부, 1968), p.30, 18: 불자야 듣느냐 佛子의 노래,
　　圓紀 37년 聖歌委員會 제정; 圓佛敎正化社 편, 『圓佛敎全書』(원불교출판사,
　　1991), p.28, 18: 불자야 듣느냐 佛子의 노래.
130) 이공전, 『凡凡錄』(凡山文集)(원불교출판사, 1987), p.136, 凡凡錄.

래를 만들었다. '성가작곡명감'에 "李興烈 = 佛子의 노래"라고 명기되어 있다.131)

작곡가 이흥렬은 원산 출신으로 기독교 신자인 어머니의 영향으로 어릴 때부터 교회 성가대를 통하여 서양 음악을 접했고, 일본 동양음악학교에서 피아노를 전공하였다. 졸업 후 원산의 모교인 광명보통학교에서 교편을 잡다가 '산술시간의 노래', '창가시간의 노래', '점심시간의 노래' 등을 작곡하여 아동들로 하여금 즐거운 학교생활을 하도록 했다. 1933년경 상경하여 경성보육학교에서 홍난파(洪蘭坡)와 함께 교편을 잡았고, 이은상(李殷相)의 '꽃동산'을 작곡했다. 1941년 조선음악협회가 결성되자 이에 참여하여 군국가요를 반주하였고, 1944년 대화악단회(大和樂團會)의 지휘자로 활약했다. 이 때문에 친일 음악인으로 등재되기도 했다.132)

'불자의 노래'는 3연 4행 구조로 되어 있으며, 3·3·3의 운율로 구성되어 있다. 이는 기본적인 연행구조(聯行構造)이다. "가장 간결하고 쉬우면서도 호흡에 무리가 되지 않고 창(唱)할 수 있는 구조이며, 한민족의 가장 기본적인 운(韻)을 체계로 구성되어 있다. 이는 부르기 쉽고, 외우기 쉬우며, 가락이 없어도 쉽게 읊조릴 수 있는 운율 형태이다. 또한 선율구조 역시 단순하고 부르기 쉬운 동요적 선율구조로 되어 있으나 결코 가볍지 않고, 마음 깊이 전해주는 간절하고 간곡한 흐름을 갖고 있다."133)

김찬기는 '불자의 노래' 전문을 다음과 같이 해의(解義)하고 있다.

1. 부처님의 법을 믿고 받드는 자들아, 저 도탄에 빠진 중생들의 구원을 요청하는 소리가 들리느냐. 괴로움의 바다와 욕심 경계가 마음에 불을 붙이는 이 사바세계(三界火宅)에서 건져달라! 살려달라! 하고 울

---

131) 『圓佛敎敎故叢刊』, 제6권, p.372, 聖歌作曲名鑑, 李興烈 = 佛子의 노래.
132) 『원불교사상과 종교문화』 제39집, pp.225~227, 春園 李光洙의 遺作 '佛子의 노래'에 관한 연구(김찬기).
133) 상게서, pp.221~222.

부짖는 중생의 저 소리를 듣느냐. 부처님의 법을 믿고 받드는 자들아, 저 창자가 끊어지도록 애달프고 처절한 저 소리를 듣느냐.

2. 진흙마저 걷어내고 우물을 파야만 샘물을 얻을 수 있듯이 탐내는 마음(貪心)과 화내는 마음(瞋心)과 어리석은 마음(癡心), 이 세 가지 나쁜 마음(三毒心)을 완전히 제거해야만 비로소 무명(無明)에 가려진, 우리 성품에 본래 깃들어 있는 부처님의 성품이 빛을 발한다. 네 가지 큰 서원(四弘誓願)을 이룰 때, 그때가 언제인가? 그때가 바로 지금이다. 이 법 만난 지금이 바로 그때이다.

3. 부처님이 법을 설(說)하던 영산회상(靈山會上)이 어디인가? 우리가 사는 이곳이 바로 영산회상이다. 부처와 보살이 누구인가? 부처와 보살이 따로 있는 게 아니라 우리가 바로 부처와 보살이다. 전쟁과 질곡에 빠진 민족을 건지고 세계를 건지러 일어선 우리가 바로 새 회상의 새 부처들이다. 생사(生死)의 묵은 업(業)을 다 끊고서 민족과 세계를 구하러 나선 우리가 바로 불보살이다.

이 가사의 내용에는 불교의 구원관인 법화경의 삼신불(三身佛) 사상, 아미타불 사상과 원불교의 구원관인 처처불상(處處佛像) 사사불공(事事佛供) 사상이 다 들어 있다. 춘원이 마지막에 심신을 의지하고자 했던 불교사상과 교리적 토대 위에, 성가 가사를 의뢰하기 위해 춘원을 만난 대산 종사와 박장식 종사에게서 새 회상 새 불법인 원불교의 교리와 사상을 전해들은 춘원은 깊은 감동을 받았다고 전해진다. 이러한 기존의 불교적 사상 위에 새롭게 해석되고 발전된 원불교의 교리들은 춘원에 의해 이토록 간결하고 애절하면서도 깊이가 있는 가사로 태어나게 된 것이다.[134]

일제강점기 춘원이 본 일본 식민지 조선의 세상은 삼계화택(三界火宅)이었고, 원불교 교조 소태산(少太山) 대종사(朴重彬, 1891~1943)의 종교관도 파란고해(波瀾苦海)였다는 점에서 서로 일맥상통하고 있다. 대종사가 민족주의, 인도주의 정신을 바탕으로 하여 한평생 자주독립 정신을 고취한 춘원의 작품을 높이 평가하고 있는 것도 이와 무관하

---

134) 상게서, pp.223~224.

지 않다. 특히 소태산은 춘원의 "짧으나 곡절 많고 빛나면서도 눈물겨운" 순교자인 신라 영웅 '이차돈의 사'를 읽고 원불교 교리와 원융상통하고 있음을 확인하였다.

이차돈의 사(이광수 작, 김규택 화)

작자의 말(이광수)

이차돈은 신라사(新羅史)뿐 아니라 전 조선의 반만 년 역사를 통하여 가장 아름답게 살고 가장 아름답게 죽은 영웅일 것이다. 신라의 문명의 기초를 혼자 다 세웠다고 할 만한 법흥왕(法興王) 시대 한창 국력이 성하고 문화가 자리 잡히는 시대, 이종(伊宗/異斯夫)을 비롯하여 많은 인물이 배출한 시대 — 그때에도 가장 대인물인 이종, 황종(荒宗/居柒夫)과 함께 — 아니 그보다 더욱 뛰어나고 빛나 영원히 그 빛이 사라지지 아니할 위인은 이차돈이었습니다. 16세에 벌써 전장에서 대공을 세우고 22세에 장차 공주와 왕위까지 얻을 수 있는 부귀를 버리고 조정 전체의 적이 되어 아름다운 순교자의 죽음을 죽었습니다.

그의 피 흐르는 머리를 치맛자락에 받아 금산(金山) 서쪽에 묻고 그의 무덤 곁에서 일생을 보낸 이가 누구냐 하면 당시 전 신라에 소문난 월주(月主) 아기와 성주(星主) 아기였습니다. 월주 아기는 우산국(于山國, 울릉도)을 쳐 합병한 무훈이 혁혁한 이종 이찬(伊宗 伊湌)의 딸, 성주 아기는 우산국 공주.

이차돈은 어찌하여 천하에 으뜸가는 영화와 애인까지도 버렸나, 어찌하다가 22세의 꽃다운 청춘에 형장의 이슬이 되었나, 그러나 어찌하여 천추만세에 스러지지 않는 빛이 되었나, 법흥왕은 어찌하여 이 젊은 영웅을 잃었나 — 이것이 이 이야기의 제목입니다. 이차돈이나 월주, 성주는 비록 1천 4백 년 전 사람이라 하더라도 인정은 마찬가지, 우리는 이 옛날의 참된 젊은 남녀의 참된 생활 참된 사랑 속에서 우리 자신의 그림자를 찾아보고 싶습니다. 이차돈의 짧으나마 다사하고 빛나는, 그렇지마는 눈물겨운 일생의 이야기, 월주, 성주, 법흥왕, 왕의 공주, 이사부, 거칠부, 고구려 안장왕(安藏王) — 이러한 이들이 이차돈의 신기한 일생을 짜내는 날(經)이 되고 씨(緯)가 됩니다.

소개의 말(김규택)

본보 석간 제5면에 연재되던 춘원 이광수 씨의 장편소설 '그 여자의 일생'은 만천하 독자의 열렬한 환영을 받았었거니와 씨는 이제 그것을 끝마치고 새로운 장편소설로 '이차돈의 사'를 집필케 되었다. 생애가 짧으나마 곡절이 많고 빛나면서 눈물겨운 신라 영웅의 죽음을 중심 하여서 씨의 붓은 천여 년 전 우리 조상들의 높은 기개와 굳은 의지를 약여하게 하여주리라고 믿는다. 씨의 소설에 대해서야 더 무슨 소개가 필요하랴? 구태여 소개를 드리었자 그 곧 뱀의 발을 그리는 격이 아니랴. 그러나 세상에서는 흔히 씨의 붓이 봄꽃같이 아름다움을 알 뿐이요, 상록수와 같이 고정(孤貞)함을 알지 못하며 톱날과 같이 날카로움을 알 뿐이요, 쇠뇌와 같이 힘참을 알지 못하며 공단 결같이 부드러움을 알 뿐이요, 장강대하와 같이 흐르고 또 흘러도 끝이 없이 꾸준함을 알지 못한다. 그럼으로써 씨의 글은 오직 청년 남녀의 애틋한 한과 원망으로써만 무늬를 이루는 것이 아니라 한 겹 더 깊이 들어가서는 5천 년 조선의 호흡과 맥박으로써 날을 삼고 씨를 삼아왔다. 씨(춘원)를 안다고 자칭하는 자 반드시 참된 씨의 면목을 안 것이 아니라 이 점에 대하여는 씨 스스로도 저윽이 서글픈 바가 없지 않을 수 없다. 그래서 씨는 붓을 가다듬고 심혈을 경도하여 자기의 본 면목을 일반의 앞에 쏟아놓기로 하였으니 이 곧 금번에 집필하는 '이차돈의 사'. '이차돈의 사'는 '무정' 이후 씨 최대의 걸작이요 역작이다. 우리는 '그 여자의 일생'이 다함을 섭섭히 여길 겨를이 없이 '이차돈의 사'를 반가이 맞이해야만 된다. 더구나 이 소설의 삽화는 웅초(熊超) 김규택(金奎澤) 화백이 담당키로 되었다. 웅혼한 중 세심하고 심각한 중 화려하여 조선 삽화계의 최고봉을 이루는 웅초 화백의 필치는 이 소설로 하여금 일층 찬란한 광채를 더하게 할 것이다.135)

춘원은 그의 작품에서 식민지 조선의 운명은 삼계화택이라고 비유하면서, 어떻게 하면 고통 받고 있는 조선 민족을 구원할 수 있는가를 골몰하면서 그 수단과 방편을 강구하였다. 동우회 사건으로 구속·기소

---

135) 『朝鮮日報』(1935. 9. 27), 異次頓의 死, 春園 李光洙 作, 熊超 金奎澤 畵, 137회 연재(1935. 9. 30~1936. 4. 12).

510

되어 서대문 형무소 병감에서 집필한 '무명'에서 "인생이 괴로움의 바다요 불붙는 집이라면, 감옥은 그중에서도 가장 괴로운 데다"[136]라고 개탄했다. 불붙는 화택에서 신음하는 조선 민족을 건져내는 것이 춘원의 최고의 정치적 이상이었다.

무서운 날

과연 세계는 괴로움의 바다
부글부글 끓는다
검푸른 불길이 춤춘다
사람들은 익어서 데어서
아우성치고 몸부림친다
차마 볼 수 없는 정경

배들은 총과 칼을 싣고
숨이 차서 헤엄을 친다
사람들은 목을 늘이고 손을 내밀어
한시 바삐 총칼이 오기를 기다린다
어서 죽이고 싶은 것이다
미운 놈을 반대당을

들으라 저 우루룽하는 소리
저 부살같이 날아가는 무리
그것은 정찰기요 전투기요 폭격기다
배에 가득 죽음의 폭탄을 싣고
미운 나라를 부시러(부수러) 가는 길이다
차별 없이 막 죽이러 떠난 길이다

수없는 젊은 사람들은
과년한 아가씨들까지

---

136) 『文章』 창간호(1939. 1), 無明(李光洙).

교실을 버리고 일터를 버리고
사랑도 시집 장가도 다 버리고
부시어라(부수어라) 막 부시어라(부수어라)
죽여라 막 죽여라 하고 달린다
(未發表詩帖 '내 고장' 所載)137)

'쇠북'에서는 삼계화택의 고해로부터 조선 민족 구제의 번뇌를 노래
하고 있다.

쇠북

첫 닭 울이에, 쇠북을 치네
듣는 이도 없는, 쇠북을 치네
간밤의 번뇌에, 가위 눌린 중생의
꿈을 깨라고, 새벽 북을 치네
해가 기울 때, 쇠북을 치네
듣는 이도 없는, 쇠북을 치네
왼 종일 번뇌에, 시달린 중생의
마음을 쉬라고, 저녁 북을 치네
끝없는 중생의, 다함없는 번뇌여!
내 치는 북소리, 끊일 줄 없어라138)

삼계화택은 법화경의 화택유(火宅喩)에서 나온 법어이다.

사리불아, 옛날 어떤 장자(長者, 부자) 집에 큰 불이 났느니라. 장자
가 생각하기를 "나는 비록 이 불난 집에서 무사히 나왔지마는, 여러
아이들이 이 불타는 집에서 장난하고 노느라고, 깨닫지 못하고 알지도
못하고 놀라지도 않고 두려워하지도 않으며, 불이 곧 몸에 닿아서 그
고통을 한없이 받으련만, 걱정하는 마음도 없고 나오려는 생각도 못하

---

137) 『李光洙全集』, 권 19, pp.263~265, 무서운 날.
138) 『春園詩歌集』, pp.172~173, 쇠북.

는구나!" 그때 장자는 또 이런 생각을 하였다. "이 집은 벌써 맹렬한 불길에 싸여 타고 있으니, 저 자식들이 지금 나오지 아니하면 반드시 불에 타게 되리라. 내 이제 방편과 수단으로 자식들로 하여금 이 화재를 면하게 하리라." 그 아버지는 여러 자식들이 장난감을 좋아하는 줄을 미리 잘 알기 때문에, 가지가지 기이한 장난감을 보면 반드시 기뻐하리라 생각하고 아이들에게 말하기를 "너희들이 좋아하고 갖고 싶은 희유(稀有)하고 얻기 어려운 장난감이 있는데, 지금 너희들이 가지지 아니하면 이 뒤에 반드시 후회하리라. 여러 가지 양이 끄는 수레, 사슴이 끄는 수레, 소가 끄는 수레들이 지금 대문 밖에 있으니, 너희들이 이 불타는 집에서 빨리 나와 가져라. 너희들이 달라는 대로 나누어 주겠노라." 그때 여러 자식들은 아버지가 말하는 장난감이 마음에 들었으므로 기뻐하며 서로 밀치면서 그 불붙은 집에서 뛰쳐나왔느니라. 그때 장자는 여러 자식들이 불타는 집에서 탈 없이 나와 한데 네길거리에 앉아 있는 것을 보고, 다시 꺼리는 마음이 없이 흐뭇하여 기쁨을 억제할 수 없었느니라. "사리불이여, 나도 또한 그와 같다. 나는 온 세상의 아버지이고 일체 중생들은 모두 나의 자식이다. 모두들 세상 낙에 집착하여 지혜는 전혀 없고 삼계가 불안하기가 불타는 집과 같다. 사리불이여, 나는 중생들을 위하여 이러한 비유로써 일불승(一佛乘, 중생을 깨달음의 세계로 인도하는 것)을 말하노라. 너희들은 이 말을 잘 믿고 이해하여 실천하면 누구든지 이 순간부터 부처님으로서의 삶을 살리라. 이 도리는 미묘하고 청정하고 제일이니라."[139]

이광수는 '불자의 노래'에서 일제강점기의 가혹한 탄압 정국을 불타는 집(火宅)으로 파악하고 있었다. 이 같은 삼계화택으로부터 중생(조선 민족)을 건져내려는 민족구제 신념과 원불교의 파란고해 사상을 함께 구현하려 했다는 점에서 그 찬불가의 가치는 대단히 높게 평가되고 있다. 김찬기는 민족과 세계를 함께 구제하겠다는 춘원의 법화경의 종교적 이상를 간결하게 정립하고 있다.

춘원이 이 '불자의 노래'를 통해 삼계화택에서 헤매는 중생을 불보

---

139) 李耘虛 譯, 佛敎叢書 (7)『법화경』(東國譯經院, 1993), pp.92~97.

살인 우리가 있는 이곳 영산회상으로 인도하려는 사홍서원(四弘誓願)을 이루고자 한 것이나, 대종사가 당시 시국을 파란고해로 보고 거기서 헤매는 중생을 광대무량한 낙원으로 인도하고자 한 것이 어찌 다른 개념이겠는가. 즉 두 인물의 구원(救援)의 개념이 '고해'에서 '낙원'으로 지향하는 점이 일치하고 있는 것이다. 이것은 원불교나 불교가 갖는 종교로서의 가치, 그리고 그 상징성이며 표현인 문학이 갖는 종교성이 일치된 것이라 볼 수 있다. 그러므로 이 원불교 성가 18장 '불자의 노래'는 원불교 성가 전체를 통해 가장 종교적 가치가 높고 상징성이 높은 성가라고 할 수 있는 것이다.140)

---

140) 『원불교사상과 종교문화』 제39집, p.233, 春園 李光洙의 遺作 '佛子의 노래'에 관한 연구(김찬기).

제 7 장 춘원의 광복주의 정신과 조선혼

1. 이애리수와 '황성옛터'

'황성옛터'를 불렀던 이애리수(李愛利秀, 본명 李音全, 1910~2009)가 2009년 3월 31일 향년 99세로 타계했다. 슬하에 9남매를 두었다. '애리수'는 서양 이름 '앨리스(Alice)'에서 따온 이름이다. 개성 출신의 이애리수는 9세 때부터 악극단의 연극배우로 그리고 막간가수로 '황성옛터', '강남 달' 등을 불렀다. 일제강점기 식민지 조선 민중에게 망국의 한을 노래한 민족가수이다. 왕평(王平) 작사, 전수린(全壽麟) 작곡, 이애리수 노래의 '황성옛터'는 한국 대중가요의 효시로 '荒城의 跡'이란 이름으로 1930년 빅타 레코드에서 취입하여 당시 5만 장을 발매, 선풍적인 인기를 끌었다. 작사자 왕평의 고향 경북 영천시 조양공원에는 '황성옛터' 노래비가 서 있다.

이애리수는 서울 부호의 아들 연희전문 상과 배동필(裵東必)과 연애하였는데, 배동필의 아버지 배상호(裵商浩)는 결혼을 절대 반대했다. 반대 이유는 양반 가문에 배우나 가수 출신이 며느리로 들어오는 것은 있어서도 안 되고 있을 수도 없는 일이라는 것이었다. 당시 여가수와 여배우는 기생, 광대, 딴따라패라는 봉건적 인식이 사회의 통념이었기 때문에, 배동필의 아버지 배상호는 이애리수를 며느리로 받아들이는 것을 반대한 것이다. 게다가 배동필은 기혼남이었다. 배상호는 만약 결혼한다면 호적에서 이름을 빼버리겠다고(脫籍) 호통 치면서 아들을 구타하였고, 심지어 두 사람을 떼어놓기 위하여 배동필을 일본 중앙대학으로 유학을 보내고 말았다. 현해탄을 사이에 두고 세레나데를 부른 것은 '사의 찬미'를 부른 윤심덕과 같은 운명을 예고하고 있다.

이제 배동필과 이애리수의 갈 길은 정사(情死)밖에 없게 되었다. 이 당시 유명 인사들의 자살사건이 많아서 사회적으로 걱정거리가 되고 있었는데, 이애리수와 같이 빅타 레코드사의 전속가수인 강수연이 음독자살을 해서 큰 충격을 주기도 하였다. 결국 1933년 1월 이애리수와 배동필은 이애리수의 집에서 '칼모친'이라는 약을 다량 복용하고 죽지 않자 면도칼로 정맥을 끊고 자살을 기도했다. 이를 발견한 집안사람들이 두 사람을 경성제대 부속병원으로 보내 응급 치료 후 목숨을 구했다. 1935년 5월에는 배동필의 본처(張貞溫)가 나타나 "죽어도 나는 배씨네의 귀신이 되리라" 하고 소란을 일으키자, 이애리수와 배동필은 두 번째 음독자살 기도를 했으나 다행히 목숨을 건졌다. 배상호는 외아들이 죽지 않고 다행히 살아난 데 대한 안도감에, 그리고 이 두 사람의 결혼을 반대할 경우 아들을 잃을까 염려되어 배동필의 본처와 이혼수속을 필한 후 이애리수에게 가요계를 떠나 가정주부로 들어온다는 조건으로 결혼을 허용함으로써 배동필과 이애리수의 결혼이 성사되었다. 배상호는 배동필과 이애리수의 결혼을 허락하는 데 세 가지 조건을 내걸었다. 첫째, 결혼식은 하지 못한다는 것이다. 이애리수는 이 약속을 평생 지켰다. 둘째, 며느리가 대중 예술인이었다는 애기를 절대로 발설하지 말라는 것이다. 나중에 아들딸들이 이 사실을 알지 못하게 가수 활동 때 찍은 사진이나 레코드 음반 같은 것도 모두 없앴을 뿐만 아니라 연예계 인사나 언론사 사람들과의 인터뷰도 일절 금지했다. 이 때문에 배동필의 아들 배두영(裵斗煐)은 대학생(연세대)이 되어서야 어머니 이애리수가 '황성옛터'를 부른 가수라는 사실을 비로소 알았다고 한다. 셋째, 일단 며느리가 된 이상 가수나 배우라는 연예인이란 것을 잊어버리고 오로지 배씨 가문에 뼈를 묻을 각오를 하라는 것이었다. 이애리수는 가정주부냐 가수생활이냐의 기로에 서서 망설이다가 마침내 사랑을 위하여 가수생활을 청산하고 평범한 가정주부로 종적을 감추고 말았다.1)

40여 곡의 유행가를 불렀던 이애리수가 가수생활을 마감하고 은거한 후 '황성옛터'는 김정구, 고복수, 이미자, 나훈아, 조용필 등 후배 가수들이 리메이크해서 불렀고, 사람들은 이애리수가 '황성옛터'를 불렀다는 사실조차 잘 알지 못했다. 80년 가까이 잊힌 망각 가수가 별세함으로써 비로소 세상에 알려진 것이다. '주간한국' 기자 정홍택은 1968년 우리나라에서 가장 사랑받는 가요가 무엇인지 설문조사를 해본 결과 최종 10곡을 선정했는데, 그중에 '황성옛터'가 당당히 1등을 차지했다. 그 당시 한국인이 가장 좋아하는 대중가요가 '황성옛터'임을 확인할 수 있다. 박정희 대통령도 제일 좋아하는 노래로 '황성옛터'를 꼽았다.2)

필자는 이 같은 신문기사를 읽고 민족가수 이애리수가 춘원이 작사한 '항일노래'도 부르지 않았겠느냐 하는 의문을 제기하면서 이를 추적한 결과, 춘원의 '스러진 젊은 꿈'(춘원 작사, 전수린 작곡, 이애리수 노래)을 불렀다는 사실을 발견하였다. 또 '새 나라로!'(춘원 작사, 안기영 작곡, 독창)를 불러 망국의 한을 달래기도 했다. 이에 필자는 춘원이 이두 노래를 통하여 광복주의 정신을 발양했음을 확인하고, 그것이 춘원의 민족운동의 일관된 정신적 지주가 되었다는 사실을 밝혀보려 한 것이다. 그뿐만 아니라 동우회 사건으로 춘원이 체포되어 재판을 받으면서 친일 전향했음에도 불구하고, 광복주의 정신은 아무런 변함이 없이 굳게 지키면서 친일 행태를 벌였다는 사실을 말하고자 한다.

1) 『한국일보』(2008. 10. 28, 2009. 4. 2), '황성옛터'의 이애리수 하늘무대로; 『한국일보』 3회 연재(2008. 11. 4, 11, 18), 한국 연예기자 1호 정홍택의 지금은 말할 수 있다; 『동아일보』(2009. 4. 2), '황성옛터' 가수 이애리수 씨; 횡설수설: 황성옛터; *The Korea Times*, April 2, 2009. Legendary Singer Lee Aerisu Dies at 99; 『조선일보』(1933. 1. 11~13, 1935. 5. 21); 『동아일보』(1933. 1. 10, 1935. 5. 21); 『京城日報』(1933. 1. 10~20); 『每日申報』(1933. 1. 10~11, 1935. 5. 21).

2) 趙豊衍, 『서울잡학사전(개화기의 서울 풍속도)』(정동출판사, 1989), pp.208~209, 220~221; 『三千里』(1932. 2), pp.92~96, 女俳優와 貞操와 사랑(李瑞求).

이애리수는 개성 출생으로 1919년 아홉 살 때 잠깐 아역 배우로 활동한 일이 있었다. 개성의 명문 호수돈여고를 졸업했다. 호수돈은 교주인 미국 선교사의 이름 홀스턴(Holston)을 한국말 발음으로 옮겨놓은 것인데, 이음전도 호수돈여고를 일등으로 졸업했다. 졸업 후 김도산(金陶山)이 이끌고 있는 신극좌(新劇座)에 입단, 소녀 배우로서 비상한 인기를 끌었다. 그 후 윤백남(尹白南)의 민중극단(民衆劇團)을 거쳐 김소랑(金小浪) 부부의 취성좌(聚星座)에 가입하여 '시드른 방초'의 촌 처녀 역과 '부활'의 카추샤 역에 성공함으로써 여배우로서 인기를 독점하면서 조선연극사(朝鮮演劇舍)에 가입, 단성사와 조선극장의 무대에서 화려한 연기력을 발휘했다.3) 토월회(土月會)를 이끌었던 박승희(朴勝喜)는 극단 태양극장(太陽劇場)을 조직해서 공연활동을 벌였는데, 이애리수는 1932년 3월 태양극장에 새로 가입해서 출연했다.4)

이애리수는 연극배우로 데뷔했지만 막간가수로서 노래 부르기 시작하면서부터 인기는 절정에 달했다. 이애리수의 아름다운 성량은 전속가수가 되면서 수련을 쌓아감에 따라 애조의 극치를 연출했다. "음률의 신비에 근대인은 생활의 감각이 풍부해진다. 이제 시대를 누비고 있는 것은 재즈이다. 그리고 가슴에 심금을 울리는 것은 유행가이다. 명쾌하고 민첩하게, 이런 최첨단의 생활에의 전향을 시도한 이가 '아리스'이다. 얇은 비단에 싸여 있는 것 같은 성대로부터 흘러나오는 아름다운 멜로디는 시대의 안테나에 화려하게 감수되어 그녀는 드디어 전 일본적 가희(歌姬)로서 빛나는 소리의 명예를 얻게 되었다. 달 밝은 밤, 먼 산에서 뒤섞여진 쓸쓸한 적막감을 품고 있는 목소리는 미묘하게도 비둘기를 바라보는 것 같은 구슬픈 감각이 가미되어 성량(聲量)은 스스로 센티멘털리즘을 상징하고 있다. 허전한 노래 슬프고 외로운 노래에는 '아리스'의 목소리는 골짜기를 흐르는 잔잔한 물소리 같아 부자연함을

---

3) 『東亞日報』(1931. 6. 23), 다시 피려는 花形 李愛利秀 孃; 柳敏榮, 『우리시대 演劇運動史』(단국대학교 출판부, 1990), pp.114~117.
4) 『朝鮮日報』(1932. 3. 1), 太陽劇場에 李愛利秀孃 新加入出演; 『每日申報』(1933. 1. 10).

느낄 수 없다."5) 당시 언론에서는 이렇게 그녀의 가창력의 특이한 '애
조가락'을 찬양하고 있다.

이애리수는 '고요한 장안'을 불러 일본 음반계에도 데뷔했다.

고요한 장안(李賢卿 작사, 全壽麟 작곡)

인왕산(仁王山) 허리에 소쩍새 울고
한강수(漢江水) 맑은 물에 놋(櫓)소리 난다
남산(南山)의 송림(松林)은 나 노던 터요
춘당대(春塘臺) 푸른 잔디 님 자취로세
님 잃은 젊은이 애닯아 마소
고요한 달빛에 잠들은 장안
그리운 님의 품에 안겨 지이다6)

'고요한 장안'을 일본에서 녹음했을 때 일본의 유명한 시인 사이조
야소(西條八十)가 듣고 즉석에서 가사를 붙여 '원망스러운 정(怨情)'이
라는 제목을 달고 이애리수에게 레코드 취입을 하게 했다. '원망스러운
정'이 일본판으로 발매됨에 따라 이때부터 이아리스(李アリス)라는 이
름으로 일본 가요계에 등장했다.

1927년 늦가을 지두환(池斗煥)이 이끄는 조선연극사는 만주 일대와
신의주, 평양 등 순회공연을 마치고 개성을 거쳐 황해도 배천 온천지에
투숙했다. 당시 연극사의 주요 멤버를 보면 무대감독 겸 작사자 왕평,
작곡자 겸 바이올린 연주자 전수린, 작곡가 김교성(金敎聲), 배우로는
훗날의 작곡가 전기현(全基玹), 배우 겸 가수 이애리수 등이다. 개성 출
신인 전수린은 배천여관에서 가을 풀벌레 우는 소리가 교교한 달빛을
타고 애잔하게 울려 퍼지자 고향 개성 고려왕조의 궁전인 지금은 잡초
만 우거진 폐허 만월대(滿月臺)가 처량한 모습으로 떠올랐다. 그렇게

---

5) 『京城日報』(1933. 1. 17), 歌姬 アリスと彼れ(3).
6) 박찬호 지음, 안동림 옮김, 『한국가요사』(미지북스, 2009), 1, pp.215~216,
'고요한 장안'.

여관 뒷마당을 거닐다가 황성옛터의 악상이 떠올라 작곡한 것이다.

전수린은 1907년 개성에서 태어났다. 소년 시절에 개성의 미션 계통의 송도(松都)고보 교장인 리쿨스 부인에게서 바이올린 개인지도를 받은 것이 작곡가의 꿈을 키운 계기가 되었다. 전수린은 "내 민족이 일제의 식민지 통치하에서 괴로워하고 있을 때, 이곳에서 영화를 누렸던 옛날을 회상하며 말없이 여관으로 돌아왔습니다. 비가 추적추적 내려 공연은 할 수 없게 되고 우리는 며칠 동안 굶주린 나날을 보내야 했습니다. 이때 이 곡의 악상이 떠올랐던 것입니다"라고 술회하고 있다. "귀뚜라미가 처량하게 울어대는 늦가을 저녁 고려왕조 5백 년의 영화는 간 곳이 없고 세월의 무정함만 더해주는 옛 궁터 만월대를 거닐던 그의 가슴엔 착잡한 감회가 감돌았다. 음악으로 출세해보려 했던 청운의 꿈은 무산되고 보잘것없는 순회공연의 악단 멤버로 세월을 보내고 있으니 말이다." 전수린이 폐허로 변한 만월대의 달밤을 회상한 멜로디를 오선지에 옮겨 바이올린을 들어 즉흥적으로 연주하자 왕평이 노랫말을 작사하였다. 이렇게 '황성옛터'는 1927년에 전수린이 작곡했고, 공연단체가 서울로 돌아와 단성사의 극단 취성좌(聚星座)가 공연하던 무대에서 연극 막간에 이애리수가 노래를 불러 관객들의 절찬을 받았다. 그 후 1930년대 초에 이애리수가 빅타 레코드에서 '황성옛터'를 취입했던 것이다.[7]

오늘날 대중들이 즐겨 부르는 통속적인 노래를 '대중가요'라고 통칭하고 있다. 그러나 1920년대에는 '통속창가' 또는 '유행잡가'라고 불렀다. 이애리수가 '황성옛터'를 불러 인기가 절정에 이르자 '유행가'라는

---

7) 최창호, 『민족수난기의 가요들을 더듬어』(평양출판사, 1997), pp.287, 391; 박찬호 지음, 안동림 옮김, 『한국가요사』, 1, pp.210~212; 황문평, 『가요백년사』(지구오디오비디오판매주식회사, 1985), pp.16~18; 黃文平, 『夜話 歌謠六十年史: 唱歌에서 팝송까지』(全曲社, 1983), pp.36~39. 최창호는 "황성옛터는 1927년 창작, 1931년 취입"이라 했다. '황성옛터'의 작사·작곡 연도는 1927년 설, 1929년 설(황문평), 심지어 1930년 설로 난무하고 있지만 최창호 설을 따르기로 했다. 황문평에 의하면, 순회극단 동방예술단 무대에서 영화 '아리랑'의 여주인공인 신일선(申一仙)이 막간에서 '황성옛터' 노래를 불렀다고 하지만 이애리수가 노래한 것이다.

용어가 등장한 것이다. 그러나 일본 정부에서는 유행가 대신 '가요곡'이라 칭했다.

당시 일본 방송협회에서 레코드 관계부서를 담당하고 있던 마치다(町田嘉聲)는 이렇게 기록하고 있다. "방송사무 일체를 감독하고 있던 체신국에서는 유행가라는 타이틀을 좋지 않게 여겨서 가요의 편성을 담당하던 내가 일시적인 편법으로 '가요곡(歌謠曲)'이라는 극히 애매한 타이틀을 필요에 따라 전파에 실었었다. 어느 틈에 이 말이 정착되면서 유행가와 가요곡이 동의어로 쓰여지게 되었다." 이것이 '가요곡'이라고 통칭하게 된 원인이다. 아무리 관료들이 유행가라는 낱말을 싫어해서 가요곡이라고 했지만 일반화되었던 것은 아니었다. 1937년 8월 19일 이후 당시 군부에서 "비상시국에 유행가라는 것은 말도 안 된다"는 불호령이 내려 방송에서 유행가를 가요곡으로 뉴스를 보도로 방송하기 시작한 것은 송평황(松平晃)이라는 아나운서가 처음 쓰기 시작한 말이라는 기록도 있다.8)

1932년 3월 이애리수가 태양극장에 전속가수로 새로 가입, 출연함에 따라 '황성옛터'가 식민지 백성의 인기노래로 애창되면서부터 유행가라는 용어가 정착화되기에 이르렀다.9) 개성 만월대에서 소재를 얻어 작사·작곡한 '황성옛터'는 얼마나 인기가 있었는지 이애리수가 취입한 레코드 상회 앞에서 시민이 모여앉아 합창까지 불렀다고 한다. "이렇게 파문을 일으키며 인기를 계속해온 '황성옛터'는 '학도가'나 '사(死)의 찬미'가 한국 사람의 작품이 아니라는 데 반해 최초의 순수한 우리 가요라는 데서 더욱 의의가 크다. 그리고 지금까지도 그 인기는 머리를 숙일 줄 모르고 애창되며 박정희 대통령의 18번이라는 얘기도 있다."10) 이리하여 통속창가→ 유행잡가→ 유행가→ 가요곡→ 대중가요로 그 명칭이 발전된 것이다.

---

8) 黃文平, 『歌謠六十年史』, pp.125~126.

9) 『東亞日報』(1932. 3. 1), 太陽劇場에 愛利秀孃 新加入出演.

10) 『大韓日報』(1970. 3. 11), 레코드 夜話 '황성옛터'의 李愛利秀(崔容吉).

악극의 형태는 막과 막 사이에 무대장치를 하는 동안에 가수가 나와 노래, 촌극, 만담 등 가벼운 공연으로 관객의 흥미를 유발하는데, 특히 막간가수의 노래는 단순히 시간 때우기를 넘어서 하나의 레퍼토리로 자리 잡게 되었다. 원래 이애리수는 연극배우로 출발했지만 막간가수로 '황성옛터'를 노래하여 관객의 심금을 울리게 되자 본 공연보다 이애리수의 막간 노래를 듣기 위하여 관객이 몰려들었다.11)

빅타 文藝部 編曲 抒情小曲 '**荒城의 跡**'
(王平 作詞, 獨唱 李愛利秀, 管絃樂 伴奏, 빅타 레코드 49125-A)

1. 황성(荒城) 옛터에 밤이 되니 월색만 고요해
   폐허의 스른(설운) 회포를 말하여 주노나
   아— 외로운 저 나그네 홀로 잠 못 이루어
   구슬픈 버레(벌레) 소리에 말없이 눈물지어요
2. 성은 허물어져 빈터인데 방초만 푸르러
   세상의 허무한 것을 말하여 주노나
   아— 가엾다 이내 몸은 그 무엇 찾으랴
   덧없는 꿈의 거리를 헤매여 있노라
3. 나는 가리라 끝이 없이 이 발길 닿는 곳
   산을 넘고 물을 건너 정처가 없어도
   아— 한없는 이 심사를 가슴속에 품고서
   이 몸은 흘러서 가노니 옛터야 잘 있거라12)

이애리수는 노래를 부르다가 치밀어 오르는 오열을 참지 못해 그만 3절에서 목이 메어 노래를 중단하게 되었다. 무대가수로서는 큰 실수가 아닐 수 없다. 관객에게 사과하자 관객은 오히려 우레 같은 박수갈채로 환호하였고 3절을 노래하였다. 비둘기 울음 같은 구슬픈 목소리로 노래

---

11) 『東洋學』 제32집(2002. 6. 30), pp.55~60, 韓國近代樂劇硏究: 레코드社 소속 樂劇團을 중심으로(金瑚然).

12) 이보형·홍기원·배연형 편, 『유성기음반 가사집』(민속원, 1990), 권 1(전통 음악 / 극 / 양악), p.345, 荒城의 跡.

를 부르고, 변사(辯士)가 내레이션에서 '황성옛터'에 대한 역사적 배경을 처량하게 설명하면 온통 관객은 하나가 되어 울음바다가 되고 만다. 그제야 임석 경관은 호루라기를 불어 "중지!" 하면서 관객을 해산시키고 만다.13)

일제는 한반도 경제침탈을 위해 1908년 12월 28일 동양척식주식회사(東拓)를 설립했다.14) 영국의 동인도회사를 모델로 만든 국책회사를 설립하여 토지조사사업으로 농민의 토지를 수탈하고 조선총독부 다음 가는 최대 지주가 되었다. 심지어 소작인에게 5할이라는 고액의 소작료를 뜯어내는 강제수탈로 소작쟁의가 잇달아 발생했다. 삶의 기반을 박탈당한 농민들은 디아스포라(이산) 신세가 되어 잇따라 만주, 연해주 등지로 살길을 찾아 떠났다. 이제 동척은 농민의 원부(怨府)가 되고 말았다. 1926년 12월 28일 의열단 나석주(羅錫疇)는 동척을 침입, 무장 항일의거를 결행했다. 권총으로 일본인 7명을 사살하고 자신은 자결했다. '황성옛터'는 망국의 한과 동척의 토지수탈에 대한 원망, 그리고 살길을 찾아 산지사방 흩어지는 애달픈 이산(離散)의 정경을 읊었기에 더욱 대중의 심금을 울렸던 것이다.

일제강점기 널리 유행한 구전민요에 이런 대목이 있다. "말깨나 하는 놈 재판소 가고 / 일깨나 하는 놈 공동산(묘지) 가고 / 아이깨나 노을 (낳을) 년 갈보질 가고 / 목도깨나 멜 놈은 일본 간다"는 구절이 바로 그것이다. 똑똑한 사람은 감옥에 가고, 일 잘하는 사람은 허망하게 죽고, 출산 능력이 있는 여자는 사창가로 팔려가고, 노동력이 있는 젊은 이들은 너도나도 일본으로 가는 현실을 이 민요는 신랄하게 비판하고 있는 것이다. 민요가 말해주는 것처럼 일제강점기는 지식인에게도 민중에게도 고통스러운 시대였다. 조선 사람들은 1917년에 현상윤(玄相允)이 소설 '핍박(逼迫)'(청춘, 1917)에서 말한 것처럼 타 민족에게 지배당하는 현실 때문에 불안하게 살면서 열등감과 모멸감에 시달려야 했다.

---

13) 최창호, 『민족수난기의 가요들을 더듬어』, pp.81~82; 이영미, 『한국대중가요사』(민속원, 2006), pp.64~68.

14) 『朝鮮日報』(2010. 2. 19), 일제 식민정책의 첨병 동양척식주식회사(박기주).

"일찍이 강도나 사기취재(詐欺取財) 같은 범과(犯科)가 없거니 아무 경관에게 포박될 일도 없다. 그러나 그가 나를 본다. 나를 꾸짖는 듯하다. 나를 잡으려는 듯하다. 발을 내놓을 때마다 바싹바싹 다가드는 듯하다." 현상윤의 이 말처럼 이유 없이 스스로를 죄인시하면서 살아야 했던 시대가 일제강점기였다.[15)

민족가수 이애리수는 '황성옛터'를 비둘기 울음 같은 구슬픈 목소리로 노래하여 망국의 한을 달래주었다. 노래를 듣는 관객들은 한 덩어리가 되어 울음바다가 되었다. 가슴을 파고드는 호소력으로 조선 민중에게 민족의식을 각성시키는 대중음악의 효과는 십분 충족되어 '황성옛터' 음반은 5만 장이나 팔리는 진기록을 세웠다.

이에 총독부 당국은 이대로 방치했다가는 항일독립운동이 일어날까 두려워 마침내 '황성옛터'를 못 부르게 하는 동시에 염세(厭世)가요를 만들어 보급·장려함으로써 항일의식을 희석시키려 했다. 염세가요란 민중의 정신을 무상(無常)에 젖게 하여 소외감과 좌절감, 체념과 비관 등을 갖게 하고 사회현상을 외면하게 하여 인간을 무기력한 존재로 전락시킨다는 것이다. 이리하여 조선 민중의 애국적 감정을 거세하고 민중을 세상사에 대한 비관의 희생물로 만들기 위하여 '무정한 달', '애수의 황혼', 그리고 번안가요 '술은 눈물인가 한숨인가' 등 인생무상을 노래한 염세가요를 부르도록 장려했다. 그럼에도 불구하고 염세가요 음반의 발매는 부진한 반면 '황성옛터' 음반은 날개 돋친 듯 팔렸고, 이애리수의 노래를 듣기 위하여 단성사를 찾아오는 관객은 초만원을 이루었다. '황성옛터'의 인기가 이처럼 높아가자 경찰의 단속대상이 되고 말았다. 작사자 왕평과 작곡자 전수린은 마침내 종로경찰에 연행되어 취조를 받게 되었다.[16)

이광수와 주요한이 중심이 되어 1929년 2월 22일 퇴폐가요(염세가요)를 추방하고 건전가요(광복정신가요)를 보급하기 위하여 조선가요

15) 『東亞日報』(2010. 7. 6), 일제강점기의 한국과 일본, (6) 문학 속의 일제강점기(홍정선).

16) 송방송, 『한국근대음악사 연구』(민속원, 2003), p.129.

협회를 창립했다. 퇴폐적, 애원적(哀怨的), 세기말적 망국가요 같은 악(惡)가요를 철폐하고 진취적 신가요 건설운동을 일으켜 조선의 신 광명, 신 희망을 노래하자고 호소하고 있다. 이리하여 춘원 자신이 '스러진 젊은 꿈'(이애리수), '새 나라로!'(안기영)를 작사하여 광복주의 정신을 발양했던 것이다. 춘원의 항일시 제작·보급운동의 영향력은 막강했다. 1930년 3개월간 검열당국(경무국 도서과)에 적발된 항일시는 무려 134편에 이르고 있다. 춘원은 '새해맞이'를 작시해 광복주의 정신을 선양했다. 일제강점기 항일시는 검열 통과를 위해 직설적 표현방식을 피하고 은유적, 추상적, 상징적, 풍자적, 암호적인 표현방식을 채택하지 않을 수 없었다. 항일시에서 가장 많이 나오는 단어는 '새(新)'와 '봄'이다. 새해맞이, 새 나라, 새 빛, 새 생명, 새해 아침, 봄맞이 등은 '광복 개념'을 상징하고 있다.

2. '스러진 젊은 꿈'과 이애리수의 자살 소동

이광수가 '스러진 젊은 꿈'을 작사한 것은 1932년이다. 역시 전수린 작곡, 이애리수 노래였다. 이애리수는 1932년 3월 태양극장에 들어가 희가극에 출연하기도 했다. "박승희(朴勝喜) 씨 이하 전 토월회(土月會) 회원이 중심이 되어 가지고 목하 시내 종로 4정목 미나도 좌(座)에서 공연 중인 극단 태양극장에는 금번 조선 극단의 명성(明星)의 하나로 상당히 인기를 가지고 있는 이애리수 양이 새로 가입하여 참신한 연기를 보여주게 되었는데 총회출연(初回出演)은 오는 29일 밤부터 상연하는 희가극(喜歌劇) '니가 압흐(아프)대도'의 주연으로 무대에 나타나게 되었다고 한다."17) 이애리수는 바로 이 희가극 '니가 아프대도'에 주연으로 출연하면서 '스러진 젊은 꿈'(이광수 작사, 전수린 작곡)을 막간에서 노래한 것으로 보인다. 1932년 12월 관철동 백합원(百合園)에서 극단의 유행가희만담회 석상에서 '금강' 지 주간 주선익(朱善翼)이

---

17) 『東亞日報』(1932. 3. 1), 太陽劇場에 愛利秀 孃, 新加入出演.

오른쪽부터 이애리수(李愛利秀), 이경설(李景雪), 신은봉(申銀鳳)
민족가수 이애리수는 이광수 작사, 전수린 작곡의 '스러진 젊은 꿈'을 노래하여 열광
적인 찬사를 받았다. '경성제국대학'(1980)에 수록.

"여러분이 그동안 부르신 노래 중에 가장 마음에 드시는 노래를 한 개
씩 들려주십시오"라고 청하자, 오른편 새끼손가락에 태극무늬(太極紋)
를 놓은 백금반지를 낀 이애리수는 "저는 '스러진 젊은 꿈'이란 노래올
시다"라고 스스럼없이 실토했다.[18]

이애리수는 춘원이 작사하고 전수린이 작곡한 노래 두 곡을 불렀다.
1. '오동꽃'(李春園 작사, 전수린 작곡, 이애리수 노래)[19]

18) 『金剛』 창간호(1933년 1월호), pp.34~38, 劇團의 流行歌姬漫談會(李孤帆
記).
19) 『韓國大衆歌謠史(1886~1945)』(한국대중예술문화연구원, 2003), 1, p.147. 춘
원의 '오동꽃'(06. 49196) 노랫말은 아직 발견되지 않고 있다.

2. 李光洙 作詩 流行歌 '스러진 젊은 꿈'(全壽麟 作曲, 獨唱 李愛利秀, 伴奏 빅타―管絃樂團)[20]

매일신보는 "이애리수는 성악에는 천재적 소질이 있어 빅타 레코드 회사의 전속 유행가수로 수많은 유행가를 레코드에 넣어 그 육성은 조선 방방곡곡에서 아름다운 멜로디를 흘려놓고 있는 중이다. 더욱이 최근에는 이광수 씨의 '스러진 젊은 꿈'과 이서구(李瑞求) 씨의 '꽃과 벌'들의 유행가를 넣어 그 인기는 비상하여 유행가수의 왕좌를 점령하였다"[21]라고 보도하고 있다.

슬허진(스러진) 젊은 꿈
(빅타 레코드 49177-A)

1. 그날이 덧없다 바람 같아라
   젊은 꿈의 날이 피 끓던 날이
   센 머리 세어보면서
   그리운 지난 길 더듬고 우네
2. 그날의 장한 뜻 어디로 가고
   아름다운 청춘 다 지나갔네
   한 일이 그 무엇이냐
   남은 것 힘 빠진 병든 몸 하나
3. 가을의 긴 밤이 천년 같고나
   지난 한 세상일 되풀이할 제
   찬바람 자리에 스며
   싸늘히 식은 몸 만지고 우네
4. 저 달의 가는 곳 내 마음 간 곳
   달 보낸 비인 뜰에 몸만 호올로
   이 가슴 타는 빛 저녁노을 빛
   임의 마음 그 빛에 물들이고저[22]

---

20) 宋芳松, 『한국유성기음반 총목록 색인』(민속원, 2008), pp.312~317.
21) 『매일신보』(1933. 1. 10).
22) 이보형·홍기원·배연형 편, 『유성기음반 가사집』, 권 1, pp.401~402; 『新女

'스러진 젊은 꿈' 악보와 가사 전문
이광수 작사, 전수린 작곡의 노래로 '신여성(新女性)'(1933. 1)에 수록된 것이다.

　　노래 제목 '스러진 젊은 꿈'은 1914년 시베리아로 망명여행 때 독립전쟁론을 주창, 독립을 달성하겠다는 그의 '독립열망의 젊은 꿈'을 의미한다. 춘원은 '젊은 꿈'이란 그의 독립이상의 구현이라고 정의하면서 혁명가가 되어 이를 실현할 것을 선언하고 있다.

　　현대인은 너무 도덕과 법률에 영성(靈性)이 마비하여 영의 권위를 인정치 못하나니 이는 생명 있는 인생으로서 생명 없는 기계가 되어버림과 다름이 없나이다. 예수가 십자가에 박힘도 당시의 도덕과 법률에 위반하였음이요, 모든 국사(國士)와 혁명가가 중죄인으로 혹은 징역을 하며 혹은 생명을 잃음도 영의 요구를 귀중하게 여기어 현시의 제도를 위반함이로소이다. 대개 도덕과 법률을 위반함에도 2종이 있으니 하나는 사욕, 물욕, 정욕을 만족하기 위하여 위반함이니 이때에는 반드시

性』(1933. 1), p.109, 슬허진 젊은 꿈, 李光洙 謠, 全壽麟 曲. '스러진 젊은 꿈'은 이광수전집(삼중당)과 춘원시가집에 미수록.

양심의 가책을 겸수(兼受)하는 것이요, 둘째는 양심이 허하고 허할뿐더러 장려하여 현 사회를 위반케 하는 것이니, 이는 법률상으로 죄인이라 할지나 타일 그의 위하여 싸우던 이상(理想)이 실현되는 날에 그는 교조(敎祖)가 되고 국조(國祖)가 되고 선각자가 되어 사회의 추숭(追崇)을 받는 것이니, 역사상에 모든 위인걸사는 대개 이러한 인물로소이다. 나는 불행히 범인이 되어 정치상 또는 종교상 이러한 혁명자가 되지 못하나 인도상(人道上) 일 혁명자나 되어보려 하나이다.[23]

'스러진 젊은 꿈'은 춘원이 1932년 말에 작사해서 1933년 1월에 발표했다. 1932년이야말로 무장 항일운동이 절정에 달한 한 해였다. 그해 1월에 애국단원 이봉창(李奉昌)은 동경 앵전문(櫻田門) 밖에서 일본 소화천황에 대한 폭탄의거를 일으켰으나 불행히도 폭탄의 불발로 천황 살해는 실패로 끝났다. 그해 4월 29일 이른바 천장절(天長節)에 상해사변 전승축하식이 상해 홍구공원에서 거행되었는데 애국단원 윤봉길의 폭탄의거로 시라카와 요시노리(白川義則) 대장은 즉사하고 기타 10여 명의 사상자가 났다. 도산 안창호는 폭탄의거에 연루되어 일본 경찰에 체포되어 국내로 압송되었고, 춘원은 국내 유일의 민족운동단체 동우회의 해체 위기감을 통감하게 되었다. 이에 춘원은 자신이 한평생 꿈꾸어왔던 '젊은 꿈, 독립열망의 꿈'은 이제 영마루의 구름처럼 사라지고 마는구나 하고 영탄하고 있다.

'스러진 젊은 꿈'의 가사를 자세히 살펴보면 다음과 같다.

제1절은 피 끓던 젊은 날 독립의 꿈을 이룩하려고 혁명운동을 줄기차게 전개해온 지나온 길을 더듬고 센 머리 세어보면서 덧없는 과거를 회상하고 울고 있다.

제2절은 1932년 4월 윤봉길 의사의 폭탄의거에 연루되어 도산 안창호가 체포되고 국내로 압송되자, 국내 유일의 민족운동단체 동우회는 해체 위기를 맞이하면서, 그날의 장한 뜻 독립의 꿈은 다 스러지고 남

---

23) 春園 李光洙, 『젊은 꿈』(博文書館, 1926. 10. 5), pp.76~77;『靑春』제9~11호(1917. 9~11월호), 어린 벗에게.

은 것은 힘 빠진 병든 몸뿐이라고 비분강개하고 있다.

제3절은 긴긴 가을밤에 홀로 앉아 지나온 일을 곰곰 생각하니 허황된 일만 되풀이해온 독립열망이 싸늘하게 식은 몸에 찬바람만 뼈에 스며든다고 영탄하고 있다.

제4절에서 달은 독립의 꿈을, 임은 조국을, 저녁노을 빛은 조국광복을 은유하고 있다. 저녁노을처럼 불타오르는 빛을 임의 마음 그 빛에 물들이어 광복의 그날이 올 것을 기원하고 있다.

1933년 1월 9일 이애리수는 배동필과의 사랑을 이 세상에서는 도저히 결합할 수 없음을 비관하고 정사를 기도했다. 조선일보는 이애리수가 '스러진 젊은 꿈'을 최후로 절창(絶唱)하고 자살을 기도했다고 전하면서 춘원의 노랫말을 각색하여 보도하고 있다. 그러나 이 노랫말은 기자가 각색한 것이 아니라 기자가 춘원을 찾아가 즉석에서 춘원의 개작 항일시 노랫말을 받아내어 보도한 것으로 추정해볼 수 있다.

愛利秀의 最後 絶唱: 스러진 젊은 꿈

저 달의 가는 곳 내 마음 간 곳
달 보낸 빈 뜰에 몸만 호올로
이 가슴 타는 빛 저녁노을 빛
임의 맘 그 빛에 물들이고저

병풍에 수놓은 원앙은 한 쌍
등불에 빗쵀는(비치는) 그림자 하나

머리를 가리든 손도 무거워
거울을 흐리는 한 방울 눈물
뜬세상 사람은 풀잎에 이슬
볕 나면 마를 줄 몰랐을까만
슬허진(스러진) 젊은 꿈

그날이 덧없다 바람 같아라
젊은 꿈의 날이 피 끓던 날이
센 머리 세어보면서
그리운 지난 길 더듬고 우네

그날의 장한 뜻 어디로 가고
아름다운 청춘 다 지나갔네
한 일이 그 무엇이냐
남은 것 힘 빠진 병든 몸 하나

가을의 긴 밤이 천년 같고나
지난 한 세상일 되풀이할 제
찬바람 자리에 스며
싸늘히 식은 몸 만지고 우네[24)]

당시 흥행업계를 보면 극단과 극장이 수입을 나누어 가지고 쓰기로
계약이 되어 있다. 여배우는 '딴따라 화냥년'이라는 사회적 통념이 고
착되어 있어서 여배우 지망자가 없었다. 각 극장에서는 인물 곱고 연극
잘하는 여배우가 출연하면 관객이 몰려든다. 그래서 전국에 흩어져 있
는 각 연극단체들은 서로 음모와 책략으로 인기 여배우를 영입하려는
쟁탈전을 벌이게 마련이다. 그 당시 여배우는 희소가치가 있는 만큼 되
도록 보수가 좋은 극단으로 이적하게 된다.

지금의 조선의 연극단체의 인기와 기초는 여배우와 좋은 극장에 있
다고 생각한다. 그러나 일류 극장은 못 얻어도 이류, 삼류 극장에 떨어
져 연명은 해갈 수 있으나 인기 있는 여배우를 갖지 못하면 그 단체는
어느 곳에 가든지 배를 주리기 십상팔구이다. 지금의 조선의 소위 인
기가 있다고 자타가 공인하는 여배우를 늘어 세워보자.
이경설(신무대)

---

24) 『朝鮮日報』(1933. 1. 10), 朝鮮의 花形 女優 李愛利秀 情死騷動, 愛利秀의
最後絶唱.

이애리수(태양극장)

신은봉(연극사)

강석연(태양극장)

전　온(연극사)

나품심(신무대)

김연실(태양극장)

석금성(태양극장)

권삼천(삼천가극단)

신카나리아(예술좌)

유백단(삼천가극단)

서옥정(연극사)

김선초(예술좌)

이상 13명이다. 그동안 극계의 원조 격으로 활약했던 이월화는 상해로 가서 댄서로 활약하고, 복혜숙은 인천 기생 노릇하다가 지금은 가정주부로 있을 뿐이다. 현역 여배우가 13명에 불과하고 그중 가장 인기가 있는 여배우는 4, 5인에 불과하다. 그래서 각 연극단체들은 이들 인기 여배우를 확보하려고 온갖 음모와 책략을 쓰면서 쟁탈전이 벌어질 수밖에 없었다. 이애리수, 강석연 두 여배우는 빅타 레코드의 전속 가수가 되어버렸다. 매월 30, 40원의 전속수당이 지급되고 그 위에 레코드 취입이 일 년에 몇 차례 동경이나 대판으로 취입 여행할 때 한 판에 적어도 50원 이상의 취입료를 받는다. 신카나리아, 김선초가 콜럼비아 레코드 초빙을 받아 동경으로 취입 여행을 떠났고, 이경설은 목하 모 레코드사와 취입 교섭을 받고 있으며, 이애리수는 2월 중순에 동경으로 가서 며칠 노래를 취입하고도 일시금으로 7백 원에 가까운 거금이 생겼다. 이것이 극단에 불려드는 일대 폭풍우가 아닐 수 없다. 가뜩이나 여배우 없이는 못사는 극단에서 레코드 회사의 취입(노래와 연극)이 있을 때마다 여배우 확보가 어려워 피를 말리는 고통을 겪는다. 조선의 여배우로서 한 극단에서 매월 잘 받아야 50, 60원의 수입이 있을 뿐이다. 그런데 이애리수 같은 인기 여배우는 레코드 취입 수입이 엄청나서 자연히 국내 배우들과의 소외감이 생길 수밖에 없었다. 게다가 이애리수, 이경설, 강석연 같은 인기 배우는 극단에 입단할 때 레코드 취입 여행을 할 자유를 보장한다는 부대조건을 붙이기도 했다.

무엇 때문에 조선 사람이 듣는 조선말의 레코드를 동경이나 대판으로 가서 취입을 하게 되나 하고 항의가 일어나기도 했다. 극단에 몸이 매이면 공공의 이익을 위하여 일신의 이익을 희생하는 것도 떳떳한 일이거늘 인기 배우는 레코드 취입 여행에만 혈안이 되어 있다고 신랄한 비판이 일어나게 된다.25)

태양극장에서는 이애리수가 동경으로 취입을 갔다 오는 것을 관객 끌기 광고에 최대로 활용했다. "일본 동경에 취입하러 갔던 이애리수 양 출연"이라고 큰 글씨로 쓴 현수막을 내걸고 관객을 끌어 모았다. 여배우들의 극단 생애는 유랑의 나그네가 하룻밤 주막을 택하는 그것에 가까운 변동이 따라다닌다. 앞으로 어떤 변동이 있을지 아무도 예측하기 어렵다. 너무나 예단하지 못할 것은 여배우들의 굴러다니는 발자취이다. 극단에서는 남배우는 조금이라도 잘못이 있으면 내쫓아버린다. 그러나 여배우의 경우 내쫓은 일이 없다. 그러나 인기깨나 있는 여배우치고 자기 의사대로 극단을 선택하고 돌아다니지 극단 편에서 아무러한 과실이 있다 해도 내쫓는 법이 없다. 여배우도 인간인지라 자연히 연애문제, 나아가서는 결혼문제가 발생했다. 배우끼리 결혼한 경우는 이경환과 신은봉, 김교성과 나품심, 강홍식과 전옥, 변기종과 서옥정 등 네 쌍이다. 아직 짝을 찾지 못한 여배우는 이경설, 이애리수, 김연실, 강석연 4인이다. 이에 대해 고범(孤帆) 이서구(李瑞求)는 특히 이애리수의 사랑과 결혼 문제에 깊은 관심을 가지고 사내들에게 속아 넘어가지 말라고 경고하고 있다.

이 네 명성이 능히 사랑 없이 봄맞이 꽃놀이를 완전히 통과할는지 또는 기상천외의 연애를 시작하여 동인들에게 새 이야깃거리를 제공하며 만천하의 팬들의 가슴을 서늘케 할는지이다. 15, 16세 애기 여배우들의 연애문제는 어느 단체에서든지 거의 고압적으로 제지도 시키나 그것이 용이치 않거늘 고개 짓을 하는 여배우의 연애문제를 뉘 힘으로 막겠는가.

25) 『彗星』(1932. 4), pp.106~111, 大京城 女優 狂舞曲(孤帆).

봄을 맞는
극단의 명화여!
맘껏 기껏
사랑을 노래해라
거짓 맘 없는
자유의 꽃동산은
그대를 위해 문이 열렸다.

아마 경설이도 필경 이 봄까지는 남편을 얻겠지. 나는 이 같은 말을 했다. 편도선 수술을 하고 자리에 누운 그는 간신히 입을 벌려 "사내 놈들은 모두 도적입니다. 용이히 사내를 얻기는 어렵겠지요" 한다. 그러나 여자나 남자나 독신 생애라는 것은 상당한 배우자를 구하기까지의 중간 생애에 지나지 못한다고 본다.

"이애리수 만일 네가 보잘것없는 사내놈에게 속아서 철없는 연애에 빠지는 날에는 내가 쫓아가 때려려도 준다" 소리를 질렀다. 다박머리 적부터 이애리수를 애호한 필자는 그에게 아저씨 소리를 듣는다. 그가 동경 가 취입을 하고 돌아와 득의의 웃음을 싣고 태양극장으로 진출을 할 때 나는 이 같은 경고를 했다. 그러나 그는 생글생글 웃으며 "네 그것도 좋습니다. 그러나 아저씨 눈으로 똑똑히 보고 나서 때려주어야 지 소문만 듣고 야단을 치면 그것은 불복입니다" 하였다. 아지 못게라, 애리수가 필자에게 매를 맞지 않을 만한 훌륭한 신랑감은 지금에 어느 곳에 있는가!26)

3. 조선가요협회와 광복주의 정신: '새 나라로!'(안기영)

성악가 테너가수 안기영은 춘원의 노랫말 4편을 작곡·독창했다.

- 안기영 작곡집 제1집(1929)
1. 우리 애기 날(나무리 구십리)
   이춘원 작시, 안기영 작곡, 김현순(金顯順) 노래

---

26) 상게서, pp.110~111;『春園硏究學報』제2호(2009), pp.227~246, 춘원의 '스러진 젊은 꿈'(이애리수), '새 나라로!'(안기영)와 광복주의 정신(김원모).

2. 춘사(春詞)

　이광수 작시, 안기영 작곡 · 독창

· 안기영 작곡집 제2집(1931)

3. 새 나라로!

　이광수 작사, 안기영 작곡 · 독창

4. 살아지다(시조)

　이광수 작시, 안기영 작곡 · 독창[27]

안기영(安基永, 1900~1980)은 충남 청양(靑陽)에서 태어나 공주에서 성장했다. 공주 영명학교와 배재학당에서 음악에 입문, 연희전문 문과에 입학, 3·1운동에 가담했다. 재학 시 교회 성가대를 지휘함으로써 선교사로부터 음악 재질을 인정받아 1926년 도미 유학, 오리건 주에 있는 엘리슨화이트 음악학교(Ellison-White Conservatory of Music in Portland)에서 음악을 전공했다. 1928년 귀국 후 이화여전 음악과 교수가 되어 이화합창단을 이끌고 전국 순회공연을 했다. 특히 전통음악 민요를 바탕으로 하여 양악을 수용하는 민요 연구의 이론적 새 경지를 개척, 전통민요를 합창으로 편곡한 '조선민요합창곡집'(1931)을 내기도 했다. 안기영은 1931년 콜럼비아 레코드사에서 민요합창곡을 취입했다. 그리고 민요를 바탕으로 '견우직녀', '콩쥐팥쥐', '은하수' 등과 같은 '향토가극'이란 새로운 종류의 음악극을 창출한 것이다. 이는 모두가 춘원의 '민요소고'에 강렬한 영향을 받아서 이룩한 것이다.

민요라 함은 노래와 곡조의 작자를 알지 못하고 언제 시작한지 모르고 누가 지었는지 모르게 예로부터 전해오는 노래를 이른 것이다. 그러므로 민요는 그것을 부르는 민족의 공동적 작품이다. 그 곡조나 그

---

27) 『음악과 민족』 제28호(민족음악학회, 2004. 10), pp.79~80, 안기영(오희숙);
　宋芳松, 『한국유성기음반 총목록 색인』, pp.158, 300; 『東亞日報』(1932. 3.
　25), 빅타-朝鮮레코드 四月新盤. '춘사(春詞)'의 노랫말은 아직까지 발견되지
　않고 있다. 이광수전집(삼중당)에 미수록.

사설이나 그 리듬이나 어떤 한두 개인이 지은 것이 아니다. 비록 맨 처음 그것을 부른 사람이 작가자도 되고 작곡자도 되겠지마는 그것은 그 작가자나 작곡자의 명성으로 전파된 것도 아니요(민요 아닌 시가는 그러한 것이 꽤 많다), 또 어느 권력의 강제를 받아 전파된 것도 아니요(국가, 교회의 찬미가, 교가 모양으로), 다수 백성의 맘에 맞아서 그야말로 저절로 퍼진 것이니 그러므로 비록 처음에는 어떤 사람 하나가 시작하였다 하더라도 기실은 그 사람이 우연히 여러 사람을 대신하여 부른 것이며 또 이 민요는 부르는 사람마다 누구든지 그 곡조나 사설을 변경할 수가 있는 것이므로 어떤 민요가 몇 십 년 몇 백 년 동안에 여러 만 명 여러 백만 명의 입을 거쳐 오는 동안에 저절로 변경이 되고 진화가 되어온 것이므로 이 의미로 보아서 민요는 더욱 민족적 작품이라 하겠고 또 민요의 가치도 이 속에 있는 것이다. 그러므로 민요에 나타난 리듬과 사상은 그 민요를 부르는 민족의 특색을 드러낸 것이니 그러므로 그 민족의 문학은 민요(전설도 포함하여)에 기초하지 아니치 못할 것이다. 어떤 나라에서나 시가(詩歌)는 그 나라의 민요를 뿌리로 발달한 것이다.

우리는 우리 민요 속에서 우리 민족에게 특별히 맞는 리듬을 발견하는 동시에 우리 민족의 감성의 흐르는 모양(이것이 소리로 나타나면 리듬이다)과 생각이 움직이는 방법을 볼 수가 있다. 새로운 문학을 지으려 하는 우리는 우리의 민요와 전설(이야기)에서 이것을 찾는 것이 절대로 필요하다. 대개 우리 조선 사람의 정조(감정이 흐르는 방법을 정조라고 이름 짓자)와 사고방법에 합치하지 아니하는 시가는 즉 문학은 우리들에게 맞일 수 없는 때문이니 오늘날 신문학이 내용은 훨씬 우승하면서도 항상 민요와 전설(이야기와 이야기책)에게 눌리는 것이 이 까닭이다. 이러므로 우리 민요의 대본(臺本)이 퍽 옛날부터 전해오는 것이다 하는 사실은 심히 중요한 것이다. 이상준(李相俊) 씨의 신찬속곡집(新撰俗曲集)에는 '놀량'(경기, 서도의 선소리), '긴 산타령', '잦은 산타령'을 특별히 조선 고가라 하여 옛날 노래로 치었다. 나는 씨의 의견에 찬성한다. 반드시 이 세 가지만이 옛날 노래는 아니겠지마는 그 리듬이 '느리고' '즐겁고' '한가한 것'이 옛날 우리 조상의 생활의 특색을 보는 것 같다.28)

28) 『朝鮮文壇』 제3호(1924. 12), pp.23~37, 民謠小考(李光洙); 김수현·이수정,

안기영은 '안기영 작곡집' 1(1929), 2(1931), 3(1936)을 발간했다. 이 화합창단 '글리 클럽(Glee Club)'이 안기영의 민요곡을 합창하자, 봉건 적 보수 계층은 이를 가리켜 '가수 = 기생', 기생이 노래하는 '이화권번 (梨花券番)'이라 비방했다.29) "여학생들이 무대에 올라가 '양산도'와 '방아타령'을 하게 되니(물론 가사를 개량하여서) 처음에 점잖은 노인 들께서는 여학생이 기생들처럼 '소리'를 하다니 학교에 보낼 수 없군 하시는 말씀, 또 험구(險口)들은 그저 욕만 잘하면 잘난 줄 아는지 '이 화권번'이라는 새 이름까지 듣게 되었다."30)

'여배우는 서방질하는 잡년'이란 통념이 봉건사회의 지배적 풍토였 다. "여배우라면 곧 정조를 판매하는 절조 없는 계집이라는 연상을 하 는 게 조선 사람의 특색 같다. 그러하므로 가정에서나 학교에서나 한 번은 반대를 하는 것 같다. 이 같은 기막힌 인식 부족에 싸인 조선의 극단에 훌륭한 여배우가 언제나 나올 수가 있겠는가. 윤심덕 양이 일찍 이 토월회 무대에 나타나자 세상에서는 일시 깜짝 놀랐었다. — 뭐 윤 심덕이가 여배우, 하며 식자 계급에서는 새삼스러이 토월회의 존재를 주목도 했었다. 동경음악학교 출신, 성악가, 여자고등보통학교 선생, 여 배우. 이 같은 연상 끝에 여배우라는 종점이 있을 줄은 아무도 몰랐다 는 것이다."31) 그러나 안기영은 이에 굴하지 않고 민요 연구에 정진했 다.

안기영은 카루소(Enrico Caruso, 1873~1921)를 숭배하면서 자신도 카루소와 같은 성악가가 되겠다는 뜻을 세우고 이화합창단을 이끌고 전국 순회공연에서 열창했다. 카루소는 이탈리아 나폴리 출신으로서 처 음에는 교회 합창대원으로 출발하여 인류 역사가 생긴 이후로 최대의 성악가로 성장했다. 토스카, 메피스토펠레스, 푸치니의 라 보엠 등을 불

『한국근대음악기사자료집』(민속원, 2008), 권 1(잡지편), pp.549~558.

29) 『이화여자대학교 음악대학의 역사(1886~2002)』(이화여자대학교 음악연구소, 2003), pp.78~87.

30) 『東光』(1931. 5), pp.66~68, 朝鮮民謠와 그 樂譜化(安基永).

31) 『三千里』(1932. 2), pp.92~96, 女俳優와 貞操와 사랑(李瑞求).

러 명성을 날렸다. "그가 일찍 '신이 내게 이러한 음성을 부여하신 것은 인류를 기쁘게 하라는 뜻이다. 그러므로 나는 그 사명을 잊어버리지 않고 더욱 연마하여 그 뜻을 보답하지 않으면 안 된다'고 말하였거니와 그는 그 자신을 이해한 사람이었고 존수(尊受, 천부(天賦)를 존중히 여김)할 줄을 알았던 사람이었다"[32]라고 테너 성악가로서의 카루소의 타고난 가창력을 격찬하고 있다.

안기영의 인기가 절정에 달할 즈음 1932년 이화 제자 김현순(金顯順)과의 연애사건이 발생했다. 안기영은 두 남매까지 둔 아내가 있는 기혼자로서 애제자와의 연애사건으로 사회의 비난과 빈축을 사서 마침내 이화여전을 사직하고 만주, 상해, 동경으로 도피행각을 벌여야만 했다. "안기영 씨가 이전 학생을 데리고 도망을 하였다. ― 이러한 소문은 심심한 사람들에게 좋은 이야기 재료를 제공하게 되었다. 사실에 있어서 안기영 씨는 자기 수하에 있는 제자 김현순 양과 상사(相思)의 사이가 되고 김 양은 자연의 법칙을 면할 수가 없어서 임신하는 몸이 되게 된 것이다. 아직 처녀인 여학생이 더구나 자기 선생과 정을 통하여 애를 배었다는 것은 실로 청천의 벼락이었다. 학교, 사회, 체면 ― 이 무서운 눈을 피할 수 없는 그들은 마침내 최후의 결심을 하고 후회와 눈물로써 경성을 떠나게 되었으니 그들의 비련행각(悲戀行脚)은 여기서부터 시작이 된 것이다." 상해에 도착한 그들은 생활비를 벌어야만 했다. 전 상해를 뒤지면서 오페라 극장, 댄스홀, 무엇이나 손에 닿을 만한 곳을 모두 찾아다녔다. 오페라 가수로서, 극장의 노래 파는 사람으로서, 또는 댄스홀의 가수로서, 혹은 방송국 가수로서 그들은 서지 않은 곳이 없었다. 그러나 이러한 일시적 수입으로는 그날의 생활조차 지탱할 수 없었다. 게다가 그들은 상해에 도착한 지 몇 달 안 되어 옥 같은 아들을 출산해서 생활비는 가중되었다. 다행히 남경방송국의 일자리를 얻어 생활이 다소 안정되었지만 근본적인 해결책은 아니었다. 안기영은 전에 빅타 레코드 회사와 관계가 있어서 레코드 취입을 목적으로 동경 악단

---

32) 『新生』(1929. 9), pp.26~27, 偉大한 美의 使徒 카루소의 一生(安基永).

538

을 무대로 새 출발을 열고자 동경행을 단행하였다.33)

안기영과 김현순 커플은 상해에서 2년, 동경에서 2년, 4년간 떠돌이 생활을 하다가 1936년 3월에 귀국했다. "고토(故土)에 돌아올 면목도 없습니다만 4년이란 세월이 흐르는 동안 고생한 우리의 생활이 그리고 그동안 꾸준히 고생 속에서 성악을 연구한 것이 우리들의 속죄(贖罪)의 만분지일이 된다면 다시 고토에 돌아와 조선 음악 문화에 기여하는 바가 있을까 하여 돌아왔습니다. 연애만을 위하여 눈물과 피와 정으로 떠나간 우리는 다시 눈물과 정과 끓는 피로써 조선 음악 문화에 노력하렵니다. 다만 이 한 가지 단성(丹誠)과 원념(願念)을 가지고 허물진 우리들의 앞길을 개척하렵니다. 오직 여러분의 뼈저린 채찍질과 지도 그것을 기다릴 뿐입니다."34)

애정도피행각을 벌이다가 4년 만에 돌아온 방랑아 안기영, 춘원의 '새 나라로!'를 불러 광복주의 정신을 선양한 테너 성악가 안기영. 춘원은 고국에 돌아온 안기영에게, 자신의 자유연애론을 실천한 안기영에게 무한한 사랑과 관용을 토로했다고 보도하고 있다.

서랑의 방랑아(放浪兒) 노래의 지보(至寶) 안기영 군이 소식 없이 돌아온 뒤 10여 일 되던 날, 어떤 처소에서 춘원과 안기영이 그 뒤에 처음 만났던 것이다. 그때 춘원은 안(安)의 손목을 따뜻이 쥐어주며 "man love who loves" 하고 일본 어떤 궁전하(宮殿下)가 미국서 결혼하고 돌아왔을 때 모 신문사 잡지가 두 전하의 사진을 내고 그 밑에 그런 글을 영어로 썼더라는 것을 인용하여, 춘원도 안을 그렇게 본다 하셨다. 즉 두 사람이 사랑하니까 우리가 또한 사랑한다…. 사랑과 노래의 방랑아 안 군의 눈에는 이 관대한 한마디에 어린 양(羊)의 감격 같은 눈물이 그의 앞에 놓인 커피 잔에 떨어졌음을 보았다.35)

---

33) 『新人文學』(1934. 12), pp.46~48, 天才音樂家 安基永과 金顯順의 悲戀悲曲 (BB生記).

34) 『朝光』(1936. 4), pp.256~263, 江南 갔던 제비가 돌아오면은 이 땅에도 봄빛이 퍼져 오른다. 哀傷의 두 歌人 悲戀 四年에 歸鄕. 安基永·金顯順 脫出放浪記: 北平·上海·東京 等地를 輾轉하여.

안기영은 귀국 후 '안기영 작곡집 3'(1936)을 내었다. 해방 후 서울에서 음악건설본부 작곡부장, 조선음악동맹 부위원장을 역임하면서 '해방전사의 노래'를 작곡했고, 1947년 7월 근로인민당 음악부장이 되어 당수 여운형(呂運亨)이 암살되자 '여운형 추도곡'을 작곡·지휘했다는 이유로 음악활동을 중지 당했다. 1950년 6·25 때 월북, 평양음악대학에서 성악교수로 활동했다.36)

1929년 2월 22일 이광수와 주요한을 중심으로 시단 인사 10여 명이 퇴폐가요(염세가요)를 추방하고 건전가요(광복가요)를 보급하기 위하여 조선가요협회를 창립, 주지(主旨)를 밝혔다.

조선 사회에 흘러 다니고 있는 속요(俗謠)의 대부분은 술과 계집을 노래하는 퇴폐적 세기말적인 것이 아니면 현실도피를 찬미하는 사상 감정이 흐르는 것이 대부분이 되어 조선 민족의 기상을 우려할 현상으로 이끄는 터이므로 이 풍조를 크게 개탄한 유지 제씨는 총결속을 하여 이 모든 악종가요(惡種歌謠)를 박멸하는 동시에 아무쪼록 진취적이며 단체적이고도 조선정조(朝鮮情調)를 강조하는 노래를 널리 펼치고자 우선 전기와 같이 단체를 결성하여놓은 것이라는데 앞으로는 모든 기회와 모든 기관을 통하여 실제적으로 일대 활약을 개시하리라 한즉 그 공적이 크게 기대된다 하며 더욱 강령과 임원 등을 보면 아래와 같다.

• 강령
우리는 건전한 조선가요의 민중화(民衆化)를 기한다.
• 슬로건
1. 우리는 모든 퇴폐적 악종가요(염세가요)를 배격하자.
2. 조선 민중은 진취적 노래를 부르자.

---

35) 『四海公論』(1936. 5), p.67, 돌아온 安基永에게 春園이 첫 번 한 말.
36) 한국예술교 한국예술연구소 편, 『한국작곡가사전』(시공사, 1999), pp.269~270; 『이화여자대학교 음악대학의 역사(1886~2002)』, pp.78~90; 『東光』(1931. 5), pp.66~68, 朝鮮民謠와 그 樂譜化(安基永); 『中央』(1936. 5), pp.69~77, 문어진 사랑의 탑, 男便 安基永 公開狀(李聖圭); 최창호, 『민족수난기의 가요들을 더듬어』, pp.389~390.

▪ 발기인

李光洙(春園) 朱耀翰(요한) 金廷湜(素月) 卞榮魯(樹州) 李殷相(斗牛星) 金炯元(石松) 安碩柱(夕影) 金億(岸曙) 梁柱東(無涯) 朴八陽(麗水) 金東煥(巴人) 金永煥 安基永 金亨俊 鄭順哲 尹克榮

▪ 幹事氏名

1. 작가부. 주요한 이은상 박팔양
2. 작곡부. 김영환 김형준 정순철
3. 선전부. 안기영 안석주 김동환[37]

이광수는 동아일보 사설에서 조선가요협회 창립취지를 다음과 같이 천명하고 있다.

시 음악 예술 등 고등한 인간의 정신적 산물은 개인의 사상 감정 경향 취미 등을 표현하는 동시에 그 시대 그 사회의 일반적 실제상(實際相)도 반영한다. 그러면 일개인의 창작한 시 음악 예술 등은 그 개인의 사상 감정 경향 취미 등을 표현하는 동시에 그 개인이 출생한 시대 및 사회상을 반영하는 실제적 기준도 된다. 단테의 시나 와그넬의 음악이나 솔거(率居)의 그림이나 각기 이태리 독일 신라 등의 시대색을 표현하는 것이 아닌가. 귀족사회에 귀족적 사역적(使役的) 퇴폐적 시 가요가 유행하고 평민사회에 평민적 평등적 흥기적 시 가요가 유행한다. 프랑스 혁명 이전의 사회상과 평안조(平安朝) 시대의 일본 사회상을 보라. 음탕 방일의 시가가 사회에 충만하지 아니했으며 마르세이유 곡(曲) 적기가(赤旗歌)에는 생명 발랄(潑剌)하는 혈맥이 뛰지 않는가.

조선은 이조 5백 년 이래 전제적 군주통치 밑에 온갖 자유가 박탈되고 인민에게는 오직 퇴폐적 정신과 자포자기적 실망뿐이 지배하였으니 그 감정 내지 사상으로 표현된 것이 수심가(愁心歌) 아리랑타령 추풍감별곡(秋風感別曲) 춘향전 등 속곡패가(俗曲悖歌)이다. 그들 인민에게 희망이 없는지라 실망뿐이요, 진취가 없는지라 퇴락(頹落)이 있을

---

37) 『日帝侵略下 韓國三十六年史』, 권 9(국사편찬위원회, 1974), p.37(1929. 2. 22); 『동아일보』(1929. 2. 25), 頹廢歌謠를 버리고 진취적 노래를, 시단과 악단 일류를 망라, 朝鮮歌謠協會 創立. 김소월은 중앙 시단 모임에 거의 가담하지 않았는데 조선가요협회에 참여한 것은 이례적이다.

뿐이었었다. 희망이 없고 진취가 없는 곳에 음탕 애원(哀願)의 소리로 자기를 위로하고 자신을 만족할 밖에 없게 될지니 5백 년간에 타(他)에 자랑할 만한 시 음악이 없었을 뿐 아니라 조선 자체로서도 볼 만한 것이 남아 있지 않음이 어찌 기괴사(奇怪事)리오. 과거에 있어 물질적 저열(低劣)한 생활을 해왔다 하는 것은 일민족의 그다지 치욕이라 할 것이 아니나, 그러나 볼 만한 시 음악 예술 같은 정신적 문화가 없었 다함은 그 민족의 일대 치욕이라 하겠다. 보라 삼국시대와 고려시대에 그만한 찬란한 문화가 있었건만, 그리고 이조 초엽에는 세종의 정음(正音) 발표와 박연(朴堧)의 음악이 있건만은 그 후 무엇 하나 보잘 것 있는 문화를 남기지 못했음은 조선 민족의 수치가 아니고 무엇이뇨. 그의 대상(代償)이 또한 무엇이었던가.

우리는 퇴폐적 애원적(哀願的) 세기말적 망국가요를 박멸해야 되겠 다. 이조시대는 인민을 위한 정치가 아니었기 때문에 그 책임이 오직 인민에게만 있었다 할 수 없으나 현대 조선의 처지로서는 조선인 자신 이 이것을 망각해두고 마는 것은 조선인의 책임이요 수치이다. 이미 이에 대한 책임감을 느낀 일부의 청년들이 있어 그간 많은 운동을 해 왔다고는 할지나 아직 그 적극적 운동에까지 착수하기에는 이르지 못 하였더니 조선가요협회가 창립되어 이 시대적 요구를 배경으로 악가요 (惡歌謠)의 철폐와 진취적 신가요의 건설운동을 일으켜 획시기적 운동 이 되려 하니 조선의 신 광명이요 신 희망이라 아니 할 수 없다. 건전 한 정신은 건전한 신체에 머문다 하는 로마인의 격언을 바꾸어 건전한 신체를 건전한 정신에 의(依)케 할 조선의 신운동이 되기를 바라고 동 협회의 전도의 양양할 것을 축(祝)한다.38)

1928년 6월 안기영은 미국 유학을 마치고 귀국했다. 그해 9월 29일 종로 중앙기독교청년회관(YMCA) 강당에서 성악가 테너가수 안기영 독창회가 개최되었는데, 조선어 5곡, 이탈리아어 4곡, 독일어 3곡, 불어 1곡, 영어 1곡 도합 14곡을 불렀다. 이날 일본어 곡은 한 곡도 부르지 않았다.39) 악명 높은 종로경찰서의 미와(三輪和三郎) 경부는 독창회

---

38) 『東亞日報』(1929. 2. 26), 社說: 朝鮮歌謠協會 創立 ─ 그 主義主張에 徹底 하라.

542

자체를 " '獨'은 독립, '唱'은 만세를 부르자는 것이니 매우 불온한 가요"라고 단정하면서 단속을 강화했다. 모든 집회는 경찰의 허가를 받아야 한다. '불온한 언사'란 곧 '항일독립을 고무하는 말'임을 의미한다. 불온한 기미가 엿보이면 '주의!'를 두 번 주고, 세 번째 가서 '중지!'를 외치면서 '해산!'을 시키고 만다.40)

1927년 한 해는 이광수에게는 영광과 병고가 교차하는 시련의 한 해였다. 허영숙과의 결혼 7년 만에 첫 아들 봉근(鳳根)이 출생해서(5. 30) 집안에 광영이 찾아왔고, 그러나 이광수는 폐결핵이 도져서 동아일보 편집국장직을 사직하고 신천온천과 안악(安岳) 연등사(燃燈寺) 학소암 (鶴巢庵)에서 정양하면서 사생관(死生觀)에 골몰하고 있었다. 그해 11월 말 눈보라 치는 겨울 허영숙이 생후 5개월 된 봉근을 업고 학소암을 찾아왔다. 춘원으로서는 얼마나 반가운 부자의 만남이었겠는가. 그러나 폐결핵 전염이 염려되어 서둘러 되돌려 보내면서 '우리 애기 날'을 작사한 것이다. 안기영 작곡, 김현순 노래이다.

우리 애기 날(나무리 구십리)

어젯날 좋은 날 우리 애기 날
나무리 구십리 일점풍(一點風) 없네
오늘 밤 수리재 눈보라 치나
우리 애기 한양에 편안히 자네

우리 애기 가는 데 봄바람 불고
우리 애기 잠들면 물결도 자네
복 많은 우리 애기 가는 곳마다
세상에 기쁨과 화평을 주네41)

---

39) 『東亞日報』(1928. 9. 29~10. 1), 安基永氏 獨唱會.

40) 『中央』(1936. 5), pp.69~77, 문어진 사랑의 탑, 男便 安基永 公開狀(李聖圭);
   趙豊衍, 『서울잡학사전』, pp.22~23; 『동아일보』(1930. 1. 24), 演出中 言辭
   不穩한 男女俳優 檢擧, 25일간 拘留處分에 土月會 公演中 突發.

춘원의 건강은 동우회 회우 유상규(劉相奎), 이계천(李繼天), 김선량(金善亮) 등의 헌신적이고 극진한 간호와 전지요양으로 회복되어 숭삼동 집에 돌아와 정양하면서 '단종애사'를 동아일보에 연재하기 시작했다(1928. 11. 30). 이때 한국 최초의 여기자 최의순(崔義順)이 춘원 서재를 탐방 취재한 일이 있었다. "나는 이렇게 항상 서재에 갇혀 삽니다. 지난달에는 이종우 씨 개인전람회 날과 또 다른 날에 큰 거리에 나가보았습니다마는 한 달에 두 번씩이나 바깥 구경을 해본 것은 아마 근년에는 드문 일이겠습니다. 참 오랫동안 착실한 서재생활을 했다고 할는지요. 그러나 '독서'라는 것하고는 전연 인연을 끊었었습니다. 주야 책 쌓인 옆에 누워서 눈 감고 궁리하기에 골몰하기나 혹은 먼 산을 바라보지 않으면 높은 하늘을 치어다보며 흩어지는 나의 구상(構想)의 실마리를 거두어보는 공부도 했습니다. 병세가 전혀 물러갔다는 요사이도 여전히 읽는다는 것보다는 쓰는 것을 숭상하는 편이겠지요. 요사이 집필 중에 있는 것은 '단종애사'뿐입니다. 이것도 대개 새벽에 눈이 뜨이면 곧 시작해서 두 시간쯤 계속할 뿐입니다." 최의순 기자가 "과연 부인의 놀라운 공력으로 이와 같이 다시 선생을 서재에 뫼시게 되었습니다" 하고 입을 열자, 허영숙은 "술 담배 그 외 모든 자극물이란 것은 일체 금하고 살로 갈 심심 달콤한 음식만을 좋아하게 되었으니까 아마 미구에는 정신과 육체가 아울러 건전해질 것이며 따라서 옛 때보다 더 서재생활다운 것을 하게 될 것 같습니다"라고 했다. 춘원은 아내 허영숙의 의학적 섭생법을 찬양하면서 애정관을 피력하고 있다. "참 그렇게 될 줄 나는 믿습니다. 그런데 아무튼 남자가 세상에 나서 사랑의 안해(아내)를 못 맞이하는 자처럼 불쌍한 사람은 다시없겠다고 단언하고 싶은 동시에 남의 진실한 아내 된 자처럼 행복을 느낄 자는 다시없을 듯이 생각합니다."[42]

안기영은 조선가요협회가 추천한 춘원의 '우리 애기 날'과 석송(石

---

41) 『三千里』(1935. 3), pp.81~82. 蒼天이여 愛兒를 돌려주소서(李光洙).

42) 『東亞日報』(1928. 12. 15), 書齋人 訪問記(3) 春園 李光洙 氏 讀書보다 瞑想, 近日에는 겨우 端宗哀史의 執筆 ─ 婦人記者 崔義順.

松) 김형원(金炯元)의 '그리운 강남(江南)'을 작곡했는데, 이는 안기영의 처녀 작곡이었다. "정이월(正二月) 다 가고 삼월이라네 / 강남 갔던 제비가 돌아오면은 / 이 땅에도 또다시 봄이 온다네 / 아리랑 아리랑 아라리오 / 아리랑 강남을 어서 가세"('그리운 강남', 김석송 작사, 안기영 작곡) "어떤 비평가는 '우리 애기 날'에 대하여는 악구(樂句)가 부드럽게 흘러서 마치 봄날 같은 후눅후눅한 풍정(風情)이 있다고 합니다. 이 비평이 가장 나의 마음을 붙잡는다 할 것이외다. 춘원의 '우리 애기 날'은 여러 날 고심하였습니다. 거의 여러 날 허비하였던 것이외다. 처녀 작곡의 공연이 성공적이어서 작곡가로서 아름다운 기억이 될 것이외다." 음악연주회도 경무국 도서과의 허락을 받아야만 했다. 안기영은 성우회원(聲友會員)을 이끌고 음악연주회에서 김현순 독창 혹은 합창으로 '우리 애기 날'을 불렀고, 관객은 열렬한 찬사를 보내어 감격했다고 한다. 혁명사상을 은유한 시가(詩歌)가 아니고 순전히 갓 태어난 첫 아들 봉근에 대한 '아들 사랑'을 읊은 것이기에 검열당국으로부터 아무런 제재 조치를 받지 않아서 안기영의 음악연주회는 성공적이었다는 것이다.43)

음악연주회에서 안기영 작곡의 '우리 애기 날'은 이화여전 음악과 신진 성악가 김현순(金顯順)이 독창으로 불렀다. 홍종인(洪鐘仁)은 김현순의 독창을 듣고, "그의 가을 하늘같이 맑고 고운 음색과 명쾌한 발음 등은 장래의 대성(大成)을 지금부터 넉넉히 신뢰케 함이 많다"44)라고 찬사를 보내고 있다.

안기영은 '이화권번'이란 조롱을 아랑곳하지 않고 민요 연구에 정진한 결과 '조선민요합창곡집'을 발행했다.45) 이에 대해 홍종인은 조선 민요의 새 경지를 개척했다고 격찬하고 있다. "민요는 음악의 기원이

---

43) 『三千里』(1930. 7), p.55, 春園·石松 노래의 作曲과 나의 苦心(安基永); 『三千里』(1932. 10), pp.84~86, 朝鮮의 流行歌(李瑞求).

44) 『東光』(1931. 12), pp.23~26, 31年의 朝鮮樂壇回顧(洪鐘仁).

45) 安基永, 『朝鮮民謠合唱曲集』(이화여자전문학교 음악과, 1931); 한국예술종합학교 한국예술연구소 편, 『한국작곡가사전』, pp.269~270.

새 나라 건설과 자유독립 열망을 담은 '새 나라로!'의 악보
이광수 작사, 안기영 작곡의 노래로 '별건곤(別乾坤)'(1931. 5)에 수록되었다. 상단 삽
화는 토끼가 용궁을 탈출하여 자유의 새 나라로 질주하는 모습을 담고 있다. 토끼는
식민지 조선인, 용궁은 일제를 상징한다.

되는 것이다. 그러나 민요는 노래로 음악적 존재이면서도 입에서 입으
로 전래되어 불리어지는 것만으로는 음악적 가치를 논하기 힘든 편이
많다. 이것을 한번 조(調)와 율(律)을 바로 골라놓을 때에 비로소 음악
적 가치가 빛나게 될 것이다. 우리의 민요도 독특한 전통적 지방색을
가진 정서가 농후하게 흐르고 있는 아름다운 것이 많으나 어느 때까지
든 그대로 버려둔다면 무가치한 것으로 쇠퇴하여지고 말 것이다. 여기
에 쓰러지고 삭아져가는 우리의 민요를 곡보화(曲譜化)하되 합창곡으
로 편(編)하여 널리 불음직하니 만들은 것은 악계의 큰 수확이다."46)
　안기영은 이화여전 음악부 민요합창단을 이끌고 전국 순회 음악회
공연을 펼쳤다. 1930년 12월 27일 안기영은 이화여전 음악부 신여성

---

46) 『東光』(1931. 12), p.25, 31年의 朝鮮樂壇回顧(洪鐘仁).

15인으로 구성한 합창단을 인솔하고 평양에 도착, 평양 백씨기념관에서 안기영의 독창과 특히 노래로 조선 고유의 아리랑, 방아타령, 도라지타령, 농부가 등을 합창 또는 독창으로 연주했다. 대원 전부가 신여성으로 구성되어 있어서 평양에서 신여성의 조선 노래를 듣는 것은 처음 보는 성사가 아닐 수 없었다.[47]

안기영은 역시 조선가요협회가 추천한 이광수의 '새 나라로!'도 작곡·독창했다. 역시 민요풍의 작곡이요 창법이다.

새 나라로!
(李光洙 作歌, 安基永 作曲·獨唱, 管絃樂 伴奏, 빅타 레코드 49119-B)

어 — 야 드 — 야 어허여리 어기여차 닻 감아라
옛 나라야 잘 있거라 나는 가네 새 나라로

어 — 야 드 — 야 어허여리 어기여차 닻 감아라
만경창파 만리 길에 나는 가네 새 나라로

어 — 야 드 — 야 어허여리 어기여차 닻 감아라
이제 가면 언제 오나 기약 없는 새 나라로

어 — 야 드 — 야 어허여리 어기여차 닻 감아라
잘 있으오 잘 있으오 나는 가네 새 나라로[48]

'새 나라로!' 곡보 상단에는 삽화 한 컷이 있는데, 춘원의 '광복주의

---

47) 『東亞日報』(1930. 12. 26), 平壤에서 처음인 新女性의 朝鮮曲.

48) 『別乾坤』(1931. 5), pp.3, 20, 李光洙 作詞, 安基永 作曲, 새 나라로!; 『동아일보』(1932. 3. 25), 빅타 朝鮮레코드 四月新盤. 레코드 번호: 49119, 曲種: 테너 獨唱, 曲目: 李光洙 作歌 새 나라로!, 作曲者: 安基永, 演奏者: 獨唱 安基永, 管絃樂 伴奏, 1枚 金1원 50전; 이보형·홍기원·배연형 편, 『유성기음반 가사집』, 권 1, p.332.

정신'을 형상화하고 있다. 토끼전을 소재로 하여 토끼가 용궁을 탈출, 거센 파도를 헤치고 육지로 질주하고 있다. 여기서 용궁은 조선총독부, 토끼는 조선 민족, 앞의 토끼는 민족지도자를 은유·상징하고 있다. 앞의 토끼가 뒤의 토끼를 돌아보며 용궁 탈출을 인도하고 있다. 이 삽화하나만으로도 한국이 일제 식민지 지배의 굴레에서 벗어나 독립 달성의 희망의 언덕으로, 새 나라로 약진하고 있다는 것을 실감할 수 있다. 본문을 분석해보면 우선 제목 '새 나라로!'부터가 춘원의 광복주의 정신을 나타낸다. 전통민요 뱃노래의 형식에 따라 후렴을 앞에 설정하고 있다. "옛 나라야 잘 있거라 나는 가네 새 나라로"에서 '옛 나라'는 총독정치요 '새 나라'는 신생 독립국가를 암유한다.

또한 이광수는 '살아지다'를 발표했다.

살아지다
(李光洙 作詩, 安基永 作曲·獨唱)

살아지다 살아지다 億年(억년)이나 살아지다
百子千孫(백자천손) 엉키엉키 十萬里(십만리)나 퍼져지다
잘 살고 잘 퍼지도록 一生(일생) 힘을 쓰과저

쓰라 주신 손톱 발톱 그저 두기 惶悚(황송)해라
큰일 맡은 머리와 입 묵힐 줄이 있소리까
웃기나 울기낫 간에 실컷 맘껏 하리라

빛일 세면 다홍빛이 아니어든 草綠(초록)빛이
소리어든 우렛소리 아니어든 바닷소리
그러나 겨울눈 여름비를 외다(비키다) 아니 하리라[49]

49) 춘원·요한·파인 合作, 『李光洙·朱耀翰·金東煥 詩歌集』(京城 永昌書舘, 1929. 10), p.51, 살아지다; 『三千里』(1929. 10); 『안기영 작곡집』, 제2집 (1931), 이광수 작시, 안기영 작곡·독창; 『春園研究學報』 제2호(2009), pp.251~263, 춘원의 '스러진 젊은 꿈'(이애리수), '새 나라로!'(안기영)와 광복주의 정신(김원모).

최창호는 "이광수 시 '살아지다' 등을 비롯하여 전래의 민요들과 참요(讖謠)의 가사에 곡을 새롭게 붙인 작품"[50]이라고 평가하면서 '살아지다'는 참요라고 정의하고 있다. '참요'란 어떤 정치적 징후 따위를 암시하는 민요, 즉 일본이 패망하고 신생 독립국이 수립될 것을 희망하고 있는 시가를 의미한다. 여기서 겨울눈과 여름비는 일제의 탄압을, 우렛소리와 바닷소리는 독립만세의 함성을, 손톱 발톱은 항일전에 쓰일 무기를 상징한다. 일제의 어떤 가혹한 탄압을 받아도 한민족의 백자천손은 십만 리나 뻗어 억 년이나 살아남아 광복의 그날을 이룩하자는 광복주의 정신이 담긴 시가이다.

이광수는 구국(救國) 광복주의 정신으로 무장하고 조선가요협회를 조직하여, 끈질기게 항일적 저항시를 보급, 민족의식을 고취하는 데 헌신했다. 춘원 자신이 직접 '새 나라로!'를 지어 솔선수범을 보여주었다. 이에 감동을 받은 모윤숙(毛允淑)은 춘원의 광복주의 항일시에 호응하여 '무궁화 삼천리 오 내 사랑'을 지었다. 안기영은 이화여전 글리 클럽 합창단을 이끌고 1930년 YMCA 창립기념 음악회에서 이 노래를 불러 큰 감동을 주었다.

화려한 네 품에 안기어 / 광명한 하늘에 올라가서 / 영원히 노래를 부르리 / 시냇물 흐르는 저 동산 / 귀하다 단군님 나신 곳 / 아 고국을 떠나 / 방황하는 동포 / 그리운 정 깊도다 / 형제여 돌아와 노래 부르자 / 무궁화동산은 우리 집이라 / 아 우리 강산 내 사랑 만만세.[51]

모윤숙은 이화 재학 시절부터 애창했던 '오 이탈리아'의 곡에 이 같은 가사를 붙인 것이다. 여기서 주목되는 것은 '단군님'이라고 우리 국체(國體)를 명징(明徵)하고 '만만세'까지 불렀다는 사실이다. '단군'과 '만만세', '무궁화동산' 등은 일본이 금기(禁忌)하고 있는 사항이었다. 모윤숙은 일본의 국체와 총독정치를 정면으로 부정하고 춘원의 광복주

---

50) 최창호, 『민족수난기의 가요들을 더듬어』, p.30.
51) 『이화여자대학교 음악대학의 역사(1886~2002)』, p.90.

의 정신을 창명(彰明)하고 있다.

춘원 주도의 조선가요협회의 항일 저항시 제작·보급운동은 언론계에 폭풍적 영향력을 발휘했다. 당시 3대 일간지(동아일보, 조선일보, 중외일보)에 1930년 1월에서 3월까지 3개월간 검열당국(경무국 도서과)에 걸렸던 불온 시가가 무려 134편에 이르고 있다.52) 검열당국의 단속 대상을 요약하면, (1) 조선의 독립(혁명)을 풍자하여 단결·투쟁을 종용한 것, (2) 총독정치를 저주하고 배일(排日)사상을 고취한 것, (3) 빈궁(貧窮)을 노래하고 계급의식을 도발한 것 등이다.53)

조선총독부 도서과의 검열과 기사 통제

신문 잡지 출판을 비롯한 문화예술과 사상의 모든 부문에 걸친 내용을 검열하고 통제했다. 문학작품을 포함한 출판물과 연극 영화 음반 등 대중문화 전반에 걸쳐 검열관문을 통과하지 못한 내용은 대중에 전달할 수 없도록 했다. 신문 잡지 단행본 내용을 검열 삭제 또는 압수 처분을 내렸고, 심한 경우 정간 명령을 내렸다. 조선·동아는 삭제 압수 정간 등 언론탄압을 받았다. 신문 잡지는 발행 전에 '사전 탄압'부터 시작한다. 간담(懇談) 주의 경고 금지 등 4단계를 거쳐야 한다. 마지막 4단계의 '금지'는 신문지법 11~15조까지 보도금지 사항을 규정하고 있다. "황실의 존엄을 모독하거나 국제 교의(交誼)를 저해하는 사항과 관청의 기밀문서 등은 보도 금지한다"는 것이다. 이에 해당하면 금지를 명한다. 이를 무시하고 보도했을 경우, 압수 또는 정간 명령을 내리고 있다.54)

---

52) (秘)調査資料第二十輯, 『諺文新聞の詩歌』(朝鮮總督府 警務局 圖書課, 1930. 6. 15), pp.1~2, 序. 3대 신문에 발표된 이른바 '불온시가' 134편을 일본어로 번역해놓고 있다.

53) 『빼앗긴 冊: 1930年代 無名 抗日詩選集』(단국대학교 출판부, 1981), 序文; 『文學思想』(1980, 3), pp.238~241, 抗日無名 抵抗詩 89選 解說 寓喩에 담긴 抵抗의 暗號(李明子).

54) 鄭晋錫 編, 『極秘 朝鮮總督府 言論彈壓資料叢書』(한국교회사문헌연구원, 2007), 권 1, p.49, 극비 조선총독부 언론탄압자료총서 해제(정진석).

일제강점기 항일시는 검열 통과를 위해 직설적인 표현을 피하고 은유적, 추상적, 상징적, 풍자적, 암호적으로 표현할 수밖에 없다. 이들 항일시에서 가장 많이 나오는 말이 '새(新)' 자가 붙은 단어와 '봄'이라는 단어이다. '새' 자의 대표적인 사례가 바로 춘원의 '새 나라로!', '새해맞이'이다. 새로운 사상, 새로운 것을 기대하는 조선 민중의 희망의식과 새로운 시간 즉 민족해방의 시간을 갈망하는 마음을 느낄 수 있다. 두 번째로 자주 나오는 말이 '봄'이라는 단어이다. 봄은 일제 식민지 지배로부터의 해방을 상징하고 있다. 봄의 대칭 개념인 '겨울'은 절망, 죽음, 위협과 가혹한 탄압을 의미한다. 결국 봄은 민족해방을 암유하고 있다. 일제강점기에 새 나라, 새 빛, 새 생명, 새해, 새아침, 봄맞이 등은 '광복 개념'을 상징하고 있다.55)

새해맞이, 春園

가는 해 보냅시다 열두 맛기(맞기) 고어(괴어) 묶어
희망의 무덤 속에 깊이 영장(送葬) 하올 적에
대대로 몰려온(물려온) 팔자 부대(부디) 함께 묻으쇼

새해 오다커든 도소주(屠蘇酒)도 붓지 말고
우리 얼싸안고 새론 맹세 굳은 맹세
합력(合力)과 굳센 분투로 새해 인사 합시다

분명히 내 날이오 기다리던 그 날이오
두 다리 벗뜨듸고(벋디디고) 주먹 한 번 들어 치니
강산이 울리는 품이 내 날 분명하외다56)

---

55) 『文學思想』(1980. 3), pp.239~241, 항일무명 저항시 89선 해설(이명자).
56) 『東亞日報』(1930. 1. 5), 새해맞이(春園).

新年を迎ふ(東亞 1. 5)

去る年は送りませう, 鄭重に,
希望の墓に深く安葬するとき,
代代傳はつた運命の袋も共に
埋めませう.

新年が來たならば屠蘇も汲まず,
我等はぐつと抱いて, 新しい盟誓,
固い盟誓, 合力と力强い奮鬪で,
新年の挨拶しませう.

確かに自分の日だ, 待つて居た其の日だ.
兩足を踏張つて, 拳を一度振り上げた所,
江山が鳴つたから,
自分の日であることは確である.[57]

　춘원의 최초의 가요곡은 '새 아이'와 '낙화암'이다. 이광수가 1914년
1월 시베리아 여행을 단행한 주목적은 미주 신한민보 주필에 지명되어
시베리아를 거쳐 미국행을 하기 위한 것이었다. 그러나 목릉(穆陵)에
망명 중인 이갑(李甲)으로부터 여비를 얻지 못한 데다가 때마침 제1차
세계대전이 발발하여 미주행 길이 막혀버리자 미국행을 단념하지 않을
수 없었다. 그 후 이광수는 1914년 8월 귀국, 오산학교 교원이 되어 교
편을 잡고 있었을 때 최남선 주재의 '청춘' 지에 '새 아이'를 발표했다.
그의 노래가 악보화된 것은 이것이 처음이다. 이광수 작사, 김인식(金
仁湜) 작곡의 '새 아이'는 미래 세대에 새 희망을 거는 노래이다.

---

57) 調査資料 第二十輯, 『諺文新聞の詩歌』(朝鮮總督府 警務局 圖書課, 1930. 6.
　 15), p.3, 新年を迎ふ. "(1) 朝鮮の獨立(革命)を諷刺し團結鬪爭を慫慂する
　 もの, (2) 總督政治を咀呪し排日的のもの, (3) 貧窮を歌ひ階級意識を挑發
　 するもの" 3분야로 분류했는데, 춘원의 '新年を迎ふ(봄맞이)'는 (1) 첫 머리
　 에 게재되어 있다.

새 아이

(李光洙 작사, 金仁湜 작곡)

네 눈이 밝고나 엑스빛(X광선) 같다
하늘을 꿰뚫고 땅을 들추어
온 가지 眞理(진리)를 캐고 말란다
네가 '새 아이'로구나

네 손이 슬기롭고 힘도 크도다
불길(火焰)도 만지고 돌도 주물(주무를) 너
새롭은(새로운) 누리(世)를 지려는고나
네가 '새 아이'로구나

네 맘이 맑고나 銳敏(예민)도 하다
하늘과 땅 새에 微妙(미묘)한 것이
거울에 더 밝게 비최는구나
네가 '새 아이'로구나

네 人格(인격) 높고나 정성과 사랑
네 손발 가는데 和平(화평)이 있고
無心(무심)한 微物(미물)도 다 믿는구나
네가 '새 아이'로구나58)

김영환(金永煥)은 동경음악학교에 다닐 때 같은 기숙사에서 이광수
와 3년간 동거했다. 그는 이광수가 1917년 7월에 오도답파여행에서 돌
아와서 매일신보에 발표한 '낙화암'에 곡을 붙였다. 작곡가 김영환은,
춘원은 심금을 울리는 시가를 써서 이를 작곡하게 하여 널리 부르게 한
시인이라고 하면서, 그 노래는 '조선의 마음'을 담은 감동적인 시가라
고 평했다.

---

58) 『靑春』 제3호(1914. 12), pp.2~4, 새 아이(외배), 金仁湜 작곡.

내가 바로 동경에서 음악학교에 다닐 시절에 춘원과 나와는 한 3년 동안이나 한 기숙사에서 지냈다. 그때에 춘원과 나는 늘 마주 앉으면 어떻게 하면 조선 사람에게 새로운 노래를 부르게 할까 하고 늘 이야기하여왔다.

그 후 바로 어느 해 여름방학 때인가 춘원이 조선에 나왔다가 처음으로 부여(扶餘) 낙화암(洛花岩)을 구경하고 돌아와서는 '낙화암'이란 노래 한 편을 지어서 나에게 주며 여기 맞는 작곡을 하라고 하였다. 그 '낙화암'은 그때 '학지광'에도 실린 일이 있지마는 '낙화암'은 실로 그때의 나의 심금(心琴)을 울릴 만한 노래의 하나였다. 오늘날까지 조선의 시인이 하도 많지마는 춘원의 노래만치 부드럽고 아름다운 노래는 없는가 한다.

나는 춘원과 인간적으로 남달리 친한 탓인지는 몰라도 아마 조선에서 시인의 노래를 작곡하려면 첫째 춘원의 노래일 것이다. 오랜 후인 요사이에 와서 '낙화암'의 노래를 거리에서 들음에 새삼스럽게 다시금 그 시절에, 춘원과 마주 앉아 '낙화암'의 노래를 작곡하느라고 밤을 새우든 일이 갑자기 생각나게 한다. 요사이도 춘원과 가끔 만나면 다른 좋은 노래를 많이 지어 또 한 번 작곡하여서 노래로 널리 불러 퍼지도록 해보자고 늘 말하곤 한다.[59]

이광수는 '오도답파여행기'를 매일신보에 연재했다(1917. 6. 26~9. 12). 김영환이 작곡했다는 '낙화암'은 곧 '백마강상에서'[60]의 시조를 가리키고 있다. 이광수는 1933년 5월에 '아아, 낙화암'이란 기행문을 발표했다. 이 기행문은 '이광수전집'에 미수록된 작품이다. 다음 인용에서는 원문의 사자수(泗泚水), 사자성(泗泚城)을 사비수(泗沘水), 사비성(泗沘城)으로 바로잡아 표기하였다.

---

59) 『三千里』(1935. 7), pp.11~12, 洛花岩의 作曲(金永煥).
60) 『每日申報』(1917. 7. 6), 白馬江上에서(春園生); 春園李光洙著作, 朝鮮語學
會校鑑, 『文章讀本』(弘智出版社, 大成書林, 1937. 3. 15), p.70, 白馬江上에
서. 현대 철자로 고쳤음. 원문에 "수변에 푸른 양류야 너무 무심"을 "무심 하
노라"로 바로잡았다. 춘원은 '泗泚城'이라 잘못 표기하였는데 이는 '泗沘城'
이 맞다. 사비성은 곧 부소산성(扶蘇山城)을 말한다.

아아, 낙화암

퍼붓는 비를 무릅쓰고 이른 아침에 이인(利仁)을 떠났다. 이인서 부여 50여 리 간은 대개 산협(山峽)길이었다. 탄탄한 신작로가 협장(狹長)한 산협 간을 따라 난 것이 마치 일조청류(一條淸流)와 같았다. 게다가 도로 좌우 옆으로 아카시아가 쭉 늘어서서 그 풍치 있음이 비할 데가 없었다.

나는 산속 비탈 속으로 터벅터벅 혼자 걸어간다. 좌우 청산에는 빗소리와 벌레소리뿐이로다. 1천 2백 50년 전 백제 서울 반월성(半月城)이 나당(羅唐) 연합군의 일거(一炬)에 회신이 되던 날 밤에 자온대(自溫臺) 대왕포(大王浦)에서 놀던 흥도 깨지 못한 만승의 임금 의자왕(義慈王)께서 태후 태자와 함께 웅천(熊川)으로 몽진하던 길이다. 그때가 7월이라니까 아마 이와 같이 벌레소리를 들었을 것이다. 지팡이를 멈추고 우뚝 서서 좌우를 돌아보며 예와 같은 청산에는 말굽소리가 들리는 듯하여 흔연(欣然)한 감회를 금치 못하였다. 신지경(新地境) 고개라는 고개마루턱에 올라설 적에 문득 들리는 두견(杜鵑) 수성(數聲)은 참말 유자(遊子)의 애를 끊는 듯하였다. 이리 돌고 저리 돌고 이 고개 넘고 저 고개 넘어 늘어진 버들 그늘에 서너 모옥(茅屋)이 모우(暮雨)에 잠겨 있음을 보았다. 막걸리 파는 미인에게 물은즉 이 지명은 '왕자터'요, 부여서 20리라 한다.

목도 마르고 시장도 하므로 메어기(메기) 안주에 막걸리 한 잔을 마셨다. 문 앞에 청강(淸江)이란 강이 있음에 메기가 많이 잡힌다 한다. 거기서 약 10리를 오면 부여군(扶餘郡) 욕내면(欲內面) 가증리(佳增里)에 유명한 유사 이전의 묘지가 있다. 전년 총독부의 촉탁을 받은 흑판(黑板) 박사의 감정에 의하건대 적어도 4천 년 전 것이라 한다. 그때 어떠한 사람들이 어떻게 살았는지는 물어도 고분에 대답이 없건마는 난리(亂裡)에 잃어버렸던 선조의 분묘를 보는 듯하여 잠깐 배회하여 떠날 수 없었다. 부여 나복리(羅福里)라 하는 데도 4천 년 전 주민의 유적이 있다 한즉 이 지방에는 퍽 고대부터 문화가 열렸던 듯하다. 차차 앞이 툭 터지며 한계가 넓어간다. 대체 그 굉장한 문명을 가졌던 백제의 서울이 어떠한 것이던가 하는 생각에 자연 걸음이 빨라진다. 동시에 이 고개 넘어서 행군취타(行軍吹打)가 들릴 듯하고 하늘에 날

아오르는 반월성(半月城)에 외아찬란(巍峨燦爛)한 궁전과 사비수상(泗沘水上)에 관현(管絃)의 태평곡(太平曲)이 날량(喇喨)히 들릴 것 같다. 그러나 그 고개를 넘어서면 여전히 거칠은 여름풀과 모심는 농부뿐이로다.

길가에 말없이 누운 주춧돌과 낡은 비가 행인의 눈물을 재촉할 뿐이로다. 배회 몇 순간 만에 감개무량하면서 부소산 동편 모퉁이를 돌아 초가집 2, 3천이 적적히 누워 있는 소위 부여 읍내에 다다랐다. "이것이 부여든가" 함은 처음 온 사람의 누구나 발하는 감탄이라 한다. 이것이 일찍 사비(泗沘) 서울터라고야 뉘라서 믿으리오. 인사(人事)를 믿을 수 없다 하건마는 이러토록 심하랴.

이튿날 아침 백제의 구적(舊蹟) 구경을 떠났다. 바로 옛 헌병대 구내에 석조(石槽) 두 개가 놓였다. 이것은 백제의 귀인이 목욕하던 것이다. 한 개는 다리 뻗고 앉기 좋으리 만하고 한 개는 반듯이 눕기 좋으리 만하다. 나는 한창 적 로마인을 연상하였다. 그렇게 백제인은 번쩍하게 살았다. 부소산(扶蘇山)은 산이라기보다 망(罔, 그물)이다. 로마의 칠망산(七罔山)이란 어떤 것인지 모르나 아마 이러할 것이다. 길에 기와(蓋瓦) 조각이 한 벌 깔렸다. 그날 밤 화염에 튄 것이다. 어로(御爐)의 향내 맡던 것이요, 남훈의 태평가(南薰太平歌, 조선 말 순 한글 가곡집) 듣던 것이다. 여기는 대궐자리요 저기는 비빈(妃嬪)이 있던 데요, 달 맞는 영월대(迎月臺) 달 보내는 송월대(送月臺)도 여기요, 공 차던 축국장(蹴鞠場)이 여기, 가무하던 무슨 전(殿)이 여기, 150년의 영화가 하룻밤에 사라질 때 부소산 전체가 왼통 불길이 되어 7월의 밤하늘과 사비수(泗沘水)를 비칠 때, 그때의 비장처참(悲壯悽慘)한 광경이 눈을 감으면 보이는 듯하다. 그때의 영화의 꿈에 취하였던 구중(九重)의 궁궐이 왼통 경황하여 울며불며 엎더지며 자빠지며 이리 뛰고 저리 굴고 하던 양, 꽃같이 아름답고 세류(細柳)같이 연약한 수백의 비빈이 검은 연기를 헤치고 송월대의 비긴 달에 낙화암으로 가던 양, 숯고개와 사비수로 폭풍같이 말 몰려오든 나당 연합군의 승승(乘勝)한 고함소리가 귀를 기울이면 들리는 듯하다.

나는 청초(靑草) 위에 펄썩 주저앉아서 힘껏 그때 일을 상상하려 하였다. 내 눈앞에는 그때의 반월성이 있다. 그때의 궁전이 있고 그때의 사람이 있다. 그때의 색채가 보이고 그때의 음성이 들린다. 나도 그때의 사람이 되어서 노래하고 춤춘다. 황량한 반월성지(半月城池)의 거칠은 풀이 보일 뿐이다. 부소산의 모양도 얌전하거니와 비스듬히 저리이리 흘러 돌아가는 백마강도 좋고 멀리 눈썹같이 둘러선 청양(靑陽)정산(定山)의 연산(連山)도 좋다. 강산은 좋은 강산이다. 그러나 그 강산도 그 주인을 얻어야 빛이 난다. 부소의 강산은 암만해도 문아(文雅)한 백제인을 얻어 가지고야 비로소 빛이 난다. 지금은 백제인이 없음에 그 강산을 뉘라서 빛내일까. 부소산 동쪽 영일대(迎日臺) 너머 있는 창고터를 보았다. 아직도 쌀과 밀과 콩이 까맣게 재가 되어 남아 있다. 거기서 다시 발을 돌려 문자와 같이 화서(禾黍, 벼와 기장) 유유(油油)한 밭을 지나서 송월대(送月臺) 자리에 한참 발을 멈추고 궁성 서문을 빠져 돌아가 나선상으로 천인절벽을 다 내려가서 백마강 물소리 들리는 절벽 밑 반석 위에 있는 것이 유명한 고란사(皐蘭寺)다.

문전 절벽에 궤립(几立)한 노송에는 까치둥지가 있어 까치가 지저귀고 또 그 밑에 보이지는 아니하나 아마 수양버들 속에는 꾀꼬리 소리가 울려 올라온다. 이 절의 내력은 가고(可考)할 사료가 인멸하였으나 아마도 불법을 존숭한 백제 왕실의 수호사일 것이다. 연화(蓮花)를 아로새긴 주춧돌이며 빤빤히 닳아진 섬돌에는 당시 귀인의 발자국이었을 것이다. 낙화암상에서 방혼(芳魂)이 스러진 궁녀들도 아마 이 법실(法室)에 최후의 명복을 빌었을 것이다.

거기서 벽라(碧蘿)를 더위잡고 층암(層巖)을 안고 돌아 수십 보를 가면 까맣게 하늘을 폭 찌르고 우뚝 선 울퉁불퉁한 바위가 낙화암이다. 설마 그때 궁녀의 피는 아니지만 바위틈으로서 물방울이 뚝뚝 떨어지고 발밑에서는 소용돌이치는 장맛물이 노후(怒吼)한다. 행여 꽃 한 송이나 얻을까 하고 사방을 살폈으나 오직 동시에 독사가 기어 나올 듯한 이름 모를 풀이 있다. 나는 위로 바위를 보고 아래로 물을 보다가 차마 오래 머물지 못하여 급히 발꿈치를 돌렸다.

사비수(泗沘水)

泗沘水(사비수) 나리는 물에 석양이 비낄 제
버들 꽃 날리는 데 洛花岩(낙화암) 예란다
모르는 아이들은 피리만 불건만

맘 있는 나그네의 창자를 끊노나
洛花岩(낙화암) 洛花岩(낙화암) 왜 말이 없느냐?

七百年(칠백년) 누려오던 扶餘城(부여성) 옛 터에
봄 만난 푸른 풀이 예같이 푸렀는데(옛 빛을 띠건만)
九重(구중)의 빛난 宮闕(궁궐) 있던 터 어데며
萬乘(만승)의 귀하신 몸 가신 곳 몰라라
洛花岩(낙화암) 洛花岩(낙화암) 왜 말이 없느냐?

어떤 밤 불길 속에 哭(곡)소리 나더니
꽃 같은 宮女(궁녀)들이 어데로 갔느냐?
임 주신 비단 치마 가슴에 안고서
泗沘水(사비수) 깊은 물에 던진단 말이냐?
洛花岩(낙화암) 洛花岩(낙화암) 왜 말이 없느냐?

Nakwha Am, The Cliff of Falling Petals
(Translated by Chung Wha Lee Iyengar)

The evening sun rays glitter
On the water of River Savi.
The willow blossoms flutter
On the Cliff of Nakwha Am.
Though the innocent children
Merrily play the flute,
The thoughtful heart of a traveler
Is filled with endless pain.
Why so silent Nakwha Am
The Cliff of Falling Petals?

The glory was hers, Poo Yo,
For seven hundred years.
The green grass greets the spring

To show the ancient glow.
Yet no trace of the palace,
Where did the noble king go?
Why so silent Nakwha Am,
The Cliff of Falling Petals.

On the night of burning fire
Amidst the anguish cries,
Blossom-like court ladies,
Where had they gone?
Hugging the precious silk skirts
Given their lord
They fell over the cliff
To the water of River Savi.
Why so silent Nakwha Am,
The Cliff of Falling Petals?

곤한 다리를 잠깐 쉬어 이리(離離)한 청죽(靑竹) 중에 평제탑(平濟塔)을 찾았다. 대당평제탑(大唐平濟塔)이란 이름은 수치언마는 이와 같은 만고의 대걸작을 후세에 끼친 우리 선조의 문화는 또한 자랑할 만하다. 석양을 비껴 받은 탑은 즉시 날개를 벌리고 반공으로 솟아올 듯하다. 어떻게 저러한 구상이 생기고 어떻게 저렇게 기술이 능한고. 저렇게 조화 있고 장중하고 그러고도 미려한 형상을 안출하는 그 대예술가의 정신은 얼마나 숭고하였던고. 또 그러한 대예술가를 배출하는 당시의 우리 선조의 정신은 얼마나 숭고하였던고. 역사의 모든 기록이 다 인멸하고 말더라도 평제탑이 범연히 백제의 옛 서울에 서 있는 동안 우리 민족의 정신이 숭고하고 세련됨은 잊히지 못할 것이다. 지금에 혈관 중에도 이 선조의 혈액의 몇 방울이 흐를지니 이것이 신옥토(新沃土)를 만나고 신일광(新日光)을 받으면 반드시 찬연히 꽃을 피울 날이 있을 줄을 믿는다.

금일의 조선의 건축과 공예(工藝)를 출생하는 조선인이 백제탑을 작성한 조선인의 자손이라 한들 뉘가 곧이들으랴. 금일의 조선인은 쇠퇴하였고 타락하였고 추악하고 무능무위(無能無爲)하게 되고 말았다. 고려 중엽 이후로 조선조에 이르르는 7, 8백 년간에 삼국시대의 용장(勇壯)하고 건전한 숭고하던 정신은 왼통 소멸되고 말았다. 편벽협애(偏僻狹隘)한 유교사상은 조선인의 정신의 생기를 말끔 먹어치우고 말았다. 공자(孔子)의 유교가 생긴 지 2천여 년에 그것으로 망한 자 있음을 들었으나 흥한 자 있음은 듣지 못하였다. 유교사상은 일부 수신정심(修身正心)의 자료는 되는지 모르되 결코 치국평천하(治國平天下)의 도(道)는 아니다. 유교는 진실로 발랄한 정신의 활기를 죽이고 모든 문명의 맹아를 고사(枯死)케 하는 뙤약볕(曝陽)이다.

삼국시대의 조선인으로 하여금 금일 조선이 되게 한 것은 그 죄가 오직 유교사상의 전횡에 있다. 나는 조선사에서 고려와 조선조를 삭거(削去)하고 싶다. 그리고 삼국으로 소거(溯去)하고 싶다. 그중에도 조선왕조 시의 조선사는 결코 조선인의 조선사가 아니요, 자기를 버리고 지나화(支那化, 중국화)하고 말려는 어떤 노예적 조선인의 조선사이다. 그것은 결코 내 역사가 아니다. 나는 삼국시대의 조선인이다. 고구려인이요, 신라인이요, 백제인이다. 고려를 내가 모르고 조선조를 내가 모른다.

서양의 신문명이 옛 사상 부활(르네상스, 문예부흥)에 있다는 것과 동일한 의미로 조선의 신문명은 삼국시대의 부활에 있을 것이다. 아이구, 나는 사비성(泗沘城)의 옛날에 돌아가고 싶어 못 견디겠다. 나는 평제탑을 바라보고 다시 바라보며 옛날의 선조를 연모한다.

부산(浮山) 위에 걸린 태양은 핏빛같이 붉다. 사비수(泗沘水, 백마강) 물가에 늘어진 버들에는 저녁 안개가 꼈다. 반월성 머리에 울며 돌아가는 까마귀는 무엇을 한(恨)하는고. 저녁밥 후에 자전거를 빌려 타고 반월성 동문 밖의 백제 왕릉과 백제시대의 묘지를 찾았다. 황혼의 청초 속에 묻힌 세 왕릉 앞에 회고(懷古)의 뜨거운 눈물을 뿌리고 누누(累累)한 석곽(石槨)의 북망(北邙)에 무상(無常)의 감정을 돋우었다. 아아, 그리운 사비(泗沘)의 서울, 회신(灰燼)된 사비의 서울, 참담한 사비의 서울, 황량한 사비의 서울, 천년 후 어린 시인의 애를 끊는 사비의 서울아.

나는 배를 탔다. 우리 배는 규암진(窺岩津)을 떠났다. 옛날 백제의 상선과 병함이 떠나던 데요, 당(唐), 일본, 안남(安南)의 상선이 각색

물화를 만재하고 폭주(輻輳)하던 데다. 자온대의 기암은 현금에는 의자왕의 일유(逸遊)하던 터로 성명(聲名)을 전하지마는 당시에는 아마 이 별암으로 유명하였을 것이다. 진취 활발한 백제인이 금일은 동, 명일은 서로 천하가 좁다하고 횡행할 때에 이 바위 위에서 홍루(紅淚)를 뿌리던 미인도 많았을 것이다. 나도 백제인이 당을 향하고 떠나는 마음으로 규암진을 떠났다. 감회 많은 부소산을 다시금 바라보며 일엽편주는 지란총(芝蘭叢) 소리 한가하게 사비수의 중류에 흘러내린다. 일점풍 일점운이 없이 일파가 부동하는데 양쪽 기슭의 세류만 안개에 묻혔다. 이따금 이름 모를 고기가 뛰어 도영(倒映)한 산 그림자를 깨뜨릴 뿐이다.

물도 좋고 청산도 좋고 청천에 뜬 백운도 좋다. 모두 그림 가운데의 경치요, 시 가운데의 취미로다. 마침 같은 배에 동승한 3인이 다 비범한 자다. 통소 부는 소경 노총각과 해금 긋는 백발파립(白髮破笠)의 노인도 신기(神奇)하거니와 담장소복(淡粧素服)에 연광(年光)이 이팔(二八)이 넘었을락 말락 한 미인이 같은 배에 탔음은 더욱 기연이다. 나는 양개 악인(樂人)에게 한 곡을 청하였다. 두 사람은 흔연히 허락하고 몇 가지의 선곡(仙曲)을 화주(和奏)한다. 눈물 자국의 미인도 유미(柳眉)를 움직이며 이윽히 듣더니 솟는 흥을 못 이김인지 격절(擊節, 박자를 맞춤) 한 번에 '장생술(長生術) 거진말이'의 일곡을 부르고 다시 내 청으로,

半月城(반월성) 깊은 밤에 火光(화광)이 어인 일고
三千宮女(삼천궁녀)가 洛花岩(낙화암)에 지단 말가
水邊(수변)에 푸른 楊柳(양류)야 너무 無心(무심)하노라

江山(강산)은 좋다마는 人物(인물)이 누구러냐
自溫臺(자온대) 大王浦(대왕포)에 烏鵲(오작)이 깃들이니
지금에 義慈王(의자왕) 없음을 못내 슬허(설워) 하노라

泗沘城(사비성) 宮闕(궁궐) 터에 보리 밀만 누렇으니(누렇다)
當時(당시) 繁華(번화)를 어디 가 찾을는가
東門(동문) 밖 累累(누누)한 무덤에 夕陽(석양)만 비꼈더라

미인은 소리를 떨어가며 3곡을 연창하였다. 노를 젓던 사공도 어느
덧 노를 쉬고 배는 물을 따라 저 혼자 흘러간다. 이윽고 강상에 일진
풍이 돌아가니 천년간 수중에 졸던 낙화암의 아름다운 넋이 이 노래에
깨임이런가. 배가 또 한 물굽이를 돌아가니 책상 위에 올려놓고 싶은
조그만 봉우리 보이고 거기는 암상에 굴 붙듯이 초옥이 눌러 붙었다.
사공의 말이 강경(江景)에 다다랐다 하더라.61)

'낙화암'은 이광수 작사, 전수린(全壽麟) 작곡, 손금홍(孫錦紅) 노래
로 1934년에 음반이 나왔다. "손금홍은 1934년에 데뷔했다. 그해 4월
21일 JODK(경성중앙방송) 라디오에서 '낙화암'(전수린 작곡), '잊었던
꿈길'(전수린 작곡) 등을 노래했다."62)

한편 콜럼비아 레코드 주최로 9개 도시 전선(全鮮) 콩쿠르가 부산에
서 개최되었다. "지금까지 유행 가수는 화류계에서 많이 채용되었으나
이번 대회는 인텔리 계급의 사람들만 응시 자격이 있다"63)는 구호 아
래 열린 경연대회였다. 고복수(高福壽)가 출전하여 1등으로 입상했다.
본선은 서울에서 개최했는데, 9개 도시 3명씩 모두 27명과 서울 입선자
를 합하여 경연을 벌이게 되었다. 그런데 부산대회 1등 입상자 고복수
는 서울 본선에 갈 여비가 없어서 망설이고 있었다. 그의 아버지는 잡

---

61) 『三千里』(1933. 5), pp.58~61, 文人의 半島八景紀行: 아아, 洛花岩(李光洙).
　　이광수전집(삼중당)에 미수록; 『每日申報』(1917. 7. 6), 五道踏破旅行, 白馬
　　江上에서(春園生); 春園李光洙傑作選集 第一卷, 『半島江山紀行文集』(永昌
　　書舘, 1938. 8. 28), pp.21~22, 제8신; 춘원 · 요한 · 파인 合作, 『李光洙 · 朱
　　耀翰 · 金東煥 詩歌集』; 『文章讀本』, pp.68~70, 白馬江上에서. 원문(삼천리)
　　에는 '泗沘水(사자수)', '泗沘城(사자성)'이라 잘못 표기되어 있다. 그러나 '춘
　　원시가집'(1940)에 비로소 '泗沘水(사비수)'로 바로잡고 있다. 이광수전집(삼
　　중당, 1963), 권 15, pp.130~131, '낙화암'에도 '泗沘水'로 바르게 표기되어
　　있다. 원문(泗沘水)의 오기(誤記)를 '춘원시가집'에서 바로잡은 것을 보면, '낙
　　화암이란다'를 '낙화암 예란다'로, '칠백년 내려오던'을 '칠백년 누려오던'으
　　로, '예같이 푸렀는데'를 '옛 빛을 띠건만'으로, '어떤 밤 물길 속에'를 '어떤
　　밤 불길 속에'로, '보리만 누웠으니'를 '보리만 누렀으니'로 바로잡았다.
62) 박찬호 지음, 안동림 옮김, 『한국가요사』, 1, p.223.
63) 상게서, pp.263~364.

화상을 경영하였는데, 아버지 몰래 여비 60원을 훔쳐내어 서울행 열차를 타고 줄행랑을 쳤다. 고복수는 울산 출신으로서 교회 선교사에게 음악을 배우고 보통학교와 실업학교에서는 음악 특기생으로 선발되기도 했다.

드디어 콜럼비아 레코드 주최 전선 콩쿠르 서울 본선 대회가 개최되었다. 심사위원을 보면, 현제명(玄濟明), 메리 B. 영(Mary B. Young, 이화여전 음악과장), 윤성덕(尹聖惪) 등이다. 고복수는 과제곡으로 '비련', 자유곡으로 '낙화암'을 불러, 정일경(鄭日敬), 조금자(趙錦子)에 이어 3등에 입선함으로써 가수로 데뷔하는 길이 열렸다. 이에 동아일보 학예부에서는 '본사 현상 당선가 발표 음악대회'를 1934년 4월 22일에 공회당에서 개최한다는 광고를 내고 있다.[64] 이를 계기로 '낙화암'은 널리 애창되었다.

이와 같이 '낙화암'이 조선 민족 정서를 노래했다고 해서 민중들 사이에 널리 애창되자, 오케 레코드(李哲)는 '낙화암' 음반 취입을 기획했다. 그리고 1935년 10월 20일에 '낙화암' 음반(1543-B)이 나왔다.[65] 이에 만담가 신불출(申不出)은 '낙화암' 극본을 작사하여 판소리 장르로 불렀던 음반을 역시 오케 레코드에서 내었다. 단소 반주는 김종기(金宗基)였다.[66]

Okeh 1553-A 劇 洛花岩(上)
(申不出, 노래 徐祥錫·白華星, 伴奏 단소)

청년 : 노인! 저 흐르는 물이 백마강이고 이 바위가 낙화암이지요?
노인 : 옳소. 백제의 꽃 같은 궁녀 3천 명이 송죽 같은 절개를 신라 군사의 손에 꺾이지 않으려고 이팔청춘 고은 몸을 모조리 이 바위에서

64) 『東亞日報』(1934. 4. 19), 本社 懸賞當選歌 發表音樂大會, 4월 22일 於公會堂.
65) 이보형·홍기원·배연형 편, 『유성기음반 가사집』, 권 2, p.620, 洛花岩, 오케-레코드 판포닉 電氣吹入 1543-B.
66) 상게서, p.617, 洛花岩, 오케-레코드 판포닉 電氣吹入 1553-A.

강물로 던진 사실은 그대도 잘 알고 있겠지! 아아 그것은 참 너무나 참혹한 일이었소. 또 거룩한 사적(事蹟)이였소. 그것은 백제가 망했다 하는 그 사실보다도 더욱 큰일이었단 말이요. 그날은 하늘도 구슬퍼서 흐리고 있었다. 강물 소리도 목이 메어서 흘러내리지를 못했다는구려. 아아 그러나 세월은 흐르고 역사도 흘러 그것도 벌써 2천 년 전 옛날 이 되고 말았구려. 자! 젊은 사람 이 바위에 앉아 근방을 둘러보시오. 그 옛날 7백 년 영화를 자랑하던 부여(扶餘) 옛 성(城)터에는 봄풀이 욱어진 속에 벌레들이 집을 짓고 살고 구중궁궐이 있던 터에는 봄볕이 따스한 때 농부들이 한가로이 밭을 갈고 있단 말이야 하하하. 그리고 뜻 깊은 이 백마강(白馬江) 사비수(泗沘水, 泗泚水) 흐르는 물에 붉은 저녁노을이 비낄 제마다 적막공산(寂寞空山)을 피맺혀 울어주는 저 두견(杜鵑)새 소리만이 맘 있는 나그네의 창자를 절절하게도 끊고 있을 뿐이로구려, 하하하.

국파산하재(國破山河在, 나라는 망했으나 강과 산은 그대로 있음)라 하는 말은 옛 사람의 시(詩)가 있는 것과 같이 역사는 바뀌고 사람은 가고 사실은 흘렀으되 강산만은 옛날이나 지금이나 조금도 다름이 없단 말이야. 그러나 이 바위에 낙화암이란 이름이 외롭게 남아 있으면 무얼 하우? 신의나 정렬(貞烈)이라는 것은 무엇 말라 죽은 것이며 절개라 하는 것은 뉘 집 아해(兒孩) 이름이란 말이요.

자기 한 사람의 이욕(利慾)과 영화를 위해서는 아침에 가졌던 신의나 약속이 점심때도 못 돼서 변해버리는 것이 이 세상 사람들의 인심이라는구려. 때와 경우를 따라서는 적게 남쪽으로 흐르던 강물이 오늘은 북쪽으로도 흐를 수가 있다는구려. 그리고 세상은 그새 문명했단 말야. 개화(開化)를 했다는구려 음. 그래 요새는 가끔 시집 안 간 처녀 아해들이 낙태를 해서 이 뜻 깊은 강물 위에다가 던지고 가고 그리고 어떤 때에는 임질 매독 올린 놈들이 역사 깊은 강물 위에다 오줌을 깔기고 가, 하하하.67)

67) 상게서, pp.617~618; 한국음반아카이브 연구단 엮음, 『한국유성기음반(1907
   ~1945)』(도서출판 한걸음 · 더, 2011), 3권(시에론 · 오케음반), p.362.

Okeh 1553-B 劇 洛花岩(下)
(申不出, 노래 徐祥錫 · 白華星, 伴奏 오케트리오)

　청년 : 노인! 지금 노인께서 하시는 말씀을 듣고 보니 만일 옛사람의
영혼이 아직까지도 이 강 위에 남아 있다고 하면 슬퍼서 슬퍼서 울겠
습니다 그려.
　노인 : 울다 뿐이겠소. 목 놓아 울겠지. 후세상(後世上) 사람들의 못
나고 더러운 것을 바라보고도 슬퍼 탄식을 할 것이란 말이요. 그리고
적막해지는 이 강산을 바라보고도 원통해서 피맺혀 울 것이란 말이요.
저것 보시오. 나물 캐러 갔던 아해들이 노래를 부르는구려…, 젊은 사
람 여보 젊은 사람.
　청년 : 노인 아니 선생님, 과히 슬퍼하지 마십쇼. 지금 선생님의 하
신 뜻 깊은 그 말씀을 결단코 헛되지 아니하게 하겠습니다.

[노래]
사비수(泗沘水) 나린 물에 석양(夕陽)이 비낄 제
버들 꽃 날리는데 낙화암이란다
모르는 아해들은 피리만 불건만
맘 있는 나그네의 창자를 끊노라
낙화암 낙화암 왜 말이 없느냐

칠백년 나려오든 부여성(扶餘城) 옛터에
봄 맞는 푸른 풀은 예같이 푸른데
구중(九重)의 옛날 궁궐(宮闕) 있던 터 어디며
만승(萬乘)의 귀하신 몸 가신 곳 몰라라
낙화암 낙화암 왜 말이 없느냐
(1935년 10월 10일 인쇄 1935년 10월 20일 발행, 京城府南大門通
一丁目104 發行編兼 日本オ-ケ-蓄音器商會 發人 李哲 印人 金琪
午)[68]

---

68) 이보형 · 홍기원 · 배연형 편, 『유성기음반 가사집』, 권 2, p.619; 한국음반아카
　이브 연구단 엮음, 『한국유성기음반(1907～1945)』, 3권, p.364.

이리하여 '극 낙화암' 음반이 나왔다. 노래 서상석(徐祥錫)·백화성(白華星), 반주 오케트리오이다. 서상석은 일본 음악학교를 졸업하고 1933년 오케 레코드 제3회 신보에서 '귀향'으로 데뷔했고 1936년 역시 오케 레코드 정월 신보에서 '부여행(扶餘行)'(김능인 작사, 문호월 작곡)을 테너로 독창하기도 했다.[69]

이광수는 매일신보에 '무정'의 연재를 끝내고 이어 '개척자'를 연재했다(1917. 11. 10~1918. 3. 15). 과학 입국의 꿈과 한국 공업화의 미래 비전을 제시한 '개척자'는 한국 최초의 과학소설이다. 이 작품은 1922년 4월 예술좌(藝術座)에서 영화극으로 제작·공연하면서 콜럼비아 레코드에서 음반 취입했다. 작곡은 김영환, 주인공 민은식 역에는 윤혁(尹赫), 여주인공 김성순 역에는 이애리수를 배역한 영화극이다.

나이 젊은 화학자 김성재(金性哉)는 7년 동안의 화학 연구로 말미암아 가산을 탕진하고 늙은 아버지는 그로 하여 세상을 떠나갔다. 일가의 생활난과 성재의 연구자금으로 말미암아 곤란을 당하게 된 이것을 기회로 평소부터 성재의 누이동생 성순(性淳)에게 욕심을 두고 지내든 부호의 아들 변철학(卞哲學)은 물질의 원조로써 성재와 그 어머니의 환심을 산 후 드디어 결혼의 승낙까지 받았다. 그러나 성순에게는 새로운 이상을 품고 있는 청년 화가 민은식(閔殷植)이가 있었다.

성 : "은식 씨가 아니세요?"
은 : "네! 그렇습니다. 오 — 성순 씨!"
성 : "그동안 왜 한 번도 아니 오셨어요?
은 : "제가 오기를 바라셨습니까?"
성 : "왜 그렇게 말씀을 하셔요?"
은 : "내 누이는 변과 결혼하게 되었으니 다음부터는 교제를 끊어달라는 당신 오라버니의 편지를 받아보았습니다. 그러나 성순 씨만은 결코 나를 버릴 리가 없으리라고 믿었기 때문에 성순 씨만은 만나보고 싶은 생각이 간절하였던 것입니다."

성순이는 가슴이 터지는 것 같아 무엇이라고 말 한마디 하지 못하

---

69) 박찬호 지음, 안동림 옮김, 『한국가요사』, 1, pp.535~536.

였다.

은 : "성순 씨는 오직 성순 씨의 성순 씨이지요. 오빠나 어머니의 성순 씨는 아닙니다. 그러한 성순 씨이고 볼 것 같으면 자기를 잊을 리가 없으리라고 생각합니다."

성 : "은식 씨! 그러면 저는 어떻게 해야 할까요?"

은 : "싸워야지요. 전쟁밖에는 없습니다."

성 : "그것이 옳을까요?"

은 : "이기면 옳고 지면 그르지요."

성 : "제가 이길 수가 있을까요."

은 : "그야 전쟁이니까 강하면 이기고 약하면 지겠지요."

이 소리에 성순의 개성은 비로소 눈을 떴다. 굳센 확신을 붙잡은 성순이는 민의 손을 힘 있게 쥐고,

성 : "싸우지요, 싸우겠습니다. 당신의 사랑을 무기로 삼아 끝까지 싸우겠습니다. 오빠에게 못쓸 년이 되고 어머님에게 불초녀가 되더라도…"

부모중심 과거중심이던 구시대의 대신에 자녀중심인 신시대를 세워야 한다. 강이냐? 약이냐? 싸움이다. 대전쟁의 첫 탄환은 최초의 희생을 기다린다. 그 뒤에 성순은 어머니로부터 혼사 이야기를 듣고 민의 화실로 찾아갔다.

은 : "성순 씨를 괴롭게 하는 그 슬픔의 책임이 제 곁에 있으니 그만 꿈으로 돌리고 모든 것을 잊어버려주십시오."

성 : "책임을 중히 여기시면서 책임을 면하시렵니까? 정말이지 저는 꼭 '유'를 따라갈 터이야요. 만일 사랑하여주시는 것이 불만족하시다면 만족하실 길을 찾아주십시오. 그러나 제가 일생에 나가는 길은 확정이 되었습니다."[70)

성순이가 집으로 돌아왔을 때 그의 번민을 이해치 못하는 늙은 어머니는 모든 것을 행복스럽게만 해석하였던 것이다.

모 : "내 딸이 인제는 부자 집 며느리가 되었단 말이지. 애 그 콧물 질질 흘리든 게 벌써… 기특도 해라."

---

70) 이보형 · 홍기원 · 배연형 편, 『유성기음반 가사집』, 권 1, pp.47~48, 映畵劇開拓者 金永煥 尹赫 李애리수 管絃樂伴奏 日本콜럼비아蓄音器株式會社, 콜럼비아 레코드 40163—A.

성 : "저는 다른 데로 시집을 갈 수가 없어요. 저는 벌써 처녀가 아니야요."

모 : "무어? 무엇이 어떻게 되었어? 이 집안 망했구나. 아이고 어쩌면 계집애년이 아이고 하나님 맙소사 이거 동리 사람 들을라 아이고 쉬…"

성순은 민에게 몸을 허락했다고 말했으나 그것이 육교(肉交)를 의미한 것은 아니언마는 이 말을 들은 가족들은 기가 막히어 어찌할 줄을 몰랐었다.

옵 : "애 이 고약한 년! 집안을 망해놓았구나."

오빠에게 매를 맞은 성순이는 독약 한 병을 훔쳐 가지고 그 길로 아버지의 산소를 찾아갔다. 손바닥에 놓여 있는 독약 한 병은 성순이와 운명을 같이하자고 한다.

성 : "은식 씨! 죽음은 모든 것을 이길 수가 있겠지요? 내 몸이 다 타지드라도 내 사랑만은 당신의 가슴에 안길 수 있을 테니까요. 저는 갑니다. 제가 간 뒤에 어머니께서는 내내 무양(無恙)하시고 오빠도 성공하세요. 은식 씨! 당신의 가슴속에 저의 영(靈)이 영원토록 살게 해주셔요. 부탁은 오직 이것뿐입니다."

슬픈 눈물 가운데서 성순은 독약을 마시고 고투하다가 오빠에게 발견되어 집으로 돌아가 사랑하던 은식이의 가슴에 안기었다.

옵 : "성순아! 네가 약을 먹다니 웬일이냐? 아! 용서하여라. 모두가 이 오빠의 잘못이다."

성 : "오빠! 저는 아직 처녀야요. 마음이야 허락했지만 몸이야 몸까지야 어머니 부디 안녕히 계십시오. 오빠도 성공하시고 인제는 마지막입니다. 오! 은식 씨."

은 : "성순 씨! 성순 씨는 죽어도 영원한 나의 아내입니다."

성 : "고맙습니다. 그러면 오빠!"

옵 : "오냐 성순아 잘 가거라. 짧은 그 일생을 너무도 우리는 못 견디게 굴었구나. 자! 민 군! 그만 내려놓으십시오."

은 : "아니올시다. 아직도 몸에는 따뜻한 기운이 남아 있습니다. 전신에서 흐르는 뜨거운 피가 다 식을 때까지 제의 마음껏 안고 있게 하여주십시오."

성순은 죽었다. 고요히 자는 듯이! 그의 죽음에는 모든 것의 동정과 모든 악을 선화(善化)하는 위대한 힘이 있었던 것이다. 사랑하던 성순을 영원히 장사하고 쓸쓸한 서재로 돌아온 은식이는 성순을 조상하는 시를 지었다. "성아 아니 가든 못하겠더냐. 가려거든 함께 가지 못하겠더냐. 나에게 있는 희망과 기쁨을 한데 몰아 네 관에 집어넣고 너는 영원의 낙원으로 돌아갔구나."[71]

조선일보사는 해마다 유치원 원유회를 개최하고 있었는데, 1936년 5월에 제8회 유치원 원유회를 맞이해서 이광수는 유치원 원유회가 '좋은 날'을 작사하고 홍난파(洪蘭坡)가 작곡했다.

좋은 날(유치원 원유회 노래)
(李光洙 작사, 洪蘭坡 작곡)

많이들도 모였고나
반가워라 동무들
오늘은 오늘은
우리들의 좋은 날

어른들도 오셨구나
우리 보러 오셨다
오늘은 오늘은
우리들의 좋은 날

기운차게 노래하자
활발하게 뛰놀자
오늘은 오늘은
유치원 원유회[72]

---

71) 상게서, pp.49~50, 콜럼비아 레코드 40163—B.
72) 『朝鮮日報』(1936. 5. 16), 幼稚園 園遊會歌 '좋은 날', 李光洙 作詞, 洪蘭坡 作曲. 이광수전집(삼중당), 춘원시가집에 미수록.

유치원 원유회가 '좋은 날' 악보와 가사
이광수 작사, 홍난파 작곡으로 조선일보(1935. 5. 8)에 실렸다.

제8회 유치원 원유회

속담에 이르기를 고슴도치도 제 자식이 함함하다고 하는데 하물며
사람으로서야 누가 제 자녀를 귀애하고 사랑하지 안 하랴? 제 자녀를
귀애하고 사랑하는 것은 모든 동물의 본능이어니 사람이라고 해서 무
엇이 다르랴? 그러나 돌이켜 생각컨댄 자기의 자녀를 한갓 재롱거리로
삼아서 등이나 어루만지고 응석이나 받는 것으로써 만족하기에는 너무
나 소중한 존재다.

왜 그러냐 하면 우리의 모든 장래는 오직 그들의 것으로써 우리의
모든 포부와 이상도 오직 그들을 힘입을 수밖에 없는 까닭이다. 그런
데 재래로부터 우리 조선서는 어른들을 존경할 줄만 알았다 뿐이지 실
상 어린 사람들을 위할 줄은 잘 알지 못하였다. 거기 따라서 우리들은
장래를 바라보기 위하여 살지 못하고 항상 과거를 돌아보기 위하여 살
아온 것이다. 이제부터는 우리도 어린 사람들을 떠받들기로 하자. 그래

서 과거보다도 더 빛난 조선을 가지도록 하자.

본사 주최의 유치원 원유회는 지역으로 오직 서울 안 유치원에 국한되고 시간으로 오직 단 하루에 지나지 못하여 물론 우리의 정성보담은 오히려 적은 회합이다. 해마다 이 회합을 치를 때마다 우리는 그윽이 그러한 느낌을 품게 된다. 그러나 이미 횟수를 거듭한 지 여덟 번이라 그동안 참여한 어른과 어린 사람의 수효가 몇 십만에 이를 것이니 오직 그들만이 우리의 본의를 이해해주었다면 그 어이 결과가 적다 한할 것이랴? 그 보담도 본사에서 한번 유치원 원유회를 시작하자 각 지방에서도 다투어 그런 회합을 개최하고 있거니와 그 영향의 미치는 구석구석을 전부 따진다면 도리어 예상보다도 의외로 커다란 효과를 맺어주는 것이 아니랴? 이것은 결코 우리들로서 자화자찬의 선전이 아니라 사실 그대로다. 모든 난관을 무릅쓰고 꾸준히 이 회합을 계속하여 가는 데는 실상 이만한 사회적 공헌을 기약하는 바이다.

만일 이 회합이 사회적으로 적지 않은 공헌을 한다고 할진댄 그 공로는 본사에 있다느니보다도 각 유치원의 경영자라든지 보모 선생이라든지 그 여러분께 있다고 보아야 한다. 이 하루의 회합을 위하여 그분들이 얼마나 고심과 노력을 하고 있다는 것은 함께 그 회합을 준비하고 있는 본사가 아니고선 도저히 상상하기 어려운 노릇이다. 그렇기 때문으로 한 원유회로 인하여 그렇게 고심할 것이 무엇이냐는 등 하루를 유쾌히 놀리기 위하여 그처럼 노력할 것이 무엇이냐는 등 딴 의견을 제출하는 이도 있으나 그런 것은 모두 이 회합 속에 숨어 있는 본의를 모르는 소리다. 어른들의 조선에 대하여 어린 사람의 조선을 부르짖고 과거 조선에 비하여 장래 조선을 무겁게 하고자 우리는 이 원유회를 여는 것이니 단순한 하루의 놀이로써 이 원유회를 보아버려서는 오해요 착각이다.

설사 그런 의의가 없다고 하자. 일 년 열두 달을 가야 별로 유쾌한 날을 주지 못하는 우리 자녀에게 하루쯤 자유롭게 뛰고 놀리는 것도 또한 좋지 않으랴? 오직 우리는 이 회합의 범위를 좀 더 넓히어 전 경성 아니 전 조선의 어린 사람을 다 모으지 못하는 것이 유감이요 또 이 좁은 범위의 회합이나마 좀 더 자주 하지 못함이 유감이다. 요컨대 우리의 성의보담은 오히려 큰 열매를 맺는 데 만족하나 우리의 성의 그것이 여러 가지의 조건으로 제한됨이 섭섭한 일이다.73)

한편 이광수는 1937년 6월 동우회 사건으로 구속·수감된 직후인 7월에 '산으로 바다로'를 발표하였는데 장낙선(張樂善)이 곡을 붙였다. 요산요수(樂山樂水)를 노래하는 싱그러운 자연의 약동을 구가하고 있다.

산으로 바다로

산에 산으로 가세
골짜기에 물소리
수풀 길에 새소리
구름밭에 다람쥐
여름 산으로 가세

바다 바다로 가세
푸른 물결, 흰 물결
갈매기 떼, 고기 떼
떠오르는 달맞이
여름 바다로 가세74)

이광수는 '소년' 지에 '새 소년독본'을 집필하였다. "이광수 선생님은 우리 조선서 엄지손가락 가는 소설가십니다. 스무 해 동안 내리 소설을 쓰셨는데 내신 책도 벌써 스무 권이 넘습니다. 늘 여러분을 생각하시고 또 재미나는 이야기와 살로 가고 뼈로 가는 유익한 말씀을 들려주십니다. 이 '새 소년독본'은 여러분이 다 훌륭한 사람이 되도록 여러 유명한 선생님이 돌려가며 써주시기로 하였습니다." 이광수는 '자장노래'와 '탓', 그리고 '고맙습니다' 등을 발표했다.

---

73) 『朝鮮日報』(1936. 5. 16), 社說: 제팔회 유치원 원유회.
74) 『아이생활』(1937. 7·8), 산으로 바다로(曲譜), 李光洙 作詞, 張樂善 作曲; 閔庚培, 『鄭仁果와 그 時代』(韓國敎會史學硏究院, 2002), p.123; 李光洙, 『春園詩歌集』(博文書舘藏板, 1940. 2. 5), p.253, 산으로 바다로.

자장노래

1. 자장 우리 아기
   울잖고 잘 자네
   자면은 이뿐이
   울면은 미움보

2. 자장 우리 아기
   사르르 눈 감네
   자면은 이뿐이
   울면은 미움보

3. 자장 우리 아기
   쌕쌕쌕 코 고네
   자면은 이뿐이
   울면은 미움보

4. 자장 우리 아기
   미움보 될 리 있나
   울잖고 잘 자네
   우리 아기 이뿐이[75)]

탓

이애(애)들아 너희는 무슨 일에나 남의 탓을 하지 마라. 남이 너를 욕하거나 때리더라도 남의 탓을 하지 마라. 모두 '내 탓이라' 이렇게 생각하여라. 실상 모두 내 탓이니라.

만일 네가 남에게 미움을 받느냐. 그것은 네 탓이다. 만일 네가 언제나 남을 위하고 남을 돕고 남에게 좋게 하면 남이 너를 미워할 리가 있느냐. 그렇게만 하면 남은 언제나 너를 위하고 너를 돕고 너를 귀여

---

75) 『少年』(1938. 11), p.68, 새少年讀本. 자장노래(李光洙). 이광수전집(삼중당)에
   미수록.

워할 것이다. 네가 남을 미워하니까 남이 너를 미워하는 것이 아니냐. 불 안 땐 굴뚝에서 연기 나느냐. 가는 말이 고와야 오는 말이 곱다고, 네가 받는 것은 다 네가 한 값이니라.

하나님은 터럭끝만 한 일도 잊어버리심이 없이 다 적어 두신다. 네가 잘하는 일도 적어 두시고 네가 잘못하는 일도 적어 두신다. 그래서 마치 은행에 예금한 것같이 많이 맡겼으면 많이 찾고 적게 맡겼으면 적게 찾고 그와 반대로 빚을 졌으면 그 빚을 갚아야 하는 것이다. 네가 말 한마디, 행실 하나, 생각 하나 잘하고 못한 것이 다 고대로 네게로 돌아오는 것이다. 오늘에 안 돌아오면 내일, 금년에 안 돌아오면 명년에 반드시 네게로 고대로 돌아오고 마는 것이다. "무얼 그래, 안 돌아오는 일도 있지" 하는 사람은 지극히 어리석은 사람이다. 늙어서 남의 미움을 받거나 궁하거나 마음이 늘 괴롭거나 하는 사람은 다 이런 어리석은 사람들이다.

그러므로 너희들은 누구를 대하든지 그이에게 정성을 다하고 위하고 돕고 그 이를 기쁘게 해드리기를 힘써라. 그러면 그이는 너를 사랑하여 언제나 너를 위하고 도와줄 때가 오기를 기다릴 것이다. 날마다 때때로 당하는 사람마다 이렇게 너희가 정성을 드리면 한 해 이태, 십년 이십 년 살아가는 동안에 너희를 믿고 사랑하는 사람이 여러 백 명 여러 천 명 여러 만 명 생겨서 너희는 큰일을 하는 사람이 되고 또 너희 마음에도 큰 덕이 생겨서 너희 몸과 얼굴에서 환한 빛이 발하여 너희를 처음 보는 사람이라도 너희를 믿고 동경하고 사랑하게 될 것이다. 아들들아 이것이 너희의 큰 재산이요 큰 세력이 되고, 딸들아 이것이 너희의 가장 아름다운 의복과 화장이 되는 것이다. 얼굴에 분을 바르는 것보다 덕을 바르라. 몸에 비단옷을 입는 것보다 덕을 입으라. 옛날 말에 덕이 있는 사람은 몸에 윤택이 난다고 하였다. 너희는 길에서나 차에서나 처음 보는 사람이라도 정다운 사람을 보는 일이 있지 아니하냐. 그것은 필시 덕이 있는 사람이다. 또 처음 보는 사람이라도 달라는 것 없이 미운 사람이 있지 아니하냐. 그것은 필시 덕이 없는 사람이다.

덕이란 무엇이냐. 늘 정성스럽게 제 몸과 마음을 깨끗하게 하고 늘 정성스럽게 남을 위하고 소중히 여기고 돕는 사람 말이다. 덕이 없다는 것은 무엇이냐. 언제나 거짓말만 하고 제 말대로만 하려 들고 남을 낮추보고 남을 미워하고 무엇이나 당장 제 욕심만 채우려는 사람 말이다. 이렇게 제 생각만 하는 사람은 얼굴에 욕심과 심술 빛이 나고 몸에서는 냄새가 나는 것이다. 그의 눈찌와 음성은 불량하거나 간사한 것이다. 그러나 덕이 있는 사람의 얼굴에는 부드럽고 맑고 정다운 기운이 돌고 몸에서는 향기가 나고 눈찌는 화평하고 음성은 깊고 점잖고 듣기가 좋은 것이다. 부처님의 말씀은 부드러워서 듣는 이의 마음을 기쁘게 한다고 한 것이 이 말이다. 이애(애)들아, 이러한 것이 다 네 탓이니라. 좋은 것도 네 탓, 궂은 것도 네 탓, 훗날에 너희가 잘 사는 것도 네 탓, 못 사는 것도 네 탓, 모두 네 탓이니라. 모두 네 탓인 것을 깊이 믿고 살아가면 너희는 반드시 복되게 살 것이니 복이란 덕에서 오는 추수니라. 사람은 덕을 입어서 복의 열매를 거두는 것이니 악을 심으면 반드시 화의 열매를 거두는 것이니라. 이것은 내 말이 아니라 모든 성인의 말씀이요, 성인의 말씀은 곧 하늘의 이치니라. 이치란 법이니 사람의 법은 변해도 하늘의 법은 변함이 없나니라.76)

고맙습니다

'고맙습니다' 하는 생각을 늘 먹어라. 밥을 먹을 때에는 땀을 흘려 농사를 지은 이들과 벽(부엌)에서 수고스레 밥을 지어주는 이들에게 고맙다는 생각을 가져라. 내 몸에 입은 꼬까가 어떻게 된 것인지 아느냐. 비단이면 누에치는 이들의 수고, 무명이면 목화농사 지은 이들의 수고, 그리고 실을 뽑는 이가 어떻게 손이 트고 베를 짜는 직공들이 어떻게 나쁜 공기를 마시며 눅눅하고 후끈후끈하는 공장에서 고생을 하는지 아느냐. 그이들은 그로 하여 몸이 약해지고 병도 나는 수가 많다. 그처럼 수고해서 되는 네 옷감을 볼 때마다 '고맙습니다' 하는 생각을 가져라.

또 우리가 들어 사는 집이 좋든지 궂든지, 다 사람들이 수고해서 지은 집이요, 우리가 다니는 길, 타는 수레, 켜는 전기등, 그리고 너희가 즐겨하는 그림책과 장난감, 이 모든 것이 다 여러 사람이 수고해서 만들어진 것임을 생각하고 그것을 쓸 때에 '고맙습니다' 하기를 잊지 말

---

76) 『少年』(1938. 11), pp.38~41, 새少年讀本. 탓(李光洙). 이광수전집(삼중당)에 미수록.

고, 또 아끼고 소중히 여기기를 잊지 말아야 한다.

또 맑은 하늘, 따뜻하고 환한 해, 이쁜 달과 별들, 보기 좋은 나무와 풀과 꽃과 그리고 맛난 과일들, 그리고 시언(시원)한 바람과 물, 그리고 또 모양과 소리가 다 이쁜(예쁜) 새와 버러지들, 구름이며 안개며 무지개며 비며 눈이며, 이애(애)들아 이런 모든 아름다운 것을 우리에게 보이는 하늘과 땅을 향하여 '고맙습니다' 하고, 또 우리들의 생명을 주고 우리들에게 즐거운 생각과 착한 마음을 주신 '힘'에 대하여 '고맙습니다' 하는 생각을 늘 가져야 한다.

그리고 우리에게 말과 글을 편안히 사는 여러 가지 법을 주는 나라의 은혜를 생각하고 '고맙습니다' 하는 생각을 가질 것이요, 또 우리들을 애써 가르쳐주시는 학교의 선생님들과 또 부처님이시나 공자시나 예수시나 사람들에게 바른길을 가르쳐주시는 큰 선생님들께 언제나 절하고 '고맙습니다' 하기를 잊어서는 아니 된다. 그리고 우리를 낳아주시고 길러주시고 귀애주시는 부모님의 은혜는 은혜 중에도 가장 큰 은혜로서 일생을 두고 '고맙습니다' 하는 생각을 가져도 외려(오히려) 부족한 것이다.

이애(애)들아 하늘과 땅의 은혜와 나라의 은혜와 어버이의 은혜와 스승의 은혜와 여러 사람들의 은혜와 이것을 우리의 다섯 가지 큰 은혜라고 하는데 어느 때에나 이 은혜를 늘 생각하는 것이 착한 사람이다.

이러한 큰 은혜 외에 우리는 날마다 때때로 남에게 받는 은혜가 늘 있으니 그때마다 '고맙습니다' 하고 절하기를 잊지 말아라. 고마운 일을 당하고도 고마운 줄을 모르는 것보다 더 큰 죄는 없는 것이니 죄는 곧 고마운 줄을 모르는 것이다. 고마운 생각을 늘 가지는 사람은 결코 죄인이 되지 아니하는 것이다. 이애(애)들아 나는 너희가 언제나 '고맙습니다' 하는 사람들이 되기를 바란다.[77]

77) 『少年』(1937. 4), pp.26~29, 새少年讀本. 고맙습니다(李光洙). 이광수전집(삼중당)에 미수록.

동아일보 사가 악보와 가사
이광수 작사, 김영환 작곡으로 동아일보(1926. 1. 1)에 실렸다.
"자유혼 깨어라, 자유종 울려라, 옛 역사 새 정신 타는 광명, 새 조선의 빛난 깃발 짜리라"라고 노래하고 있다.

4. 동아일보 사가와 동아일보 현상 당선가요 발표음악회

동아일보사는 1925년 4월 5일 동아일보 사가 모집 광고를 내었다. 현상금은 백 원이다. "부르기 쉽고 알기 쉬우면서도 아름다워서 마음에 찔리움이 있을 만한 정에 넘치는 노래(社歌)를 모집합니다. 주의할 만한 것은 1. 2천만 민중의 표현기관, 2. 새 문화의 건설, 3. 민주주의의 세 가지를 근본 잡아 노래를 지을 것이나 결단코 이러한 글귀가 들어서는 아니 되고 은연히 나타나게 하여주십시오."[78] 그러나 4월 말에 마감한 응모 가사를 심사한 결과 마땅한 당선 가사가 없어서 동아일보 편집 국장 이광수에게 작사를 위촉했다. 이에 이광수는 '자유혼'을 깨우치는 사가를 지어 1926년 1월 1일에 발표했다. 작곡은 당시 작곡가로 명성

---

78) 『東亞日報』(1925. 4. 5), 社歌募集 東亞日報.

이 높던 김영환에게 의뢰했다. 이리하여 동아일보 사가는 이광수 작사, 김영환 작곡이다.

이광수는 신년호에서 '신세계를 창조하자'라는 사설을 게재했는데 사설 상단에 호랑이 두 마리가 포효하는 삽화를 그려놓고 있다. 1926년은 바로 병인년 호랑이해이다. 호랑이는 한국인의 기상을 표상하고 자유혼을 포효하고 있다는 것을 상징하고 있다.

해가 갈수록 우리의 설움은 깊어가고 해가 올수록 우리의 감정은 새로워진다. 한마디로 말하면 우리의 세계는 차별, 속박, 우수(憂愁), 암흑의 세계이다. 우리가 이러한 세계를 근본적으로 혁정(革正)하고 개조하여 써 차별에서 평등으로, 속박에서 자유로, 우수에서 환희로, 암흑에서 광명으로 새 천지 새 세계를 전개케 하는 것이 신년 벽두에 서서 2천만 형제와 같이 한마음으로 연맹하고 쌍수로 거축(擧祝)하는 바이다.

이 세계는 결코 어느 개인의 독점할 사유지가 아니며 또한 어느 계급에 전속된 특허물도 아니다. 이러한 의미에서 과거에 있어서는 18세기의 프랑스 혁명을 중심으로 개인적 자유권이 확인되었고, 현하에 있어서는 적로(赤露)의 혁명을 발단으로 사회적 생존권이 제창된 것이 아니냐. 우리는 이에서 인류진화의 원리를 발견하고 또한 역사발전의 법칙을 승인한다. 폭주의 전제로 인권자유의 혁명이 일어났고, 개성자유의 방종으로 자본주의가 발생되었고, 자본주의의 횡포로 사회운동이 일어나는 것은 다못 이(理)에 있어서 그럴 뿐만 아니라 세(勢)에 있어서도 필지(必至)할 사실일 것이다. 그러나 우리가 주의 착안할 요점은 개성의 각성과 노력이다. 환언하면 개성의 각성과 노력이 없고서는 정치적 자유도 경제적 평등도 인류적 박애도 공론망상에 불과할 것이다. 어찌 그러냐 하면 사회적 동맥이 개성에서 발하고 인류의 진보가 개성에서 기동된 까닭이다. 실례로는 동양 고래의 수천 년사가 우리에게 은감(殷鑑)을 작(作)하였던 바가 아닌가. 과거 수천 년간에 전제폭정을 신음비상(呻吟備嘗)하면서도 한 번도 인권자유의 항쟁이 없었던 것은 근본적으로 사회적 토대가 되고 동맥이 되어 있는 개성의 각성이 지둔(遲鈍)하였던 것을 입증할 것이다. 이리하여 동양 고래의 역대 폭주가

치안유지상 우민정책(愚民政策)으로 종시 일관하였던 것이 아니냐. 그러므로 인권자유는 개성 각성의 발단이요, 사회운동은 각성된 모든 개성을 토대로 한 생(生)의 발전이라 할 것이다. 이러한 의미에서 우리는 사회개조의 원동력이 되고 인문진보의 축진기(軸進機)가 되는 개성의 고귀한 개성의 발전을 고조 절규하는 바이다.

그러면 어떻게 하여 개성의 고귀를 발휘할 것이며 어떻게 하여 개성의 발전을 기도할 것인가. 첫째로 독립자존(獨立自存)하는 기백 있는 인격을 가져야 할 것이다. 의(義)에 당하여는 어디까지든지 종순추복(從順推服)의 심사를 가져야 할 것이요, 불의(不義)에 대하여는 생명을 도(睹)하여도 촌보를 양보하지 않는 기개가 있지 아니하면 아니 될 것이다. 요컨대 복종과 항쟁의 대상이 언제든지 의와 불의의 문제요 사리(私利)와 사익(私益)의 문제가 아닌 것을 철저히 자각하지 아니하면 아니 될 것이며, 둘째로 사리(事理)와 대세를 통찰할 보편적 상식을 수련치 아니하면 아니 될 것이다. 사리에 합하지 못하고 대세에 배치된 노력과 항쟁은 언제든지 도비(徒費)에 그칠 것이며 수포에 돌아가고 말 것이다. 셋째는 단체인이 되자. 여하히 기백 있는 인격을 가지고 또한 사리와 대세에 식달(識達)할 능력이 있다 할지라도 단체적 세력과 배경이 없으면 개성의 고귀를 보장할 수 없으며 또한 개성의 발전을 기도할 수 없을 것이다. 선철(先哲)의 말에 인간은 사회적 동물이라 하는 것은 결국 이것을 의미하는 것이 아닌가.

신세계의 창조가 가까이 왔다. 형제여 각성하자. 각성하여 써 단결하자. 단결하여 써 분발하자. 동남으로 태평양상의 가상적 전운이 거두지 못하여 서북으로 살벌적 태풍이 습래하는 것은 무엇보다도 극동 정국의 불안을 선언하는 것이며 또한 최근의 장래에 극동 정국의 불안으로 제2의 세계적 대전란을 예고하는 것이 아니냐. 그러면 구아로(歐亞露) 3대륙의 교통의 인후지(咽喉地)에 처하여 적어도 2천만 대중을 포용하고 있는 우리 민족의 일투족일거수야말로 실로 극동 정국의 안위에 대하여 천균(千鈞)의 무게를 둘 뿐 아니라 인(引)하여 세계 대세의 회선기(回旋機)를 파악하고 있는 것을 생각할 때에 어찌 맹성이 없으며 자중이 없으랴. 이러한 의미에서 우리는 신년을 기하여 오래 동안 부란(腐爛)된 구문화의 공각(空殼) 속에서 선탈(蟬脫)하여 유린 매몰되었던 개성의 각성을 환기하고 새 개성의 환성(喚醒)으로써 새 단체를 짓고

새 단체의 세력으로 당래할 새 변국(變局)에 처하여 신세계를 창조하
자.79)

이광수에게는 1926년은 그의 민족운동의 큰 분수령을 이룩한 한 해
였다. 그는 1924년 4월 북경 밀행(密行)을 단행했다. 경무국 당국의 감
찰을 뿌리치고 첩보전을 방불케 하는 일이었다. 북경에서 안창호를 만
나 동아일보사에서 모금한 '재외동포위문금' 1천 7백 원을 독립자금으
로 전달하고, 평양의 동우구락부(김동원)와 서울의 수양동맹회(이광수)
는 다 같은 흥사단 국내 지부인 만큼 하나로 통합하라는 특별지령을 받
고, 귀국 후 1926년 1월 8일 두 민족단체를 통합, 수양동우회로 발족한
것이다.80) 이와 때를 같이하여 이광수는 식민지 조선 동포에게 독립열
망의 비전을 제시해준 모세와 같은 민족지도자의 심정으로 동아일보
사가를 작사한 것이다.

아메리카 독립혁명의 발상지 필라델피아 독립기념관에는 자유종
(Liberty Bell)이 봉안되어 있다. 이는 아메리카 독립혁명의 국가 상징
물로 길이 보존되고 있다. 1776년 7월 4일 독립기념관에서 핸코크 사
회로 대륙회의를 개최할 당시, 워싱턴을 총사령관으로 임명하고 제퍼슨
이 기초한 독립선언문에 13인 식민지 대표가 서명을 하고 발표한 후
자유종을 울렸던 것이다. 이 자유종에는 레위기(Leviticus)의 한 구절이
새겨져 있다. "전국 거민(居民)에게 자유를 공포하라(Proclaim liberty
throughout the land unto all the inhabitants thereof)."81) 이광수는 바
로 이 자유종을 모델로 동아일보 사가를 작사한 것이다. "졸던 자유혼

---

79) 『東亞日報』(1926. 1. 1), 社說: 新世界를 創造하자.

80) 金源模, 『영마루의 구름: 春園 李光洙의 親日과 民族保存論』(단국대학교 출
판부, 2009), p.451.

81) Howard L. Hurwitz, *An Encyclopedic Dictionary of American History*(New
York: Washington Square Press, 1970), p.395, Liberty Bell. 구약 레위기(25:
10) 전문은 다음과 같다. "제50년을 거룩하게 하여 전국 거민(居民)에게 자유
를 공포하라, 이 해는 너희에게 희년(禧年)이니 너희는 각각 그 기업(基業)으
로 돌아가며 각각 그 가족에게로 돌아갈지며."

을 깨우치고 자유의 종소리를 세계만방에 만세토록 울릴지며, 정의의 붓대는 어느 누구에게도 꺾이지 않으리. 진리의 횃불을 높이 쳐들고 삼천리 방방곡곡에 비추리로다. 원컨대 베틀의 북이 되어 자유혼을 담은 새 조선의 깃발(태극기)을 짜리로다"라고 노래하고 있다.

동아일보 사가를 작곡한 김영환(金永煥, 1893~1978)은 춘원과는 동경 유학 시절부터 같은 하숙방에 기거한 평생지기이다. 김영환은 평양 출신으로서 일찍이 선교사로부터 음악을 배웠고, 숭실중학을 졸업한 후 동경음악학교에서 피아노를 전공했다. 졸업식 날 학교 당국은 그에게 졸업증서를 주지 않고 단지 수료증만 주었다. 이에 분노한 김영환은 수료증을 찢어버리고 학교 당국에 항의했다. 외국인에게는 졸업증서를 줄 수 없다는 구구한 변명에 대해 소송을 제기하겠다고 항의함으로써 비로소 졸업증서를 받아내었다. 졸업 후 귀국, 숙명여고보에서 교편을 잡는 한편, 피아니스트로 작곡가로 활동하다가 1978년 2월 미국에서 타계했다.[82]

김영환이 1917년 춘원이 오도답파여행 시 지은 '백마강'을 작곡한 것도 이런 인연 때문이었다. 이광수는 김영환의 명인(名人)정신을 극구 찬양하고 있다.

그러면 명인 되는 방법이 무엇일까? 명인 되는 방법은 외길이니 그 것은 '한 곬으로'라는 것인가 보다. 무엇이나 한 가지를 붙들고 그 한 가지만을 붙들고 일생을 가면, 그리하되 부지런히 힘쓰기만 하면 명인 이 되는 모양이다. 천재라는 것은 '장구한 노력'에 비기면 문제도 안 되는 모양이다. 그러므로 일가(一家)를 성(成)하여 명인이 되려면 한 가지를 붙들고 일생을 보내는 수밖에 없다. '성의 있는 외곬 10년!' 이 것이 조화무궁한 것이니 여기서 입신(入神)이니 도통(道通)이니 통허 (通虛)니 하는 범인 이상의 경계가 생기는 것이다.

그런데 우리네는 이 '성의 있는 외곬 10년'이라는 것이 부족하다. 그 리고 두 가지 마(魔)에 걸린다. 하나는 좀 해보다가는 전업(轉業)하는 것이니 장사도 그러하고 예술가들도 그러하고 공부도 그러하다. 김영

---

82) 박찬호 지음, 안동림 옮김, 『한국가요사』, 1, pp.97~98.

환(金永煥)의 피아노 외곬, 홍영후(洪永厚/洪蘭坡)의 바이올린 외곬 모양으로 가는 이가 드물다. 그러므로 파뜩하다가는 스러지고 마는 것이요, 경험을 쌓을 새도 없고 따라서 통리(通理)할 새도 없는 것이다.

둘째 마(魔)는 얼른 대가(大家)가 되어버리는 것이다. 돈푼이 생기면 벌써 호강하려 들고, 이름이 조금 나면 벌써 대가가 되어 온유(溫遊)한 수양을 그치는 것이다. 의사는 개업면허증을 얻으면 공부가 끝나고, 교사는 교원자격을 얻으면 다시는 공부가 없다. 문사(文士)도 그렇고 다 그렇다. 이 안어소성(安於小成, 작게 이루는 일에 만족하는 것)하는 조로적(早老的) 대가는 결코 대성(大成)할 수는 없는 것이다. 죽기까지의 미성품(未成品) 죽기까지의 학도로 자처하고 성의 있는 노력을 일생을 두고 계속하는 사람만이 대가가 되는 것이다.83)

동아일보는 1926년 정초에 동아일보 사가를 발표했다.

동아일보 사가
(이광수 작사, 김영환 작곡)

1. 二千萬(이천만) 가슴속에 졸던 自由魂(자유혼)
　　깨어라 소리치어 자유의 소리
　　나날이 새 힘 자라 새는 날마다
　　永遠(영원)히 외치로다 自由(자유)의 소리

[후렴]
東亞日報(동아일보) 東亞(동아)의 종(鐘)소리 自由鐘(자유종) 소리
二千萬(이천만) 自由魂(자유혼)의 외치는 소리
萬國(만국)에 울려라 萬歲(만세)에 울려라

2. 이 붓대 보았는가 正義(정의)의 붓대
　　義(의) 아닌 것 보고는 못 참는 붓대

---

83) 『四海公論』(1935. 12), pp.44~45, 學窓獨語 第四章 名人主義(李光洙); 春園 李光洙, 『人生의 香氣』(京城 弘智出版社, 1936. 6. 21), pp.132~135, 名人主義.

차라리 義(의)에 싸워 꺾일지언정
곧고 곧은 그 節槪(절개) 휘지 못하네

3. 횃불은 들렸도다 眞理(진리)의 횃불
　三千里(삼천리) 우리 江山(강산) 두루 비최리
　옛 歷史(역사) 새 精神(정신) 타는 光明(광명)은
　千萬代(천만대) 내리 傳(전)할 眞理(진리)의 횃불

4. 願(원)컨대 북이 되어 사랑의 꾸리
　끝없는 실을 끌고 同胞(동포)의 가슴
　낱낱이 들며나며 二千萬(이천만) 魂(혼)을
　짜리라 새 朝鮮(조선)의 빛난 깃발로84)

　제18회 보성전문 상과 졸업생 앨범(1922～1925)에 처음으로 보성전 문학교 교가가 소개되어 있다. 이 무렵에 보성전문 교가가 제정된 것이 다. 이광수는 1921년 4월 상해 임정을 탈출, 귀국하면서 즉각 흥사단 국내 지부격인 수양동맹회(1922. 2. 1)를 조직하였고, 이어 5월 '개벽' 지에 '민족개조론'을 발표하여 그의 민족주의적 혁명사상을 선명(宣明) 하였다. 1923년 5월에 동아일보에 입사하고, 10월 북경 밀행을 단행, 안도산을 만나 향후 민족운동단체 수양동맹회의 혁명사상 선전 방략을 협의한 후 1924년 1월 '민족적 경륜'을 발표, 민족주의적 사상의 등불 을 밝힌 것이다. 이무렵 보성전문은 이광수에게 교가 작사를, 김영환에 게 작곡을 의뢰하였다. 이러한 시대적 배경 하에서 이광수의 독립혁명 사상을 선양한 보성전문 교가가 탄생한 것이다. 이광수는 "젊은 가슴 숨은 생명 힘 넘쳐 뛰노라"라고 젊은 생명력의 위력을 찬송하면서 자 유독립사상을 고무하고 있으며, "소리치고 일어나자 보전의 건아야"라 고 외치면서 자유해방의 승전고가 반드시 삼천리 방방곡곡에 메아리칠 것임을 예언하고 있다. "길은 멀어도 일은 크니 준비도 크리라" 하여 조국광복의 대업(大業)의 길은 멀고도 크니 독립전쟁 준비를 단단히 할

---

84) 『東亞日報』(1926. 1. 1), 東亞日報 社歌, 李光洙 作歌, 金永煥 作曲.

보선전문 교가 악보와 가사

이광수 작사, 김영환 작곡. 억압받는 민족을 해방시킬 역군을 양성한다는 광복정신이 담긴 교가이다. "이 힘이여 이 생명을 펼 곳이 어데인가 / 눌린 자를 쳐들기에 굽은 것 펴기에 / 쓰리로다 부리리라 이 힘과 이 생명"을 구가하고 있다. '희망의 빛'은 조국광복의 영광의 불빛을 상징한다. 보전의 건아(健兒)들에게 소리치고 일어나 '희망의 빛'을 향하여 돌진하자고 노래하고 있다.

것을 촉구하고 있다. "눌린 자를 쳐들기에 굽은 것 펴기에"라 하여 불의와 부정에 맞설 수 있는 정의감과 용기 있는 항일투쟁을 고취하고 있다.

보성전문(普成專門) 교가
(李光洙 작사, 金永煥 작곡)

1. 젊은 가슴 숨은 생명 힘 넘쳐 뛰노라
   이 힘이여 이 생명을 펼 곳이 어데인가
   눌린 자를 쳐들기에 굽은 것 펴기에

쓰리로다 부리리라 이 힘과 이 생명
보성전문 보성전문 우리 모교 보성전문

2. 우리 무리 드는 깃발 생명, 정의, 진리
성(誠)과 용(勇)의 붉은 피로 지킬 것이 이것
왼 세계에 흐린 물결 굽이쳐 흘러도
확신하네 최후 승리 정의와 또 진리
보성전문 보성전문 우리 모교 보성전문

3. 바라보라 천리만리 앞길은 멀어도
비추이는 희망의 빛 크기도 크고나
길은 멀고 일은 크니 준비도 크리라
소리치고 일어나자 보전의 건아(健兒)야
보성전문 보성전문 우리 모교 보성전문85)

이러한 시대적 개성의 대각성을 계기로, 새 단체를 만들어 새 조선을
건설하겠다는 독립의지가 불타고 있는 때에 나라를 팔아먹은 이완용
(李完用)이 1926년 2월 11일 사망했다.86) 이완용은 1910년 8월 22일
통감부에서 데라우치 통감과 한일합병조약을 체결했다. "제1조 한국
황제폐하는 한국 전부에 관한 일체의 통치권을 완전 차 영구히 일본국
황제폐하에 양여함. 隆熙四年 8月 22日. 統監子爵 寺內正毅, 內閣總
理大臣 李完用." 이완용은 한일합병조약 체결 공로로 조선총독부로부
터 우악한 반대급부를 받았다. 9월 24일에는 3일간 잔무 처리 수당 60
여 원을 수령했고, 10월 3일에는 퇴관금(退官金) 1,458원 33전을 수령
했다. 일본 정부는 이른바 합방 공로자 72인에게 작위를 수여했는데,
최고위직인 공작(公爵)은 주지 않고 이완용에게 백작(伯爵)을 주었다.
나라를 팔아넘기는 데 공로를 세운 작위 수여자에게 은사금(恩賜金)을
일화(日貨)로 지불했는데, 후작(侯爵)에게는 15만 원, 백작에게는 10만

---

85) 『고려대학교 100년사』(고려대학교 출판부, 2008), I, pp.314~316.
86) 『東亞日報』(1926. 2. 12), 臥席終身한 李完用, 작 11일 제집에서 병사.

원, 자작(子爵)에게는 5만 원, 남작(男爵)에게는 3만 원을 지급했다. 이들 수작자들에게 지급된 은사금 총액은 824만 6천 8백 원에 이르고 있다. 이완용은 백작이기에 10만 원을 받은 셈이다. 삼천리강토를 영구히 일본에 팔아먹은 매국대금 총액이다.[87]

이광수는 이에 대일(對日) 적개심, 항일감정이 폭발하였다. 사설에서 검열을 통과하기 위하여 '이완용'이란 실명을 일체 거론하지 않고, 직설적 표현을 삼가고 은유적(隱喩的) 표현을 했다. "누가 팔지 못할 것(나라)을 팔아서 능히 누리지 못할 것을 누릴 수 있겠는가. 문서(한일합방 문서)를 헛것으로 만들었지마는 그 괴로운 앙갚음(매국의 업보)은 영원한 진실임을 깨닫지 못하였을까"라고 저주하고 있다.

그도 갔다. 그도 필경 붙들려 갔다. 보호 순사의 겹겹 파수와 전비전벽(錢扉磚壁)의 견고한 엄호도 저승차사의 달려듬 하나는 어찌하지를 못하였으며 드러난 칼과 뵈지 않는 몽둥이가 우박같이 주집(注集)하는 중에서도 이내 꼼짝하지를 아니하던 그 다라진 눈동자도 염왕(閻王)의 패초(牌招) 앞에는 아주 공손하게 감겨지지 않지를 못하였구나. 이때였다. 너를 위하여 준비하였던 것이 이때였다. 아무리 몸부림하고 앙탈하여도 꿀꺽 들이마시지 아니치 못할 것이 이날의 이 독배(毒杯)이다. 너의 시렁이 빠지도록 무거히 실린 관기훈장(官記勳章)과 너의 고앙(庫)이 꺼지도록 들어 쟁인 금은재백(金銀財帛)도 이때의 너를 도움에 털끝만 한 소용이 없음을 다른 사람 아닌 네가 출촐히 샅샅이 미감(味感)하게 될 마당이 이제야 다닥쳤다. 만(萬)을 반절(半截)한 오랜 편경(編磬)과 천(千)을 양만(兩萬)한 많은 생맥(生脈)을 귀 떨어진 쇠조각으로 바꿀 때에는 그런 것이나마 천사만사(千斯萬斯) 누릴 줄 알았지마는 인제 와서는 모두 다 허사임을 깨닫고 굳어가는 혀를 깨물 그때가 왔다. 이럴 줄 몰랐다 할 그럴 때를 당한 너의 감회가 어떠하냐. 모든 것이 다 몽환(夢幻) 같고 포영(泡影) 같건마는 오직 하나 추치악욕(醜恥惡辱)만이 만고의 현실로 떨어짐을 깨닫게 된 이때의 너의 심내

87) 金明秀, 『一堂紀事』(一堂紀事出版所, 1927), pp.591~592; 釋尾春芿, 『朝鮮併合史』(朝鮮及滿洲社, 1926), pp.574~607.

(心內)야 그래 어떠하냐.

학부(學部)의 구실만 치르고 말았어도 하는 생각도 나지, 아니, 애당초에 대가(大家)의 양자도 들어가지 말고 시골서 땅이나 파다가 말았더라면 하는 생각도 나지, 깨끗한 몸과 편안한 마음으로 마지막의 눈을 감음에는 너에게 적게까지 옳게 알든 것이 하나도 오늘의 너를 고뇌전민(苦惱煎悶)케 하지 않는 것이 없음을 새삼스러이 기막혀 하지 아니치 못할 것이다. 아까까지도 눈을 깜박거리면서 자기 변호할 말이나 생각하고 자기 위안할 길이나 찾았었지마는 60여 년의 완운미무(頑雲迷霧)가 다 걷혀지고 천량(天良)의 월륜(月輪)만이 둥그렇이 낭조(朗照)하는 이 마당에서 보지 말자 하여도 자꾸만 눈에 들어오는 더러운 뼈다귀 부대를 데밀다 보고야 안 차고 다라진 네 눈에선들 걷잡을 수 없는 뜨거운 눈물이 어찌 아니나 쏟아질 것이냐. 인제는 나막신 친구의 알랑거리는 빛도 너의 눈에서 떠날 것이며 한 구덩이 여우들끼리의 서로 위로하든 말도 너의 귀에서 사라질 것이다. 이 눈이 감기면서 떠지는 새 눈의 앞에는 다만 이의(理義)와 오직 법도(法度)의 삼엄위숙(森嚴威肅)한 세계가 나설 것이다. 이때까지 궁구(窮究)하기를 나는 죽으면 열종(列宗)과 광왕(光王)과 깨끗한 조상네들에게 대면하지 아니할 딴 저승으로 살짝 도망해 가리라 하였을지라도 염부(閻府)의 네 대접이 어디서 와 가를 리 없음에 너를 위하여 딴 길을 낼 리가 있을 것이냐. 계정(桂庭/閔泳煥)의 높은 대문 앞도 지나지 아니치 못하며, 포은(圃隱/鄭夢周)의 빛난 동네 속으로도 나가지 아니치 못하리니, 그때마다의 퍼다 붙는 모닥불이 네 몸을 안팎으로 태우고 또 태울 일이 딱하지 아니하냐. 그리하고 환영의 기라도 들고 나올 듯한 송삼조사(宋三趙四, 송의 3간신 秦檜, 韓侂胄, 賈似道와 조의 4간신)도 풍(酆)에는 휴가가 없음에 찾아도 보이지 아니함이 그중에도 못내 섭섭 쓸쓸하겠지.

사람의 현사(顯思)가 무서운 것이 아니요, 귀신의 음의(陰議)만 두려운 것이 아니다. 이것저것을 면하자면 면하기도 하는 것이지마는 회간윤교(檜姦倫巧)도 면해지지 못한 것은 구경(究竟)의 일사(一死)요 일사 이후 영원한 공벌(公罰)이다. 무섭고 두려운 것이 무엇이냐 하면 갈수록 붙고 더하여 그칠 줄을 모르는 이 영원한 형징(刑懲)의 아픔이다. 이렇게 살아서의 미안(美眼) 가선(佳膳) 호거(好居) 선식(善飾)이 얼마나 유연(柔輭, 덧바퀴 달린 수레)이 체(體)에 적(適)하고 순당(順當)이 마음에 칭하였을지라도 그것은 꿈같은 시대의 일이다. 영원한 업보의 제 몸에 얽매임과 항구한 타매(唾罵) 후세에 떨어져 감에 비하여서도 그것이 달고 맛깔스러울 수는 없다. 목숨은 짧은데 의는 길며 사람은 몰라도 법은 엄하다. 누가 불의의 부귀로써 능히 신후(身後)를 유윤(裕潤)케 한 자— 냐. 누가 일대의 영화로써 능히 만고의 적막을 면한 자 — 냐. 누가 팔지 못할 것을 팔아서 능히 누리지 못할 것을 누린 자— 냐. 서로령(棲露嶺)의 꽃이 말끔 악왕묘(岳王墓, 宋의 충신 岳飛)를 위하여 아름다운 향기를 뿜는 일변에 서호(西湖) 유객(遊客)의 편리가 왼통 유추상(繆醜像)을 향하여 더러운 냄새를 끼얹는 것만이 어찌 충간(忠姦)의 현보(顯報)라 하랴. 보이지 않는 천하의 오예(汚穢)가 형상 없는 추상(醜像)을 벌책(罰責)함은 일찍 일각의 관완(寬緩)이 없으리니 살아서 누린 것이 얼마나 대단하였는지 이제부터 받을 일 이것이 진실로 기막히지 아니하랴. 문서는 헛것을 하였지마는 그 괴로운 갚음은 영원한 진실임을 오늘 이 마당에서야 깨닫지 못하였으랴. 어허 부둥켰던 그 재물은 그만하면 내놓았지! 앙탈하던 이 책벌(責罰)을 인제부터는 영원히 받아야지!88)

이완용이 죽은 지 석 달도 안 되어 이광수의 예언대로 사후의 엄혹한 책벌이 내렸다. 누군가 시멘트로 장치한 이완용의 무덤을 파헤치면서 시신을 꺼내려는 앙갚음을 감행한 것이다. 이는 매국노 이완용에 대한 공벌(公罰)이 아닐 수 없다. "전북 익산군 낭산면(朗山面) 내산동(內山洞)에 있는 선산에 신장(新葬)한 이완용 후작의 분묘를 재작일 누군가 침입하여 묘지기 몰래 발굴하여 시신을 꺼내려고 하였다. 원래 그 묘는 만일에 대비하여 주위를 시멘트 콘크리트로 다져두었기 때문에 목적을 달성할 수가 없었다고 전하고 있으나 진상은 아직도 불명이다. 이것을 발견한 묘지기는 당황망조 옥인동(玉仁洞) 이항구(李恒九) 남작에게 지급 통지를 보내는 일방 당지 경찰에 고발하여 범인 수색에 맹활약 중이라고 한다. 부친의 묘지가 발굴당하였다는 급보를 접한 이항

---

88) 『東亞日報』(1926. 2. 13), 社說: 무슨 낯으로 이 길을 떠나가나.

구 남작가에서는 어제 아침 열차로 사람을 현지에 급파하여 진상을 조사 중이라고 한다."[89]

일제의 만주 침략이 임박한 가운데 식민지 조선에서도 세계공황의 여파가 쓰나미(해일)처럼 휩쓸려 들었다. 이른바 농업공황의 형태로 나타났으니 1925년에 11원 4전 하던 쌀값이 1931년에는 4원 63전으로 대폭락하는 사태가 발생하여 이농자가 속출했다. 이러한 농업 침체는 곧 조선인 전체의 생활고로 이어질 수밖에 없는 절박한 정신적 중압감을 주었다. 이에 춘원은 암담한 조선인에게 새 희망과 미래를 약속하면서 모두 합심 단합하여 '새 조선'을 건설하자고 호소하는 '새해의 노래'를 발표했다. 이 시에서 춘원은 동우회의 정강정책인 실력 양성 정신을 노래하고 있다. 여기서 오늘의 '함'이란 독립운동을 실천함을, 내일의 '바람'은 독립 달성의 미래희망을, '합하는' 것은 단결정신을, '외침'은 총궐기의 외침을, '일하는' 것은 독립준비 역행을 상징하고 있다.[90]

새해의 노래

새해야 오너라! 너를 무서워할 내냐
기쁨을 가지었느냐 그것을 마다랴만
슬픔, 아픔, 고달픔 —
견디기 어렵다는, 불행을 가지고 오느냐?
그러하더라도 — 아아 그러하더라도
다 받으마! 다 받으마!

내게 당하는 운명을 — 그것이 쓰거나 달거나 —
피할 낸 줄 알았드냐, 아니다! 오, 아니다!

89) 정진석 편, 『日帝시대 民族紙 押收 기사모음』(LG상남언론재단, 1998), I, pp.345~346, 이완용의 묘 갑자기 발굴, 대경실색한 경찰과 유족 시멘트로 장식한 이완용 묘를 파다, 누구의 소행인지 몰라 경찰은 수색 중(『중외일보』, 1926. 5. 1).

90) 『東亞日報社史』(동아일보사, 1975), p.329, 새해의 노래(李光洙). 이광수전집(삼중당)에 미수록.

즐거움도 먹으리라, 괴로움도 먹으리라
단 잔도 쓴 잔도, 다 마시리라 — 사양하랴

새해야 오너라! 무엇이나 가지고 오너라!
다 받으마, 내 다 받으마
쓴 것을 먹고 단 것을 낳으마
고통을 먹어 행복을 낳으마
아무것이나 당하는 것을, 먹어 새 조선을 낳으마

울기를 잊었다, 탄식하기를 잊었다
원망도 남을 믿기도, 그런 것은 다 잊었다
다시 기억 아니 하기로, 영원한 잊음에 집어 던졌다
우리에게는, 오직 오늘의 '함'과 내일의 '바람'과
그리하고 '합하는' '외침'과 '일하는' 선소리가 있을 뿐이다

새해야! 아무것이나 가지고 오라!
부디 많이 가져오라! 가지가지로 가져오라!
많은 '일'과, 큰 '합함'으로
우리를 축복하여라!
새해야!91)

한편 동아일보사는 암담한 식민치하에서 신음하는 조선인에게 '한 오리 등불'을 밝히기 위하여 새 희망과 새 미래의 꿈을 노래하는 조선의 노래를 공모하기로 기획했다. 신춘문예 공모에 '조선의 노래'라는 제목으로 창가, 시조, 한시를 현상 공모했던 것이다. "모든 조선 사람이 기쁘게 부를 조선의 노래를 가지고 싶습니다. 조선의 땅과 사람과 그의 힘과 아름다움과 그의 빛난 장래에의 약속과 희망… 이런 것을 넣은 웅대하고 장쾌하고도 숭엄한 노래 — 과연 조선의 노래라고 하기에 합당한 노래를 구하는 것은 아마 조선 사람 전체의 생각이라고 믿습니다. 본사에서는 이러한 건성(虔誠)으로 만천하에 조선의 노래를 모집합니

91)『東亞日報』(1931. 1. 1), 새해의 노래(李光洙). 이광수전집(삼중당)에 미수록.

다."92)

현상공모를 마감하여 심사한 결과 시조와 한시에서는 당선작이 있었으나, 창가부에서는 마땅한 당선작이 없어서 노산(鷺山) 이은상(李殷相)이 '익명생'이란 이름으로 당선창가를 발표하였다.

당선창가 조선의 노래
(익명생)

白頭山(백두산) 뻗어 내려 半島(반도) 三千里(삼천리)
無窮花(무궁화) 이 동산에 歷史(역사) 半萬年(반만년)
代代(대대)로 예사는 우리 二千萬(이천만)
복 되도다 그 이름 朝鮮(조선)이로세

三千里(삼천리) 아름다운 이 江山(강산)에
億萬年(억만년) 살아갈 朝鮮(조선)의 자손
길러온 재조와 힘을 모두세
우리의 앞길은 坦坦(탄탄)하도다

보아라 이 江山(강산)에 밤이 새나니
二千萬(이천만) 너도나도 함께 나가세
光明(광명)한 아침 날이 솟아오르면
기쁨에 북받쳐 노래하리라93)

이 노래는 이듬해 현제명(玄濟明)에게 작곡을 의뢰하여 이은상 작사, 현제명 작곡의 '조선의 노래'가 탄생하였다.94) '조선의 노래'는 1932년에 채동선(蔡東鮮)이 4부 합창 멜로디를 붙여 부르기도 했다. 국가(國

---

92) 『東亞日報』(1930. 12. 25), 新春懸賞募集 朝鮮의 노래. 唱歌 1등 30원, 2등 20원, 3등 10원; 時調 1등 15원, 2등 10원, 3등 5원; 漢詩 1등 10원, 2등 5원, 3등 3원.
93) 『東亞日報』(1931. 1. 21), 當選唱歌 朝鮮의 노래, 匿名生(鷺山 李殷相 作).
94) 『東亞日報』(1932. 4. 1), 朝鮮의 노래, 匿名生 歌, 玄濟明 曲.

歌)가 없었던 조선 식민지인은 이 노래를 국가 또는 국민가요로 애창하면서 노래가 널리 유포되자 일제 당국은 이를 조선인에게 자유독립정신을 고취하는 노래로 단정, 금지곡으로 지정했다. 해방 후에는 '국민가'로서 남녀노소를 막론하고 전 국민이 애창했는데, 제목도 '대한의 노래'로 바뀌면서 '이천만'은 '삼천만'으로, '조선'은 '대한' 또는 '배달'로 고쳐 불렀다.95)

1934년 4월 동아일보 학예부는 현상 당선가요와 춘원의 동아일보 사가를 널리 홍보하기 위하여 당선가요 발표회를 개최하기로 결정했다. 민족의식을 고취하고 자유독립정신을 각성시키기 위한 음악대회를 기획하였는바, 출연 가수는 모두 콜럼비아 레코드 전속 가수 및 콜럼비아 레코드 주최 콩쿠르에서 당선된 가수를 총망라하여 당선가요 대회를 개최했던 것이다.

본사에서는 일찍부터 조선 사람 이천만이 다 같이 부르고 다 같이 즐기고 다 같이 감발(感發)할 만한 노래를 얻어서 이에 좋은 곡을 붙여 삼천리 방방곡곡 집집마다에 보내려는 생각으로 재작년(1931) 신년을 기회하여 상금을 걸고 '조선의 노래'를 널리 모집하여 그 당선된 것에는 악단(樂團)의 대가의 작곡을 얻어 지상에 발표한 일이 있거니와 또 최근에는 이른바 유행가란 것이 축음기의 힘으로 비상한 세력을 얻어 널리 퍼져가는 한편으로 그 가사(歌詞)와 곡조에 있어서 저급한 것이 또한 없지 않으므로 이러한 경향을 좋은 방면으로 인도하여 유행가의 정화(淨化)를 도모하는 동시에 한걸음 더 나아가서는 좋은 노래와 좋은 곡조를 제공하여 시가(詩歌)와 음악이 가질 수 있는 사회상, 풍교상(風敎上) 효과를 더욱 크게 해보자는 뜻으로 금년 신춘을 기회하여서 다시 '서울 노래'와 '농부가'를 모집하여 상당히 좋은 노래들을 얻었다.

본사에서는 이것들을 이번에 한데 모아 발표하기로 되었는데 현재 조선 안에 있는 축음기 회사 중에서 좋은 가수를 많이 가지고 있는 콜럼비아 상회에 위탁하여 취입케 하는 동시에 전기한 바와 같이 오는

---

95) 박찬호 지음, 안동림 옮김, 『한국가요사』, 1, pp.176~177.

22일 밤에 그 발표음악회를 열어 가지고 장차 취입할 가수들로 하여금 일반의 앞에서 한 번 실연(實演)케 하기로 되었다. 이번에 출연할 가수는 콜럼비아 상회의 전속 예술가 강홍식(姜弘植), 김선초(金仙草), 전옥(全玉), 석금성(石金星) 제씨와 당선가수(當選歌手) 정일경(鄭日敬), 고복수(高福壽), 조금자(趙錦子) 제씨요. 겸하여 콜럼비아 상회의 밴드가 전부 출연할 것이며 순서는 제1부에서는 '동아일보 사가(社歌)'를 비롯하여 '조선의 노래', '서울 노래', '농부가' 등등 본사 당선가가 있겠고, 제2부에서는 이 음악회의 여흥으로 콜럼비아 상회에서 자신 있게 자랑할 만한 유행가들을 실연하기로 되었다.96)

동아일보 현상 당선가요 발표음악회는 예정대로 4월 22일 공회당에서 성대하게 개최되었다. "그 순서의 대강을 말씀할 것 같으면, 첫째로 장엄하고 의미심장한 본사 '사가(社歌)'의 연주가 있은 뒤에, '새봄맞이', '서울 노래', '남대문', '농부가', '서울뜨기 언·파레이드', '조선의 노래'가 있을 것입니다. 이 여섯 가지는 모두 본사 학예부가 현상 모집한 주옥편으로서 작곡에도 힘을 들였고 또 가수도 콜럼비아 가수 중에서도 적재적소로 배정이 다 되어 오직 명 22일 밤을 기다리게 되어 있을 뿐입니다. 건전한 노래가 적고 오직 무의미하고 감상적인 노래가 많이 전파되고 있는 이때에 이 여섯 가지 노래는 큰 충동을 줄 것입니다. 이 여섯 가지 노래가 끝나면 본사 학예부가 주최하는 당선가요 발표음악 대연주회도 끝이 나고 다음으로는 번외(番外)로 콜럼비아가 그의 전속가수들을 총동원하여 여러 가지의 흥미 있는 유행가를 노래 부르게 되었습니다. 그 가수들은 일찍부터 유행가곡계에 이름이 있는 이들로서 흥미가 진진할 것입니다."97)

레코드를 통하여 듣는 노래가 아니라 상상으로만 그리고 있던 가수들의 육성을 무대의 각광을 통하여 듣는 날 — 그리고 그리던 22일은

---

96) 『東亞日報』(1934. 4. 13), 本社當選歌 發表音樂大會 4월 22일 오후 8시 公會堂, 本社 學藝部 主催로 콜럼비아 歌手 實演.

97) 『東亞日報』(1934. 4. 21), 本社 懸賞 當選歌謠 發表音樂會는 明夜로 迫到.

오늘입니다. 아무리 좋은 축음기에서 나오는 노래라고 하더라도 전신을 만함식(滿艦飾, 부녀자의 성장)으로 장식한 젊은 가수들의 육성만이야 하겠습니까. 일찍이 연숙한 기술과 청아한 성량으로 일반에게 위안과 흥미를 주고 있던 그 가수들이 부르는 노래는 물론이거니와 본사가 특히 여러 해를 두고 현상 모집한 건전하고 의미 있는 가요를 여러분에게 노래 불러드리게 되었으니 오늘 밤의 청중에게는 그보다 더 큰 행복은 없으리라고 생각합니다.

본사가 모집한 가요에 대하여는 더 설명할 필요가 없으나 번외(番外)로 하는 유행가에 있어서도 콜럼비아가 정선한 것으로서 오늘 밤의 프로는 일찍이 보지 못하던 충실한 것입니다.

[순서]
제1부
1. 동아일보 사가   … 전원
2. 새봄맞이   … 조금자
3. 서울 노래   … 고복수
4. 남대문   … 김선초
5. 농부가   … 전원
6. 서울뜨기 언·파레이드   … 강홍식
7. 조선의 노래   … 전원
제2부
1. 압록강 뱃사공   … 전원
2. A 아리랑 강남 B 오돌또기   … 석금성
3. A 처녀 행진곡 B 울음은 한이 없네 … 조금자
4. A 두견새 우는 밤 B 비련(悲戀)   … 고복수
5. A 수줍은 처녀 B 탄식하는 밤   … 전원
6. 연모(戀慕)의 한(恨)   … 정일경
7. A 처녀 총각 B 가세 바다로   … 강홍식
8. A 진달래의 애심곡(哀心曲) B 애가(哀歌)… 김선초
9. 조선타령(朝鮮打令)   … 전원98)

98) 『東亞日報』(1934. 4. 22), 歌手들의 肉聲을 들을 今夜 公會堂의 盛觀!

1932년 4월 윤봉길의 폭탄의거에 연루된 안창호는 일본 경찰에 체포되어 국내로 압송되어 3년 징역형을 받았다. 안창호의 구속·수감으로 동우회는 최대 위기상황을 맞이했다. 이광수가 이끌고 있는 최대 민족주의 운동단체 동우회가 해체 위기를 당하고 있었다. 이광수는 위기를 민족의식 각성의 기회로 역이용했다. 도산은 2년 6개월간 복역하고 1935년 2월 10일 가출옥했다. 그리고 대보산 송태산장을 지어 은거했다. 이광수는 도산의 인격과 활동무대를 이렇게 전망하고 있다.

안도산에 대하여는 여러 가지 사정으로 그의 인격이나 수완을 충분히 말하기가 어려울 것 같습니다. 내가 아는 안도산은 '참'과 '참음'의 사람이라고 봅니다. 그는 거짓말, 거짓 표정을 완전히 극복한 사람이라고 봅니다. 그에게는 발표 아니 하는 것이 있을지언정 표리도 없고 권변(權變)도 없고 음모도 없습니다.

세상에서 혹시 그를 오해하는 이가 있지마는 좀 패러독스 같지마는 이 오해가 다 그의 참되어 꾸밈과 권변 없는 데서 온 것입니다. 그에게는 접하는 모든 사람을 다 유쾌하게 하고 다 친하게 할 만한 권변과 가식과 첨곡(諂曲)을 부리라면 부릴 재주는 넉넉하다고 생각합니다마는 이 '거짓'이라는 것을 자기 개인에게서 빼어버리고 조선 사람에게서 빼어버리자는 것을 일생의 대원(大願)을 삼고 또 일생의 직분을 삼고 있습니다. 또 그가 참음을 힘쓴다 함은 그는 일찍 사람이나 일이나 물건에 대하여 성을 내거나 화를 내거나 싫은 생각을 내이는 것을 본 사람이 없습니다.

도산의 인격은 이상에 말씀한 두 기둥 위에 선 것이라고 믿습니다. 도산의 수완에 대하여서 말씀하면 그중에 특징(特長) 되는 것은 경륜(經綸)인가 합니다. 이 점에는 그는 어디까지나 실제적입니다. 그는 이 점에서 결코 공상가가 아닙니다. 도산에게 어떤 무대를 제공하였으면 좋겠는가에 대하여서는 말할 수 없습니다. 왜 그런고 하면 도산은 어떤 처지에 있던지 자기의 무대를 자기 손으로 만드는 사람입니다.

만일, 그래도 가상으로, 만일 도산에게 무엇을 제공해보라고 하면 나는 유치원에서부터 보통학교, 남녀 고등보통학교, 남녀 전문학교와 대학과 같은 것 포함한 학원을 맡기고 싶습니다. 이것이 도산이 가장 즐겨할 뿐 아니라 가장 능란한 무대일까 합니다. 도산의 학교에서 몇 달만 배운 사람이라도 특색 있는 훈련을 받아서 특색 있는 사람이 되는 것은 이미 대성학교(大成學校)에서 실험된 것이지마는 지금은 그 능력이 더욱 원숙하였을 것을 믿습니다.[99]

주요한은 상해 흥사단 원동지부(안창호, 1919) → 상해 독립신문 (1919) → 수양동맹회(1922) → 수양동우회(1926) → 동우회(1929) → 동아일보(1923) → 조선일보(1933) → 동우회 사건(1937)에 이르기까지 그림자처럼 따라다녔던 춘원의 평생 혁명동지이다. 주요한은 춘원이 일제 암흑기에 세 개의 등불을 밝히고 납북되었다고 찬송하고 있다. 인간의 가치를 밝히는 등불, 항일과 독립희망의 등불, 절대 사랑의 등불을 밝히려다 붉은 광풍(6·25)에 휩쓸려 철책 너머 북쪽으로 사라졌다고 영탄하고 있다.

춘원 선생을 생각하면서
세 개의 등불
주요한

이 땅에 아침 해가 돋기 전
그는 세 개의 등불을 켰었네.

(1) 별도 죽은 듯 숨 막는 어둠에서
인간의 가치를 가리자는
파장이 천개만개 공명을 불러내
해돋이를 예고하는 신호였네.
(2) 민족의 슬픔과 자랑을 초점 잡아
잃어진 땅에 꽃 심고 물주는 일념
얼음에 눌린 체온을 보전한 그것은
저항의 등, 희망의 불씨

---

99) 『三千里』(1932. 12), 島山의 人格과 舞臺(李光洙).

(3) 영혼의 승리 찾아 걷는 외로운 등,
절대 사랑의 형상 결정시키려던 실험관,
순례의 등불은 붉은 광풍에 가뭇히 사라졌네―
다시 보지 못한 철책 저 편으로.
그러나 오늘, 등불은 살아 있네―
우리들 마음속,
유산을 키우는 마음들 속에 한낮에도 더 환할 그 등불이.
(1969. 1. 20)[100]

5. 조선어사전편찬회

1929년 10월 31일 한글창제 483주년을 맞이하여 이극로, 이광수, 주요한을 중심으로 조선어사전편찬회를 창립했다. 위원 21명 중에는 이극로(李克魯), 최현배(崔鉉培), 이윤재(李允宰), 이광수, 주요한 등이 포함되어 있다.

한글은 세종대왕께서 창제하사 벌써 483년이나 지나게 됨에 저간 여러 학자들의 연구와 정리가 일층 더 한글의 참된 가치를 발휘하게 되어 참으로 세계적으로 자랑거리가 되어 있으나 아직도 그 사용하는 방법이 완전한 통일에 들어가지 못할 뿐 아니라 말에 있어서도 역시 학리적(學理的) 정리와 전국적 통일이 없어 일반은 항상 이것을 유감으로 생각하여 어찌하든지 속히 완전한 조선어사전을 제정할 필요가 있다고 얼마 전 사회 각 방면의 인사를 망라한 유진태(兪鎭泰) 등 108 명의 발기로 조선어사전편찬회 발기회를 조직하여 한글기념일인 지난 31일 오후 일곱 시 시내 조선교육협회 안에서 한글기념식을 마친 뒤에 즉시 발기회 총회를 열고 여러 가지로 토의한 결과 결국 조선어사전편찬회를 창립하였는데 발기인은 아래와 같다.

▪ 발기인
兪鎭泰(유진태) 李昇薰(이승훈) 尹致昊(윤치호) 李鍾麟(이종린) 南

---

100) 『朝鮮日報』(1969. 1. 21), 세 개의 등불(주요한).

宮薰(남궁훈) 崔麟(최린) 許憲(허헌) 宋鎭禹(송진우) 申錫雨(신석우) 安熙濟(안희제) 朴勝彬(박승빈) 兪億兼(유억겸) 金活蘭(김활란) 李容卨(이용설) 金仁泳(김인영) 蔡弼近(채필근) 金法麟(김법린) 白麟濟(백인제) 崔奎東(최규동) 趙東植(조동식) 鄭大鉉(정대현) 李潤柱(이윤주) 崔斗善(최두선) 金麗植(김여식) 金美理士(김미리사) 白南薰(백남훈) 張膺震(장응진) 金東赫(김동혁) 安在鶴(안재학) 李萬珪(이만규) 金昶濟(김창제) 李世楨(이세정) 兪珏卿(유각경) 鄭仁果(정인과) 金昌俊(김창준) 金禹鉉(김우현) 朴漢永(박한영) 金枓奉(김두봉) 權悳奎(권덕규) 崔鉉培(최현배) 申明均(신명균) 李常春(이상춘) 金允經(김윤경) 張志暎(장지영) 李奎昉(이규방) 李秉岐(이병기) 鄭烈模(정열모) 李允宰(이윤재) 洪起文(홍기문) 李鐸(이탁) 姜邁(강매) 金智煥(김지환) 車相瓚(차상찬) 李晟煥(이성환) 方定煥(방정환) 權相老(권상로) 朴淵瑞(박연서) 柳瀅基(류형기) 全弼淳(전필순) 金永鎭(김영진) 白樂濬(백낙준) 李順鐸(이순탁) 白南奎(백남규) 安一英(안일영) 尹治衡(윤치형) 李光洙(이광수) 梁柱東(양주동) 廉想涉(염상섭) 卞榮魯(변영로) 玄鎭健(현진건) 李益相(이익상) 李殷相(이은상) 崔象德(최상덕) 田榮澤(전영택) 池錫永(지석영) 林圭(임규) 沈友燮(심우섭) 李祐植(이우식) 閔大植(민대식) 金秊洙(김연수) 張斗鉉(장두현) 金性洙(김성수) 張鉉軾(장현식) 洪淳泌(홍순필) 魯基禎(노기정) 白寬洙(백관수) 金秉圭(김병규) 尹炳浩(윤병호) 李瀅宰(이형재) 李重乾(이중건) 李克魯(이극로)

・委員(위원)

安在鴻(안재홍) 朱耀翰(주요한) 李時穆(이시목) 鄭寅普(정인보) 權悳奎(권덕규) 崔鉉培(최현배) 張志暎(장지영) 李常春(이상춘) 李秉岐(이병기) 鄭烈模(정열모) 兪億兼(유억겸) 朴勝彬(박승빈) 崔斗善(최두선) 李光洙(이광수) 方定煥(방정환) 金法麟(김법린) 魯基禎(노기정) 李重乾(이중건) 申明均(신명균) 李允宰(이윤재) 李克魯(이극로)

・部署(부서)

위원장 李克魯(이극로), 상무 李重乾(이중건)(경리), 李克魯(이극로)(편집), 崔鉉培(최현배)(연구), 申明均(신명균)(조사), 鄭寅普(교양), 李允宰(출판)[101]

---

101) 『東亞日報』(1929. 11. 2), 社會各界有志網羅 朝鮮語辭典編纂會 한글창제 483년 기념일에 뜻 깊은 우리말 사전편찬회를 창립, 한글 統一運動에 邁進.

동아일보 편집국장 이광수는 사설에서 조선어사전 편찬의 역사적 의의를 다음과 같이 정의하고 있다.

작 10월 31일은 한글반포 제483주년에 당하는바, 당일 동 관계자 및 사회유지는 무려 백여(명) 집합하여 성대히 동 기념식을 거행하고 이 날을 기회로 조선어사전편찬회 발기회를 거행하는 동시에 동 창립회를 선언하였다 한다. 일개 민족으로서 자족어(自族語)에 의한 일(한) 사전 이 발간되지 못하고 그 사용어가 구구하다 하는 것은 동 민족의 일대 수치로서 자타 공히 그 불만을 느끼든바 이제 전 민중의 이름으로써 이의 편찬회를 창립하였다 하니 자축을 마지않는다. 조선어사전이란 것은 1880년 프랑스인의 손으로 된 한불사전(韓佛辭典)이 있고, 또 영 국인의 한영자전(韓英字典), 총독부의 조선어사전이 있지만 모두 조선 인의 힘으로 된 것이 아니요, 그 내용에 있어서도 불비한 점이 많았다. 이제 조선인의 힘으로 또 각 방면의 인사를 망라한 대회합(大會合)에 서 이의 편찬에 착수한 것은 심대(甚大)한 의미가 있다 하겠다.
우리 힘으로 조선어사전을 편찬하려 한 노력이 종래 없던 바는 아니 니 조선광문회(朝鮮光文會), 계명구락부(啓明俱樂部) 등은 각각 그 사 업을 진행하였다. 그러나 불행히 양자가 다 경비 기타의 원인으로 완 성을 보지 못하고 말았다. 그런데 이제 동 회가 창립되어 그 사계(斯 界)의 권위가 일당에 모이게 된다 하면 사업능력에 있어서 또 그 권위 에 있어서 괄목할 바 있을 것이어서 가히 조선의 표준사전이라 할 것 이다. 동 사전 내용의 주요부분으로 될 김두봉(金枓奉) 씨의 수집에 의한 8만 어, 이상춘(李常春) 씨의 5만 어가 있다 하니 이것은 모두 다 귀중한 자료라 할 것이다. 그 밖에 다년 심혈을 쏟은(注) 귀중한 개 인적 자료가 이 회에 제공된다 하니 동 씨 등의 노력을 감사할 것이다.
동 회의 중점은 종래의 계획이 각개인 혹은 소수 수집단의 노력으로 되었던 것을 사회 각 방면의 인사를 망라하여 난상토의를 한 후 그 정

여기서 주목되는 점은 최남선, 홍명희가 불참했다는 사실이다. 동아일보의 김성수를 비롯하여 이광수, 주요한, 박승빈, 이용설, 김여식, 장응진, 유각경, 정인과, 박한영, 김윤경, 이윤재, 백낙준, 전영택, 노기정, 백관수 등 수양동 우회 회원 15명이 대거 참여한 것으로 보아 이광수 주도의 조선어사전편찬 회가 창립되었음을 알 수 있다.

당한 것을 표준어로 삼자 하는 것이라 한다. 과학적 지식을 요구하는 동 학문에 있어서 특히 민족의 표준어인 사전편찬에 있어서 여사한 방법을 취한 것은 우리들의 신임할 가치를 주는 것으로서 그중에도 특히 조선어 같은 것은 아직 연구의 연조(年條)가 얕고 개척되지 못한 바 많은데 이제 다방면의 인물을 일당에 회합하여 그 난상토의한 결과를 표준어로 한다 함은 가장 주목할 만하다. 이것으로써 과연 전 학계의 이름으로 규정될 표준어가 생긴다 하면 동 회의 사업은 실로 민족적으로 중대한 의의가 있다 할 것이다. 동 회의 의의는 심히 중대하다.

이 기회에 즈음하여 한마디 하고자 하는 것은 종래의 경험으로 보아 이 같은 방대한 사업을 경영함에 있어서 자금조달이라는 것이 중대성을 가지는 것인데 모 방면으로 측문(仄聞)한 바에 의하면 그 간부 일부 유지가 이 임(任)에 당하리라 하니 그 학계 및 문화 공헌상으로 보아 감하(感賀)를 아끼지 아니하는 바이며 그 전도(前道)를 낙관하지 않을 수 없다. 영리적이 아닌 이 사업에 막대한 투자를 하는 것은 희생적 정신이 없고는 감히 행하지 못할 태도이니 이의 거사(擧事)가 장하다 않을 수 없다. 원컨대 동 회가 유종의 미를 보아 조선 문화 공헌상에 대기원(大紀元)이 될 것이다.102)

조선총독부에서 1920년 조선어사전이 발간되었으나, 이는 일본인이 조선어를 학습하기 위하여 편찬한 것에 불과하다. 조선광문회에서 주시경(周時經)을 중심으로 조선어사전 편찬에 착수한 바 있었지만 결실을 맺지 못하고 말았다. 상해에서 김두봉(金枓奉)이, 개성에서 이상춘(李常春)이 7, 8년간 사전편찬에 헌신해오고 있는 실정이다. 다행히 이상춘은 그동안 9만여 어휘를 수집 정리하여 원고 전부를 조선어사전편찬회에 기증하여 편찬사업은 활기를 띠게 되었다. 문화는 언어 위에서 건설되는 것이요 언어 위에서 성장되는 것이다. 그러므로 문화의 기초인 언어의 통일과 정리는 급선무가 아닐 수 없다. 사전이란 그것이 다만 한 개의 서책이라는 점에 그 의의나 가치가 그치고 마는 것이 아니라 한 민족의 문화를 종횡으로 총괄한 문화의 보고가 되는 동시에 문화의 소장(消長)을 좌우하는 것도 되는 만큼 편찬의 역사적 의의는 중

---

102) 『東亞日報』(1929. 11. 2), 社說: 朝鮮語辭典編纂會의 創立 文化史上의 一 大事.

차대한 것이다.103)

1930년 5월 삼천리사는 춘원에게 "1. 선생은 민족주의자입니까? 2. 선생은 실행가, 학자가 되겠습니까? 3. 선생은 '사상상' 누구의 영향을 가장 많이 받았습니까?"라고 설문하자, 춘원은 "京城 崇三洞 127 李光洙. 간단한 말로 오해를 사기 쉽습니다. 그중에도 민족주의란 말은 고정(固定)·공통(共通)한 내용이 적습니다. 1. 민족주의자입니다. 2. 소설 쓰고 기자되기를 목표로 합니다. 3. 톨스토이, 예수, 불타(佛陀), 도산(島山 安昌浩)"104)이라고 답하고 있다.

민족주의자 춘원의 대원(大願)은 무엇인가? "나는 일생에 조선을 지(知)와 지(智)와 화합과 안락의 조선을 만들고야 말리라. 오늘 조선 청년이 할 일은 첫째로 원을 세우는 것이다. '천지가 무너지더라도 내 원(願)은 변함이 없으리라!' 그러나 아무리 대원을 세우고 또 시시로 염(念)하여 졸지 아니한다 하더라도 함이 없으면 무엇하랴. 그 원을 달할 계획을 세우고, 땅을 파는 개미 모양으로 꿀을 모으는 벌 모양으로 쉬지 않고 꾸준히 조금씩이라도 그 계획을 따라 원을 달하기 위하여 노역(勞役)함이 있어야 할 것이다. 이것을 근(勤)이라고 한다. 근 없는 원은 물 없는 배와 같다. 원이 없는 사람은 혼(魂)이 없는 사람이요 원이 큰 사람은 큰 혼을 가진 사람이다. 청년아, 이때가 바야흐로 대원을 발할 때가 아닌가. 일생에 못 달할 원이어든 삼생(三生) 사생(四生)으로 구생(九生) 십생(十生)에 달할 대원을 세울 때가 아닌가. 큰 원을 세우고 크게 염(念)하는 형제와 자매야, 천으로 일어나고 만으로 일어날지어다."105) 춘원의 대원은 '독립 달성'이다. 이는 그가 이끄는 민족주의 운동단체 동우회(同友會)의 광복주의 정신을 의미한다. 춘원은 1920년 상해에서 도산 앞에서 손을 들어 "내 신명(身命)을 조국에 바치겠다"고 서약하고 흥사단에 가입했다. 이 맹세는 "천지가 무너지더라도 내 원은

---

103) 『新生』(1929. 12), pp.4~5, 朝鮮語辭典編纂會 訪問記(一記者).

104) 『三千里』(1930. 5), p.18, 諸氏의 聲明.

105) 『三千里』(1930. 9), p.62, 願과 念과 勤(李光洙).

변함이 없으리라!"라고 다짐하고 있다.

삼계중생(三界衆生), 이광수

三界衆生(삼계중생)이 모두 다 同胞(동포)여든
어찌라 이 나라라 저 나라라 가르는고
하물며 李之(이지)요 金之(김지) — 근 줄이 있으랴.

二千三百萬(이천삼백만)이 모두 다 한 겨레라
王儉(왕검) 한아버지 魂(혼)과 피를 받았으니
왼 따(땅)이 한 집이 되랴 너 나 할 줄 있으랴.

아버지 어머니를 지혀(지히다, 의지하다) 집을 이룸같이
○ 한아버지의 血屬(혈속)들이 따로 모여
이 나라 빛내자 하오니 또한 마땅하노라.106)

여기서 암호 '○ 한아버지'는 '단군왕검(檀君王儉) 한아버지'를 의미
한다. 단군은 일제가 가장 금기시하는 단어이다. 2천 3백만 단군왕검의
혈속 한민족은 따로 모여(일제의 지배를 벗어나) 빛나는 독립국가를 이
룩하자고 찬송하고 있다.

동아일보 편집국장 이광수는 1930년 4월 동아일보 창간 10주년 기
념 십년사(十年詞)를 발표했다. 이 시조는 직설법을 피하고 암유법으로
노래하고 있는데, 여기서 '임'은 조국과 민족을, '기쁜 소식'이란 광복
을, '하루'는 자유해방의 그날을 암유하고 있다.

십년사(十年詞)

한 일도 많거니와, 하올 일이 더욱 많아
십년 마디마디, 새 기원(紀元)을 알외면서(알리다)

---

106) 『衆明』 창간호(1933. 5), p.144, 詩一篇(三界衆生).

끝없는 조선과 함께, 만만세(萬萬歲)를 사소서

지난 길 헤여보니(생각하니), 자욱(자국)마다 피땀 일사
그똥 십년 세월, 길다고 할 우리랴만
한 없이 겪은 고생이, 백년인 듯하여라

平生(평생)에 한(恨) 되옴이, 기쁜 소식(광복) 못 전함이
윤전기 도는 소리도, 눈물질 때 많은 도다
임(조국 민족)들아 기다리소서, 하로(하루, 자유해방) 아니 오리까

불편부당(不偏不黨)해도, 민중에게 폄(펴다)이로다
이해 고락 간에, 오즉(오직) 진리 정의 따라
이천만 조선 민족의, 말과 입이 되니라

산이 높음 같이, 높은 것은 우리 의기(義氣)
바다 깊음 같이, 깊은 것은 뜻이로다
백일(白日)이 광명하옴이, 그림자ㄴ가 하노라

가물(가뭄)에 구름 되어, 큰 비 빚어 나리소서
구고(九皐, 으슥한 늪)에 우는 소리, 한울(하늘)에 들려나다
송죽(松竹)의 맑은 절개야, 일러 무삼 하리오

활자 뽑으면서, 비나이다 글자마다
생명의 불이 되어, 태우소서 천만심(千萬心)을
천만심 타는 불빛이, 편지 환히 하소서

집집이 두루 찾아, 소리소리 외치옵기
어제요 오늘이오, 삼천육백 날이로다
천년을 가쁘다 하리까, 임이 헤오시거니107)

107) 『東亞日報』 6회 연재(1930. 4. 1~10), 十年詞(創刊十週年記念)(春園). 이광
    수전집(삼중당), 춘원시가집에 미수록.

제8장 동우회 사건과 친일전향 공작

1. 동우회 사건과 민족주의 단체 탄압

이광수가 상해 임시정부 망명생활을 청산하고 국내로 귀환한 것은 1921년 4월 초였다. 당시 언론에서는 '귀순변절자'라는 낙인을 찍고 있었다.1) 그러나 이광수는 이에 개의치 않고 흥사단 국내 지부격인 수양동맹회 창립 준비에 착수하여, 마침내 1922년 2월 12일 수양동맹회를 발족했다. 이광수는 수양동맹회 조직목적을 뚜렷이 밝히고 있다.

> 1922년 2월 12일 전기 이광수 집에서 李光洙(이광수), 金鍾悳(김종덕), 朴賢煥(박현환), 金允經(김윤경), 姜昌基(강창기), 郭龍周(곽용주), 金起纏(김기전), 洪思容(홍사용), 元達鎬(원달호), 李恒鎭(이항진), 金兌鎭(김태진) 등 11명이 회동하여 수양동맹회(修養同盟會)란 명칭으로써 조선 내에서 흥사단 조직의 발회식을 거행하고, 이광수는 그 석상에서 자기가 기초했던 규약에 관하여 흥사단 약법(約法) 중에 '흥사단'이라고 된 것을 '수양동맹회'로, '충의'라고 된 것을 '신의'로 고쳐, "우리 민족의 전도대업의 기초를 준비한다"라고 된 것을 "조선 신문화 건설의 기초"라고 고쳤지만 그 내용에 있어서는 흥사단과 동일하며,

---

1) 『朝鮮日報』(1921. 4. 3), 歸順證을 携帶하고 義州에 着한 李光洙.

바꿔 말하면 조선독립의 기초를 준비하고 그 준비가 완료된 뒤에는 일거에 혁명을 단행해야 한다는 것을 목적으로 하는 결사(結社)라고 설명한 후 이를 통과시키고, 서약문이라고 일컫는 "천지신명(天地神明) 앞에 신명(身命)을 바쳐 수양동맹회의 목적달성을 위해서 진력해야 한다"라는 뜻이 담긴 서문(誓文)을 읽고서 전원이 굳게 맹약한 다음 수양동맹회 창립위원회를 조직하고 협의한 후 창립위원 김종덕, 창립위원 김윤경, 창립위원 박현환 등 3명을 선정하여 회무를 맡아서 처리하게 하였음.2)

이광수는 수양동맹회의 주의와 혁명정신을 만천하에 선명하고 있다.

"민족 전도 대업의 기초를 준비함을 목적으로 함"의 '민족 전도 대업(民族前途大業)'을 '조선 신문화 건설(朝鮮新文化建設)'로 바꾸었으니 이것은 검열을 통과하기 위함이었다. 이리하여 수양동맹회가 생겼다. 우리는 거짓말을 아니 하고(務實), 무슨 일을 하든지 제가 맡은 직분을 다하고(力行), 단체나 개인에 대하여서 한 언약을 지키고(信義), 허물을 깨닫거든 얼른 고치고, 옳은 일이어든 제 이해와 고락을 교계(較計)함이 없이 곧 행하고(勇氣), 단결의 규약을 지키고(단결의 정신), 동지와 동포를 사랑하고(情誼敦修), 그리고 한 가지 학문이나 기술을 배우고, 내나 내 집보다 민족 전체를 먼저 생각하고 — 이러한 수양을 하는 것으로 운동의 한계를 삼자는 것이다. 이것이 민족개조요, 이러한 개인을 많이 늘이고 많이 모으는 것이 곧 민족의 실력을 기르는 것이다. 독립에 관한 말은 아직 말고 이만한 운동만을 하자는 것이 수양동맹회의 노선이었다.3)

한편 평양에서도 이에 호응, 주로 평양 대성학교 출신들이 뜻을 모아 도산의 혁명정신을 받들어 김동원을 중심으로 1923년 1월 26일 동우구

2) 抗日獨立運動關係 朝鮮總督府 警務局 所藏 秘密文書, 『島山安昌浩資料集』(국회도서관, 1997), I, p.332, 조선 내에서의 흥사단(수양동맹회를 말함) 조직, 主義와 目的은 흥사단 그대로 할 것.
3) 春園 李光洙, 『나의 告白』(春秋社, 1948. 12. 25), pp.145~146.

락부를 결성했다. "지난 섣달부터 협의 중이던 평양 동우구락부는 지난 16일부터 오후 일곱 시 동아일보 평양지국 내에서 창립총회를 개최하고 규칙을 통과 한 후 간사를 선거하였는데, 그 씨명은 다음과 같다. 金東元(김동원), 金性業(김성업), 趙明埴(조명식), 金善株(김선주), 金瀅植(김형식)."4) 이어 동우구락부를 조직하게 된 목적과 취지를 천명하고 있다.

우리의 진취할 활로가 공리공론에 맡기지 않고 오직 실천궁행에 있으며 빈약한 우리 사회에서 힘을 만들 도리가 오직 단결뿐이다. 일반 사회에서 이에 대한 심절(深切)한 자각이 없음을 깊이 탄(嘆)하던 평양의 유지 청년들은 일치단결로써 기치(旗幟)를 삼고 무실역행으로써 주의(主義)를 삼는 동우구락부를 창립하였다. 이래 동 회는 실지를 답사하여 회무를 착실 진행하는바 금방 임시사무를 동아일보사 평양지국 내에 설치하고 회원을 모집하는데 그 요지와 규약은 다음과 같다.

• 동우구락부 취지

우리는 정신이 이미 동일하고 모든 동작이 항상 공동되도다. 그 장구한 시간에 그 불변하는 정의(情誼)와 불식(不息)하는 교제가 참으로 관포(管鮑)의 신(信)과 지란(芝蘭, 벗 사이의 고상한 교제)의 취(趣)를 겸한지라 우리는 무실역행의 주의를 실천하는 동시에 서로 친애하며 서로 협조하여 써 우리 사회의 문화향상에 공헌함이 우리의 이상(理想)이요 책임이로다. 이에 우리들이 동우구락부를 설립하노니 범의동우(凡義同友)는 일치 협력하여 우리의 목적을 기성할지어다.

• 동우구락부 규약

1. 본회는 동우구락부라 칭함.
2. 본회는 무실역행의 주의로 회원 간에 상호 친목하며 상호 원조하며 나아가 사회의 문화향상을 도모하기로 목적함.
3. 본회의 위치는 평양부 내에 두기로 함.
4. 본회는 간사 5인을 선정하여 일반 사무를 처리케 함. 회의 시에는

---

4) 『東亞日報』(1923. 1. 26), 同友俱樂部 創立(平壤).

간사 중 1인이 의장이 됨.

　5. 간사의 임기는 1개년으로 하고 매년 12월 총회에서 선거함.

　6. 정기 회일은 매월 제1 금요일로 함.

　7. 입회금은 2원, 월연금(月捐金)은 20원으로 함.

　8. 입회원인(入會願人)은 본 회원의 천증(薦證)으로 간사회의 결의를 거쳐 입회함. (평양)[5]

이렇게 결성된 두 민족단체는 다 같이 흥사단의 국내 지부격인 민족운동단체인 만큼 하나로 통합해야 한다는 논의가 일어났다. 이리하여 이광수는 1924년 4월 북경 밀행(密行)을 단행, 안창호와의 북경회담에서 도산의 지시로 양 단체를 통합하기로 최종 결정하고 귀국 후 1926년 1월 8일 마침내 수양동맹회(이광수)와 동우구락부(김동원)가 통합하여 수양동우회라는 명칭이 탄생했다. 그러나 1929년 11월 23일 수양동우회는 순전히 수양만을 위한 민족운동단체로 오해될 소지가 있다 해서 항일정신을 고무하기 위하여 '수양'을 삭제하고 '동우회'로 명칭을 변경하여 새 출발을 하게 되었다.

1932년 도산 안창호는 윤봉길 의사의 폭탄의거에 연루되어 일본 경찰에 체포되었으며 6월 7일 국내로 압송되었다. 도산의 구속 및 수감은 한국의 독립전선이 일시에 와해될 것임을 예고할 뿐만 아니라 이광수가 이끌고 있는 유일한 독립운동 정치결사 동우회를 해체위기에 직면하게 하였다. 독립운동의 아이콘 안창호에게 광복의 희망을 걸고 있었던 조선 민족은 낙담한 심정을 하소연할 데가 없었다. 독립의 꿈은 점점 멀어져가고 그것은 헛된 꿈이었다고 절망하는 암담한 나락에 빠지고 말았다. 이광수는 조선 민족 전체의 낙담을 경계하고 장차 자라는 어린이 세대에 독립희망을 걸어보자는 내용의 '낙담하는 자여'를 발표했다.

---

5) 『東亞日報』(1923. 6. 22), 同友俱樂部 平壤에 組織.

낙담하는 자여

落膽(낙담)하는 者(자)여
願(원)컨대 네 落膽(낙담)을 안고 곧 네 棺(관) 속으로 들어가라
네 落膽(낙담)의 惡臭(악취)가 진실로
네 썩는 송장의 惡臭(악취)보다 견디기 어렵도다
나라는 어린이의 것이니 새로 나는 이의 것이니
새로 나는 이는 끝없는 새로운 希望(희망)과 確信(확신)과 努力(노
력)을 지으리니
落膽(낙담)하는 者(자)여, 곧 네 落膽(낙담)을 안고
이미 準備(준비)한 네 棺(관) 속으로 들어가 沈黙(침묵)할지어다6)

이제 도산이 옥에 갇혀버리자 독립희망의 꿈은 절망적이었다. 이광
수는 그러나 낙망해서는 안 된다고 경각심을 불러일으키는 '낙망될 수
없는 희망'을 발표했다.

농촌은 피폐하였다. 상공업은 쇠퇴하였다. 풀잎 썩은 좁쌀 죽(粥)도
먹을 것이 없다. 지식계급은 직업이 없다. 이런 도무지 살 수 없다 하
는 소리가 조선에 찼다. 그리고 모두 낙망의 비탄을 하고 있다. 그러나
과연 그러할까. 과연 조선 민족에게는 낙망의 재료만이 있을까.
사람들은 단체정신과 단체훈련이 없고 서로 시기하고 쟁투한다. 지
도자 될 인물이 없다. 각 부문의 일을 담당할 인재가 없다. 2천 3백만
민중은 알알이 흩어진 모래다. 그러니까 낙망이다. 이렇게 비탄한다.
그러나 과연 그러할까.
과연 조선 민족에게는 낙망의 재료밖에는 없을까.
사실상 금일의 조선인은 보편적 낙망의 상태에 있다.
농민은 부채에서 헤어 나와서 옛날과 같은 독립, 자유의 가정생활,
촌락생활을 할 여망(餘望)이 심히 가늘다. 상공업자도 그러하다. 학생
들도 그들을 자극할 무슨 이상(理想)의 감격이 적다. 학업을 마친대야
대업(大業)을 이룰 희망은커녕 의식의 자(資)를 얻을 길조차 망연하다.

---

6) 『朝鮮文壇』(1924. 11), p.143, 落膽하는 者여(長白).

그렇지마는 그렇다고 낙망의 길밖에 없을까.

아니! 아니! 아니! 나는 수없이 아니, 아니를 부르려 한다. 우리에게는 확실히 낙망할 수 없는 희망이 있다! 아무도 낙망시킬 수 없는 희망이 있다. 그것은,

"우리는 확실히 우리 힘으로, 이 곤경(困境)을 벗어나서 풍부하고 안락한 생활을 영원히 누릴 계획과 역량을 가졌다" 하는 희망이다. 신념이다.

데카르트가 "내가 생각한다, 그러므로 내가 있다" 한 모양으로 우리는, "내가 믿는다, 그러므로 내가 한다" 하는 것으로 표준을 삼고 염불(念佛)로 삼을 것이다.

우리는 조선 민족이 구원의 존재요, 또 인류의 문화에 대하여 위대한 공헌을 할 사명(使命)을, 다하지 못하고 장차 할 장래를 가진 민족이므로 금일부터 이 극단이라고 궁경(窮境)을 일대전기(一大轉機)로 하여 신생활의 제일보를 내어디디려 하는 것이다.

신생(新生)의 제일보! 이것은 우리의 눈물겨운 기쁨이다. 그러면 우리의 낙망할 수 없는 희망이요 신생의 제일보란 무엇인가.

1. 나를 버리고 우리로,

2. 신생의 이상을 위하여 일생을 바칠, 참되고 힘 있는 남자와 여자를 두루 찾고 고루 찾아 단결하고,

3. 자체와 민중을 훈련하여 힘 있고, 참되고, 능란한 단결의 일원이 되게 하고,

4. 농촌으로, 농민으로 우리의 역량을 집중하여 교화(敎化)와 산업의 신건(新建)의 온갖 노력을 다하고,

5. …

6. … 등등으로 꾸준하게, 성의 있게, 모든 외화(外華)와 허명(虛名)과 공상(空想)과 공론(空論)을 버리고 오직 실로 오직 행(行)으로 1년, 2년, 5년, 10년 나아갈 때에 우리 앞에는 확실한 성공이 있을 것이다. 이것이야말로 낙망할 수 없는 희망이 아니고 무엇이냐.

"나는 믿는다, 그러므로 나는 한다!"

"다들 믿어라, 그리하고 다들 하여라!"[7]

---

7) 『東光』(1932. 8), pp.24~25, 落望될 수 없는 希望(李光洙). 여기서 '…' 부분은 검열에 걸려 삭제된 것임을 보여주고 있다. 조선독립의 희망을 버리지 말

도산이 대전형무소에 수감되어 있어서 동우회의 전도가 암담한 위기에 처한 가운데 이광수를 중심으로 한 조선문필가협회가 조직되었다. 1932년 7월 20일 인사동 남산예배당에서 발기인 대회를 개최했다. 조직목적은 친목도모, 경제적 이익 옹호, 신진 작가 소개 등이다. 임시사무소는 시내 도염동 58 적벽사(赤壁社), 발기인은 다음의 27인이다.

李光洙(이광수) 柳光烈(류광렬) 朴日馨(박일형) 金暻載(김경재)
李蒙(이몽) 洪曉民(홍효민) 裵成龍(배성룡) 韓仁澤(한인택)
洪陽明(홍양명) 咸大勳(함대훈) 朴文熹(박문희) 蔡萬植(채만식)
李無影(이무영) 申南徹(신남철) 金東燮(김동섭) 崔義順(최의순)
尹白南(윤백남) 金東仁(김동인) 林元根(임원근) 林和(임화)
李箕永(이기영) 白鐵(백철) 尹石重(윤석중) 金振國(김진국)
李洽(이흡) 崔文鐵(최문철) 元世勳(원세훈).8)

이리하여 조선문필가협회는 1932년 8월 7일 경성 돈의동에서 창립총회를 개최하고 사업 토의는 경찰의 금지령으로 중지되고 말았다. 이어 8월 9일에 조선문필가협회는 집행위원회를 개최하고 부서를 결정했다.

위원장 원세훈
서무부 류광렬 김경재
사업부 김동인 함대훈
통제부 박일형 윤기정(尹基鼎)
위 원 홍양명 염상섭 안막(安漠) 이몽 이광수 백철 홍효민 양백화
(梁白華)9)

1936년 8월 5일 미나미 지로(南次郞)10)는 제7대 조선총독에 임명되

자는 경구인 듯 추정된다.
8) 『東亞日報』(1932. 8. 3), 文筆家協會 組織을 發起.
9) 『日帝侵略下 韓國三十六年史』, 권 10(국사편찬위원회, 1975), p.118(1932. 8. 7~9); 『東亞日報』(1932. 8. 9, 11).

었다. 그의 '전기'에 의하면 미나미의 조선통치 목표는 두 가지였다. 하나는 식민지 조선에서 일본 천황의 행행(行幸)을 우러러 받드는 것이며, 둘째는 조선에 징병제도를 실시하는 것이었다. 통감부 시대 일본 황태자(大正)가 방한한 일은 있었지만(1907), 천황은 한 번도 조선에 임어(臨御)한 일은 없었다. 일본의 영토 식민지 중에서 천황의 족적이 닿지 않은 곳은 조선뿐이다. 3·1운동 직후 1919년 8월 19일에 일본 천황은 칙서를 통해 "짐은 조선인도 일본인도 똑같이 '천황의 적자(赤子)'로서 완전히 차별하지 않는다"고 공포하였는데, 이후부터 동화정책은 일시동인(一視同仁) 정책으로 불리게 되었으며, 미나미 총독은 징병제 실시로 내선인 간 차별대우를 하지 않겠다고 언명했다. 미나미가 꿈꾸는 조선통치의 지상목표는 황민화(皇民化)된 조선에서 천황의 임어를 우러러 받들고, 징병제를 실시함으로써 내선일체를 구현한다는 것이었다.11)

미나미의 조선총독 부임 전후기의 국내 치안상황은 날로 악화일로를 걷고 있었다. 특히 압록강, 두만강 국경지대의 비화(匪禍)사건이 끊임없이 발생하고 있어 국경 방비책이 시급한 과제였다. 1936년 8월 16일 연합비 약 1천 명의 무송현성(撫松縣城) 습격사건, 안봉선(安奉線) 내습사건(1936. 8. 6), 천수(泉水) 주재소 습격사건(1936. 10. 19) 등이 잇달아 발생했다. 1934년 4월부터 1936년 1월까지 연합비(聯合匪, 조선독립군, 마적단(馬賊團), 반만(反滿)항일군, 공산게릴라를 합친 조선독립연합군. 일제는 이를 '연합비' 또는 '비적(匪賊)'이라 불렀다)의 평북, 함북 대안 국경지대 침입사건은 2만 92건, 연인원 48만 9,760명에 이르고 있다. 1936년 상반기에만도 함남 대안의 침입건수는 445건에 연인원 2,260명이었다. 이와 같이 압록강, 두만강 국경지대의 안보불안이

---

10) 미나미 지로(南次郎, 1874~1955). 조선군사령관(1929. 8~1930. 12), 육군대신(1931), 관동군사령관(1934), 제7대 조선총독(재임 1936. 8~1942. 5). 패전후 A급 전범으로 종신 금고형에 처해 복역 중 1954년 병보석으로 가출옥 후 1955년 사망함.

11) 정운현 편역, 『創氏改名』(학민사, 1994), pp.12~13, 창씨개명의 시대(宮田節子).

가중되고 있어 치안안정 및 국경방어책이 시급한 과제로 떠올랐다.12)

공교롭게도 미나미 총독이 부임하던 시기를 맞추어 1936년 8월 9일 제11회 베를린 올림픽대회 마라톤에서 손기정(孫基禎, 양정고보)이 우승했다. 심훈(沈熏)은 '오오, 조선의 남아여!'에서 "'이겼다'는 소리를 들어보지 못한 우리의 고막은 / 깊은 밤 전승의 방울소리에 터질 듯 찢어질 듯 / 침울한 어둠 속에 짓눌렸던 고토(故土)의 하늘도 / 올림픽의 거화(炬火)를 켜든 것처럼 밝으려 하는구나!"13)라고 대한남아의 마라톤 우승을 찬송하고 있다. 월계관을 쓰고 시상대에 오른 손기정 선수의 사진이 일본 주간지 '아사히(朝日) 스포츠'에 게재되었는데, 이 사진을 이길용(李吉用) 체육부 기자가 삽화 기자 이상범(李象範)과 협의하여 가슴에 있는 일장기를 지워버리고 동아일보에 전재하였다. 마라톤 시상대 위에 월계관 쓰고 고개 숙여 우뚝 선 손기정 선수의 앞가슴의 일장기를 말소한 사진을 두 번(8월 13일과 8월 25일)이나 게재함으로써 일장기 말소사건이 발생했다. 이는 한국인은 일본을 이길 수 있다는 극일감(克日感)을 충족시켜 식민지 한국인에게 무한한 용기와 독립열망을 불러일으킨 것이다. 이에 총독부 당국은 일장기 말소는 바로 일본 국체를 정면으로 부정한 항일운동의 대사건이라고 간주하여, 1936년 8월 29일 동아일보에 무기발행정지 조치를 단행했다.14)

심훈의 찬양시를 게재한 조선중앙일보는 자진 폐간되고 말았다. 이리하여 동아일보는 장장 9개월 6일간(279일) 정간 조치로 신문을 발행하지 못하다가 1937년 6월 2일 정간 해제로 6월 3일부터 발행했다.15)

---

12) 『每日新報』(1936. 7. 7, 31); 『解放前後史의 認識』(한길사, 1989), 권 1, p.195, '일제말 친일군상의 실태'(林鍾國).

13) 『朝鮮中央日報』(1936. 8. 11).

14) 『東亞日報』(1936. 8. 13, 25); 『日帝侵略下 韓國三十六年史』, 권 11(국사편찬위원회, 1976), p.401(1936. 8. 29); 『동아일보사사』, 권 1, p.136; 趙容萬, 『울 밑에 핀 봉선화야』(범양사 출판부, 1985), p.180. 이와 관련, 사회부장 현진건(玄鎭健), 사진과장 신낙균(申樂均)을 비롯하여 관련 직원 10명이 경찰에 연행되었다가 신문사를 떠나야만 했다.

15) 『東亞日報』 號外(1937. 6. 2).

"겁운(劫運)은 일과하였습니다마는 그 자취는 거대한 창이(瘡痍)를 남겼습니다. 본보의 행로는 결코 평탄한 것만이 아니었지만 이번에 받은 창이처럼 심혹거중(深酷巨重)한 적은 일찍이 없었나니 물질적 손실의 막대함은 다시 말할 것도 없거니와 정신적 고통은 더욱 컸습니다. 현재의 창이가 거대할수록 오히려 이를 회복할 용력이 있어야 할 것이며 전도의 간난(艱難)이 중첩할수록 오히려 이를 타개할 호담(豪膽)이 있어야 할 줄 압니다. 그러므로 우리는 활발한 생기를 다시 가다듬고 더욱 진작하려 합니다."16)

경무국장(三橋)은 동아일보 정간 해제를 단행하게 된 경위를 해명하고 있다.

동아일보의 불상사는 동 사를 위요하는 근본적으로 그릇된 지도정신에 원유한 바 있어 그 비국민적 거조(擧措)임에야 단호 금압할 것이었습니다. 말할 것도 없이 당국으로서는 온건 공정한 언론은 십이분 이를 존중 창달시키는 동시에 일면으로서는 적어도 반국가적 또는 반통치적인 편집방침 내지 언론에 대하여는 철저적 취체(取締)를 가하여 이의 절멸(絶滅)을 기함이 극히 긴요함을 통감하고 있던 터이므로 이 기회에 있어서 이의 다년의 유상(謬想)을 시정하여 정당한 여론의 지도자로서 갱생시킬 것을 굳게 결의한 바입니다. 이런 연고로 당국은 처분에 있어서 동 사의 태도를 충분히 감시하고 동 지가 그 비위(非違)를 회오하고 간부는 책임을 자각하고 죄를 천하에 사(謝)하여서 일본정신에 갱생할 것을 기대하고 이 때문에 모든 수단을 강구하여 유도(誘導)에 노력한 바입니다. 새 사장 하에 진용을 일신하여 종래의 전통을 청산할 일체의 내적 준비를 완료하고 나아가 총독정치에 익찬할 것을 서언(誓言)하고 특히 황실의 존숭에 유의하고 국체(國體)의 명징, 국위의 선양, 불온사상의 배격에 노력하여서 대일본제국의 신문지로서의 참된 사명에 진췌(盡悴)할 것을 서약하였으므로 이에 정간 처분을 해제하기로 된 것입니다.17)

16) 『東亞日報』(1937. 6. 3), 社說: 續刊에 臨하여.
17) 『韓國三十六年史』, 권 11, p.626(1937. 6. 2).

1928년부터 1935년까지 치안유지법 위반으로 검거된 조선인 사상범(지식계급)은 1만 6천 명(檢事局 受理人員)을 돌파하였다. 그중 기소유예 처분을 받아 형집행유예 언도를 받은 자, 형집행 중 가출옥한 자의 수는 6천 4백 명에 이르고 있다. 미나미 총독은 국경 지방에서의 조선독립군의 빈번한 내침, 그리고 안으로는 조선인 사상범이 날로 증가하고 있는 내외의 정세 악화를 진정하기 위하여 1936년 12월 12일 마침내 '조선사상범보호관찰령'(制令 제16호)을 제정, 12월 21일부터 시행한다고 공포했다. 조선인 사상범은 단순히 말로만 혁명사상을 포기했다고 전향한 것만으로는 만족할 수 없고, 전향 후 적극적으로 일신을 나라에 바쳐 국가시책에 협력하는 행동하는 지식인이 되어야 한다고 강조하고 있다. 이어 사상범 단속취지를 밝히고 있다. "전향의 관념은 사상운동의 정세의 변화, 따라서 사상범 대책에서 중점의 변천에 따라 스스로 변화해가고 있다. 종래에는 대체로 혁명사상 포기의 유무, 혹은 그 동요상태에 있는 것을 표준으로 해서 '전향', '비전향' 또는 '준전향'의 구별을 해오고 있지만, 오늘날의 사상범 대책에 있어서는 이런 구별로서는 만족할 수 없다. 적어도 전향의 부류에서는 단지 일체의 위험사상을 포기했다고 하는 소극적 태도로는 아직 불충분하고 다시 적극적으로 자기의 전 활동을 바쳐 국민으로서의 정도(正道)의 입장에서 국가생활에 봉사하는 경지에 도달하지 않으면 안 된다."18)

동우회 사건 발생(1937. 6. 7) 직전 6월 4일 조선독립연합군(聯合匪)의 보천보(普天堡) 습격사건이 발생했다. 보천보(咸南 甲山郡 普天面 堡田里)는 혜산진(惠山鎭)에서 동북쪽 22킬로미터 지점에 있는 국경지대 촌락으로서 기관총 6정과 수류탄으로 무장한 조선독립연합군 2백 명 병력이 뗏목으로 다리를 만들어 보천보로 심야 기습공격을 벌인 것이다. 동아일보는 이 보천보 습격사건을 호외로 두 번 보도했다. 조선독립군은 침입 후 '북조선파견대'라는 전단(삐라)을 살포하고 전화선을

---

18) 『警察彙報』(1937年 8月號), pp.18~30, 朝鮮思想犯保護觀察令 大意, 朝鮮總督府 法務局; 『警察彙報』(1937年 9月號), pp.22~27, 朝鮮思想犯保護觀察法規, 朝鮮總督府 法務局.

절단한 후 보천보 주재소, 면사무소, 우편국, 보통학교, 소방서 등을 습격·방화하고 일본인 2명을 사살하고 천수리 대안 23도구(道溝) 쪽으로 도주했다. 피해액은 총 5만 원에 이르고 있다. 이에 혜산진, 신갈파(新乫坡), 호인(好仁) 등 3개 경찰서가 총출동하여 조선독립연합군을 추격, 교전 끝에 일본 경관 사상자는 전사자 6명, 부상자 12명, 조선독립연합군은 전사자 25명, 부상자 30명이었다.19)

동아일보 특파원 양일천(梁一泉)은 현장답사기에서 이렇게 보도하고 있다. "국경 제일선에는 5리 혹은 10리마다 주재소 1개소씩 두고 포대(砲臺)를 쌓고 토굴을 파놓고 국경수호에만 일을 다 했건만, 그래도 틈을 새어 달려들어 이번 사건을 일으켰다. 보천보 가는 길 천수리(泉水里) 대안(對岸) 20도구(道溝)도 작년 가을에 마적(馬賊)의 침해를 받아 방화를 당하던 곳이요, 가림(佳林) 대안도 마적 때문에 전멸을 당하여 지금은 상전벽해의 감이 없지 않다. 동승객의 말을 들으면 국경 일대는 마적의 침해를 받지 않은 곳이 거의 없다고 한다. 압록강 건너로 눈을 돌리니 만주! 그곳에 여름은 와서 싱싱한 녹음이 산야에 욱어졌다. 산 깊고 골 깊은 그 속! 그 속이 마적단과 공비(共匪)들이 활약하는 소굴이다. 강 건너 만주 쪽에서 목숨을 달고 있는 동포의 농가 촌락! 그들은 생활고에 마지못해 사는 그들이어니 마적의 등쌀에 어찌 평안하기를 바라랴! 그래도 굴뚝에선 연기가 길게 나오고 초록 강변에는 송아지가 엄마를 부르는구나. 그리고 압록강 물은 여전히 검푸른 그대로 굼실굼실 흐르면서 뗏목꾼(筏夫)의 한가로운 노래만 오늘은 처량히도 들린다."20)

일제는 일장기 말소사건으로 동아일보에 무기발행정지 조치(1936. 8. 29)를 단행하였고, 9개월 만에 정간해제로 속간하자마자(1937. 6. 3) 1937년 6월 7일 민족주의 운동단체를 발본색원하기 위하여 동우회 사건을 일으켰다. 도산과 춘원을 비롯하여 동우회원 181명 전원이 총검

19) 『東亞日報』 號外 2회 발행(1937. 6. 6·7).

20) 『東亞日報』(1937. 6. 9), 再襲의 恐怖에 떠는 住民, 男負女戴로 避亂, 鐵甕城의 國境線에 處處의 慘跡, 本社 特派員 梁一泉 現場踏査記.

거됐다. 당시 용산 조선군에 근무하던 이응준(李應俊, 李甲의 사위)은 도산이 대전감옥소를 출옥하자(1935), 삼각동 중앙호텔이나 경성역 식당에서 도산을 모시고 자주 회식하였다. 한번은 장회근(張晦根), 유기준(劉基峻), 백인제(白麟濟) 등과 함께 한강 남쪽 용봉정(龍鳳亭)에서 도산을 초청, 담화를 나누면서 기념촬영까지 했다. 도산은 일제에 정면 도전은 삼가고 그들에게 책잡힐 언동을 하지 않고 은연중 민족의식을 고취하였다. 이광수와 주요한도 문제될 만한 불온언동은 없었다. 그럼에도 불구하고 동우회원이 총검거 수감된 데 대해 격분했다. 동화정책이란 힘으로 강요해서는 되지 않는다. 오로지 덕화(德化)로 해야 한다고 믿고 있었다. 이응준은 그냥 보고만 있을 수 없어서 평소 지면이 있는 종로경찰서장을 찾아가 항의했다. 이에 종로서장은 "금반의 검거는 무슨 잘못이 그들에게 있어서 하는 것도 아니고 내 자의(自意)로 하는 것도 아닙니다. 순전히 상부의 지시에 의하여 전선적(全鮮的)으로 실행하게 된 것이니 양해를 바라오."[21]

사실상 총독부 당국이 유일한 민족운동단체인 동우회를 단속하는 것은 이응준의 증언과 같이 무슨 특별한 혐의점을 간파해서 총검거 작전을 단행한 것은 아니었다. 무엇보다도 국경지대의 조선독립연합군의 국경 침입이 날이 갈수록 더욱 격화되고 있다는 것, 따라서 국내 치안 불안정이 심화되어갈 것이라는 안보 불안감, 일장기 말소사건과 같은 항일운동이 일어날 가능성 등, 이러한 정세를 파악하여 총독부는 그 예방책으로 동우회 타파작전에 돌입한 것이다. 이리하여 1937년 6월 7일 이광수 등 7명을 검거한 것이다. "얼마 전에 조선장로교 교육부 총무 정인과(鄭仁果)에게 미국 선교부라는 명칭으로 거액의 돈이 부쳐왔는데 부내 종로경찰서에서는 이는 단순한 선교비가 아니라 미국에 거주하는 조선인 단체에서 모종의 목적으로 부친 것이라는 혐의로 즉시 활동을 개시하여 정인과와 전조선면려청년회(全朝鮮勉勵靑年會) 총무 이대위(李大偉) 양명을 검거하여다가 이래 극비밀리에 취조 중이든 바

---

21) 『回顧九0年 李應俊 自敍傳』(汕耘紀念事業會, 1982), p.159.

7일 아침에는 종로서 고등계원이 총출동하여 대긴장리에 이광수, 박현환, 김윤경, 신윤국, 한승인 등 5명을 인치하여 유치시키고 직접 사이카(齊賀八郎) 고등계 차석이 비밀실에서 취조 중이다. 이들 유치된 사람들이 수양동우회의 중요 멤버인 만큼 사건은 앞으로 더욱 확대되리라 한다."[22]

조선총독부 경무국 당국은 중일전쟁 도발을 앞두고 총후 안보를 위해 조선민족운동의 최후의 보루인 동우회를 단속·해체하기로 결정하고 동우회 해산 비상조치를 단행했다. 동우회는 단순한 인격수양을 위한 문화단체가 아니라 조선독립을 궁극적 목표로 한 혁명단체라고 최종 결론을 내렸기 때문이다.

경성부 청운정(淸雲町) 108번지 소재의 동우회는, 종래 일개 수양단체로 인식되어왔지만, 이번 뜻밖에 동우회는 북미 나부(羅府, 로스앤젤레스)에 그의 본거를 가진 흥사단과 명칭은 다르나 같은 단체(異名同體)로서 표면으로는 수양단체로 가장하고 교묘하게 당국의 취체를 면했고, 이면으로는 조선의 독립을 목적으로 하여 집요하게 운동을 계속해오고 있음이 판명되었다. 그들의 운동은 상해 가정부(假政府, 임시정부) 기타 민족주의 단체와 같이 급진적이지 않지만, 진실로 조선독립을 열망하는 동지를 획득해서 온갖 방법으로 그들의 실력을 양성하는 것을 영구적 사업으로 하고 활동을 계속해오고 있다. 현재 해내외를 통하여 그 회원 수는 6백 명을 넘는다고 한다.

요사이 내선(內鮮)을 막론하고 공산주의 운동이 침퇴(沈退)함에 따라, 또한 중일전쟁이 악화됨에 따라 이들 민족주의 운동은 금후에 더욱 증가, 노골화할 우려가 없지 않다. 취체, 사찰 등 엄중한 주의를 요한다고 생각한다.

수양동맹회(修養同盟會)의 성립

흥사단 조직 후 그 확대강화책으로 미국 혹은 상해와 같이 조선인의

---

22) 『東亞日報』(1937. 6. 9), 修養同友會事件 擴大, 李光洙等 7명을 引致, 取調에 따라 檢擧는 廣範圍.

재주자(在住者)가 소수인 지방에서 운동하기보다 조선 본토에 조직체를 결성해서 다수 동지를 획득할 필요가 있다는 의견에 따라 안창호 지도에 기초하여 단원 이광수(李光洙), 김항주(金恒作), 박현환(朴賢煥) 3인이 경성에서 흥사단 운동을 위해 단체조직을 기획, 1922년 2월 22일 경성부 서대문정(西大門町) 1-9에서 이를 조직하여 수양동맹회라는 명칭을 붙였다. 이는 곧 동우회의 전신이다. 수양동맹회 조직경위는 상술한 바와 같거니와 수양동맹회는 전적으로 흥사단과 이명동체(異名同體)의 성질을 가지고 있지만, 표면상 이와 동일한 목적을 가질 것을 절대로 비밀로 하고, 당국의 눈을 기만하기 위해 그 약법(約法)은 흥사단의 약법의 일부를 정정하고 있다.

수양동우회(修養同友會)의 성립

전기 수양동맹회는 그 후 흥사단 운동의 확대강화를 위해 이미 1922년 7월 평양에서 김동원(金東元), 조명식(趙明埴) 외 5명에 의해 동일목적으로 조직한 동우구락부(同友俱樂部)와의 합동(合同)을 획책해, 전기 이광수는 1923년부터 김동원과 여러 차례 교섭한 결과 1926년 1월 6일 양 단체의 합동이 이룩되어 수양동우회라는 명칭으로 고치고 이때부터 수양동우회는 조선 안의 흥사단 운동을 통수(統帥)해오고 있다.

동우회(同友會)의 성립

수양동우회는 1929년 11월 23일 경성부 서대문정 1-9에서 개최된 의사회(議事會)에서 회세(會勢)의 진흥을 획책함에 따라 회명의 '수양' 두 글자를 삭제하고 '동우회'라고 고치고 약법을 통과시켰다.23)

1921년 12월 왜성대(倭城臺)에서 사이토(齋藤實)와 이광수의 단독회담에서의 담판으로 수양동지회(修養同志會) 조직을 타결했다. 수양동지회 규약에는 "절대로 시사 또는 정치에 간여하지 않는 것이 주의"라고 명문화하고 수양동지회 조직의 목적은 "굳게 단결해서 조선 민족

---

23) 朝鮮總督府 高等法院 檢事局 思想部,『思想彙報』제12호(1937. 9), pp.45~73, 同友會の眞相.

개조의 대사업의 기초를 만드는 것을 목적으로 한다"고 천명하고 있다.24) 이광수는 사이토와 민족단체 조직에 합의를 보고 1922년 2월 12일 '수양동지회'를 '수양동맹회'로 개칭하고 조직함으로써 한국 최초의 민족운동단체가 탄생한 것이다. 수양동맹회 조직 시 규약에서 "우리 민족의 전도대업(前途大業)의 기초를 준비한다"고 명문화했지만 애당초 "정치 간여를 하지 않는다"는 사이토와의 언약을 의식, 이를 "조선 신문화 건설의 기초를 준비한다"라고 변경해서 발족했던 것이다.25) 이리하여 이광수는 수양동맹회(1922. 2. 12) → 수양동우회(1926. 1. 8) → 동우회(1929. 11. 23)를 이끌면서 줄기차게 민족운동을 전개해왔다.

동우회의 규약에 명시된 '조선 신문화 건설'은 '신조선 건설'을 위장으로 포장한 표현이다. 이광수는 1935년 7월 조선일보사 사옥 낙성 기념으로 신문화 건설을 제창하는 특집호를 발행했다. '근대 조선인의 마음' 즉 조선정신을 앙양하는 특집호를 기획한 것이다. 필자는 안재홍과 이광수 두 사람이다. 안재홍(安在鴻)은 '세계적 조합문화의 섭취'라는 주제에서, "그 객관 자동적인 정도에서도 필연으로 조선의 조선인적인 산천의 훈향(薰鄕)에 젖은 향토색(鄕土色)을 띄운 독자적 생활집단으로서의 일단위(一單位)를 구성 및 향유함을 요하는 것이니, 이것은 그 정치적 조건에서 그렇고 문화적 인과에서 그러하여야 할 것이요, 우리의 연구조사와 천명과 공작이 이 목표로써 나아가 어떠한 시국에서나 그 최저 또는 최후적인 주장의 한계로 될 것이요, 목하 불리한 정세 하에서의 최선한 생활 및 생존 노력의 합리한 형태 및 그 방법으로 될 것이다. 우리는 이것의 파악 및 그 공작의 때문에 유기(有機) 적법적의 기관을 가짐을 목하인 이 '모멘트'에 요하고 있는 것이다. 무릇 백 년의 장책(長策)을 가짐을 요하되 반드시 백 년의 순서는 있을 수 없다. 그

---

24)『齋藤實文書』, 書翰 阿部充家 → 齋藤實(1921. 11. 29); 姜東鎭,『日帝의 韓國侵略政策史』(한길사, 1980), pp.405～407, 修養同志會 規約. 처음에는 수양동지회라고 했다가 1922년 2월 12일 이를 수양동맹회라 개칭, 발족했다.

25)『島山安昌浩資料集』, I, pp.331～331, 조선 내에서의 흥사단(수양동맹회를 말함) 조직.

러나 백 년 장책의 중요한 토막은 우리에게 진지한 문화적 순화(純化) 및 심화공작을 요하고 있다. 여기에 일필(一筆)로써 다시 대방(大方)의 관심을 재촉한다"[26]라고 조선적인 단일문화 건설을 제창하였다.

이어 이광수는 자신이 이끌고 있는 동우회의 강령인 '조선 신문화 건설'을 제창했다.

조선의 금일은 빈궁 한마디로 가장 잘 표현할 수 있거니와 예술도 그 빈궁 중에 한 항목을 차지한다.

예술은 "사람의 마음의 아름다움의 표현"이라고 할 수 있거니와 예술가는 사람 중에 가장 아름다움에 대한 예민한 감각과 감정과 그것을 표현하는 재주 즉 기술을 가진 자로서 그 마음의 아름다운 정도와 기술의 정도에 해당한 예술품을 창작하고 또 예술 감상자인 대중은 각각 제 예술감(藝術感)의 정도에 상당한 예술품을 감상할 수 있는 것이다. 그러므로 어느 민족의 예술을 보아서 그 민족의 마음의 아름다움의 정도— 문화의 고도를 측정할 수 있는 것이다.

조선은 이조(李朝) 이전에는 세계적으로 보아서 예술적인 민족이었다. 그것은 평양, 경주 등의 유물로만 보아서도 알 것이어니와 근대에 이르러서는 우리 조선인은 예술을 잃어버린 백성이라고 할 만하도록 예술의 창작활동과 감상활동이 함께 정지되었었다. 그것은 정치의 영향이었다. 무예술적(無藝術的), 비예술적(非藝術的)인 근대 조선인의 마음의 황상(荒賞)한 양(樣)은 우리네의 주택, 가구, 정원의 황무적막(荒蕪寂寞)한 데 가장 잘 반영되어 있다. 대개 예술적인 마음이란 예술품만으로 표현되는 것이 아니라 일상생활에도 반영되는 것이니, 실내의 일폭화(一幅畵), 일지화(一枝花)를 마련하고 마당이나 담이나 지붕에 "아름답게 운치 있게 하려는 노력"이 보이게 하는 것은 그 집 주인의 예술감의 반영인 까닭이다. 일상생활의 예술화— 이것이야말로 예술의 사명이니 범안(凡眼)으로는 감상하지 못할 만한 고귀한 예술품의 가치도 일반 민중의 예술감을 그 정도까지 끌어올리게 할 수 있다는 데 있는 것이다.

---

26) 『朝鮮日報』(1935. 7. 6), 文化工作의 新提唱: 世界的 調合文化의 攝取(安在鴻).

예술이 없는 국토는 없지마는 만일 있다 하면 그것은 지옥일 것이요, 예술감(藝術感)을 못 가진 마음이 있다 하면 그것은 아귀(餓鬼)일 것이다.

조선은 경제적 빈궁, 도덕적 빈궁, 정치적 빈궁 등 여러 가지 빈궁을 다 부요(富饒)에 끌어올려야겠다는, 예술적 빈궁도 다른 빈궁에 지지 않게 끌어올려야 할 중대성을 가진 것이다.

어찌하면 조선에 예술이 번영하게 할 수 있을꼬? 그것은,

1. 보통 교육기관에서의 예술교육

2. 예술가 양성 교육기관의 건설과,

3. 예술과 보조장려기관 시설, 그리하고 최후로,

4. 사회의 예술가 우대 등 몇 가지를 들 수 있을 것이다.

첫째로, 조선의 금일의 보통교육에서 하는 예술에 관한 과정(課程)을 보면 (1) 독본(讀本), (2) 도화(圖畵), (3) 수예(手藝), (4) 창가(唱歌)라 하려니와 그 내용을 보면 너무 실리적인 데 편(偏)하여 예술적 과정의 본의(本義)를 잃은 감이 있으니 그 가장 현저한 실례는 문학독본이라 할 독본이 일종의 상식독본이 되어버리고만 것이다. 상식이 좋지 아니함이 아니지마는 예술과정은 순수한 예술과정이고 싶은 것이다. 예술감 — 예술적 정조(情操)의 함양은 그 인생 생활에 대한 가치에 있어서 결코 무엇보다도 다음 가는 것은 아니다.

둘째, 예술가를 양성하는 기관 — 이것으로 본론의 대종(大宗)을 삼으려 하거니와 조선에는 아직 이것이 없다. 옛날로 말하면 예술가에게 개인적으로 제자가 되어서 배우는 것이 정로(正路)였고 혹 사숙적(私塾的)인 것도 있었지마는, 오늘날에는 문명한 국토치고 독특한 문화전설을 가진 지역치고 예술교육의 학교를 못 보는 데는 없다. 문예를 가르치는 문과, 음악학교, 미술학교, 공예학교, 그리고 어떤 나라에서는 무용을 가르치는 학교 등, 그러나 조선에서는 문과로는 경성제대(京城帝大)의 조선문학과가 있을 뿐이나 그 내용은 의심스럽고, 그 밖에 숭전(崇專)과 연전(延專)과 이전(梨專)에 문과라는 명칭을 가진 분과(分科)가 있지마는 이것들은 다 고등문화과라고 할 만한 상식교육에 그치는 것이요, 문학을 가르치기를 목적으로 하는 분과는 아니니 솔직하게 말하면 문과에 들어갈 예비교육에 불과하는 것이다.

그리고 음악에 있어서는 내용에 있어서 아직 미비하나마 이전의 음

악과가 있지마는 미술에 있어서는 그만한 것조차 없고 조선 고악(古樂)을 전수(傳授)하는 것으로 정악전습소(正樂傳習所)가 있을 뿐이다.

이상(理想), 감정(感情)에 사는 예술가에게 명예를 주라. 사회적으로 우대하고 애호하라. 당국이 어찌하여 조선에 예술교육기관을 설치하지 않는지는 모르지마는 만일 그 이유가 동경의 음악학교, 미술학교를 믿는 때문이라 하면 이는 조선의 구원한 예술전통을 무시하는 것이라고 아니 할 수 없다. 설사 서양음악, 서양미술만을 가르치는 기관만으로서의 예술교육기관이라 할진댄 동경의 그것도 무용(無用)이 아닐까. 파리의 미술학교와 베를린이나 빈의 음악학교로 넉넉할 것이 아닌가. 설사 서양식인 음악, 미술이라 하더라도 어느 국토에 들어오면 그 국토의 전통과 융화하여 그 국토 특수의 신예술이 생기는 것이요, 동시에 음악, 미술의 교육이라 하면 서양식 것 외에 그 국토 재래의 순 전통적 예술교육을 포함할 것이다. 그럴진댄 조선은 독특한 예술교육기관을 가질 이유가 충분히 있는 것이다.

조선의 미술이 삼국시대 이래로 독특한 전통을 가진 것도 말할 것 없지만 특히 조선의 음악은 실로 아세아 계통의 음악의 정수로서 세계에 독특한 조(調)와 격(格)과 악기와 발성법(發聲法)을 가진 것이다. 실로 조선의 선민(先民)의 유산 중에서 질로나 양으로나 가장 낫게 남은 것은 아악(雅樂)이라는 조선 고악과 민간악(民間樂)의 어떤 부분이다. 이것은 우리네의 귀중한 문화유산으로 애독하고 발전시키지 아니하면 안 될 것이니 동경이나 빈의 음악학교로서는 이 소임은 다하지 못할 것이다.

근래의 성적으로 보건댄 평양인이 가장 음악적 천분을 많이 탄가 싶으니 평양에 음악학교를 세우는 것이 가장 합리할 듯하고 과정으로는 조선악과 서양악의 2부를 둘 것이다. 이 재원은 평남북의 향교(鄕校) 재산을 기초하여도 될 것이 아닐까.

미술학교는 삼국시대의 전통을 비교적 많이 지녀온 송도(松都, 開城)가 적당할 듯하다. 서울보다는 송도가 더 조선적 분위기를 가진 때문이다. 그리고 그 재원은 경기, 황해, 충북 3도의 향교 재산을 기초로 함이 어떠할까.

그리하고 공예학교에 있어서는 주민의 천품으로 보거나 역사로 보거나 전주(全州)가 가장 적당할 것이오. 그 재원은 전라남북도, 충남도의 향교 재산을 기초로 하면 될 것이다.

원래 음악학교나 예술학교나 공예학교는 사립으로 하기는 극히 어려운, 경비 많이 드는 학교지마는 향교 재산이라는, 금일에 있어서 전연 무용의 재산을 이런 데 쓴다고 하면 공맹(孔孟)과 선유(先儒)의 영(靈)도 응당 기뻐하실 것이다.

그리고 남는 향교 재산으로는 문학, 문예, 극예술, 음악, 미술 등을 장려하는 재원을 삼아서 혹은 연년이 예술상을 주며 혹은 천품 있는 예술가에게 수련할 학비를 주며, 혹은 미술전람회, 음악연주회, 극 실연, 우수한 문예작품의 발행, 번역 등의 일을 하는 기관의 재원을 삼을 것이다. 이것이 곧 위에 말한 예술가 보조장려기관이라는 제3항에 해당한 것이다.

최후에 일반 사회는 예술가를 우대하고 애호하여 그에게 명예를 주고 의식을 주도록 할 것이다. 왜 그런고 하면 예술가란 이상에 살고 감정에 사는 사람이기 때문에 실리적인 일에는 극히 오활(迂闊)한 것이 통례이다.

예술가가 돈맛을 알게 되면 벌써 그의 예술은 부패하는 것이니 예술가는 흔히 죽이 끓는지 밥이 끓는지 모르는 것이 귀한 경우가 많다.

그러므로 동서양을 물론하고 예술가와 빈궁은 언제나 동행이요, 그의 생활은 애호자의 힘을 입게 되는 경우가 많다. 특히 오늘날 조선같이 예술가가 원고료, 윤필료, 연주료만으로 의식(衣食)을 얻을 길이 없는 조선에서는 뜻있는 부자의 돈으로 도와주는 도움은 예술가의 발달을 위하여 극히 필요한 일이다.

그리고 또 한 가지 일반 민중이 예술가에 대할 태도는 그의 사행(私行)에 대하여 비교적 관대할 것이니 예술가란 정(情)이 발달되고 영리(怜悧)가 부족한, 이를테면 병신이니 그의 행동은 흔히 보통 사람이 보기에 탈선하는 일이 있다. 혹 돈 신용이 없다든지 음주벽이 있다든지 연애벽이 있다든지 인사체면을 모른다든지 절제력이 부족하다든지 이런 결점을 가지기 쉬운 것이 예술가의 운명이다. 정으로 움직이는 것이 항상 세사(世事)에 실패하는 법이어니와 예술가란 이런 실패꾼의 팔자를 탄 것이다. 이것이 물론 슬픈 결점이요, 없었으면 좋을 병통이지마는 롬브로소 교수 말마따나 천재는 병적이기 때문에 성격의 평형과 완전을 기대하기는 어려운 일이다.

그렇지만은 예술적 천재란 그야말로 천재라 천품(天稟)으로 타고나는 것이요, 인공으로 만들 수는 없는 것이기 때문에 우리는 그의 예술적 천재라는 금싸라기 하나만을 아껴서 양으로는 그 몇 십만 갑절 되는 버력돌을 참을 수밖에 없는 것이다. 이것이 예술가에 대하여 특히 애호하고 또 관대하여야 하는 소이(所以)다.

이상에 한 말을 요약하면 (1) 예술은 인생 생활을 아름답게 하는 것이니, (2) 저마다 예술감(藝術感)을 발달시키기 위하여 보통교육의 예술교육을 충실히 하고, (3) 예술가를 양성하는 교육기관을 조선에 세우고, (4) 예술가는 생활력이 약한 소아 같은 존재니 그를 보조하고 장려하는 시설을 하고, (5) 예술가란 감각과 정만이 뛰어나게 발달된 존재니 그를 돈과 명예로 돕는 동시에 그의 운명적인 성격의 결함에 대하여 관대하라는 것이다.27)

이광수는 1936년 2월 졸업 시즌을 맞이하여 전문학교, 대학 졸업생에게 보내는 공개서한 '졸업생을 생각하고'를 10회 연재하면서 혁명사상을 고취하였다.28) 이광수의 '큰 뜻'은 그의 정치적 이상인 '신조선건설'이다. 그는 '큰 뜻'을 "내가 조선의 주인이다. 조선은 내 집이요, 조선인은 내 식구이다. 나만이 조선의 주인이니 조선을 잘 만들고 못만드는 것이나, 조선이 흥하고 망하는 것이나, 그것이 오직 내게 달렸다는 것을 자각하는 것이다"라고 정의하고 있다. 그러면 그 '큰 뜻'을 실천하는 데 누가 앞장설 것인가? "저마다 남이 하려니" 하면 아무도 책임 맡아 하는 이가 없어지고 만다. "어찌어찌 저절로 되려니" 하는 운수론적(運數論的) 생각을 가지는 자는 패배자일 수밖에 없다. 그러므로 "저절로 되려니 하는 생각과 남들이 하려니 하는 생각이 한 민족을 죽이는 독균이요 아편이다"라고 경고하고 있다. 춘원은 조선의 엘리트 지식인에게 자기혁명을 실천하고 민족개조운동에 앞장서서 신조선 건

---

27) 『朝鮮日報』(1935. 7. 6), 新文化建設 提唱, 朝鮮에 있어서 藝術을 振興시키자면, 文化의 高度를 測定하는 그 나라의 藝術, 無藝術 非藝術 近代朝鮮人의 마음(李光洙). 이광수전집(삼중당)에 미수록.

28) 『朝鮮日報』 10회 연재(1936. 2. 26~3. 14), 卒業生을 생각하고(李光洙).

설에 헌신할 것을 호소하고 있다. 이는 동우회 강령 '신조선 건설'을 일 컫는 것이다. 남이 하기를 기다리지 말고 스스로 자진해서 자기혁명운 동을 실천해야만 부강한 '새 나라 건설'이 실현된다고 역설하고 있다.

이상(理想) 없는 생활은 축생적(畜生的) 생활이다. 취생몽사(醉生夢死)란 것은 이런 것을 두고 이른 말이다. 사람이 이상이 없을 때에는 오직 감관(感官)의 노예가 되고 만다. 이 몸을 바쳐서 이루려는 무슨 큰일이 없을 때에 이 마음을 좌우하는 오직 식색(食色) 등의 동물본능 뿐이니 그러하기 때문에 축생적이란 것이다. 이 몸보다 소중한 것을 가지지 못한 사람은 축생과 다름이 없다. 예수는 몸보다도 인류애를 소중히 여겼고 모든 종교와 과학과 애국의 순도자(殉道者)들은 다 각각 혹은 진리, 혹은 정의를 몸보다 소중하게 여겼다. 인생의 가치는 몸보다도 소중한 것을 가지는 데서 시작되는 것이다.

큰 뜻이라는 것은 이러한 이상을 가리키는 것이어니와 큰 뜻을 품은 자를 지사(志士)라고 부르고 큰 뜻을 위하여 몸을 버리는 자를 의인(義人)이라고 부르거니와 한 사회의 문화와 자유와 영광은 그중에 나타나는 큰 뜻 품은 지사와 의인의 피의 거름으로 피는 꽃이다. 큰 뜻을 품은 사람이 ── 남자나 여자가 없는 사회는 퇴폐와 멸망에 굴러 떨어질 것밖에 없는 것이다.

그러나 만인이 다 큰 뜻을 품어서 지사와 의인이 되기를 바랄 수는 없다. 그러나 조선에서 전문학교나 대학을 졸업하는 이는 결코 평범한 만인 속에 분류될 수는 없는 것이다. 조선에서 전문, 대학을 졸업한 이는 사회의 은혜를 남달리 받아서 조선인 전체를 살려낼 대망의 큰 일꾼이 된 것이다.

그들이 정당히 자기네 처지와 만민(萬民)에게 대망(待望) 받는 책무를 생각한다 하면 그들은 마땅히 발분망식(發奮忘食)하여 봉사의 일념(一念)에 연소(燃燒)될 것이다. 조선의 정신적, 물질적 빈궁을 해결할 자가 그들이 아닌가. 조선인을 교화(敎化)하여 세계 문화민족의 최고 수준에 끌어올릴 자가 그들을 두고 또 있던가. 조선의 부력(富力)을 증진할 자가 그들을 두고 또 있던가. 한마디로 말하면 초라한 오늘의 조선을 번듯한 명일의 조선으로 변화할 자가 그들을 두고 또 있던가. 만일 이 책무를 자각한다 하면 그들은 마땅히 모든 감관(感官)의 욕(慾)을 버리고 큰 뜻을 품고 나설 것이 아닌가.29)

그러면 그 큰 뜻이란 무엇인가. 불사가인생업(不事家人生業, 집안사람 생업을 위하여 일하지 않음)하고 동치서주(東馳西走)하는 것인가. 그러한 사람도 있을 것이지마는 그런 것만이 큰 뜻이 아니다. 진정한 큰 뜻은 "내가 조선의 주인이다" 하는 데서 출발한다. 조선은 내 집이요 조선인은 내 식구다 하는 데서 출발한다. 오직 나만이 조선의 주인이니, 조선을 잘 만들고 못 만드는 것이나, 조선이 흥하고 망하는 것이나, 그것이 오직 내게 달렸다는 것을 자각하는 데서 출발한다. 우리는 "남이 하려니" 하는 그릇된 생각을 가지고 있다. 저마다 남이 하려니 할 때에 아무도 책임 맡아 하는 이가 없어지고 만다. 이것이 오늘날 조선의 현상이다.

또 한 가지는 "어찌어찌 저절로 되려니" 하는 운수론적(運數論的) 생각을 가지는 자도 있다. 저절로 되려니 하는 생각과 남들이 하려니 하는 생각이 일 민족을 죽이는 독균이요 아편이다.

저절로 되려니 하는 생각은 비인과적이요 비과학적인 미신(迷信)이요, 남들이 하려니 하는 생각은 책임회피요 전가(轉嫁)요 의뢰(依賴)요 해태(懈怠)요, 그리하고 불충(不忠)이다. 이에서 더한 집단생활에 대한 죄는 없는 것이다.

그러므로 전문, 대학을 졸업하는 이들은 먼저 조선이 내 것이라는 자각을 가질 것이다. 조선이 곧 내라는 절실한 자각을 가질 것이다. 나의 몸과 말과 일은 외오로(외따로) 조선의 문화와 부(富)를 위하여 바치리라는 큰 서원(誓願)을 발할 것이다. 이 큰 서원은 다만 당자의 일생을 통하여서만 변치 아니할뿐더러 자자손손에게 전할 것이다. 그들이 일생을 이 서원을 위하여 정성과 힘을 다하여 노역(勞役)한 끝에 임종 시에 그들의 자녀에게 할 유언이 있다고 하면 그것은 "내가 다 못한 이 서원을 이어서 하여라" 하는 것뿐일 것이다.

그러면 이 큰 서원, 즉 큰 뜻, 즉 큰 이상(理想)을 세우는 날부터 실천할 것이 무엇인고? 그것은 첫째로는 자기혁명(自己革命)이다. 자기의 인습적인 사상과 감정과 습관과 행동을 개혁하여 완전인에 합당한

---

29) 『朝鮮日報』(1936. 3. 6), 卒業生을 생각하고(5)(李光洙).

인격의 건설에 착수할 것이다. 우리는 먼저 우리 조선인 각 개인의 병을 진단할 필요가 있다. 아니 그보다 먼저 우리는 병인(病人)임을 자각할 필요가 있다.30)

그러므로 졸업생 제군이 오늘부터 새로 할 결심은 자기혁명이다. 이 자기혁명과 자기완성이 다만 개인 처세(處世), 개인 성공의 기초적 인(因)이 될뿐더러 또 조선 민족 전체를 변화, 개조하는 유일한 인이 되는 것이다.

한 동네의 개조(改造)는 그 동네에 한 개조된 사람 한 사람이 첫 사람으로 생기는 것이니, 이것은 좋은 의미로도 그러하고 좋지 못한 의미로도 그러한 것이다. 어느 동네에 한 예수교인, 한 불교도, 한 정직한 사람, 한 술꾼, 한 노름꾼이 생김으로 1년 2년 지나는 동안에 그 동네가 그 방향으로 변하는 것이다. 2천 3백만이 많은 듯하나 그 속에 하나 둘 세 사람이 생김으로 그 2천 3백만이 10년 20년, 1세기 2세기 지나는 동안에 그 방향으로 변화하는 것이다. 하물며 그새 사람이 열성을 가지고 자기의 인격의 능력을 발휘함에랴. 일 민족의 개조나 한 동네의 개조나 이러한 방법, 즉 첫 사람 하나가 생기는 방법 외에는 다시 방법이 없는 것이니, 오늘날 문화로나 경제로나 기력(氣力)으로나 정신으로나 무력한 조선 민족을 변하여 유력한 조선 민족으로 화하는 방법은 오직 '당신'이 그 첫 사람이 되는 길밖에 없는 것이다.

그러므로 졸업생 여러분은 어디를 가든지 가정에 있든지, 향리에 있든지, 또는 어떤 기관에 취직을 하든지, 농(農)이든지 상(商)이든지, 그 직업은 무엇이든지를 불문하고 한 가지 공통한 직업 — 거룩한 사명(使命)이 있으니, 그것은 곧 여러분이 자신(自身)으로 인격의 완성에 노력하여 새 조선인의 첫 표본이 되시는 것이다.

그러할진댄 사업을 하려 하여도 혹은 자본이 없어서 혹은 환경이 불리하여서 아무것도 못하고 놀고 있노라 하는 둔사(遁辭)는 생길 수 없을 것이다. 할 일이 없노라 하는 한탄은 있을 수 없을 것이다. 왜 그런고 하면 직심(直心), 성심(誠心)과 봉사심으로 된 인격의 발로는 농(農)터에서도 공장에서도 방 하나 치우는 데서도 남의 심부름하는 데서도 되는 것이오. 그러한 직심, 성심, 봉사심의 발로는 어디서나 사람에게

---

30) 『朝鮮日報』(1936. 3. 7), 卒業生을 생각하고(6)(李光洙).

감화를 주는 것임에 이러한 인격자는 비록 비천한 일에 종사하더라도 사람의 사표(師表)가 되고 지도자가 되는 것이니, 이것으로만, 오직 이 것으로만 여러분은 민족과 인류에 대한 지정(至情)한 봉사를 할 수 있 는 것이오. 또 이러한 인격자가 된 때에 여러분은 반드시 세상의 존경 과 승인과 초빙을 받아 큰일을 맡는 사람이 되는 것이다. 인과를 꼭 믿고 직심과 성심으로 쉬지 않는 봉사적 노역자(勞役者)가 되라. — 이 것이 졸업생 제군께 드리는 전별(餞別)이다.31)

공교롭게도 동우회 사건이 발생한 1937년 6월 7일자의 조선일보에 는, 동우회 사건이 발발할 것을 미리 예감한 듯이 '식민지 지배 숙명론' 을 타파하기 위하여 인간의 위대한 힘을 발휘할 것을 주장하는 명 사설 '고원한 이상과 그 실현력'이 게재되었다. 여기서 '고원한 이상'이란 인 간의 위대한 힘을 발휘해서 식민지 지배 숙명론을 타파, 독립을 실현한 다는 것을 의미한다. 그러므로 개인의 힘을 날(經)로 하고 단체의 힘을 씨(緯)로 하여 조선인의 위대한 힘을 발휘해서 이상을 이룩하려고 노력 한다면 천하에 불가능은 없다고 주장했다.

고래(古來)로 이 세상에는 선불선(善不善, 착하고 착하지 않음), 성 불성(成不成, 성공과 불성공), 행불행(幸不幸, 행복과 불행) 간에 사람 의 일생을 전부 운수(運數)에 돌리고 마는 숙명론자(宿命論者)가 다수 를 점하고 있다. 무슨 일이 자기의 뜻대로 되었을 때에 이것을 천운(天 運)이라고 믿는 사람, 뜻대로 되지 않았을 때에 이것을 천망아(天亡我, 하늘이 나를 망쳤다)요 비전지죄(非戰之罪, 싸우지 않은 죄)라고 생각 하는 사람, 이런 사람은 누구나 자기가 숙명론자인 것을 의식하거나 못하거나를 물론하고 다 숙명론자에 속하는 것이다. 간혹, 나폴레옹 같 은 특출한 인물이 나서 불가능 3자는 자전(字典)에 있을 일 아니라는 호언(豪言) 또는 큰소리(大言)를 토해본 일이 있으나 이 말은 말한 자 신도 자기는 비상한 인물이라는 것을 과장하기 위한 말인 것을 생각하 면서 한 말이요, 따라서 듣는 사람도 이것이 나폴레옹의 말이라는 데

31) 『朝鮮日報』(1936. 3. 14), 卒業生을 생각하고(10)(李光洙).

가치를 붙이는 것이지 사람이 한번 하려고 들면 못할 일은 없다는 뜻으로는 해석하지 아니한다.

그러나 우리가 한번 큰 눈, 큰 귀, 큰마음을 가지고 동서 5천 년의 인류의 역사를 달관(達觀)한다면 이 우주 간에는 사람의 힘처럼 위대한 것이 다시없다는 이치를 깨달을 수가 있을 것이다. 인류의 역사는 개인의 힘을 경(經, 날실)으로 하고 단체의 힘을 위(緯, 씨실)로 하여 자아 내인 힘의 기록이 아닐까 보냐. 흐린 날 귀가 찢어지는 듯한 뇌성벽력(雷聲霹靂)을 들을 때에 우리는 자연의 힘의 위대함에 놀랜다. 그러나 한번 돌이켜 인류의 역사를 찾아본다면 전진 또는 시작의 일성하(一聲下)에 사람이 움직인 자취는 자못 뇌성벽력의 감히 미칠 바 못되는 것이 있음을 알 것이다. 봄 동산에 백화가 병발(倂發)한 경치를 볼 때에 우리는 대자연의 조화(造化)의 위대함에 감탄한다. 그러나 한번 돌이켜 인류사회에 사람의 조작(造作)으로 된 여러 가지 제도문물을 본다면 그 찬란함이 자못 자연적 조화의 미칠 바 못 되는 것이 있음을 알 것이다. 이렇게 보아올 때에 우리는 "위대한 자여 네 이름을 사람이라 하라"고 한대도 그것이 조금도 과장된 말이 아닌 것을 알 수가 있다.

사람의 힘은 위대하다. 개인으로도 단체로도 위대하다. 그러나 제아무리 위대하다고 할지라도 그것을 사용치 아니하면 생선을 두어 썩히는 것과 같다는 일점(一點)을 마저 생각할 필요가 있다. "태산(泰山)이 높다 해도 오르고 또 오르면 못 오를 리(理) 없건마는 사람이 제 아니 오르고 뫼(山)만 높다 하더라"의 탄성은 개인이 그 위대한 힘을 사용치 아니하는 것을 개탄한 말이다. 불가능 3자는 불란서 자전에서 뽑아 버리자는 말은 국가적 포부를 역설한 말이다. "사람은 누구나 다 요순(堯舜)이 될 수가 있다"는 말은 이미 맹자(孟子)가 간파한 말이다. "순(舜)은 누구며, 나는 누구냐. 되려고 힘을 쓰면 나도 순과 같이 될 수 있다." 이 말은 인개가위요순(人皆可爲堯舜, 사람은 누구나 요순이 될 수 있다)의 이치를 맹자가 말을 바꾸어서 좀 더 절실히 표현한 말이다. 이렇게 보아올 때에 우리는 "사람은 누구나 자기가 되고 싶은 대로 될 수 있다"의 철리(哲理)를 깨닫는 동시에 사람은 남녀노유를 막론하고 누구나 좀 더 위대한 이상(理想)을 포회(抱懷)하고 불요불굴의 꾸준한 노력을 계속할 용기와 굳건한 뜻을 가질 것이라고 한다.32)

이광수는 1937년 6월 7일 구속·수감되었다.[33] 이광수가 체포되어 수감하던 날에 '해태의 열매'를 마지막으로 조선일보에 발표했다. 불경에는 해태라는 낱말이 자주 나오는데 이는 나타(懶惰)와 같은 동의어이다. 해태는 수도(修道)에 게으르다는 뜻, 나타는 일에 게으르다는 뜻이다. 해태의 반대어는 정진이다. 따라서 조선인은 정진이 없어서 근대화하지 못하고 식민지 백성으로 전락했다고 분석하면서 정진·분발하기를 촉구하고 있다. "나는 조선 천지를 볼 때에 해태(懈怠)의 열매를 본다. 벌거벗은 산, 메워진 개천, 오막살이집들, 때 묻은 몸들, 문명과 문화에 뒤떨어진 모든 초라한 꼴들, 어느 것은 내 집 화단의 꼴이 아닌가. 모든 순간이 정진(精進)의 순간이 되게. 잘하겠다, 바로 하겠다, 하는 힘씀으로 일생을 채우는 곳에 진보와 성공이 있을 것이다. '그럭저럭', '쩟, 그만해두어!' 이것이 일생을 망치는 것이다."[34]

당시 이광수는 조선일보 부사장으로 재직하면서 조선일보에 '그의 자서전'을 128회(1936. 12. 22~1937. 5. 1) 연재하고 있었다. 공교롭게도 동우회 사건으로 이광수가 구속·수감되던 날 조선일보에 '그의 자서전' 발간 광고문이 대서특별 게재되었다.

조선일보 지상에 연재되었던 춘원 이광수 씨 저 장편소설 '그의 자서전'이 간행되었다. 이 소설은 작자에게 있어서 가장 의의 있는 작품인 것은 무론이요 근세 조선의 면모가 이 소설을 통하여 여실히 나타나 있는 점에서 조선 청년은 누구나 읽어둘 필요가 있는 줄 안다. '그'는 과연 무엇을 웅변하고 또한 고백했는지 자세히 들으라. 이 책이야말로 춘원이 아니면 쓰지 못할 독특한 작품이다.

제 말
그의 자서전은 어떤 산 사람의 자서전은 아닙니다. 더구나 나 자신의 자서전은 아닙니다. 그러나 넓은 의미로 볼 때에는 내 자서전이라

32) 『朝鮮日報』(1937. 6. 7), 社說: 高遠한 理想과 그 實現力.
33) 『朝鮮日報』(1937. 6. 8), 李光洙氏 等留置.
34) 『朝鮮日報』(1937. 6. 8), 懈怠의 열매(李光洙).

고 할 것입니다. 왜 그런고 하니 그중에는 내 개인적 경험이 많이 들어 있기 때문입니다. 똑바로 말하면 이 소설에 필요한 한에서 내 개인적 경험도 집어넣은 것입니다. 이야기꾼은 결코 제 이야기를 아니 하는 법입니다. 다만 이야기에 흥미를 더하기 위하여 제 이야긴 체할 뿐입니다. 왜 그러냐? 그것은 제 이야기를 똑바로 하려면 남이 부끄럽기 때문입니다. 저 자신이 부끄럽기 때문입니다. 그러나 '그의 자서전'에 나는 다른 인물들을 대개는 실제적 인물의 그림자라고 보서도 좋다고 생각합니다. 李光洙.35)

이광수는 1937년 5월 1일에 '그의 자서전'을 128회로 연재를 끝낸 직후, 5월 28일부터 '공민왕'을 연재하기 시작했다. 그러나 '공민왕'은 이광수의 구속으로 말미암아 중단되고 말았다. 그래서 '공민왕'은 미완성 장편소설로 남게 되었다.

고려의 공민왕! 총명하고 자비롭던 임금, 예술가이던 임금인 동시에 사랑의 임금인 공민왕. 아마 안해(아내)를 사랑하기로는 그는 세계에 으뜸이었을 것이다. 죽음이 그의 사랑하는 왕후를 이별케 함에 그는 인생의 모든 빛을 잃었다. 그리고는 신돈(辛旽)이라고 일컫는 중 편조(遍照)를 믿어서 남은 일생을 부처나라 건설에 바치려 하였다. 그가 다스리는 나라가 평등과 자비의 나라가 되도록, 고려 나라에 극락정토가 임하도록 하려고 큰 원(願)과 굳은 맹세를 세웠다. 그러나 운명은 항상 그의 뜻에는 거슬리는 바람이었다. 그는 마침내 망국 군주라는 누명을 쓰고 간신의 손에 시역(弒逆)을 당하고 말았다. 왕자로 태어났건마는 나면서부터 기구한 그의 운명은 구오(九五, 임금)의 높은 자리에 오른 몸으로도 인간의 모든 괴로움과 슬픔을 갖추갖추 맛보고 비극적인 생애를 마쳤다. 이상과 사랑과 예술과 그리고 현실과 음모와 탐욕과의 쟁투 — 이것이 불행한 공민왕의 역사다. 공민왕과 아름다운 왕후 노국

---

35) 『朝鮮日報』(1937. 6. 8), 最新刊 李光洙著 長篇小說, 그의 自敍傳 발간 광고문. 연재가 끝나자마자 그의 자서전이 춘원이 구속·수감된 날에 맞추어 발행된 것은 이례적인 일이다. 따라서 조선일보는 춘원의 구속·수감에 항의하는 뜻으로 그의 자서전의 발간 광고문을 연일 대서특필 보도했다.

공주와 요승이라고 일컬어지는 중 신돈과 그리고 이제현(李齊賢), 최영(崔瑩), 정몽주(鄭夢周), 이색(李穡), 이태조(李成桂) 같은 이들이 이 이야기에 등장하는 주요 인물일 것이다. 필자 춘원 이광수 씨는 너무도 이름난 조선의 대표적 소설가요, 삽화가 웅초(熊超) 김규택(金奎澤) 씨는 또한 사계의 중진으로 금상첨화의 격을 이루었다. 오는 28일부 석간 7면부터 게재될 터이니 독자 제위는 손꼽아 기다리라.

작자의 말

나는 공민왕의 성격에 흥미를 느낍니다. 잘하려고 깨끗하려고 애를 쓰면서도 안 되는 그의 운명의 절반은 그의 국민의 업보요, 절반은 그 자신의 업보입니다. 그는 비극 주인공으로의 모든 장처와 결점을 구비하였습니다. 이 불행한 임금의 일생을 그리는 동안에 그의 인생관과 아울러 고려가 망해가는 양을 볼까 합니다.[36]

이렇게 연재를 시작하자마자 동우회 사건으로 말미암아 이광수가 구속됨에 따라 '공민왕'은 14회(5. 28~6. 10)로 연재가 중단되고 말았다.

편조의 말을 듣고 계시던 왕은 문득 손을 내밀어 편조의 손을 잡으셨다.

"편조대사! 내 눈을 덮었던 한 껍질이 벗겨지는 듯하오. 내 온몸에 새로운 기운이 솟아오르는 것 같소. 지나간 십사 년간 나는 헛된 세월을 보내었소. 암, 헛된 세월이지. 어찌하여 좀 더 일찍 못 만났소? 그렇지만 대사가 청정업보를 버리고 우리 고려에 나신 것은 나라를 위하여 크게 도움이 있으려 하심인 줄 아오. 우리 고려 나라를 큰 나라로, 빛나는 나라로, 그리고 불법이 행하는 보살의 나라로 — 아아 그렇게 되었으면 얼마나 좋을까. 내가 일찍 연경서 만권당(萬卷堂)에서 글을 읽을 때에도 뜻은 거기 있었고 십사 년 전에, 그래 내 나이 스물둘에 즉위하여 본국으로 올 때에도 내 아무리 하여서라도 요동(遼東)을 쳐서 고구려의 옛 강토를 찾으리라 하였더니 — 압록강을 건너 — 대동

---

36) 『朝鮮日報』(1937. 5. 25), 長篇小說豫告 '恭愍王' 春園 李光洙 作, 熊超 金奎澤 畵, 28日附 夕刊부터 連載.

강을 건너— 오 참, 서경(西京)에 다다른 때에 내가 어떻게나 옛날 고구려의 영광을 사모하였던고! 동명성왕보다도 호태왕(好太王)보다도 더 큰 임금을 내 이제 보도다 하고 대동강 흐르는 물을 보고 외쳤던고! 그러나 지난 십사 년간 내가 하려던 일은 다 헛되이 물거품이 되었소."

왕은 잠시 눈을 감고 고개를 흔드시니 그 긴 수염이 따라서 움직인다.

왕은 다시 눈을 뜨시고 고개를 번쩍 드시며,

"그러나 내 나이 아직 서른다섯. 그래 내 나이 아직 서른다섯. 이제부터라도, 이제부터라도…"

왕은 입을 다무신다. 왕의 눈이 번쩍 빛난다. 왕의 예술가적 상상 속에는 크고 아름다워진 고려 나라가 그려진 것이다. 서경에 고구려 적 평양보다도 더 큰 서울을 세우고 요동 이천리를 다 고구려의 강토를 만들고 몽고와 여진(女眞)과 한토(漢土)까지도 다 넣어 다스리는 크나큰 나라— 천하에 으뜸머리 되는 나라, 삼십육국의 조공(朝貢)을 받는 나라— 이러한 큰 나라의 모양이 왕의 눈에 어른거리는 것이었다. 왕은 오래 동안 잊어버렸던 젊음의 공상을 다시 찾은 것이었다.

왕의 눈앞에는 최영, 이성계 등 무장이 수십만 대군을 휘몰아서 압록강을 건너 요동을 평정하고 중원(中原)을 엄습하는 것을 상상하였다. 화가인 왕의 눈에는 그런 것들이 모두 시각적 이미지로 비춘 것이었다. 태조도 인종도 다 달하지 못한 큰 포부를 내가 펼까 하는 생각도 났다.[37]

동우회 사건에서 이광수와 안창호 등을 비롯하여 총 181명이 검거되었으나 실제 수리인원(受理人員)은 148명이다. 처음에는 기소인원이 33명이지만 1938년 8월 15일 예심이 끝나자 기소된 피고인은 42명이었고, 42명 중 최윤호(崔允鎬)는 고문으로 인해 공판 전에 작고해서 41명이 된 것이다. "동우회 사건 범죄 요지. 1919년 10월 이후 상해, 경성 등지에서 조선의 독립을 목적으로 하여, 일찍이 미국 상항(桑港)에서 결성된 흥사단을 모체로 하여 동우회라는 결사(結社)를 조직하여 여러 가지 활약함(수리인원 148명). 기소인원. 이광수, 안창호 등 33명."[38]

<hr>

37) 『朝鮮日報』(1937. 6. 7), 恭愍王(11).

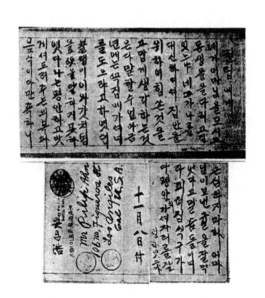

안도산의 최후의 편지(1937. 11. 8)
동우회 사건으로 구속된 안창호가 서대문형무소에서 아들 필립에게 보낸 마지막 편지다. 사연은 네 어머니(李惠鍊)와 동생들을 보살피는 것을 미안하게 여기고 감사한다는 것. 자신은 옥중에서 잘 지내고 있다면서 네 어머니가 보낸 귤을 잘 먹었다고 적고 있다. 173자가 모두 한글 붓글씨로 적혀 있다. 동아일보(1968. 3. 8).

동우회원 전원을 총검거한 종로경찰서는 가혹한 고문을 자행하면서 동우회가 조선독립을 목적으로 한 정치혁명단체임을 자백할 것과 사상 전향을 강요했다. '소독행사'라는 고문이 있다. 알몸으로 시멘트 바닥에 꿇어앉히고 고무호스로 물 폭탄을 가하는 것이다. 학춤 고문, 비행기타기 고문 등 잔인한 고문이 가해졌다. 가장 무서운 고문은 걸레를 빤 더러운 물 한 양동이를 먹여놓으면 6개월 이내에 죽는다는 고문이다. 고문에 못 이겨 동우회가 독립운동단체라고 자백하고 친일전향 의사를 밝히면 석방했다.

---

38) 『思想彙報』 제13호(1937. 12), pp.7~12, 朝鮮重大思想事件經過表 1937年 11月末日現在21件. 여기서 '중대'란 현저하게 사회의 이목(耳目)을 용동(聳動)하고 있다는 것을 의미함; 박현환, 『흥사단운동』(大成文化社, 1955. 9. 1), pp.114~117, 동우회 수난기.

안창호는 그해 11월 8일 서대문형무소에서 생애 마지막으로 맏아들 필립에게 편지를 보냈다. 순국 넉 달 전에 붓글씨로 쓰인 한글편지의 사연은, 필립이 어머니(李惠鍊, 헬렌 安)와 동생들을 보살피는 것을 미안히 여기고 감사한 것으로 서두가 시작되어 자신은 옥중에서 편히 잘 지낸다고 안심시키고 끝으로 부인이 보낸 귤을 잘 먹었다고 자상하게 적어 도산 선생의 인자한 면모를 엿보게 하는 편지이다. 편지 겉봉에 쓴 "京城府 峴底洞 101번지"(서대문 형무소 위치) 발신으로 된 연분홍빛 봉함엽서는 필립이 가보로 간직해왔다.

필립에게

네가 어마님을 모시고 동생들을 다리고 잘 있느냐. 네가 나를 대신하여서 집안을 위하여 힘쓴 것을 고맙게 생각하는 것은 다 말할 수 없다. 금년에는 꼭 집에 가서 너를 도우려고 하였더니 불행히 이와 같이 되므로 뜻을 달하지 못하였다. 나는 평안하고 밖에서 들여 주는 의복과 음식이 다 만족하니 근심하지 마라. 어마님이 보낸 귤을 잘 먹었다고 말씀드리어라. 피터 집 식구가 다 평안히 가서 자리를 잘 정하였느냐.

十一月 八日(1937) 安昌浩[39]

만주를 강점한 후 전면적인 대륙침략을 본격화한 일제는 전쟁확대론자인 미나미(南次郎) 육군대장을 조선총독에 임명하고 노골적인 동화정책을 폄으로써 군사기지로서의 한국의 위치를 붙박아놓으려 했다. 이른바 국체명징(國體明徵), 내선일체(內鮮一體), 인고단련(忍苦鍛鍊) 등의 강압적인 구호를 내건 저들의 민족말살정책은 그것이 교육의 3대 방침이라고 공공연히 천명하고 있다(1938년 3월 미나미의 선포). 조선어 사용을 금하고 신사참배를 강요하며 언론기관을 비롯하여 사회 전반에 임전태세를 갖추도록 했다. 어린이들의 입에서도 일본 군가가 불렸다. 임정의 행동대로 한국광복군이 창설되는 등 곤욕 속에서 바야흐로 최후의 항일전을 펴고 있던 중국 내의 독립운동과는 역설적인 대조

---

39) 『東亞日報』(1968. 3. 8), 抗日鬪士 島山의 遺墨 作故 30年 만에 햇볕.

였다. 1925년 이래 10여 년에 걸쳐 공산당 및 사회주의자, 그리고 혁명적인 민족진영 대표자들의 박멸이 일단락되자 이제 일제의 총부리는 온건한 민족주의자들에게로 돌려졌다. 1937년 6월 7일 "우리 민족 신문화 건설의 기초를 준비함"을 목적으로 인격수양을 주장하며 10여 년 동안 총독정치 아래서 합법단체로 지내왔던 동우회 회원 180여 명을 불시에 검거한 세칭 '동우회 사건'(일명 흥사단 사건)은 이 사건을 맡았던 변호사 스즈키(鈴木義男)의 변론처럼 예수를 단죄한 로마군의 만행과 같은 것이었는지 모른다. 동우회 사건 당시 동우회 이사장인 주요한은 종로경찰서에서의 고문의 참상을 이렇게 고발하고 있다.

지금의 신신백화점 뒤뜰이 당시 종로유치장이었다. 검거된 지 열흘쯤 지나서부터 경찰서 안이 부산해지고 군인들의 소집영장이 발부되는 것을 엿듣고 시국의 급격한 이변(異變)을 눈치 챘다. 취조관의 탁자에는 흥사단의 약법과 '입단가'가 놓여 있었다. "우리 민족 전도대업의 기초를 준비한다"는 목적의 '전도대업(前途大業)'이란 '조선독립'을 뜻하는 것이 아니냐, '조상나라 빛내려고'니 '부모국아 걱정 말라'와 같은 가사 중의 '조상나라', '부모국' 등이 어느 나라를 가리키는 말이냐고 따졌다. 동우회가 곧 흥사단은 아니고 어디까지나 수양단체라고 우길라치면 일경은 "아마 목이 마르지" 하고 데려가 물 먹이기 고문을 시작한다.

팔다리를 묶어놓고 누인 다음 코에 주전자 물을 까무러칠 때까지 부어넣는 것이었다. 양팔을 뒤로 젖혀 매다는 학춤 추기(비행기태우기), 판대기를 대고 몇 시간이고 꿇어앉히기, 총이나 죽도(竹刀)로 뼈가 어긋나도록 쥐어틀기, 걸상이나 무거운 물건을 들고 엉거주춤하게 꾸부려 서기, 목을 옭아매기… 등 고문은 가지가지였다. 동지 중 최윤호(崔允鎬), 이기윤(李基潤) 등은 이런 고문으로 폐와 위가 상하여 보석된 뒤에 곧 사망했고, 김성업(金性業) 같은 이는 불구가 되었다.

이렇게 해서 강제로 만들어진 조서(調書)가 검사국으로 넘어가기 3, 4일 전 검사는 또 경찰서로 와서 신문했다. 저들의 법으로도 경찰은 3일 이상 검속(긴급구속)해둘 수 없었지만, 전표만 고쳐넣으면 얼마든지 유치할 수 있었다. 게다가 검사가 경찰서로 와서 신문한다는 것은 고등계 경관을 입회시키는 결과가 되어 피의자들의 일루의 희망이던 진술전복을 불가능케 했다. 이처럼 악독히 굴던 고등계 차석 사이카(齊賀八郞)는 해방 후 원남동 제집 앞에서 누구인가에 의해 총살되었다.

변호인단 14명 중 김병로(金炳魯), 이인(李仁), 김익진, 정재윤(鄭在允) 등 한국인 변호사의 노력은 말할 것도 없지만, 동경서 데려온 명변호사 스즈키(鈴木義男)의 변론은 인상적이었다. "로마 총독 빌라도가 예수를 독립운동자로 몰아 십자가에 못 박았던 것은 그릇된 판결이었다. 신성한 사법사상 오판례(誤判例)를 남기지 말라. 본건은 제2의 그리스도 판결이 되지 말기 바란다"고 그는 역설했었다.

유치장에 갇혔을 때 채영식(蔡榮植)이라는 한국인 순사가 있어 유치인들의 편의를 보아주었다. 위험을 무릅쓰고 조병옥(趙炳玉)이 가족과 연락하는 것도 보아주었다. 해방 후 미군정청의 경무부장이 된 조병옥이 채 순경을 찾았을 때 그는 동대문 로타리에서 교통정리를 하고 있었다. 조병옥은 즉시 그를 발탁하여 경찰간부로 승진시켰다. 일화를 전하는 채 씨는 함박웃음을 지어 보이고는, 도산의 죽음은 일경의 살인행위였다고 힘주어 말할 것을 잊지 않았다.

동우회는 수양동우회가 1929년 7월 '수양' 두 자를 떼버린 것이었다. 이는 당시의 정황인 배일 · 독립의 정치운동의 영향 때문이었다. 크고 작은 여러 단체들이 신간회(新幹會)라는 거대한 범국민단체로 규합되던 때였다. 지금 이 급한 판국에 십 년 하청의 수양운동이 무어냐는 핀잔과 함께 정치운동에의 합류를 강력히 종용받았고, 회원 중에도 수양동우회를 정치운동단체로 개조하자는 의견이 없지 않았다. 수양동우회에서는 이 문제를 심각하게 토의하고 상해에 있던 안창호와 연락한 결과 모체인 흥사단이 정치운동 불관여를 원칙으로 하는 만큼 성격을 고칠 수 없다고 결론지었다.

치욕의 한일합방 3년 후, 망명정객 안창호는 미국 로스앤젤레스에서 흥사단을 조직했다. 그것은 '무실역행, 건전인격, 단결훈련, 국민개업'을 모토로 하는 수양단체로, 1907년 그가 미국 유학에서 돌아와 서울에서 조직했던 신민회(新民會)의 후신이라고 할 수 있는 것이었다. 3 · 1운동에 이어 상해에 임시정부가 수립되고 안창호가 내무총장으로 취임하자 상해에 흥사단 원동임시위원부가 설치되었다. 손정도(孫貞道), 차리석(車利錫), 주요한(朱耀翰), 조규서(曹圭瑞) 등이 위원이었다.

상해 임정에 참가했다가 귀국한 이광수가 1922년 '개벽' 지에 발표한 '민족개조론'이 국내에서 벌인 흥사단 운동의 최초의 깃발이었다고 흥사단 쪽에서는 주장한다. 아무튼 그해 2월 12일 이광수 집에서 수양동우회가 발기되었다. "우리 민족 전도대업(前途大業)의 기초를 준비한다"는 흥사단 약법을 "우리 민족 신문화 건설을 준비한다"고 변용(變容)하는 정도로 실상은 흥사단의 국내 지부 같은 것이었다. 발기인은 김항주(金恒作), 김태진(金兌鎭), 박현환(朴賢煥), 곽용주(郭龍周), 이항진(李恒鎭) 등의 흥사단 단원과 김윤경(金允經), 김기전(金起纏), 원달호(元達鎬), 강창기(姜昌基), 홍사용(洪思容) 등의 새로운 동지를 합해 10명이었다. 그리고 수양동맹회가 조직되자 1년 만인 1923년 1월 16일 평양에 있는 옛 대성학교(大成學校) 동창생 김동원(金東元), 김성업(金性業), 조명식(趙明埴), 김병연(金炳淵) 등이 모여 따로 동우구락부를 만들었다.

이들 두 단체는 서로 긴밀히 연락하던 중 구락부 쪽에서 합동을 제의했고, 상해에 있던 안창호도 이광수를 북경으로 불러 합동을 권고하고 하여 1926년 1월 8일 두 단체는 합동했다. 회명을 수양동우회로 고치고 당면사업으로 교양지 '동광(東光)'을 발간하고 통속교육보급회를 만들어 성인교육에 힘썼다. 1926년 5월에 창간하여 이듬해 9월까지와 1931년 1월에 속간하여 1933년 1월까지 통권 40호를 발간하는 동안 '동광'의 편집에 관여했던 이들은 이광수, 이윤재, 주요한, 이종수 등이었다(해방 후에 나온 '새벽'이 '동광'의 후신).

1937년 6월 7일 새벽에 이광수, 주요한, 김윤경, 박현환, 신윤국, 한승인 등 10여 명을 검거한 종로경찰서 고등계는 압수한 회원명부에 의하여 전국적으로 약 150(181)명을 체포했다. 28일에는 안창호도 체포하여 서울로 연행했다.

일경은 몹쓸 고문으로 동우회가 '조선독립'운동을 목적으로 했다는 자백을 강요하고, 친일파 이각종(李覺鍾, 총독부의 조종 아래 대동민우회를 조직하여 일제의 앞잡이 노릇을 하고 있었다)과 접촉시켜 소위 '황국신민(皇國臣民)'으로의 전향을 종용해왔다. 동우회는 종로서 유치장에서 해산하고 말았다. 일경은 8, 9인의 대표로 하여금 '동우회 해산서'에 강제로 지장(指章)을 찍게 했고, 동우회의 재산에 대해서는 회원들의 현금은 물론이고 사무기구를 팔아버린 대금과 통속교육보급회의 토지, 동광사의 비품까지 모두 팔아서 소위 '국방헌금'으로 바치게 했다. 1939년 8월 경성지방법원 가마야(釜屋英介) 주임판사는 '증거 불충분'으로 피의자 전원에게 무죄를 판결했으나 검사의 공소로 다시 열린 1940년 8월 21일의 판결에서 경성복심원 야모도(矢本正平)는 체형을 언도했다.

징역 5년 — 이광수
징역 4년 — 김종덕(김항주) 박현환 김윤경 주요한
징역 3년 — 김동원 김성업 김병연 조명식
징역 2년 반 — 조병옥
징역 2년 — 오봉빈 송창근 최능진 백영엽 조종완 김찬종 김봉성 등

1941년 11월 17일 경성고등법원의 상고심에서 무죄를 언도할 때는 이미 저들의 책략이 어느 정도 효과를 본 뒤였기 때문에 이 판결은 다분히 정치적 판결이었다. 이처럼 동우회 사건은 뒤이은 흥업구락부 사건, 조선어학회 사건 등 일련의 정치적 음모의 첫 케이스였고, 이 사건 중 병보석된 안창호는 1938년 3월 10일 경성대학 병원에서 "밥을 먹어도 독립운동이요, 잠을 자도 독립운동"이었던 일생을 마쳤다.[40)]

상해 임시정부의 안창호의 심복인 이광수는 1921년 4월 친일전향을 위장하고 당국으로부터 귀순허가를 받고 귀국, 청년 남녀의 수양단체라고 위장하고 동지를 규합, 흥사단 국내 지부격인 수양동맹회(1922)를 조직했다. 평양의 동우구락부와 통합 수양동우회(1926)가 되었고 이어 동우회(1929)로 명칭을 변경하고 있지만 사실상 조선독립을 위한 혁명단체이다. 조선총독부 경무국 당국이 동우회 사건(1937. 6. 7)을 일으킨 궁극적 목적은 동우회를 해산시키겠다는 것이다. 그래서 동우회 181명을 총검거한 지 두 달 만인 1937년 8월 5일에 동우회 사건 피의자 전원을 서대문형무소에 수감하면서 강제로 동우회 해산조치를 단행했다.

---

40) 『朝鮮日報』(1964. 8. 12), 지긋지긋했던 拷問 當時의 同友會 理事長 주요한 씨의 回顧談.

경고특비(京高特秘) 제1217호
1938년(昭和13) 5월 28일
경기도 경찰부장
경찰국장 귀하
경성지방법원 검사정 귀하
각도 경찰부장 귀하
관하(管下) 각 경찰서장 귀하

동우회 및 동 지회의 해산계에 관한 건

경성부 청운정(淸雲町) 108의 18호 신윤국(申允局, 동우회 사건으로 기소되어 예심 중임)의 집에 사무실을 두고 있는 동우회는 일찍이 1919년(大正8) 3월 독립소요사건(3·1운동) 당시 상해 임시정부에 있었고, 안창호의 심복이 되어 독립신문의 주필로서 한국 광복의 독필(毒筆)을 휘둘렀던 이광수가 그 후 당국의 귀순허가를 얻고 조선으로 돌아와서 1922년(大正11) 1월, 겉으로 청년 남녀의 수양기관이라고 주창하며 동지를 규합해서 결성한 수양동맹회가 그 시초이며, 이어 1926년(大正15) 1월 평양에 있는 동우구락부와 통합해서 수양동우회가 되었고, 다시 1929년(昭和4) 11월 간략하게 동우회라고 명칭을 변경하여 현재에 이르렀으나, 지난해 5월 관하 종로경찰서에서 검거·송치하여 기소유예 처분에 회부되었던 경성부 종로 2정목에 있는 기독교장려청년회 조선연합회 서기 이양섭(李良燮)의 보안법 위반 피의사건을 취조하던 중 뜻밖에도 전기 기독교장려청년회를 지배했던 이용설, 정인과, 이대위, 주요한 등이 모두 미국에 있는 흥사단의 단원임과 동시에 동우회에서도 간부의 위치를 차지하고, 동 청년회에서 위세를 떨치고 있는 것을 폭로하게 되었으므로 이 기회에 다년간 정체불명의 존재로서 변신해왔던 동우회의 전모를 철저히 규명하고자 경성지방법원 검사정(檢事正, 검사국 우두머리)(귀관)의 지휘를 받아 동년 6월 7일 이후 경성, 평양, 선천 각 지방에서 동우회 관계자를 잇따라 검거하고, 계속 동 경찰서로 하여금 용의주도한 취조를 하도록 했던 결과, 전기 수양동맹회는 당시 상해에 체류 중이던 안창호의 지시를 받은 이광수가 고의로 전향을 위장하여 당국의 귀순허가를 받고 조선으로 돌아가 이른바 조선 내 흥사단으로서 조직했던 일, 평양 동우구락부와의 통합, 또는 안창호의 지령에 따라 운동의 통제강화를 피할 목적 아래 추진했던 일, 회칙도 흥사단 약법(約法)을 당국이 용인할 정도로 개정했고, 기타 회원의 입회수속 등 모두 흥사단과 동일함. 단적으로 말하면 미국에 있는 흥사단, 상해에 있는 흥사단 원동위원부, 조선 내 동우회는 그 명칭과 지역은 다르다 해도 완전히 한 덩어리로 뭉친 혁명단체이며, 일본제국이 장차 국제적 위기에 봉착하는 일이 있을 경우 결연히 혁명을 위해 봉기하려고 교묘히 합법을 가장하여 정예투사의 양성에 힘쓰고 있는 사실이 분명히 드러나게 되었으므로 취조의 종료와 동시에 전후 3회에 걸쳐 치안유지법 위반으로 해서 송치했는데, 동 회의 관련자로서 사건을 송치한 자의 총수는 91명(기소중지를 포함)에 달했고, 그 가운데 42명은 현재 기소 예심 중이며, 이에 앞서 동 경찰서에서는 제1회 사건송치를 하기 전에 동우회의 내막폭로에 수반하여 동 회는 전면적인 검거로 인해 자연히 괴멸할 수밖에 없는 운명에 있었지만, 일단 동우회 간부에 대하여 동우회의 해산을 종용했던 바 1937년(昭和12) 8월 5일 신윤국 이하 9명의 대표자 명의로 해산계를 제출했고, 이의 지부인 평양지방 및 선천지방의 동우회에 있어서도 1937년(昭和12) 9월 20일 간사들의 연명으로 동 경찰서를 경유 소재지 관할 경찰서에 해산계를 제출하기에 이르렀음. 십수 년의 오랜 세월에 걸쳐 교묘한 민족운동을 계속했고, 사회의 각층 특히 교육방면 내지 기독교 방면에 뿌리 깊은 기반을 갖고 있던 동우회 일파는 이번의 철저한 검거로 인해 명실 공히 완전히 괴멸하기에 이르렀으나, 그 일당 중 기소유예 처분에 회부되었던 자 및 종래 그 영향권에 있었던 자가 적지 않은 실정에 있는 관계상 이전의 사례에 비추어 앞으로 또다시 모반을 획책하는 일이 없다는 것을 보장하기 어려우므로 계속 그들의 동태에 대해서는 엄중히 경계 중임. 위 보고함.

[추기] 경무국에서는 동우회의 명부를 삭제해주시기 바람.41)

구속된 동우회 피고인에 대한 심문 경찰관은 악명 높은 사이카(齊家

---

41) 『島山安昌浩資料集』, I, pp.531∼533, 同友會 및 同 支會의 解散届에 關한 件(1938. 5. 28).

一郎, 종로경찰서 고등계 차석) 경부였다. 그는 "동우회는 궁극에 있어서 조선의 독립을 목적으로 한 결사"라는 자백을 받아내기 위하여 갖은 악형과 고문을 자행했다. 특히 동우회 핵심 간부인 정인과에 대한 고문은 극에 달했다. 오다(織田猶次)라는 일본인 목사가 우연히 경찰부 유치장에서 출감하는 정인과를 보았는데, "척추를 얻어맞아 걸을 수가 없어서 형사에게 붙들려 나오고 있었다"는 것이다. 실제 고문으로 인해 이기윤(李基潤)과 최윤호(崔允鎬) 두 사람은 끝내 사망했다. 오다 목사는 후일 정인과는 악랄한 고문에 시달리다가 혀를 잘 쓰지 못하였다고 하는 가족의 증언을 들었다고 고백했다.[42]

동우회 사건이 '증거 불충분'으로 무죄언도를 받게 된 가장 큰 공헌을 한 이는 정인과였다. 1941년 10월 9일의 공판에서 일본인 변호사 마루야마(丸山敬次郎)가 내놓은 증거가 이 동우회 사건의 무죄판결에 결정적인 역할을 하게 되었다. 즉 사이카가 위협, 공갈, 고문을 통해 정인과로부터 "동우회가 독립을 목적으로 한 결사"라는 자백서를 거짓으로 꾸미어 검사에게 제출했다고 주장했다. "2심 때에 종로경찰서의 사이카 경부보가 차광석(車光錫)이라는 이를 불러 불법한 증인 조서를 꾸미어 검사에게 제출한 것이라든지, 정인과를 불러 법정에서 사실을 자백하면 동정을 받아 집행유예의 관대한 처분을 받을 것이라고 꾀어 자백서를 받아 제출한 것은 신성한 사법권을 모독한 것인데, 이것을 공판정에서 재료로 쓰는 것은 위법이라고 변호사들이 공박함에 판사는 이 사실은 참고뿐이요 공판의 기록에는 올리지 않을 것이라 하여 변호사들에게 변명하게 되었다. 이런 비행은 신성한 사법권의 모독이 아닌가. 이런 따위를 공판정에서 재판의 자료로 삼는다면 법의 권위가 어떻게 될 것인가."[43]

---

42) 織田猶次, 『ヂゲシクン ＝ 朝鮮, 韓國人 傳道の記錄』(日本基督敎團 出版局, 1978), p.102; 閔庚培, 『鄭仁果와 그 時代』(韓國敎會史學硏究院, 2002), pp.146～147.

43) 박현환, 『흥사단운동』(大成文化社, 1955. 9. 1), pp.123～124; 흥사단운동 70년사 편찬위원회, 『흥사단운동 70년사』(흥사단 출판부, 1986), p.180.

더군다나 동우회 사건 변론을 위해 동경에서 온 스즈키 요시오(鈴木義男)는 명망 높은 인권변호사였다. 그는 세 시간에 걸친 종합 총괄적 변론을 통해 인류 '공유가치(creating shared value)'인 인간애(人間愛)를 강조하는 변론을 함으로써 정내(廷內)는 숙연했으며, 이는 국경을 초월한 역사적, 철학적, 사회학적 각 방면으로 고찰한 과학적 변론이었다. 변론 내용 중 가장 인상 깊고 눈물짓게 한 구절은 그릇된 판결로 예수의 십자가형을 실례로 든 것이었다. 그는 신성한 사법사상에 그릇된 판결을 남기지 말기를 바란다는 말을 거듭하면서, 이 사건은 예수 그리스도를 십자가에 처형한 로마 총독 빌라도의 그릇된 판결이 되지 않기를 재판부에 촉구한 것이다. "로마 총독 빌라도는 예수가 유대 독립의 지도자라는 바리새 교인의 무고(誣告)만 믿고 예수를 십자가의 사형에 처하였지마는 예수는 유대를 독립시키는 것이 아니라 영혼의 해방과 구제를 위하여 희생적으로 노력한 것이지마는 이를 이해할 수 없는 그는 마침내 무고대로 처형한 것인데 이는 세계 사법사상에 끼친 가장 큰 잘못된 판결로서 누누이 인용하는 바라 하였다. 그는 허위의 자백이 무수히 많음을 인증하고 위법성이 없는 본 건은 무죄라고 주장하였다."[44)]

이와 같이 동우회 사건 무죄판결의 결정적인 자료가 된 신성한 사법의 오판 가능성, 억지로 허위 날조해낸 조서를 제출하면서 공소한 사실, 이런 것들을 고발한 정인과 스즈키의 대담한 무죄 주장이 없었더라면 동우회 사건은 유죄판결을 받았을 것이다. 1941년 7월 21일 고등법원 하라 세이데이(原正鼎) 재판장 주재로 열린 재판에서 각 피고인이 제출한 신문조서는 '허위자백'이라 규정하고 있다. 그러므로 동우회는 조선의 독립을 목적으로 하는 결사가 아니라고 판결을 내리고 있다. "원심 판결은 범죄 사실의 인정에 대하여 각 피고인의 경찰관 신문조서, 검사 신문조서, 예심 신문조서가 원용(援用)되었던바 각 피고인의 원심에 제출되었던 신술서(申述書)와 같이 영어(囹圄)의 몸이 된 자의

---

44) 박현환, 『흥사단운동』, pp.125~126.

상(常)히 좌우되는 심리상태의 변화와 사위(四圍)의 사정 기타 복잡 미묘한 움직임으로 불실한 허위의 자백을 함에 이르렀던 것이다. 가야마 미쓰로우(香山光郞, 이광수)의 제3회 예심 신문조서, 민족개조론, 제1심의 증인 최린(崔麟), 미와(三輪和三郞), 김영도(金永道)의 증언, 제1, 2심의 각 피고인의 공판조서에 의하면 전술과 같이 흥사단 및 동우회가 조선의 독립을 목적으로 하는 것이 아니라는 것이 역연하다. 그런데 원 판결은 단(端)히 이에 출(出)치 아니함으로써 중대한 사실의 오인이 있는 것을 의심하기에 족할 만한 현저한 사유가 있음으로써 파훼(破毁)할 것으로 믿는다고 함에 있다."45)

　1941년 11월 17일 결심 공판은 고등법원 다카하시 류우지(高橋隆二) 재판장 주재로 개정했다. 동우회 사건은 '증거 불충분'으로 4년 5개월 만에 피고인 41명 전원에게 무죄언도가 내린 것이다.

　　수양동맹회 조직자의 1인으로서 발안자인 가야마 미쓰로우(香山光郞, 이광수)가 그의 조직 당시인 1922년경에 있어서 일찍이 교망(翹望, 대단히 기다림)한 조선독립의 사념(思念)을 전연 불식(拂拭)하였던 것으로는 인정키 부득할 것이나 동 피고인도 역시 안창호의 감화를 받아서 조선인의 성격상의 결함에 대하여 우려하는 바 있어서 이로써 동 피고인은 흥사단의 취지에 의하여 '조선 신문화 건설의 기초를 준비함'이라는 지(旨)(동우회라고 개칭함에 이르러 '신문화 건설의 역량을 증장(增長)함'이라는 주지(主旨)로 고쳤다)의 목적을 내걸고 규약에 인격 또는 체육의 수양 향상에 관한 조항을 정하여 당국의 요해(了解) 하에 조직하기에 이르렀던 것, 즉 수양동맹회로서 조선의 독립을 목적으로 한 결사(結社)로서 지목하는 데 흡(洽)하다. 여사한 고로 이래 검거되기에 이르기까지 전후 16년간 단체로서의 행동에 지휘를 받은 일이 없고 당국으로부터 해산을 명한 일이 없이 경과한 소식은 이를 이해할 수 있는 것에 속한다. 더욱이 안창호로서는 혹은 장래 자기에 있어 조선의 독립을 목적으로 하는 결사를 조직함에 당하여 흥사단 혹은 동우

45) 『韓國獨立運動史』, 권 5(국사편찬위원회, 1969), p.454, 昭和15年 刑上第102乃至 第104號(1941. 7. 21).

회를 이용하려고 할 의도가 있는지도 알 수 없는 것이다. 또 수양동맹
회 내지 동우회는 그 유지 발전키 위하여 누차 안창호의 지시를 구하
고 동인이 또 이에 용훼한 것이 있다. 그러면 흥사단 동우구락부 및
수양동맹회(후에 수양동우회, 다시 동우회라고 개칭)에 관한 공소사실
은 필경 이를 인정할 만한 증거가 없음에 귀착하였고 이에 관계있는
전시(前示) 피고인 등에 대해서는 형사소송법 제362조에 의하여 무죄
를 언도할 것이라고 한다.46)

2. 사상전향과 창씨개명

지도자를 잃은 옥중 동우회 회원들은 마음(朝鮮心)의 동요가 일어났
다. 이리하여 1938년 6월 18일 동우회원 18명은 고문에 못 이겨 친일
전향 성명서를 발표하고 석방된 후 사상전향 교화친일단체인 대동민우
회(大東民友會)에 가입했다.

(친일전향) 성명서

불초 등이 일찍 흥사단, 즉 수양동우회의 일원이든바 현하 내외 정
세의 변전을 감(鑑)하여 종래 포회(抱懷)하여오던 주의 · 주장에 근본
적 결함과 오류가 있음을 깨닫고 단연코 이를 청산하고 이번 신국민적
자각 하에 대동민우회에 입회함에 당하여 불초 등의 거취와 동향을 명
백히 하는 동시에 우리의 새로이 파악한 견해와 주장을 피력하여 오랜
친구 여러 분에게 호소하고 널리 강호제현의 일고(一考)에 제공하는
바이다.

생각건대 현하 내외 정세의 급격한 변전과 우리 일본의 획세적(劃世
的) 약진발전의 여러 계기는 우리들 조선 민중으로 하여금 장래의 발
전에 대하여 전혀 신견해와 자각 하에 신운명을 개척케 하기를 요구하

---

46) 『韓國獨立運動史』, 권 5, pp.366~480, 修養同友會 上告審 判決文(1941. 11.
　　17). 동우회 사건 당시 각 피고인 변호인 명단. 鈴木義男, 永島雄藏, 丸山敬
　　次郎, 吉田平治郎, 太宰明, 安城基, 金翼鎭, 脇鐵一, 洪淳曄, 李仁, 金炳魯,
　　梧村升雨.

여 말지 아니하는 바가 있다.

우리는 종래 '소위 민족주의'의 관념에 구애되어 조선 민중의 발전과 향상은 단지 '민족자결'에 있을 뿐이라고 고신(固信)하여 과거의 우리의 사상적 및 실천적 제 노력은 전혀 이 신조 하에 받들어왔다. 대개 우리들 조선인은 조선통치를 '식민지정책'으로 곡해하여 제국의 진의와 내선(內鮮) 양족의 동아사적(東亞史的) 신사명(新使命)을 인식치 못하였던 까닭이다.

그러나 최근 수년래의 조선통치상에 나타난 비약적 제 현상, 특별히 최근 미나미(南次郎) 총독에 의하여 강조되는바 내선일체의 소리는 홀연히 우리의 미망(迷妄)을 각성케 하는 바가 있다. 특히 이번의 시국에 즈음하여 내지인이 반도 민중에 기여하는바 동포적 신뢰와 신일본의 국가적 대이상(大理想) 하에 온양(醞釀)되어가는 혁신기운은 오늘날까지 우리들이 포회한 일체의 의구와 불안을 일소하고도 남음이 있다.

현금 세계 대세의 추이(推移)를 봄에 다수의 약소민족군은 점차로 대국가의 산하에 통합되는 필연적 정세에 있다. 여러 국민의 생활은 개인보다도 사회적으로, 민족적 고립보다도 여러 민족의 단원합작(團圓合作)에 의하여 비로소 그 발전향상을 기할 수 있으니, 일민족의 소위 '독립'이라는 것은 이미 도리어 반동적 고립을 의미하는 것이다. 하물며 방금 동아 여러 민족의 지도자로서 일본정신의 세계적 선양을 이상으로 신동아 건설의 역사적 사명을 달(達)코자 분투하고 있는 신당해(新當該) 민족에게 행복과 자유를 보장하는 것이 아니요 신일본의 광영 있는 자태는 소위 '식민지 조선'을 지양하고 조선을 신일본 구성의 유력한 부분이 되게 하려는 획기적 제 현상에 감하여 종래의 소위 민족자결사상은 이제는 조선 민중에게는 무의미하고 동아사 발전의 신방향을 무시한 반동적 관념인 것이 분명하다.

이에 우리는 황도일본(皇道日本)의 명일의 모양을 생각하여 우리의 종래의 그릇된 민족관 국가관 세계관은 깨끗이 청산할 수 있다. 조선 민중의 구원의 행복은 내선 양족을 때려 쳐서 하나의 탄환(一丸)을 삼아 대국민 일본인을 구성하여 이를 핵심주체로 한 신동아의 건설에 있음을 드디어 확신하기에 이른 것이다.

지금에 조선 민중의 이해휴척(利害休戚)은 전혀 일본 전체의 그것과 합치되고 흥융(興隆) 일본의 전도(前途) 역시 결코 조선 민중을 배제할 것이 아니다. 회고컨대 내선 양족은 동근동조(同根同祖) 그 근원에 있어서 한 몸(一體)이었다. 오늘날 이를 구분할 차이의 여러 조건은 원래 이를 묵수할 필요가 없다. 금후 국민생활의 발전향상과 동포감의 심화철저에 따라 차례로 소멸하고 마침내 완전한 일민족으로 일원화함이 또한 결코 불가능이 아니다. 분산에서 통일로 발전하여나가는 인류사회 발전의 역사는 필연적으로 이에 귀결케 하는 바 있다. 피와 문화의 연원을 같이하는 양족이 신동아사 창조의 위대한 사명을 앞에 두고 완전히 일원화(一元化)함은 실로 신(神)의 의사로 우리에게 과한 숙명일 것이다.

그러나 민족 일원화의 이상은 조급히 완성될 것이 아닌 고로 왕왕히 불가능함과 같이 생각하고 이에 반하여 민족자결주의는 오랜 타력(惰力)에 눌리어 용이히 실현할 수 있는 듯이 생각하는 일면이 있다. 오늘까지 우리들이 민족자결주의에 현혹되어온 것도 필경 이 때문이요 다수인이 민족 관념에 미련을 가지는 것도 이 때문이다. 그러나 사실은 전혀 이에 반하여 내선일체 민족일원화의 경향은 요사이 장족의 진보를 이룩하여 대세는 우리들의 호불호(好不好)를 불문하고 더욱 이의 구현화를 요구하여 말지 않는다. 그 실현은 필연적이요 이미 시간문제가 되었다.

우리는 이와 같은 이론적 근거와 실현의 여러 경향을 기초로 하여 내선일체 완전한 일원화로써 조선 민중의 나아갈 유일한 길임을 인식하여 신일본 건설의 국민적 긍지와 포부 하에 그 일익적(一翼的) 임무를 달하는 것만이 참으로 조선 민중의 장래의 광영과 발전을 약속하는 것이라고 주장한다. 이는 실로 대동민우회의 근본정신이요 우리들이 금후 일층 분투노력하지 아니하면 안 될 사명이다. 즉 우리는 지금에 일체를 버리고 일체를 얻으려는 가장 솔직 과감한 의기에 충만하여 있다.

이번의 지나사변(중일전쟁)은 이미 주지하는 바와 같이 우리 일본의 대국가적 사명의 수행, 아시아 여러 민족을 백인 제압의 질곡(桎梏)에서 해방하려는 목적의 성전이니 우리들은 금후 여하한 희생도 싫어 아니 하고 견인지구(堅引持久) 거국일체가 되어 목적의 관철을 기하여야 될 것이다.

세상은 이미 적화공산의 참화와 개인주의 공리주의적인 백인문명의 추악에 싫증(厭性)이 났다. 팔굉일우(八紘一宇) 도의적 결합으로 하는 동양정신 일본주의야말로 진정으로 동아를 구(救)하고 세계 인류를 지도할 원리이다. 고로 우리는 광휘 있는 일본정신의 사도로서의 영예와 책임을 느낀다. 인하여 우리는 이제 와서 이상과 같은 신념·주장 하에 자분(自奮) 노력하기를 기하는 바이다.

1938년 6월 18일

葛弘基(갈홍기) 金麗植(김여식) 金興濟(김여제) 金魯謙(김노겸)

金基昇(김기승) 田榮澤(전영택) 鄭南永(정남영, 英道)

盧鎭卨(노진설) 柳瀅基(류형기) 李基潤(이기윤) 李明赫(이명혁)

李卯黙(이묘묵) 朴泰華(박태화) 車相達(차상달) 崔鳳則(최봉칙)

河敬德(하경덕) 玄濟明(현제명) 洪蘭坡(홍난파)[47]

홍사단은 1913년 5월 13일 청년학우회를 계승하여 안창호의 발기에 의해 송종익(宋鍾翊) 외 7명의 동지로 샌프란시스코에서 창립했다. 국권회복을 목적으로 결성한 정치단체로서 '무실, 역행, 충의, 용감' 4대 정신과 '지, 덕, 체' 3육(育)을 수련, 혁명투사를 양성하여 일본이 타일 국제적 위기에 빠질 경우 일거에 총궐기하여 독립을 달성한다는 것이다. 샌프란시스코에 본부를 두고 로스앤젤레스, 뉴욕, 시카고에 지부를 두었다. 대한인국민회 중앙총회장 안창호는 1918년 1월 미국 윌슨 대통령이 이른바 민족자결론을 발표하자, 미 본토는 물론 하와이 재류 동지를 규합, 마치 가문 날에 단비를 만난 듯 독립의 절호의 기회가 도래했다고 기뻐했다. 그해 12월에 안창호는 이승만(李承晩), 민찬호(閔燦鎬), 정한경(鄭翰景) 등 3명을 대표로 임명하여 미국 정부에 파견, 독립원조를 탄원하는 동시에 파리 강화회의에 독립탄원서를 송부하는 등 국제적인 독립청원을 벌였다. 한편 일본 동경에서 2·8선언(이광수)이 발표되고, 국내에서 3·1독립선언(최남선)이 선포되자 독립정부를 수립하기 위하여 안창호는 미주 대한인국민회 대표로 파견, 상해 대한민국 임시정부 내무총장에 취임했다. 도산은 1920년 홍사단 원동위원부를 조직, 사무소를 상해 불조계(佛租界 貝締鏖路 美仁里 十號)에 두었

---

47) 『三千里』(1938. 8), pp.26~28, 前同友會會員의 聲明書.

다가 하비로(霞飛路 大德里 三十號)로 이전했다. 이광수가 제일 먼저 입단서약을 했다. 이리하여 홍사단은 독립투사를 양성하는 등 독립운동의 중축(中軸) 역할을 수행, 임시정부와 함께 항일운동의 쌍벽을 이루었다.

일제는 항일운동을 불령운동(不逞運動)이라 규정하고 홍사단을 단속 대상 제1호로 지정, 해체공작에 돌입했다. 때마침 1932년 4월 상해 홍구공원에서 일어난 윤봉길의 폭탄의거를 계기로 도산이 이에 연루되어 체포되고 국내로 압송됨에 따라 홍사단 원동위원부의 해체위기는 더욱 고조되기에 이르렀다. 일본군이 중국 전역을 석권하자 김구 대한민국 임시정부는 장개석 국민당 정부를 따라 중경(重慶)으로 이동함으로써 이제 홍사단은 발을 붙일 수 없게 되었다. 일제는 1940년 7월 13일 현지 군당국 및 관계당국의 완곡한 전향공작에 의해 5개 항에 걸친 홍사단 원동지부 해산조치를 단행했다. 5개 항을 보면, "1. 재류조선인의 사상적 선도강화 및 재중경(在重慶) 및 북미의 불령분자에 대한 선전공작을 도와주기 위해 안창호 검거 이래 유명무실한 홍사단 원동지부로 하여금 자발적으로 해소(解消)하도록 할 것. 2. 홍사단 원동지부에 속한 간부 및 단원 대부분은 상해에 살고 있기 때문에 이 기회에 적극적으로 간부 명의의 해소성명을 내도록 할 것. 3. 동 지부에 소속한 재산(土地 南京所在 約 1,800坪, 約 十萬圓)은 물론, 현존하는 은행예금 약 3백 원은 무조건 제출하도록 할 것. 4. 전기 소속 재산의 처분에 관해서는 다시 총영사와 협의해서 가급적 재류조선인의 보호 무육(撫育)사업에 충당할 것. 5. 지부 해소성명서는 인쇄해서 북미, 중경(重慶)을 비롯하여 내선(內鮮) 각 방면에 반포하고 또한 언문신문에도 대대적으로 발표케 할 것." 한편 홍사단의 부동산 소유로 남경(南京)에 있는 1,800평 가량의 토지 시가 10만 원을 기본으로 하여 동명학원(東明學院)이란 교육기관을 경영해왔는데 지도기관인 홍사단이 해체됨으로써 그 토지를 7월 8일 일본군 지나총군사령부(支那總軍司令部) 상해 기관에 헌납하고, 이어서 7월 16일에는 그 단체의 서류 전부와 헌납금 3백 원까지도 헌납하는 동시에 '홍사단 원동지부 해소성명서'를 발표했다. 이리하여 지나총군사령부 상해 기관에서는 조선총독부 상해 출장소 원전(原田) 사무관에게 일임하여 쓰도록 조처했던 것이다.48)

마침내 장덕로 위원장은 1940년 7월 16일 해소성명서를 발표했다.

흥사단(興士團) 원동지부(遠東支部) 해소성명서(解消聲明書)

1920년경에 고 안창호의 주동으로 민족주의 단체인 흥사단 원동지부가 조직되어 사무소를 상해 불조계(佛租界 貝締鏖路 美仁里 十號)에 두었다가 그 후에 하비로(霞飛路 大德里 三十號)로 이전시무(移轉視務)하여오다가 1932년 4월에 안창호가 피착(被捉)된 후에는 회무가 정체되어 유야무야로 3, 4년간 경과하던 중 1937년 가을에 조선에서 본 단의 자매단체인 수양동우회가 해산되었다는 소식을 듣고 우리도 또한 흥사단 원동지부를 자행해소(自行解消)키로 하였다. 따라서 과거에 그릇된 사상을 일소(一掃) 자각하고 대일본제국의 신민인 것을 재인식하며 황국신민(皇國臣民)의 참다운 길로 여진(勵進)하여오던 중 오늘에 이르러 우 단원의 사상의 갱신과 그 단체가 명실 공히 완전 해소되었음을 문자로써 공적으로 성명하는 바이다.

1940년 7월 16일

在上海(재상해) 興士團遠東支部(흥사단 원동지부)

委員長(위원장) 張德櫓(장덕로)

委員(위원) 羅愚(나우) 洪在衡(홍재형)

班長(반장) 鮮于爀(선우혁) 朴奎燦(박규찬) 劉正宇(유정우) 外 團友
一同(단우일동)

在上海(재상해) 團員名簿(단우명부)

張德櫓(장덕로) 張聖心(장성심) 金明濬(김명준) 崔海卿(최해경)
羅昌憲(나창헌) 金承元(김승원) 洪在衡(홍재형) 金貞根(김정근)
朴世彬(박세빈) 鮮于爀(선우혁) 朴奎燦(박규찬) 朴永浩(박영호)
李泰瑞(이태서) 楊明鎭(양명진) 金柄珣(김병구) 朴梅英(박매영)

---

48) 朝鮮總督府 警務局 保安課, '嚴秘'『高等外事月報』 제13호(1940年 8月分), pp.23~24, 興士團遠東支部の解散;『三千里』(1940. 9), p.8, 30년 만에 興士團이 解散 財産十萬圓은 朝鮮人敎育에 提供.

梁愛三(양애삼)　金炳淵(김병연)　桂春建(계춘건)　趙世勳(조세훈)

徐相錫(서상석)　金鳳德(김봉덕)　朴永鎬(박영호)　崔昇鳳(최승봉)

張竹植(장죽식)　劉正宇(유정우)　許尙璉(허상련)　朴履吉(박이길)

朴濟道(박제도)　張永信(장영신)　梁希濟(양희제)　崔龍河(최용하)

金基昇(김기승)　高榮善(고영선)　白寅明(백인명)　張雲起(장운기)

韋惠園(위혜원)　李迺柱(이내주)　金顯宅(김현택)　裵東俊(배동준)

趙東善(조동선)　羅愚(나우)　計 42名

在重慶團員名(재중경단원명) 및 現(현) 所屬黨(소속당)

大韓民國政府委員(대한민국정부위원)

宋秉祚(송병조)　車利錫(차리석)

韓國獨立黨(한국독립당) 幹部(간부)

朴昌世(박창세)　文逸民(문일민)　劉振東(유진동)

民族革命黨(민족혁명당) 幹部(간부)

金弘敍(김홍서)　林得山(임득산)　崔錫淳(최석순)

在福建(재복건)　李剛(이강)

在香港(재홍콩)　安定根(안정근)　安原生(안원생)　計 11名[49]

일본군은 상해사변(上海事變, 1932)을 일으켜 중국군 20만을 격파, 상해를 완전 장악하여 사실상 군사통치를 강화하고 있었다. 이러한 일본군 점령하의 정치상황에서 상해 프랑스 조계는 독립지사에게는 안전지대는 아니었다. 상해사변 이전까지는 불조계 당국이 대한민국 임시정부 및 흥사단과 독립신문사 등을 안전하게 신변보호를 했기 때문에 독립운동을 활발하게 전개할 수가 있었다. 그러나 장개석 국민당 정부는 일본군에 쫓겨 중경으로 이동했고, 김구의 대한민국 임시정부도 국민당 정부를 따라 중경으로 피란했던 것이다. 흥사단 원동지부에 소속된 독립지사 대부분은 임정요원을 따라 중경으로 가지 않고 상해에 그대로 잔류하게 되었다. 군사통치권을 장악한 일본군 당국은 흥사단 원동지부 해체공작을 벌여 마침내 해소성명서를 내도록 압박을 가해 해산조치를

---

49)『高等外事月報』제13호(1940年 8月分), pp.24~25, 興士團極東支部 解消聲明書;『三千里』(1940. 9), pp.8~9, 興士團遠東支部 解消聲明書.

단행했다. 이로써 국내에는 동우회(이광수), 흥업구락부(윤치호) 등 민족운동단체가 강제 해체되고 상해에서도 흥사단 원동지부를 해산함으로써 이제 독립운동단체는 완전 발본색원되고 말았다.

동우회 사건(1937. 6. 7)과 흥업구락부 사건(1938. 5. 22)이 연달아 발생하여, 이제 민족주의 운동의 최후의 보루인 동우회와 흥업구락부는 강제 해체되고 말았다. 이러한 국내의 민족주의 전선의 붕괴와 상해 독립운동의 근거지 상실로 중경으로 국민당 정부를 따라다닌 김구(金九) 임정 주석은 사회주의 좌익계열의 김원봉(金元鳳/金若山)과 합작하여, 1939년 5월 국내외 독립투사들에게 민족단일 통일단체를 조직하여 대일항전을 전개할 것을 독려하는 '동지·동포 제군에게 보내는 공개통신'50)을 발송하였다. 이는 중국이 국공합작(國共合作)으로 대일항전을 벌이듯이, 좌우합작(左右合作)으로 항일전쟁을 벌일 것을 다짐하는 선전포고인 것이다.

김구·김약산 동지·동포 제군에게 보내는 공개통신

一. 최근 우리 양인은 각지의 동지·동포 제군으로부터 우리 양인의 상호관계 및 단결 여하와 아울러 현 단계 조선혁명의 정치적 주장 및 눈앞의 해외운동, 통일문제에 관한 의견 등에 관해 질문적 서신을 많이 받았다. 이에 우리 양인은 3·1운동 이후, 해외에 있어서 일본 제국주의에 향해 계속적 투쟁을 전개해왔다. 그러나 과거에 있어서는 이러한 한 개의 강적에 대한 투쟁을 통일적으로 단결해서 확대·강화할 힘을 가지고 진행할 수가 없었다. 이는 우리들이 국내 군중으로부터 분리해서 멀리 해외에 나와 있다는 특수 환경이라는 영향도 없는 바는 아니었다. 주로 해서 우리들은 민족적 경각성(警覺性)이 부족하기 때문이며, 또한 민족혁명의 전략적 임무를 정확히 파악·실천하지 못한

---

50) 『高等外事月報』 제2호(1939年 8月分), pp.42~46, 金九·金若山 同志同胞 諸君に送くる公開通信; 李康勳 편, 『獨立運動大事典』(도서출판 東亞, 1985), pp.551~552, 義烈團. 여기서 김약산(金若山)은 의열단 단장 김원봉 (金元鳳)이다.

결과인 것이다.

그러나 이제 우리는 과거 수십 년간 민족운동사상에 파벌항쟁으로 인한 참담한 실패의 경험과 목전에 중국 민족의 최후의 필승을 향해 매진하고 있는 민족적 총단결의 교훈으로부터, 종래 범했던 여러 가지의 오류와 착오를 통감하고, 이에 우리 양인은 신성한 조선 민족 해방의 대업(大業)을 완성하기 위해, 장래 동심협력(同心協力)할 것을 동지·동포 여러분 앞에 고백함과 동시에, 목전의 내외 정세 및 현 단계에 있어서 우리들의 정치적 주장을 아래에 진술하기로 했다.

현재 세계는 인류를 도살하고 인류문화를 파괴하고 있는 동방의 강노(彊奴, 힘센 놈) 일본과 똑같이 서방의 독일과 이탈리아(獨伊) 등의 침략국은 급속히 고립화되고 있다. 그 반면에 있어서는 반침략 국가 및 민족의 위대한 대일항전(對日抗戰)은 중한(中韓) 민족 및 기타 동아 민족의 운명을 결정할 대혁명전쟁을 하고, 또한 그 주력전(主力戰)으로서 활발히 전개하고 있다. 이 위대한 전쟁에 있어서 중국 민족의 투쟁역량은 날마다 발전·강화되고 있고, 반대로 적(敵)의 역량은 급속히 감쇄(減殺)되고 있어서, 머지않아 총붕괴될 운명에 직면하고 있다.

적은 대중(對中) 침략전쟁을 개시한 이래, 제1기에 있어서는 광대한 대륙에 있어서, 가령 몇 개의 철도간선을 점령할 수 있다고 일컫고 있으나, 중국 민족의 견강지구(堅强持久)의 항전에 의해 즉전즉결(卽戰卽決)의 전략은 달성 불능이 되었고, 전국적 유격전의 발동에 의한 경제약탈의 목적도 수행 불가능하게 되었다. 제2기 항전에 들어가서는 적(敵)은 일층 격화된 재정적 파탄 및 병력 보충 불능에 의해 계속적으로 공격이 불가능하게 되었을 뿐만 아니라, 이미 점령하고 있는 철도마저 보지(保持)할 수 없게 되어 점차 이를 방기(放棄)하고 있는 상태에 놓이게 되었다. 이와 같이 적은 전 군사능력의 3분의 2 이상을 중국 방면으로 동원해서 백억 원 이상의 군비를 소모한 것이다. 그 결과 적국(敵國) 안에는 놀랍게도 재정공황과 기근(饑饉)의 초조를 온양(醞釀)하고 있고, 또한 적국 안과 및 전선에 있어서는 반전(反戰)운동이 도처에서 계속적으로 발발하고 있다.

이와 같이 적은 그 위기를 다른 방면으로 전환하기 위해, 최후의 모험으로서 독일과 이탈리아 등의 강대국으로 하여금 세계대전을 야기하도록 분명(奔命, 임금의 명을 받들어서 바삐 돌아다님)하고 있지만, 그 결과 세계대전이 발발하여 세계 각국이 중국을 원조할 역량이 없다고 가정하지만, 이미 자국의 전 전투실력을 상실한 적은 더욱 발전·강화하고 있는 중국 민족의 교전역량 및 조선, 대만 그리고 적국 안의 혁명역량의 연합공격에 의해 완전 궤멸할 여지가 없지 않은 지경에 도달할 것은 필연적 결과이다.

적(敵)의 대중 침략 개시 이래 우리의 국내 정세를 보면 적은 우리 조선 민족을 기만·압박·강탈하는 정도는 일층 참인(慘忍) 심각화되어, 이번 전쟁을 기회로 해서 우리 민족의 생명을 완전히 단절시키려고 기도하고 있다. 이와 같이 우리 민족은 경제생활상에 있어서는, 소위 통제경제의 압박 하에 생산설비 및 원료제한으로 인해 도시와 같은 경우에는 중등 이하 상공업자는 거의 전부가 파산상태가 되었고, 또한 농촌에서는 작년 1개년의 쌀 생산 감소는 약 1할에 달하고, 또한 해산물은 선박통제에 의해 전 생산액의 거의 절반 즉 40퍼센트가 감소하고 있는 모양이다. 또다시 작년 1개년 사이에 2억만 원의 거대한 군사비를 우리 조선 민족으로부터 착취하고 조세율을 올려 세금을 징수하고 있다. 이와 같이 파산하고 있는 조선의 경제현상으로 우리 조선 민족은 점차 또다시 모국으로부터 추방되어 만주로의 이주를 강제하고 있지만, 그 인원은 매년 5만 명에 달하고 있고, 그들은 자유의사가 허락되지 않고 강제적으로 집단이민으로서 계획·실시를 강행하고 있다. 이들 이민의 부채는 출발할 때 그 지방주민을 협박해서 분담원조를 하게 함으로써, 국내 잔류자들도 타인의 부채까지 빚을 지게 되는 비참한 상태에 이르고 있다. 그러나 만주로 간 그들 이민에 대해서는 토지를 전쟁 전과 같이 개인 소유로서 매수불능(買收不能)으로 해서 영조권(永租權)이란 명의 하에 소작권(小作權)만 매입이 가능하며, 게다가 그의 분양토지도 일본인 1가구에는 15정보(町步)를 주지만, 우리 동포에게는 4정보로 제한하고 있고, 또한 국내 황무지 개척에 있어서도 조선인의 발전은 이와 같은 모든 제한(凡有制限)을 가하고 있다.

교육에 있어서는 이른바 일선(日鮮)교육의 평등이라는 궤변적 미사여구를 내걸고 전국 보통학교는 심상소학교(尋常小學校)로, 고등보통학교는 중학교로, 각각 명칭을 고치고, 일본인과의 혼합교육을 개시하고 있지만, 실은 일본인 교육을 본위로 하는 일본정신을 강하게 고취하고 있다.

적은 또한 조선 청년을 지원병의 미명 하에 모집하고 또다시 전국 각처에서 장정훈련소를 설치하고, 자제(子弟)의 강제적 군사훈련을 시키고 있다. 이는 우리 조선 청년을 침략전쟁으로 내몰아서 도살시키려는 준비행위이다.

또한 참인(慘忍) 혹독하게 참으면서 염치를 알지 못하는 적은 우리 농촌의 선량한 부녀들을 강제적으로 북중지(북중국) 방면의 전선에 보내어, 적군의 육욕(肉慾)의 노예가 되고 있다. 그러나 이와 같은 비참한 운명에 함락되어 있는 부녀 동포의 숫자는 수만 명에 달하고 있으니 실로 놀라운 숫자를 보이고 있다. 또다시 적은 최남선(崔南善), 최린(崔麟) 등 주구배(走狗輩)로 하여금 적측과의 결혼을 장려함으로써 민족적 차이를 소멸시키려 하고 있고, 또한 대중침략(對中侵略)은 조선 민족을 대륙으로 발전하기 위한 것이라고 기만선전하고 있다.

그러나 5천 년의 역사와 문화를 가지고, 특히 최근 30년간 왜적(倭賊)의 통치하에서 끊임없이 반항투쟁을 전개해오고 있는 우리 민족은 이런 천재일우(千載一遇)의 대혁명 결행시기, 즉 조선 민족으로서 공전절후의 독립갱생(獨立更生)의 시기를 헛되이 보낸다면, 쓸데없이 멸망의 도정(途程)으로 가게 될 것을 우리는 깊이 확신하는 바이다.

이는 과거에 있어서 우리 3·1운동의 역사적 사실— 즉 망국 후 10년간 처녀와 같이 잠복해왔던 조선 민족이 당시 세계의 조류와 더불어 3·1의 대혁명을 수행했다는 것, 아울러 그 후에 있어서 전국적 대항일(大抗日)운동으로서 발발한 광주학생사건은, 적의 중학생이 우리 여학생을 모욕했다고 하는 극히 간단한 사단(事端)으로 인한 것으로서 놀랍게도 전국적 반항투쟁을 야기한 것이어서, 이런 것들은 무언가 우리 민족의식과 용감한 혁명적 행동역량을 사실로서 증명하고 있는 것이었다.

중국의 항일전 개시 이래 국내 및 해외에 산재하고 있는 전 조선 민족은, 각처에서 가능범위의 투쟁을 혹은 비밀적으로 혹은 공개적으로 또다시 적극적으로 진행하고 있다. 그 위대한 혁명역량은 이런 천재일우의 위대한 혁명수행의 절호시기(絶好時機)에 있어서, 반드시 최후의 결전을 전개할 것으로 확신한다.

그러나 이러한 결전(決戰)의 승리를 전취(戰取)하기 위하여는, 우리는 과거의 실패의 경험을 거울삼아 전 민족적 역량을 집중·운전할 통일적 조직을 건설하지 않으면 안 된다. 그렇다면 이 같은 통일적 조직은 전 민족의 의견과 요구에 의한 혁명적 강령(綱領)의 위에 건설하지 않으면 안 된다. 그런 고로 전 민족적 통일적 조직문제와 정치적 강령문제는 당면한 최긴요의 문제이고 또한 중심문제인 것이다.

二. 전 민족적 통일조직의 구체적 조직방식에 관해서는 우리는 아직 국내 여러 동지와 다시 충분한 토의를 할 여유를 가지고 있고, 현재로선 이 문제에 대한 우리의 결정적 의견 성명을 보류하는 바이다. 그러면 어떠한 방식에 의해 민족적 통일기구를 구성한다 해도 그 기구는 현 단계의 전 민족적 이익과 공동적 요구에 의한 정강(政綱) 아래에 어떠한 주의(主義), 어떠한 당파들도 그 산하로 포용해서 조직하지 않으면 안 된다. 그러나 전국적 무장 대오(隊伍)를 한 개의 민족적 총 기관으로서 지휘 가능한 조직체가 될 것을 요한다. 다시 또한 우리의 현 단계의 정치강령의 대강(大綱)은 적어도 다음과 같은 내용을 가지지 않으면 안 된다고 주장한다.

1. 일본 제국주의의 통치를 전복하고, 조선 민족의 자주독립국가를 건설한다.

2. 봉건세력 및 일체의 반혁명세력을 숙정(肅正)하고 민주공화제(民主共和制)를 건설한다.

3. 국내에 있는 일본 제국주의자의 공사(公私) 재산 및 매국적 친일파의 일체 재산을 몰수한다.

4. 공업, 운수, 은행 및 기타 산업부문에 있어서 국가적 위기가 있을 경우에는 각 기업을 국유(國有)로 한다.

5. 토지는 농민에게 분배하기로 하고, 토지의 일체 매매를 금지한다. "조선 농민의 대부분은 소작인(小作人)으로서 일본 제국주의자의 토지 및 친일적 대지주(大地主)의 토지를 경작하고 있지만, 그 토지는 국가에서 몰수하였다가 그대로 농민에게 분배하고 매매를 금지한다. 이는 가혹한 예속(隷屬)관계로부터 해방된 농민이 또다시 과거의 상태에 빠질 것을 방지하기 위함이다."

6. 노동시간을 감소하고 노동에 관한 각 종사원은 보험사업을 실시한다.

7. 부녀의 정치, 경제, 사회상의 권리 및 지위를 남자와 똑같이 한다.

8. 국민은 언론, 출판, 집회, 결사, 신앙의 자유를 향유한다.

9. 국민의 의무교육과 직업교육을 국가의 경비로서 실시한다.

10. 자유, 평등, 상호부조(相互扶助)의 원칙에 기초하여 인류의 평화와 행복을 촉진한다.

三. 끝으로 바로 지금 중국 관내운동(關內運動, 중국 안에서의 조선민족운동)에 대하여 우리 양인의 공동의견을 발표한다.

현재 관내에 있어서 우리의 운동은 비상히 중요한 지위를 차지하고 있다. 위대한 중국의 항일전(抗日戰)이 개시된 이래 우리의 관내운동은 한중 양 민족혁명의 중요한 연락관절(連絡關節)이 되고 있을 뿐만 아니라 적의 공격역량을 쇠약화하는 역할이 가능하고, 또한 조선혁명의 일부 역량을 발전시킬 수 있다.

그러나 관내운동의 이와 같은 사명을 이행하기 위하여는 무엇보다도 먼저 관내에 현존하는 각 혁명단체는 일률적으로 해소(解消)하고 현 단계의 공동정강 아래로 단일조직으로 재편성하지 않으면 안 된다고 믿는다. 이와 같이 현존 각 단체의 지방적 분열과 파생적 마찰을 정지하고, 단결 제일의 목표 아래 모든 역량 및 행동을 통일한다면, 우리의 항전을 적극적으로 전개할 수가 있을 것이다. 각 단체의 표방하고 있는 주의(主義)는 같지 않지만 현 단계의 조선혁명에 대한 정치적 강령과 항일전의 상태는 전적으로 일치하고 있다. 그럼에도 불구하고 4인 일당(四人一黨), 6인 일파(六人一派)의 각 단체를 구성·분립한다는 것은 필연적으로 투쟁역량의 분산과 상호대립을 초래하여, 적에 대한 강력투쟁의 전개를 불가능케 할 뿐만 아니라, 또다시 이로 인해 민족적 구성의 중요분자의 손상은 우리의 도저히 용인할 수 없는 바이다.

이와 같이 각 작은 단체를 한 단위로 해서 연맹방식에 의한 관내운동의 통일을 주장하는 이론도 있으나, 이는 결코 재래의 무원칙적 파쟁과 상호마찰을 근본적으로 해소할 수 있는 방법이 될 수 없다. 이와 같이 파쟁과 상호마찰을 계속한다는 것은 관내운동의 실질적 통일을 방해하고 또한 역량집중을 불가능하게 만들고 있다. 그런 고로 우리의 관내 통일운동의 연맹식(聯盟式) 방법론은 관내의 현존하는 불통일된 현상의 연장방법이고, 또한 무원칙적 파쟁의 합리화에 지나지 않는다고 관찰할 수 있다.

중국의 항일전 전개 이래, 적의 궤변과 강박에 의해, 현재 북중지(北

中支) 전선의 가까운(直近) 후방에 끌려와서 노예적 사역(使役)에 혹사되고 있는 조선 민중은 실로 수십만 인에 달하고 있다. 이와 같이 비참한 동포를 우리의 운명적 투쟁을 위해 조직하는 것은, 현하 우리의 관내운동에 부하된 중대임무이다. 그렇지만 각 단체의 연맹식 통일방법에 의존할 경우에는 그들 민중에 대해 각 단체는 전과 같이 각개의 기치하(旗幟下)에 이들을 조직·편성하려고 노력할 것이다. 그러나 이와 같은 활동방식 전개의 결과는, 쓸데없이 그들 군중에 대해서 우리가 운동선상 파벌이 많다는 것에 의혹만 품게 될 뿐이고, 따라서 또다시 혁명의 승리에 의혹을 느끼게 하는 결과를 초래할 우려가 없지 않다. 이와 같이 그들의 혁명전선에의 동원은 불가능한 일이다. 이제 가령 그들 일부는 동원 가능할지 모르지만, 이들에 대한 통일적 지도는 도저히 불가능한 것이다. 결국 신조직 대중 중에 새로운 파쟁과 분열을 야기할 뿐이다.

요컨대 현재의 관내운동은 각종 실제 사정에 비추어볼 때, 각 단체의 분립적 활동을 정지하고, 공동적 정강과 통일적 조직 아래 주의와 당파를 초월해서 역량집중을 기도할 필요가 있다고 확신한다. 이와 같이 우리의 운동은 광명의 단계로 활발히 전개 가능하며, 이렇게 하지 않으면 우리의 운동은 종래와 똑같은 모양으로 시종하지 않을 수 없다고 관찰할 수 있다.

주의와 사상이 서로 다르다는 이유 때문에 각 단체의 분립을 주장할 이론적 근거가 있다는 것을 우리도 이를 시인하는 바이다. 그러나 주의 및 사상이 상이하다는 이유 때문에 절대적으로 동일 정치조직의 결성이 불가능하다는 원리는 있을 수 없다. 가령 주의와 사상을 달리한다 해도, 통일대적(統一對敵)의 앞에서 동일한 정치강령 밑에서 한 조직의 구성분자가 된다는 것은 가능하다고 하지 않을 수 없다. 이는 그 조직이 가지는 강령과 성질에서 결정된 것이다.

그러나 또한 조선독립을 전취하기 이전에서는, 특히 해외에서 주로 투쟁을 전개하고 있는 현 시기(時機)에 있어서는, 주의(主義)의 간판을 내걸고 소요를 일으킬 시기가 아니고, 모름지기 공동목표 하에 투쟁역량을 더욱 집중해서, 창끝을 일제히 적측을 향해 민족적 단결을 공고히 하고, 강력투쟁을 전개할 시기라고 생각한다. 만일 여기에서 주의의 간판 밑에서 모순되는 작은 단체가 분립할 경우, 이는 사상 및 주의를 파쟁의 도가니(坩堝, 감과)에 넣어야지 그렇지 않고는 각 단체 간의 암투와 또다시 격렬한 대립투쟁으로 확대 악화할 위험이 다분히 있다고 본다. 이런 중대한 시기에 있어서 이와 같은 위험은, 혁명의 이익을 위해 어떠한 사상이나 주의를 물을 것도 없이 당연히 삼가지 않으면 안될 것이다.

또한 우리의 동지 중에는 각 단체의 연맹식 조직방법은 식민지 민중의 통일조직의 원리인 고로 이 같은 원리를 무시하기란 불가능하다는 주장을 가진 동지도 있을 것이다. 그러나 식민지 민족의 통일조직의 원리는 민족역량의 집중에 있고, 또한 투쟁의 통일에 있는 것이지, 연맹식 방법의 2, 3조목에 있는 것은 아니다. 민족적 역량을 집중하고 투쟁전선을 통일하기 위하여는, 연맹식 방법을 취할 경우가 있고, 또한 이것 이상의 훨씬 적당한 방법이 있을 경우에는 다른 방법을 채용할 수도 있다. 이는 오로지 우리의 사정과 필요에 의해 선택할 수 있는 것이고, 혹은 새로운 법식(法式)을 창조하는 것도 가능하며, 또한 다른 방법을 표방할 경우도 있기 때문이다.

실천을 떠난 이론은 있을 수 없다. 또한 혁명이론은 결코 죽은 교훈이 아니라는 것을 알아야 한다. 우리 민족은 현재 생사의 관두(關頭)에 추힐(追詰)되고 있다. 우리는 일치단결해서 통일할 운명에 있어서 통일된 목표로 향해 분투할 동지이고 동포인 고로, 우리는 이미 각 작은 단체의 분립적 투쟁으로 인한 민족적 손해를 경험하고, 통일단결에 의한 광명을 발견한 이상, 재빨리 우리는 완전한 한 몸(一體)으로 단합하지 못할 하등의 조건도 있을 수 없다고 확신한다.

우리 양인의 의견으로서만이 아니라, 용감하게 분투하고 있는 다수 동지의 일치하는 의견 위에서 해외에 있는 다수 동지·동포와 함께 우선 관내운동 조직의 계획적 변혁과 광명을 가진 신국면의 창조를 향해 절대(絶大)한 자신과 용기로써 전진할 것이다.

마지막으로 친애하는 여러 동지의 건투를 기념(祈念)하고, 아울러 삼가 혁명적 경례를 올리는 바이다.

단기 4272(1939)년 5월 ○일

金九 (印)

金若山(金元鳳) (印)[51]

───────────
51) 『高等外事月報』 제2호(1939年 8月分), pp.42~46, 金九·金若山 同志同胞

1938년 5월 28일 경무국 당국에 의해 동우회는 강제 해산조치를 당하였다. 그리고 동우회 지도자 이광수는 1938년 11월 3일 명치절을 기해 사상전향신술서(思想轉向申述書)를 작성, 재판장에게 제출함으로써 친일전향을 공식화했다. 이로써 민족주의 운동은 종지부를 찍게 된 것이다.

1920년 8월 27일 사이토(齋藤實) 총독은 배일기운을 타협기운으로 전환시키기 위하여 '귀순공작 정책'을 입안했다. "그렇다고 해서 이런 사상(事象, 排日氣運)에 대해 압박을 주어 없앤다는 따위는 도저히 바라서는 안 된다. 우리는 이런 경향을 거꾸로 이를 일선병합의 대정신, 대이상인 일선동화(日鮮同化)를 위해 귀향시키지 않을 수 없다. 다른 방법이란 없고 위력을 동반하는 문화운동뿐이다."[52] 위력을 동반하는 문화운동이란 식민지 통치 권력을 배경으로 위압과 회유로 실력양성을 지향하는 민족감정을 역이용하여 '독립부정'의 방향으로 전환한다는 뜻이다. 이리하여 사이토는 문화정책을 구현하기 위해 귀순공작을 선언했다. 그 첫 대상을 이광수로 지목, 귀순공작에 돌입하였다. 상해 임정의 정부대변인이요 '절대독립'의 나팔수 이광수를 임정으로부터 이탈시켜 본국으로 들어오게 함으로써 임정의 분열공작은 성공적이라고 단정하고 있다.

이광수의 상해 망명생활은 참으로 고단하고도 힘겨운 삶이었다. 애인 허영숙을 만나고 싶은 간절한 마음, 과로로 인한 건강악화, 임정 지도부의 파벌싸움, 사이토 총독의 문화정책으로 국내에서의 타협적, 합법적인 민족운동 가능성에 대한 기대감 등 이제 더 이상 상해에 머물 수 없는 절박한 상황에 직면했다. 춘원은 마침내 최창식(崔昌植)을 밀사로 파견, 허영숙에게 상해로 오라는 전갈을 전했다. 이리하여 허영숙은 상해행을 단행했다. 미와(三輪)는 허영숙에게 상해까지 보내줄 테니

諸君に送くる公開通信. 김구의 공개통신 원문은 한국어이지만 경무국 보안과에서 전문을 일본어로 번역한 것을 다시 한국어로 번역하였다.

52) 『齋藤實文書』, p.742, 조선독립운동에 대한 대책(1920. 8. 27); 姜東鎭, 『日帝의 韓國侵略政策史』(한길사, 1980), p.385.

가서 춘원과 도산 선생을 국내로 들어오게 하라고 하였다. 해외에서 비합법적 독립운동을 한 혁명가라도 일단 국내로 돌아오면 과거의 독립운동 행적에 대한 모든 죄악도 불문에 부치겠다면서, 합법운동이라면 국내에서 하여도 무관하다고 단언하면서 총독부에서 발급한 여행증을 건네주었다. 허영숙이 총독부 여행증을 휴대하고 상해행을 단행했다는 사실로 인해 곧 '총독부 밀정(密偵)'이라는 소문이 파다했다. "일본 경찰에서 정식 여행권(旅行券)을 받아 가지고 온 것은 허영숙 하나뿐이다. 그는 적(敵)에게 매수되어 스파이로 들어왔다!"라는 공격이 잇따랐다. 허영숙이 상해에 도착한 것은 1921년 2월 16일이었다. 당시 임정의 경무국장 김구는 허영숙이 총독부 밀정임에 틀림없다고 판단, 허영숙을 잡아 죽이겠다고 위협했다. 이리하여 허영숙은 험악한 분위기에 압도되어 몸을 숨기고 이집 저집으로 전전하다가 마침내 3월 말경 아무에게도 통고 없이 도망치듯 귀국길에 올랐다. 춘원도 뒤따라 귀국했다.53)

류기석(柳基石)이 상해에 도착한 것은 1920년 가을이었다. 류기석은 이광수와 함께 여운형 댁에 머물면서 이광수로부터 조선 문학 강의를 들으면서 친교하였고, 이광수는 류기석을 안창호에 소개하여 흥사단 원동위원부에 가입하게 했다. "(109) 柳基石(恕·樹林·友仃, 劉平, 鄭茹英, 劉雨亭, 李啓東, 基錫), 1905～1980. 11. 27, 흥사단 1920년 입단(170번), 황해도 金川 출생, 종교 기독교 장로교"54) 류기석이 흥사단에 가입하자 외부인사들은 흥사단을 변형된 정치단체라고 생각하고 민족주의 우파진영 속에 포함시켰다. 왜냐하면 십년생취(十年生聚) 십년교훈(十年敎訓), 산업과 교육의 진흥, 인재양성과 국력이 조국의 독립부강을 실현시킬 수 있다고 평가했기 때문이다. "단체의 성격으로 말하자면 흥사단은 부르주아 개량주의 범주에 넣어야 할 것이다. 흥사단은 생산력과 생산관계의 변화로부터 혁명을 깊이 파고들지 않고, 구 사회제도의 붕괴를 야기하여 단지 사람들의 의식형태 변화를 중점으로 새

---

53) 『現代公論』(1954. 5), pp.118～133, 내가 본 春園의 生涯(2)(許英肅).
54) 李明花, 『島山 安昌浩의 獨立運動과 統一路線』(景仁文化社, 2002), pp.409 ～410.

로운 국가, 새로운 문화건설을 말하였다. 이것이 바로 순수한 부르주아지의 유심론적(唯心論的) 관점이다. 흥사단은 또한 전형적인 부르주아지 수양단체라고 말할 수 있다. 19세기 말 20세기 초 10년간 조선 부르주아지 인텔리는 자본주의 사회의 발전은 필연적으로 혁명의 사회적 역량인 프롤레타리아의 출현을 야기하여 결과적으로 순조로운 사회주의 혁명이 초래됨을 이해하지 못하였다. 그러므로 그들의 이데올로기는 선진의 자본주의 강국을 부러워하지 않을 수 없었고 강국의 경험을 활용하여 자신의 민족주의 노선을 관철시키려고 하였다."[55]

류기석은 조국광복을 조속히 실현하기 위하여 조선 국적을 버리고 중국인으로 국적을 변경, 중국 군관학교에 입학하여 졸업 후 군 지휘관이 되어, 마치 임란 때 이여송(李如松)이 조선에 출병하여 왜군을 격퇴했듯이 자신도 지휘관이 되어 조선으로 건너가서 일본을 내쫓고 조국광복을 실현하겠다는 의지를 이광수와 안창호에게 솔직히 고백했다. 왜냐하면 조선인 국적 신분으로로는 중국군 지휘관이 될 수 없기 때문이었다. 이에 춘원과 도산은 모두 그의 중국인으로의 국적 변경을 찬성하지 않고 조선인으로서 당당히 혁명전선에 나설 것을 종용하였다. "그들(도산과 춘원)은 이것은 모순된 생각으로 조선 청년은 자신의 본적을 버려서는 안 되며, 진실로 구국운동에 참가할 의지가 있으면 떳떳하고 정당하게 혁명가의 신분으로 직접 조국의 독립운동에 참가해야 한다고 말하였다. 교묘한 수단의 기회주의 생각을 품어서는 안 된다고 하였다. 나는 연장자의 권고에 순종하여, 결국에는 원래의 옳지 않은 생각을 버리고 주저 없이 흥사단에 가입하였다. 입단의식은 매우 성대하였고 선서를 하고 문답이 있었다. 후보 단원은 목에 빨강과 노랑 두 가지 색의 휘장을 했다. 오래지 않아 단체 본부에서는 나의 입단 번호가 170번이라고 알려주었다. 이는 1920년 겨울까지 흥사단의 단원은 170명에 이른다는 것을 의미한다."[56]

이광수의 귀국에 대해 국내에서만 변절자라고 규탄한 것이 아니라,

---

55) 류기석 회고록, 『三十年 放浪記』(國家報勳處, 2010), pp.80~82.
56) 상게서, p.82.

상해 임정의 독립지사들도 한결같이 변절자라고 비난했다. 심지어 춘원과 교분이 두터웠던 류기석조차도 이광수의 귀국은 바로 변절행위라고 규탄하고 있다. "수년 전에 변절한 문인 이광수가 국내에서 '민족개조론'을 발표하여 초기의 안 선생의 주장을 소개한 이후에, 일부 사람들은 한편으로는 이광수의 변절행위를 공격하였고, 또 다른 한편으로는 안 선생을 비방하여 안 선생이 이미 독립운동을 포기하고 자치운동가로 전향하였다고 말하였다. 사실 안 선생을 질책하는 사람들은 당시 적의 식민통치하에서 도리어 합법투쟁을 큰 소리로 외쳤다. 그러므로 안 선생은 유언비어를 밝히기 위하여 자치운동가의 황당한 논조를 특히 중점적으로 분석 비판하였다."[57]

이광수는 안동현에서 일본 경찰에 잡히자 "나는 이광수다"라고 솔직히 말하였고, 헌병사령부로 연행되었다가 간단한 조사를 받은 후 석방되었다. 그 당시 육당을 비롯하여 수많은 3·1운동 동지들이 아직도 옥중에서 신음하고 있는 상황에서 이광수가 구속·수감되지 않고 무사히 석방되었다는 사실 때문에 곧 '귀순변절자'[58]라는 낙인이 찍히고 말았다. 허영숙은 춘원 귀국의 이유를 애인에 대한 사랑 때문이라고 분석했다. "그때 춘원의 동지들은 반대하였을 텐데 나의 뒤를 쫓아서 귀국한 것은 춘원의 인간적 본질이 정치적인 혁명가보다는 예술적인 이상주의자였다고 나는 믿고 있다. 그가 어디까지나 정치적 혁명가였다면 일개 여성 허영숙의 사랑쯤은 돌보지 않을 수 있었을 것이다. 그러나 일개 여성인 당시의 나로서는 동지들의 반대와 입국 후의 입감(入監)까지 각오하고 나를 버리지 않았던 애정에 행복을 느낀 것이 사실이었다." 그러나 허영숙의 '사랑론'과는 정반대로 이광수는 '예술적 이상주의자'가 아니라 '혁명가'이다. 춘원의 귀국의 지상목표는 흥사단 국내 지부를 설치해서 타협적, 합법적인 민족운동을 전개하겠다는 것이고, 굳건한 광복주의 정신의 구현을 표방하고 있었기 때문이다. "한편 도산 선생과는 흥사단 운동을 국내에서 반합법적으로 전개하였고, 그것을 합법적으

---

57) 상게서, pp.95, 123.
58) 『朝鮮日報』(1921. 4. 3), 歸順證을 携帶하고 義州에 着한 李光洙.

로 대중화하기 위하여 '거짓말하지 말자', '부지런히 일하자', '동포끼리 갈려서 싸우지 말고 단합하자' 하는 민족성 혁신과 인격향상을 위하는 수양동우회 일을 시작하였다." 그러나 춘원은 귀국 3개월 만에 그것도 의도적으로 미국 독립기념일(7월 4일)에 결혼식을 거행하였는데, 이로써 춘원의 절대독립정신이 얼마나 철저했던가를 알 수 있다.59)

세상 사람들은 춘원의 귀국을 한결같이 '귀순변절'이라 규탄하고 있지만, 춘원 자신은 도산 앞에서 손을 들어 "신명을 조국에 바치겠다"고 맹세한 흥사단 입단서약은 변함없다는 것을 임께서는 다 아신다고 노래하고 있다.

병든 몸

언젠지 모르는 옛날에 내 생명이 첫걸음을 내어놓을 때, 그때에는 이러한 凡夫(범부)가 되자는 것은 아니었더니, 그 임 앞에서 크나큰 願(원)과 뜻을 세운 것이었더니. 희미한 그 기억이 떠올라서 잊어버렸던 임의 이름을 부르는 노래.

병든 맘 잠 못 일고 지향 없이 달리다가
염주 세어가며 임의 이름 부르올 제
빈 방에 울리는 소리 뉘 소린 줄 몰라라.

숯같이 검은 마음 씻어 희게 하랸(하려는) 어림
속들이 검었거든 씻다 희여지오리까
임께서 태으시고야 金剛(금강)될까 하노라.

내 속에 깊이깊이 먹은 마음 뉘라 알리
전윗(전의) 깊은 盟誓(맹서) 저는 아주 잊었어도
임께서 다 아시옴을 오늘에야 알아라.60)

---

59) 『現代公論』(1954. 5), pp.121~122, 내가 본 春園의 生涯(2)(許英肅).

60) 『朝光』(1938. 11), 時調 병든 몸; 李光洙, 『春園詩歌集』(博文書舘藏板, 1940. 2. 5), pp.12~13, 병든 몸.

동우회가 강제 해산된 후 이광수는 피고인 신분으로 재판이 계속되고 있는 가운데 자하문 밖 홍지동 산장에 '특요시찰인'으로 가택연금 상태에 있었다. 그의 조국광복의 꿈은 산산조각이 나고 말았다. 이광수는 1938년 11월 영마루의 구름처럼 잡힐 듯, 잡을 듯한 독립의 꿈은 영영 사라지고 말았다고 영탄하고 있다.

춘원은 독립의 '꿈'을 애절하게 노래하고 있다.

꿈

임이 나를 두고 가버리신 것만 같다. (이 외롭고 괴로운 세상에 나를 버리고 다른 고운 임을 찾아 가신 것만 같다. 주: '춘원시가집'에는 이 1행을 생략하고 있는데, '조광'의 1행을 복원함) 원통해! 원망스러워! 諸慾(제욕) 因緣(인연)으로 三惡(途)道(삼악도, 악인이 죽어서 간다는 세 괴로운 세계. 지옥, 축생, 아귀)에 떨어져서 六趣(육취, 중생이 業因에 따라 윤회하는 길을 6으로 나눈 것. 지옥취, 아귀취, 축생취, 아수라취, 인간취, 천상취) 중에 두루 돌아 모든 苦毒(고독) 가초(갖추어) 받고 薄德少福(박덕소복)한 까닭으로 邪見(사견, 인과의 도리를 무시하는 옳지 못한 견해) 숲에 길을 잃어 虛妄(허망)한 것을 참(眞)으로 알고 아무리 해도 이것을 놓으려 아니 하여, 그러면서도 도로혀(도리어) 제가 고작인 체, 제가 다 아는 체, 제가 바로 아는 체, 마음은 꼬부라지고 거짓되어서 千萬劫(천만겁)을 가도 바른길로 들어서지 못하니 濟度(제도) 못할 중생이다(法華經). 나도 그러한 衆生(중생)이어니와 이따금 내가 꿈을 깨고 임의 품에 안겨 임의 고우신 얼굴을 바라보는 듯한 순간도 있다. 이것은 그러한 순간의 노래다. 언제 이 '순간'이 내 '영원'이 될 것인고?

임이 가시다니 날 두고 갈 임이신가?
차마 못 뜨시와 이로 품에 안으셔늘
제라서 꿈에 임 떠나 돌아올 줄 모르고서.

꿈이 꿈인 줄을 모르고서 참만 여겨

얻고저 안 놓과저 헛것 잡고 울고 웃고
임께서 날 버리셔라코 몸을 부려 우나다.

때 되어 꿈 깨오니 예 같으신 임의 얼굴
그 기쁨, 그 슬픔이, 살던 것이, 죽던 것이
그것이 다 꿈이었던가, 임의 품에 안긴 채로.[61]

이광수는 1938년 8월 5일 일제의 강요로 자신이 평생 이끌고 왔던 국내 최대 민족운동단체 동우회 해산계를 제출했다. 그리고 11월 3일 명치절(明治節)을 기해 사상전향서를 제출, 형식상 친일전향을 단행하였다. 이제 민족운동을 전개할 근거지가 소멸된 것이다. 여기서 춘원은 더욱 임을 뵈려고 몸부림 치고 있다. 자신의 속마음에 품고 있는 큰 뜻은 무엇인가? 그것은 곧 친일을 가장하고 내재적 민족운동을 전개하겠다는 것이다. 그 뜻을 누가 알랴? 이러한 큰 뜻을 행하겠다고 도산 앞에 신명(身命)을 임(조국)에게 바치겠다고 서약한 춘원, 이런 맹세를 받은 도산은 3월 10일 운명한 것이다. 그때 임 앞에 굳게굳게 맹세하던 독립서약은 다 잊은 줄 알았는데 임이 다시 일깨워주심은 '임이여!' 부를 만한 힘이 솟구쳐 났기 때문이다.

긴긴 꿈

億劫(억겁)에 만난 임을 이번에도 여의오면
다시 몇 億劫(억겁)을 돌고 돌아 만나 뵈리
이 몸이 가루 되어도 놓을 줄이 없으리다.

네 바로 주인 되어 천지를 헐고 짓고
微塵衆生(미진중생)을 다스리라 하신 뜻을
잊고서 三界六(途)道(삼계육도)를 헤매이던 내여라.

---

61) 『朝光』(1938. 11), pp.149~150, 時調 꿈; 『春園詩歌集』, pp.70~71, 꿈.

無明(무명)을 빛만 여겨 나고 죽는 한 바다의
검은 물결 따라 들락날락하올 적에
어디서 북 소리 울려 긴긴 꿈을 깨니라.

잊은 뜻

내 속에 먹은 뜻을 임밖에 뉘 아시리
먹고도 모르는 뜻 그 뜻 마자 다 아시와
때때로 임 깨오시니 은혜 지극하셔라.

그때에 임의 앞에 굳게굳게 하온 맹세
잊었네, 다 잊었네, 잊은 줄도 잊었에라
임께서 안 이르시드면 영 잊을 뻔하여라.

나고 자라옴이 이미 내 힘 아니여든
죽고 사올 일이 내 힘일 줄 있을소냐
'임이여' 부르옴만이 내 힘인가 하노라.62)

    도산 순국 한 달 만인 1938년 4월 24일에 '첫 나비'를 썼다. 이광수
가 경성의전 부속병원 병상에서 읊조리면 박정호(朴定鎬)가 받아 적은
구술시(口述詩)이다. 그가 이끌어왔던 조선 유일의 민족운동단체 동우
회는 1937년 8월 5일에 해산되고 말았다. 게다가 도산이 1938년 3월
10일 순국하자 이제 동우회 사건의 전 책임은 춘원에게 맡겨지게 된
것이다. 이 시기가 춘원으로서는 가장 힘들고 암담한 절망의 좌절기였
다. 민족운동의 근거를 상실했음에도 불구하고 춘원은 이에 조금도 굴
하지 않고 그의 독립열망은 더한층 불타고 있었다. '첫 나비' 말미에
'소화(昭和)13년 4월 24일'이라 시를 쓴 날짜를 명기하고 있다. '춘원
시가집'의 다른 모든 시에는 날짜를 명기하지 않았는데 유독 '첫 나비'

---

62) 『朝光』(1938. 12), pp.96~97, 時調 긴긴 꿈 / 잊은 뜻;『春園詩歌集』, pp.66
    ~67, 긴긴 꿈 / 잊은 뜻.

에만 날짜를 명기한 것은 피고인 춘원의 옥중 작시임을 강조한 것이다.

'첫 나비'는 자유해방의 꿈을 노래한 3 · 3조 시조이다. 이 시기에 쓴 춘원의 시 대부분은 메타포(암유) 작품이다. 그만큼 의미심장하다. 제1연(聯)의 '첫 나비'는 봄(해방)의 소식을 전하는 '전령사', '내 뜰'은 '봄 동산', '핀 꽃도 없는데'는 일본 식민지 동토의 땅 '조선'을 상징하고 있다. 봄(해방)의 전령사 첫 나비가 아직도 가혹한 식민지 지배를 받고 있는 조국 땅에 자유해방의 봄소식을 전하러 날아왔다고 찬송하고 있다. 제2연의 '살구며 복숭아'가 봉오리 피고 백화난만(百花爛漫)한 봄 동산은 자유해방을 맞이했다는 것을 찬미하고 있다. 춘원은 이를 "나만 그러할 뿐 아니라 모든 중생(조선 민족)이 다 이 고우신 임을 만나서 사랑의 기쁨의 크나큰 잔치가 벌어질 날이 있을 것을 믿습니다"[63]라고 축원하고 있다. 제3연의 '비좁은 방'은 춘원이 포로로 갇혀 있는 '감방', '너른 천지에 놀던 손'은 봄(해방)의 소식을 전할 첫 나비 '전령사'를 상징하고 있다. 감방 책상머리에는 울금향이 피어 향기를 내뿜건만 '조선의 봄'은 언제 오나? 비좁은 감방에서 봄소식(광복)을 기다린다는 대춘부(待春賦)이다.

첫 나비

내 뜰에 찾아온 첫 나비
핀 꽃도 없는데 어느 새
뒷 시내 가에나 가 보소
재바른 냉이꽃 피었네.

며칠만 기다려 들르게
뒤란에 살구며 복숭아
간밤에 비 맞아 불그레
봉울(봉오리)도 통통 불었네.

---

63) 『春園詩歌集』, pp.2∼3, 내 詩歌.

내 책상머리에 울금향
한창 향기도 높건만
너른 천지에 놀던 손
비좁은 방에야 드시리.
(昭和十三年 四月 二十四日)[64]

The First Butterfly

The first butterfly is visiting my garden.
So soon while there are no flowers.
Try the back stream and see
If an early shepherd's purse is in bloom.

Why not return after a few days?
For the buds from peach and apricot trees
Turned pink after yesterday's rain.
The buds have swollen high.

The jasmine incense on my table
Has filled the room with aroma.
But I would not dare to offer my little room
To you who are used to the wide sky and earth.
(Translated by Chung Wha Lee Iyengar)

1939년 10월 19일 시오바라(鹽原時三郎) 학무국장은 조선호텔로 조
선 문인 6명(李光洙, 金億, 金尙鎔, 鄭芝溶, 崔載瑞, 鄭寅燮)을 초청,
간담회를 가졌다. 이 자리에서 학무국장은, "당국과 조선 문단인 간에
접근이 적은 것을 유감으로 생각한다. 문학이 일반 대중에 미치는 영향
이 크니 당국과 긴밀한 연락을 가짐으로써 적극적으로 시국에 협력 활
동해야 한다. 조선 문학의 활발한 발전을 위하여 문예가협회의 결성 및

---

64) 『春園詩歌集』, pp.250~251, 첫 나비.

문학상(文學賞) 설정 등이 필요하다"65)라고 역설함으로써 이튿날 정동
연맹 회의실에서 이광수 외 15인이 모여 조선문인협회 발기인 대회를
개최하였다. 발기 취지는 현역 문인의 대동단결과 정동연맹(國民精神
總動員朝鮮聯盟) 가입, 그리고 비상시국하의 문필보국 등이다. 이리하
여 이광수를 회장으로 한 조선문인협회가 탄생했다. 조선문인협회는 당
국의 알선에 힘입어 발족한 일종의 어용 문학단체이다. 그 궁극적 목적
은 조선 문학을 이른바 국민문학으로 포용하겠다는 정략적 계략이 깔
려 있다. 1939년 10월 29일 부민관에서 조선문인협회 결성대회가 개최
되었다. 내빈 2백여 명의 출석으로 성대하게 개최되었는데, 박영희의
사회로 이광수를 회장에 만장일치로 선출했다. 이광수는 이렇게 말하였
다. "이번 이 협회의 창립은 새로운 국민문학의 건설과 내선일체의 구
현에 있다. 인류는 유사 이래 국민생활을 떠나 생활한 일이 없고 문학
도 국민생활을 떠나서 존재할 수 없다. 반도문단의 새로운 건설은 내선
일체로부터 출발되어야 한다."66) 이어 조선문인협회를 정동연맹에 가
입시킬 것을 결의했다.

이날 선출된 역원은 명예총재로 시오바라(鹽原時三郞) 학무국장, 회
장 이광수, 내지인 간사(百瀨千尋, 杉本長夫, 辛島驍, 津田剛), 조선인
간사(金東煥, 鄭寅燮, 朱耀翰, 李箕永, 朴英熙, 金文輯) 6명 등이다.
정교원(鄭僑源), 최린(崔麟)의 축사에 이어 김용제(金龍濟)의 답사, 이
광수의 천황폐하 만세 삼창으로 폐막했다. 마지막으로 김동환은 성명서
를 낭독했다.

성명서, 김동환

지금이야말로 우리 제국은 국력을 도(睹)하여 흥아(興亞)의 대업(大
業)에 매진하고 있다. 이 국가 비상시에 당하여 국민 된 자는 누구나
화충협력(和衷協力), 그 능력에 따라 그 재주를 다해서 국책선(國策線)

---

65) 林鍾國, 『親日文學論』(평화출판사, 1966), pp.96~97.
66) 상게서, p.98.

에 연(沿)해가며 분려(奮勵) 노력하여야 할 것은 말할 것도 없다. 문필에 관여하는 우리로서는 이런 때를 당해 먼저 붓으로써 그 임무를 다할 것이다. 즉 조선에서 참으로 시국(時局)의 중대성을 인식하는 동지가 서로 모아서 이에 '조선문인협회(朝鮮文人協會)'를 결성하고 흥아의 대업을 완성시킬 황국적(皇國的) 신문화 창조를 위하여 용왕매진할 것을 맹세하는 바이다.67)

그러나 이광수는 조선문인협회 회장에 추대된 지 한 달 만에 회장직을 사퇴하고 말았다. 1939년 12월 5일 일신상의 사정으로 사임원을 제출했는데, 그 이유는 이광수가 동우회 사건의 피의자 신분이었기 때문이다. 동우회 사건은 사건 발생(1937. 6. 7) 이후 유죄와 무죄를 거듭하면서 재판에 계류 중이었기 때문에 피고인 신분이라는 이유로 가담할 수 없다는 것이다. 이로써 시오바라 학무국장이 이광수를 친일문학단체에 강제 동원했다는 사실이 입증되고 있다.

1929년 10월 '신생' 잡지사에서 '명가의 좌우명'을 기획했다. "세상에는 흔히 인생관이니 사회관이니 도덕관이니 우주관이니 하는 어려운 말이 사용됩니다. 그러나 실상 그 오묘한 말을 알아듣지 못하고 마는 것도 사실입니다. 우리가 여기서 현 조선 사회 여러 명가의 좌우명을 발표하는 진의는 그들이 한 세상을 어떠한 태도로 살아가는가를 알고자 함보다도 더 한 걸음 나아가 우리는 우리의 한 세상을 어떻게 살아가야 의의 있고 가치 있는 생(生)이 될 것인가를 깨달아내고자 할 그것입니다"라고 그 취지를 밝히고 있다.

나의 좌우명, 이광수

나는 특별히 좌우명이라고 할 것이 없습니다. 더구나 청년, 소년에게 교훈이 될 것이 내게 있을 리가 없습니다. 다만 내가 평생에 끝없이 원하는 바는,

---

67) 『東亞日報』(1939. 10. 30), 朝鮮文人協會 今日盛大히 結成式 朝鮮文壇總動員으로, 聲明書.

1. 참되자. 거짓이 없이 하자.

1. 나 한 몸의 고락과 길흉에 대한 염려를 버리자.

1. 동포 인류를 사랑하자. 용서하여 저항하지 말자. 미워함과 성냄을 말자.

1. 평생에 내가 접하는 사람이나 동물에게 힘 및는 대로는 기쁨을 주자.

이것입니다.[68]

춘원의 좌우명은 곧 그가 한평생 이끌고 온 동우회(흥사단)의 '민족주의 운동강령'을 의미한다. 민족개조론을 바탕으로 한 혁명주의 사상을 굳게 지키면서 이를 실천해오고 있다.

춘원은 1921년 4월 상해 임정과 독립신문 사장을 사임하고 흥사단(안창호) 국내 지부(수양동맹회, 1922. 2. 12)를 결성하기 위하여 귀국했다. 1922년 1월 9일에는 동인 12인(朴鍾和, 洪思容, 玄鎭健, 羅稻香, 朴英熙, 李光洙, 李相和, 金基鎭, 盧子泳, 吳天錫, 安碩柱, 元世夏)과 함께 '백조(白潮)'를 창간했다.[69] 상해에서 독립운동을 전개하던 현정건(玄鼎健)이 아우 현진건에게 편지를 보내, "이광수가 상해 임시정부에서 총독부에 귀순, 변절하여 국내에 들어갔는데 그 같은 변절한 사람과 잡지를 같이 하다니 그게 무슨 소리냐"고 호통 치면서 당장 그만두라고 야단을 친 일이 있었다.[70] 그러나 춘원은 이 같은 '귀순변절자'라는 비난에 개의치 않고 초지일관(初志一貫) 흥사단 혁명주의 사상을 신봉·실천하고 있었다.

이광수는 동우회 사건(1937. 6. 7)으로 체포되어 병보석으로 홍지동 산장에 가택연금 상태에 있다가, 1938년 11월 3일 사상전향신술서를 작성하여 재판장에게 제출하였다. 이같이 친일전향을 했음에도 불구하

---

68) 『新生』(1929. 10), p.8, 名家의 座右銘(李光洙).

69) 최덕교, 『한국잡지백년』(현암사, 2004), 권 1, p.41, 박종화 등 동인 12인의 白潮.

70) 趙容萬, 『울 밑에 핀 봉선화야』(범양사 출판부, 1985), p.179. 남기고 싶은 이야기.

고 전영택(田榮澤)은 춘원을 '친일변절자'로 보지 않고, 동우회의 광복주의 정신과 혁명주의 사상을 시종일관 굳건하게 지키면서 이를 실천하고 있다고 인물 평가를 하고 있다.

1938년 12월 14일 경성 부민관 강당에서 1. 내선일체의 구현화 문제, 2. 동아협동체의 건설문제, 3. 국내 혁신의 제 문제 등을 의제로 시국유지원탁회의가 개최되었는데, 출석인사 17명 중 이광수, 주요한, 조병옥 등 해체된 동우회원 7명, 친일인사로는 현영섭, 이각종(李覺鍾) 등이 포함되어 있다. 여기서 이광수는 처음으로 친일(일본정신)과 항일(조선정신), 상호 모순된 정치이념을 개진하고 있다.

일제는 1940년 2월 11일부터 실시한 창씨개명제 실적이 부진하자, 창씨개명에 앞장선 춘원에게 창씨개명을 독려하는 글을 쓰도록 강요했다. 이리하여 성전(중일전쟁) 3주년을 맞이하여 춘원은 총독정치를 찬양하는 일종의 역설적(逆說的)인 글을 쓰지 않을 수 없었다.

일장기 날리는 곳이 내 자손의 일터입니다. 아시아 대륙과 태평양, 인도양에 일장기 날리는 구역이 넓을수록 내 자손의 활동하고 번영할 무대가 넓어지는 것입니다. 그런데 이 일에 대하여서 나는 아무것도 공헌한 것이 없으니 죄송도 하고 부끄럽기도 합니다. 내 피도 못 바치고 돈도 못 바치고 황군용사가 피로 얻은 영광을 향수하기가 어찌 죄송하고 부끄럽지 아니하겠습니까.

내선(內鮮) 양족 간에 혼인과 양자(養子)가 허하여지게 되었고, 공통한 씨명을 칭하게 되었습니다. 이것은 어느 치자(治者), 피치자(被治者) 양 민족 간에도 보지 못한 광고(曠古)의 신례(新例)입니다, 이제부터는 조선인이 이 성은에 보답하도록 성의 있게 노력만 하면 조선인은 모든 점에서 완전한 황국신민이 되는 것입니다. 우리 자손은 완전한 황국신민이 되는 것입니다.

그러나 역사적 대제도인 창씨에 대하여서 대분발할 것입니다. 새로운 일본적인 씨명으로 일본인이 될 것을 맹세하고 선언할 것입니다. 이 창씨야말로 조선 민족의 황국신민화(皇國臣民化)의 최대의 성명이요 서원(誓願)인 동시에, 또 최후의 차별철폐라고 할 것입니다. 우리는 창씨를 황은에 대한 감사에 충성의 표로 하는 것이지, 결코 어떠한 소득을 희구(希求)하는 심사(心事)가 있어서는 아니 됩니다.[71]

춘원이 아무리 말로 글로 친일전향했다고 떠들어봐야 누가 믿어주겠는가. 문제는 실제 행동이다. 그는 이를 확실하게 믿게 하려고 의도적으로 창씨개명에 앞장섰다. 1940년 2월 11일 일본 기원절을 기해 실시한 창씨개명에 제1호로 가야마 미쓰로우(香山光郞)라고 경성부 호적계에 신고함으로써 친일행각을 실천했던 것이다.

(1) 지금으로부터 2천 6백 년 신무천황(神武天皇)께옵서 어즉위(御即位)한 곳이 강원(橿原)인데 이곳에 있는 산이 향구산(香久山)이다. 뜻 깊은 이 산 이름을 씨(氏)로 삼아 '香山'이라고 한 것인데 그 밑에다 '光洙'의 '光' 자를 붙이고 '洙' 자는 내지식(內地式, 일본식)의 '郞'으로 고치어 '香山光郞'이라고 한 것이다.

지금 우리가 쓰고 있는 석 자 성명은 지나식(支那式, 중국식)의 것으로 이것을 사용해온 것은 약 7백 년밖에 되지를 않는다. 그전까지는 지금 내지인이 사용하고 있는 씨명과 거진(거의) 같은 계통이었으므로 말하자면 7백 년 이전의 조상들을 다시 따라가는 세음(셈)이다.

내가 '香山'이라고 씨를 창설하고 '光郞'이라고 일본적인 이름으로 고친 동기는 황송한 말씀이나 천황의 이름(御名)과 읽는 법(讀法)을 같이하는 씨명(氏名)을 가지자는 것이다. 나는 깊이깊이 내 자손과 조선 민족의 장래를 고려한 끝에 이리하는 것이 당연하다는 굳은 신념에 도달한 까닭이다. 나는 천황의 신민(臣民)이다. 내 자손도 천황의 신민으로 살 것이다. '李光洙'라는 씨명으로도 천황의 신민이 못 될 것이 아니다. 그러나 '香山光郞'이 조금 더 천황의 신민답다고 나는 믿기 때문이다.

이제 우리는 일본제국의 신민이다. 지나인과 혼동되는 성명을 가짐보다도 일본인과 혼동되는 씨명을 가지는 것이 가장 자연스러운 일이라고 믿는다. 그러므로 나는 일본인이 되는 결심으로 씨를 '香山'이라하고 이름을 '光郞'이라고 하였다. 내 처자도 모조리 일본식 이름으로

---

71) 『三千里』(1940. 7), pp.36~38, 聖戰三週年(李光洙).

고쳤다. 이것은 충성의 일단으로 자신하는 까닭이다.

(2) 우리의 재래의 성명은 지나(중국)를 숭배하던 조선(祖先)의 유물이다. 영랑(永郎), 술랑(述郎), 관창랑(官昌郎), 초랑(初郎), 소회(所回, 嚴), 이종(伊宗), 거칠부(居柒夫), 흑치(黑齒), 이런 것이 고대 우리 선조의 이름이었다. 서라벌(徐羅伐), 달구벌(達久伐), 재차파의(齋次巴衣), 홀골, 엇내, 이런 것이 옛날의 지명이었다. 그러한 지명과 인명을 지나식으로 통일한 것은 불과 6, 7백 년래의 일이다.72)

呈 香山 李兄
神市 三千衆에 이 몸도 바치리라
그분의 옛터에서 새로운 일할 때
香山의 나무 한 그루 커서
이 몸 받아들여 주소서
春園(1936)73)

'일본정신'의 대칭 개념은 '조선정신'이다. 경성제대 예과부장(小田省吾)은 '소위 단군전설에 대하여'에서 조선정신을 말살하기 위하여 '단군전설 날조론'을 제창하고 있다.

단군전설이 서적에 볼 수 있는 것은 '삼국유사'이지만 그 이전에는 이 같은 전설이 있었는지 없었는지는 먼저 연구해보지 않으면 안 될 문제이다. 나는 이를 순차적으로 소급해서 연구해볼까 한다. 먼저 충렬왕 시기부터 140년 전의 고려 인종 시(인종 23년, 1145) 김부식(金富軾)이 저술한 '삼국사기'를 조사해보자. 이 책은 신라, 고구려, 백제 3국에 관한 조선 현존 유일의 고사(古史)이지만 그중에는 단군에 관한 하등의 기재도 없을뿐더러 단군전설 중에 단군이 태어났던 곳으로 유명한 평북 태백산(太白山) 즉 묘향산(妙香山)에 있는 보현사(普賢寺)

---

72) 『每日新報』(1940. 1. 5), 暴風 같은 感激 속에 '氏'創設의 先驅들 七百年前의 祖上들을 따른다: '香山光郎'된 李光洙氏; 『每日新報』(1940. 2. 20), 創氏와 나(李光洙).

73) 『島山安昌浩資料集』(국회도서관, 1998), II, p.467, 증거 제104호(李英學 所持).

비문은 이 절 창건 후 173년(인종 19년, 1141)에 김부식이 쓴 것이지만, 당시 이미 단군전설이 행해지고 있었다면 '삼국사기'에 기재되지 않았다는 사실, 그리고 이 비문 중에도 단군 기사는 기재된 바 없다. 그 다음에 김부식이 '삼국사기' 저술 20년 전(인종 원년, 1123)에 송(宋)나라 사신 노윤적(路允迪)이 조선에 온 일이 있었는데, 그 수원 서긍(徐兢)이 귀국 후 그의 견문록을 편찬했다. 즉 유명한 선화봉사고려도경(宣和奉使高麗圖經)이다. 이 책에는 서긍이 실견한 그대로 기록하고 있어서 당시의 일을 아는 데 가장 신거(信據)할 재료이다. 당시 단군전설이 고려 인민 간에 일반적으로 믿어지고 있었다면 반드시 이 책 가운데 그 기사를 찾아볼 수 있어야 하는데도 없다. 특히 사우(祠宇) 조항이 설치되어 있는데 당시의 신앙 등에 대해 기술하고 있음에도 불구하고 단군을 봉사하는 데 대해서 한마디도 찾아볼 수 없다. 기타 고려시대의 비문 등에도 단군을 찾아볼 수 없다. 이와 같이 이상 '삼국유사' 이전에 있어서 고려의 것을 알 수 있는 확실한 사료가 오늘날에 현존하지 않고 있다. 환언하면 오늘날 현존한 사료에서는 '삼국유사' 이전의 단군전설이 행해지고 있다는 것을 확실한 증거물은 찾아볼 수 없다. 결국 고려가 원(元)에 복속함에 이르러 단군전설은 날조되었다는 소이(所以)와 밀접한 관계가 있다고 생각한다.[74]

이 같은 단군전설론이 발표되자 즉각 이광수는 이는 조선정신을 말살하려는 음모라고 반박하고 있다.

조선의 역사로서 단군을 삭거(削去)하려 함은 일본 학자의 전통적 유견(謬見)일 뿐 아니라 또 일본 위정자들의 조선정신을 잔학(殘虐)하기 위한 일 필요수단을 삼는 바니 여기 대하여 곡학첨관(曲學諂官)의 추악한 학구가 학문의 탈을 씌운 비학문의 꼭두각시를 만들어낸 것이 한둘에 그치지 아니한다. 단군 부인(否認)의 논(論)이 일본 학계에 출현하기는 이미 30년의 세월을 지냈고, 그 단서는 나가(那珂) 백조(白鳥) 배의 연소호기(年少好奇)하고 입이현능(立異衒能, 다른 의론을 내

---

74) 『文教の朝鮮』 제6호(1926. 2), pp.32~40, 謂ゆる檀君傳說に就て(小田省吾).

면서 제 재능을 자랑함)하자는 데서 생긴 것이지마는 이것이 일본인의 대(對) 조선 관념이 변역(變易)되는 추세를 따라서 턱없이 학계의 용인을 얻게 되고 더욱 양국 간에 괴상한 정치관계가 생기면서 그 사상 정책상 필요로 조선인 민족정신의 출발점으로 생각되는 이 단군국조(檀君國祖)를 의식적 노력으로써 기어이 말살(抹削)하기를 힘써왔다. 곰팡내 나는 단군승조론(檀君僧造論)을 끄집어내다가 조선 역사의 중에서 그 반증을 보이려 한 금서(今西)모와 또 단군전설의 조작을 목도한 것처럼 고려 중엽 승도(僧徒)가 당시의 민족적 감정을 기본으로 하여 지어낸 것이리라고 단정한 삼포(三浦)모는 실로 다 일본의 최고학부에서 교직을 담당한 자로 조선관서의 잔록객임(殘祿客任)을 띤 자들이었다.

소전성오(小田省吾) 모로 말하면 본디 한 속리(俗吏)로 오래 학정(學政)을 맡게 되어 약간 조선의 문자를 엿보게 된 자임에 그에게 창견(創見)과 독론(篤論)이 있을 리가 본디 없고 이번 '문교의 조선' 지상에 게재한 것도, 요컨대 상기한 여러 사람의 조박(糟粕)을 따다가 그 우망(愚妄)을 현로(顯露)한 것에 지나지 못하는 것이며 학적으로 그를 대수(對手)로 함은 도리어 치사스러울지도 모르지마는 다만 하나 그가 한참 동안 조선 교과서의 책임도 맡았고 조선사학회란 데 주요한 직명을 띠운 일도 있고 또 현재에 경성대학 예과의 부장소임을 보는 자인 만큼 혹시나 그의 소론에 고혹되는 자가 없지 아니할까 함은 우리들이 이것을 논조(論俎)에 올리지 아니치 못하는 소이(所以)이다.[75]

소전(小田)의 소론을 정리해보면 두 가지이다. 첫째, 단군승조론(檀君僧造論)이다. 즉 '일연'이라는 중이 조작했다는 말이다. '삼국유사'에 나오는 단군 기사에 불교적 명구(名句)가 섞여 있다는 것이다. 단자(檀字)에 전단(旃檀, 향내 나는 인도산 특산물), 단월(檀越, 불교 시주) 등 불교적 명구가 있다는 점으로 보아 후세 고려 승려가 단군전설을 조작했다는 것이다. 둘째로 '삼국사기'에는 단군 기사가 없다는 것, 그리고 고려시대의 각종 비문 등에도 단군전설 기사가 없는 점으로 보아 후대

---

75) 『東亞日報』(1926. 2. 11), 檀君否認의 妄(上), '文敎의 朝鮮'의 狂論(李光洙).
　　이광수전집(삼중당)에 미수록.

에서 단군전설을 날조했다는 것이다. 이에 대해 춘원은 소전의 단군날
조설을 강력히 반박하기를, 선인왕검(仙人王儉)의 기사가 고구려 동천
왕 21년조(247)에 나오고, 풍류국도(風流國道)의 의(義)가 신라 진흥왕
27년조(566)에 보인다고 적시(摘示)하면서 단군전설 조작설을 전적으
로 부인하고, 이는 조선정신을 말살하려는 술책이라고 비판하고 있다.

엄정을 요하는 학적 토구(討究)는 진실로 사정(私情)과 구용(苟容)을
용인치 아니할 것이니 대저 단군이 참으로 허구요 후세적 산물일진대
학(學)의 '엑스광(光)'에 그 진상이 노현(露顯)되어 적어도 학의 전당
에서는 그 지위를 잃을밖에 없을지라도 어찌할 수 없을 일일 것이다.
아무리 조선인의 감정에 억울하고 섭섭할지라도 진실로 민족감정의 억
탁(抑托)으로 생긴 일 신화, 소설일진대 없는 것임에 없을 것이 저 일
본 역사의 중요한 부분이 같은 모양의 운명에 만날 것이나 다름없을
것이다. 사(事) ― 진실로 일국 국조의 성적이요, 일 민족의 최고 대상
일진대 매우 신중한 고찰과 면밀한 사토(査討)를 거쳐 십분 의단(疑端)
이 없은 뒤가 아니면 감히 경망을 방자히 하지 못할 것이다.76)

춘원은 창씨개명을 앞장서서 실천하면서 친일(일본정신)과 항일(조
선정신)을 병진(竝進)하는 '이중 플레이' 책략을 구사하고 있다. 춘원은
'가야마 미쓰로우'란 이름으로 동방요배를 할 것을 당부하는 글을 발표
함으로써 일본 천황에의 충성을 맹세하고 있다. 이는 상호 모순되는 정
치 개념이므로 착시(錯視)현상을 빚고 있다. 경성제대 영문과 출신이며
총독부 어용 친일단체 녹기연맹(綠旗聯盟) 이사인 현영섭(玄永燮, 天
野道夫)77)은 '일본정신'을 다음과 같이 정의하고 있다.

일본정신이란 결코 민족주의가 아니라, 기독교와 동일계통인 신중심
(神中心)의 신앙이다. 신의 상징이옵신… 천황을 숭배·앙모(仰慕)하
고 천황의 '오오미 고꼬로(大御心)'에 부봉(副奉)하도록 우리들의 생활

---

76) 『東亞日報』(1926. 2. 12), 檀君否認의 妄(下). 이광수전집(삼중당)에 미수록.
77) 趙容萬, 『울 밑에 핀 봉선화야』, pp.24~27, 京城帝大 영문과 한국 학생들.

을 건설하자는 사상이다. 그런 까닭에 내지인이라 하여도 천황어모심(天皇御慕心)이 없는 사람이면 일본인이 아니다. 희랍인(그리스인)의 '허언'이란 서양인도 천황에 귀의하였다. 그는 훌륭한 일본인으로서 생애를 마쳤다. 야마토(大和) 민족은 천황에 귀의한 민족이다. 조선인은 지금 야마토 민족과 같이 전 세계의 민중에게 천황어모의 종교(나는 일본정신은 종교라고 생각한다)를 선전하는 지위에 있다고 생각한다. 내선일체의 근본정신은 그것이다. 조선인은 민족주의를 청산하고 공산주의적 세계통일사상을 버렸다면 최후의 길은 일본정신에 의한 세계질서 창조운동에 매진할 뿐이다.[78]

우리 전 반도인은 황국신민이며 일본 국민이며 일본인이다. 다시 일본 민족의 일원이다. 고이소(小磯國昭) 총독은 최근 조선인은 함께 야마토(大和) 민족이라고 성명하였다. 현 단계에 있어서 우리들 반도 동포는 선배인 내지 동포에 지지 않게 국체(國體)의 본의(本義)에 투철하고 신민의 직분을 지켜 황국을 수호하여 황도(皇道)를 세계에 선양하고 천업(天業)을 익찬(翼贊)하여 받들기 위하여 각별한 노력을 하여야 한다. 그 때문에 우리들은 오오미 고꼬로(大御心)를 봉대(奉戴)하고 황군의 일원이 되어 충성용무(忠誠勇武)의 정신을 직접 전장에서 발휘하지 않으면 안 된다.[79]

이와 같이 현영섭은 천황에 귀의(歸依)하는 것이 곧 일본정신의 구현, 즉 황민화의 실현이라고 정의하고 있다. 그러나 춘원은 '창씨와 나'에서 이와 정반대로 단군왕검에 귀의하는 것이 조선정신의 구현이라고

78) 『三千里』(1940. 3), p.37, 內鮮一體와 朝鮮人의 個性問題(玄永燮). 허언(Lafcadio Hearn, 1850~1904). 그리스 출생으로 1890년 Harper's Magazine의 통신원으로 일본에 왔으며, 일본 여자와 결혼하여 일본에 귀화했다. 일본 이름은 小泉八雲이다. 동경대학, 와세다대학 강사로 활동하면서 옛 일본의 풍속인정을 사랑하였고 이에 관한 인상 깊은 저술을 통해 일본 문화를 세계에 알린 공적이 크다. 東大講義錄 日譯全集, Glimpses of Unfamiliar Japan (1894), Kokoro(1896), Gleanings from Buddha Fields(1879), Japan, an attempt at interpretation(1904) 등의 저서를 남겼다. 현영섭은 허언의 일본 귀화를 황민화(皇民化)의 첫 사례라고 인식하고 있다.
79) 『每日新報』(1943. 8. 2), 歷史創造의 日(天野道夫); 民族政經文化硏究所版, 『親日派群像(豫想登場人物)』(삼성문화사, 1948), pp.81~82.

정의하고 있다.

(1)에서 춘원은 일본 첫 임금인 신무천황이 어즉위한 '향구산(香久山)'에서 '향산'이란 씨를 따고, 이름은 '광(光)' 자 밑에 일본 이름 '랑(郎)' 자를 달아서 '가야마 미쓰로우(香山光郎)'라 창씨개명했다고 밝히고 있다. 미나미 총독의 통치철학인 내선일체의 궁극적 목표는 조선인을 황민화(皇民化)하는 것이었다. 이를 구현하기 위해 조선어 말살정책과 성(姓)과 이름을 일본식으로 고치는 창씨개명을 단행한 것이다. 이에 춘원은 '일본정신'을 구현하기 위해 황민화된 이름 '가야마 미쓰로우'를 채택한 것이다.

(2)에서 춘원은 단군왕검에 귀의하는 것이 '조선정신'이라 정의하고 있다. '조선정신'을 발양(發揚)하기 위해 '香山光郎'이란 자호(自號)를 만들어 사용했다는 것이다. '향산'은 일본 첫 임금이 어즉위한 향구산이 아니라 단군왕검(檀君王儉)이 어즉위한 묘향산(妙香山)에서 유래했다는 것이다. 하늘에서 환인(桓因)의 아들 환웅(桓雄), 환웅의 아들 단군이 하느님의 뜻을 받들어 부하 3천 명을 거느리고 묘향산(太白山) 신단수(神檀樹)에 내려와서 베푼 도읍이 바로 신시(神市)이다. 춘원은 묘향산의 나무 한 그루 커서 이 한 몸을 '새 나라'에 바치겠다고 맹세하고 있다.

중국식 석자 이름을 타파하고 신라식(新羅式) 이름으로 환원하는 것, 이것이 '조선정신' 구현이다. 일본식 이름 타로(太郎)의 '랑(郎)' 자는 일본 고유의 이름이 아니라 신라 화랑의 이름이 그 기원이라고 정의하면서 영랑(永郎), 술랑(述郎), 관창랑(官昌郎), 초랑(初郎) 등 화랑의 이름을 따서 '광' 자 밑에 '랑' 자를 달아서 '香山光郎'이라고 창씨개명한 것이다.

미나미 총독은 내선일체의 상징물로서 1,300여 년 전 왜의 신라 정벌과 한반도 지배설, 백제와 일본과의 친선 선린관계를 강조하기 위하여 1940년 7월 30일 관폐대사(官幣大社) 부여신궁(扶餘神宮)을 기공했다. 응인(應仁), 재명(齋明), 천지(天智), 신공황후(神功皇后)의 위패(位牌)를 내걸기 위해서이다. 일본의 한반도 지배는 역사적으로 너무나

당연하다는 것을 강조하는 것이었다.80) 이에 대해 이광수는 일본 황실
은 한족의 후예라고 주장하였다. "일본의 숭신천황(崇神天皇)의 경성
(京城)이 한족(韓族)의 식민지인 돈하(敦賀)이던 것과 한족이 배를 타
고 일본에 들어가서 일본 왕이 되었다 함을 보던지, 소위 나라조(奈良
朝)의 서울이던 '나라(奈良)'(일본어음에 '나라')가 신라어(新羅語)임
과, 기타 '고오리(郡)', '무라(村)' 등의 지방제도의 명칭이 신라어에서
나왔고, 그들 소위 신공황후는 한인의 여자로 구주(九州)의 적(賊)을
토벌한 후에 본가인 고국 신라에 조근(朝覲)함과, 조근하였을 때에 신
라 왕실에서 우악한 대우로 그를 영접하여 일본 민족이 아직까지 못 보
았던 여러 가지 진품을 하사하였음을 보던지, 또 삼국시대의 백제국이
마치 어린아이를 부액하듯이 일본 민족에게 모든 방면의 문화를 전수
하여 생식혈거(生食穴居)하던 야만족이던 일본 민족으로 하여금 제법
상당한 문화를 가지게 하였음을 보더라도 고대에 있어서는 우리 한족
은 일본족을 우리 민족의 한 분가(分家)로 본 듯하며, 아울러 상술한
전설과 및 숭신천황 및 신공황후의 예로 보더라도 일본 황실은 십중팔
구는 우리 한족의 피인 듯하도다."81)

그뿐만 아니라 이광수는 일본이 항용 신공황후의 한반도 정복설을
주창하고 있지만 이와는 정반대로 사실은 신공황후는 신라의 후예라고
주장했다. "더욱 황송한 말씀이나 황실에도 2차나 조선의 피가 섞이셨
던 것이다. 이 말은 총독부에서 해도 좋다 해서 나는 기쁜 마음으로 근
기(謹記)하는 바인데, 제1회는 역사에도 분명히 기록되어 있는 신공황
후께옵서는 신라 천일창(天日槍)의 후예시다. 그때 처음으로 일본 황실
에 신라의 피가 섞이셨고, 그 후 환무천황(桓武天皇)께옵서 경도(京都)
에 서울을 어정(御定)하옵신 헤이안조(平安朝) 초에 환무천황의 어모
후(御母后)께옵서는 백제의 성왕(聖王)의 증손녀였다. 이렇게 황송하옵
게도 황실을 비롯하여 신민(臣民)에 이르기까지 내지인과 조선인의 피

---

80) 林鍾國, 『親日文學論』(평화출판사, 1966), p.22, 諭告(1936. 8. 27).

81) 『獨立新聞』(上海) 제8호(1919. 9. 13), 韓日 兩族의 合하지 못할 理由; 金源
模 編譯, 『春園의 光復論 獨立新聞』(단국대학교 출판부, 2009), pp.68~69.

는 하나로 되어 있다.”[82]

　이와 같이 춘원은 경도의 거리, 건축물, 조선식 사원, 풍속 등이 신라의 서울 서라벌(경주)과 흡사하고, 평야신사(平野神社)는 환무천황의 모후가 태어난 백제에서 가져온 ‘세 기둥(三柱)’을 신께 제사 드리고 있다는 것이다. 쇼토쿠태자(聖德太子)의 법화경 스승이 고구려 혜자(彗慈) 스님과 백제의 자총(慈蔥) 스님이 아닌가. 이처럼 일본 황실은 신라 및 백제계 왕의 후손이므로 일본 천황의 뿌리는 한국계이므로 일본과 조선은 둘이 아니라 하나라고 주장하고 있다.[83]

　춘원은 이렇듯 고대 한일 양국의 유대관계가 깊은 부여신사를 실지 답사하기 위하여 부여행을 단행, 이를 둘러보고 ‘부여행’을 발표했다.

부여행

扶蘇山(부소산) 올라서서 錦江(금강)을 굽어보니
天政臺(천정대) 나린 물이 洛花岩(낙화암)을 씻어 돈다
半月城(반월성) 여름비 개여 풀이 더욱 푸르더라

千年(천년)이 꿈이런 듯 옛 서울은 못봐도
瓦片(와편)에 새긴 蓮(연)꽃 그날 솜씨 완연하다
그 文化(문화) 日本(일본)에 피어서 오늘 다시 보니라

神宮(신궁) 參道(참도)의 흙을 파서 나르올 제
扶蘇山(부소산) 꾀꼬리 소리 울어 보내더라
손들어 땀을 씻으며 귀 기울여 듣노라[84]

---

82) 『三千里』(1941. 1), 新體制下의 藝術의 方向(李光洙); 이경훈, 『친일문학전집』, II, pp.144～148.

83) 香山光郎, 『同胞に寄す』, p.226, 無佛翁의 憶出; 김원모・이경훈 편역, 『동포에 告함: 春園 李光洙 親日文學』(철학과현실사, 1997), p.254.

84) 『新時代』(1941. 7), pp.188～189, 扶餘行(春園), 이광수전집(삼중당)에 미수록.

이광수는 1940년 2월 창씨개명 실시 2년 8개월 전에 '香山光郎'이란 자호(自號)를 사용했음이 확인되고 있다. 1938년 10월 '사랑' 초판본 판권에도 '著者 香山光郎'[85]이라고 명기되어 있는 점으로 보아 이는 창씨개명과는 관계없이 '香山光郎'이란 호를 지어 사용하다가 창씨개명이 실시되자 그대로 호적계에 신고한 것으로 확인할 수 있다. 이광수는 1940년 2월에 '춘원시가집' 초호화판 5백 부를 발행하면서 일일이 친필 휘호를 써주었는데 '香山行者'라고 썼다고 한다. 윤홍로도 이를 뒷받침하는 자료를 발견했다고 발표했다. "최근 근대서지학회의 오영근 씨의 소개로 그 표제지에 '香山行者'라는 서명이 붙어 있는 휘호를 찾았다는 것이다. 시집의 이미지에서 확인한 것으로 '心念佛時, 時 心 是佛'이란 구절 옆에 '香山行者'라는 서명이 확인되었다는 것이다."[86]

창씨개명은 1940년 2월 11일부터 시행되었는데, 마감일은 8월 10일이었다. 5월 20일까지 신청 호수는 32만 6,105호로서 겨우 7.6퍼센트로 부진을 면치 못했다. 이에 총독부 당국은 "조선인의 황국신민화 구현에 획기적 일대 선정(善政)으로서 이에 의해 내선일체 구현의 길이 열렸다"고 조선인에 대한 시혜 차원의 정책이라고 해명하고 있다. 그러나 창씨개명에 대한 찬반양론이 격화되자, 오해 또는 반대 언동에 대해서는 은전적(恩典的) 제도라고 설득작전을 벌였다. 국민정신총동원 조선연맹(국민정신총동원)이라는 전국적 친일조직망을 총동원, 강제적으로 창씨개명을 독려한 결과 8월 11일에 320만 116호로서 창씨개명률은 79.3퍼센트라는 대성과를 거두었다.[87]

춘원은 창씨개명에 적극적으로 협조했다. 친일협력을 하면 그만한 대가를 받아내겠다는 '기브앤드테이크(give and take)' 전략이다. 그것

---

85) 現代傑作長篇小說全集 第一卷. 著者 香山光郎, 『사랑』 前篇(博文書舘, 1938. 10. 25).

86) 『春園研究學報』 제5호(2012), p.378, '寶鏡도령'을 기억하는 증언, 시라카와 요코(白河洋子, 前美海軍將校)(윤홍로).

87) 『高等外事月報』 제8호(1940年 3月分), pp.26~27, 氏創定に對する言動調; 정운현 편역, 『創氏改名』(학민사, 1994), pp.71~107, 창씨개명의 실시과정 (宮田節子).

은 친일행동을 실천함으로써 "내선인 간 차별철폐와 동우회 동지 구출" 이 두 가지를 얻어내겠다는 정치운동이라고 자신하고 있다. "금년 8월 10일까지 조선인의 창씨의 기한이 끝난다. 그날의 결과는 정치적 영향에 큰 관계가 있다고 나는 믿는다. 즉 일본식 씨를 조선인 전부가 달았다고 하면 그것은 조선 2천 4백만이 진실로 황민화(皇民化)할 각오에 철저하였다는 중대한 추리자료가 될 것이다. 만일 그와 반하여 일본식 씨를 창설한 자가 소수에 불과하다 하면 그것은 불행한 편의 추리자료가 아니 될 수 없는 것이다. 왜 그런고 하면 국가가 조선인을 신임하고 아니 함이 조선 자신의 행불행에 크게 관계가 있을 것은 자명하기 때문이다. 그러므로 일본적인 씨를 창설하는 것은 일종의 정치적 운동이라고 나는 믿는다."88)

윤치호는 '이토 지코(伊東致昊)'89)라 창씨개명했다. 그는 창씨개명 이유를 해명하고 있다. "그들은 창씨개명을 거부하는 저명한 조선인들을 '반일분자(anti-Japanese)'로 블랙리스트에 올릴 것이다. 난 차마 우리 아이들 이름이 블랙리스트에 오르게 만들 수는 없다. 그래서 창씨개명을 결정한 것이다. 더구나 현 상황 하에서는 조선 민족이 일본 민족과 하나가 되는 게 최선의 방책일 것이다. 스코틀랜드가 양자의 이익을 위해 영국과 하나가 된 것처럼 말이다."90) 창씨개명을 결사 반대해온 유억겸(俞億兼)은 창씨개명에 앞장선 이광수의 친일행태를 맹비난했다. "이광수가 감히 일본에 갈 수가 없다고 한다. 일본에 있는 조선인들이 창씨개명한 그를 가만 놔두지 않겠다고 협박하고 있기 때문이다."91)

그토록 이광수의 창씨개명 친일전향을 맹공격했던 유억겸도 1년 뒤 어쩔 수 없이 민족자결원칙을 포기하고 일제에 협력하겠다는 친일전향

88) 『每日新報』(1940. 2. 20), 創氏와 나(李光洙).

89) 정운현 편역, 『創氏改名』, p.256.

90) *Yun Chi-Ho's Diary*(National History Compilation Committee, 1989), vol. 11, pp.304~305(May 25, 1940); 김상태 편역, 『윤치호일기』(역사비평사, 2001), pp.463~464(1940. 5. 25).

91) *Yun Chi-Ho's Diary*, vol. 11, p.307(May 31, 1940); 『윤치호일기』, p.464 (1940. 5. 31).

을 맹세하고 있다. "이러한 비상시국에 있어서 편협한 민족사상, 기타의 불온사상(반일감정)에 사로잡혀서 국가대업을 그르친 자 있다면 단연코 용서할 수 없는 일이다. 나도 일찍이 편협한 민족자결의 관념에 사로잡힌 일이 있었다. 그러나 이것은 전혀 내선 양족의 문화적 사명을 인식하지 못했기 때문이었다. 우리 반도 민중의 이해휴척(利害休戚)은 전적으로 황국 전체의 그것에 합치하여 약진황국일본(躍進皇國日本)의 전도(前途)에도 역시 반도 민중을 결코 배제하지 않을 것을 확신하고 민족자결의 미망(迷妄)을 청산하지 않으면 안 된다. 미나미 총독이 '동양인의 동양 건설의 핵심은 내선일체의 완벽에 있고, 내선일체의 근저는 충량한 황국신민다운 실질을 양성하는 데 있다'고 말한 것은 내선일체의 목적이 어디에 있는가를 명시해주고 있다. 황국일본 건설의 대국민적 긍지와 포부 하에 주어진 임무를 수행할 뿐이다. 따라서 여하한 직역(職域)에 있어서도 이 신념과 각오로서 신도(臣道)를 실천하는 데 노력하지 않으면 안 된다. 나도 역시 불초하지만 전심봉공국은(專心奉公國恩)의 만 분의 일이라도 받들어 갚을 것을 맹세하는 바이다."[92]

이는 친일전향하지 않고서는 결코 살아남을 수 없다는 절박한 스트레스 압박감을 여실히 증거하고 있다. 윤치호는 1940년 6월 3일 춘원의 집을 방문했으나 춘원은 출타 중이어서 만나지 못하고 허영숙과 한담했다. 허영숙은 남편이 창씨개명한 후 1천 통 이상의 항의 비난성 편지를 받았는데, 하나같이 온갖 욕설을 퍼붓거나 가만 놔두지 않겠다고 협박하고 있다는 것이다. 6월 현재에도 하루 평균 5통의 비난 편지를 받는다고 하였다.[93] 그러나 김성수, 송진우, 현상윤, 최남선, 정인보, 홍명희, 한용운, 유진오(兪鎭午) 등 민족지도자는 끝까지 창씨개명을 거부했다. 여기서 주목되는 것은 조용만(趙容萬)이다. 그는 총독부 기관지 매일신보 기자임에도 불구하고 창씨개명을 거부했다.

---

92) 『京城日報』(1941. 2. 22), 私の心境(告白)(延禧專門學校 敎授 兪億兼); 『三千里』(1941. 4), pp.174~175, 皇國과 余의 心境(兪億兼).

93) Yun Chi-Ho's Diary, vol. 11, p.308(June 3, 1940); 『윤치호일기』, p.465 (1940. 6. 3).

3. 친일전향 공작과 부일협력

이광수는 경성일보에 '중대한 결심'(1941. 1. 21)을 4회 연재했는데, 황민화(皇民化)의 길만이 조선 민족이 살아남을 수 있는 필연하고도 당연한 유일한 생존방안이라고 아주 작심한 듯이 황민화 구현을 역설하고 있다.

(1회) 반도인(조선인)은 중대한 결심을 하지 않으면 안 된다. 그것은 반도인 전체로서의 중대결심일 뿐만 아니라 실로 각 개인 각 가정으로서의 중대결심이지 않으면 안 된다. 이 결심 여하에 따라 반도인 일개인 한 집안(一家) 및 전체의 운명이 갈리(別)게 된다. 이 중대한 결심이란 무엇인가. 그것은 우리는 천황에 귀일(歸一)한다는 것이다. 번연(翻然)히 철저적으로 천황의 신민(臣民)이 되어버린다는 것이다. 그러나 이것은 어찌할 도리가 없는 불가피한 일이어서 이래도 좋다, 저래도 좋다, 하지 않아도 좋다, 하는 성질의 것이 아니다. 반드시 그렇게 하지 않으면 안 될 성질의, 필연하고도 당연한 귀결인 것이다.
조선인들이 이러한 필연하고도 당연한 길을 인식하지 못하게 된 것은 일본에 대한 무지 또는 오해에 기인한다. 일본의 성격, 일본의 의도, 일본의 힘을 올바르게 이해하지 못하기 때문이다. 실제 반도인은 일본을 이해하지 못하고 있다. 종래 그들은 어리석게도 일본을 알려고 하는 노력을 하지 않았다. 조선 학생들은 영미나 러시아의 것을 알고 있는 것을 자랑하고 있지만, 일본의 것은 모르는 것을 자랑하고 있는 것을 볼 수 있다. 오늘의 반도인은 거의 모두가 조국 일본에 관해 무지상태이다. 무지할 뿐만 아니라 오해하고 있다. 조국 일본의 성격도 의도도 힘도 오해하고 있어서 이러한 놀라운 결과를 가져온 죄악은 실로 조선 지식계급에 있다고 하겠다.

(2회) 반도인이 조국 일본에 대하여 오해하고 있는 원인이 되는 것은 국가적 의사표시를 곧이곧대로 받아들이지 않는다는 것이다. 내선일체라는 것도 그대로 솔직하게 받아들이지 않고 무언가 이용하려 하는 것이라는 일종의 정책인 것으로 곡해하고 있다. 이것은 '오오미 고

꼬로(大御心, 천황의 마음)'가 일본의 국가의사(國家意思)인 것을 알지 못하기 때문에 오해가 생겼다고 말할 수 있다. 무한의 어인자(御仁慈)와 무변의 성은을 느끼지 못하는 완미(頑迷)한 착각인 것은 물론이다. 반도인은 모름지기 솔직히 위정자의 말을 받아들여야 한다. 솔직하지 않으면 그 자신이 이미 악도덕인 것이다.

일시동인(一視同仁)은 읽는 글자 그대로이고 내선일체도 그렇다. 이런 말은 혹 사추자(邪推者, 시기하고 의심함)들이 취하는 것과 같이 일시적 정책도 아니며, 더구나 미나미 총독에만 국한하는 표어도 아니다. 그것은 실로 제국의 국책의 근저에서 발한 것이어서 만일 이것을 거짓말이라고 할 경우 세간의 신용을 받지 못할 것이다. 나는 강하게 조선 동포에 절규하노라. 조국 일본에 대하여 의심을 버리고 갓난아이(赤子)가 어미에 매달리듯이 솔직하게 그의 품에 안기는 것이다. 조국의 진의(眞意)에 의혹을 품는 것이 곧 자신불충(自身不忠)인 것은 말할 것도 없고 그 결과는 중대한 불행이 되어 반도인 전체에 미치게 된다.

(3회) 일시적이나마 국가의 진의(眞意)에 대하여 의념(疑念)을 품는 언동을 해서는 안 된다. 이러한 사정이 있기 때문에 금일의 조선 지식인으로서 취할 길은 하나이다. 그것은 유일한 길로서 크게 한 번 죽는다는 대결심으로 은의(恩義) 있는 일본인으로 갱생(更生)하고 조선 민중의 황민화와 문화력, 생산력 향상을 위해 한 병졸의 마음의 준비를 가져야 한다는 것이다. 그래서 식민지의 신부민(新附民) 민족이라는 것을 일체 흐르는 물에 씻어버리고 일장기 휘날리는 곳에서 우리의 국사(國士)를 생각하고, 그 국토에 살고 있는 폐하의 적자를 모두 동포로 인식하고 이들에게 우리의 사랑을 쏟아내는 것이다.

(4회) 조선의 지식인 제군은 무엇보다도 일본을 배우지 않으면 안 된다. 종래의 의혹과 사추(邪推)를 버리고 일본에 대한 모든 선입견을 버리고 겸허하고 솔직한 마음으로 일본을 인식하지 않으면 안 된다. 황도학회(皇道學會)는 실로 이런 목적으로 창립된 것이다. 제군은 양심적인 인물인고로 조국 일본의 진의를 이해하고 반도인의 역할을 알았다면 반드시 즐겁게 용감하게 조국을 위해 생명을 버릴 것으로 믿는

다. 제군은 하루 속히 사랑하는 반도 민족을 올바른 진로로 이끌어, 힘 있게 인도하여주는 지도자가 되기를 바란다.94) (저자 역)

황민화운동의 전도사가 되어 이 같은 광기 어린 친일지향적 글을 작심하고 쓰는 이광수의 진의는 무엇인가를 분석·검토할 필요가 있다. 춘원의 참뜻은 자진해서 친일행태를 벌이면 그만한 대가를 받아낼 수 있다는 것이다. 그것이 동우회 사건 무죄운동이다. 동우회 사건은 1939년 12월 8일 1심에서 7년 구형을 받았으나 전원 무죄선고를 받았다. 그러나 검찰은 즉각 상소함으로써 재판은 장기화되기에 이르렀다. 이광수는 1938년 11월 3일 명치절을 기해 피고인 28명을 소집, 사상전향회의를 열고, 이날 사상전향신술서를 작성해서 재판장에게 제출함으로써 친일전향을 공식화했다.95) 윤치호는 동우회 사건 무죄선고를 축하하기 위하여 춘원의 집을 방문했다. 이때 춘원은 이미 친일전향했음에도 불구하고 그의 광복주의 정신은 조금도 변함이 없었다는 것을 확인할 수 있다.

오후 네 시쯤 이광수 군을 찾아갔다. 경성지방법원에서 무죄판결 받은 걸 축하해주기 위해서였다. 그런데 이군은 동경의 일부 유력인사들이 연해주(沿海州)에 이왕 전하(英親王 李垠)를 수반으로 하는 조선공국(朝鮮公國, Korean Principality)을 세울 계획을 진행 중이라는 소문을 내게 알려주었다. 그는 이 계획이 곧 가시화될 거라고 생각하는 눈친데, 나로서는 도저히 믿을 수 없는 얘기다. 그러기 위해서는 우선 연해주를 러시아의 손아귀에서 뺏어내야 한다. 그런데 러시아가 육지와 바다에서 일본의 군사력에 무참히 짓밟히지 않는 한, 연해주를 고이 내줄 리가 없다. 일본이 열심히 싸워서 러시아에 완승을 거두기까지는 적어도 2, 3년이 걸릴 것이다. 이군은 조선 문인 중에서 첫 손가락에 꼽히는 사람이다. 작가다운 상상력이 풍부하다 보니 이 소문을 과신하

---

94)『京城日報』4회 연재(1941. 1. 21~24), 重大なる決心: 朝鮮の知識人に告ぐ (香山光郎).

95)『韓國獨立運動史』, 권 5, pp.21, 326, 同友會事件의 檢擧狀況.

는 것인지도 모른다.[96]

이와 같이 춘원이 1910년 오산학교에서 세운 광복주의 정신은 비록 그가 친일전향을 공식 선언했음에도 불구하고 아무런 변화가 없었음을 재확인할 수 있다.

1941년 8월 25일 경성 부민관에서 임전체제하에 있어서 자발적 황민화(皇民化)운동의 실천방책으로 삼천리사 주최로 임전대책협의회가 개최되었다. 이광수 주도로 사상, 경제, 교육, 종교, 언론, 문화 등 각계 민족지도자 198명이 총동원되었는데, 이날 참석자는 120명이었다. 윤치호는 결의문에서 이렇게 밝혔다. "우리들은 황국신민으로서 일사보국(一死報國)의 성(誠)을 맹세하며 임전국책에 전력을 다하여 협력하기로 결의함(吾等皇國臣民トシテ一死報國ノ誠ヲ誓ヒ, 臨戰國策ニ 全力ヲ盡シテ協力センコトヲ決議ス)." 이상 결의문을 4통 작성하여 내각총리대신(近衛), 척무(拓務)대신(豊田), 조선총독(南次郎), 조선군사령관(板垣)에게 발송했다.[97]

애국자와 금일, 李光洙

우리들은 이미 당국이 일하기를 허했으니 임금님을 위하여, 나라를 위하여 일할 것뿐입니다. 일한합병 이후 조선인은 늘 당국을 향하여서 '안 준다'는 불만을 가지고 왔었습니다. 그러나 이러한 관념은 서양식 국가 관념인데 즉 납세를 얼마를 바쳤으니 그만큼 국가로부터 무엇을 받아야겠다는 것이 서양식 국가 관념이지만, 일본의 국가 관념은 그와 반대로 기쁘게 모든 것을 나라에 바치자는 것입니다. 즉 바라는 것 없이 그저 즐겨 드리는 것이 일본의 국가정신인 것이외다.

특히 이 시국 하에 우리 조선인의 사명(使命)이 매우 크다 생각하는 데, 그중에서 노역(勞役)의 필요를 절감하는 동시에 이것이 우리에게

---

96) *Yun Chi-Ho's Diary*, vol. 11, p.244(December 12, 1939); 『윤치호일기』, p.450(1939. 12. 12).

97) 『三千里』(1941. 11), p.50, 臨戰對策協議會 議事錄 決議文(尹致昊).

부여된 사명이라 느낍니다. 오는 17년도(1942)에 있어서 몇 백만의 힘이 필요한지 그 숫자는 알 수 없으나, 그리고 그 사용처도 전문가가 아닌 나로서는 알 수 없으나 어쨌든 생산기관이 전보다 더욱 늘어가고, 또 병정의 출정으로 인하여 인원 부족을 느끼는 때 우리 조선인의 힘을 모아서 이 부족되는 것을 충당시켜야 할 것이며, 국채(國債)를 사는 등, 이 협의회를 통하여 실제운동의 결실이 있기를 요망하는 바입니다.

솔직히 말하면 우리는 아직도 덜 일본인이 되었습니다. 그러므로 서로 힘써서 정말 일본인이 됩시다. 총 메는 영광은 아직 못 가졌다 할지라도 참된 일본인이 되어서 이상에 말씀 드린 실제운동에 발 벗고 나서면 총 메는 영광까지도 가지는 장래는 반드시 멀지 않을 것이라 자신하는 바입니다.[98]

일제는 왜 윤치호와 이광수를 이 같은 극단적인 친일전선에 동원했을까? 그것은 이광수는 동우회 사건(1937 6. 7), 윤치호는 흥업구락부 사건(1938. 5. 22)의 지도자이고 피의자이기 때문이다. 동우회 사건은 유죄와 무죄를 거듭하면서 재판이 진행 중이었다. 모두가 피고인 신분이었다. 당국의 강제 동원에 거부할 수 있겠는가? 거부할 경우 오직 죽음밖에 없는 벼랑 끝에 몰린 '포로 신세'였다. 한편, 윤치호와 이광수가 이끌고 있는 친일단체를 하나로 통합하려는 움직임이 일어났다. 1941년 9월 3일 통합준비위원 13명(伊東致昊·尹致昊, 韓相龍, 金秊洙, 高元勳, 夏山茂, 佳山麟·崔麟, 辛泰嶽, 申興雨, 金思演, 金東煥, 李鍾麟, 閔奎植, 朴興植)이 선정되었는데, 이광수는 빠졌다.[99] 1941년 10월 22일 부민관에서 윤치호가 이끌고 있는 흥아보국단준비위원회와 이광수의 임전대책협의회를 통합, 조선임전보국단을 출범했다. 단장은 최린(崔麟), 부단장은 고원훈(高元勳)이고, 이광수는 전시 생활부장이지만

---

98) 『三千里』(1941. 11), pp.54~56, 臨戰對策協議會, 愛國者와 今日(李光洙). 여기서는 '香山光郎'을 사용하지 않고 '이광수'를 고수하고 있다. 이광수전집(삼중당)에 미수록.

99) 『京城日報』(1941. 9. 4), 逞しい愛國の赤誠, 半島の愛國二團體が合倂, 朝鮮臨戰報國團結成.

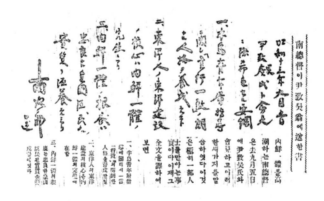

미나미 총독이 윤치호에게 보낸 친일전향 강요서한(1938. 9. 5)
미나미 총독의 협박에 의한 친일전향 강요를 입증해주는 증빙 서한이다. '삼천리'(1938. 12)

사실상 이광수 중심의 조선임전보국단이 조직된 것이다. 조선임전보국단 설립취지서(이광수, 김동환 대역작)는 다음과 같다. "이때를 당하여 우리들 반도 민중은 과연 현재의 태세(態勢) 그대로 나가도 좋을는지. 설령 우리들은 특별지원병 외에 일반적으로 병역에 복무하는 명예의 기회를 가지지 못하나 적성(赤誠)을 가지고 정신적, 물질적 또는 노무적(勞務的)으로 전력을 기울여 총후봉공(銃後奉公)에 일층 철저하여써 충렬한 장병의 분투에 대응하고 무한한 황은(皇恩)의 만분의 일에 봉보(奉報)하는 방도가 열리고 있다. 그리고 이와 같이 해서 반도가 물심 공히 병참기지 됨의 진가를 발휘하는 것은 이 기회를 놓치고서는 재차 얻지 못할 것으로 생각된다."[100]

1940년 8월 동아일보와 조선일보가 폐간됨으로써 이제 일본어로 된 친일성 글 이외는 발표할 수 없게 되었다. 1941년 11월에 일본 신문(福岡日日新聞) 기자가 효자동 향산산원(香山産院)을 방문, 조선임전보국단의 중추적 멤버인 가야마 미쓰로우(香山光郎)와 단독 대담을 나누었

100) 林鍾國, 『親日文學論』(평화출판사, 1966), pp.130~134, 朝鮮臨戰報國團 設立趣旨書; 『民族正氣의 審判 反民者 解剖版』(혁신출판사, 1949), pp.69~71.

다. 춘원은 "지금이야말로 2천 4백만 반도 민중은 열렬한 황국의 성업에 몸을 바쳐 진정한 황민으로서 일어나지 않으면 안 된다"[101]라고 거침없이 토해내고 있다.

"이번에 '임전보국단'과 같은 단체적 애국운동을 촉진한 원인에 대하여(今度 '臨戰報國團'の如き團體的愛國運動を促した原因は)" 춘원은 다음과 같이 황민화운동에 앞장서겠다고 피력하고 있다.

그것은 독소(獨蘇) 개전(開戰) 이래의 세계의 변국(變局), 특히 영미의 우리 제국에 대한 태도이다. 영미의 대일적성(對日敵性)은, 우리 총후 국민 상하가 차이 없이, 새로운 결심을 촉진한 것은 사실이다. 영·미·소가 고치지 아니하는 한, 철저적으로 응징하지 않으면 안 된다. 단지 지나사변(중일전쟁)만으로 끝날 경우, 우리 반도 동포는 총후의 봉공으로만 족하다고 생각하지만, 적의 실력은 종래의 몇 배로 강화되고 있는 것을 보면 종래와 달리, 아니 종래보다 이상의 봉공(奉公)의 필요를 느끼게 되었기 때문이다. 지금이야말로 조선임전보국단의 기치 아래 두 개의 단체가 통합되었지만, 흥아보국단이 청년의 훈련을 기인(旗印)으로 하고, 임전대책협의회가 일사보국(一死報國)의 적성(赤誠)을 맹세하고, 반도 의용화(義勇化)를 목표로 분기한 것도 모두가 조국 일본을 굳게 지키고, 배전의 봉공의 정신을 표현하는 것이다. 임전보국단의 황민화운동의 특색은 임전, 보국, 단결 세 가지이다. 임전이란 조선 민중 전체가 장병으로 응소(應召)할 각오이다. 보국이란 충성으로써 나라에 보답하는 것이다. 단결이란 2천 4백만 동포는 일사보국의 정신으로 단결, 큰 힘을 발휘한다는 것이다.[102]

이광수가 이처럼 황민화운동에 앞장서서 적극적인 친일행태를 벌이자 일본 '중앙공론(中央公論)' 편집자가 김소운(金素雲)을 통해서 춘원의 글 한 편을 청탁했다. 김소운이 춘원에게 '중앙공론'의 원고 청탁을

---

101) 『三千里』(1941. 11), pp.97~99, 臨戰愛國者群像. 臨戰·報國·團結 報國運動を說く 李光洙氏. "今こそ二千四百萬半島民衆は, 儼然たる皇國の聖業に身を挺し眞の皇民として起ち上らなければならない"

102) 『三千里』(1941. 11), pp.98~99, 臨戰愛國者群像.

전달하자, 춘원은 두어 주일 만에 '너와 나(君と僕)'라는 제목의 논설문을 써 보냈다. 그런데 원고 내용이 '중앙공론'에서 기대했던 것과 거리가 멀었다. 적어도 루쉰(魯迅)과 같은 무게 있는 명논설문을 청한 것인데, 춘원이 보낸 원고는 "그대와 나와 한 잠자리에 자면 빈대 한 마리가 네 피도 내 피도 같이 빨아 먹는다"는 '내선일체 신앙론'이었던 것이다. 이는 한편으로는 내선일체를 비꼬는 독설로, 다른 한편으로는 내선일체를 적극 찬성하는 그러한 애매모호한 패러독스가 아닐 수 없다. 김소운은 "춘원의 이런 지나친 '망녕'(친일)에 대해서 짜증과 불만과 안타까움이 뒤섞인 형언치 못할 감정을 한동안 감당할 도리가 없었다"고 털어놓고 있다. 그래서 춘원의 원고는 역시 김소운을 통해 정중히 반환되고 말았다.103) 반환된 원고는 경성일보에 '동포에 고함(同胞に寄す)'104)이란 제목으로 8회 연재되었다.

　군(君). 나는 군에게 모든 것을 털어놓겠네. 이제 그때가 된 것이네. 인연(因緣)은 군의 마음과 내 마음을 동시에 성숙시켰다고 믿네. 그래서 나에게 말하고 싶은 마음이 일어났을 때, 군에게는 듣고 싶은 마음이 준비되어 있을 것이라고 생각하네. 그리고 내가 호소하는 것은 즉각 군의 마음 깊은 곳에 통할 것이라고 생각하네. 또 내가 '너(君)'라고 부르는 것은 야마토(大和, 日本族) 민족 전체를 가리키는 것이며, '나(僕)'라고 자칭하는 것은 반도인(半島人, 韓族) 전체를 일괄한 것이라고 생각해주면 좋겠네.
　군. 우리는 이제부터 정말로 하나가 되지 않으면 안 된다네. 그리고 일본이라는 같은 배를 타고 영원의 바다를 건너지 않으면 안 된다네. 이는 실로 예삿일이 아니라네. 일찍이 인류가 상상조차 못했던 대사업이라네. 군. 너가 보기에 내 말은 별로 새로운 것이 아닐지 모르네. 뭐야, 조선이 일본과 하나가 된 것은 이미 30년 전부터의 일이지 않은가라고 말해버릴지도 모르겠네. 음, 그건 지당한 말이네. 일한병합(日韓

---

103) 金素雲, 『三誤堂雜筆』(進文社, 1955), pp.111~113, 푸른 하늘 銀河水: 人間 春園의 片貌.
104) 『京城日報』 8회 연재(1940. 10. 1~9), 同胞に寄す(香山光郎).

倂合)이 이루어진 것은 명치(明治) 43년(1910), 소화(昭和) 15년(1940)인 지금으로부터 계산하면 딱 30주년이네. 그러니까 내가 지금부터 우리들 — 나와 너 말일세 — 이 정말로 하나가 되지 않으면 안 된다고 외치는 것이 우습게 들릴 것이네.

하지만 군. 신중히 생각해주게. 병합 당시부터 금일까지 양 민족의 약속은 사실 가짜였다네. 그 말은 진심에서 우러나온 것이 아니었다는 말일세. 이 말은 아주 괘씸하고 불온한 말일지도 모르겠네만, 내가 보기에는 그게 진실이라네. 내 마음은 과거 30년간 마지못해서 끌려 왔던 것이네. 진실로 나는 천황의 적자(赤子)이며, 나는 대일본제국의 신민(臣民)이라는 자각에서가 아니었네. 그것은 마지못한 복종이라고 생각하고 있었던 것이라네. 과거에도 나는 일장기를 달거나 만세를 불렀네. 하지만 그건 진짜 감격에서 나온 것이 아니었다네.[105]

이와 같이 이광수는 한일 양 민족은 조상과 뿌리가 같다는 동조동근론(同祖同根論)을 내세우면서 내선 양 민족이 하나가 된다는 것은 곧 상고에의 환원이라고 내선일체 당위성을 주장하고 있다. 그러나 이 같은 부일협력을 하면서도 일제 당국에 요구할 것은 당당하게 요구하고 있다. 그것이 참정권과 조선 문화 보존책이다. 일제는 일시동인(一視同仁)이라고 정치적 무차별을 말로만 떠들 것이 아니라 실질적으로 한일 양족의 평등권을 인정, 선거권과 피선거권 부여를 단행함으로써 조선인 국회의원, 대신, 대장이 나와야만 진정한 내선일체는 구현될 수 있다는 것이다. 그러나 한일 양 집안이 한 집안(一家)이 된다 해서 한국 문화의 고유성과 전통성을 말살할 것이 아니라 이를 보전하지 않으면 안 된다고 강조하고 있다. 일본제국 산하의 지방문화 보존 차원에서의 한문화(韓文化)를 일단위로 보존할 것을 역설하고 있다.

상고(上古)의 동조동근은 별도로 하더라도 다른 국민생활을 하고 있

---

105) 『京城日報』(1940. 10. 1), 同胞に寄す(1)(香山光郎); 香山光郎, 『同胞に寄す』(博文書館, 1941. 1. 20), pp.1〜20; 김원모·이경훈 편역, 『동포에 告함』(철학과현실사, 1997), pp.11〜29.

던 중에도 피와 문화는 끊임없이 교류하고 있었던 것이네. 금일의 일본인에게 조선 반도계의 혈통과 직접 이어져 있다고 추단될 사람만도 그 수가 1천 8백만 아래는 아닐 것이라는 말이네. 이는 헤이안죠(平安朝, 794~1192) 시대의 '신찬성씨록(新撰姓氏錄)' 및 기타 기록에 실린 재료로부터 추산한 것이지만, 성씨록에도 오르지 않은 이주민 쪽이 거기 오른 것보다 많았을지도 모르네. 이렇게 보면 일본 민족과 조선 민족의 관계가 영국인과 아메리카 합중국인의 관계에 혈통적으로 비교될 수 있다는 나의 말은 결코 망언이라 할 수 없을 터이네. 정치 참여의 문제(참정권)도 조만간 해결될 것이라는 점은 말할 필요도 없네. 그것이 어떤 형식으로 될까. 그것은 내가 알 수 없지만, 가령 내지와 같은 선거권이 조선에도 부여된다고 하면, 국회의원 전체의 약 4분 내지 3분의 1은 조선인이 되지 않겠는가. 그리고 그러는 동안에 언젠가는 조선인 출신의 대신(大臣)이나 대장(大將)도 볼 날이 있을 것이네. 그러니까 군. 조선의 옛 문화를 전부 새로 고칠 필요는 없는 것이네. 내선일체는 국민적 감정의 문제이지 모든 것을 일색(一色)으로 칠하는 것을 의미하지 않네. 하물며 앞서도 말했듯이 조선 문화는 일본 문화와 동원(同源)이며 동질(同質)임에 있어서랴.106)

이광수의 '너와 나'는 정치적, 사회적으로 엄청난 영향력을 발휘하여 내선일체, 황민화운동을 일으키게 하는 데 시너지 효과를 거두었다. 1941년 처음으로 지원병제도가 실시되었는데, 3천 명 모집에 무려 15만 명의 응모자가 쇄도했다. 총독부 당국은 이 같은 애국열과 황국에 대한 충성심은 바로 '너와 나'의 파급효과라고 분석하고 있다. '내선일체 신앙론'(너와 나)이 일본인 정치 지도자가 집필한 것이라면 이만한 선풍적인 효과를 거두지 못했을 것이다. 조선의 민족운동 지도자이며 조선 청소년의 우상적 아이콘인 이광수가 창씨명인 '가야마 미쓰로우(香山光郎)'란 이름으로 '내선일체 신앙론'을 발표함으로써 너무나 황당하기도 하고 충격적인 사건이 일어난 것이다. 한편 일제 당국은 '너

---

106) 香山光郎, 『同胞に寄す』, pp.1~20; 김원모·이경훈 편역, 『동포에 告함』, pp.19~27.

와 나'를 국책영화로 제작하려는 움직임을 보였다. 신흥(新興) 키네마 경도(京都) 촬영소 프로듀서(日夏英太郎)는 "지나사변을 계기로 발흥한 반도 동포의 애국열을 중심으로 내선일체의 아름다운 정경(情景)을 주제로 한 영화 '너와 나(君と僕)'를 제작·기획하기" 위하여 서울에 와서 조선총독부 학무국장(鹽原), 조선군사령부(中村), 국민총력조선연맹(川岸) 등의 적극적인 후원을 얻어 국책영화를 제작하기로 했다. 주인공은 킹 레코드 전속 가수 반도 출신(永田絃次郎)이 담당했다.107)

조선군 보도부 제작 내선일체 영화 '너와 나'는 드디어 완성되어 경성과 동경에서 동시에 특별시사회가 개최되었다. 경성에서는 1941년 11월 19일 송죽명치좌(松竹明治座)에서 군관민 관계자를 초청, 특별초대 시사회를 개최했다.108) 이광수는 영화 '너와 나' 특별초대 시사회에서 영화를 감상하고 이렇게 소감을 털어놓고 있다.

벽두에 지도가 나오고 본주(本洲)에 '너(君)' 일본과 한반도에 '나(僕)'라는 글자가 나올 때 몸이 찌르르 하였다. "너와 나는 하나다(君と僕とは 一つた)", "너와 나는 이 국토를 지키자(君と僕とで この國土を護らう)", "너와 나는 생명으로써 황도를 선양하자(君と僕ど 生命をで 皇道を宣揚しよう)" 하는 금일의 정신의 상징이다. 이 순간 나는 장내를 둘러보았다. 모두가 '너와 나(君と僕)'였다. 내지인이니 조선인이니 하는 구별도 없어졌다. 이 영화는 희곡적으로 볼 것은 아니다. 일종의 실사(實寫)이다. 실사이기 때문에 스토리로나 회화로나 무대적 기교는 부족하다. 그러면서도 이 영화가 우리의 감정을 흔희(欣喜)하는 것은 그 테마가 하도 진실하게도 나 자신의 생활에 밀접한 것이기 때문이다. 그 장면에 나오는 젊은 남녀는 다 내 아들이요 딸이기 때문이다. 서너 번 울고 네댓 번 웃고 지원병의 출정(出征)으로 끝나는 이 영화를 다 본 뒤에 어떤 부인은 "꼭 이렇게 해야겠어. 우리가 할

---

107) 『京城日報』(1941. 2. 23·28), 內鮮一體映畵 '君と僕' 製作準備に 來鮮して 日夏英太郎, 半島の愛國熱を描く '君と僕', 映畵化 當局の好意に企劃陟る.

108) 『京城日報』(1941. 11. 8·20), '君と僕' 遂に完成 九日の日曜日には 全國放送 東京では特別試寫會, 愈よ 今明晩 '君と僕' 特別招待試寫會.

일 고대로야'라는 감상을 말하였다.109)

영화 '너와 나'는 일본 본토는 물론 한반도 각 도시에서 상영되었고,
국민총력조선연맹 문화부는 이 영화가 조선에 있어서 국민문화의 향
상·발전에 이바지한 우수한 작품이기 때문에 이를 문화상 수상작으로
추천했다. 1941년 11월 29일 문화상 추천사에는 이렇게 밝히고 있다.
"영화 '너와 나'. 본 영화는 육군병 특별지원자훈련소의 소내(所內)의
생활에서부터 입영출동하기까지를 그린 것으로 고양(高揚)된 반도 청
년의 애국정신을 활사(活寫)하고 반도에 넘쳐나는 내선일체운동, 황국
신민화운동, 총력운동의 정신을 표현하고 총후 반도의 적성(赤誠)을 내
외에 소개한바 다대함으로 이에 추천함."110)

그러면 춘원은 왜 이 같은 골수친일적이고 감동적인 작품을 썼을까?
이는 어디까지나 춘원의 고차원적인 너(일본)와 나(조선) 사이의 '원윈
(相生) 전략'이라는 사실을 주목할 필요가 있다. 내선일체론은 미나미
총독이 제창했지만, 조선 민족운동의 지도자 이광수가 "너와 나는 하나
가 되었다"고 선언했기 때문에 여기에서 내선일체, 황민화운동의 실천
명분을 얻은 것이다. 이 작품을 통하여 춘원이 피와 살까지 황민화되었
다는 것, 그것은 동지를 구출하기 위한 고육지책(苦肉之策)이 아닐 수
없다. '자기희생정신'에서 자신의 한 몸을 친일 제물로 바치고 조선 민
족을 보존하겠다는 계략인 것이다. 총독부 당국은 이제 이광수는 어느
누구도 의심할 바 없는 '친일전향자, 부일협력자'라고 판단하기에 이르
렀다. 영화 '너와 나'가 상영되자마자 1941년 11월 17일 경성고등법원
동우회 사건 상고심 재판에서 재판장(高橋隆二)은 피고인 전원 무죄언
도를 내렸다. 동우회 사건 발생 4년 5개월 만에 춘원은 동지 전원을 구
출하는 데 성공한 것이다.

---

109) 『每日新報』(1941. 11. 22), 映畵 '君と僕'의 鑑賞 各界人士의 讚辭 '君と
僕'와는 하나다 一億國民이 皆覽할 映畵 小說家 香山光郞.
110) 『京城日報』(1941. 12. 4), 映畵 '君と僕' 等 聯盟が初の推薦 文化委員會で
決定.

조선총독부 경무국은 1936년 11월부터 반전·사상범을 단속하기 위하여 사상보호관찰법을 시행하였다. 1928년 이래 1936년까지 치안유지법 위반사건으로 검거된 반전·사상범은 무려 1만 6천 명을 넘었으며, 그중 기소유예자, 형집행유예자, 가출옥 및 만기석방자의 등 그 수가 6,383명에 이르고 있다.[111]

미나미 총독이 부임하고부터 반전·사상범에 대한 검거와 감찰은 더욱 강화되었다. 조금이라도 불온언동(항일)을 하는 지식인은 예비검속하고, 검거된 사상범에게 전향을 권고하고, 비전향자에 대한 주거를 고려, 순찰노선을 설정해서 감시했다. 석방할 때 반드시 선서를 실시, 부형(父兄)이 살고 있는 동장 및 유력자 3명 이상의 연서(連署)를 받아내어 신병을 인도했다. 또한 '요시찰인 명부'를 작성했는데, 특요(特要, 특별요시찰), 정요(政要, 정치요시찰), 노요(勞要, 노역요시찰), 보요(普要, 보통요시찰), 외요(外要, 외사요시찰) 등으로 세분화해서 감시·감찰을 강화하였다. 그뿐만 아니라 시국에 대한 불온언동 및 유언비어를 퍼뜨리는 자를 색출하여 엄단하였다.[112]

1924년 이래 요원의 불길처럼 전선(全鮮)을 풍미했던 공산주의 운동은 당국의 연속적 탄압에도 불구하고 의연히 집요한 활동을 계속하였다. 그러다가 1932년 만주사변을 계기로 일본이 명실 공히 흥아(興亞)의 맹주로서 국위가 선양된 사실에 직면하여 그 실력을 재인식하고, 이에 종래 맹신해왔던 공산주의 운동은 결국 용이하게 실현 불가능한 유토피아적 운동에 불과하다는 오류를 자각하고 사상전향자가 점점 증가하였다. 더군다나 1937년 7월 중일전쟁 발발로 황군이 이르는 곳마다 연전연승, 중원대륙을 석권하자 민족주의자들 중에도 사상전향자가 속출했다. 이리하여 1939년 10월 현재 전선(全鮮) 요시찰 요주의 인물

---

111) 『三千里』(1936. 11), pp.17~22, 思想犯保護觀察法; 『三千里』(1939. 1), pp.21~25, 民族主義와 思想犯. 京城地方法院檢事였으며 現 保護觀察所長인 堤良明氏가 최근 이러한 一文을 발표하였기 譯載한다.

112) 『高等外事月報』 제3호(1939年 9月分), pp.12~15, 特殊工作 非轉向者に對する工作.

7,600명 중 사상전향자는 3,076명(44퍼센트)에 이르렀다.113) 1940년 9월 말 현재 요시찰인 수를 보면, 특요 1,994명(전년 동기 2,003명, 이하 동), 정요 924명(951), 노요 55명(54), 보요 157명(166), 외요 158명(86) 등, 총 3,288명으로 전년 동기의 3,260명에 비해 28명 증가했다.114)

춘원은 동우회 사건의 피의자 신분이기 때문에 '특요'와 '정요'로 분류되어 엄중한 감시·감찰을 받고 있었다. 1938년 3월 10일 도산은 '동지 구출 메시지'를 남기고 운명했다. "삼월 초생 어떤 날 오기영(吳基永)이 대학병원에 댕겨 오는 길이라 하여 내 병실에 들러서 도산의 어떤 메시지를 전하였다. 그것은 옥에 있는 동지를 염려하는 간단한 말이었으나 내게는 그것이 마지막 유언같이 들렸다."115) "동지를 구하시오, 동지를 구하시오"라는 도산의 유언을 오기영이 춘원에 전달하자 그 의미를 잘 알지 못해서 당국의 눈길을 피해 문병 온 송진우에게 그 참뜻을 물었다. 이에 송진우는 "춘원이 동지를 구(救)할 길이 다른 거야 있소. 친일을 하더라도 우선 백여 명 수감동지(收監同志)를 구하라는 것이 아니겠소"라고 해석했다는 것이다. 도산이 설사 친일을 하면서까지 동지를 구하라고는 말하지 아니했다 하더라도, 송진우 자신의 판단으로는 그때의 정세와 춘원의 힘으로 동지를 구하는 길은 친일전향밖에 다른 방도가 없다고 판단되었을 것이다. 생각건대 도산은 백여 명 동지가 옥고로 죽어가는 악몽에 견디지 못하여서 춘원에게 동지를 구출하라는 최후의 유언을 남긴 것이다. 이는 유언일 뿐만 아니라 도산의 비원(悲願)인 동시에 동지애이고, 지도자로서의 최후의 지상명령인 것이다.116)

민족지도자 도산이 순국하자, 이제 춘원은 향후 민족독립운동을 이끌어갈 총책임이 그 자신에게 부하된 막중한 사명임을 직감하고 도산의 동지 구출 유언을 실천하기로 결심하였다. 작게는 동우회 동지를,

113) 『高等外事月報』 제9호(1940年 4月分), pp.5~7, 思想轉向者の狀況.
114) 『高等外事月報』 제14호(1940年 9月分), 要視察人の狀況.
115) 春園 李光洙, 『나의 告白』, p.159.
116) 『現代公論』(1954. 5), pp.118~133, 내가 본 春園의 生涯(2)(許英肅).

크게는 반전 지식인들을 구출하기 위하여 친일전향하기로 결단을 내린 것이다. 그 방법은 자기 한 몸을 친일제단에 희생양으로 바치는 것이다. 부일협력을 거부하거나 반항할 경우 총독부의 무자비한 탄압과 민족말살 행위가 가중될 것은 자명한 일이었다. 조선총독부는 1941년 3월 7일 조선사상범예방구금령을 공포하면서 반전 지식인을 잡아가기 시작했다.117) 경무국 당국은 조선 지식인 계급의 사상범죄 상황을 분석하고 있었다. 겉으로는 친일전향자로 가장하고, 속으로는 독립운동을 음험·악랄하게 전개하고 있다고 경고하였다.

사변(중일전쟁) 발발 이래 일반 민중의 사상 호전(好轉)의 영향으로 각지에서 사상범죄도 역시 점차 감소의 경향을 보이고 있다. 본년 (1939) 7월 말 현재 각도에서 취조 중인 중요한 사상사건은 별표(7月末現在主要思想事件檢擧槪況)와 같이 11건 483명으로서 일부 비전향주의자들은 아직도 집요하게 잠행운동(潛行運動)을 계속하고 있다고 생각된다. 특히 최근에 공산주의 사건 대부분은 일소개전(日蘇開戰)을 불가피한 사실로 여기고 일조 유사시 후방교란을 기도, 패전적(敗戰的) 역할에 노력하면서 조선독립 공산화를 기도하고 있다. 또한 소위 인민전선전술에 기초하여 대중 획득 수단방법을 강구하는 등 일조 유사시 동원을 목표로 하고, 평시에는 사람의 눈길을 끌게 하는 주의적(主義的) 활동을 극단으로 경계하고 있다. 혹은 합법적 조직을 의장(擬裝)하고 심지어는 사건 유력 관계자가 전향을 표명하면서 관계 관서로 접근, 당국의 지시에 충실한 것처럼 가장하고 당국의 경계감시 내지 지도를 교묘히 운동(독립)에 이용하고 있는 사례가 있다. 이런 집요하고도 음험·악랄한 운동은 실로 놀라운 일이며 그러므로 시국 관계 사건에 대한 사찰·경계를 요하는 바이다.118)

전세가 불리해지자 총독부는 반전 지식인 명단을 작성해서 대량학살을 기도했다. "이미 일본 관헌은 민족주의적인 지식계급 조선인의 명부

---

117) 『朝鮮總督府官報』(1941. 3. 7); 『日帝侵略下 韓國三十六年史』, 권 12(국사편찬위원회, 1978), p.642(1941. 3. 7).

118) 『高等外事月報』 제1호(1939年 7月分), pp.25~28, 思想犯罪の狀況.

를 만들었다 하며, 그 수는 3만 내지 3만 8천이라 하여 혹은 이것을 예방구금한다 하며 혹은 계엄령을 펴고 총살한다고 하여 총독부와 검사국과 용산군과 사이에 문제가 되고 있다고 하였다. 진실로 이 3만 명이 무슨 방법으로나 희생을 당한다 하면 이것은 민족적 멸망에 다음가는 큰 손실일 것이다."119)

춘원이 말한 3만 8천 명 살생부 작성은 과연 진실인가, 아니면 거짓말인가? 해방 후 그것은 친일을 합리화하기 위한 자기변명에 불과하다고 춘원을 규탄하고 있다. 그러나 이 같은 끔찍한 홀로코스트 계획은 역사적 사실로 밝혀지고 있다. 전세가 불리해지자 총독부는 30만 반전지식인 살생부 명단을 작성했다. 이는 전문학교 졸업 이상의 지식인 총수이다. 총독부는 30만 지식인을 학살하기 위하여 폭력살인단체 대의당(大義黨)을 조직, 일본 중의원 의원 박춘금(朴春琴)을 앞장세웠다. 대량학살의 명분을 얻기 위해 당수는 이광수를 영입하라는 지령을 내렸다. 이리하여 박춘금은 '오야가다(親方)'의 지시대로 사릉(思陵)에 은거하고 있는 이광수를 찾아가 여러 차례 대의당 당수 영입교섭을 벌였으나 이광수는 정치깡패 두목 박춘금의 30만 학살음모계획을 알아차리고 당수 영입을 단호히 거부하고 말았다.120) 1924년 1월에 도산, 인촌, 춘원을 중심으로 범민족적 정치단체 연정회(硏政會)를 조직하려고 하자 박춘금은 권총으로 무장하고 인촌과 고하를 죽여버리겠다고 위협·공갈하여 결국 연정회 조직은 무산되고 말았다.121)

이광수는 난징학살(南京虐殺) 같은 끔찍한 대량학살을 모면하기 위해 동방요배(東方遙拜)를 함으로써 일본 천황에 충성을 맹세하고 있다.

우리가 마땅히 절할 곳이 어디뇨. 맨 먼저는 우리 임금님이시니라.

---

119) 春園 李光洙, 『나의 告白』, p.175.

120) 『民族正氣의 審判 反民者 解剖版』(革新出版社, 1949. 2), pp.102~108, 朴春琴의 兇謀;民族政經文化硏究所 編輯, 『豫想登場人物 親日派群像』(三省文化社, 1948. 11. 1), pp.159~161, 大義黨.

121) 日帝警察極秘本, 『高等警察要史(暴徒史編輯資料)』(慶尙北道警察部, 1934. 3. 25), pp.45~46, 東亞日報論說ノ反響ト硏政會組織失敗.

임금님은 부모보다도 높으시고 조상보다도 높으시니 우리에게 가장 높으신 어른이시니라. 그럼에로 아침에 일어남에 만민이 모두 임금님 계오신 궁성을 향하여 정성으로 절하나니, 궁성에서 북편에 사는 백성은 남쪽을 향하여 절하고, 남쪽에 사는 백성은 북쪽에 향하여 절하고, 궁성에서 동편에 사는 백성은 서쪽을 향하여 절하고, 우리와 같이 궁성에서 서쪽에 사는 백성은 동쪽을 향하여서 절하나니라. 억조창생이 공손히 허리를 굽히고 고개를 숙우려 거룩하오신 임금님의 성수무강하오시고 황운무궁(皇運無窮)하오시기를 빌고, 망극하오신 황은(皇恩)을 봉답(奉答)하올 것을 맹서(盟誓) 올리는 것이니라. 이것이 우리 백성들의 가장 큰 절이니 우리의 인생생활의 기초요 중시이요 고동이니라.

　임금님 아니시면 그 어드메 몸 붙이리
　은혜로 살리시고 법을 펴샤 지키시니
　이 몸이 임의 것임을 생각사록 알아라.

　어버이 아니시면 내 어이 태어나리
　서시와 낳으시와 기르시온 그 은혜를
　백발이 성성하여도 못 갚음이 설어라.

　배움이 없으진댄 내 어이 알았으리
　옳고 그른 것과 바르고 틀린 것을
　스승 곧 아니셨던들 무엇 된지 몰라라.

　사는 집 다니는 길, 먹는 밥 입는 옷이
　조상네 동포네 수고 아님 어디 있나
　이 중에 살아온 은혜를 이제 안 듯 하여라.

　으아 한 소리로 발가벗고 나온 몸이
　먹고 쓰고 산 것 내 것이 웨 있으리
　한숨에 만 번 절하여도 갚을 길이 없어라.

　한 절 하옵네다 허리 굽혀 고개 숙여

아침 해 뜨는 곳이 우리 임금 계오신 데
성수무강하셔지이다 비는 절이옵네다.122)

　　이광수는 대의당 당수 영입 거부의 이유를 솔직히 고백하고 있다.
"그 대의당(大義黨)이라는 것은 배후에서 군부(軍部)가 조종하였으나
그 당은 다른 여러 부일(附日)단체들보다도 좀 성격이 다른 것인데 그
총재(總裁)로 이 사람(춘원)을 앉히려고 꽤 애들을 썼었소. 그러나 이
사람은 끝까지 불응하였소. 그래서 그 어떠한 폭력이 있을 것을 각오했
더니 요행히 없었군요. 그래 결국 박춘금(朴春琴)이가 그 주동자가 되
었지요."123) 당수 영입에 실패한 박춘금은 박흥식(朴興植), 이광수(李
光洙), 이성근(李聖根), 김동환(金東煥), 신태악(辛泰嶽), 김민식(金敏
植) 등을 끌어들여 마침내 1945년 6월 25일 부민관에서 대의당 결성식
을 성대하게 거행했다. 이광수는 결성식 참석을 거부했다. 대의당 당수
박춘금은 대의당 취지서에서 "전국(戰局)은 바야흐로 황국(皇國)의 흥
폐(興廢)를 결정할 위기에 직면하였으니 이 위기를 신기(神機)로 돌리
는 데는 국민의 결사적인 결의와 분투가 필요하다. 따라서 우리들 반도
2천 6백만 동포는 황국을 지키는 한 사람으로 몸과 가정에 사로잡힘이
없이 소의(小義)를 던지고 오직 충군애국이라는 대의(大義)에 살아야
할 것이다"라고 강조하고 있다. 이에 앞서 박춘금은 필승체제 확립, 내
선일체 촉진을 목표로 2월 11일에 대화동맹(大和同盟)을 결성, 이사장
에 윤치호를 영입했다. 양 단체의 중심인물은 대동소이한데, 대화동맹
은 표면에서 비교적 평화적으로 사회정책을 담당하고, 대의당은 이면에
서 항일반전 조선 민중 30만 명을 학살하고자 직접 행동을 취한 폭력
살인단체인 것이다. 그런데 양 단체의 중심인물에 이광수는 자리 잡고
있다. 즉 대화동맹에는 '이사'로, 대의당에는 '위원'으로 본인의 의사와
는 관계없이 강제 편입된 것이다. 이는 애국단체라는 명분을 얻기 위한
술책인 것이다.124)

---

122) 『新時代』(1944. 7), pp.24~28, 절흐는 무음(春園).
123) 『新太陽』(1954. 7), p.147, 春園 李光洙는 果然 親日派였던가?(下)(申洛鉉).

대의당 발족 한 달 만인 1945년 7월 24일 부민관에서 아세아민족분격대회(亞細亞民族憤激大會)를 개최했다. 이광수는 분격대회 연사초청 강연조차 거절하면서 참석을 거부했다. 국민의례와 이성근의 개회사에 이어 일본인(渡邊豊日子)을 의장으로 추천하고 대일본 육해군 장병에 대한 감사전문을 일선에 전송할 것을 결의했다. "아세아민족분격대회를 개최함에 당하여 대일본제국 육해군 장병 각위의 어분전(御奮戰)에 대하여 심심한 사의를 표하고 아울러 아세아 민족해방이 하루라도 속히 오기만 기원하는 바이다." 이날 각 연사의 연설제목을 보면, '아세아 민족 대동단결의 필요성'(丁元幹, 中), '왕도문화(王道文化)의 위대성과 국부(國父)의 예언'(鄭維芬, 中), '신흥 만주제국(滿洲帝國)과 왕도정치'(董春田, 만주), '아세아 민족의 자유와 책임'(高山虎雄, 일본), '아세아 민족의 해방'(朴春琴, 일본) 등이다. 그런데 각 연사의 연설로 강연회가 최고조에 달할 무렵인 아홉 시 십 분에 폭탄 2개가 폭발하여 대의당 당원 한 사람이 즉사하고 대회장은 아수라장이 되고 말았다. 일본 헌병과 경찰은 범인 체포에 전력을 다했으나 범인은 폭탄을 장치한 후 도주해서 체포는 실패했다. 이에 박춘금은 사재로 5만 원 현상금을 내걸고 검거작전을 폈으나 범인은 오리무중이었고, 엉뚱하게도 조선 청장년 4, 5백 명이 검거되어 잔인무도한 고문을 당했다.125)

1942년 10월 일본강관주식회사(日本鋼管株式會社, 川崎市 소재)에는 조문기(趙文紀), 류만수(柳萬秀)를 비롯하여 조선인 노무자 2천 명이 '훈련공'이란 이름으로 취업하고 있었다. 훈련공이란 명칭을 붙인 것은 임금을 적게 주기 위한 편법이다. 조문기와 류만수는 기숙사 한 방을 쓰고 있었다. 류만수는 조문기에게 "독립운동이란 것 생각해본 일 있어?" 하면서 같이 독립운동을 해보자고 결의했다. 1943년 5월 하순

---

124) 『民族正氣의 審判』, pp.101~107, 抗日同胞 30萬名 虐殺을 陰謀한 戰慄할 大義黨事件 全貌.

125) 상게서, pp.108~110, 朝鮮民族魂은 不死身, 亞細亞民族憤激大會場 爆破!; 『日帝侵略下 韓國三十六年史』, 권 13(국사편찬위원회, 1978), p.867(1945. 7. 20).

에 회사 간부가 '훈련공 교양서'라는 책자를 훈련공들에게 돌렸는데, "훈련공은 밥을 많이 먹는다, 결근을 잘한다, 싸움을 잘한다, 연애를 잘한다"는 등 모욕적인 언사를 쓰고 있다. 이 같은 조선인과 일본인 간 차별대우에 격분한 조문기와 류만수는 드디어 조선인 2천 명에 대한 차별철폐를 선동하면서 파업을 주도했다. 2천 명 노무자가 3일간 회사 식당에서 농성하면서 출근을 거부하자 회사 측은 즉각 헌병대와 경찰서의 공권력을 동원하여 파업을 진압할 것을 요청하였다. 마침내 요코하마 헌병대와 가와자키 경찰서의 80명이 식당을 포위하자, 주모자 조문기와 류만수는 식당을 탈출, 오오시로구미(大城組)로 대피했다. 이는 운수업으로 각 역의 하역작업을 하는 노무자 단체로서 서상일(徐相日)의 친동생인 서상한(徐相漢)이 조장이었다.[126]

1944년 8월에 일립(日立)조선소 안의 천해조(淺海組)에서 노동하고 있을 때, 조문기는 류만수에게 "우리는 언제까지나 이렇게 뜨내기 운동만을 할 수는 없지 않아? 좀 더 시야를 넓히고 조직을 갖고 그리고 훌륭한 지도자 밑에서 체계 있는 운동을 해야 할 것 같아!"라고 제의했다. 이에 류만수는 "고국으로 돌아가자. 돌아가서 큼직한 업적을 세워가지고 대륙으로 넘어가자. 넘어가서 큼직한 세력과 손을 잡는 거야. 우리만의 힘으로 대결하기에는 놈들은 너무도 강대해." 이렇게 결론을 내리고 1945년 1월에 고국으로 돌아왔다. 1945년 5월 서울 관수동 13번지 류만수 집에서 다섯 혁명동지들이 한자리에 모였다. 류만수, 조문기, 강윤국(康潤國), 우동학(禹東學), 권준(權俊) 등 5인이다. 그날 그들은 대한애국청년당(大韓愛國靑年黨)을 조직하여 임시의장에 류만수를 선임하고, 당면 목표로 총독을 암살하고 친일 거두 3명을 숙청하기로 만장일치했다. 류만수는 경의선 수색(水色)변전소 이전 공사장에 잠입하여 다이너마이트를 훔쳐 와서 폭탄을 제조한 후 아세아분격대회장을 폭파하겠다는 계획을 세웠다. 조그만 광목 조각에 물감으로 태극기를 그리

---

126) 『한국일보』(1962. 8. 15), 手記 趙文紀. 8 · 15 전야인 1945년 7월 24일 민족 분노의 폭발인 府民館爆彈事件에 몸소 참가한 생생한 기록을 광복 17년 만에 수기식으로 공개했다.

고, 폭파거사에 참여하는 류만수(24), 조문기(22), 강윤국(23) 등 세 사람은 기폭 위에 손을 포개어 얹어놓고 죽음을 맹세했다. 그리고 손과 손을 꽉 잡고 거사 성공을 빌었다. 아세아민족분격대회가 열리기 3일 전에 이들 세 사람은 종로 5가 개천가 강윤국 하숙집 골방에 모여 폭탄 제조작업에 돌입했다. 안으로 문고리를 걸어놓고 3일간 폭탄을 제조했다.127)

이리하여 이들은 1945년 7월 24일 아세아민족분격대회가 열리는 부민관을 폭파하기로 폭탄의거 계획을 세웠다. 원래 회의장 주 무대에 폭탄을 장치해서 박춘금 등 친일주구를 몽땅 폭살하려 했으나, 그럴 경우 무대 전면에 앉아 있는 선량한 조선인의 피해가 클 것이기 때문에 무대로 올라가는 계단 입구와 변소 입구에 폭탄을 장치했다. 결국 이 폭탄의거는 일제 말 무장 폭탄의거의 마지막 도미(掉尾)를 장식했다는 데 그 역사적 의미가 크다고 하지 않을 수 없다.128)

마침내 거사일인 7월 24일이 되었다. "8월 15일 이전 일본 제국주의의 앞잡이가 되어 연합군을 욕하고 비방하고 조선 민중을 속이어 일본 제국주의에 협력을 종용하던 단체 중에 소위 대의당(당수 박춘금)이라는 단체가 횡행하던 것은 우리의 기억에 새롭다. 대의당에서는 연합군을 가리켜 아세인의 공동의 적(敵)이라고 하고 아세아인의 하나인 조선사람은 분기하여 일본과 힘을 합하여 미국, 영국을 필두로 한 연합군을 두들겨 부셔야 한다고 '아세아민족분격대회'라는 강연회를 열어 서울 시민을 부민관으로 모이게 했다."129)

7월 24일 저녁 여섯 시에 류만수, 조문기, 강윤국 세 사람은 부민관으로 향했다. 류만수와 조문기는 각자 폭탄 한 개씩을 휴대하고 강윤국은 일본 경찰을 감시하는 망을 보는 역할을 담당했다. "과연 대회장은 청중들로 입추의 여지없이 꽉 들어차 있었다. 정문을 들어서며 발뒷꿈

---

127) 『한국일보』(1962. 8. 15), 手記 趙文紀.

128) 『韓國獨立運動史』, 권 5, pp.33~36, 府民館 投彈義擧.

129) 『自由新聞』(1945. 11. 13), 府民館에 正義의 爆彈, 覆面 벗은 3靑年勇士 亞細亞民族憤激大會 擊碎事件 眞相.

을 돋우고 연단을 바라보았다. 오른편에는 총독, 군사령관 등과 나란히, 오늘의 주인공 박춘금 등 면면들이 제법 위엄을 보이고 앉아 있고, 왼편에는 일본을 맹주(盟主)로 한 소위 동남아 각국의 괴뢰(傀儡) 대표들이 자기 연설의 차례를 기다리고 있었다. 우리는 가운데 두 줄을 골라, 혼잡한 장내를 헤치고 회장 한복판으로 들어갔다. 연단을 약 5, 6미터 바라보고 사이길 맨 바닥에 주저앉았다. 점점 연사들은 불을 뿜었다. 가만히 상의(上衣) 밑에서 폭탄을 꺼내들었다. 그리고 주위를 둘러보았다. 어찌하리, 꽉 들어찬 청중들은 그 대부분 우리의 젊은 동족들이었다."130)

무대 정면에 폭탄을 장치한다면 청중 대부분이 조선 청년들이기에 동포의 희생이 염려되어 폭탄 장치 장소를 변경해야만 했다. 류만수는 무대로 올라가는 복도 계단에, 조문기는 변소 입구에 폭탄을 장치하고 이들 세 사람은 대회장 밖으로 나와 폭탄이 폭발할 것을 초조하게 기다렸다. 한편 이때 일본 대표 고산(高山)의 연설이 불을 뿜고 있었다. "바로 이때다. 꽝! 꽝! 천지를 진동하는 듯한 대폭음과 함께 삽시간에 대회장은 수라장으로 화하고 한참 신이 나던 단 위의 연사들은 혼비백산하여 모자도 팽개친 채 문을 찾아 줄달음쳤다. 성공이었다. 아세아 민족의 흥분은 바로 우리가 촉발시킨 것이다. 우리는 위험을 잊고 손을 맞잡고 기뻐했다. 이 사건은 곧 36년간에 걸친 줄기찬 항일투쟁을 통해 우리 민족이 그들에게 던져준 마지막의 공격이요, 작별의 예포가 되고 말았다. 그 이튿날 우리는 명예스럽게도 놈들이 우리에게 걸어놓은 5만 원의 묵직한 현상금을 등에 걸머지고 가지가지의 터무니없는 억측과 풍설(風說)을 지어내며 장안에 퍼져가는 그 사건의 화두(話頭)를 귓전에 들어가며 어깨를 나란히 하고 폐문된 부민관 앞을 활보하고 있었다."131)

폭탄사건의 주인공인 강윤국, 조문기, 류만수 세 용사는 처음에는 사실을 숨기다가 추궁에 못 이겨 번갈아가며 다음과 같이 말한다. "우리

130) 『한국일보』(1962. 8. 15), 手記 趙文紀.
131) 상게서, 手記 趙文紀.

708

는 동경에 직공으로 가 있다가 가진 모욕과 학대를 받고 일인(日人)에 대한 원한이 골수에 사무쳤다. 동경서 우리는 '대한애국청년당'이라는 비밀결사를 조직하고 파업과 태업 등으로 일본 놈들과 싸우다가 조선에 돌아와 보니 친일파들이 조선 민중을 못살게 굴어가며 일본 제국주의의 앞잡이 노릇을 하고 있었다. 이 꼴을 보다 못해 우리는 친일파 암살계획을 세우고 우선 그들의 강연회부터 방해할 목적으로 다이너마이트로 만든 폭탄을 던진 것인데 처음에는 무대에다 장치하려고 했는데 무대 위에 있는 친일파를 죽이려다가 쓸데없는 인명이 애매하게 죽을까 보아 생각 끝에 변소에다 장치를 했던 것이다. 젊은이들의 양심이 도저히 용서 못하는 이들 친일파가 해방된 후 현재에도 횡행하는 것은 유감으로 생각한다."[132]

이광수는 군부가 반전 조선 지식인 3만 8천 명을 학살할 살생부(殺生簿)를 작성했다는 사실을 폭로하면서, 그 총살 집행일로 1945년 8월 17일을 '디데이'로 정했다고 실토하고 있다. 당시 매일신보 기자로 내외 정세에 정통한 조용만(趙容萬)도 살생부 작성 사실을 시인하면서 '요시찰인물' 대량학살계획이 있었다고 증언하고 있다. "이렇게 되면 조선 안의 요시찰인물과 지식인들에게 미리 카드에 작성된 대로 대량학살을 감행할 것이므로 이 정보를 알고 있는 나는 한때 아뜩한 기분으로 앉아 있었다."[133] 일제의 조선 지식인 몰살계획은 류광렬(柳光烈)의 증언에서도 역사적 사실임을 재확인할 수 있다. "1944년 들어 싸움터가 점점 일본 본토로 다가오자 일본은 미군의 일본 및 한국 상륙에 대비, 우리나라 지식인을 전부 학살하려고 리스트를 작성했다. 해방 전 우리 집에 와 내 이력을 조사해간 교야마(京山)라는 한국인 형사를 만났더니 일본은 우리나라 지식인을 전부 죽이기 위해 북악산 밑에 큰 구덩이를 파고 리스트도 작성했는데 나도 들어 있었다며 일본 사람을 많이 죽인 원자탄이 지식인을 살렸다고 웃었다."[134]

132) 『自由新聞』(1945. 11. 13), 親日派들 殺害가 目標.

133) 趙容萬, 『京城野話』(도서출판 窓, 1992), p.272.

134) 『한국일보』(1974. 5. 9), 나의 履歷書: 日本의 敗色, 한국 지식인 大量虐殺

김을한(金乙漢)은 조선 지식인 대량학살을 위한 살생부 작성 사실을 인정하면서 원자탄 투하로 일제가 무조건 항복하는 바람에 천우(天佑)의 해방으로 3만여 명의 조선인의 목숨을 살렸다고 실토하고 있다. "이것은 해방 후에 판명된 일이지만 그때의 일제는 비밀히 한국의 지식계급을 숙청하고자 이미 수만 명의 명단까지 작성해놓았다고 하니 참으로 아슬아슬한 고비였었다. 그러던 것이 예상 외로 빨리 일제가 손을 들게 되어 미군의 상륙작전도 없이, 피도 흘리지 않고 8·15 해방을 맞이하게 된 것은 하나의 천우(天佑)라고 하지 않을 수 없다. 그것도 따지고 보면 원자폭탄의 혜택이었으니, 당시의 일본 측 기록을 보면, 8월 6일에는 히로시마(廣島)에, 8일에는 나가사키(長崎)에 각각 원자탄이 투하되었고, 9일 오전 0시에는 소련이 선전포고를 하고 만주를 폭격하면서 총진군을 개시하였다."[135]

광주학생운동(1929)과 동우회 사건(1937) 때 구속되어 옥고를 치렀던 조병옥(趙炳玉)은 도산의 일본 패망론을 확신하고 있었기에 친일단체 대동민우회(大東民友會, 李覺鐘)로부터 친일전향을 강요받자 단호히 거절하였고, 심지어 창씨개명조차 거부하면서 독립정신을 지켜냈다. 그는 조선총독부 경무국에서 조선 지식계급 3만 5천 명의 명단을 작성해놓고 학살계획을 세워놓고 있었다고 증언하고 있다.

당시 일본 제국주의의 식민정책은 소위 지나사변을 일으키고 또다시 태평양 전쟁을 꿈꾸던 때였으므로 한국의 민족주의자들은 전부 무조건 검거하여 형무소에 수감시켜놓고 끝까지 항일의식을 버리지 않는 자들은 전멸시킬 작정이었던 것이다. 그런 음모가 진행되었던 까닭에 태평양 전쟁이 방감(方酣, 바야흐로 한창임)한 시절에도 조선총독부에서는 의정부(議政府)에다 대규모 수용소를 설치한 연후에 한국의 민족주의자들을 거기에 몰아놓고 학살할 계획으로 있었던 것이다. 이러한 계획

계획(柳光烈); 『동아일보』(2009. 12. 1), '과거사 바로 세우기'를 바로 세우기 (최정호 칼럼).

135) 金乙漢, 『新聞人이 본 現代史, 여기 참사람이 있다』(新太陽社出版局, 1960), p.68, 天佑의 解放.

은 조선총독부 경무국 보안과에서 하고 있었는데 그 학살 대상자가 무려 3만 5천 명에 달하였다고 하며, 그 명단까지도 작성되어 있었던 것이라고 한다. 이러한 계획이 진행되고 있었기 때문에 흥사단과는 일심동체인 수양동우회를 그대로 둘 리는 없었던 것이다. 원래 흥사단의 분신 격인 수양동우회는 합법적인 단체로서 수년간 총독정치 하에서도 무사히 존재해왔으나 일정 당국은 지나사변이 일어나자마자 우리 수양동우회 동지들을 검거하여 흥사단의 목적강령(目的綱領)인 '전도대업(前途大業)'이라는 조항을 트집 잡아가지고 '전도대업'이라는 것은 한국 독립사업을 의미하는 것으로서 응당 치안유지법에 저촉되므로 기소하지 않을 수 없다는 것이었다.136)

동우회 사건으로 1937년 6월 7일 동우회원 181명이 구속·수감된 이래 40명이 기소되어 1939년 12월 8일 1심에서 7년 구형을 받았으나 무죄선고를 받았다. 그러나 검찰은 상소하여 1940년 8월 21일 2심에서 춘원은 최고형 5년 징역 판결을 받는 등 피고인 전원이 유죄판결을 받았다.137) 이에 전원 불복 상고했던 것이다. 이로부터 춘원의 친일행태는 그 도가 일층 심화되어, '골수친일'이라는 비난을 들어가며 조선임전보국단을 이끌면서 황민화운동에 앞장섰다. 이제 당국은 춘원이야말로 어느 누구도 의심할 수 없는 진짜 '친일전향자', 황민화된 '사상전향자'라고 판단하기에 이르렀다. 일제는 춘원을 정치공학적(政治工學的) 타산에 의해 친일전향자로 판정했다. 마침내 1941년 11월 17일 경성고등법원 상고심에서 동우회 사건 피고인 전원에게 무죄판결을 내렸다. 안창호가 조직한 흥사단은 조선의 독립을 목적으로 한 단체라기보다는 인격수련운동을 위주로 한 단체라고 인정하였다. 이광수가 이끌고 있는 동우회 역시 민족개조론에 기초하여 총독부 당국과 정치운동을 배제하고 오로지 문화운동을 전개하겠다고 타협하여 설립한 합법적 수양단체

---

136) 趙炳玉, 『나의 回顧錄』(民敎社, 1959), pp.125~126.

137) 『思想彙報』 제24호(1940. 9), pp.187~192; 『독립운동사자료집』(독립운동사 편찬위원회, 1977), 권 12(문화투쟁사 자료집), pp.1364~1365, 昭和15年 刑控 第17~20號(1940. 8. 21).

이기 때문에 조선의 독립을 목적으로 한 혁명단체로 인정할 수 없다는 것이다. 그러므로 흥사단이나 동우회가 창립 이래 위법행위가 없었다는 이유로 무죄판결을 내린 것이다. 이리하여 춘원은 동우회 사건 발발 이래 장장 4년 5개월 만에 무죄언도를 받아내 동지 전원을 구출하는 데 성공했다.138)

138) 『독립운동사자료집』, 권 12, 昭和15年 刑上 第102 내지 第104號(1941. 7. 21), 同友會 高等法院 上告審 判決文(1941. 11. 17); 박현환, 『흥사단운동』 (대성문화사, 1955), pp.123~127, 제3심 공판.

제 9 장 이광수의 생애와 인생역정

1. 이광수와 허영숙, 자유연애 제1호

허영숙은 6·25전쟁 때 부산으로 피난하면서 자녀 영근, 정란, 정화 3남매를 모두 미국으로 유학 보내고 1954년 서울 수복 직후 '내가 본 춘원의 생애'1)를 '현대공론'에 3회 연재했다. 이 자료는 이광수·허영 숙 부부의 생애를 일목요연하게 볼 수 있는 귀중한 자료이다.

이광수는 1892년 음력 2월 1일(양력 2월 28일) 아버지 이종원(李鍾 元, 42), 어머니 삼취부인(三聚夫人) 충주김씨(忠州金氏, 23) 사이에서 전주이씨 5대 장손으로 태어났다(平北 定州郡 葛山面 益城里 940). 어 떤 도인으로부터 학슬안경을 얻는 태몽을 꾸어서 아명을 이보경(李寶 鏡)이라 지었다. 그래서 동경 명치학원에 유학할 때 '이보경' 이름으로 졸업했다. 12세 때 부모 모두 호열자 유행병으로 여의고 고아가 된 이 광수는 1905년 8월 천도교의 일진회(一進會) 유학생으로 선발되어 동 경 유학생이 되었다. 명치학원 졸업 후 남강 이승훈의 부름을 받아 오 산학교에서 교원생활을 4년 했으며, 시베리아 방랑여행을 한 후 귀국,

---

1) 『現代公論』(1954. 3), pp.55~61, 내가 본 春園의 生涯(1)(許英肅); 『現代公 論』(1954, 5), pp.118~133, 내가 본 春園의 生涯(2)(許英肅); 『現代公論』 (1954. 6), pp.223~229, 내가 본 春園의 生涯(3)(許英肅).

1915년 5월 인촌 김성수의 중앙학교 교비생으로 동경 와세다대학 철학과에 입학했다. 허영숙(1894~1975. 9)은 서울 다옥동(茶屋洞)에서 중인 집안 막내딸로 태어났다. 포목상(布木商)을 경영하던 아버지는 허영숙이 15세 때 별세했다. 집안이 부유해서 동경여의전에 유학하여, 한국 여성 제1호 동경 여자 유학생이 되었다.

허영숙은 동경여의전 본과 3년 외래실습으로 병원에서 근무할 때 처음으로 춘원 이광수를 만났다. "허 여사가 춘원을 만난 것은 50년 전인 1917년 가을. 그때 허 여사는 동경 우시고메(牛込) 여의전 졸업반 학생으로 부속병원에 실습을 나갔다가 때마침 폐결핵(肺結核)으로 병원에 찾아온 한 고국의 청년이 진찰비가 없어 쩔쩔매는 것을 도와주게 된 것이 춘원을 만난 인연이었다."[2] 허영숙은 그때의 첫인상을 실토했다. "백석(白晳)의 미남자인 데다가 광채를 발하는 황금빛의 동공(瞳孔)은 그가 보통 사람이 아니라는 것, 장차 큰일 할 사람이라는 것, 그리하여 첫눈에 마음이 이끌렸다는 것이다. 진찰 카드를 보고 그가 유명한 이광수라는 데에 허 양은 더욱 놀랐다 한다."[3]

춘원의 첫인상은 비범한 인물임을 직감하게 했다. "그때의 인상은 지금도 눈에 선하다. 그 유난히 큰 눈에만 생명이 걸린 수척한 꼴로서 열이 높았고 기침이 심하였고 담을 토하고 있었다. 춘원을 진찰한 우리 선생은 증세가 매우 나쁘니 안정히 쉬고 영양을 취하면서 약을 쓰라고 일러주었다. 그때 내가 조수로 거들었는데 춘원의 첫인상이 비범한 인물이었다. 춘원도 나에 대한 인상이 일본에서 별로 없던 그 시대의 고국 여자 유학생이었던 데서 더욱 깊었던 모양이다."[4]

와세다대학 특대생 이광수는 동경에서 '무정'을 1917년 1월 1일부터 매일신보에 연재했다. 한국 문학사상 획기적인 '무정'을 집필, 그 원고

2) 『大韓日報』(1967. 6. 24), 週末에 만난 사람. 望夫…17년 春園夫人 許英肅여사.

3) 『女像』(1963. 1), pp.192~197, 빼앗긴 祖國이니 사랑도 구슬폈던 許英肅(朴啓周).

4) 『現代公論』(1954. 3), pp.56~57, 내가 본 春園의 生涯(1)(許英肅).

를 서울 매일신보에 송고하여 신문에 연재했던 것이다. 그러므로 한국 최초의 신소설 '무정'은 동경에서 태어난 것이다. 춘원은 '요시찰인'으로 경시청 형사가 늘 미행하는 청년 독립투사였다. 이어 원고료 매월 20원을 받으면서 '개척자'를 집필하면서 과로로 인해 그만 폐병에 쓰러지고 말았다. 이광수 하숙집 할머니가 허영숙을 찾아와서 우리 집 2층에 이광수라는 한국 학생이 오늘 아침에 각혈을 해서 양자배기로 그득하게 피를 토했다는 것이었다. 이 말을 듣고 허영숙은 의사에게 청하여 같이 이광수 하숙집을 찾아가보니 춘원은 4조반 다다미방에서 불도 피우지 못하고 얇은 이불을 덮고 천골이 되어 있었다. 아래층에서 장작으로 밥 짓는 연기가 올라와 그 연기에 토해서 각혈을 한 것이었다. 허영숙은 지성껏 간호했다. 종이 한 장 마음대로 살 수 없는 고학생의 처지라 치료비를 허영숙이 대신 물어주었다.

이광수는 허영숙에게 "이대로 지나면 나는 죽을 것 같소. 서울에 계신 김성수(金性洙) 씨에게 연락해주시오" 하고 말하기에 허영숙은 김성수에게 편지를 했다. 며칠 뒤에 곧 김성수로부터 녹용대보탕 백 첩과 돈 50원이 송금돼 왔다. 춘원에게 있어서 허영숙은 생명의 은인이요 천사요 베아트리체였다. 허영숙 역시 춘원을 존경하는 한편 사모의 정을 억누를 수가 없었다. 그러나 허영숙은 그때의 심경을 다음과 같이 고백하고 있다. "사모는 하였으나 결혼할 생각은 없었어요. 그는 아내가 있는 사람이요, 폐병자였으니 누군들 결혼하고 싶었겠어요. 단지 나 아니면 조선이 필요로 하는 그분이 죽을 것만 같아서 곁에서 도와주지 않을 수 없었고, 그렇게 자주 만나게 되니 정이 깊이 들었을 뿐이었지요."5)

그 당시의 동경 유학생들은 하나같이 애국심에 불타는 청년학도들이었는데, 이광수가 그 선봉장이었다. 허영숙은 춘원의 열렬한 애국심에 감복해서 애정을 느끼게 되었다고 고백하고 있다.

그런데 춘원에 대한 첫 동기가 고독한 고국 학생의 병고에 대한 동정이었지만, 저 사람은 장래 우리나라를 위하여 훌륭한 혁명가가 될

5) 『女像』(1963. 1), pp.193~194.

것이다, 또 훌륭한 문학자가 될 것이다 하는 존경심이 들었고 민족을 위하여 싸우는 동지애를 느꼈다. 그리고 춘원보다는 나중이었을 것이나 나도 점점 개인적인 애정을 느끼게 되었다. 그 뒤에 춘원은 나의 성의가 보람 있듯이 병이 나아서 학교에도 잘 다니었다. 그런데 우리 사이에 애정이 깊어갔지만 그때 한 가지 고민이 없지는 않았다. 그것은 춘원에게는 고향에 이미 아내가 있었고 세 살 먹은 아이까지 있었던 까닭이다. 그러나 그것은 구식 가정에서 사랑도 없는 사이를 어려서 결혼시킨 사이이며 춘원은 장차 헤어질 결심이었다. 그래도 나는 그때의 내 마음이 존경하고 믿던 동지애(同志愛)에서 점점 애정에 끌려가는 것을 어찌할 수 없었다. 춘원으로 말하면 폐병으로 각혈을 종종 하는 빈곤한 고학생이었고 더구나 처자가 있는 남자이었다. 그러나 춘원을 사모하는 마음은 금할 수 없었다. 그렇다 하여도 그 시대의 소위 연애는 요즈음과는 아주 달랐다. 춘원도 나 있는 곳에는 찾아오지 않았고(못하였고) 나도 춘원 있는 곳에 놀러가는 일이 없었다. 춘원의 편지도 애국의 뜻과 문학에 대한 포부 등이 거의 전부이었고 그가 그때도 이미 소설에서 쓰던 그런 연애편지는 아니었다. 우리는 그러한 고백을 차라리 아끼는 정신적 애정을 오래 지속했다.6)

그 당시 와세다 명계관(明溪館)이란 하숙집에는 최두선(崔斗善), 서춘(徐椿), 현상윤(玄相允), 정노식(鄭魯湜) 등이 춘원과 같이 동숙하고 있어서 허영숙은 놀러갈 수도 없었다. 더군다나 동경여의전 기숙사 생활은 남녀관계가 엄격하여 춘원이 기숙사를 찾아오는 것도 불가능한 일이었다. 이처럼 남녀 학생 교제조차 엄격해서 일요일에는 공부하고 수요일 하루만 외출을 허용하였다. 그 당시 일본 문단은 자연주의 전성시대였는데 춘원도 자연주의 효장(國木田獨步)의 소설을 애독하고 있었다. 그러나 톨스토이의 인도주의에 심취하면서 민족주의 애국문학을 지향하였다. 춘원은 바로 수요일에 데이트 신청을 해서 허영숙과 무사시노(武藏野)에 가서 자연미를 마음껏 감상하면서 애정 산책을 즐겼다. 그러나 이 소식을 당장 학교 기숙사 사감이 알고 주의를 주었다. 이광

6)『現代公論』(1954. 3), p.58, 내가 본 春園의 生涯(1)(許英肅).

수는 요시찰인물이기에 항상 고등계 형사가 미행하고 있어서 형사는 자기의 임무 이외에 학교 당국에 이 사실을 보고함으로써 개인 교제까지 방해하려 했다.

동경에서의 허영숙과 춘원과의 교제는 열렬한 동지애와 순결한 애정으로 시종일관했다. 허영숙이 1918년 동경여의전을 졸업하고 귀국한다는 편지를 하였을 때 춘원은 "고국에 돌아가거든 나라를 바로잡는 일에 꾸준히 활동하라. 나도 가서 같이 그런 일을 하마"라고 애정 표현 없이 오로지 구국정신에 불타는 격려의 편지를 보낸 것이다. 동경역을 출발할 때 춘원은 누마즈(沼津)까지 같은 차로 전송해주었다. 귀국 직후 허영숙은 총독부 병원 내과에 근무하였는데 이때 혼담이 벌어졌다. 상대는 소아과에 근무하고 있는 모 의사로서 문벌로나 학벌로나 춘원보다 결혼조건이 훨씬 더 좋은 신랑감이었다. 허영숙의 어머니도 춘원은 아내와 어린 자녀까지 있는 기혼남인 데다가 그 당시로서는 불치병인 폐병 환자였기에 딸에게 얼른 좋은 신랑을 골라 맞이할 것을 강권했다.

이리하여 혼담이 무르익어 가는데, 한편 생각하면 동경에서의 춘원과의 교제를 생각하고 동지애로서 이 혼담 이야기를 알리지 않을 수 없었다. 사연은, 결혼을 하게 될 것 같은데, 결혼 상대자가 춘원과의 동지 사이가 될 수 있으면 장차 동지로서 교제 있기를 바란다는 것이었다. 그러나 춘원은 이 편지를 받고 즉시 서울에 나타나 대담하게도 결혼 상대자를 찾아가서 직접 허영숙과의 애정관계를 솔직히 털어놓고 은연히 혼사를 단념시키려 하였다. 그러나 상대자는, 그것이 무슨 상관이냐, 자신들이 결혼한 뒤에 서로 전과 같이 순결한 동지가 되면 좋지 않겠느냐는 것이었다. 허영숙은 춘원이 자신을 잊지 않고 서울에 오니 춘원과의 애정이 더욱 열화처럼 타올라, 춘원 아니고는 살 수 없다는 생각이 들었다. 이제 허영숙은 그 상대자와 결혼할 것이냐, 아니면 춘원과 멀리 달아나는 애정도피행각의 출분(出奔, 도망)을 단행할 것이냐의 양자택일의 갈림길에 직면했다.

결국 허영숙은 춘원과 멀리 달아나기로 결심했다. 목적지는 북경이었다. 북경에는 동경여의전 동창 나가이(永井)가 남편 야마모토(山本)와 함께 병원을 개업하고 있었다. 그를 찾아가면 일자리를 쉽게 주선해줄 것으로 기대했고, 취직하면 춘원과의 생활은 해결될 것이라고 전망했다. 야마모토 의원(山本醫院)에서는 손이 모자라는 참이라며 허영숙을 의사로 맞아주었고, 주택까지 마련해주었다. 이리하여 1918년 11월에 춘원과 허영숙은 북경 출분을 단행했다. 북경에 도착하자마자 춘원은 당시 심하게 유행하던 '서반아 감기'에 걸려서 고생했다. 한편 서울의 결혼 상대자도 서반아 감기에 걸려 그만 사망하고 말았다.

바로 이때 제1차 세계대전이 끝나고 윌슨 대통령의 민족자결 선언으로 세계 약소국가들에서 제각기 독립운동이 거세게 일어났다. 춘원은 이 같은 기사를 읽고 조선 민족이 독립할 결정적인 호기가 도래했다고 직감하고 즉시 귀국을 서둘렀다. 3·1운동의 전초 투사로서 일어설 춘원의 투지는 바야흐로 열화와 같이 피어올랐다. 그때의 춘원은 허영숙과의 사랑이 이루어지지 못하면 둘이 죽어버리자는 생각에 죽을 결심을 하면 무슨 고생인들 못하랴 하고 북경으로 방랑의 출분을 하였던 것인데, 이 같은 기사를 읽고 나서부터 춘원은 딴사람이 되었다. 이제 춘원에게는 허영숙도 안중에 없었고 개인의 사랑도 없었고, 오로지 민족독립운동의 방략을 어떻게 이끌어나갈 것인가에 집중하고 있었다. 춘원은 흥분된 어조로 비장한 결심과 열렬한 희망을 담아 허영숙에게 선언하듯이 말하였다. "시대와 민족이 일꾼을 부르고 있다. 나는 인제 모든 것을 다 집어치우고 일해야겠다." 허영숙도 동지애로 찬성하면서 앞으로의 계획을 묻자, "우선 서울 가서 모모와 협의한 뒤에 동경으로 건너가서 우리 유학생 동지들과 선봉의 역할을 하겠다"는 것이었다. 이리하여 나가이 병원장에게 귀국 사정을 이야기하고 귀국길에 올랐다. 춘원은 서울에 당도해서 중앙중학 교장 현상윤과 천도교의 최린과 독립운동 방략을 밀의한 다음 동경으로 돌아왔다. 동경에서는 주로 와세다 동지들과 협의하여 3·1운동의 전초전인 2·8선언서를 기초하는 임무를 부여받았던 것이다.[7]

이광수가 '대일혈전(對日血戰)에 의한 국권회복'을 역설한 2·8선언문을 기초하고 나서 적도(敵都) 동경을 탈출, 상해 망명을 결행한 것은 1919년 2월 5일이었다. 주목적은 3·1운동의 전초전인 동경 한국유학생회의 독립의거 소식을 상해 영자신문에 널리 선전·보도함으로써 일본 식민지 지배를 받고 있는 약소민족 한국민이 민족자결원칙에 따라 독립운동이 폭발했음을 전 세계에 알리는 것이었다. 이광수는 이를 충실히 수행했고, 이어 대한민국 임시정부 수립의 산파역을 담당했으며, 임시사료편찬회 주임이 되어 파리 강화회의에 제출할 '한일관계사료집'을 편찬하고 나서, 독립신문 사장 겸 편집장이 되어 독립신문을 발행했던 것이다. 그러나 자금난으로 독립신문을 계속 발행할 여력이 없어졌고 건강상 날로 몸이 쇠약해져 도산에게 약혼녀 허영숙을 상해로 불러오는 방안을 호소하자, 도산이 이를 허용하여 밀사 최창식(崔昌植)을 허영숙에게 파견하면서 상해로 오게 했다. 허영숙은 총독부 병원에 근무하고 있어서 신분이 무사하였고, 집도 안전하였던 까닭으로 최 밀사를 집에 숨겨둘 수 있었다. 그 당시 밀사들은 독립자금을 거두거나 본국과 연락하기 위해 많이 드나들었는데 허영숙 집에서 많이 숨겨주었다. 그 대표적인 사례가 김대우(金大羽)였다. 나혜석(羅蕙錫), 김마리아도 허영숙 집에 숨겨주었다.

하영숙은 상해로 오라는 도산의 밀령을 받자 하루속히 춘원을 만나고 싶은 생각이 간절했다. 이리하여 마침내 일본 옷으로 변장하여 서울 탈출을 시도했다가 종로경찰서의 미와(三輪和三郎) 경부의 탐색에 걸려 그만 좌절되고 말았다. 허영숙이 집에 없는 것을 수상히 여긴 미와가 허영숙 어머니에게 행방을 추궁하자 이미 국경을 탈출하여 만주에 안착했을 것으로 판단, 만주행 열차로 떠났다고 실토했다. 결국 허영숙은 평양에 며칠 머물다가 선천역에서 이동경찰의 검문을 받아 붙잡혀 집으로 돌아오게 되었다. 3·1운동 직후 부임한 사이토(齋藤實) 총독의 조선통치의 기조는 헌병경찰 통치를 지양하고 문화통치를 지향하고 있었다. 이는 조선 민심을 무마하기 위한 정책의 일환이었다. 사이토는

---

7) 『現代公論』(1954. 3), p.61, 내가 본 春園의 生涯(1)(許英肅).

상해 독립지도자를 회유·포섭하는 정략을 수립하여, 가장 먼저 이광수 귀순공작에 착수했다. 이광수만 상해로부터 국내로 이끌어낸다면 상해 독립운동 진영은 스스로 와해될 것으로 판단했다. 이에 전 경성일보 사장 아베 요시이에(阿部充家)는 사이토 총독에게 이광수 귀순공작을 건의했다. 이것이 논란을 빚고 있는 이광수 귀순공작인 것이다. "이광수도 또한 혁명대열에 참가하여 조국광복을 위하여 눈부신 활약을 하였다. 그러나 그는 얼마 안 되어 혁명대열에서 이탈하게 되었다. 그것은 조선총독부 경무국 밀정(密偵)으로 상해에 탐사하러 온 허영숙이가 이광수에 요염한 추파를 보내어 유인하였기 때문이다. 결국 심지(心志) 박약한 이광수는 허영숙의 선정적인 유혹에 못 이겨 동지를 배반하고 그와 사랑을 속삭였다. 허영숙의 난숙한 육체에 도취된 이광수는 동지들을 헌신짝같이 버리고 조국을 사랑의 보금자리로 삼아 귀국하였다. 그런데 그 어찌 뜻하였으랴. 애인 허영숙이가 경무국장 마루야마(丸山鶴吉)의 명령으로 이광수를 유인하러 온 독사 같은 요부일 줄이야. 그도 신인(神人)이 아닌 다음에는 꿈에라도 몰랐을 것이다."8)

경성의전 약물학 교수 요시키(吉木)는 허영숙의 동경여의전 은사였다. 허영숙은 상해행이 좌절되자 은사를 찾아가 도움을 요청했다. 이에 요시키는 종로경찰서장에게 여행증을 발급받아 주겠다고 약속했다. 이를 간파한 미와 경부는 허영숙을 찾아와서, 상해로 보내줄 테니 가서 춘원과 도산 선생을 국내로 들어오게 하라는 것이었다. 당시 사이토 총독의 소위 문치정책(文治政策)은 독립투사가 국내로 들어오기만 하면 해외에서의 어떤 비합법적 독립운동을 한 혁명가라도 일체 과거의 죄과(罪科)를 불문에 부치고 합법운동이면 국내에서 해도 무관하다는 것이었다. 이 말을 듣고 그런 조건으로는 갈 수 없다고 하였더니 요시키는 "그 자가 구렁이니까 그런 수작도 할 거야. 그러나 우선 가는 게 목적이니 그렇게 한다고 가서 그냥 돌아오지 않으면 되지 않아" 하는 것이었다. 허영숙도 그렇게 할 작정으로 거짓말을 하고 여행증을 받았다.

8) 『民族正氣의 審判 反民者解剖版』(革新出版社, 1949), pp.173~174, 流暢한 文章으로 皇道宣揚을 鼓吹한 親日 狂洙, 李光洙의 罪惡史.

우선 상해로 가서 춘원을 만나는 것이 욕심이었다.

허영숙은 상해에 도착하여 춘원에게 미와의 유인책을 솔직히 고백했다. 그러나 춘원과 도산을 보고 직접 국내로 가자고 권고하여야 그것이 통할 리 없었다. 여하튼 미와의 유인책을 가지고 갔으므로 이로 인해 상해 독립투사들 사이에 큰 풍파를 불러일으켰다. "일본 경찰에서 정식 여행권을 받아 가지고 온 것은 허영숙 하나뿐이다. 그는 적에게 매수되어 스파이로 들어왔다!" 이런 공격이었다. 특히 경무부 책임자인 김구(金九)는 춘원과 허영숙을 왜적의 스파이라고 단정하여, 잡아 죽이겠다고 공언하고 있었다. 상해의 정치적 분위기는 너무나 살벌했다. 허영숙은 오로지 춘원을 만나보려고 물불을 가리지 않고 적의 '춘원 귀순공작' 계략에 빠져 이 같은 무모한 상해행을 하였다고 후회하면서 고민 끝에 행방을 감추고 말았다. 상해의 기독교 계통의 병원에 취직했다가 미국으로 갈 생각도 해보았지만 그것조차 스파이로 몰려 체포령이 내린 상황이라 불가능한 일이었다. 원래 허영숙은 상해에 가면 취직하여 춘원의 혁명운동을 조력할 생각이었다. 그러나 상해의 혁명동지들은 허영숙을 그곳에 있지 못하게 하였다. 상해에 머물다가는 허영숙 자신뿐만 아니라 춘원과 도산에게도 누를 끼칠지 몰라서 여간 괴롭지 않았다. 결국 춘원에게 알리지 않고 단신 본국으로 돌아갈 수밖에 없었다.

그때 독립운동은 침체되고 생활은 너무나 궁핍하였고, 게다가 파벌 싸움만 격화되어 모두가 신경이 날카로웠다. 허영숙에 대한 사람들의 비난은 너무나 당연한 일이었다. 그러나 춘원에게 괴로움만 더 남겨주고 '스파이 죄인'으로 본국으로 돌아가야 하는 허영숙의 심정은 참담하였다. 허영숙이 춘원과 도산을 본국으로 모시고 가고자 왔다는 비난이 일어났을 때 춘원은 허영숙을 보고 이런 말을 하였다. "실은 도산 선생도 전부터 나는 본국에 들어가서 흥사단의 합법운동과 문화활동을 해야 할 텐데, 그러나 지금은 그 시기가 아니라고 하셨소." 그리고 본국에 들어가서 일을 하긴 해야겠는데 도산 선생이 그 시기가 왔다고 지시하면 한 3년간 감옥살이를 하더라도 가서 일해야겠다는 말을 하였다.

나는 병원 취직도 못하게 되니 생활적으로도 상해에 있을 수는 없어서 한때는 양자강에 빠져 죽을 생각까지 하였다. 그러나 결국 본국으로 돌아섰는데 내가 떠난 다음 날 차로 춘원은 나를 쫓아서 본국으로 향하였던 것이다. 춘원은 결국 나 때문에 3년간 감옥생활을 각오하고 들어올 결심을 하였다. 결과로 보면 내가 상해에 가서 춘원과 같이 있겠다는 계획은 틀렸으나 내가 갔다 돌아오기 때문에 춘원은 귀국한 것이 되고 말았다.

이때의 나에 대한 오해는 그 뒤에 풀렸지마는 비록 오해를 풀지 않았던 사람이라도 우리의 인간적인 애정문제가 그만큼 상해로 쫓아가고 서울로 쫓아오지 않을 수 없었던 것은 알아주었을 것이다. 그때 춘원의 동지들은 반대하였을 텐데 나의 뒤를 쫓아서 귀국한 것은 춘원의 인간적 본질이 정치적인 혁명가보다는 예술적인 이상주의자였다고 나는 믿고 있다. 그가 어디까지나 정치적 혁명가였다면 일개 여성 허영숙의 사랑쯤은 돌보지 않을 수 있었을 것이다. 그러나 일개 여성인 당시의 나로서는 동지들의 반대와 입국 후의 입감(入監)까지 각오하고 나를 버리지 않았던 애정에 행복을 느낀 것이 사실이었다. 다만 지금 와서 생각하면 춘원이 그의 본령인 문학 활동을 전개하려면 아직 그 청춘 시대에 있어서 본국 무대에 서지 않으면 안 되었을 것이다.

그런데 춘원은 안동현(安東縣)에서 일본 경찰에게 잡히자 "나는 이광수다"라고 솔직히 말하여 그 문초하던 형사로 하여금 믿지 못하게까지 하였다. 춘원은 거기서 잡혀 와서 헌병 사령부에 일시 수감되었다가 석방되었다. 그 뒤로부터 춘원은 도산 선생의 주장이며 흥사단의 정신에 의한 '민족개조론'을 발표하여 당시의 공산주의자들에게 살인적 공격을 받았다. 도산 선생이 상해에서 잡혀서 호송되어 대전형무소에서 복역·출옥한 뒤로는 항상 선생을 따라다니며 수양동우회 말기까지 민족운동과 자신의 문학 활동을 하였다.9)

천애 고아 춘원 이광수, 이미 결혼해서 자식까지 있는 기혼남, 게다가 폐병으로 각혈하는 병약한 춘원, 재산이라고는 한 고랑 한 뙈기 논밭도 없는 거렁뱅이(거지) 춘원과 서울의 부잣집 딸 허영숙과의 결혼은

---

9) 『現代公論』(1954. 5), pp.118~121, 내가 본 春園의 生涯(2)(許英肅).

우리나라 근대 역사상 최초의 자유연애 미담으로 전해오고 있다. 허영숙은 자유연애 시절 춘원에게서 받은 춘원의 육필 연애편지를 베껴 써서 이를 출판했는데, 춘원의 연애편지를 원고지에 옮기면서 춘원의 지극한 사랑을 새삼 온몸으로 느끼고 감동하였다. 허영숙은 '춘원애정서한실록집'을 내게 된 동기를 솔직히 고백하고 있다. "그런데 이번에 40년이나 끌고 다니며 남의 앞에 내놓지 아니한 당신의 청춘 시절의 내게 한 편지를 '남편 춘원을 생각하고'라는 내 서투른 이 글과 함께 출판하기로 하였습니다. 당신께서 항상 말씀하시던 것이 죽은 뒤에 '英을 생각하고' 하는 당신 글을 붙여서 이 편지들을 발표하신다고 하신 것과 꼭 반대가 되었습니다. 당신이 살아계셔서 이 일을 하셨더라면 얼마나 훌륭히 하셨을 것인데 내가 그 일을 하게 되오니 모두 잘못되는 것 같습니다. 당신 없는 사이에 내가 혼자 마음대로 이것을 발표하는 것이 큰 잘못인 것도 같고, 세상에는 기적도 있는 것이니 혹시 내가 죽고 당신이 살아오셔서 이 편지들 외에 당신의 주옥같은 글을 더 붙여서 출판할 수도 있을 것도 같고, 젊은 시절에 지내간 편지들을 지금 다시 세상에 내놓는 것이 부끄럽기도 하고, 이 편지를 내놓아 우리의 젊은 시절을 자랑하려고 드는 것도 같고, 또는 이 편지를 들추어내는 것이 나에게 당신 잃어버린 슬픔을 새롭게 하는 일이기 때문에 나는 이것을 굳이 안 내놓으려고 했습니다. 그러나 당신의 글을 다 모아 발표하려는 이 마당에 있어서 중요하다 할 만한 당신의 청춘 시절의 오뇌의 대부분이 들어 있는 책 한 권이나 되는 이 편지들을 무시할 수 없어서 발표하기로 했습니다."10)

나는 당신의 편지를 원고지에 직접 옮겨도 쓰고 혹은 독일어로 된 것, 영어로 된 것, 혹은 일본말로 된 것 등을 번역하여 원고지에 옮겨 심는 일을 혼자 다하였습니다. 그것을 하는 동안에 나를 심히 놀라게 한 것은 "당신이 나를 극히 사랑하였다" 함이외다. 어떤 대목에 가서

<hr>

10) 春園愛情書翰實錄集, 『사랑하는 英肅에게』(文宣社, 1955. 11. 5), pp.140~141, 남편 春園을 생각하고(許英肅).

는 목을 놓고 울었고, 어떤 편지는 보고 너무 흥분하여 어찌할 줄을
모르겠나이다. 이것을 베껴 옮기는 동안이 한 달가량 되었는데 나는
어떻게 슬프고 흥분되고, 잠을 못 자고 밥을 못 먹고 하였는지 체중이
줄고 가락지가 커서 낄 수가 없게 되었습니다. 과연 당신이 그렇게도
나를 몹시 사랑하셨던가, 나는 아직까지 몰랐던 사실을 발견한 것 같
습니다. 그 위대한 사랑에 나는 아무 보답한 바가 없었다는 것이 새삼
스럽게 슬프게 느껴집니다.[11]

와세다대학 특대생 이광수는 1918년 8월 동경 명계관(明溪館) 하숙
집에서 허영숙에게 열렬한 사랑 편지를 보냈다.

[이광수 씨가 허영숙 씨에게 보낸 편지]
사랑하는 내 英

내가 있는데 왜 괴로워하십니까. 내가 英의 생명이요 행복이 아닙니
까. 얼마 아니 되는 인생, 그중에도 얼마 아니 되는 청춘을, 황금 같은
청춘의 미(美)와 시간을 왜 괴로움으로 소비하려 하십니까. 청춘은 놀
때요 즐거워할 때가 아닙니까. 청춘이 지난 때에 우리는 사회에 대한
의무를 다할지니 그 의무는 우리가 청춘을 행복되게 가진 보상(報償)
이 아닙니까. 英이여, 너무 심각하게 괴로워하지 말고 즐겁게 지내줍시
오.

나의 존재가 英의 기쁨이 되지 못함을 생각할 때에 나는 말할 수 없
이 슬픕니다. 진실로 나의 존재가 英의 기쁨이 되지 못합니까. "내일
일을 위해서 걱정하지 말라. 내일 일을 누가 알랴. 오늘 걱정도 족하
다" 하는 말과 같이 내 英이여 너무 장래의 장래까지 걱정하지 말으시
오. 하루하루 살아가는 날이 집적(集積)하여 장래가 되는 것이니 장래
란 반드시 미리 정한 일정한 프로그램을 따라가는 것이 아닙니다. 英
이여, 행복될 현재를 불확실한 장래의 염려를 위하여 낭비하지 말으시
오.

좀 자기중심이 되시오. 개인주의가 되시오. 남을 위해 내가 사는 것
이 아니라 자기를 위해 내가 산다고 생각하시오. 내 생을 위해서는 천

11) 상게서, p.142, 남편 春園을 생각하고(許英肅).

하라도 희생하겠다는 생각을 가지시오. 이 마음이 족히 천하를 위해서는 자기를 희생할 수 있는 마음인가 아옵니다. 英이여 굳세게 되어줍시오. 英은 만사에 나를 중심으로 하신다 하면서도 기실 나를 안중(眼中)에 두지 아니하십니다. 내가 英을 사랑해도 英은 아무 기쁨도 깨닫지 아니하고 내게 한 여러 가지 조그마한 약속(?)도 아니 지키신 것이 많습니다. 그리고 英은 일신의 거취(去就)를 정할 때에 오직 자기의 의사대로만 행하고 내 의사는 안중에 아니 두십니다.

이것이 사랑하는 이의 할 일일까요. 英이 이렇게 하심은 큰 괴로움이 있는 때문이라 하더라도 만일 내가 진실로 英의 생명일진댄 진실로 英의 몸과 마음을 내게 주었을진댄 그렇게 아니 할 줄 아옵니다. 내가 내 일생을 英에게 일임(一任)하듯이 英은 왜 英의 일생을 내게 일임하지 아니하십니까. 英의 사행(思行)이 내게 큰 불안을 주실 것이 이 때문입니다. 英은 아직도 "나는 光의 것이다" 하는 생각이 없으십니다. 여기는 새 집입니다. 아직 다다미를 아니 깔아서 주인의 방에 있습니다. 가만히 英을 생각하고 소설을 읽습니다. 언제 英이 여기 올까, 새 집에서 英을 맞는 행복이 어떠할까 하고 있습니다. 모든 짐은 英이 정돈해주기까지 끄르지 아니하고 그냥 두겠습니다. 벌레 소리가 들립니다. 英이여, 좀 더 나를 사랑해줍시오. 내 것이 되어줍시오. 8月 1日 正午 英의 것12)

[허영숙 씨로부터 이광수 씨에게]

제48신

지금 경응(慶應)에서 돌아오니 여섯 시, 곤해 죽겠습니다. 아침 여덟 시부터 섰던 것을 내리 섰었습니다. 목욕하고 와서 자겠습니다. 전차 속에서 이런 생각을 했습니다. 당신이 마음이 변하면 나는 머리를 깎고 중이 되겠다 하였습니다. 그래서 괴로워 괴로워 돌아다니다가 금강산 명연담(鳴淵潭)에 가서 빠져 죽어 김거사(金居士)와 같이 바위가 되어 솟아나리라 하였습니다. 내가 왜 이런 생각을 하나요.

之れは あなたの 愛情が 餘り 大きくて 私に 握りられないからです 私の 幸福が 餘り 大きくて 私の 小な あ름では 包入れる 事が 出

---

12) 『三千里』(1930. 10), pp.40~41, 上海·東京時의 戀愛書翰(1). 이광수전집(삼중당)에 미수록.

來ないからです(그것은 그대의 애정이 너무나 크기에 내 아름(握)으로는 껴안을 수 없고, 나의 행복이 너무나 크기에 나의 조그마한 아름으로는 껴안을 수 없기 때문입니다). 성태에게 어저께 정답게 편지 한 장 했소이다. 집을 옮기셨다 하니 가고 싶은 마음 어쩔 줄 모르겠나이다. 英上. 5월 4일13)

[이광수 씨로부터 허영숙 씨에게]
10월 5일 밤 열 시 반
사랑하는 이여!

오늘 저녁은 가을밤 같습니다. 창을 꼭꼭 닫히고 자리옷을 입고 앉아 英의 사진을 보고 있습니다. 못 견디게 그리워집니다. 사람을 생각하면 이렇게도 생각합니까. 하루 24시간 무엇을 할 때에나 英을 아니 생각할 때는 없습니다. 英도 그러시지요. 나는 어제 저녁에 늦도록 英이 내게 대한 사랑의 희생의 가지가지를 꼽아보았습니다. 4년 전의 일부터 금일까지, 英은 내 결핵의 담(痰)을 마셨습니다. 내의 결핵으로 끊어지는 생명은 英의 생명으로 붙들었습니다. 英이 아니더면 나는 벌써 무덤 속의 몸일 것을 잘 압니다. 나는 꼭 그렇게 압니다. 지금 내가 살아가는 것도 英을 희망함이외다. 英에게 안길 날을 기다림이외다. 이 말에 만일 거짓이 털끝만치라도 있거든 당장 이 목숨이 끊어지소서! 英은 내게 모든 것을 주셨습니다. 일생의 행복까지 다 주셨습니다. 그것을 받는 나는 英에게 고통밖에 드린 것이 없습니다. 그것을 생각하면 심히 슬픕니다.

어젯밤에 英을 꿈꾸었습니다. 어디 사람 많은 데서 英을 만났습니다. 그래서 しんみり(조용히) 한 이야기도 못하고 만 것도 같고 서로 안아본 것도 같으나 꿈일망정 심히 まのたりない(어딘가 부족하다)합니다. 나는 おとなしい(떠들거나 장난하지 않고 조용하게) 책이나 보고 있을 것이니 안심해주십시오. 운동도 잘해서 건강도 증진하오리다. かねい 坊ちゃん(귀여운 봇쨩)이 되어 英의 품을 기다리리다. 지금 비가 옵니다. 가을비 소리가 사람을 괴롭게 합니다. 안녕히 주무시오. 英의 것.14)

---

13) 상게서, pp.41~42.
14) 상게서, p.42.

당시 폐결핵은 불치의 병이었다. 그럼에도 불구하고 허영숙은 춘원의 건강을 지켜주기 위해 자기희생의 정신으로 춘원에게 헌신한 것이다. 동경 유학 시절과 춘원의 상해 망명 시절의 이광수와 허영숙 사이에 주고받은 연애편지의 한 대목을 옮겨보면 얼마나 서로 사랑했는가를 실감할 수 있다.

일반적으로 남자가 연인의 창밖에서 세레나데를 부르는 것이 통례이다. 그러나 허영숙의 경우 이와 반대로 수천 리 머나먼 이국땅 상해에 망명 중인 연인 이광수에게 첫사랑의 세레나데를 읊은 것이다.

처음 사랑, 허영숙

愛人(애인)이시여!
이 술잔을 들어 마십시오
이 술은 내가 오늘 새벽에 처음 빚었어요
저 甘酒(감주)와 같이 달지는 못하나
우, 우, 그보다는 永久(영구) 하오리다.

愛人(애인)이시여!
이 花冠(화관)을 들어 쓰십시오
이것은 내가 오늘 正午(정오)에 처음 만든 것예요
저 美人(미인)의 花冠(화관)과 같이 華麗(화려)치는 못하나
우, 우, 그보다는 튼튼하오리다.

愛人(애인)이시여!
당신은 그 花冠(화관)을 쓰셨습니다
그 술에 저렇게 醉(취)하셨습니다
나는 두려워요, 오늘밤 깊이 들 잠에
저 花冠(화관)이 벗기어지고 그 술이 깰까 봐.
(1919. 6. 6)[15]

---

15) 『新女子』(1920. 6. 20), p.41, 처음 사랑(許英肅).

춘원이 3월 말 상해를 탈출, 천진에서 열차편으로 신의주에 도착한 것은 1921년 4월 2일이었다. 압록강 철교를 넘어 신의주에 도착하자마자 그는 경찰에 체포되었다. 조선일보는 다음과 같이 귀순증을 휴대하고 의주에 도착했다고 보도하고 있다.

이광수는 상해로 가서 독립신문에 붓대를 잡고 있고, 허영숙이는 경성에 있어 당주동(唐珠洞)에다가 병원을 개설하고 있던바, 허영숙은 전일의 정의(情誼)를 갱속(更續)하여 보고 싶어 그러함인지, 혹은 어떤 곳의 부탁하는 무거운 사명을 받아가지고 그리함이든지, 허영숙이는 모처(조선총독부 경무국)의 양해를 얻어가지고 돌연히 상해로 건너가서 이광수를 데리고 본국으로 돌아오기로 하고 갔던바, 본래 천재로 재주뿐이요 별도의 일정한 입지(立志)란 것이 없는 이광수는 오래간만에 만난 허영숙에게 반가움에 못 견디어 그러함이든지, 이광수는 상해를 훌훌히 떠나 조선으로 건너오다가 의주 압록강을 건너 신의주 정거장에 도착하자 마침 고대하고 있던 경관은 "잠간만 내려서 경찰서까지…" 하면서 신의주 경찰서에서 취조를 하려 한즉 이광수는 "나는 귀순한 사람이로라" 하며 귀순증을 내어 놓으므로 재석 경관은 한 말 없이 방환(放還)하려 하였으나, 이광수는 전일 동경에서 그 무슨 사건(2·8선언서)의 중대 범인으로 결석 판결을 받은 일이 있으므로 그 점에 대하여는 도저히 어찌할 수 없게 되어 그만 잡힌바 된 모양이라더라.16)

여기서 '모처의 양해'란 조선총독부 경무국 당국의 '이광수 귀순공작'을 의미하며 결국 총독부는 허영숙을 내세워 여행권을 발급하여 이광수를 동반 귀국하게 한 것이다. 사이토 총독은 손톱으로 후벼 파내듯 파라척결(爬羅剔抉)로 상해 임정의 나팔수 이광수를 회유·이탈시킨다는 귀순공작을 강구한 것이다. 이광수를 이탈시키게 되면 상해 독립전선은 분열될 것이고, 3·1운동 이래 고조된 국내의 배일기운(排日氣運)도 협조기운으로 전환될 것이라고 전망하고 있었다. 이를 구현하기

_____
16) 『朝鮮日報』(1921. 4. 3), 歸順證을 携帶하고 義州에 着한 李光洙.

위해 우선 이광수를 회유하여 귀순시키고 총독부의 통치권력을 배경으로 한 위력을 동반한 문화운동을 일으킨다는 것이다. 그리고 아베의 건의로 복역 중인 최린과 최남선을 출옥시킴으로써 타협 분위기를 조성한다는 것이다. 이리하여 조선총독부는 정치단체를 제외하고는 각종 문화단체 설립을 허용함으로써 3·1운동 이래 팽배한 반일기운을 진정·무마시키면서 타협적인 방향으로 전환, 민족세력을 포용하는 이른바 문화운동을 일으킨다는 계획을 세웠던 것이다.17)

1921년 12월경 마침내 춘원과 사이토 총독의 단독 담판이 이루어졌다. 춘원은 경기도 경찰부장 시라카미(白上裕吉)의 안내로 남산 왜성대(倭城臺) 총독관저를 방문하여 총독과 독대담판(獨對談判)을 벌였다. 경찰부장은 총독에게 이광수를 안내하고 나서 돌아가고 총독과 단독으로 대담했다. 사이토는 아베(阿部充家)의 소개로 춘원을 잘 안다면서 "자기가 조선에 와서 하고 있는 일 중 가장 중요한 것은 조선의 산을 푸르게 하는 일"이라며 산림녹화에 대한 화두를 던지면서 대담하였다.18)

총독 : 춘원의 사상에 대해서는 대략 아베를 통해서 들어 알고 있으나 조선 민족의 포부로서 독립운동을 하였나?

춘원 : 민족개조의 이론과 실행 방법에 대해서 이야기하면서 청년수양운동과 대중교화운동을 일으켜야 한다. 조선인은 독립자치와 같은 정치적 문제를 말하기 전에 자신을 도덕적으로 개량하지 않으면 안 된다.

총독 : 몹시 좋다. 비용을 위해서는 국유 미개간지를 주겠다.19)

---

17) 姜東鎭, 『日帝의 韓國侵略政策史』(한길사, 1980), pp.384～385.

18) 香山光郞, 『同胞に寄す』(京城 博文書舘, 1941), pp.220～222, 眞に朝鮮同胞を愛した二人; 김원모·이경훈 편역, 『동포에 告함: 春園 李光洙 親日文學』(철학과현실사, 1997), pp.248～251, 진실로 조선동포를 사랑했던 두 사람.

19) 『독립운동사자료집』(독립운동사편찬위원회, 1977), 권 12(문화투쟁사 자료집), pp.1394, 1425, 昭和16年 刑上 第102～104號(1941. 7. 21); 『韓國獨立運動史』, 권 5(국사편찬위원회, 1969), pp.443～453.

이와 같이 이광수는 독립자치 같은 정치문제는 완전 배제한 채 오로지 민족개조운동, 민중교화운동에 주력하는 수양운동단체를 결성하겠다고 언명하자 사이토 총독은 이광수의 문화운동 방안은 위대한 식견이라고 격찬하면서 물질적 지원을 아끼지 않겠다고 약속하였다. 사이토와의 대타협으로 수양운동단체를 결성하는 데 합의함으로써 이제 이광수는 합법적인 민족운동을 전개할 수 있는 계기를 마련한 것이다. 특히 조선 안에서의 민족주의자 기타가 이에 호응하여 민족개조 또는 수양운동이란 목표를 향해 사상 선도에 노력하기로 타협한 것이다. 사이토 총독은 조선통치에는 이광수가 주장하는 수양운동 방식이 가장 시의적절한 방법이라고 전폭 찬동하고 있다. 이광수의 문화운동이 총독 자신의 문화통치 이념과 일치한다면서 아주 좋은 운동이라고 찬성했다. 총독은 이광수의 문화운동에 사용할 경비 보조로 국유지 미개간지를 떼어주겠다고 약속했다. 이와 같이 이광수는 총독의 전폭적인 지원과 허가를 받아 마침내 수양동맹회 및 재단법인 통속교육보급회를 창설할 수 있다는 보장을 받아내는 데 성공한 것이다.[20]

1920년 4월 이광수는 안창호 앞에서 손을 들어 흥사단 입단서약을 행했다. "전 생명과 전 재산을 다 조국에 바치겠다"[21]고 맹세한 것이다. 1921년 도산 안창호의 분신인 이광수는 '귀순변절자'라는 세인의 비난 공격을 개의치 않고 흥사단 입단서약을 실천하기 위하여 흥사단 국내 지부격인 수양동맹회라는 비밀결사를 조직하였다. 상해 흥사단 원동위원부(1920) → 수양동맹회(1922) → 수양동우회(1926) → 동우회(1929) → 동우회 사건(1937. 6. 7)에 이르기까지 국내 유일의 민족주의 운동단체를 한평생 이끌면서 줄기차게 민족운동을 전개했던 것이다.

이광수는 귀국 후 허영숙과의 결혼식을 미루다가 의도적으로 그해 미국 독립기념일(1921. 7. 4)에 정식 결혼식을 올렸다. 이는 민족해방운동에 일신을 바치겠다는 춘원의 상징적인 의미가 있다. 춘원이 소년 때 고향에서 결혼했던 사람은 그 당시에 항용 있었던 일로서 춘원 집으로

---

20) 『독립운동사자료집』, 권 12, pp.1401, 1425.
21) 島山紀念事業會, 『島山安昌浩』(太極書館, 1947), pp.307~322.

입적되지 않은 상태인지라 이혼문제는 완전히 해소되었다. 이광수와 허영숙은 결혼식을 거행한 후 신혼여행으로 금강산 순례의 길을 떠났다. 이광수는 상해 임정을 탈퇴하고 본국으로 돌아온 데 대한 죄책감과 이로 인한 '귀순변절자'라는 세인의 낙인을 뉘우치면서 금강산 대자연의 장엄 앞에서 참회하고 영(靈)의 세례를 받고자 했다. 이때 쓴 것이 '금강산유기(金剛山遊記)'이다. 귀국 후 이광수는 당주동 허영숙 집에서 칩거하면서 경신학교(儆新學校) 영어교사로 출강하였고, 동아일보에 Y생이란 필명으로 '가실'을 연재한 직후 김성수, 송진우의 권고로 1923년 5월 동아일보에 입사하였다. 그리고 동아일보에 입사하자마자 도산 안창호를 그린 '선도자'를 '장백산인'이란 호로 연재하기 시작했다.

2. 민족보존을 위한 자기희생으로서의 친일전향

한편 춘원은 도산 선생과는 흥사단 운동을 국내에서 반합법적으로 전개하였고 그것을 합법적으로 대중화하기 위하여 '거짓말하지 말자', '부지런히 일하자', '동포끼리 갈려서 싸우지 말고 단합하자' 하는 민족성 혁신과 인격 향상을 위하는 수양동우회 일을 시작하였다. 결혼생활 7년 만인 1927년 5월에는 첫 아들 봉근을 얻었다. 1927년은 이광수로서는 생사를 넘나드는 죽음의 한 해였다. 폐결핵이 재발하여 6백 그램의 피를 토하고 시력이 쇠약해져서 사물의 형상을 알아보지 못할 지경에 이르더니 1주간 혼수상태에 빠지고 말았다. 첫 아들을 얻은 영광조차 모른 채 혼미한 병상에서 저승사자를 맞이할 준비를 하고 있었다. 그해 9월 10일 춘원은 동아일보 편집국장직을 사직하고 수양동우회 동지 김선량(金善亮), 유상규(劉相奎)의 주선으로 황해도 안악 연등사 학소암 신천온천으로 요양했는데, 총독부 병원에 근무하던 이계천(李繼天)이 날마다 병간호를 하여 숙박비까지를 전담했다. 1927년 11월 말 눈 내리는 어느 날 허영숙이 생후 5개월 된 봉근을 업고 연등사 학소암을 찾아왔다. 부자간 첫 만남이었다. 춘원은 얼마나 반갑고 대견했던지, 동요 '나무리 구십리'를 작사하였다. "어젯날 좋은 날, 우리 애기 날, 나무리 구십리, 일점풍 없네. 복 많은 우리 애기, 가는 곳마다, 세상에 기쁨과, 화평을 주네."22) 죽음에서 새 생명의 탄생을 찬양하고 있다.

그런데 봉근이가 1934년 2월 여덟 살의 나이에 급사하자 아버지로서의 춘원의 상심은 어머니보다 훨씬 깊었다. 윤봉길의 폭탄의거에 연루되어 도산이 국내로 압송되어 대전형무소에 복역 중인 데다가, 그리고 동우회가 부진한 가운데 설상가상으로 봉근이마저 죽어버리니 춘원의 참척(慘慽)은 천길만길 나락의 구렁텅이에 함몰하고 만다. 그때 춘원은 1년 동안 인간의 무상함을 뼈아프게 느끼고 철학과 종교를 많이 읽고 생각하였다. 이때 춘원의 8촌 동생 봉선사 주지스님 운허 이학수(李學洙)가 법화경 한 질을 춘원에게 갖다 준 것이 춘원의 불교 귀의에 영향을 주었다. 결국 춘원이 불교로 귀의하게 된 간접적이며 직접적인 동기는 봉근의 죽음에서 느낀 슬픔에서 발원한 것이었다.

동아일보 편집국장 춘원으로서는 민족운동을 하며 글을 쓰는 사람으로서 능력이 있는 편이었다. 그러나 가정생활을 지탱할 정도는 어려운 것이었다. 아이가 죽은 때는 30대 후반으로서 세상이 허무하였다. 춘원은 도산 선생의 옥바라지를 하는 일에만 열중하여 가사는 돌보지 않았다. 이에 허영숙은 장래의 생활문제를 고민하게 되었으니 아이들 교육을 위해 경제적으로 개척할 결심을 하였다. 1935년 8월 동경에 가서 연구하여 학위를 얻을 생각으로 젖먹이를 데리고 현해탄을 건넜다. 3년 동안 일본 적십자병원에 근무하면서 연구를 계속한 것이다.

그런데 춘원 부부 사이에 소위 가정쟁의(家庭爭議)는 경제문제가 유일한 원인이었다. 그것은 춘원이 경제적 능력이 없어서 부인이 고생하였다거나 부인이 허영숙 산원을 개업하고부터 허영숙에게 경제력이 생겨서 생활을 유지하였다거나 그런 문제는 아니었다. 그것은 경제문제에 대한 관념 자체가 근본적으로 다른 데서 생긴 문제였다.

지금 생각하면 나는 '돈' 문제로 춘원을 너무 괴롭혔다고 후회하고 있다. 춘원이 재물에 대한 나의 집착을 일소(一笑)하고 때로는 민소(憫

---

22) 『東亞日報』(1928. 10. 12), 死(李光洙); 『三千里』(1932. 2), 나무리 구십리.

笑)까지 할 때에 나는 "그것이 당신의 위선(僞善)"이라고 반박하기가 일쑤였다. 그러나 6·25의 전화를 겪고 보니 춘원의 재물에 대한 무욕(無慾)이 역시 옳았다는 것을 깨달았다.

가령 내가 없는 동안에 출판사에서 판권대(版權代)나 인세(印稅)나 원고료가 좀 들어오면 그것은 가정생활비나 아이들 교육비로 할 생각은 조금도 않고 앓거나 가난한 동지들에게 열 봉투쯤에다 나누어서 넣고 있는 것이다. 그럴 때 내가 발견하면 그것을 도로 몰수한 뒤에 그의 일부만을 춘원 의사에 맡겼다. 그리고 나는 이렇게 공격하였던 것이다. "집안 아이들의 교육비는 어떻게 하려고 돈푼이 생기기만 하면 동지나 친구에게 선심만 쓰려고 하시오. 처자의 생활이나 교육은 생각지 않고 자기만 친구들에게 인심 사려는 것이 당신의 위선입니다."

"아니, 아이들 공부 걱정은 말아요. 그래 그놈들이 아비나 어미 돈 없으면 공부 못할 줄 아오. 걱정 말아요. 이광수 자식은 돈 없어도 공부할 테니." 그렇게 말하는 것이 나에게는 역시 야속하였고, 일종의 위선같이밖에 생각되지 않았다. 춘원은 상식 이상으로 재물에 대한 관심이 없었고 나는 그 춘원보다는 너무 집착하였던 것만은 사실이었다.

해방 후에는 우리 집에 큰 도난사건이 있었다. 딸들의 출가(出嫁) 때 유렴(유념)으로 나는 해방 전부터 구할 수 있던 비단이며 금붙이, 패물 따위를 장만해왔었다. 그런데 그 아까운 것을 서너 장롱 톡톡 털려버렸다. 감쪽같이 도둑을 맞았었다. 내가 실신할 정도로 낙망하자 춘원은 무슨 큰 경사나 난 것처럼 손뼉을 치며 껄껄 웃고 기뻐하였다. 그것은 나를 놀린다는 그런 의미의 것이 아니고 어떤 종교적인 희열(喜悅)을 느끼는 것 같았다. 그리고 그뿐 아니라 그 도난이 나를 구제한다는 것이었다.

"그렇게 내가 항상 재물에 욕(慾)을 두지 말자고 하지 않았소. 그것 때문에 집에 있으나 밖에 나가나 도적맞지 않을까 화재당하지 않을까… 하루도 몇 번 쇠를 열었다 잠갔다 하고… 인제 그런 걱정 않게 되었으니 얼마나 마음이 거뜬하오. 정말 보약 먹는 것보다 좋게 되었소. 당신의 살이 찔 테니 보소. 그 도둑을 미워할 게 아니라 고맙게 생각합시다."

그래서 나는 그때도 그것이 당신의 '위선'이라고 대꾸하였다. 그러나 지금 생각하면 그것을 그때 잃어버리지 않았어도 공산군들이 다른 물건을 모두 가져갔으니 그들에게 진상하고 말았을 것이다. 그것을 그때 도둑맞음으로써 그때의 춘원의 말을 이해하지는 못한 나였지마는 춘원이 그렇게 무사(無邪)한 동심(童心)으로 기뻐하던 세월이 얼마나 좋았던가. 나는 지금 와서야 그런 살림살이 문제로 소위 바가지 긁은 것을 후회하면서 춘원이 평생을 두고 재물에 대한 무욕의 진가를 알았다.23)

돈 문제로 인한 부부간의 갈등과 언쟁은 다반사이다. 그러나 재산에는 전혀 무관심한 춘원과 이재(理財)에 밝은 허영숙의 경우 돈 문제는 너무 심각한 반목의 경지에 이르렀다고 김팔봉(金八峯)은 증언하고 있다. 오죽하면 해방 후 재산을 지키기 위하여 허영숙은 호적계에 이혼계를 제출했겠는가. "그때 사랑채같이 생긴 곳에서 얘기했는데 빨간 벽돌로 담을 쌓은 곳이었죠. 눈에 선해요, 지금도. 거기서 여러 가지 얘기를 했어요. 그 뒤로 자주 만났지요. 그 후에 명륜동에서도 살았어요. 하루는 갔더니 춘원이 없다 하여 안으로 들어가니까, 허영숙 여사가 얼굴이 부어가지고 골이 잔뜩 나서 대답도 않고 그래요. 책상 위가 어질러진 채로 있는 것으로 보아서 멀리는 간 것 같지 않았어요. 춘원 댁을 나와서 창경원 담 쪽, 지금의 과학 기술관이 생기기 전, 그곳으로 가니까 큰 소나무 밑에 사람의 그림자가 있어서 보니까 춘원이 앉아 있지 않겠어요. '춘원 선생님 웬일이세요. 댁으로 갔다가 그냥 돌아오는 길입니다' 하였더니 '지금 내 가슴속에서 악마하고 나하고 싸우고 있소' 하더군요."24)

1935년 12월 이광수는 일본 적십자병원 산원에서 연구생활을 하고 있는 가족을 만나고자 동경 여행을 단행했다. 이때 '경성서 동경까지'25)라는 명기행문을 남겼다. 그리고 이듬해 1936년 1월에 귀국하여

23) 『現代公論』(1954. 5), pp.118~124, 내가 본 春園의 生涯(2)(許英肅).

24) 『기러기』 제167호(1979. 5, 春園米壽紀念特集), pp.28~29, 春園 李光洙의 文學과 思想의 功過, 春園米壽座談會.

25) 春園李光洙著作, 朝鮮語學會校鑑, 『文章讀本』(弘智出版社, 大成書林, 1937. 3. 15), pp.228~236, 京城서 東京까지(紀行). 국민 필독서인 '문장독본'은 동우회 사건 발발 직후에 간행되었다.

홍지동 산장에서 문학청년 박정호와 함께 동거하였다. 1937년 6월 7일에는 동우회 사건이 발생, 도산과 춘원을 비롯하여 동우회 회원 181명 전원이 총검거되었다.

　얼마 전에 조선 장로교 교육부 총무 정인과(鄭仁果)에게 미국 선교부라는 명칭으로 거액의 돈이 부쳐왔는데, 부내(府內) 종로경찰서에서는 이는 단순한 선교비가 아니라 미국에 거주하는 조선인 단체에서 모종의 목적으로 부친 것이라는 혐의로 즉시 활동을 개시하여 정인과와 전조선면려청년회(全朝鮮勉勵靑年會) 총무 이대위(李大偉) 양명을 검거하여다가 이래 극비리에 취조 중이든바 7일 아침에는 종로서 고등계원이 총출동하여 대긴장리에 이광수(李光洙), 박현환(朴賢煥), 김윤경(金允經), 신윤국(申允局), 한승인(韓昇寅) 등 5명을 인치하여 유치시키고 직접 사이카(齊賀八郎) 고등계 차석이 비밀실에서 취조 중이다. 이들 유치된 사람들이 수양동우회의 중요 멤버인 만큼 사건은 앞으로 더욱 확대되리라 한다.26)

조선총독부 경무국 당국은 동우회 사건에 대해 다음과 같은 탄압경위를 발표하고 있다.

　재경성(在京城) 기독교 청년면려회에서는 1937년 6월 12, 13일 양일간 항례(恒例)에 의한 금주운동을 행할 계획으로 동년 5월 11일 이의 실행에 관한 조선 내 35개소 지부 앞으로 지령함에 당하여 당국의 허가를 받지 않고 "멸망에 빠진 민족을 구출할 기독교인의 역할 운운(滅亡に陷りたる民族を救出する基督敎人の役割云云)"이라는 불온문구를 삽입한 인쇄물을 작성·우송하였는데, 관할 종로경찰서에는 동회 조선연합회 서기 이양섭(李良燮)을 구속·취조함에 동회의 우이(牛耳)를 잡고 있는 이용설(李容卨), 정인과, 이대위, 주요한(朱耀翰), 류형기(柳瀅基) 등은 모두가 당국에서는 민족주의 운동의 비밀결사의 용의가 있어 주의 중인바, 이들은 동우회의 간부임이 판명되었기에 6월 7일 관계자를 취조한 결과 예상한 바와 같이 동우회는 재외(在外) 불온단

---

26) 『東亞日報』(1937. 6. 9), 修養同友會 事件 擴大 李光洙 等 7명을 引致.

체인 흥사단의 조선 내 별동단체임을 확증하기에 이르렀고, 이로써 전면적 검거에 착수하여 예의 취조에 노력한 결과 전술한 바와 같이 범죄 사실이 판명되었다.

1937년 8월 10일 경성지회(京城支會) 관계 55명(기소 15명, 동 유예 23명, 동 중지 17명), 동 11월 1일 평양(平壤) · 선천(宣川) 각 지회 관계 93명(기소 22명, 동 유예 13명, 동 중지 58명), 1938년 3월 22일 안악(安岳)지회 관계 33명(기소 12명, 유예 21명), 합계 181명(기소 49명, 동 유예 57명, 동 중지 75명), 모두 치안유지법 위반의 죄명을 붙여 각기 송국하면서 기소 42명 이하는 검사 처분을 받게 되었다.[27]

경무국 당국은 안창호를 치안유지법 위반죄로 기소하여 공판에 붙인다는 이유서를 발표했다.

1919년 4월 상해에서 민족주의자 이광수들이 혁명 수단에 의한 한국 독립을 목적하는 결사 대한민국 임시정부를 조직함에 안창호는 동년 5월 상해에 이르러 이에 가입하고 내무총장에 선임되어 이래 그 목적 수행을 위하여 활약하던 중 1920년 12월경에 그곳에서 이광수들과 회합하여 한국 안에서도 흥사단과 같은 목적의 결사를 만들어 장래는 이와 합병하기를 협의하고 그 결과로 이광수들은 귀국하여 1922년 2월 12일에 경성(당주동 9번지 이광수 자택인 영혜의원)에서 흥사단과 같은 목적 · 강령으로 수양동맹회를 조직하고, 일변 대성중학교를 중심으로 하여 미리부터 안창호에게 사숙(私淑)하던 민족주의자 김동원(金東元)은 1923년 1월 26일 평양에서 흥사단과 같은 목적 · 강령으로 동우구락부를 조직하게 되었다. 그 뒤 안창호에게서 위의 두 결사는 이명동체(異名同體)인 고로 대동단결하여 흥사단 운동의 확대 강화를 꾀함이 좋다는 종용으로 인하여 1925년 10월에 동우구락부를 해산하고 수양동맹회에 합하게 되어 1926년 1월 8일 그 명칭을 수양동우회로 고치고, 1929년 7월 20일의 전 회원의 투표와 11월 23일 의사부회의 통과로 다시 동우회라 고치였으나, 여전 종전의 목적 · 강령으로 흥사

27) 朝鮮總督府 警務局 編, 『最近に於ける朝鮮治安狀況(1938)』(巖南堂書店, 1966), p.372.

단과 서로 호응하며 그 자매단체로서 수시 회합하여 회원의 획득, 회세의 진흥 등에 대하여 협의하였다. 그동안 안창호는 직접 간접으로 이를 지도하였는데 1928년경에 수양동우회 간부로부터 동회 개조안에 대하여 의견을 물음에 대하여 곧 개조하면 당국으로부터 해산을 당할 우려가 있으므로 당분간 종전대로 한국 독립의 기초를 준비하는 투사 양성기관에 그치고, 장래 자기가 조직하려는 혁명당의 일부분을 담당할 것을 지령하였고, 다음 1929년 중국과 미국의 흥사단에 서신을 보내어 '미국에 체류하는 동지 각위에게'라는 제목 밑에 흥사단 조직 당시의 정형(情形)과 목적·강령들을 자세히 설명하고, 또 한국 안에서는 수양동우회라는 결사가 있어서 처소의 관계로 표면은 수양단체같이 가장하여 당국을 속이고 있으나 본시부터 흥사단과 같은 목적·강령으로 조직된 것이므로 금후는 서로 제휴하여 소기의 목적 달성에 매진하지 아니하지 못할 뜻으로 격려하고, 그 뒤 상해에서 민족주의자 이동녕(李東寧)들과 함께 한국독립당을 조직하고 그 다음 민족주의자 한국빈(韓國彬)들과 함께 대일전선(對日戰線) 통일동맹을 조직하려고 한 때문에 검거되어(윤봉길 폭탄의거에 연루되어) 1932년 6월 7일 서울로 와서 12월 16일 경성지방법원에서 치안유지법 위반죄로 징역 4년에 처형되어 대전감옥소에서 복역하다가 1935년 2월 10일 출옥하여 경성을 위시하여 평양, 선천 등지에 유세하여 동우회 회원에게 한국 독립을 달성하게 함에는 먼저 자아혁신(自我革新)을 급무로 하여야 한다는 뜻으로 선동하여온 것이다.28)

안창호 기소 이유의 가장 큰 죄목은 한국독립당을 조직했다는 것이다. 이는 곧 일제 통치에 대한 정면도전이 아닐 수 없다.

1929년 4월 임시정부 사무소에서, 이동녕(李東寧), 이시영(李始榮), 김구(金九), 조소앙(趙素昻), 김철(金澈), 조완구(趙琬九), 이유필(李裕弼), 최석순(崔錫淳), 김붕준(金朋濬), 윤기섭(尹琦燮), 옥성빈(玉成彬), 정태희(鄭泰熙), 안공근(安恭根), 김갑(金甲), 박찬익(朴贊翊) 및 피고

---

28) 『思想界』(1964. 3), pp.46~53, 여기 日帝의 殘虐相이!: 金炳魯 先生의 訃音을 듣고 同友會事件을 회상한다(金允經).

인(安昌浩) 등이 모여 협의하였고, 조선의 독립을 완성하여 민주공화국을 만드는 것을 목적으로 하는 결사 한국독립당을 조직하였다. 조소앙, 조완구 및 피고인(안창호)은 선출되어 당헌기초위원이 되었고, 그후 1개월 만에 앞서 설명한 임시정부 사무소에서 동지들과 다시 만나 당헌기초위원의 기안에 관한 "일본 제국주의 침탈 세력을 배격하고, 국토와 국헌을 완전히 탈환하여 정치 경제의 균등을 기본으로 하는 민주공화국을 건설하고 국가와 국가 민족과 민족이 평등한 지위에 입각하여 공존·공영하는 세계를 실현하는 데 노력하는 것을 목적으로 한다"라는 취지의 초안을 가결하여 당헌을 정비하였다. 피고인이 선출되어 이사에 취임하였고, 1931년 9월경까지 그 지위를 유지하며 활동하였다.29)

동우회 사건 발발 당시 허영숙은 학위를 얻기 위하여 일본 적십자병원에서 연구생활 중이었다. 이 소식을 듣고 허영숙은 가족을 데리고 급거 귀국하였다.

도산 선생은 거의 옥사하실 중태로서 보석 요양 중이었고, 춘원도 전신이 뚱뚱 부어서 보석 입원(病監) 중이었다. 도산 선생은 대전형무소에서 오랜 동안 복역하고 나오시자 국민들의 지지가 전보다도 몇 배나 열렬하였으므로 이에 놀란 총독부에서는 미국으로 쫓아 보내려고 하였다. 그러나 도산 선생은 "내 어찌 이처럼 어려운 본국에서 고생하는 동지들과 불쌍한 동포를 버리고 나 일신만 안전한 외국에 가 있을 수 있느냐. 죽어도 이 땅에서 동지와 동포들과 같이 싸우다 죽겠다"고 미국 보내준다는 것도 거부하셨는데 마침내 본국 땅에서 싸우다 옥환(獄患)으로 영면(永眠)하고 마셨다(1938. 3. 10).

그런데 도산 선생의 임종 시에 춘원에게 전하라는 유언이 "동지를 구(救)하시오, 동지를 구하시오" 하는 것이었다고 오기영(吳基永)이란 이가 가지고 왔다. 춘원은 그 의미를 잘 알 수가 없어서 고 송진우(宋鎭禹) 씨를 병원에 불러다 물었더니 송진우 씨는 그것이 "춘원이

29) 한인섭,『식민지 법정에서 독립을 변론하다: 허헌·김병로·이인과 함께 재판 투쟁』(경인문화사, 2012. 4. 25), pp.503~504.

동지를 구할 길이 다른 거야 있소. 친일(親日)을 하더라도 우선 백여 명 수감(收監) 동지를 구하라는 것이 아니겠소" 하는 대답이었다.

그래서 춘원은 그 다음 날부터 오랜 민족독립투쟁의 사상(思想)에서 친일 쪽으로 전향(轉向)하였다. 여기서 이 도산 선생의 "동지를 구하시오, 동지를 구하시오" 한 유언의 말씀은 실로 중대하고 또 도산 선생을 숭배하는 동지들의 의문으로 아직도 남아 있을 줄 믿는다. 춘원 자신도 아마 도산 선생이 친일로써 "동지를 구하라"고 하셨다고는 믿고 싶지 않았을 것이다. 그러나 고 송진우 씨가 병원에 와서 그렇게 분명히 해석하였다. 이것도 도산 선생이 그런 방법까지 말씀하신 것을 들은 것은 아닐 것이요, 자신의 판단으로 그때 정세와 춘원의 힘으로 동지를 구하는 길이 전향밖에는 없었기 때문이었을 것이다.

생각건대 도산 선생은 돌아가시는 순간까지도 동지들을 잊지 못하시고 그 백여 명이 다 선생 자신과 같은 옥고로 죽어가는 악몽에 견디지 못하여서 춘원에게뿐 아니라 모든 구할 수 있는 동지에게 동지들을 구출하라는 최후의 말씀이었을 것이다. "구(救)하시오" 하는 것은 비원(悲願)이요 목적이었고, 반드시 친일해서 구하라는 방법까지 지시하신 것도 암시하신 것도 아니었다. 그러나 "구하라"는 것만은 선생의 지성(至誠)의 동지애(同志愛)였고 지도자로서의 최후의 명령이었던 것이다.[30]

오기영이 춘원에게 전했다는 도산의 "동지를 구하시오"라는 최후 유언은 사실임을 확인할 수 있다. 도산 임종 시 오기영, 송진우, 백관수 등이 임종을 지켜봤다. 이광수는 도산의 임종 시 동지를 구하라는 최후의 사명을 자신에게 전했다고 증언하고 있다. "삼월 초생 어떤 날 오기영이 대학병원에 댕겨(다녀)오는 길이라 하여 내 병실에 들러서 도산의 어떤 메시지를 전하였다. 그것은 옥에 있는 동지를 염려하는 간단한 말이었으나 내게는 그것이 마지막 유언같이 들렸다."[31]

1938년 3월 9일 도산 병실에는 오기영, 송진우, 백관수 그리고 동아일보 기자 채정근(蔡廷根) 등이 와 있었다. 오기영이 주치의 김용필(金

---

30) 『現代公論』(1954. 5), pp.124~133, 내가 본 春園의 生涯(2)(許英肅).

31) 春園 李光洙, 『나의 告白』(春秋社, 1948. 12. 25), p.159.

容弼)에게 도산의 용태를 물으니 회춘할 가망이 없다고 고개를 설레설레 저었다. 이에 오기영은 C선생(춘원)과 상의한 끝에 다시 회춘할 가망이 없다는 것과 최후를 위하여 '마음의 준비'(유언)를 하도록 청하자 도산은 "김 박사(주치의 김용필)의 의향이오?"라고 물었다. 오기영은 "김 박사뿐 아니라 C선생(춘원)과도 의논하여 여쭙는 것입니다"라고 응답했다. 그러자 옥고를 치르고 있는 혁명동지를 염려하는 최후 유언을 남긴 것이다. "알았소. 나는 불민한 사람이야. 소위 몸을 혁명운동에 바쳤다고 하면서 와석종신(臥席終身)이 당한가. 더구나 동지들을 옥중에 둔 채 나만 이렇게 뜨뜻한 병실에서 정성스런 치료와 간호를 받았으니 죽어도 죄스럽소."[32]

오기영의 이 증언의 요지는 도산이 옥고에 신음하고 있는 혁명동지를 구출하라는 메시지로 전한 것으로 받아들여지고 있다. 이는 이광수의 증언과 완전 일치하고 있다. 도산은 1938년 3월 10일 영 시 오 분에 장서하였다. 병원 장례식장에서의 고별식(발인)은 춘원이 주재했다. 양주경찰서는 망우리 공동묘지에 가족 이외에는 호상객들의 출입을 제한했기 때문에 이광수는 묘지에 가지도 못하고 도산의 형 안치호(安致鎬)만이 상여 뒤를 따를 뿐이었다.[33]

허영숙은 춘원이 도산의 동지 구출 유언을 충실히 수행하는 것만이 자신에게 주어진 지상 명령이라고 확신하고 옥중에 신음하고 있는 혁명동지를 모두 방면하는 조건으로 친일전향을 단행했다고 증언하고 있다. 동우회를 이끌어왔던 민족지도자 춘원은 그 당시 정치공학상의 압제 하에서는 친일전향하지 않고는 동지 구출은 불가능하다는 것을 인식했던 것이다.

그러면 어떤 방법으로 구하느냐? 그것을 고 송진우 씨는 춘원이 전

---

32) 吳基永, 『民族의 悲願』(서울신문사, 1947. 12. 18), pp.73~82, 島山先生의 最後.

33) 『三千里』(1938. 5), pp.90~93, 島山의 臨終; 『독립운동사자료집』, 권 12, pp.1280~1281, 昭和13年 刑控 第7·8·9號(1939. 1. 10).

향하는 길밖에는 그 당시는 없었다고 판단하였다. 그리고 춘원도 도산 선생의 "동지를 구하라"는 것은 유언의 명령이었으나 전향의 방법까지 도산 선생이 지시 또는 암시하셨다고 믿지 않았을 것이다. 나는 지금도 그렇게 생각하고 있다. 동지를 구하기로 결심한 것만은 도산 선생의 유언을 지키려는 직접 동기였다. 그러나 그 방법으로 춘원이 할 수 있는 길은 오직 전향뿐이었으므로 춘원의 자기 의사로서 행한 데 지나지 않았다고 믿는다.

그리고 그 이튿날 춘원은 검사에게 자기의 전향을 명백히 표명하고 전 관계 동지를 즉시 무죄 해방하여야 한다는 조건을 붙여서 교섭하였다. 그래서 동 사건은 전 동지의 무죄 해방으로 낙착되었다. 그리고 자기의 전향은 조금도 양심을 속이는 거짓말이 아니라고 맹세하였다. 그래서 춘원은 "동지를 구하시오" 하신 도산 선생의 유언은 실천하였다. 그러나 춘원이 취한 그 방법인 전향의 죄는 춘원 자신이 져야 할 운명으로서 반민특위에까지 문제되었던 것이다. 춘원은 반민특위 조사에서도 일관된 태도로서 자기의 친일행위는 당시의 형편으로서 민족을 위한 행위였다고 진술하였고 '나의 고백'에서도 그런 취지로 되어 있다. 나는 춘원의 거짓말 않는 인간적, 종교적 본질에서 그것도 춘원으로서의 진실이었다고 믿는다.[34]

이정화(李廷華)는 아버지 춘원이 친일전향을 결행했을 때 어머니 허영숙은 그것은 민족을 살리기 위한 것이라고 증언했다고 언급하였다. "수양동우회 사건에 41명이 연루됐어요. 자신은 친일누명을 쓰더라도 이들의 유죄를 막겠다는 마음이었던 것 같아요. 어머니는 '당신 미쳤느냐, 이게 무슨 짓이냐'며 울었답니다. 아버님도 울면서 '나는 이 길을 가야겠다'고 했대요. 아버님은 일제에 계속 저항하면 한글이 폐지되고 민족도 말살된다고 봤어요. 과대망상이고 어리석은 생각이었지만…"[35]

도산이 운명하자 동우회의 모든 책임은 이광수에게 집중되었다. 동

---

34) 『現代公論』(1954. 6), p.223, 내가 본 春園의 生涯(3)(許英肅).

35) 『朝鮮日報』(2014. 10. 13), 최보식이 만난 사람. '춘원 이광수의 딸' 이정화 박사 최초 인터뷰: "아버님을 사랑하는 분들에겐 감사를, 미워하는 분들에겐 사과를".

우회 사건의 형사피고인 이광수는 1938년 7월 29일 보석으로 풀려났지만 언제 또다시 구속·수감될지 모를 '체포 트라우마'에 걸려 있었다. '춘원연구'로 이광수를 신랄하게 비판했던 명망 높은 김동인도 이광수의 친일전향의 동기는 '동지 구출'이라고 증언하고 있다. 친일전향을 해서라도 40명 동지를 구출해달라는 김동인의 간청에 응해, 이광수는 도산의 동지 구출 유언을 실천했다. 이리하여 이광수는 마침내 자기 한 몸을 친일제단에 희생양으로 바치고 친일전향을 단행함으로써 동우회 사건의 무죄판결을 얻어내어 40명 동지를 구출해낸 것이다.

북지나(북중국) 여행을 끝내고, 그 뒤 연여(年餘)를 건강회복 때문에 이 온천장 저 온천장으로 돌아다니다가 조금 나아서 서울 집으로 돌아왔다. 돌아와 둘러보니 이 땅의 문단은 참으로 참담한 형태였다. 내가 그렇게도 사랑하고 아끼던 이 땅의 문단의 형태는 그야말로 참담하게 흐려졌다.

'동아일보', '조선일보', '중앙일보'는 폐간되고, 온갖 잡지도 모두 문을 닫혀서, 문학이 의지할 근거지가 없게 되었다. 게다가 조선총독부 당국의 조선어 박멸책은 더욱 강화되어, 도회지의 아이들은 이젠 집에서부터 일본말을 쓰도록 훈련받고, 조선문의 출판물은 출판을 금지하고, 예전 출판허가를 받은 것조차 새로 출판하려면 다시 검열을 받으라는 철저한 방침이었다. 글을 쓰려면 반드시 시국적(時局的)의 글을 써라, 다른 글은 지금 비상시국 하에 절대로 용인할 수 없다는 것이었다.

아직껏 20년간을 민족주의적 지도자로서 자타가 허락하던 이광수가 전향한 것이 이때였다. 이광수는 동우회의 형사피고인으로 보석은 현재 자유로운 터이지만 재입옥(再入獄)될지 알 수 없는 아슬아슬한 처지였다. 같은 동우회 형사피고인으로 보석 중에 있던 가형(家兄) 김동원(金東元)이 어떤 날 나를 조용히 불렀다. 그때 나는 북경 여행에서 돌아와서 온천장으로 휴양 다니다가, 평양에 쉬고 있던 때였다. 형은 나더러 잠깐 상경하여 춘원을 만나 춘원의 심경(心境)을 좀 따져보라는 것이었다.

나는 형의 심경을 짐작하였다. 부잣집 맏아들로 아직껏 고생을 모르고 지낸 형 — 그가 예전 소위 '사내총독(寺內總督) 암살 미수사건'이라는 세칭 백오인(百五人) 사건(1910)에 걸리어 3년간을 감옥 미결수로 있은 경력이 있고, 지금 또다시 동우회 사건에 걸려들어 역시 미결수로 2년 나마를 있다가 지금 보석으로 출옥해 있기는 하지만, 당국이 동우회를 처벌할 생각을 가지는 동안은 반드시 언제든 또 고난을 해야 할 것이다. 나이 60, 이제 또 감옥에 들어갔다가는 반드시 죽는다. 그의 선배 동지 도산 안창호는 얼마 전에 죽어버렸다.

동우회의 — 동우회 회원들의 운명은 언제 춘원 이광수의 거취에 달려 있다. 이광수가 당국에게 대하여 전향(轉向)을 표명하면 혹은 용서될 수도 있겠거니와, 이광수가 버티면 동우회 40, 50명의 생명은 형무소에서 결말을 지을 밖에는 없었다. 도산 안창호 떠난 뒤의 동우회는 오직 이광수의 전향 여하로 운명이 결정될 것이다. 동우회의 평남(平南) 책임자로서 주요한 책임을 지고 있는 가형의 이때의 심경을 나는 짐작할 수 있었다.

나는 형에게 여러 가지의 의논을 하기를 피하였다. 이것이 나의 독단인지는 모르지만 나는 형이 내게 한 말이 이광수를 전향시키어 동우회 40여 명의 생명을 구해달라는 뜻으로 들었다. 연전 북경 여행을 단행하여 문단에 내리려는 박해를 모면케 한 나는, 이에 가형 이하 40여 명 동우회의 운명을 좌우하는 중대한 사명을 지고, 또다시 병든 몸을 이끌고 상경하기로 하였다.

걸음걸이가 부자유하기 때문에 택시를 잡아타고 자하골 이광수를 찾은 것은 이튿날 오정도 지나서였다. 택시에게 길에서 한 시간을 기다리라 한 뒤에, 이광수의 집에 들어섰다. 이광수는 그때 자하골 산장에 홀로 있고 문안 자택에서 매일 조반 저녁을 배달하여 먹고 있던 중이었다. 그날은 늦은 가을바람이 세차게 불어서, 문이 연해 덜컥 열리면 이광수는 달려가서 문을 닫고 다시 와서 나와 마주 앉고, 이러는 가운데서 나는, "수(壽), 부(富), 귀(貴)를 일생의 복록으로 꼽는데, 그대 나이 50이니 이미 '수'에 부족이 없고, 그대 비록 재산이 없으나 부인이 넉넉히 자식 양육할 만한 재산이 있으니 '부'도 그만하면 족하고, 춘원 이광수라 하면 그 명성이 이 땅에 어깨를 겨눌 자 없으니 '귀' 또한 족하다. 이제 더 '수'를 누리다가 욕이 혹은 더해지겠고 지금껏 쌓은 공이 헛데로(헛되게) 돌아갈지도 모르겠으니, 그대의 '수'를 50으로 고

정시켜서 그대의 뒤가 헛데로 안 돌아가도록 함이 어떠냐?"고 그의 가슴 찔리는 말을 하였다.

그때 춘원은 난감한 듯이 연해 한숨만 쉬며 대답을 못하고 있었다. 한 시간 기다리라고 약속한 택시는 시간이 되었다고 사이렌을 뚜우뚜우 울리어서 나 나오기를 채근하고 있었다. 나는 종내 몸을 일으켜 택시로 나왔다. 춘원은 따라 나와서 택시를 붙잡고 서서 그냥 아무 말도 못하고 한숨만 쉬고 있다. 한 시간 가량을 이렇게 서 있다가 종내 "내 잘 연구해서 좋도록 처리하리다. 백씨(伯氏)께 그렇게 말씀드려주시오" 하고야 택시를 놓아주었다.

이광수가 그때 어떤 상신서(上申書)를 재판소에 내었는지는 나는 모른다. 그러나 상고심(上告審) 재판까지 올라가서, 이광수는 온 책임을 자기가 뒤집어쓰고 자기는 자기의 잘못을 통절히 느낀다는 성명을 하고, 자기가 그렇게 사랑하는 이 2천만 동포를 진정한 천황(天皇)의 적자(赤子)가 되도록 하기에 여생을 바치겠노라는 서약을 하여, 5년간 끌던 동우회 사건은, 모두 무죄의 판결을 받았다.

내가 그때 춘원에게 권고한 바는, 춘원이 온 '죄'를 홀로 쓰고 수·부·귀 그냥 지닌 채 자살해버리라는 것이었다. '자살'이란 말을 노골적으로 꺼내지 못하여 춘원으로 하여금 내 말뜻을 잘못 해석하여 일련탁생식(一蓮托生式, 좋든 나쁘든 운명을 같이함)의 전향을 성명케 하여, 춘원을 실질적으로 우리 민족운동사상에서 말살케 한 것이다.

춘원은 재판소에서 전향을 성명한 이후 그의 성격상 표리가 다른 언행을 할 수 없으므로, 진정한 일본 천황의 적자가 되고자 노력하였다. 아직껏 꺼리고 피해오던 일본인과의 연회에는 자주 나가고, 총독부 출입조차 자주 하고, 대화동맹(大和同盟)의 간부로 지방강연도 늘 다니고, 집에서는 일본 옷으로 일본식의 생활을 하며, 이러한 생활에 적합한 이론까지 꾸며내어 글로 발표하며 — 지금껏 청년계의 사표(師表)로 추앙받던 춘원이 홱 돌아서서 청년사상 악지도자로 표변하였다.

학병, 징병 등을 위하여 강연을 다니며 천황을 위하여 목숨을 아끼지 말라고 부르짖던 춘원 — 그가 과연 예전 민족을 위하여 목숨을 바치라고 외치던 춘원의 후신이라고는 믿을 수 없었다. 춘원의 성격은 어디까지든 충직하였다. 겉으로만 부르짖고 속으로 딴 꿈을 꿀 줄 모르는 사람이었다. 그런지라, 솔선하여 창씨개명도 하였고 대담스럽게 황국신민(皇國臣民)이 되라고 부르짖기도 한 것이다. 얼마나 많은 젊은이들이 당시 춘원의 말을 따라서 지금껏 원수로 여기던 일본을 조국, 모국이라 생각을 돌렸던가?

당년 춘원의 전향으로 무죄석방이 된 40여 명 동우회원은 모두 해방된 내 나라에 자기네들이 바칠 충성을 강구하고 있지만, 춘원은 오직 60의 늙은 몸을 효자동 구석에서 그래도 붓대는 놓을 수 없어서, 외로운 심경으로 붓대를 희롱하고 있다. 돌이켜 생각하건대 얼마나 많은 이 땅의 젊은이가 일본 제국주의의 철봉 아래서 춘원의 덕으로 피하게 되었는가? 춘원이 서둘러서 막지 않았다면 일본의 성난 제국주의는 얼마나 많은 피를 이 민족에게 요구하였던가?

그러나 춘원은 이를 막기에 급급하여 '민족혼'을 일본에게 넘겨준 것이다. 춘원 전향의 일부 책임을 면할 수 없는 나는 지금 '민족 반역자 처단법'에 걸리어 있는 춘원을 보기 민망하기 짝이 없었다. 춘원이 나에게 향하여 내가 이렇게 된 것도 모두 너 때문이라고 질책할지라도 나는 변명할 아무 말도 없다.

1945년 8월 15일인가 17일인가에 원남동 어떤 집에서 문인보국회(文人報國會)의 통(統)을 이은 문화협의회(文化協議會)의 발족회가 있을 때 벽초에 '이광수 제명' 문제가 생겼다. 그 좌석에는 유진오(兪鎭午), 이무영(李無影) 등도 있었지만 '유'는 보성전문 교수로 학병 추진 등에 불소한 노력을 한 사람이요, '이'는 조선총독 문학상을 받은 사람이라 아무 말을 못하고 맥맥히 있었고, 이광수의 변명을 위해서는 한마디 않을 수 없는 입장에 선 나는, "이 회합이 정치단체를 목표로 하든가 양심인 단체라는 목표라든가 하면 여니와, 문사(文士)의 단체인 이상에는 조선 문학 건설의 최초 공로자 이광수를 뽑을 수 없다. 만약 이광수를 뽑는 문사단체일 것 같으면 나도 참가할 수 없는 바이다"라고 퇴석한 일이 있지만 8·15 해방 이래로 이광수는 샘이 다분히 섞인 많은 시비를 받고 지금 '반민법'의 처단을 고요히 기다리고 있다.[36]

---

36) 『金東仁文學全集』(大衆書館, 1982. 10. 15), 권 12, pp.345~348, 同友會와 李光洙. 여기서 "上申書를 재판소에 내었다"는 말은 곧 이광수가 1938년 11월 3일 명치절을 기해 사상전향신술서를 재판장에게 제출함으로써 '친일전향'을 공식화했다는 말이다.

동우회 사건으로 압수된 '이광수 수기(手記)'에는 이렇게 씌어 있다. "조선 민족에 의해 조선을 통치해야 한다. 실력을 양성한 뒤 총독에게 정치상의 요구를 하고, 이에 응하지 않으면 총독을 해치운다." 그러므로 일제는 동우회 일당을 엄벌에 처하고 동우회의 독립운동을 엄격히 단속할 것을 강조한 것이다.

이광수는 이민족(異民族)은 절대로 융합되지 않는다, 조선인은 아무리 노력을 해도 일본인으로 될 수 없는 까닭에 조선인은 영원토록 민족적 순결을 유지·보전하여 조선 민족에 의해 조선을 통치해야 한다고 주장한 자로서 앞으로도 이 태도를 유지하리라고 인정됨. 특히 그 자의 '수기' 중에(증거품 사본 제1호) 기록한 일부분을 비춰보더라도 "실력을 양성한 뒤 총독에 대하여 정치상의 요구를 하고 응하지 않으면 해치운다." 바꿔 말하면 혁명을 의미한다. 또한 "경성을 저주한다", "서울을 영광스런 평양으로 옮기고 싶다" 등의 글귀는 이번 사건의 진상을 드러낸 것이며, 독립운동의 핵심을 실력 양성에 두고 기반을 평안 남북도에 둔 것은 본건 처리상 또는 앞으로의 단속상 놓쳐서는 안 될 사실로서 일당(동우회)에 대해서는 엄벌을 필요로 하며, 더구나 동우회의 검거에 비추어 앞으로는 아무리 훌륭한 주의(主義), 강령(綱領)을 제시하더라도 조선인만으로 조직된 결사(結社)는 가급적 이를 잘 타일러 중지시켜야 한다고 사료됨.37)

동지를 구출하는 방법으로 친일전향해서 동지를 구할 수밖에 없다는 고하(古下)의 방법 해석은 정확한 판단이었다. 춘원 자신도 도산이 친일전향까지 지시 또는 암시했다고 믿지 않았지만 동지 구출 유언을 지도자의 최후 명령으로 받아들이고 그 실천에 나섰다. 일부에서는 동지 구출을 위해 친일하지 않을 수 없다는 춘원의 주장에 대해 부정적 시각으로, 그것은 친일행태를 합리화하기 위한 위선적 자기변명이라고 신랄한 비난을 퍼붓고 있다. 그러나 동지 구출을 위해 친일했다는 춘원의

---

37) 抗日獨立運動關係 朝鮮總督府 警務局 所藏 秘密文書, 『島山安昌浩資料集』 (국회도서관, 1997) I, p.371, 李光洙의 태도 및 結社의 단속에 관하여.

주장은 역사적 사실임이 드러나고 있다. 춘원은 도산의 '동지 구출 유언'의 사명(使命)을 실천하기 위하여 '역기능 전략'으로 대응했다. 친일 행태를 동지 구출의 도구로 역이용했다는 것이다.

이러한 사실은 6·25 때 이광수가 납북될 당시 인민공화국에 협력을 거부했을 때 확연하게 입증되고 있다. 북한 정치보위부원은 이광수에게 조사 서류에 인민공화국에 협력하겠다고 기입할 것을 강요했다. 그러나 이광수는 이를 거부했다. 그러자 허영숙은 동우회 사건 당시 독립사상을 버리고 친일전향을 맹세하였는데 지금 인민공화국에 협력한다고 써주고 살고 봐야 하지 않느냐며 윽박지르면서, 그렇게 하지 못하는 이광수를 위선자라고 공박했다. 이에 이광수는 그때 친일전향한 것은 백여 명 동지를 구출하기 위해 단행한 것이지만, 이번에는 나 혼자 살기 위해 거짓말을 하는 것은 비겁한 짓이라고 주장하고 있다. "내가 그 시기(동우회 사건)에 친일할 때는 내가 그렇게 함으로써 적어도 백여 명의 옥중동지를 구(救)할 수가 있었소. 그러나 내가 지금 양심에 없는 글(인민공화국에 협력한다)을 지금 쓰는 것은 나 개인의 한 생명을 구하려는 비겁한 행동이 아니고 무엇이오. 나는 나의 생명 하나만이 살기 위해서 그런 거짓말은 못 쓰겠소. 내가 그것을 씀으로 나 밖에 몇 명의 동지라도 구할 수 있는지 생각해보쇼."[38]

도산은 임종 시 유언에서 자신은 혁명운동에 일신을 바쳤지마는 옥중의 동지를 그냥 둔 채 이 세상을 떠나게 되었다고 장탄식을 하면서 운명했다. 이를 송진우, 오기영은 "동지를 구출하라"는 메시지로 해석한 것이다. 춘원은 송진우, 오기영의 해석을 받아들여 친일전향을 조건으로 동우회 사건 피의자 전원 무죄석방운동을 펼쳤다. 친일전향을 함으로써 반대급부의 효과는 나타난 것이었으니, 동우회 사건 1심에서 최고 7년 구형을 받았으나 전원 무죄선고를 받아낸 것이다(1939. 12. 8). 그러나 검찰의 상고로 2심에서는 최고 5년의 징역 유죄판결을 받았고 (1940. 8. 21), 1941년 11월 17일 상고심에서는 전원 무죄판결을 받음

---

38) 『現代公論』(1954. 6), pp.226~228, 내가 본 春園의 生涯(3)(許英肅).

으로써 동우회 사건 재판은 장장 4년 5개월 만에 전원 무죄판결로 유종의 미를 거두었다.

주요한도 독립운동을 안 한다는 조건부 무죄석방이라고 증언하고 있다.

그건 옳지 않습니다. 그 오기영이 전했다는 메시지 내용은 보지 못했으나 별로 주목할 내용은 아니었을 거라고 생각합니다. 사건 계류 중에 도산께서 돌아가시고 상고심(上告審)에서 우리 동우회원들이 전원 무죄가 된 것을 의심하는 분들이 있을지 모르나 사실은 이렇습니다. 일경(日警)은, 앞으로 독립운동만 안 한다면 전원 무죄석방을 하겠다고 제의했는데 우리는 그것이 감언이설임을 알면서도 너무 지쳐 있었기 때문에 후일을 위하여 그들의 제의를 받아들이기로 중지(衆志)가 모아졌던 것입니다. 우리들 다음으로 검거된 청구구락부(靑丘俱樂部) 인사들도 그렇게 약속해서 풀려난 전례가 있었습니다. 그래서 무죄가 된 겁니다. 그러니까 조건부 무죄석방인 셈이지요. 석방되고 나자 일제는 우리들에게 약속을 이행하라는 거였습니다. 자기들에게 협력의 증거를 보여달라는 거였습니다. 그래서 우리는 춘원의 홍지동 산장에 모여서 대책을 협의했습니다. 그래 그들이 강요하는 대로 신사를 참배하고 약간의 협력을 보여주기도 했던 것입니다.39)

이제 총독부 당국은 친일전향을 조건으로 동우회 사건 피의자 전원을 석방했으니 일제에 협력하겠다는 약속을 이행하라고 다그쳤다. 자기들에게 일제에 협력했다는 증거를 보여달라는 것이었다. 이에 이광수는 석방된 동우회 피의자를 소집하여 신사참배의 의례행사를 하고 국방헌금을 바치는 등 대일협력(對日協力) 실천상을 보였던 것이다. 동우회의 지도자 이광수는 1938년 7월 29일 예심 보석으로 석방되어 자하문 밖 홍지동 산장에 가택연금 상태로 은거하고 있었다. 이광수는 당국의 강요로 11월 3일 명치절(明治節)을 기하여 재판소의 허가를 받고 석방된 28명의 동우회 사건 피의자 전원을 회합, 이른바 사상전향회의를 개최

---

39) 주요한, 『安島山全書』(흥사단 출판부, 1999), pp.573～580.

했다. 황거요배(皇居遙拜), 주악에 맞추어 국가(君が代) 제창, 황군 전몰장병에 대한 묵념 등 의식을 거행한 후, 일동은 남산 조선신궁에 참배를 끝내고, 사상전향신술서를 작성하여 재판장에게 제출함과 동시에 동우회의 입회금 3백 엔 및 당일 출석자들이 갹출한 2,888엔을 국방헌금으로 바치기로 결의했다. 이광수의 형식적인 친일전향은 총독부의 강압에 의해 이렇게 강행되었다. 이광수로서는 도산의 동지 구출 유언을 실천하는 데는 이런 방법 이외에 다른 선택의 여지가 없는 벼랑 끝 전략을 구사한 것이다.40)

이제 이광수는 친일전향이 조금도 양심을 속이는 거짓 친일이 아니라는 것을 보여주어야만 했다. 동우회 사건 재판이 계속되고 있는 피의자 신분의 이광수로서는 누가 보아도 골수친일임을 확실하게 보여주어야만 했다. 그래서 가택연금 상태의 홍지동 산장 서재에 커다란 일장기(日章旗)를 걸어두었던 것이다. 이는 위장친일 전략이다. 누군가 춘원의 집을 방문하여 벽에 일장기를 걸어둔 사실의 소문이 널리 세간에 퍼지게 되고, 그만큼 춘원이 진짜 친일임을 총독부 당국에 각인시킨 것이다.

그것이 평자의 입장에서 또는 어떤 결과로서 어떻게 말할 수도 있겠지만 적어도 춘원 개인의 양심으로서는 그렇게 믿었던 것이다. 춘원은 그 전향 후에 정양 중이던 인가가 희소한 자하문 밖 산가에서 보통날도 일장기를 벽에 걸고 있었다. 나는 그것은 "캄플라지 하기 위한 것이 아니오?" 하고 물었었다. 그러나 춘원은 정면으로 노(怒)하듯이 한 뒤에 다시 미소하면서 "캄플라지라니, 왜 그런 것 하지 않으면 안 될 것이야 있소. 나는 양심에 걸리는 것은 없으나 오래 동안 미워하던 저 일장기라 아직도 감정으로까지는 좋아지지 않는 것이 사실이오. 그래서 감정적으로까지 가까워져보려고 그러는 것이오."

그는 이성(理性)이나 양심의 거짓말 않는 것으로만 안심하지 않고 감정적으로까지 거짓이 없기를 원하는 시인적인 구도(求道)의 순진성

---

40) 『島山安昌浩資料集』, I, pp.531~533, 동우회 및 동 지회의 해산에 관한 건; 『韓國獨立運動史』, 권 5, p.326.

(純眞性)을 가지고 있었던 것이다. 그리고 "오래 걸어두고 보니까 미운 감정이 차차 풀어져간다"고도 말하였다. 지금 나의 춘원에 대한 생각은 그의 과오나 죄에 대하여 비록 더 무자비한 판단의 자료가 되더라도 그가 평생을 두고 거짓말 않겠다던 진실만을 밝히고 싶고 새로 발견하여 나 혼자만이라도 더 가깝고 깊이 느껴보고 싶은 심정이다.

춘원은 자기가 거짓말을 싫어하고 거짓이 없도록 노력하는 한편 어떤 상대자에게도 거짓말을 용서치 않는 점만은 타협이 없었다. 그는 전향하여 친일함으로써 동지들을 살릴 줄 알았다. 자기도 살 줄 알았다. 그리고 소위 내선일체(內鮮一體), 일시동인(一視同仁)을 문자 그대로 일본이 실행하면 우리 민족도 살 수 있는 것이라고 믿었다.

춘원은, 내가 우선 일본에 대하여 거짓말이 아닌 것을 보인 다음에는 일본이 한국에 대하여 소위 일시동인이 문자 그대로 실행되어서 그들도 거짓말이 아니란 것을 요구할 날이 올 것이다, 그때는 그것으로 또 싸울 것이요 그 때문에 혹은 또 감옥에 갈지 모른다, 그런 말도 하였다.[41]

허영숙은 해방 두 달 전(1945. 6)에 춘원이 총독부 엔도(遠藤柳作) 정무총감과 비밀고등심문회(秘密高等審問會)에서 허심탄회(虛心坦懷)한 시국토론을 벌인 사실을 처음으로 공개했다. 춘원은 친일행태를 벌이면서 그 대가를 요구할 것은 요구하고 할 말은 당당하게 했던 것이다. 2천 4백만 식민지 조선인 가운데 어느 누가 총독이나 정무총감에게 총독정치를 비판하는 소리를 감히 할 수 있단 말인가? 그러나 춘원만은 홀로 이같이 전 조선인의 대변인으로 자임(自任)하여, '항일정신 민족보존론'을 역설했던 것이다. 이는 정면 반항보다는 면종복배(面從腹背) 식 '거짓 친일'을 했음을 증거하고 있다. 정례회견을 마치고 연단에서 내려오자 경무국장은 춘원을 쏘아보더니 연단으로 올라가 이렇게 말하였다. "이광수 선생의 말은 이 장소에 한한 얘기로 하고 절대로 외부에 누설이 되지 않도록 여러분 힘써주기를 바랍니다." 춘원은 이때처럼 구태여 두려워할 필요도 없이 흥이 나서 얘기한 적은 없었다고 실토

---

41) 『現代公論』(1954. 6), pp.223~224, 내가 본 春園의 生涯(3)(許英肅).

하고 있다. 그런데 춘원의 질문서는 팸플릿으로 만들어 전국 고등계 주임에게 반포했다는 것이다.

해방 전 아마 두 달 전의 일이었다. 춘원은 사릉(思陵)에 소개(疏開)하고 있었다. 당시의 경무국장 초청으로 시국에 대한 의견을 듣겠다고 하였지만 일종의 비밀고등심문회가 조선호텔에서 열렸었다. 그 자리에는 정무총감, 경무국장, 나가사키(長崎) 보호관찰소장이 와 있었다.

"이 자리에서는 무슨 말이든지 선생의 생각대로 말해주시오. 어떤 말을 해도 절대 비밀이요 어떤 일본의 실정(失政)을 비판하여도 불문에 부치겠습니다. 우선 전쟁에 대한 예측이라든지 내선일체운동에 대한 솔직한 불만이라든지에 대해서요."

그렇게 묻는 자리에서 춘원은 다음과 같이 말하였다 한다. 대강 요지는 다음과 같다. "전쟁에 지고 이기는 것은 끝까지 가서야 알 것이며 그것은 군인도 정객(政客)도 아닌 나로서는 알 수 없소. 나는 조선 사람이고 조선 사람으로서의 일본 국민의 의무로서 이 전쟁이 이겨야만 할 것을 원하오. 역시 조선 사람으로서의 일본 국민으로 말하고 싶은 것은 조선 사람으로서의 일본 국민 전체를 어떻게 진심으로 전쟁에 협력시키느냐 하는 것이 당신들이 나에게 듣고 싶은 중심이라고 믿기 때문에 솔직히 충고 삼아 말하겠는데 그것은 극히 간단하오. 소위 내선일체를 진심으로 하려면 일체의 차별대우를 대담하고 급속하게 일소하는 것이 일본을 위해서도 현명할 것이오. 지금 와서는 서로 이용하려거나 흥정하려는 정치적 거짓말에는 아무도 믿지 않게 되었소. 조선 사람 전체의 힘을 몽땅 내어도 질 전쟁을 이기게 할 수는 없을지 모르오. 그러나 조선 사람 전체 또는 꽤 큰 일부가 결심하면 이 전쟁을 지게 할 능력은 충분할 것이오."

그렇게 '충고'하였다고 돌아와서 나한테 이야기하였다. 그때 나는 "당신은 너무 솔직해서 탈이오. 그런 말을 했으니 전쟁이 아주 불리하면 또 잡혀갈 짓을 하지 않았소" 하고 걱정하였다. 생각건대 그때 춘원은 당신들도 거짓말은 하지 말라는 발언을 하고 싶었던 모양이었다.[42]

---

42) 『現代公論』(1954. 6), pp.224~226, 내가 본 春園의 生涯(3)(許英肅).

3. 6 · 25 납북의 운명과 자유민주주의 건국이념

해방 이후에도 춘원은 사릉 소개지 농가에서 은거하면서 맑은 날에는 밭 갈고 비오는 날에는 독서하는 청경우독(晴耕雨讀)의 생활을 하고 있었다. 거기서 기르던 말없이 '웃는 농우(農牛)'와 더불어 웃으며 시내에서 주워 온 자연석으로 돌베개를 베고 잠을 자고 등잔불 밑에서 수필집 '돌벼개', '나의 고백' 등을 집필하였다. 그러다가 춘원은 마침내 반민족적 문필 협력의 대상자로서 반민특위에 잡혀가 수감되고 말았다. 이때 허영숙이 가장 염려되는 것은 춘원의 건강이었다. 옥중에서 또 병이 나서 고생하고 있었기 때문이다. 병으로 보석되어 무죄가 된 뒤에도 오래 병석의 몸으로 지내었다. 3남매는 중학생, 고등학생이 되어 아버지의 반민특위 체포와 병환을 걱정하는 효성이 어머니보다 더욱 지극했다. 바로 이때 만주에서 문명이 높았던 작가 장기환(張基煥)이 돌아와서 헌신적 봉사를 하면서 해방 이후의 춘원의 여러 저서를 출판하는 데 열성을 기울였다.

6 · 25전쟁이 발발하자 장기환은 춘원의 안위가 걱정되어 춘원의 집으로 달려가서 자신이 춘원을 업고 서울을 탈출하여 밥을 얻어먹으면서라도 춘원을 구하겠다고 위험한 효자동 집에 와서 졸라대었다. 그때 허영숙은 아들 영근이를 의용군으로 붙잡혀가지 않도록 숨기느라 경황이 없어서 장기환의 구출 제의에 선뜻 응하지 않아서 그만 시기를 놓치고 말았다. 춘원을 구출할 결정적 호기가 왔음에도 불구하고 춘원을 장기환에게 맡기지 못했던 것이 천추의 원한이 되고 말았다. 결국 내일은 탈출을 단행하자 한 약속이 있었던 날 춘원은 정치보위부에 잡혀가고 말았고 장기환도 곧 잡혀 갔다. "흔히 '상처투성이의 거인'이라 비유되는 춘원 이광수 — 그가 저 비극의 여름에 북으로 끌려간 지도 어느덧 열일곱 해. 일찍이 춘원을 사랑하고 그 사람에 순(殉)했던 허영숙 여사는 춘원의 생전의 체취에 묻혀, 그 사람의 잔영(殘影) 속에 지금도 살고 있었다."43)

효자동의 우리 집은 춘원이 잡혀갈 때까지 감시 중이었고 춘원을 잡아간 뒤에는 남하한 공산당 공작대들이 점령·거주하였다. 나는 집을 빼앗겼으나 그들이 침입한 뒤에도 당분간 방 한 칸을 지키고 있었으나 결국 쫓겨나고 말았다. 그때 가장 고생한 것은 학교에서 민청(民靑)에서 인민위원회에서 영근이(장남)를 의용군으로 끌어가려고 지명적출(指名摘出)하려고 야단이었다. 그 애를 산속 굴이나 남의 집 천장에 숨기는 통에 춘원 탈출 계획의 용기도 속도도 제대로 내지 못하였다. 그때는 참으로 모든 생각이 혼 빠진 사람처럼 아둔만 하였고 무섭기만 하였다. 춘원도 잘 도망하면 살지 모르나 도망하다 잡히면 그 자리에서 총살될 것만 같았다. 곧 유엔군이 구출해주려니 하는 안이한 희망에도 속았었다.

정치보위부에서 3, 4명이 와서 춘원을 잡아가던 날의 기억은 나의 평생에는 잊을 수 없을 것이다. 그들에 대한 공포와 절망감뿐 아니라 이러한 최후의 장면에서도 나는 춘원을 보고 '위선자(僞善者)'라고 괴롭힌 후한(後恨)의 기억이 남아 있기 때문이다. 그날 찾아온 정치보위부원들은 한 명이 현관에 들어와서 춘원을 찾기에 내가 나가서 만났다. 다른 자들은 바깥문과 앞마당에도 지키고 있는 모양이었다. 처음에 현관에 들어선 자는 곧 춘원을 잡아가겠다는 것은 아니었고 춘원이 자수(自首)할 때를 기다렸으나 자수도 하지 않아서 심정을 알아보려고 왔다고 하면서 인쇄된 조사 서류 양식 한 벌을 주면서 각 란에 솔직히 기입해 내라는 것이었다.

나는 그들이 직접 춘원과 상대하고 싸우는 것을 두려워하여 그럼 곧 써달래 올 테니 기다려달라고 하였다. 그는 다행히 춘원 있는 방까지 쫓아오지는 않았다. 그 서류에는 이력서같이 항목이 죽 있었고 끝에 가서 대한민국에 협력한 사실과 대한민국의 죄악상을 기입하라는 것과 인민공화국을 어떻게 생각하느냐는 것과 장래는 무엇을 어떻게 하겠느냐는 것이 있었다. 이것들이 가장 중요한 질문 항목이었다. 그런데 이 질문란에 춘원이 자필로 기입한 답안은 다음과 같은 내용이 간단간단한 문면(文面)이었다.

"본인은 대한민국에서 정치적이거나 사회적인 활동을 한 사실이 없

---

43) 『大韓日報』(1967. 6. 24), 週末에 만난 사람. 望夫…17년 春園夫人 許英肅여사.

다. 따라서 대한민국의 정치적 죄악상을 전연 모른다. 인민공화국의 정치도 전연 모르므로 이에 대한 소감도 아직 없다. 나는 장차 일개 시인으로서 산수간(山水間)을 방랑하며 문학작품이나 쓰고 싶다."

그렇게 된 것을 나는 조마조마한 마음으로 현관에서 기다리는 염라대왕의 사자 같은 자에게 갖다 주었다. 그는 그것을 받아서 일별하더니 화를 왈칵 내면서 될 수 있으면 보위부(保衛部)에 동행치 않을까 했더니 이렇게 인민공화국에 대하여 성의가 없는 반동사상(反動思想)을 그대로 가지고 있으면 도저히 용서 못한다고 꽝꽝 얼러대었다.

나는 얼굴에서 핏기가 싹 걷히면서 가슴이 덜컥 내려앉았다. 떨리는 손으로 게게 비는 시늉을 하면서 내가 다시 잘 상의해서 다시 씌어 올 테니 한 5분만 참아달라고 애원하였다. 그리고 그 서류를 다시 가지고 춘원한테 가서 그런 사정을 말하였다. 그러나 그때 이미 모든 것을 각오하고 있던 춘원은 정좌하고 눈을 감고 무슨 기도나 명상에 잠겨 있었다. 일종의 범하기 어려운 비장한 인상이었다. 나는 그들이 희망하는 대로 써주어서 당장의 위난(危難)을 면하자고 권고하였다. 그러나 춘원은 내가 지금 양심에 없는 거짓말을 어떻게 쓰느냐고 내 말을 들으려고도 하지 않았다. 나는 초조하고 무섭고 해서 어쩔 줄을 몰랐다. 그래서 춘원을 공격하였다. "글쎄 지금 사느냐 죽느냐 하는 판인데 양심이니 거짓말 못하느니보다 우선 살고 봅시다. 글쎄 여기 몇 줄 인민공화국에 협력한다고 쓰기만 해요. 그럼 우선 지금 잡아가지는 않을 것 같아요." "잡아가거나 죽거나 하는 것이 무서워서 거짓말을 쓰란 말요. 난 못해요!"

춘원은 나의 비원(悲願)을 무시할 뿐이었다. "그것이 당신의 위선(僞善)이 아닐까요?" "위선이라니?" 나는 아마 정신이 나갔던 모양이었다. 무슨 짓을 하든지 춘원이 잡혀가지만 않기를 원하여 마음이 미칠 것 같았다. 춘원의 그런 태도가 야속하고 밉기까지 하였다. 그래서 나는 무자비하게 위선자라고 한 말을 이렇게 설명하면서 다시 써주기를 위협하다시피 하였다.

"글쎄 우선 그렇게 쓰고서 볼 일 아녜요. 당신이 오랜 독립운동을 하다가 그것을 버리고 일본에도 협력한다고 맹세하지 않았어요. 그땐 비록 옥에는 있었어도 지금같이 곧 죽일 총칼을 목에 대지 않지 않았소. 지금은 곧 죽는 판이 아니요. 그런데 그때 친일 맹세한 당신이 지

금 몇 자 왜 못 써요. 그럼 우선은 살지 않아요. 그게 당신의 위선이
아니고 무어요."

　나도 과한 말을 했지만 우선 춘원의 목숨을 하루라도 연장시키고 싶
은 일념(一念)에서 이렇게까지 공격하였다. 그렇게 말한 나도 물론 춘
원에게 진짜 공산당이 되라는 것은 아니었다. 이성을 잃었던 나지마는
그것도 또한 나의 애정의 최후 발로였던 것이다.

　그 말을 듣자 춘원은 성을 내면서 책상 위에 있던 만년필과 연필을
똑똑 분질러(부러뜨려) 팽개쳐버렸다. "내가 그 시기에 친일할 때는 내
가 그렇게 함으로써 적어도 백여 명의 옥중 동지를 구할 수가 있었소.
그러나 내가 지금 양심에 없는 글을 지금 쓰는 것은 나 개인의 한 생
명을 구하려는 비겁한 행동이 아니고 무엇이요. 나는 나의 생명 하나
만이 살기 위해서 그런 거짓말은 못 쓰겠소. 내가 그것을 씀으로 나
밖에 몇 명의 동지라도 구할 수 있는지 생각해보쇼."

　그리고 끝끝내 춘원은 먼저 쓴 답안을 고치지는 않았다. 그래서 춘
원은 잡혀가고 말았다. 물론 그때 협력하겠다고 춘원이 썼다 하더라도
춘원을 잡아가지 않을 리는 만무였다. 그 후에 냉정히 생각하면 나도
마음에 없는 것을 당장 죽일 줄만 겁이 나서 그런 말로써 춘원을 괴롭
혔던 것이다. 나는 많은 납치 인사들이 잡혀갈 때에 그들의 부인들이
어떠한 심경(心境)과 태도를 취하였는지 모르지만 우리와 같은 최후의
언쟁은 하지 않았다 하더라도 나의 당시의 당황한 신경과민성은 짐작
할 줄 안다. 그리고 춘원에 대하여는 무어라고 잘못되었던 것을 용서
받을지 모르겠다. 그는 물론 모든 것을 용서하였겠지만 지금은 꾸지람
의 목소리조차 들을 수 없는 세계에 피차가 고독하게 떨어져버렸다.
아니 춘원은 이미 이 세상에 없는지도 모르며 살았어도 죽는 이상의
고민에 신음하고 있는지도 모른다.[44]

　춘원 납북 당시 16세 소녀였던 이정화는 아버지가 납치되어 끌려가
는 장면을 생생히 증언하고 있다. "당시 아주 얌전한 어린 인민군이 내
무서 직원과 함께 잡으러 왔대요. 어머니가 인민군 앞에 큰절을 하며
'잡아가지 말라'며 빌었어요. 그러자 인민군이 '절하지 마세요. 봉건주

---

44) 『現代公論』(1954. 6), pp.226~228, 내가 본 春園의 生涯(3)(許英肅).

의 사회에서 배운 나쁜 풍습이에요'라고 했대요. 이 장면을 보고 아버님이 빙그레 웃으며 '부인이 남편을 위해 그러는 것이니 나쁜 풍습이 아니다'라고 했답니다. 아버님은 한 번 풀려나 집으로 돌아왔다가 다시 잡혀갔어요. 그때 우리 가족도 집에서 쫓겨났어요. 지금 서울 효자동의 '연정'이라는 한정식 집이 우리 집이었어요. 피신할 수도 있었는데, 어머니는 '남편을 살려야 할까, 아들을 살려야 할까'를 놓고 오락가락했어요. 아버님에게 도망가라고 했다가 나중엔 가지 말라고 했대요. 그때 오빠(이영근)가 인민군에 끌려갈 나이였어요. 집 지하실에 숨어 있었어요. 아버님이 도망가면 집을 뒤져 오빠를 찾아냈을지 몰라요. 엄마의 본능은 역시 아들이었어요."[45]

이광수는 7월 12일 정치보위부에 연행되어 일시 서대문형무소에 수감되었다가 북으로 끌려갔다. 이광수가 북한 공작원에게 끌려갈 당시 허영숙은 춘원에게 "인민공화국에 협력하겠다"고 써주고 우선 목숨부터 살고 보자고 간절히 애원하였으나 이광수는 끝내 거짓말을 할 수 없다면서 이를 거부하였다. 그러자 허영숙은 동우회 사건 때는 친일전향을 하면서까지 일제에 협력하겠다고 맹세했는데 왜 그것을 못 쓰느냐고 윽박지르면서 춘원을 '위선자'라고 공박했다. 그러나 이광수는 동우회 사건 때는 백여 명 동지를 구출하기 위하여 친일전향을 맹세했지만 지금은 나 한 사람의 목숨을 구하기 위해 그런 거짓말은 못한다고 선언했다. 이광수가 납북된 후 영근, 정란, 정화 3남매는 어머니에게 납북 당시 어머니가 아버지를 '위선자'라고 무자비하게 공박한 것과 어머니가 과거에 아버지에게 잘못한 것을 모두 사과하라고 하였다. 3남매는 어머니의 사과를 받아내기 위하여 문을 잠그고 동맹단식에 돌입했다. 동맹단식은 2일간 계속되었다. 어머니도 물 한 모금 먹을 수 없었다. 이러다가는 전 가족이 굶어죽을 판이었다. 이에 허영숙은 자식들 앞에서 사과하는 마음으로 말했다. "아버지가 지금껏 살아계시든지 불행히 돌아가셔서 영혼이 계시면 너희들 보고 아버지가 하실 말씀은 우선 어

---

45) 『朝鮮日報』(2014. 10. 13), 최보식이 만난 사람. '춘원 이광수의 딸' 이정화 박사 최초 인터뷰.

머니를 걱정시키지 말고 잘 섬기라는 것일 것이다." 그랬더니 3남매는
머리를 맞대고 악머구리같이 울었다. 어머니도 한데 덮쳐서 눈물바다가
되었다. "춘원이 다행히 돌아오면 나는 단 하루라도 그냥 충성된 여복
(女僕)처럼 섬겨본 뒤에 죽으면 눈을 감을 것 같다. 그때에 나는 3남매
에게 '李光洙忠婢許英肅之墓'라는 묘표(墓標)를 세우라고 유언할 생
각이다. 아니 이것은 이미 3남매가 미국 유학을 떠날 때 너희들 없는
사이에 아버지가 돌아오시면 그렇게 모시겠다는 약속이었다."46)

　허영숙은 "여편네 된 나까지 그를 친일파라고 공격한 것 같아서 간
혹 꿈에 보일 때도 늘 사과하고 있다"고 고백하고 있다. '거짓말하지
말자'는 흥사단과 동우회의 첫째가는 덕목이다. 춘원은 동우회 사건 때
마음에도 없는 거짓말로 친일 맹세한 것은 백여 명 동지를 구하기 위한
것이었지만, 6 · 25 피랍 때는 나 혼자 살기 위해 인민공화국에 협조하
겠다는 거짓말을 할 수 없다고 하였다. 결국 이는 민족보존을 위해 친
일했다는 그의 주장이 거짓이 아님을 입증해주고 있다. 결국 춘원은 이
로 인해 1950년 7월 12일 정치보위부로 끌려가 납북되고 말았다. 6 ·
25 발발 후 꼭 17일 만에 납북된 것이다. 동포에 의해 공산주의 정치이
념에 희생된 것이다.47) "'흙', '사랑', '유정' 등 수많은 작품을 써낸 우
리 문단의 개척자의 한 사람인 춘원은 그해 7월 12일 아침 일곱 시 군
복을 입은 청년 두 명에게 자택(효자동) 침실에서 끌려 나간 후 오늘의
비운에 놓여 있다. 부인 허 여사의 지극한 간호를 받아오던 씨는 그날
아직도 병색에 흐린 얼굴로 가족을 뒤돌아보며 그래도 태연하게 대문
을 나섰던 것이다. 그 후 괴뢰 질곡(桎梏) 속에서 건강을 지탱 못하고
유명(幽明)의 길을 달리했다는 설도 있어 더욱 춘원의 기억을 새롭게
해준다. 딸 정화(廷華) 양은 어느덧 커서 모 미국인의 아내가 되었다
고…"48) 로마 총독 빌라도는 예수가 유대 독립의 지도자라는 바리새인

---

46) 『現代公論』(1954. 6), pp.228~229, 내가 본 春園의 生涯(3)(許英肅).

47) 『서울신문』(1954. 1. 30), 기다리는 사람들(李光洙氏宅): 세 男妹는 美國留學,
　　홀로 집 지키는 運命의 作家夫人.

48) 『民國日報』(1960. 6. 24), 어느덧 10년 6 · 25 잊지 못할 사람들. 걱정 마라…

들의 무고를 듣고 결국 예수를 십자가에 못 박혀 죽게 하였다. 춘원은 공산과 민주의 극단적인 정치적 대립항쟁이라는 시대적 양극 상쟁의 희생물이 되었다는 점에서 그의 비운(悲運)은 예수의 운명과 너무나 흡사하다.

효자동 춘원의 집은 춘원이 잡혀갈 때까지는 감시 중이었고 잡혀간 뒤에는 남하한 공산당 공작대들의 점령 거주지였다. 평소 춘원을 존경해오던 장기환(張基煥)이 춘원의 집을 찾아와서 춘원을 업고서 밥을 얻어먹으면서까지 서울 탈출을 하겠다고 자원했다. 춘원 피란의 절호의 기회가 찾아온 것이다. 그러나 허영숙은 이때 제정신이 아니었다. 아들 이영근의 의용군 지명적출(指名摘出)을 피하기 위해 온갖 방법으로 숨기느라 망지소조(罔知所措), 그만 장기환의 탈출 계획을 들어주지 못해 춘원을 잃어버렸다고 천추의 후회를 하고 있다.49)

이광수는 1949년 1월 12일 국회 반민특위에서 제정된 반민법에 걸려 육당과 함께 체포되어 서대문형무소에 수감되었다. 이에 사릉 농민 3백여 명은 석방진정서를 내어놓았고 아들 영근이는 혈서 탄원서를 제출하는 등 석방운동이 주효하여 2월 15일에 병보석으로 석방되었다. 3월 이상협(李相協)의 청탁으로 '사랑의 동명왕'을 집필하던 때에 자신의 운명을 예감이라도 한 듯 인생을 덧없는 삶이라고 영탄하는 시를 남겼다. 항용 인생을 초로인생(草露人生)이라고 했던가? 춘원은 '나'를 '이슬 한 방울'에 비유하면서 아침나절 풀잎에 맺힌 이슬 한 방울이 해가 올라오면서 햇빛을 받아 사라지는 덧없는 인생으로 자신도 소리 없이 이 세상에서 사라져 무명(無明)의 저 세상으로 떠나간다는 애달픈 예언시를 남긴 것이다.

남기고 拉北된 채 모 미국인 아내 된 廷華孃을 春園은 아시는지, 生死 모르는 朴烈・方應謨 등 諸氏. 춘원의 피랍일(被拉日)을 서울신문은 7월 12일, 민국일보는 7월 14일로 기록하고 있다.

49) 『現代公論』(1954년 6월호), pp.235~236.

나

나는 이슬 한 방울
풀잎 끝에 앉은 이슬 한 방울
그러면서도
해 뜨면 햇빛 받고 달 뜨면
달빛 받고 모든 별의 빛도
다 받아 비추이는
여리고도 작은 이슬 한 방울
스러질 때 스러지더라도
있는 동안은 있어
둥그렇게 뭉친 제 모양
안 잃으려고 바들바들
풀잎 끝에서 떠는
천지간에 이슬 한 방울
그것이 나외다.
己丑(1949) 3. 27[50]

춘원의 딸 이정란(李廷蘭)은 부산 피란 시절 아버지를 그리워하는
단장(斷腸)의 시를 이렇게 읊고 있다.

아버지, 이정란

구름인 양 떠오르는
산으로 바다로 다니던 그때
아버지 따라다니던 그때이기에
더욱 그리워
끝내 아버지는 北(북)쪽 期約(기약) 없는 旅路(여로)
어느 눈보래(라) 설레이는 골짝에서
어린 우리를 굽어보시기에

---

50) 李光洙 著 『詩集 사랑』(文宣社, 1955. 10. 15), pp.46~47, 나.

눈물 자욱(자국)마다 이리도 옷깃을 적시나니
봄 바다 같은
아아, 그 옛날이 하두(도) 그리워
벌써 우리는 커서
해마다 이렇게 피어서…
정녕 그 언제면
'香(향) 피우시며' 돌아올 그날이 믿어워
손이 닳도록 비는 마음 구석에서
오늘은 아버지의 쉰여덟 번째 생신날
우리들 아들딸들 절을 드리네
아버지께
아버지께51)

　이정란은 1952년 5월 혜련, 정화와 함께 부산 수영비행장 쪽 시골
봄 언덕길을 한없이 걸어가며 '즐거운 나의 집'과 이별의 노래를 합창
해 부르며 미국 유학길에 올랐다. 그리고 미국 브린모어 대학(Bryn
Mawr College) 문과 3학년 때 이정란은 단편소설 모집에 응모하여 '에
다의 슬픔(The Sorrow of Ada)'이 당선되었다. 미국 유학 1년 만에 이
룩한 쾌거였다. 6·25 전쟁 시 부산 피란 시절 춘원의 인도주의 사상을
작품화한 것이다. "영어가 모어가 아닌 것이 허물이 아니라 도리어 박
력이 있고 풍미가 있다"는 절찬을 받았다.52)

---

51)『국제신보』(1951. 11. 24), 春園과 그의 딸 李廷蘭孃의 詩를 읽고(金夕影),
　　(詩) '아버지'(李廷蘭). "서울대 문리대 불문과 학생 이정란과 영근, 정화 3남
　　매는 춘원 피랍 1년 만인 쉰여덟 번째 생신날에 향 피우시며 돌아올 날을 손
　　이 닳도록 비는 마음으로 아버지께 절 드리고 있다."
52)『새벽』創刊記念號(1954. 9), pp.195~198, The Sorrow of Ada(Chung Nann
　　Lee), 에다의 슬픔(李廷蘭 作, 許英肅 譯);『春園硏究學報』제5호(2012),
　　pp.391~424, 미국 브린모어 대학 단편소설 현상 당선작, '에다의 슬픔'(이정
　　란, 1954)(김원모).

오월, 이정란

석양을 등지고 걷다 새싹 트는 산과 들
출렁거리는 버들가지를 바라보며
걷다 그림자 발밑에 길게

냇물에는 분홍구름 비치다
잔돌에 부딪쳐 흰 거품 내며 물은 흘러가다
어디까지
먼먼 나라로 ― 라고 생각하고 싶었다

말없이 각기 제 생각에 잠기어 걷다
봄 언덕 어스름한 길을
혜련 정화 나

아득히 행복에 잠겨 아니
역시 엷은 안개 같은 안타까움에 싸여
집에서 먼먼
어느 시골 언덕길을 걷다

"언제까지나 자라지도 변하지도 말고
우리나 이 세상이 요대로만 있었으면"
꿈이 깨질 것 같애 두려웠다
아니 어느 날에는 확실히 깨질 것을 잘 알고도
눈을 가리어 모르는 체하려 하였다
노래 부르다

저 멀리 들리는 봄노래 참 아름다웠으나
내 동무 떠나는 이 저녁 그 소래(소리) 참 처량해
"왜 하필 이별의 노래를 부를까"
스스로 책망하며 '즐거운 나의 집'을 부르기 시작하다

세 목소리 녹아 하나가 되어 바람에 날려
흰 길 저쪽 어스름 속으로 스러지다
귀 기울여 스러진 어스름 속에 노래 소리를 찾다
어둠을 타 돌아오다

캄캄한 방에 촛불 켜놓고 앉다
밤늦게까지
별들이 반짝반짝 그리고 달빛이 그리고 달빛이 쏟아져
들어올 때까지 —
李廷蘭(文理科大學 佛文科在學中)53)

북한 공산군이 서울 점거 불과 보름 만에(7월 12일) 제일차적으로 이
광수를 납치해간 이유는 무엇일까? 그것은 이광수가 '자유민주주의'의
가치를 고수(固守)했을 뿐만 아니라 북한 정권에 대한 동조와 협력을
거부했기 때문이다. 상해 임정의 산파역을 담당했고 독립신문 사장으로
서 절대독립을 창도한 민족주의 지도자 이광수를 납북해가면 북한 공
산정권의 정통성 확보에도 크게 기여할 것이라는 기대감에서 서둘러
납북한 것으로 분석해볼 수 있다. 통일원 연구보고서에 의하면 6·25
전쟁 시 납북된 인사는 총 8만 4,532명에 이른다. 북한 정권은 어떤 인
물에게 이용가치가 있는 한 그를 철저히 부려먹고 가치가 떨어지면 가
차 없이 숙청해버리고 만다. 그 단적인 사례를 보면, 월북인사 최승희
(崔承喜)·안막(安漠) 부부, 그리고 박헌영(朴憲永)을 6·25 직후 숙
청했다. 그뿐만 아니라 한설야, 임화(林和), 김남천(金南天) 등 문학인
도 사상의 의심을 받아 결국 숙청당하고 말았다. 1953년 7월 춘원 납북
감시 담당자 최정국(崔貞國)이라는 보위부원이 춘원을 평양으로 압송
하자 춘원에 대한 회유공작은 당시 선전선동부장 김창만(金昌滿)과 책
임지도원 최정국의 지도하에 문예총 위원장 한설야(韓雪野)와 이기영
(李箕永)이 담당했다. 김창만은 춘원 등 납북 인사들을 감흥리 새 아파

---

53) 『週刊文學藝術』 제1호(1952. 7. 12), p.8, 五月(李廷蘭).

트에 옮겨 우대하면서 끈질기게 설득 작업을 벌였으나 춘원은 끝까지 침묵으로 일관하면서 동조 회유를 거부했다. 이에 춘원의 포섭에 실패한 김창만은 다른 납북 인사에게 미칠 영향을 염려하여 만주 조선인 자치구로 추방하고 말았다. 춘원은 호송 도중 피를 토하고 쓰러졌고 북경 병원으로 이송 중 병사하고 말았다는 것이다.54) 재북 인사(납북 및 월북) 묘역(평양시 용성구역 용궁 1동)에 있는 이광수 묘비에는 "리광수 선생 1892년 3월 4일 생, 1950년 10월 25일 서거"라고 되어 있다. 이광수 병사 연도는 1950년과 1953년으로 엇갈리고 있다. 재북평화통일촉진협의회 상무이사 최태규는 "이광수는 폭격으로 숨진 게 아니라 폐결핵이 심해서 만포 군 인민병원으로 후송 중 차 안에서 숨졌다"55)고 증언하고 있다.

춘원은 1948년 대한민국 정부 수립 직후 흥사단에서 스탈린식 공산주의 계급독재정치를 반대하고 자유민주주의 정치체제를 신봉한다고 선언했다.

민족철학의 문제, 장백산인(長白山人)

사람의 행동을 물 위에 떠가는 배에 비긴다면 민족의 철학은 배의 지남철이다. 철학이라는 말은 몰라도 철학은 저마다 가지고 있다. 길가에 헤매는 어린 거지도 제가 무엇하려 산다는 생각은 있으니 그것이 곧 철학이다. 개인에 철학이 있는 것과 같이 한 민족에도 그 민족의 각 개인에 어떤 정도 공통한 철학이 있다. 유대인의 철학이나 로마인의 철학이나 오늘날 세계에 대립된 철학들을 보면 첫째로 기독교주의의 철학이니 이것은 유럽 아메리카의 대부분의 생활을 지배하는 철학이요, 그중에서 가장 두드러지고 뭉쳐진 것은 가톨릭교회다. 이 철학의 특색은 개인의 자유성, 존엄성을 강조하고 따라서 법보다도 도덕을 높이는 데 있다.

---

54) 『大韓日報』(1980. 2. 28), 北韓의 作家들: 李光洙 同調회유 거부 끝내 病死… 統一院 연구보고서.

55) 『東亞日報』(2005. 7. 27).

이에 대립하는 큰 규모와 강한 조직을 가진 철학이 스탈린을 주재로 하는 공산주의다. 이것은 사회주의라고 부르는 만큼 사회라는 무형한 조직체에 개인을 종속시키고 따라서 도덕의 가치를 적게 보고 법과 명령에 복종하는 것을 위주하는 철학이다. 그러므로 여기는 민중을 지배하는 영웅은 있어도 국가의 운명을 분담하는 자유의 개인은 무시되는 것이다. 우리는 이상에 말한 두 큰 철학의 투쟁 속에 들어 있다. 동서의 투쟁이라든가 민주주의 대(對) 공산주의의 투쟁이라든가 칭호는 여러 가지 있어도 결국은 계급독재를 정치형태로 하는 사회주의자와 평등 다수를 정치형태로 하는 개인 자유주의와의 충돌인 것이다. 최근 4, 5년간에 세계는 위에 말한 양대 진영으로 절연(絶緣)히 갈려서 지구상의 어느 민족이나 이 사이에 중립할 수가 없고 어느 한편에 가담하지 아니하면 아니 되게 되었으니 우리나라는 삼팔선을 경계로 하여 이북은 계급독재의 사회주의 진영에, 이남은 자유 개인주의의 진영에 갈라 속하게 된 것이다.

이 자리에서 우리는 냉정하게 자아를 반성하고 신중하게 대세를 검토하여서 우리 자신의 철학을 발견하여야 할 것이다.

민족주의

우리 민족의 근대생활에 가장 대표적인 사상은 민족주의다. 원래 민족주의란 정치와 경제를 민족의식의 기초 위에서 민족 본위로 한다는 것뿐이요 그 이상의 내용은 없는 것이다. 그러므로 같은 민족주의로도 그 학설 여하를 따라 무솔리니의 파시즘이나 히틀러의 나치즘도 되고 또 티토의 민족 공산주의도 되는 것이다. 그러므로 민족주의란 자본주의나 사회주의와 대립하는 것이 아니라 오직 개인주의나 세계주의에 대립하는 것이다. 그러므로 민족주의라고 반드시 소위 우익을 가리키는 것은 아니다. 그러면 민족주의란 얼마나한 근거와 가치를 가진 것인가. 민족주의의 근거는 사람이 혈통과 문화를 같이하는 집단 속에서 느끼는 감정, 동포라는 말로 표현되는 감정에 있는 것이니 이것은 가족, 씨족에 대한 감정에 비겨 발달한 시간적 관계로 뒤떨어지거나 민족단위의 생존경쟁을 하게 됨으로부터는 어떤 때에는 가족 감정보다도 더욱 앞서고 더욱 강한 것이다. 효(孝)라는 것이 가족의 도덕이어니와 민족 집단에 있어서는 민족에 대한 도덕 즉 충(忠)이 효보다도 윗자리에 서는 것이다. 신라의 화랑들이 지키던 세속오교(世俗五敎)에 충이 효의 위에 오는 것이 그 좋은 예(例)다.

신라는 삼국 중에 가장 약하고 가난한 나라여서 항상 백제와 고구려의 압박과 침략 속에 있었기 때문에 제 몸이나 제 집을 보존하는 가장 큰 길은 효가 아니라 충이었다. 민족이 굳게 단결하여 외적의 압박과 침략을 막아내고 한 걸음 나아가서는 그 귀찮은 외적을 정복해버리는 것이었다. 이것이 이른바 국선화랑(國仙花郞)의 정신이니 신라는 이로 하여서 소기의 목적을 달하였다. 신라 사람들은 외적을 능히 막아내었을 뿐 아니라 가장 가난하고 연약하던 신라로서 백제와 고구려를 통일하기에 성공하였던 것이다. 그러나 삼국통일이 이루어져서 이웃에는 적이 없고 서쪽으로 당(唐)나라가 쇠하고 동쪽으로는 일본도 침복(沈伏)하여서 외적도 두려울 것이 없게 됨에 신라 사람들의 민족의식은 약화하였다. 민족의식의 약화는 곧 한편으로 당파의 싸움이 되고 한편으로는 개인의 이기주의와 향락주의만을 초래하였던 것이다. 이것은 화랑의 타락으로부터 시작된 것이다.

우리 민족이 한창 일본의 침략을 받을 시절에 민족의식은 급격히 앙양되었다. 민족을 위하여 제 몸을 돌보지 않는 여러 지사들은 이러한 민족의식 속에서 일어난 것이었다. 그러나 을유(1945) 8월 15일 해방으로 우리의 적인 일본이 소멸됨에 우리들의 민족의식은 급속으로 쇠잔하여서 사람들은 한편으로 민족의식을 무시하는 국제 공산주의로 달아나고 또 한편으로는 이기적 개인주의로 쏠리게 되었다. 신라에는 국선화랑(國仙花郞)이라는 중심 단결이 있었는지라 민족의 적이 없어진 뒤에도 능히 수백 년 민족의식을 유지하였거니와 근대의 우리나라에는 전 민족의 것이라 할 종교도 철학도 문학도 없고 중추가 될 어떤 집단도 없었는지라 그렇게 치열하던 민족의식이 지붕에 온 서리가 햇빛에 스러지듯 없어지고 있는 것이다. 그러므로 내버려두는 민족의식이란 가장 만만하게 쇠하는 것이다.

큰 민족의 철학과 작은 민족의 철학

진리에는 둘이 없다. 그러나 이해에는 둘이 있다. 민족의 대소와 강약을 따라서 철학이 다르다는 것은 진리가 둘이 있다는 것은 아니고 이해가 상반한다는 것이다.

강대한 민족은 힘으로 도덕을 대용할 수 있으나 약소한 민족의 힘은 오직 도덕뿐인 것이다. 강대한 민족은 신용을 잃고도 살지마는 약소한 민족은 신용을 잃는 날이 곧 죽는 날이다.

약소(弱小)한 자가 강대(强大)한 자를 속여먹는다는 것은 한두 번이나 있을 일이다. 한 번 그것이 발각되는 날이면 강대한 자는 약소한 자를 징벌하고야 마는 것이다. 강대한 자에게 속은 약소한 자는 돌아서서 아웅 할 뿐이나 약소에 속은 강대는 마음대로 보복하되 몇 갑절 보복할 실력을 가지고 있다. 그러므로 약소가 강대를 속이려는 것은 가장 어리석은 일이요, 죽기 전 마지막 일이다. 그러므로 약소한 자의 무기는 오직 정직이다.

강대한 민족에는 민족의식의 필요가 없다. 미국이 강대하기 때문에 아무러한 민족에 속한 개인이라도 미국의 국적에만 들면 미국에 충성을 다하는 것이다. 그뿐 아니라 다른 민족의 민족의식이 강한 것은 강대한 민족의 세력 확장에 장애가 되기 때문에 강대한 민족으로서는 세계 인류의 민족의식을 빼어버리기에 힘을 쓰는 것은 당연한 일이다. 제 나라는 강대하니까 민족의식을 고취하지 아니하여도 민족의 단결력에 영향이 없으니 좋고 다른 민족들은 민족의식을 잃어버리면 그 반항력의 90퍼센트를 잃어버리고 더욱 순순히 강대한 자의 고삐에 끌릴 것이니 민족의식을 마멸(磨滅)하고 세계인류주의를 주장하는 것은 참으로 강대한 민족에게 편리한 일이다. 약소한 자가 민족의식을 타매(唾罵)하고 세계인류주의를 제창하는 것은 종교적으로는 몰라도 현실정치에 있어서는 얻어먹었거나 말았거나 결국은 강대한 자의 앞잡이에 불과한 것이다.

이상 말한 데서 우리는 두 가지 원리를 찾아낼 수 있다.

1. 강대하고 침략적인 민족은 세계인류주의를 부르는 것이 좋다. 그러나 약소한 자는 굳게 민족의식으로 단결하는 것이 좋다.

2. 강대한 민족은 파당 싸움을 좀 하여도 무방하고 이기적, 개인적, 향락적인 생활을 하여도 좋고 약간의 거짓말도 별 상관이 없다. 그러나 약소한 자 특히 침략자의 발톱 앞에 놓인 약소한 자는 파당 싸움 엄금, 이기주의 및 개인주의 엄금, 거짓말 엄금, 그리하여 민족을 위하여 참되게 부지런하게 저를 바치는 생활을 하여야 한다.

맑은 샘

사람도 동물이다. 동물은 욕심으로 산다. 병아리들은 모이를 주면 모여든다. 사람들도 이익을 주면 모여든다. "중책지하유용졸 향이지하유대어(重責之下有勇卒 香餌之下有大魚, 무거운 책임을 진 장수 아래에는 용감한 졸병이 있고, 냄새 좋은 미끼로는 큰 물고기를 낚는다)" 민중은 이익을 따라서 움직인다. 정치란 백성의 욕심을 이용하여 백성을 다스리는 기술이다. 백성들이 저마다 제 욕심을 채우려고 움직이는 것이 저절로 부국강병(富國强兵), 국태민안(國泰民安)의 결과를 낳도록 하는 재주가 정치라는 것이다. 이것이 공자의 이르신바 "도지이정 제지이형(導之以政 齊之以刑, 정치로써 이끌고 형벌로써 다스린다)"이라는 현실이다. 공자는 이것에 만족하지 못하여 "도지이덕 제지이례(導之以德 齊之以禮, 덕으로써 인도하고 예로써 다스린다)" 하는 이상적 정치를 말씀하셨다. 그러나 이상은 이상이요 현실은 현실이어서 이 현실을 곧 이상화할 수는 없는 것이다. 아마 이상이란 영원에서 실현될 실현이라고 할 것이다.

그러나 이상이란 헛된 것인가?

닭은 알자리에 나무로 깎은 둥글한 것을 두는 일이 있다. 닭이 이것을 보고 이와 같은 알을 낳으라는 예방이다.

사람 가운데는 성인, 현인, 인인, 군자, 이러한 사람들이 가끔 난다. 이 사람들은 여느 사람들과는 달라서 자비라든가 인의(仁義)로 움직이고 욕심으로 움직이지 않는다. 세상이 다 이런 사람이 되었으면 참으로 살기 좋은 세상이 되련마는 어느 때나 어느 곳에서나 이런 사람은 항상 적다. 그러나 그렇다고 이건 쓸데없는 괴물들일까. 아니다! 인류 중에 이런 사람이 있을 수 있다는 것이 인류의 큰 희망이다. 더구나 닦아서 이런 사람이 될 수 있다는 것이 더욱 고마운 일이다.

이 때문에 신라에 국선화랑이 있었고 지금에 우리 흥사단이 있다. 흥사단은 성인이나 현인을 양성하는 데는 아니다. 흥사단은 우리 민족이 살아가기에 적합한 철학을 가지고 우리 민족을 위하여 참되고 부지런하게 몸 바쳐 일할 만한 일꾼이 되도록 서로 맹세하고 서로 닦자는 단체다. 우리는 감히 남을 가르치려는 자가 아니요 우리 스스로를 가르치려는 자다. 우리는 영웅열사를 목적으로 하지 않고 권문세가가 되려는 자도 아니다. 우리는 아름다운 옥보다도 든든한 화강석, 금보다도 쇠가 되도록 있는 힘을 다해보자는 무리의 모둠이요 뭉침이다. 우리는 민족을 믿고 진리를 믿고 힘들여 하면 이룬다는 인과율(因果律)을 믿는다. 우리는 우리가 우리의 동맹수련(同盟修鍊)을 계속함으로 마침내 우리 민족이 건전한 한 민족국가를 이룰 것을 믿는다.56)

이광수는 '친일파 민족반역자'라는 사회적 비난에 대한 참회록 '나의 고백'(춘추사, 1948. 12. 25)을 발간했다. 공교롭게도 이 참회록이 출간된 지 보름도 못 되어 1949년 1월 8일 반민특위에 체포, 수감되었다. "이광수는 친일파냐, 애국자냐? 과연 그가 친일파라면 무슨 까닭으로 친일파가 되었던가. 이 책은 지금 바야흐로 민족정기의 엄격한 심판정에 선 춘원 이광수가 인간으로서 문학자로서 민족운동자로서 그리고 소위 친일파로서의 과거의 절대(絶大)한 고민과 고투의 사실을 솔직히 적나라하게 토로한 참회 고백서인 동시에 40년간 장렬한 독립운동자의 열전(烈傳)이요 또한 반민족자로 지목받고 있는 수십만 명 친일파의 대변서다."57)

이광수는 흥사단과 동우회를 한평생 이끌어온 독립운동 지도자로서 구속 수감 직전인 1948년 12월 세밑에 흥사단 망년회 석상에서 생애 마지막으로 연설했다. 좌우합작 정부를 반대하고 오로지 '민족주의적 민주주의' 정치이념만을 굳게 지킬 것이라고 역설하고 있다. 심지어 북한 김일성 정부를 '괴뢰집단'이라고 규정하고 있다. "지금은 세계적으로 보아도 좌(左)냐 우(右)냐의 양 진영에 갈려서 중간파라는 것이 있을 수 없습니다. 우리 대한민국에서는 더욱 그러합니다. 대한민국에서 허용된 유일한 입장은 민족 민주주의뿐입니다. 국제 공산주의냐 민족 민주주의냐 하는 것이 유일한 울터마라티오(ultima ratio, 최후수단)입니다"라고 중외(中外)에 선포하고 있다. 북한 인민군이 6·25 남침 3일 만에 서울을 점령한 직후 북한 정치보위부가 제일 먼저 효자동 춘원

---

56) 박현환,『흥사단운동』(大成文化社, 1955. 9. 1), pp.253~260, 민족철학의 문제(長白山人). 이광수전집(삼중당)에 미수록.

57)『東亞日報』(1948. 12. 10), (광고)新刊發賣 春園 李光洙 懺悔錄『나의 告白』(附) 親日派의 辯.

의 집을 점령하고 보름 만인 7월 12일에 이광수를 납치해 간 근본 이유는 바로 이광수가 북한 공산주의 정권을 부정하고 자유민주주의를 신봉했기 때문이라고 분석되고 있다.

국민으로서의 도덕, 이광수

망년회 석상(忘年會席上)이니 몸과 마음 탁 풀어헤치고 유쾌한 이야기나 하는 것이 좋겠습니다마는 나를 위하여 무척 오래간만에 이 시간을 따로 내어주셨으니 이 시간을 망년회 시간과 분리하여서 망년회에는 직접 관계없는 말씀을 한 15분 동안 하려 합니다. 그것은 국민으로서의 도덕에 관한 말씀입니다.

국민으로서의 도덕이라면 군고 어려운 제목같이 아는데 내 말은 극히 상식적인 것이요, 학술적이거나 훈화적인 것은 아닙니다. 나 자신이 어떤 모양으로 국민으로서의 도덕을 범하고 있나에 관한 자백(自白)이라는 편이 합당할 것입니다.

우리는 40년 동안이나 '우리나라'라 할 나라가 없이 살았기 때문에 나 자신 생각하여보아도 국민으로서의 도덕에 대하여 매우 서투릅니다.

우리는 독립운동단체의 일원으로서의 경험과 내 나라 아닌 국법 아래 살던 경험을 가지고 있습니다. 이 점에서 보아 우리는 다른 독립국가의 국민이 해보지 못한 경험을 하였다 하겠지만 이 경험은 국민으로서의 생활에는 보탬이 되기보다는 해가 되는 것이라고 나는 깨달았습니다.

첫째로 독립운동 시대에 우리가 가장 주(主)된 용기를 삼은 것은 반항이요, 그 다음으로 우리가 습관된 것은 면종복배(面從腹背)입니다. 즉 국가에서 하는 일에 대하여 반항하거나 면종복배하거나 무관심하거나 하는 것이 독립운동 시대의 우리의 도덕이었습니다. 이것이 과거 40년 아마 전 한말(韓末)의 학정시대(虐政時代)를 통틀어 생각하면 한 세기 이상이나 습관이 되었을 것입니다. 게다가 해방 직후 아직 우리나라라고 부를 나라가 생기기 전에 각자위대장(各自爲大將, 각자가 대장이 된다)으로 저마다 고담준론(高談峻論)으로 군정을 비난하고 정치가들과 정당을 공격하고 야유하여서 좋지 못한 의미로서의 언론자유를 충분히 오락하였습니다. 그래서 학생들이 교직원을, 부하가 지도자를 막 몰아세우는 것을 당연한 행세로 아는 기현상(奇現象)을 나타내었습니다. 그래서 청소년들까지도 권위를 존경하는 마음을 잃어버리게 되었습니다. 나 자신도 그러한 과오를 범하여왔습니다.

권위(權威)! 권위의 확립, 권위에 대한 존경은 사회질서의 기본입니다. 권위가 무너지면 사회는 혼란 상태에 빠집니다. 어느 단체의 성원이 권위를 존경하는 동안에는 그 질서가 예(禮)와 법(法)으로만 족히 유지가 됩니다마는 일단 권위가 상실되면 그때에는 오직 폭력으로만 겨우 질서가 유지되게 되는 것이니 이른바 혁명이란 것은 다른 것이 아니라 기성권위를 파괴하는 것입니다.

그런데 기성권위(旣成權威)를 파괴하는 데 두 가지 방법이 있으니 하나는 무력(武力)이요 하나는 필설력(筆舌力)입니다. 무력으로 기성권위를 전복한다는 것은 더 설명할 필요도 없지마는 필설력으로(그것은 곧 선전과 모략이겠습니다) 하는 것이 무력으로 하는 것보다 더욱 악질적이라 하겠습니다.

가정에서 자녀들이 그 부모의 험구(險口)를 하기 시작하면 그 부모의 권위가 떨어져서 위령(威令)이 행(行)치 아니하기 때문에 어지러워집니다. 그러므로 자녀 중에서 부모의 험구를 하거나 짐짓 그 명령에 거역하는 것은 결국 제 집을 허는 것과 같습니다. 학교의 선생과 학생의 관계도 그러합니다. 아무리 훌륭한 선생이라도 어느 학생이 그 선생을 모욕하는 언동을 다른 학생들 앞에서 한다면 그 선생의 권위가 실태(失態, 면목을 잃음)되어서 좀처럼 회복되지 아니합니다.

사회단체나 회사도 다 마찬가집니다. 이것을 크게 잡아서 국가로 보더라도 그러합니다. 우리는 과거에 우리 법이 아닌 법을 우습게 보던 습관이 우리 법에 대하여서도 나오지 아니합니까. 과거에 총독이나 기타의 관리나 특히 군인이나 경찰관에 대하여 가지던 증오나 무관심의 습관이 우리나라의 관리나 군경에 대하여서도 혹시나 그럴까 보아서 염려됩니다. 저 많은 세금 체납이 무엇을 의미합니까? 탐관오리(貪官汚吏)가 무엇을 의미하며 밀상(密商)이 무엇을 의미합니까? 이것이 물론 애국심보다 이기욕(利己慾)이 강한 소치이겠지만 국법의 권위를 무시하는 데서 오는 것입니다. 국민이 다 국법의 권위를 존중한다면 이러한 폐단은 없을 것입니다.

그런데 국법의 권위란 무엇에서 오며 국법의 권위가 떨어지는 것은 무엇에 말미암는 것인가, 여기서 우리가 크게 생각할 바가 있습니다. 국법이란 무형(無形)한 것이니 국법을 우리 눈앞에 유형(有形)케 하는 짓은 그 법을 짓는 사람 또는 그 법을 잡아 행하는 사람으로 말미암는 것입니다. 그러므로 국법의 권위란 곧 입법(立法), 사법(司法), 행정(行政)에 관여하는 사람의 권위입니다. 이것이 그 사람을 얻어야 법이 법이 된다는 소이(所以)입니다. 세계에 가장 불완전한 헌법은 영국 것이라 하고 가장 완전한 헌법은 중화민국의 것이란 말을 들었습니다. 그런데 왜 영국은 저러한데 중화민국은 그렇습니까? 그것은 그 법을 표현하는 사람을 얻고 못 얻음에 달렸습니다.

그러나 입법의 사람을 얻는 것은 국민의 투표에 달리고 대통령에 사람을 얻는 것은 대통령에 달렸지 우리 국민 각 개인에 달린 것은 아닙니다. 우리가 다음 총선거기까지 개인으로 할 수 있는 일은 전력을 다하여 입법부와 행정부의 권위를 높여서 그 당국자로 하여금 최선의 효과를 내게 하는 일입니다. 이것이 민주국민들의 의무요 도덕입니다. 만일 다음 총선거에 우리가 투표로써 당국자의 적부적(適不適)에 재단(裁斷)을 내리기 전에 위정자를 비판할 일이 있다 하면 그것은 오직 공개한 언론을 통하여서 할 것입니다. 공개한 언론이란 연설이나 출판물을 통한 언론을 가리킨 것이니 이 경우에는 언론을 하는 자가 당당하게 제 이름을 내세우고 법률상, 도덕상 책임을 지고 하는 것입니다. 그렇지 아니하고 뒷구멍으로 쑥덕공론을 하거나 비밀문서를 펴거나 유언비어를 돌리거나 하여서 제가 법률상 도덕적 책임을 회피하면서 혹은 정부의 시책을 냉소하며 혹은 위정자 개인의 명예를 손상하는 언론을 하는 것은 인격적으로 비겁한 일일뿐더러 정부의 권위를 파괴하는 음모가 되는 것이니 이는 적의 모략과 그 결과에 있어서 마찬가지가 됩니다. 무릇 국가의 정치에 가장 큰 화근이 되고 국민의 애국심을 저하하고 국가의 권위를 실태하는 것이 이 뒷공론 무책임한 유언(流言) 이상 없는 것입니다.

그런데 위에도 말한 바와 같이 우리 국민은 내 나라 아닌 나라의 치하(治下)에서 나라를 적으로 알던 습관이 남아 있고, 내 나라에 대한 국민도덕의 훈련이 부족한 탓으로 부지불식간(不知不識間)에 습관적으로 위정자 기타 지도자의 권위를 손상하는 언동을 하는 결점이 있습니다. 그런데 이것이 국가에 크게 해로운 결점이니 만치 우리가 의식적으로 반성하여서 각자가 힘써 고치고 수양할 필요가 있습니다.

우리 흥사단은 단순한 수양단체요 전연 정치성을 아니 가진 단체이지마는 역사가 오래기로나 단결이 굳기로나 또 우리 중에 인격과 지식과 경력이 뛰어난 단우(團友)가 많기로나 우리나라에서 제일이기 때문에 우리에게 대한 세상의 주목이 큽니다. 그러므로 어떤 단우 한 분의 언동이 곧 우리 단 전체에 영향을 미치게 되어 김 아무 이 아무의 말이라 아니 하고 흥사단의 말이라 하고 의견이라 하게 됩니다. 더구나지금은 전시(戰時)나 다름없는 비상시라 말이나 글이나 행동을 감시하는 신경이 극히 예민하니 누구나 삼갈 것입니다. 특히 민족대업을 목표로 하여 수양과 애국을 본색으로 하는 우리는 첫째로는 국가의 권위를 손상치 않기 위하여, 둘째로는 다른 동포를 잘못 인도하지 않기 위하여 특별히 주의할 것이라고 생각합니다.

끝으로 한 말씀 부치려 합니다. 근래에 좌익, 우익, 중간이라는 말이 있는데 좌익을 공산주의, 우익은 민주주의, 그리고 중간은 그 아무 편에도 가담치 않는다는 것이 지식계급간에 유행한 일이 있습니다마는지금은 세계적으로 보아도 좌(左)냐 우(右)냐의 양 진영에 갈려서 중간파라는 것이 있을 수 없습니다. 우리 대한민국에서는 더욱 그러합니다. 대한민국에서 허용된 유일한 입장은 민족 민주주의뿐입니다. 국제 공산주의냐 민족 민주주의냐 하는 것이 유일한 울터마라티오(ultima ratio, 최후수단)입니다.

그런데 민주주의란 말이 있습니다. 이것은 결코 좌와 우에 대하여 어느 편으로나 왔다 갔다 할 수 있는 자유를 말하는 것이 아니라 독재정치, 관료정치에 대하여 국민 각개의 자유를 최대한 인정하는, 뒤집어 말하면 국민 각 개인의 자유를 최소한 제한하고 간섭하는 정치를 주장하는 입장을 가리키는 것이니, 그러므로 자유주의라면 자유경제라든가 언론자유라든가 그러한 자유를 의미하는 것입니다. 민주주의란 개인의 자유를 존중하는 것으로 기초를 삼는 것이기 때문에 국민이 자유를 옹호하는 것은 당연한 권리입니다. 대한민국의 헌법은 대한민국의 자유를 보장하기 위하여 있는 것입니다.

인성(人性)이 요구하는 것은 완전한 자유입니다마는 사회생활을 하려며는 각 개인의 자유의 일부분을 혹은 국가, 혹은 기타 사회단체에 제공할 필요가 있으니 헌법 이하의 모든 법률은 국민 개인의 자유를 제한하지 아니하지 못할 경우를 규정한 것입니다. 예를 들면 병역(兵役), 납세(納稅) 같은 것입니다.

그러면 어떤 때에 자유주의는 발전될 것인가 하면 정치가 국법의 제도에서 벗어나서 어느 개인이나 어느 집단이 그 지위와 권세를 남용하여 비법(非法)적인 간섭을 국민에게 가할 경우에만 주장될 것이요, 그것이 주장될 때에도 위에 말한 바와 같이 정정당당하게 언론기관을 통하여 또는 투표를 통하여 합법적으로 할 것이지 뒷공론, 쑥덕공론 같은 모략을 쓰는 것은 그 자신 벌써 자유주의와 민주주의를 벗어나는 것입니다.

여러분, 우리 대한민국은 아직 초창기에 있습니다. 초창기니 만큼 제도가 아직 자리 잡히지 않았고 위정 당국자도 대개 무경험자입니다. 게다가 지금은 38선이 있고 공산 괴뢰집단의 충동이 있고, 또 세계 대세의 혼란이 있어 우리 대한민국의 환경은 심히 다난(多難)합니다. 이러한 때에 처한 우리들 국민의 의무는 이 어린 국가의 권위를 세우는 것입니다. 국가의 권위를 세운다는 것은 국법을 준수하고 위정자와 협력하는 것이니 협력은 곧 존경이요 복종입니다. 민주국 자유민에 복종이 당하냐 하는 것은 크게 잘못 생각하는 말입니다. 민주국 자유민이 주권을 행사하는 길은 오직 투표를 통하여서요 정부를 감독 편달하는 길은 오직 여론을 통하여서인데 그러한 순간을 제(除)한 우리의 일생은 국법과 권위자의 명령에 복종함에 있는 것입니다. 국민이 이러한 총명한 판단을 가지고 열성으로 복종하는 곳에서 국가의 권위가 서서 국력이 증진되는 것입니다.

우리 흥사단 단우는 모범적 국민이 되기를 목표로 수양하는 사람들의 단체입니다. 우리는 저보다 민족을 위하자고 약속한 사람들입니다. 그러므로 신생국가(新生國家)의 권위를 확립하기에 전심력(全心力)을 다하는 것이 우리 흥사단의 당연한 의무입니다.58)

---

58) 박현환, 『흥사단운동』, pp.272~280, 국민으로서의 도덕(이광수). 이광수전집 (삼중당)에 미수록.

민족주의 운동의 최후의 보루인 동우회(이광수, 1937. 6. 7)와 흥업
구락부(윤치호, 1938. 5. 22)가 연달아 강제 해체됨으로써 이제 국내에
서의 민족운동 전선은 완전 붕괴되고 말았다. 중국에서도 임시정부는
독립운동의 근거지를 잃었고 중경 국민당 정부를 따라다니던 김구는
사회주의 계열 의열단(義烈團) 단장(金元鳳)과 함께 통일단체를 결성
하여 대일항전을 벌이겠다면서 '김구·김약산 동지·동포 제군에게 보
내는 공개통신'을 발송했다. 이는 중국이 국공합작(國共合作)으로 대일
항전을 벌이듯이, 좌우합작(左右合作)으로 항일전쟁을 벌일 것을 선포
한 것이다.59)

이광수는 해방정국에서 국공합작으로 대일항전을 벌였던 중공군(毛
澤東)이 국민당(蔣介石)에 총공세 작전을 벌여서 결국 중원대륙 전체
는 공산화될 것이라고 전망하였다. 우리나라가 무수한 외세 침략을 당
하고 있었음에도 불구하고 멸망하지 않고 독립국가를 유지해오고 있는
것은 기적의 역사라고 평가하면서 좌우합작에 의한 통일정부를 강하게
반대하였다. "좌우합작을 하면 중국처럼 결국 한반도는 공산화가 되고
말 것이라고 예단하고 있다"는 주장이 이광수 납북의 주요 요인이 되
고 있음을 확인할 수 있다.

그중에 한 가지는 우리 민족이 그러한 많은 시련 속에서 용하게도
멸망하지 아니하고 살아남았다는 것이다. 다른 민족은 이러한 대시련
의 한두 번에 벌써 종족적 멸망을 당하였거나 그렇지 아니하더라도 민
족의 정신과 말과 모든 문화를 잃어버렸을 것이언만, 평균하여 2백 년
에 한 번씩이나, 그도 계속하여서, 우리보다 몇 갑절 되는 인구와 병력
을 가진 자의 대침입, 대살육을 당하면서도 혈통적으로 문화적으로 통
일된 민족단위를 유지하여왔다는 것은 전 인류의 역사를 통하여서 큰
이적(異蹟)이라고 아니 볼 수가 없는 것이다. 저 몽고족을 보라, 만주
족을 보라, 사라센 옛 제국의 아라비아족을 보라. 이들과 대조할 때에
우리 민족의 불가살(不可殺), 불가사적(不可死的) 끈기를 새삼스럽게

---

59) 朝鮮總督府 警務局 保安課, '嚴秘'『高等外事月報』제2호(1939年 8月分),
   pp.42~46, 金九·金若山 同志同胞諸君に送くる公開通信(1939. 5).

아니 느낄 수 없는 것이다.

이제 우리가 앵글로색슨의 민주주의와 슬라브의 공산주의를 대할 때에도 우리의 역사와 문화를 잊고 체질과 식성에 맞지 아니하는 것을 통으로 삼키는 어리석음을 하여서는 아니 될 것이니 우리는 이씨조선의 유교(儒敎)에 있어서 이미 실컷 쓴 경험을 한 것이다.

그런데 현실을 보건댄 앵글로색슨식 민주주의자나 슬라브식 공산주의자나 다 제 민족의 역사와 문화를 무시하고 혹은 워싱턴을, 혹은 모스크바를 고대로 서울에 떠오려 하는 것 같다. 지난 적에 우리나라를 소중화(小中華)를 만들려는 유교도들이 하던 모양으로, 이제는 이 땅을 소미국(小美國), 소소련(小蘇聯)을 만들려 하는 것 같다. 우익은 자유주의니까 그대도록 심하지 아니하거니와 좌익 사람들은 군대적이요 교파적(敎派的)이어서 주의(主義)에 있어서는 개인의 자유가 없는 만큼 이 색채가 더욱 농후하다. 그럴뿐더러 공산당의 근본정신이 유산계급과 무산계급의 대립을 인정할 뿐이요 민족을 통일체로 본 정치적, 문화적 단위성(單位性)을 거부하여, 무산자의 독재를 유일한 합리적인 정치형태로 보고, 소련을 세계 공산주의자의 조국으로 규정하여 민족국가의 존재이유를 부정(국제공산당 테제)하는 만큼 한 민족의 역사, 문화를 기초로 삼는 민족국가는 혹 과도시기의 한 방편으로 이용은 할지언정 이것을 소멸시키는 것이야말로 공산주의자의 신조요 임무인 것임에 우리나라에 있어서도 좌익이 방편으로야 무슨 말을 하든지 간에 그 움직일 수 없는 목표가,

1. 소유권을 폐지할 것
2. 무산계급의 이름으로 공산당 독재의 국가를 세울 것
3. 소비에트연맹, 즉 소련의 일 연방으로 가입할 것

의 세 가지에 있음은 숨길 수도 없고 변할 수도 없는 것이다. 그러므로 좌익 사람들(정말 공산주의를 알고 좌익에 참가하였다 하면)을 향하여 민족의 역사와 문화를 말하고 민족적인 자주독립국가를 말하는 것은 쓸데없는 일이니 이는 예수교도에게 불교를 선전하는 것과 같은 목적으로 하는 것밖에는 무의미한 일이다. 그러므로 민족주의자와 소련 계통의 공산주의자와 합작(合作)한다는 것은 다른 일에는 몰라도 국가를 건설하는 정치적인 일이면 되지도 아니할 요술에 불과한 것이다.60)

이광수는 '국사원본 백범일지'(1947)의 '나의 소원'에서 공산당의 계급독재 정치체제를 배격하고 자유민주주의 정치체제를 수립하는 것이 야말로 신생 대한민국의 정치적 이상(理想)임을 천명하고 있다. "이상에 말한 것으로 내 정치이념이 대강 짐작될 것이다. 나는 어떠한 의미로든지 독재정치를 배격한다. 나는 우리 동포를 향하여서 부르짖는다. 결코 결코 독재정치가 아니 되도록 조심하라고. 우리 동포 각 개인이 십분의 언론자유를 누려서 국민 전체의 의견대로 되는 정치를 하는 나라를 건설하자고. 일부 당파나 어떤 한 계급의 철학으로 다른 다수를 강제함이 없고 또 현재의 우리들의 이론으로 우리 자손의 사상과 신앙의 자유를 속박함이 없는 나라, 천지와 같이 넓고 자유로운 나라, 그러면서도 사랑의 덕과 법의 질서가 우주 자연의 법칙과 같이 준수되는 나라가 되도록 우리나라를 건설하자고.

그렇다고 나는 미국의 민주주의 제도를 고대로 직역하자는 것은 아니다. 다만 소련의 독재적인 '민주주의'에 대하여 미국의 언론자유적인 민주주의를 비교하여서 그 가치를 판단하였을 뿐이다. 둘 중에서 하나를 택한다면 사상과 언론의 자유를 기초로 한 자를 취한다는 말이다."61)

4. 이광수 작가론

'개벽' 지는 1925년 신년특집호에서 '이광수론'을 기획했는데, 필진은 이성태, 박영희, 안석주 등이 참여했다. 만화가 안석주(安碩柱)는 '이광수론'을 다음과 같이 설파하고 있다.

---

60) 李光洙, 春園隨筆集 『돌벼개』(生活社, 1948. 6. 15), pp.214~215, 223~225, 사랑의 길.
61) 金九 著, 金九 自敍傳 『白凡逸志』(國士院, 1947. 12. 15), pp.13~14, 나의 소원: 민족국가, 정치이념, 내가 원하는 우리나라.

이광수의 인상, 안석주

" '개벽'에서 이광수를 논하였다. 아! 이것 봐라! 이광수를 좀 더 높여주자는 셈이냐? 그렇지 않으면 승기자염(勝己者厭, 재주가 저보다 나은 사람을 싫어함)으로 아주 꺼꾸러 치자는 셈이냐? 하구 많은(실상은 논자도 별로 없지만) 그 사람에 하필 이광수를 논하였느냐? 옳지 조선에 있어서 더욱이 청년계에 있어서 가장 신망(信望)이 많았고 또한 비난이 많았던 그이니까 여러 가지 의미에서 한번 논해본 게지. 어쨌거나 한번 보아보자."

이것이 본지와 이 씨 외의 제3자로는 대개로 가질 생각인 줄 안다. 실로 말이지 지금 조선 청년계에 있어서 이렇거나 저렇거나 한번 이야기하고 지내갈 사람 중에는 이광수 그를 한몫 아니 끼울 수 없다(다른 사람도 있겠지만). 제3자가 이러쿵저러쿵 이야기가 있거나 없거나 또는 이 씨 자신이 호의를 가질지 악의를 가질지 그는 상관할 바 없고 본지로서는 이 씨를 한번 논해보고 지내감이 가장 좋을 듯하여 논한 것이다.

그러나 이 씨를 구체적으로 논하지 못하고 기분(幾分, 얼마)만 논한 것은 크게 유감이다. 적어도 인물로 본 이 씨, 문학으로 본 이 씨, 사상으로 본 이 씨, 인상으로의 이 씨, 이렇게 네 부분에 노나(나눠)보려 하였던 것이 행인지 불행인지 아직은 전 2자만 보게 되었다. 인상은 별로 문제가 없지만 씨의 사상편은 언제든지 한번 논하고 지내고 싶다.62)

이광수가 상해 임정을 탈퇴하고 귀국한 것은 1921년 4월이었다. 이로부터 이광수는 '귀순변절자'라는 낙인이 찍혀 있었다. 1922년 5월 '개벽' 지에 '민족개조론'을 발표하여 일생일대 최대의 필화사건이 발생했다. '민족개조론'은 3·1독립운동이 실패로 끝난 식민지 조선 사회에 엄청난 사상적 충격을 준 대작품이 아닐 수 없다. 우선 이광수는 "3·1운동에서 무지몽매한 야만민족이 자각 없이 옮겨가는 변화와 같은 변화"라고 정의했다. 즉 조선 민족을 스스로 '야만민족'이라고 비하

---

62) 『開闢』(1925. 1), p.79, 李光洙論, 李光洙의 印象(漫畵)(安碩柱).

하면서 3 · 1운동 실패의 원인은 바로 야만성에 있다고 논파했다. 이를 일제의 조선 지배를 정당화했다고 해석하는 애국계열 청년들은 일제히 춘원에게 비난의 화살을 날리기 시작했다. "동경에서도 이광수 매장 연설회가 열렸다 하는 등 여간 지식계급의 반감을 산 것이 아닌 모양이었다. 그러나 그 공격의 요점은 이론보다도 내 개인에 대한 반감인가 싶었다." 애국심에 불타는 열혈 청년들은 몽둥이를 들고 이광수에게 폭행을 가하려고 춘원의 집을 급습했다. "하루는 청년 5, 6인이 칼과 몽둥이를 들고 자정이 넘어서 내 집을 찾아왔다. 내가 대문을 열고 그들을 맞아들임에, 그들은 내가 이광수 본인으로 믿어주지를 아니하였다. 그때에 내 신변이 퍽 위험하였기 때문에, 누가 찾으면 반드시 피신할 줄로 알았던 것이었다. 마침내 내가 본인인 줄을 알고도 처음에는 민족개조론을 쓴 죄를 논하고, 다음에는 상해에서 돌아온 죄를 논하였다. 그러나 그들은 내 말을 믿었음인지, 아무 폭행도 없이 냉수를 청하여서 먹고, 내 집을 나갔으나, 이튿날 들어본즉, 그들은 그 길로 개벽사를 부수고 내가 교원으로 있는 종학원장인 최린 씨의 집을 습격하였다고 하였다."[63]

사실상 한국 언론사상 '민족개조론'만큼 큰 파장을 일으킨 것은 없었다. "미상불 이 씨의 조선 민족개조의 이론과 주장이 가령 옳았다 하더라도 그때 당시에 있어서는 그것을 들고 일어서서 공박하고 죽이리 살리리 하며 말썽을 부리지 아니하기에는 민중이 너무도 열정을 띄우고 있었던 것이다. 한 문인 혹은 愛○者가 민족의 약점을 보고 그 개조론을 쓰기로니 그것 하나로 그 민족이 개조가 될 리도 만무한 것이지만 세상에는 더 용기를 내어 세계개조론도 당당히 쓰는데 한 민족개조론쯤이 그다지 말썽이 되었다는 것은 결국 때와 인심의 문제에 돌아가는 것이다."[64] 특히 사회주의 계열의 잡지 '신생활'(1922. 6)에는 이광수의 '민족개조론'에 대해 비판한 글(이광수 매장론)이 게재되었다. 그러나 총독부 당국은 '민족개조론'의 논지를 적극 지지하면서 '민족개조

63) 李光洙, 『文章讀本』, p.99, 文壇生活 三十年을 돌아보며.
64) 『第一線』(1932. 7), pp.77~79, 글 쓰는 족족 말썽 생기는 李光洙.

론'을 반박하는 글을 게재했다는 이유로 '신생활' 발매 금지 조치를 내리기도 했다.65) 이와 같이 경무국 당국이 이광수를 옹호하자 춘원에 대해 '귀순변절자'라는 비난 여론이 증폭되기에 이르렀다. 온 세상이 이광수에 대한 탄핵으로 들끓는 가운데 '개벽' 지는 대담하게도 사회주의 계열의 이성태와 박영희를 등장시켜 '이광수론'을 기획한 것이다.

이성태(李星泰)는 사회주의 좌익계 인사로서 이광수를 공산주의자로 포섭하기 위하여 상해 독립신문사 사장 이광수를 찾아갔다. 때마침 허영숙이 상해로 오자 임정 당국은 총독부의 여행권을 가지고 상해에 온 밀정(密偵)이라는 비난 여론이 들끓어, 이광수는 이성태로 하여금 허영숙과 함께 먼저 귀국하게 하고 자신은 뒤따라 귀국하였다. "그러나 나는 내 명성이라는 것을 그다지 대단한 것으로 생각지 아니하였고, 조그마한 내 명성을 아낀다는 것도 한 사특한 생각이라고 결론하고 도산 모르게 귀국할 결심을 하였다. 이렇게 작정하고 나는 귀국할 기회와 노자를 생각하고 있을 때에 내 약혼자 허영숙이 상해에 왔다. 그는 자기가 의사이기 때문에 상해에서 개업을 하고 살 생각이었고 안도산도 그러하기를 권하였으나 나는 내가 귀국할 뜻을 말하고 나를 따라 상해에 와 있던 이성태(李星泰)와 함께 먼저 본국으로 돌려보내었다. 이성태는 제주도 청년으로서 분홍빛 나는 앵무조개(소라 같은 것) 하나를 선물로 가지고 제주도로부터 나를 찾아 왔던 것이다. 그는 나중에 공산당원이 되어서 잡지 '신생활(新生活)'의 주필이 되고 제3차 공산당 사건에 걸려서 복역하다가 병으로 집행정지가 되어 의전병원에서 치료하다가 소련으로 망명하였다. 그는 나를 형이라고 불렀고 나를 공산주의화하려고 많이 힘을 썼다."66)

1925년 5월 카프(KAPF, 조선프롤레타리아예술동맹)가 결성되자 이성태는 신경향파 운동의 선도자로서 프로문학에 전념하면서 신생활 기자가 되어 공산주의 운동을 일으키다가 1928년 3월 제3차 공산당 사건에 연루되어 구속·수감되었다. 이성태는 복역 중 석방되어 나가는 사

---

65) 『東亞日報』(1922. 5. 30), 警務當局者에게, 言論壓迫이 심하다.

66) 春園 李光洙, 『나의 告白』, p.140.

람에게 김기진(金基鎭)을 찾아가 이광수로 하여금 구명운동을 하게 할 것을 부탁했다. 이에 김기진이 춘원을 찾아가서 이성태를 구명하기 위해 종로경찰서 미와 경부에게 석방을 요청하는 편지를 받아낸 것이다. 미와(三輪和三郞) 경부는 춘원의 구명 편지를 받아보고 결국 이성태를 석방했고 이성태는 경성의전 병원에서 치료 후 소련으로 망명하고 말았다. 춘원의 편지 한 장으로 이성태를 석방시킨 이광수의 정치적 영향력은 막강한 것이었다.67) 이광수와는 비록 이념은 달랐지만 이성태는 춘원의 귀순변절을 적극 부인하였고 전반적으로 긍정적 평가를 하고 있다.

내가 본 이광수, 이성태

한 인물을 전적으로 이해한다는 것은 심히 곤란한 일이다. 또 어떠한 사건이나 인물을 평론하려 할 때에 소위 공평무사한 냉정한 판단을 내리우기도 극히 곤란한 일이다. 이는 그렇게 되지 아니하면 안 될 줄은 알면서도 그러나 지금 사람이란 아무리 하여도 당파근성(주의, 사상, 감정의 근저에서의)을 떠나기는 어려운 까닭이다. 적어도 내 개인의 생각은 그러하다.

그러므로 어떠한 한 인물을 붙들어가지고 그를 평하려 할 때에는 내 이해와 관찰과 판단이 객관적 타당성의 합치는 나의 노력이요 원망(願望)일 뿐이요 그 결론이 그곳에 조화된 원만한 것이 되지 아니하는 경우가 많다. 그것은 산 한 인간의 변화 많고 복잡다단한 성격이 더욱이 그러하게 한다.

내가 '이광수론'을 쓰려고 생각할 때에 먼저 이것이 내 머리에 떠올라왔다. 그래서 내가 지금 쓰는 것은 '나'라는 한 인간의 '본 대로' '느낀 대로' '이해한 대로'의 것에 불과한 것이 될 줄 안다. 혹은 칭찬도 하고 혹은 비난도 할 것이다. 그러나 그것은 전혀 내 개인의 사상과 기호와 혐오에서 나온 관찰의 산물이다. 그런데 미리 말해둘 것은 첫번 개벽사의 K군에게서 주문을 받을 때는 이광수 군의 사상평론이요

---

67) 『기러기』 제167호(1979. 5), p.30, 春園 李光洙의 文學과 思想의 功過, 春園 米壽座談會.

인물론은 아니었다는 것이다.

실상 정직하게 말하자면 나는 아직 이 군의 사상의 전면도 알지 못할 뿐만 아니라 설혹 어떠한 정도의 체계가 있다 하더라도 그것은 나의 힘에 좀 부치는 어려운 일이었다. 더욱이 5일 동안에 써놓아야 된다는 무모한 부탁에는 거절할 수밖에 없었다. 그러나 마침내는 사상평론은 그만두고 이번은 인물론을 쓰라는 주문이 왔다. 그래서 인물과 사상을 떼어놓고서 그 인물을 이해하고 평론할 수 없는 것을 생각은 하면서도 드디어 승낙하게 된 것이다. 또 말해두는 것은 내가 여기서 쓰는 것은 '이광수론'이라는 것보다도 인상기라고 하는 편이 적당할는지도 모른다는 것이다.

지금 살아 있는 조선 사람 가운데 '이광수 군'만치 많은 사람들에게 극도의 칭찬과 사랑을 받고 또 다른 많은 사람들에게 극도의 증오와 배척을 받은 사람은 없을 것이다. 어떤 때는 혈기왕성한 개인주의에 눈뜨려는 청년들의 친애와 존경의 표적이 되기도 하고, 그와 동시에 다른 반면에는 완고한 노인과 유학도의 비난과 증오가 일신에 집중된 감이 있기도 하였다. 그러나 어떠한 때는 형세 표변하여 전과는 정반대로 급진 청년들의 극도의 분노와 배척을 사기도 하였고, 또 그와 동시에 인제는 도리어 완고한 부로(父老) 계급과 유학배의 옹호와 칭찬을 받는 경향이 생기기도 하였다.

그래서 이 군은 이와 같이 그의 이름이 출세함과 동시에 칭찬과 배척의 화기(和氣)와 풍랑 중에서 오늘까지 자라왔다. 이리하여 그는 때로는 슬프기도 했고 기쁘기도 했으며 또 때로는 불안과 공포에 휩싸이어 번민도 했고 우울도 했고 추앙과 격려로 용기를 발하여 불끈 일어선 때가 한두 번이 아니었으리라. 이만치 그는 문제의 인물이 되었으며 또 그만치 흥미의 인물도 되었다. 미래는 예측치 못하지마는 과거 현재를 통하여서는 분명히 그러하였다. 어쨌든 이 군의 오늘날까지의 생애는 파란중첩한 생활이었다. 결코 순경(順境)은 되지 못하였다.

그러면 어째서 이 군이 이렇게 문제의 인물이 되었는가. 먼저 우리는 그것을 알아보지 아니하면 안 될 것이다. ― 내가 이 군의 이름을 들은 지는 이미 10년이나 되었다. 그러고 직접 면대할 기회(期會)를 가지고 그래서 비교적 친밀한 교제를 지은 지도 이미 5년이나 되었다. 이 군은 나의 존경하고 친애하는 선배요 또 우인이다. 비록 시일이 오래 끌지는 못하였지마는 비교적 이해 있는 동지의 관계도 있었고, 또 어떤 때는 정다운 친우라고 하여도 과장이 아니리만치 교우가 깊었었다. 이러한 관계로 나는 어느 정도까지 그의 생활을 알 수도 있었고, 또 그의 사상적 경향의 일면을 규지할 수도 있었다.

이래 군과 나는 사상적 경향이 상이(相異)하게 됨을 따라 교제도 잦지 못하게 되었고 피차간에 데면데면하게 지내게 된 지가 벌써 2, 3년이 되었다. 그래서 그동안에 나는 군의 생활에 접할 기회도 없었고, 또 군의 저서에 대해서도 흥미를 거의 잃어버린 까닭으로 그의 발표한 논문과 소설 같은 것도 읽지를 못하였다. 실상 말하자면 과거 6, 7년간에 나는 이 군의 애독자였다. 논문이나 소설이나 시나 수필 기행문 — 어떠한 것을 물론하고 나는 애독하였다. 5, 6독 내지 10독까지 한 것이 드물지 아니하였다. 아마 이것은 나뿐만이 아니라 당시 이 군을 사랑하고 칭찬하던 많은 청년들도 그러했을 줄 안다. 당시 그는 조선 유일한 신사상가요 문학자인 감이 있었고 또 어떤 의미로 보아 열렬한 반역자의 한 사람이었다. — 이것은 여담(餘談)이다.

이 문제를 살피기 위해서는 나는 대개 세 가지 요령을 들 수가 있다. 첫째는 유교에 대한 반기, 둘째는 연애관계, 셋째는 변절, 이 세 가지가 그를 울게도 하고 웃게도 하고 또 칭찬과 인망(人望)의 대상도 되게 하였으며 배척과 분노의 초점도 되게 하였다. 나는 이것을 말하기 전에 그 인물에 대한 인상과 문장에 대한 나의 느낀 바의 몇 가지를 써보려 한다.

나는 이 군의 인물에 대하여 여러 가지 말을 많이 들었다. 혹은 다정다감한 시인이라고도 하고, 혹은 호인(好人), 선인(善人), 이 중에서도 흔히는 무능한 의미의 호인이나 선인이라는 것보다도 좋은 의미의 그것이라는 사람이 많이 있는 것을 보았다. 또 어떠한 사람은 "이 군은 이론의 사람이요, 실제의 사람이 아니라" 말하는 것을 들었다. 또 염상섭(廉想涉) 군인 듯한 생각이 나는데 그는 이 군을 평하여 "사상의 사람이 아니라 문장의 사람이며, 실제의 사람이 아니라 붓(筆)의 사람이라" 하였다. 또 어떤 이는 온후 겸손한 군자라고 하였다. 다만 의지박약한 재사(才士)라고 하는 사람도 있었다. — 나는 이 모든 것을 종합해서 추상(抽象)해놓고 또 내 자신의 인상과 대조해보면 거의 공통되는 점이 많이 있는 것을 발견한다. 곧 이 군은 정(情)의 사람이요,

의기(意氣)의 사람이 아닌 것과 온후 겸손한 선인 호인이요, 반역자가 아닌 것과 사상인이 아니라 문장의 사람이라 한 것이다. (실상 나는 과거에 이 군 사상에 공명했다는 것보다는 그의 문장에 심취하였었다.) 그리고 이 군은 다재(多才)한 사람이다. 두뇌의 명석한 점에 있어서는 이 군보다 뛰어난 사람을 보지 못한 바가 아니요, 또 문장으로는 심각, 침통, 예리한 점에 있어서는 다른 사람을 들 수도 없다는 것이 아니다. 그러나 재(才)의 해박한 점에 있어서 또 문장의 유창, 경쾌한 점에 있어서 또 문장상의 기교로 보아 아마 그는 현하 조선의 제일인자일 것이다. 그러나 나는 이 군의 문장을 읽을 때 흔히 불쾌를 느끼는 경우가 많이 있다. 그것은 너무 유창하니만치 과장이 많이 있고 또 너무 경쾌하니만치 옅은 것이 많이 보이는 까닭이다. 저력(底力) 없는 감격과 심열(心熱)이 없는 불빛과 같은 때가 많이 있는 것이 느껴지는 까닭이다.

그런데 나는 인간으로서의 이 군을 사랑한다. 혹 어떤 때는 너무 무능을 표시하리만큼 온후한 호인적 일면이 있고, 또 성격 상실을 의심하리만치 의지의 약한 것을 보일 때가 없는 것이 아니다. 그래서 나는 어떤 때 그를 거절할 줄 모르는 사람이라고 한 적도 있다. 그러나 그것은 결코 미워하거나 싫증이 나는 것이 아니요, 도리어 그에게 동정을 하게 된다. 나는 이렇게 단언할 수가 있다. 아무리 이 군을 미워하고 배척하는 사람이라도 그와 같이 않고 그의 얼굴과 웃음과 말에 접하면 사건의 시비를 불구하고 비난하고 싶은 맘이 생기지 않으리라는 것이다. 이만치 그는 매력이 있는 다정한 사람이다. 그러고 그는 정에 동요되기 쉬운 보드라운 시인이다. 이곳에 그의 사람으로서의 미점도 있고 장점도 있고 또한 큰 결함도 있는 것이다. 이곳이 곧 이 군으로 하여 연애의 낙원으로 소요케는 하면서도 형극과 피의 반역생활에서 물러나오게 한 것이 아닐까? (물론 이곳에는 그의 사상과의 관계도 심대하나 나는 여기서는 할 수 있는 대로 그의 사상에는 접촉하지 않으려 한다.) 또 나는 군의 결점을 들어보자. 사람으로서의 겸손한 군이 자부심이 도외(度外)로 강한 것과 혹 어떤 때는 빈축하게 되리만치 선배연한 태도가(그것은 군의 행동에서보다는 문장상에서) 흔히 보인다. 그와 반하여 이 종류의 그의 장처를 하나 들어보자. 인간으로서의 행동에서 과단성의 약한 것을 표시하는 일면에 사상상의 발표에 있어서 용맹한 것이다. 어떤 때는 독서와 사색과 반성이 결여한 감이 없는 것이 아니지마는 그는 자기가 생각하는 일은 대담하게 문장에서 표백(表白)한다. 이 때문에 여러 번 문제가 생기기도 했으나 그러나 그것은 사상상의 논쟁이요 그의 이 태도에는 찬성할 가치가 충분히 있는 것인 줄 안다. 이곳에서 소위 학자적 양심의 면영(面影)을 볼 수가 있다.

그러면 이제부터 내가 위에 든 세 가지 문제에 들어가 보자. 그런데 이에 대해서는 지면 관계도 있고 해서 아주 간단히 요령만을 들어 몇 가지 써보려 한다.

제일, 이 군은 유교사상(儒敎思想)에 대한 반기를 든 가장 유력한 사람 중의 한 사람이다. 시세(時勢)의 필연한 관계도 있겠지마는 어쨌든 그는 당시 조선의 사회적 상태, 사상, 내지 도덕에 열렬한 반대자이었다. 이 과도기적 계몽기에 있어서 일본의 명치유신(明治維新)에 수입하던 서양문명 곧 자유주의의 선각자 중의 한 사람이요 또 선전자였다. 당시 군이 포회한 사회관, 인생관, 도덕관에 있어서는 일본의 후쿠자와(福澤諭吉) 이상에 나가지는 못하였다. 또 미국식의 공민주의(公民主義) 또 부르주아의 이상주의 역(域)을 벗어나지는 못하였다. 그러나 이 군의 이 사상적 노력 — 의식 혹은 무의식 — 과 기여는 조선의 사상사에 있어서 불후(不朽)할 것이다.

이때에 군은 부로(父老) 계급의 배척의 대상이 되었으며 새로 눈뜨려는 청년들의 열렬한 환영과 지지 속에서 사랑과 칭찬의 초점도 되었다. 그러나 지금 와서는 조롱 같은 일이지마는 시세가 그만치 진전된 것이 큰 동인이 되겠으나 사실은 전도(顚倒)되어 인제는 급진 청년들의 분노와 배척을 받게 되는 일이 있고, 또 한편으로는 부로와 유학배의 환심과 공명을 얻게 되는 경향이 생기게 되었다. 이것은 당시의 이 군과 현재의 이 군과의 새(사이)에 하등의 볼 만한 사상적 변이(變移)나 진보가 없었던 것을 의미하는 것이나 아닐까? 그란 어쨌든 이 군은 이 구사상에 대한 반역자의 한 사람이다. 그래서 그 사상적 기여는 분명히 조선 사회의 진행에 일대 효과를 수득하였다고 하여도 결코 과장은 아닐 것이다.

둘째, 연애! 아마 이 문제는 이 군을 쓰려는 사람에게는 누구에게든지 흥미 있는 자료이다. 또 그만치 이 군의 과거의 생애는 연애를 위한 생애라고 하여도 결코 과언이 아닐 것이다. 그가 어떤 때 "나는

조선과 결혼하고 일생을 조선을 위하여 바치는— 독신생활을 하겠다'
고 말을 한 적이 있었다. 그의 문장에서 흔히 보는 바이다. 물론 이 연
애문제— 아내 있고 아들까지 있는 사람으로서의— 때문에 일시는 이
군의 소수 지우와 완고한 부로의 비난이 생겼음에 불구하고 이 군을
사랑하는 많은 청년들은 그를 극력 옹호(?)하는 경향이 없지 아니하였
다. 나 자신도 그중의 한 사람이었다. 이 문제는 단순히 아내 있는 이
군 개인의 연애문제로 볼 때는 그렇게 사회적 영향까지 미치게 할 것
이 아니었다. 그러나 당시의 사회적, 사상적 배경을 생각할 때 더욱이
그 문제는 흥미가 있다. 또 의의(意義)가 있었던 것이다. 그때 그가 조
선과 결혼하고 독신생활을 한다는 것은 한편에서는 연애의 난관— 양
인간의— 이 이 군으로 하여 그러한 아름다운 이상적 애국생활이라는
데로 헌신하려는 결심을 하게 하였고, 또 하나는 사회적으로 오는 고
통이 마침내 그로 하여 그곳에까지 이르게 했을는지도 모른다. 실로
이 군의 연애는 그의 생활과 같이 파란과 난관이 중첩한 쓰린 경험이
있다. 그는 이 때문에 웃고 울고 용기를 발하고 또 어떠한 때는 자살
까지 하려는 결심을 했던 적이 있었다고 한다. 실상 말하면 연애는 아
름다운 꿈같은 생활이다. 이 군에게 있어서 연애는 고통과 문제가 많
이 있었더니 만큼 그의 연애생활은 아름답고 행복스러웠다. 지금 나는
이 군의 연애에 관한 일에 대해서는 1, 2개의 무반성한 사건 이외에는
모두 이해할 수가 있고, 또 동정할 수가 있다. 바로 말하면 과거 그의
연애 고통 시대에 있어서는 나는 그의 연애 완성을 위하여 진심으로
축복하던 한 사람이었다.

셋째, 변절! 이것은 적어도 3·1운동 이후에 이 군에게 있어서 가장
큰 타격을 준 것이다. 또 일시 이 군을 칭찬하고 신뢰하던 무명·유명
한 청년들의 이 군에 대한 태도를 일변하여 그를 비난케 한 것이다.
그것은 첫째로는 상해에서의 귀국, 둘째는 '민족개조론' 문제, 셋째는
동아일보 사설 '민족적 경륜', 이것 때문이었다.

나는 이 군 귀국문제에 대하여 비교적 자세한 사정을 안다. 그것이
세상에서 떠든 것만큼 귀순변절(歸順變節)을 의미할 만치 이 군 개인
의 종래 포부한 주의(主義) 혹은 사상의 표변에서 나온 것은 아닌 줄
안다. 귀국문제는 결국 연애의 희생이었다. 이것은 일방의 무이해한 원
인도 있었으나 이 군의 개인적 성격에 있어서 반역적 기질과 감정이

없었던 것이 큰 원인이 될 것이다. 혁명으로 가는 길과 연애로 가는 길, 이 두 가지 길 사이에서 원만한 조화를 도모할 길은 당시 이 군에게는 없었다. 그래서 마침내 형극의 반역의 길을 떠나고 연애의 아름다운 꿈길로 헤매게 한 것이다. 실로 이것은 어려운 문제였다. 고통이었다. 그러나 이 중에 이 군이 좀 더 반성을 요할 일이 많이 있었다마는 이 군은 그것을 하지 못하였다. 둘째, '민족개조론' 및 '민족적 경륜', 이 양 논문은 이 군의 지론(持論)이요 주장이요 신조이다. 그것은 정치적, 경제적의 근본적의 혁신을 계획하는 급진적 청년들에게 비난받는 것은 어쩔 수 없는 필연한 일이었다. 그리고 3·1운동의 역사관에 있어서도 분명히 그는 잘못 관찰하였다. 나는 이 군의 사상에 접촉치 않으려는 때문에 이에 대한 논평은 피하려 한다. 그러나 그것은 변절이라고 할 만한 정도의 것이 아닌 것만은 이 군을 위하여 동정할 여지가 있는 줄 안다.

이것이 이 군에게 대한 나의 칭찬이요 비난이요 불평이요 또한 그에 대한 인상의 전부이다. 어쨌든 이 군은 흥미 있는 인물이다. 이 앞으로 어떠한 곳까지 전개할는지 그것은 아직 알 수 없는 일이다. 그러므로 나는 이 군에게 대한 어떠한 결론과 단안을 내리우기를 피한다. (그런데 나는 그에게 대한 중요한 부분 곧 예술가로서의 이 군, 또 그의 문학적 위치에 대하여는 문외(門外)의 감도 있고 해서 그곳까지 교섭이 있지 못하였다.) 이로써 이 인상의 끝을 맺자.[68]

1922년 '백조(白潮)' 동인 박영희(朴英熙)의 초기 작품은 탐미적 낭만주의적 시풍을 띠었으나 1925년 '개벽'에 '사냥개'를 발표하면서 그는 신경향파로 기울어지게 되었다. 박영희는 같은 해 팔봉 김기진과 함께 카프를 조직하여, 주로 프로문학의 이론만을 담당하며 극좌적인 평론으로 목적의식론을 주장하는 등 카프 계열의 대변자로 활약하였다. 1927년 신간회 간부로 활약했고, 1931년 이후 카프에서 프로문학운동에 대한 이론이 대립되자 카프를 탈퇴, 순수문학을 지향했다. 카프를 조직할 당시 박영희는 이광수론을 '개벽' 지에 발표하였다.

박영희는 춘원의 단편소설 '윤광호'(청춘, 1918. 4)를 읽고 너무나 충

---

68) 『開闢』(1925. 1), pp.80~85, 내가 본 李光洙(李星泰).

격적인 실망감을 느꼈다고 하였다. 그것은 실연을 다룬 소설인데, 상대자가 여자가 아니라 남자로서 남색적(男色的) 실연이기 때문이다. 춘원은 명치학원 재학 중 '백금학보'에 발표한 단편소설 '사랑인가(愛か)'에서도 동성연애를 다룬 바 있다. 박영희는 춘원의 작품을 이야기하면서 그것은 인생 생활에 근거를 둔 예술품이 아니라 암흑기 시대에서 여명기로 나아가기 위한 준비작품이라고 규정하고 있다. '무정'에서 한바탕 사랑 장난을 벌이다가 주인공들은 모두 외국 유학길에 올랐다. 그런데 그들이 구미 선진문물을 배우고 돌아와서 조선을 위해 행한 '실제 운동'이 없다. 미개한 조선인의 개명의 요구는 '힘'이 있어야 하고 '정'에 있는 것은 아니다. 그런데 춘원의 주인공은 조선을 위한 사업을 단행할 때 은인을 회상하고는 고만 중도에 주저앉고 만다. 하나같이 '힘'이 없고 '정'에 약하다. 이는 이광수의 '인정론'의 최대 결함이기도 하다. 그러므로 박영희는 춘원의 작품은 힘이 결핍되고, 그 외에 정에 약하고 덕과 눈물만 남는 것이 그의 예술이라고 정의하고 있다. 박영희는 심지어 작중 인물은 모두가 허위와 사기를 가진 오락을 즐겨하는 우물(愚物)이라고 지적하면서, 춘원은 이상적 개인 예술가, 홀로 음악을 즐기는 독락악적(獨樂樂的) 본능문학자라고 단정하고 있다.

춘원은 "정치적 자유가 없다고 슬퍼 말라. 경제적 파산을 슬퍼 말라. 그것은 우리에게 의인(義人)이 없는 것에 비기면 아무것도 아니다"라고 설파하고 있다. 이것이야말로 '남산골샌님' 노릇을 하란 말이다. 소돔과 고모라는 의인이 없어서 망했지만, 조선은 의인이 없어도 망하지 않는다. 정치적 자유를 쟁취하고 경제적 파탄을 극복하려면 용단 있는 실행적 영웅, 분투적 위인이 요구되고 있다. 춘원 작품에는 이 같은 힘 있는 지도자를 제시하지 않고 있다. 박영희는 춘원의 '개척자'에서 주인공인 화학자 성재가 파산 후 노동자로 직업전선에 진출, 생계를 타개했다는 데 긍정적 의미를 부여하고 있다. 유교적 전통이 깊은 전근대적 조선 사회에서는 경제적 파산을 했어도 무직업으로 부르주아의 의기로 막노동에 뛰어들지 않고 놀고먹는다는 것이다. 박영희는 유물사관의 시각으로 노동을 신성시하는 성재의 노동 실천을 높이 칭찬하고 있다.

문학상으로 본 이광수, 박영희

씨는 내가 선배로 여기는 사람 중에 한 사람이었다. 일찍이 내가 소설이라는 형식으로 책을 보게 된 것은 '청춘'이라는 잡지에서 단편소설인 '윤광호'이었다. 그때 그것을 읽고서 나는 나의 친구들과 웃었다. 그것은 다른 것이 아니라 그 소설 끝에 'P는 남자'이었다고 쓴 것을 본 까닭이다. 묻지 아니해도 윤광호의 실연이라는 것은 여자에 대한 실연이 아니라 남색적(男色的) 실연이었기 때문이었다. 물론 '청춘' 잡지 시대에 내가 본 씨는 다만 한 소설 쓰는 사람이었던 것이며 별로 그에게 기대할 아무것도 없었다. 또한 그 '윤광호'를 읽은 후에 감상이라는 것은 실연을 맛보는 슬픈 감정보다도 좀 불쾌한 남색적 기분의 호기심이었다.

어찌하였든 씨는 조선에서 문학운동(유치하나마)에 첫 사람이었던 것은 부정할 수 없는 사실이다. 우선 문장의 형식으로라든지 혹은 소설의 신의의를 설명하는 데든지… 등 여러 가지에서 그는 제일인자이었던 것은 부정할 수 없다. 그리고 그는 '무정', '개척자' 등의 소설을 세상에 나타내었다. 뜻과 같이 '무정'은 환영도 받았다. 그러나 내가 쓰려는 것은 그의 소설을 형식적으로나 혹은 비판적으로 분류하려는 것이 아니다. 다만 그가 쓴 소설 가운데서 그의 사상의 중요한 것이며 그가 말한 데서로부터 어떤 예술관 같은 것을 찾아서 문학상으로 발견되는 이광수 씨를 얻으려는 것이다.

'무정'과 '개척자'가 세상에 나오자 적막한 사회에는 이야기꺼리가 되었었다. 그러나 현금에 와서 발전된 사회에서 전진(前進)한 이지(理智)로 보건대 그것은 물론 어떠한 일정한 저자의 확호한 주의(主義)와 의견과 혹은 예술관을 찾기에는 너무도 미약하다. 만일 그 저서에서 무엇을 찾는다 하면 그것은 조선 사람들은 무식하다, 조선 사람들은 예술이 없고, 학문(學文)이 없으니깐 할 수 있는 대로 조선 사람들에게 일러주는 무슨 말이 된다면 될는지, 그 외에는 아름다운 형식뿐이다. 마치 구가정에 갇혔던 부인이 별안간 시대사상의 파급으로 양장을 하고 노상에 나왔다 하면 그 부인에게서 얻을 것은 다만 외면(外面)의 미관(美觀)뿐이고 해방이란 이름뿐일 것이다. 그의 뇌중(腦中)에는 공허하여 아무 생각도 없을 것이 분명하다. 내가 '무정'이나 '개척자'를 볼 때에 얻은 것이 그와 같은 것이다. 다시 말하면 완전한 인생 생활의 근거를 둔 예술품이 아니라 암흑시대에서 여명기(黎明期)로 나아가는 데 한 준비품이라고 할밖에는 없다. 따라서 씨의 독특한 주의(主義)를 발견하기 전에 먼저 씨는 조선 여명기에 준비적 작가라고 하고 싶다. 그가 그려낸 인물은 모두 일정한 이지(理智)를 가지지 못하고 일정한 주장을 가지지 못하고 장년적(壯年的) 생활의 호주가 되기 전에 일어나는 공상적 소년시대가 많다. 보아라 '무정' 속에 나타나는 '이형식'이나 '김선형'이는 두 사람이 다 실제생활에 색채가 농후하지는 못하다. 한바탕 '사랑'이라는 신괴물(新怪物)에게 걸리어 놀다가 끝으로는 비로소 외국 유학을 가는 것이다. 물론 내가 말하는 실제생활이라는 것은 유학을 갔다가 온 사람을 말하며 호주가 된 후의 비로소 가정이라는 데서 생기는 인간미를 말함이다. 또한 '개척자'에서 보면 성재와 성순과 민과 변이 다 각각 연애의 공상적 오락에 취하다가 죽고 말았고, 그들이 유학까지 하고 와서 신조선을 위해서는 다만 자유연애의 고창자(高唱者)였고, 여자해방의 찬송자였다. 성재는 신인이다. 그러나 성순의 자유를 속박해서 마지막은 성순은 자살하고 말았다. 이 의미에서 보면 그들의 조선에 대한 사업이라고는 하나도 없었다. 또한 그들의 담화를 보면 좀 실제를 떠나서 낭만적 기분으로 정화(情話)의 일야를 밝히고 말았다. 유학하고서 온 그들이 조선을 위한다 함은 무슨 뜻이었었는지? 우선 아쉬운 대로 말하면 형식의 미화, 언어의 개화(開化), 침묵의 다변화(多辯化)뿐이었다. 첫째, 그들은 조선이 어떻게 하면 어떠한 경로를 지내 어떻게 되리라는 생각도 하지 못할 만큼 유치하였다.

그러면 씨의 작품에서 나타난 씨의 주관을 물을 것이면 그것은 다른 것이 아니다. 구도덕에서 신도덕으로 넘어서는 경로에서 생기는 한 사건이다. 다시 말하면 자유연애의 주장과 여자해방과 조선의 교육의 급무 등을 선전한 이외에는 아무것도 없었다. 그러나 그것도 혁명적 개혁 혹은 영웅적 자유는 아니었다. 연약한 정서에서 여성적으로 나오는 '눈물'이었다. 미개한 조선인의 개명(開明)의 요구는 '힘(力)'이 아니었고 '정(情)'에 있었던 것을 그렸다. 작품에 나오는 주인공은 다 정에 약하고 말았다. 힘에 굳세지 않았다. 그러나 씨가 그려낸 주인공들이 '힘'에 굳세지 못한 이유가 있다. 그것은 다른 것이 아니라 씨의 독특한 도덕관이 있는 까닭이다. 그 도덕관이 '힘'이 있으려는 주인공의 팔을 잡아 감추고 말았다. 무엇을 단행하려다가는 곧 은인을 회상하고는 고만 더 가지 못하고 주저앉는다. 마치 처자를 이별하고 전지(戰地)를 향하는 용사가 또다시 돌아서서 눈물을 뿌린다 하면 그것은 물론 망국지병(亡國之兵)이다. 사람마다 정과 사랑(愛)이 없는 것은 아니다. 위대한 사업에는 위대한 희생이 있는 것이다. 그러나 그에게는 없었다. 너무도 개인주의에 가까웠다. 성순이 사랑하는 사람 민을 위해서 죽었건만 민은 애인을 죽이고도 아무러한 열정적 쇼크가 없었다. 또한 살아남았다 하면 그 애인을 위해서 일한 것이 무엇인가? 아니다. 웃는 사람을 동정하는 것은 다만 웃음밖에는 없고, 눈물 있는 사람에게 눈물밖에 동정이 없고, 피를 흘리는 사람에게 한 가지 피를 흘려야 동정하는 것이며, 애인을 위해서 죽는 애인에게는 오직 한 가지 '주검'이다. 그러나 애인인 성순을 묻어버리고도 생존한 민은 수개월 후에는 어느 계집과 더불어 단꿈(酣夢)에 취할 터이겠지? 물론 의지가 박약하였다. 이런 고로 그의 도덕관은 예수의 도덕관보다도 톨스토이의 인생관보다도 한층 비열하고 무활기하였던 것을 알 수 있다. 그런 고로 그는 인생의 예술화니 종교의 예술화니 하는 구실을 만들게 되었다.

물론 그의 예술은 예술을 위한 예술은 아니다. 여명기를 위한 예술이며, 자유연애를 위한 예술이며, 조선 교육을 위한 예술이며, 또한 덕(德)을 위한 예술이었다. 그러나 그렇게 나가다가 이런 말을 볼 수 있다. "인생의 최고의 이상이 무엇이냐? 인생의 생활 자신을 전부 예술화(藝術化)함이외다. 그의 생각도, 행동도, 의식주(衣食住)도, 사회도, 촌락도, 도회도, 전부 예술화함이외다. 우리의 이 원시적이요, 몰취미한 주택을 예술화하고, 우리의 실내의 장식과 기구를 예술화하고, 우리의 단조한 의복을 예술화하고, 우리의 식탁과 마당과 학교와 시가를 예술화하자. 그래서 조선 전체를 예술화하고, 세계 전체를 예술화하자!" 하는 말을 그의 '예술과 인생'이라는 논문에서 볼 수 있다. 여명기의 공상적 예술성이 아니면 무엇이랴? 나는 얼른 와일드의 유미주의(唯美主義)를 연상하였다. 그의 예술화라는 것은 덕의화(德義化)한 예술이나 혹은 애화(愛化)한 예술일 터이지? 그러나 의식주(衣食住)의 예술화라는 것을 보면 아무리 해도 유미주의화한 예술일 것이 분명하다. 즉 금의옥식(錦衣玉食)을 말함이다. 옷에는 수(繡)를 놓고 집은 구미식으로 짓고, 밥은 양요리의 미미(美味)만으로 취한다는 주의(主義)이다. 만일 '의식주'를 '덕'으로 보면 어떻게 해석할까? 옷(衣)이 '덕(德)'이라면 살이 드러날까 보아서 3중 4중의 의복을 입는 것이며, 밥(食)이 '덕'이라 하면 입속에서 씹는 밥이 남에게 보여서 구토를 일으키지 않으려고 입을 다물고 먹는 것이며, 주(住)가 '덕'이 있음은 부부의 침실이 외면에서 보이지 않게 건축함이나 아닐는지? 이러한 의미에서 씨의 조선적 예술은 허무한 말이 되고 말았다. 이것만 보아도 씨의 여명기의 예술이 그 얼마나 현금에 있어서 공상적 완고인 것을 발견할 수 있는 것이다. 또다시 그의 '예술화'가 혹 '이상화'란 뜻인지도 모르겠다. 또한 '굵은 선의 예술'이라는 것은 무엇인가? 로맹 롤랑(Roman Rolland)의 '장 크리스토프(*Jean Christophe*)'와 같은 예술을 말함인가? 그렇지 않으면 바르뷔스(Henri Barbusse)의 '지옥(*L'Enfer*)'과 같은 것을 말함인가? 그의 예술은 그렇지도 않다. 어디까지든지 유심적(唯心的), 이상적의 미를 동경하였다. 물론 그 미란 것은 덕화(德化)한 것을 말할 터이지. 연연(軟軟)한 여성적 센티멘털리즘의 진주 같은 눈물의 미이다. '무정'이 그러하고 '개척자'가 그러하다. '힘'이 결핍되고 그 외에 덕과 눈물만 남는 것이 그의 예술이다. 이것을 그는 미(美)라고 하는 것이 아닌지?

또한 그의 예술은 이러하였다. '직업의 예술화'란 말이다. "네 직업을 네 예술로 알아라!" 하는 말이다. 다시 그의 말을 해석하면 직업이라는 것은 가장 자유로운 자기의 마음의 요구하는 것을 할 때에는 노역도 잊어버리고 즐거워한다 하였으며, 또한 "곧 각인(各人)으로 하여금 자유인으로 자유의 직업을 취하게 하는 것이 이상적 사회조직의 근본이 될 것이외다" 한다고 하였다. 씨는 그 예술을 널리 해석하려 하였으나 실행에 충실치 못하였다. 물론 기호적 직업이 사람에게는 무쌍한 낙(樂)이다. 그러나 현 조선 사람의 생활이 그 얼마나 그와 같은 이상적 직업을 얻기에 열등한 것을 알아야 한다. 누가 그러한 직업을 줄 것 같으냐? 만일 씨가 위에 말한 그 이상을 가졌다 하면 씨의 어떠한 작품이 노동자에게 그와 같은 쾌락을 줄 수 있을까? 그의 작품인 정반대의 유산계급의 연애 발생의 도정(道程)뿐이었다. 또한 무책임한 말이 생각난다. "그래서 쾌락주의자인 조선인은 직업 없음을 최대 행복을 삼아, '놀고먹기' 위하여 노역한다" 하였으니 기가 막힐 말이다. 어느 곳에서는 면서기 한 명을 채용하는 데 몇 백 명이 왔다는 등, 전차 차장 한 명에 무슨 5백여 명의 지원자가 있다는 말을 생각해서 보아라! 조선 사람이 직업이 있으면서 노는 것은 아니다. 직업을 주지 아니한다. 이것이 현금 우리의 큰 문제거리다. 또한 우리의 예술도 이에서 발족하지 않으면 아니 된다. 미구에 우리는 아사하고(굶어죽고) 말 것이다. 씨는 얼마나 조선 형편을 모르고 더운 방에서 미의미식(美衣美食)을 꿈꾸면서 조선 인민을 무의미하게 책하는가? 불쌍한 무직 노동자를 씨는 무슨 특권을 가지고 책하는가? 만일 씨가 1, 2 개인을 표준삼고 한 말이면 씨의 협소한 사색만을 책하려니와 만일 전 조선을 표준하고 한 말이면 적어도 조선의 무산자 제군은 이미 한 가지 씨에게 질문하기가 늦었도다. 이런 것이 모두 그의 예술관이다. 이에서 문학상에 나타난 이광수 씨는 이상적 개인 예술가이었고 따라서 독락악(獨樂樂, 음악을 홀로 즐김)의 취미적 본능문학자이었다. 그러나 누구든 말하리라. 아니다, 그는 인도주의자이었으며, 조선의 충실한 벗이라고…. 그러나 그의 인도주의는 톨스토이에 비해서 얼마나 그 주의(主義)의 본질을 찾지 못한 것을 알 수 있다. 위에도 말하였거니와 작품에 나타난 주인공은 전인간적 타입이 아니라, 일부분인 청년시대의 혈기를 경계하는 소위 '계지재색(戒之在色, 색을 경계함)'이라는 유(類)이었다. 보아라. 톨스토이의 '부활'이라든가 '안나 카레니나'를 생각하자! 그에게는 '부활'과 같은 종교적 색채가 이상적으로 개인의 주견을 가지고 나타나지도 못하였고, 안나와 같이 실생활에 부대끼는 인간적 쟁투를 인도주의 견지에서 하나하나 해결한 것도 없었다. '무정'이래야 구가정에서 구속을 받던 청년 남녀의 연애로, '개척자'래야 역시 자유연애의 주검(死)의 승리뿐이었다. 인생을 해결하려는 독특한 철학적 견해도 없었다. '개척자'란 이름은 무엇이냐? 조선을 개척한단 뜻일 터이지? 그러나 어떻게? 가장 미미한 자유연애의 개척이다. 밭 두덩에서 농부인 남편에게 밥을 나르는 아내도 물론 농업의 한 부분을 성취한다 하겠지만, 그러나 개척하는 사람은 염천에 등을 태면서 이토(泥土) 중에 서서 있는 사람이 승리를 하는 것이다.

또 조선을 위한다는 말이 퍽 한편으로 흥미 있는 말이다. '무정'에도 한바탕 사랑의 장난을 치고서는 외국으로 유학을 갔다. 그리고 그들이 돌아올 때는 조선에 공장이 늘고, 무슨 각 학교에서는 일꾼이 나오고 사업이 발달하고… 하였으며 '개척자'에 나오는 미술가인 민은 "미술이 없는 조선 사람에게 미술을 주겠다" 하였으며, '혈서'에 보면 "나는 사랑보다 더 큰일에 몸을 바쳤다"고 해서 그 상사병(相思病)에 처녀를 죽게 하였으며, 'H군을 생각하고'에서는 H가 "저는 이 몸과 맘을 다 태워서 이 세상을 덥고야 죽겠습니다" 하였고, '어떤 아침'에서는 로승(노승)이 장안(長安)에 있는 조선을 내려다보고 "한울이시여, 저 먹을 것도 없고 맘에 즐거움도 없는 나날이 기운이 줄어가는 백성을 안 돌아보시나이까…" 하였다. 이러한 말이 참으로 조선을 위하는 말이냐?

물론 한가한 사람은 속고 말 것이다. 그러면 조선에서 요구하는 것은 무엇이냐? 그것은 형식이나 선형이가 외국에서 돌아와서부터 비로소 활동하는 실제운동(實際運動)일 것이다. 그러나 그들은 돌아와서 조선을 위해서 무슨 일을 하다가 죽었는지 알 길이 바이없다. 또 보아라! 조선을 위한다던 화상(畵象)인 민 군은 무슨 명화(名畵)를 그렸는가? 아니다. 그는 사랑에 빠지고 말았다. 남들이 다 그리려간 금강산이나마도 완전히 성취하지 못하고 말았다. 또 보아라, '혈서'에서 사랑보다 더 큰일에 몸을 바쳤다고 처녀의 사랑을 거절하던 그는 무슨 큰일을 하였던가? 아무 일도 없이 다만 죽은 처녀의 사체를 안고 슬퍼할 뿐이었고, 그의 묘지에를 갈 뿐이었으며, 또한 세상을 위하겠다는 폐병 환자인 H는 무슨 일을 하였던가? 그는 토혈을 하면서 교수(敎授)한 보수로 음란한 불의의 애인인 C를 공부시키기에 일생을 허비하였다. 나중에 C가 불의라 한 것이 오해라 하였지만, 그동안에 그러면 C가 무엇을 하였고, 무슨 사고가 있었던 것을 저자는 말하지 아니하였으니 주주야야(晝晝夜夜)로 피눈물로 한 가지 오해라고 하더라도 믿을 길이 바이없다. 보아라! 이것이 조선에서 요구하는 인물이며, 조선에서 갈망하는 진리이랴? H 같은 것은 우주에 가득할지라도 하용(何用)이 있으리오? 참으로 그는 비참하다. 아사하는 사람에게 "오죽이나 춥고 배가 고프랴!" 하는 것이 동정이 아니다. 전 인류가 그런 소리를 한대도 그는 기어이 죽고 말 것이다. 비록 어린아이일지라도 흙 묻은 주먹에 찬 밥 한 덩어리가 그의 생명을 활력 있게 할 것이며 물 한 방울이 10만 사람의 동정하는 '눈물'보다 나을 것이다. 또 보아라! 로승이 조선 사람을 불쌍히 여긴다 해서 한울님께 기도는 하였지만 그는 또한 어떠한 적극적 수단을 가졌던고? 이와 같이 씨의 작품에 나오는 인물은 모두

가 허위(虛僞)와 사기(詐欺)를 가진 오락을 즐겨하는 우물(愚物)이었다. 이것들이 어찌 조선의 운명을 개혁할 수 있으랴? 이에서 문학상에 나타나는 씨는 또한 허위인 것을 면하기 어렵다. 작품으로나 글로써 그를 알려는 나는 이 외에는 더 알 방침이 없었다.

또한 그와 같은 인물의 자존심을 보아라! "내가 이러한 반심(反心)을 품은 줄을 모르고 서울은 잔다" 하였으니(개척자), 그까진 약혼한 본부를 혹은 가정을 반항하는 것이 성순뿐이 아니요 비록 무식한 촌부에도 있거늘 성순으로 해서 서울이 잠 못 잘 것이 무엇이리요. 또한 H는 "선생님! 저는 그(애인)를 믿으려고 애를 썼습니다. 전 인류를 대표하여, 한울님의 딸로, 그를 믿어볼 양으로…" 하였으니 아무리 H가 애인을 사랑하였지만 전 인류까지 대표하였을 것이 무엇이랴. 그가 실망한 것도 당연한 일이다. 이것이 모두 과장적 허위가 아니면 무엇이랴? 또한 "1천만의 여성을 위해서 희생이 되든지" 하였으니 성순이 사랑과 반항을 위해서 죽으면 결국 사랑에 대한 희생이지 그것이 무슨 1천만 여성을 대표할까? 그것도 1천만 여자를 위해서 하다 못해서 분필이라도 들었다 하면 혹 용서할 점도 있으려니와 애인과의 키스 이외에는 아무것도 한 것이 없는 성순이 무슨 동포를 대표할까? 이것이 모두 실지를 떠나서 조선의 약자의 동정을 사려는 것이 아니면 무엇이랴? 아사하는 것이 불쌍하거든 말 대신으로 먹을 것을 주며, 속박된 것이 불쌍하거든 그 줄을 끊어 주렴으로 실제적 활동을 하여라! 또한 "장래 어느 날 밤에 이 같은 달이 반드시 생명의 서울을 비추일 날이 있다…"(개척자) 하였다. 그 생명 있는 서울은 무엇일까? 다른 것이 아니라, 장래는 예술이 있고 공업이 있고 상업이 있고… 등의 만물이 필연적으로 요구하는 진화적 성장의 화려한 도시를 이름이다. 그러나 그것이 조선 사람의 본질적 생명은 아니다. 그 본질적 생명은 무엇이냐? 그것은 그와 같은 문명과 진보를 성장케 하는 데 필요한 '힘(力)'을 말함이다. 다시 말하면 팔과 다리를 마음대로 내어젓는 데, 혹은 사람을 영양(營養)시키는 데 필요한 혈액과 동일한 것이다. 그는 혈액을 요구하기 전에 인간을 요구하였다. 혈액 없는 인간이 어디 있으랴? 우리는 먼저 우리가 살아가야 할 원동력과 사람 사는 데 필요한 천부(天賦)의 본질을 갖지 않고서는 도저히 생명 있는 도시를 만들 수 없다. 만들어진다면 그것은 타인의 것이요, 우리의 것은 아니다. 보아라, ○○의 도

시를! 그 생명이, 길에서 떠드는 구세군의 입버릇이면 용서하려니와 그 외에 그러한 의미의 생명은 우리의 지금 현상으로는 과장적이라고 아니 할 수 없다.

또한 그의 '에세이'에는 이러한 말이 있다. "세상에는 이러한 사람이 적다. 우리에게 정치적 자유가 없는 것을 슬퍼 말라. 경제적으로 파산의 경우에 있는 것도 설워 말라. 만일 무서운 병이 들어서 우리를 막 쓸어내더라도 슬퍼 말라. 이런 모든 일이 슬픈 일이 아닌 것이 아니언마는 그것은 우리에게 의인(義人)이 없는 것에 비기면 아무것도 아니다" 하고 참말로 의기 있는 소리를 하였다. 옛날의 소돔(Sodom)과 고모라(Gomorrah)는 의인이 없어서 망했다. 그러나 지금에 조선은 의인이 없더라도 망하지는 않는다. 그러면 무엇이냐? 우리에게는 용단하는 사람이 있어야 하며 열정적 인물이 있어야 하며 실행적 영웅이 있어야 하며 분투적 위인이 있어야 한다. 경제적 파산을 슬퍼 말라 하였으니 이것이야말로 '남산골 생원님(샌님)' 노릇을 하란 말이다. 그런 사람은 5만 인이 있더라도 나라는 망하고 만다. 그러나 나는 이 점에서 씨에게 한 가지 칭찬할 것은 화학을 연구하던 성재가 파산한 후에 문득 밖에 나가서 노동자로 복장하고 노동하였던 것이다. 그에게는 비로소 인간적 의기(意氣)가 있다. 이러한 사람이라야 참된 인생의 하나이다. 씨의 작품 중에는 제일 생기를 가진 것이다. 조선 사람이 무직업이라면 아마 일부분은 너무도 부르주아의 의기로 파산은 하였으면서도 창피해서 노는 사람이 얼마나 많으랴? 그 점은 씨가 잘 잡았다 하여도 다른 것은 문예상에서 나타난 씨의 특별한 사상을 더는 알 수 없다.

그에게는 '열(熱)'이 보이지 않는다. 그는 열을 나타내려고 애를 쓰는 모양이다. 그러나 그 열에서 광명이 나오지 않는다. 한울에도 전기가 있고 땅에도 전기가 있고 묘피(猫皮)에도 전기가 있다. 그러나 전극과 전극이 합해서 타지 아니하면 광명한 전광(電光)을 볼 수가 없는 것이다. 이것은 진리이다. 지금까지의 씨의 문학상의 모든 위에 말한 허위가 음극(陰極)이라면 아직도 미래가 많고 여러 사람의 촉망이 많은 씨는 더 현실적 양극(陽極)에 다닥쳐서 조선을 밝히는 광명이 있기를 바란다.69)

---

69) 『開闢』(1925. 1), pp.86~93, 文學上으로 본 李光洙(朴英熙).

계급을 초월한 예술이라야, 이광수

　나는 계급문학이라는 말에 대하여 그다지 큰 흥미를 가지지 아니합니다. 무론 지식계급만이 좋아할 만한 문학도 있겠고 특히 유산계급의 취미에 맞는 문학도 있겠고 또는 다수의 무식, 무산, 민중의 좋아할 만한 문학도 있겠지요. 만일 이러한 의미로 계급문학이라 하면 나는 후자가 많이 생기기를 원합니다.

　그러나 작가가 작품을 만들 때에는 다만 거미가 거미줄을 내이고 누에가 고치를 짓는 것 모양을 짓는 것이니 거미더러 누에고치를 지으라 하더라도 무리겠지요. 그러므로 계급문학을 절규하더라도 그것은 비평가의 소리뿐이지 별로 큰 수익은 없으리라고 생각합니다.

　나는 계급을 초월한 예술의 존재를 믿습니다. 인생의 생활의 저류에 촉(觸)한 문학은 계급을 초월하여서 사람이면 누가 보아도 볼 줄을 모르면 듣기만 해도 문학의 효과를 생(生)할 수 있는 문학의 존재를 믿습니다. 그러므로 나는 다만 '참으로' '자연스럽게' '힘을 다하여' 문학을 지으려 할 뿐입니다.[70]

　한국 신문학 초창기 혁명가 이광수는 한국 최초의 현대소설 '무정'을 발표하였는데, 그것은 애정의 자율성과 개성의 자각사상과 함께 봉건적인 전통에 반항한 한국 최초의 근대적인 혁명적 폭탄선언이었다. 그는 최초의 신체시인이요, 언문일치운동을 주도함으로써 현대 문장의 기본 스타일을 개척했을 뿐만 아니라 현대적인 한국어 문체를 확립한 선구자이다. 춘원 문학을 총괄적으로 요약해보면 한국 현대문학의 기초를 개척함으로써 문학사적인 큰 공적을 남겼다. 춘원은 한국 문학사상 대중적, 계몽적 영향을 끼친 최대 최고의 문인이다. 따라서 춘원 문학은 전부가 계몽적인 인도주의적 경향이 아니면 반자연주의적인 낭만주의적 경향을 띠고 있다고 정의해볼 수 있다.

---

70) 『開闢』(1925. 2), p.55, 階級을 超越한 藝術이라야(李光洙).

한국현대작가론: 이광수편, 조연현(趙演鉉)

선구적 공적

춘원 이광수의 우리 현대 문학사상의 위치는 최남선과 함께 그가 한국의 현대문학이 건설될 수 있는 모든 선구적인 기초 작업을 마련해주었다는 데 있다. 이러한 선구적인 공적의 그 하나는 그가 한국 최초의 근대적인 혁명아였다는 데 있다. 그의 처녀 문장인 '정육론'(1906년 황성신문)은 윤리 편중의 교육정책을 정서 존중의 교육정책으로 변경시켜야 한다는 주장이었고, 그의 '자식중심론'(1918년 청춘)은 부모 중심의 한국 가정 및 사회를 자식 중심으로 변혁시켜야 한다는 절규였다. 이러한 그의 발언은 '무정'에 표현된 애정의 자율성과 개성의 자각사상과 함께 봉건적인 것에 반항한 이 땅의 최초의 근대적인 혁명적 폭탄선언이었다.

그 둘째는 그는 한국 최초의 현대 소설작가였다는 점이다. 그의 최초의 단편인 '원한'(1908년 대한흥학보)과 '어린 벗에게'(1917년 청춘) 그리고 그의 최초의 장편인 '무정'(1917년 매일신보)은 모두가 그의 시험에서 이루어진 한국 최초의 근대적인 소설이었다.

그 셋째는 그는 최남선과 함께 한국 최초의 신체(新體)시인이었던 점이며, 그 넷째는 역시 최남선과 함께 언문일치운동을 주도함으로써 현대 문장의 기본적인 스타일을 개척했다는 점이다. 그 다섯째는 그는 한국 최초의 근대적인 문학이론가였다는 점이다. 그의 문학은 어느 편이냐 하면 주로 계몽문학적인 특성을 가졌던 것이었지만, 그가 주장한 그의 최초의 문학적인 이론은 권선징악(勸善懲惡)을 위주로 하는 봉건적인 문학론을 비판하고 문학에 대한 근대적인 해석을 강력히 주장한 것이었다. 1918년 '청춘' 지의 소설 응모를 고선(考選)한 그의 '선후평'(청춘 12호)을 보면 첫째로 시문체(時文體)로 쓰여져야 할 것, 둘째로 문학이 유희(遊戲)가 아니고 엄숙한 행위일 것, 셋째로 권선징악이 문학의 사명이 아니라 문학에는 도덕이나 윤리 이외의 문학 자체의 이상과 임무가 있다는 것, 넷째로 현실적이어야 할 것, 다섯째로 새로운 사상이 있어야 할 것 등으로 요약될 수 있는 견해를 표명했는데 이것이 이를테면 한국 최초의 근대문학론이었던 것이다.

이상과 같은 5개의 그의 선구적인 개척적 작업은 그 모두가 한국의 현대문학을 출발시킨 기초적인 공적으로서 이는 이광수의 문학사적인 위치를 결정지어주는 그의 가장 빛난 업적을 설명해주는 것이 된다.

이광수는 문학의 거의 모든 영역에 걸쳐서 활동한 유일한 작가이다. 물론 신문학 초창기에 있어서 모든 시인이나 작가들은 다 같이 문학의 각 분야에 걸쳐 창작의 붓을 들은 것은 사실이나, 가령 김동인이나 염상섭의 경우를 보면 시는 쓰지 않았던 것이며, 박종화나 박영희의 경우를 보면 극 및 전기나 일반 논설에는 별로 간여하지 않았던 것이다. 그러나 이광수는 시, 소설, 희곡과 같은 창작문학은 물론, 평론, 수필, 전기, 일반 논설, 기타 번역에 이르기까지 다방면의 산문 및 문필 활동에 종사해왔었다.

문학적 특성

그는 시, 평론, 수필, 그 밖의 각종 문학적 영역에서 다 성공한 편이지마는 그러한 어떠한 창작적 영역도 그의 소설에 비하면 그의 총체적인 문학적 역량을 충분히 표현한 것이 못 된다. 그것은 다음과 같은 두 가지 이유에서이다. 그 하나는 그는 그 어느 영역에 있어서보다도 소설을 가장 많이 창작했다는 점이며, 그 다른 하나는 그의 총체적인 문학 역량을 소설에 있어서 가장 많이 발휘했다는 점이다. 이 두 가지 이유는 이광수뿐만이 아니라 소설을 중심으로 창작생활을 해온 대부분의 문인들에게는 거의 공통적으로 해당되는 성질의 것이다.

이광수의 많은 문학적 산물 중에서 그의 소설이 그의 문학을 대표한다고 볼 때 그의 소설을 통하여 우리는 무엇보다도 먼저 그의 계몽문학적인 특성을 발견해볼 수 있다. 이것은 그의 소설뿐 아니라 그의 일체의 문학적 저작이 이를 설명해주고 있는 것이지만 그의 문학을 대표하는 그의 소설에서도 이를 찾아볼 수 있다. 그의 최초의 성공한 소설인 '무정'을 보면 계몽적인 설교가 그대로 주제나 구성을 대신하고 있다. 소설이라고 보기에는 웅변으로 해석될 부분이 더 많다. 이러한 계몽적인 특성은 '무정'뿐이 아니라 그의 전 중요 작품에 그대로 나타나 있는 그의 일관된 특징이다. 이를테면 '단종애사'는 충군미학(忠君美學)의 설교이며, '이순신'은 애국사상의 훈시이며, '사랑'은 불교사상의 계몽으로 되어 있다. 이러한 것은 그의 계몽문학적인 특성을 강력히 설명해주는 것이 된다. 이러한 그의 계몽문학적인 특성은 필연적으로 그의 문학을 대중적인 기초 위에 서게 하였다. 그의 대중적인 문학적 특성은 물론 근본적으로는 그의 계몽적 특성에서 유래된 것이지만, 그의 소설을 분류해보면 이 사실이 더욱 확실해진다. 그의 중요한 소설들을 몇 개의 계통으로 분류해보면 다음과 같은 네 가지로 포괄할 수 있다.

(가) 설화(說話)소설 계열 : 허생전, 일설춘향전

(나) 사화(史話)소설 계열 : 마의태자, 단종애사, 이순신, 기타의 역사소설

(다) 현대 신문소설 계열 : 무정, 군상, 흙, 유정, 그 여자의 일생, 재생

(라) 순수소설 계열 : 무명

이상의 분류 중에서 (가), (나), (다)는 김동인의 '춘원연구' 속에 지적된 것을 그대로 답습한 것이고 (라)만을 새로이 첨가시켰다. 이러한 분류에 의해 보면 그의 대부분의 소설이 설화소설, 사화소설 및 현대 신문소설에 포섭되는데, 이 분류에 해당되는 소설의 특성은 대중소설의 성격을 가진 것이라는 데 있다. 순수소설 계열에는 겨우 '무명' 정도가 있을 뿐이다. 이렇게 볼 때 이광수의 문학적인 특성이 대중문학적, 계몽문학적인 요소 위에 구성되고 있음을 볼 수 있게 된다.

사상적 경향

전기한 바와 같은 대중적, 계몽적 특성 위에서 전개된 이광수의 사상적인 제 경향을 대체로 다음과 같은 세 가지로 대별해볼 수 있다.

(가) 민족주의적 계열 : 어린 벗에게, 방황, 무정, 개척자, 흙, 이순신, 단종애사

(나) 종교적 계열

ㄱ. 기독교적 계열 : 재생

ㄴ. 불교적 계열 : 마의태자, 이차돈의 사, 원효대사, 사랑

(다) 애정주의적 계열 : 어린 벗에게, 무정, 유정, 사랑

먼저 그의 민족주의적인 경향을 보면 초기의 '무정', '개척자' 등에서는 주로 '민족정신의 자각', '민족에의 봉사정신'과 같은 추상적인 애정적 정열이 주장되었음을 볼 수 있고, 중기의 '흙'에서는 그러한 추상적인 애족적 정열이 '농촌개량운동'과 같은 좀 더 구체적인 실천이

강조된 점을 발견할 수 있다. 그러나 중요한 것은 초기에 있어서는 전통에 반항하는 혁명적 형식으로서 그의 민족사상이 표시되었으나 '이순신', '단종애사' 등 비교적 후기의 소설에 와서는 오히려 전통적인 형식 위에서 그것을 찾아보려고 한 노력을 엿볼 수 있는 점이다.

그의 종교적인 경향을 보면 비교적 초기의 작품인 '재생'에서 그의 기독교적인 사상 경향을 엿볼 수 있다. 그러나 그는 곧 기독교적인 것에서부터 불교에로 그의 종교적인 신앙을 바꾸어갔다. 전지(前指)한 작품들은 그러한 그의 불교에의 신앙을 직접으로 구체화한 소설들인데 그의 후기의 역작인 '사랑'은 그 소설의 주제가 애정문제에 있었음에도 불구하고 실질적인 사상적 핵심은 그 어느 작품보다도 불교적인 사상적 기초 위에 선 것이었다.

그의 애정주의는 초기의 소설부터 가장 특징적으로 나타났던 것으로서, 처음에는 주로 애정의 자각 혹은 애정의 자율성 등과 같은 애정에 대한 근대적인 이해부터 시작되었다. 그러나 '유정'으로서 표현된 그의 애정관은 육체적인 애정을 정신적인 애정으로서 극복하려는 노력을 보여주었다. 말하자면 정신지상주의적인 경향이 그의 애정관의 핵심인 듯이 보였다. '유정'은 그러한 그의 대표작이지만 이 작품이 그의 어느 소설과도 달리 비극적인 작품이라는 데 유의해둘 필요가 있다. 그것은 그의 많은 소설의 대부분이 일종의 해피엔드로 되어 있으나 이 작품은 비극적 종말에서 벗어난 것이 못 되었기 때문이다. 이것은 무엇을 의미하느냐 하며는 그의 정신지상주의적인 애정관도 그가 생각하는 애정의 이상적인 방향은 못 되었다는 증명이 되는 데 있다. 육체에 정조가 있듯이 정신의 정조를 인정한다면, 정신지상주의적인 애정관도 현실적인 윤리문제와 충돌될 수 있는 것이었다. 이러한 충돌의 비극이 '유정'이었다. 이러한 문제를 해결하기 위하여 고안된 것이 그의 자비의 애정관이다. 즉 이성간의 애정문제를 초이성적인 자비의 애정까지 승화시켜보려는 것이 그것이다. 이 자비의 개념은 물론 불교의 사상에서 차용된 것이지만 이것을 구체화시킨 것이 그의 후기의 역작인 '사랑'이었다.

이상과 같은 이광수의 문학을 총체적으로 요약해보면 다음과 같은 세 가지 사항으로서 그를 평가해둘 수 있다. 그 첫째는 그는 한국 현대문학의 기초를 개척한 문학사적인 큰 공적을 남긴 인물이라는 점.

그 둘째는 그는 반세기에 걸친 한국 현대문학사상에 있어 대중적인 영향을 끼친 점에 있어서 최대 최고의 문인이었다는 점. 그 셋째는 그의 모든 문학은 그 전부가 계몽적인 인도주의적 경향이 아니면, 반자연주의적인 낭만적 경향이었던 점이다.71)

---

71) 『새벽』(1957. 3), pp.65~67, 韓國現代作家論: 春園 李光洙篇(趙演鉉).

제10장 원융무애의 사랑관

1. 춘원과 '렌의 애가'(모윤숙)

춘원이 피랍되어 생사조차 알 길 없는 허탈감, 살아 돌아올 것만 같은 막연한 비원(悲願)은 허영숙을 나락의 궁지로 함몰시켰다. 1955년 11월에 춘원의 집에서 허영숙과의 대담을 기사화한 기자는 다음과 같이 그녀의 심경을 전하고 있다.

여사가 기자를 안내한 방은 전에 춘원이 늘 쓰던 방이며 여사도 그 방에서 거처하고 있었다. 춘원이 늘 부처님처럼 앉았던 아랫목 보료 위에 여사는 조용히 앉았다. 나이와 고초와 외로움에도 불구하고 기품(氣品) 있는 여사의 모습은 끊임없는 물결처럼 가슴에 밀려드는 슬픈 삶의 그림자를 고이 옷깃에 여미고 있는 듯 어쩔 수 없이 고이는 눈물을 지우며 이야기해주는 것이었다. "그이가 잡혀가던 날이 7월 4일 새벽입니다. 몹시 앓고 있었어요. 세 사람이 몰려와서 자수서(自首書)를 쓰라고 그러더군요. 그것을 쓰면 안 잡아가겠다구요. 그러나 그이는 안 쓰고 말았습니다. 자수서를 썼던들 잡아갔을 것은 뻔한 일이지만 그때의 광경은 정신이 없었기 때문에 기억조차 없습니다. 그러나 그는 태연했습니다. 춘원은 왜정(倭政) 때 일곱 번 잡혀간 일이 있습니다만 공산당 놈들이 마지막으로… 마지막으로…" 여사는 목이 메어 말끝을 맺지 못했다. "가장 염려스러운 것이 춘원의 생사입니다. 죽었다는 확실한 소식이나마 있다면 차라리 마음이 놓이겠습니다. 그러나 춘원은 올해 64세이며 전부터 가슴이 퍽 약한 데다가 갖은 고생을 겪을 것이니 도저히 살았으리라고는 믿어지지 않습니다. 요즘 신문에 나는 북한에서의 신부, 수녀들의 수난기를 보니 더욱 가망이 없을 것만 같습니다. 재주 있고 글 쓰는 사람이니까 이용을 하기 위해서 대우를 하느니 또는 북경대학에서 강의를 하느니 하는 말은 일체 믿어지지가 않습니다. 춘원과 같이 납치되었다가 돌아온 나의 학교 동기의 남편이 평양 감옥에서 그해 10월 12일까지 계신 것을 보았답니다. 10월이면 추운 날씬데 그때도 납치될 당시의 여름옷을 넉 달 동안이나 그대로 입고 있어서 옷은 갈가리 찢어져 살이 드러나고 밤이 되면 기침을 몹시 하기 때문에 감방에 함께 갇힌 여러 사람들이 시끄러워 잠을 못 자겠다고 그분만 딴 방으로 옮겨 가더랍니다."1)

"그때 춘원이 함경도 사투리를 쓰는 사람들에게 끌려가던 날은 7월 12일이었습니다. 동란이 터진 무렵부터 끌려가는 순간까지 춘원은 신병으로 걸음을 제대로 걷지 못하였고 자수서를 쓰라는 내무서원들에게 만년필 연필 종이 할 것 없이 모조리 꺾고 찢어버림으로써 항거하였기 때문에 춘원은 어쩔 수 없이 그들에게 끌려간 지 어언 8년이란 세월이 흘렀습니다."2) 허영숙은 이와 같이 춘원의 납북 일자는 7월 12일이라고 이야기했다. 6·25 발발 후 17일 만에 납치되어 북으로 끌려간 것이다.

허영숙은 1957년 때마침 뉴델리 국제 적십자회의에서 피랍자의 생사 여부를 알 수 있겠다는 일루의 희망에 부풀어 있었다. "한 번 잡혀가신

---

1) 『京鄕新聞』(1955. 11. 22), 被拉人士의 家庭을 찾아서. 세 子女는 美國에, 孤獨 속의 기다림, 홀로 집을 지키는 許 女士. 여기서 주목되는 것은 춘원의 피랍일이다. 허영숙은 7월 4일에 납치되었다고 진술하고 있다. 인민군 서울 점령(6. 28) 일주일 만에 납치해갔다는 것이다. 이정화는 피랍일을 7월 12일이라 기술하고 있어 8일의 차이가 나고 있다. 기자의 오기(誤記)로 보인다(이정화, 『그리운 아버님 春園』, p.130).
2) 『한국일보』(1958. 6. 25), 春園을 생각하며: 病中에 끌려가던 그날(許英肅).

후 소식이 근절한 것은 예나 이제나 마찬가지이오며, 혹 방송하는 말을 들었다 하시는 분이 있으나, 직접이 아니고 간접인 것도, 예나 이제나 같습니다. 이제 겨우 조그마한 희망을 갖는 것은, 10월 20일경 열리는 뉴델리 적십자사 회합에서, 납치 가족 명부에 실린 사람의 생사를 가르쳐주느냐, 그것입니다. 대한민국에서의 대표가 가신다 하오니, 일루의 희망을 둡니다마는 과거의 공산당의 하는 짓을 미루어보면 그것도 될 상 싶지 아니합니다."3)

8 · 15 광복 후 출판 혜택을 가장 많이 받은 이는 이광수이다. 그것은 해방 전에 저작자와 출판사 간에 체결된 저작권 양도계약은 일체 무효화되고 원작자에게 저작권을 반환한다는 법이 제정 · 실시되었기 때문이다. 이재(理財)에 밝은 허영숙은 춘원의 저작권을 회수해서 새로운 수입원을 만들 계획을 세웠다. 저작권 회수는 저작권법에 의해 자동적으로 회수되었지만 문제는 각 출판사에서 제작 · 사용하던 지형(紙型)들을 전부 헐값으로 매수하는 것이었다. 허영숙은 지형 매수 교섭의 임무를 김용제(金龍濟)에게 위임하였다.4)

김용제는 지형 매수의 고충을 실토하고 있다. "내가 해방 후에 허 여사를 도와서 춘원의 저작권과 각 출판사의 지형(紙型)을 회수하는 데 석 달이나 걸렸어요. 박문서관, 영창서관, 한성도서와 지형을 싸게 매수하는 데 애먹었어요. 출판사와 허 여사 사이에서 흥정하는 역할로 혼났습니다. 허 여사의 이재(理財) 솜씨는 유명하거든요. 해방 전부터 춘원 댁의 경제권은 당당한 내주장이었는데, 돈 못 벌고 돈 모르고 춘원은 친구와 후배 돕는 데 선심을 잘 쓰니까 항상 돈 문제로 트러블이 있었지요."5)

허영숙은 부산 피란 시절 영근, 정란, 정화 3남매를 모두 미국 유학 보내고 서울로 수복하자마자 '춘원문고' 출간사업에 착수했다. 광영사

3) 『女苑』(1957. 12), 남편 春園을 생각하고(許英肅).
4) 『기러기』 제167호(1979. 5, 春園米壽紀念特集), pp.45~48, 偉大한 民族遺産의 李光洙全集(盧琅煥).
5) 상게서, p.29, 春園 李光洙의 文學과 思想의 功過, 春園米壽座談會.

라는 출판사를 차리고 사방에 흩어져 있는 박문서관, 영창서관, 한성도서 등 3사의 지형을 회수하여 춘원문고를 출판한다는 것이었다. 광영사란 광수와 영숙의 머리글자를 따서 '광영사(光英社)'라 했다. "끝으로 춘원이 살아 있다면 가장 궁금해 할 세 아이의 소식을 알려드리고 싶습니다. 6·25의 상처를 안은 채 그 이듬해 미국으로 공부하러 간 세 아이가 모두 장성해서 이번에 영근이도 Ph.D의 자격시험에 합격했고 정란, 정화 모두 MA를 땄습니다. 8년 동안 해외에서 공부에만 열중하던 세 아이도 내년에는 제대로 하고 싶은 공부를 마치고 홀로 빈집을 지키고 있는 나에게 돌아와줄 것입니다. 나는 그동안 사방에 흩어져 있는 춘원의 저술을 모아서 춘원문고(春園文庫)를 내는 사업을 하고 있으며 그것이 나오는 것을 낙으로 삼아 아이들도 다 돌아오고 춘원도 돌아와 여기 효자동 집에서 옛날같이 모여 살 날만을 희망으로 살고 있습니다."6)

그동안 박문서관에서 춘원 저작물 대부분을 거의 독점 출판해왔다. 허영숙은 박문서관으로부터 지형(紙型)을 순조로이 회수했다. 그러나 영창서관에서 출판한 '삼봉이네 집'이 문제였다. 동양척식주식회사에게 농토를 빼앗기고 만주 이역 땅으로 살길을 찾아 유랑하는 디아스포라(이산)의 슬픈 사연을 작품화한 '삼봉이네 집'7)의 판권과 지형을 영창서관에서 양도를 거부했기 때문이다. 저작권법 부칙 제2항에 "1945년 8월 15일 이전에 국어 또는 한문으로 된 저작물에 관한 저작권 양도계약은 이를 무효로 한다"라고 규정되어 있다. 이 조항이 문제가 된 것은 춘원 이광수의 소설 '삼봉이네 집'의 판권을 해방 전에 영창서관에 매도하였는데 영창서관이 최근 새로 출판하자 춘원 부인 허영숙이 저작권법을 침해한 불법행위라고 하여 손해배상 청구소송을 제기함으로써 발단된 것이다. 이에 영창서관은 동 부칙이 법률 불소급(不遡及) 원칙에 위배될 뿐만 아니라 헌법이 보장한 재산권을 침해한 조문이므로 동 조항은 무효라고 주장했다. 우리나라가 해방이 되자 국어와 한문의 저

---

6) 『한국일보』(1958. 6. 25), 春園을 생각하며(許英肅).
7) 李光洙, 『삼봉이네 집』(永昌書館, 1941. 5. 15).

작물의 가격은 앙등하였는데 저작자의 생활은 궁핍을 면할 수 없어서, 문총(文總)은 해방 전 체결한 저작권 양도계약은 무효로 해달라는 청원이 있어서 이 같은 저작권법 부칙 제2항이 제정된 것이다. 사실상 동 조항의 문제점은 법률적이라기보다는 도의적인 것이다. 그러기에 박문서관은 해방 전에 양도받은 춘원의 판권을 자진해서 허영숙에게 반환하였고 기타 출판사도 이에 호응, 판권과 지형을 반환하였다.8)

이에 허영숙은 영창서관에 대해 소송을 제기한 것이다. "지난 20일 민사(民事) 형사(刑事) 양면으로 제기한 고소장에 의하면 허영숙은 영창서관이 '삼봉이네 집'을 발행함으로써 '해방 이전에 국어 또는 한문으로 된 저작물에 관한 저작권 양도계약은 이를 무효로 한다'는 저작권법 부칙 규정을 범하여 저작권 침해를 하였을 뿐 아니라 광영사(光英社)에서 간행하는 춘원문고의 표지 도안을 본떴다는 것, 따라서 '삼봉이네 집'의 발행금지, 기발행(旣發行) 동 소설의 압수가처분 그리고 90만 환의 손해배상을 요구하고 있다."9) 이에 영창서관에서는 영화 '그 여자의 일생'의 원작료 지불문제를 가지고 맞고소를 제기했다. "한편 영창서관은 저작권법 공포 전에 허 여사는 영창서관이 가지고 내려온 '그 여자의 일생'에 대한 저작권을 무시하고 세기영화사(世紀映畵社, 영화 '그 여자의 일생' 제작사)에서 원작료(40만 환이라고 말하고 있다)를 받아 저작권을 먼저 침해한 사실이 있으니 사태에 따라 맞고소하겠다는 것이다."10)

이리하여 결국 '삼봉이네 집' 판권은 회수하지 못한 채 춘원문고 전 24권을 출판하게 되었다. 춘원문고는 판권과 지형을 회수해서 그대로 출판했기 때문에 초판본과 다름없다.

---

8) 『世界日報』(1957. 7. 1), 著作權法의 是非點: 春園作品 訴訟事件을 中心으로 (李恒寧).
9) 『한국일보』(1957. 6. 23), 著作權 出版權의 판갈이판 '삼봉이네 집'.
10) 상게서.

著作者 李光洙, 發行者 許英肅, 春園文庫(光英社, 1952～1959)
全 24卷

1. 麻衣太子	2. 돌벼개	3. 元曉大師
4. 病床錄	5. 無情	6. 꿈
7. 春園詩歌集	8. 春園短篇集	9. 흙
10. 有情	11. 春園書簡文範	12. 異次頓의 死
13. 사랑	14. 世祖大王	15. 端宗哀史
16. 一說春香傳	17. 許生傳	18. 文學과 評論
19. 그 女子의 一生	20. 그의 自敍傳	21. 再生
22. 李舜臣	23. 愛慾의 彼岸	24. 사랑의 東明王[11]

춘원은 1921년 4월 상해로부터 귀국 직후 서울에서 허영숙과 정식 결혼식을 올린 이래 30년 가까이 행복한 결혼생활을 보내다가 해방 후 이광수의 친일행태에 대한 비난과 비방, 규탄 등 온갖 모욕적인 말들이 악머구리처럼 떠들어대자, 이제 이광수는 사면초가의 궁지에 몰리게 되었다. 허영숙은 마침내 이를 타개하기 위해 1946년 5월 31일 이혼수속을 단행했다. "해방 전까지도 황국신민화 운동에 힘쓰고 한때 문화운동에 활약하던 이광수(香山光郎, 55)는 그의 처 허영숙(香山英子)과 이혼하기로 되어 지난 31일 종로구청 호적과에 부처(夫妻)가 출두한 후 협의의 이혼계를 제출하였다. 원인은 전실 자녀와의 불화인 듯하다고 한다."[12] 이 당시 이광수는 사릉 농가에서 은거하고 있었다. 허영숙은 남편 춘원과 한마디 협의 없이 그리고 아들 영근과도 아무런 상의 없이 P변호사(납북)와 단 둘이 협의해서 이혼계를 제출한 것이다. "조선 사람은 누구나 가슴속에다 '가미다나(神棚)'를 모시고 '텐노헤이카(천황폐하)'를 아버지로 섬기어 황민(皇民)이 되어야만 산 보람이 있는 것이라고 그의 글 재조를 빌어 혹세무민을 일삼는 민족반역자 제일급에 속하는 가야마 미쓰로우(香山光郎)는 8·15 이후 정신이상이 생기었느니 혹은 중이 되었느니 여러 가지 소문이 떠돌더니 일찍이 본 아내를

---

11) 李光洙, 『麻衣太子』(光英社, 1961. 10. 25), 春園文庫 廣告.
12) 『朝鮮日報』(1946. 6. 12), 李光洙 夫婦 離婚届 提出.

헌신짝같이 버리고 '사랑'을 찾아 결혼한 아내 허영숙 여사에게 버림을 받았는지 지난 31일 종로구청에 협의 이혼계를 내었다. 이면의 복잡한 사정은 알 수 없으나 허 여사는 '남의 개인 사정은 알아 무엇하느냐'고 함구불언하였다."13)

    나는 당신과 30여 년 사는 동안에 거의 반은 당신의 병구완을 하며 살았습니다. 바로 혼인하던 날 저녁에 당신은 병석에 누워 거의 8년 동안을 일어나지 못하였습니다. 그 사이의 쓴 글은 모두 누워서 쓰셨거나 내가 대필(代筆)한 것입니다. 나는 혼인하고도 여덟 해 동안 아기를 낳지 못하였습니다. 나는 이렇게 오래 동안 당신의 병구완으로 좋은 시절을 다 보냈지마는 나는 당신의 좋은 아내는 아니었습니다. 내가 당신보다 잘나고 당신은 내 덕에 사시는 것처럼 나는 당신을 휘둘렀습니다. 당신은 얼마나 괴로운 부부생활을 하셨습니까. 나는 당신하고 같이 사는 동안 당신의 가치를 알아보지 못했습니다. 혹은 물질적으로 평가하고 혹은 육체적으로 평가하여 당신을 괴롭혔습니다. 그중에서 가장 큰 사건이 우리의 이혼사건입니다. 누가 지금 나더러 "그런데 정말 이혼을 하셨소?" 하고 물으면 얼른 대답하기가 어렵습니다. 왜 그런고 하니 나의 지금의 심경은 당신에 대한 마음이 부부 이상의 존경과 동경을 가지고 있기 때문입니다. "그런데 왜 이혼을 하셨소?" 하고 물으면 나는 대답할 말이 없습니다. 왜 했는가 하는 대답은 너무 사정이 복잡하여 간단한 말로는 표현할 수 없기 때문입니다. 지금은 우리의 이혼사건이 식어진 옛날의 난센스로 돌아가게 되었지마는 춘원이 친일파로 몰리자마자 허영숙이와 이혼했다는 사실은 여러 사람의 흥미를 끄는 소문이 되지 아니할 수 없었습니다. 이혼수속이 끝난 지 다섯 시간 만에 각 신문은 3단 이상으로 제목을 잡아 특제하였습니다. 이광수는 마침내 아내에게도 버림을 받았고, 허영숙이는 30년 해로하던 남편, 3남매의 아버지인 이광수에게 최후의 돌멩이를 던졌다, 이렇게 떠들었습니다. 아무것도 모르고 있던 춘원은 놀라지 아니할 수가 없습니다.14)

13) 『自由新聞』(1946. 6. 13), 버림받은 香山光郎, 愛妻에게 離婚당해.

14) 春園愛情書翰實錄集, 『사랑하는 英肅에게』(文宣社, 1955. 11. 5), pp.155~

허영숙은 이혼 이유 세 가지를 들고 있다. 첫째, 춘원은 너무나 재산에는 무관심하다는 것이다. 허영숙은 서울 한복판에서 드팀전(포목상)을 하는 허종(許鍾)의 막내딸로 태어나 물질적 금전에 대해서 재물욕이 강했다. 그러나 춘원은 물질이라든지 돈에 대해서 담박했다. 거지가 문전에 오면 허영숙은 1전을 주면 춘원은 손에 집히는 대로 1원, 10원까지를 아낌없이 내주고 만다. 도둑을 맞아 울고 앉아 있으면 춘원은 이제 도둑맞을 걱정이 없으니 보약 먹는 것과 마찬가지라고 하면서 허영숙을 종로 한복판 장사꾼의 딸이라고 조롱하기도 했다. 춘원은 남이 추위 떨고 있으면 자신의 외투를 벗어주고 돈 보증을 서서 무리꾸럭(남의 빚이나 손해를 대신 물어줌)을 하게 되고 은행보증을 서서 차압의 독촉장을 받는 일이 비일비재했다. 이러한 재산상 문제로 인한 갈등과 알력, 이러다가는 알거지가 될 것 같은 강박관념에서 이혼하기로 한 것이다.

둘째, 반민법 때문이다. 국회에서 반민법이 제정되면 중한 자는 사형이나 종신형, 경한 자는 재산을 몰수하고 귀양 보낸다는 것이다. 재산이라야 시집올 때 집 두어 채, 논마지기 등이 전부이지만 이것마저 몰수당하면 정말 자식 공부조차 못 시키겠다는 압박감에 짓눌려 재산을 지키기 위하여 이혼을 단행한 것이다. 그러나 춘원에게는 재산 한 푼 없다. 상해 독립신문 사장 시절 도산 안창호는 춘원의 빈털터리 신세를 보고 장백산인(長白山人)이란 아호를 지어주었다. "'장백산인'이라 하는 뜻은 내가 상해에 있을 때 도산 안창호 씨가 날더러 '장백'이라 하였다. 그 이유는 그때 그분이 세 가지 조목을 들어주었는데, 첫째, '장백'이라 함은 장백산 아래에 낳으니 즉 조선에 낳았으니 장백이 가하고, 둘째, 장백은 결백을 표함이니 가하고, 셋째, 돈이 없으니 건달(乾達)이란 뜻으로 가하다 함이었다. 그중에도 셋째 조목의 돈이 없다 함은 그때의 나의 신세를 표현한 말이었으니 상해 있던 그 추운 겨울에 옷이 없어서 나는 흰옷을 입고 지내었다. 그래서 어쩐지 그 건달이란 말이 옳은 듯하여 '장백'이라 하고 소설을 쓸 때에 쓰기 시작한 것인데,

156, 남편 春園을 생각하고(許英肅).

상해의 여관에 있을 때는 대개 변성명하고 있었기에 그럴 때마다 늘 이 장백(李長白)이라고 써왔던 것이다."15)

춘원은 1914년 미주 신한민보 주필에 임명되어 시베리아 대륙횡단 철도로 유럽행을 하려다가 때마침 제1차 세계대전 발발로 미주행이 좌절되어 치타에서 대한인정교보 주필이 되어 신문을 제작하다가 이것마저 총동원령이 내려 폐간되면서 일단 귀국, 오산학교에서 교편을 잡게 되었다. 월급이라고는 단돈 한 푼 받지 못하고 동네 야학까지 일주일에 48시간 수업을 무료봉사했다. 그야말로 낭중에 무일푼의 가난뱅이 신세였다. 이때 춘원은 짚세기(짚신) 신고 헌 두루막(두루마기)을 입고 서울에 나타난 것이다. 송진우(宋鎭禹)는 춘원의 무소유의 신세를 너무나 실감 있게 회고하고 있다. "이광수 군을 처음 만난 것은 광문회(光文會, 최남선) 당시이다. 수표정(水標町) 광문회에 그때 여러 뜻있는 사람들이 모일 때에 춘원은 짚세기에 흰 두루마기를 입고 왔었다. 서로 인사하고 사귀는 사이에 재조(才操) 있는 분임을 알았다. 이 군이 그때 날더러 '동경에 더 공부(工夫) 가고 싶노라' 하였다. 그 뒤 우리 그룹에서 중앙학교(中央學校, 현 중앙중고)를 맡게 되자 중앙학교 교비생으로 춘원은 동경으로 공부 가게 되었다."16) 춘원은 돈 한 푼 없어서 구두나 고무신은커녕 미투리조차 사 신지 못해 짚신을 신고 헌 두루마기를 입고 도승(道僧)처럼 휘젓고 서울에 나타났으니 이 같은 무소유의 모습이 춘원의 참모습이 아닌가 한다. 결국 인촌 김성수의 특별 교비생이 되어 동경 유학(와세다대학 철학과)이 성사된 것이다.

셋째, 춘원을 둘러싸고 문학소녀들이 너무나 많이 몰려들었다는 것이다. 그중 10명 정도의 여성은 춘원과 너무나 밀착해서 그림자처럼 따라다녔다. 돌부처가 아닌 바에야 어찌 시샘이 나지 않겠는가. 허영숙이 짜증을 내면 춘원은 "어머니나 형님과 같은 마음으로 그 여자들을 애무해주라"고 부처님 같은 말을 하지만 허영숙은 선녀 같은 마음을 가질 수 없었다. 대표적인 사례가 모윤숙이었다. 춘원이 1934년 2월 아들

---

15) 『島山安昌浩全集』, 권 13, p.43, 雅號의 由來(李光洙).

16) 『三千里』(1935. 6), p.55, 交友錄(宋鎭禹).

봉근을 잃고 세상만사 모두 헛것이라 단념하고 조선일보 부사장직을 사직하고 금강산에 입산, 중이 되려고 막 머리를 깎으려 할 때 모윤숙이 나타나서 세상에 스캔들이 퍼져나간 것이다. 동아일보 편집국장 이 광수는 1931년 6월, 22세의 묘령의 처녀 모윤숙과 단 둘이 함남 부전 고원(赴戰高原) 관광길에 올랐다. 산 정상에 올라 부전호수의 장엄한 풍경을 내려다보고 춘원은 말했다. "그러기에 모세도 산에서 여호와를 만나서 그와 이야기하지 않았어. 우리 민족이 다 이렇게 산의 숭고함과 거기서 오는 자연의 이야기를 들을 줄 아는 때라야 바로 되는 때야." 그날 부전고원에서 드높이 부드러운 구름이 떼를 지어 몰려오는 것을 보고 춘원은, "윤숙이는 저 산 고개 위에 구름이야. 잡을래야 잡을 수 없는 구름 영운(嶺雲)이지. 윤숙이 성격과 운명이 꼭 저 봉(峰) 위의 구름 같단 말이야. 잡혔거니 하면 벌써 다른 고개 위로 달아나고 있는 저 구름 같은…" 하고 즉석에서 '영운(嶺雲)'이란 호를 지어주었다. 모윤 숙은 춘원을 얼마나 사모했던지 '렌의 애가'를 발표해서 춘원·영운의 플라토닉 러브의 세레나데를 노래해서 잔잔한 감동을 불러일으켰던 것 이다.[17] 따라서 모윤숙의 '렌의 애가'에 나오는 시몬은 바로 춘원이다. 소설가 P씨(박계주)가 춘원에게 "모윤숙 시인의 '렌의 애가'에 나오는 '시몬'은 선생님이라고 하는데 사실입니까?" 하였더니 춘원은 웃음의 말로 "시몬은 나지" 하였다고 한다.[18]

'유정'의 남정임의 모델이 모윤숙이라면, '사랑'의 석순옥은 박로경 (朴魯慶)이라고 볼 수 있다. 박로경은 허영숙이 일본에 가 있는 동안 춘원 곁에 늘 있었던 여인이다.

최하림(崔夏林)은 자유연애 창도자 제1호인 춘원과 혜성처럼 빛을 발하는 정열적인 신예 여류시인 모윤숙과의 세기적인 로맨스를 사실적 (寫實的)으로 서술하고 있다.

---

17) 『東亞日報』(1957. 4. 11), 雅號풀이 '嶺雲'의 辯(毛允淑).

18) 郭鶴松, 『사랑은 가시밭길: 春園 李光洙의 사랑과 宗敎』(光化門出版社, 1962), pp.348~355.

우리 문단사에서 드문 로맨스로 장식될 이광수와 모윤숙의 관계가 처음 열린 것은 1933년 5월, 김광섭, 류치진, 홍해성 등이 중심 멤버인 극예술연구회 주최로 체홉의 '벗꽃동산'이 무대에 올려질 무렵이었다. 아침 일찍 소설가 주요섭(朱耀燮)의 부인이며 '신가정'의 기자이기도 했던 김자혜가 연습장으로 찾아왔다. 이헌구(李軒求)와 함께 왈츠를 추고 있던 모윤숙을 불렀다. "춘원 선생님이 '동광'에 실린 윤숙의 시를 읽었대. 한번 만나고 싶대." 순간 모윤숙은 심장이 멎는 듯했다.

'무정'의 작가이며 우리나라 제일의 지성이 나를 부르다니, 그게 가능한 일이란 말인가! "나도 갈 테니 오늘 열한 시에 동아일보사로 나와요. 편집국장실 옆 응접실로 말이야." 춘원은 근엄한 얼굴로 모윤숙을 보면서 말했다. "'검은 머리'를 읽었지요. 그런 글을 많이 써달라고 불렀소. 윤숙 씨의 시를 거의 다 봤는데 말씀이지만 다듬는 것이 아직 서투른 것 같은데 그런 것은 실은 아무것도 아니오. 시는 제 혼(魂)을 가지는 게 중요하오. 혼의 시를 써야 하오." 모윤숙은 무어라 말을 할 수가 없었다. 말이 나오지 않았다. 춘원의 인격의 무게에 눌리어 그의 몸은 자꾸 안으로 죄어드는 듯했다.

그런 위축감 속에서 고맙다는 인사를 남기고 밖으로 나오자 갑자기 모윤숙은 햇빛이 그의 몸으로 몰려드는 것 같았다. 체내에 도사리고 있던 어둠의 그림자가 사라진 것 같았다. 하늘도 바람도 맑고 밝고 성성했다. 그날을 계기로 두 사람은 종종 만났고 전화나 편지로 의견을 나누기도 했다. 어떤 때는 창경원 박물관에 함께 가 춘원이 모윤숙에게 유물들을 자세히 설명해주기도 했다. 이런 일들이 쌓여가자 주위에서는 춘원이 모윤숙을 사랑하는 것이 아닌가 하고 색다른 눈으로 보기 시작했다.

그때의 모윤숙에 대한 춘원의 감정이 어떤 종류의 것이었는지 우리는 모른다. 나이 어린 여시인에게 보내는 따뜻한 정이었는지, 누이 같은 것이었는지, 아니면 40대에 들어선 사나이의 다시 타오르는 불꽃 같은 것이었는지…. 어쨌든 춘원은 모윤숙에게 각별한 정을 보였고 여행길에서는 여심(旅心)을 적어 보내기도 했다.

그와 같은 두 사람의 사이가 결정적으로 스캔들화한 것은 춘원이 맏아들(鳳根)을 여의고 금강산으로 들어갔을 때였다. 모윤숙이 뒤를 따랐다. 그리고 그 두 사람의 만남을 어느 카메라맨이 찰칵 필름에 담았다.

그것이 세간에 돌았다. 애정행각이니, 도피행각이니 하고 여론이 일어났다.

그 유명한 춘원의 스캔들이니 떠들썩하지 않을 리 없었다. 거기에다 춘원을 연상케 하는 40대의 의사와 간호원의 애정도피행각을 그린 '사랑'이 발표되어 그것이 바로 모윤숙에 대한 꿈이라고 소문의 폭이 확대되어갔다. 모윤숙의 회고에 따르면 그때 춘원은 햄릿 같았다 한다. 이러지도 저러지도 못하고 우왕좌왕했다 한다. 그리하여 모윤숙은 어느 날 "저는 선생님을 햄릿으로 알았는데 선생님은 햄릿도 못 되구먼요. 오필리아만도 못하시군요" 하고 공격을 가했다 한다. 춘원은 아무 말 없이 듣고 있더니 "어느 때 '사랑'을 쓸 때의 심경을 말할 수 있을 것"이라고 한마디 했다 한다. 그 뒤로 그들 사이는 찬바람이 분 겨울 날씨처럼 움츠러들어갔고 세상도 시끄러워져갔다.

모윤숙은 일기장에 에세이 형식으로, 또는 산문시 같은 형식으로 그의 마음을 적어나갔다. 그는 그 글 속에서 목 놓아 사랑을 부르고 인생을 찾았다.

오직 그대 내 등불 가까이 오라
침묵의 흰 하늘 그 달빛 비치는
내 등불 가까이 오라
물먹은 보리수 그늘 아래
표류하는 혼! 어둠에 고달프리
오직 그대 내 등불 가까이 오라

땅 위에 존재하는 인간의 사랑이 그렇게 슬플 수가 없었고 그렇게 모멸적일 수가 없었다. 그것은 숲 속에서 목이 타도록 우는 '렌'과 같았다. 불과 같이 뜨거운 몸으로 어떤 때 그녀는 춘원을 향하여 달려간 적도 있었다. 춘원이 경복궁 앞 의전병원에 입원했을 때도 그런 경우에 속한다. 그는 그곳에 춘원의 부인이 와 있는지, 또 어떤 사람이 문병 와 있는지 생각지 않고 춘원이 좋아하는 연꽃 다섯 송이와 뜨거운 닭곰탕 그릇을 두 손으로 들고 병실 문으로 들어갔다.

간호원이 곰탕 그릇을 받아 들었을 적에는 그녀의 손바닥은 화상을 입어 하얗게 일어나 있었다. "연꽃을 보시고 빨리 나으세요" 하고 모윤숙은 울먹이면서 말했다. 춘원은 "내일 석양(夕陽)에 오시오" 하고 들릴 듯 말 듯한 소리로 말했다. 다음 날 저녁 병실에 갔더니 춘원은 시조 몇 수가 적힌 종이를 내주었다. 그중에는 다음과 같은 시조가 있었다.

> 임 주신 연꽃봉을 화병에 꽂아놓고
> 이제나 저제나 필까 필까 하였더니
> 드디어 못 피고 머리 숙여지더라.19)

이광수는 1935년 12월 의학 수업차 동경에 가 있는 부인 허영숙과 자녀를 만나려고 도일했다. 오사카에 도착한 춘원은 모윤숙에게 '오오사까(大阪)의 밤비'라는 시를 영어와 한글로 써서 보내주었다.

> 오오사까에 밤비가 내리오
> 자동차는 은비늘 금비늘의
> 물방울을 뿌리며
> 어디론가 달아나오
> 나도 하염없이
> 어디론가 달아나고 싶소
> 매리언(모윤숙의 세례명) 嶺雲(영운)
> 나도, 나도 이 밤
> 어디론가 달아나고 싶소20)

이광수(1892~1950)와 모윤숙(毛允淑, 嶺雲, 1909~1990)의 만남은 모윤숙의 첫 시 '검은 머리 풀어'가 '동광' 지에 발표되면서 이루어졌다. 모윤숙은 이화여전을 졸업한 신진 여류시인으로 이광수보다 17세 연하였다. "체호프의 '앵화원(櫻花園)'을 연습하던 무렵, 어느 날 아침

---

19) 『京鄉新聞』(1983. 4. 23), 文壇裏面史 逸話로 엮어본 文人들의 作品과 生涯 '春園과 毛允淑'(崔夏林).

20) 『毛允淑文學全集』(旲浩出版社, 1982), 권 9, 流轉의 時代, p.73, 오오사까의 밤비.

安夕影氏가본
現文壇諸氏漫畵像

毛允淑氏

李光洙氏

'삼천리'(1933. 3)에 실린 만화
자유연애 제1호 이광수와 혜성처럼 문단에 데뷔한 신데렐라 모윤숙의 로맨스를 그리
고 있다.

'신가정'의 기자로 있는 김자혜 여사가 성모관에 나타났다." 그녀는 모
윤숙에게 이렇게 말했다. "춘원 선생(당시 편집국장)이 윤숙이 '동광'에
낸 시를 보고, 좀 할 말도 있고, 만났으면 좋겠대. 편집국장실 옆 응접
실로 와. 나도 내려갈게." 이리하여 모윤숙은 처음으로 춘원과 만났는
데, 첫인상은 '등불 같은 춘원의 눈빛'에 압도되어 똑바로 쳐다보지도
못했다. "그의 눈은 진한 놀빛(황금빛)을 강하게 뿜고 있었다. 그 눈은
시새는 바람 사이에 조심스럽게 걸려 있는 등불 같았다." '등불 같은
춘원의 눈빛'을 보고 '뜻을 가진 민족의 친구'임을 직감했다. 춘원은
"시는 제 혼을 가져야 하오"라고 하면서 '민족혼'을 담은 시를 쓰라고
권장했다. 이로부터 춘원과 모윤숙은 자주 만났다. '민족혼'을 찾으려
부전호수(赴戰湖水)에 갔을 때, 부전호수 고개 위에 걸려 일렁이는 구
름송이를 보고 "아무리 높은 고개에 올랐어도 저 구름송이를 잡을 재
주는 없지. 사람이란 아무것도 아니야. 그러면서도 재주가 있는 체, 명
예와 지체를 가진 체하는 거지"라면서 춘원은 모윤숙에게 '고개 위에
떠가는 구름'이라는 '영운(嶺雲)'이란 호를 지어주었다.[21]

1933년에 모윤숙의 첫 시집 '빛나는 지역'이 출간됐다. 이 시집에는 춘원의 서문이 실려 있다. 모든 출판물은 사전에 검열 통과되어야만 출판할 수 있었다. 모윤숙이 2백여 편의 시를 써서 경기도 학무과 검열부에 제출하자, 조선을 한탄한, 혹은 조선을 위하는 시는 빨간 줄로 굵게 '삭제'라는 도장을 찍어 돌려보냈다. 거의 절반은 '민족혼'을 담은 시라고 삭제되고, 105편만 겨우 검열에 통과되어 출간된 것이다. 이는 표현의 자유를 탄압하고 조선혼을 말살하는 문화 말살 횡포가 아닐 수 없다. 이에 모윤숙은, 세상에 발표하지 못할 바에야 '백두산'을 비롯한 삭제당한 100편의 시를 모조리 불태워 버리겠다고 절망적인 푸념을 토해냈다. 춘원은 이렇게 말했다. "몇 살이나 먹었다고 그렇게 절망을 하나? 역사는 엎치락뒤치락하는 거야. 우리야 늘 남의 농간에서 이리저리 고생을 했지만, 앞으로 우리가 우리 역사를 만들고 끌고 가야 해. 글쎄, 잘 두었다가 우리 역사가 바뀌거들랑 그대로 내놓아보아."[22]

동우회 사건(1937)으로 도산과 춘원을 비롯하여 181명이 총검거되고 도산은 경성제대 부속병원에, 춘원은 경성의전 부속병원에 병보석되어 병감생활을 하던 때, 춘원은 문병 온 모윤숙을 데리고 도산 병실에 가서 소개했다. 도산은 병상에서 모윤숙의 손을 잡고 춘원이 보여준 시를 읽었노라고 하면서 "이런 추악한 시대에 저런 젊은 여성이 활기를 못 펴고 사니, 이것이 다 우리 선조들이 저를 모른 탓이지. 그래도 이 암흑에 눌리면 안 돼. 결혼생활도 중하지만, 민족의 아픔을 글로 쓰는 일은 잊지 말아야 해!" 하면서 한숨을 쉰 뒤에 이렇게 말했다. "나는 아마 얼마 못 살 거야. 윤숙이가 내 등에 깔고 갈 글 하나 써 주겠어?" 이리하여 모윤숙은 삭제당한 시 '백두산'을 백지에 붓글씨로 정성스럽게 써서 도산 운명 전전날 박정호와 함께 도산께 바쳤다.

백두산

배달꽃 피어라
눈가루 한데 뭉쳐 구름을 헤쳐라
흰 마음 하나 되어 백의민족 이루신
그 높은 산봉(山峰)의 바람이시여!
어서 이 땅의 산과 강을 불러
슬기로운 그 귓속말
알아지게 하여지다.

이천만을 부르는 소리
뜨거운 그 숨결
불같은 그 항거의 손길
창과 검 없어도
우리 우리 마음의 언약
백의(白衣)의 띠를 감고
빼앗긴 땅을 찾아 나서리라.

어인 사슬이며
어인 굴욕의 가시관인가?
누가 풀어줄 이 아무도 없으리
이천만의 손으로, 우리 힘으로.

도산은 시 '백두산'을 눈물을 글썽이며 읽고 나서 "고마워, 고마워"
하면서 숨이 차서 말을 잇지 못하고 시를 허리 밑에 넣고 후후 한숨을
쉬었다. 도산은 모윤숙의 시 '백두산'을 등에 깔고 1938년 3월 10일 순
국한 것이다. 모윤숙은 창씨개명을 거부하면서 일제에 항거, 민족정기
(民族正氣)를 굳건히 지켰다.23)

---

23) 상게서, pp.143~144, 168~172; 『毛允淑文學全集』, 권 10, 湖畔의 密語,
   pp.217~220, 安昌浩 선생 '백두산'.

춘원과 영운의 교유는 혁명동지로서의 지사적 결속으로 이어졌다. 1936년 춘원이 동경에 갔을 때 일본어판으로 괴테의 '파우스트', 니체의 철학서, 톨스토이의 작품 등을 영운에게 보냈다. 영운은 이를 받아 보고 우리말로 언제 이런 작품을 번역해낼 수 있을까 하고 한탄하면서 톨스토이 작품을 읽은 독후감을 춘원에게 써 보냈다. "눈을 밟으며 추위와 싸우면서 그 권력 밑에서 신음하는 제정 러시아의 얼굴들은 참말 처참해요. 우리나라는 일본 나라 밑에 눌려 있어 표현의 자유도 없고 말과 행동도 제대로 못하지만, 나라를 가진 제 나라 권력도 자기 백성을 괴롭게 하는 것은 마찬가지니 참 알 수 없는 일입니다."

이에 춘원은 영운이야말로 하늘을 자유로이 날고 있는 새에 비유하면서 '자유의 향수'를 느낀다고 화답했다.[24]

시몬! 슬픔 속에 깃들인 인생의 감미로운 행복을 저는 당신의 편지에서 느꼈기 때문입니다. 당신은 저를 인생의 대기 속을 날고 있는 새에다 비유하시고, 저에게서, 이 철부지에게서 자유의 향수마저 느끼셨다 하시니, 그리고 생명이 내뿜는 새로운 생기를 제가 당신에게 드렸다 하시니, 다시 말씀해주십시오. 그게 무슨 말씀이세요? 당신이 저의 구원자는 될지언정, 제가 당신에게 무슨 새로운 생의 감정을 알려드리는 존재가 되겠습니까? 맨 첫 줄에 제 이름을 세 번이나 쓰시고, 그 다음 줄은 그대로 비워두시고, 그 다음 줄엔.

이 같은 간절한 영운의 편지를 받아본 춘원은 머지않아 민족의 사슬이 물러나고 일제의 속박에서 풀려날 것이라는 예언자적 글을 써 보낸 것이다.

렌! 나는 이런 아름다운 불행을 참으로 사랑할 수 있는 사람들을 예술가라 일컫는 것도 이제 알아진 것 같소. 아무렇게나 신앙이란 것도 이루어지는 게 아니오. 보시오. 오래지 않아 민족의 사슬이 물러갈 것이오. 모든 속박에서 풀려날 때, 우리나라 사람들의 행복관이란 것도

---

24) 毛允淑, 『렌의 哀歌』(河西出版社, 1980), p.228.

달라질 것이오. 나는 지금까지 렌에게 재물에 대한 이야기나 의논하는 편지를 써본 일이 없소. 인생이란 정신과 영혼의 주인이오. 가난은 부지런하게 일하는 법만 알면 면할 수 있는 것이오. 이런 방법은 모두가 정신에서 솟아나는 결의를 가진 사람에 향한 애정이요, 그런 것이 민족애, 혹은 인류애에 해당할지 모르오마는, 그러나 우리가 남의 식민지 백성으로 사는 동안엔 저 사람들의 형식적인 생존방법에 노예가 되어, 하루 세끼 밥 먹는 일에만 주력을 했단 말이오.25)

모윤숙의 출생지는 함경도 함흥(咸興)으로 알려져 있지만 사실은 평북 정주 오산에서 태어났다. 춘원도 오산이어서 기이한 인연이 아닐 수 없다. 개성 호수돈(好壽敦)여고를 졸업, 이화여자전문학교 영문과에 입학했다. 재학 시 학생청년회 회장을 맡으면서 웅변, 연극, 문학에 재질을 발휘했다. 졸업 후 북간도 용정촌(龍井村) 여자중학교 교사를 지낸 후 서울로 돌아와서 모교 김활란(金活蘭) 밑에서 일했다. 이때 문학소녀 모윤숙은 춘원을 알게 되어 춘원의 인정주의적 인격에 정복당하고 말았다. 춘원도 정열적인 모윤숙에게 매혹되고 말았다. 두 사람은 금강산 영봉과 유곡을 같이 거닐면서 문학과 인생을 논하고 시를 읊으며 야릇한 사랑에 빠졌다. 그러나 이룰 수 없는 사랑, 언제나 모윤숙을 붙잡아둘 수는 없었다. "제 영혼의 동무 시몬! 당신 안해(아내)의 말씀과 같이 결혼하는 것이 시몬을 멀리하는 유일한 방도가 된다면! 앞으로 흔들리는 이 마음이 진정될 길이 된다면 저도 모든 여성이 밟고 간 그 길에 서오리까? 내 평생 중에 이러한 순서를 집어넣음이 사탄의 작희 외에 무엇이리까마는 당신에게 평안함이 된다면 무엔들 사양하오리까?"26)
이광수는 괴테 문학, 특히 '파우스트'에 심취하고 있었다.

'괴테와 나'라는 것을 쓰라고 하였으나 나는 괴테에 대해서는 전혀 무식합니다. 괴테의 작품으로 읽은 것은 '베르테르의 슬픔'과 '파우스트'뿐입니다. '베르테르의 슬픔'은 학교에서 독일어 교과서로 배웠고,

25) 상게서, pp.252~253.
26) 毛允淑, 『렌의 哀歌』(大邱: 文星堂書店, 1951. 3. 30), p.23.

'파우스트'는 삼림태랑(森林太郞) 박사의 일역본과 신도호도조(新渡戶 稻造) 박사의 '파우스트 이야기'로 보았습니다.

그리고 괴테의 어머니가 현부인이었다는 것과 그가 귀인이었던 것, 색채연구 기타로 과학자이었던 것, 희랍(그리스)주의자였던 것, 셰익스 피어를 칭찬하였다는 것, 또 그가 청년 시대에 폐병 환자이었다는 것, 70이 넘어서 19세 소녀를 연모하였다는 것, 80 향수를 하고 정치적으 로도 재상(宰相)의 지위에 올랐다는 것 등을 단편적으로 기억할 뿐입 니다.

인격적으로나 예술적으로 그의 감화를 받은 것은 없고 '파우스트'는 도무지 좋은 줄을 몰랐을 뿐더러 도리어 지리한 감까지도 있었습니다. 그가 위대한 인물이요 예술가임에 틀림은 없겠지마는 내게 있어서는 그다지 인연 있는 인물은 아닙니다.[27]

경남 의령(宜寧) 출신 안호상(安浩相)은 일본 정칙(正則) 영어학교를 졸업하고, 상해의 동제대학에서 수학한 후 독일 유학, 예나대학에서 철 학박사 학위를 받고 이어 영국 옥스퍼드에서 수학한 독일철학박사로서 귀국 후 김성수의 보성전문학교 교수로 재직하고 있었다. 그는 숭삼동 (현 명륜동 3가)에서 홀로 하숙하고 있었다. 1933년 어느 날 이광수가 안호상을 찾아왔다. 상해 유학 중 춘원의 '개척자'를 읽고 고무 받은 적 은 있었지만 직접 만난 일은 없었다. 춘원은 "당신이 안호상 씨냐"고 물었다. 그렇다고 대답했더니 독일어를 배우고 싶다고 하여 괴테의 '파 우스트'를 독일어 원문으로 강독 교습하게 되었다.[28] 안호상은 춘원에 게 독일어를 가르치게 된 인연을 그의 회고록에서 진솔하게 서술해놓 고 있다.

그는 동아일보 편집국장이었는데, 당시의 동아일보라면 김성수 사장 을 비롯, 한국의 일류 명사들이 모인 곳이었다. 그는 "당신이 안호상

27) 『文藝月刊』(1932. 3), p.38, 괴테와 나(李光洙).
28) 『춘원연구학회 뉴스레터』 제7호(2011. 6. 30), pp.8~11, 안호상(安浩相, 1902 ~1999)의 '회고록'에서 찾아보는 춘원 이광수(신용철).

씨냐"고 물었다. "그렇다"고 했더니 "독일어를 좀 배우고 싶다"고 했다. 나는 주저 없이 그러자고 승낙했다. 별로 할 일도 없었던 때였으며 돈을 주고받는 것도 쑥스러웠던 시대이다. 그도 나도 돈에 대해서는 일언반구도 없이 춘원의 집에서 일주일에 두 번 저녁에 가서 독일어를 가르치기 시작했다. 춘원은 괴테를 좋아해서 괴테를 배우고 싶다 했다. 괴테라면 나도 자신이 있어 '파우스트'를 교재로 택했다. 춘원은 독일어의 기초 실력은 있었던지 '파우스트'를 원어로 읽어가는 데 큰 장애는 없어 보였다. 그 집엔 의사였던 부인 허영숙 씨와 자제분 둘이 있었는데 사람들이 모두 그렇게 좋을 수가 없었다. 혼자 하숙을 하는 나에게 집안 식구처럼 대해주던 일이 지금도 나에겐 흐뭇한 기억으로 남아 있다. 나는 그때 춘원에게 독일어로 '파우스트'를 가르쳤지만 그는 나에게 세상 보는 법을 가르쳐주었다.29)

때마침 그때 모윤숙의 첫 시집 '빛나는 지역'(1933)이 발간되었다. 춘원은 서문에서 모윤숙은 조선말을 가지고 조선 민족의 마음을 담아 읊은 최초의 여시인이라고 격찬하고 있다.

모윤숙 여사의 시는 조선 시단의 중요한 재산이다. 여사의 시를 읽은 이는 그의 놀라운 상상력과 날카로운 인생관과 자연의 관찰과 향토애를 기조로 한 열정에 깊은 감격을 받지 아니치 못하였을 것이다. 이제 여사의 작품을 모아 한 책자로 간행하려 하는 창문사의 의도는 진실로 가치 있는 일이다.

모윤숙 여사는 이전(梨專)의 학창을 나온 지 아직 3, 4년이 못 되는 젊은 시인이다. 그러므로 우리는 여사에게 어제와 오늘보다도 한없이 위대한 명일(내일)을 기대하려 한다. 그렇다고 여사의 과거의 작품이 조선인의 정신적 재보 중에 귀중한 기여임을 적게 평가하려 함은 아니다. 다만 여사가 소성(小成)에 만족함이 없이 항상 과거를 선탈(蟬脫)하면서 미래에 무한히 생장하기를 빈다 할 뿐이다.

조선에는 허난설헌(許蘭雪軒)이라는 여성 한시인(漢詩人)이 있었다.

---

29) 안호상, 『한뫼 안호상 20세기 회고록: 하나를 위하여 하나 되기 위하여』(민족문화출판사, 1996), pp.149~151.

그러나 조선말을 가지고 조선 민족의 마음을 읊은 여시인(女詩人)으로는 아마 모윤숙 여사가 처음일 것이다. 여사는 조선의 땅을 '안으려' 하는 시인이다. '검은 머리를 풀어 허리를 매고 힘차게 불 꺼진 조선의 제단(祭壇)에 횃불을 켜놓으려' 한다고 외치는 시인이다. 나는 모윤숙 여사가 시인인 것을 존경하고 촉망함보다도 조선의 시인인 것을 감사하려 한다.

조선 사람은 조숙(早熟)하는 대신 조사(早死)한다고 한다. 근년의 조선의 신문단인들도 얼른 대가가 되어 얼른 은퇴하는 이가 많음을 한한다. 나는 일생 불완전을 자각하면서 한 걸음 한 걸음 미래의 계단을 땀 흘리고 올라가는 사람이 많기를 바란다. 이러지 않고야 조선이 커질 수가 없지 아니하냐. 이러한 뜻으로 나는 모윤숙 여사가 영원한 습작자(習作者)로 자처하고 지나간 업적을 연방 불에 살라 버려가면서 조선의 혼의 더 큰 소리 더 기운차고 더 간절하고 더 아름다운 소리를 부르짖고 나아가고 올라가는 일생을 가지는 시인이 되기를 빌고 바란다.

계유(1933) 9월 이광수[30]

'영운시집'은 조선 문단에 있어서 여류시인으로서의 최초의 시집이라는 데 그 의미가 크다고 이광수는 평가하고 있다.

조선에 신문예운동이 일어난 후로 시집으로 우리 기억에 남는 것을 꼽으면, 김안서(金岸曙)의 '오뇌(懊惱)의 무도(舞蹈)', '해파리', '안서시집(岸曙詩集)' 등은 최고(最古)한 자들이요, 김소월(金素月)의 '진달래꽃', 박월탄(朴月灘)의 '흑방비곡(黑房秘曲)', 주요한의 '아름다운 새벽', '복사꽃', 김파인(金巴人)의 '국경(國境)의 밤', 최육당(崔六堂)의 '백팔번뇌(百八煩惱)', 이은상(李殷相)의 '시조집(時調集)', '카프 시인집' 등이 있었고, 또 '춘원·요한·파인 3인집'이라는 것도 있었다.

이 밖에 시인, 가인(歌人)으로 작품을 내인 이들 중에 시집을 이룰 만한 이도 여러 분 있으나 아직 시집으로 출판한 이는 상기 이상에 기억되지 아니한다.

이제 여류시인 모윤숙 씨의 시집인 '영운시집(嶺雲詩集)'이 나왔다.

---

30) 毛允淑, 『빛나는 地域』(朝鮮彰文社出版部, 1933. 10. 15), 序文(李光洙).

4·6판 200쪽의 소쇄(瀟灑)한 책이다.

"동반(同伴)하는 행인(行人)들이여 / 해진 산기슭으로 / 잃어진 거문고의 줄을 찾으러 / 창공(蒼空)에 소리높이 떠흘려 보내는 / 눈물진 이 노래를 들어 주려나" 하는 것이 이 시집의 첫 편인 '무너진 성(城) 밑에서'의 1절이다.

"저는 생명의 닻줄을 조선이란 외로운 땅에 던져놓고 운명의 전주곡을 타보았으면 하는 자입니다"라고 작자는 서문에서 말하였다. 이상의 두 마디 인용이 시인의 예술을 설명하는 것일까 한다.

조선의 여류시인으로서 시집을 내이기는 아마 모윤숙 씨가 처음인가 한다. 우리는 명일에 연전(延專) 백남운(白南雲) 교수의 '조선사회경제사(朝鮮社會經濟史)' 출판기념 축하연이 있으려 하는 금일에 '영운시집'의 출판을 보는 것은 기쁜 일이다. 조선 문학의 재산이 그만큼 늘지 아니하였느냐.31)

일찍이 타고르는 한국의 미래를 '동방의 등불'로 찬미했다면, 모윤숙은 2천만의 삼천리금수강산이 '빛나는 지역'이 될 것임을 찬송하고 있다. 열정적인 애국시이다.

빛나는 地域(지역)

一萬(일만) 화살이 空中(공중)에 뛰놀듯이
우리의 心臟(심장)엔 먼 앞날이 춤추고 있다
銀風(은풍)의 감겨진 아름다운 福地(복지)에
우리의 긴 생명은 永遠(영원)히 뻗어가리.

너도 나도 섞이지 않은 한 피의 줄기요
물들지 않은 朝鮮(조선)의 새벽 자손이니
맑은 시내 햇빛 받는 아침 언덕에
우렁찬 出發(출발)의 宣言(선언)을 메고 가는 우리이라네.

---

31) 『朝鮮日報』(1933. 10. 15), 嶺雲詩集(長白山人).

葡萄園(포도원) 넝쿨 안에 樂園(낙원)의 노래 흩어지고
소와 말 한가로이 主人(주인)의 뒤를 따르는
四千年(사천년) 黃昏(황혼)에 길이 떠오르는 별
휘넓은 蒼空(창공) 위에 무덤을 밟고 섰네.

奇麗(기려)한 山(산)봉오리 조용한 물줄기
오고가는 行人(행인)의 발길을 끄으나니
夢想(몽상)하는 仙女(선녀)처럼 고요한 내 山河(산하)여
너는 나의 永遠(영원)한 戀人(연인)의 가슴일러라.

옹으로(위로) 고른 風雨(풍우) 이 땅에 宿泊(숙박) 짓고
아래로 기름진 沃土(옥토)의 넓은 들
이 땅은 빛나라 앓음(아픔) 없으라
生命(생명)도 참 되거라 길이 가거라.

一萬(일만) 화살이 空中(공중)에 뛰놀듯이
우리의 가슴엔 먼— 앞날이 춤추고 있다
銀風(은풍)의 감겨진 아름다운 福地(복지)에
二千萬(이천만)의 긴— 生命(생명)은 永遠(영원)히 흘러가리.
1933年 3月[32)

춘원은 '빛나는 지역'을 안호상에게 주었다. 안호상은 모윤숙의 애국
시를 읽고 감격했다. 그는 일본, 중국, 독일, 스위스, 영국, 프랑스 등지
를 두루 다녔다고 하나 모두가 대학 캠퍼스 안에서의 좁은 생활에 불과
했다. 학교 밖의 세상사를 모르는 시야가 좁은 샌님에 지나지 않았다.
더군다나 '빛나는 지역'의 저자는 여류시인 모윤숙이 아닌가. 새로운
시야의 시집을 발견하고 읽고 또 읽어 암송까지 하게 되었다.

'빛나는 지역'은 1933년 가을에 출판된 모윤숙 씨의 첫 시집이었다.
나도 그때까지는 한시(漢詩)를 읊었고 심심풀이로 한시의 시작(詩作)

---

32) 毛允淑, 『빛나는 地域』, pp.120~122, 빛나는 地域.

을 하기도 했으나 한글로 쓴 우리 시집을 손에 들고 읽어보기는 처음
이었다. 당시 한국 문단에서의 시인들의 시작(詩作) 활동은 비교적 활
발한 편이었지만 나 자신은 그다지 큰 관심을 가지지 않았던 탓으로
문단 인사들과의 교류는 별로 없었다. 우연한 인연으로 여류시인의 시
집을 갖게 된 나는 그것을 밤새워 읽어보았다. '빛나는 지역'이란 제목
의 시는 "일만 화살이 공중에 뛰놀듯이"로 시작되는 일종의 애국시였
다. 그날로 그 시를 외워버렸는데 그만큼 마음에 들었던 것이다. 여기
서 그 시를 소개하는 것은 나와 영운(嶺雲은 춘원이 모 여사를 위해
지어준 그의 호다)과의 관계가 어떤 정서에서 시작되었는가, 독자들의
이해를 돕기 위해서이다.33)

모윤숙은 당국의 검열을 통과하기 위하여 직설적인 표현을 피하고
메타포(암유) 서술 방식으로 작시했다. "4천 년 황혼에 길이 떠오르는
별"이란 곧 독립의 별이 떠오르리라는 것, "우리의 가슴엔 먼 앞날이
춤추고 있다"는 것은 자유해방의 그날이 와서 함께 얼싸안고 춤춘다는
것을 예언하고 있다.

안호상은 모윤숙의 애국시를 암송하면서 영운에게 홀딱 반하기 시작
했다. 춘원에게 모윤숙을 소개해줄 것을 간청했다. 결혼하고 싶다는 의
사를 분명히 밝히면서 영운과 결혼하기 위해 시골의 조강지처와 이혼
수속까지 할 각오가 되어 있다고 했다. 이에 춘원은 경성제국대학 구내
식당에서 모윤숙을 소개했다. 그 자리에는 모윤숙과 박화성(朴花城)이
동석했다. 모윤숙은 안호상보다 일곱 살 아래였다. 젊고 아름다운 모윤
숙의 미모를 대하니 안호상은 더욱 결혼하고 싶은 충동을 금할 수 없었
다. 모윤숙은 정동 가톨릭계의 성모관이란 기숙사에서 김수임이라는 여
자 친구와 함께 살고 있었는데 그때 신여성들의 풍조 가운데 시집 안
가고 독신을 고집하는 스타일의 여성이었다. 이때부터 데이트하기 시작
하여 안호상이 먼저 프러포즈했다. 1934년 여름에는 이미 호적상 이혼
수속까지 마친 상태로, 함흥으로 찾아가 그녀의 부모님의 승낙을 얻기

---

33) 안호상, 『한뫼 안호상 20세기 회고록: 하나를 위하여 하나 되기 위하여』,
　　pp.151~152.

에 이르렀다. 이리하여 마침내 1934년 7월 20일 독일 영사관 응접실에서 결혼식을 올리고 신혼여행은 원산 송도원으로 떠났다.34)

안호상과 모윤숙이 결혼식을 올린 집은 중세기적이고 신비하면서도 우울을 약간 가미한 어느 독일 음악인 사택이었다. 모윤숙은 안호상과의 결혼을 '슬픈 인생의 숙제'라고 정의하면서 결혼과 동시에 이혼의 운명을 잉태하고 있다고 예언하고 있다. 그러나 '결혼 당일의 감격'을 이렇게 회상하고 있다.

7월 20일. 모란도 지고 검푸른 녹음이 사방에 욱어졌습니다. 사람들은 깊은 여름 신비에 취하여 그 혼이 가물가물 도취되어 있었습니다. 나는 고요하게 살던 내 생애에 무심코 달겨든(달려든) 한 개의 운명 때문에 심혼(心魂)이 물결치고 이따금 무서운 행복이 나를 사로잡으러 올 것을 동경도 하고, 그러면서도 좀 더 멀었으면 하는 기대도 가지면서 그날을 맞이하였습니다. 뜨거운 희망의 열이 손에 대이게 되는 현실이 닥쳐오나 보다 하고 동무들이 꽃묶음을 던져줄 때는 즐기는 꿈에 나도 빠져들어갔습니다.

피아노 소리가 저편 방으로부터 울려왔습니다. 나는 가장 존경하는 선생님(춘원)을 들러리로 하는 광영(光榮)을 입으며 천천히 스텝을 움직였습니다. 도무지 발길이 얼른얼른 떼어지지 않아서 걱정이었습니다. 한 스텝 옮길 때마다 내 머리는 급속도로 전환합니다.

"이 길이 행복이런가? 나를 맞이하고 서 있는 저 남자에게서 나는 행복을 가질 자신을 가졌는가? 내가 누구에게로 무엇을 약속하려 가는 길일까? 이는 내 일생을 마지막으로 작정(作定) 짓는 중요한 일이다. 나는 혹시 경솔하게 내 마음을 약속하지나 않았을까."

이런 생각이 번개처럼 머리에 날아 들어올 때마다 나는 발걸음이 허전허전하도록 가슴이 아득아득해짐을 감(感)했습니다. 이러는 동안 어느덧 구불구불 날리는 촛불 앞에 당했습니다.

단 앞에는 커다란 소나무 분이 양쪽에 놓여 있었다고 생각됩니다. 바로 정면으로 검은 모닝을 입은 K목사가 서 있습니다. 나는 숨을 죽이고 서 있었습니다. 이 자리에선 여하한 일이라도 감당하지 않으면

---

34) 상게서, pp.152～153.

안 될 것을 알아차리도록 분위기가 엄숙 그것이었습니다. 아무 연상도 나지 않고 그저 두뇌가 한 초점 위에 꼭 정지된 것 같았습니다.

나는 목사의 묻는 말에 정성을 다하여 굳은 언약(言約)을 맺어두었습니다. 나는 반지를 받았습니다. 반지를 끼워줄 때 그의 손의 촉감에선 그저 아무런 감도 깨닫지 못하였습니다. 순서가 끝나는 대로 나는 다시 방으로 돌아왔습니다. 머리가 멍한 채 거울을 들여다보았더니 얼굴은 왼통 땀투성이었습니다. 베일을 벗고 나는 다시 예전인 나로 돌아옴을 느꼈습니다.

이리하여 나는 결혼 당일에 처녀의 공상적 이상(理想)이 깨어지고 새로운 실제인생(實際人生)의 길을 걷는 자가 되었습니다. 이 길이란 결코 쉬운 길이 아니었습니다. 생명의 투쟁이 여기서 시작되고 인생의 꽃과 그늘이 이 뜰에서 싹 돋는 것을 알았습니다. 결혼 날은 기쁨이 넘친다기보다 오히려 슬픈 인생의 숙제(宿題)가 가슴을 파고드는 날입니다. 그러나 결혼을 안 할 수 없는 것이 운명이고 이 운명을 잘 지키고 운전하는 자라야 선량한 여자가 아니리까?[35]

부부는 성격상 서로 맞지 않았다. 이른바 궁합이 맞지 않았지만 첫딸 '영애'를 낳았다. 모윤숙과 남편 안호상 그리고 춘원까지 모두 폐병으로 고생했으나 다행히 건강을 회복, '빛나는 지역'이란 첫 시집을 내어 문단에 데뷔했다.

동우회 사건으로 재판을 받은 후, 춘원은 1938년 7월 29일 병보석으로 출감, 홍지동 산장에 가택연금 상태로 은거하고 있었다. 1938년 8월 5일 그가 한평생 이끌어왔던 유일한 민족주의 운동단체 동우회는 해체되고 말았다. 이에 이광수는 법화경의 정신세계에 함입하면서 자기를 잊는 망아(忘我)의 상태에 들어섰다. 조선 민족 구제를 위해 자기 한 몸을 친일제단에 희생물로 바치고 내재적 민족운동을 위해 박정호를 만주로 떠나보낸 것이다. 친일전선에 뛰어들기 전에 '임께 드리는 노래: 춘원시가집' 서문에서 이렇게 쓰고 있다. "나는 언제나 내 고우신 임을 현실로 뵈옵고, 그의 앞에 절하고 그의 품에 안길 날이 있을 것을 믿습

니다. 나만 그러할 뿐 아니라 모든 중생(조선 민족)이 다 이 고우신 임을 만나서 사랑의 기쁨의 크나큰 잔치가 벌어질 것을 믿습니다."36) 여기서 '고우신 임'은 조국과 민족, '크나큰 잔치'는 조국광복의 잔치를 암유하고 있다. 민족해방의 그날이 와서 조국광복의 영광의 잔치를 벌이면서 춤출 것을 염원하고 있다.

민족보존을 위해 친일하지 않을 수 없는 자신의 처지를 바로 "해가 뉘엿뉘엿 넘어가는 황혼에 어지러이 지저귀는 까마귀 신세(斜日 亂啼 烏)"37)라고 장탄하고 있다. 이것이 춘원의 참모습이다. 만주로 떠나보낸 진정한 벗 박정호에게는 장문의 편지 '육장기'를 보냈다. 춘원은 이 '육장기'에서 홍지동 산장을 팔고 효자동 본가로 돌아간 이야기, 민족운동의 좌절감, 앞으로의 독립운동 방략에 대한 고뇌, 친일하지 않을 수 없는 번뇌무진, 적의 포로가 된 참담한 심경을 솔직히 고백하고 있다. 그러나 '시편 100편'을 빌려, 조국광복의 그날은 반드시 올 것임을 암묵적으로 염원하고 있다.

"모든 나라들아, 기쁜 소리로 임을 찬송하라. 기쁨으로 임을 섬기고 노래하며 임의 앞에 나올지어다. 임은 하나님이시니, 임 아니시면 뉘 우리를 지으셨으리? 우리는 임의 백성이요 그의 목장에 길리는 양이로다. 감사하면서 임의 문에 들고, 찬양하면서 임의 뜰에 들어갈지어다. 임을 고맙게 생각하고, 그 이름을 칭송할지어다. 대개 임은 자비하시고, 임의 은혜는 영원하며, 임의 진리는 만대에 변함이 없으실새라."38)

36) 李光洙, 『春園詩歌集』(博文書舘藏板, 1940. 2. 5), pp.2~3, 내 詩歌.

37) 『文章』(1940. 2), 亂啼烏.

38) 시편 100편(감사의 시)의 원문은 다음과 같다. "온 땅이여, 여호와께 즐거이 부를지어다. 기쁨으로 여호와를 섬기며 노래하면서 그 앞에 나아갈지어다. 여호와가 우리 하나님이신 줄 너희는 알지어다. 그는 우리를 지으신 자(者)시요 우리는 그의 것이니 그의 백성이요 그의 기르시는 양이로다. 감사함으로 그 문에 들어가며 찬송함으로 그 궁정에 들어가서 그에게 감사하며 그 이름을 송축할지어다. 대저 여호와는 선하시니 그 인자하심이 영원하고 그 성실하심이 대대에 미치리로다." 춘원은 시편 100편의 '감사의 시'를 '민족보존의 시'로 개작한 것이다. 여호와를 '고우신 임'으로 대입하면서 조국광복을 송축하고 있다.

그대여, 인생을 이렇게 볼 때에 기쁨과 노래밖에 또 무엇이 있겠소?
무슨 근심, 걱정이 있겠소? 나는 기쁨으로 이삿짐을 싸려 하오.[39]

모윤숙은 춘원의 친일전향은 바로 신라를 구출할 화랑도의 정신을
발양한 것이라 하면서, 조국광복의 그날이 올 것임을 송축하는 산문시
'화랑몽'을 발표했다.

화랑몽

당신을 누구라고 부를지 나는 모릅니다. 愛人(애인)이라 부르기엔 너
무 황송하고 벗이라 하기엔 너무 이맘이 행복합니다.

당신의 눈결이 鮮明(선명)하게 제 魂(혼)을 씻겨 갈 때마다 나는 적
은 徘徊(배회) 안에 마음을 놓아주게 됩니다.

당신의 뜻으로 불어 풍기는 햇빛 같은 밝음이 거리와 市民(시민)의
가슴 위를 쏘을(쏠) 때에는 時代(시대)와 歷史(역사)는 높은 소리로 당
신의 허리를 감고 면류관을 씌우지 않았습니까?

찬바람이 도는 옛 길거리에서 나는 뜨거운 당신의 부름을 찾습니다.

당신이 던지고 가신 快活(쾌활)한 웃음의 꽃을 이 옷깃에 단장해보
고 싶은 黃昏(황혼)입니다.

마음과 몸이 가난해져서 캄캄한 室內(실내)에 오래 앉았던 女人(여
인)이었습니다.

당신을 만나려 길거리에 오고가는 사람을 有心(유심)히 바라봅니다.

어두운 길거리에 어두운 그림자들만이 쓰러지며 엎어지며 어수선할
뿐입니다.

낯선 音聲(음성)과 낯선 모습만이 幽靈(유령)의 떼가 되어 중얼거립
니다.

이 중얼거림 속에 당신의 음성은 없습니다.

당신은 가셨습니다. 긴 말채찍과 화려한 창검의 문을 닫은 채 당신
은 가셨습니다.

---

39) 『文章』(1939. 9), 鬻庄記; 이경훈 편역, 『이광수 친일소설 발굴집』(평민사,
    1995), p.329, 육장기(鬻庄記).

당신도 모르게 꾸신 옛 時間(시간) 안에 파묻긴 찬란한 親切(친절)을 후회하시지 마셔요. 언제나 나는 당신의 친절을 욕되게 하지는 않을 것이니.

당신은 장차 어느 時代(시대)를 만나야 당신다운 市民(시민)이 되시겠습니까?

나는 오늘도 저문 黃昏(황혼) 속에서 당신을 기다립니다. 그러나 또 무섭고 가련한 모습을 가진 당신이 나타날까 두려워 내 門(문)을 굳게 굳게 잠급니다.

당신은 벌써 지나셨습니까? 그러면 아직도 이 거리에 나오지 않으셨습니까?

당신이 오시면 눈물은 황홀한 비가 되어 내 魂(혼)을 적실 것이나, 당신이 오시면 빛나는 追憶(추억)과 자랑은 災難(재난)을 만날까 두렵습니다.

이 生(생)이 다하는 날에도 나는 당신을 기다리던 영광으로 내 주검을 장식하오리다. 그러나 이 찬란한 주검 前(전)에 당신의 가난한 모양이 나타나서는 안 됩니다. 당신의 눈이 나를 얼마나 絶望(절망)시킬까 함은 상상키도 싫습니다. 당신의 차가운 입설(입술)이 나의 충성을 조소할 것을 생각키도 어렵습니다.

당신은 지금 내 門(문) 앞에 서 계십니까? 모란과 흰 나비가 출렁이는 내 뜰은 당신을 기다려 찬란하였습니다.

그대를 永遠(영원)히 기다릴 몸이여니 이 꽃과 이 나비도 내 뜰에서 하늘을 呼吸(호흡)하며 당신의 이름을 찬양할 것입니다.

당신이여! 나를 떠나지 않은 때처럼 내 곁에 쉬옵소서.

당신이 안 오시는 동안 외로운 幸福(행복)이 내 운명을 덮었으나 이 여러 時間(시간)은 마디마디 내 靈魂(영혼)을 寂寂(적적)케도 합니다.[40)]

1940년 2월 일본 기원절을 기해 창씨개명이 실시되었다. 그뿐만 아니라 그해 8월에는 민족지 동아와 조선을 폐간조치하고 일체 조선어 사용을 금하고 오로지 일본어 전용을 강요했다. 이른바 문화말살정책이

---

40) 『女性』(1939. 6), pp.20~21, 花郞夢(毛允淑).

극도에 다다랐다. 창씨개명의 아이디어를 낸 사람은 총독부 학무국장 시오바라(鹽原時三郎)인데, 지금까지의 성(姓)을 버리고 일본식으로 성을 바꾸라는 것이었다. 안호상은 "우리 민족의 정서로는 이보다 더 망측한 일이 없다. 조상 섬기기를 하늘처럼 아는 민족이 아닌가. 문화가 우리보다 뒤떨어졌던 일본으로서는 성을 가는 것이 큰 수치는 아니었다. 일본 성씨가 아니면 직업도 가질 수 없고 돈벌이도 제대로 할 수 없게 하는 것이었다. 그런 폭력에 견딜 만한 사람은 드물다. 생존수단으로라도 성씨를 갈고 신사참배를 해야 했다. 나는 이 글에서 그때 신사참배에 응하고 성씨를 갈았던 사람을 비난할 의도는 조금도 없다. 다만 나는 그때 가는 데까지 버텨볼 심산이었고 나름대로 잘 견뎠다는 것을 다행스럽게 생각한다. 더욱이 나는 단군(檀君)을 섬기는 대종교인(大倧教人)이었다. 신사참배는 기독교인들에게도 상당한 반발을 샀던 것이지만 나중 그들도 대부분 견디지 못했을 만큼 일본의 강요는 혹독했다."41)

1940년 정월에 안호상은 김성수를 찾아가 장차 일본말로 강의하려면 일본 가서 일본어를 더 공부하고 와야겠다고 운을 뗐다. 김성수는 이심전심(以心傳心)으로 그 뜻을 알아차리고 1년 휴가를 승낙했다. 이리하여 안호상은 보성전문 1년을 휴직하고 2월에 일본 경도대학 연구실에 가서 그동안 구상했던 한국어 '철학개론'과 '헤겔철학에 있어서의 판단문제' 등을 집필하기 위하여 일본행을 단행했다. 명목상으로는 연구 외유였지만 실은 창씨개명을 피하기 위한 일종의 도피성 외유인 것이다. 창씨개명의 회오리바람이 휩쓸고 간 후인 1941년 4월에 돌아왔기 때문에 김성수와 안호상 등은 창씨개명을 하지 않았다. 창씨개명 마감일은 8월 10일이었는데, 창씨개명 호수는 320만 116호로 창씨율 79.3퍼센트를 달성했다고 발표했다.42) 그해 여름 모윤숙도 창씨개명을 기피하기 위하여 다섯 살 된 어린 딸아이 경선이를 업고 경도대학 연구소를 찾아

41) 안호상, 『한뫼 안호상 20세기 회고록: 하나를 위하여 하나 되기 위하여』, pp.166~67.
42) 청운현 편역, 『創氏改名』(학민사, 1978), pp.72~74.

왔다. "서울에 있을 때도 그는 나의 간호원이나 또는 비서와도 같이 내 일을 적극 도와주었던 사람이다. 원고의 구술마저 받아 정리해주었던 그는 내가 타이프 치는 것을 신기한 듯 바라보기도 했다. 경선이도 예쁘게 자라 오랜만에 대학 친구들에게 식구 자랑도 하며 여가를 즐겼다. 나는 나를 찾아온 영운에게 비와코(琵琶湖)의 댄스홀 구경이며 교토의 명찰들을 두루 구경시켜주었다. 그러나 나의 건강에는 한계가 있었으므로 며칠은 모녀만 나가 돌아다니기도 했다. 그러나 그에겐 교토가 그다지 매력적은 아니었던지 일주일 정도 머무르다 돌아갔다. 그때까지도 건강을 회복하지 못한 내가 안쓰러웠던 모양이다."[43]

모윤숙은 일본 경도로부터 귀국한 직후 1940년 6월, 홍지동 산장에서 가택연금 상태의 포로생활을 하고 있는 춘원을 그리워하는 '속 렌의 애가'를 발표했다. 모윤숙의 춘원에 대한 사랑은 이성으로서의 사랑이 아니라 '나라사랑'으로의 승화임을 알아야 한다. 이리하여 렌은 시몬에게 "당신의 설교성 애정설엔 웬일인지 싫증이 났습니다"라고 호소했다. 또한 여기서 세상 사람들의 시몬(춘원)에 대한 비난과 저주란 곧 춘원이 가야마 미쓰로우(香山光郞)라고 창씨개명한 것을 가리키고 있다. 춘원은 동우회 사건의 피고인으로서 아직도 재판이 진행되고 있는 상황에서 그야말로 진퇴유곡(進退維谷)의 구렁텅이에 빠져 있었다. 창씨개명하지 않을 수 없는 춘원의 심서(心緒)를 누구보다 이해하고 있는 모윤숙은 온 세상 사람들이 춘원의 친일행태를 비난하고 저주하더라도 자신은 결코 비난하지 않고 오히려 위로의 말을 전하러 홍지동 산장을 찾아가겠다고 선언했다. 모윤숙 자신은 보성전문 교장 김성수, 그리고 남편 안호상과 함께 창씨개명을 거부했다. 그러나 렌은 시몬의 창씨개명 행태를 비난하고 저주할 생각은 추호도 없다는 것이다. 오히려 시몬(춘원)의 처참한 참상을 동정하고 위로하는 '렌의 애가'를 노래하고 있다.

---

43) 안호상, 『한뫼 안호상 20세기 회고록: 하나를 위하여 하나 되기 위하여』, pp.173~174.

시몬! 작은 유리창으로 달이 보입니다.

당신에게 글을 쓰지 않으려고 마음으로 몇 번의 맹세를 했습니다마는 글을 안 쓰는 것으로 단념될 수 없는 당신임을 어찌합니까. 자주 찾아오던 동리 부인들도 오늘밤엔 아주 소식이 없습니다. 아홉 시까지는 책을 읽었으나 마음엔 여전히 슬픈 공허(空虛)가 싸늘하게 차 있습니다.

어깨에 숄을 걸고 밖으로 나갔습니다. 열 시를 지난 이 마을의 밤은 짝이 없이 쓸쓸합니다. 소나무는 밤바람에 흔들려 더욱 소란하고 달빛이 금빛 물살을 흰 길 위에 흘러 나립니다. 아무도 없는 길입니다. 저는 이 주위에 둘린 영겁(永劫)의 광채(光彩)와 찬란한 밤의 약속을 고요히 받아들이고 싶습니다. 당신의 환영(幻影)을 즐겁게 명상(瞑想)할 수 있다면 밤이 새도록 이 소나무 새를 걸어도 피곤하지 않겠습니다.

시몬! 생각하면 저라는 여자는 비할 데 없이 어리석은 여자입니다. 당신의 계신 지역을 떠나면 영겁(永劫)의 때가 이 괴롬을 덮으리라는 억지의 신앙을 가지고 당신 곁을 멀리 떠난 제가 아닙니까? 또 한때는 당신의 사상(思想)을 저주하고 비관하는 것으로 이 가련한 마음을 위로해볼까도 해본 저였습니다. 세상이 다 당신을 비난하고 저주한다 해도 저는 당신이 용이하게 경멸되어지지 않았습니다. 이유 없는 반항으로 당신을 경멸함으로 내 슬픈 마음의 운명을 구원해볼까 하는 생각도 있었습니다. 용서하세요. 당신의 높은 윤리관과 도덕관이 속(俗)된 한 여자를 순화(純化)하기에는 너무 어려운 숙제였습니다. 당신을 이해할 수 없는 난곡(難谷)에서 저는 외람된 마음의 반항을 당신에게 보냈습니다.

몇 번이나 저는 이 피어오르는 생(生)의 정열(情熱)로 당신의 엄연한 마음의 질서를 깨치려 했겠습니까? 그러나 저는 당신을 사랑하는 여자로서보다 존경하는 여자가 되리라고 처음부터 애를 써왔기 때문에 저의 넘치는 감정의 문을 닫고 생명의 구원한 질서를 더 중히 생각하시는 당신의 높음에 다시금 머리를 숙이었습니다.

시몬! 이런 당신의 개성을 완전히 승인하고 나면 이 외로움은 더욱 더 커지고 당신의 세계에서는 극히 머나먼 곳에 추방되는 듯한 느낌을 감출 수 없습니다. 맑은 바람이 귀밑을 스쳐 건너갑니다. 언제인가 이런 소나무 길로 당신과 함께 걷던 그 초승달 밤이 생각납니다. 그날

밤엔 그렇게도 순간에 끝나던 이 길이 오늘밤엔 왜 이리 길고 멀게만 생각됩니까? 당신의 무겁고 신비로운 음성이 바로 곁에서 제 가슴을 뛰게 하던 그 밤보다는.

시몬! 그날 밤 당신의 그 위엄과 정겨움이 가득 찼던 그 음성을 지금도 기억합니다. 당신이 제 곁에 지금 안 계셔도 그 음성만은 지금도 제 마음에 살아 있어 이 어지러운 심서(心緒)를 부드러이 해주는 듯합니다. 언제나 당신의 음성은 이 맑은 기류(氣流)를 통하여 제 영혼에 부딪칩니다. 지금 이 밤도 당신은 어느 곳에서 누구와 더불어 무슨 사무를 의론하실지도 모릅니다.

이 우주에 당신의 음성이 떠돈다는 사실은 얼마나 화평(和平)을 상징하는 일입니까? 얼마나 행복을 말하는 것이겠습니까? 당신의 음성만이라도 제 마음에 영원히 품기게 해주십시오. 당신의 음성을 사랑할 수 있다는 일은 신(神)에게도 부끄럽지 않은 일이 아닙니까? 기억 속에 떠도는 당신의 음성을 먼 공간 속에서 듣습니다. 하늘을 바라보면 까닭 모를 기쁨이 황홀하게 마음에 부유(浮遊)합니다. 이 기쁨이 한때 한순간에 그쳐질 것을 미리 알면 다음 순간에 다시 있을 우울을 무서워도 하오나 당신을 생각하는 순간이 없고야 어찌 이생이 지탱해갈 수 있으리까? 소원입니다. 시몬! 당신의 영원한 감정의 내용이 무엡(무엇입)니까? 당신의 설교성 애정설엔 웬일인지 싫증이 났습니다.

당신의 피의 소리, 혼(魂)의 웃음, 눈물에 저를 부딪치게 해주서요. 다른 사람의 진리(眞理)로 당신의 마음의 도금(鍍金)질을 하시지 마서요. 당신의 진리로 당신을 살리세요. 생(生)이 괴로우면 괴로울수록 점점 더 커가는 이 동경(憧憬)의 심서를 무엇으로 막습니까? 시몬! 내주에는 당신을 방문하겠습니다. 당신이 오라시지 않아도 이 마음이 당신을 찾겠습니다. 당신을 만나서 혹시 섭섭함을 가지고 오면 어찌할까 하는 염려도 없지 않으나 그래도 보고 싶은 당신임에 다시 찾아가기로 결심했습니다.

당신은 아직도 저 하나를 마음속에 기다리고 제 외로움을 당신 맘에 품어주실 줄 믿는 까닭에. 열두 시가 지났습니다. 초열흘 밤 청랑하던 달빛도 가없이 푸른 안개 빛을 쓰고 힘없이 넘어갑니다. 저는 이제 고요한 제 방문을 열어야 합니다. 눈물의 흔적을 밟아가며 곱게 꾸며가는 한밤의 나의 적막은 진실로 행복한 심경(心境)이기도 합니다.

시몬! 기적소리가 들립니다. 멀리 멀리 여수(旅愁)에 안기고 싶은 이 마음입니다.

1940년 4월 16일 밤 당신의 렌.44)

8 · 15 해방은 두 사람의 운명을 완전히 갈라서게 만들었다. 모윤숙은 노라처럼 가정이라는 속박의 울타리로부터 해방을 선언했다. 그것은 춘원의 '입센의 노라'에 강렬한 영향을 받은 모윤숙의 결단이었다. 춘원은 인습타파를 위해 노라의 자유해방을 강하게 주장했다. 이는 그의 자유연애론으로 이어진 굳은 심경인 것이다.

이렇게 얌전한 궁리를 하는 한편에 자연주의 문학의 영향을 받은 묵은 인습에 대한 반항심도 있었다. 수절은 다 무에며 정조는 다 무에냐. 모두 케케묵은 인습이요, 곰팡내 나는 헌옷이다. 현대인은 모름지기 이것을 쾌쾌히 벗어버릴 것이다. 입센의 노라가 무에라고 하였으냐.

"나는 자유다, 나는 자유다, 나는 새와 같이 나는 자유다. 세상에 다시는 나를 가둘 옥이 없다"라고 부르짖었다.45)

이와 같이 모윤숙은 케케묵은 인습에 대한 반항심의 발동으로 가정이라는 울타리를 탈출, 새와 같이 훨훨 날아 자유의 천지로 날아 올라가겠다고 선언했다. 결혼할 때는 안호상이 적극적으로 먼저 청혼했지만 이혼은 모윤숙이 먼저 제의해서 1947년에 합의 이혼했다.

그렇다. 우리는 1947년에 이혼을 했다. 해방은 영운에게 많은 일거리를 주었고 그는 한 가정을 지키는 주부이기보다 나라를 위해서 해야할 일이 더 많았던 여성이었던 듯하다. 해방 후 나는 시골에 있던 아들 경홍(炅弘)이를 서울로 데려왔는데 이 문제에 대해서 영운은 못마땅해 했다. 어쨌거나 영운은 해방을 맞으면서 그동안 나 때문에 누적되었던 모든 감정에서부터도 해방되고자 했던 모양이다. 얼마간의 별

<hr>

44) 『三千里』(1940. 6), pp.94~99, 續렌의 哀歌(毛允淑).

45) 李光洙, 『나』(文研社, 1947. 12. 24), p.187.

거 뒤에 박순천(朴順天) 여사가 어느 날 나를 찾아와서 "이젠 이혼하는 것이 좋겠다"는 상의를 했고 나도 별다른 반대 없이 영운의 의사대로 이혼을 해주었다. 일생에서 처음으로 깊이 빠져들었던 여성이며 10년 넘어 나의 아내였던 사람과의 이혼이 그리 무심히 이루어졌을 리는 없다. 그것은 아마 자존심 같은 것과도 관계가 있었을 것이다. 영운이 너무나도 유명한 시 '렌의 애가'를 말할 때 사람들은 '시몬'이 누구냐고 늘 묻곤 한다. 그 '시몬'은 아마 그가 이상으로 삼고 있었던 한국의 남성상이었음이 분명할 것이다. 그에게 있어서의 '이상적인 남성상', 나는 그런 것과는 아예 거리가 먼 남자였다. 위에 적은 수필 내용을 지금 나는 모두 받아들이고 싶다.[46]

1946년 10월 11일 우익 청년운동의 중심체인 조선민족청년단(이범석)이 조직되었는데, 모윤숙은 1947년 10월 11일 민족청년단 조직 1주년 기념 여성 행렬을 관람하고 '조국의 꽃'을 발표했다.

조국(祖國)의 꽃

수난의 五千年(오천년)
그대들의 웃음은 침실에서도 수집드니
하루아침 터진 하늘에
山(산)과 江(강)에 뿜어 치는 사랑
윈 나라 그 품에서 다시 일깼다

그대들은 어머니 조선
피를 흘려 이력사에 繡(수)를 놓고
땀 흘려 어둔 밤을 뚫고 나갈
근로의 마돈나
조국의 태양!

---

46) 안호상, 『한뫼 안호상 20세기 회고록: 하나를 위하여 하나 되기 위하여』, pp.228~229.

모란이 손짓 하는 숲과
새 노래 하는 꿈의 화원도
조국을 껴안아 다 버리고 나선
그대들은 새 나라의 딸
그대들은 새 아들의 母胎(모태)!

굴러가는 번개와
우박의 사태 속에도
말없이 함께 뛰는 너와 나의 맥박

지나간 번뇌의 황혼이여!
아씨의 지리한 歷史(역사)여 !
오늘 이 땅!

새 역사의 테이프를 감는 여성을 보라
게으른 大地(대지)를 박차고
새 웃음을 창조하는 그들을 보라
(10월 9일 민족청년단 여성 행렬을 보고)[47]

　　정식 이혼 후 모윤숙은 정치외교계에 화려하게 뛰어들었고, 안호상
은 서울대학교 문리대 철학과 교수를 거쳐, 대한민국 초대 문교부장관
이 되었다.
　　모윤숙은 남한 단독정부 수립에 크게 기여했다. 1948년 2월 8일 유
엔(UN) 한국위원단은 인도 대표 메논(K. P. S. Menon)을 의장에 선출
하였고, 모윤숙은 이승만에게 메논을 연결시켜주는 중재인 역할을 담당
했다. 이승만 지지자들은 "우선 가능한 지역에서 총선거를 시행하고 독
립정부를 수립한 뒤 점진적으로 통일을 이루자"고 결의했다. 모윤숙은
유엔 한국위원단 메논 의장으로 하여금 남한 단독정부 수립에 찬동하
도록 중간자 역할을 수행했다. 그러나 김구는 2월 10일 '3천만 동포에

---

47) 『婦人新報』(1947. 10. 11), 祖國의 꽃(嶺雲).

유엔의 대한민국 정부 승인을 위해 유엔총회에 파견된 한국 대표단(1948. 12)
왼쪽부터 조병옥, 모윤숙, 장면. 대한민국 정부(1948. 8. 15)가 한반도에서 정통성 있
는 정부임을 승인받았다.

게 읍고함'이란 성명서에서 "통일된 조국을 건설하려다 38선을 베고
쓰러질지언정 일신의 구차한 안일을 위해 단독정부를 세우는 데는 협
력하지 않겠다"고 이승만의 남한 단독정부 수립방안을 정면으로 반대
하고 나섰다. 이에 모윤숙은 메논과 접촉하여 이승만의 단정(單政) 지
지 쪽으로 기울도록 적극 외교활동을 전개했다. 이승만은 얼마나 다급
했는지 모윤숙에게 전화를 걸어, "오늘밤이 우리나라가 망하느냐 흥하
느냐 하는 운명이 결정되는 날이니 어떻게 해서든지 메논을 데려오라"
고 당부했다. 그러자 모윤숙은 드라이브를 빙자하여 메논을 이화장으로
안내하였고, 남한 단독정부 수립에 상호 협력을 얻어낸 것이다. 메논이
떠난 후에도 이승만은 모윤숙의 이름으로 남한 단독정부 수립을 호소
하는 서신을 띄웠다.[48]
  1948년 9월 19일 프랑스 파리 샤요궁에서 제3차 유엔총회가 개막되
었다. 파리 유엔총회 대한민국 대표단은 수석대표 장면(張勉), 차석 장

48) 崔永禧, 『격동의 해방 3년』(한림대학교 아시아문화연구소, 1996. 8. 30),
    pp.443~450.

기영(張基永), 고문 조병옥(趙炳玉), 대표 전규홍(全奎弘), 김우평(金佑枰), 김활란(金活蘭), 정일형(鄭一亨), 모윤숙(毛允淑), 김진구(金振九)로 구성되었다. 유엔 대한민국 승인 전망은 그리 밝지 못했다. 국내로는 여순반란사건(1948. 10. 19), 밖으로는 이스라엘 독립 후 1차 중동전쟁(1948. 5) 발발로 아랍권에서는 대한민국 승인을 달가워하지 않았다. 그래서 '뉴욕타임스'(1948. 10. 21)는 "서울의 미국 관리들은 대한민국이 이제 완전 붕괴 직전에 도달했다고까지 생각하고 있다"고 보도하였다. 장면 수석은 바티칸 공략 작전을 전개, 의장국인 호주 대표를 설득하는 데 성공했다. 이리하여 12월 12일 유엔총회 회원국 58개국 중 3개국이 불참한 가운데 표결이 시행됐다. 찬성 48, 반대 6, 기권 1로 대한민국이 한반도에서 유일한 합법·정통성 정부임을 국제적으로 승인받은 것이다. 승인이 통과되자 미국 대표 덜레스(John F. Dulles)는 장면 수석에게 '한국의 미래를 위해 축하를 보내며, 장면 박사(Dr. John M. Chang)에게'라는 축하 메시지를 전하면서 대한민국 승인에 대한 각국 표결 결과를 정리한 목록문서를 건넸다.

이에 반해 소련이 제출한 북한 승인 결의안은 48개국의 반대로 부결되고 말았다. 대한민국이 유엔총회에서 합법정부임을 승인받은 것이 6·25전쟁 때 미국을 비롯하여 16개국으로 구성된 유엔군 파병을 이끌어내는 데 결정적 원동력이 되었다는 점에서 그 역사적 의의는 크다고 하지 않을 수 없다.[49)]

6·25가 발발하고 3일 만에 북한 공산군이 서울을 점령했을 때 모윤숙은 피란하지 못했다. 모윤숙은 광나루 하류 산속으로 숨어 살면서 자수할 생각은 조금도 하지 않았다. 촌 부인네 차림으로 서울 시외 산속으로 피신하여, 굶으며 유리걸식하며 때로는 식모 노릇을 해가며 숨어 다녔다. 만약 잡힌다면 납북이 아니라 인민재판에 의한 사형감이었다.

---

49) 毛允淑選集,『포도원, 내가 본 世上』(三中堂, 1963), p.368, 大韓民國承認;『朝鮮日報』(2015. 2. 26), 새로 쓰는 대한민국 70년. (8) 建國 외교 막전막후. 유엔 '대한민국 승인' 기적 뒤엔 이승만·장면 '바티칸 공략 作戰'(허동현); 1948년 유엔 '대한민국 정부 승인' 표결문서 첫 공개(김성현).

3개월 후 서울이 수복되자 모윤숙은 춘원이 납북되었음을 안타까워하면서, 평양이 탈환되었다는 소식을 접하자 유엔군에 특별 교섭, 유엔군이 제공하는 비행기를 타고 평양에 내려 춘원 구출작전에 돌입했다. 그러나 이미 어디로 끌려갔는지 행방이 묘연했다. 이에 함흥으로 직행하여 동생 모기윤(毛麒允)을 비행기에 태우고 서울로 돌아왔다. 그 후 1·4 후퇴로 부산 송도에 피란하여, 바닷가 바위에 앉아 고독과 비애를 달랬다. 모윤숙은 여자청년단장, 안호상은 남자청년단장을 맡았다. 특히 유엔군을 위문하는 데 주력했다.50)

　　모윤숙은 1·4 후퇴 직후 대구 피란지에서 '렌의 애가(哀歌)'51)라는 장편 서정시집을 발간했다. 여기서 렌은 모윤숙이요, 시몬은 춘원이라고 자타가 다 인정하는 바이다. 렌(Wren)은 아프리카 밀림지대에서 혼자 그 생명이 다할 때까지 높은 가지 위에서 우는 새의 이름이다. 이 새는 영원한 고독을 사랑하면서 영원한 짝을 부르며 고운 울음을 우는 밀림의 신이다. 모윤숙은 바로 이 새의 이름으로 '렌의 애가'를 불렀다. 시몬은 예수의 수제자로 남성적인 열과 의리와 신념이 높은 이상적인 애인이라 정의하고 있다. "나는 어려서 아버지의 친구들을 많이 보았다. 그들은 대개가 망명객들이거나 낡은 생활과의 투쟁하는 투사들이었다. 그들은 대개가 연애문제에 있어서도 연애를 위한 연애가 아니라 나라와 사회, 건실한 장래를 창조하기 위한 애정이요 부부생활이었다. 나는 이런 환경에서 개인주의적인 남성을 만나기보다 인간과 이상과 국가를 위해 살고 싶어 하는 어른들을 많이 본 것이 이 작품의 시초가 아닌가 한다. 한국적이면서 세계주의적인 폭이 큰 남자, 그러면서 불같은 열과 변함없는 의리로 뭉친 애정을 가진 남성! 무르녹기 시작한 내 감정은 그대로 불이 붙으면서도 그 어디다 불을 던질 곳이 없었다. 이러는 동안 내 신변에는 여러 형의 남성이 혹은 애국자로 혹은 사업가로 혹은 문학자로 혹은 외교로 정치로 엉키어 돌아가고 있었다. 우선 이

---

50) 『三千里(孔仲仁)』(1956. 6), pp.278~283, 實名小說 嶺雲 毛允淑 女史, 詩人
　　이요 外交家인 毛女史의 아름답고 슬픈 半生記(春海).

51) 毛允淑, 『렌의 哀歌』.

여러 형의 남성 친구들은 대개가 아내를 가진 인물들이어서 친구 이상의 아무 감정도 필요할 수 없었다. 나는 그러나 그 어느 누구가 내 마음을 그처럼 애절스럽게 끌었다는 것을 모른다. 이런 남자라면 나는 사랑하고 싶다는 창조의 남성! 그 이름이 아마 '시몬'이라는 이름으로 등장을 하였다고 본다. '시몬(Simon)'은 성서에서 보듯이 기독의 수제자(베드로)로서 남성적인 열과 의리와 신념이 높은 사람이었지만 그 반면에 식기 쉽고 변하기 쉬운 약점을 가진 인물로도 알려져 있다."[52] 그러면서 시몬은 렌 한 여인의 애인이 아니라 모든 한국 여성이 염원하는 이상(理想)의 남성 모델이라고 정의하고 있다.

'렌의 애가'에서 시몬을 그리워하는 렌의 아련한 연정(戀情)은 인생으로서 한세상에 난 보람이었고, 또 슬픈 행복이라고도 할 수 있다. 모윤숙은 인정 많은 춘원을 사모하는 사랑의 세레나데를 애절하게 읊는다.

오직 그대 내 등불 가까이 오라
내 등불 가까이 오라
沈黙(침묵)의 흰 하늘 그 달 비치는
樹林(수림)의 언덕 새로 그대여 오라
물 먹은 菩薩樹(보살수) 그늘 아래
漂流(표류)하는 魂(혼)! 어둠에 고달프으리
오직 그대 내 등불 가까이 오라

나는 그대에게 향한 정열을 그릇되는 후회해본 일은 없다. 새로운 시시(時時) 우에 더 연장하기를 원치 않는다. 우리의 사랑은 종내(終乃) 이 세상에서는 평행(平行)으로 각기 외로운 생(生)을 가질 수 있으되 일행(一行)이 될 수 없는 운명을 가진 까닭이다. 불사(不死)의 환영(幻影)을 따라 나는 남저지(나머지) 인생을 여수(旅愁)로 끝마치려 한다. 내 혼이 죽지 않는 한 그대의 사랑도 소멸될 수 없는 것이다.[53]

---

52) 毛允淑選集, 『포도원, 내가 본 世上』, pp.245~250, 시몬은 누구인가?
53) 毛允淑, 『렌의 哀歌』, pp.25, 28.

○월 ○일

바닷가로 향한 방에 몸을 쉽니다. 햇빛은 서울보다 세찬 광선을 내뿜어 물결을 동요시키고 있습니다. 언덕에 나와 고개를 흔들리는 여름 잡풀들도 그처럼 윤이 날 수 있겠어요. 모두가 미소의 정으로 천지는 조용한 흔들림 속에 행복을 흡수하고 있습니다. 시몬! 당신의 이름이 더 다정히 불러보고 싶은 오늘! 미열에 끓고 있는 이 적은 심혼(心魂) 속에 꺼짐 없이 살아 있는 당신의 모습! 그 얼굴 그 말 그 웃음 그 노여움 이렇게도 떠오르면서도 눈에도 귀에도 잡히지 않는 당신의 환영(幻影)! 석간신문을 갖다놓고 갔습니다. 정말 먹어지지가 않아요. 마시고 나면 머릿속이 짜르르 맴돌고 눈이 찔해서 한참 누웠다가야 일어납니다. 살기 위해서 이 약을 먹습니다. 아직도 열두 첩이 남았다고 할머니는 그저 참고 참으며 먹어보라고 합니다. 시몬! 그러나 나는 더 살 이유를 모르겠습니다. 짙어가는 당신의 추억을 받들고 무섭고 떨리는 이 고독의 세월과 더 타협해야만 할 일이 무엇입니까?

'렌의 哀歌'에서[54]

모윤숙의 춘원 사랑은 이성간의 육욕적 사랑이 아니라 '나라사랑'의 새 경지에 이르는 초월적 사랑인 것이다. "시몬! 벽에 걸린 당신의 사진에 가만히 뺨을 대어봅니다. 가슴속엔 눈물이 소복이 고여 오릅니다. 초여름 풀 향기가 뜰에 가득 찼습니다. 이렇게 월계 냄새가 풍겨오지 않아요? 나는 언제까지나 이런 고독의 베일 속에서 당신을 예배해야 됩니까? 저는 당신의 길을 해득할 때까지 지혜를 기다립니다. 지금은 다만 당신의 얼굴을 이 마음에 품음으로 행복을 지속하려 합니다."[55] 춘원 사모는 곧 독립 염원의 간절한 소망을 담은 사랑이기도 했다. 그러기에 이 간절한 독립 염원의 꿈은 모윤숙이 유엔 대표가 되어 '대한민국 승인'을 얻어냄으로써 비로소 실현된 것이다. "시몬! 아픈 것을 아프다 말 못하고 버러지의 대우를 받으며 눈물을 삼키던 그때의 저는 오직 당신의 얼굴을 바라보며 그 얼굴 그 표정에서 풍기는 암시로 조선

---

54) 毛允淑選集, 『포도원, 내가 본 世上』, p.281.
55) 毛允淑, 『렌의 哀歌』, p.59, 續렌의 哀歌.

을 알았고 조선을 이해했었나이다. 당신이 조선의 불행을 슬퍼하시는 그 진실하신 마음에 감동하여 사랑하지 않고는 견딜 수 없던 과거… 자신의 약함을 비웃으면서 당신의 인간성을 정확히 파악하지 못한 채 머나먼 길을 떠나온 저였습니다. 시몬! 당신이 아르켜주신 삼천리 지도 당신이 가만가만 불어넣어주신 단군(檀君)의 역사책을 빼앗기고 빰을 맞으며 시멘트 바닥에 꿇어앉아 가시 채찍을 등에 받으면서도 당신을 생각하고 즐겁던 그때의 심경! 지금도 그 환희는 걷잡을 수 없는 파문을 이 가슴에 일으키고 있나이다."56)

그렇게도 기다리던 조국해방의 날은 왔지만 38선으로 남북이 분단되었다. 모윤숙이 만주 용정에서 남하하여 38선을 넘어오는 역정은 분단 현실의 혼돈된 해방공간을 읽을 수 있는 장면이었다. 38선 넘기가 너무 힘들어 이남 쪽으로 난 고개를 '멀엇늬 고개'라고 불렀다. 그것은 '아직도 멀었느냐'라는 탄원(嘆怨)의 명사화이다. 서울에 도착하자 한국의 현실은 너무나 혼란의 극단을 달리고 있었다. 사분오열이 아니라 천 갈래 만 갈래로 분열의 극치를 달리고 있었다. "38선이 생긴 것만 해도 무서운 일인데 70여 개의 정당에 분열 모략이 심하다 함을. 시몬! 그 말이 정말입니까. 우리가 바라던 조선이 이것이었습니까. 당신의 마음속에 있는 조선! 그 아름다운 조선이 지금 당신의 아픈 핏속에는 당신의 부드러운 기도가 흐르고 있지 않았나이까. 시몬! 옛 적에는 우리가 남의 나랏사람 때문에 고민하고 못 살았으나 지금은 우리 때문에 우리가 괴로움을 도리어 당하다니 더욱더 망극하나이다. 돌팔매를 맞아 상한 몸은 고치기가 쉬웁되 제 몸 속에서 생긴 병은 고치기가 어렵다는 진리를 우리는 왜 모르나이까. 당신의 소리는 조선의 소리, 당신의 슬픔은 조선의 슬픔이었으니 이제 당신에게 영화가 온다면 그 영화와 행복은 당신 개인의 영화와 행복이 아니요 온 조선의 행복이요 영화일 것입니다. 아침저녁 목이 타도록 독립을 위해서 싸우시는 당신의 모습을 봅니다. 수난의 과거를 밟아온 시몬! 당신을 바로 알고 쫓아갈 청년 남

---

56) 상게서, pp.61~62.

844

녀가 과연 얼마나 되나이까. 덕(德)의 힘이 부족한 우리 사람들, 오랫동안 옳은 성격은 잊어버리고 삐뚤어진 자아당착에서 민족의 판단을 그르치기 쉬운 우리입니다. 이 혼란의 가시덤불 대(對) 세계주의에 끼여 민족의 윤리조차 잊어버리려는 이 위태로운 이때, 시몬! 당신의 조선을 위하는 방책은 어느 정도로 구체화되었나이까."57)

서울에 도착한 모윤숙은 옛 친구 R을 만났다. 그는 벌써 옛날의 우정은 찾아볼 수 없는 공산주의 사상가로 돌변해 있었다. 그는 "시몬 같은 사람은 지금 조선에서는 추방을 당해야 옳을 것이다"라고 말하면서 "새 정부가 서면 민족반역자열에 들 사람"이라고 낙인찍고 있었다. 이와 같이 '계급투쟁' 의식은 우정도 어버이의 도(道)도 넘어서서 인정과 의리를 짓밟아버리는 동물적 무법천지로 화하고 있었다. 여기 착란의 노선에서 방황하는 렌은 시몬에게 대담한 질문을 던지고 있다. 어느 노선을 따라야 할까를.

조선엔 잘 먹는 사람보다 잘 못 먹는 사람이 물론 더 많습니다. 우리야말로 어느 나라 민족보다 같이 잘 먹기 위하여 생명을 내걸고 싸워야 할 의무가 있습니다. 그러기 위해선 제 나라가 먼저 있어야 한다는 당신의 길을 따라야 하리까. 나라야 있든 없든 우선 도탄에 빠진 민생(民生)을 위해 유산계급을 없애고 너나없이 꼭 같이 살아야 할 운동을 일으키자는 R의 이론에 쫓아야 하리까. 시몬! 과연 조선엔 우리가 미워해야만 할 훌륭한 특권계급이 있습니까. 우리가 소탕해야 할 자본가 무리가 있습니까. 식민지 노릇 40년에 조선 사람에게 축적된 재물이 한곳에 몰릴 수가 있었을까요. 나는 R에게 작별인사를 하고 나오면서 옛날에 천진했던 우리의 우정이 그리워 뺨 위에 흐르는 눈물을 금할 길이 없었나이다. 시몬! 이 서울 한복판이 비바람 설치는 만주 벌판보다 더 거칩니다. 나는 나의 잘못이 무엇인지 알기도 전에 죄인처럼 가슴이 울렁거리고 남의 눈치가 보여지고 마음조심 몸조심에 억압을 느끼나이다.

폭풍에 휩쓸리는 당신의 모습을 정처 없는 세기의 방랑객이 될 것도

---

57) 상게서, pp.64~70.

같습니다. 이해 없는 환경에서 뭇사람의 오해를 입은 채 피 묻은 옷자락을 끌고 어디로인지 어둠의 세계로 몰락되어 가는 듯이 생각됩니다. 당신의 자유는 압박에서 외로웠고 당신이 선물로 받은 해방은 자기 겨레의 쇠사슬에 얽매여 다시 신음하고 있습니다. 그러나 시몬이시여! 기름진 우리의 빛나는 땅에서는 부풀어 오르는 샘이 쉬임 없이 솟습니다.58)

모윤숙은 1955년 12월에 '여성계'에 '렌의 애가' 최종편을 4회 연재하고 있다.

시몬! 정말이에요, 어서 이 밤이 가고 또 그 밤이 지나서 당신이 오실 시간 앞에 나는 경건한 마음의 수도자가 되어야지요. 그렇게 어둡고 거칠어 보이던 서울 거리도 이제 당신을 만남으로 명랑하고 친절한 거리가 될 것 같애요. 그렇게 우울해 보이던 이 백성들의 얼굴도 시몬, 당신의 얼굴을 통해 유쾌한 인상을 줄 것 같습니다. 정말 그렇습니다. 망각의 무덤 속에 서로를 잊으려고 노력하고 애써온 우리 아닙니까?

밤이 왔어요, 무서운 것은 밤이에요. 내 귀가 조용해지면 부드러운 당신의 음성이 내 고독 안에 가득 차오는 것이에요. 방 안 공간마다 당신의 얼굴은 저녁별처럼 뚜렷이 나타나는 것입니다. 당신이 주고 가신 반성, 후회, 무서움, 놀람, 의아, 가까이 부딪쳤던 눈, 아직도 지워지지 않은 이런 요소들은 다 나의 그리움의 내부입니다. 무심히 사무에만 골몰하여 살던 저였음에 당신을 만난 순간엔 벅찬 가슴의 동요로 마음의 매무새를 몰랐습니다.

시몬! 아름다움을 공부하겠습니다. 참는 것, 양보하는 것, 겸손한 마음씨, 한 알의 떨어진 씨라도 버리지 말고 심을 가꾸어 생명을 창조하고 키우는 일, 이런 일을 더 바라고 밀어보겠습니다. 그래서 당신도 이런 요소들과 타협하고 커지도록 소원하겠습니다.

당신이 커지면 또 당신의 모든 친구들이 함께 커지면 이 적었던 한국도 커지겠지요. 세우고 일으키는 사상과 부지런하게 알고 뻗쳐 나가는 힘, 시몬! 어떻게요? 누가 누가 이런 힘의 맞잡이가 되어야 할까요?

---

58) 상게서, pp.72～75.

나는 이렇게 당신에게 원하는 것이 많은 것 같아요. 그러나 욕심은 아니에요. 이 길만이 당신과 내가 살아갈 빛나는 길이기 때문입니다.59)

당신의 생존만이 나를 생존하게 합니다. 나의 애정과 신앙, 사상과 의무, 희망과 고통까지라도 오직 당신이 생존함으로만 생존합니다. 겨울이 시작되는 산협(山峽) 어느 친구의 집에서 주말을 보내기로 했습니다. 들창 밖에는 빈산이 있고, 그 위로 비늘 진 하늘이 그림자를 풍기고 있습니다.

시몬! 당신을 애틋이 소원하면서 낙엽이 깔린 오솔길을 걸었습니다. 무척 가라앉은 이 산속의 시간은 내게 어떤 안정을 내려줄 것 같습니다. 성성한 낙엽 냄새와, 나무들이 뿜는 차가운 향기가 무더운 생각을 식혀줄 것만 같아서 치마귀를 찢기우면서도 아무도 걸어보지 않은 지름길을 자꾸자꾸 걸어가고 있습니다. 당신을 안 만나고 당신을 즐길 수 있는 시간을 늘 만지고 사랑하면서 살아왔습니다. 그러나 그런 즐거움은 무척 철없었을 때 실제를 모르는 상상의 위안이었습니다. 시간이 갈수록 연령이 갈수록 그것은 꿈을 깨고 났을 때에 헛헛함이나 마찬가지로 공허하였어요.

당신을 만나 논쟁을 하고, 이론을 밝히던 시간에도 우리는 우리의 진실을 감추노라 얼마나 고심하였습니까? 수습할 수 없는 사랑의 샘길이 우리 마음의 길을 통하여 새어나올까 저어하면서, 더 인내할 수 없는 고통에 피곤하지 않았습니까? 다정했던 밤이슬과 아늑한 마음의 지껄임을 싣고 우리의 시간은 너무 빠르게 가버렸습니다. 당신은 요즈음 초조했어요. 무엇 때문인지 모르겠으나 그전보다 안정되지 않은 당신의 마음을 보고 있습니다.

그러면 우리의 마음은 흐려지고 못나고 삐뚤어진 현실의 노예로 비겁한 걸인이 될지도 모르겠습니다. 친구들과 이웃에게 비난과 노염을 받고 시름없는 낙오자가 될지도 모릅니다.

시몬! 그러나 피하지 마시고 겁내지 마시고 당신 그대로 이 현실 위에 반영되어보세요. 정치운동, 문화운동, 취미 있으신 대로 해보시고, 당신을 옳게 발휘하도록 해보세요. 헛기운으로 드러난 이름과, 거품을 밟고 가는 자존심 같은 것을 그렇게 아낄 것이 없어요. 뜨거운 자부심

59) 『女性界』(1955. 12), pp.58∼65, 렌의 哀歌(最終篇)(1)(毛允淑).

은 용납하시어도 비겁한 타협은 포기하셔야지요. 당신은 지금 어디를 가시는지 모르겠습니다. 민족을 구하는 길에 서 계신지, 혹은 당신 자신조차도 파멸시키는 길에 서 계시는지 분별 못할 혼란에 당신이 서 계심을 봅니다. 시몬! 누구와 누구의 행복만을 위하여서만은 아니겠지요. 더 많은 사람과 사람들을 향해 당신의 고(苦)와 눈물은 소용되어야 할 것입니다.60)

시몬! 당신의 마음으로 달려가는 이 밤을 받아주소서. 저 뜨거운 별들을 먹겠습니다. 그래서 당신이 모르는 나의 길을 지혜의 빛으로 수놓겠습니다. 강(江)이 추워요. 바람이 거칠게 일기 시작하니까요. 어느 아늑한 마을이라도 있으면 몸을 숨기고 싶습니다. 시몬! 바람을 가리어주세요. 어디서인지 모르겠어요, 뺨과, 가슴과 그 속에 소란거리는 심장까지라도 식혀버릴 듯이 얼음 같은 바람이 휩싸옵니다. 돌아가겠어요, 내 방으로. 거기는 따뜻한 등불이 그래도 걸려 있으니까요.

이제 잠 속으로 들어가 당신을 잠시 잊어버리겠습니다. 시계 가는 소리가 너무 크게 들려요. 시계 소리를 죽이겠습니다.

새로 한 시!
잠 속에 꽃이 핀다.
꽃 숲에 그가 와서
뺨 위에 흘린 외로움을 만진다.
이울어져 버리는가? 저 달같이
꽃 숲에 그가 그대로 사라지면
헛헛한 잠의 숲속 바람이 차 온다.
오는 것도 가는 것도
하염없는 잠 속의 피는 꿈
거품처럼 꺼졌다 부풀었다 하는
가거라, 나의 밤아! 그가 없는 나의 밤이거든.
렌 올림61)

---

60) 『女性界』(1956. 2), pp.66~73, 렌의 哀歌(最終篇)(2)(毛允淑).
61) 『女性界』(1956. 3), pp.80~83, 렌의 哀歌(最終篇)(3)(毛允淑).

부인(夫人)과 아이들과 함께 차에서 내려 걸어가는 당신을 보았습니다. 그저 가슴이 홧홧하였습니다. 걸음은 걸어지지 않고 숨은 쉴 수가 없이 그대로 길에 질식이 되어서 있었습니다. 당신의 집식구 중 누구라도 한번 돌아다 나를 보아주었으면 했습니다. 그러나 아무도 나를 인식하는 이는 없었습니다. 선량한 부인과 함께 아이들의 손목을 나란히 쥐고 걸어가는 당신의 모습은 그대로 어진 아버지의 품위(品位)를 잃지 않았습니다.

시몬! 이제는 모든 것이 끝난 것 같습니다. 아픔과 사고(思考)로만은 해결될 수 없는 이 무서운 실증(實證)이 나를 얼마나 경멸하고 조소하고 있음을 알았습니다. 왜 그전에는 당신에게 향한 인식이 그렇게 단순하고 어리고 순박했었든가 몰라요. 외로운 사람처럼만 생각켜지던 시몬이었습니다. 아무도 아무도 없이 사막에 홀로 뜬 별의 생존처럼 멀고 닿기 어려운 나의 신앙이었다고만 생각하였습니다. 시간이 가고 세월이 가서 당신을 알아보는 나의 눈은 이처럼 밝아옵니다.

당신의 실제(實際)가 인식될수록 나는 검은 지옥으로 내려앉는 듯한 위험을 체험합니다. 오한(惡寒)과 공포, 모멸과 치욕이 섞인 자포자기에, 혼자만 간직하였다고 믿었던 자존심(自尊心)이 소리 없이 무너져 내리는 시간!

나를 어떻게 처리하여야 할까요? 어데로, 누구에게로 이 누더기가 되어 신음하는 마음을 끌고 가야 합니까? 아무 윤리로도 도덕으로도 다스릴 수 없는 저 혼자 저주하는 고통의 불길? 불현듯 당신이 보고 싶습니다. 뒷모양으로라도 아까 걸어가시든 그 길에 당신을 다시 한 번 더 뵙고 싶습니다. 뵙고 돌아와 또다시 천길만길 후회의 함정에 내 몸이 지쳐지더라도 이 아픈 그리움에 목숨이 숨지기 전에 ─ 그렇습니다. 시몬! 충고도 교훈도 체면도, 주저함도 이제 다 힘을 잃고 저에게서는 희미해갑니다. 당신이 내 곁에 없는데 이 무수한 허깨비 간판들이 무슨 소용이 있습니까?

시몬! 나는 당신의 얼굴을 한 번만 더 보려고 여기까지 온 것입니다. 이 눈동자에 당신을 담아가지고 나 혼자 나 혼자 찾아온 길을 돌아서 가겠습니다. 당신을 만나려 오는 길에서는 아주 멀리 멀리로 가겠습니다. 그러나 당신의 얼굴은 저 기쁨에 젖은 당신의 창문에 나타나지 않습니다. 깊은 어둠 속에 당신을 잃고 돌아오는 발은 땅에 붙을 수 없이 헛헛한 허공에 떠 있었습니다. 이대로 이 발길로 정지됨이 없이 한 없는 우주의 지름길로 달음질치고 싶습니다. 사직공원을 지났습니다.

시몬! 용서하세요. 결코 이럴 줄을 몰랐던 저입니다. 죽음보고 더 아픈 괴로움도 누르고 싸우면서 당신을 위하여 오직 침착하게 아무렇지도 않게 이 세상을 살아가려던 저였습니다. 모든 억제에서 반란을 일으킨 나의 감정은 나로서는 해석할 수 없는 처음 경험하는 난폭한 감정이었습니다. 예상도 상상도 못했던 오늘이 지나면 나는 오늘의 감정을 조소하고 경멸하면서 어린애 같았던 오늘을 연상할 것입니다. 당신도 이 글을 읽으면서 웃으실 것입니다. 선의의 웃음을.

시몬! 열이 있는 채로라도 내일 직장에 나가겠습니다. 오늘밤따라 끝 간 데를 모를 글을 당신께 쓰고 싶습니다. 그러나 마음만이 끓어오를 뿐 손에 기운이 하나도 없습니다. 펜은 손에서 물러가오나, 마음은 그대로 편지지 위로 계속해서 달리고 있습니다.62)

춘원은 염복(艶福)이 많았다. 어디를 가나 문학소녀가 줄줄이 따라다녔다. 춘원이 끈끈하게 사랑하는 여인이 있었다면 그녀가 바로 장안 명기 김두옥(金斗玉)이다. 춘원은 봄가을 1년에 두 번 양주 어느 시골 마을에 은퇴하고 있는 퇴기(退妓) 김두옥 집을 찾아갔다. 명주 바지저고리를 곱게 다듬어 입고 김두옥 집에 가면 그녀도 한복 차림으로 춘원을 맞이했다. 여기서 으스름달을 바라보며 김두옥은 가야금을 타고 춘원은 시조를 읊는 정경이 벌어졌다. 춘원을 사숙하고 함께 지낸 작가 P(박계주) 씨가 이를 증언했다. 곽학송은 춘원과 두옥과의 인간관계를 양자의 증언을 들은 대로 솔직하게 토로하고 있다.

그렇다면 춘원과 두옥은 어떠한 관계였던가? 춘원에 대한 두옥의 심정은 모르되 두옥에 대한 춘원의 태도는 그녀에게서 스러져가는 한국의 옛 모습을 찾아보자는 것이 아니었던가 싶다. 그들의 교제가 잦아진 것은 봉근(鳳根)이 저승으로 간 뒤였다. 서울특별시 종로구 신문로 2가 9번지 이광수 일가의 호적에 의하면 봉근의 사망은 1934년 2월

---

62) 『女性界』(1956. 4), pp.85~89, 렌의 哀歌(最終篇)(4)(毛允淑).

23일로 되어 있다. 그러니까 때는 이미 일제의 말엽으로 접어들었을 때이며 그들의 식민지 정책은 바야흐로 한국적인 것의 말살을 시도하였을 때이다. 스러져가는 한국적인 아름다움 — 그것에 대한 향수를 춘원은 두옥에게서 찾았다면 어떨까….

물론 개인 간의 신상문제에는 비밀이 수반된다. 춘원이 두옥에게서 단순히 스러져가는 한국적인 옛 모습만 즐기었는지 혹은 그 이상의 깊은 관계가 있었던지는 알 길이 없으나 영숙의 증언에 의하면, 춘원이 두옥을 알게 된 것은 영숙의 소개로서였으며, 봉근을 수양아들로 삼았을 정도이니 단정키 어려운 바가 있다.63)

1928년 수송동 한 여사(旅舍)에서 입산을 앞두고 김일엽(金一葉)은 연인 춘원을 잊지 못해 '당신은 나에게 무엇이 되었삽기에'라는 시를 써서 미발표 유고시로 남겨놓았다. "당신은 나에게 / 무엇이 되었삽기에 / 살아서 이 몸도 / 죽어서 이 혼까지도 / 그만 다 바치고 싶어질까요."64) 김일엽은 보성고보 하윤실(河允實)과 결혼했지만 결국 옛 애인 춘원을 잊지 못해 이혼하고 충남 예산 수덕사로 입산수도하게 되었다. 김일엽은 1933년경에 조선에서는 여성으로서 최초의 불문귀의(佛門歸依)를 단행했다.65)

이 무렵 춘원과 일엽 사이 염문의 소문이 인구에 회자했다. 1958년 김일엽은 춘원의 납북을 안타까워하면서 마음을 비운 편지를 R에게 띄웠다. 여기서 R은 춘원을 말한다. 편지 첫머리는 다음과 같다. "경향(京鄕) 간에 어지간히 이야깃거리가 되던 우리의 로맨스는 39년 전 가을에 허덕이는 낙엽의 전송(餞送)으로 그만 끝막을 내렸던 것입니다. 무한극수적(無限極數的) 수명을 가진 우리의 시간에 비하여 가장 짧은 한 토막의 시간 중에서도 1, 2년이란 시간적 꿈이었던 그 꿈의 인연으

---

63) 郭鶴松, 『사랑은 가시밭길: 春園 李光洙의 사랑과 宗敎』, pp.344~345. '노양환 편 年譜'에 의하면 봉근의 사망 일자는 '1934년 2월 22일'로 되어 있다. 1일 차이가 난다.

64) 『新亞日報』(1974. 12. 27), 魂마저 합쳐도 아쉬움만이… 春園 아닌 모 교수와 熱愛.

65) 『三千里』(1933. 9), p.21, 金一葉女史의 佛門入.

로 이 편지를 쓰게 된 것은 아닙니다."[66]

입산한 후 10여 년이 지났을 때 춘원의 소식을 알 길 없었던 차, 불공 온 한 손님이 향촉을 싼 신문지상에서 우연히 춘원의 '갈대'라는 시를 발견하고 연정이 되살아나기도 했다.

갈대

셈 볼 엄두 아니 나는, 갈대의 대가족은
비바람 무릅써도, 서로가 안 여읠 맘
그래도 어버이 자녀 사인 정, 오감(오고 감) 있잖은 양
바람 슬쩍 충동이면, 서로의 설은(서러운) 사정
몸부림쳐 울부짖네, 갈대의 외로운 혼정(魂情)
내 가슴에 숨어들 제, 잠자던 임의 추억
다시금 부풀어서, 내 혼은 임을 찾아
하염없이 헤매누나
땅 끝 하늘가에, 임 자욱 그 어덴가
자욱(자국)조차 스러진데, 눈 설은 존재들이
무상을 알리건만, 그지없이 아쉬움은
가신 임 뒷모습을, 피 엉킨 가슴에서
또다시 뒤져내서, 입술은 떨게 되고
눈물은 그 임인 양, 떠는 입에 대어드네[67]

6·25 사변 이후로는 당신의 생사를 알 길도 없고 더구나 내 딴은 시간을 허비하지 않고 정진하느라고 애쓰고 있는 관계로 모든 일을 잊어버리고 있게 되었습니다. 그러던 중 3년 전 가을에 이곳 견성암(見性庵) 어떤 비구니(比丘尼)가 서울에서 탁발(托鉢)을 하러 다니다가 서대문구의 어느 조그만 기와집에 들렀었더라는데 50이나 되어 보이는, 키가 조그마한 동탕하게 생긴 어떤 신사가 허둥거려지는 몸을 가

---

66) 金一葉, 『靑春을 불사르고』(中央出版公社, 1972), pp.129~163, 無心을 배우는 길: 피 엉킨 가슴을 안고 사는 R씨에게.

67) 상게서, pp.135~136, 갈대(春園). 이광수전집(삼중당)에 미수록.

누면서 뒤주에서 손수 쌀을 퍼서 주리라 합니다.

그보다 앞서 "어디서 왔느냐?"는 물음에 "덕숭산(德崇山) 견성암에서 왔노라" 하니 거기 김 모라는 여승이 있지 않으냐고 하면서 명함한 장을 주더라고 내게 전해 주기에 받아보니 "아무쪼록 장수하십시오, 그대는 그래도 행복이 있을 것입니다" 하는 역력한 당신 필적을 볼 수 있었습니다.

그래서 외로움을 잊고 괴로움 없이 살아 나아가는 데 도움이 될까 하고 붓을 든 것입니다. 그것은 무심(無心)을 배우는 일이옵니다. 사실, '무심'은 배우는 것이라기보다 인간 본연의 마음으로서 맛이 없다 하며, 스스로 버리고 온갖 번뇌의 주머니인 유심(有心)을 자취(自取)하여 무시겁래(無始劫來, 시작도 끝도 없는 겁)로 괴롭게 사는 것이 어리석은 인생살이인 것입니다. 그러므로 이제는 오히려 '무심'을 배우게 됩니다. '무심'만 배워 얻으면 '무심'은 전체심이므로, 그 마음으로라면 당신이 사는 그보다도 무미한 생활에서도 당신의 마음 하나로 갖은 맛을 낼 수도 있음을 알려드리고 싶습니다.

당신은 지금 위안이 절실히 요구되는 것입니다. 외로워하는 것은 위안을 얻기커녕 외로움을 메울 만한 다른 모든 요구의 자료를 사라지게 하여 외로움의 음냉굴(陰冷窟)에 갇혀버리는 것입니다. 외로움이 끊어지고 요구하는 마음이 없어진 '무심', 그것이 일체(一切) 요구를 얻을 원천입니다. '유심'이란 유한적(有限的)인 그 마음만 버리면 일체 요소인 '무심', 곧 무한대의 마음이 얻어집니다. '무심'은 내 맘, 남의 맘, 이 맘, 저 맘, 없는 맘, 있는 맘을 단일화(單一化)시킨 일체존재(一切存在)의 창조주요 만능적 자아(自我)입니다.

그러니 외로움이나 즐거움이나 내 맘대로 누릴 수 있는 것이 '무심'입니다. 마치 의심을 일으켜 풀지 못하면 궁금증만 나지만 의심은 내가 일으킨 것이요 비밀은 있지 않은 것을 알면 증세가 가라앉는 것같이 나만 알면 쉬워집니다. 그러면 무심이란 곧 '나'라는 말이 아니옵니까? 내가 나를 잃어버리기 때문에 외로우니 즐거우니 하는 복잡한 문제가 일어나 스스로 영일(寧日)이 없게 만드는 것입니다. 이때 이 자리에서 누구나 찾을 수 있는 이 '나'는 나의 반면(反面)인 내적(內的) '나'이니 전 인류가 다 나를 찾는다면 이 세계는 자타가 일원화(一元化)한 평화세계를 이룩할 것입니다.[68]

문화인은 그래도 물질경에서 초연한 지향을 하여 구경(究竟) 정신적 문화인이 될 수 있는 것입니다. 그런데 문화인으로 딴 길을 가게 된 당신은 60 줄에 든 오늘날까지의 경험으로 인간들이 모두 바라는 만족이니 기쁨이니 하는 데에 체달(體達, 사물의 진상을 통달함)하여본 적이 있습니까? 체달이라 생각된 때가 있더라도 유심으로 된 체달은 상대적인 좁은 한계 내이기 때문에 짧은 시간에 사라져버립니다. 무심은 무한계(無限界)이므로 고락간(苦樂間) 슬슬 구슬리기 쉬운 자유계(自由界)입니다. 시간의 영원과 요소의 일체인 유심의 창조주인 그 무심을 나머지 없이 채취하면 거기에는 희망의 성취도 있고 임의로 창작적 생활을 하게도 됩니다. 늘 꾸는 꿈이요, 더구나 잊어버린 꿈이지만, 꿈만이 참살로 믿을 그때에 차마 버리지 못할 일체를 다 버린 사선(死線)에까지 통행하였던 당신이라 특별히 전해드립니다. '무심'만 얻으면 '유심'인 현실 전체는 내 것이 됩니다. 무심하게 쓰던 글은 '무심'의 붓끝이 저절로 물러나므로 이만 그칩니다.

무술년(1958) 8월 29일 김일엽 합장[69]

2. 춘원의 사생관과 반항기질

1929년 춘원은 생사를 넘나드는 병고에 시달렸다. 오산학교 제자 백인제(白麟濟) 박사의 집도로 왼편 신장을 절제하는 대수술을 받은 것이다. 춘원은 물론이고 친지와 세인 모두가 도저히 살아날 가망이 없다고 할 정도로 중태였다. 춘원은 '사생 15년'에서 이렇게 쓰고 있다. "그러나 또 명의(名醫) 백인제 씨가 곁에 없었더라면 아내뿐만으로는 내 목숨을 구(救)해주기에 곤란했을 것입니다. 씨는 외과의사이면서도 모든 병을 능하게 치료하였습니다. 나는 병에 대해서 씨의 말이라면 어떠한 것이든지 받고 실행하였습니다. 내가 폐병을 앓는 중에 신장염(腎臟炎)도 앓았고 한때는 척추골에 농(膿)이 들어서 조금만 늦게 서둘렀다면 꼽새(곱사등이)가 될 뻔하였습니다마는 지금에 꼽새가 안 되었음은

---

68) 상게서, pp.137~141.
69) 상게서, pp.162~163.

아내가 속히 발견해준 것과 백 씨가 치료를 잘해준 덕택이라고 할 것이외다."[70]

부인 허영숙은 이때의 정황을 이렇게 솔직히 고백하고 있다. "이렇게 해서 겨우 고쳐놓으면 또 술 자시고 밤새고 해서 병이 나고 말았습니다. 몇 번이나 다시 앓았던가 이루 헤아릴 수가 없었습니다. 외과 수술도 여러 차례 받았습니다. 입천장을 떼어내고, 신장 한쪽을 잘라내고, 늑골 두 개를 잘라내고, 척추 세 개가 썩고, 중이염(中耳炎)으로 귀 한쪽이 먹고, 이만하면 얼마나 춘원이 많은 병을 앓았다는 것을 알 수 있습니다. 나는 이런 병으로 앓는 동안 아이를 업고 병원에 따라가서 시중을 했습니다. 그러나 나는 공손히 시중하는 아내는 아니요, 강제로 명령하는 주치의였습니다. 아아, 나는 얼마나 건강한 남편을 가진 동무들을 부러워하였던가. 행길(한길)에 뚜벅뚜벅 걸어가는 건강한 남자를 보고, 얼마나 눈물을 많이 흘렸던가."[71]

이와 같이 사선을 헤매던 춘원은 죽음을 앞두고 도대체 죽음은 무엇인가를 심각하게 생각하지 않을 수 없었다. 이에 1929년 7월 신열이 41도로 오르내리던 경성의전 부속병원에서의 '아프든 이야기'[72]에서 수술을 받았을 때 죽음과 사투를 벌인 체험담을 솔직히 고백하고 있다.

영혼의 분쇄. 나(我)의 분쇄. 이런 말이 성립될 수 있을까. 날카로운 아픔과 뭉투룩한 아픔이 수없는 칼이 되어 내 영혼을 찢고 오린다. 그렇게 말하는 것보다도 그 형언할 수 없는 '자격(刺激)들'이 수없는 방앗공이가 되어 내 영혼이란 것을, 나란 것을 찧고 빻고 궁글려서 고만 원형(原型)을 볼 수 없는 가루를 만들어놓는 듯하였다. 그나마 대번에 그래버리는 것이 아니라 진실로 순간순간에 점진적으로, 가속도적으로 내려오는 고난이다. 마치 낮이든 것이 밤으로 변하는 모양으로.

"으흥흥흥, 아이쿠쿠!" 어떻게나 듣기 싫은 소린고. 어떻게나 못난 소린고. 아름다운 것을 사랑하는 나는 혀를 깨물더라도 이런 듣기 싫

70) 郭鶴松, 『사랑은 가시밭길: 春園 李光洙의 사랑과 宗敎』, p.346.
71) 『사랑하는 英肅에게』, 남편 春園을 생각하고(許英肅).
72) 『東亞日報』 7회 연재(1929. 7. 16~22), 아프든 이야기(春園).

은 소리는 아니 하고자 결심도 하고, 이를 악물고 힘도 썼고, 또 허영에 가까우리만치 자존심이 많은 중년을 바라보는 나는 남들에게 나의 추한 꼴, 못난 꼴을 보이지 아니하자고 죽기로써 애를 썼다.

그러나 내 자존심과 심미감(審美感)도 내 영혼으로 더불어 육체의 '숭엄(崇嚴)한' 아픔 밑에 '비참하게도' 부서지고 마는고나.

나는 마침내 기절하여버렸다. 아프다 아프다 못하여 내 영혼은 질식을 당하였다. 허리가 끊어지게 아프길래, 참말로 못 견디도록 아프길래, 나는 참다못하여, "일 분만 쉬어주오!" 하고 소리를 질렀다. 그 소리는 애원하는 신음이었다. 그러나 내 애원은 들어줌이 되지 못하였다. 수술당하는 병자의 떼쓰는 것을 낱낱이 다 들어주다가는 수술은 할 수 없을 것이다. 이런 생각은 하면서도 나는 중얼중얼 일 분만 참아달라는 소리를 계속하면서 의식을 잃어버리고 말았다. 죽음이란 이러한 것이겠다.

내가 기절하여서 몇 시간이 지났는지, 또는 몇 백 년, 몇 천겁(千劫)이 지났는지 모르거니와 번쩍 정신이 드는 길로 손을 들어 눈 가리운 헌겊을 떼어 제치니 여전히 흰빛으로 된 수술실인데 눈앞에 보이는 것은 수술 견학하는 경성의학전문학교 생도 4, 5인의 땀 흐르는 희미한 얼굴이요, 바로 내 몸에 붕대를 다 감을 때였다. "살았구나!" 하고 나는 얼빠진 눈으로 방 안을 휘 둘러보았다. 시력이 분명치 아니하여 사람의 얼굴들이 컸다 작았다, 오르락내리락한다.

여러 날 후에 이러한 노래를 지었다. (그 당시에야 노래는 다 무엇이요, 시는 다 무엇이랴.)

옷 벗겨 눈 싸매워
수술대에 얹히기도
지금 생각해도
가슴 먼저 설레거든,
칼 소리 득 건널 때야
말해 무엇하겠소.

무엇이 아프기로
이보다야 더 아프리.

칼이 콩팥을 뗄 때,
그보다야 더 아프리.
아프다 아프다 못해
고만 기절하였소.73)

춘원은 이제 사생관(死生觀)을 밝히고 있다. 그것은 무명(無明)의 환
상으로 승화하고 있다.

"내가 죽으면" 하고 나는 공상을 한다. 몇 번이고 그 공상을 되풀이
한다. 그것은 무슨 소득을 바라서 하는 일이 아니라 정거장에 차를 기
다리는 사람이 남은 시간을 보내노라고 차 시간표를 보고 섰는 것과
마찬가지다.

"내가 죽으면 어찌 될줄" — 뻣뻣해지고 푸릇푸릇, 거뭇거뭇 썩고,
시즙(屍汁)이 흐르고, 냄새가 나고, 수없는 미생물이 오글오글 끓고…,
그러고는 꺼언(검은) 칠한 관 속에 집어넣고 은정(隱釘)을 땅땅 박음이
되고, 상여에 얹히어 어슬렁어슬렁 북망산이 아니라 공동묘지 한 귀퉁
이에 흙구덩이 속으로 집어넣음이 되고 만다.

그 뒷일은 누가 아나. 아름다운 것을 보든 눈, 물소리 새소리와 아름
다운 이의 속삭임을 듣던 귀, 남의 가슴을 아프게 하는 한량없는 말을
하고 혹시 한두 번 남의 기쁨이 된 말도 하여본 입, 어리석은, 부끄러
운, 심술궂은, 혹시 한두 번 지혜로운 생각을 하고 궁리를 내던 머리,
평생에 채우려고 애써도 채워보지 못하던 배… 이런 것들은 다 어떻게
되나.

나는 면례(緬禮, 이장) 지내는 것을 보았다. 하나는 해골이 물에 젖
고 벼룩 같은 벌레가 까맣게 그 해골에 덮인 것이요, 하나는 대가리뼈
와 종아리뼈만 남은 것이요, 또 하나는 재 같은 보드라운 흙밖에 아무
것도 없는 것이었다. 내 앞에 기다리는 것이 이런 것임은 말할 것도
없다. 얼마나 무섭고 더럽고, 기막히는 일인고.

이렇게 생각하면 사는 것은 대단히 아름답고 유쾌한 일이다. 아무리
사는 것이 신산하다 하더라도 죽는 것같이 차고, 검고, 냄새나는 것은

---

73) 『東亞日報』(1929. 7. 19), 아프든 이야기(4): 수술(2).

아니다. 나는 팔을 들어 내 살을 본다. 비록 밉고 수척하고 병색 있는 나 따위의 살일망정 그 빛깔, 그 부드러움, 그 따뜻함을 산 사람 이외에야 천지만물 중에 무엇이 감히 따르랴. 가장 미운 사람도, 가장 아름답다는 어느 물건보다 아름다운 것이다. 하물며 미인이라, 미남자라 일컫는 사람 중에도 가장 아름다운 이야, 말할 것이 무엇이랴. 더구나 그들이 아름다운 마음씨까지 타고났다 하면 그들은 마땅히 하늘과 땅에 주인이 되어야 할 것이다. 늙어서 이 빠지고 주름 잡히고 신경중추의 연락(連絡)이 다 틀려지어서 지혜와 감정이 곡조 맞추어 울어날 줄 모르는 이는 다 낡아빠진 거문고와 같다. 그렇지마는 그래도 다른 어떤 물건보다도 귀하고 아름답다. 사람의 생명은 아름다운 것 중에도 가장 아름다운 것이다. 나는 인생(人生)의 찬미자(讚美者)다. 불완전한 그대로 죄 많은 그대로, 무상(無常)한 그대로 인생은 사랑할 만하고 찬미할 만한 것이다. 죽음을 목전에 둔 사람이라도 마지막 한마디로 인생을 찬미할 것이다.74)

"죽기도 그렇게 무서워할 것은 아니다." — 폐렴(肺炎)으로 그칠 줄 모르는 기침을 하는 나는 이렇게 생각한다. 그야말로 줄곧 기침이 나오는데, 담(痰, 가래)은 가슴에 꽉 찬 듯하고도 나오지를 아니한다. 목에 무엇이 걸린 것 같기도 하고 착 달라붙은 것 같기도 하다. 기침 할 때마다 쩬 자리가 울려서 전신에 식은땀이 흐르리만치 아프다. 얼음베개를 베고, 이마에 얼음주머니를 놓고, 왼편 젖가슴에도 얼음주머니를 놓았건마는 찬 줄도 모르겠다.

그렇지만 죽는 것은 그렇게 무서운 것은 아니다.

첫째 무서워한대야 죽음이 물러갈 것도 아니니 무서워하면 다만 어리석고 점잖지 못하다는 치소(嗤笑)를 받을 것이다. 이왕 면치 못할 것이면 앙탈 말고, 보기 싫게 발악 말고 태연히 당하는 것이 점잖은 사람의 체모(體貌, 체면)다. 지금 내 처지로는 이 체모 하나를 잃지 않는 것이 유일한 사업일 것이다.

둘째로 죽는 것은 나를 여러 가지 곤경에서 건지어 내어준다. 내 좋지 못한 팔자에서 오는 모든 괴로움 — 가난, 못남, 게다가 이룰 힘도 없는 주제넘은 여러 가지 욕망, 앓는 것, 가족에 대한 근심, 조국에 대

74)『東亞日報』(1929. 7. 21), 아프든 이야기(6): 죽기 살기(2).

한 모든 근심과 설움, 내게 향하는 세상의 조롱과 친구들의 냉정 — 에서 완전히 나를 건지어 낼 이는 오직 검고 냄새나는 죽음이 있을 뿐이다.

또 셋째로 죽는 것이란 그렇게 힘드는 일이 아니다. 아프거나 말거나 가만히 누워 있노라면 죽어지는 것이니 내 힘이라고는 손가락 하나 놀릴 필요가 없는 것이다. 가만히 구경만 하고 있노라면 죽어지는 것이니 무서워할 것이 조금도 없지 아니한가. 잠들려는 어린애들이 일종의 불안을 느끼는 모양으로 아직 가보지 못한 죽음의 나라가 무시무시하기나 할까. 그러나 정신생활이 육체의 생명으로 더불어 함께 그친다 하면 무서운 것을 무서워할 의식이 없을 것이 아닌가. 만일 이 세상에서 지은 죄로 사후에 심판을 받을 영혼이 있을까 봐 걱정이 될 것 같으면 십자가에 달린 예수나 한번 불러보든지, 왕생극락(往生極樂)할 욕심이 있거든 나무아미타불이나 불러볼 것이다. 욕심 많은 사람 같으면 예수 그리스도와 나무아미타불을 번갈아 부를는지도 모른다. 이렇게 생각하고 나는 웃음을 참지 못하여 소리를 내어 웃었더니 곁에서 나를 간호하고 있던 일본 노파가 깜짝 놀라 왜 그러느냐고 묻는다.

나는 그러나 예수 그리스도와 나무아미타불을 번갈아 부를 욕심도 없거니와 그처럼 염치없지도 아니하고 또 괴로운 대로, 불안전한 대로 이 천지, 이 인생을 사랑하기 때문에 천당이나 극락을 원치도 아니하고 오직 원하는 것이 죽든지 살든지 간에 가장 천연스럽게, 가장 아름답게, 언제나 내 몸으로 남을 섬기는 태도로 가고만 싶었다.

죽거든 내 몸을랑
의학생(醫學生)을 내어주오.
뼈나 내장이나
마음대로 째라시오.
사랑튼(사랑하던) 조국(祖國)에 바칠
최후봉사(最後奉仕)이외다.

다행히 여러 은인들의 살리려는 정성의 덕을 입어 이제는 살아날 가망이 많아져서 이런 것을 쓰게 되었다.
己巳(1929) 7月 1日[75])

이광수는 1928년 11월 30일부터 동아일보에 '단종애사'를 연재하여 독자들로부터 선풍적인 찬사를 받았다. 1929년 5월 14일 경성의전 병원에 입원, 왼쪽 신장(콩팥)을 절제하는 대수술을 받았다. 이로 인해 '단종애사' 연재는 중단되었다가 3개월 만인 8월 20일부터 연재가 재개되어 12월 11일에 연재가 끝났다. '단종애사 독후감'에서 김재준(金載駿)은 시조 5수를 발표했다.

굶주린 우리 영(靈)을 먹여주는 단종애사
어두운 우리 앞을 열어주는 시인이여
묻노니 의(義)와 인도(人道)를 찾을 곳이 어데뇨

포악한 수양대군 들추기도 흉하거든
인지(鄭麟趾)와 숙주(申叔舟)들의 심술 밉다 아니 하리
하물며 선왕 상왕의 고명(顧命) 받은 신하로

슬프다 단종대왕 갖은 풍상 겪으신 일
분하다 계유정난(癸酉靖難) 참혹하다 병자원옥(丙子冤獄)
비노니 주공(主公)의 덕을 땅속에서 받드소

장할사 충의 죽음 글자 글자 핏줄기요
귀홉다 의의 죽음 글구 글구 원한이라
옛날에 하걸(夏桀)과 상쥬(商紂) 이에 어찌 더하랴

던져라 그들 영께 줄기 줄기 눈물을
뿌려라 그들 묘에 포기 포기 꽃송이를
그러면 낙락장송은 더욱 청청하리라[76]

일반적으로 자기의 본체, '기질적 유형'을 알고 이를 자평한다는 것은 일종 오만한 행위임에 틀림없다. 남들이 평가하고 세인들의 다양한

---

75) 『東亞日報』(1929. 7. 22), 아프든 이야기(7): 죽기 살기(3).
76) 『東亞日報』(1929. 11. 12), 端宗哀史 讀後感 時調五首(金載駿).

견해를 종합하여 당사자의 인격을 평가해야만 공정성이 인정된다. 그런
데 춘원은 '인간 유형'을 자찬이 아니라 예리한 심리학적 분석과 평가
를 하고 있어 주목된다. 1929년 5월 죽음을 앞두고 사투하면서 과연
'나'라는 존재가 어떤 유형인가를 담담하게 정의하고 있다.

　사람을 기질적(氣質的)으로 분류하는 데 여러 가지 유형(類型)이 있
다. 점액질(粘液質), 다혈질(多血質), 담즙질(膽汁質), 신경질(神經質)
의 4유형으로 나누는 것은 그리스 이래로 서양인이 상식적으로 하는
기질적 분류법이다. 나는 이 중에 어느 것에 속하는가. 담즙질이라 하
기에는 지배적 야심과 의지력(意志力)이 부족하고, 그렇다고 다혈질이
라 하도록 사열('乍熱, 갑자기 열을 냄)·사냉('乍冷, 갑자기 차가움)하
는 감정 덩어리라고는 자인하기 싫고, 더구나 무이성(無理性), 무감정
(無感情), 무의지(無意志)라 하도록 둔탁(鈍濁)하지는 아니한 듯하니
점액질은 면한 듯하다. 그러면 나는 신경질인가. 신경질의 특색은 이지
(理智)의 민첩한 활동에 있다 하니 나로는 좀 당키 어려운 듯하나 그
래도 달리는 갈 곳이 없으니, 신경질의 말석을 더럽힐(瀆) 수밖에 없는
듯하고 고명으로 다혈질의 몇 그람을 첨득(添得)한 듯하다.
　미국 실용주의 철학자 윌리엄 제임스 씨는 사람의 기질(氣質)을 강
(剛, tough)과 유(柔, tender)의 둘로 나누어 철학상의 유물론(唯物論)
과 유심론(唯心論), 일원론(一元論)과 다원론(多元論), 독단론(獨斷論)
과 회의론(懷疑論), 종교적인 것과 과학적인 것 등이다. 이 기질의 차
이에서 온다고 하여 '강한 기질을 가진 자(The tough-minded)'는 항상
유물론적, 다원론적, 회의적, 과학적이요, 그와 반대로 '부드러운 기질
을 품수(稟受)한 자(The tender-minded)'는 항상 유심론적, 일원론적,
독단적, 종교적이라고 하였다. 이래서 동일한 사건과 물상을 대하면서
도 상반된 두 가지 견해를 생하는 것이니, 그러므로 진리란 결국 각자
의 비위(脾胃)를 따라 결정된다는 것이다(윌리엄 제임스, *Pragmatism*
에 의거한 것).
　제임스 씨는 심리학의 태두이니 만큼 매우 인성(人性)을 통관(洞觀)
하였다. 씨의 말과 같이 우리가 아는 사람들을 심중(心中)에 불러내어
서 검사해보면 대개 강형(剛型), 유형(柔型), 양형(兩型)에 분류가 되고

아마 그보다도 더 정확(精確)하게는 자기가 이 양자 중에 어느 형에 분류되는가를 알 것이다. 그러면 나는 어느 것에 속하나? 유형이다!

또 플라톤은 사람의 이상(理想)을 진(眞), 선(善), 미(美) 셋으로 갈랐다. 진에 달한 도정(道程)은 과학이요, 선에 달하는 것은 행위요, 미에 달하는 것은 예술이다. 진에 대한 동경을 가장 다분(多分)으로 가진 자가 학자가 될 소질을 가진 것이요, 선에 대한 동경을 가장 다분으로 가진 자가 덕행가(德行家)가 될 것이요, 미에 대한 동경을 다분으로 가진 자가 예술가가 될 것이다. 또 이 3자의 여러 분량의 결합으로도 더욱 복잡한 성격의 개인을 지을 것이니, 가령 선과 미가 합하여 톨스토이 같은 개인이 되고, 진과 선이 다량으로 합하여 공자(孔子)니 야소(예수)니 하는 성인(聖人)들이 생기는 것이다. 그러면 나는 그중에 어느 것을 비교적 다량으로 품부(稟賦)받았는가. 소원이야 진, 선, 미 3자를 탐구(探求)하는 열정과 능력을 완전히 받았고 싶건마는 그것은 원만한 인격자, 즉 신(神)에게나 바랄 것이다. 나같이 쩨마리(가장 못된 찌꺼기 인생) 인물이야 어찌 엄두나 내랴마는 일체중생(一切衆生)이 개유불성(皆有佛性)이라는 의미로 보아 나도 인생의 숭고한 이성(理性)의 몇 그람을 품수(稟受)하였다 하면 비교적 다분으로 된 것이 선인 듯하다. 환언하면, 진위(眞僞)의 구별보다도, 미추(美醜)의 구별보다도, 선악의 구별에 대하여 비교적 민감하고 흥미가 깊은 듯하다. 내 인격 속에서 진, 선, 미 3두회의를 개최할 때에는 대개는 선이 가장 유력한 발언권을 가지거나 의장이 되는 모양이다.

선의 차석은 내게 있어서는 진이요, 최후에 오는 것이 미이다. 그러므로 예술가적 소질은 내게 있어서는 최소한 것에 불과하다. 그러므로 내가 정당하고 순탄하게 교육을 받고 또 세상에 나올 수가 있었다 하면 나는 교육자가 되었을 것이다. 지금도 내가 가장 원하는 직업은 교육이다. 그래서 나는 여러 번 중등교원 자격을 얻으려 하였다. 그러나 이제는 나의 건강은 교원생활을 허(許)치 아니한다. 담화를 하는 것이 내게는 가장 해로운 일이기 때문에.

교사가 되지 못하면 그 다음으로 내게 적당한 직업은 청년교양운동이나 사회교양운동이다. 이것도 조직이나 경영에 관한 부분 말고 연설 담화나 문필(文筆)로 하는 부분이다. 그러므로 나 자신이 청년교양운동이나 사회교양운동의 실제 지도자가 되는 것이 아니라, 나는 그 운동

862

에 이론가나 선전자의 임무를 맡기에 비교적 적당하였을 것이다. 실상 그러한 일에 나는 욕망을 느낀다. 금후라도 내 건강이 회복만 되면 나는 이러한 일을 해보려고 한다.

그러하거늘 나는 7, 8년래로 모든 것이 졸(拙)한 내게 있어서도 가장 졸한 예술가적 직업을 가지고 왔다. 즉 나는 소설을 쓰는 것으로 과거 7, 8년간의 본직을 삼아왔다. 그러나 이것은 부득이에서 나온 오입이요, 결코 내 본의는 아니다. 소설가라는 직업이 천하다고 해서 본의가 아닌 것이 아니라, 내 소질과 기호에 비추어서 그러하단 말이다. '무정', '개척자' 등 조선 최초의 신소설을 썼고 또 되나 안 되나 현재 조선에서는 가장 다량의 소설을 썼다고 해서 친구들도 나를 소설 쓰는 사람이라고 생각도 하고 때때로 칭호(稱號)도 해주는 모양이나, 그런 일을 당할 때마다 나는 비애와 수치에 가까운 일종의 불쾌를 느낀다. 나는 중학교 시대로부터 정치가, 변호사, 의사, 농부, 교사, 사상가, 문명비평가가 되리라는 생각을 가져보았으나 일찍 소설가가 되리라는 생각을 하여본 적은 없었다. 지금도 그러하다. 사상, 비평, 교육 — 이것으로 일생을 보내고 싶다. 그러하건마는 나는 소설을 써서 호구(糊口)를 할 운명에 있는 것 같다. 내 재조로 돈푼이나 벌 일은 소설 쓰는 것밖에는 없는 모양이다.

소설을 쓰기를 내 본직으로 알지 아니하기 때문에 나는 소설에 대한 정진(精進)이 부족하다. 나는 결코 소설의 애독자가 아니다. 하물며 소설 기타 문예를 연구하는 자도 아니다. 나는 소설에 대해서는 비교적 냉정한 사람이다. 내 아내도 항상 날더러 인제부터는 다른 몽상은 다 버리고 문예도(文藝道)로 정진하기를 간권(懇勸)한다. 또 나 스스로 생각해보더라도 연령으로 보거나 건강으로 보거나 새로 각설(却說)로 무슨 직업을 시작하느니보담 싫거니 좋거니 잘하나 못하나 문예도로 전심(專心)하는 것이 좋을 듯도 하여서 근래에는 그래 볼까, 졸하나마 문예도에 눌러 붙을까 하는 생각을 좀 자주 하게 되었다. 그렇지마는 문예는 도저히 내게 만족을 주지 못한다. 내 일생을 그 제단에 바칠 본존(本尊)은 달리 있는 것만 같다. XX과 종교, 이것이 나의 최고의 소원이다. XX으로는 불합리한 사회를 개조하고 종교로는 추악한 인생을 선미화(善美化)한다.

나는 어려서부터 XX적 기상(氣象)이 많았다. 이것이 만일 자긍(自

矜)이 된다 하면 심히 미안한 일이어니와 어떤 의미로 보면 어떤 사람이 XX적 기상이 많다고 하는 것은 그 사람의 생장한 사회적 지위가 빈천(貧賤)하였다는 뜻이 되어 도리어 수치가 되는 것이다. 나는 사실상 천(賤)은 그다지 아니 하였지마는 빈(貧)으로는 궁지위(窮地位)에 달하였고, 게다가 조상부모(早喪父母)하여 주위 사람들에게 귀찮음 받는 신세였었다. 이러한 환경만 해도 내게 XX적 기상을 주입하기에 넉넉하였을 것이다. 그러나 나의 XX적 기상은 다만 환경의 所使(소사)만은 아니요, 내 개성에 뿌리를 박은 것이라고 생각한다. 이것은 사실이 증명한다.

내 XX적 기상의 첫 번 발현(發現)이라 할 것은 11세 되던 가을 부모 구몰(俱沒)한 때에 신주(神主)와 조상의 홍패(紅牌)와 기타 전습적(傳襲的)인 것을 태워버리려던 것이다. "이건 다 뭐야" 하는 내 작은 손들은 장차 화롯불 속에 이 세전(世傳)의 소중한 것을 집어넣으려 한 것이다. 어른들에게 만류를 당하여 성공은 못하였으나.

둘째로 내가 행한 XX적 행위는 19세 때에 조부의 승중거상(承重居喪, 장손이 조상 제사 받듦)을 폐한 것이다. 이 일은 나에게 각 방면에서 적지 않은 핍박을 초래하였다. 후일에 이혼을 단행한 것과 아울러 거상 안 입은 것이 나의 용납지 못할 큰 죄가 되어버렸다.

이상에 말한 것은 내게 조금도 자랑될 것이 없을뿐더러 도리어 나의 처세와 명성을 방해하는 사건이 될 뿐이다. 그러나 나의 성격에 숨어 있는 이 반역성(反逆性)은 촉처(觸處, 닥치는 곳)에 뛰어나와서는 말썽을 일으킨다. 일찍 내가 예수교회에 있을 때에는 거기서 반역분자가 되었고, 일상생활의 대인접물(待人接物, 만나 사귀는 일)에도, 세인이 다 인정하고 날더러도 인정하기를 요구하는 상궤(常軌)를 무시하여서는 항상 손해를 당하고 있다. 내가 좀 더 세상의 풍속과 습관을 존중하여 겉으로라도 복종하는 빛만 보였더라도 나의 사회적 내지 경제적 지위는 훨씬 순경(順境)에 있었으리라고 생각하건마는, 기성권위에 대한 반항심이라기보다도 모멸심(侮蔑心)은 나에게는 거의 선천적이어서 떼어버리려 하여도 어쩔 수 없는 듯하다. 다만 세상의 기성권위(既成權威)에 대하여서만 모멸적일 뿐 아니라 나 스스로 하여놓은 것, 일러놓은 것에 대하여서도 반항적이요 모멸적이어서 모처럼 제 피와 땀으로 쌓아놓은 사회적 지반과 명성도 아낄 줄 모르고 폐리(敝履)와 같이 집어던지기를 몇 번 하였다. 이것도 수치는 될지언정 조금도 자랑될 것은 없는 일이다. 이러한 성격을 가진 나로서는 도저히 세간적(世間的) 성공을 기(期)하기 어려울 것이다. 지금도 그러하다. 아까운 것도 없고 겁나는 것도 없으니 마음만 나면 무슨 일을 할는지도 모른다. 만일 내 성격의 다른 반면(半面)이 심히 종교적이 되지 아니하였더면 나는 무척 살벌한 사람이 되었을는지 모를 것이다. 그렇지마는 행인지 불행인지 나는 폭력을 싫어한다. 용서와 무저항— 이것을 나는 인대인(人對人)의 도덕의 근저라고 본다. 나는 완력(腕力)으로 남에게 지지 않지마는 유시(幼時)에도 아이들끼리 싸우지를 아니하였다. "내가 너 같은 것하고 싸워" 하는 일종의 자존심으로 그러하였다. 둘이나 셋이 합력하여 논두렁에서 고기잡이를 하더라도 나중에 소득을 분배할 때에는 나는 다른 아이들 소원대로 나누어 주었고 다투지 아니하였다. 그러다가 톨스토이, 예수, 석가(釋迦)의 영향을 순차로 받아서 나의 무저항성(無抵抗性)은 더욱 깊어지고 말았다.

폭력 없는 XX! 그것은 구름 없는 비와 같을까. 대개들 그렇다고 말한다. 그러나 폭력 없는 XX— 이것이 나의 최고의 이상인가 싶다. 이리하여 나는 세상이 다 불가공존(不可共存)으로 아는 XX과 무저항을 하나로 가지고 있다. 만일 나의 금생(今生)의 생명이 이번 병으로 끝이 나지만 아니한다면 나는 무저항 XX가(家)가 되리라고 생각한다.[77]

1929년 5월에 발표한 '내가 속할 유형'은 자기 자신의 인격과 기질을 자평한 것이기에 춘원의 인간상(人間像)을 아는 데 아주 중요한 논문이다. 여기서 춘원은 검열에 통과하기 위하여 그의 항일정신을 'XX 암호'로 처리하고 있다. "폭력 없는 XX!"란 '폭력 없는 반항(항일)'을 의미한다. 그리고 "만일 나의 금생의 생명이 이번 병으로 끝이 나지만 아니한다면 나는 무저항 '반항가(反抗家, 抗日家)'가 되리라고 생각한다"라고 결론 내리고 있다. 이광수는 생태적으로 반항기질을 타고났다. 전통에 대한 반항, 유교적 인습에 대한 반항으로 탄핵받았고, 기독교의 창조설에 대한 반항으로 파문당했던 것이다. 이러한 반항정신은 곧 항

---

77) 『文藝公論』 창간호(1929. 5), pp.11~19, 내가 屬할 類型(李光洙).

일정신으로 발전한 것이다.

인간의 기질 유형에는 점액질(무이성, 무감정, 무의지, 둔탁성), 다혈질(갑자기 열을 내다가 식어버림), 담즙질(지배적 야심, 의지력), 신경질(이지(理智)의 민첩한 활동) 등 4유형이 있는바, 춘원은 이 중 신경질에 속한다고 자인하고 있다. 미국 철학자 윌리엄 제임스(William James, 1842~1910)의 '실용주의(*Pragmatism*)'에 의하면, 인간 기질을 강형(剛型) 기질(The tough-minded)과 유형(柔型) 기질(The tender-minded)로 나누면서 강형 기질은 유물론적, 다원론적, 과학적인 성향이 있고, 유형 기질은 유심론적, 일원론적, 독단론적, 종교적인 성향이 있다고 정의하고 있다. 춘원은 유형 기질에 속한다고 자인하고 있다. 또한 플라톤의 분류에 의해 진(학자), 선(덕행가), 미(예술가)로 나누었을 때는, 선악을 구별하는 데 민감하다면서 '선'에 속한다고 자평하고 있다. 이 글에서 'XX'는 '혁명' 또는 일제에 대한 '반항'을 상징하고 있다. 왜 그랬을까? '혁명'은 국체변혁(國體變革)을 도모하는 독립혁명운동을 의미한다. '혁명'이나 '반항'을 직설적으로 표현하면 일제의 언론법에 저촉, 당장 검열에 걸려 출판 및 발매금지 처분을 받을 것이기 때문에 'XX'라는 암호를 사용한 것이다.

춘원은 한국 최초의 신소설 '무정', '개척자' 등 소설을 써왔음에도 불구하고 소설 쓰는 것은 일종 여기(餘技)라고 했다. 그러면 그의 본기(本技)와 본존(本尊)은 무엇인가? 그것이 혁명과 종교이다. "XX(혁명)으로는 불합리한 사회를 개조하고 종교로는 추악한 인생을 선미화(善美化)할 수 있다"라고 역설하고 있다. 여기서 '사회개조'란 총독정치를 타도한다는 의미이다. 춘원의 이러한 혁명의식과 반역성(反逆性)은 그의 선천적 기질에서 우러나온 것이다. 춘원은 11세 어린 나이에 천애의 고아가 되자, 신주(神主)와 홍패(紅牌) 등 전습적인 조상 유물을 불태워버리려 하다가 집안 어른의 만류로 성공하지 못했다. 이런 혁명적 반역성이 발현(發現)된 것은 19세 때이다. 조부가 별세하자 장손인 춘원은 당연히 거상(상복)해야 함에도 불구하고 승중거상(承重居喪)을 과감하게도 철폐하고 말았다. 예수교회에서 반역자로 몰려 파문당했고, '신생활론'에서 '유교망국론'을 주장하다가 유림(儒林)으로부터 거센 탄핵을 받기도 했다. 그뿐만 아니라 기성권위에 대한 반항심, 모멸감, 인습타파를 거침없이 표출했다는 이유로 '이광수 매장운동'이 벌어지기도 했다.

춘원은 혁명과 종교를 통해 조국광복운동을 벌이는데, 그것은 청년교양운동, 사회교양운동을 전개하는 것이다. 춘원은 폭력을 싫어하고 용서와 무저항운동을 전개할 것을 강조하고 있다. '폭력 없는 혁명'을 최고의 이상(理想)이라면서 스스로 '무저항 혁명가'라고 자평하고 있다. 이는 인도의 간디가 무저항 자치운동을 통해 독립을 달성했다는 데서 그 모델을 따온 것이다. 춘원은 상해에서 귀국한 후 흥사단 국내 지부격으로 수양동맹회(1922. 2. 1)를 조직하여 민족운동을 전개하기 시작했다. 그 후 수양동맹회(서울)와 동우구락부(평양)를 통합, 1926년 1월 8일 수양동우회를 발족했다. 1929년 춘원이 병고에 시달리는 동안 조병옥(趙炳玉) 등 일부 급진파는 '수양' 자가 붙어 있는 수양동우회는 단순한 수양단체인 양 인식되어 수양동우회의 발전에 막대한 장애요인이 된다면서, 혁명단체임를 대내외적으로 밝히기 위하여 '수양' 두 글자를 삭제하고 '동우회'로 개칭하고, 약법도 "신의 있는 조선 청년을 규합하여 '신조선 건설'의 역량을 증장함을 목적으로 한다"[78]라고 개정했다. 말하자면 강경한 대일투쟁을 벌이겠다는 취지였다. 신간회(新幹會)는 강경한 대일투쟁을 벌이다가 결국 해산조치를 당했다. 그러나 '무저항 혁명가' 이광수는 이와 정반대였다. 만약 이런 식으로 정치적 저항운동을 표방했을 경우 동우회도 결국 신간회처럼 해체될 것이라는 위기의식에서 약법(1930. 4. 12)에서 '신조선 건설'의 '조선'이란 국호를 삭제하고 '신문화 건설'로 개정함으로써 동우회의 존속을 유지했던 것이다.[79]

---

78) 抗日獨立運動關係 朝鮮總督府 警務局 所藏 秘密文書,『島山安昌浩資料集』 (국회도서관, 1998), Ⅱ, pp.11~18, 동우회 약법(1929).
79)『島山安昌浩資料集』(국회도서관, 1997), Ⅰ, pp.241~242.

3. 일제 암흑기의 춘원 문학론

이광수는 1935년 7월 삼천리사(김동환)에서 '이광수전집'을 간행할 때 '인사의 말씀'에서, 자기는 조선 사람에게 그의 혁명사상을 호소하는 것이라고 전제하면서 오로지 자기의 말뜻을 알아주기만 바랄 뿐이라고 고백하고 있다. 송진우(宋鎭禹)는 춘원의 문장은 남다르게 유려하고 찬란한 점이 특질이라고 지적하면서 그의 정치, 사회, 문화, 예술 등 전 방위로 끼친 족적은 위대하다고 평가하고 있다. "춘원이 조선 사회에 끼친 족적은 심히 거대합니다. 그는 지금부터 20, 30년 전 여명기의 이 땅 문단과 평론계에 선구자 중 한 사람으로 나타나서 많은 애를 썼습니다. 그의 노력은 다수 인사가 잊히지 못한 것으로 믿습니다. 그의 특징은 문장이 남다르게 유려하고 찬란한 점에 있습니다. 더구나 소설을 엮는 그의 재필(才筆)은 많은 청춘 사녀(士女)를 취케 합니다. 이제 그의 정치, 사회, 문화, 예술 등 각 방면에 20년 동안이란 줄기찬 세월을 두고 쌓아오던 산일(散佚)된 수확(收穫)을 전부 거두어서 전집을 발행한다 하니 오직 역량 있는 삼천리사의 노고가 많거니와 나로서는 이 귀한 책들이 많은 방면에 퍼지기를 기대하여 마지않습니다."[80]

현진건(玄鎭健)은 춘원에 대해 이렇게 평하고 있다. "조선의 현대문학은 춘원에서 시작하여 춘원으로 부지(扶持)해온다고 하여도 과언이 아니리라. 소설이 무엇인지 '문자'부터 잘 이해하지 못하던 아득한 옛날 청춘 시대부터 오늘날까지 그는 쉬지 않고 꾸준하게 줄기차게 작품을 내어놓은 것만 해도, 그 공적은 위대하다. 더구나, 그 연연하고 흐르는 듯한 문장, 견실하고 능란한 수법, 지배(紙背, 글로 표현된 이외의 뜻)에 심거지는(심긴) 열렬한 민족애, 인도애는 우리 문학의 최고봉이며, 아울러 우리 민중의 지도자적 지위를 잃지 않으리라. 그러므로 춘원의 작품은 문학에 뜻 둔 이에겐 전적으로 교과서가 되려니와, 어느 층, 어느 계급에도 훌륭한 '정신의 양식'이 될 줄 믿는다."[81]

---

80) 『三千里』(1935. 7), p.6, 社會에 끼친 足跡 巨大(宋鎭禹).
81) 상게서, pp.7~8, 春園과 朝鮮文學(憑虛 玄鎭健).

염상섭(廉想涉)은 춘원의 존재감은 너무나 크다고 실감한다며 그의 작품을 찬양하고 있다. "큰 존재를 다만 크다고만 하여서는 실감이 없지만, 부족한 어휘를 가지고 그 위대를 꾸미려다가 실패를 하는 날이면 도리어 그 위대를 상할까 두려웁고 혹 남이 일미(溢美, 지나치게 칭찬함)에 흐른 듯이 오해하기도 쉬운 일이며 거기서 더 한 걸음 나가서는 천속(賤俗)한 광고물이 될까 꺼리는 수가 있다. 나는 춘원에 대하여 말코저 할 때 늘 이러한 염려가 불무한 것이다. 나는 춘원을 위하여 광고문은 쓰고 싶지 않다. 그렇다고 춘원의 대(大)를 일편(一片) 찬사나 세속적 의례로 한마디 경경(輕輕, 가볍게)히 평가하여버리기도 싫다. 그리 안 함이 도리어 예일 것이다. 그러므로 춘원과 및 춘원의 '대(大)'를 알려거든 무엇보다도 춘원의 작물(作物)에 접하라고 권하는 바이다. 춘원의 작물에 접할 제 어느덧 그의 영혼의 진정한 소리를 들을 것이요, 영혼의 진정한 소리와 그의 생명의 굵다란 선에 부딪칠 때 남이 똥기어(일깨워)주지 않더라도 저절로 그의 위대를 깨달을 것을 깊이 믿는 까닭이다. 나는 춘원을 떠받드는 가장 간곡한 말로 이 말을 독자에게 보내는 바이다."[82]

　장혁주(張赫宙)는 춘원의 '흙'을 읽고, 농촌계몽운동을 벌이는 그의 사회개조의 이상을 실천하는 장면에 감동되어 주먹을 부르쥐게 된 일이 여러 번 있었다고 하면서 현실적 작가는 추악한 것을 묘사하지만 춘원은 이상주의적 작가로서 미와 희망을 잘 그리는 작가라고 평가하고 있다. "나는 춘원 선생의 10여 장편의 아직 3분의 1도 읽지 못하였으니 춘원 선생의 충실한 독자라고 할 수 없다. 춘원 선생을 연구하고자 마음이 항상 간절하든 차이라 이번 전집이 나온다는 소식을 들을 때 퍽도 기뻤던 것이다. 내가 읽은 춘원의 작품 중 가장 인상이 깊은 것은 '무정'과 '개척자'이고 '흙'이었다. 더욱 '흙' 가운데는 나도 모르게 나의 주먹을 부르쥐게 한 곳이 여러 곳 있었다. 그것은 춘원 선생이 가진 이상이 나를 그렇게 움직인 것이다. 현실적 작가는 추(醜)의 묘사가 많으

82) 상게서, pp.8~9, 春園의 大를 알려거든(廉想涉).

나 이상주의적 작가는 미와 희망을 잘 그린다. 춘원 선생은 확실히 후자에 속할 것이다. 나는 이 기회에 선생의 전 작품을 독파함으로써 선생의 이상을 철저히 연구하고자 한다."83)

정인섭(鄭寅燮)은, 춘원은 언문일치의 현대 문예어의 구체적 창시자이며 계몽운동에 관여한 민족운동의 선도자라 평가하면서 '조선 문학의 아버지'라고 격찬하고 있다.

현하 조선 문예계에 있어서 평론가들은 작품을 과소평가하는 경향이 있었고 그와 반대로 창작가들은 작품을 과대평가해주기를 희망하는 자만에 빠지기 쉬운 경향을 보이고 있었다. 이와 같은 사실은 특히 최근 수 3년 동안 비평가 대 창작가의 논란에서 현저히 발견할 수 있던 것이었지마는 이제 겨우 그 상호 시야가 접근되어 진정한 의미에 있어서 조선 문학 건설을 도모하는 협동에의 길로 자중자애하게 된 줄 확신한다.

춘원은 실로 다복(多福), 다난(多難)의 작가이니 그가 근대 조선 문예의 여명기에 나타나 그 선구적 사명을 이해하고 역사적 기록을 형성한 까닭에 오래 동안 문학 청년계와 많은 추종자와 일반 민중의 애독자를 갖게 된 의미에 있어서 그는 확실히 다복자요 그 후로 사상권의 파문이 비등했을 때 군소 작가와 비평계의 비난을 받은 사실을 생각하면 그는 예원(藝苑)의 수난자인 것이 명백하다.

그러나 춘원은 긍정적 의미에서나 부정적 의미에서나 언제든지 조선 문단의 거상(巨像)이었다. 더구나 문학의 예술성이 세계적으로 재인식되고 그 공리성의 한계가 구명되는 현 세계 문단에 있어서 조선 문학을 위한 그의 꾸준한 노력(勞力)은 다시 정당하게 평가되어야 할 것이다. 더구나 선입견에 포로된 자 또는 그의 작품을 읽지도 못하고 하시(下視) 또는 예찬하는 자 모두가 '다시 춘원에 돌아가서 그를 감상해 보아야 할 것이다.'

나는 조선 문학의 내포(內包) 문제에 있어서 여러 번 의견을 발표했으나 조선 문학의 진정한 본령(本領)으로 보아 조선어음(朝鮮語音)의 선결조건에 비추어 "춘원은 조선 문학의 아버지이다"라고 할 수 있는

---

83) 상게서, p.10, 大春園의 全貌(張赫宙).

가 한다. 그의 이전의 문학예술은 모두 조선 문학의 거칠은(거친) 유산
이요 거기다 춘원은 언문일치(言文一致)의 현대 문예어(文藝語)의 구
체적 창시와 계몽운동에의 관여와 근대 구미 문예의 호흡도 가하여 실
로 현대 조선 문단의 본령을 개척했다고 볼 수 있다. 이것은 엄정한
사적(史的) 사실인바 그는 이미 '그 자신의 예술적 생산이 조선 문학
건설에의 커다란 유산이 될 수 있다.'

그러므로 한 작가의 전집 발간의 요구가 조선에도 있다면 이런 의미
에 있어서 춘원은 그 첫 광영(光榮)을 받아야 할 것이다. 마지막으로
거듭하거니와 '춘원은 현대 조선 문학의 아버지이다. 그리고 전집은 그
의 우리들의 위대한 유산이다. 다시 춘원에 돌아가라. 그러면 그 거름
에서 많은 새싹이 돋아나리라.' 인간으로서의 그 또는 사업가로서의 그
또는 사상가로서의 그— 이 모든 것은 여기서 말하지 않고 약하는 바
이다. 그의 전집 발간의 보(報)에 접하고 그의 건강을 빌면서.84)

김안서(金岸曙)는 춘원의 시가에 대하여 언어 구사의 묘(妙), 표현의
간결, 음조(音調)의 미려(美麗)에 매료되고 만다고 평가하고 있다.

소설가로의 춘원 선생에 대하여 이미 움직일 수 없는 선구적 지위를
가져서 여기에 새삼스러이 이야기할 것이 아니거니와 시인으로의 춘원
은 어떠한지 이에 대하여 나는 한마디 하고자 합니다. 선생은 조선 새
문예의 개척자외다. 개척자인 선생으로서 어떻게 시가에 대한 공적이
없을 것입니까. 선생의 시조(時調)에 대하여는 더구나 다 같이 경탄하
는 바어니와 아무리 그 형(形)은 다르다할망정 이러한 시조의 솜씨가
어찌 노래에 나타나지 아니할 리가 있을 것입니까.

더구나 선생은 본시부터 시적 소질의 소유자로서 선생의 하다 많은
작품 중에는 이러한 시적 정서가 곳곳마다 넘쳐흐르는 것을 보려니와
선생의 시가는 실로 놀랄 만치 애송(愛誦)하지 아니하고는 견디지 못
할 것이 많습니다. 그 언어 구사에 대한 묘(妙)라든지 표현의 간결이라
든지 그 음조(音調)의 미려(美麗)한 것이라든지 누구나 그 매력에 쏠
리지 아니할 수가 있겠습니까. 춘원 선생을 소설가로 아는 것은 선생

---

84) 상게서, pp.16~17, 春園의 再認識(征雁, 鄭寅燮).

의 숨은 한 면을 잊어버리고 한 면만을 본 데 지나지 아니하는 것이외다. 한번 선생의 시적 세계를 엿보지 아니하고 춘원 선생을 안다 함은 거짓이외다. 선생의 그윽이 숨겨놓은 한 면에서 나는 선생을 진정하게 볼 수 있는 것을 기뻐하거니와 이 한 면에서처럼 춘원 선생의 면목이 여실하게 나타나는 것은 없는 줄 압니다.[85]

그러나 삼천리사(김동환)에서 야심차게 기획한 '이광수전집'은 대대적인 광고를 했음에도 불구하고 실제 발간되지 못했다.

6·25 때 인민군은 춘원의 집을 찾아와 춘원에게 자수서를 써놓으라고 하면서 돌아갔다. 춘원이 피신할 수 있는 절호의 기회였다. 춘원은 인민군에게 연행되어 가면 결국 죽을 수밖에 다른 길이 없다는 것을 몰랐던가? 공산군에 납치되어 살아날 수 있겠는가? 아니다. 춘원은 다 알고 있었다. 이제 죽을 운명이 닥친 것이다. 그럼에도 불구하고 그는 인민군에게 온갖 욕을 당하는 효자동 집을 떠나지 않고 꾹 참으면서 조용히 죽음의 운명을 맞이했다. 이는 바로 그의 불교적 인생관에 연유하고 있다. 춘원의 '사랑'은 불교적 인생관으로 일관된 작품이다. 여주인공 석순옥은 남편 허영과 시모 한 씨에게 참을 수 없는 배신을 당하고 안빈을 찾아와서 구원을 요청했다. 춘원은 안빈의 입을 통하여 자기의 인생관, 애정관의 핵심은 '참는 것'임을 설파하고 있다. "어머니가 어린 자식에게 대해서 참는 모양으로 모든 것을 순순히 참는단 말이요. 그러길래 '주인욕지'하여 '유화선순'하는 것을 석가여래께서 보살의 안락행(安樂行)의 첫 허두에 말씀하셨소. 주인욕지(住忍辱地) ― 욕을 참는 자리를 떠나지 말고서, 그 말이요. 유화선순(柔和善順)이란 것은 부드럽게 화평하게 선하게 순하게 한 말이요. 그러니까 중생을 바른길로 인도하는 첫 비결이 참는 것이란 말이요."[86]

춘원은 끝까지 자수서 쓰기를 거부하고 자유민주주의의 가치를 수호

---

85) 상게서, p.12, 春園 先生의 詩歌(金岸曙).
86) 李光洙, 『사랑』(博文出版社, 1950), 下, p.207.

했다. 만약 춘원이 살길을 찾아 피신했다면 인민군 악당패들이 춘원의 가족에게 악랄한 보복행위를 자행할 것은 너무나 빤한 일이다. 이리하여 춘원은 작게는 가족의 안전을 위해, 크게는 자유민주주의 수호를 위해 자기희생정신을 발휘해, 욕을 당하는 자리를 떠나지 않고 순순히 납북의 운명을 맞이한 것이다. 춘원의 사생관은 조국에 대한 모든 근심과 설움을 건지고 자기희생정신으로 언제나 내 한 몸으로 남을 섬기는 태도이며, 사랑하는 조국에 신명(身命)을 바치는 것이 최후의 봉사라고 생각하고 죽음의 안락행을 선택한 것이다.

허영숙은 남편 춘원을 피신시키지 못한 것을 철천지한으로 후회하면서 그 허탈감 상실감을 못 이겨 몸부림치며, 남편 춘원이야말로 '내 생명의 원동력'이라고 절규하고 있다.

내 생명의 원동력

당신은 과연 어디 계십니까. 어떤 사람은 북경에 계시다구도 하고 만포진에 계신다구도 하고 금강산에 계시다구도 하고 혹은 돌아가셨다구도 합니다. 그러나 그 사람들을 찾아가서 물어보면 누가 그러더라고 할 뿐이요, 꼭 보았다는 사람은 없습니다. 당신은 과연 어디 계십니까. 아직 살아계셔서 그 악독한 무리들의 학대를 받고 계십니까. 벌써 돌아가셔서 그렇게도 당신을 못살게 굴던 이 세상을 떠나 자유로운 저 천당으로 가셨습니까. 그 병약한 몸으로 병중에서 붙잡혀가셨으니 아직까지 살아 계시다구 생각하는 것이 어리석은 것도 같습니다. 또 살아 계셔서 무서운 학대를 무시로 받고 계시는 것보다는 벌써 돌아가셔서 자유롭고 화평한 선경(仙境)에 가 계시기를 바라지는 것도 같습니다.

그러나 지금 누가 내 앞에 와서 당신이 이 세상을 떠나가신 것을 꼭 보고 왔노라고 증명한다고 할 것 같으면은 나는 그 사람 앞에서 놀라고 낙심되어 쓰러져 죽을 것 같습니다. 가끔 당신의 친구들이 나를 위로하기 위하여 "병약한 춘원이 지금껏 살아 있기를 어떻게 바라겠는가. 아희들에게나 희망을 두고 굳세게 살아가라" 하는 말을 듣습니다. 나는 겉으로는 태연한 체하지마는 이 말을 듣는 순간에 나의 가슴에는 무거운 바둑돌이 꽝하고 소리를 내고 떨어지듯 하며 심장이 지탱할 수 없으리만큼 뛰는 것이 내 귀에 들립니다.

결국 나는 당신이 어느 곳에 꼭 살아 계셔서 돌아오실 날이 있을 것만을 믿고 바라고 살아가는 것입니다. 민간인 납치자 고발이니 제네바 회담이니 유엔총회니 하는 것을 바라다보고 좋은 결과 있기를 기다리는 마음으로 날마다 신문을 자세히 보는 것, 라디오를 자세히 듣는 것은 오로지 당신과 연락되는 무슨 소식이라도 있을까 함이지요. 번연히 아닌 줄 알면서 번연히 어리석은 줄 알면서 그러한 심정을 갖게 되는 것은 내 스스로 이상한 일입니다.

당신이 그렇게 소중히 여기시던 영근, 정란, 정화는 미국에 가서 공부 잘하고 있습니다. 지금 나 혼자 효자동 집에 남아 있어 당신이 계시던 그 방 그 자리에서 침식을 하면서 산원(産院)을 경영하고 있습니다. 이곳저곳에서 훌훌 나타나는 듯한 당신의 그림자와 아희들의 자취는 마음을 강한 쇠사슬로 꽉 붙들어 매어도 풀어질 듯 풀어질 듯한 외로움과 슬픔으로 둘러싸입니다.

아희들을 다 떠나보내고 나 혼자 이 집에 발을 디디어놓았을 때는 추억의 슬픔과 고독으로 이 집에서는 도리어 못 살 것 같았습니다. 그러나 내가 꼭 이 집에서 당신 앉아 계시던 이 자리에서 당신을 뼈아프게 추억하면서 당신을 기다리는 것이 나의 의무인 것 같고 옳은 일인 것 같아서 만난을 무릅쓰고 집을 수리해서 산원을 다시 시작했습니다. 지금 이 글을 쓰는 이 자리 이 책상은 당신의 바로 그것입니다.

30년 동거생활에 내가 당신에게 잘못하고 섭섭하게 한 한 가지 한 가지를 꼽아보고 참회의 눈물을 흘립니다. 나는 당신과 한 집에서 같이 살 때에는 너무 가까워서 당신의 존재를 크게 인식하지 못하였습니다. 사회면, 문화면의 당신의 존재는 그 방면의 사람이 평가할 것이요, 내가 알 수 없는 일이지마는 당신과 나와의 관계나 나에게 대한 당신의 존재는 위대하고 절대적이었다는 것을 당신이 떠난 후에 깊이 깨달아집니다.

당신과 한 집에서 같이 살 때는 나는 내 스스로의 힘으로 살고 오히려 내 존재가 당신에게 힘이 되리라 이러한 방자한 생각을 가지고 있었습니다. 그러나 오늘날 당신의 존재가 없는 나 자신의 가치는 천길만길 절벽 아래로 떨어진 것 같고 좋은 일 기쁜 일이 모두 그때 보던 그것이 아니요, 괴로운 일 슬픈 일도 모두 그때 보던 그것이 아닙니다. 진실로 내 생명의 원동력(原動力)이 당신이었다는 것을 깨달았습니다.

이제 다시 당신을 만날 수 있다면 당신을 잘 받들 수 있는 아내가 되리라고 믿습니다. 그러나 당신은 과연 어디 계십니까. 아직 이 땅 위에 살아 계십니까. 어디 꼭 계시다는 것을 알 수 있다면은 괴나리봇짐 짊어지고 지팡이 짚고 삼천세계(三千世界)를 다 돌고 돌아 꼭 만나고야 말 것을, 그것조차 할 수 없는 이 슬픔이여![87]

주요한은 이광수의 평생 동지이다. 주요한은 독립신문(1919~1921), 동아일보(1923~1933), 수양동맹회(1922~1926), 수양동우회(1926~1929), 동우회(1929~1937), 조선일보(1933~1936)에 이르기까지 이광수를 그림자처럼 따라다닌 일심동체의 독립지사이다. 그는 일본 제일고등학교를 중퇴하고 1919년 5월에 상해로 망명하여 이광수를 처음으로 만나 언론계에 투신하였다. 6·25 전쟁의 희생양으로 납북된 이광수의 운명을 누구보다 애통한 주요한은 이광수와의 처음 교유한 인간관계를 회상하고 있다.

6·25에 납치된 지인들을 생각할 때엔, 가슴이 아리지 않은 경우가 없지마는, 그중에도 가장 아까운 사람의 하나는 춘원이다. 그는 이미 작고하였는가. 어떤 신문지상에는 그가 작년에 북경서 방송을 했다고 전했으나 누구나 확인하는 이를 아직 못 만났다. 살아 있다 치더라도 다시 보기는 거의 절망이 아닐까. 그런 의미에서 이 글은 일종의 추억록(追憶錄)의 일편이 될 것 같다.

내가 춘원을 처음 만난 것은 상해 남양대학(南洋大學) 운동장이었다. 기미년(1919) 2월에 그는 동경 학우회 대표로 독립운동을 일으키려 상해로 가고 나는 5월에 일본 관헌의 손을 피하기 위해서 상해로 건너갔다. 도착한 지 며칠 안 되어, 친구의 권고로 남양대학에서 열린 한중(韓中) 야구전을 구경 갔더니, 춘원이 선수의 한 사람으로 양복 웃

---

87) 『太陽新聞』(1954. 6. 25), 내 生命의 原動力: 당신의 방, 당신의 책상 앞에서 (허영숙).

옷을 벗고 외야를 지키고 있었다. 대전이 끝난 후 다과회가 있는데 거기서 처음 인사를 나누었다. 그때 기억으로 춘원이 테이블 스피치를 하던 생각이 난다. "오늘 우리들이 공을 던지고 던지고 던진 것처럼, 내일 우리는 일본군에 향해서 총알을 던지고 던질 것이다." 이런 말에 중국 학생들이 열심히 박수하였다. 독립신문을 창간하기 위해서 중국 가옥을 한 채 세 얻고, 위층에는 활자를 배열하고 밑의 층에서 자는데, 자리가 모자라 춘원과 나는 목제 침대 하나를 가지고 둘이서 잤다. 춘원은 주로 논설과 문예작품들을 쓰고 나는 잡보란(雜報欄)과 편집을 맡았다. 한동안 단 둘이서 소형 4면의 신문을 발행하였다.

춘원의 얼굴은 홍색이 돌고, 눈은 벽안(碧眼, 푸른 눈)에 가까워, 반종(半種, 혼혈)이 아닌가라고 놀려대기도 하였으나, 목욕탕에 처음 같이 가서 벗은 몸을 보니 골격이 장대하고 또 근육도 굵은 데다가 색깔이 백석(白晳)인 데는 놀랐다. 중국인 수건잡이가 연방 '好好'라고 감탄하였다. 동경 시대에 객혈(喀血)까지 했다는 소식과도 아주 딴판인 건장한 체격이었다. 동경 시대의 유습인지 그는 이따금 폭음을 하는 일이 있었다. 물론 우리 같은 소년과 동무하는 것은 아니고, 그 당시 우리보다 십년장년(十年長年) 가량 되는 몇몇 친구들이 백건아(白乾兒)를 마시는 것이었다. 폭음할 수 있다는 것이 당시나 그때나 한 개의 자랑이었던 모양이다. 도산과 접촉하게 되고, 흥사단(興士團)에 가입한 후에는 자연 폭음을 중지했으나, 담배는 하루에 3, 40개를 피우고 손가락에 물이 들어 있었다. 당시 불음(不飮) 불연(不煙)주의자이던 나에게 마땅치 아니한 일이었던 것이다.

상해 시대에는 이렇다 한 작품이 없었고 독립신문에 쓴 글은 대부분이 물론 정치논문이었다. 그 글들이 문호로서의 춘원에게 있어서 얼마나한 가치가 있는가는 의문일 것이다. 그의 대작(大作)들은 상해에서 본국으로 돌아온 뒤에 씌어진 것이다. 상해 시절에 언젠가 이런 말로 하던 것이 기억된다. "도산 선생은 모든 점에서 숭배할 인물이나, 오직 한 가지 세계가 없다. 그것은 그대와 내가 같이 즐길 수 있는 예술의 세계다."

춘원의 필봉은 누구나 알다시피 간명(簡明)하고 순편(順便)하고, 그러면서도 때로는 예리한 것이 특징이다. 그 때문에 그는 오해도 사고 가끔 큰 말썽도 일으켰다. 처음부터 자유연애사상으로 구도학자(舊道

學者)들에게 도전하고 따라서 공격과 박해를 받았거니와, 이런 일은 소설에서도 가끔 생겼고, 그보다도 논설에서는 거의 쉴 때가 없었다. '민족개조론' 때문에 폭행까지 당하고, 그것을 실린 개벽사까지 습격을 받은 것은 가장 유명한 일이다. "우리 민족성은 열등하다"는 전제가 당시 청년층의 분격을 산 것이다. 이런 것은 그가 너무도 솔직한 까닭으로, 또는 솔직한 그대로 표현하기 때문에 당하는 일이었다. 나는 혹 그에게 문장을 수식(修飾)할 것을 완곡하게 충고하였으나, 그는 그것이 가식(假飾)이라고 듣지 아니하였다. 그것이 그의 문인으로서의 위대한 점일 것이다.

나는 간혹 그의 글(소설 창작은 예외로 하고, 논문적인 글)을 슬그머니 첨삭(添削)한 일도 있다. 그것은 주로 사회에 말썽을 일으킬 구절 등이었다. 그는 그것도 알고도 모른 척하였다. 그것으로 일시의 시비는 방지되었는지 모르나, 춘원의 진면목은 손상되었을 것이다. 그것은 나의 죄로 돌아갈 것이다. 춘원의 공분(公憤)은, 때로는 나에게 있어서는 평형을 잃은 감이 있었다. 나는 좀 더 상식적으로 생각하였다. 그것이 결국 지금 생각하면 나는 범속(凡俗)이요, 춘원은 독창적이었던 것이라고 생각된다. 어디까지나 춘원은, 문인으로서 평가되어야 한다. 좋거나 나쁘거나 간에 문인으로서 그의 가치는 결정되어야 할 것이다. 그럴 때의 그의 약점이나 실패도, 한 개의 적나라한 인생 기록으로서 광채를 발할 것이다. 만년에 그는 불전(佛典)에 골몰하였다. 도산은 나를 향해서 춘원의 불법귀의(佛法歸依)를 걱정하였다. 속세를 멀리하는 것이 춘원으로서의 가치를 높이는 것이지마는, 도산이 원하는바 실생활의 지도자로서는 거세(去勢)될 염려가 있기 때문이었다. 춘원이 나더러 읽어보라고 준 육조단경(六祖檀經)이 아직도 내 책장에 끼어 있다. 10년이 넘었건마는 나는 그것을 아직 반밖에 훑어보지를 못했다.88)

모윤숙은 춘원이 북한 공산군에 잡혀간 소식을 듣고 나라의 보배를 잃은 듯한 통한(痛恨)을 내쏟고 있다.

---

88) 『新天地』(1954. 1), pp.198~200, 새해에 생각나는 사람들: 春園 李光洙 先生 (주요한).

춘원은 갔다. 어디로 갔는지 그의 얼굴, 말소리, 글들은 다시 이 땅에 나타나지 않는다. 두고 간 책들이 전집이 되어 어렴풋한 사진과 함께 서점에 누워 있다. 사노라면 우리는 수없는 사람을 만난다. 높은 사람, 낮은 사람, 선한 사람, 악한 사람, 창조적인 사람, 인공적(人工的)인 사람, 이런 헤아릴 수 없는 사람들을 우리는 더불어 상종하다가 가버린다. 나는 늘 신(神)께 춘원 같은 사람을 이 땅에 나게 해준 것을 감사한다. 또 나는 무슨 인연에 의하여 춘원을 알게 되고 존경하면서 살 수 있는 기회가 나에게 주어진 데 대해서도 감사한다.

말하자면 춘원은 어릴 때 고아처럼 자랐듯이 그 인생도 고독 그대로 살다가 우리 옆에서 사라져갔다. 메마른 시대 속에서 이슬과 물을 먹어가면서 인간의 영생을 기원한 영생(永生)의 사도(使徒)이기도 한 춘원은, 한국의 뜻과 피 속에서 자기를 이루어보려고 애쓴 민족의 사도이기도 하다.

이따금 춘원의 무저항의 눈빛을 생각한다. 선(善)의 계명(誡命)을 그대로 실현하기 위해서는 그는 많은 소설과 시를 썼다. 쉬임 없이 가정과 이웃과 사회와 나라에 관심과 정열을 가지고 대하였다. 샘솟듯 솟아오르는 시심(詩心)과 끊임없는 인간애의 노력으로 그의 붓은 피곤할 줄을 몰랐다. 그의 건강은 집필을 허하지 않았지만 그의 붓은 쉬일 새 없이 인생과 함께 이야기하고 생명과 함께 전진하면서 끝없는 미래로 향해 갔던 것이다. 그는 문인으로 생존하였다기보다 아름다움과 선한 것의 의미를 위하여 그 자신이 몸소 선과 미를 발산하면서 존재한 한 인간으로의 위대성을 잃지 않았던 분이다. 그는 도(道)와 의(義)만이 인간의 내부를 밀어가는 힘이라는 것을 강조하였다.

우리는 그의 작품에서 그 인간 됨됨이에서 선(善)과 의(義)를 보았고 또 많이 배운 바 있다. 춘원은 항상 오늘보다 내일을 꿈꾸고 사모하며 살아간 미래의 사람이기도 하였다. 불행한 현실을 해부하고 이야기하면서도 내일과 모레, 또 영원한 그 내일을 바라보며 이웃과 독자에게 인생의 갈 길을 제시하였던 것이다. 그러기에 그의 글은 지나가던 걸인(乞人)이나 어느 귀족의 마음에도 꼭 같이 인생의 벗으로서 인정(人情)의 빛을 보여주었다. 읽기 쉽고, 알기 쉽고, 그대로 서슴지 않고 우리 마음에 스며들던 모든 글들은 거침새 없이 언제 읽어도 친근미를 전해준다.

몸 아픈 청춘, 수난(受難) 많은 중년기, 잠시 쉬일 날과 고임(굄, 사랑)받을 날이 노년기에나 있을까 하였으나 그의 노년은 그대로 황혼처럼 어두워져버리고 말았다. 생각하기에도 몸서리치는 저 평양 감옥에서의 춘원의 마지막을 누가 알 사람이 있으랴? 그 아픔, 그 고적(孤寂), 그 비틀린 운명의 칼 날 위에서 그의 혼(魂)은 얼마나 떨었으며, 안고 놓치지 않으려던 조국의 모습을 보았을 때, 그는 죽음과 함께 얼마나 당황과 놀람에 숨을 모았을까? 그의 최후는 아무도 모르는 수수께끼다. 그러나 나이로 보나 건강으로 보나 그는 이미 이 세상엔 존재하지 않음이 분명하다. 그는 다른 세상 어느 나라에 그의 영혼을 거느리고 아프고 쓰림 많던 이 세상을 묵묵히 건너다보고 있지나 않을지!

이제 그가 써놓은 수많은 페이지 속에는 봄 가을 여름 겨울의 이 나라 풍경과 이야기 소리들이 변함없이 들려오고 있다. 한국은 비로소 그에게서 부드러운 인간애와 우정과 애정의 환희를 읽었다. 그러면서도 이 나라는 너무 그를 푸대접하고, 무정했고 몰랐다. 그래도 그는 모두 달게 참으며, 어떤 모멸과 몰이해 속에서도 자신을 잃지 않고 묵묵히 걸어갔다. 높은 이상(理想)의 주인공 춘원은 언제나 화려한 앞날을 향하여 주춧돌을 쌓는 석수(石手)이기도 하였으니, 아무리 현실이 메마르고 거칠었어도, 찡그리거나 성내는 일 없이 그때그때를 잘 매만져가며 살던 분이다. 그가 보던 산천에 단풍이 왔다. 그가 노래하던 하늘이 저렇게 높게 휘영청 드리웠다. 그가 그처럼 못 잊고 즐겨하던 논두렁 길이며, 벼이삭들이며, 연기 서린 초가지붕이며, 모두가 춘원의 미소요 춘원의 행복이었다. 이 작은 나라, 작은 촌락들 속에서도 그는 영원을 발견했고 사랑을 찾아냈다. 가난한 이 나라의 거친 풍경들도 춘원의 마음속에서는 모두가 천국의 그림같이 느껴졌던 것을 어찌하랴?

그는 위대한 남편이었고 또 어진 아버지였으며 모든 사람에게 좋은 친구 노릇을 하다가 갔다. 그를 원망하고 비난하는 자는 보았으되, 그가 누구를 원망하고 비판하는 것을 못 들었다. 그처럼 또 나라를 사랑해서 밤낮으로 쓰고 알려준 사람이 우리 문단에 또 누가 있었던가? 작은 일 큰 일이 나라에 유익될 일이라면 그것이 소설이든 논설이든 개의치 않고 써서 발표해주었다. 이런 지나간 그의 업적을 돌아다볼 때 하나하나 보석으로 빛을 발하는 그의 일생이언만 그가 사랑한 그의 나라는 너무 그에게 반응(反應)이 없었다. 불쌍하고 고독한 그의 최후!

그가 믿던 신이 그의 영혼을 가슴에 안아 길이 쉬게 해줄 것을 믿을 뿐이다.89)

허영숙은 30년 부부생활을 하면서도 춘원의 '참다운 인격'의 가치를 제대로 알지 못하다가 6·25 때 납북되자 비로소 그의 고매한 인격의 진가를 깨달았다고 하였다.

나는 춘원과 같이 사는 동안에 나하고 너무 가깝기 때문에 춘원의 인격을 잘 이해하지 못한 것 같습니다. 나는 언제나 내 힘으로 살고 춘원 같은 남편은 나에게 있거나 없거나 별로 나에게 필요가 없을 뿐 아니라 밤낮 앓아서 나를 못 견디게 굴고, 감옥으로 붙잡혀 다니고, 착한 일은 혼자 다 하고 나쁜 일은 내가 다 맡아서 해야 하는 나에게 아주 해로운 존재라고 생각하였던 것 같습니다. 나는 몸도 건강하고 아들딸도 잘 낳아주었고 병원을 해서 돈벌이도 할 줄 아는 것이니, 내가 좀 잘났고, 나만 없으면, 춘원은 병 고쳐줄 사람도 없고, 집도 없고, 고생을 할 것이라고 나는 오만하고 강경하였습니다. 그러나 춘원을 잃어버린 후의 내 심경은 아주 반대 방향으로 흐릅니다. 춘원을 잃어버린 나는 천길만길로 떨어진 것 같고, 천길만길 시궁창에 빠져 다시 일어나지 못하는 것 같고, 지금 웃는 내 웃음은 그때 그것이 아니요, 지금 먹는 내 식사는 그때 먹던 그것이 아닙니다. 춘원이 계실 때는 내 걸음에는 천근의 무게가 있었지마는 지금 나의 걸음은 바람에 날리는 것 같습니다. 나는 춘원에게 과연 매달려 산 사람이었습니다. 입으로는 강한 체하고 잘난 체했지마는 기실은 춘원에게 대롱대롱 매달려 살다가 그 줄이 끊어지니, 나는 구렁텅이에 빠져버린 것입니다. 이제 당신을 다시 만난다면 이 오만한 마음을 다 버리고 당신을 섬기고 복종하는 좋은 아내가 되겠습니다. 나는 꼭 당신을 만나야 되겠습니다. 이대로는 죽어도 눈을 못 감겠나이다. 당신을 이 세상에서 한번 다시 만나 잘 복종하는 아내로써 섬기다가 죽사와지이다.90)

---

89) 『現代文學』 96호(1962. 12), pp.201~203, 春園追慕記(毛允淑).
90) 『사랑하는 英肅에게』, pp.166~168, 남편 春園을 생각하고(許英肅).

북한 인민군은 남침 3일 만에 서울을 점령했고 춘원은 인민군 서울 점령 보름 만인 7월 12일에 납북되고 말았다. 허영숙은 춘원을 피신시키지 못한 데 대한 후회를 하며 통곡하고 있다.

나는 당신에게 깊이 참회하고 사죄할 것이 또 하나 있습니다. 6·25 때에 당신을 잡혀가시게 한 것은 내 죄입니다. 나는 우리의 외아들 영근이를 감추노라고 당신에게 등한했던 것입니다. 당장 의용군으로 끌려가서 죽어야만 할 아들 감추노라고 당신을 등한히 한 것입니다. 이제 와서 애통하고 복장을 찢은들 무슨 소용이 있으리까마는 이것이 모두 내 죄이오니 용서해주시옵소서. 당신이 북쪽 어느 하늘 아래서 살아 계시든지 혹은 돌아가셔서 영(靈)이라도 계시거든 이 불쌍한 아내의 부르짖음을 들어주소서. 그렇게도 이 나쁜 아내의 말을 잘 들으시는 당신을 내가 등한히 한 죄로 잃어버렸나이다. 당신은 내 말을 따라가는 습관을 가지신지라 더욱이 병중이었고 내가 이렇게 하십시다 할 것을 기다리고 계셨습니다. 그런데 나는 등한히 하였나이다. 업고 가더라도 가다가 죽더라도 왜 내가 모시고 달아나지 아니하였을까. 나는 언제까지나 당신이 공산당 압박 아래 신음하고 계신 것보다는 그때에 우리가 남쪽으로 달아나다가 못 달아나게 되면 우리들이 한 구멍에서 죽었기를 바라나이다. 사랑하는 사람과 떠난다는 것은 진정코 어려운 일입니다. 나는 가끔 당신을 꿈에 만나 뵙니다. 꿈에 만나면 늘 당신과 같이 손을 잡고, 논으로 들로 산으로 달아나는 꿈을 꿉니다. "다시는 당신을 공산당에게 뺏길 법이 있겠소. 어서 달아납시다" 하고 내가 당신을 끌고 달아납니다.91)

6·25는 좌우 이념 대립의 전쟁이다. 춘원은 자유민주주의 이데올로기의 가치를 신봉하고 있었고 이를 실천하는 것을 그의 생활철학이라고 확신했다. 그 당시 춘원의 평생 동지 홍명희는 북한 정권의 부수상이었다. 좌우 이념 대결로 살육과 보복이 끝없이 반복되는 마당에 벽초는 춘원과의 평생 동지로서의 우의마저 저버리고 춘원을 구출해주지

---

91) 상게서, pp.168~169.

않았다. 실로 공산당은 천인이 공노할 악당이 아닐 수 없다. 이와 같이 좌우 이념 대립의 틈바구니에서 춘원은 시종일관 주의(主義) 주장을 한 점 흐트러짐 없이 고수했다. 평양 감옥에서 춘원과 함께 있다가 탈출에 성공한 계광순(桂珖淳)은 춘원의 주의 주장이 시종일관했다고 증언하고 있다. 당장 죽음을 앞두고 자유민주주의 이념을 고수한다는 것은 춘원 아니고는 행할 수 없는 거룩한 구도자(求道者)의 길인 것이다. 춘원은 간수에 끌려가서 심문을 받는 자리에서 "나는 60 평생을 자유진영, 민족진영에서 살아왔소. 이제 내가 공산진영에 잡혀온 지 며칠 못 되어 공산주의자가 되겠소 하면 내 말을 못 믿을 것이오. 나는 또 그런 말을 하고 싶지 않소. 내 이미 병 많고 다 죽게 된 몸이 이제 와서 거짓말까지 하고 죽고 싶지는 않소."[92] 이것이 매일 되풀이되는 심문의 대답이었다고 계광순은 증언하고 있다.

김용제(金龍濟)는 홍지동 춘원 고택을 찾아가 춘원의 납북의 운명과 그의 파란만장한 생애를 회상·숭모하는 시를 남겼다.

춘원 선생에게

붓 한 자루 조화로
한평생 슬프게 싸운 춘원 선생이
옥에서 얻은 병 기르려고
한때 숨어 살던 자문 밖 이 집이여

도연명의 서원 앞에도 섰던
버드나무는 올봄에 또 푸르렀으나
삼각산으로 약 캐러 가셨느냐고
그런 문안도 못할 북쪽의 이별이여

사조의 시와 덕을 못 잊던 이태백은
그 살던 옛 동산의 달밤에 울며

---

92) 상게서, p.170.

그 신던 나막신으로 신선술 배웠건만
앵두꽃 흰 이 달밤에 나는 어이 할건고93)

　춘원 이광수의 딸 이정화의 국제결혼으로 상심하는 허영숙을 위로하
는 공개서한이 신문사에 전해졌다. 20대 초반의 무명 문학청년은 '공개
서한'에서 "정화 양은 인류의 딸, 아쉬운 것은 일꾼을 잃은 것만이 섭
섭하다"고 했다.

　허영숙 여사! 보아주십시오. 오늘 연합신문을 보고 여사에게 조그마
한 위로가 될까 하는 마음에서 몇 자 적어보았으니 소생의 악의 없는
진심을 오해 마시고 관용 있기를 바랍니다. 소년 시절부터 문학이라기
보다는 시와 소설을 탐독한 춘원 선생님의 오랜 독자 중의 한 사람이
라고 자못 긍지를 가지고 있는 이 나라 20대의 청년입니다. 춘원은 진
취적인 이 나라 민족문학의 선구자이었습니다. 그 신문학운동을 통해
서 교육정도가 낮은 일반 대중으로 하여금 눈을 뜨게 해주었으며 수많
은 이 나라 젊은이들의 올바른 갈 길을 가르쳐주었습니다. 춘원은 또
한 사랑에도 용감했습니다. 깊이 뿌리박힌 구도덕과 신도덕의 조류 속
에 휩쓴 기로에서 헤매는 이 민족 젊은이들의 사표(師表)이기도 했습
니다. 구도덕의 좋은 점을 살리고 신도덕으로 옮기는 일이란 퍽이나
어려운 일이었습니다.
　지극히 높고 지극히 순결한 애정은 그를 눈보라 치는 시베리아 벌판
으로 보내고 그녀로 하여금 그의 뒤를 따르게 하였습니다. 높고 소중
한 애정은 칠거지악(七去之惡)의 하나인 아내의 부정(不貞)도 관용하
여 그녀로 하여금 그의 깊고 넓은 사랑 앞에 무릎을 꿇게 하였습니다.
이렇듯 춘원의 사랑은 용감했습니다.94)

　허영숙은 남편 춘원을 공산군에게 빼앗기고 나서 그 허탈감을 달랠
길 없어 절에 들어가 수도생활을 하겠다는 고백서 '절에 가고 싶은 마
음'을 수덕사에 은거하고 있는 김일엽에게 보냈다.

93) 『새벽』(1955. 9), p.71, 춘원 선생에게(金龍濟).
94) 『연합신문』(1959. 12. 5), 讀者의 公開書翰. 許英肅女史에 드리는 글.

나는 남편과 아이들과 함께 살 때에는 너무 바빠서 내 자신의 신앙을 깊이 돌아볼 사이가 없었습니다. 자고 나면 앓는 남편의 식사 걱정, 남편을 찾아오시는 손님 걱정, 아이들이 병날까 걱정, 옷 걱정, 양말 걱정, 그 외에 환자 걱정, 걱정이 너무 많아서 한가한 때가 별로 없었습니다. 남편이 붙잡혀가고 부산으로 피란 갔을 때에는 내 손으로 벌어서 아이들과 먹고 사느라고 틈이 없었습니다.

아침 새벽에 일어나면 저녁 열한 시까지 앉은 일이 별로 없었습니다. 저녁에 자리에 들어가면 사지가 쑤시고 아파서 아이고 다리야, 다리야, 하면서 잠이 들었습니다. 이층 다다미방에서 물을 길어다 밥을 해야 하고 밥을 지어 먹고 설거지를 하고 있노라면 어느새 환자가 오고 환자를 보는 사이에 빨래를 해야 하고 하는 생활을 2년 동안이나 했습니다. 그리하여 나는 일하는 것이 몸에 젖어서 잠시도 가만히 있을 수 없는 사람이 되고 말았습니다.

그런 가운데서 아이 셋이 한꺼번에 다 미국으로 떠나가고 나 혼자 남게 되었습니다. 나는 어떻게 살아나갈까 하는 것을 깊이 생각한 끝에 이화중고등학교 위생 선생으로 가게 되었습니다. 아직 수복되지 아니한 서울로 들어와서 정동에 있는 이화학교에서 날마다 살다시피 하였습니다. 아침 여섯 시에 일어나서 밥을 먹고 일곱 시에 효자동에서 떠나서 학교로 가면 저녁 일곱 시에나 집에 돌아오는 것이었습니다. 일주일에 16시간 내지 20시간의 강의를 맡아 하고 천여 명 학생의 병을 보아주고 신체검사를 하였습니다. 이것도 대단히 바쁜 일이었으나 원래 일하는 데 몸이 젖은 나로서는 능히 할 수 있는 일이었고 이 일을 함으로써 나는 한가한 시간이 없으므로 아이들에 대한 생각과 남편에 대한 생각을 잊을 수가 있었던 것입니다.

누가 나더러 아이들을 다 보내고 어떻게 혼자 살았느냐고 물으면 나는 이화학교로 해서 살았다고 대답하기에 넉넉하리만치 그 학교에 정을 들였고 남은 생애를 이화학교에 바치리라고 결심하였던 것입니다. 그러나 이렇게 만 1년을 하고 있노라니깐 나에게 건강적으로 고장이 왔습니다. 신경통이 생기고 소화불량이 생기고 각기병이 생겼습니다. 그래서 나는 이화학교를 그만두고 파괴된 효자동 집을 다시 고치고 산원(産院)을 다시 경영하게 된 것은 지금으로부터 2년 전입니다. 예전에 오시던 환자가 다시들 찾아주시고 해산하시러 오시는 분도 끊이지 아니하였지마는 나의 심경은 이상하게도 종교적으로 돌아가서 생명의 신비를 느끼게 되고 사람이 사람의 몸을 꽉꽉 찔러서 피를 내어가면서 치료를 하고 사람이 칼을 들고 사람의 몸을 째고 꿰어 매고 하는 일이 싫어졌습니다. 날이 갈수록 나의 마음은 종교적으로 들어가서 생명의 신비성(神秘性)을 어느 과학의 힘으로도 건드릴 수 없다는 것을 느끼게 됩니다.

그래서 나는 환자를 보는 것이 싫어서 아무쪼록 피를 안 보고 환자를 취급할 길을 생각해서 입원 환자도 아니 받고 오전 중에만 환자를 보기로 하고 오전 중에만 보는 환자도 아기 밴 부인의 건강상태를 보아주는 일로 그치기로 합니다. 그러나 이것이 무슨 병원입니까. 원래 산원이란 것은 병원과 성질이 다른 것이지마는 그래도 피 아니 보고 환자 취급은 할 수 없는 일입니다. 그래서 나에게는 또 번민이 생깁니다.

이러한 번민 가운데 나의 심경은 점점 종교적으로 흘러서 작년 이른 봄에는 합천 해인사(海印寺)를 찾아갔습니다. 나와 같은 노구(老軀)로서 합천 해인사를 간다는 것은 어려운 일이었으나 친구들이 말리는 것을 무릅쓰고 간 것입니다. 그 건물의 웅장함, 팔만대장경의 존엄성, 그중에서 도를 닦고 있는 여승들의 깨끗하고 위대함에 나는 놀라지 아니할 수가 없었고 내가 요구하는 신앙의 길을 찾은 듯 깊은 감명과 만족을 가지고 집에 돌아와서 일본문역(日譯)으로 된 법화경(法華經)을 읽기 시작하였습니다. 이 법화경은 25년 전에 남편이 앓아 드러누워서 병처(病妻)의 고충이 심하여 잠이 아니 올 때에 내가 머리맡에서 앉아서 이것을 읽고 있노라면 그 소리에 아픔을 잊어버리고 어느덧 잠이 들곤 하던 것입니다. 그 법화경을 다시 꺼내어 나는 열심히 읽기 시작하였습니다. 그리고 충청도 수덕사(修德寺)에 가서 중이 된 지 오랜 나의 친구 김원주(金元周/金一葉) 씨를 생각하고 이번에는 수덕사를 찾아가기로 결심하였습니다. 그래서 그곳 형편에 따라서는 아이들 올 때까지 가 있을까도 생각했습니다. 그렇게 내 마음에 평화와 안정과 위안을 가져보기는 내 일생의 처음이었습니다. 이제는 나는 모든 번민에서 벗어나서 불교에 들어갈 수 있으리라는 깊은 자신을 가졌었습니다.

그런데 꼭 이 무렵이었습니다. 불교에서는 큰 싸움이 일어나서 대처승(帶妻僧)이니, 비구승(比丘僧)이니 하고 피차의 내막을 폭로하고 사찰 쟁탈전이 일어났습니다. 승려들끼리 작당을 해서 참선하는 승려를 때리고 참선하는 승려들은 거짓 아사동맹을 하였다고 경찰은 진상조사를 하고 얻어맞아서 병원에 입원을 하고 신문은 날마다 이런 소리를 썼습니다. 나는 또 마음의 번뇌가 일어났습니다. 한국에 진정한 도를 닦는 승려가 있을까 하는 의문이 생겼고 내가 어떻게 저런 따위 승려들을 따라가며 저런 따위 승려들이 있는 절에 가서 한시라도 있을 수가 있나 하는 생각이 들어서 마음에 간직하였던 평화와 안정이 산산이 깨어지고 말았습니다. 그리고 법화경 읽던 것도 집어치우고 수덕사 가려던 마음도 없어지고 말았습니다.

그러나 내 마음에 무럭무럭 올라오는 신앙의 요구를 어디다 둘 곳이 없어서 가톨릭교 신부님을 찾아갔습니다. 나는 내 심경을 고대로 말씀드리고 불교에 대한 말을 했습니다. 내 남편이 불교를 많이 연구한 사람이라는 것, 그래서 나도 불교를 따라가려고 하였지마는 우리나라 불교계가 한심해서 불교에 대한 신앙을 가질 수가 없노라고 하니깐 그 신부님의 첫 대답이 원래 불교는 종교가 아니고 사도(邪道)라는 것입니다. 나는 깜짝 놀랐습니다. 불교가 사도라니 어떻게 하는 말인가. 우리나라 불교가 망할지라도 불교는 세계적으로 엄연한 종교임에는 틀림이 없다는 것을 나보다 신부님이 더 잘 아실 터인데 왜 저런 말을 하나 하고 나는 가톨릭에 대하여 따라가고 싶은 마음이 송두리째 없어지고 말았습니다. 가뜩이나 남편의 신앙인 불교를 버리고 가톨릭을 찾아간 것이 마음에 뒤숭숭하여 못 견디겠는데 신부님의 첫말에 남편의 신앙을 모독하는 말이 나오니 내가 정이 떨어질 것은 사실입니다. 나는 그래서 다시는 신부님을 찾지 않고 말았습니다.

그러나 나의 마음에 신앙의 요구는 그칠 줄을 몰랐습니다. 나는 다시 마음을 가다듬고 법화경을 읽기 시작했습니다. 나의 남편 춘원 이광수가 불교에 신앙을 가졌었고 가장 불교를 잘 아는 사람이라는 나의 신념은 역시 나를 다시 불교로 집어넣으려는 듯하였습니다. 다시 불경을 읽고 절을 찾아갈 마음이 생겼습니다. 지나간 섣달그믐날 밤 나는 고요한 긴 밤을 혼자 새웠습니다.

잃어버린 남편의 생각, 미국 가 있는 아이들 생각, 내가 사는 것이 무엇이냐 하는 여러 가지 생각에 나는 잠을 이루지 못하였고 가장 나를 괴롭히는 문제는 내가 사는 것이 무엇이냐 하는 것이었습니다. 과거 59년 동안을 살아왔건마는 이렇다 할 이루어놓은 일도 하나도 없을 뿐만 아니라 내가 뚜렷한 종교적 신앙을 가지지 못하고 헤매는 것, 불교를 찾았다 예수교를 찾았다, 도대체 이러고도 인간이라고 할 수 있을까 하는 번민에 발버둥질치고 싶었습니다.

열두 시의 제야의 종이 땡땡 울릴 때 나는 결심했습니다. 새해는 나는 꼭 불교를 따라가리라. 우리나라 승려들이 나쁘다면 나는 거기 휩쓸리지 아니하면 되지 않나. 법화경에 있는 대로 꼭 믿고 따라가리라. 우선 나는 절로 가서 세상과 떠나서 고요히 참선생활을 해보겠다. 이렇게 굳게 결심을 하고 신년에 찾아볼 사람, 나를 찾아오는 사람을 대강 만난 뒤에 곧 수덕사로 떠나리라 마음으로 단단히 결심을 하고 수덕사에 있는 내 친구 김원주 씨에게 편지를 썼습니다.

사랑하는 친구여!
그대가 나를 항상 불교로 이끌려고 애썼으나 나는 그 마음을 보답지 못하였소. 세상에 미련이 많고 마음이 복잡한 탓이겠지요. 그러나 나는 그대가 있는 곳으로 당분간 가 있기로 결심하고 1월 10일 내로 떠나겠습니다. 죄 많은 나를 잘 이끌어주시기 바라나이다.
1월 3일 영숙95)

춘원의 납북에 대해 모윤숙은, 영원한 사랑만, 꺼지지 않는 꽃불만 남기고 고별의 목례조차 없이 떠나갔다고 영탄하고 있다.

헤어진 뒤에도, 모윤숙

그렇게 했지요.
떠나면서 아쉬웁던 음성과 얼굴과
그 벽에 걸렸던 栗谷(율곡)의 時調(시조)에도
앉았던 의자들과 만지던 冊(책)들에게도

---

95) 『새벽』(1956. 3), pp.98~99, 절에 가고 싶은 마음(許英肅). 그러나 실제 수덕사에 입산한 것 같지 않다.

告別(고별)의 目禮(목례)를 했습니다.
생각의 이랑 밖으로 記憶(기억)의 線路(선로)를 지워가며
나뭇잎이 떨어질 때처럼
희미해지고 잊어버려지라고,
그래도 마음 둘 곳 모르는 설렘입니다.
책뚜껑을 덮어버리듯이
사무적인 時間(시간)처럼 처리되지는 않는군요.
둘이서 쳐다보던 그 어느 눈가에
말없이 도사린 조용한 꽃불
거기 사랑은 아직 꺼지지 않고 있는데.

그렇지요.
지워진 그날들 소란한 서울 속에서
풀잎과 장미를 애기하며 달렸던 밤들
검은 종로와 호젓한 길가에서들
고아와 病者(병자)들을 만났을 때도
즐거워 우리 영혼 속에 껴안았던 그 시간들에게도
告別(고별)의 目禮(목례)를 보냅니다.
검은 머리와 그 눈매에도
모른 채 잊어질 기도를 보냅니다.
모르겠습니다. 떠나야 할 祝杯(축배)는 끝났는데
빗소리에 묻어오는 신발 소리와
찻잔에서 들려오는 짖거림(지껄임)들은 무엇일가요?
하늘 아늑히 몰리는 밤 향기!
가슴 한길에 밝아오는 아침
사랑은 거기 아직 머물고 있었나요?96)

이광수는 1934년 2월 22일 허영숙과의 첫 아들 봉근(8세)을 패혈증(敗血症)으로 잃었다. 소나무 널로 짠 관에 넣고 '愛兒李鳳根安息之

---

96) 郭鶴松,『사랑은 가시밭길: 春園 李光洙의 사랑과 宗敎』, 序詩 헤어진 뒤에
도(毛允淑).

處’라는 명정(銘旌)을 손수 써서 관 위에 덮고 미아리 공동묘지에 안장 했다. 하늘이 무너지는 듯한 참척(慘慽)의 슬픔을 이기지 못하여 “창천 이여! 애아를 돌려주소서”라고 울부짖었다. “악아, 봉근아! 네 무덤을 안고 이 모든 네게 대한 잘못을 뉘우치고 통곡하면 그 소리가 네 귀에 울리느냐. 너는 과연 영혼이 있어서 하나님이라는 극히 완전하신 아빠 의 옳은 편에 앉았느냐. 만일 옳은 사람 — 죄 없는 사람이 죽어서 하늘 에 오른다 하면 너는 반드시 하늘에 올랐을 것을 믿는다. 네가 무슨 죄 가 있느냐. 6년 8개월의 어린 것, 재산이라고 크레용과 딱지와 평구밖 에 없는 네야 무슨 죄가 있느냐. 예수의 말씀에도 어린애같이 되지 아 니하면 하나님 나라에를 들어갈 수는 없다고 하였으니, 너같이 착한 어 린 애야 하나님 나라에 아니 들어가고 어디 들어가겠느냐. 악아 봉근 아! 너는 진실로 하나님 나라에 들어가 있느냐.”

鳳兒 祭文, 이광수

사랑하는 아들 봉근(鳳根)아! 네가 지난해 2월 22일 오후 여섯 시, 이 세상을 떠난 지 바로 한 해가 되었다. 네가 숨을 끊은 날 아비 나 는 네 무덤에 와서 네 넋을 부른다. 네 몸이 이미 썩었으니 그 몸에 네 넋이 없음을 알건마는 네 간 곳을 모르니 네 무덤에서밖에 어디서 부르랴. 너는 이제 어디 가 있느냐. 다른 별에 가서 하늘 사람으로 태 어났느냐. 이 세상에서 다른 집에 아들로 태어났느냐.

아직도 갈 곳을 찾지 못하여 헤매느냐. 네 얼굴이 맑고 아름다웠고 네 마음이 밝고 어질었고 네 이 세상에 있는 동안에 보는 사람들의 귀 여워함을 받았으니 네 필시 전생에 좋은 뿌리를 심근(심은) 줄을 믿음 에 내 아들로 태어났을 때보다 나은 곳에 간 줄은 믿는다마는 내가 사 십 평생에 가장 사랑하던 사람이요 벗이던 너를 여읨에 내 슬픔은 쉬 일 길이 없다. 네가 내 무릎 위에 있는 동안 나는 네게 좋은 것을 하 나도 못하여주고 도리어 좋지 못한 꼴만 보였다. 내 어찌 네 마음을 늘 기쁘게 못하였던고? 내 어찌 네 눈에 거룩하고 높고 깨끗하고 자비 로운 사람이 되지 못하였던고? 네가 하나님을 믿고 부처님을 믿고 착한 사람은 어찌하여 착하며 악한 사람은 어찌하여 악한가를 묻고, 사람이 죽으면 어찌 되는가를 물을 때에 네게 옳은 길로 대답할 지혜를 갖지 못하였던고? 그 많은 병을 앓고 그 많은 매를 맞고 그 많은 비위에 거슬림을 받게 하였던고? 그러나 사랑하는 아들아, 나는 너를 바른 길로 인도하지 못하였건마는 너는 죽음의 방편으로 내게 바른길을 지시하였다. 네가 가는 것을 보고 나는 내 지금까지의 잘못된 생각을 버리고 고작 높은 바른길을 찾기를 결심하였다. 나는 천만 번 나고 죽어 지옥 아귀(餓鬼)의 고생을 하더라도 고작 높은 바른길을 찾아 잘못 사는 무리들을 건지리라는 큰 원(願)을 세웠다. 사랑하는 아들아, 나는 너를 만날 것을 믿는다. 너와 함께 고작 높은 길을 닦아 괴로움에 허덕이는 모든 산 무리를 건지는 일을 함께할 날이 있을 것을 믿는다. 그러므로 나는 내 슬픔을 죽인다. 악아, 너도 네 슬픔을 죽여라.

네 마음에 박힌 모든 업장(業障, 전생에 지은 죄를 이승에서 받는 마장)을 다 불살라 버리고 고작 높은 길을 닦기를 힘쓰라. 네 태어날 곳을 찾거든 돈 많은 집이나 세력 많은 집을 찾지 말고 어진 마음을 가지고 어진 일을 하기를 힘쓰는 집을 찾아라. 사랑하는 내아들아 봉근아, 네가 일곱 해 동안 아비라고 부르던 좋지 못한 아비 나는 오늘 네가 생전에 좋아하던 미루꾸(밀크캐러멜)와 과자와 사이다와 포도주를 가지고 네 무덤 앞에 와서 너를 부르니 아아 봉근아, 아비의 정성을 받아라.[97]

이광수는 1934년 4월, 안도산의 장기 입옥, 봉근의 참척, 동우회의 부진 등으로 번민한 나머지 조선일보 부사장직을 사임하고, 인생무상을 감내할 길 없어 가족 몰래 금강산으로 들어가 아예 중이 되기로 결심했다. 장안사(長安寺)에서 머리를 깎기 직전 허영숙과 이종수(李鍾洙), 그리고 8세 영근이 등불을 들고 장안사로 찾아갔다. 이영근(李榮根)은 그때의 상황을 생생히 전하고 있다. "위기일발로 우리는 아버지가 입산하시는 것을 막았다. 후에 아버지가 말하시기를 뜻이 있어서 입산을 하려면은 마귀가 여러 형태로 나타나서 방해를 놓는데 그중에서 가장 대

---

97) 『三千里』(1935. 3), pp.68~86, 蒼天이여 愛兒를 돌려주소서(李光洙). 이광수 전집(삼중당)에 미수록.

항하기 어려운 형태가 처와 자식이라고 불전에 적혀 있다고 하셨다. 그 때에 마귀의 방해가 없이 입산을 하셨던들 많은 괴로움을 면하셨을 것이다. 그러나 닥쳐오는 시련을 피하고자 애걸복걸 아니 하는 것이 또한 불도의 길일 것이다. 아무튼 나는 금강산 구경을 하였다. 길이 험하여지면은 아버지의 손과 이 선생의 손에 대롱대롱 매달려서 언덕을 넘던 기억이 난다."98)

이종수는 왜 이영근의 손을 끌고 업어가면서까지 금강산으로 춘원을 찾아갔을까? 이종수는 1926년 경성제국대학 학생 때부터 이광수를 존경하면서 수양동우회에 가입하여 춘원의 민족운동 대열에 적극적으로 참여한 독립운동 동지이다. 1926년 수양동우회 명부에서 이종수가 경성제대 학생 때 이미 수양동우회에 가입했음을 확인할 수 있다.99) 1937년 6월 동우회 사건이 발생하자 이종수도 종로경찰서에 체포·수감되었으나 기소유예 처분을 받고 석방되었다.100) 이와 같이 이종수는 이광수를 가까이에서 모시면서 1931년 8월 평양에서 개최된 동우회 제1회 하계수양대회에도 참여하여 독립정신을 선양하는 데 적극 참여했다.

이종수는 경성제국대학 예과에 입학하면서 처음으로 이광수를 알게 되었고, 경성제대 법문학부에 춘원과 같이 입학하고 같이 강의를 들었다. 이로부터 춘원의 집을 자주 방문하면서 춘원과의 평생 동지로 결합하였다. 춘원은 1926년 경성제대 영문과에 선과생으로 입학했다. 그 당시 이종수는 같은 교실에서 춘원과 강의를 들었는데, 조선 문단의 으뜸가는 문명(文名)이 높은 문호임에도 불구하고 알량한 권위의식을 팽개치고 14, 5년 어린 청년 학생과 어울려 배우기를 좋아한 춘원의 '호학 (好學)의 정신'이 놀랍다고 감탄하고 있다.

---

98) 이정화, 『그리운 아버님 春園』(우신사, 1993. 4. 10), p.201, 아들의 죽음(이영근).

99) 『島山安昌浩資料集』, II, pp.325, 420. "李鍾洙, 21, 學生, 大同郡 秋乙美面 美林里, 京城帝國大學".

100) 『島山安昌浩資料集』, I, pp.259, 266, 277, 362. 동우회 사건 피의자 이종수. "逮捕, 起訴猶豫, 平南 大同郡秋乙美面美林里 557, 京城府 城北町 130-2, 協成實業學校 敎員, 李鍾洙 32".

춘원을 내가 처음 만나게 된 것은 내가 경성제대 예과에 입학하였을 때였으니까, 1924년의 일이었다. 지금으로부터 38년 전 일이 되어서 그때의 인상이 잘 기억되지 않으나 그때도 역시 춘원은 이마가 훤하게 잘생기고 서양 사람같이 눈이 파랗고 움푹 들어가고 그리고 친절하고 인자하다는 인상을 받았을 것으로 생각된다. 지금도 춘원을 생각하면 그렇게 생각되기 때문이다.

나는 학생 시대에 춘원을 자주 방문하였고, 회합에서도 만나는 기회가 많았다. 그래서 지금 춘원에 관해서 생각나는 것을 적어보려고 하고 보니, 여러 가지 인상과 생각이 뒤섞여서인지, 어느 때의 일이라고 정확하게 말할 수는 없다. 뒤섞인 통합된 인상이라고나 할까. 내가 춘원을 자주 방문한 것은 주로 숭삼동(崇三洞, 지금의 명륜동 3가) 댁이었다. 춘원은 방문객을 받는 날짜와 시간을 한 주일에 한두 날 정하고 있었다. 그렇지 않으면 연락부절하는 글 쓰는 사람들, 학생들, 그 밖의 여러 방문객들 때문에 일을 할 수 없었기 때문이라고 생각하였다.

춘원 댁에는 늘 형사가 드나들었다. 춘원은 일제 시의 '요시찰인'이었기 때문이다. 춘원 댁에 당시 경기고보의 2년생인가 3년생이었던 피천득(皮千得) 씨가 살고 있었다. 언젠가 춘원이, "천득이는 조고마치만 마음속에는 영감이 들어 있어"라고 하면서 빙그레 웃던 것이 생각된다. 재미있는 평이라고 생각해서 나는 나이들이 먹은 후에도 이 말을 피 선생에게 여러 번 되풀이하며 웃은 일이 있다.

춘원은 외국어 공부를 잘하라고 권하였다. 그리고 춘원 자신이 여러 가지 외국어에 능통한 분이었다. 그는 한문으로 쓴 중국과 우리나라의 문헌은 물론 불전(佛典)도 애독하였고, 영어는 언젠가 춘원이 신문사 일을 그만두고 좀 한가하였을 때라고 기억되는데 '하버드 클래식'을 다 읽고 있는 중이라고 한 것으로 보아 그 능숙도를 가히 짐작할 수 있다. 독어, 불어, 러시아어도 어느 정도 알고 있던 것같이 생각되는데 어느 정도이었는지는 기억이 확실치 않다.

춘원은 화초나 금수(禽獸)의 이름을 잘 알고 있기에 어떻게 그렇듯 아는가 그 비결을 물었더니 모르는 것을 하나씩 물어서 알아가면 된다고 대답한 것같이 기억된다. 나도 풀 이름, 꽃 이름 등을 알려고 해보았으나 잘 되지 않았다. 알려고 하는 의욕과 취미가 부족한 탓이었는지 모른다. 나는 춘원에게 우리말을 배우려면 어떻게 하면 좋은가고 물은 일이 있다. 염상섭(廉想涉) 씨 소설이 우리말 어휘에 풍부하다고 한 것같이 기억된다.

나는 춘원이 댁에서 소설 원고를 쓰는 것을 여러 번 본 일이 있다. 신문소설을 마감시간에 대어 쓰는 것이라고 하면서 쓰는데 그의 달필로 머릿속에 써두었던 것을 옮겨 쓰기나 하는 듯이 써내려가는 것이었다. 붓을 잠깐 멈추고 생각하는 듯하다가는 또 써내려가곤 하였다. 그러고는 별로 첨삭(添削)하는 일이 없이 신문사에서 심부름 온 사람에게 주어 보내는 것이었다. 나는 무척 부럽게 생각하였다. 그의 글은 간명(簡明)하고 쉽고 장식이 없고 순순한 것이 좋다. 그의 시도 그렇다. 이렇게 말할 때에 나는 그의 '서울로 간다는 소'를 생각하게 된다. 그 중 한두 절을 적어보면,

깎아 세운 듯한 삼방 고개로
누런 소들이 몰리어 오른다
꾸부러진 두 뿔을 들먹이고
가는 꼬리를 두르면서 간다
움머 움머 하고 연해 고개를
뒤로 돌릴 때에 발을 헛 짚어
무릎을 꿇었다가 무거운 몸을
한 걸음 올리곤 또 움머 움머!

춘원에 관해서는 생각되는 것이 많지만 한 가지만 더 적고 그만둘까 한다. 그것은 춘원이 경성제대에 선과(選科)로 입학한 일이 있다는 것이다. 경성제대 법문학부는 1926년 5월에 개강되었다. 나는 춘원과 같이 같은 교실 — 지금 문리대의 뻘건 벽돌집이었다고 생각한다 — 에서 안부능성(安部能成) 교수의 철학 강의, 좌등청(佐藤淸) 교수의 영문학 강의를 들었다. 춘원은 강의에 몇 번 나오다가 신문사 일 때문이었는지, 그보다도 병환 때문이었는지 얼마 안 되어서 학교를 그만두었다. 나는 나보다 14년이나 연상인 그리고 유명한 분이 나이 적은 사람들 가운데 섞여서 배우겠다고 생각한 호학(好學)의 정신에 감탄하였던 것을 기억한다.

(1962년 8월 6일 記, 필자 서울대학교 사범대학장)[101]

개화기 우리의 신문화는 서양문물의 수입에 의해 출생되었다는 것은 두말할 나위도 없다. 그렇다고 해서 구미문화 그 자체가 그대로 한국의 신문화가 된 것은 아니다. 구미문화는 어디까지나 한국의 신문화 발생의 자극제가 되어서 잠들었던 문화혼(文化魂)을 일깨워준 경종의 역할을 했던 것이다. 이와 같이 서양문화를 받아들일 수 있는 새 시대는 준비되어 있었지만 새 문화를 창조할 주인공이 아직 나타나지 않았던 시기에 마침내 육당과 춘원이 나타나서 감연히 주벽(主壁, 주석) 노릇을 하게 되어 한국의 신문화운동의 선구자가 된 것이다. 이은상(李殷相)은 육당과 춘원은 우리나라 개화기의 신문화 창조의 선구자라고 정의하고 있다.

그러면 우리들의 신문화(新文化)란, 과연 어떠한 형태, 어떠한 성격의 것이었더냐는 것을 분석해볼 필요가 있을 것입니다. 첫째, 우리들의 신문화가 서양문물(西洋文物)의 수입에 의해서 발생되었던 만큼, 서양문화와 우리와의 관계를 논하지 않으면 안 될 것입니다. 그러나 결코 서양문화 그것 그대로 우리들의 신문화가 되어진 것은 아닙니다. 그것은 어디까지나 신문화 발생의 자극이 되었던 것인 동시에, 잠들었던 문화혼(文化魂)을 일깨워주었던 경종(警鐘)이면서, 형태상의 발전을 가져왔던 것에 지날 것이 없습니다. 왜 그런고 하니, 문화란 결국 자기 전통, 자기 풍토, 자기 역사 위에 구축되어진 자기 철학, 자기 사상의 산물이기 때문입니다.

묵은 문화의 사대성(事大性)을 혁파하고, 귀족성(貴族性)을 지양하고, 또 봉건성(封建性)을 폐기함으로써 미몽으로부터 자유로운 자기발견(自己發見)에의 길로 돌진했던 것이야말로 신문화의 성격적 혁명이었던 것입니다. 한말(韓末)의 역사는 정치사와 문화사에 있어서 서로 상반되는 현상을 보여주었습니다. 정치적으로는 그나마 가졌던 자기를 잃어버린 대신, 문화적으로는 여직껏 몰랐던 자기를 발견한 것입니다. 국토(國土)와 국권(國權)을 잃어버렸기 때문에, 자기를 찾으려는 문화

---

101) 『李光洙全集(月報)』(三中堂出版局, 1962. 8. 15), pp.1~2, 春園은 好學의 老學生: 學生時代에 내가 본 그분의 一面(李鍾洙).

정신은 더욱더 타올랐던 것입니다. 지금껏 멸시와 몰각(沒却) 속에 가로 뉘어져 있던 제 말, 제 글, 제 역사, 제 사상을 도로 찾아서, 진정한 제 문화를 짓기에 발분했던 것입니다. 한 분은 학문의 선구자로, 또 한 분은 문학의 전창자(前唱者)로, 새 시대의 선두에 서서 자기를 찾기에 애타게도 부르짖었던 것입니다. 저 산해경(山海經)에 적힌 이야기, 금계(金鷄)가 울면 옥계(玉鷄)가 따라 울고, 옥계가 울면 천하의 뭇 닭이 한꺼번에 울어서 새벽이 되느니라 한 그대로 그들은 과연 신문화 개척 사상 금계와 옥계이어서, 수많은 후배들을 불러일으켰던 것입니다. 그 점이 바로 그들로 하여금 부동의 위치를 차지하게 한 것이요, 또 오늘 여기서 우리들이 그들을 위해서 회고의 하룻밤을 가지는 소이연(所以然)도 역시 그 때문인 것입니다.[102]

춘원 문학을 적나라하게 비판하기는 김동인(金東仁)을 따를 문사가 없다. 그는 춘원 문학을 통속소설, 설교문학이라고 모욕적인 비판을 가함으로써 춘원 작품의 가치를 평가절하하고 있었음에도 불구하고, 춘원은 이에 대해 한마디 변명이나 반박이 없이 그저 무덤덤했다. 이와 같은 악평에도 불구하고 춘원은 오히려 김동인을, 조선 문학을 세계적 수준에 올려놓은 작가라고 찬양하고 있다.

문학은 '고민의 상징'이라고 말한 이도 있거니와 진실로 인생에 대하여 연구하고 고민하는 거기에서 예술이 생깁니다. 깊은 연구와 깊은 관조(觀照)와 깊은 고민이 없이 되어진 문학은 일시는 세상의 인기를 얻을 수 있겠지만 수백 대(代)로 흐를 작품이 못 됩니다. 이 고민과 관조와 연구는 반드시 세상의 온갖 맛, 온갖 모습을 거쳐낸 춘추(春秋)에 부(富)한 이의 손으로 되기가 십상팔구(十上八九)일 줄 생각합니다. 그렇다고 조선 문학은 영·불·러 등에 대비(對比)도 할 수 없게 수준이 낮으냐 하면 나는 그렇게는 보지 않습니다. 가령 김동인 씨의 '태형(笞刑)', '감자' 같은 것은 비록 기교에 있어 유치한 점이 있다 할지라도 영불어로 번역되어 저쪽 문단에 갖다가 놓을지라도 일류 작가의 작품에 결코 뒤떨어지리라고 생각지 않습니다.[103]

---

102) 『思想界』(1958. 2), pp.33~38, 六堂·春園의 時代的背景(李殷相).

김동인은 '무정'에 대해 "아직 그 문장에서는 기미년 '창조' 잡지가 나타나서 구투를 일소하기까지는 그래도 '이러라', '이로다', '하더라', '하노라'의 투가 많이 남아서 '무정'에 있어서도 그 예를 벗어나지 못하였지만 조선 구어체(口語體)로써 이만치 긴 글을 썼다 하는 것은 조선 문 발달사에 있어서도 특필할 만한 가치가 있다"104)고 찬양하면서 춘원의 신문화운동의 선구적 업적을 높이 평가하고 있다.

조선의 소설가 가운데 그 지식의 풍부함과 그 경험의 광범함과 교양의 많음과 정력의 절륜함과 필재(筆才)의 원만함이 춘원을 따를 자 없다. 그가 처음에 사회에 던진 문학은 반역적 선언이었다. 실로 용감한 돈키호테였다. 그는 유교와 예수교에 선전(宣戰)을 포고하였다. 그는 부로(父老)들에게 선전을 포고하였다. 그는 결혼에 선전을 포고하였다. 온갖 도덕, 온갖 제도, 온갖 법칙, 온갖 예의(禮儀) — 이 용감한 돈키호테는 재래의 '옳다'고 생각한 온갖 것에게 반역하였다. 그리고 이 모든 반역적 사조는 당시 전 조선 청년의 일치되는 감정으로서 다만 중인(衆人)은 차마 이를 발설(發說)하지를 못하여 침묵을 지키던 것이었다. 중인 청년 계급은 아직껏 남아 있는 도덕성의 뿌리 때문에 혹은 예의 때문에 이를 발설하지 못하고 있을 때에 춘원의 반역적 기치는 높이 들렸다. 청년들은 모두 그 기치 아래 모여들지 않을 수가 없었다. 이런 일도 가능하다. 이런 반역적 행사도 가능하다고 깨달을 때에 조선의 온 청년은 장위(將位)를 다투려는 한마디의 불평도 없이 춘원의 막하(幕下)에 모여들었다.105)

1963년 11월에 삼중당에서 '이광수전집' 전 20권을 완간했다. 이를 계기로 삼중당과 흥사단이 이광수전집 완간기념강연회를 공동주최, 1963년 11월 13일 삼일당에서 기념강연회를 개최했는데, 주요한과 김우종 두 평론가가 기념강연을 했다. 주요한은 "춘원의 생애는 한 말로

---

103) 『三千里』(1936. 4), pp.308~309, 朝鮮文學의 世界的水準觀(李光洙).
104) 金東仁, 『春園研究』(新丘文化社, 1956), p.51.
105) 상게서, pp.183~184, 186~187.

파란 많은 생애였다. 첫째는 유랑하는 습성 때문이고 둘째는 건강 때문이었다"라고 이야기했다. 평생 동지 주요한은 춘원의 사상적 변천, 특히 민족운동의 역정을 소상하게 밝히고 있다.

　　그의 일생은 이토록 평탄치 못했다. 그러면 그의 사상적 변천은 어떤가? 초기 청년 시대(21세 이전)의 작품에 나타난 그의 사상은 계몽주의적 색채가 주축을 이루고 있었다. 유교주의적 도덕을 파괴하고 서구에 물결치는 인도주의 사상을 도입한 것이다. 그는 '혼인론'(매일신보, 1917. 11. 20～30)에서 재래 중매 형식의 혼인을 부인하고 자유연애를 주장했으며, '신생활론'(매일신보, 1918. 9. 6～10. 19)에서 재래 한국식 대가족제도를 지양하고 자녀중심적인 소가족제도를 주장했다.
　　상해에서 귀국한 이후의 30대와 40대 전반의 그는 어떻게 하면 민족을 구(救)하며 민족성을 새로 창조할 것인가에 고심하였다. '개벽'지에 발표한 '민족개조론'에서 그는 그 방법을 갈파했으며, '마의태자', '이순신', '단종애사' 등의 소설에서 민족정신과 민족정기를 고취했다. 46세부터 납치당할 때까지의 12년간은 종교사상에로 전환한 시기였다. 민족주의 운동이 얼마나 피상적이었고 도덕적 민족성개조론이 얼마나 무력했던가를 그는 통감했다.
　　그는 커다란 실망을 안고 조용히 신앙생활에 귀의(歸依)했다. 그의 종교생활이란 기독교, 불교, 유교의 사상을 초월해서 그것을 통합한 범종교적인 신앙생활이었다. '돌벼개', '육장기' 등이 그때 나온 작품이다.106)

춘원의 못 다한 '심부름'

　　동란 속에서 파괴된 모든 물질적 손해보다는 춘원을 잃어버린 이 원통함이여!
　　영국 사람이 셰익스피어와 인도를 바꾸지 않겠다고 말한 것처럼, 우리 민족이 6·25 동란으로 받은 모든 물질적 파괴보다도 춘원 한 사람을 잃어버린 것이 더욱 원통하다고 나는 이광수전집 완간기념강연회

---

106) 『서울신문』(1963. 11. 15), 春園 그 文學, 그 思想(주요한).

에서 말한 바 있다.

공산군이 서울서 퇴주(退走)하면서 납치해간 민간인 지도자들 중에는 정부 고관도 있었고, 의사, 법률가, 학자, 산업기술자, 교육가, 종교가들과 함께 글 쓰는 분으로 춘원 이광수, 위당(爲堂) 정인보(鄭寅普) 등이 있었다. 일반 시민과 학생들 아울러 5만여 명이 행방불명된 것으로 추산되고, 피랍치 인사 가족회에서 제출한 명부만 해도 4천여 명이 포함되었다. 그중 이름난 인사가 적어도 2백여 명을 헤아릴 수 있다. 한꺼번에 대량의 희생자를 내었기 때문에 도리어 내외 여론의 반발이 크지 못하였던 것인가 한다.

어언간 15년의 세월이 흘렀으나, '이광수전집'(삼중당) 20권을 출판해놓고 보니, 공산군이 저질러놓은 민족적 죄악이 얼마나 큰가를 새삼스레 느끼게 되는 것이다. 이런 기회에 다시 국제적 여론을 일으켜, 만일 춘원이나 그 밖의 '인간문화재'가 아직 살아남았다면, 그들의 송환운동을 크게 일으킬 시기가 아닌가 한다. 설사 그들이 다시 못 올 운명에 있다 하더라도, 공산 독재정치의 죄상을 천하에 폭로하기라도 해야 하겠다.

춘원을 처음 만난 것은 1919년(3·1운동이 난 직후) 5월 어느 날 중국 상해에 있는 남양대학(南洋大學) 운동장에서였다. 그날 중국 학생과 우리나라 청년 사이에 친선 야구경기가 있었는데, 춘원은 우리 팀에서 1루수를 보았고, 상해에 도착한 지 며칠 안 되는 나는 뒤늦게 응원차로 갔었다.

이보다 앞서 일본 동경서 중학교에 다닐 때 춘원은 대학생이었고 또 미구에 본국으로 돌아와 '청춘' 잡지 등에 관계하고 있었으므로 직접 면접할 기회가 없었다. '청춘' 잡지에 소설 등을 투고하였는데 춘원은 선자(選者)로서 내 글을 비평하기도 하고 또 한번은 입선시켜준 일도 있었으므로 그의 문명(文名)은 알고 있었던 터이다. 실제로 춘원을 만나서 의외로 생각한 것은 그의 체격이 장대한 것과 눈동자가 외국인 모양으로 황색이었던 것이다. 앞다리가 좀 휘어서 특색 있는 걸음걸이가 눈에 띄었다.

그날 경기를 마친 뒤에 다과회가 있었는데 춘원은 영어로 간단한 인사 말씀을 하면서 "오늘 우리들은 흰 공을 던지고 던졌거니와, 훗날 우리 한국 청년과 중국 청년은 힘을 합하여 일본 군대에게 총알을 던지고 던질 것이다" 하여 박수를 받았다. 그의 영어가 발음은 좀 더듬거렸으나, 글과 문법이 정확한 데 놀랐다.

그때에 춘원은 동경서 유학생들이 계획한 독립운동에 가담하여 독립선언서를 집필하고(1919년 2월 8일 동경서 발표), 동지들의 파견을 받아 미리 상해로 탈출하여 독립운동의 소식을 세계에 선전하고 있었던 것이다. 그 후 상해에 있는 임시정부에서 '독립'이라는 주간신문을 발행하게 되어 춘원은 사장 겸 주필이 되고 나는 기자가 되어 여러 달 같이 일했다. 어떤 때는 신문사 뒷방에서 한 침대에서 잔 일도 있다. 내 나이 20세, 춘원은 28세였다. 8년의 차이가 있었지마는 춘원은 꼭 경어(敬語)를 썼다. 그는 아무리 연소한 후배에게도 '허게' 등을 쓰는 일이 없었다.

우리는 독립신문에 전력을 기울였고, 문학작품에 손댈 여가가 없었다. 춘원은 이미 '무정'과 '개척자' 또는 '오도답파기' 등으로 이름이 높았고, 나도 '창조' 잡지를 앞서 동경서 발행하고 새로운 시 운동을 일으켰던 것이다. 도산 안창호 선생이 당시 임시정부 내무총장으로 있었고, 독립신문도 그가 주선하여 창간하였었다. 도산이 흥사단 원동위원부를 조직하게 되어 춘원은 제1호로, 나는 제2호로 도산에게 문답을 받고 입단이 허락되었다.

"도산 선생은 모든 일에 선생님이나 한 가지 우리들과 통하지 못하는 점이 있으니 그것은 곧 문학의 세계다." — 이런 말을 춘원과 나는 생밤을 사서 까먹으면서 주고받았다. 춘원은 "신 대한국 독립군의 백만 용사야"로 시작되는 독립군가를 지었고, 나는 시조(時調)라는 것을 습작하여 춘원에게 고침을 받았다. 그 무렵의 문학에 가까운 활동이란 그 정도였다.

이듬해 나는 다시 학업을 계속하기로 하여 상해에 있는 호강대학에 들어갔고, 춘원은 계속하여 독립신문과 역사(사료)편찬회 일을 보고 있었는데, 본국서 애인 허영숙 여사가 상해로 왔다. 상해 사회에서는 허씨가 춘원을 귀순시키러 온 것이라는 둥, 독립운동 시기에 연애문제가 무엇이냐는 둥, 비난하는 여론이 많았다. 나는 주말에 상해 시가로 나가, 그들이 유하고 있는 일품향(一品香)이라는 여관으로 가보았다. 두 분은 웃는 낯으로 맞아주었다. "세상의 비평이 많아 괴로워하실 줄 알았는데 이렇게 웃으시는 것을 보니 내 마음이 든든하외다." — 이런 뜻으로 내 딴에 격려하는 말을 해보았다.

친구들의 호의로 방을 얻어 두 분이 얼마 동안 같이 있었는데, 돌연 허 여사가 혼자서 귀국했다는 소식이 들렸다. 학교 일이 바빠서 찾아가보지 못했는데, 뒤미처 춘원이 행방을 감추었다는 소문이 퍼지고, 상해의 여론은 또 떠들썩하였다. 결국 두 분이 의논하고 전후하여 본국으로 갔다는 것이다. "압록강을 건너려면 거기서 독립군이 이광수를 죽일 것이요, 서울에 가면 거기서 애국청년이 죽일 것이다." — 이런 연설을 도산 선생이 모 석상에서 하는 것을 들었다. 나는 속으로 이 연설을 찬성하지 아니하였다. 첫째로 도산은 '사랑'을 이해 못하는 완고한 태도며, 둘째로 춘원은 본국으로 가서 문학 활동을 하는 것이 민족에게 더 좋은 봉사를 하는 것이다. — 이렇게 생각한 것이다.

지금 생각하면 도산의 연설은 하나의 정치적 제스처였다. 춘원에게 대한 비난과 중상을 속히 끝내버리기 위해서는 도산이 그런 태도를 표명하는 것이 첩경이었던 것이다. 도산은 춘원을 이해하고, 그가 귀국하여 문화인으로 활동함이 더 유익할 것을 알고 있었으며, 끝내 춘원을 신임했던 것이다. 3년 후인 1924년 봄에 도산은 비밀히 춘원을 북경으로 불러내어 8일간 여관에 같이 유하면서 '동포에게 드리는 글'(甲子論說)을 구술(口述)하여 이듬해 봄에 동아일보에 실리게 하였던 것이다.

허영숙 씨가 먼저 귀국한 것은 두 분 사이에 격렬한 의견 충돌이 있은 뒤의 일이었다 한다. 춘원은 고민하고 있었다. 해외의 독립운동은 파쟁(派爭)으로 부진 상태에 있었다. 국내에는 '동아', '조선' 등의 민간신문이 발간되고 '개벽', '신생활' 등 민간잡지도 나와서, 민족적인 문화부흥의 기운이 들기 시작하였었다. 아무리 생각하여도 춘원은 그 문화운동 속에 뛰어들어 민족을 계몽·지도하는 것이 자기의 사명으로 생각한 모양이었다. 그러나 한편 임시정부를 떠나서 본국으로 돌아간다면 배신했다는 비난을 면치 못하고, 비겁한 사람으로 욕 더미에 앉을 것도 분명하였다.

고민 끝에 그는 귀국 못할 것을 선언하였고, 허 여사는 그것을 사랑의 배반이라고 화를 내어 절교를 부르짖고 떠나버린 것이다. 당시에 해외 독립운동이 1919년경처럼 활발하게 진행되었더라도 춘원은 움직이지 아니했을 것이다. 그는 애정과 애국심과 자기의 재능과의 충돌에서 몸부림치지 않을 수 없었다. "본국으로 돌아가, 감옥생활을 하고 나서, 문학으로 봉공(奉公)하는 것이 유일의 길"이라고 그는 결론하고 홀연히 떠나 압록강을 건넜던 것이다.

일본 경찰은 기차간에서 그를 체포하여 서울로 압송하였다가 감옥에 넣지 않고 그냥 방면해버렸다. 그것이 도리어 치명상을 줄 것이라고 해석하였다는 것이다. 과연 국내의 민간 여론은 춘원을 배반자로 공격하였다. 그러나 춘원을 아는 친구들은 그를 아끼고 그의 진심을 의심하지 아니하였다. '개벽'과 '신생활' 잡지는 그의 글을 실리기 시작하였고, 얼마 있어 동아일보는 그를 맞아 소설을 연재하게 하였으니 그것이 '재생'이라는 것이었다. 그 후 16년간에 동아일보와 조선일보에 10여 편의 장편소설을 연재하였고, 소설을 통한 민족정신 고취에 공헌할 수 있은 것이다.

귀국한 지 얼마 안 되어 '개벽' 지에 발표한 '민족개조론'은 하나의 필화사건(筆禍事件)으로 전개되었다. 분개한 청년들이 그의 집을 습격하였다. 춘원과 만나 시비를 하였으나 그의 말에 감동되었던지 폭행 없이 물러갔으며, 개벽사로 가서 테이블 등을 부셔버렸다. "조선 민족의 자질을 개조하기 전에는 독립은 무망(無望)하다"는 취지의 논지(論旨)가 오해 사기에 알맞았다. 첫째로는 우리 민족이 독립할 자격이 없다고 모욕했다는 것이다. 둘째는 독립운동의 배반자로서 그런 글을 쓴 것은 이적(利敵)하기 위한 고의적인 행동이란 것이다. 춘원을 동정한다는 이들까지도 '민족개조'란 말 자체부터 적당치 않다고들 했다. 비판은 감정적이었고, 그들의 진의(眞意)를 받아들이려 하지 아니하였다. "그 말이 과연 옳다"는 탄성이 나오게 된 것은 훨씬 뒤의 일이었다.

1924년 정초에 쓴 또 하나의 글, 동아일보 사설 '민족적 경륜'이 역시 큰 문제거리가 되어 춘원은 논설위원 자리를 내어놓게 되었다. 그 글 속에 '정치적 결사'가 필요하다는 대목이 있는데, 이것은 민족주의 우파가 '자치운동'을 일으키려는 음모의 하나라고 하여 주로 좌익에서 말썽을 일으킨 것이다. 당시 새로이 일어나는 좌익운동은 동아일보 일파를 공격, 중상하여 민족운동의 헤게모니를 자기들 손에 장악하려고 수단 방법을 가리지 아니했다. 그래서 동아일보 일파가 '자치운동'을 일으키기 위해서 '연정회(研政會)'를 조직하고, 설태희(薛泰熙), 이광수 등을 몰래 해외로 파견하여 해외 민족운동자의 양해를 구했다고 말을 퍼뜨려, 전국노동대회라는 회합에서 정식으로 공격하는 결의를 하였다.

실상은 설태희 씨는 해외동포 위문금을 전달하러 만주에 갔다 온 것이었고, 이광수 씨는 앞서 말한 바와 같이 도산의 글을 얻기 위해서 북경에 갔던 것이다. 김성수, 송진우, 안재홍, 조만식 씨 등이 서울에 모여 시국대책을 논의하다가 아무 신통한 결론 없이 헤어진 일이 있는데 이것을 '연정회' 음모라고 조작해서 선전하였던 것이다.

춘원이 초기에 '신생활론'을 쓰고 '무정'을 연재할 때 유교 윤리를 존중하는 구세대로부터 맹렬한 비난을 받은 일도 있다. 그의 붓은 항상 날카로웠고, 본의 아닌 오해를 피하기 위해서 우회적(迂廻的)인 문장을 택하려 하지 아니했다. 그런 유혹이 있을 때는 도리어 더욱 똑바로 쓰는 것이 ― 지나치게 솔직하게 쓰는 것이 ― 그의 성격이었다. 오해받을까 봐 붓을 휘는 것은 부정직(不正直)이라고 그는 말하였다. 그가 거듭 오해와 비난의 대상이 된 것은 보기에 따라 불행한 일이었으나, 한편 인간으로서의 그의 솔직한 표현이었으며, 그의 위대함이었다고 생각한다. 거기 비기면 나 같은 사람은 속물(俗物)에 지나지 않는다.

일제 말기의 친일언론(親日言論)에 있어서도 그와 같은 경향이 나타나고 있다. 민족과 동포를 보존하기 위해서 부득이한 붓대를 놀리기는 너나 할 것 없이 다 범한 것이어니와, 영리한 사람들은 가면인 것을 알리리만큼 꾀를 부렸지마는 춘원은, "기위(旣爲, 이미) 친일할 바에는 거짓말 안 되도록 마음을 가져봐야겠다"고 말할 만큼 양심론을 주장하였다. "우리가 저들의 비용으로 총 쏘는 법을 배우면, 장차 그것으로 그들을 대적(對敵)할 수 있지 않느냐'고 학병들에게 진심을 토로한 것도 있지마는 그는 어떤 경우에라도 양심을 속이지 말자는 것을 진정으로 생각한 것 같다. 과연 대성(大聖)은 대우(大愚)와 통하는 것인가. 잘이건 잘못이건 춘원의 발가벗은 인간성은 그대로 평가되어야 할 것이다.

일전 강연회에서 김우종(金宇鍾) 교수는 김동인의 '춘원연구'를 신랄하게 반박하였다. "신문체(新文體)를 완성한 것은 춘원이 아니요, 바로 동인 자기로다"고 한 것은 전혀 동인의 자대(自大)에 불과하다 하였다. 또 "3인칭의 '그'라는 대명사를 발명한 것도 동인 자신이지 춘원이 아니라"는 동인의 주장을 거짓말이라고 예를 들어 공격하였다. 김동인의 자대벽(自大癖)은 하나의 재롱거리에 불과하다. 춘원을 여지없이 물고 늘어진 동인의 '춘원연구'는 연구라기보다도 사랑방의 일석방담(一席放談) 같은 것이다. 동인을 아는 사람은 누구도 이를 진지한 연구논문으로 보아주지 않을 것이다. 춘원도 동인의 글을 보고서는 한번 웃고 만 것이요, 두 사람의 친분은 그것 때문에 조금도 손상됨이 없었던 것이다.

물론, 후일의 학자나 일반 독자들이 동인의 글을 보고 과연 그러했던가 하고 오해한다면 큰일이다. 김우종 씨의 반박은 그런 오해 없기 위해서 있어야 할 일이나, 그렇다고 동인을 거짓말쟁이로 규정하는 것은 또 하나의 오해를 일으키는 것이다. 동인도 악의로서 남을 헐뜯는 일은 못하는 사람이었다. "조선 문단에 독립불기(獨立不羈)의 괴물이 있으니 그의 이름은 김동인(金東仁)이라" 한 것은 서해(曙海) 최학송(崔鶴松) 씨의 동인평의 서두(序頭)이다. 동인의 자대(自大)는 친구들의 미소를 자아내는 그의 인간성의 하나였다.

춘원을 위선자라고 하는 이가 두 종류 있다. 하나는 가정에서 나온 말인데, 이런 것은 아마도 항용 있는 일일 것이다. 산은 멀리서 보면 웅장하거나 아름답고, 가까이 가서 보면 벌레 먹은 잎도 있고 썩어가는 뿌리도 있다. 아무런 위인이라도 사생활을 보면 신경질도 부리고, 담뱃재를 요 위에 떨기도 하는 것이다. 소설 '사랑'이 출판되었을 때에 안빈(安賓) 박사의 정신적 태도라든가, 석순옥(石荀玉)의 절대인종(絶對忍從)의 생활 같은 것은 인간사회에 있을 수 없는 일이라고 평하였다. 그들은 위선자요, 따라서 작자 이광수의 인격도 위선적이라는 것이다. 춘원이 인간적으로 그러한 경지에 도달했었다고 말함은 과장일 것이나, 그런 경지를 상상의 세계에서 그려보고, 그렇게 되기를 자기 이상(理想)으로 삼은 것은 사실이라고 볼 때에, 위선이 아니라, 영혼을 흔드는 고민과 노력의 표현이라고 볼 것이다.

언젠가 허 부인이 새벽에 우리 집을 찾아온 일이 있었다(지금 사는 사직동 집이다). "글쎄 이런 사람이 어디 있어요. 자기 자식을 때려 코를 터뜨렸으니, 그래, 불경을 외우는 사람이 그럴 수가 있어요? 위선자요, 위선자야." 이렇게 부인은 노발대발하였다. 그날 모 씨가 자전거를 타고 춘원을 방문하였는데, 요담을 마치고 나와 보니 문간에 세웠던 자전거가 없어졌더라는 것이다. 10여 살 먹은 아들 영근(榮根) 군이 손님의 자전거를 보고 타고 싶은 생각이 나서 무단히 빌어 타고 한 바퀴 돌아다닌 모양이다. 자전거를 도둑맞았다고 집안이 발칵 뒤집혔는데 영근 군이 타고 들어왔다. 그것을 보고 춘원이 대뜸 아들의 빰을 한 대 갈겼는데, 잘못되어 코가 터지고 피가 흐르게까지 되었다. 아들을 귀여워하는 어머니의 사랑에서 나온 분노가 남편의 불도수법(佛道修法)에까지 튀어간 것이다. 있을 수 있는 일이다. 그 영근 군이 지금은 이미 30을 넘어 미국서 물리학을 전공하여 박사학위를 얻고 세 자녀의 아버지가 되었다. 허 여사는 그 아들과 두 딸 및 7명의 손자들을 보기 위하여 지난달에 태평양을 건너갔다.

6·25 때 춘원은 신병으로 피난 못하고, 서울에 있다가 공산군에게 붙들려 '자수서'를 쓰라 하여 쓰다가 찢기를 여러 번 하고 마침내 거절하였다. 둘째 딸 정화 여사가 저술한 '아버님 춘원'에 그 광경이 적혀 있다. 8월에 공산군이 후퇴하면서 춘원을 끌고 간 후 15년 가까이 된 오늘날까지 소식이 없다. 몇 해 전에 춘원이 작고했다는 소식이 전해져서, 때마침 육당 최남선 씨가 별세한 지 얼마 안 된 무렵이라, 우리들 몇몇이 발기해서 문리과대학 강당에서 '육당·춘원의 밤'을 개최한 일이 있었다.

작년에 동아일보 지상에 북한 정보기관에 있다가 넘어온 분의 기사로서 납치 인사의 운명에 관한 글이 실렸는데, 거기 의지하면 그해 (1950) 10월 15일경 평양 기림리(箕林里) 어떤 민가에서 공산당 정보부원의 흉탄에 맞아 절명했다고 한다. 그대로 믿고 싶지도 않고, 또 안 믿을 수도 없는 소식이다. 어쨌든 기적이 일어나지 않는 한에 춘원의 보배로운 붓은 1950년으로서 꺾이고 만 것이다.

그는 새 소설의 아버지로 세상이 인정하지마는, 이번에 전집을 편찬하면서 보니 단편인 '무명', '육장기'라든가, 수필에 속하는 '묵상록', '돌벼개'라든가, 구슬 같은 시와 시조들, 또는 그의 편지와 일기, 이런 것들이 더욱 문학적, 사상적 향기와 깊이가 있음을 발견하였다. '인생의 향기', '나' 등은 말할 것도 없다. 종교소설 '사랑', '원효대사'에서 한 걸음 더 깊이 들어간 작품이 나왔던들— 하고 생각만 해도 원통스러운 일이다.

"나는 내가 이 세상에 나올 때에 가지고 온 심부름을 잊어버린 것만 같다. 내가 무엇 하러 왔던고? 좋은 청춘의 세월을 다 허망하게 보내고 백발이 성성한 오늘에 와서 호주머니를 뒤져본다는 것도 기막힌 일이다. 내가 무엇인고? 어디서 무엇 하러 왔노? 무엇을 하고 어디로 가는 것인고? 마치 먼 길을 가던 사람이 중로에서 술이 취하여 놀고 졸다가 번쩍 잠이 깨어보니 앞길은 막막한데 햇발은 길지 못한 것과 같다. 이에 부지런히 정신을 가다듬고 호주머니를 뒤져서 무엇 하러 어디로 가던 것인가를 찾아보는 것이다."('돌벼개' 서문에서) 이것이 춘원 자신의 예언처럼 되었으니 가슴 저린 일이 아닌가.

　(1963년 12월)[107]

이날 두 번째 연사로 등단한 문학평론가 김우종(金宇鍾)은, 춘원은 문체운동의 선구자로 한국 현대문학사상 큰 공적을 이룩했다고 극찬하면서, 김동인이 춘원의 소설을 '설교문학'이니 '통속소설'이니 폄훼한 것은 말도 안 되는 평가라고 반박하고 있다.

　춘원은 예술가다운 예술가가 없었던 이 불모지의 한국 문단에 땅을 파고 씨를 뿌린 개척자였다. 50년간의 짧은 우리 신문학사상 그가 이루어놓은 공적은 크다. 그러나 춘원만큼 잘못 평가되고 있는 작가도 드문 것이 사실이다. 이광수가 뿌렸지만 추수는 남이 했고, 공적을 남긴 것은 춘원이지만 훈장을 탄 것은 엉뚱한 사람이었다.
　김동인(金東仁)은 그의 '춘원연구'에서 춘원의 문학을 한마디로 말해 설교문학(說敎文學)이라고 평하고 있다. 그리고 끝까지 정치에 관여하는 허영심을 버리지 못했다고 평했다. 이것은 춘원으로서는 최대의 모욕이다. 동인은 문학이 설교의 수단, 정치의 수단이 될 수는 없다고 춘원을 혹평하고 있지만 과연 문학이 그 순수성만을 고집한다고 해서 위대한 것일까. 그 당시의 현실적 문제를 해결하는 데 호응하는 문학, 문제 해결의 목적의식을 가진 문학으로서 춘원의 문학은 높이 평가되어야 한다.
　우리나라에 근대적 문체(文體)를 굳건히 확립해놓은 이는 바로 춘원이다. 그러나 흔히 김동인으로 오인하고 있는 이가 많다. 동인은 1919

---

107) 『新思潮』新年特別號(1964. 1), pp.144~149, 春園의 못 다한 '심부름'(주요한).

년 '창조' 지에 발표한 '약한 자의 슬픔'에서 최초로 언문일치(言文一致)의 문체를 확립했노라고 스스로 장담하고 있지만 그보다 2년 앞선 1917년에 발표된 춘원의 '무정' 속에는 종결어미(終結語尾) '이더라' 식의 낡은 투의 문체는 가셔지고 완전히 생동하는 그 당시의 언어로 대체되어 있었던 것이다.

또 동인은 자기는 '약한 자의 슬픔' 이래 모든 작품에서 과거형을 쓰고 있으나, 춘원은 현재법 서사체(現在法敍事體)를 쓰고 있다고 헐뜯고 있지만 그의 작품 속에서도 현재법 서사체가 나왔고, 또 과거법을 써야 꼭 소설이 되는 것이 아님은 두말할 것도 없다. 현실적인 문제를 묘사할 때는 현재법 서사체가 오히려 근대적인 날카로운 감정을 잘 표현하는 수도 있다.

또 동인은 영어의 'he'나 'she'에 해당하는 우리말로 '그'라는 단어를 최초로 확립한 이는 자기 자신이었다고 말하고, 그 당시의 자기의 용기를 회고하면 지금도 장쾌하다고 언급한 바 있다. 그러나 실은 그보다 앞서 나온 춘원의 장편 '무정' 속에는 이미 도처에 '그'라는 대명사가 수두룩이 쏟아져 나오고 있는 것이다.

그 당시에 생동하는 구어체 문장을 확립하고 언문일치의 선구적 역할을 한 이는 다름 아닌 춘원이었다. 그러나 동인의 혹평으로 춘원은 지금까지 잘못 평가되고 있다. 동인은 그 작가적인 역량은 훌륭하지만 한 개인을 헐뜯는 데도 특별한 소질이 있는 것 같다.108)

김동인은 춘원의 문학은 설교문학이라고 평하며, 춘원은 정치에 관여해서 허영심을 버리지 못했다고 지적하면서 문학이 설교의 수단, 정치의 수단이 될 수 없다고 비판하고 있다. 이는 춘원의 '여기(餘技)'에 대한 비판이다. 춘원은 이렇게 말했다. "나는 어려서부터 문장은 여기(餘技)라는 교훈 속에 자랐으므로, 문사가 되리라는 생각은 없었다. 처음 동경에 유학을 갈 때에는 세계에 이름난 사람이 되리라는 막연한 생각밖에 없었다."109) 여기서 '여기(餘技)'에 대한 대칭 개념으로 본기(本

108) 『서울신문』(1963. 11. 15), 春園 그 文學, 그 思想(金宇鍾).
109) 春園李光洙著作, 朝鮮語學會校鑑, 『文章讀本』(弘智出版社, 大成書林, 1937. 3. 15), p.93, 文壇生活 三十年을 돌아보며.

技)를 상정해볼 수 있다. 그러면 과연 춘원의 본기는 무엇인가? 그것이 김동인의 지적대로 '정치 관여', 즉 민족운동인 것이다. "문학은 전문적이 아니고 취미 삼아 하는 사업 수단 즉 '여기'로, 독립운동이야말로 춘원의 전문적이고 근본이 되는 '본기'이다"라고 정의해볼 수 있다. 그러기에 김동인은 춘원의 문학을 설교문학, 통속소설이라고 평가절하하고 있다. 백철은 민족수난기에 춘원이 오로지 민족구제(民族救濟)를 위하여 독립운동을 일으키는 데 앞장선 것으로써 바로 그의 문학이 '여기'가 되었다고 정의하고 있다.

생각건대 춘원은 뒤에 가서 이론으로서도 초기의 근대문학론을 수정하고 있는 듯하다. 위에 나온 '그의 자서전'을 읽으면 그는 일본 시대에 자연주의 소설들을 많이 읽고 또 일시 자연주의 풍조에 휩쓸린 시기도 있었으나, 곧 자기반성을 하고 기독교적인 영향 속으로 돌아온 사실을 기술한 것이 있다. 따라서 문학 영향으로선 주로 톨스토이의 인도주의와 계몽주의적인 것을 따르게 된 사실을 말하고 있으며, 또 1936년에 쓴 '문단회고록'에선 '무정'을 쓴 것이 작품의 가치 때문이 아니라 당시의 젊은 독자를 깨우치기 위한 수단으로서 썼다는 말을 명백히 하면서 문학은 하나의 여기(餘技)로서 생각한다는 의사 표시도 했던 것이다.

이와 같이 춘원이 자연주의적인 근대문학을 배웠지만, 정말 그의 문학관은 더 주의적(主義的)이며 더 사회성(社會性)으로 바뀌지게 된 데는 상당히 여러 가지 원인이 있어 보인다. 첫째는 인간으로서 춘원의 기질과도 관계되어 있으나, 그보다도 당시의 환경조건이 더 큰 원인으로 되지 않았는가 본다. 춘원의 생각으로 보면, 민족이 큰 수난을 하고 있는 시대에 문학자만이 리얼리즘이라는 방관적(傍觀的)인 안한(安閑)한 문학관을 가질 수 있느냐 하는 것과, 또 주위에서도 춘원을 작가로서 내버려두지 않고 사회적인 인물로서 가두로 끌어내게 되어 그는 드디어 문학을 여기로 생각게까지 하는 데 나가게 된 것이다. 춘원이 문학과 사회의 경계선에서 겨우 톨스토이의 계몽주의, 인도주의와 악수를 하게 된 것은 그가 문학과 인연을 끊지 않게 된 최후의 타협선이었다.110)

이광수는 한국 최초의 현대소설 '무정'을 발표하기 이전에 1910년 대한흥학보에 단편소설 '무정'을 발표한 바 있다. 전자는 장편이요 후자는 단편이지만 같은 제목의 두 편의 '무정'을 발표한 것이다. 조연현은, 이광수는 한국 최초로 저널리즘과 문학과의 독립을 이룩했다면서 기자와 작가의 직능(職能)을 분리한 최초의 작가라고 평가하고 있다.

그러나 그러한 소설들은 순수한 창작이 아닌 번안(翻案)들이 대부분이었으며 그것도 독립된 소설가의 손에 의해서 씌어진 것이 아니라 신문사에 관계하고 있는 기자들에 의해서 씌어졌으며 그 수도 보잘것없는 것이었다. 그러나 '무정'의 선풍적인 대중적 인기는 이러한 상황을 일변시켰다. 그것은 앞에서 말한 문학의 상품적 가치의 인식과 함께 문학이 저널리즘과는 독립된 별개의 영역이라는 극히 중대한 새로운 각성을 갖게 해주었기 때문이다. 즉 소설가라는 신문기자와는 다른 별개의 직능(職能)이 인식된 것을 의미한다. '신소설' 시대에도 소설에 작자의 서명이 붙음으로써 소설이 보통기사와는 달리 취급되었지만 작가의 독립적 직능이나 인식은 극히 미약했다. 이것은 대부분의 '신소설' 작자가 당시의 신문기자였던 사실에서도 알 수 있다. '무정'은 문학사적인 의미 이외에도 이러한 저널리즘과 문학과의 독립에도 극히 중요한 영향을 끼친 작품이다.111)

조연현은 춘원 작품을 민족주의 이념을 구현한 작품이라고 평가하면서, 춘원이야말로 민족주의적 이상의 실천가라고 평가했다. 이상촌 건설은 흥사단과 동우회가 표방하고 있는 실천적 행동강령이다.

'무정'에 뒤이어 발표된 '개척자'는 김성재(金性哉)라는 과학자를 통하여 물질 방면의 개척과, 김성순(金性淳)을 통한 정신적, 사상적인 방면의 개척을 그 주제로 삼은 것인데, 이것은 그대로가 '민족의 교화'를 위한 민족주의 사상의 표현이 아닐 수 없다. 더욱이 김성재의 화학 실

---

110) 『李光洙全集(月報)』(三中堂出版局, 1963. 1. 20), pp.1~3, 春園의 文學觀 (白鐵).

111) 『東亞日報』(1968. 2. 24), 側面으로 본 新文學 60年: 두 편의 無情(趙演鉉).

험을 위한 희생적인 생활과 부모가 정해주는 결혼을 반대하여 자살하는 '성순'의 희생이 단순한 개인적인 행동에만 그치는 것이 아니라, 그러한 희생 자체가 '민족을 위함'과 '민족의 교화(敎化)'와 직결되는 것을 강조한 것은 민족주의 사상의 심화되어가는 그 일면이 아닐 수 없는 것이었다. 그러나 이러한 민족주의 사상의 하나의 절정을 이룬 것은 '흙'이며, 역사소설로서는 '단종애사'와 '이순신'이다. '흙'의 주인공 허숭(許崇)은 '무정'의 이형식과 동일한 타입의 인물이다. 그러나 허숭은 '형식'보다는 한층 더 적극적인 인물로서 자기의 모든 재산과 명예를 버리고 농촌으로 들어간다. '형식'에게는 민족에 대한 이상과 의욕은 있어도 그에 대한 구체적인 방법이나 노력이 없었다. '개척자'에 있어서 그러한 구체적인 노력이 자기희생으로서 표현됨으로써 '무정'보다 한층 더 확고화되었으나, 이 작품은 민족주의 사상 그 자체보다도 인간의 애정문제에 대한 이광수의 또 하나의 중요한 경향이 더 강한 인상을 주는 점이 있었다. 그러나 '흙'은 민족주의적인 이상(理想)으로서 일관한 작품이다.

이러한 포부를 농촌에서 실천함으로써 '민족의 교화'와 '민족을 위함'에 봉사하는 극단의 민족주의적인 이상의 실천자이다. '살여울'이라는 무지와 빈궁과 핍박으로 억눌려 있는 농촌을 유복(裕福)하고 아름다운 이상촌으로서 건설해보려는 허숭의 이러한 희생적인 노력은 그대로가 춘원의 민족주의 사상의 가장 강력한 일표현이 아닐 수 없는 것이다. 그러한 의미에 있어서 '단종애사'나 '이순신'도 지나간 역사적인 사실을 통하여 '민족을 위한' 구체적인 생활과 그 방법이 어떤 것인가를 '민족의 교화'로 삼은 그의 역작들이다.112)

박종화(朴鍾和)는 춘원은 소설가이기 이전에 논객(論客)이라 규정하고 있다.

소설가, 시인으로서의 춘원을 모르는 사람이 없으나 논객으로서의 춘원을 아는 사람은 그리 흔하지 않다. 춘원은 문학예술에서 뿐만 아

---

112) 趙演鉉, 『韓國現代文學史』(現代文學社, 1956), pp.237~239, 民族主義的 理念.

니라 논객으로도 대가임에 틀림없다. 나의 견해로서는 소설보다 논문에 더 춘원의 가치가 있는 듯하고, 춘원 자신도 도처에서 자기는 애당초 소설을 쓸 의사는 없었으며, 대논문을 초하고 싶다고 말하였다. 춘원의 논설 중 세상에서는 흔히 '민족개조론'을 들고 있지만 나로서는 '자녀중심론'을 첫 손가락에 꼽고 싶다. '청춘' 지에 발표된 '자녀중심론'은 그리 장문은 아니지만 그야말로 일세를 풍미한 걸작 논문이다.

조상들의 무덤을 파헤쳐서까지 '자녀'를 위하자는 그 논지(論旨)는 특히 젊은 층의 공감을 불러일으켰으며 당시 학생이던 나는 '자녀중심론'을 재독, 삼독하여 흥분되었던 기억이 난다. 또한 춘원은 그 논지를 실행에 옮긴 실천자이기도 하였다. 구세대의 인습에 희생될 수 없다는 그의 기개는 참으로 당시 젊은 세대의 전형이었다. '자녀중심론'에 비하여 '민족개조론'은 분량에 있어서 몇 배가 되는 대논문이다. 망명지 (上海)에서 돌아온 춘원이 동포에게 호소한 제일성이라는 점에서 큰 의의가 있었지만 그 논지는 격정이 앞서 지나친 인상을 주었다.

지금도 생각나거니와 우리 민족은 야만족이라고 한 점은 온 지식층의 분노를 사고야 말았다. 춘원이 어떤 의도에서 그런 말을 하였는지 자세히 알 수는 없으나 역시 젊은이로서의 넘치는 정열 때문이지 결코 민족을 모멸하자는 데서가 아님은 능히 짐작할 수 있다. 어떤 의미에서는 춘원만치 민족을 걱정하고 민족의 장래를 염려한 사람도 드물기 때문이다.

춘원은 또한 그때그때 일어나는 시대적 사건에도 예민한 필봉(筆鋒)을 구사하는 데 서슴지 않았다. 아마도 1910년(소위 한일합병) 이후, 일어난 민족적, 시국적(時局的) 사건에 춘원이 관심을 기울이고 붓을 들지 않은 적은 거의 없으리라. 그중에서 특히 꼽을 만한 것은 1919년 2월 8일, 즉 3·1운동이 일어나기 전 동경 유학생들이 일으킨 조선청년독립단의 '선언서'이다. 일부 사가들은 그 '선언서'를 육당 최남선이 초한 3·1 독립선언서에 못지않은, 그 이상 구체적이라는 평가를 내린 사람도 있을 정도이다. 아무튼 춘원은 글(특히 논설)을 쓰기 위해 이 세상에 태어난 사람 같다.113)

---

113) 『李光洙全集(月報)』(三中堂出版局, 1962. 5. 15), pp.1~2, 論客으로서의 春園(月灘).

곽종원(郭鍾元)은 춘원 논문의 특징을 민족문제, 교육성, 평이성, 세평의 찬부 양론 등으로 분석하고 있다.

　춘원 이광수의 논문에는 다음과 같은 특징이 있다. 첫째, 무슨 논문이든 간에 민족문제에 상관을 맺고 있다는 점이다. 신문화 선구자로서의 시대적 환경에서 기인하였다고 보여지는 그의 논문은, 따라서 예외없이 계몽성(啓蒙性)을 수반한다. 그래서 식자의 핀잔을 사기도 하였지만, 일반 대중에게 미친 영향은 지대하다.
　둘째는 교육성(敎育性)이 깃들어 있다는 점이다. 그것은 문학청년시대에 톨스토이의 영향을 가장 많이 받고, 청년기 말기에는 도산 안창호의 인격에 감화되어 그이를 숭상한 데서 온 것이라고 보여진다.
　셋째는 그의 논문은 평이(平易)하다는 점이다. 아무리 큰 문제를 다루어도 또 어려운 문제를 말하더라도 대하(大河)와도 같이 도도히 흐르는 춘원의 문장은 읽기 쉽고 알기 쉽다. 언문일치(言文一致) 문장 시조(始祖)인 춘원 문장으로는 너무나 당연한 이야기지만 노력을 게을리하지 않은 소산이리라.
　넷째 춘원의 논문에 대한 세평(世評)은 반드시 찬부(贊否) 양론으로 갈라졌다는 점이다. 그의 어느 논문이든 간에 사회 전체의 지지를 받은 것이 없고, 또 전적으로 배척을 당한 것도 없다. 이는 우리 사회가 안정을 얻지 못하고 늘 격동하고 있었다는 반증도 되지만 춘원의 설화(說話)가 무슨 논제에 대하여서도 여실하게, 구체적으로 해부한 결과라고도 볼 수가 있다.
　작가라면 으레 주관이 승(勝)하게 마련이지만 춘원은 그 주관을 내세우기 앞서 객관적인 관찰에 철저하였다고 보여진다. 그런 의미에서 그는 최근 반세기 동안 한국 사회의 시대적 증언자의 한 사람이라고 말할 수 있다. 이상 간단히 춘원 논문의 특징을 들은 네 가지는 그대로 그의 소설에도 반영되고 있음을 부언한다.114)

　곽종원은 춘원의 역사소설을 통해 그의 역사관을, 민족단결을 위주로 한 사관, 계몽주의적 사관의 두 가지로 분석하고 있다.

---

114) 『李光洙全集(月報)』(1962. 5. 15), pp.2~4, 春園 論文의 特徵(郭鍾元).

다 아는 바와 같이 춘원은 민족주의 작가요 계몽주의 작가였다. 이 춘원의 세계를 좀 더 확대해보면 인도주의적인 면과 박애주의적인 면까지 찾아볼 수가 있다. 춘원의 사상과 체질이 이런 민족주의적, 계몽주의적인 데서 출발되어 있기 때문에 그의 역사관도 그 테두리를 벗어날 수 없고, 그의 역사를 보는 관점이나 각도도 민족주의적, 계몽주의적인 데서 출발되고 있다.

이것은 춘원이 작품 활동을 왕성히 하고 있을 당시의 국가적, 사회적인 여건이나 환경이 그로 하여금 이런 경향에로 흐르게끔 만들었던 것이다. 다시 말하면 일제의 침략으로 말미암은 민족의 비운이 춘원 문학으로 하여금 민족주의적, 계몽주의적인 데로 이끌어갔다고 보아야 할 것이다. 춘원은 민족의 비운을 구(救)하고 어리석은 백성들을 깨우치는 데에 선봉을 서고, 그 수단으로서 문학작품을 썼던 것이다. 적어도 초기에 있어서의 그의 활동은 이렇게 말할 수 있다. 때문에 그의 문학은 효용성(效用性)을 제일의(第一義)로 한 것 같은 폄(貶)도 받고 있는 것이다.

그러므로 우리는 춘원의 역사관이 첫째, 민족주의적 입각점에서 출발되고 있다는 것을 말할 수 있다. 다민족이 모여서 한 국가를 형성하고 있는 미국 같은 나라의 예와는 달리 단일민족국가로서의 독특한 역사관이 그에게 싹트게 되었음은 의당한 일이 아닐 수 없다. 미국 같은 나라에서는 외족(外族)의 침략이나 박해를 받을 우려성이 없기 때문에, 거기서는 그 나라를 발전시키는 데 경제적인 여건만을 중시하는 사관이 필연적으로 생길 것이요, 우리나라와 같이 조그마한 반도국가가 강대국들 사이에 끼어 있을 경우에는 그 강대국의 세력을 막고, 그 박해와 침략을 막아내는 데 민족단결을 절감하는 사관이 앞서지 않을 수 없을 것이다.

춘원의 많은 역사소설이 그 주조(主潮)에 있어서 민족단결을 주축으로 하고 있는 것은 그 때문이다. '이순신'이나 '단종애사'나 '마의태자'나 '원효대사'나 '이차돈의 죽음'이나 '세조대왕'이나 '사랑의 동명왕'이나 그 어느 것이나를 불문하고 민족단결을 절규하지 않는 것이 없다. '마의태자' 속의 궁예(弓裔)가 이 반도에다가 대제국(大帝國)을 건설하려던 웅지가 바로 춘원의 뜻을 대변한 것이라면, 그것은 곧 이 민족의 단결과 결속을 촉구한 주장이 될 것이고, '이순신'에서 거북선을 만들어 남해에서 왜적(倭敵)을 무찌른 충무공 정신을 고취한 것은 그 것이 바로 민족단결을 호소한 좋은 샘플이 될 것이다.

이에 비하여 춘원은 우리 자체 내의 갈등보다 외세의 침공을 막고, 뒤떨어진 문화를 만회키 위해 선진문물을 받아들이는 데 주안목(主眼目)을 두었던 것이다. 이 목적을 달성시키기 위해 그는 민족단결을 위주로 하는 사관을 가지고 임했던 것이다. 이것은 이 두 작가(톨스토이와 춘원)의 이질적인 성격 차이에서 오는 것이 아니라, 그들이 속해 있던 국가적 배경과 사회적 환경의 차이에서 오는 결과라고 볼 수밖에 없는 것이다.

다음은 둘째로, 춘원의 계몽주의적 사관을 살펴보아 할 것이다. 위에서 말한 바와 같이 춘원은 문단에 작품 발표를 시작하면서부터 민족계몽을 부르짖고 나섰다. 조혼의 폐해와 가족제도의 불합리성과 교육제도의 미비점과 농촌의 피폐상에 대한 원인 구명(原因究明)과 자유연애 구가와, 이런 것들을 들고 나와서 우매한 백성을 깨우치려 했던 것이다. 이런 점은 그의 역사소설에 있어서도 같은 계열로 추리될 수가 있다. 그의 역사소설은 한결같이 영웅과 귀족계급과 이런 상류층의 인물이 주인공으로 등장되고 있다. 농민이나 상인이나 말단관리나 적민(賊民)은 별로 등장되지 않는다. 이것은 무엇을 말하는 것인가?

위에서도 열거한 바와 같이 그의 '이순신'이나 '마의태자'나 '단종애사'나 '원효대사'나 '세조대왕'이나 '이차돈의 죽음'이나 '사랑의 동명왕'이나 간에 거의가 명장이요 귀족이요 영웅이요 지사 아니면 열사(烈士)들이다. 충무공이 그렇고, 단종의 애사(哀史) 속에 나오는 인물이 모두 그렇고, 원효나 세조나 동명왕이나 모두 위인 아니면 영웅들이다. 이것은 춘원의 역사소설이 이런 위인이나 영웅들의 생활을 재현시켜서 우리들 독자에게 계몽의 구실을 하기 위한 것이다.

원래 문학의 본질이 예술성을 높이는 데 제일의적인 의미가 있고, 계몽을 한다는 것은 부차적인 의의밖에 없는 것이다. 예술성을 살피기로 위주를 한다면 아무리 역사소설일망정 과거의 역사 속에 평민이나 개인들의 생활을 파헤쳐서까지에 리얼리티를 포착해야 될 것은 두말할 필요가 없다. 그러나 그의 역사소설은 대부분의 타(他) 역사소설과 같이 귀족과 영웅과 위인들의 생활을 그려놓았다. 이것은 위에서 말한 바와 같이 민족단결을 위한 계몽을 하기 위해서 영웅들을 본보기로 내

세운 것이다.

이상 두 가지로 대별해서 춘원의 사관(史觀)을 요약할 수 있는데, 춘원의 이런 주견(主見)은 모두 애국애족사상에서 우러나온 것임을 알 수 있다. 일제 말기에 착각으로 과오된 점이 없지 않았으나(친일전향), 그의 머릿속에는 항상 민족이란 문제가 떠나지 않았던 것을 우리는 추측할 수가 있다. 그러나 애국이라든가 애족이란 것이 사실은 애매하고 모호한 개념의 것이다. 존슨은, "애국심이란 하찮은 자의 최후의 피난소이다"라고까지 비꼬았는데, 입으로 떠드는 애국이란 자칫 잘못하면 에고이즘에 빠지는 길도 되고, 또 그것을 팔아서 사리사욕(私利私慾)을 취하는 지름길도 되는 것이다. 춘원은 존슨의 비꼬는 대상이 될 만한 하등의 건덕지(건더기)가 없다. 그러나 그가 이런 애국이나 애족을 전면에 내어걸지 않고 문학작품을 위한 예술성을 살리는 데 더 주력을 했던들 훨씬 높은 경지를 개척하지 않았을까? 식자들 간에 있는 말이다.[115]

1932년 4월 윤봉길의 폭탄의거에 연루된 안도산은 일본 경찰에 체포되어 국내로 압송, 대전형무소에 수감되었다. 한평생 국내 유일의 민족운동단체 동우회를 이끌어온 이광수로서는 최대의 정치적 위기상황에 직면한 것이다. 그러나 그는 위기 타개책으로 동아일보에 '흙'(1932. 4. 12~1933. 7. 10)을 연재하기 시작했다. 이광수는 일찍이 오산학교 교원 시절 '동회운동'(새마을운동)을 벌여 용동(龍洞)마을을 이상촌으로 만들었고, 동아일보 편집국장으로서 문맹퇴치, 농촌계몽 등 브나로드운동으로 큰 성과를 거둔 체험을 토대로 '흙'을 집필했다. 따라서 이는 동우회의 실천 강령인 이상촌 건설을 실현하기 위한 대담한 야심작인 것이다.

이광수는 '흙' 집필을 앞두고 "새봄에 싹트는 조선의 흙, 그 위에 새로 깨는 조선의 아들들, 딸들의 갈고 뿌리고 김매는 땀과 슬픔과 기쁨과 소망, 청춘의 사랑, 동족의 사랑, 동지의 사랑… 이것을 그려보려 한

---

115) 『李光洙全集(月報)』(1963. 3. 20), pp.1~2, 春園의 歷史觀: 그의 歷史小說을 通해 본(郭鍾元).

것입니다"116)라고 밝히면서 조선심(朝鮮心)의 재발견, 조선적인 민족운동의 역동성을 강조하고 있다. 이광수는 '흙'은 이상(혁명사상)과 주의(민족주의 사상)를, 민족의 현재(압제)와 장래(민족해방)를 고민하는 사랑하는 청년들에게 호소하는 사정 편지라고 밝히고 있다. '흙'을 연재하던 중 안도산이 6월 7일 국내로 압송되자, 이광수는 '흙' 연재를 3주간 중단하는 기회를 이용하여 안도산 무죄석방운동에 앞장서면서 각 방면으로 도산의 신병을 보호하는 한편 조선혼(朝鮮魂)을 찾아 단군유적 답사여행의 장도에 올랐다.

　농촌으로 돌아가려던 허숭의 이상은 마침내 죽어버리고 말았다. 필자는 이 모든 문제를 제2편으로 밀고 단군유적을 찾는 길을 떠나게 되어, 약 3주간 이 소설을 중지하지 아니하면 아니 되게 되었다. 그러나 필자의 생각에는 이번 단군의 유적 — 옛날 우리 조상이 처음으로 조선 문화를 이루노라고 애쓰든 자취를 찾아 태백산으로, 비류수로, 강동, 강서로, 반만년 역사의 증인인 대동강으로, 장당경(藏唐京)으로, 강화(江華)로 헤매는 동안에는, 오늘날 조선의 사람과 '흙'을 그리려 하는 나에게는, 수십 년 도회생활만 하고 농촌을 등졌던 나에게는 반드시 많은 느낌과 재료를 얻으리라고 믿는다. 나는 이러한 느낌과 재료를 제2편 이하의 '흙'을 그리는 데도 쓰려고 한다.
　이러한 사정으로 '흙'의 제1편을 끝내고 잠시 중단하는 기회를 타서 나는 독자 여러분께 내가 '흙'을 쓰는 동기와 포부를 고하여 두려 한다. 나는 오늘날 조선 사람에게 — 특히 젊은 조선 사람에게 — 그중에도 남녀 학생에게 고하고 싶은 것이 있다. 그중에는 민족의 현상과 장래에 대한 이론도 있고, 또 내가 우리의 현재와 장래에 대하여 느끼는 슬픔과 반가움과 기쁨과 희망도 있고, 또 여러분의 속속맘과 의논해보고 싶은 사정도 있다. 나는 이 모든 것을 서투른 소설의 형식을 빌어 여러분의 앞에 내어놓은 것이다.
　이 소설 '흙'이 재미가 없을는지도 모른다. 예술적으로 보아서 가치가 부족할는지도 모른다. 어떠한 분의 비위에는 거슬리는 점도 있을 것이다. 그러나 또한 여러분 중에 내 감정에 공명하시는 이도 없지는

116) 『東亞日報』(1932. 4. 8), '흙', 작자의 말.

아니할 것이다. (나는 사실상 '흙'을 쓰기 시작한 이래로 20여 장의 편지를 받았다. 그것은 나에게 깊은 감격을 주는 편지들이었다. 다 모르는 분들의 편지여니와 그러할수록 나에게는 더욱 깊은 감격을 주었고 또 힘을 주었다.) 어찌하든지 '흙'은 나라는 한 조선 사람이, 그가 심히 사랑한 같은 조선 사람에게 보내는 사정 편지다.

비록 여러 가지 부족한 점은 있을 법해도 진정으로, 진정으로 쓴 편지다. ─ 이것 하나만은 독자 여러분께 고백하는 바이다. 위에도 말한 바와 같이 허숭, 윤정선, 이건영, 한민교, 김갑진, 심순례, 유순, 정서분, 이러한 인물들은 내가 보기에 조선의 현대를 그리는 데 필요한 타입의 인물로 본 것이다. 나는 이 모든 인물로 하여금, 비록 처음에는 서로 미워하는 적도 되고 또는 인생관과 민족관의 인식 부족으로 생활에 많은 흠이 있다 하더라도, 그것은 다 목자 잃은 양, 지남철 없는 배와 같은 오늘날의 조선 청년계의 혼돈하여 갈피를 잡을 수 없는 시대의 탓이요, 그들 다 서로 사랑하고, 서로 한 목표, 한 이상(理想), 한 주의(主義)를 위하여 한 팔이 되고 한 다리가 되어, 마침내는 한 유기적 큰 조직체의 힘 있는 조성분자가 될 사람들이요, 또 되지 아니하면 아니 될 사람들이 되게 하고 싶다. 독자 여러분은 작자의 이 부족하나마 참된 동기만은 동정의 양해를 주시고 이 한 사람의 편지('흙'이라는 소설)의 하회를 기다려주시기 바란다.

6월 21일 동아일보 편집국에서 작자.117)

여기서 '속속맘'이란 동우회의 혁명사상을 상징하고 있다. 조선혼과 민족주의 정신을 고취하기 위해 이 같은 야심적인 작품을 창출하였으니 이것이 그의 정치적 지도원리인 것이다. 따라서 '흙'은 조선 청년들에게 이 '속속맘'을 전하여 자유독립사상을 고취하기 위한 사정 편지라고 고백하고 있다. "내가 우리의 현재와 장래에 대하여 느끼는 슬픔과 반가움과 기쁨과 희망도 있고, 또 여러분의 속속맘과 의논해보고 싶은 사정도 있다"며, '흙' 집필의 동기는 '속속맘'을 젊은 청년들에게 호소하기 위함임을 밝히고 있다.

과연 춘원의 작품을 읽은 청년들의 감응은 훗날 한국 산업화에 큰

---

117) 『東亞日報』(1932. 6. 22), 長篇小說 '흙' 45회, 春園 作, 靑田 畵.

원동력이 되었다. 그 대표적인 사례를 들면, 박정희는 춘원의 '이순신'을 읽고 이순신을 숭배하여, 군인이 되고 대한민국 대통령이 되어 민족 중흥, 산업혁명의 중추역이 된 것이다.118) 정주영(鄭周永)은 강원도 통천 출신인데 동네에서 유일하게 구장집에서 동아일보를 구독하고 있어서 틈나는 대로 구장집에 가서 '흙'을 읽고 크나큰 감동을 받은 것이다. "당시 연재했던 춘원 이광수의 '흙'을 소설가가 지어내는 이야기인 줄도 모르고, 매일 실제로 일어나는 일을 그날그날 써낸다고 믿었고 나도 가까운 장래에 꼭 서울 가서 독학으로 고시 패스를 해 허숭(許崇) 같은 변호사가 되겠다는 뜻도 품었다. 우스운 얘기지만 이 뜻을 이룰 작정으로 나는 후에 서울로 와서 노동을 하면서 실제로 '법제통신' 등 법학 책을 사 모으고 육법전서를 암송하여 보통고시까지 쳤었다. 결과는 당연히 낙방이었고 변호사는 그것으로 포기했지만, 고맙게도 그때 공부했던 엉성한 법률 지식은 오늘날까지 나를 크게 돕고 있다."119) 정주영은 허숭의 농촌계몽운동, 농촌 근대화운동의 정신을 체득하여 이것이 그의 한국 산업화운동의 역동적인 추동력으로 작용한 것이다.

'흙'의 독서 반응은 윤덕선 한림대학 설립자의 회고담에서도 찾을 수 있다. "우리나라 소설로 '흙'과 '상록수'를 읽었다. 이 책은 항상 일본인 선생들한테 들키면 호되게 경을 치는 숨어서 보는 책들이었다. (주: 일제 말엽 '흙'과 '이순신' 등은 금서였다.) 이 책을 읽고 나는 급조 민족주의자가 되었다. 우리는 일본인 학생들에게 공부나 싸움이나 운동이나 심지어 술 먹기에도 지지 않아야 할 것을 누구나 크게 결심하였다."120)

이광수는 '"흙'을 쓰고 나서'를 발표했다.

나는 이번에 '흙'을 써가는 중에 모르는 여러 분에게서 수백 장 편

---

118) 조우석, 『박정희 한국의 탄생』(살림출판사, 2009. 10. 9), pp.136~137.

119) 鄭周永, 『나의 삶 나의 이상 시련은 있어도 실패는 없다』(현대문화신문사, 1992. 8. 1), pp.21~22.

120) 윤덕선, 『성의월보』 29호(1961. 11), 나의 어린 시절; 윤홍로, 『春園研究學報』 제5호(2012), pp.18~19, '사랑'과 病의 치유: 북한 요양원 혹은 이상촌으로 가는 길.

지를 받았습니다. 과분해서 등에 찬 땀이 흐르도록 격려해주시는 편지들입니다. 나는 이 편지들을 보고 내가 하는 변변치 못한 말씀이 우리 동포들 중에 공명을 일으킨 것을 고맙고 기쁘고 영광스럽게 생각하였습니다. 그런데 이 여러 장 편지 속에 가장 인상을 주던 글발은, 어느 여성인 듯한 분으로부터 허숭이가 '살여울'을 찾아갈 때 그의 아내가 자살하려 차에 뛰어들어 중상을 당하여 결국 다리를 자르는 대목이 있는바 거기에 이르러 "너무 악착스럽다. 차라리 죽일지언정 다리를 끊게 하여 일생을 불구자의 설움 속에서 살아가게 함은 아무리 죄의 값이라 하여도 사람이 주는 벌로써는 너무 지나치지 않느냐" 하는 뜻의 항의 비슷한 글이었습니다. 그의 필치는 여성 특유의 예민한 관찰을 섞어 인도주의적으로 작자의 사건 만드는 수법을 반박한 것이었습니다. 나는 이 편지를 보고 죄와 벌에 대하여 많은 생각을 하여볼 기회를 얻었던 것입니다.

어쨌든 '흙'은 끝나는 줄 모르게 끝이 났습니다. 나도 '흙'이 얼마 더 있을 줄 알았으나 더 쓰려고 생각해보니 벌써 쓸 것을 다 써버렸습니다. 사진사는 '있는 것'밖에 더 박을 수가 없습니다. '없는 것'을 박는 것은 요술입니다. 나는 몇 해를 지난 뒤에 '흙'의 후편을 쓸 날이 올 것을 믿습니다. 살여울 동네가 어떻게 훌륭한 동네가 되는가를 지키고 있다가 그것을 여러분께 보고하려 합니다. 나는 살여울이 참으로 재물과 문화를 넉넉히 가진 동네가 되기를 바랍니다. 동시에 김갑진이가 새로운 생활을 하고 있는 검불랑이 살여울과 같이 잘되고 온 조선에 수없는 살여울과 검불랑이 일어나기를 바라고 믿습니다.

나는 이건영 박사도 그 좋은 재주와 공부를 가지고 심기일전하여 조선에서 큰 일꾼이 되어지이다 하고 빌고 있습니다. 사람이 뉘 허물이 없으랴만은 고치면 좋은 일입니다. 우리 조선 사람이 전부 허물이 있지 아니합니까. 전부 허물이 있기 때문에 지금은 잘못 살지 아니합니까. 그러나 우리 조선 사람들이 허물을 고치는 날 우리는 반드시 잘살 것입니다. 이것이 우리 희망이 아닙니까.

그러나 나는 바쁜 사무를 보는 여가의 실낱만 한 틈을 타서 쓰는 '흙'이라 잘 생각해보고 또 고치고 할 틈이 없었음을 부끄럽게 생각합니다. 그렇지마는 내가 그 속에서 여러분께 여쭌 말씀은 모두 내 진정입니다. 나는 이 '흙'을 지금 신의주형무소에서 치안유지법 위반으로 복역 중인 벗 채수반(蔡洙般) 군에게 드립니다. 채수반 군은 '흙'의 주인공인 허숭과 여러 가지 점에서 같다고만 말씀해둡니다. 채 군이 출옥할 날이 아직 앞으로 3년이나 남았으니 언제나 나와서 이 '흙'을 읽어주나.

마지막으로 나는 이 '흙'이 미성품인 것을 자백합니다. 그러나 위에도 말씀한 바와 같이 이 '흙'은 미성품이 되지 아니치 못할 운명을 가진 것이라고 믿습니다. 왜 그러냐 하면 살여울이 아직 미성품이기 때문입니다. 나는 한 선생이 살여울로 들어가시는 것을 보았고 허숭 변호사가 아직 출옥하지 아니하였고 유정근, 심순례, 이건영, 현 의사 같은 이들이 무엇을 할지를 모르는 까닭입니다. 그러나 나는 차를 타는 것까지는 보았다고 믿습니다. 나는 그네들이 힘쓰는 하회를 볼 수밖에 없지 아니합니까. 그것을 보아서 아까도 말씀하였거니와 '흙'의 속편을 쓸 수밖에 없지 아니합니까.121)

엄상섭은 춘원의 정치적 지도원리에 대해, 그것은 시대착오적인 지도원리라고 비판적 견해를 피력하고 있다.

작가의 태도를 그 의도 여하에 의하여 세 가지 타입으로 분류할 수 있다. 그 1은 "이렇다"라는 것이니 현실적, 폭로적, 단면적이며, 그 2는 "이럴 것이다"라는 것이니 예언적, 기계적이고, 그 3은 "이렇게 하고 싶다"라는 것이니 이상적, 지도적인 것이다. 그렇다면 이상 3자 중 춘원은 어느 것에 속하느냐 하는 의문이 당연히 일어날 것이다. 따라서 누구든지 춘원은 그 3에 속할 것이라고 대답하기를 서슴지 아니할 것이다. 사실 씨는 '무정' 이래도 "이리 하고 싶다"는 작품을 꾸준히 쓰고 있었다. 씨의 최근의 작 '흙'에서도 이러한 씨의 의도는 확실히 나타나 있는 것이다. 동시에 그의 작품은 이상주의적 입장에서 일종의 지도원리를 가지고 있는 것이 씨의 작품의 특징이다. 내가 여기서 '흙'의 독후감을 씀에 당하여 그 이상주의적 입장의 가부(可否)를 말하려고 아니 한다. 다만 나의 관심은 그 지도원리 여하에 있는 것이다.

씨는 지금에 있어도 씨 자신을 조선의 문단 내지 사상계의 지도적

---

121) 『三千里』(1933. 9), pp.73~74, '흙'을 쓰고 나서(春園).

지위에다가 두고 있는 것 같다. 물론 '무정', '개척자'의 시대에는 그러하였을 것이다. 그러나 세월은 부단히 흐르고 사회는 쉴 사이 없이 유동하지 아니하는가. 씨 자신은 아무리 조선의 지도자로 자임(自任)하고 있을지라도 조선의 현재는 씨를 최고봉에다가 두지는 아니한다는 말이다. 낡은 힘의 몰락과 새 힘의 성장 — 씨는 투르게네프의 '아버지와 아들'을 읽고 느낀 바가 있어야 할 것이다. 씨가 점차 시대에 뒤떨어진 지도원리를 가지게 된 것은 씨 자신은 조금도 깨닫지 못하는 모양이다.

그러면 '흙'에 담겨 있는 지도원리를 한번 검토해보기로 하자. '흙' — 인도주의자이며 민족주의자인 주인공 허숭(許崇)이가 자기의 고향인 농촌 '살여울'에 돌아가서 모든 장애와 박해를 무릅쓰고 무저항적으로 초인간적 활동을 하고 있는 결과 그 주위에서 그를 박해조소(迫害嘲笑)하는 사람들도 마침내 그 허숭에게 감복되어가는 것으로 제3편이 끝났다. 즉 여기 나타난 지도원리를 간단히 말하면 일본의 무자소로(武者小路) 씨의 그것에 벗어나지 못하는 것이다. 무자소로 씨의 완전한 실패는 우리 목전의 실례가 아닌가.

이 현실 왜곡의 뒤떨어진 지도원리를 가진 씨의 작품에는 비상한 묘사 비약이 있는 것이다. 이번의 '흙'에서도 그따위 부자연한 인식 부족은 얼마라도 지적할 수 있다. 그 일례만 든다면 허숭이가 농촌사업을 한 지 근근 1년 만에 '살여울'의 부호 유산장이 금시에 대타격을 받아서 두문불출도 고민하는 지경에 빠졌다는 것이니 이것이 커다란 웃음거리가 아니고 무엇이냐? 농촌사업이 그처럼 용이하며 또한 그처럼 속효비료(速效肥料) 같은 효과가 난다면 농촌문제란 당초부터 일어나지도 아니하였을 것이다. 농촌의 부자의 세력이라는 것이 그다지 약하다면 빈농문제는 허숭이가 귀농하기 전에 벌써 해결되어버렸을 것이다. 씨가 사회주의를 이해치 못하는 원인도 — 인도주의에서 일보를 나서지 못하는 원인도 이러한 불완전한 현실 파악에 있을 것이다. 만일 허숭이가 경험하는 정도의 장애와 박해를 예상하고 농촌사업을 시작하는 사람이었다면 그는 즉시 실망의 함정에 빠지고 말 것이다. 이 점에서 나는 씨의 농촌 지식이란 유치원 정도를 벗어나지 못한다고 생각한다.

다음 유정근이가 회개하는 것도 너무나 수음적(手淫的)이다. 그다지도 교활한 정근이로서 경찰서나 검사국에서 허숭이가 입만 벌리면 자기가 무고죄(誣告罪)로 걸릴 것을 뻔히 알면서 그따위 부신입화(負薪入火, 땔나무를 지고 불로 들어감)의 모험을 감행하였다는 것은 상식으로나 또는 씨가 가지고 있는 듯한 신비주의로 해석하더라도 이해할 수 없는 일이다. '흙'의 3편에서 붓을 떼면서 씨는 "거짓말은 못하는 것이다"라고 말하였다. 씨의 거짓말과 참말의 작품상의 차이가 어느 정도인가는 알지 못하거니와 이후로는 좀 더 시대에 적합하고 현실에 입각한 소설을 써주기를 바란다.122)

이광수는 동아일보에 '흙' 연재를 끝내자마자 1933년 8월 조선일보 부사장에 취임했다. 도산이 출옥하면 그를 조선일보 사장 자리에 앉혀서 그의 신병을 보호하기 위한 계략에서였다. 그러나 뜻밖에 첫아들 봉근의 죽음(1934. 2)으로 춘원은 극도의 인생무상에 함몰되고 만다. 이에 조선일보에 사직서를 제출하고 속세를 떠나 금강산 장안사로 들어가 머리를 깎고 아예 중이 될 결심을 하였다. 안도산의 장기 입옥, 봉근의 참척, 동우회의 회세 부진 등 이광수로서는 인생 일대 위기의 나락에 함몰하고 만다. 이에 자하문 밖 홍지동에 산장을 지어 은거에 들어갔다. 1935년 2월 안도산이 형기 22개월을 남기고 가출옥됨으로써 이광수는 다시 조선일보에 복귀했다.

이무영(李無影)은 이광수의 소설은 그의 민족주의적 사상을 선전하는 '정치적 설교'문학이라고 지적하고 있다. 그러기에 너무 정치에 관여함으로써 작가로서의 작품 전념에 집중할 수 없어서 세계적인 명작(순수문학)을 내지 못하고 있다고 진단하면서 '탈정치(脫政治)와 문예전념(文藝專念)'을 주문하고 있다.

춘원 선생. '소설가' 하면 바로 춘원 선생을 가리키는 말이외다. 소설 하면 그것이 곧 '무정'이나 '개척자'가 되고 말던 시대가 우리 조선에는 있었습니다. 그만큼 우리의 신문학운동에 끼치신 선생의 공로의 큼을 우리는 모이면 이야기하게 됩니다. 우리마다 선생을 끌어내지 않

---

122) 『朝鮮中央日報』(1933. 7. 27), 時代錯誤의 指導原理 春園의 '흙'을 읽고(엄상섭).

은 때가 없었습니다. 짧으나마 우리는 문학사를 되돌아볼 때 선생의 그림자를 안 본 적이 없었습니다. 그렇던 선생의 얼굴이 최근에 와서는 점점 우리의 기억으로부터 사라져가는 것 같은, 어쩐지 문학이 선생을 버림인지 선생이 문학을 멀리하심인지는 모르되 선생과 문학과는 인연이 멀어지는 것 같은 느낌을 선생을 대할 때나 선생의 작품을 읽을 때나 받아지더이다. 이 얼마나 쓸쓸한 일일까요. 이러한 인상을 우리가 받게 된 것은 작가인 선생이 신문사 편집국장이니 부사장이니 하는 선생의 길이 아닌 자리에서 작가로서의 정력을 빼앗기었음에 있지 않았던가 합니다. 생(生)이 생각건대는 선생은 지적(志的)이기보다도 정적(情的)에 속하시지 않는가 싶소이다. 선생은 문(文)에 속할 어른이요 무(武)에 맞은 어른은 아닌가 하옵니다.

일찍이 선생이 상해에서 오실 때 많은 사람을 울리신 것도 정에 넘치는 선생의 글이 아니었던가 하옵니다. 죄송하오나 어떤 편이냐면 선생은 '문(文)'으로 해서 이름을 이룬 사람이요, '문' 아니면 그 찬란하신 '오늘날'을 만들지 못했으리라고 생은 생각하고 있습니다. '某某新聞編輯局長 李光洙'라든가, '某某新聞副社長 李光洙'라는 것보다는 '小說家 李光洙'라는 것이 얼마나 격(格)에 맞게 들리는지 모르겠습니다.

그렇다고 글을 쓰는 사람은 반드시 글 속에 붙어서 일생을 보내라는 것은 아닙니다. 그러나 선생은 글, 더욱이 소설에서 한 걸음 나가서는 안 되실 분입니다. 소설을 쓰시는 여력(餘力)으로 다른 공부를 하신다면 편집국장이니 사장보다도 과학 방면의 연구를 하여 좀 더 작가로서의 역량을 기르셨다면 하옵니다.[123]

언론기관, 더욱이 신문사는 글의 기관이 아닙니다. 말의 기관입니다. 정치적 기관입니다. 선생은 작가의 길을 버리고 신문사에 업(業)을 가지셨습니다. 그리하여 학예부에서 편집국장, 편집국장에서 부사장, 이렇게 올라가셨습니다. 이 신문사의 일이, 직업적 의식이 선생으로 하여금 정치가연(政治家然)하시도록 영향한 것이 아닌가 하옵니다.

신문사는 그동안 선생의 생활을 보장하여왔습니다. 그러나 그 생활

---

123) 『朝鮮中央日報』(1934. 6. 20), 檄! 胸襟을 열어 先輩에게 一彈을 날림. 春園 李光洙 氏에게(上)(李無影).

보장에 대한 보수로서 신문사는 선생에게 문학을 버리시도록 하였습니다. 이 점에서 선생이 이번 조선일보 부사장의 자리를 감연히 버리시고 산수간(山水間)에 방랑하시며 머리를 가다듬으셨다는 소식을 듣고 마음 기쁘게 생각하고 있나이다. 이러한 선생의 이중생활, 정치가(政治家) 아닌 정치가 행세를 하신 영향은 그동안 선생의 작품에도 깊이 뿌리를 박고 있었든가 하옵니다. 선생은 정치가 아니면 감당키 어려운 신문사장의 일을 하시는 때와 꼭 같은 태도가 작품에도 반드시 나타났습니다. 선생은 작품에서마다 흙으로 돌아가라 하십니다. 농촌으로 가자고 하십니까. 그러나 이것은 선생이 마치 전공이 아니신 신문사 일을 처리하시듯이 막연했습니다. 선생은 농촌으로 가라고는 하겠지마는 농촌은 어떤 것이며 오늘날의 농촌의 현실은 어떤 것이라든가 하는 것은 아르켜주심이 없었습니다. 농촌에 가서 일을 하라고 선생은 또 말씀하십니다. 그러나 오늘날 우리 농촌에서 어떠한 사업을 하라는 시담(示談)은 없으셨나이다.

선생은 농촌으로 '살여울'을 그리었습니다. 그리고 살여울에 '일'하고 '허숭'을 그리었습니다. 그러나 우리는 '살여울' 같은 농촌을 찾아보지 못합니다. — 와 — 의 끄나풀처럼 떠돌아다니는 농촌사업가를 발견치 못합니다. 아니 그러나 사업가를 우리 농촌은 기대하지 않습니다. 필요로 하지 않습니다.

춘원 선생. 그리고 생이 일찍이 선생을 알기는 민족주의자로 알았습니다. 그러든 것이 최근에 와서는 선생은 '민족' 소리를 입에서 떼시지 않으시기는 하나 어떤 민족의 민족주의자인지도 분간치 못하게 되고 말았습니다. 선생. 생은 비록 천박한 청년이오나 생 자신과 선생과의 사상이 다르다고 선생을 그르다고 하지 않습니다. 그러나 생은 양쪽에 발을 디디고 풀무를 부는 사람을 좋다 하지 않습니다.

선생은 또 남의 평에 귀를 기울이지 않으시는 것을 한 처세도덕으로 삼으시는 듯하옵니다. 물론 좋을까 합니다. 바른말을 해주는 것이 싫어서 머리를 싸매고 덤비는 사람이 많거늘 옆에서 벽력이 내린대도 눈도 깜짝 않으시는 태도는 존경합니다.

그러나 이것은 평자가 옳지 않은 말만을 하는 경우에 한하는 것이 아닐까 하옵니다. 젊은 아이들의 철없는 소리를 귀담아 듣지 않으심은 선배다운 점이 있습니다마는 옳은 말에도 일체 반향이 없음은 선생이

선생 자신을 반성하시는 성의가 적으신 탓이 아닌가 하옵니다. 이것을
선생이 점잖으시다고 들린다면 그만이겠지마는 그렇다 하더라도 너무
점잖으십니다. 너무 착하십니다. 점잖은 사람은 보수적일지언정 진보적
은 못 되지 않는가 합니다. 그럴진대 마음이야 편하겠지요. 그러나 다
음 편한 사람은 절박한 현실에 놓여져 있는 사회의 일꾼은 못 됩니다.
지금까지의 선생의 태도는 이것이 아니었던가 하옵니다.

  선생의 그 태도는 마치 갑(甲)과의 일을 맞추지도 않으신 채 을(乙)
과 손을 잡으시는 것이 아닌가 하옵니다. 이것은 오로지 선생의 성격
— 너무 어지신 — 에서 오는 것인가 싶사온데 이러한 성격으로는 큰일
없이 세상을 평범하게 지나갈 수는 있을지 모르지마는 생들이 선생에
게 기대하는 '일꾼'은 되기 어렵지 않을까도 하옵니다.124)

  1935년 7월 삼천리사의 파인(巴人) 김동환(金東煥)은 '춘원 이광수
전집' 전 10권 간행을 기획하면서 호화찬란한 광고문을 삼천리 7월호
에 실어 대대적인 선전 홍보를 전개했다. 편집위원 12명(洪命熹, 金東
仁, 韓龍雲, 玄憑虛, 廉想涉, 張赫宙, 田秋湖, 金石松, 李泰俊, 朱耀翰,
金岸曙, 金東煥)으로 전 10권이 삼천리 방방곡곡에서 열렬 환호리에
발매하고 있다고 선전하고 있다.

  파인 김동환은 '전집 간행의 사'에서 "절세의 대문호의 찬탄할 이 업
적, 실로 한 사람의 천재, 만인의 심령(心靈)에 불을 켠다"고 갈파하고
있다.

  만 명에게 알리운 사람은 재사(才士)요, 십만 명에게 알리운 사람은
천재(天才)라, 재사의 생명은 10년을 갈까. 그렇지만 천재의 목숨은 천
세에 길이 흐른다. 이제 우리의 불세출의 문호 춘원은 오히려 십만 명
도 넘게, 아니 백만 명도 넘게 지우(知友)의 사랑과 존경 속에 올연(兀
然)히 서고 있다. 이를 하늘이 아는 사람이 아니라 하면 우리는 마침
내 일생 중에 천재를 보지 못하고 말 것이다.

---

124) 『朝鮮中央日報』(1934. 6. 21), 檄! 胸襟을 열어 先輩에게 一彈을 날림. 春園
    李光洙에게(中)(李無影).

그는 과거 20년 동안 우리 반도의 문화를 개척하는 선구자로서 그의 빛나는 족적이 이 땅 문화 전 분야에 찍히지 않은 곳 없었고 더구나 민족생활의 뜻에 꽂인 '신문예'의 길을 독창적으로 개척하여놓은 공은 셰익스피어, 푸슈킨, 타고르의 유(類)가 아니리만치 우리에게는 감사한 존재였다.

그렇건만 일찍 반도사회는 그를 총애할 줄도 보호할 줄도 잊고 때로는 20년래 5, 6만 장의 원고를 쓰느라고 고달퍼하는 그의 손끝을 채찍으로 때렸고, 또 오명(汚名)으로써 박해하였다. 그러나 이 땅 산하와 이 땅 형제를 사랑하는 그의 지정(至情)은 변할 줄 몰라서 오늘날까지 순교자와 같이 묵묵히 그 보수 없고 응답 없고 신산한 걸음을 거두지 않고 있다. 세상이란 언제까진들 이렇게 무정하랴. 그의 지정에 감동할 날은 바야흐로 오고 있고, 그의 재필(才筆)을 찬탄할 날도 또한 우리 앞에 다닥쳐오는 것을 믿는다.

말이 여기 미침에 그러면 지금은 그를 대접할 준비 있어서 그의 이름을 다시 부르려 드느냐 하면 그렇지 못하고 오직 날(나) 같은 후배의 일은 강산대하(江山大河) 같은 그 많고도 빛나는 문조(文藻)의 일장일구(一章一句)라도 모두 모아 널리 펼치는 한편, 후세에 끼쳐야 할 의무를 느끼고 이에 전집을 간행하는 바이니 우리와 뜻을 같이하는 인사 ― 이 사업을 북돋우어주기를 바라노라. 서울 三千里社 金東煥.[125]

1권 政治論文集 民族的 經綸
2권 文學評論集
3권 그 女子의 一生(上)
4권 그 女子의 一生(下)
5권 短篇小說集
6권 千眼記
7권 戱曲集
8권 詩集
9권 紀行文集 내 半島江山
10권 自敍傳

---

125)『三千里』(1935. 7), 全集 刊行의 辭(金東煥).

저자 이광수는 자필로 '李光洙'라 사인을 한 '작자의 말'에서 이렇게 쓰고 있다.

　　나는 조선 사람을 향하여 내 속을 호소하느라고 소설과 노래와 평론을 씁니다. 나는 세계적으로 칭찬을 받는 소설가나 평론가라는 말 듣기를 원하는 마음은 터럭 끝만큼도 없습니다. 내 소원은 오직 조선 사람들이 내 쓰는 글을 읽어주어서 내가 하랴는(하려는) 말을 또 뜻을 알아들어주었으면 하는 것뿐입니다. 돌아보건대 내가 쓴 첫 장편소설을 발행한 지 이제 바로 20년이 되었습니다. 이 20년 동안에 나 자신이 한 일 쓴 글을 돌아보면 비록 죄 된다고 생각되는 것까지는 별로 없다 하더라도 부끄러움과 기막힘이 많이 있습니다. 그러나 나는 앞날의 내가 뒷날의 나보다 나을 것을 믿음에 더욱 닦고 더욱 힘쓰리라는 맹세를 한 번 더 합니다.

　　乙亥(1935) 五月 北漢山 三池洞에서 李光洙[126]

　　여기서 "나는 조선 사람을 향하여 내 속을 호소하느라고 소설과 노래와 평론을 씁니다"라는 문장에서 '속'이란 곧 이광수의 민족주의 사상, 동우회의 혁명정신을 의미한다. 자신의 '속'(혁명정신)을 조선 청년들에게 호소하여 자신의 '뜻'(민족운동)을 알아주었으면 하는 것이 춘원의 유일한 소원이다. 제1권 '정치논문집: 민족적 경륜'에는 '민족개조론', '소년에게', '상쟁의 세계에서 상애의 세계에', '민족적 경륜' 등 춘원의 민족주의 사상이 총망라되어 있다. 이 같은 민족주의 사상을 청년들에게 고취함으로써 민족운동을 거족적으로 일으키겠다는 것이다. 결국 이광수의 정치적 혁명사상을 널리 선전하여 민족운동을 일으키기 위한 기획임을 알 수 있다. 당시 일제에 의해 1931년 5월 신간회가 해

---

126) 『三千里』(1935. 7), 인사의 말씀(李光洙). 이광수전집(삼중당)에 미수록. 김동환이 야심차게 '춘원 이광수전집' 전 10권 간행을 기획했지만 실제 전집은 간행되지 않았다. 아직까지 그 실물은 발견되지 않고 있다. 특히 정치 논문 '민족적 경륜'에는 춘원의 민족주의 독립사상이 표백(表白)되어 있어서 경무국 당국으로부터 '불온문서'로 지목당해 출판 불가 판정을 받아 '춘원 이광수 전집'의 간행은 무산된 것이다.

체되고, 1935년 5월에는 카프가 해체되는 등 날로 정치적 탄압이 강화되고 있는 시대상황에서 언제 동우회마저 해산될지 모를 절박한 상황에 직면하고 있었다. 게다가 도산이 출옥하여 송태산장에 은거하고 있는 상황에서 이러한 난국을 돌파할 수 있는 길은 오직 그의 민족주의 사상이 담긴 저술을 간행하여 조선 청년들에게 호소하는 것밖에 다른 도리가 없었다. 그러나 이와 같이 거창한 '이광수전집'(삼천리사)은 기획과 간행을 널리 선전했음에도 불구하고 실제 발간되지는 않았다. 즉 아직까지 그 실물은 발견되지 않고 있다. 총독부 검열 당국의 언론출판 탄압책에 저촉되어 출판이 무산된 것으로 판단된다.

김남천(金南天, 1911~1953)은 평남 성천(成川)에서 출생했다. 1931년 제1차 카프 사건 때 검거되었고, 1935년 5월 카프(KAPF, 조선프롤레타리아예술동맹)가 공식적으로 해체를 선언할 때까지 카프의 핵심요원으로 활약하면서 사회주의적 리얼리즘을 추구했다. 실제 그의 작품은 계급적 인간을 그리려는 과도한 시도로 현실 속의 산 인간을 그리지 못한 것으로 평가되었다. 그는 이후부터 고발문학으로 기울기 시작했다. 그의 대표작은 장편소설 '대하(大河)'(1939)로, 성천의 박성권 일가가 겪는 개화기의 시대상과 의식의 변화과정을 연대기적 가족사의 형식으로 그린 소설이다. 이 밖에 '삼일운동'(1947), '맥(麥)'(1947) 등의 작품이 있다. 김남천은 해방 직후 조선문학가동맹에 가담하여 좌익계 문학을 주도하다가 월북했으며, 1953년 휴전 직후 남로당계(南勞黨系) 박헌영(朴憲永) 세력을 숙청할 때 박헌영과 함께 처형되었다.

김남천은 그 특유의 신경향파의 고발문학 필치로 '이광수전집'(삼천리사) 간행의 사회적 의의에 대해 비판적인 안목으로 고발하고 있다. 김남천은 카프 문학의 예술성이나 인간성 탐구의 본래적 목적에서 벗어나 문학을 정치조직의 선전물로 전락시키고 논전과 내분에 휘말려 민족분열을 조장했다. 그 대표적인 사례가 바로 '이광수전집' 발간에 대해 부정적인 시각으로 인식하고 고발한 것이다.

삼천리사의 발행으로 춘원 이광수 씨의 전집이 계획되어 홍명희, 한

용운 씨 등 열두 분의 편집으로 그의 제1회 배본이 끝났다. 20년의 신문학이 있은 이래 문학자의 전집 간행은 이것이 처음임에 광고 선전문에 인용된 각계 명사와 문호 제위의 말씀을 기다릴 것도 없이 조선의 문학계를 위하여서나 또한 출판계를 위하여서나 한가지로 경하하여 마지않을 바이라 생각한다. 그러나 우리는 이 계획이 신문학 생긴 이래 초유사이고 또한 출판계에 있어서도 용단을 요하는 쾌사이어서 그가 기여하는바 의의는 외국이나 일본 내지의 그것과 비할 수 없을 만치 큰 것이었으므로 과장적인 미사여구만을 가지고 이것을 대할 수 없을 것이니 단순한 열광적인 찬양사의 뒤에 있는 것 혹은 뒤에 올 것을 명확하게 규정하는 바 있어야 할 것이다.

다시 말하면 우리들이 지금 겪어나면서 있는 사회적, 문학적 정세의 속에서 이 전집 간행이 갖는바 사회적 의의를 객관적으로 구명하여 이들 각계 명사의 '나팔' 소리 뒤에 있는 것이 무엇이며 열두 문호의 편집방침이 기도하고 있는 목적의 사회적 성격은 무엇인가. — 통틀어 이 광수전집 간행의 사회적 의의를 명확히 하여야 한다는 것이다. 이에 외람되나마 이곳에서 이에 대한 약간의 시감(時感)을 적는 까닭이다. 내가 이곳에서 말하고자 하는 것은 그러나 춘원 문학의 역사적 가치를 규정하여보자는 것도 아니요 또한 그의 작품을 일일이 음미하여보자는 것도 아니다. 이러한 사업은 필자의 천식(淺識)과 비재(菲才)의 탓만이 아니라 준비와 자료에 있어서의 미력(微力)의 관계로 지금의 나로서는 태반 불가능에 속하는 일이어서 이곳에서는 이 전집 간행이 갖는 사회적, 계급적 의의만을 약간 이야기하는 것으로 만족하려고 한다.

칭찬을 갖는 소설가나 평론가 운운은 광고문인 성질상 반드시 씌어 있어야 할 문구인지는 모르나 40의 고개를 훨씬 넘으신 대사상가의 입에서도 또한 이런 치기(稚氣)스러운 자존심과 명예욕에서 해탈치 못한 말이 나오는가 하여 장백산인(長白山人)의 일사일언(一事一言)에 흔히 듣는 설교와는 천양(天壤)의 감이 없지 않다. 더구나 세계적인 소설가가 되겠다는 것을 희망하였다면 아직도 사라지지 않은 청년적 기상을 가상타 할 것이나 언구(言句)의 표면과는 반대되는 내용을 교묘히 돌려 꾸며놓은 기술을 역시 대가의 솜씨라고 우리들 약관(弱冠)으로 하여금 오직 경탄을 마지않게 할 뿐이다.

또한 모두에서 말한바 소설과 평론을 쓰는 목적을 조선 사람 2천만 동포를 향하여 자기의 사상(속)을 선전(호소)하기 위함이라고 당당히 선언한 것 역시 지난날 예술과 정치와의 관계를 절리(切離)시키기 위하여 가증한 '프로문학'을 그렇게 공격하고 심지어는 "예술은 재주외다" 하고 말하던 것과는 격세의 감이 없지 아니하다. 이것을 가리켜 춘원에 있어서의 사상상 진전이라고 해석할 것인지 또는 단지 예(例)의 수단에 의하여 책을 많이 팔자는 방책으로 또 한 번 '조선 사람'을 팔아보자는 의도로 볼 것인지는 알 수 없으되 아마도 이것이 최근 정치적 모책(謀策)에 있어서 비상한 활기를 띤 이광수 씨의 능하여진 수법의 일단인가 한다.127)

뒤이어 작자는 다시 자기 문학의 공과에 대하여 언급하고 있으니— "20년 동안에 나 자신이 한 일 쓴 글을 돌아보면 비록 죄 된다고 생각되는 것까지는 별로 없다 하더라도 부끄러움과 기막힘이 많이 있습니다." — 부끄러움과 기막힘이 무엇으로 인함인지는 모르지만 죄 되고 안 된다는 것은 결국 이광수 씨가 항상 자도 깨도 잊지 못한다는 조선의 2천만 '민족'의 생활을 그의 예술이 정당히 반영하였는가 또는 이른바 이광수 씨의 '속'을 '민족'에게 '호소'함에 '민족'을 향상의 길로 이끌기 위하여서였든가 혹은 '조선 사람'이 역사적인 움직임을 따라 정당한 길을 밟으려 할 때 그들의 수레의 바퀴를 거꾸로 밀려고 하지는 않았든가 등등의 엄밀한 문학사적 내지는 사상사적 평가를 단정하자는 의사이니 이에 있어서 이광수 씨 자신이 "죄 된다고 생각되는 것까지는 없다"고 생각하든 안 하든 이미 냉정한 '역사'는 이광수 씨의 예술과 인간적 내지는 정치적 행동에 결정적인 단안을 내리우고 있을 것이다.

물론 우리는 춘원 문학이 조선 신문학의 초창기에 있어서 언어예술의 황무지를 닦아준 공로와 또한 부르주아적인 진보적인 사상이 봉건적인 낡은 인습타파에 공헌한 바라든가 대부분 자유연애를 통하여서이지만 그 시대의 조선적인 객관적 진실을 어느 정도까지 반영해준 예술적인 공적에 대하여 결코 무심하려는 자는 아니다. 그러나 우리들이 그의 초기 작품 예컨대 '무정'과 '개척자' 등등을 그 시대에 있어서 진

---

127)『朝鮮中央日報』(1935. 9. 5), 文藝時感 (5). 李光洙全集 刊行의 社會的 意義 (金南天).

보적인 역할을 다한 작품이라고 말하는 것은 그것을 낳게 한 시대적 환경의 엄정한 분석 다시 말하면 15년대로부터 20년대의 시대적 제약성이 동시에 춘원 문학의 제약성이라고 이해하는 데서 오는 것이며 그러기 때문에 그것을 그대로 35년대인 지금에서 본다면 역사적 의의밖에는 가지지 못하는 것이다.

그러므로 조선 사람의 생활이 역사적인 움직임을 따라 20년대의 시대적 제약을 뿌리치고 새로운 한 걸음(步)을 내놓으며 지난날의 모든 것에 대하여 비판자로서 다시금 등장할 때에 춘원 문학은 그의 사상과 함께 시대적 민중생활의 전면으로부터 미끄러져서 이미야 조선 청년의 마음을 떠났고 계급분열 격동 속에서 두려움에 벌벌 떨고 있는 '조선의 얼'을 붙들고 '민족개조론'을 세상에 권하게 되었으니 이때에 벌써 춘원 문학의 진보성은 조종(弔鐘)을 울린 것이며 그의 문학과 그의 아류들의 문학은 동인(東仁), 상섭(想涉), 빙허(憑虛)의 자연주의 문학을 거쳐서 23, 24년 신경향파(新傾向派)에게 유산을 상속하고 그 후부터의 그의 문학적, 사상적 업적은 거개(擧皆)가 역사의 바퀴를 후퇴에로 이끌려는 노력에 의하여 된 것이었다.

더구나 근년에 이르러서는 '혁명가의 안해(아내)'와 '흙' 등의 작품에서 새로운 민중의 움직임에 대하여 셰퍼드와 같이 고약스럽게 발악하는 한편 '단종애사'와 '이순신' 등에서 국수열(國粹熱)을 고취하기에 여념이 없었으니 이광수 씨가 선전문 속에서 "죄가 없노라"고 한 것은 우리들 젊은 사람들로 하여금 고소를 금치 못하게 하는 바 없지 아니하다.

이미 춘원 문학에 대한 문학적인 평가가 이러함에 그의 전집 간행의 가부(可否) 등은 스스로 논해(論解)의 피안(彼岸)에 있을 것이니 춘원의 전집을 간행함은 지극히 좋은 것이로되 그의 편집방침이 춘원 문학의 시대성(時代性)을 정당히 파악하지 않아서는 안 되리라는 것이 우리들의 주장일 것이다. 다시 말하면 전집의 편집방침의 밑을 흐르고 있는 사상이 무엇인가. 춘원 문학을 역사적으로 정당히 파악한 과학적 입장에서 편집은 시행되었는가, 혹은 이것 역시 시대적 동향의 차륜(車輪)을 뒤로 이끌려는 기도(企圖)에 의하여 고려되었는가 하는 것의 관찰에서 이 전집 간행의 사회적 의의는 자신의 결정을 찾아내일 것이다.

그러나 전집 10권의 내용에서 보는 바이지만 우리는 이 내용의 발표에 의하여서는 하나도 정당한 과학적인 태도를 간취할 길이 없으니 문학사적으로 가치 있다고 인정되는 '무정'과 '개척자', '재생' 등은 미간행물을 제1기로 출판한다는 이유에 의하여 배제되고 '민족개조론' 등이 제1권으로 되어 있다.128)

4. 원융무애의 사랑의 경지 구술원고 작품: '춘원시가집', '무명', '사랑'

1937년 6월 7일 동우회 사건으로 도산과 춘원을 비롯하여 동우회 회원 181명이 총검거되었다. 이광수가 한평생 이끌어온 민족운동의 최후의 보루인 동우회는 강제 해체되고 말았다. 옥고 8개월 만에 병보석으로 도산은 경성제대 부속병원에, 춘원은 경성의전 병원(현 육군병원)에 입원했다. 춘원은 병감(病監)생활 8개월 동안(1937. 12. 18∼1938. 7. 29)129) 그의 심경(心境)을 토로하는 '병상일기'를 남겼다. 성경을 읽으며 기도하고, 불경을 읽으며 분향 합장 · 염불한다. 이에서 모든 종교를 아우르는 원융무애(圓融無礙)의 사랑의 세계로 승화하고 있다. 기독교의 사랑의 세계, 불교의 자비심과 중생제도의 세계로 융통하는 그의 심경을 담백하게 서술하고 있다.

병상일기

-- 1938년 1월 23일(일)

내 난치(難治)의 병상 머리맡 탁자 위에 놓인 화병에는 카네이션, 수선(水仙), 백합이 꽂혔다. 카네이션은 P군이 가져오신 것, 수선은 R · K · C 3군이 갖다주신 것, 백합은 C질(姪)이 꽂아준 것, 화병은 W군이 사다준 것. 빛도 아름답고 향기도 아름답다. 지구의 산물(産物)로는

---

128) 『朝鮮中央日報』(1935. 9. 6), 文藝時感 (6). 李光洙全集 刊行의 社會的意義 (金南天).

129) 『李光洙全集』(三中堂, 1963), 권 20, pp.298∼300(1937∼1938), 年譜(노양환).

가장 아름다운 꽃들이다. 이러한 아름다운 꽃은 부처님, 보살(菩薩)님 앞에나 공양(供養)할 것. 나같이 더러운 사람에게는 가당치 아니한 것이다.

그러나 이 꽃들보다도 아름다운 것은 앓는 나를 위하여 이런 꽃을 가져다주신 마음들이다. 그 사랑, 그 자비심. 이 우주에 가장 아름다운 것이 곧 이 자비심(慈悲心)이다. 아무리 찬양하여도 족할 수 없는 아름다운 것. 이 마음이 곧 부처시다. 하나님이시다.

밤에 마태 5, 6장을 읽다. 깨끗한 마음. 백합꽃의 비유(譬喩) 등등. 내 상두(床頭)의 꽃들이 한량없이 아름답고 향기롭고 내 마음은 한량없이 기뻤다. 성경을 읽어주는 P군(박정호)도 기쁘다고 하였다. 일생에 드문 기쁜 한밤이어!

-- 1월 25일(화) 음(陰)

화병 꽃의 뿌리를 잘라주다. 어저께도 잘라주었더니 물을 잘 빨아올려서 시들었던 푸리지아와 수선이 싱싱하게 되었다. 흰 카네이션은 암만해도 소생하지 아니한다.

매엽(梅葉)이 밤 동안에 말라버렸다. 웬일일까. 한참 동안 정력을 모아야 다시 필 것이다. 백합은 세 송이 중에 한 송이가 피었다. 둘째 송이도 내일쯤은 필 것 같다.

S형(송진우)이 선물로 준 향을 피우다. 나는 시방제불(十方諸佛) 전에 꿇어앉아서 분향(焚香) 합장(合掌)하였다. 이 향기가 시방(十方)에 퍼져서 일체중생의 마음을 청정케 하소서 하고 염(念)하다. 일주향(一炷香)! 내 몸이 일주향이 되어지이다. 그러나 추악한 냄새가 날 이 몸이여!

어젯밤에 누가복음 12장과 시편 37편을 P군더러 읽어달라고 하다. "의인(義人)은 땅을 차지하고 악인의 씨는 끊어지리라." 믿음이 적은 무리들아 두려워 말라. 어리석은 자여, 적게 믿는 자여!

법화방편품(法華方便品)을 읽다. "諸佛語無異 於佛所說法 當生大信力 當生大歡喜 自知當作佛(모든 부처님의 말씀은 다름이 없고, 부처님의 설법에서, 마땅히 큰 신앙의 힘이 생기고, 마땅히 큰 환희가 생기나니, 이는 스스로 부처님 됨을 알게 되도다.)" 언제 알지도 못하면서 어른의 이르는 말씀을 들을 줄도 믿을 줄도 모르는 이런 나여.

-- 1월 26일 청한(晴寒)

새벽하늘이 불그스레함을 동창으로 바라보다. 우주는 늘 젊다 하였다.

"欲令衆生 開佛智見 使得淸淨"을 읽다. 화엄명법품(華嚴明法品)을 읽다. "色身莊嚴 語言莊嚴 意行莊嚴 佛刹莊嚴 光明莊嚴 眷屬莊嚴 神力莊嚴 佛敎莊嚴 涅槃地莊嚴 持法莊嚴"

'불찰장엄'이란 번뇌(煩惱)를 제멸(除滅)하는 것이다. 내 번뇌를 제멸하는 것이다. 번뇌의 적(跡)까지 제멸하는 것이다. 내 마음이 청정할 때에 법계(法界)가 다 청정하는 것이다. "云何佛刹莊嚴得 一念淸時萬法淸"

어젯밤 누가 10, 11, 12, 13, 14, 15, 16장을 읽다. "적은 무리여 두려워 말라!" P군 오다. 인과(因果)는 믿어지나 삼생(三生)이 아니 믿어진다고 말하다. 우선 금일 명일의 인과를 믿으라. 장차 전생(前生) 내생(來生)의 인과를 믿게 되리라 하다. 상행불사(常行佛事)를 염하고 행하려 하고 마는 '금강정(金剛定)'을 얻기 어려워 번뇌 날치다. 백합 둘째 송이가 언제 피는지 모르게 피다. 침두(枕頭)에 두고 늘 보면서도 그것이 피는 줄을 몰랐세라. 내 보리심(菩提心, 성불하여 도를 깨달은 마음)도 그러하였다.130)

이어 춘원은 압박받고 있는 포로생활의 정치 환경에서 마음의 자유를 축복하고 사랑과 자비심의 고마움을 한껏 찬양하는 '심회'를 발표하였다. 여기서 '구고(舊稿)'란 춘원이 병감 중에 집필했음을 의미한다. '임'이란 민족지도자 이광수 자신을, '할 일'은 민족구제의 시대적 사명을 암시하고 있다. 도산은 병감 중 1938년 3월 10일 운명했다. 도산이 옥중 서거함으로써 민족지도자로서의 중책은 이광수에게 부하된 시대적 사명이 되었다. 여기서 '할 일'이란 단어가 여섯 번 되풀이된다. 그만큼 이광수는 '할 일'을 강조하고 있다. 그러면 그 '할 일'은 무엇을 말함인가? 그것은 민족구제와 독립대업을 의미한다. 이 중생(민족)에게 사랑하는 임이 되고 고마움의 스승이 되어 '임'의 생명을 그들을 위하

---

130) 『三千里』(1938. 11), pp.217~219, 病床日記(春園).

여 바치는 것이다. 따라서 그 '할 일'을 다 이루는 날까지 오랜 세월 '임'의 생명은 영원한 자비의 행진곡을 따라 즐겁게 나아가는 것이다.

심회

1. 즐거움

즐거워라. 자연의 아름다움이 즐겁고, 인정(人情)이 아름다우니 즐겁도다. 생명의 본질이 사랑인 줄을 깨다를 때에 아니 즐겁고 어이하랴. 비록 괴로움 바다요 불붙는 집(苦海火宅)이라고 하는 사바세계(娑婆世界)라 하더라도 자연의 아름다움과 생명의 사랑이 있음에 기쁘고 즐겁도다. 하물며 이 우주 간에는 우리 세계보다 몇 갑절 몇 백 갑절 몇 천 갑절 한량없이 아름답고 즐거운 세계가 있고, 우리도 우리가 짓는 업보(業報)를 따라 그 세계들 중에 어느 세계에나 태어날 수 있으니 즐겁고, 우리의 마음이 완전히 깨끗하여지고 우리의 맑은 행(行)이 구족(具足)할 때에 우리는 한량없이 넓고 한량없이 아름답고 즐거운 세계를 이루어 한량없는 중생으로 하여금 그 속에서 살고 즐기게 할 수 있으니 더욱 기쁘고 더욱 즐겁도다.

내 생명이 짓고 있는 생각과 말과 일이 시시각각으로 부처 나라를 짓는 역사(歷史)가 되니, 아아 나의 일분일초여, 모두 기쁨이요 즐거움이로다.

2. 고마움

고맙고 고마워라. 하날(하늘)과 따(땅)의 고마움이어. 해와 달의 고마움이어. 모든 생명들의 고마움이어. 아버지와 어머니의 고마우심이어. 나를 사랑하여주는 인연 있는 모든 중생들의 고마움이어. 나라의 고마움이어. 임금의 고마우심이어. 내 마음의 어리석은 어두움을 깨트리고 나에게 진리의 빛을 보는 힘을 주시와 마침내는 모든 중생의 스승이 되고 전 우주의 다스리는 이가 되게 하시는 크신 스승의 고마우심이어. 눈을 들어 돌아보니 어느 것이나 나의 고마움 아님이 없도다.

천지만물이 어느 것이 임의 사랑의 선물이 아니며 삼계중생(三界衆生)의 어느 분이 나의 사랑하는 임이 아닌고. 이러한 고마움 속에 사

934

는 내가 '할 일'은 오직 고마워하고 즐거워하고 사랑하고 그러므로 내 생명을 그들을 위하여서 바침이로다.

3. 끝없는 오늘

오늘이 끝이 없도다. 과거에도 끝이 없었거니와 미래에도 끝이 없으리로다. 내 생명은 항상 오늘에 사는 도다. 아침에 일어남에 내 '할 일'이 있도다. 해 올라와 낮이 됨에 내 '할 일'이 있도다. 낮이 기울고 저녁이 됨에 또한 내 '할 일'이 있도다. 내 심장이 한 번 뛸 때마다 내 '할 일'이 있으니 그 일은 곧 내 마음을 맑히고 내 몸을 아름답게 하여 중생에게 사랑하는 임이 되고 고마움의 스승이 되게 하며, 둘째로는 시시각각으로 내 곁에 있는 자를 사랑하고 도와줌이로다. 중생이 한(限)이 없으니 나의 사랑과 도움의 일도 한이 없도다. 부처에 이르는 길이 한이 없으니 나의 마음을 닦음과 몸을 단장함도 한이 없도다. 이슬을 받고 볕을 받는 동안에 초목이 자라는 모양으로 중생을 사랑하고 도웁는 동안에 나의 보살행(菩薩行, 보살이 부처가 되려고 수행하는, 중생을 이롭게 하는 행동)이 자라는 도다. 깨어서부터 잘 때까지 숨 쉴 때마다 하는 모든 일이 다 보살행 아님이 없으니 오늘은 기쁜 날이오. 자고 나면 또 오늘이요, 죽고 나면 또 이생(이승)이라. 내 생명이 한이 없음에 생명의 일이 한이 없고, 생명의 일이 한이 없음에 즐거움이 한이 없도다. 내 '할 일'을 다 이루고 남음 없이 스러지는 그날까지 헤아릴 수 없는 오랜 세월에 내 생명은 영원한 자비의 행진곡을 따라 즐겁게 나아가리로다.131)

1938년 6월 조선일보사 사장 계초(啓礎) 방응모(方應謨)가 격무 끝에 와병했다. 이 소식을 들은 춘원은 병감 중에서 병문안을 한시(漢詩)로서 수응(酬應)하는 아름다운 시편을 보냈다.

병중음(病中吟)

본사 사장 방응모 선생이 사무(社務)에 주야 진로(盡勞)하신 여독으

---

131) 『朝光』(1938. 11), pp.94~95, '舊稿' 心懷(春園).

로 와석하신 지 월여! 그동안 간독(懇篤)하신 간호와 정양으로써 완쾌하시는 도정에 계시옵는데, 이 병보(病報)를 받은 춘원이 또한 병중에서 한 시편을 보내어 위문하였다. 이 시편에 방 선생은 또 화답의 시를 쓰셨다. 이제 이 2편을 실어 독자에게 드리는 것이다. 일독하여 음미해보시는 것도 자미(滋味) 있을 것이라 생각된다. (편집자)

聞啓礎翁有疾

病中聞友疾 惻惻更添愁
世事元無定 勞生何所求
白雲行閒閒 綠水流悠悠
舒志願言樂 聊隨不繫舟
戊寅 六月一日
春園 弟拜132)

계초 옹의 병든 소식을 듣고

내 병중에 벗의 앓는 소식 들으니
가엾고 비통한 마음 수심만 더 하네
세상사 원래는 정함이 없거늘
노고 많은 인생 어드매 구할 건가
흰 구름은 한가로이 떠도는데
푸른 물 유유히 흐르네
뜻을 펼치고 싶은 말, 하고 싶지만
마음대로 가는 배를 매어둘 길 없네
무인(1938) 6월 1일 춘원 아우 올림 (저자 역)

---

132) 『朝光』(1938. 9), p.36, 病中吟 聞啓礎翁有疾(春園). 여기서 춘원은 '昭和13年' 사용을 피하기 위해 의도적으로 간지(干支) 무인(戊寅, 1938)을 사용했다.

和李光洙園翁

臥病相憐意　嗟君惻惻愁
世間人莫測　身外物無求
青山元不動　綠水自流悠
難涉多峻嶮　與誰作車舟
六月三日　啓礎　弟133)

이광수 원옹께 화답함

병들어 누워 있는 몸 서로 가엾게 여기니
슬프다 그대의 가엾은 수심이어
세상 사람들은 헤아릴 길 없으니
귀하신 몸 세상 어드매 구할소냐
청산은 원래 움직이지 않으니
푸른 물 스스로 유유히 흐르네
험하고 가파른 언덕 넘어가기 어려우니
누구와 더불어 수레와 배를 만들어 볼꼬
1938년 6월 3일 계초 아우 (저자 역)

이광수는 8개월 동안 병감생활에서 수많은 시를 작시했다. 춘원이 병상에 누워 읊조리면 박정호가 받아 적은 구술시(口述詩)이다. 1938년 7월 29일 병감에서 보석으로 석방되어 홍지동 산장으로 돌아와서 병감에서 작시한 시 중 가장 중요한 시편을 정리하여 '조광'에 발표했다. 여기 발표한 시들에는 '구고에서'라는 단서가 붙어 있다. 이는 병감에서 작시했음을 의미한다. 따라서 도산의 운명 소식을 듣고 이 시들을 작시한 것이다. 주제어는 '임'과 '꿈'이다. 여기서 '임'은 도산 안창호를, '꿈'은 새 나라 독립국 건설의 꿈을 상징하고 있다. 동우회 사건의 재판이 진행 중인 피고인 이광수가 정치적 압박이라는 정치공학적 환

---

133) 『朝光』(1938. 9), p.37, 和李光洙園翁(啓礎).

경에서도 조금도 굴하지 않고 독립의 꿈을 버리지 않았음을 확인할 수 있다.

꿈

임이 나를 두고 가버리신 것만 같다. 이 외롭고 괴로운 세상에 나를 버리고 다른 고운 님을 찾아 가신 것만 같다. 원통해! 원망스러워! 제욕인연(諸慾因緣)으로 삼악도(三惡途)에 떨어져서 문취(文趣) 중에 두루 돌아 모든 고독(苦毒) 가초(갖추) 받고 박덕소복(薄德少福)한 까닭으로 사견(邪見, 선악, 인과의 도리를 무시하는 옳지 못한 견해) 숲에 길을 잃어 허망한 것을 참(眞)으로 알고 아무리 해도 이것을 놓으려 아니 하여, 그러면서도 도리어 제가 고작인 체, 제가 다 아는 체, 제가 바로 아는 체, 마음은 꼬부라지고 거짓되어서 천만 겁을 가도 바른길로 들어서지 못하니 제도(濟度) 못할 중생이다(法華經). 나도 그러한 중(衆)이어니와 이따금 내가 꿈을 깨고 임의 품에 안겨 임의 고우신 얼굴을 바라보는 듯한 순간도 있다. 그러한 순간의 노래다. 언제 이 '순간'이 내 '영원'이 될 것인고?

임이 가시다니 날 두고 갈 임이신가
차마 못 뜨시와 이로 품에 안으셔늘
제라서 꿈에 임 떠나 돌아올 줄 모르고서

꿈이 꿈인 줄을 모르고서 참만 여겨
얻과저 안 놓과저 헛것 잡고 울고 웃고
님께서 날 버리셔라코 몸을 부려 우나다

때 되어 꿈 깨오니 예 같으신 임의 얼굴
그 기쁨, 그 슬픔이, 살던 것이, 죽던 것이
그것이 다 꿈이었던가, 임의 품에 안긴 채로

병든 몸

언젠지 모르는 옛날에 내 생명이 첫걸음을 내어놓을 때 그때에는 이러한 법부(凡夫)가 되자는 것은 아니었더니, 그 임 앞에서 크나큰 원(願)과 뜻을 세운 것이었더니. 희미한 그 기억이 떠올라서 잊어버렸던 임의 이름을 부르는 노래.

　　병든 맘 잠 못 일고 지향 없이 달리다가
　　염주 세어가며 임의 이름 부르올 제
　　빈방에 울리는 소리 뉘 소린 줄 몰라서

　　숯같이 검은 마음 씻어 희게 하랸 어림
　　속들이 검었거든 씻다 희어지오리까
　　임께서 태오시고야 금강(金剛) 될까 하노라

　　내 속에 깊이깊이 먹은 마음 뉘라 알리
　　전엣 깊은 맹세 저는 아주 잊었어도
　　임께서 다 아시옴을 오늘에야 알아다

天地(천지)

오랜 병원생활의 어떤 날, 날은 덥고 몸은 아프고 돈은 없고 내 일, 남의 일, 일은 뜻대로 안 되고 시원히 나가 걸어 단길(다닐) 수도 없는 몸. 이러한 때에 장난삼아 일으켜보는 인생고(人生苦)의 불평. 그러나 그것이 다 제 탓이요 제 마음인 줄을 깨달을 때에 고통의 노래가 곡조를 채 이루지 못하고 부서지고 만다.

　　天地(천지) 넓다드니 그 무엇이 넓다던가
　　대 자 가웃 남짓 이 한 몸을 둘 곳 없어
　　슬픔과 괴롬에 쫓겨 갈길 몰라 하나니

　　언제는 단간방이 휑뎅그렁 넓을러니

때로 왼 天地(천지)도 숨 막힐 듯 좁은지고
알괘라 이렇고 저럼이 내 맘인가 하노라

내 마음 쉬일 때엔 폭풍우도 한가트니
한 번 날치 옴에 天地(천지) 함께 뛰노와라
造化(조화)의 숨은 고동을 내 잡았다 하노라[134]

　도산은 임종 시 두 가지의 유언을 남겼다. 그것은 '일본 패망'과 '동지 구출'이었다. "일본은 자기 힘에 지나치는 큰 전쟁(중일전쟁)을 시작하였으니, 필경 이 전쟁으로 인해서 패망합니다. 우리는 아무런 곤란이 있더라도 인내하시오."[135] 이렇게 일본은 반드시 패망하고야 만다고 예단(豫斷)하고 있다. 임종 시 오기영이 이광수에게 도산의 "동지를 구출하라"는 최후 유언을 전했다. "삼월 초생 어떤 날 오기영이 대학병원에 댕겨 오는 길이라 하여 내 병실에 들러서 도산의 어떤 메시지를 전하였다. 그것은 옥에 있는 동지를 염려하는 간단한 말이었으나 내게는 그것이 마지막 유언같이 들렸다."[136] 도산의 운명, 동우회 강제 해산으로 이광수의 민족운동의 추진동력은 약화될 수밖에 없다. 이제 구제받을 수 없는 절망적 좌절감에 함몰된 이광수는 도산의 메시지를 번갯불처럼 머리에 떠올린 것이다. 다음 시들에서 '꿈'은 독립, '맹세'는 이광수의 흥사단 입단서약에서의 "신명(身命)을 조국에 바치겠다"는 맹세, '잊은 뜻'은 도산의 유언인 '일본 패망'과 '동지 구출', '내 속에 먹은 뜻'은 독립혁명을 의미한다.

　긴긴 꿈

　億劫(억겁)에 만난 님을 이번에도 여희(여의)오면

---

134) 『朝光』(1938. 11), pp.149~151, 꿈 / 병든 몸 / 天地(春園).
135) 鮮于燻, 『民族의 受難(百五人事件眞相)』(太極書館, 1948. 11. 20), pp.118~125, 島山先生의 마지막 말씀, 주요한, 『도산 안창호전』, pp.334~336.
136) 春園 李光洙, 『나의 告白』(春秋社, 1948. 12. 25), p.159.

다시 몇 億劫(억겁)을 돌고 돌아 만나 뵈리
이 몸이 가루 되어도 놓울 줄이 없으리라

내 바로 주인 되어 천지를 헐고 짓고
微塵衆生(미진중생)을 다스리라 하신 뜻을
잊고서 三界六途(삼계육도)를 헤매이던 내어라

無明(무명)137)을 빛만 너겨(여겨) 나고 죽는 한 바다의
검은 물결 따라 들락날락 하올 적에
어디서 북소리 울려 긴긴 꿈을 깨니라

잊은 뜻

내 속에 먹은 뜻을 임밖에 뉘 아시리
먹고도 모르는 뜻 그 뜻마저 다 아시와
때때로 일깨우시니 은혜 지극하셔라

그때에 임의 앞에 굳게굳게 하온 맹세
잊었네 다 잊었네 잊은 줄도 잊었어라
임께서 안 이르시드면 영 잊을 뻔하여라

나고 자라옴이 이미 내 힘 아니어든
죽고 사올 일이 내 힘일 줄 있을소냐
'임이어' 부르옴만이 내 힘인가 하노라138)

  도산은 임종 시 나정(蘿井)의 손을 꼭 잡고 "모처럼 정성으로 가져온
김치를 못 먹는다고 낙심 마오… 도산이 일찍 죽어 떠난다고 낙심 마
오… 일본의 압제가 우심하여가고 독립 성취가 언제 될지 모른다고 낙

---

137) 무명(無明)은 12 인연의 하나로, 그릇된 의견이나 고집 때문에 모든 법의 진
    리에 어두움을 뜻한다.
138) 『朝光』(1938. 12), pp.96~97, 긴긴 꿈 / 잊은 뜻(春園).

심 마오"139)라고 유언을 남겼다. 결단코 낙심 말고 어떠한 고난도 인내하면서 독립희망의 큰 꿈을 잃지 않으면 언제고 독립의 대원(大願)은 이루어진다고 예언했다. 모든 행동의 자유가 박탈되고 병감생활이라는 포로상태에 놓여 있는 피고인 이광수는 도산의 '낙심 마오' 유언의 진리를 붉은 해가 솟아오르는 아침 햇빛에서 새로운 큰 희망으로 맛보게 된 것이다. 날마다 맞이하는 새 아침은 "내 생명의 젊음과 새로움과 기쁨이 끝이 없다"고 노래하고 있다.

아츰(아침)의 노래

아츰(아침)은 늘 새로워라 젊어라
잠이 깨어 눈을 뜨면 늘 새로운 세계로소이다
동편 하늘에 붉은 빛이어, 솟는 해여
그것은 새로움이로소이다 젊음이로소이다 기쁨이요 아름다움이요 힘이로소이다
아아 영원한 창조의 행진이어!

잠이 깨어 폭풍우 침을 보올 때 그도 새로움이어라 기쁨이어라
내 가슴도 우렁찬 힘으로 뛰나이다

함박눈이 소리 없이 내리거나 가루눈이 된바람에 창에 뿌려질 때
그도 새로움이니다 아름다움이니다 부쩍부쩍 기운이 나는 힘 있는
알레그로(allegro, 빠른 악장)로소이다
밤비 개인 뒤 깨끗이 씻긴 하늘과
흠씬 물먹은 땅이며 나무 가지가지에 이슬방울 방울이 느러질 때에
그 어떠한 풍족이니이까 배부름이니이까
해 오르기도 잊어버린 듯한 흐뭇한 고요한 하늘이어
마치 흠씬 뉘우치는 눈물을 흘리고 나서 합장하고 은혜를 느끼는 때와도 같도소이다

---

139) 주요한, 『도산안창호전』, pp.338~339.

만일 밤눈이 내려 왼 세계를 폭 싸고
파란 하늘에 붉은 해가 솟아오르는 아침이나
아직 맑을까 흐릴까 몽롱한 그러한 새벽이어나
아아 이 얼마나 깊숙하고도 고요하고도 깨끗한 세계오리까
내 가슴엣 피도 어제 것이 아니로소이다
비록 내 머리에 센 터럭이 날리고 낯에 주름이 잡히더라도
그것이 다 새로움이로소이다 영원한 젊음이로소이다
뉘라서 늙음이라고 낡음이라 하나이까

내 생명은 아침마다 새로움을 얻나이다 젊음을 얻나이다
높이높이 오르고 오르는 크게크게 자라고 자라는 으쓱하는 기쁨을
얻나이다
이 땅 위에 아츰(아침)이 오는 동안 나는 영원히 시들함이 없으리라
늘 새롭고 늘 젊고 늘 아름다움에 가슴이 울렁거리고
이 법계(法界)의 끊임없는 창조의 행진곡에 맞추어
덩실덩실 춤을 추며 우쭐우쭐 앞으로 나아가고 너울너울 위로위로
오르오리이다.
죽엄(죽음) — 그것은 가장 볼 것 많고 가장 새롭고 가장 아름다운
큰
아츰(아침)이리다
죽엄(죽음)의 뒤에 기다리는 풍광을 마음에 그리고 기다리올 때에
마치 신방을 그리고 거울 앞에서 단장하고 있는 새 아가의 마음과도
같으나이다

아츰(아침)은 늘 새로워라 젊어라 아름다워라
아츰 뒤에 아츰이 있어 아츰의 끝이 없음이어
내 생명의 젊음과 새로움과 기쁨이 끝이 없나이다[140)

화돈(花豚) 김문집(金文輯)은 조선 문단의 이단아였다. 그의 호 '화
돈'을 한글로 풀어보면 '꽃돼지'이다. 그는 꽃돼지처럼 문단을 종횡무

---

140) 『朝光』(1939. 1), pp.28~29, 아츰의 노래(春園). 춘원시가집에 미수록.

진 좌충우돌하면서 천하에 안하무인으로 행세하였기 때문에 아무도 그와 상종하지 않는 기피 인물로 치부되었다. 유유상종(類類相從)이라 할까. 반항아 김문집은 앙시앵레짐(구제도) 타파운동을 벌이다가 체포·수감된 춘원만은 가장 존경하는 인물로 숭배하고 있었다. 이광수가 동우회 사건으로 경성의전 부속병원에 수감되어 있을 때 김문집은 춘원의 병상을 찾아 병문안했다. 거의 1년간 옥살이하고 있는 춘원의 회포를 풀어드리기 위해 짓궂은 장난꾸러기 화돈은 자기가 가장 아끼는 예쁜 불란서 인형 '금자(金子, 금같이 귀한) 아가씨 인형'을 선물로 주면서 그 옛날 군자가 죽부인(竹夫人)을 껴안고 잤듯이 '금자 인형'을 꼭 껴안고 자라고 했다. 참으로 아름다운 정경이 아닐 수 없다. 이에 춘원은 한참 뒤 이 금자 인형을 되돌려 보내면서 화돈에게 인정 어린 감사의 편지를 보냈고, 그것도 모자라 장안의 명물 협객 김문집의 풍모를 적은 한문 편지를 보냈다. 춘원의 편지를 두 차례나 받아 본 김문집은 춘원의 편지는 천하의 명문장이라고 극찬하면서 이 편지 두 통을 삼천리사의 김동환에게 보내어 '삼천리'에 게재하게 된 것이다.

인형(人形)을 안는 이

웃는 듯 돌아서고 안는 듯 스러지는 애인(愛人)의 마음의 멋없음을 느낀 금자(金子)의 인형을 안도다. 인형은 잘만 간수하면 그대보다 오래 살아 그대 백 세 후에도 재가(再嫁) 삼가(三嫁) 하오리다.

로마인은 우정(友情)을 안으려 하였도다. 인형을 안고 나서 우정을 안았는지는 모르되 그 현인(賢人)의 글에는 우정을 애정(愛情)보다도 골육(骨肉)의 정보다도 높이 평가하였도다. 우정이 변할 때에 덜 아픔을 취함만이 아닐 듯하도다.

어떤 한인(漢人)은 바위에 절하였다 하도다. 바위는 사랑에 기뻐하고 실연(失戀)에 우는 자, 아님이로다. 바위 부서져 모래 되거니와 그 부서진 알알이 다 바위와 같음이로다. 우정이 부서질 때에 원수 되거니와 사랑이 부서질 때에는 짐독(鴆毒)이 되더라고 금자, 말하지 아니하시려는가. 인형이 부서질 때에는 다만 먼지 되어 잠깐 옥문(屋門)을 열

944

어놓으면 다시 깨끗하리로다. 인형을 안는 정(情)이 가장 무독(無毒)한 듯하도다.

그럼에 성인(聖人)은 무릇 사랑하지 말고 구(求)함이 없으라 하셨도다. 우정도 믿지 말고 바위에 절도 하지 말고 인형도 안지 말라 하는 뜻인가 싶도다. 빌려주었던 인형을 조금도 섭섭할 것도 감사할 것도 없이 돌려보내어 드리면서.

1938년 2월 9일 春園

花豚 詞兄

[부기]

내 애인은 하나의 불란서 인형이다('女性' 5월호 참조). 이 사랑하는 인형을 — 하루도 없이는 못살 이 인형을 나는 일대 결심 하에서 3일 간 약속으로 병실의 춘원께 보내어 궐녀(厥女, 금자 인형)로 하여금 선생을 위안케 하였다. 사흘 약속이 한 달에 이르렀다. 그이 가엾어서 차마 애인을 불러올 수가 없었다. 허나 드디어는 애인과 생이별한 나의 괴로움이 더 커졌다. 그래서 나는 내 애인을 데리고 갈 것을 선생께 선언하였다. 그이 가로대 하루만 더 참아라, 그러면 내일 내가 보내줄 테니, 라고. 다음 날 과연 면사포 아닌 신문지에 — 그러나 자못 소중한 솜씨로 싸여서 내 사랑하는 님은 님의 품으로 돌아온 것이다. 님의 이름을 '아베 마리아(Ave Maria)'라고 한다. 이 편지는 물론 체신국장의 부하가 전한 것이 아니고 님(춘원)을 모셔온 어떤 얌전한 문학청년(박정호)이 가져온 것이다. 이 글을 나는 천하의 명문(名文)이라고 믿는다.

때문에 이 서한을 택한 것이 아니고 내가 현재 보관하고 있는 무수한 글월 가운데서 가장 나를 생각게 한 하나인 까닭으로써이다.

金文輯[141]

춘원은 그로부터 4개월 후 김문집에게 한문 편지를 보냈다. 이광수로서는 유일한 한문 편지가 아닌가 평가되고 있다. 김문집의 융통자재의 풍모를 찬양하는 글이다. 사실상 한시(漢詩) 형식을 빌려 쓴 한문

---

141) 『三千里』(1938. 10), pp.72~73, 春園의 便紙, 人形을 안는 이.

편지라고 볼 수 있다.

春園의 第二札

春花之去 豚隨之 遠遊江南樂而忘返 芍藥委土 牧丹化塵 未知覓何
花於漢陽 豚飄然而歸來 綠水靑山 猶未足以忘世情 腰帶千金 將逐咸
陽遊俠於紅塵乎 細苧衫 玉色裙 飄飄颶颶 汗香氣氳 其人如玉 麥帽斜
醉眼朦朧 步蹣跚 氣如虹 情似熔鑛爐 其人軒軒 此豈非 鐘路街上之一
景乎 至於脚色 兄其自爲之 光者幾死之病人也 喘喘唵唵 旣不能生 又
不能死 案頭何所有 法華南華淵明詩 心中何所思 食而飮而矢(失)而溺
眞可憐的存在也
　　惠贈百(白)合花 甚獰猛者可比於君 枇杷之甘美 期花豚之別傳也 不
忘之情 感荷感荷 戲筆海恕焉 六月十八日 病弟 春園 拜上[142]

봄꽃이 떨어짐에 화돈이 봄꽃을 따라가 강남 봄 동산에 노닐며 봄꽃
을 즐기다가 돌아올 줄 모르네. 작약은 시들어 땅에 떨어지고 모란마
저 이울어 티끌이 되었도다. 한양 서울 어드매 봄꽃을 찾아볼지 모르
겠네. 화돈이 표연히 돌아옴에 녹수청산은 세상 물정을 잊을 줄 모르
는 것 같구려. 허리띠에 천금을 차고 장차 함양(함양궁이 있는 진나라
서울)의 협객을 쫓아 홍진 속에 노닐 제, 고운 세모시 옷과 옥색 치마
를 펄렁펄렁 날리며 걸어가니 땀 냄새 풍기고 있도다. 화돈 그 사람은
옥같이 귀엽고 맥고모자 비스듬히 쓰고 술 취한 눈동자 몽롱하도다.
무지개 바라보는 기분이요, 정(情)은 용광로처럼 뜨겁도다. 화돈 그 사
람은 헌헌장부로 종로 네거리를 누비며 돌아다니는 진풍경을 연출하도
다. 각색은 형(화돈)이 알아서 스스로 꾸며라. 광자(光者, 춘원) 이 사
람은 병들어 거의 죽을 사람 아닌가. 숨을 헐떡거리며 진언(眞言, 부처
의 말)을 외듯 중얼거리니, 이미 살아날 수도 없고, 또한 죽을 수도 없
나니라. 병상 안두에 무엇 하나 있으리오. 법화경, 남화경(장자), 도연
명의 시를 읊조리니 심중에 무슨 생각하리오. 먹고 마시고 실수로 물
에 빠질 운명, 진실로 가련한 존재가 아닌가. 은혜롭게 보내주신 백합

---

142) 『三千里』(1938. 10), p.95, 春園의 第二札.

화, 그 모질고 영악함이 그대에 비기리. 비파나무 열매의 맛이 달고 좋
으니 화돈에게 별도로 전하길 기대하네. 나를 잊지 못하는 정 고맙고
고마워. 장난삼아 적은 글 널리 용서하소서.

1938년 6월 18일 병든 아우 춘원 올림 (저자 역)

춘원은 병감생활 8개월 동안(1937. 12. 18~1938. 7. 29) 춘원 문학
의 꽃(精華)인 '춘원시가집', '무명', '사랑' 등 3편을 집필하였다. 그런
데 이들 3편은 모두 문학청년 박정호(朴定鎬)가 병상에서 춘원이 부르
는 대로 받아 적은 구술원고(口述原稿)라는 사실을 주목할 필요가 있
다. 41도 5분의 신열이 계속되는 가운데서도 춘원은 구도자(求道者)인
양 마음의 평정을 유지하면서 머리에 정리한 내용을 읊조리면 박정호
는 이를 충실하게 받아 적은 것이다. '사랑 전후편' 광고란에는 이렇게
썼다. "사선(死線) 우에 방황하는 춘원이 가장 경건한 심경으로 낳아
논 필생의 거작입니다. 문단 처음인 전작소설인 동시에 인간애의 최고
경지를 묘파(描破)한 명작입니다."143) 또한 "조선서 처음인 전작장편
(全作長篇)으로 생명이 위독한 병상에 누워서 구술(口述)로 저작한 비
장한 소설. 인기 최고 지순(至純) 사랑 한(恨)의 진경(眞境)에 대한 의
혹을 저자의 전 신념과 사상을 쏟아 아무도 더 의심치 못하도록 해결시
킨 명저"144)라고 '사랑'이 박정호의 구술원고임을 소개하고 있다. 화룡
점정(畵龍點睛)이란 말을 연상하지 않을 수 없다. 용을 그린 뒤 마지막
으로 용의 눈동자를 그려서 걸작품을 완성한다는 말이다. 박정호야말로
용의 눈동자를 그리는 역할을 수행함으로써 춘원 문학의 꽃이 탄생한
것이다. 만약 박정호가 없었다면 춘원 문학의 걸작품은 세상에 태어나
지도 못했을 것이다. 이런 점에서 춘원 문학을 논할 때 박정호의 존재
의의를 너무나 간과해왔다고 우리는 인정하지 않을 수 없다. 한국 문학
사상 구술원고를 작성했다는 사실, 그리고 그것이 문학적 걸작품이 된

---

143) 『博文』 제15집(博文書舘, 1940. 2), p.8, 李光洙 著, 裝幀 鄭玄雄, '사랑' 前
後編.

144) 『博文』 제22집(1940. 12), p.25, 李光洙, '사랑' 前後編.

것은 전무후무한 일이 아닌가 생각된다. 이광수와 박정호는 아무도 해 낼 수 없는 구술작품을 이룩해낸 명콤비였다.

1933년 춘원은 미지의 청년 박정호로부터 편지를 받았다. "선생님, 생은 철나면서부터 선생님을 사모하옵니다. 아직도 졸업까지는 3년이나 남았습니다. 그동안 저는 선생님을 마음에 모시고 살아가겠습니다. 동창들 중에는 제가 선생님을 사모함을 놀려먹는 아이들도 있습니다. 그래서 저는 잡지에서 오려 내인 선생님의 사진과 제가 애독하는 선생님의 저서를 감추어두고, 저 혼자 있을 때에만 꺼내어 보옵니다. 아침에 눈을 떠서와 저녁에 자리에 들 때에 반드시 선생님의 사진을 내어놓고 '선생님 안녕히 주무셨습니까', '선생님 저는 자요' 이렇게 인사 말씀을 여쭙니다. 그러고 나면 선생님이 늘 제 곁에 계시와서 저를 반겨주시고 안아주시는 것 같습니다. 선생님 저는 늘 기쁩니다. 선생님을 가슴에 모시니 늘 기쁩니다."[145] 박정호는 1936년 3월 졸업과 동시에 서울 홍지동 산장으로 와서 동거하게 되었다. 춘원의 집을 방문하는 사람들은 박정호를 그저 집의 허드렛일을 하는 머슴이나 하인으로 인식했지만 사실은 춘원의 개인비서 또는 집사(執事)로서 춘원을 밀착 수행하고 있었다. 1937년 6월 동우회 사건 발생 시 허영숙은 가족을 동반하여 동경에 가 있는 동안 춘원은 구속·수감되었다. 이때 박정호는 춘원의 옥바라지를 했고, 그해 12월에 병보석으로 병감으로 이송되자 간병인으로서 춘원의 병간호를 했다.

곽학송은 춘원과 박정호의 사제관계를 사실 그대로 기술하고 있다.

박정호는 일제 말기의 춘원을 누구보다도 잘 아는 사람이다. 춘원이 수양동우회 사건으로 체포될 때 영숙과 세 아이는 일본에서 돌아오기 전이었다. 건강이 깨끗지 못한 춘원의 신변을 돌본 사람은 정호 혼자이기 때문이다. 한말로 해서 정호는 춘원의 서생이요, 비서격이었다. 그러나 춘원의 생활에 정호의 존재가 중요했다는 것은 그런 의미에서만이 아니다. 그는 춘원의 서생이요, 비서인 동시에 진정을 토로할 수

145) 『春園書簡文範』(三中堂書店, 1939. 9. 20), pp.157~159.

있는 유일한 벗이었던 것이다. 그리고 1936년 봄부터 만 3년간 춘원과
더불어 있는 시간에 병간호는 물론, 대필(代筆)까지 한 사람이다.

　그런 후 일단 만주(滿洲)로 건너갔다가(그것도 춘원의 의사였음) 해
방 후에는 다시 춘원 곁으로 돌아와서 피랍(被拉)될 때까지 모시고 있
던 사람이다. 춘원의 심경 기록인 '돌벼개'에 산견되는 박정호는 제자
라기보다도 둘도 없는 벗으로 되어 있다.[146]

　춘원이 병상에서 읊조리면 박정호가 받아 적은 시가 150여 수나 되
었다. 춘원은 박정호에게 '춘원시가집' 발간 업무를 위임하면서 서문을
쓰게 했다. " '임께 드리는 노래'를 임 두고 못 찾는 중생에게 보내주심
에 머리말을 제가 쓴다는 것은 그야말로 바닷물을 실개천에 몰아넣는
것이나 다름없이 제게는 당치도 않은 일입니다."[147] '임 두고 못 찾는
중생'이란 곧 '식민지 조선인'을 말한다. 박문서관에서는 춘원의 문단
생활 30년 기념으로 '춘원시가집'을 발간하게 되었다고 밝히고 있다.
"조선 신문학의 개척자요 현대문단의 건설자— 춘원 이광수 선생이 붓
을 손에 잡고 고난의 길을 걸은 지 30년! 오늘의 춘원의 지위와 신망은
실로 큰 감회를 빚어낼 뿐이다. 이제 문단 지기 제위의 간곡한 소청(所
請)을 못 이기어 30년 문단생활을 기념하는 시가집을 상재케 되었다.
씨의 걸어온 길이 험하였더니 만큼 씨의 밟아온 자최(자취)가 고난이었
더니 만큼, 씨의 문학, 더욱 때를 따라 심경(心境)을 읊은 씨의 시가는
실로 세계 어느 나라 어느 시대의 문호와 시인에게서도 찾을 수 없는
무제무애(無際無涯), 심오유현(深奧幽玄)의 극을 이루고 있다."[148]

　'춘원시가집'을 발간할 때 유명 문사를 제쳐두고 무명(無名) 문학청
년 박정호에게 서문을 쓰게 했다는 것은 놀라운 사실이 아닐 수 없다.
그러므로 박계주(朴啓周)는 춘원과 박정호의 인간관계를 단순한 스승
과 제자 간의 수직적 사제관계라기보다는 '상호 스승'이라는 수평적 붕

---

146) 郭鶴松, 『사랑은 가시밭길: 春園 李光洙의 사랑과 宗敎』, pp.388~389.

147) 李光洙, 『春園詩歌集』, pp.5~10, 序(朴定鎬).

148) 『博文』 제14집(1940. 1), pp.10~11, 李光洙先生 自選・自裝 春園詩歌集
　　文壇生活三十年紀念.

우관계라고 정의하고 있다.

박정호 씨가 춘원 선생 곁에 나타난 것은 춘원이 보석되어 경의전 병원에 입원했을 무렵일 것이다. 효자동에 허영숙 산원이 신축되어 개업했을 때 춘원은 자하문 밖 세검정 산장에서 휴양하며 독서 또는 글을 쓰셨는데 그때 박정호 씨가 춘원 선생을 모시고 심부름을 하였다. 그리고 효자동 댁과의 연락병의 일을 보았다. 사람됨이 몹시 어수룩하고 허잘 것 없는 촌뜨기요 말도 변변히 못하는 위인이었다. 등이 약간 구부러졌고 옷은 머슴꾼의 옷이었다. (중략) 박정호 씨는 아마 시골에서 춘원 선생의 문학에 심취한 탓으로 춘원 선생의 곁에 있어서 종노릇하는 것만으로도 최대의 행복이라 느껴 찾아온 사람인 모양이었다. 그러나 1939년 가을에 한국 최초의 호화판으로 춘원 문단생활 30년 기념출판인 '춘원시가집'이 출판되었을 때 춘원은 어느 친한 벗에게보다도 박정호 씨에게 서문을 씌운 것에 나도 놀랐거니와 춘원 선생의 측근자들은 모두 놀랐다.
　춘원 선생은 시골에서 모처럼 찾아온 가난한 소년 박정호 씨를 처음에는 거절할 수 없어 며칠 두기로 했으나 그가 떠나지 않고 전심전력 도울 수 있는 일이라면 무엇이나 가리지 않고 돕기에 그냥 두었으며 같이 지나는 동안 춘원은 박 씨에게서 그가 신봉하는 '부처님'의 모습을 보았는지도 모른다. 머슴이라기보다 벗으로, 또는 스승으로 우러러보는 때도 있었을 것이요, 나아가 숭앙하는 성자(聖子)의 모습도 보았을 것이다. 세상 사람의 눈에는 박정호 씨가 바보요 촌뜨기요 머슴꾼이었으나 춘원 선생에 있어서는 날이 갈수록 박 씨가 무언의 스승으로 자기를 가르치는 바가 컸던 것이리라. 옷도 좋은 것으로 입히고 싶었고 자기 방에서 같이 기거하고도 싶었으나 이를 시행치 못한 것은 어떤 사정이 있었으나 그 사정을 여기서 밝힐 수는 없다.[149]

'춘원시가집'은 직설적 표현방식을 지양하고 메타포(暗喩) 방식으로 표현한 조국광복의 염원(念願)을 담은 작품이다. 춘원은 "나는 언제나

---

149) 『李光洙全集』(又新社, 1979) 別卷(畵報 / 評傳 / 年譜), pp.135~136, 春園에 관한 襍記(朴啓周).

내 고우신 임을 현실로 뵈옵고, 그의 앞에 절하고 그의 품에 안길 날이 있을 것을 믿습니다. 나만 그러할 뿐 아니라 모든 중생(조선 민족)이 다 이 고우신 임을 만나서 사랑의 기쁨의 크나큰 잔치가 벌어질 날이 있을 것을 믿습니다"150)라고 '사랑의 기쁨의 크나큰 잔치', 즉 조선 민족 자유해방의 그날을 기원하고 있다.

동우회 사건으로 병감생활 8개월 만인 1938년 7월 29일 보석으로 자하문 밖 홍지동 산장으로 돌아온 춘원은 '특요시찰인'으로 가택연금 상태에 놓이게 되었다. 동우회마저 해체된 마당에 앞으로의 민족운동의 진로에 암담한 좌절감을 느끼게 되어, 친일이냐 항일이냐의 '모순의 삶'을 살고 있었다. 그리고 마침내 현상 타개를 위해 위장친일을 결행하기로 결심하였다. 법화경(法華經)의 정신세계에 함입하면서 자기를 잊고(忘我), 중생제도 즉 조선 민족 구제를 위해 자기 한 몸을 친일제단(親日祭壇)에 바치고 내재적 민족운동을 전개하겠다는 굳은 결심을 다지고 있었다. 이에 춘원은 사랑하는 제자 박정호마저 친일변절자로 만들지 않기 위해, 위장친일의 비밀을 보장하기 위해 1939년 4월 그를 만주로 떠나보냈다. 박정호는 '춘원시가집'을 편집하고 그 출판을 보지 못한 채 만주로 떠나야만 했다.151)

친일과 항일은 이율배반적인 상호 대립되는 정치적 모순 개념이다. 친일을 하자니 민족반역자 소리를 들어야 하고, 항일을 하자니 경무국의 가혹한 탄압을 받아야 하니 지옥과 극락을 가고 오는 '모순의 삶'을 힘겹게 살아야만 했다. 춘원은 '춘원시가집'을 내면서 친일과 항일 사이의 상호 상반되는 '모순의 삶'을 살고 있다고 솔직히 고백하고 있다.

詩歌集을 내며, 李光洙

나는 처음으로 내 시집을 내기로 하였습니다. 이 속에 모은 것이 3백 편 가량 되는데 이것은 지난 30년간에 된 내 노래의 대부분입니다.

---

150) 『春園詩歌集』, pp.1~4, 내 詩歌(李光洙).
151) 『春園書簡文範』, pp.142~145, 滿洲 있는 벗에게(李光洙).

너무 맘에 아니 맞는 것은 빼어버렸습니다.

내가 문필생활을 시작한 지가 올에(올해) 30년이 됩니다. 그러고 보니 이 노래들이 내 30년 생활의 기록이라고도 할 수 있을 것입니다.

나는 스스로 시인의 소질 없음을 잘 압니다. 그러면서 노래를 지었습니다. 그러기 때문에 내 노래들은 발표를 목적으로 하고 쓴 것은 얼마 아니 되거니와 그것은 이 속에는 하나도 담지 아니하였습니다. 그러니 만큼 이 노래들이 내 사정(事情)에 가까울는지 모릅니다.

이 노래들은 그 정신에서나 정조(情調)에서나 서로 모순된 것도 많습니다. 그러나 나는 모순된 것도 그대로 두었습니다. 내 정신생활이 시기를 따라서 모순의 연속이었기 때문입니다. 지금의 나도 하루에도 때를 따라서 모순되게 살고 있습니다. 범부(凡夫)의 설움입니다.

제1편 '임께 드리는 노래' 120여 수는 재작 1937년 12월 병원에 입원하여서부터(病監) 지금까지에 된 것으로 그 대부분은 병와중(病臥中)에 박정호(朴定鎬) 군이 받아 써준 것입니다. 이 노래들이 내 현재의 심경(心境)이라 하기는 외람된 말씀이지마는 내가 시방 동경하고 있는 바를 그린 것임은 사실입니다. 다시 말하면 이렇게 되고자 하는 바 정확하게 말씀하오면 나같이 흉악한 자의 마음에 어쩌다가 잠시 빤하게 불광(佛光)이 비추이는 순간의 노래라고 할 것입니다.

제2편 '잡영(雜詠)' 백여 수와 제3편의 신체시(新體詩)는 다 지나간 내 생활의 편린(片鱗)들입니다. 이 노래들의 편집을 마치고 이 서문을 쓰올(쓸) 때에 내 심안(心眼) 앞에 평생에 나를 사랑하여주신 여러분의 얼굴들이 나타납니다. 생각하면 날(나)같이 못나고 가난하고 병약한 것이 오늘날까지 부지하여온 것이 실로 이분네의 은덕이었습니다. 나는 아무것도 드린 것 없이 50 평생에 받기만 하였습니다. 실로 그 은혜의 무거움에 내 어깨가 휘려 하옵니다. 이로부터 내 병구(病軀)가 얼마나 더 갈지 모르옵거니와 앞으로 여러 은인(恩人)님네께 무슨 좋은 것을 드릴까 싶지 아니합니다.152)

이광수는 '춘원시가집' 서문에서 "나는 이 변변치 못한 노래를 나를

---

152) 『博文』 제8집(1939. 6), pp.8~9, 詩歌集을 내며(李光洙). 이광수전집(삼중당), 춘원시가집에 미수록.

사랑하여주신 여러분께 드리는 편지로 대신하옵니다. 만일 이 3백여 곡 중에서 단지 하나라도 어느 한 은인의 심금(心琴)에 울리우는 것이 있다 하면 그것으로 내 소원은 달하는 것입니다"라고 호소했다. 공교롭게도 '춘원시가집'이 출간되자마자 창씨개명에 앞장선 것이다. 춘원의 친일과 항일은 이율배반적인 상호 배치되는 정치적 모순 개념이다. 춘원은 친일과 항일을 병행하고 있기 때문에 '모순의 삶'을 힘겹게 살아가야만 했다. 이에 전영택은 '춘원관'에서 춘원은 일시 친일전향했을망정 그의 광복주의 정신은 시종일관 굳게 지키면서 내재적 민족주의 운동을 전개하고 있다고 평가하고 있다. 춘원은 친일과 항일 양다리 걸치는 '모순의 삶'을 살고 있다고 고백하고 있다.

여기서 '동경하고 있는 바를 그린 작품'이란 곧 광복의 그날이 올 것을 그리워하며 그의 광복정신을 그린 작품임을 의미한다. '흉악한 자'란 친일전향한 자신의 모습을 자조한 말이다. 지금 그는 하루에도 때를 따라서 모순되게 살고 있다고 하였으니, 이는 친일과 항일이라는 모순된 삶을 살고 있었기 때문이다. 사상의 방황, 갈 길 잃은 춘원의 정신적 '삶의 모순'에 대한 고뇌와 번민을 엿볼 수 있다. 비록 위장친일일망정, 치욕스러운 항복(친일전향)을 하고 나서도 흉악한 마음속(항일정신)에 잠시나마 불광(佛光)이 빤하게 비춘 순간에 지은 노래가 곧 항일시인 것이다.

춘원의 두 번째 구술작품은 '무명'이다. 춘원이 병상에서 부르는 대로 박정호가 받아 적은 것이 4백자 원고지 2백 매 분량의 구술원고로 완성되었다. 동우회 사건으로 수감된 서대문형무소에서의 감방생활의 체험담을 소설화한 이른바 '병감소설'이다. 잡범(雜犯)의 가장 추악한 면을 파헤친 작품이기에 당초의 제목은 '박복한 무리들'이었다. 문장사의 곽하신(郭夏信)에게 원고를 건넬 때, 제목을 '무명(無明)'이라 고쳤다. '번뇌에 사로잡혀 헤매는 무리'라는 뜻이다. 춘원은 원고를 주면서 "나로서는 오늘까지 쓴 작품 중에서 가장 자신 있는 작품이오"라고 솔직히 고백했다는 것이다. 자기 작품에 대하여 좀처럼 만족하지 않고 제삼자에게 자신 있게 말한 적은 더구나 없는 춘원의 이 같은 피력은 '무

명'이 얼마나 회심의 작품인지를 증거하고 있다. 이리하여 '문장' 창간
호에 게재된 것이다.153) 이 작품은 동경제국대학 독문과 출신 김사량
(金史良)이 일본어로 번역하여 '모던일본'에 게재함으로써 제1회 조선
예술상을 수상했다.154) "모던일본사가 설정한 조선예술상의 제1회 수
상자는 전형의 결과 작년도의 예술활동 중 문학부 내에서 추거(推擧)되
어 춘원 이광수 씨로 결정되었는데 수상자에 대한 상패 및 상금 5백 원
의 수여식은 오는 3월 동경에서 거행되리라고 한다."155)

'무명'이 '문장'에 발표되자 김남천은 작자 춘원은 완고한 관념에서
탈피하지 못한 채 이 같은 병감소설을 썼다고 평가하고 있다. '진상'이
라고 불리는 '나'라는 존재는 가장 거룩한 생불 같은 성인인데 무슨 죄
를 저질렀기에 사기범, 방화범 등 전중이(복역수)들이 득실거리는 감옥
에 들어왔을까에 의문을 제기하고 있다. 춘원의 민족운동의 가치를 완
전히 무시하고 있다. 다른 사람은 모두 악인이고 구제받을 수 없는 중
생이라고 쇄말묘사(瑣末描寫)하면서, 자신은 사소한 반칙조차 죄악시
하는 성인으로 묘사하는 것은 트리비얼리즘(trivialism, 사물이나 현상
의 본질을 탐구하지 않고 자질구레한 문제를 상세하게 묘사하는 태도)
은 가능할는지 모르나 리얼리즘과는 거리가 멀다. 그러므로 '나'라는
주인공은 가장 위선적 인물이라고 혹평하고 있다.

제목을 '생불과 중생'이라고 붙여보았으나 이광수 씨의 '무명'이란
소설을 '문장' 지에서 읽고 난 뒤의 소감을 솔직히 표현하자면, '중생'
대신에 '악인'이라는 문구를 넣어서 '생불과 악인'이라고 걸어보는 것
이 오히려 적절할까 한다. 그렇듯이 병감소설에는 많은 '악인'이 그리
어져 있다. '윤', '장' 등의 사기범, 마름을 떼우고 방화한 '민', 공갈취
재(恐喝取財)로 들어온 신문기자 '강', 청년 병감부로 전중이(징역꾼)

153) 朴啓周·郭鶴松,『春園 李光洙: 그의 生涯·文學·思想』(三中堂, 1962. 2.
    25), pp.446~448;『文章』창간호(1939. 1), 無明(李光洙).
154)『モダン日本 朝鮮版』(モダン日本社, 1939. 11. 1), pp.290~337, 無明(李
    光洙), 金史良 譯.
155)『朝鮮日報』(1940. 2. 14), 朝鮮藝術賞 第一回受賞者는 李光洙氏로 決定.

살이를 하는 두 사람의 방화범 ─ 이들이 그 범죄의 어떠한 사회적 성질이든가 또는 인간성의 전체적 묘사에서는 전연 분리되어 하나하나의 추하고 구(救)할 길 없는 '악인'으로써 취급되어 묘사된 데 반하여 이들에게서 '진상'이라고 불리워지는 '나'는 하나의 거룩한 '생불'로서 불자(佛者)에게 지극히 높은 지위와 대우를 받고 있다. 다른 범인을 다루기에 그토록이나 가혹하고 매서운 작자는 '진상'이라고 불리워지는 '나'를 묘사하는 마당에서는 지극히 만만하고 편애적이어서 그 사람의 피부만을 애무하였을 뿐, 붓끝은 그대로 무딘 빗자루처럼 흘러가버리고 마는 것이다. 이광수 씨는 이 소설을 하나의 완고한 관념으로부터 출발시키고 있다. ─ 다른 사람은 모두 악인이고, 적악자(積惡者)이고, 구함을 받을 길이 없는 중생들임에 반하여, 작자 자신인 '나'는 생불과 같은 성인(聖人)이라는 관념이 즉 이것이다. 이러한 지극히 편협하고 귀여운 관념으로부터 출발한 소설은, 그것이 어떠한 쇄말묘사(瑣末描寫)를 꾀하였다고 할지라도 리얼리즘이 될 수는 없다. 작자 자신의 자기폭로나 자기박탈이나 자기고발의 정신이 결여되어 있는 곳에는 트리비얼리즘은 가능할는지 모르나 리얼리즘의 길은 열려 있지 아니하다. 김동인 씨가 춘원의 근작 독후감에서 구구절절이 ─ "이러한 성격과 교양의 사람이 어찌 이런 언행(言行)을 하였으랴", "이런 언행을 하는 사람이 어찌 이런 성격의 주인이랴"는 점을 통절히 느낀다고 ─ 말한 것은 이 점을 말함이니. '나'라는 작중 주인공은 지극히 사소한 옥내의 범칙 같은 것도 양심에 가책이 되어서(간수의 꾸중이나 벌칙이 두려운 것이 아니고 양심에 가책이 되어서!) 행동하기를 진심으로 꺼린다. 그러나 이런 대목을 읽을 때에 우리는, 이토록 반칙을 죄악시하는 이가 무슨 죄를 범하였기에 악인들만이 득실거리는 이곳에 들어오게 되었을까 하는 의문을 거부할 수는 없다. 그러므로 작중 인물 중에서 누가 악인이냐를 결정한다고 하면 '나'라는 주인공이 가장 위선적(僞善的)이라는 의미에서 첫 손가락에 꼽히지 않을 수는 없을 것이다. 고루한 관념의 행사는 왕왕히 그의 반대물로 전환된다는 말은 역시 옳은 말이다.156)

---

156) 『朝鮮日報』(1939. 1. 28), 一月創作評 生佛과 衆生(金南天).

도산의 순국, 동우회의 해산으로 극도의 상실감에 빠져 있는 춘원은 홍지동 산장에서 가택연금 상태의 생활을 하고 있었다. 춘원은 비록 적의 포로가 되어 병감 신세이면서도, 친일전향을 공식 성명했음에도 불구하고 그의 본심은 조국광복을 염원하는 것이었다.

'무명'이 '문장'(1939. 1)에 발표되자 이광수의 친일행태에 불만을 품고 있었던 이원조(李源朝), 김남천(金南天), 임화(林和) 등 좌파 문인들은 조국광복을 염원한다는 춘원의 심회(心懷)를 알 길 없어 한결같이 그의 위선성을 공격했다. 조영암(趙靈岩)은 카프의 '무명'에 대한 부정적 평가를 생생히 전하고 있다. "이 시기를 전후하여 감옥에서 보석되어 나와서 쓴 작품 '무명'이, 상허(尙虛) 이태준(李泰俊)이 경영하던 '문장'에 실렸을 때, 김남천이 조선일보에다 '중생과 생불(生佛)'이란 제목으로 그 위선성(僞善性)을 공격하였다. 그때 '소설가 구보씨의 일일'이란 자기 저서의 첫머리에 '세 번 절하옵고 삼가 춘원 스승님께 드리옵니다'라고 헌사(獻詞)한 박태원(朴泰遠)은 김남천의 '무명' 평을 읽고 하는 말이 '무명은 춘원 일대의 최대 걸작'이라고 했다는 것을 보면, 가히 '무명'을 제작하기 전후해서의 춘원의 가치와 무게를 알 수 있을 것이다."[157]

김남천(金南天)은 1927년 카프 동경지부가 발행한 '제삼전선(第三戰線)'에 임화(林和), 안막(安漠) 등과 동인으로 가담했다. 1931년 카프 제2차 방향전환기에 귀국, 제1차 카프 사건 때 검거되었다. 특히 그는 조직에 충실한 사회주의적 리얼리즘을 추구한 카프 선봉작가이다. 김남천은 마침내 춘원의 문학과 정치적 운동의 양면성을 공박하기에 열을 올리고 있었다.

춘원은 문학과 정치문제, 이 두 가지 중에서 양자택일하라고 한다면 정치를 택하겠다고 밝히고 있다. "나는 어려서부터 문장은 여기(餘技)라는 교훈 속에 자랐으므로, 문사(文士)가 되리라는 생각은 없었다. 처음 동경에 유학을 갈 때에는 세계에 이름난 사람이 되리라는 막연한 생

---

157) 趙靈岩, 『韓國代表作家傳』(修文館, 1953. 4. 8), pp.231~232, 李光洙.

각밖에 없었다. 나는 처음에는 학부대신이 되었다가 나중에는 총리대신이 된다고 양언(揚言)하였다. 그런 지 얼마 아니 하여 보호조약(을사조약)이라는 것이 성립되고, 동경의 한국 공사관이 없어짐에 우리의 야심은 방향을 변할 수밖에 없어서, 매우 음울하고 잠행적(潛行的)인 야심을 가지게 되었으니, 그것이 곧 문장과 교육으로 동포를 깨우자는 것이었다. 내가 오산학교에 간 것도 아마 그러한 동기였을 것이다. 지금은 소설을 할 수 없어서 쓰는 부기(副技)라고밖에 생각하고 싶지 아니한 것이 내 진정이다."158) 이와 같이 춘원의 문학은 여기와 부기로 쓴 것일 뿐 그의 진정한 야심은 정치적 포부를 펴는 데 있었다. 그런데 여기와 부기의 대칭 개념으로 본기(本技)를 상정(想定)해볼 수 있다. 그러면 춘원의 본기는 무엇인가? 그것은 그의 정치적 야심, 즉 독립운동인 것이다.

춘원은 상해 망명지로부터 귀국 즉시 흥사단(안창호) 국내 지부격으로 민족운동단체를 결성했다. 사이토 총독과의 단독 담판에서 합법적이고도 타협적인 정치결사 수양동맹회(1922)를 결성한 것이다. 이어 수양동우회(1926), 동우회(1929)를 이끌면서 줄기차게 민족운동을 벌였다. 따라서 춘원의 문학은 어디까지나 민족의식을 깨우치는 계몽문학이라고 정의할 수밖에 없었다. 소설 작품에서 스스로 주인공이 되어 설교식으로 민족의식을 각성시키는 것이었다. 춘원의 정치적 야심의 궁극적 목표는 실력을 양성한 후 총독정치를 철폐하고 독립을 달성한다는 것이었다. 이 같은 노골적인 국체변혁(國體變革)에 의한 혁명사상을 간취한 일제 당국은 마침내 동우회 사건을 일으켜, 도산과 춘원을 비롯하여

---

158) 李光洙, 『文章讀本』, pp.93~94, 文壇生活 三十年을 돌아보며; 『日政下의 禁書 33卷』(『新東亞』 1977년 1월호 별책부록), p.273, 日政下發禁圖書目錄. '문장독본'은 1937년 3월 15일 초판본 1천 부가 간행된 지 3개월 만에, 공교롭게도 동우회 사건 발발로 춘원이 검거된 날인 6월 7일에 재판 1천 부가 발행되었다. 이광수는 민족의식을 고취하기 위해 식민지 조선 민족 모두가 읽도록 국민독본으로 간행했다. 이에 총독부 당국은 민족의식을 각성시키는 '불온도서'로 낙인, 치안을 이유로 1939년 7월 26일 '발금도서'로 지정, 더 이상 발행하지 못하게 처분했다.

동우회 회원 181명 전원이 총검거되었고, 민족운동의 최후의 보루인 동우회마저 강제 해체되고 말았다. 바로 이때 김남천은 춘원은 문학과 정치를 병행하고 있다고 맹비난을 퍼붓고 있다. 김남천의 문장은 만연체여서 이해하기가 어렵다.

　　자만(自慢)을 연상할는지 혹은 그의 위선적(僞善的)인 세계관, 사상을 추단할는지 그것은 독자의 마음에 맡긴다 쳐도 춘원으로 하여금 고소(苦笑) 없이는 듣기 곤란한 자기 자신에 대한 과대(過大)한 '자홀(自惚, 자기도취)'을 안게 한 대부분의 책임이 춘원을 모방하다가 이루지 못하고 그의 코 푼 종이나 주워 모으든가 그렇지 않다면 그의 구두에 묻은 먼지나 털어줌에서 만족하는 수다한 '에피고넨(亞流)'과 춘원을 '나의 선배' 혹은 '소설 동지'라고 부름에 의하여 시골 술집에서 행세꺼리나 해보려는 불쌍한 문학청년들에게 있는 것은 사실일 것이다.

　　잡담하려는 글 제목에 '정치와 문학과의 관련에 기(基)하여'라는 소제(小題)를 걸은 바 이유가 있는 것이며 뒤이어 씌어지는 이 글에는 정치와 문학과의 관계를 가장 '모범적'으로 실천하여왔으면서 표면에 내세우는 간판과 교설(敎說)은 의연 '예술을 위한 예술'을 고집하는 춘원의 처세상 비밀이 이야기될 것이다. 이랬거나 저랬거나 춘원은 자본의 사회에서 가장 영리하게 살아갈 줄 아는 처세술에 능한 많지 않은 시민 중의 한 사람이요 손으로는 수다한 사람의 목덜미를 누르면서 입으로는 "왼편 뺨을 때리거든 바른쪽 뺨까지 내어 대라"고 설교하는 사람들 중에서도 가장 '점잖고' 또 가장 '인격 있는' 드문 사람 중의 한 사람일 것이다.

　　그러나 어떠한 한 사람에 관하여 이야기하면서 그를 정치와 문학과의 관련이라는 각도에 비추어서 살펴보고 싶은 욕망을 가지게 되는 것은 그가 이것을 증명하기에 가장 적당한 자료이기 때문에 그런 것이 아니라 예술지상주의의 기사(騎士)로 자처하는 사람이나 순수예술의 청교도로써 명예를 삼는 사람이나 한가지로 그의 예술을 정치세력과 분리할 수는 없었다는 것과 동시에 그의 '고귀'하고 '순결'한 문학적 생활도 우리를 싸고 도는 사회적 지배세력에서 자유로울 수는 없어서 그의 부르짖는바 '예술을 위한 예술'이라는 예술적인 입장이 또한 엄연한 한 개의 정치적 입장을 표명하고 있다는 것을 말하고자 하는 때문이다. '정치와 문학!' 이 낡은 명제(命題) — 예술을 사회적인 관점에서 살펴보는 것에서 최대의 공포를 느끼는 순수예술의 사도(使徒)들에게서 가장 큰 증오의 눈을 가지고 보여진 '마의 수레바퀴'는 지금 그들의 명예로운 적(敵)으로 자임(自任)하든 프로문학의 이론적 효장(驍將)들에 의하여 새로운 번민의 씨로 되어 있다.

과연 문학인가, 정치인가를 방황하는 마음은 행복 된 사람의 마음은 아닐 것이다. 그것보다는 오히려 정치에서 지상(至上)을 발견하든가, 문학에서 지상을 발견하든가, 그 어느 것을 결단적으로 붙들고 일생을 이곳에 의지할 수 있는 안정된 마음이야말로 행복 된 사람의 것일 것이다. 그러나 우리들은 아직 문학인가, 정치인가를 질식할 듯한 긴장을 가지고 생각하는 데서 육체적인 것을 느끼고자 하고 이곳에서 오히려 지식인의 정치욕의 파편이 안고 있는 양심의 잔재를 걷어보고자 하지는 않는가! '정치와 문학과의 관계에 있어서의 정치의 우위성(優位性)'이라는 상식으로는 이 불행한 마음은 벌써 해결할 수 없을 만치 심각한 것으로 된 것이 사실이라 한다.

그러나 건전한 상식에서 벗어나 심오한 사색의 구렁텅이를 채택한 이들 '비애(悲哀)의 상사(城舍)'의 주인공들은 다시금 가장 비속한 상식의 평원을 거닐고 있음에 의하여 그들이 기도하였던 바와는 어그러진 지극히 범속한 풍경을 산책하고 있지는 아니한가! 사실 '정치의 우위성'이라는 상식을 뿌리치고 정치인가, 문학인가를 번민하고 있는 과정은 인간적인 정열을 찾아볼 수 있을 것이기 때문에 이것이 진지한 예술가, 지식인의 한 개의 기질화(氣質化)한 정치적 의욕일 때에 그것은 우리들 젊은 사람의 심장을 잡아 뜯는 격투적(格鬪的)인 것을 가지고 육박(肉迫)할 수도 있었으나 이 과정을 용이하게 탈출하여 문학과 정치 내지는 예술과 생활의 이원적인 속학관념론(俗學觀念論)에 도달하여 "얻는 것은 이데올로기요 잃은 것은 예술"이라는 순수예술의 항구에 상륙함에 이를 때엔 이는 다시 가장 더러운 다른 한 개의 상식으로 돌아가고 말은 것이다. 이곳에는 청년적인 열정도 없고 진실한 진리의 고민도 없어서 공허한 인간적인 파편과 형이상학(形而上學)의 냄새 나는 사변(思辨), 그리고 손에 담을 수 없는 소시민의 '페시미즘(비관론)'이 그들의 방 안을 연기와 같이 더럽히고 있다.

물론 이곳에서는 20여 년에 긍(亘)하는 이광수 씨의 경력에서 정치적 생활이 문학적 생활보다 우위하였다든가 또는 이 두 개의 중의 어느 것이 더 본격적인 것이었든가를 말하는 우(愚)를 범하고 싶지는 않다. 왜이냐 하면 정치, 문학, 이렇게 개념상으로 양자를 분리해볼 수는 있다 하여도 한 사람의 생활을 두 개의 각도로 따로따로 관찰하면서 그것을 분리 내지는 대립된 형태로서 고찰하려는 생각은 최대한의 경계(警戒)를 이원론으로의 함락의 위기에 배치한다 쳐도 결국 그것과의 차이는 오십보백보이어서 본질적으로는 이원론의 아류임을 면치 못할 것이기 때문이다. 그러므로 '정치의 우위성'의 상식은 항상 정치와 문학과의 통일된 관점을 사수하면서 이광수 씨의 20년간 생활을 정치적 생활과 문학적 생활의 분리나 비교의 사상에서가 아니라 오히려 이것은 서로 여하히 교호침투(交互浸透)하면서 그리고 서로서로를 여하히 제약하면서 통일된 형태로 진행되어왔는가를 성찰하는 곳에서 보다 큰 흥미의 중심(重心)을 발견코자 하는 것이다. 따라서 문제는 이광수 씨가 상해 등지를 무대로 하여 화려한 활동을 전개하였던 최고봉을 이룬 정치적 생활과 '무정'을 생산하던 앙양된 작가의 생활과 그 어느 것이 더 인류를 위하여 가치 있는 것이며 또한 한 개의 공적, 사회적 인간으로서의 그에게 부과된바 임무를 어느 것이 더 효과적으로 수행하였을까의 해명에 있는 것이 아니라 이광수 씨의 정치적 내지는 사상적 변천은 그의 예술적 작품에는 전연 무관하였든가 혹은 정치적 활동의 기복(起伏)과 궤(軌)를 같이하여 그의 예술작품은 그것을 여실히 반영하면서 또는 제약하면서 우금(于今)에 이르지는 아니하였든가의 해명(解明)에 있는 것이다.

그리하여 그들이 천 가닥 만 가닥의 문장을 소비하여서 겨우 달성하는 것은 20년 전날 것과 금일과의 차이는 사회의식의 발전뿐이요 예술적으로는 하등의 진전도 없다는 해괴한 분리의 이론인 것이다. 결국 이광수 씨가 야담으로 타락하고 통속소설로 미끄러지는 것을 조소할 줄도 알고 욕설할 줄도 아나 그것을 사회적 혹은 문학사적으로 평가하는 데는 모든 이광수 씨의 개인적인 사상과 정치생활과는 분리하여 민족문학의 퇴영적 경향이라는 애매한 가설이나 그렇지 않으면 민족 파시즘의 대두라는 등의 일반적인 사회정세의 분석으로 대치하고 마는 것이다.159)

김문집은 대구 출신으로 호는 화돈(花豚)이다. 그는 이광수, 김유정, 염상섭 등을 제외하고는 좌충우돌식 비평적 폭력을 휘둘렀던 독설적인 비평가였다. 이광수는 김문집의 '비평문학' 한문체(漢文體) 발문에서 화돈의 정정당당한 비평문학의 공적을 높이 평가하고 있다.

跋, 石谷稼人 李光洙

花豚言論汪汪洋洋 此土評壇燦然 其光譽之非之正正堂堂 抑之揚之 不失其常 豈無他人言多猖狂厲聲叱咤 澶不可當諷譏諧謔 刺而無傷 有時滿滿覇氣榆揚 離形去知其言 安詳安詳之言能入心腸 花豚花豚文 運久長 去私秉公無冠帝王160)

화돈의 언론은 한없이 넓고 깊도다. 우리나라 비평가 사회에 찬연하 노니 그 영광과 명예가 더 이상 정정당당할 수 없도다. 그 명예와 영 광이 부침하는 것도 그 상궤를 벗어남이 없도다. 그러니 어찌 다른 사 람들은 미쳐 날뛰면서 큰 소리를 지르며 질타하는 말이 없겠는가. 방 자스럽게 헐뜯고 해학함을 당하지 않을 수 있었겠는가. 비방해도 상함 이 없도다. 때로는 패기만만하여 치켜세울지라도 형태를 벗기면 말하 려는 바를 알 수 있도다. 더없이 안온하고 자상한 말이야말로 사람들 의 심장을 꿰뚫으려 하니 화돈 화돈의 문운이야말로 영구 장생하여 사 (私)를 버리고 공(公)을 취함이란 과시 무관(無冠)의 제왕답도다. (저자 역)

박태원(朴泰遠)은 김남천과는 정반대로 춘원 문학의 가치를 높이 평 가하면서 '무명'의 문학적 비중을 한 단계 높여 세계문학의 문호의 반 열에 오르는 작품이라고 평가하고 있다. '무명'은 외국 문단에 내놓아 도 조금도 손색없는 최고의 걸작이라고 단정하고 있다.

---

159) 『朝鮮中央日報』 3회 연재(1936. 5. 6~8), 春園 李光洙氏를 말함: 主로 政 治와 文學과의 關聯에 基하여(金南天).
160) 金文輯, 『批評文學』(靑色紙社, 1938. 11. 2), 跋 石谷稼人 李光洙.

이 작품은 누구나 아는 바와 같이, 작자가 병감에 신음하실 때의 기록으로, 그러기에 애초에 제명(題名)은 바로 '병감'이었다고 나는 기억한다. '병감'의 일부분은 작자가 의전 병원에 입원 중에, 당시 주소(畫宵)로 병상에 모시고 있던 박 군(박정호)의 낭독으로 들은 일이 있거니와, 당시는 그처럼까지 월등히 좋은 작품일 줄은 몰랐다. 그것이 다소의 수정(修整)이 있기 전의 초고(草稿)이었던 관계도 있으려니와, 무릇, 듣고 읽는 것이 또한 서로 다른 까닭이리라.

마침내, '문장' 제1집에 '무명'이란 표제로 발표됨에 미처, 나는 한번 읽고, 이는 실로 춘원 선생의 대표작이라 느꼈고, 두 번 읽고, 우리는 '무명'을 가지고 있는 이상, 외국 문단에 대하여도 구태여 과히 겸손할 필요가 없다고 생각하였다. 우리는, 흔히, 우리의 것을 남의 것과 비겨볼 때, 지나치게 겸손하는 풍습을 갖는다. 그것은 혹은 동양인으로서의 미덕의 하나일지 모르나, 겸손이 지나쳐 비굴에까지 이르는 것은 스스로 한심스러운 일이 아니겠느냐. 매양 보면 스스로 고급한 독자라일컫는 이들은, 의례히 조선 작가의 것보다는 좀 더 외국 작가의 것을 즐겨 읽으며, 심한 자는 우리네의 작품을 읽지 않음으로써 일종 자랑을 삼으려 하는 모양이나 이것은 옳지 않다. 다른 이의 다른 작품은 과시 모를 일이다. 그러나 '무명'에 한하여서만은 나는 이를 추장(推奬)함에 있어 언제든 떳떳하고 또한 자랑스러웁다.161)

박정호의 세 번째 구술원고는 '사랑'이다. 춘원의 병감생활 8개월 기간에 박정호가 받아 적은 구술원고이다. '사랑' 전편은 1938년 10월에 출간되었는데, 그 판권란에 '著者 香山光郎'이라 명기되어 있다. '향산(香山)'은 단군이 하강했다는 묘향산(태백산)에서, '광(光)'은 광수에서, '랑(郎)'은 영랑(永郎), 술랑(述郎), 관창랑(官昌郎) 등 신라 화랑도의 이름에서 따서 '香山光郎'이란 가장 조선정신을 살린 자호(自號)를 만들어 사용했던 것이다. 그런데 춘원이 친일전향하면서 1940년 2월 11일 창씨개명을 했을 때 '香山光郎'이라고 호적에 신고했을 뿐이다. 그러므로 이는 창씨개명과는 무관한 춘원의 자호이다.162) " '사랑' 전편

---

161)『博文』제11집(1939. 9), 李光洙 撰,『李光洙短篇選』(朴泰遠).

162) 現代傑作長篇小說全集 第一卷. 著者 香山光郎,『사랑』前編(博文書舘,

이광수 저. 금년도 출판계의 최대 거탄! 춘원의 신작 장편이요 또 현대
걸작 장편소설집의 제1회 배책인 이 소설은 드디어 지난(10월) 23일 시
장에 배책되어 공전의 호평을 박(博)하고 있다."163)

김기진(金基鎭)은 춘원의 전작 '사랑' 전편이 출간돼 선풍적인 인기
리에 매진되자 '사랑'을 읽고 독후감을 내놓았다. 그는 '사랑'에 대해
긍정적인 시각으로 호평을 늘어놓고 있다.

춘원의 '사랑' 독후감

여러 번 주검의 문 앞에까지 다다랐다가 아는 사람들로 하여금, 기
적이라는 말이 과장한 것이라면 의외라고 할 만큼, 보기 좋게 건강을
도로 자기의 것으로 찾아버리는 춘원은, 이번에도 오래 동안 병상에서
신음하였으나 보통 사람이 숭내(흉내) 내지 못할 만한 정력을 쏟아가
지고 전작(全作) '사랑'의 전편을 우리들에게 보내주었다. 그의 이 같
은 정력의 소산인 '사랑'은 많은 사람에게 읽혀질 것이라고 믿는다.

나는 '사랑'을 읽으면서 "이것은 소설이 아니다" 하였다. 하면서도
끝까지 다 읽지 아니치 못했다. 왜? 이 책엔 강하게 읽히게 하는 힘이
있었던 까닭이다. 그것은 모순 덩어리지마는 생(生)의 고뇌에서 해탈하
고자 부둥부둥 애를 쓰는, 춘원 자신의 귀한 영혼의 자태가 책장마다
내배이고 있는 까닭이다. 춘원이 지금 찾고 있는 길은, "무엇이 어떻게
있는가?" 그것을 샅샅이 비집고 꿰어 뚫듯이 보자고 하는 것도 아니요,
"어떻게 하면 잘살까?" 하는 길을 찾아보고자 함도 아니요, 다만 "어
떻게 하면 착한 사람이 될까?" 하는 길을 찾고 있다. 그리하여 춘원은
'착한 사람이 되는 길'을 마침내 찾아내고서 그 길을 여러 사람에게
알리기 위해서 이 '사랑'을 썼다. 그런고로 '사랑'의 길을 많은 사람의
가슴속에 열어만 주었으면 목적의 대부분은 이루었다 할 것이요, 소설
이 잘되고 못 된 것 같음은 춘원에게 있어서 그다지 문제되지 않을 것
이라고 생각한다. 원래부터 춘원은 이상주의자요, 센티멘털리스트요,
정치가라기보담 시인이요, 가두(街頭)의 사람이라 하기보담 승려(僧侶)

1938. 10. 25).

163) 『博文』 제2집(1938. 11), p.32, 出版通信.

에 가까웠다. 이 맨 나중 말이 어폐가 있다 하면 종교가에 가까웠다고 말해도 좋다. '무정', '개척자', '어린 벗에게'를 발표하던 25년 전의 그는 자유민권사상(自由民權思想)에 열렬히 공명하는 이상주의자이었고 시인이었다. 그러나 '재생', '이순신'을 지나서 '흙'에서부터 그는 센티멘털한 승려가 되어왔다. '사랑'은 그가 입도(入道)하고서 얻은 최초의 영혼의 고백일는지 모른다. 나이 50에 가까운 사람이, 더구나 춘원과 같이 생애에 파란이 중첩하여온 사람이, 한 가지 신념을 굳게 파악하기에 이르렀을 때는 이미 그 신념은 움직일 수 없는 것이 된다. 그런고로 "육체적이 아닌 정신적인 사랑, 나를 위해서가 아니라 남을 위해서 바치는 사랑"에 살다가 이 같은 사랑에 죽는 길을 인제는 춘원의 운명의 길이 될 것이며, 그러므로 이 길동무에게 주는 지침(指針)으로서의 전작 '사랑'이 깊은 감명을 주는 것이라면, 이 소설의 주인공 이하 제 인물의 성격의 창조, 사건의 설정, 환경의 해명, 행동의 구상화 등이 모두 소설적으로 덜 되었다, 거짓 같다 한대도 그에게 치명적이 아니다.

결론적으로 말하면 '사랑'은 신작(新作) '불(佛)·신(神) 양교지 합체성경(兩教旨合體聖經)'의 보급판이다. 끝으로 들으니 박문서관에서 출판된 지 불과 몇 십 일에 초판이 다 팔리고 재판이 남아 있는 것도 얼마 안 된다고 한다. 나는 춘원의 건강을 빌면서 후편이 어서 나와서 석순옥, 안빈, 허영 등을 중심으로 한 '참사랑'의 열매가 어떻게 맺어지는가를 보여주기 바란다.164)

춘원은 주인공 안빈의 입을 빌려 종교적인 심오한 진리를 말하고 숭고한 사랑을 설교하였으며, 석순옥을 이 숭고한 사랑의 화신으로 승화시키고 있다. 결국 이 작품은 춘원의 인생관인 동시에 그의 심경 고백인 것이다.

춘원은 '사랑' 전편을 출간하면서 동시에 '높은 사랑을 향하여'를 발표했다. 이는 '사랑' 전편 서문에 수록했는데, 여기서 '높은 사랑'을 이렇게 정의하고 있다.

---

164) 『每日新報』(1938. 11. 16), 春園의 '사랑' 讀後感(金基鎭); 『博文』 제3집 (1938. 12). pp.26~27, 春園의 '사랑'(金基鎭).

나는 사람의 평등 되지 아니함을 믿는다. 지력으로나 의지력으로나 재력으로나 다 천차만별이 있지마는 그중에도 '옳은 것', '아름다운 것'을 아는 힘, 느끼는 힘이 있어서 더욱 그러함을 믿는다. 그리고 나는 이것을 슳어(싫어)하지 아니한다. 도리어 사람의 이 차별이야말로 무한한 향상과 진화를 약속하는 것이니 버러지가 향상하기를 힘써 부처님이 될 수 있음을 믿을 수 있는 것이다. 그러기에 나같이 더럽고 어리석은 중생도 부처님의 완전을 바라는 기쁜 희망으로 이 고달픈 인생의 길을 걸어갈 수가 있는 것이다.

나는 우리들 중생 중에 때로 뛰어난 사람이 나오는 것을 본다. 석가여래라든가 여러 보살이라든가 예수라든가 하는 어른들이시다. 나는 그이들도 본래는 나와 같은 중생이셨더니라고 배울 때에, 너도 나와 같이 될 수 있나니라고 가르치심을 받을 때에 한량없는 고마움과 기쁨을 느낀다. 나는 가장 아름다운 몸과 가장 아름다운 음성과 가장 높은 지혜와 한량없는 사랑과 힘과 공덕을 가진 '사람'이 되어서 모든 중생의 사모함을 받고 그들에게 기쁨과 힘과 구원이 될 수 있음을 믿는다. 대홍서원(大弘誓願, 크나큰 서원)의 영원한 생명으로 중생의 사랑의 의지가 될 수 있음을 믿는다. 사람들아, 이에서 더한 희망이 있겠는가?

나는 이 모든 향상과 진화가 오직 우리가 짓는 업(業)으로 되는 것을 믿는다. 고마우신 하나님은 이 우주가 인과율(因果律)에 의하여 다스려지도록 지어주셨다. 우리네 버러지와 같은 중생이 하는 조그만 '일(업)'도 하나도 스러짐이 없이 내 예금구좌에 기입이 되는 것이다. 이 저축들이 모이고 모여서 내일의 나, 내생의 나, 천겁 만겁 후의 나를 결정하는 것이다. 이야말로 하나님의 크신 은혜라, 만일 이 세상이 거름 준 나락(벼)이 거름 안 준 나락보다 못 되는 일도 있다고 하면 우리네 살아가기가 얼마나 힘들 것일까. 밥을 먹어도 배고픈 수도 있고, 불을 때일수록 방이 더 추워가는 일도 생긴다면 우리는 어떻게 살아갈까? 원인 있으면 반드시 결과가 온다는 것 ─ 이것이 어떻게나 고마우신 섭리자(攝理者)의 은혜인가?

나는 사랑이 일체 유정물(有情物)의 생명현상 중에 가장 신비하고 또 가장 숭고한 것임을 믿는다. 그러나 꼭 같은 탄소로도 숯도 되고 석묵도 되는 반면에 금강석도 되는 모양으로 다 같이 사랑이라 하더라도 천차만별의 계단이 있고 품이 있는 것을 믿는다. 이성(異性)간의 사랑에 있어서도 마찬가지다. 음탕(淫蕩) 남녀의 사랑과 현사숙녀(賢士淑女)의 사랑과를 같이 볼 수는 없는 것이니, 그 사이에는 하늘과 땅만한 가치의 층등(層等)이 있는 것이다.

육체의 결합을 목적으로 하는 사랑이 가장 많겠지마는 그것은 생물계에 사람보다도 버러지가 많다는 것과 다름없는 것이다. 육체의 결합과 아울러 정신에 대한 사모를 짝하는 사랑이야말로 비로소 인간적이라는 이름으로 불러질 자격을 가지겠지마는 한층 더 올라가서 육체에 대한 욕망을 전연 떼어버린 사랑이 있는 것이 인류의 자랑이 아닐 수가 없다. 그것은 일시적인 우리 육체 속에 있는 '영원한 존재'를 인식하는 데서만 생길 수 있기 때문이다. 바다를 못 본 하백(夏伯, 우왕)은 황하의 개천 물을 세상에 가장 큰 물로 안다. 이러한 사랑을 보지 못한 사람은 육체를 안 보는 사랑을 공상으로만 생각하거니와 그에게는 어느 때에나 한번 코페르니쿠스를 만나서 새 우주를 깨달아야 할 시기가 필요할 것이다.

사랑의 극치로 말하면 물론 무차별, 평등의 사랑일 것이다. 그것은 부처님의 사랑이다. 모든 중생을 다 애인같이 외아들같이 사랑하는 사랑일 것이다. 그러나 거기까지 가는 노중에는 어느 한 사람만이라도 육체를 떠나서 사랑하는 대목도 있을 것이다. 육체를 떠난다는 것은 동물적 본능을 떠난다는 말이다. 그 말은 '이기욕(利己慾)'을 일체로 떠난다는 말과도 같다. 완전히 '나를 위하여'라는 '욕심'을 떠나고, '오직 그를 위하여' 사랑할 때에 그것이 비로소 '자비심'의 황금색을 띤 사랑이 되는 것이다.

오늘날까지의 문학에는 원망이라든가, 질투라든가, 욕심이라든가, 미움이라든가, 성냄이라든가, 이러한 사나운 감정이 너무 많이 취급되고 강조되지 않았는가 한다. 이러한 추폭(醜暴)한 감정은 늘 사람에게 불행과 악을 주는 근본이 된다. 사랑이라는 부드러운 감정조차도, 많은 문학에서는 사나운 감정을 곁들이기를 좋아하였다. 이것은 대조(對照)라든가, 대중의 심리에 맞춘다든가 하는 문학적 기술의 편의를 위함도 있겠지마는 역시 사람에게 있고 싶고 발달되고 싶은 것은 부드러운 감정일 것이다. 사랑, 동정, 기쁨, 슬픔 들. 이러한 부드러운 감정만으로 문학적 작품을 만든 이가 과거에도 없지는 않았다. 불교의 여러 설화라든가, 근대에도 톨스토이의 말년의 단편설화 등은 그러하다.

사람은 저마다 제 오막살이 한 칸을 가지고 있는 모양으로 저마다 제 세계 하나를 가지고 있다. 그러나 그 오막살이 들이 다 대견치 못한 것임과 같이 사람은 항상 제가 들어앉은 세계를 벗어나서 더 크고 넓은 세계를 찾아야만 한다. '끝없이 높은 사랑을 찾아 향상하려'는 애씀 ― 여러분이어, 이것이 또한 아름다운 제목이 아닐까.165)

'사랑' 전편이 출간되자마자 여주인공 석순옥(石筍玉)의 모델이 과연 누구일까에 대한 세론이 분분한 가운데 그 주인공은 바로 모윤숙일 것이라는 여론이 온 세상을 휩쓸었다. 아니나 다를까 모윤숙은 여주인공 석순옥에게 보내는 글을 발표했다. 남주인공 안빈(安賓)은 춘원으로, 여주인공 석순옥은 모윤숙 자신으로 대입(代入)해서 '사랑' 독후감을 쓴 것이다. 한때 춘원과의 플라토닉 러브로 물의를 빚기도 한 모윤숙인지라 작품에 등장하는 주인공들의 인간적인 순진한 사랑에 한껏 감동한 것이다. 그러기에 안빈, 석순옥, 옥남 사이의 삼각관계의 질투와 갈등이란 사랑싸움을 초월해서 '원융(圓融)의 사랑'의 경지로 승화시키고 있다. 그래서 모윤숙은 '사랑'의 작품명을 아예 '생명의 원무곡(圓舞曲)'이라고 부르고 싶다고 실토하고 있다.

안빈(安賓)을 볼 때 당신은 안빈의 남성을 본 것이 아니요 다만 당신의 외롭던 생명, 잠자던 정신이 무슨 소리를 발하는 것을 감각하였을 뿐이겠지요. 이런 경우에서 안빈을 찾는 당신의 마음은 순백(純白)의 생명이 발하는 참된 의식에서 있을 것을 압니다. 그러므로 당신은 옥남(玉男)의 남편으로의 안빈을 사모함이 아니라 인간의 높은 소원의 일부를 충당시키려는 정신적 본능에서 우주의 일원(一員)인 안빈을 사모함입니다. 옥남의 남편인 안빈을 사모한다는 말은 크나큰 모욕이 아닐 수 없을 겝니다. 그러나 순옥 씨! 순옥 씨는 너무 당신 자신이 고결(高潔)하기 때문에 옥남이조차 당신을 오해할 수가 없지 않았습니까? 오로지 이는 당신의 인격이 숭고한 까닭입니다.

---

165) 『三千里』(1938. 11), pp.214~217, 높은 사랑을 향하여(春園).

당신은 안빈을 사랑치 않을 수 없습니다. 안빈을 사랑할 수 없다는 일은 당신의 생명이 생존할 수 있는 한에서는 불가능한 일입니다. 당신의 세계를 끌고 가는 종교요 신념입니다. 순옥 씨! 나는 당신의 그 범할 수 없는 높은 사랑에 심한 감응을 받습니다. 그러나 순옥 씨! 일편 생각하면 그대 맘이 너무 넓게 너무 높이 너무 깊이 안빈을 이해하고 사랑하는 것이 한껏 애처로운 운명을 발생케 하는 원인이 되지나 않을까요? 안빈을 찾았기 때문에 광명을 찾고 힘이 생겨서 이 세상을 자기 몸처럼 생각할 수 있다는 일은 지극히 거룩한 일에 속하는 일입니다. 안빈만을 사랑할 수 있는 순옥이! 안빈 외에 이 세상엔 아무것도 의미를 발하지 못하는 일, 안빈만으로 지팡이를 삼고 살아갈 수 있음에도 불구하고 순옥이, 순옥은 또 다른 의뢰자(依賴者)를 찾아야 한다는 이치가 어디 있습니까?

순옥이! 순옥이가 결혼을 한 번 아니라 몇 번을 한다 해도 안빈의 존재란 무시될 수 없는 존재 아닙니까? 이런 신앙으로 당신은 허영(許榮)의 아내로 가려 합니다. 독자 된 감정으로서는 기 막히는구려. 그러니 당신이 말을 안 해 그렇지 어지간한 생명의 고통이 있었을 것을 믿소. 여기서 아무 죄 없는 순옥이가 그렇게 억울하게 시집을 가는 데 대하여 작자는 전생(前生)과 차생(此生)의 인과율(因果律)의 진리를 내놓아 이 인생고를 해결하려 합니다. 이런 것을 다 아는 순옥이라 하더라도 그 순결한 몸을 다른 사람 곁으로 가지고 갈 때 가슴속 뜨거운 슬픔이 왜 없으리까? 우리 독자의 생각엔 이 우주엔 안빈이 이외엔 아무도 순옥의 귀한 몸을 소유할 자가 없어야 하느님의 율법(律法)이 옳을 것 같구려. 그래야만 이 세상엔 봄이 임할 것 같은데 작자는 이 원리를 부정하는 데 더 큰 진리를 설파할 모양이니 순옥이가 몹시 앞으로 고초를 당할 것 같아서 미리 걱정이 됩니다.

안빈은 모르겠소마는 석순옥 당신은 안빈의 가슴속에 생명을 파묻고 살아가는 동안만 생존의 가치가 있을 것이오. 순옥이! 순옥이는 안빈을 생전에 의심해서는 안 되오. 그렇다면 순옥의 생명의 위치도 흔들릴 테니까. 안빈에게 혹시 해석 못할 일이 있더라도 순옥 그대는 그를 의아해하거나 배반할 수 없는 것이오. 그렇다면 순옥의 사랑은 그때부터 불순해질 테니까. 순옥 자신이 숭고한 정신으로 살아가고 있다면 안빈이 흐리게 보일 까닭이 있소? 순옥이! 밤이 새로 두 시가 넘었소이다.

그대가 어느 공간에서나 이 글을 받아볼 수가 있다면 얼마나 기꺼우리까마는 당신은 소설에 나온 여성입니다. 안빈을 꿈속에서만 그리는 처녀입니다.

염려는 안빈이가 영원히 당신의 꿈에서만 당신을 부르고 사랑해야지 꿈의 성(城)을 깨치고 인간 순옥을 부르는 때가 있다면 순옥의 태도가 어찌 될까가 의문입니다. 순옥이! 다정(多情)히 부르노니 아름다운 슬픔의 주인공 순옥! 어서 간호부복을 벗고 잠자리로 가시오. 그리고 젊음을 초월할 공부를 하시고 안빈을 위해서는 어떠한 고생이라도 이 세상에서 당할 각오를 하시오. 순옥이! 하편에 나올 때는 허영이를 제발 만나지 말아요. 혼인을 안 해야 좋을 것 같습니다. 끝으로 나는 이 책 이름을 '생명의 원무곡(圓舞曲)'이라고 부르고 싶습니다.

밤 열두 시 미지의 벗 윤숙 올림166)

춘원의 인도주의 사상의 본질은 인류 보편적 가치인 인류애이다. 인간의 근본적 감성은 사랑이다. 1938년 당시 소설 제목을 순수한 한글 '사랑'으로 채택한 것은 춘원의 '사랑'이 최초요 유일무이하다. 일본어에는 순수한 일본말 '사랑'이 없고, 이를 한자어 '愛'로 표기할 뿐이다. 수사학적으로는 '애정 = 사랑'으로서 동의어인데 당시로서는 '사랑'보다는 '애정'이란 낱말을 더 선호해서 표기하고 있었다.

이광수는 사랑을 주제로 한 전작소설 '사랑' 전편(1838. 10. 25)을 출간하여, 집단적 '허탈 증후군'에 빠져 있는 조선 지식인에게 신선한 충격을 주고 있다. 이에 삼천리사(김동환)는 이광수와의 '사랑'을 주제로 한 대담을 기획하였다. 자유연애론을 최초로 주장한 이도 춘원이고 이를 실천한 이도 역시 춘원이기에 그는 한국 자유연애 제1호의 실천인이 되어 세상을 놀라게 했다. 당시 유림(儒林)은 이광수의 자유연애론에 대해, 자식까지 있는 몸으로 조강지처를 버리고 허영숙과 결혼한 이광수는 인륜도덕을 타락시킨 역사의 위선자라고 탄핵했다. 연애란 무엇인가? 그것은 끝없이 높은 사랑, 부처님에 가까운 사랑, 가장 신비하고

---

166) 『三千里』(1938. 12), pp.197~203, 春園近作 '사랑'을 읽고. 女主人公 석순옥 씨에게 올리는 글(毛允淑).

가장 숭고한 사랑이다. 육욕적 사랑을 떠나 '하늘 사람의 사랑'이 곧 영원한 사랑인 것이다. 일시적인 우리 육체 속에 있는 영원한 존재를 인식하는 사람이면 하늘 사람의 사랑을 이룩할 수 있다. 육체의 욕망을 떠날 수 없어 괴로워하고 있는 경허(鏡虛)도 "갑작 정으로는 부처님 되기 어렵고, 오래 가졌던 습관은 끊어버리기 어렵다"고 갈파했듯이 갑작스러운 사랑으로는 영원한 사랑을 이룰 수 없고, 육욕적인 습관을 끊어버려야만 '하늘 사람의 사랑'을 실현할 수 있다. 그러므로 '영원한 사랑'이 아닌 사랑은 지고(至高)할 수가 없고 아름다울 수가 없다.

기자 : 선생님의 연애관을 듣고 싶습니다.

춘원 : 연애관이요. 글쎄요, 어떻게 말씀하면 좋을까요. 끝없이 높은 사랑을 찾아 향상하려는 마음! 이제 내게 남은 것이란 오직 이것뿐임에 그 물음에 적응(適應)한 대답이 없을까 합니다.

기자 : 끝없이 높은 사랑이라니요?

춘원 : 하늘 사람의 사랑입니다. 즉 부처님에 가까운 사랑이란 말이죠.

기자 : 가령 구체적으로 말씀하신다면?

춘원 : 나는 사랑은 모든 것 중에 가장 신비하고 가장 숭고한 것이라고 생각합니다. 그러나 꼭 같은 탄소로 숯도 되고 석묵도 되는 반면에 금강석도 되는 모양으로 다 같이 사랑이라 하더라도 천차만별의 계단이 있고 품(品)이 있는 것이라고 믿습니다. 이성(異性)간의 사랑에 있어서도 마찬가지로 음탕 청년 남녀의 사랑과 현사 숙녀(賢士淑女)의 사랑과를 같이 볼 수는 없는 것이 아니겠습니까. 그야말로 그 사이에는 하늘과 땅만 한 가치의 차이가 있는 것입니다.

기자 : 그러니까 가장 신비한 사랑, 가장 숭고한 사랑— 즉 선생님의 말씀을 빈다면 하늘 사람의 사랑은 육체의 욕망을 전연 떠나는 데서라야만 있을 수 있단 말이지요?

춘원 : 그렇죠. 세상엔 육체의 결합을 목적으로 하는 사랑이 가장 많을 것입니다. 적어도 하늘 사람의 사랑이 아니라 하더라도 육체의 결합과 아울러 정신에 대한 사모를 짝하는 사랑이 아니면 안 될 것은 물론이겠지만 그보다도 내가 말하는 것은 한층 더 올라가서 육체의 사랑

을 전연 태워버려야 한다는 것입니다.

　기자 : 부처님도 아니고 하느님도 아닌 사람에게 그런 신비한 사랑
— 고상한 사랑이 있을 수 있습니까?

　춘원 : 그것은 일시적인 우리 육체 속에 있는 영원한 존재를 인식하
는 사람이면 될 수 있습니다.

　기자 : 세상에 그런 사람이 어디 있겠습니까? 이태준(李泰俊) 씨 소
설 '황진이(黃眞伊)'에 보면 어떤 도승(道僧)이 선생님이 이상(理想)하
는 높은 사랑을 찾아서 온갖 것을 다 버리고 심지어 먹고 마시는 것까
지 전연 잊고 정말 그야말로 참 부처님이 다 되어가댔는데 황진이에게
유혹받았다는 이야기가 있어요. 그것은 '영원한 존재'를 인식치 못했던
까닭일까요?

　춘원 : 그런 이야기가 많지요. 그 도승뿐 아니라 옛날에 경허(鏡虛)
같은 중도 육체의 욕망을 떠날 수가 없어서 퍽 괴로워했다니까요. 어
느 때는 길가에서 예쁜 색시를 보고 달려가서 입을 맞췄다나요. 그래
서 그 제자가 여기에 질문하여 스님같이 도(道)가 높으신 이가 그것이
어쩐 일입니까 하고 말한즉 경허의 말이, 마음으로 생각하는 것이나
생각한 것을 시행하는 것이 무엇이 다르겠느냐고 했다는 말도 있고,
또 어느 때는 어느 대사(大師)를 찾아가서 술을 가져오라 해서 술을
먹고 술을 먹은 후엔 또 갈보를 데려오라고 했다드라구요. 그러니까
그 술을 사다 대접한 대사가 술까지는 사다 대접했지만 갈보만은 하는
수 없었던 까닭에 역시 스님같이 도가 높으신 이가 이래서 쓰겠습니까
하고 질문한즉 경허가 얼굴이 붉어지며, "돈정난동불 다생습기심(頓情
難同佛 多生習氣深, 갑작 정으로는 부처님 되기 어렵고, 오래 가졌던
습관은 끊어버리기 어렵다)"이라 대답했다는 것입니다. 누구나 그럴 것
입니다. 사람의 육체를 쓰고 나서 마음으로 부처님이 되기를 원하고
바라지만 오래 가졌던 습생(習生, 습관)은 참 끊어버리기가 어려운 것
인 줄 알아요.

　기자 : 그러니까 육체를 쓰고 난 사람으로선 부처님이 될 수 없잖아
요?

　춘원 : 석가여래라든가 여러 보살이라든가 예수라든가 하는 이들은
사람의 육체를 쓰고 나온 사람이었으니까요.

　기자 : 그이들은 육체의 욕망이란 것이 전연 없었을까요?

춘원 : 전연 없었습니다. 육체의 욕망을 간직한 채로는 남을 위할 수
가 없으니까요.

기자 : 그래두 석가여래는 결혼을 해서 아내가, 훌륭히 있지 않았습
니까?

춘원 : 결혼하시긴 했지만 도를 깨달은 뒤엔 그 부인을 제자로 삼았
습니다.

기자 : 세상 사람이 모두 선생님같이 그런 생각만 가진다면 세상에
살 재미가 없을 것 같애요.

춘원 : 그게 아직 덜 데여서 하는 소리지요. 덜 속아서 하는 소리구
요. '영원한 사랑'을 깨닫지 못한 사람으로선 누구나 그렇게 생각해요.
하나 이 '영원한 사랑'을 깨달은 자에게 있어선 그것처럼 헛된 것은
없어요. 모다(모두) 꿈이지요. 구름과 같이 바람과 같이 물결과 같이
흘러가고 불리어가는 것인데 그것을 모르고 세상 사람들은 울고 웃고
하지요. 다 어린애들 장난이에요. 요전번에 우리 딸 정란이가 저이 어
머니를 떨어져서 나와 같이 와 있을 때 내가 그 애에게 너 아버지와
얼마나 있겠느냐고 물었습니다. 그랬더니 그 애의 하는 말이 꽃이 피
고 새가 울고 하는 시절도 지나서 눈이 오고 바람이 부는 추운 겨울까
지 아빠하고 있겠습니다 하는 것이었습니다. 그러드니 하룻밤을 자고
나서 저의 어머니 생각이 나서 나와 어제같이 굳은 약속한 것은 언제
했느냐는 듯이 아빠, 엄마한테 갈 테야 하는 것이었습니다. 그때 나는
생각했습니다. 세상 사람의 언약이란 게 꼭 우리 정란이가 아빠에게
한 것과 같다고. 정란이가 내게 약속할 때는 조금도 거짓말하려고 한
것이 아닙니다. 꼭 제 마음이 그러하길래 아빠와 오래 살겠다고 한 것
이지만 그 마음이 오래가지 못했던 까닭에 약속을 저버렸던 것이나 그
애는 그것을 뉘우치거나 하는 일도 없이 태연히 어머니한테로 가버렸
습니다.

일전 어느 밤엔 또 영근이 '새총' 때문에 더 한 가지 느낀 일이 있
었습니다. 영근이가 새총을 만든다구 자라고 해도 자질 않고 그걸 다
만들겠다는 것입니다. 하는 수 없이 내가 만들어주기로 하고 잠을 재
웠는데, 우리들 일도 그와 꼭 같애요. 가령 지금 몹시 사모하고 사랑하
는 청년 남녀가 있다고 합시다. 그 둘이는 한시를 떠나서 살 수 없고
그 사람이 아니면 꼭 죽을 것 같은 생각으로 누가 뭐라든지 우리는 사

랑하겠노라고 우기지요. 그러나 그것이 우리 영근이가 새총을 못 만들
군 잠을 못 이루는 것과 꼭 같은 것입니다. 그럴 때까진 좋으나 영근
인 내가 만들어준 새총을 사흘도 못가서 곧 팽개치고 말았어요. 처음
같애선 될 말입니까. 누가 새총을 빼앗든지 건드리기만 해봐요. 당장
싸우고 야단 날 것이 아닐까마는 그것이 사흘이 못 가서 시들해지는
걸 보시오. 세상일이 다 그러합니다. 더 속아봐야 별것 없을 것이니까
어서들 깨달으십시오.

기자 : 아무리 그렇게 생각하재도 되질 않는 경우엔 하는 수 없잖아
요.

춘원 : 글쎄 그게 덜 데여서 그렇다니까요? 젊은 까닭이라니까요. 영
리한 사람은 먼 길을 도는 것보다 가까운 길을 걷기를 꾀하는 법인즉
20년이고 30년을 더 살아본 뒤에 깨닫기보다 지금 곧 깨닫는 것이 좋
을 듯해요.

기자 : 선생님은 '사랑'이란 걸 모르시고 하시는 말씀 같애요. 부처
님의 사랑이 아니라도 우리 사람과 사람으로서도 부처님의 가까운 사
랑을 할 수 있잖아요. 사랑하는 까닭에 아름다워지고 높아지고 한다면
그것이 신(神)에 가까운 마음이 아니겠습니까. 육체를 반드시 떠나야
아름답고 지고(至高)할 수 있다는 말씀을 아직 저는 알아들을 수가 없
습니다. 선생님두 왜 '개척자'나 '재생'이나 '무정'에선 하늘 사람의 사
랑이 아닌 사랑을 찬양하시지 않았습니까?

춘원 : 글쎄 그때는 몰라서 그랬습니다. 깨닫지 못해서 그랬습니다.

기자 : 그럼 지금 세계의 모든 문학자들이, 예술가들이 사랑을 아름
답다고 숭고하다고 찬양하는 것이 다 몰라서 그러는 것입니까?

춘원 : 그렇지요. '영원한 사랑' — 이 사랑은 부처님의 사랑입니다
— 이 아닌 사랑은 지고할 수가 없고 아름다울 수가 없습니다. 담배 끊
기보다 더 쉽게 끊어지는 사랑들이 무슨 숭고한 사랑이며 지고한 사랑
이겠습니까.167)

'사랑'의 주인공 안빈은 민족주의적 이상과 인간적 성실성이 투철한

---

167) 『三千里』(1938. 12), pp.49~53, 李光洙 氏의 戀愛觀: 至高한 부처님 사랑
의 境地에까지.

점에서 바로 춘원 자신임을 알 수 있다. 춘원은 안빈의 입을 빌려 석순옥에게 불교적, 기독교적인 인생관, 우주관을 바탕으로 한 인과론을 설교하고 있다.

응, 인과, 인과라는 말에 두 가지가 있지. 오늘날 과학에서 인과들이라고 하는 인과와 불교에서 말하는 인과와 결국은 마찬가지지마는 이 우주와 인생을 지배하는 제일 근본 되는 법칙이 인과의 법칙이란 말야. 원인이 있으면 반드시 결과가, 어떤 결과가 있으면 반드시 그 결과를 생하게 한 원인이 있다 하는 것이 그게 인과라는 게야. 헌데 사람들은 자연계에는 인과율(因果律)이 있는 것을 믿으면서도 사람의 일에는 인과가 없는 것처럼 오해하는 일이 많아. 그렇지만 그것이야 물론 그릇된 생각이지. 사람과 자연계와 다를 것이 아니어든. 모두 한 법칙의 지배를 받는 것이야. 그런데 사람들이 이 인과라는 것을 믿지 못하기 때문에 불평이 생기고 원망이 생기고 모든 번뇌가 생기는 게야.
　그런데 사람이란 남의 일에는 인과를 승인하면서도 제 일에는 제가 당하는 것을 제가 당연히 받을 인과라고 생각지 아니하고 부당하게 받는 우연, 즉 횡액(橫厄)이라고 생각한단 말야. 인과율이 지배하는 이 우주 간에 횡액이라는 것이 있을 수가 있나. 우연이란 것은 인과와는 반대니까 터럭 끝만 한 우연 하나라도 통과되는 날이면 이 우주는 부서지고 말 것이어든. 사람이 제 일에 관해서 인과성을 믿지 아니하는 것이 그것이 이기욕이란 말야. 제가 잘못한 과보(果報)는 받기 싫고 현재에 잘못한 과보도 받지 아니할 수도 있다는 어리석은 생각야. 그것을 불교 말로 치(癡)라고 부르지, 어리석을 '치' 자. 인과의 법칙을 깨뜨리고서 좋은 것은 다 제가 가지겠다, 좋지 아니한 것은 하나도 안 갖겠다, 이것을 탐(貪)이라고 그러고, 그리다가 바라는 좋은 것이 오지 않거나 안 바라는 좋지 아니한 것이 굳이 오거나 할 때에 화를 내고 앙탈을 내고 하는 것은 진(瞋)이라고 그러고, 그래서 탐과 진과 치와 이 세 가지를 삼독(三毒)이라고 부르지. 그런데 이 삼독의 근원이 인과를 무시하는 치란 말야. 그러니까 사람이 한번 치를 깨뜨리고 인과의 도리를 똑바로 본다고 하면 불평이 있을 까닭이 없고 원망이 있을 까닭이 없지. 그렇지 않겠나? 복을 받거나 화(禍)를 받거나 결국은 제가 당연히 받을 값을 받는 것이니까 누구를 원망할 사람이 있어야지. 그러면 하나님은 무엇일까? 하나님이란 인과응보를 추호차착(秋毫差錯) 없이 공평하게 시행하시는 주재자(主宰者)야. 도무지 속일 수도 없고 잘못할 수도 없는 정확한 기록자시고 심판자시거든. 그런데 말야, 사람이 이 도리를 모르고 제가 당하는 일을 무서워하고 슬퍼하고 성내고 이러면 이럴수록 점점 악의 인을 더 쌓는 것이란 말야. 그렇다고 하면 우리가 할 일이 무엇인가? 날마다 시시각각으로 당하는 일을 좋은 일이거나 궂은일이거나 원하는 일이거나 원치 아니하는 일이거나 다 묵은 빚을 갚는 셈 치고 순순히, 한걸음 더 나가서는 감사하는 마음으로 받고, 그리고는 제 과거와 현재의 생활에 대해서는 참회적 비판을 사정없이 가해서 보다 나은 미래의 인을 짓는 것이야.168)

이광수는 "섬긴다는 것의 심리학적 기초가 무엇인고 하니 그것은 곧 사랑입니다"라고 정의하면서, 석순옥이 진실로 안빈을 섬기는 것이야말로 지고의 사랑이라고 결론짓고 있다.

섬기는 생활

예수께서 잡히시는 날 마지막 만찬회 때에 손소(손수) 제자들의 발을 씻으시었습니다. 그러고 너희들도 서로 이렇게 발을 씻어주어라 하셨습니다. 또 다른 곳에 "나는 세상 사람들에게 섬김을 받으러 온 것이 아니라 섬기러 왔노라" 하셨습니다. 요컨대 예수의 뜻은 남에게 섬기우려 말고 남을 섬기라는 것입니다. 예수의 가르침의 대지(大旨)는 섬김의 생활이 아닌가 합니다.

그러면 그 섬긴다는 것이 무엇이냐. 이것은 대단히 중대한 문제입니다. 이 문제는 곧 인류사회, 전 세계를 홀딱 뒤집어놓을 문제입니다. 왜 그런고 하니 오늘날 사람들의 생각은, 다는 아니라고 하더라도 다수는, 그중에도 우리 조선 현대 청년은 어떻게 하면 남에게 섬김을 받을까, — 즉 이렇게 하면 남을 부릴까, 하는 것이기 때문입니다. 오늘날 사람들이 영영급급(營營汲汲)하게 일하는 것은 돈을 바라는 것입니다.

---

168) 李光洙, 『사랑』(博文出版社, 1950. 3. 10), 上, pp.88~90.

돈은 왜 바라느냐 하면 돈이 있으면 하인도 많이 부리고 모두 남에게 섬김을 받기 때문입니다. 날랑은 가만히 앉아서 호강만 하고서리 천한 사람으로 하여금 나를 위해서 모든 힘드는 일을 하게 하자, — 즉 나를 섬기게 하자, 하는 것이 돈을 바라는 본의(本意)일 것입니다.

그러하거늘 이러한 세상에서 이러한 사람들을 대해서(용서하십시오. 여러분께서 그러하시다는 것은 아닙니다) 대체 남한테 섬김을 받지 말라, 남을 섬기라 한다 하면 그야말로 잠꼬대요 이른바 입만 닳고 사람만 미찌는(밑지는) 일이 아니겠습니까.

그렇지마는 존경하는 여러분! 세상에는 이러한 시럾은(실없는) 사람이 끊어지지를 아니할뿐더러 가끔 가다가 크게 실없는 사람, 크게 잠꼬대하는 사람이 나와서는 한바탕 세상을 흔들어놓는 수가 있습니다. 그러한 이는 곧 석가모니, 예수, 톨스토이, 간디니 하는 어른들이십니다.

여러분 중에 금강산이나 기타 깊은 산에 다녀보신 이는 알으실(아실) 줄 압니다. 길이 없는 산골짜기 물길이나 찾아 올라가는 곳에 골짜기가 여러 갈래로 갈려서 방향을 찾기 어려울 만한 곳에는 대개 돌무더기가 있습니다. 행인들은 이 돌무더기를 보고 바른길을 찾아갈 수가 있습니다. 금강산 가면 그런 돌무더기가 많은데 그중에는 아마 수천 년 된 것도 있으리라고 생각합니다. 이 돌무더기는 누가 쌓은 것이냐 하면 그것을 아는 이는 없습니다. 아무도 그것을 쌓고 내가 쌓았노라고 선언한 이도 없습니다. 아마도 어떤 사람이 혼자서 하루 종일 애를 써서 쌓아놓은 것도 있고 또 수천 년 두고 돌멩이를 이 사람이 한 개, 저 사람이 한 개, 가져다가 놓아서 된 것도 있을 것입니다. 어찌하였으나 이것이 쌓는 그 사람의 이익을 위한 것이 아닌 것은 분명합니다. 그것은 전혀 후에 오는 사람 — 그것은 김가인지 이가인지, 평양 사람인지 서울 사람인지도 모르거니와 — 후에 오는 인류, 요새 시체 말로 인간 전체가 길을 잃지 말라고 해놓은 것입니다. 아무도 알아주는 이도 없고 아무 물질적 보수도 없습니다. 또 이것은 누가 하라고 시켜서 한 것도 아닙니다. 제 맘에서 우러나서 기뻐서 한 것입니다.

여러분! 이 속에서 우리는 인성(人性)의, 지금까지 근래에 흔히 등한히 여겼던 한 방면을 봅시다. 그것은 무엇이냐 하면 곧 '섬기려는 맘'입니다.

여러분! 자식을 가진 부모가 어떠합니까. 섬기지 아니합니까. 애인과 애인이 어떠합니까. 서로 애써서 섬기려고 아니합니까. 친구들끼리 어떠합니까. 서로 섬기지 아니합니까. 저편의 맘을 기쁘게 하기 위해서 괴로운 일을 내가 몸소 하는 것, 이것은 다 섬기는 일입니다. 그렇게 생각하고 보면 여러분 우리 인생생활은 섬기는 것을 기조(基調)로 성립된 것이 아닙니까. 적어도 우리 인생생활의 가장 유쾌한 부분, 가장 아름다운 부분은 이 섬기는 것을 기조로 된 것이 아닙니까. 그러므로 사람으로 생긴 사람은 아무리 도척(盜跖)이라도, 아무리 놀보(놀부)라도, 아무리 남원부사(南原府使) 변학도(卞學道)라도 섬기는 생활이 일부분은 있는 것입니다.

이상 말한 대서 우리는 섬긴다는 것이 인성(人性)의 본연(本然)인 것을 보았습니다. 부리려는 것도 인성의 본연이지마는 섬기려는 것도 본연이다, 부리려는 것보다는 유쾌하고 아름답고 평화의 결과를 가져오는 본성이다, 하는 것을 알았습니다마는 섬긴다는 것의 심리학적 기초가 무엇인고 하니 그것은 곧 사랑입니다. 사랑이라— 다른 동물도 그렇지마는 제가 사랑하는 것— 그것이 사람이든지, 무슨 주의(主義)든지, 나라이든지, 무슨 물건이든지를 물론하고 제가 사랑하는 것을 위해서는 희생하기를 싫어 아니할뿐더러 도리어 무엇을 좀 희생하기를 원하는 것입니다. 사랑하는 이에게 귀중한 물건, 가령 금강석 반지를 사다가 바치는 것은 곧 자기의 재물을 희생하는 것입니다. 사랑이 클수록, 또 깊을수록 희생이 큰 것이어서 혹은 종교를 위해서 혹은 주의(主義)를 위해서 혹은 나라를 위해서 혹은 부모, 자녀, 이성(異性)을 위해서 사랑이 크고 깊은 이는 족히 자기의 행복과 재산과 생명까지도 희생하는 것입니다.

그러면 도무지 무엇을 사랑하는 자가 없느냐 하면 그렇지 못합니다. 제 것은 조금도 희생하지 아니한다는 사람은 곧 제 한 몸 제 쾌락밖에 모른다는 말입니다. 어떤 사람은 제 몸밖에 모르고(이런 사람은 전혀 제 몸이란 것을 모르는 사람이 드문 것과 같이 드뭅니다) 어떤 사람은 겨우 제 처가속(妻家屬), 어떤 사람은 겨우 제 친지, 그러나 어떤 사람은 그 사람의 범위가 전 세계 인류에게까지, 모든 생물, 무생물에까지도 믿는 것입니다.

이 모양으로 사랑의 범위에 층등(層等)이 많습니다. 이것은 암만해도

사람의 가치의 층등의 표준이 될 것이라고 생각합니다. 사랑의 범위가 넓어서 섬기는 생활의 분량이 많은 사람일수록 우리가 일컬어 큰 사람이요 따라서 가치가 높은 사람이라고 생각합니다. 동양인과 서양인과 비기면 암만해도 서양인이 섬긴다는 관념이 많고 또 그 범위가 넓은 듯합니다. 말로 보더라도 영어로만 보아도 'Serve, Service, Servant' 등 말이 서고 또 함축이 많습니다. 일본인과 조선인과 비기면 암만해도 일본인 편이 적더라도 사랑의 범위가 나라까지 넓어진 점으로는 우리보다 선진(先進)이라고 아니 할 수 없습니다. 'おつとめ(직업, 직분)'란 말에는 상당한 함축이 있어서 아무리 조그마한 직분(職分)을 맡은 사람이라도 나라에 대한 'おつとめ'라는 관념을 가져보는 듯합니다. 매우 섭섭한 일이지만 우리는 아직도 'Service, おつとめ'라는 정신이 자리 잡히지 못한 것이 아닌가 합니다.

그러면 이 섬긴다는 정신의 실생활에 대한 표현은 어떤 모양으로 되는 것입니까. 나도 여기 체코 대통령 마사리크 박사의 말 한마디를 인용하려 합니다. "일한다는 것 자신은 칭찬, 탄미(嘆美)할 것이 못 된다. 진실로 주(主)되는 것은 일하는 목적이다. 일의 목적 여하를 따라서 일의 가치가 정한다. 악마도 일은 하지 않느냐. 그러나 그는 목적이 틀렸다." 이렇게 말했습니다. 이 말은 매우 뜻있는 말인 줄 압니다.

여러분! 같은 구두를 깁더라도 구복(口腹)을 위해서만 기울 수도 있고 인류에 대한 섬김으로 요샛말로 봉사로 기울 수도 있습니다. 일은 같은 일이라도 그 태도가 다릅니다. 태도가 다르다고 결코 적은 일이 아닙니다. 그 일이 낳은 결과와 일하는 자의 기쁨에 거의 양반대극(兩反對極)이라고 할 만한 차이가 있는 것입니다. 모두 나라에 대한, 또는 인류에 대한, 또는 하느님께 대한 내 섬김이라 'おつとめ(직분)'라 'Service(봉사)'라 하면 그 일에는 정성이 붙을 것이요, 그 일을 하는 자에게는 기쁨이 있을 것입니다. 그러므로 이 태도, 인생에 대한 태도란 매우 중대성을 가집니다. 그러니까 여러분, 오늘부터라도— 벌써부터 그러신지 모릅니다마는— 이렇게 태도를 가지어보십시오. 반드시 세상(世上)이 살아가기가 조금 더 수월하고 낙(樂)이 있을 줄 압니다. 시어머니와 며느리와 경관과 백성과 서로 섬기는 태도로만 가면 썩 유쾌할 것이 아닙니까. 또 물지게 한 지게를 지드라도 이것이 목마른 사람의 목을 축이는 내 섬김, 인류에 대한 섬김이라 하면 좀 높아짐을

자각할 것이 아닙니까. 이렇게 하면 가정에서나 학교에서나 전차 속에서나 반드시 속효(速效)가 있을 줄 믿습니다.

최후에 나는 우리 조선 사람이 섬기는 목적이 무엇이 될까 하는 것으로 이 이야기를 끝내려고 합니다. 인생생활이 수시도처(隨時到處)에다 사랑하는 생활, 따라서 섬기는 생활, 불교에서 말하는 보시(布施)의 생활이지마는 특히 오늘날 조선 청년은 조선 민족이라는 2천만쯤 되는 백성을 위해서 섬기는 생활을 해야겠다는 것입니다.

인도에 간디라는 어른은 그를 따르려는 민족운동자에게 네 가지 맹세를 시켰습니다.

불살생(不殺生)의 서(誓) : 미워하지 아니한다.

진리(眞理)의 서(誓) : 거짓말 아니 한다.

독신(獨身)의 서(誓) : 가정을 갖지 아니한다.

불호식(不好食)의 서(誓) : 요기(療飢) 이상을 먹지 아니한다.

라는 것입니다. 인도 민족을 구원해내기까지에 우리는 우리의 개인의 모든 안락(安樂), 모든 행복을 희생하자는 뜻입니다. 우리는, 우리 교육받은 청년은 반드시 간디를 배우자는 것이 아니나 사랑하는 조선을 위해서 이 비상한 처지에 있는 때에 섬기는 생활을 하는 것이 옳지 아니합니까. 비록 세계적, 전 인류적 개조(改造)에 다 필요한 기조가 되는 이 섬김의 원리라 하더라도 특히 우리 조선에 더욱 필요하지 아니합니까.169)

춘원은 한평생 신문 연재물로 소설을 써왔다. 순수문학의 고성(孤城)을 지키고 있는 김동인은 춘원의 신문 연재소설을 통속소설이라고 통박하고 있다. 동우회 사건으로 병감생활의 한계상황을 극복하고 이 같은 결작품 '사랑'을 전작소설로 완성했다는 것은 춘원 문학의 금자탑이 아닐 수 없다. 춘원은 동아일보, 조선일보에 재직하면서 4설(사설, 논설, 횡설수설, 소설)을 독점 집필했다. 그러기에 그는 전작소설을 쓸 시간적, 공간적 여유를 갖지 못했다. 춘원은 전작소설을 쓸 야심을 다음과 같이 피력하고 있다.

---

169) 『東光』(1931. 2), pp.31~33, 섬기는 生活(李光洙).

지금 내가 새삼스러이 이런 책을 뒤져보는 것은 고인(古人)들은 무슨 생각을 하였나, 그네들은 어떠한 인생관을 가졌나, 인생을 어떻게 생각하였나— 이것을 알고자 하는 바입니다. 알기 쉬운 듯하고도 알지 못할 것은 인생문제이요, 얽히고 또 얽힌 것도 인생문제입니다. 전에는 국가니 사회니 민족이니 하고 그것을 중심으로 한 그 '라이프'에 대하여 가장 머리를 많이 썩였지마는 지금은 그것보다도 나 자신에 대한 '라이프'를 모르니까 그것부터 알아보려 하는 것입니다. 최근 내가 느낀 바를 말하오면 생활의 최고 방면, 보다 높은 라이프의 전당은 예술과 종교에 있다고 생각합니다. 라이프를 최고 방면으로 끌어올리는 것은 예술입니다. 예술과 종교는 그 경계가 멀지 않다고 생각합니다. 이런 의미에서 나는 요새 시를 많이 봅니다. 시 중에도 15, 16세기 시대의 고시(古詩)를 많이 보지요. '하버드 클래식' 전집 중에 있는 고대시를 여러 편 읽어보니까 마음에 감격 되는 것이 많이 있습디다.

　　나는 언제든지 나의 찾을 '라이프'를 찾게 되면 내가 세상에 온 것을 남기고 가는 최대의 기념으로 필생의 노력을 다하여 좀 좋은 작품을 쓰려 합니다. 이 작품을 쓰기만 하면 조선만이 아니고 세계를 무대로 구미(歐美)에까지 좀 내놓고 싶습니다. 그러나 이러한 것을 미리 단언할 수가 있습니까? 내가 생각하는 이상(理想)뿐이지요. 그리고 모든 것이 뜻대로 되어서 이러한 희망을 이루게 되도록 바랄 뿐입니다. 그러나 나는 언제까지든지 그렇게 다복(多福)한 사람은 아닙니다. 당분간은 한지(閑地)에서 정관(靜觀)을 하고 있다 하지마는 불원한 장래에 밥벌이를 하여야 하겠습니다. 밥벌이를 구하는 사람이니 무엇이나 청하는 곳이 있으면 가겠지마는, 지금의 심경(心境)으로는 신문사보다도 학교 교원 같은 것을 지망(志望)합니다. 교원이 된다면 어학(語學)에는 자신이 있지요. 영어에는 누구에게나 그리 질 듯한 생각이 없습니다. 또 나는 어학에 대한 취미도 있고 어학을 교수하는 기능도 있다고 생각합니다. 지금은 라틴 말을 공부하는 중인데 어학이란 꽤 재미있어요. 그 나라 말을 배우면 그 나라의 국민성(國民性)과 역사와 또는 그 나라 자연이 그리워지고 또는 어렴풋하나마 어떤 신비적 감각을 통하여 그네들의 '라이프'가 알려지는 듯합니다.170)

170) 『新人文學』(1934. 12), pp.59~60, 나의 最近心境(李光洙).

'博文' 제2집(1938. 11) '사랑' 전편 3접지 광고

'사랑' 전편 초판본(1938. 10. 25) 2천 부가 간행된 이래 3년 만에 9판(1941. 6)이 발행되었다. 1940년 8월 동아일보, 조선일보가 폐간되고 이어 1940년 10월 조선총독부로부터 저작권 재검열을 받아 '흙', '무정', '사랑' 등 십수 종이 발매금지 처분을 받는 등 조선문화말살정책이 강행되고 언론과 출판의 탄압이 자행되고 있는 가운데 9판이 발행된 것은 한국 출판사상 그 유례를 찾아볼 수 없는 일이었다. '사랑'은 미래의 희망을 밝혀줄 민족의 등불이 아닐 수 없다.

　춘원은 전작소설을 쓸 시간적, 공간적 라이프를 병감생활에서 찾아내어 구미 문단에 내놓아도 조금도 손색이 없는 일생일대의 대작 '사랑'을 남긴 것이다. '사랑' 후편은 1939년 3월 역시 박문서관에서 출간했다.[171] '사랑' 후편이 발간되자 '박문' 편집실은 조선 문단의 경사라고 자평하였다. " '사랑' 후편이 나왔다. 문단이 생긴 이래 이 작품처럼 훤전(喧傳)과 평판을 야기시킨 작품은 없었다. 우리들 사업의 첫 '스타트'로 내놓은 '사랑'이요 또 춘원에게나 다른 작가에게나 첫 번인 전작소설로 되어진 '사랑'이 초특급의 호평을 각 방면 각층 사회에서 골고루 받고 있음은 당연할 것 같으면서도 기쁘기 한량없다. 전편에 지지 않는 인기! 선전이 널리 못 되었건만 발매 당일에 전편을 압도하는 대

171) 現代傑作長篇小說全集 第二卷. 李光洙 著, 『사랑』後編(博文書舘, 1939. 3. 3).

성황이다."172)

'박문' 편집 겸 발행인 최영주(崔泳柱)는 '사랑' 후편 원고를 받아든 감격을 이렇게 실토하고 있다. "춘원 선생의 '사랑' 하편이 탈고되다. 원고를 내어주시는 선생의 얼굴에도 공손히 받아드는 기자의 얼굴에도 감회가 넘치었다. 일순간 침묵. '선생님 고맙습니다.' 한마디만은 간신히 하였다. 병석에서 펼쳐보시지 못하시는 선생의 이 작품. 조선 문단이 형성된 이래 최대한 문제와 최대한 평판을 자아낸 대작 '사랑'이다. 춘원 선생에게도 할 말씀 많으신 이 작품이요 받는 우리도 선생께 드릴 말씀 많은 이 작품이다. 원고 보퉁이를 안고 R형과 나오다가 우리는 청요리 집에 들러 더운 술을 몇 잔 기울였다. 날도 추웠으나 그보다도 우리들의 굳어진 긴장을 좀 풀까 함이었다."173) 사랑 전편이 드디어 매진되자 재판을 곧 착수하였는데, 책이 나온 지 2개월 5일 만에 초판 2천 부가 한 권 남기지 않고 다 나간 것이다. 조선의 당시 출판계 실정으로 신기록이 아닐 수 없다.174) 1938년 10월 '사랑' 전편 초판본이 발행한 지 3년 만인 1941년 6월, 9판을 발행했다.175) 매년 3판씩 발행한 셈이다. 조선어 말살정책을 강행하고 있는 식민지하에서 9판 발행은 우리나라 출판계의 역사상 유례없는 대기록인 것이다.

1939년 이른 봄 박계주는 홍지동 산장을 방문했다. 춘원은 '사랑' 하권 원고(4백자 원고지 1천 매)를 건네주며 원고 교정을 부탁했다. 박계주는 일기가성(一氣呵成)으로 쓴 원고의 정확성을 보고 감탄했다. "내가 집에 들고 돌아온 원고 뭉치는 '사랑' 하권의 원고였다. 나는 그날 밤부터 읽기 시작했다. 그런데 이틀인가 사흘 동안에 다 읽고 난 나는 낙자(落字)가 한 자도 없을뿐더러, 가필(加筆)한 곳도 없고, 지워버린 곳도 없는 것에 몹시 놀랐으며, 따라서 감탄하여 마지않았다. 원체 어

---

172) 『博文』 제7집(1939. 5), p.30, 編輯室 日記抄.

173) 『博文』 제5집(1939. 2), p.30, 編輯室 日記抄.

174) 상게서, p.31.

175) 現代傑作長篇小說全集 第一卷. 李光洙 著, 『사랑』 前編(博文書館, 1941, 6. 5), 9판 발행.

여쁜 글씨인 데다 정서하듯 깨끗이, 그리고 첫 자부터 끝 자까지 꼭 같이 정서하듯 쓰신 것에 경탄하지 않을 수 없었던 것이다."176)

주요한은 춘원이 도산을 가장 숭배하는 민족지도자라고 하면서 도산과 춘원의 동지애가 '사랑'의 '아우라몬(절대애)'으로 현현(顯現)했다고 분석하고 있다.

한편 도산이 자기의 진실정신의 주장을 해석함에 있어서 전래유학(傳來儒學)을 비판하여 그 형식화, 허례화를 배척한 내용 등은 춘원의 기여함이 있었으리라는 것도 짐작된다. 그리고 춘원의 저술인 '도산 안창호' 하권 제2장 '송태산장'에 나오는 고구려 정신, 조의선인(皁衣仙人)의 수양행적 등을 도산정신과 결부시킨 것도 춘원의 창안이라고 볼 것이다.

도산이 본국에 호송되어 감옥을 거쳐 나온 뒤에 춘원과의 교유가 여전하였음은 물론이어니와, 상기한 고구려 정신의 재발견 등에서 의견이 합치되었을 것이다. 도산은 여전히 춘원의 붓을 통하여 민족애와 계몽사상, 즉 민족생활과 태도의 근대화라는 것을 선전하기를 바랐으나, 춘원의 문학적인 번민은 이미 그로 하여금 종교의 세계로 심입(深入)하게 하였었다. 도산이 이를 걱정한 것은, 어디까지나 경세가(經世家)인 도산의 위치이었다. 이 두 가지 방향의 교차선이 '도산 안창호'의 결론인 '상애(相愛)의 세계'로서 나타났다.

"도산은 우리나라를 사랑의 나라, 미소의 나라로 하고 싶어 하였다. … '훈훈한 마음, 빙그레 웃는 낯' 이것이 도산이 그리는 새 민족의 모습이었다. …" 이렇게 춘원은 도산 전기를 끝막고 있다. 이는 결코 억지의 말은 아니다. 도산의 어문록에 '정의돈수(情誼敦修)', '유정(有情)한 사회와 무정(無情)한 사회', '따스한 공기' 등이 있고, 또 그의 성격의 일면에 관용과 화애(和愛)의 넓이가 있음이 사실이다.

"사회에 정의가 있으면 화기가 있고, 화기가 있으면 흥미가 있고, 화기가 있으면 활동과 용기가 있다"는 것은 도산의 말 중의 일구이다. 다만 도산은 '활동과 용기'를 가져오기 위한 사랑을 말하였고, 종교적으로 기울어진 춘원에게 있어서는 '사랑' 자체가 하나의 목적으로 된

---

176) 朴啓周·郭鶴松, 『春園 李光洙: 그의 生涯·文學·思想』, p.520.

감이 있다. 그리하여 춘원은 '사랑'이라는 전작소설에서 절대애(絶對愛)의 원소(元素), '아우라몬(黃金素)'이라는 것을 창안하였던 것이다.177)

'사랑'의 주인공은 '안빈 = 춘원, 석순옥 = 모윤숙'으로 모델 역할을 설정해볼 수 있다. 민족주의적 이상과 인간적 성실성이 강한 안빈과 그를 사모하는 석순옥의 사랑을 작품화한 것이다. 안빈은 단순한 의사가 아니라 의과학자(醫科學者)가 되어, 사랑을 두 가지로 분석 실험을 한다. 이성간의 육욕적 사랑 '아모로젠'과 성자적, 모성애적 사랑 '아우라몬'의 두 가지로 분류하고 있다. 석순옥이 자기의 피를 뽑아 안빈의 실험 연구에 제공한 결과 '아모로젠'이 검출되었다는 것이다. 이에 석순옥은 자기 핏속에서 '아우라몬'이 검출될 때까지 온갖 정신지상주의적인 초이성적인 사랑을 실천했다는 것이다. 조연현(趙演鉉)은 안빈과 석순옥 간의 초이성적 사랑을 정신지상주의적 애정의 세계라고 분석하고 있다.

그것은 상술한 바와 같이 애정의 자율성(自律性)이 현실적인 도덕률과 모순되고 충돌될 때 그 모순과 충돌을 해결하는 방법이 정신지상주의적인 애정의 세계였다. 그러나 이러한 정신의 애정 그 자체까지도 도덕적인 문제가 되어야 한다면 이성간의 정신적인 애정도 이상적인 애정의 세계가 될 수는 없는 것이다. '유정'의 고민하는 비극은 이 때문이기도 했다. 이러한 고민하는 비극과 모순을 해결하기 위하여 그의 애정의 이상세계(理想世界)가 '아우라몬'의 사랑의 개념으로서 나타났다는 것이 그것이다. 이러한 사랑은 이미 이성적(異性的)인 데 그 토대를 둘 수 없는 애정이 아닐 수 없다. 그러나 이광수의 애정관은 이성적인 애정을 그와 같은 이성(異性)을 초월한 '아우라몬'에까지 지양(止揚)시키는 데 그의 이상주의가 있었다고 볼 것이다. 이러한 그의 초이성적(超異性的)인 애정의 이상주의는 물론 그의 종교적인 이상주

---

177) 『李光洙全集(月報)』(三中堂出版局, 1963. 3. 20), pp.2~4, 春園과 島山(주요한).

와 깊은 관련을 가진 것이지만 '사랑'은 그의 어떠한 작품보다도 그의 이러한 애정의 이상주의가 가장 강렬히 주장된 일 극단이요 일 절정을 보여준 것이었다.178)

춘원은 박계주의 '순애보'(1939) 머리말에서 사랑의 원리는 '인류를 구제할 오직 하나의 원리'라고 정의했다.

가장 높고 가장 깨끗한 사랑에 저를 순(殉)한다는 것이 '순애보'라는 제호의 유래라고 작자는 말한다. 사랑은 주는 것이요, 가지는 것이 아니다. 한량없이 주고 주어 마침내 제 목숨까지 주어버리는 것이 사랑이다. 크리스찬인 작자는 그리스도의 '주라!' 하신 사랑의 원리의 신봉자요, 그가 소설 '순애보'를 쓴 것은 자기가 체득한 이 정신을 노래하여서 인류 동포에게 들리자는 것이다. 인류 동포로 하여금 이와 같은 정신을 나누게 하자는 것이다.

모두들 자기중심인 현대에 처하여서 '나' 없는 세계를 동경하여 자기부정의 생애를 보내자는 것부텀이(부터가) 진실로 '십자가를 지고 사는 일'일 것이다. 그렇지마는 인류를 구제할 하나요, 오직 하나인 원리가 사랑의 원리임에는 변함이 없는 것이 마치 지구상의 생명의 원천이 태양임에 틀림이 없음과 마찬가지다. '구불도자궁겁부진(求佛道者窮劫不盡, 불도를 구하는 자는 궁겁을 겪는 겁이 끝이 없다)'이라는 말씀과 같이 아무리 희박한 말세라 하여도 진리와 진도(眞道)를 구하는 자의 씨는 인류가 존속하는 동안은 끊어짐이 없을 것이니, 그렇다 하면, 이 소설 '순애보'의 독자도 끊어짐이 없을 것이다.179)

'사랑' 전후편이 완간되자마자 모던일본사 사장 마해송(馬海松)은 '사랑' 세계화의 일환으로 김일선(金逸善)이 일본어로 번역한 '사랑(愛)' 전 2권을 모던일본사에서 출간했다.180) '사랑' 전편이 출간되자

---

178) 趙演鉉, 『韓國現代文學史』(現代文學社, 1956), p.253.

179) 朴啓周, 『殉愛譜』(三中堂, 1939. 10. 15), 머리말(李光洙).

180) 金逸善 譯, 『愛』(モダン日本社, 1940〜41) 全2卷; 白川春子, 『熊本商大論集』第36卷 第3號(通卷第85號, 1990. 5. 25), pp.141〜160, 李光洙の長篇

이태준(李泰俊)은 병감 중인 춘원을 문병했을 때 박정호에게 '사랑'을 구술한 대목을 감동 있게 서술하고 있다. 이태준은 박정호의 이름을 몰라서 그저 '간호인'이라 했다.

최근에 받은 책 가운데 춘원의 '사랑'처럼 반가운 책은 없었다. 지난 봄이다. 의전(醫專)병원에 그분을 찾았을 때 그분의 병실에는 '면회 사절'이 붙어 있었고, 과연 만나뵈이니 누구나 만나서는 안 되리만치 그분은 곧 흥분이 되어 눈빛까지 붉어졌다. 체내에 치명적인 여러 가지 결함을 가진 저분이 다시 자리를 일어나보는 날이 있을까 의심스러웠다. 그런 경황에서도 그분은 열심히 소설을 읽고 있었다. 눈이 아물거려 친히 읽을 수가 없으면 간호인(박정호)에게 읽혀 듣고 있었다. 조선 소설을 요즘처럼 읽은 적이 없다 하며 후진들의 문학에의 성의와 야심들에는 감격됨이 여간 크지 않다 하였다. 그리고 자신의 끓는 창작욕을 견디다 못해 간호인(박정호)에게 불러주어 받아쓰게 한 것이 근 백 매의 원고가 되어 있었다. 춘원은 그것의 대부분을 간호인을 시켜 나에게 읽혀 들려주었다. 나는 참람(僭濫)한 말이나 춘원의 과거 어느 문장에서 그와 같은 예리·견실한 인간 묘사를 본 기억이 없다.

이제 만일 춘원이 살아나 다시 쓰게 된다면! 나는 이 선배에게 얼마나 간절히 그것이 이루어지기를 바란 것이랴. 그 후 반세(半歲)가 못다 되어 춘원은 이렇듯 방대한 문자(文字)를 내어던지었다. 하물며 이것은 이것으로 전체도 아니요 전반신이다. 후편이 마저 완성되는 날은 우선 용적(容積)으로 거물(巨物)일 뿐 아니라 우리 문단의 근래의 대원(大願)인 전작장편(全作長篇)의 효시(嚆矢)임에 의의는 더욱 크고, 테마가 '사랑'인데 이 작자의 노익장하는 필의(筆意)에 감탄할 뿐이다. 석순옥(石荀玉)이란 아름다운 이름이 이 긴 이야기의 여주인공이 된다. 그는 문인이요 의사인 예술과 과학을 반면씩 생활하는 안빈(安賓)을 먼저 그의 작품을 통해 사모한다. 세상에 가장 높고 가장 깨끗한 사랑의 사도(使徒)가 되려 모든 것을 희생하며 꿈같은 길을 현실에서 나서

'愛'について. 마해송은 춘원의 '유정'과 단편집을 번역하여 모던일본사에서 출간했다. 日譯版 『有情』(モダン日本社, 1940); 朝鮮藝術賞第一回受賞者 (日譯版), 『李光洙短篇集 嘉實: 無明 / 夢 / 鷲庄記 / 亂啼烏 / 血書 / 嘉實』 (モダン日本社, 1940. 4. 10).

는 것이다. 남의 남편이니 삼각(三角)이니 하는 관념을 갖기엔 순옥의 마음이 애초부터 너무나 꾸김살 없이 반듯하고 맑았다. 이 순진한 정열과 이상의 처녀, 그는 춘원의 베아트리체로서 '사모하는 이의 곁으로'라는 아름다운 자막을 열고 등장하는 것이다.

우리 문단에서 이 선배만치 장편을 꾸준히 써온 이 없다. 이분만치 인간의 애욕(愛慾)문제를 누구이 취급해온 이도 없다. 이분만치 인생고락을 심각히 체득(體得)한 이도 드물 것이요, 이분만 한 창달(暢達)한 문장력을 가진 이도 드물 것이다. 이 소설 '사랑'은 무엇으로 보나 좋은 조건만으로 출생되었다 하겠다. 책의(冊衣)까지 또한 청초하여 어느 서재 어느 문갑(文匣)에 오르나 단연 이채를 떨칠 것을 믿는다. 널리 애독 애장(愛藏)이 되기를 빈다.181)

'사랑'은 '특요시찰인' 춘원의 병감과 가택연금이라는 한계상황에서 태어났다. 동우회 사건의 피고인 이광수는 현상타파의 돌파구를 친일전향에서 찾았다. 자기 한 몸을 희생함으로써 동지를 구출하려고 대담한 사상전향을 단행했다. 사회주의 문인들, 임화(林和), 김남천(金南天), 안회남(安懷南) 등은 작품의 진가에 대한 논평은 제쳐두고 '사랑'의 주인공 안빈은 친일전향한 춘원 자신이며 위선자라고 공박했다. 이에 박계주와 곽학송은 즉각 반박했던 것이다.

'사랑'은 임화, 김남천, 안회남 등 중견 평론가들에게 무수한 악평을 받았다. 주인공 안빈(安賓)이 위선자라는 것이요, 그 주인공이 곧 춘원 선생 자신이라는 것이다. 그러나 단지 한 사람 김문집(金文輯) 씨만은 '사랑'을 천하의 걸작이라고 뭇 평론가들을 대항하여 나섰다. 하루는 춘원 선생이 이러한 말씀을 하셨다.

" '사랑'의 여주인공 석순옥(石筍玉)이 이 세상에서 안빈이 제일가는 성자(聖者)로 알았었는데, 간도(間島) 연길(延吉, 일명 局子街)에 가서 독일 신부(神父)들의 밑에서 일하면서 보니까, 그 좋은 조국 땅을 버리고 만주 한 끝의 메마른 황무지에 와서 일생을 바치어 타 민족을 위해 주야로 고생하는 것을 볼 때, 오늘까지 유일한 성자로 알았던 '안빈'

---

181) 『朝鮮日報』(1938. 11. 11), 李光洙氏의 全作 '사랑'을 推薦함(李泰俊).

따위는 그들 신부에 비하면 백배 천배 떨어지는 범인(凡人)이라고 지적했음에도 불구하고, 안빈만 한 인간을 그렸더니 그러한 성자가 세상에 어디 있느냐고 비난들을 하니, 이 세상이 도덕적으로 얼마나 타락되었다는 것을 증명하고도 남음이 있는 것 같소. 사실 안빈 따위가 뭐 성자랄 것 있소. 범속한 사람에 지나지 않는데, 그만한 사람들만이라도 이 세상에 허다해야 정상적인 세상이 될 것 아니겠소. 실로 타락한 세상이오." 춘원 선생은 몹시 개탄하시며 말씀하셨다.182)

김동인은 '춘원 콤플렉스'를 극복하지 못한 채 춘원에 대해 독설적 비평을 서슴없이 휘둘렀다. 심지어 춘원의 소설은 설교문학이라고 악평을 서슴지 않았다. 조연현도 김동인에 동조하여 춘원 문학은 설교문학이라고 비판하였다.

그는 문학의 각종 양식을 그의 설교의 한 수단으로 사용했으며 문학이라는 것을 설교의 가장 좋은 도량(道場)으로 생각했던 것이다. 그에게 있어서는 문학 형식이 중요했던 것이 아니라 그대로 삼켜버릴 수 없는 정신적, 사상적인 절규가 중요했던 것이다. 그리고 그의 이러한 억제할 수 없는 정신적, 사상적인 절규의 내용은 그의 이상주의적인 인생관이었으며 이에 대한 참을 수 없는 계몽적인 정열이었다. 그러므로 그에게 있어서는 이상(理想)이 주력(主力)이 되고 그의 문학은 그의 이상의 종속된 한 방법이며 수단에 지나지 않았던 것이다.183)
이광수의 문학적인 결함은 설교의 과잉과 그가 내세운 이상(理想)의 비현실성이다. 춘원의 문학을 총괄해서 하나의 계몽문학으로 간주하는 이유가 여기에 있지마는 그의 계몽적인 설교의 과잉은 도리어 계몽문학으로서의 가치까지도 손상시켰다고 볼 수 있다. 목적의식의 이러한 과도한 노출은 어떠한 경우에 있어서도 문학적인 감명을 저하시킬지언정 그 효과를 돋구어줄 수는 없는 것이다. 그러나 더욱 중요한 것은 그러한 설교의 과잉을 통하여 제시된 그의 이상의 세계가 또한 너무나 추상적이며 비현실적이라는 점이다. '무정'이나 '흙'으로든 대표되는

---

182) 朴啓周·郭鶴松, 『春園 李光洙: 그의 生涯·文學·思想』, pp.521~522.
183) 趙演鉉, 『韓國現代文學史』, p.224.

그의 민족주의적인 이상은 '민족을 위해서'라는 추상적인 테제는 뚜렷하게 표시되어 있지마는 그 구체적인 방법이 무엇인가에 대해서는 아무런 제시도 없었다. '무정'의 막연한 민족주의 사상에 비하면 '흙'은 '농민을 위해서'라는 일 방안이 제시되었다고도 볼 수 있지만 그 농민을 어떻게 위한다는 구체적인 방법은 역시 모호하고 막연한 것이었다. 민족을 위한다는 '무정'의 막연한 의욕이 '흙'에서는 농민을 위한다는 용어로서 대치되어져 있을 따름이다.184)

김문집(金文輯)은 김동인보다 더 좌충우돌식 비평적 폭력을 휘둘렀던 독설적인 비평가였다. 곽학송(郭鶴松)은 그토록 독설적인 비평을 일삼고 있는 김문집이 '사랑'을 읽고는 온갖 찬사를 쏟아내고 있다고 하였다. " '사랑'이 발표된 즈음의 우리 문단은 이른바 프로문학 전성시대를 지나 이상(李箱)의 '날개', 박태원(朴泰遠)의 '천변풍경' 등 세태소설이 판을 치고 있었는데 괴물 평론가로 불리운 김문집은 그의 유일한 저서인 '비평문학'에서 문단의 온갖 작품을 한 덩어리로 뭉쳐도 '사랑' 하나를 당해낼 수 없다고 극찬하였다. 그 적부는 여하간에 당시 권위 있는 문예지였던 '문장'에 발표된 '무명'과 '육장기'는 '사랑'의 무게를 뒷받침한 역작들임에 틀림없다."185) 이와 같이 김문집은 춘원의 '사랑'의 문학적 가치를 높이 평가하면서 천하의 걸작이라고 평가하고 있다.

나는 '사랑'을 한 편의 소설로는 보지 않는다. '영원'의 추구자(追求者) 이광수, 인간 이광수의 50년 추구사(追求史) — 피 묻은 이 역사의 최후의 결론이 진실로 '사랑'이라 명명(命名)한 이 한 개의 결정체다. 이미 결정체인지라 일장(一場)의 광물학적 분석이 없을 수 없다. 액화(液化)한 금강석! — 이렇게 되고 보면 우리의 광물 실험실은 '파우스트'의 한 장면이 되고 만다. 허나 파우스트는 메피스토펠레스를 불태워서 '영원'을 탐구했지마는 의사 안빈은 '사랑'을 불태워 영원을 포옹했다. 영원의 석순옥!

184) 상게서, pp.263~264.
185) 『月刊文學』(1983. 3), pp.105~109, 春園 李光洙(郭鶴松).

사랑을 불태운 자 이광수. 세상에 사랑을 태우는 사람은 흔할 뿐이 아니라 너무 많아서 걱정이다. 정히 인생문제이라기보다 사회문제다. 그러나 사랑을 불태워서 송덕(頌德)의 동상을 세우게 하는 자 오직 춘원 한 사람이다. 그는 사랑을 불태워서 사랑을 살렸기 때문이다. 그냥 살린 것이 아니고 영원히 살렸기 때문이다.

일전 어느 문단 좌석에서도 공언한 바이지마는 '사랑'을 읽지 않고는 춘원을 논할 수 없다. 그만큼 나는 '사랑'을 사랑했다. 여기에 나오는 폐병 요법에 대한 체험적 지식은 의학계에 던지는 한 편의 거대한 문헌이라기보다 문외한인 내 관찰 같아서는 넉넉히 학위(學位) 꺼리가 되지 않을까 한다. 육체를 살리는 데 사랑이 있고, 사랑을 불태우는 데 사랑이 살고, 사랑이 사는 데 육체가 산다는 최후 최고의 인생철학을 우리의 대(大) 춘원은 아낌없이 풀어 보인 것이다.

작품 '사랑'이 살아 있는 한 춘원은 살아 있고, 춘원이 살아 있는 한 나의 자존심은 살아 있을 것이다. 우리는 이 작품 하나로서 톨스토이를 필요로 하지 않게 되었다. 부득이한 자급자족에서 당연한 자급자족에로! — 이 하나의 현상으로서도 춘원은 우리의 은인임을 명언해하여 탄(憚)하지 않는다. 그 면밀한 묘사, 그 유니크한 문장호흡(文章呼吸), 한 치의 틈을 두지 않는 그 구성의 정형성(整形性). 의재(宜哉)라 '사랑'은 하루하루의 제한 아래서 고식(姑息)하게 써나간 신문의 연재소설이 아니고 그야말로 조선 최초의 '書卸(かきおろ)し 長篇(새로 쓴 장편)' — 우리 문단서는 '전작장편소설'이란 전문어로 결정된 것이지마는, 우리가 지은 이 술어의 최초의 적용품(適用品)이라는 사적(史的) 사실과 그 명예를 지기에 충분한 작품이었음은 당연한 이상으로 다행이었다. 그 의미에서 다시 나는 문단을 대변하여 일언의 사례(謝禮)를 춘원께 올리는 바이다.186)

춘원은 1938년 7월 29일 자하문 밖 홍지동 산장에서 박정호와 단 둘이 가택연금 상태로 은거했다. 친일이냐 항일이냐의 거취 여하에 따라 춘원 자신이 언제 또다시 구속·수감될지 모를 뿐만 아니라, 유죄판결에 따라 동우회 동지 기소 피고인 41명의 운명도 재구속될 그런 절박

186) 『博文』 제2집(1938. 11), p.27, '사랑' 讀後感(金文輯).

한 처지에 몰려 있었다. 이때 보석으로 출감한 김동원(金東元)이 친동생인 김동인에게, 춘원을 만나 그의 심경(친일전향)을 타진할 것을 당부하였다. 친형의 부탁을 듣는 순간 김동인은 이광수를 친일전향시켜 친형 김동원을 비롯하여 동우회 피고인 41명 전원의 생명을 구해달라는 뜻임을 간파했다. 김동인은 마침내 1938년 8월에 홍지동 산장을 찾아가 춘원과 허심탄회하게 이야기를 나누었다.

지난여름 춘원을 만나러 창의문 밖 산장을 찾은 일이 있다. 그것은 그때로부터 10여 개월 전에 의전병원 입원실에서 춘원을 잠깐 만나본 이래 7, 8개월 만이었다. 춘원은 산상 외따른 집에 서생(書生, 박정호) 한 사람만 데리고 식사는 산 아래 음식점에서 배달받아 지나는 중이었다. 가구라고는 마루에 등의자 두어 개, 등탁자 한 개, 방 안에 이부자리와 베개 한 벌, 책 두어 권, 원고지, 잉크, 재떨이, 담배, 성냥, 그 밖에는 아무것도 없었다고 기억한다.

박문서관 출판전집에 '사랑' 상편을 집필 중으로, "한 절반 썼소이다"라고 한다. 그 수일 전에도 열이 42도나 올라서 혼수상태에 빠지기 수시간이었다 하며 하루에 원고 10여 매 이상을 쓰면 이튿날은 반드시 미열이나마 난다는 춘원이 벌써 절반이나 썼다는 그 정력에 나는 먼저 놀랐다. 나도 그 전집에 동원된 작가의 한 사람으로서 더욱이 하루에 30, 40매쯤은 줄곧 대두고라도 쓸 자신이 있으면서도 건강문제 때문에 아직 작품의 제명(題名)은커녕 내용 윤곽도 생각하여본 일조차 없드니만치 진심으로 감탄하였다.

그날 나는 어떤 필요상 춘원의 심경(心境)을 좀 타진하러 갔던 것이었다. 그날 타진한 바에 의지하건대 춘원은 복잡 미묘한 선상에서 번민하고 있는 것이었다. 그때의 춘원의 건강으로는 장차 환경이 악화되는 경우에는 도저히 생명을 유지할 수 없다. — 이러한 일선을 그어놓고 좌(左)할까 우(右)할까, 주저하고 고민하고 하는 것이 분명하였다.

인제는 명예에도 부족함이 없었다. 수(壽)도 근 50이니 과히 부족치는 않것다, 고생, 사랑, 존경, 역시 그다지 부족 없이 받았것다, 생물로서의 후계자도 있것다, 이제 남은 것은 노(老)와 쇠(衰)와, 혹 잘못하면 전에 얻었던 명예에 트집이 갈 일이 생길는지도 알 수 없다.

이만한 전제이면 "죽어도 여한(餘恨) 없다"는 결론도 생겨날 것이다. 더욱이 비장벽(悲壯癖)이라는 특수 성격을 가지고 있는 춘원은 이 문제로도 상당히, 좋게 말하자면 지사기질(志士氣質)이요 나쁘게 말하자면 자신학대의 고민을 맛보았을 것이다. 그러면서도 역시 생에 대한 집착이라는 것은 또한 거부할 수가 없는 모양이었다. 장차 이를 비상한 환경에 대하여 이를 정면으로 맞자면 '죽음'이요 굴복하면 삶. ── 어려운 기로(岐路)였다. "잠자코 운명을 기다리지요" 하면서 담배에 성냥을 긋던 춘원. "그래도 아직 죽기는 싫거든" 하고는 적적히 웃던 춘원. 더욱이 가정적으로도 매우 불행한 환경에 있었드니 만치 고민은 더하였을 것이다.

그러나 그때 내가 본 바에 의지하건대 생의 집착이 아무리 하여도 승(勝)한 편이었다. 그러고 이것이 이것이 인생의 가장 당연한 노순(路順)일 것이다. 두세 시간을 이야기하다가 나는 돌아왔다.

그 뒤 나는 때때로 생각하였다. 그때 그런 거대한 고민(사상적 고민이 아니라 거취에 대한 고민) 가운데서 집필 중인 작품이 어떤 것이 될까. 무론 그 고민이 어떤 형식으로든 작품에 나타날 것은 정한 이치로되 양로(兩路, 친일 아니면 항일)의 고민 때문에 작품에 무리가 안 생길까. 다시 말하자면, 작자의 거취(去就)가 미정(未定)이니 만치 고민은 고민대로 있고도 작중인물로 하여금 무리하게 해결 짓게 하기 위하여 그 인물의 성격, 환경, 교양 등에 맞지 않는 언(言), 행(行) 등을 작자는 억지로 시키지 않을까.

'사랑' 상편이 발행된 것을 읽고 나는 내 근심이 헛근심이 아니었음을 알았다. 그 소설의 남주인공은 '안빈'이라는 의사다. 안 의사는 "동물의 혈액이 희로애락 감정에 어떤 영향을 받는가" 하는 점을 연구하는 사람이다. 말하자면 근엄한 과학자다. 이런 과학자가 현미경의 검출에 의치 않고 또는 방정식에 의치 않고 단지 맹심(盲心)으로서 "동물류는 모태(母胎) 이전의 전생(前生)이 있고 사후의 내생(來生)이 있고, 이 전(前), 현(現), 장(將)의 삼생(三生)뿐 아니라, 억천만겁을 환생 또 환생하는 것이라"는 굳은 심념(心念)을 가졌다는 데서 이 소설은 처음부터 모순을 포태(胞胎)하였다.

그런지라 안 의사의 인생행로는 독자로서 이해키 힘든 일뿐이다. 더욱이 안 의사가 "정신적으로 사랑"하는 석모(석순옥)라는 여자가 불행한 행로를 밟으려 할 때에, 그 행로를 밟으면 분명히 석녀가 불행할 줄을 뻔히 알면서도 안 의사는 "그것도 운명이다" 하고 일구의 조언도 안 하는 등은 모순의 큰 자라 본다. 요컨대 '사랑'은 소설로 볼 것이 아니다. 혈액에 무엇 1호, 무엇 2호 등은 희극일 뿐이다. 이 소설은 작자의 고민의 기록으로 볼 것이며 따라서 작중인물의 (모순으로 충일된) 행로는 전혀 보지를 말고 단지 대화 형식으로 된 안 의사의 설교만을 볼 것이다. 설교 중에서도 무리히 강조하는 전생, 내생의 인과응보론도 약(略)할 필요가 있고— 이렇듯 요령 있게 보면 독자는 여기서 도덕철학상 얻는 바 매우 크리라 본다. 생경(生硬)한 철서(哲書), 경서(經書)에서는 얻지 못할 "감동할 만한 성전(聖典)"을 얻을 수 있을 줄 믿는다.187)

김동인은 '춘원연구'에서 춘원은 '미'를 동경하는 마음과 '선'을 좇으려는 욕구가 상호 갈등을 겪고 있는 이원적 성격의 작가라고 정의하고 있다.

춘원에게는 상반되는 두 가지 욕구가 서로 다투고 있는 것을 감출 수 없는 사실이다. '미(美)'를 동경하는 마음과 '선(善)'을 좇으려는 바람이다. 이 두 가지의 상반된 욕구의 갈등! 악귀와 신(神)의 경쟁, 춘원에게 재(在)하여 있는 악마적 '미'에의 욕구와 의식적으로(오히려 억지로) 흥기시키는 '선'에 대한 동경 — 이 두 가지의 갈등을 우리는 그의 온갖 작품에서 볼 수 있다. 그는 악마의 부하다. 그는 미의 동경자다. 그러면서도 그는 자기의 본질인 '미'에 대한 동경을 감추고 거기다가 '선'의 도금(鍍金)을 하려 한다. 이원적 번민(二元的煩悶)! 그의 작품에서 '미'에 대한 동경뿐을 발견할 때에는 우리는 언제든 동시에 예술의 진수(眞髓)를 발견한다. 그러나 그가 정신을 차리고 그 위에 '선'에 도금을 할 때에는 거기 남는 것은 모순과 자가당착밖에는 없다. '무정'에서 형식으로 하여금 영채를 버리고 선형에게 가게 한 것도 춘원의 위선적(僞善的) 성격의 산물이다. 그만치 형식을 그리려 하던 영채가 마지막에 형식을 무시하여버린 것은 이 때문이다. '개척자'에 나타

---

187) 『博文』 제3집(1938. 12), pp.10~12. 春園과 '사랑'(金東仁).

난 그 모든 피상적 갈등도 그 때문이다. 그의 모든 작품이 하나도 심각한 인상을 독자에게 남기지 못하는 것은 모두 작자의 이원적 성격의 탓이다. 문체(文體)! 필치(筆致)! 묘사(描寫)! 그 어느 것이든 다른 작가들보다 동떨어지게 우월한 그의 작품이 하나도 박진력(迫眞力)이 없는 "한낱 재미있는 이야기에 지나지 못하는 것"은 이 때문이다. 그의 모든 작품이 하나도 심각한 인상을 독자에게 남기지 못하는 것은 모두 작자의 이원적 성격의 탓이다.188)

이와 같이 김동인은 춘원의 모순의 삶(친일과 항일)이 '사랑' 작품에도 그대로 반영되어, 모순된 '사랑'이 되었다고 부정적인 시각으로 비판하고 있다. 춘원은 여기(餘技)로 소설을 썼을 뿐이라고 항용 말해왔다. 춘원의 작품은 주로 신문 연재소설이다. 그런데 동우회 사건으로 가택연금 생활을 하면서 처음으로 전작소설 '사랑'을 내놓자, 그토록 통속소설이라고 맹비난했던 김동인은 춘원 소설에 대한 인식이 확 바뀌게 되었다. 춘원 소설에 대한 재인식을 이렇게 실토하고 있다.

춘원의 소설. 이 한마디의 말이 갖는 매력은 얼마나 크냐? 거기는 온갖 숫자적 찬사가 필요치 않고, 단지 이 한마디뿐이면 충분하다.

일찍이 매일신보상에 '무정'을 연재하여 낙양의 종이 값을 올린 이래, 신문지상에 발표한 장편 10여 편, 그 양에 있어서 세계 어느 문학자에게 비기어도 손색이 없을 만치 많은 작품을 내어놓는 동안 우리가 경탄할 바는 그 많은 작품 중에 단 한 편도 도덕적으로 불건전한 영향을 끼칠 자가 없고 흥미적으로 읽는 자의 하품을 자아내는 자가 없는 점이다.

우리는 생경한 순수문학을 오늘날의 우리의 독자에게 전하기를 주저한다. 그것은 잘못하다가는 독자에게 소화불량증을 일으킬 염려가 있기 때문이다. 또한 우리는 보통 대중소설도 마음 놓고 독자에게 전하기를 주저하는 바이다. 그것은 개중에는 도덕적으로 독자에게 좋지 못한 영향을 줄 염려가 있는 자가 꽤 많기 때문이다.

마음 놓고 우리의 대중에게 권할 수 있는 소설 ― 남녀노소는 물론

188) 金東仁, 『春園硏究』, pp.183~184, 186~187, 春園.

하고— 로서 춘원의 것을 들기를 결코 주저하지 않는다. 거기는 독자를 끄는 흥미가 있고, 흥미의 뒤에는 춘원의 정열적 무언훈(無言訓)이 숨어 있고, 그러면서도 도덕적으로 불건전한 영향을 끼칠 염려가 절무하다. 이 점으로 보자면 인류 문학사상에 아직 춘원과 어깨를 비길 자가 몇이나 될까.189)

팔봉(八峰) 김기진(金基鎭)은 춘원 문학의 사상을 대한민족에 대한 민족애와 봉사와 희생정신, 협동과 단결의 이념이라고 정의하고 있다.

춘원은 우리가 귀중히 받드는 최초요, 최대의 작가입니다. 여기서 '최초'라 말하는 것은 우리의 신문학이 춘원으로부터서 시작된 까닭이요, '최대'라 말하는 것은 신문학 발전 50년 동안 지금까지 춘원만큼 커다란 존재가 나타나지 못하고 있는 까닭입니다. 춘원의 전 작품을 통해서 일관되어 있는 그의 사상은 대한민족(大韓民族)에 대한 민족애(民族愛)요, 봉사와 희생의 정신이요, 협동과 단결의 이념(理念)입니다. 연애의 자유를 부르짖고 신도덕률(新道德律)을 수립해야 한다고 주장하던 '무정' 시대의 춘원은, 민족독립과 사회개량을 위한 지사(志士)요, 투사의 면모도 있었습니다. 그러나 춘원이 상해로부터 귀국한 이후에 제작한 '재생'에서부터 시작하여, 그가 우리에게 남기고 간 모든 작품은 그의 열정이 밖으로 솟아오르는 것이 아니었고, 인간성의 내면으로 안빈낙도(安貧樂道)하며 자기희생적으로 실천하는 수도자(修道者)요, 순교자의 면모입니다. 그의 인생관 내지 철학적 사상으로 말하면 이상주의요 인도주의입니다. 그의 이상주의는 종교적 색채가 농후합니다. 그는, 이성간의 애정관계를 묘사함에 있어서도 항상 완전한 인격과 인격의 지고한 상호애(相互愛)를 탐구하였습니다. '사랑'에서 안빈과 석순옥이 그러했고, '유정'에서 최석과 남정임이 그러했고, '무정'에서 이형식과 영채와 선형의 세 사람의 관계도 그러했습니다. 춘원의 사회관(社會觀) 내지 처세하는 사상은 중용주의(中庸主義)였습니다.190)

189) 『博文』 제2집(1938. 11), p.26, 春園의 小說(金東仁).
190) 『思想界』(1958. 2), pp.18～23, 作家로서의 春園(金八峰).

김동인이 지적한 바와 같이 춘원은 이원적 성격의 소유자이다. 춘원의 마음속에는 '수성(獸性)'과 '인성(人性)'이 상호 충돌하면서 이를 번민하는 모순된 삶을 살고 있다는 것이다. 그런데 김팔봉은 춘원이 동우회 사건 이후에는 그의 이원적 성격 내면에는 '신성(神聖)'을 모색해왔다고 지적하면서, '사랑'은 춘원 문학을 인간의 수성과 인성 간의 상호 갈등과 모순의 범주로부터 '신성'에의 경지에까지 승화시킨 작품이라고 평가하고 있다.

그 다음에 발표된 것이 '사랑'입니다. '사랑'은 이성간의 연애에는 육체적인 면을 초월해서 성(聖)스러운 연애행위가 이루어져야만 한다는 그의 사상을 형상화(形象化)한 것입니다. 주인공 안빈과 그를 사모하는 석순옥과의 사랑이 이것인데 춘원은 '사랑'을 발표하였을 때에 이미 불자(佛者)에 다분히 접근하였습니다. 기독사상과 불타(佛陀)의 사상이 혼연히 융합된 것이 아마 춘원의 '사랑'일 것입니다.

그런데 비평하는 사람들이 춘원의 모든 작품을 분석·검토하고서는, 한가지로 그 작품들에 나타나는 인물들의 성격의 모순과 사건 전개의 무리와 이상(理想)의 비현실성 등 허다한 결점을 제시하건만, 오늘날까지 춘원의 작품만큼 저급한 독자층뿐 아니라 교양이 많다고 할 수 있는 지식층에까지 다수한 독자를 가지고 있는 작품은 없습니다. 이것이 춘원의 위대한 점입니다. 한마디로써 간단히 말하면 춘원의 문학은 '상식문학(常識文學)'입니다. 그러나 진리는 항상 평범한 사리(事理) 속에 묻혀 있는 것과 같이, 그의 평범문학이야말로 그가 항상 말하던바 '밥과 같은 문학', '물과 같은 문학'으로서, 인생에 있어서 요긴한 문학인 까닭이라 하겠습니다.

춘원은 동인이 지적한 바와 같이 이원적(二元的) 성격을 가지고 번민하였던 것 같습니다. 그 하나는 인간 속에 내재하고 있는 '수성(獸性)'이요, 또 하나는 '인성(人性, 人間性)'인데, 만년에 이르러서 춘원은 전기한바 '수성'과 '인간성' 외에 또 하나 인간 속에 내재하고 있는 '신성(神性)'을 모색하고 그것을 구명(究明)하려고 하였던 것입니다. '사랑'에서 '안빈'이와 '석순옥'의 사랑을 인간동지(人間同志)의 사랑으로부터 신성한 사랑에까지 치켜 올려놓은 것이 즉 그것을 실증하는 것입니다. 지금 우리들은 우주의 비밀을 탐지하고자 인공위성을 만들어내면서도— 이 같은 인간지성(人間知性)의 극치를 시현(示現)하면서도— 그 한편으로는 금수(禽獸)와 같은 악마와 같은 생활을 영위하고 있는 것을 봅니다. 춘원은 이 같은 인간성 내부에 있는 모순을 일찌감치 깨닫고서 자기도 번민하면서, 우리나라에서 최초로 자기의 문학을 인간의 '신성'에까지 치켜 올려본 작가입니다. 그의 작품 '사랑'이 이 것을 증명합니다. 춘원의 문학은 이 땅에 대한민족의 존재와 함께 영원히 존재할 것입니다.[191]

박문서관에서는 춘원의 전작소설 '사랑' 전편[192]을 출간하면서 '박문'에 대대적인 광고[193]를 내고 있다. "'사랑'은 조선 처음의 전작장편소설이요 문단생활 30년, 대 춘원의 걸작"이라는 선전광고를 냈다.

춘원은 그연(기어이) 걸작을 써냈다. 그의 50년 탐구생활의 순수 결정(結晶) — '사랑'을 써냈다. 조선에서만이 아니다. 인류 전체의 최고한 문학작품이다. 세계는 일찍이 '사랑'과 같이 숭고한 작품을 가진 일이 있었는가? 실로 이 소설이 한번 발표되자 그 감격과 찬탄은 전 조선 방방곡곡에 가속도로 퍼지고 있다. 평단(評壇)은 춘원에게 보낼 새로운 존경의 찬사를 궁리하고, 야망에 가득 찬 문단은 새로운 창작욕에 다시 불 지피고 있다. 거리거리와 가정가정은 '사랑'의 주인공으로 화제가 되고 춘원의 사상과 인생관으로 담론(談論)이 된다. "조선은 이제 톨스토이가 필요 없다"고 외치는 이도 있고 "세계의 문학 수준은 이 작품으로 한 금 더 높아졌다"고 격찬하는 이도 있다. '사랑'! '사랑'은 진실로 인류 전체가 대망(待望)턴 작품이요, 또 영원한 고민을 풀어

---

191) 『思想界』(1958. 2), pp.18~23, 作家로서의 春園(金八峰); 『金八峰文學全集』
    (文學과 知性社, 1988. 8. 21), II(회고와 기록), pp.483~488, 작가로서의 춘원.

192) 現代傑作長篇小說全集 第一卷. 著者 香山光郎, 『사랑』 前篇(鄭玄雄 裝幀,
    博文書舘, 1938. 10. 25).

193) 『博文』 제19집(1940. 7), 3접지(摺紙) 총천연색 광고. 名作家名小說만 추리
    고 골라낸 小說界最高峰!! 現代傑作長篇小說全集 제1권 '사랑' 前篇, 春園
    李光洙 著, 鄭玄雄 裝, 제2권 '사랑' 後篇, 春園 李光洙 著, 鄭玄雄 裝.

주는 신계시(新啓示)요 동경이다. 청춘에게는 인생독본이며 사랑의 경전(經典)이요 인류에게는 명일의 복음서요 신시대의 계명(誠命)이다. 이 위대한 작품을 가진 조선은 확실히 행복하고 다행하다. 제언(諸彦)이어 그대 또한 어서 이 행복과 다행의 서(書)를 펴 읽으시라.194)

창씨개명 실시, 조선어 말살정책, 그리고 동아일보와 조선일보의 폐간조치 등 일제 암흑기의 한국어 절멸 위기를 당하여 춘원의 '사랑'이 발간되었다는 사실은 역사적 의미가 크다고 하지 않을 수 없다. 그것은 민족의식 각성에 크나큰 선풍적 충격을 주었기 때문이다. 한편 동양극장은 2주년 기념으로 춘원의 '사랑'을 4막극으로 연극을 제작해서 공연하였는데, '사랑' 각색상연에 대해 이렇게 논평하고 있다. "극연좌(劇硏座)에서는 춘원의 '사랑'을 각색상연(脚色上演)키로 내정하였다는 소식이 있다. 각색은 신진 희곡작가 한상직(韓相稷) 군, 연출은 원로 류치진(柳致眞) 씨로 내정되어 방금 예의 그 준비를 진행하고 있다 한다. '사랑'의 인기를 가히 이것으로도 짐작할 수 있다. 춘원의 작품으로 '무정'이 영화화되었으나 희곡화(戱曲化)되는 작품은 이것으로 효시(嚆矢)일 것이다. 소설의 희곡화는 외국만이 아니다. 조선서도 예로부터 있던 사실이다. 그 가장 가까운 예가 저 유명한 '춘향전'이다. '춘향전'은 이제 와서는 '소설 춘향전'의 면목은 전혀 사라지고 창극(唱劇?) '춘향전'이 일반에게 알려져 있는 터이다."195)

조선어로 '사랑'을 집필했다는 것, 조선어를 사용해서 '사랑'을 연극으로 제작했다는 것, 그것 자체만으로도 내재적 민족운동이 아닐 수 없다. 나웅(羅雄)은 연극 '사랑'에 대해 '혁신적 의도'라고 평가하고 있다.

아름다운 사랑, 깨끗한 사랑, 침정(沈靜)과 예지가 번득이는 숭고한 사랑 — 이것이 우리들의 꿈일까. 허나 사람 사는 곳에는 언제나 있어

---

194) 『博文』 제2집(1938. 11), 총천연색 별지 광고. '사랑' 前篇, 文壇三十年!! 大春園의 傑作!!, 조선 처음의 全作長篇小說, '가끼오로시' · 書(き)下(ろ)し (全作小說).

195) 『博文』 제5집(1939. 2), p.28, 出版토픽 '사랑' 脚色上演.

야 할 것이고, 또 없어서는 안 될 것이다. 더구나 오늘과 같이 사랑에 대한 모럴이 속된 이기적, 타산적인 굴레 속으로 들어감에 있어서랴. 동극(東劇) 혁신 2주년 기념으로 상연된 '사랑' 전 4막을 본 나의 마음은 꿈과 현실의 착종되고 어그러진 핀트에서 혼자의 흥분을 안고 펜을 들었다.

인격과 사랑, 존경과 사랑, 이 지고지순한 사랑을 한 몸에 안은 영리하고 젊은 순옥(筍玉)의 가슴은 문사(文士)요 의학사인 안빈(安賓)의 사모로 짝 찾다 안빈의 현숙한 부인인 천옥남(千玉男)이가 병상에서 자기가 세상을 떠나더라도 두 사람의 진정한 사랑을 맺어지이다 하고 신음할 때 순옥은 자기의 꿈을 깨뜨리고 마음에도 없는 시인 아닌 시인 허영(許榮)과 결혼할 것을 선언한다. 남편의 방종으로 그 결혼생활이 얼마 안 되어 파탄이 되려 할 때 지순(至純)한 순옥의 사랑은 자기를 초월하여 인간을 사랑하려는 넓은 사랑으로 승화된다는 것이 이 연극의 골자인 것이다.

자칫하면 경조부박(輕佻浮薄)한 속세에 빠지려는 오늘, 사랑의 모럴뿐만 아니라 인간 자체의 구원한 자아의 테를 벗으려는 오늘, 이 작품의 지닌 심오한 향훈(香薰)은 경종이 아닐 수 없다. 이런 의미에서 이 작품을 상연하려는 의도를 높이 평가한다. 더구나 동극(동양극장)에 있어 종래의 청춘좌(青春座) 호화선의 가졌던 레퍼터리의 시스템을 깨뜨렸다는 데 기획에 있어 동극 2주년 기념이란 혁신적인 의의를 찾을 수 있다고 생각한다. 그러나 이러한 좋은 의도에도 불구하고 무대에 구상화된 예술적인 사실은 그리 감탄할 수 없었다.196)

먼저 각색(脚色)에 있어 1, 2, 3막에 있어 부분부분 아름다운 극적 실루에트 신을 엿볼 수 있었으나 종래의 연기적 조건에 영합시키려는 데서 도리어 전체의 균형을 잃고, 4막에 가서는 속된 흥행물로 치우치게 된 게 아닐까. 이 말은 흥행을 소홀히 하자는 말은 아니다. 적어도 이 작품에 가진 지순한 모랄로 극적 진행에 전체에 있어 침투·조화시키는 데서 비로소 높은 의미의 흥행가치가 있다고 생각한다. 이런 문제는 단순히 흥행과 예술이란 기계적인 결합에서 논의할 게 아니고 더 신중히 현실적인 문제로서 오늘의 관중에게 무엇을 어떻게 보여주어야 할까에 있다고 생각한다. 오늘의 관중은 벌써 어제의 관중은 아

---

196) 『每日新報』(1941. 9. 18), 演劇評 '사랑' 羅雄(1).

니다. 이 문제는 연출에 더욱 요구된다. 작품을 무대에 구상화(具象化)시키는 데 있어 작품의 이데아와 방훈(芳薰)까지를 무대적 표현을 빌어 최대한으로 잡아 이끄는 것도 연출자이기 때문이다. 금번 이 작품의 내포하고 있는 커다란 세계관(世界觀)을 잡아 연기자로 더불어 조소(彫塑)하려는 데 여러 가지 고심이 있었겠으나 작품을 더 전용(轉用)하고 작품의 흐름을 더 높게 깨끗하게 했으면 하였다. 더구나 연기자들로 하여금 성격 부여에 빈곤을 느끼게 하였다.197)

197) 『每日新報』(1941. 9. 19), 演劇評 '사랑' 羅雄(2). 演技者 筍玉役 — 金鮮英, 安賓役 — 韓一松, 安氏 夫人役 — 韓銀珍, 許榮役 — 金東圭.

金源模

경북 안동 출생.

고려대학교 사학과를 졸업하고 고려대학교 대학원에서 문학석사, 문학박사 학위를 받았다. 미국 포틀랜드주립대학 대학원에서 한미관계사를 전공했다. 단국대학교 사학과 교수를 역임했으며 현재 단국대학교 명예교수이다.

주요 상훈으로 한미조약 체결장소(화도진) 고증, 한미수교 100년 감사패(한미수교 100주년기념사업회, 김용식, 1982), 대한민국 국민포장(1999), 제21회 치암학술상(2004), 주미 대한제국 공사관 환수 공로로 국민훈장 모란장(2013) 등이 있다.

주요 저서로는『근대한미교섭사』(1980, 제13회 문화공보부 추천도서),『한미수교 백년사』,『미국사 연구서설』,『동서문화교류사』,『근대 한국 외교사 연표』,『백년 전의 한국』(1986, 제19회 문화공보부 추천도서),『사진으로 본 한국의 백 년』,『알렌의 일기』,『근대한미관계사』(1992, 제25회 문화부 추천도서),『한미수교사: 조선보빙사의 미국사행편 1883』,『태극기의 연혁』,『동서양문화사』,『한미외교관계 100년사』,『개화기 한미교섭관계사』(2005, 대한민국학술원 기초학문분야 우수학술도서),『영마루의 구름: 춘원 이광수의 친일과 민족보존론』(2010, 문화체육관광부 우수학술도서),『춘원의 광복론・독립신문』등이 있다.

자유꽃이 피리라 (상권)

1판 1쇄 인쇄   2015년 9월 10일
1판 1쇄 발행   2015년 9월 15일

지은이   김 원 모
발행인   전 춘 호
발행처   철학과현실사

등록번호   제1-583호
등록일자   1987년 12월 15일

서울특별시 종로구 동숭동 1-45
전화번호 579-5908
팩시밀리 572-2830

ISBN 978-89-7775-782-0 94900
      978-89-7775-781-3 (전2권)

값 45,000원